1905-2005
中國農業大學
百年校庆
CENTENARY CELEBRATION
CHINA AGRICULTURAL UNIVERSITY

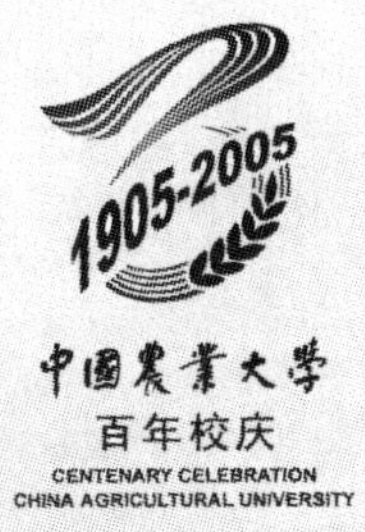

百年农经

第 二 部

（20世纪50—80年代）

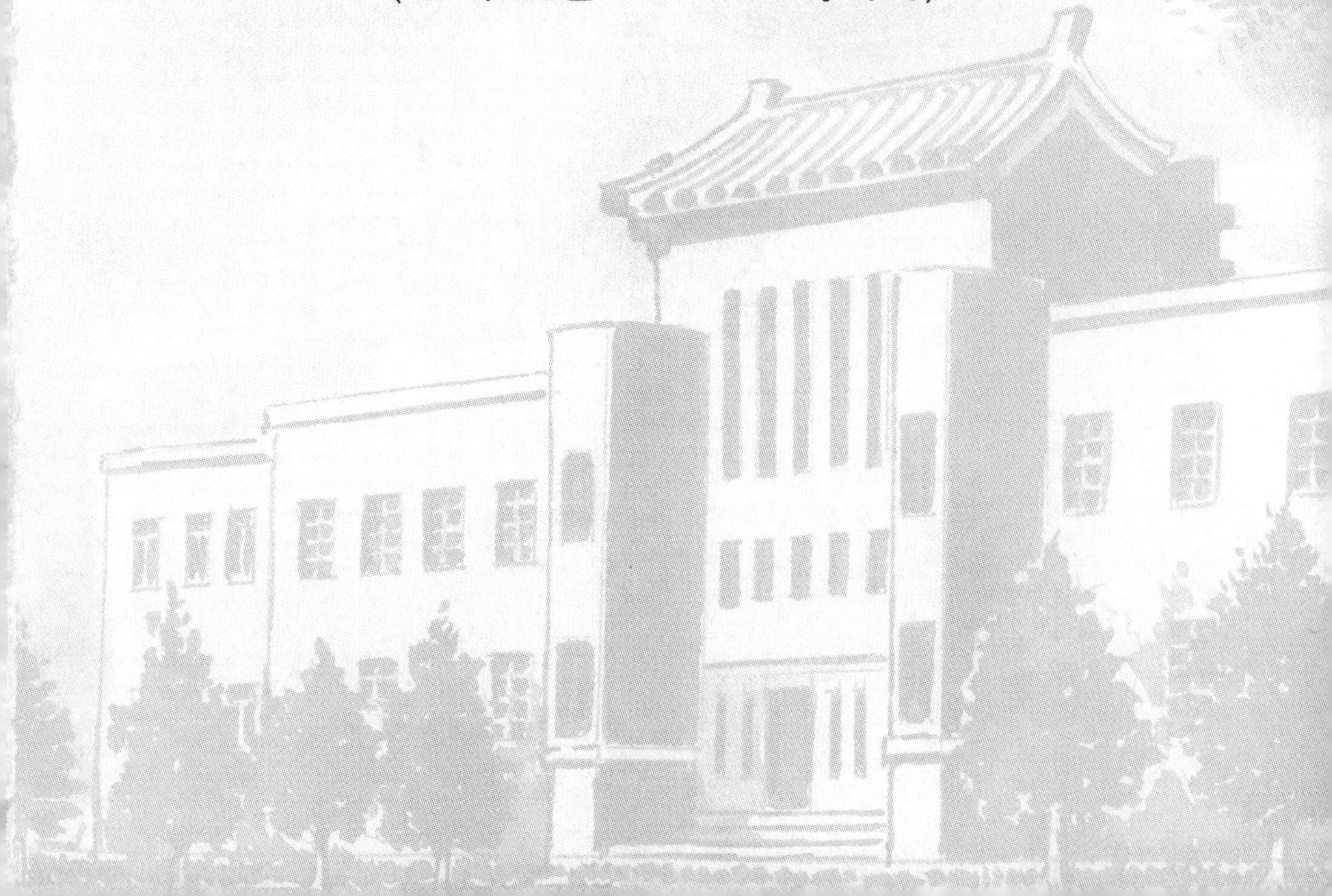

献给

中国农业大学百年华诞

为中国农业发展而奋斗的仁人志士

目　录

第二部（20世纪50—80年代）

农村人民公社的承认差别问题*

孟庆彭

一

农村人民公社在各级集体之间及社员和社员之间，在收入分配上，都必须反对平均主义，因为它是和马克思主义的社会主义毫无共同之处的。毛泽东主席指出：“绝对平均主义的来源，和政治上的极端民主化一样是手工业和小农经济的产物。不过一则见之于政治生活方面，一则见之于物质生活方面罢了。”①

要反对平均主义，就必须承认差别。承认差别是一个分配问题。当前农村人民公社在各级集体间和社员个人间的承认差别，也就是如何正确进行收入分配，使不同的生产条件和生产水平的集体及不同劳动条件的个人能够随着在生产中贡献大小来取得不同收入的问题。在当前条件下，个人间进行正确收入分配，亦即是贯彻社会主义按劳分配原则的问题。集体之间进行收入分配，除了劳动力的因素外，还必须考虑到土地等其他因素的作用，因此，它不完全是贯彻按劳分配原则的问题。但由于集体之间在生产上的差别主要是劳动上的差别所造成的，集体收入的差别又主要的并最后反映在社员个人收入水平上，从这个意义上讲，集体间承认差别问题，基本上仍然是正确贯彻社会主义按劳分配原则的问题。

农业生产在不同经营单位间存在着一定程度的差别，这不仅在过去有，在当前也有，而且将来到共产主义社会也还要有生产条件较好、生产水平较高的单位和生产条件较差、生产水平较低的单位存在。但这种生产条件和生产水平上的差别必须直接反映到劳动力的收入水平上去，却是在特定社会制度下存在的。

当前我国农业生产中存在有国营农场和人民公社两种不同所有制的企业，但作为共同的都是社会主义性质的企业，不论在国营农场的工人间或人民公社社员间在收入分配上都必须贯彻社会主义按劳分配的原则，亦即是都必须在不同劳动力间承认差别，按照劳动力在生产上做出不同的贡献而取得不同的劳动报酬。另一方面，由于生产力水平的不同和其他一些原因，决定了国营农场和农村人民公社又是不同的两种社会主义所有制，前者属于社会主义较高阶段的全民所有制，后者属于社会主义较低阶段的集体所有制。与此相适应，在承认差别问题上也有所不同。国营农场的生产资料属于全民所有，产品由国家所有和支配，在分配问题上：一般便只有劳动力之间差别的承认，换言之，各经营单位在生产条件和生产水平上可以有很大的差别，但同样体力、技能、劳动态度的劳动力，在不同单位间却可以也应该有着相同的劳动报酬。农村人民公社的生产资料属于集体所有，生产出来的产品也归集体所有和支配，这就决定了在分配问题上不仅要求承

---

* 本文完成于1961年。

① 毛泽东《关于纠正党内的错误思想》，《毛泽东选集》第1卷第95页。

认劳动力之间的差别，而且还要承认集体与集体之间的差别。由于各集体在生产条件和生产水平上的不同，生产出来的产品数量也就不同，同样体力、技能、劳动态度的劳动力，在不同集体间却可以也应该有着不同的劳动报酬。

当然，我们也必须注意到，国营农场虽然是社会主义的全民所有制的企业，虽然生产力水平一般比农村人民公社的为高，但它的生产力水平毕竟也还不是很高的，国营农场工人的劳动生产率比国营工厂工人的劳动生产率还是要低得多，再加上农业生产上固有的一些特点和条件，在全民所有的国营农场内部，也还存在着一部分生产队和生产小队的小集体所有制，反映到分配问题上，便也不能不在各级经营单位间仍然有一定程度的承认差别，同样体力、技能、劳动态度的劳动力在不同经营单位间，也仍然要有一定程度不同的劳动报酬。

由此可见，承认差别问题既然是个分配问题，它本身就是生产关系的一个重要组成部分，是为社会主义的生产力水平和所有制所决定，特别是为社会主义较低阶段的生产力水平和所有制所决定了的。农业中各经营单位在生产上存在着一定程度的差别，这固然是客观的存在，这些差别根据生产力水平和所有制状况不同程度地反映到各级单位和劳动力的收入水平上去，这同样也是客观的存在。承认差别绝不是可有可无或凭主观想像可以任意加以限制或取消的东西，我们必须承认它的客观性，认识它的发生发展规律，采取正确的措施来保证它的存在和作用。

二

农村人民公社各级都有一定的所有制，与此相适应的，在各级集体间便都有承认差别的问题。另一方面由于各级的所有制情况及在公社中地位和作用的不同，在承认差别的内容和程度上又都有所不同。公社与公社分属于不同所有的集体，彼此间较少经济联系，他们的收入都是在本公社内部进行分配，因此，一般不存在承认差别的问题，或者说，由于坚持和维护了农村人民公社这种社会主义集体经济组织，公社与公社间的差别一般已经得到了承认，这里要注意的主要是贯彻等价交换原则的问题。在承认差别的同时，国家又有意识地加强对生产水平较低的公社的领导和帮助，在资金、生产资料等方面给以照顾，这又有助于缩小公社与公社间在生产上和生活上的差别。当前，不少生产大队是作为公社这个联合经济组织中的独立经营单位，实行独立核算，自负盈亏，生产出来的产品主要的归大队自己支配，生产水平高的大队收入水平也高，在这种情况下，大队与大队间基本上也解决了承认差别问题，或者说，由于承认了大队一级所有制是基本的，大队与大队间的差别基本上已经得到了承认。但是，生产大队与生产大队间的关系毕竟与公社与公社间的关系有所不同，它们是三级集体所有制的一级，是在公社领导下进行生产的，在收入分配上，公社不仅有权向生产大队根据不同的生产情况提取一定的、不同比例的公积金，而且还把公社的一部分积累用来扶助生产上有困难的生产大队，此外，以生产大队为单位上交的农业税也是按不同的土地肥沃程度而有所不同。这样在公社内部各生产大队间使除了要求基本上将不同的生产条件和生产水平反映到收入水平上去以外，还必然有一定程度的统一分配现象。这种在生产大队间基本上承认差别而又有一定程度的统一分配，是适合于当前一些以生产大队集体所有制为基础的三级集体所有制的人民公社的。公社一级有部分的所有制，作为经济上是各生产大队联合经济组织的一级，当然有权进行一定程度的统一分配。这样做是有利于公社一级经济的发展，集体福利事业的发展，也有利于生产大队经济的发展，特别是有利于生产上有困难大队的迅速发展的。这里要注意的除了要贯彻等价交换原则外，主要是继续坚持和维护生产大队所有制的问题。

在生产大队是三级集体所有制基础的情况下，仍必须确定和保障生产队一级的所有制。与此相适应的，在收入分配上生产大队既有权在大队范围内统一分配归大队所有的产品和收入，又要承认各生产队在产品数量上和收入水平上的差别。因此，在生产队间承认差别，主要是如何正确处理统一分配和承认差别之间的矛盾问题。正确承认生产大队内部承认差别问题，必须明确在统一分配的前提下来进行。当然，如何统一分配和统一分配到什么程度，这是要看大队和生产队的具体情况来确定的。各地区人民公社建立的历史条件和生产条件等是不同的，生产队和生产大队在所有制上亦有所不同，特别是在当前摸索经验时，绝不排斥在大队和生产队间多样化的经营管理权限的关系，随着所有制的不同，在大队范围内可以有各种形式和程度的统一分配和承认差别。

生产队内部社员与社员间正确承认差别，主要是贯彻社会主义按劳分配原则的问题。我们必须注意到，贯彻按劳分配原则也绝不能排斥一定程度的统一分配，正如马克思在哥达纲领批判指出的：在全部社会产品中必须扣除生产资料的消耗、扩大再生产的费用，保险的后备基金、生产管理费、生活福利基金等后，剩下来的部分才在社员之间按照劳动的数量和质量来进行分配，“虽然从一个生产者私人身上扣除的一切，又会直接或间接地用来为他这个社会成员谋福利。”①

从以上分析可以看出，公社各级集体间和社员个人间承认差别问题虽然都有着不同的内容和不同的程度，但在承认差别的同时都有着不同程度的统一分配这一点是共同的，这种又承认差别，又统一分配，正是反映了适应于当前生产力水平的公社各级集体间，都有着一定的所有制和经营管理权限，又共同统一在人民公社这个大集体内的这种三级集体所有制；正是说明了社会主义国家、集体和个人间的关系。我们在贯彻承认差别原则时，绝不能把各级集体和个人间在不同程度上正确的统一分配理解为平均主义或拉平现象，更不能因为反对平均主义、反对拉平现象而反对各级集体和个人间在不同程度上正确和必要的统一分配工作。社会主义的道路是共同富裕的道路，正如党中央在“关于人公社若干问题决议”中指出的：“社会主义愈是向前发展，社会产品愈是丰富，分配给个人的所有生活资料也必然愈是丰富。”但对这个共同富裕的道路必须有全面的认识。所谓共同富裕包含着两方面的意义：一方面，它绝不是意味着要把一部分社员的收入降低，来补助另一部分社员，相反地，必须随着生产的发展，使各级集体和社员个人在正常情况下的收入都能逐年有所增长。另一方面，也绝不意味着要使一部分集体和社员与另一部分集体和社员收入的差别愈来愈大，相反地，生产条件好，收入水平高的集体和个人要继续努力发展生产、增加收入，更必须注意使生产条件差、收入水平低的集体和个人，能以更快地速度发展生产和增加收入。忽视前一方面将会妨碍一部分集体和社员的生产积极性，妨碍农业生产的发展，从而不利于农业中社会主义制度的巩固和发展；忽视后一方面，将使我们迷失方向，同样也不利于社会主义制度的巩固和发展。当然，这两方面又是辩证地统一着的。在目前条件下更必须注意前一方面，因为正是正确承认差别，鼓励了生产条件较差、收入水平较低的集体和个人发愤图强、努力发展生产增加收入，在国家和公社的适当帮助下，促进了收入差距的逐步缩小。我们必须根据现有的农业生产水平和社员觉悟水平，和与此相适应的人民公社制度，在各级集体和社员个人间，很好地处理这两方面的关系，这样才能正确的承认差别，才真正有利于人民公社制度的巩固和发展。

三

正确处理社员间在收入分配上承认差别的一些理论性的分析，已经有不少同志在这方面做了论述，这里将只就各级集体间承认差别问题进行论述。

① 马克思《哥达纲领批判》、《马克思恩格斯选》两卷集第22页。

公社各级集体间，在生产水平上存在着一定程度的差别，生产水平的差别，又是由于不同的生产条件所造成的，这些生产条件归结起来，不外是人的要素和客观的要素两个方面。就人的要素方面说，不同是各级集体间劳动力的体力强弱、技术水平高低、管理水平的好坏以及干劲大小，凡是由于劳动力付出劳动数量和质量不同而造成生产水平的差别，都必须正确地反映到各级集体的社员收入水平上去，这是社会主义按劳分配原则的贯彻。就客观要素看，大车、农具、牲畜等数量的多少和质量的好坏，土地的数量，肥沃程度和位置的不同等，是各级集体生产水平上存在差别的另一原因。对于由客观因素而造成生产水平上的差别，应该怎样正确反映到各级集体社员收入水平上去呢？牲畜、大车、农具等都是人类劳动创造的，由于使用较多和较好的牲畜、农具等而生产了更多的产品，这部分增加的产品和收入的价值，有一部分是原来牲畜和大车等价值的转移，是社员过去创造这些生产资料而耗费劳动的补偿。从大车、牲畜等作为社员过去劳动的生产物这个意义上说，只要这些生产资料不是无偿调拨来的，它们在生产上造成的差别就应该根据具体情况适当反映到各级集体的社员收入水平上去。就土地这种特殊的生产资料而言，由于社员改良土壤、平整土地、增施肥料等而使土地肥力提高，生产了更多的产品，这部分增加的产品和收入，仍然是过去劳动和当前劳动的结果，其价值中有一部分也仍然是社员过去劳动创造价值的转移和当前劳动创造的价值，这也应该根据具体情况适当反映到各级集体的社员收入水平上去。至于由于土地固有的肥沃程度较高或土地位置较好等而增加的产品收入，虽然既不是社员当前劳动所产生的，也不是过去劳动所产生的，但由于当前土地仍属于集体所有，并为了对生产条件较好的集体能考虑到其历史的较高收入水平使之不致有所降低，这部分增加的产品和收入除了一部分可以通过农业税形式上交给国家所有和支配外，仍应该将其中一部分在各集体间进行分配，亦即将这部分的差别部分地加以承认。

上述分析说明，从人的要素和客观的要素两方面去看，都需要根据具体情况适当地承认差别。这里提出了一个问题，这样做是不是就否定了统一分配呢？当然不是。承认差别，和统一分配，既然是矛盾的辩证的统一，在公社各级集体间根据所有制情况正确地承认差别，也就能够正确地统一分配。例如，在生产大队的所有制是基础的情况下，土地、牲畜、主要大型农具等属于大队所有。从大队和公社的关系看，适当地承认这些客观要素的差别，有利于在公社内部各大队间差别的承认；另一方面，从大队对生产队的关系看，同样是这些客观要素差别的承认，却又促进了大队对生产队统一分配原则的贯彻。

人民公社各级集体间承认差别问题，包括对过去的或物化的劳动数量和质量上差别适当地承认，甚至包括对自然条件差别的部分地承认，这是否在一定程度上违反了社会主义按劳分配原则呢？回答这个问题应该用历史唯物主义观点去进行具体分析。社会主义是共产主义的第一阶段或低级阶段，它在若干方面还带旧社会的痕迹——资产阶级法权残余。按劳分配本身就是一种事实上的不平等，正如马克思说的："这里平等的权利仍然是资产阶级式的法权，"① 虽然这在社会主义制度下是必须的，并且和旧中国地主富农阶级对农民剥削来比就是最大的平等。农村人民公社是社会主义的集体经济组织，它又是社会主义的第一阶段或低级阶段，和社会主义的全民所有制相比它又必然要带有更多的资产阶级法权残余，党中央在"关于人民公社若干问题决议"中指出："集体所有制和全民所有制都是社会主义所有制，但是全民所有制比集体所有制更进步。"人民公社各级集体收入分配上既承认当前投入劳动的数量和质量的差别，又要适当承认过去投入劳

① 马克思《哥达纲领批判》、《马克思恩格斯选》两卷集第 22 页。

动的数量和质量的差别，以及对自然条件部分差别的部分承认，这正是和当前农业生产力水平及农村人民公社三级集体所有制相适应的。也只有这样，才能鼓励各级努力增添和增强保养牲畜、大车、农具等生产资料，注意对土地基本建设的投资，发挥各级发愤图强，自力更生的生产积极性，从而促进农业生产进一步迅速发展。

再进一步分析，如果生产大队或生产队使用较多和较好的大车、农具和肥料等的结果，仅能取得这部分物化劳动的转移价值，那对各级集体发展生产的积极性的作用还是不会太大的。在当前社员觉悟水平下，各级集体在取得这部分新转移价值的同时，如果在其上不能得到一个余额，便可能宁愿在当年生产上多投入些劳动日来增加当年收入，而不愿意多提取一部分积累来延迟一部分收入的实现事实上，各级在提取积累时，是希望在将来得到而且也一定会得到比积累数额更多的收入的。这部分超过物化劳动所转移价值的收入，又是从何而来的呢？使用较多较好的生产工具等能够增加生产，但这只是劳动生产率的提高，换言之，只创造了更多的使用价值。而一般并没有在部分物化劳动价值转移之外增加任何价值。马克思指出："生产力无论怎样变化，同一劳动在同一时间内提供的价值量总是不变的。"① 显然，使用较多和较好生产资料的生产队和生产大队，只是由于生产更多的产品使得每单位产品所包含的价值降低，而这些产品又按照市场价格或政府收购价格出售，才实现这部分超过物化劳动价值转移的余额的。对使用原来肥力和位置较好所取得的增加收入，其来源亦同样如此，由此可见，对人的要素和物的要素的差别而造成收入分配上的差别，基本上是贯彻按劳分配原则的问题，但又不完全是按劳分配的问题，其中还包含着在流通领域内一部分价值转移的问题在内。这部分转移的价值，在全民所有制的国营农场中，大部分是以利润的形式上交给国家来统一分配的，在集体所有制的人民公社中，则是根据各级所有制的情况来分配，特别是在生产大队或生产队之间来进行分配的。

在社会主义制度下，这种部分的价值转移是存在着的。社会主义制度还存在有商品生产，还必须重视价值规律的作用，而只要价值规律继续存在和作用，就必然会有由于个别劳动高于或低于社会必要劳动而出现的价值转移现象，只是在集体所有制下，这部分转移的价值由集体来负担或归集体来所有和使用罢了。

还必须指出，当前人民公社的生产水平还不高，生产出来的产品，在满足本集体生产和生活需要以外，能够提供的商品农产品在农产品中的比重还是较小的，例如最主要的农产品粮食的商品率一般便只有 27%，如果扣除回销农村粮食数目则仅占 15%，② 其中还包括约占三分之一的农业税在内。生产水平较高的集体，农产品的消费水平也高。这部分多消费的粮食和其他农产品，虽然为各集体带来了更多的使用价值，但却由于没有交换，并没有产生价值转移的现象，这里当然不存在由于劳动生产率高通过流通域实现一部分价值转移的事情。

最后，在分析造成各级集体间生产水平上差别的条件和原因时，还必须注意到这些生产条件上差别的具体情况和它们的发展趋势。当前，农业中生产力水平还不高，农业生产主要还是依靠手工劳动的条件下，由牲畜、大车、农具等差别而造成在产品上和收入上的差别一般只是占到次要地位，主要的还是人的要素造成的，何况大车、农具等生产资料又必须为人的劳动来创造，肥沃的土地必须要经过人的劳动才能生产出更多的产品。只要劳动力在生产上充分发挥积极主动作用，在国家和公社积极领导和适当帮助下，生产水平较低的集体完全有可能克服困难，在较短时间内使生产水平和收入水平有很大提高。

---

① 马克思《资本论》卷一，第 20 页。

② 沙千里《粮食战线上的辉煌成就》，人民日报 1959 年 10 月 25 日。

四

承认差别不仅要在理论上包含的许多问题需要加以论证和阐明，在实践中，如何在各级集体间和社员个人间正确贯彻执行，也是一个十分复杂和重要的问题。

人民公社间承认差别，不仅在公社与公社间一切产品的转移，必须在互利原则下，按照规定价格进行等价交换，对劳动力和生产资料的支援，也都必须通过换工等，并将相互抵消不足的部分按照事先确定的协议付给合理的报酬。国家也必须尊重公社的集体所有制，既不能对生产资料劳动力等任意进行无偿调拨，除农业税外，在收购农产品时也必须实行等价交换的原则。另一方面，国家必须积极领导和帮助生产上有困难的公社，使他们主要在依靠自己的努力下，生产水平有更快的提高。

在公社内部生产大队间承认差别方面，必须尊重大队的所有权。公社在必要时要组织生产大队间的生产协作，必须按照自愿互利原则和等价交换原则，不允许无代价的调用劳动力、生产资料和其他物资；公社在必要时举办全社范围或几个生产大队共同的农业基本建设时，必须经过公社、生产大队和生产队的社员代表大会或者经过社员大会讨论决定，经上级批准，并且必须订合同，规定各单位的权利和义务、按照各单位受益的多少，分摊劳动力和资金，对于不受益的单位付出的劳动，被占用的土地和土地上的附着物，必须给以合理的报酬和补偿；公社和生产大队共同举办的企业、事业，必须签订合同，保证双方享受合同规定的权益，按照合同规定共负盈亏。

大队和大队之间进行必要的产品交换、劳动力和生产资料的相互支援调剂，同样都必须遵守自愿互利和等价交换的原则。在强调生产大队承认差别的同时，公社也要根据具体情况进行一定程度的统一分配工作，如提取一定比例的公积金，对生产水平较低的大队加强领导帮助等，同时也要注意防止过多的统一分配来妨碍大队经营管理的权力，避免在大队间造成平均主义。为此，就要注意下列几点：首先必须划定公社的规模，使之不要太大，一般的应相当于原来的乡或大乡，以免把生产水平和生活水平相差过大的生产大队联合在一起，造成一定程度的拉平现象。其次，公社向生产大队提取积累必须适当，严格防止过多地提取，提取的比例一般不能超过生产大队当年公积金的20%，并且要经过县人民委员会批准，为了巩固大队所有制、巩固大队经济，在今后几年内，公社一般少提或者不提生产大队的公积金。其三，公社在向生产大队提取公积金时，必须根据各大队不同的生产水平，适当地规定提取的比例，对生产水平高的生产大队可稍为多提取一些，对生产水平低的大队少提取或不提取。最后，公社必须对生产水平较低的大队加强领导和帮助。

在以生产大队为基础的条件下，正确处理生产大队内部统一分配和承认差别的矛盾问题，除适当规定大队规模和贯彻等价交换原则等外，关键在于做好包产、包工、包成本和超产奖励的三包一奖制。包产是三包一奖的中心环节，包工、包成本和超产奖励是在包产的基础上建立起来，并为完成包产计划服务的。各生产队在包产计划内的产品和收入，全部上交生产大队，并在生产大队内统一分配。在这前提下，为了避免生产队拉平现象，防止原来生产水平和生活水平较高的生产队因为统一分配而减少收入，便需要从包产、包工、奖励等方面来加以照顾。

从包产方面看，仅做到留有余地，使各生产队经过努力都有产可超，这是十分必要的，但还是不够的，还不是明确的承认差别，因为在这样的包产下，生产水平高的队和生产水平低的队在超产可能性上基本相同，并没有保证使生产水平高的队能有更多的产可超。要在包产上对生产水

平较高的生产队照顾，就必须做到不仅使各生产队经过努力都有产可超，而且使生产水平高的队能有较多的产可超。因此，一般便不能根据各生产队当年计划产量或去年实际产量包产，因为这样就不能保证生产水平高的生产队能有较多的产可超。另一方面也要防止包产指标订得过低，使各生产队不经努力就有很大的产可超，这样不能促进各生产队努力争取超产得奖的积极性，也将削弱大队作为独立经营单位在内部统一分配上的作用。广大社员是清楚本队生产情况的，必须经过社员充分讨论来制订实际可行的包产计划。

从包工方面看，正确承认差别大致有两个极限，以产计工或以产定工是它的上限，按劳动级别或劳动力底分来包工是它的下限。实行以产计工或以产定工，那就是只要产量有多高包工数就可以有多少，也就是在生产队间生产上的差别主要地由包工来加以承认了，因为生产队一切主客观生产条件上的差别，集中表现在产量高低上，而产量高低又集中反映到工分数量上了。实行按劳动力级别或劳动力底分来包工则是另一个极端，它基本上没有承认差别，因为它既没有承认生产队间客观要素的差别，也没有承认劳动力主观努力程度和经营管理水平等上的差别，它只承认了劳动力在性别、年龄、体力等上的差别，而这一些在生产大队内部各生产队间一般是相差不大的。因此，在包工方面对生产水平较高的生产队加以适当照顾，就必须在这两个极限内，在保证完成包产计划的前提下，根据生产大队的具体条件和特点，统一计算和安排。

超产奖励和节约成本奖励上对生产水平较高的生产队照顾，在正确制定包产计划和保证执行的前提下，主要是认真执行奖励制度，使奖赔兑现落实。

“三包一奖”制的各个环节是紧密有机结合着的，互相作用，互为条件。一方面，要从包产上来对生产水平较高的生产队照顾；另一方面在包产基础上确定的包工、包成本等各环节也都能在一定程度上起着对生产水平较高生产队的照顾作用。因此，从三包一奖制方面来正确处理统一分配与承认差别的矛盾，就必须有全面的观点来考虑和安排，既要注意从不同的环节上来贯彻承认差别的原则，又必须防止在每一个环节上都片面地强调，不适当地增大差别的承认。

在三包任务以外对生产水平高的生产队照顾，是在生产大队内部统一分配前提下承认差别的另一个方面。生产队是公社三级所有制中的一级，它有着自己的部分生产资料，因此，生产队有权在完成包产计划的前提下，经营农、林、牧、副、渔各业，这部分收入完全归生产队所有和支配。

“三包一奖”制是适应以生产大队集体所有制为基础的三级集体所有制的，如果在某些地区根据具体情况把生产大队的所有权下放或部分地下放，那么在分配制度上必然有所改变，三包一奖制也可能改为大包干等，这样将在更大的程度上承认生产队间的差别。这一些情况也是我们必须注意到的。

最后，在农村人民公社的社员和社员间承认差别问题上，生产大队在进行收入分配时必须贯彻少扣多分原则，并正确处理供给部分的比例，只限于在五保户和困难户的供给和补助；生产队必须将包产的收入全部分配给社员，包产以外的收入在扣除生产费用后，全部或大部分配给社员。这一些，在积极发展生产的前提下进行，将有利于增加按劳分配部分和提高工分值，从而使社员收入差距有一定程度的、合理的增大。在按劳分配的方法上，必须认真实行定额管理、评工记分等一系列的制度，来保证每个社员都能够按照他付出的劳动数量和质量来取得相应的报酬。

从京郊通县北寺公社高各庄大队的情况来论证生产队间承认差别问题*

孟庆彭　鲍文德

生产大队内部承认差别问题是一个分配问题，是一个如何把各生产队间在生产上的差别正确反映到各生产队劳动力收入分配上的问题。各生产队在生产条件上存在着一定程度的差别，诸如土地面积和肥沃程度，牲畜大车等的数量和质量，劳动力多少和强弱以及领导水平和经营管理水平不同，因而在生产上各生产队也就有好、有坏、有高、有低，生产的好坏又集中反映在生产队的收入水平上。因此，生产大队内部承认差别的问题，也就是怎样正确处理这部分收入，使得各生产队的劳动力都能取得相应报酬的问题。正确处理生产大队内部承认差别问题，牵涉到大队和生产队，生产队和生产队以及生产队和社员之间三方面关系问题，正确处理三方面的矛盾，有利于促进各级和广大社员的生产积极性，从而有利于农业生产的发展。

所有制是生产关系中的决定环节，承认差别问题既然是分配问题，那也就是说，它是由所有制决定的，是由人民公社三级集体所有制所决定的。生产资料的集体所有，生产出来产品属于集体所有并归集体来支配，要求将生产上的差别直接反映到各级集体的社员收入水平上去。因此，当前我们要坚持和维护人民公社三级集体所有制，就必须在公社内部各级间正确承认差别，这种差别的承认，由于其促进了各级和社员的生产积极性，促进了农业生产，从而又反过来有利于进一步维护和巩固人民公社制度。

京郊通县北寺公社是以生产大队集体所有制为基础的三级集体所有制，在这种情况下，公社与公社之间和大队与大队之间的承认差别问题是比较容易解决的。公社与公社间由于没有或很少直接的经济联系，一般是很少有平调现象的；大队与大队之间由于承认了它是基本核算单位，自负盈亏，也基本上解决了拉平的现象，在这两级间主要是确定适当大小的规模和坚持等价交换原则的问题。生产大队内部各生产队间承认差别的问题就比较复杂了。生产大队的所有制是基本的，生产队也有部分的所有制，与此相适应的，在分配上便既要统一分配，又要承认差别，究竟各生产队间有些什么差别？承认多少差别？怎样承认差别？很多新的问题都要求我们从实践中进行调查研究，进行分析，加以解决。现在我们就北寺公社高各庄大队内部第四、第五两队的情况，总结分析如下：

一

生产大队内部必须在统一分配前提下承认差别，这虽然由于人民公社这种以生产大队集体所

* 本文完成于1961年。

有制为基础的三级集体所有制所决定了的，但要把这种必然性变为现实性，就还必须具备能够实现这种分配方式和方法的客观的物质基础，也就是说，必须考虑到生产大队的生产力水平和它的历史发展情况。从统一分配方面看，在生产大队内部实行统一分配必须具有下列两条之一：①生产力水平有了很大的提高，使得不问原来生产水平高的队，或生产水平低的队，在统一分配时，各劳动力都能取得比原来收入水平为高的劳动报酬。②生产力水平还没有很大的提高，但各生产队原来的生产力水平相差不大，实行统一分配拉平的现象较少。只有具备了上述两个条件之一，才能在统一分配时，保证各生产队劳动力绝对部分的收入比统一分配前有所增加，才能促进各生产队和劳动力的生产积极性，才有利于生产大队内部的团结。当前生产大队进行统一分配，正是具备了后一条件。从承认差别方面看，必须在生产力水平上确实存在差别，然后才有承认差别的现实性。当前，生产大队在统一分配前提下承认差别，又正是考虑到了生产队间在生产力水平上一定程度的差别，特别是劳动力干劲上的差别，以及在高级社时，将土地、耕畜、农具等主要生产资料在各生产队间实行统一分配的基础上，由于劳动力干劲而造成新的差别。

从高各庄大队的情况看，实行统一分配的现实性是存在着的。高各庄大队的规模相当于原来的高级社，在高级社成立后，就根据各生产队劳动力情况，对生产资料进行了统一的分配调整，各生产队间生产资料基本上是平衡的（表1）。

表1　1957年

	第四队	第五队	差别%
耕地面积（亩）	969	833.6	16.2
役　畜（头）	22	20	10.0
大　车（辆）	8	9	12.5

注：耕地面积虽然差别较大，但由于两队劳动力数目不同，如果用每个劳动力负担耕地面积来计算，四队只比五队多9.8%。

高各庄大队生产资料虽然基本上是平衡的，但毕竟还存在一定程度的差别，几年来，特别是公社化以来，由于各生产队劳动力生产积极性的不同，在生产队间生产力水平上又出现一定程度的新的差别，这也是客观事实。

从土地这一主要生产资料来看，1957年统一分配后，虽然差别较小，但几年来由于两队主观努力程度不同，这种差别却是扩大了。1960年第五队平均每亩施肥5 000斤*，比第四队的2 000斤要高一倍半，三年来，第五队仅对220亩碱地改良便投入1 100多个人工和660多个畜工，有114亩地由于土地肥力增加而升了级。相反地，第四队却有77.6亩由于施肥少等而降了级。这种由于生产队通过自己辛勤劳动而造成生产资料上的差别，因而增加了生产队的收入，当然应该反映到社员的劳动报酬上去，因为它们不过是凝固了的劳动，而社员这种改良土壤而增加的这一部分额外报酬，实质上也不过是他们自己过去劳动消耗的补偿。这一部分差别予以承认，将鼓励生产队进一步改良土壤，提高产量。

但是，生产队间在土地肥力上的差别不仅是在公社化以后才通过各生产队不同的劳动努力造成的，在公社化以前这些土地就存在有一定的差别，按照1957年评定的土地级别计算，差别也达到8%。这种在公社化以前就有的土地肥力差别，主要地还是由于社员们在过去长期劳动造成的，也需要予以承认。即使其中还包含一定程度土地自然肥力和地位上非人力造成的差别，除部分地可以

* 1斤=500克。

通过农业税将增加的收入上交给国家外，还是要加以部分地承认。因为自然条件优越只是提供了增加收入的可能性，要变这种可能性为现实性，必须通过人们的劳动，而这些土地是在各生产队社员长期使用和辛勤劳动下的。这样做也照顾了生产队间原来的生产水平和生活水平，使原来生产和生活水平较高的生产队不致降低，有利于社员生产积极性的提高，从而有利于农业生产的发展。

牲畜在高级社时，虽然亦进行了统一的调配，但由于饲养管理和役使的不同，其变动也较大，如第七生产队几年来由 13 头繁殖到 18 头。第三队则由 33 头降为 8 头。对这种差别当然要加以承认，使繁殖多，保养好的队的社员仍有较多的收入。就四队和五队看，三年来四队仍为 22 头，五队增为 23 头，在质量上四队增一头骡，五队增两头马，但这些新增加的大牲口是由大队购买分配的，因此承认差别问题不大。

新式农具和大型农具当前四队五队各有 36 件，一方面它们很少有差别，另一方面它们又是大队购买分配的，在这里一般不存在承认差别的问题。

造成生产队间生产水平差别最关键的还是各生产队怎样对这些生产资料充分合理利用的问题，换言之，还是人的主观能动性，还是各队劳动力在劳动中付出劳动数量质量差别的问题。四队和五队在劳动力数量上一个是 107 人，一个是 101 人，相差 6%，但四队土地较多，且整劳力仅占 76.6%，五队土地较少，且整劳力占 85%，这说明两队劳动力基本上是平衡的。但在劳动力的主观努力上差别就较大了。四队由于过去非农户较多，占到全部农户 38.2%，领导也有些问题，以及贯彻按劳分配原则较差等原因造成了劳动积极性降低；五队则恰恰相反，90%以上的农户历来是辛勤农业劳动者，过去经常扛长活的占全部农户的 30%，领导干部强，贯彻按劳分配原则较好，劳动积极性高，每天平均工作时间要比四队多一小时，出勤率也较高，在经营管理上也注意精简节约。这种由于劳动力发挥主观能动性，对现有生产资料充分利用，而造成生产上的差别，当然应该加以承认，这正是社会主义按劳分配原则的贯彻，这样的承认差别，将鼓励劳动力更加努力生产，为社会创造更多的产品。

从上面的分析可以看出，生产队间在生产条件上，虽然存在一定程度的差别，但由于在公社化前已经对主要生产资料进行了统一调配，基本上达到平衡，因此，这种差别主要是公社化后劳动力主观努力的不同，而造成了生产资料上的差别。由于这些差别而造成生产队间生产上一定程度的差别，应该加以承认，把它正确地反映各生产队劳动力的收入水平上去。

二

当前生产大队内部各生产队间由于生产资料上某些差别和劳动力上一定的差别，在生产上造成的结果，归纳起来，不外是产量的高低和节约成本的多少两个方面。劳动力对现有生产资料充分利用，发挥人的主观能动性，从而生产出更多的产品，这当然是首先的和主要的方面。但如果只注意充分利用而不注意节约使用，那么，就会增加生产费用和劳动不必要的支出，从而减少社员的收入和积累数额。高各庄大队第四、第五两队生产上和劳动力收入分配上的差别分别列表（表 2）。

表 2　1960 年

	四队（元）	五队（元）	差别（%）
每个劳动力创造价值	350.5	443.1	26.4
其中为大队创造价值	348.3	413.7	18.9
为本队创造价值	3.2	29.4	918.8

（续）

	四队（元）	五队（元）	差别（%）
每个劳动力新创造的价值	269.3	382.4	41.7
其中为大队新创造价值	266.1	353.3	32.8

注：每个劳动力新创造的价值指每劳动力创造的价值减去每劳动力分摊到的生产费用。

从表2可以看到：

（1）虽然两队生产资料上的差别在前面的分析中基本上是平衡的，较少差别，但由于劳动力主观努力的不同，在生产上的差别就要大得多，特别是把生产资料的节约使用，也考虑进去，差别竟分别达到44.7%和32.8%。

（2）劳动力为本队创造的价值，亦即是经营本队副业生产等的收入，差别达九倍以上，虽然在整个产值中所占的比重很小，但由于其差别较大，仍对每个劳动力创造价值的差别上和每个劳动力新创造价值的差别上都起了一定的影响。

高各庄大队四队和五队社员收入分配上的差别如表3。

表3　1960年

	四队（元）	五队（元）	差别（%）
每个劳动力的收入	256.1	316.8	23.7
每个劳动力从大队统一分配的收入	253.9	288.8	13.7
其中：工资收入	186.3	224.9	20.7
供给收入	67.4	63.9	−7.0
每个劳动力从本生产队分配的收入	2.2	27.9	1 268.0

将表3和表2结合起来，比较分析，就可以看出：

（1）每个劳动力平均收入差别23.7%，这和每个劳动力平均创造价值差别26.4%相比，虽然基本上是一致的，但如果和每劳动力新创造价值差别41.7%来比，却还相差很多，说明高各庄大队在1960年贯彻执行承认差别原则上还存在着一些问题，还可能有一定的拉平现象。

（2）劳动力收入主要从大队统一分配部分取得的，这部分收入的差别却只有13.7%，不仅比每个劳动力为大队创造价值差别18.9%为小，比每个劳动力为大队新创造价值差别32.8%相差更大。从这里可以看出，高各庄大队在生产队间存在一定的拉平现象，主要是指大队统一分配部分，至于生产队自己支配的收入部分则没有存在拉平的现象。

（3）从表3还可以看出，拉平的一个原因是部分供给制造成的。由于供给部分是按人来分配的，四队每个劳动力抚养人口较多，供给部分也较多，每劳动力平均供给部分收入，要比第五队高7%，这就起了拉平作用。两队劳动力在统一分配中工资部分差别为20.7%，一加上供给部分，差别就缩小为13.7%。从这里也说明，为了在劳动力间贯彻社会主义按劳分配原则，要适当压缩供给部分，为了更好地在生产队间贯彻承认差别原则，同样也必须适当缩减供给部分比重，当前把供给部分压缩到限制在五保户和困难户，这是完全正确的。

（4）每劳动力平均从大队统一分配部分分得的工资收入差别只有20.7%而每劳动力为大队新创造价值的差别则达到32.8%，这说明在统一分配中，按劳分配部分，在生产队间也存在有一定的拉平现象，必须进一步从三包一奖制的制定和执行情况方面去分析。

三

除了供给部分的大小影响到承认差别，并由于各公社普遍采取适当压缩供给部分使其限制在五保户和困难户而已经解决了问题外，当前在生产大队作为基础一级的公社，生产大队内部承认差别主要是通过三包任务以内和三包任务以外两方面来实现的。因此，要进一步了解承认差别上还存在的问题，提出正确承认差别的原则和办法，就必须从上述两方面去进行分析。

各生产队在完成三包任务的前提下，耕种一些零星土地，经营一些副业生产等，其收入绝大部分留在生产队内部在劳动力间进行分配。高各庄大队第四队、第五队在三包任务外经营副业等收入，前者为341.6元，后者为2 969.71元，分配给社员部分各为240元和2 823元。这部分收入是造成生产队间劳动力收入水平上差异的一个重要方面。如果没有这部分三包任务以外收入的差别，两队劳动力收入水平的差别将立即从原来23.7%下降到13.7%，既然三包任务以外的收入绝大部分留在生产队内部按劳分配，这也就是说尊重了生产队的部分所有制，已经将这部分生产上的差别正确地反映到社员收入水平上，亦即是在三包一奖任务以外收入部分的分配正确贯彻了承认差别原则。

三包一奖任务内怎样正确承认差别是比较复杂的问题。三包一奖制各个环节如包产、包工、包成本和超产奖励，都影响到各生产队间差别的承认，必须全面来考虑解决。

高各庄大队在1960年包产上，原则上是按照公社化以前土地评级的标准来进行的，增产不增包。第四、第五两队在公社公前土地级别上的差异如下表：

表4　1957年

	第四队（%）	第五队（%）
上等地	38.1	40.3
中等地	34.3	48.1
下等地	27.6	11.6
合　计	100.0	100.0

第五生产队由于原来土地肥沃程度较高，包产指标也就较高，第四生产队由于原来土地肥沃程度较低，包产指标也就较低。这就是说，在这种包产下，对各生产队在公社化以前不问是自然条件或人的因素造成土地肥沃程度上的差别，都没有加以承认。从包产这一环节讲，各生产队必须依靠公社化以后的努力，特别是当年的努力，来超额完成生产从而增加收入。1960年两队实际产量上差别达18.7%，比原来包产上依据的土地评级产量差别8%高10.7%。这部分增大的差别便大致上反映了第五队劳动力出勤率高，每天工作时间较长，每亩地比第四队多施肥3 000斤，改良碱地220亩等的情况。

在包工方面承认差别，当前主要是通过用一定的办法将包工和产量直接联系起来，如以产定工，以产量和面积二合一来定工，以产量、作物用工量和劳动的底分三合一来定工等。高各庄大队的包工却没有直接和产量联系起来，而是采取按作物包工的办法，按照不同作物用工量每亩给以不同的工分，如小麦每亩包70分，晚玉米每亩包50分等，再用各自的播种面积相乘，最后再加总，得到总的包工数，再进行适当的调整后，统一地按春季作物、早秋作物、晚秋作物等，每亩多少工包下去。这样的包工由于和生产的好坏没有直接的联系，除非在两队作物面积结构上有

很大的差别；如一个以菜地为主，一个以大田为主，否则不同队间劳动力由包工部分所取得的报酬，应该是差别不大的。高各庄大队四队、五队的包工分数，分摊到每个劳力上，前者是243.5个工，后者是241个工，每工值0.525元，这说明两队劳动力平均工资收入如果不包括超产奖励和节约开支奖励，将是基本上一样的。由此可见，由于这种包工和生产的好坏没有直接的联系，它在生产队间承认差别上起的作用是较小的，是比较间接的。生产水平高的队用工量不一定比生产水平低的队少，即由于生产水平高的队常常亦是经营管理比较好的队，注意节约用工，但节约用工本身并不能直接增加劳动力的收入，因为包工总数和大队统一分配的工分值是固定了的。只有将节约用工转移到其他生产方面，特别是在三包任务以外的生产方面去，这样才能够增加劳动力的收入，造成收入上的差别。

包成本在承认差别上主要是解决生产队间在经营管理水平上的差别，特别是将财务管理上的差别怎样正确地反映到各生产队劳动力收入水平上去的问题。生产队间由于领导力量强弱，经营管理水平高低等的不同，对劳动力和生产资料等的使用上便也不同。领导水平强、经营管理水平高的生产队，既能充分调动劳动力的积极性，充分利用生产资料来增加生产，又能最合理地利用生产资料，精简节约，降低成本，对于造成生产方面的差别，在包产上已经加以承认了，对于节约开支方面的差别，就必须通过包成本来加以承认。高各庄大队第四、第五两队1960年包成本执行的结果，前者罚694.16元，后者奖883.51元，这是造成两队劳动力在收入分配上差别的另一个重要原因。两队劳动力平均收入水平相差23.7%，如果没有这部分奖罚，则差别将下降为17.9%。高各庄大队在包成本上采取的办法是：农业包括耕畜费、小农具修理费、农药费等每亩2.5元，细肥费每亩1.5元，管理费每队48元，种子费因作物而异，超支的满赔，节约的归己，但以节约中二分之一分配给社员，二分之一移作下年生产费用。这样包成本的办法基本上能够承认差别，因为经营管理水平高的队在各种生产费用支出上常是较低的，各生产队基本上按统一的标准包成本，就能够促进经营管理水平高的队能有较多的节约成本收入。

超产奖励办法是包产的继续，包产上承认的差别必须通过正确的超产奖励办法来实现。高各庄大队1960年在这方面采取了多奖少罚的办法，规定超产部分奖30%或减产10%以内不罚，10%以上罚减收部分5%，这种多奖少罚的办法是不能将合理包产所承认的差别正确实现的，超产部分除小部分上缴大队外，绝大部分归生产队支配，在生产队内部按劳分配，这是承认了差别；减产部分由于生产队只要罚其中很少一部分，即没有很好地承认差别，因此，为了正确承认差别，对减产的绝大部分加以处罚是必要的。从高各庄大队四队、五队的情况看，第五队超产3 395.43元，奖80%为2 116.34元，四队减产5 029.7元，按5%计算，只罚251.49元。当然，原来包产量是否合理，是否对第四队有偏高现象，这是另一个问题，但无论如何，这样的多奖少罚，对两队劳动力收入水平上起很大的拉平作用是肯定的。1960年两队劳动力收入水平相差23.7%，如果对四队减产部分也实行罚80%，则这种差别将增大为43.7%，这和两队生产上的差别41.7%比便基本上一致了。

总之，三包一奖制各环节是互相紧密有机联系着的，每个环节在承认差别上的作用，将影响到其他环节应起的作用，必须全面考虑安排，既要避免对每一环节都片面加以强调从而不适当地扩大差别的承认，又要防止相互间都没有适当地承认差别而造成一定程度的拉平现象。从高各庄大队三包一奖制在承认差别原则的贯彻上看，需要注意的主要还是后者。包产上虽然承认了公社化以后增加土壤肥力和社员干劲等方面的差别，但在奖赔制度上由于争取了多奖少罚的办法，没有将超产或赔产部分正确地反映到社员收入水平上去；包工上也没有和生产情况直接联系起来，只有在包成本方面才在承认差别上起了较大的作用。这一些，正是高各庄大队各生产队间在承认差别问题上还存在一定程度拉平现象的原因所在，需要进一步研究解决。

四

从以上分析归纳起来，可以明确下面几点：①在以生产大队集体所有制为基础的三级集体所有制的人民公社条件下，在大队内部进行收入分配必须在统一分配的前提下来正确承认差别，虽然统一分配的方式和程度可依据大队和生产队所有制的具体情况而有所不同。要在统一分配前提下正确承认差别，又必须有物质的基础。当前统一分配的物质基础是生产水平虽然还不很高，但生产队间在生产条件上基本趋于平衡，承认差别的物质基础是当前生产队间确实在生产条件上存在有差别，特别是劳动力干劲上的差别。②承认差别即是怎样正确将各队生产上的差别，反映到各队劳动力收入水平上去，这不仅要把发挥劳动力干劲，生产资料优越条件等而促进生产增加收入的差别要反映到劳动力收入水平上去，也要把在生产中生产资料的节约，把降低成本上的差别，反映到各队劳动力收入水平上去。③在生产大队是人民公社基础一级的条件下，正确将各队在生产上的差别反映到各队劳动力的收入水平上去，主要是通过三包一奖任务以内和三包一奖任务以外两方面来进行的。三包任务以外的承认差别，由于坚持了生产队的部分所有制，这部分收入主要归生产队所有和支配，问题已经基本解决了，当前主要是如何在三包一奖各环节上互相紧密配合起来，全面地考虑，来正确承认差别的问题。④承认差别问题既然是一个分配问题，是为与一定的生产力水平相适应的所有制所决定的。随着大队和生产队间所有制关系的改变，承认差别的方式和程度也将随之变化，绝不排斥在生产大队内部采取不同方面和不同程度的承认差别办法。如果在某些地区为了更好地适应生产力水平和照顾历史条件等，将大队的所有权下放，改为以生产队集体所有制为基础的三级集体所有制，与此相适应地，承认差别的方式也可能由三包一奖的办法转变为大队对生产队收入分配大包干等的办法，这样也必然将在更大程度上承认生产队间的差别。但是，不同承认差别方式怎样改变，承认差别程度怎样增大，只要大队一级的存在并保有部分的所有制，在大队内部就还是有适当承认差别和适当统一分配的问题，需要根据大队和生产队不同所有制情况来正确解决。⑤本调查研究只是根据公社化以来生产大队内部生产队间的生产条件、生产水平和收入水平进行比较分析，对公社化以前生产发展状况，所有制改变状况还基本上没有接触到，而这一些都间接和直接地影响到承认差别的方式和程度，是需要进一步来研究解决的。

从生产大队内部耕畜农具集体所有和使用的形式试论农村人民公社所有制的几个问题*

常 明 莲

人民公社是在原来高级社的基础上联合组成的。当前，我国农村人民公社存在着以生产大队的基本所有制为基础的三级所有制，也有的地方是以生产队的基本所有制为基础的三级所有制，人民公社这些所有制的过渡与发展，和生产力水平的高低有着相互促进相互制约的关系，有其规律性的发展过程。而主要取决于当前的生产力水平和群众的觉悟水平，其中较更为基本的是生产力的水平，生产力是不能听凭人们的主观愿望选择的。马克思指出："人们不能自由选择构成其全部历史基础的自己的生产力，因为任何生产力都是既得的力量，即以往活动的产物。所以，生产力是人们实践的结果"。① 观察农业生产力水平的高低离不开整个社会的生产力水平，同时也离不开对发展农业生产力基础水平的具体分析。我们知道，生产力包括有三个方面的要素：人的劳动力；劳动资料或劳动手段（其中主要是劳动工具）；和劳动对象。在这三个要素中，人的劳动力具有决定的意义，是基本的生产力，同样的生产工具，被具有不同劳动能力、劳动积极性和熟练程度的人所掌握和运用，必然在生产上产生不同的效果。而生产工具又是生产力三个要素中最活跃的要素，由于工具的不断改进，不同时期新的生产工具，标志着新的物质技术基础，为人们发展生产的斗争提供了更优越的条件。这样，对于提高生产力水平就比较更有决定性的意义。马克思曾经指出："划分经济时期的事情，不是做了什么而是怎样做，用什么劳动手段去做。劳动手段不仅是人类劳动力发展程度的测量器，而且是劳动所在的社会关系的指示物。"②因此，在我们考察生产力水平高低的时候，应该把这三个要素所包含的能量及结合后所产生的后果，即产品的多少或质量的好坏，统一加以衡量。而其中又以什么样的生产工具进行生产为主要的标志。

一

那么，当前我国农村的生产力究竟是什么样的水平呢？自从人民公社化以来，农业生产力获得了迅速的发展，许多公社兴建了农田基本建设，增加了现代化的灌溉设备，拥有了部分现代化的农业机械和动力机械，这就显示了人民公社在它的发展过程中，创造了比高级社更高的物质技术基础，这是人民公社的伟大希望和伟大前途。但是这些生产资料的改进，只引起农村生产力的部分质变，也就是说在进行农业生产时起决定作用的生产工具，还没有根本性质的改变。我们从

* 本文完成于1961年。

① 《马克思恩格斯文选》（两卷集）第二卷，第442页，1955年莫斯科版。

② 马克思《资本论》第1卷第195页，人民出版社，1953年。

下面几个典型调查材料可以说明：

1. 固定财产投资构成（1961年通县北寺公社高各庄大队）。

表1 单位：元

	合　计	农业机械	耕畜	新式农具	旧式农具	运输大车	副业设备	房屋建筑	水利建设	其　他
金　额	123 127	11 089	32 171	2 257	2 520	20 236	15 558	28 213	6 570	6 513
占合计的%	100	9.0	26.1	1.8	2.5	16.4	12.5	22.7	3.7	5.2

从固定财产投资来看：农业机械仅占9%，耕畜、农具、运输大车却占46.8%。

2. 农业支出构成（1960年武清县王庆坨公社）。

表2 单位：元

	总支出	种子	饲草	饲料	肥料	农具	灌溉费	机械费	小农具购置费	农具修理费	农业杂支
金　额	538 213	24 041	52 817	226 863	68 706	23 791	181	11 704	43 350	18 286	68 331
占总支出%	100	4.6	9.8	42.0	12.7	4.4	0.3	2.2	8.0	3.4	12.6

从当年投入的生产费用来看：饲草、饲料占51.8%，农具修理、购置费占到11.4%，而灌溉费、机耕费仅占2.5%，耕畜农具的投资占到63.2%。

3. 农业生产过程中的秋翻地的情况。

表3　三个公社秋翻地的情况（均以大田作物—谷物生产为主）

单位：亩

	北京通县北寺公社高各庄大队		天津武清县王坨公社郑楼大队		太原阳曲县黄寨公社北留大队	
	耕　地	占总耕地%	耕　地	占总耕地%	耕　地	占总耕地%
总耕地面积	6 548	100	2 965	100	15 307	100
拖拉机耕地	1 469	22.3	900	28	—	—
畜力耕地	4 578	68.8	2 065	72	15 307	100
人力拉犁耕地	501.8	8.9	—	—	—	—

这三个大队都具有城市郊区的特点，尚没有全国的代表性（全国机耕地约占6%），但机耕地也仅占20%～30%，其中播种、中耕、除草、收割等重要作业主要是利用人力、畜力。还有个别公社有将近9%～10%是用人力拉犁耕地，是极笨重的劳动，也是劳动力的很大浪费。

4. 农业生产动力机械的采用情况。

表4　黄寨公社、王庆坨公社动力机械构成

	锅驼机		柴油机		电动机		煤气机		水　泵		总马力数	每马力负担耕地（亩）
	台数	马力	台数	马力	台数	马力	台数	马力	台数	马力		
黄寨公社	4	40	6	52	25	147	—	—	—	—	239	274
王庆坨公社	2	7.3	1	3.5	—	—	20	193.5	18	138.5	242.8	380

当前动力机械在整个农业生产中占的比重还很小，在生产过程中还起不了决定性的作用，

300亩左右才有一个马力，显然不足。因此，农业生产中的主要动力，就不能不借畜力来进行。

5. 因此，可以认为（事实上也有这种情况），**在同样生产条件下，由于耕畜的多少，生产的成果就有不同。**如王庆坨公社六道口生产大队15个生产队，按每头耕畜负担耕地情况不同，完成包产任务的情况也不同。

表5

按每头耕畜负担耕地分组	生产队数	超产队数	减产队数	减产队数占该组队%
50～70亩	6	4	2	33.3
71～90亩	6	3	3	50.0
91亩以上	3	—	3	100.0

表5各队超产、减产的原因是多方面的，但在“四固定”基本平衡、“三包”基本合理的情况下，耕畜的多少有很大的影响。因为耕畜多、肥料多、可以节约劳动力实行精耕细作、及时播种、各种作业不违农时，因此必然促进生产增加。

6. 在农业生产过程中几项主要作业所使用的生产工具情况（上举三个公社情况类似）。

耕地：畜力耕地占70%～80%，尚有少数人力拉犁，多用双铧犁和步犁；播种：100%利用畜力拉耧、耠子开沟和手工操作。中耕除草：多用畜力耘锄和手工耘锄；收割：大部分是手工工具；其他如施肥多用手工工具；灌溉排水；北寺公社有抽水机、扬水站，其他两个公社仅有水车，或辘辘灌溉。

7. 农业生产过程中运输工具的构成（1961年5月情况）。

表6

	折铁轮大车总计*	胶轮大车			铁轮车		手推车		
		车数	折铁轮车数	占总计%	车数	占总数%	车数	折铁轮车数	占总数%
黄寨公社	185	42	63	34.2	106	57.0	89	18	9.7
王庆坨公社	818	129	196	23.9	602	73.6	102	20	2.5
北寺公社	70	7	10	14.4	43	61.4	84	17	24.2

* 折合标准按5辆手推车相当一辆铁轮车，一辆胶轮车相当1.5辆铁轮车计算。

当前农业生产当中的运输任务约有60%～80%依靠铁轮大车来完成。

上面几个材料证明：当前农业生产中主要的动力是畜力，主要的工具是旧式农具、改良农具和手工工具。农村人民公社的生产力水平，在很大程度上受这种生产手段所制约。农村人民公社所有制的问题，就不能不受这种生产力的水平所决定。我们就从观察这一生产力水平的状况出发，试对农村人民公社所有制的问题作一些探讨。

二

人民公社的成立，一方面继承了原高级社生产方式的物质技术基础（耕畜农具为主）；另一方面又在逐渐改造这种基础。随着人民公社的不断巩固和提高，创造出适合自身的生产方式的物质基础（现代化的农业机械和动力机械），在这一新的物质技术基础上，不断提高生产力水平，并促进所有制的变化和过渡，二者之间，必然有一个规律性的发展过程。既然当前生产工具中一般起决定性作用的还是原高级社的耕畜、农具和手工工具。当前的任务就在于从有利于生产出发，反复考察和研究如何发挥这些生产资料的作用，其中十分重要的是如何正确地调动那些掌握与使用这些生产资料的人的最大的积极性和主观能动性，正确解决劳动力与工具的关系、思想与物质的关系，不断促进生产力水平的提高和所有制的过渡与发展。这里劳动力与工具的关系，基本上还是人对于工具的所有与使用的关系问题。因而为了充分考察耕畜农具等生产资料作用的发挥，就不能不集中地从当前耕畜农具所有权和使用权进行了解和分析。

所有权和使用权在严格的法权概念上来说，两者是有区别的，但是在经济意义上有许多共同点。所有权：一般是指对生产资料有权支配、使用或处理它（也可以在一定时期或一定条件下转让这些权力）。同时有权买卖、出租、抵押或报废这些生产资料，这种权力是所有者独有的，是随着生产资料所有者的转移而转移的。使用权：是指在劳动过程中，生产者有权对投入生产过程中的生产资料支配它、使用它。在农村人民公社各级经济关系中，直接组织生产的某一集体（或生产队），有时对这些生产资料尽管没有所有权，为了使生产正常进行也必须有使用权，但是在进行生产的过程中，要从使用价值形态或价值形态不断得到补偿，为所有者保存生产资料的原值。因此，由于使用者投入了活的劳动，在生产中消耗所有者的生产资料其所创造的产品或价值，其中一部分应该归使用者所有，这些产品的所有权，就是由使用权所引起的。由此可见，所有权和使用权有时统一，有时分离。当前农村人民公社耕畜，农具所有和使用的形式，就是这种所有权和使用权统一或分离的具体表现。

根据初步调查材料来看，耕畜农具所有和使用的形式，一般有下列四种：

1. 生产大队所有，生产大队统一使用。主要是指一些机械化或半机械化的农具、动力机械和大中型排灌机械等。这些生产资料大部分是小社并大社或转为人民公社的生产大队以后，较大集体范围内的公共积累购置，所以归生产大队所有。同时，目前这些机械数量少，作用较大。有的机械（如排灌机械）涉及几个生产队共同受益的问题，归生产大队统一使用，把所有权和使用权统一在大队一级，对生产较为有利。但是随着生产的发展，较大型的农业机械不断增多。那些中型的马拉农具，在一个生产队内已经可能充分发挥其效率的时候，从有利生产出发，也可采取固定给生产队使用的办法，或以等价交换的原则转移所有权给生产队，所有权和使用权仍统一在生产队一级，对生产也是有利的。

另外，有的生产大队，为了发展大队企业，占有和使用一部分生产资料（耕畜、大车），这些企业的产品和收入由大队统一分配，如王庆坨公社六道口生产大队，有一部分骡马、胶轮大车经常用于短途运输，农忙调到生产队协助生产。这部分生产资料，归大队统一使用还是必要的。

2. 生产队所有，生产队使用。主要是指生产队用自有资金购置的耕畜农具，如犁、耧、耙、盖、牲畜套具等。这部分生产资料主要是合作化时社员作价入社或高级社（并大社前的合作社相当于现在的生产队）这个小集体购置的，是他们共同的劳动积累，归生产队所有是正确的。同时这些中小型农具也只适合小规模生产经营，多用畜力、手工操作。在生产队这样小集体范围内已能充分发挥作用，也有利于发挥劳动者的主观能动性，有利生产。但是，随着生产的发展，大队经济力量的强大，这些农具仍应归生产队所有和使用，完全没有必要将它的所有权转让给生产大队。目前，有些地方虽然耕畜农具归生产队所有和使用，但仍保持生产大队一级的基本所有制，也有些地方则以生产队为基本所有制，这要分析具体情况来决定。

3. 生产大队所有，固定给生产队使用。一般是指耕畜、农具、大车、犁、耧、耙、盖、耘锄、耠子、及耕畜套具等。这些生产资料的所有权归生产大队，使用权归生产队。这种形式，是由相当于大队一级的原高级社社员共同劳动积累的，形成对这些生产资料的所有权。但是，又因为集体化的规模较大，这就与适于较小规模经营的耕畜农具产生了矛盾。如六道口大队600多户14个生产队，大队不便直接统一组织生产，因此采取所有权和使用权分离的办法，把耕畜农具固定给生产队使用。采取这种形式，关键在于正确处理所有者和使用者的关系。这个矛盾集中反映在耕畜的繁殖、饲养，农具的维修、保管和产品的分配问题上。因此，采取这种形式的时候，必须相应的制订具体措施，保证双方的利益。各地解决这一矛盾的具体经验很多。据调查一般是将固定给生产队使用的耕畜、农具，逐头逐件登记造册，折价记款，规定使用年限，逐年由生产大队统一扣除折旧，生产大队发给生产队耕畜农具扩大再生产的资金，生产队保证生产大队所有的耕畜、农具不受损失。如果未到使用年限，耕畜死亡，农具丢失，要由生产队负责赔偿（尊重生产大队的使用权）。如北留大队的“四固定、四套档案”的做法，六道口生产大队“保质、保本、保数、包干”的办法，都是解决这一矛盾的良好经验。

4. 生产大队部分所有，生产队部分所有，生产队使用。这种形式主要是指在保证生产大队的所有权不受侵犯的前提下，由于生产队积极努力，多投入了劳动和资金，增加了一部分生产资料，这是归生产队所有。北留生产大队，在“四套档案”制度中规定，凡耕畜超过使用年限，或者完成繁殖任务以外的幼畜，归生产队所有。六道口生产大队是在“保质、保本、保数、包干”的任务以外多余的耕畜和农具归生产队所有。这种形式是由于所有权和使用权分离，由于使用者多投入了劳动形成的。在耕畜农具中分别属于两个所有者，实际在生产过程中管理使用不易分开，例如饲养员同样地对牲畜和幼畜进行管理喂养，都是为完成生产任务而服务的。只不过在经济上分别核算罢了。这种形式，随着生产的发展，可能向两方面转化：以等价交换的原则归生产大队所有，固定给生产队使用，或者改为生产队所有生产队使用，尚有待于在实践中摸索。

三

耕畜、农具既然都是集体所有，为什么有的是生产大队所有，有的是生产队所有呢？前面提到集体所有制是由农民的个体所有制向全民所有制转化的过渡形式。在这一过程中，应该看到集体所有制经济中的两重性：一种是社会主义公有制的成分（在大的集体所有制中就比较多），它比私有制要进步得多，随着生产水平和人民觉悟水平的提高而逐步发展，另一种是在小的集体所有制中私有经济的成分就比较多，它还是“一伙人、一伙人”的小公有。无疑地要随着生产力水平和人民觉悟水平的提高而为大的公有所代替。这些生产资料的所有权的变化，必然影响生产资料使用权和所有权的关系的变化。耕畜农具究竟应该归哪一级所有，不能取决于人的主观愿望，也不能强求一致，而是取决于客观存在的生产力水平和人们的觉悟水平，从有利于生产出发，具体分析具体解决。根据初步调查的材料，试对耕畜、农具所有权不同形式的几个条件作一些探讨：

耕畜农具是人们劳动的产物，是历年来生产实践的结果，它凝结着人们的物化劳动和活劳动、耕畜应该归哪一级所有，主要依据它所凝结的劳动大部分是谁的，尊重对这些生产资料的所有权，也就是指：这种所有权的转移必须从有利生产出发，依据等价交换（同等劳动量）的原则，违背这一原则就会挫伤劳动者的积极性。但有时为了便于组织生产，使生产资料的所有权和使用权可能分离，这样在进行生产的过程中由于活劳动和生产资料（耕畜也凝结了人的活劳动）的正确结合，所创造的价值，不仅凝结所有者的劳动，同时也凝结着使用者的劳动，这就必须在经济上以同等价值的劳动（一定数量的产品和收入）抵偿生产资料所有者和使用者的劳动消耗。

表 7　王庆坨公社郑楼大队、大柳子大队，耕畜、农具的增长情况

	耕畜（头）					农具（件）							
	总计	牛	驴	骡	马	总计	大车	犁	耧	耙	耘锄	水车	锄刀
现有合计	68	30	32	3	3	115	23	20	20	9	26	3	14
社员作价入社的	19	8	10	1	—	103	19	16	20	8	26	—	14
互助组时增加的	2	—	2	—	—	—	—	—	—	—	—	—	—
初级社时增加的	9	2	3	2	2	—	—	—	—	—	—	—	—
高级社时增加的	24	15	8	—	1	7	2	4	—	1	—	—	—
人民公社成立至1961年6月增加的	14	5	9	—	—	5	—	—	—	—	—	3	—

表 7 可以看出：从高级合作化以前所保留下来的耕畜占现有头数的 79.1%、农具占 95%，这就是说将近 80%～95%是原高级社成立以前这个小集体范围内所共有的。农具的所有权，已经以社员作价入社的形式转移为原小集体所有（主要是原来的高级社），实质上，这些生产资料所凝结的劳动已成为当时某一个小集体全体社员共同劳动的积累，随着合作化和公社化以前的集体经济组织的不断扩大，生产资料的公有化程度逐渐提高了。因此，面对着两个问题：第一，这些生产资料归哪一集体所有？第二，基本所有制确定在哪一级？就必须承认并且尊重某个集体的劳动成果。耕畜农具这种或那种的所有制形式，首先是由哪一个集体投入的劳动来决定的。因此，必须坚持原来的集体所有，统一所有权和使用权的关系。为了适应生产的发展，这种占有关系需要调整时，必须经过协商同意，并且实行等价交换。进一步说，当耕畜农具还在生产工具中占着重要位置的时候，就不能不考虑以占有它们原来的集体作为基本所有制的一级。而目前生产资料中耕畜农具还没有被新的生产工具所代替，并且占了主要位置的时候，一般的基本所有制的形式，也不宜改变。即使基本所有制的形式随着生产资料的发展，而上升变化了，耕畜、农具仍应归原来的集体所有和使用。因为，事物的内容决定于事物的形式。马克思曾经指出“随着新的作战工具即射击火器的发明，军队的整个内部组织就必然改变了，各个借以组成军队，并能作为军队行动的那些关系就改变了，各个军队的相互的关系也发生了变化”①。这里指出军队作战的形式（怎样的编制、队形）是由作战的武器决定的。可以设想，现在农村人民公社进行生产的主要工具仍然是耕畜、农具，这是进行生产的内容，至于这些生产资料归谁所有，采用什么所有制形式，则必须适合于在最大限度内发挥这些生产资料的作用，也就是指发挥创造这些生产资料的劳动者的积极性。因此，当生产工具仍然还没有质的（如半机械化、机械化农具占到主导地位）改变以前，所有制的形式仍以保持原来已能充分发挥生产工具最大效能的那种形式为好。

与之相联系的是生产大队的经济力量。在同一社会经济形态中，较大的经济单位，要求具有较雄厚的物质基础，如较高的农业机械化水平，与之相适应的必然是较大的经营规模。可以预料，随着生产的发展，生产大队拥有了更多的先进的生产资料来装备生产队，耕畜农具在生产中退居于次要地位的时候，就完全有必要把基本所有制放在生产大队一级。但是，目前有的生产大

① 《马克思恩格斯全集》，第 6 卷，第 487 页。

队（指原来小社合并的大社），所拥有物质基础还很薄弱，一般仅有一些动力机械（锅驼机、煤气机、电动机）、胶轮大车和少数马拉农具，在生产中尚未占据主要地位，还不足以形成基本所有制。这必须有一个发展过程，而不能无偿平调生产队的生产资料，来建立大队的基本所有制。

生产大队经营规模的大小，在现在生产力水平的条件下，有时决定耕畜农具的所有权和使用权的统一或分离。这是受耕畜农具作为主要生产工具以及其他有关条件所制约的。直接组织生产的生产队一般以30～50户左右为宜，生产大队的规模愈大，下设的生产队数愈多，如北留生产大队600多户设14个生产队，王庆坨公社冷家堡、小王堡生产大队50～60户左右，各设两个生产队，大柳子生产大队33户则没有设生产队，由大队直接组织生产。因此，在规模较大的大队把耕畜农具的使用权固定给生产队，规模小的则可以统一在大队一级，对生产都是有利的。

在研究耕畜，农具这些生产资料所有权问题的时候，还应该考察耕畜的自然经济特性。例如，耕畜这种生产资料与别的生产资料不同，它是有生命的动物，人们使用耕畜进行生产，实质上，是以掌握和利用耕畜本身的生长发育特性这一自然过程作为基础而进行的，我们就是利用各种管理办法，来控制耕畜的自然生物变化过程，以达到在经济上最有利的使用。耕畜在经济上分析是劳动手段，是固定财产。但是这种固定财产的增加不能人为的创造，必须凭借耕畜本身所固有的繁殖能力，依靠人们的精心喂养与使役，才能进行不断地扩大再生产，在生产过程中使用它，充分发挥在使用期间的生产能力，并尽量延长使用年限，耕畜在生产过程中随着年老逐渐损耗转入产品，但又能不断繁殖小牲口而得到更新。这种作为生产资料扩大再生产和更新的过程，耕畜具有它独有的特性。因此，在确定所有权和使用权时，必须看到它与人的管理和劳动密切依附的关系，必须承认与尊重饲养和使用耕畜人的劳动，也就是说由了解耕畜生产发育的规律和饲养技术的人来管理。如果为生产大队所有，必须固定给生产队使用，由专职人员饲养。否则，不固定使用，没有专人饲养就没有人对耕畜的生命负责，较易造成死亡；另外也要在可能范围内，将耕畜的使用权和所有权统一起来，放到适当的一级，以充分激发劳动者的积极性。此外，幼畜的所有权问题，也必须处理恰当，才有利于不断扩大再生产。幼畜究竟归哪一级所有，即归母畜所有者，还是母畜的使用者，这也是客观存在的问题。从幼畜本身来看，它的不断繁殖在很大程度上是由于生产队的生产过程中对母畜的细心管理和使用（包括配种、特殊的饲养管理）所繁殖的，没有生产队社员的这种劳动，即使耕畜本身有繁殖机能，也不会有更多的生殖，可以说这是生产队作为生产原料来进行培育的，是劳动对象，是生产队集体劳动的成果，应该归生产队所有。也有的与大队分成（因为母畜是大队所有，以补偿母畜的消耗），这也是合理的。

农具归哪一级所有，如何使用才能发挥最大效率，有利于生产，也要具体分析农具的种类和特性。现代化的农业机械归公社或国家所有（此处从略）。半机械化的农业机械，如马拉播种机、马拉收割机、马拉中耕机、切片机和一些动力机械（锅驼机、柴油机、煤气机、水泵等等），这些生产资料价值比较贵，生产效率比较高，对提高劳动生产率起显著的作用，能节约一定的劳动，也需要有一定熟练技术和维修设备，它是在更大范围内社员集体劳动的积累，是构成生产大队基本所有制的新的物质基础。这部分生产资料，应该归生产大队或者更大的集体所有。至于生产大队统一使用，还是固定给生产队使用，要根据其他条件具体分析。

中型农具：如耕畜、大车、犁、耧、耙、盖、耘锄、牲口套具等等，这是当前进行农业生产的主要工具，利用效率高，容易磨损，需要经常修理，是生产队进行农业生产所必需的武器，同时需要更多的人的体力和经验加以运用。可以归生产大队所有固定给生产队使用。有的地方还把这些农具归生产队所有，也是有利于生产的。

小型农具：如铁锹、镐、锄头、刀斧等，这些农具价格低廉，体型小，容易丢失，不易保管，有的使用年限较长，是当前社员参加劳动所必备的工具，是农民迫切需要的生产资料，运用它们所需要的体力更多，就更依附人的劳动，对于提高整个农业生产率起不了显著的作用。但是，对于提高社员的劳动效率却有着重要的影响，它与社员参加集体劳动的数量和质量直接有关，很大程度上影响社员的劳动报酬，这些工具是社员以“劳动股份”的形式投入集体劳动，又以“劳动股份”的形式取得报酬，以补偿工具的消耗。同时，小农具原来往往都是社员以自己的资金购置的，是属于社员个人的，必须尊重社员个人所有制，应该坚决贯彻个人所有的“自有、自用、自购、自修”的原则，有利于发挥社员的劳动积极性，促进农业生产。

最后，干部的经营管理和人的生产技能是生产力的一个重要因素，既然所有制的形式是受生产力水平所决定，经营管理技术能力就不能不给予一定的影响。通过干部和群众制订行之有效的经营管理制度，在一般情况下和一定物质基础上，对于促进生产就起着主要作用。较好的经营管理制度，就是能认识这些客观规律，认真执行政策，透过制度本身认真解决各级之间所有权和使用权的关系，从政治思想和物质保证两方面调动人们的积极性，更好地发挥生产资料的作用。例如：阳曲是黄寨公社北留生产大队，贯彻“四固定”政策时，相应的建立了“四套档案”的制度。武清县王庆坨公社六道口生产大队，建立“保质、保本、保数、包干”的办法，有严格的责任制度，尊重大队的所有权，同时也尊重生产队的使用权，大大鼓励了社员的积极性。如 1960 年六道口生产大队十一队，因使役过度和饲养责任心不强，死了两头耕牛，大队按规定罚款 178 元，十一队的收入减少了，再加上“三包”任务完成的不好，致使社员的工分值降低（全大队劳动日值平均 0.65 元，十一队劳动日值 0.389 元），大大激发了社员的积极性，1961 年情况大有好转。因此，采取大队所有，生产队使用的办法，必须有相应的经营管理制度来保证双方的权力，对生产发展才能有利。又如北京通县北寺公社，有的大队虽采取固定给生产队使用的形式，但没有建立起完整的制度，对所有权和使用权两者的关系处理得不好，对生产队的使用权尊重得不够，为了调动广大干部和社员的积极性，有的大队采取了归生产队所有和生产队使用的办法。

在确定所有权和使用权统一或分离、基本所有制在生产大队一级还是生产队一级？以上几个方面需要综合考虑，其中最根本的问题，是要从当前生产力的水平出发，坚持社会主义的等价交换的原则，尊重人们的劳动，尊重各级的所有权和使用权，正确处理两者的关系。

四

耕畜农具集体所有和使用的形式和产品的分配关系，即生产大队的统一分配与承认差别的问题，究竟如何认识，这里提一点粗浅的看法：

生产大队的统一分配，是指全大队社员集体劳动的成果，完成国家征收任务以外，按照全大队社员的利益进行分配。首先补偿生产资料的消耗，扣除当年的生产费用，为了扩大再生产，必须扣除一定的公积金和为社员福利事业的公益金，然后根据社员的劳动工分，在全大队范围内进行分配。这一扣除和分配的多少决定各生产队上交产品和收入的大小，各生产队上交数量多，统一分配的物质基础就雄厚。上交统一分配数量的多少是由生产资料所有和使用的形式决定的。马克思曾经指出：“消费品的任何一种分配，始终只不过是生产条件本身分配的后果。”① 我们试分析上面几种生产条件分配的形式对统一分配的影响作用。

① 《马克思恩格斯文选》（两卷集）第二卷，第 23 页，1955 年莫斯科版。

1. 生产大队所有，生产大队统一使用的，是由生产大队完全占有和使用生产资料，大队统一组织劳动力运用这部分生产资料，为各生产队进行生产，所创造的产品和收入，应该计算在“三包”范围内，参加统一分配。至于大队经营的企业收入，直接加入统一分配，这两部分的产品和收入，全归大队所有。

2. 生产队所有，生产队使用的生产资料，在生产过程中所创造的产品和收入，应该归生产队所有，这些生产资料的再生产和扩大再生产是由生产队负责的，生产队要以其全部产品和收入的一部分，补偿已消耗的生产资料价值和自己追加的劳动消耗。生产队所有的生产资料才能年年得到更新，保证所有权不受侵犯。如果没有产品的所有权，几年以后，随着生产资料转入产品全部上交大队，生产队的所有权就随之消失了。实际上，就是无偿调拨了生产队的产品和收入，这是违反社会主义等价交换的原则的。所以，尊重生产队的所有权，就是要把产品和收入适当留给生产队支配。要根据生产队所有的生产资料在生产中的地位和作用来决定留量的多少。也有的生产大队的耕畜农具部分为生产队所有，大队仍能统一分配，就要看具体情况，根据生产资料所有和使用的权力，正确处理产品分配的关系，如果应该上交给大队的产品和收入大于生产队自留的产品和收入，生产大队仍不失为统一分配单位。但是，目前大部分地区，耕畜农具仍是农业生产的主要动力和工具，耕畜农具归生产队所有和使用，一般的产品的统一分配权也应归生产队所有，即基本核算单位、基本所有，统一在生产队一级，当前来看，这种形式，对生产较为有利。

3. 生产大队所有，固定给生产队使用，这种形式参加生产的情况比较复杂，对产品分配的处理也带来一些特殊问题。前面谈过，由于使用权和所有权在一定程度上的分离，这就形成生产资料的分配是生产大队有所有权，生产队也有所有权。因此，生产的成果“产品和收入”，也应该根据参加生产的形式来进行分配。“三包一奖”制就是适应这种所有制的形式，所采取的特定的分配方式（也有的采取以产定工、大包干等形式），“三包一奖”的分配方式，受这种固定使用生产资料所决定。在包产范围内为上交大队统一分配，在“四固定”基本平衡，“三包”基本合理（所谓合理，就是大队根据固定给生产队的土地、耕畜、农具、劳动力的好坏、强弱、多少，生产队承包一定的生产任务，这部分应上交给大队统一分配）的情况下，由于生产队努力劳动，追加活劳动或物化劳动，超额完成生产任务，超额部分应该归生产队所有。尊重生产队的固定使用权，不能把生产队自己追加劳动，追加投资而超额的产量都算在包产任务以内上交大队，这样就会挫伤生产队干部和群众的积极性，六道口生产大队，根据1959年各队“四固定”的情况，按照土地等级、耕畜、劳力强弱、农具的多少、好坏，逐块土地都订了基本包产数（即一般正常年景，追加投资相同的情况下）。每年生产大队根据大队追加投资的情况，适当增加包产任务（1961年比1960年增加了10%），由于生产队改良土壤，增施肥料，增加产量，大队也不予增加包产任务。所以，有条件的地方包产任务，可以2～3年一定，这样生产队的产品和收入就不是全部如数交给大队，而只是上交“三包”以内的产品和收入，这是符合社会主义按劳分配的原则的。因此，生产大队既要在大队范围内统一分配生产大队所有的产品和收入，又承认各生产队在产品留量和收入水平上的差别。就是由于这种生产资料所有制的形式决定的，也就是说是由于生产大队有占有这些生产资料的权力，而生产队有使用这些生产资料的权力所决定的。

上述材料是根据1961年3月底至6月底，分别在山西阳曲黄寨公社北留等三个生产大队和河北武清县王庆坨公社郑楼、六道口等六个大队，亲自参加的调查材料（参加调查的还有三、五年级的四位同学）和部分通县北寺公社高各庄大队的调查材料（本人未参加），于7月初步整理，10月份进行修改，12月第二次修改。限于实践知识和理论水平都很低，对当前农村的情况尚欠了解，对问题的分析很不深刻，更难免有许多错误之处，请同志们多加批评和指导。

关于我国社会主义条件下级差地租与级差土地收入的初步认识*

肖鸿麟

一、从地租概念看级差地租在我国的存在问题

依据马克思列宁主义的地租学说，绝对地租这一经济范畴，是反映土地所有者、租佃资本家和农业雇佣劳动者之间的关系；它是由土地所有权的垄断产生的；它的物质基础是额外剩余价值，即价值与生产价值的差额。在我国社会主义社会，由于实现了土地改革，废除了土地私有制，而平均利润和生产价格规律也已经失去了效力，绝对地租这一经济范畴已不复存在，这是可以肯定的。

但是，在我国社会主义制度下，在农村人民公社和国营农场中，是否还存在着级差地租呢？为了说明这个问题，我们认为：必须首先认识级差地租这一经济范畴的本质，认别级差地租的泉源、物质基础，内容及其形成的条件，并结合我国的具体情况来加以分析和论证。

这里，我们应该首先指出：地租、从而是级差地租，既是一个经济范畴，也是存在于特定历史条件下的历史范畴。而一定的经济范畴，则是随着特定的社会经济条件而产生，反映着一定的生产关系，并起着一定的作用；同时，它也必然会随着新的社会经济条件的产生而退出历史舞台。我们必须依据这一马克思列宁主义的观点，来认识在我国条件下是否还存在着级差地租的问题。

根据马克思列宁主义的地租理论，我们可以得出下述关于地租的一般概念。

地租是几种社会形态所固有的经济范畴。它的社会性质取决于生产资料所有制的形式。

在对抗性的社会形态里，一切地租形式所具有的共同特点是：

(1) 地租的泉源是直接生产者的剩余劳动（全部或一部分）。

(2) 构成地租的物质基础是剩余产品和剩余收入（全部或一部分）。

(3) 地租的内容取决于与占有剩余产品（收入）有关的人们之间的关系，并反映着对于土地关系有关的人们之间的关系。

(4) 地租的形成条件是土地所有者脱离农业经营，即土地所有权和土地使用权的分立，或者是作为所有权对象的土地与作为经营对象的土地的分离。如果没有这种分离，那就不会有地租关系。

(5) 土地私有制是剩余产品（收入）转化为地租形式的原因，同时也是土地所有者攫取剩余产品（收入）的原因。

---

* 本文完成于1961年。

再从地租的历史考察，大家知道，在奴隶制度下，大地产的所有者（奴隶主）是土地所有者，同时也是其他一切生产资料（包括直接生产者的奴隶在内）的所有者，这里还没有作为所有权对象的土地与为作经营对象的土地的分离。因此，在这场合，虽然存在着土地私有权与地租的物质基础——奴隶所创造的剩余产品（收入），但没有作为经济范畴的地租。只有当奴隶主自己不再组织生产而将土地租给独立生产者（农民）的时候，地租才开始出现。但在奴隶制社会出现的这种地租，按其性质说，已是封建地租的萌芽。

封建制度下，农业经营也发生类似的情况。即封建主占有土地和其他生产资料，利用隶属农民的劳动，自己直接从事土地的经营。这里，同样不存在作为所有权对象的土地与作为经营对象的土地的分离，因而也不发生地租关系。但是，封建主义的特点是：封建主把土地"分给"农民耕种，农民被束缚在土地上，并以劳役、实物或货币的形式把地租交给封建主。在这里，作为所有权对象的土地与作为经营对象的土地的分离，从而是地租关系，已经采取了较奴隶制度更为普遍的形式。

在资本主义制度下，地租的形成也同作为所有权对象的土地与作为经营对象的土地的分离密切联系着，而且这种分离达到了更加充分的发展。马克思指出："资本主义生产方式的重大结果之一是：……使当作劳动条件的土地，完全从土地所有权与土地所有者分离开来"[1]。在资本主义租佃制下，这种分离固然是十分明显的，就是在抵押制下，土地的抵押本质上也同样意味着这种分离。这正如列宁所说的："实际上，土地的抵押显然是地租的抵押或出卖。因此，在抵押制下也同在租佃制下一样，地租的获得者（土地占有者）与企业利润的获得者（农户、农业企业者）是分开的"。[2]而如果土地所有者自己就是资本家或资本家自己就是土地所有者，那就会如马克思所指出的，可以有无须支付地租而把资本投到土地去的情形发生。但这种情形"只是当作例外。资本主义的土地耕作，是以机能资本与土地所有权的分离当作假定，所以原则上排斥地主自己经营的情形"。[3]

但不论在奴隶制社会、封建社会或资本主义社会，地租总是意味着土地所有者凭借其对土地的所有权，占有直接生产者的剩余产品（收入）。正如马克思所指出的："一切地租都是剩余价值，是剩余劳动生产物"，[4]"地租就是土地所有权在经济上实现自己，增殖自己的形态"[5]"地租不管属于何种特殊的形态，它的一切类型，总有这个共同点：地租的占有是土地所有权得以实现的经济形态，并且地租又总是以土地所有权为前提"[6]。

马克思关于地租所提出的这些命题，对于各种对抗性社会的一切地租形式都是完全适用的。所不同的是：在奴隶社会和封建社会里，土地所有者是以地租形式取得全部剩余产品（收入）；而在资本主义社会里，土地所有者与资本家之间则发生了共同瓜分剩余产品（收入）的关系，即剩余价值的一部分以平均利润形式为租佃资本家所攫取，而剩余价值的另一部分（超过平均利润的余额）则以地租形式归土地所有者占有。

因此，在对抗性社会形态中，一切地租形式所固有的，共同的因素，主要就是：

第一，作为所有权对象的土地与作为经营对象的土地的分离。而这是决定地租关系能否存在的前提。

第二，土地所有者凭借土地所有权占有生产者所创造的剩余产品（收入）。这里，土地所有权的经济意义就在于：将剩余产品（收入）转化为地租，或以土地所有者的资格攫取生产者的剩余产品（收入）。

基于对上述地租概念的认识，我们认为，在我国社会主义制度下，不仅绝对地租，而且级差地租都应该说是不存在的。这是因为：第一，不论在全民所有制的国营农场或集体所有制的农村人民公社，都不存在着作为所有权对象的土地与作为经营对象的土地的分离。虽然，在公社中土地是归生产大队所有，而固定给生产队使用，但这并不意味着作为土地所有者的生产大队脱离农业经营。即是说，土地仍然是归生产大队统一经营，独立核算，自负盈亏。第二，基于同一原因，这里也并不存在着凭借土地所有权取得剩余产品或剩余收入的问题。显然，国营农场上缴给国家的额外收入（包括上缴利润和农业税）、公社（生产大队）交纳给国家的农业税以及生产队上缴给生产大队的产品和收入等这样一些东西，是不能看作地租的。

有人认为生产大队向国家缴纳的农业税，是级差地租的一个组成部分。[7]这实质上是等于说国家向生产大队征收地租。这里，且不说级差地租这个范畴是否存在于当前我国社会，只要指出下列两点，就可以认为这种看法是不正确的。

第一，在我国，国家不是土地所有者，即土地不是国有，而是归生产大队所有。在国家和生产大队之间，是不可能存在地租关系的。第二，即令我国和前苏联一样，土地是国有而归集体农民永久使用，国家也并不是以土地所有者的资格来征收农业税的，因而农业税也不能说是地租。

基于上述同一理由，我们同样认为：把公社各级集体所提取的公共积累、公积金、公益金，甚至社员分配到的一部分劳动工分，都统一看作是级差地租的一个组成部分，[8]这显然也是不恰当的。

由此可见，在我国社会主义制度下，肯定还有级差地租存在的看法[9]，就不但在理论上是不正确的，而且在实践上也是不恰当的。而在完全改变了社会经济条件的我国情况下，继续沿用在对抗性社会中代表一定剥削关系的任何地租范畴，也同样是在理论上和实践上不适当的。正如人民日报一篇社论所指出的：在我国目前条件下，由于土地好坏，耕地多少，无霜期长短，距离城市、工矿区和交通路线的远近，有无水利或水害，多种经营还是单一经营等等原因，而形成各地区、各单位收入水平上差别的情况是存在的。但是，“在我们社会主义国家中，已经不存在这种所谓级差地租和城市附近地价高等等问题了”[10]。

但是有些同志却往往援引马克思关于小土地所有制的农民经济中存在着级差地租的看法，来试图论证级差地租可以存在于没有租佃关系和土地剥削关系的土地上，[11]或据此来证明我国农村人民公社的自给性生产部分也存在着级差地租。[12]我们认为这种看法也是不正确的。

的确，马克思列宁主义经典作家，对于农民经济曾常常使用“地租”“级差地租”这些术语。例如马克思就曾经说过：“农民同时是他的土地的自由所有者，土地则表现为他的主要生产工具，表现为他的劳动和他的资本所不可缺少的使用场所。在这个形态上，是不要支付什么租金的；所以地租不表现为剩余价值的一个特殊形态，虽然在资本主义生产方式已经在其他各个方面发展的国家，它会由于与其他各生产部门的比较，而表现为利润，不过这种剩余的利润是归于农民，和其他劳动的全部收益一样。……级差地租，即丰度较大或位置较优的土地所有的商品价格超过部分，在这里，必然和在资本主义生产方式内一样，是明明白白存在的。即使这个形态是出现在还没有一般市场价格发展的社会状态内，这个级差地租也是存在的；在这条件下，它是表现为多余的生产物。不过它是流入那些在较有利自然条件下实现他的劳动的农民口袋里。”[13]但是，我们应该认识：第一，马克思在这里说的级差地租并不是指地租关系，即作为经济范畴的级差地租，而是指构成级差地租之物质基础的产品（收入），我们决不能把级差地租和级差地租的物质基础混为一谈。第二，马克思在上揭引文里已明确提到：“在资本主义生产方式已经在其他各方面发展的国家，它（指地租—笔者）会由与其他各生产部门的比较，而表现为剩余利润，不过这种剩余利润是归于农民”。“……在还没有一般市场价格发展的社会状态内，……它（指地租—笔者）是表现为多余的生产物”。我们据此不难看出，马克思在这里所说的地租，也不外是指由于自然

力的差异而形成的农民的剩余产品（多余的生产物），它会表现为地租，正如同地租会表现为剩余利润一样，而绝不是说农民经济中真正存在着地租。因为马克思自己也曾经指出地主自负盈亏并剥削奴仆的经营说过："劳动者的在这里表现为剩余生产物的全部剩余劳动，是直接由全部生产工具（土地和原始奴隶制度形态下的直接生产者，都算在生产工具内）的所有者榨取出来。在资本主义思想支配着的地方，例如在美洲殖民地，这全部剩余价值是当作利润来理解；在资本主义生产方式自身不存在，与其相应的思想方法也不曾由资本主义国家移入的地方，它就是表现为地租"。[14]很明显，在小自耕农民经济中是不可能存在地租关系的。而如果农民是向地主或富农租种土地，那么，情形自然又另当别论。

此外，也还有些同志依据列宁关于级差地租的形成与土地私有制、土地占有形式无关的见解，认为在社会主义社会可以有级差地租的存在。我们认为这种看法也是不正确的。

列宁确实曾在许多地方提到："级差地租，是由于土地有限，土地被资本主义农场占用而产生的，它同有没有土地私有制，同土地占有形式完全无关"[15]，"在资本主义农业中，即使土地私有制已全部废除，级差地租还是不可避免地要形成的。"[16]但这里应该指出：列宁只是在下述意义上来说明级差地租的产生原因的：第一，资本主义农业中的级差地租，它不同于绝对地租是由于土地所有权的垄断而产生，而是由于资本主义土地经营的垄断（即土地有限、土地被资本主义农场占用）而产生，因而它与土地私有制就自然无关了。第二，资本主义农业组织可以在逻辑上和在事实上存在于土地归私人，国家或村社等等所有的一切土地上，只要存在着土地经营（资本主义的）的垄断，就可以产生级差地租，所以它也就与土地占有形式无关了。但是，在这里，土地所有权、土地占有形式仍然是和级差地租归谁所有这件事情有关，即是说，地租关系，从而是级差地租本身，还是要存在的。这正如列宁自己所说的："在土地私有制存在的情况下，这笔地租由土地所有者获得，因为资本的竞争迫使农场主（租佃者）只能获得平均利润。在土地私有制被废除的情况下，这笔地租就由国家获得了。"[17]"在资本主义关系下实行土地国有化，无非是把地租交给国家"。[18]很明显，在实行土地国有化的情况下，资产阶级的国家也是凭借其对土地的所有权，从农场主那里收取地租，这和土地私有权使级差地租从农场主转到土地所有者手中，是没有两样的。

但是在废除了土地私有制的我国，是否还可以存在着这种与土地私有制、土地占有形式无关的级差地租呢？正如前面说过的，在国家和生产大队、国家和国营农场之间，由于土地的所有权和使用权是统一的，这里是根本不存在地租关系的。就是在实行土地国有化的前苏联，那里的国家也同样没有凭借其对土地的所有权来向集体农庄索取地租。由此可见，级差地租虽然可以因其与土地私有制、土地占有形式无关，而继续存在于实行土地国有化的资本主义国家，"它是任何资本主义农业所固有的"，[19]但它却不会因其与土地私有制、土地占有形式无关，而仍然存在于实行土地公有化的社会主义国家。这里的主要问题，就在于资本主义的土地国有化和社会主义制度下的土地公有化有着根本性质的差别。

二、资本主义级差地租与我国农业中级差土地收入的比较

马克思在分析级差地租时，是首先从自然条件出发来考虑的。他以自然瀑布的利用为例，指出了资本在使用可以垄断的自然力时所产生的额外利润，及其因资本的自由竞争和土地所有权而转化为级差地租的过程。他指出：这种可以转化为级差地租的额外利润之所以会产生，"首先要归功于一种自然力"，[20]即归功于特殊的自然力的利用。

大家知道，在农业生产上，土地是不可缺少的基本生产资料，它不是到处都具有同一的天然品质，而且这种天然品质是固着于土地之内，不可能自由移转的，因而土地也就具有不同的自然力。这种土地自然力的差别是具体表现在：土地肥沃程度不同，土地离市场远近不同，土地追加投资的生产率不同。简单地说，即表现为优等地和劣等地的差别。这样，由于土地具有不同的自然力，就使得投入相等资本的优等地，可以比劣等地产生出较多的农产品量，从而在实物形态上形成为一种额外产品收入。在资本主义社会，这种额外产品收入就是级差地租的一种物质基础。而这种自然力的差别，就是形成级差地租的自然条件，马克思称它为级差地地租的自然基础。

由于自然力的差别是在各种社会形态都存在的，因而额外产品收入也存在于一切社会形态。不用说，在我国社会主义社会，在各个地区、国营农场、公社、生产大队、生产队之间，由于自然力的差别而形成的额外产品收入是会存在的。但是，正如前面说过的，由于我国已不存在着地租关系，这种额外产品收入是不会转化为级差地租的。

形成级差地租的经济条件，是农产品的价格取决于劣等地的生产条件，即取决于劣等地的生产条件所决定的一般生产价格（即生产费用加平均利润）。在这种价格形成的条件下，经营劣等地的资本家可以在补偿生产费用以外，取得所投资本的平均利润；而经营中等地和优等地的资本家就能够由于投资的生产率较高，单位农产品的耗费较少，而在平均利润以外取得一个额外利润。这种额外利润也就是劣等地的生产条件所决定的一般生产价格与中等地、优等地的个别生产价格之间的差额。它是会由于资本的自由竞争和土地所有权（包括私有的和国有的）而转化为级差地租的，因而也是级差地租的物质基础。

在我国社会主义制度下，农产品的价格大体上是取决于农产品的社会价值，即取决于劣等地农产品的价值。更具体点说，就是：国家向人民公社征购农产品的价格，是以各个地区劣等地农产品的生产费用（一般生产费用）为基础，并参照过去的历史价格和市场的供求关系来决定；而当公社各级集体在自由市场上出售农产品时，价格也基本上是以一般生产费用为调节，并在一定程度上受着市场供求关系的影响。再就国营农场说，国家收购国营农场的农产品也是与收购公社集体经济的农产品一样，采取同一个价格标准。因此，那些中等地，优等地的公社各级集体和国营农场，由于它们的个别生产费用低于一般生产费用，而又按照以一般生产费用为基础或调节的价格出售产品，于是，就可以得到一种采取货币形态的额外货币收入。在我国社会主义条件下，这种额外货币收入同样不会转化为级差地租，它和上述采取实物形态的额外产品收入，共同构成为我国的级差土地收入（我们暂且这样称呼它们）。

与额外产品收入比较，这种额外货币收入的特点是：它不存在于自然经济中，而存在于商品经济的各种社会形态。但它又不同于资本主义农业中的额外利润，因为：第一，它不是平均利润以上的余额，即不是一般生产价格和个别生产价格的差额，而是一般生产费用与个别生产费用的差额；第二，在社会主义制度下，它不像资本主义社会那样，会因有资本的自由竞争和土地所有权的存在而转化为级差地租。

根据上述说明还可以看出：级差地租的形成，除了前面所说过的两个条件以外，还必须以商品生产、价值规律、平均利润和生产价格规律的存在为其前提，因为如果没有这个前提，超过平均利润以上的额外利润就不可能在农业中形成，从而也就不存在级差地租的物质基础了。

在我国社会主义条件下，随着土地及其他各种生产资料私有制的废除，虽然平均利润和生产价格规律已经失去了效力，从而也就没有形成额外利润、从而是级差地租所必要的这个前提，但由于仍然存在着商品生产和价值规律的作用，所以在农业中也仍然可以有额外货币收入、从而是级差土地收入的存在。

再就级差地租产生的根本原因说，这就是："土地的有限，土地被资本主义农场所占用"。[21]而这同时也就是资本主义土地经营的垄断。这种垄断的后果则是：第一，对不同土地的投资会有不同的生产率；第二，农产品的价格取决于劣等地的生产条件；第三，农业中形成的额外利润具有稳固的、经常的性质。

大家知道，作为农业生产之主要生产条件的土地，是一种特殊的生产资料。它除了具有不同自然力这个特性以外，还具有这样的特点：第一，土地是不能自由增加的，不论是优等地或劣等地，都不能由一定量资本和劳动的支出而任意扩大；第二，土地是一种可以被垄断、被独占的自然物，当某一块土地被某一个农业经营者占用以后，它就不可能再由另一个农业经营者同时去占用。因此，在资本主义社会，土地的有限，特别是优等地的有限，就使得租佃农业家不得不去经营较劣等的土地，从而产生了由于土地自然力的差别而形成的，并在中等地和优等地上出现的额外利润。因此，马克思指出："级差地租总是发生于最优等的有限土地面积上，总是发生于这种事情：等量资本必须投在种类不等的、会对等量资本提供不等生产物的土地上面"。[23]而如果土地在事实上是一种无限的因素，就像空气和水那样无限，并且到处都有相同的品质，那就不会有额外利润，从而是级差地租的产生了。

另一方面，土地有限而又被各个农场占用，会造成资本主义土地经营的垄断。即是说，在一定技术、经济的条件下，宜于利用的土地（其中包括优等地、中等地和劣等地）将全部被资本主义农场所占用。因而在市场的需要必须依靠全部土地的产品来满足的情况下，这种资本主义土地经营的垄断，就必然会使得农产品的一般生产价格不取决于中等地的生产条件：而取决于劣等地的生产条件，因为仅靠优等地、中等地的产品是不能满足社会需要的。这样，经营中等地和优等地的资本家，就自然可以获得额外利润了。因此，列宁指出："这种垄断的结果使粮食价格取决于劣等地的生产条件，对优等地的投资，或者说，生产率较高的投资所带来的额外剩余利润，则构成级差地租"。[23]

还有，资本主义土地经营的垄断，是使农业中形成的额外利润具有稳定性和经常性的原因。而且，正是这种稳定的、经常的额外利润能够成为级差地租的物质基础。

大家知道，在工业中，由于采用新的技术而得到的额外利润，只能是不稳定的，暂时的现象，因为只要个别企业所采用的新技术一旦得到普及，这个企业的额外利润就会消失，从而工业中形成的额外利润，也就不可能构成级差地租。但是，在农业中，由于存在土地的有限、从而存在着资本主义土地经营的垄断，土地，特别是优等地是既不能自由创造也不能自由占用的。这样，垄断着中等地和优等地的资本家，就自然可以得到一个可以构成级差地租的、那种稳定而经常的额外利润了。关于这点，马克思曾指出：级差地租的产生"总是因为个别的支配着那种被独占的自然力的资本的个别生产价格，和一般的投在该生产部门内的资本的一般生产价格间，有一个差额"。[24]但在这里，成为我们问题的并不在于这个差额（即额外利润）的存在，而在于这个差额何以会产生。而其所以会产生，关键就在于个别资本"支配着那种被独占的自然力"，即在于农业中存在着资本主义土地经营的垄断。

由此可见，级差地租的形成，固然有赖于土地生产力的差别及农产品价格取决于劣等地的生产条件，但这两个形成级差地租的条件，却又是取决于土地的有限、土地被资本主义农场所占用，即取决于资本主义土地经营的垄断。而且，农业中的额外利润所以会有别于工业中的额外利润，并从而成为级差地租的物质基础，也同样是由于资本主义土地经营的垄断。

但是，在我国社会主义条件下，是否也同样存在着土地经营的垄断呢？即是说，是否存在着土地的有限和土地被社会主义农场占用的情况呢？回答是肯定的。

前已说过，土地，特别是优等地是不可能创造的；在一定的技术和经济的水平下，宜于利用的土地也是有限的。这一土地的有限性，在资本主义社会和社会主义社会，应该说是没有什么不同的。虽然，在我国社会主义条件下，由于生产关系的改变和生产力的巨大发展，已经完全打破了资本主义社会中利用土地的局限性，能够大大地扩大耕地面积和提高土地的肥沃程度，但这并没有而且也不可能消除现阶段宜耕土地，特别是优等地的有限性，以及由此而来的优等地和劣等地的差别。至于整个国土的有限性，那就更不用说了。

有的同志认为：在我国社会主义制度下，没有优等地的有限性，所有土地都一律是优等地。其理由是：随着经济与技术的不断发展，经济上的肥沃度可以代替自然的肥沃度。但实际情况则是提高所有农业用地的绝对肥沃度，并不能消除各种土地肥沃度的差别，而只能是像马克思所说的："土地总面积的绝对丰度的增进，不会废止这种不等，而是增大它，或任其照旧不变，或只是缩小它"。[25]而且，我们也决不能设想，在我国社会主义制度下，我们将会只去提高劣等地的肥沃度，而使这种差别趋于均衡。在这里对土地肥沃度所说的话，对于土地的位置也应该说是同样适用的。

其次，土地的有限必然会造成土地作为经营对象的垄断。正如列宁所说的："这种垄断是由于土地的有限而产生的，因此是任何资本主义社会的必然现象。"[26]但是能不能说，在我国社会主义条件下就不是这样了呢？我们认为是不能这样说的，因为在我国条件下，土地经营的垄断也正是由于土地有限而产生的。即由于土地有限，在现有技术与经济的水平下，我国全部宜耕土地已由全国各个公社和国营农场所占用；而各个公社和国营农场，则分别按其所处地区的不同，而排他地占用着某一部分的优等地或中等地，从而造成了土地经营的垄断。而如果土地，特别是优等地是以无限制量存在的话，那么，这种垄断土地经营的情况也就自然不会在我国出现了。

但有的同志却认为：国营农场是直接经营国家所有的土地，并不存在土地经营的垄断。也有的同志认为：土地经营的垄断是由所有制关系派生的，作为经营对象的土地交给某一国营农场使用，也就意味着这个国营农场具有经营上的相对的垄断性。[27]这些看法的共同点，就是把所有制形式看作是产生土地经营垄断的原因。但正如前面说过的，土地经营的垄断是由于土地有限而产生，这在资本主义社会和我国社会主义社会，也是没有什么不同的。因而它既不是由所有制决定，也不会因所有制形式不同而有所差别。

综合上述分析可见，在我国社会主义条件下，既然存在社会主义土地经营的垄断，那也就是说，在我国存在着级差土地收入所由以产生的根本原因。而这同一原因的后果也必然是：对不同土地的投资产生不同的产品率；农产品价格取决于劣等地的生产条件；农业中形成的额外产品收入和额外货币收入具有稳固的、经常的性质；从而在我国农业中产生了级差土地收入形成的必然性。因此，就形成级差土地收入和形成级差地租的条件、原因和物质基础这些东西来说，在这里就表现为没有什么差别了。同时，也正因为如此，所以许多人就把资本主义农业中的额外利润、级差地租和我国社会主义农业中的额外货币收入、级差土地收入，都混为一谈了。

但是，在我国社会主义社会，由于实现了土地和其他各种生产资料公有制的两种形式，已不再存在对于劳动者的阶级剥削，因而剩余价值的一切要素，其中包括级差地租，也就不再存在了；同时，土地私有制的废除，从而是土地作为所有权对象和经营对象的统一，以及平均利润和生产价格规律的失效，都使级差地租的形成丧失了必要的前提条件。因此，在我国农业中形成的额外产品收入和额外货币收入也就不可能再是级差地租的物质基础，同时也不可能转化为级差地租了。

正是因为如此，我国的级差土地收入也就与资本主义社会的级差地租有着下述本质上的差别：

第一，级差地租是资本主义农业中雇佣劳动者的劳动所创造的，它是剩余价值的一个特殊形

态，是农业中额外利润的转化形态。与此相反，我国社会主义农业中的级差土地收入，则是集体农民和国营农场工人的集体劳动所创造的，它作为社会的产品和收入的一个部分，是农业中形成的额外产品收入和额外货币收入。

第二，级差地租是土地所有权在经济上的实现，它反映了土地所有者、租佃资本家、农业雇佣劳动者三者之间的关系，即土地所有者和租佃资本家共同剥削农业雇佣劳动者的剩余劳动；同时也反映了土地所有者和租佃资本家各凭借其对生产资料的所有权来共同瓜分工人阶级所创造的剩余价值。与此相反，我国社会主义农业中的级差土地收入，则是土地作为社会主义经营对象的占用在经济上的实现，它反映着摆脱了任何剥削的农业生产者之间所固有的、同志般的互助合作关系；同时也反映了社会主义国家、集体和个人之间的根本利益的一致性和局部利益的差别性。

第三，由于级差地租的阶级剥削性质，它在资本主义社会起着破坏土壤肥力、阻碍农业发展的作用；同时它也加剧着各阶级之间的对立，并使劳动农民陷于贫困和破产。与此相反，我国社会主义农业中的级差土地收入，由于它的社会主义性质，其作用则是增进土壤丰度，发展农业生产力，巩固与提高社会主义农业制度，加强工农联盟与城乡联系，并促使劳动农民共同富裕。

由此可见，级差地租与我国的级差土地收入虽然在外表上具有相同或类似的形式，但却具有完全不同的内容。它们是取决于完全不同的社会经济条件，反映着完全不同的生产关系，并且起着完全不同的作用。因此，我们认为：级差地租这一范畴，应该说是已经随着我国社会经济条件的改变而退出了历史舞台，它已不复存在于我国社会主义社会了。

参考文献

[1] 马克思：资本论，第三卷，人民出版社版，第 805～806 页
[2] 列宁全集，第四卷，第 98 页
[3] 马克思：资本论，第三卷，人民出版社版，第 980 页
[4] 马克思：资本论，第三卷，人民出版社版，第 828 页
[5] 马克思：资本论，第三卷，人民出版社版，第 807 页
[6] 参看同上书，第 828 页
[7] 参看“论社会主义制度下的级差地租”，江汉学报 1961（2），“关于级差地租讨论的意见”，光明日报 1961 年 9 月 10 日
[8] 参看“论社会主义制度下的级差地租”，江汉学报 1961（2）
[9] 参看“关于级差租地讨论的意见”，光明日报 1961 年 9 月 18 日，“对现阶段农村人民公社级差地租问题的初步摸索”，江汉学报 1961（1）
[10] 人民日报社论，1960 年 3 月 14 日
[11] 参看“论社会主义制度下的级差地租”，江汉学报 1961（2）
[12] 参看“对现阶段农村人民公社级差地租问题的初步探索”，江汉学报 1961（1）
[13] 马克思：资本论，第三卷，人民出版社版，第 1 050～1 051 页
[14] 马克思：资本论，第三卷，人民出版社版，第 1 049 页
[15] 列宁全集，第十三卷，第 274 页
[16] 列宁全集，第十三卷，第 274 页
[17] 列宁全集，第十三卷，第 272 页
[18] 列宁全集，第十三卷，第 273 页

[19] 列宁全集，第十三卷，第 274 页
[20] 马克思：资本论，第三卷，第 840 页
[21] 参看，列宁全集，第十三卷，第 274 页
[22] 马克思：资本论，第三卷，第 861 页
[23] 列宁全集，第五卷，第 103 页
[24] 马克思：资本论，第三卷，第 844 页
[25] 马克思：资本论，第三卷，第 862 页
[26] 列宁全集，第五卷，第 103 页
[27] 参看“论社会主义下的级差地租”，江汉学报 1961（2）

关于我国农业生产中“三包一奖”制的形成与发展*

曹 锡 光

“三包一奖”制是现阶段人民公社管理集体生产的一种经济方法，它是在农业社的基础上不断提高和不断完善的。“三包一奖”制的发展过程，首先是由包工开始，继则发展为包工包产，最后发展为包工包产包成本。它的发展过程是不断出现矛盾和克服矛盾的过程。

“三包一奖”制从农业社—初级社，高级社到人民公社各个发展阶段，都有各自不同的特点，根据各地经验，还存在着不少需要解决的问题，现在分为下列几个方面，略谈谈自己不成熟的意见。

（1）从农业社到人民公社“三包一奖”制的发展和作用。

（2）按劳分配中的按工计酬和按产计酬。

（3）计算劳动成果的实物指标和货币指标。

（4）构成成本的费用要素。

一

在集体生产中，包工是在一定时间内和一定质量下，预先一次计算的劳动者所投入的工作量以及所应得的工分，它不仅是评工记分的补充手段，而且加强了劳动的计划性。

农业社由小而大的发展，原在互助组时代临时派活的劳动管理办法，已不能适应大范围劳力统一使用的要求，因此出现了包工。包工克服了初级社由社主任临时派活的忙乱现象，使基层生产单位——生产小组和生产队，有权安排自己的劳动力。包工为适应此种要求，遂在时间上由临时包工发展为季节包工，再发展为常年包工；在规模上由个人包工，发展为小组包工，再发展为全队包工。

包工发展为全队的常年包工后，如不和包产相结合，就会出现“赶工没好坏”的做活粗糙现象，因此，包工必须包产；反之包产如不包工，则“慢工出细活”，也会使生产队相互抬高工分，增加彼此怀疑，从而包工包产必须结合。最初包工包产的简单做法是“余工不退、缺工不补、超产奖励、减产扣工”。

全国著名劳模李顺达所领导的西沟社，当时总结包工包产有下列六大好处：

第一，计划性加强了。

第二，小组领导加强了（当时社以下只分小组）。

---

* 本文完成于1961年。

第三，社员的劳动积极性和主动性提高了。

第四，相互监督开展了。

第五，生产竞赛内容丰富了。

第六，分工分业和评工记分合理了。

河北饶阳五公乡农业社总结包工包产有下列的优越性：

第一，能促进生产队对于土地加工施肥的积极性，能集中社员智慧达到增产的目的。

第二，劳动力组织更加周密，各生产队根据农活性质，实行了多样包工，因此，大大地克服了合作社扩建初期的窝工现象。

第三，社员的个人利益和集体利益联系得更加直接了，从而促进生产队采用先进的农业技术，加强了对于农作物的管理。

第四，减少了社的领导干部的事务，管理委员会的干部可以抽出更多的时间，考虑社的重大问题，具体深入到队，帮助指导生产和实际参加劳动。

在初级社实行包工包产时，虽也发现了种子肥料的消耗有多有少，牲口农具的使用有好有坏等问题，需要解决，但尚没有明确地提出包成本的问题，只有少数社提出了财务包干。“三包一奖”制在初级社这一发展阶段，可以说是以“工”为中心，“产”在某种程度上，只是工作质量的保证，包成本才开始萌芽。

随着社的规模扩大和生产资料的进一步公有化，初级社向高级社发展，出现了包工包产的单位，有争肥料、争牲口、争农具以及生产资料的平均使用和严重的浪费现象，为贯彻勤俭办社的原则，在包工包产的同时，再包成本，有的叫做包财务、包开支、包费用或包投资。如果说包工包产是初级社劳动管理的主要方法，那么“三包一奖”，可以说是高级社生产管理的综合措施。

高级社由于小社的合并，使各个生产队之间，出现了生产基础、生产条件和生产收入的不平衡，由大社统一分配，各队都按同一分值分配收入，在一定程度上自有拉平的现象，“三包一奖”制不能不适应此种情况，解决这一矛盾。在经济利益上，如果说初级社的包工包产主要是解决社员个人与集体之间的矛盾，那么发展到高级社的包工包产包成本，主要是解决集体与集体之间的矛盾，这一矛盾突出地表现在原来经济基础不同的生产队之间，或专业生产队之间，如蔬菜、果树、经济作物的生产队与大田生产队之间。

京郊在初级社合并发展为高级社时，开始实行“三包一奖”，为解决以上矛盾曾出现了种种不同形式，可以归结为如下三类：

第一类形式是将收入和开支相联系，如丰台区东方红社，把土地分级定收入，从收入中减去30%为开支，其余交社统一分配。

第二类形式是将收入和用工相联系，如海淀区光辉社把40%的收入以人民币0.21元折合为1个工分，交社统一分配。

第三类形式，把各种作物用工，产值和开支，不相联系，分别细算细包，如海淀区西山社和四季青社。

其他省区有从“以产定工、发展为按每工交多少净产量或净产值的趋势，把产量、用工和成本三者联系起来计算”。

高级社这一阶段“三包一奖”制与初级社的包工包产比较，可以归结为以下的几个特点：

第一，由按工计酬向按产计酬发展。

第二，由生产率指标向收益性指标转化。

第三，把调整个人与集体关系的重心向调整集体与集体的关系方向推移。

第四，由活劳动的节约，避免窝工，到物化劳动的节约，杜绝浪费。

农村人民公社是在高级社的基础上产生的。目前的生产大队，略相当于高级社的规模，这样，高级社“三包一奖”制的发展趋向，对人民公社来说，应有实际的意义，但须就人民公社的特点和当前发展的新形势，加以完善和提高。

人民公社首先由于其一大二公的特点，一方面即不能不把公社生产纳入整个国民经济的计划，另一方面又需要发挥基层生产单位的主动性和积极性，给予生产队应有的权力。这对“三包一奖”制来说，即不能把各项指标规定得过细过死，又不适于笼统地以一个工所获的净产值或纯收入“交钱买分”。

其次，人民公社由于因地种植和大兴多种经营，使基层生产单位有扩大化和专业化的倾向，加以土地的加工平整和水利工程的兴建，又多是在各方协作下进行的，这样，各生产队之间，在生产条件和生产收入上的不平衡性，往往是在新的基础上产生或扩大的。这和高级社初扩建时的不平衡性比较是有一定的区别的。因此，在确定产量指标或包产方式时，不能不考虑这一特点，既要照顾原有的基础，又要根据现有的条件。

再者，人民公社当前大办粮食，大办农业，同时还须兼顾经济作物和多种经营，扩大复种面积，这样就使提高土地利用率，劳动力利用率和生产资料利用率，较之高级社更为重要，从而使“三包一奖”制对解决提高劳动生产率和降低产品成本的任务，较之高级社也更为迫切。

如何才能使广大社员从物质利益上关心自己的劳动成果，以提高劳动生产率和降低产品成本，对基层生产单位和劳动者个人，贯彻按劳分配的原则，仍是最重要的前提。

二

在社会主义阶段，按劳分配是客观的必然性，如何在集体经济的农业生产中，贯彻按劳分配的原则，有两个主要方面，一方面是多劳多得，一方面是多产多分，从“三包一奖”制的意义上讲，多劳多得主要是对社员个人，多产多分主要是对基层生产单位，二者相互结合，才能彻底体现劳动者按所投入公有经济的劳动数量和质量而从社会产品中获取应得的份额。因为劳动的数量和质量，最终总要体现在产量上，在农业社和现阶段的人民公社，都是实行评工计分，按工分分配生产收入，这在一定程度上已经是贯彻了按劳分配的原则，但是随着公有经济的发展和生产规模的扩大，无论农业社或人民公社，对社员的劳动生产，都有必要划分为若干单位进行，为划定耕作区和组织生产队，这样就出现了各个生产单位，即使在相同的条件下而每支付一个工分或劳动日所获得的产量，也会有不同，如果按原来所支付的工分或劳动日统一分配收入，就使用工少而产量高的队，反而吃亏，生产规模愈大划分的单位愈多，这种不平衡就愈显著。因此，有按照产量调整工分或劳动日分配的必要。

远在农业社发展初期，就有少数社实行过“以产定工”，用每单位用工后的产量，计算生产队应得的工分或劳动日，具体办法就是“根据每个生产队土地的质量好坏和播种的不同作物定出当年应产量，同时定出全年耕作的用工数。以用工数除应产量，得出每个劳动日的应产量。收获以后，按实际产量多少和每个劳动日的应产量计算全队应得的劳动日，实际产量多的多记劳动日，少的少记。”（中国农村社会主义高潮，下册，第1 323页）。

“以产定工”为什么在初级社时期只是昙花一现，到高级社发展的后期才又重新提出呢？追溯其原因，有下列几点：

第一，“以产定工”是按劳动生产率计算报酬的，即以每单位用工所获得的产品量，计算应得的工分，在初级社提高劳动生产率的问题，不如高级社后期突出，因而未引起实际工作者的重视。

第二，“以产定工”须有较可靠的产量计划和用工计划作为基础，这和初级社的管理水平，不相适应。

第三，“以产定工”包括一个较抽象的计算公式，不如一般包工包产所提出的“余工不退，缺工不补，超产奖励，减产扣工”，容易为干部群众所理解。

第四，初级社规模较小，多用工或滥支工分，直接反映在每工分或劳动日所分配的粮食或现金减少，因而一般包工包产，是“先工后产”，以工为主。

第五，“以产定工”带有根据产量满奖满罚性质，不如一般包工包产，奖重于罚或者只奖不罚，容易为基层干部和群众所接受。

“以产定工”是否是完全的按产计酬或者只是作为补充报酬的工分或者劳动日再分配呢？对于这个问题，可以分为两方面：就生产队之间的分配来说，可以说是完全的按产计酬，多产多记劳动日，就社员之间的分配来说按工计酬应是基本的，按产计酬是补充的。所以，以产定工，是产工并重，既是按工计酬又是按产计酬，就“三包一奖”制来说，它是把产和工结合起来计算奖赔的一种形式，不能把“以产定工”和“三包一奖”对立起来。

为什么包产和包工的计算，应该结合呢？就湖北省在农业社时期实行按产计工（按产计工，以产计酬和以产定工都是同一概念）的经验看来，产工结合计算较之分别计算好处较多：

第一，实行按产计工后，“产”的观念在社员思想中加强了。

第二，队与队之间的报酬进一步合理了。

第三，决算结账的手续更加便利了。

在农业社发展的后期以产定工的另一种形式是把每单位用工所获得的产量或净产值，作为工分或劳动日报酬多少的依据，如黑龙江省所发表的公式：作物定产减作物投资，除以定工，得每个劳动日应交的净产量或净产值，净产量是把投资货币额折合为产量计算，净产值是把产量和投资统一以货币计算。这一把用工、产量和成本相联系的计算形式，较之原来意义的“以产定工”，仅把“工”和“产”联系起来而把成本另外计算，究竟那一种形式较好？要解决这一问题，首先涉及到计算劳动成果的实物指标和货币指标，其次还涉及到成本如何包法的问题。

三

劳动成果的大小是按照以最少的活劳动和物化劳动的消耗而获得最多的劳动产品所决定的。

在社会主义条件下，一方面劳动具有直接的社会性，因为劳动一开始就能得到社会的承认，而不必等到产品出售以后，另一方面劳动又不具有社会的整体性，还存在着商品生产和商品流通，这样评价劳动成果，就活劳动来说产量与用工可直接相对比，不必借助于价值形式的货币指标，而就物化劳动来说，因一部分所消耗的生产资料是从外部购入的，又不能不借助于价值形式的货币指标。现阶段人民公社的所有制性质和农业生产的特点，决定了生产队计算或评价农业生产过程的劳动成果，实物指标较之货币指标，更为重要。

包产究竟应该是包产量还是包产值？这是从农业社实行包工包产以来一直争论的问题。各地的做法也不尽一致。总的说来，包产应该是包产量而不应该是包产值。其理由，因为：

第一，产值并不能正确的反映劳动成果，从农业社以来的经验证明，对蔬菜生产以产值计算的超产奖励，往往失之过重，有时减产，甚至地荒了，但由于某些蔬菜受市场供需的影响，产量虽低而产值反超过，获得奖励，这是不合理的。

第二，粮食价格低于其经济作物产品，以产值计算奖赔，会使经济作物生产队与粮食作物生产队之间产生矛盾。

第三，农产物中的某些副产物，因交通运输和供需关系，价格与价值有很大的背离，更影响正确地计算劳动成果。

但强调以产值计算的也有下列几方面的理由：

第一，蔬菜商品在市场上是按质论价，因此价格可以作为产品的质量指标。包产以产值计算可以防止生产队只顾数量而延迟采收时期，影响产品质量。

第二，包产采用货币指标，便于年终把各种作物产量相加，统一计算奖赔。

第三，采用货币指标便于包产和包成本相联系而计算净产量和净产值。

试就以上三点，加以具体分析：

首先关于蔬菜作物产值的问题，蔬菜作为商品出售，就是按质论价，而“质”自然可以有一定标准，这在包产中，规定产品数量的同时，也可以规定产品质量指标。并且可以在生产计划和定额管理上，确定蔬菜采收时间和采收工作的质量要求，包产量兼顾质量的问题，是可以一般解决的。至于某些可以刨青的蔬菜作物，可按刨青时的售价折合为成熟时的产量计算，货币指标在这里只起着补充作用。

其次，总结三包指标的完成情况是否须等待年终把各种作物统一计算？年终统一计算，固然手续简便，但随收获季节按作物单独计算，其好处很多：

第一，按作物单独计算，便于在生产过程中，挖掘生产中尚未发挥的潜力，随时发现问题随时解决，以免在年终总结，已成定局，无法补救。

第二，按作物单独计算，便于总结各种技术措施的增产效果和劳动定额的执行情况。

第三，按作物单独计算，收获后查实产量，即按产量进行工分或劳动日的调整。这样，对上茬作物或已收获作物的奖罚，可以鼓励社员群众对下茬或未收获作物的精细管理，较之年终把各种作物合并作一次结算，有利于当年产量的提高。

最后，关于三包指标的联系问题，利用价值形式，虽便于把产量指标和成本指标相联系而计算出每单位用工所获得的净产值，但此种计算是否合理，关系成本如何包法的问题，从而还必须分析构成成本的费用要素。

四

在人民公社集体经济的农业生产中，计算成本是很复杂的问题，不是按一般国营企业的成本核算方法所能解决的。

农业中最重要的劳动手段是土地，但土地和其他劳动手段不同，不但不能磨损和消灭，而且加工改良和优良耕作，会使土地变好，生产力不断提高，在社会主义条件下，土地是不计价的，但土地加工改良的费用，可在以后若干年增益中，获得补偿，这种加工改良效果，可以作为评工定产的根据。又由于它“那部分地是比较暂时性质的，如化学性质改良，施肥等等，部分地是比较经久性质的，如排水、灌溉设备、填平及农业建筑物等等。”（马克思：资本论三卷1953年版第807页）在计算成本时，须具体分析，不能笼统地或平均地摊入当年成本费用内。

其次，作为重要劳动手段的耕畜，在一定生长期中，不但不能“折旧”，反而“增值”，并且如牛马驴等，除作为劳动工具外，还用于进行畜群再生产，在耕畜完全固定给生产队饲养和使役的条件下，所谓“畜力费”如何包法，也需单独考虑，不能和其他费用混为一谈。

就劳动对象来说，农业中的农产品和副产物，多以自己的自然形成，重新进入再生产过程，这些构成成本的费用要素，有时以货币计算价值，颇有困难，而且在现实中，如商品肥料不足，可以自给肥料代替，甚至直接包给生产队积肥工而不包肥料费用，凡此类问题，在包成本中，都不能单独解决。

构成成本的费用要素范围很大，但是生产队可包的成本费用要素范围则较狭，因此，包成本也可以说只包成本费用中的某些构成部分或要素，而不是包完全的成本。在包成本中，考虑和计算可包成本费用要素时，不仅要把固定性的和流动性的以及直接性的和间接性的区别开来，而且还需要把工业性的和农业性的以及商品性的和自给性的区别开来。

生产队可包的成本费用要素，根据农业社以来的经验，一般可以约分为下列四类：

第一，种子、肥料、农药以及作物专用的某些材料当年消耗可以直接计入作物项下的。

第二，耕畜所消耗的饲料饲草以及钉掌费等和大车水车的用油以及低值易耗的简单用具当年消耗不能直接计算于作物项目下的。

第三，大车、农具以及套具当年不能完全消耗也不能直接计入作物项下的。

第四，生产队的管理费用。

以上构成成本的各类费用要素中，其来源和效用性质，都是各自不同的。有的是实物消耗可以自给，有的需要货币开支；有的可以定额使用，灵活掌握，有的可以限额包死，不能超支，因此，把各种成本费用要素简单的相加与产量相对比，或从产量中笼统地扣减而与用工相对比，前者如包“斤成本”，后者如包每劳动日的净产量或净产值，都不能认为可以解决现实中复杂的矛盾，也不能适应农业中多种情况的变化。

农业是有季节性的，作为农业主要部门的种植业，构成成本的各项费用是在生产周期全部过程中分项支出和陆续消耗的，而在自然条件决定的短期内（收获后）一次得到补偿，这一方面决定了对于构成成本费用的物质材料，须对其储藏、保管与使用，分别进行日常的监督并查明节约原因和进一步降低成本的可能性，另一方面也决定了随作物收获季节而及时结算的必要性，如在年终决算后再按每一劳动日所交的净产量或净产值或者按斤成本以定奖赔，都不仅不能使物质鼓励在当年生产中发挥应有的作用，而且使影响产量、用工和成本的各种肯定因素和否定因素，都会淹没在最后的平均指标之中，从而也不便于分析和比较。

“三包一奖”制的目的，在于生产队获得高产的同时，对人力物力既要充分发挥作用，又要尽量节约消耗，人力的合理利用和节约，意味着劳动生产率的提高，物力的合理利用与节约意味着产品成本的降低。

劳动生产率和产品成本，既有联系，又有区别。这是在研究三包指标的分别计算或统一计算时，不能不注意的问题。

马克思主义的经典著作中指出：“劳动生产率的增进，正是由下述一点构成：活劳动的部分减少，过去劳动的部分增加，但情形是这样，以致商品内包含的劳动总额减少，活劳动的减少多于过去劳动的增加。”（马克思：资本论三卷 1953 年版第 311～312 页）

现实中不论以“斤成本”或单位用工的净产量或净产值公式计算，都不便直接比较活劳动的减少是否多于过去劳动的增加，只有在特定消耗的成本费用要素下，也就是在特定的过去劳动消耗下以单位活劳动消耗所创造的产量，作间接的比较。在现阶段人民公社三级所有的集体经济条件下，社员平时以工分取得报酬，反映劳动者实际收入的工分值或劳动日值，需等扣除各项开支和提成后，才能最后确定，所以“斤成本”也是不包括“劳动费用”在内的不完全的成本。而每

单位用工的净产量或净产值，也不是把一切开支扣除净尽以后的纯收入概念，所以采用成本指标或纯收入指标以计算劳动生产率，不仅不恰当，反而会给劳动者一种印象或错觉，认为每劳动日的实际收入远低于创造的价值，这对于从物质上奖励劳动者的积极性，也是不利的。

目前作为三包承包单位的生产队，既不拥有全部主要生产资料，从而也不是完全的经济核算单位，生产队基本上无权处理所生产的产品，也不能直接以收入决定自己的开支，因此，把考核完全的经济核算单位的经济成果的成本指标和纯收入指标，用于考核直接劳动生产单位——生产队的劳动成果，自然是不适当的。对生产队，只有在特定消耗的物化劳动条件下，以消耗单位活劳动所创造的产品量，作为考核劳动成果而定奖励的标准，才是比较合理的，这一方面不把“工”包死，使工随产变，既赋予了生产队在耕作方法上、技术措施上和定额管理上一定的独立自主权和机动灵活性，而另一方面由于产工联系和费用限额，又不脱离社和大队对生产队的计划领导和财务监督，生产队在“三包一奖”中虽不计算完全的成本和纯收入，但并不贬低包成本的重要性，也不排斥生产队实行内部经济核算的可能性。

采用成本费用要素，单算单包，在这个条件下，实行原来意义的“以产定工”（即以实物计算并不从产量中扣除成本），这实质上就是把包成本作为生产条件，根据社员的劳动，在不同的生产条件下，具有不同的生产率，就实际和原包作比较，劳动生产率高的生产队，比劳动生产率低的生产队，可以获得较多的补充收入，这种收入通过工分或劳动日的调整或再分配，作为奖励，至于所包成本费用要素，则一般节约留用或奖励，浪费赔补或扣减。

农村人民公社“三包一奖”制中产量、用工、投资三方面关系的初步分析*

金敬恩

一、“三包”形成过程中“产、工、资”的关系

“三包一奖”制是我国集体所有制的社会主义农业生产中采用的一项基本的、全面的责任制度。“三包一奖”制产生于高级农业生产合作社。

人民公社化以后，在原有“三包一奖”制的基础上，根据公社的特点与需要，加以改进。

“三包一奖”制并不是一开始就出现的，它是随着农业生产中所有制的发展，经营规模的扩大，经营管理水平的提高而逐步形成的，在当时，许多农业生产合作社为了有计划地组织社员的劳动，克服生产中无人负责的现象，改进劳动报酬工作，发挥社员劳动的主动性与积极性，加强工作责任心，首先采取劳力编队，划分地段，规定一定的生产任务和质量要求，并按过去的耕作习惯，规定出完成这些任务的工分报酬，包给生产队。在一般情况下，对生产队的包工数采取“长工不退、短工不补”。这种包工制对改善劳动组织、改进劳动报酬、巩固劳动纪律都起了很大的作用。但是由于它没有同最后的劳动成果——产量进行联系，生产队并不对产量完全负责，因此形成了一些生产队在工作中只顾数量、不顾质量，这对完成产量计划没有保证。也不能进一步贯彻按劳取酬的原则。为了解决这一矛盾，有些农业社开始实行“包工、包产、超产奖励”的制度，即根据各生产队所耕种土地的质量、地块远近，耕作难易确定包工和包产指标，年终结算，超产奖励、减产受罚，从而把作为计算各生产队报酬的依据——包工，与其最后劳动成果联系起来了，加强了生产队对产量的责任心。但在新的情况下，又产生了新的矛盾，即在实行“包工、包产、超产奖励”制以后，各生产队都想争取多超产、多得奖。除用工以外投资多少就成了必要的条件，因此各队都纷纷要求社里多给投资，在投资上不讲究效果，因而造成一些生产队铺张浪费，投资过大，年终增产不增收，以及社投资、队得奖的不合理现象。于是有些经营管理水平较高、财务管理比较健全的社，本着保证生产需要和勤俭办社的精神，将各生产队完成包产指标所需要的投资，计算到队，包干使用、超支不补、节余留用。至此，就形成了目前所实行的“包产、包工、包投资、超产奖励”的“三包一奖”制。“三包一奖”制的形成，从计划上将各生产单位的生产条件与生产成果联系起来，将产、工、资之间的矛盾从外部把它统一起来了，从制度上协调社与队，队与队之间的关系。但当时所实行的“三包一奖”制还没有把“产、工、资”三者内在联系有机地结合起来。表现在当时制定“三包”指标的依据上，当时的包产指标是根据各

---

* 本文完成于1961年。

队土地的实际生产能力、包工和包投资指标根据各队实际需要加以确定，即没有把包工和包投资指标与包产指标的高低联系起来。同时，在年终结算“三包”时，也是互不联系，各算各的账。例如一般对产量采取多奖少罚（超产时一般奖给超产60%～70%～80%不等，减产时一般只罚减产部分的20%～30%），对包工实行“长工不退，短工不补”，也就是说工是包死的，对投资采取“超支不补，节余留用”。由于各生产队经营管理的好坏不同，“三包”执行的结果也不同，总的说来会出现以下几种情况：超产省工省投资；超产超工超投资；超产省工超投资；超产超工省投资；减产省工省投资；减产省工超投资；减产超工省投资；减产超工超投资等。在每种类型中，各生产队产、工、资超减幅度又各不相同，因此情况非常复杂，结算难以做到准确合理，如有些队为了争取超产而多投入了劳动和投资，结果产量超产了，用工和投资也超过了；另一些队由于主观不努力，甚至在用工和投资上投机取巧，结果用工和投资虽然节省了，但产量却因此受到影响而减产。在上述产、工、资互不联系，各算各的账的条件下，这些节省用工和投资但减产的生产队，有可能在包产上受罚，在包工和包投资上得利，出现年终分配实际劳动工分值比某些超产队还高，造成劳动报酬不合理的现象。例如孙吉公社孙吉大队1957年实行“三包一奖”时，第六生产队，对费工多的棉花和麦田没有管理好，队长眼看完不成包产指标，于是干脆放弃不管理，狠抓大队的零工，年终虽然减产值3 841元，按20%赔产831元，但这些地的包工数仍然照给并参加统一分配，另外又抓了零工814个劳动日，结果年终分配实际劳动日值达到1.764元，比全大队统一分配的劳动日值1.70元还高。黄寨公社北留大队也曾发生类似情况。1957年实行“三包一奖”时，原“三包”方案中规定玉米要进行四次人工除草，而北留生产队则在第四次人工除草中，投机取巧不用人工除草，而用牛耕，结果“节省”了很多工，也参加年终统一分配。结算分配时，虽受到减产受罚的处分，但受罚部分还没有投机取巧所节省下来的工分参加统一分配所得的收入多，致使该队实际劳动日值比有些超产队还高。这就说明了各队在劳动报酬上产生了不是多劳多得，而是“少劳多得，多劳少得”的不合理现象。因而，大大影响了超产队的积极性，也影响了一般生产队多投工和投资的积极性，对发展生产不利。两地都在总结当地经验的基础上，吸取外地的先进经验，在“三包”的基础上实行以产定工制，在结算“三包”和计算各生产队的报酬时，将产、工、资有机地结合起来。

二、当前产、工、资结合的几种主要形式及其具体做法

人民公社化后，随着客观条件的发展和实际的需要，产、工、资之间相互关系，有了进一步的发展，产、工、资相互结合采取了多种多样的形式。根据目前各地的情况，产、工、资结合形式简单归纳如下：

由于通过产、工、资结合所要解决的问题和目的不同，产、工、资结合的时期和方式也有所不同，按产、工、资结合的时期分，可分为以下几种类型：

1. 仅在制定“三包”指标时进行结合，即一般在确定包工和包投资指标时分别与包产指标结合起来。属于这一类型的有以下几种形式：

（1）以包产定包工。在落实各生产队指标的基础上，根据各队的包产指标确定包工数。在具体计算方法上又分为两种：一种按各种作物分别计算，一种按所有作物综合计算。

按各种作物分别计算的公式如下：首先，计算出全大队各种作物每劳动日的包产产量，全大队某种作物每劳动日包产产量$=\frac{\text{全大队某种作物包产总产量}}{\text{全大队某种作物包工总数}}$，某生产队某种作物包工数＝

$\frac{\text{该队某种作物包产总产量}}{\text{全大队某种作物每劳动日包产产量}}$。

按所有各种作物（粮食作物）综合计算，其步骤与方法和上法相同，全大队每劳动日包粮食产量$=\frac{\text{全大队粮食作物包产总产量}}{\text{全大队粮食作物包工总数}}$，某生产队粮食作物的包工数$=\frac{\text{该队粮食包产总产量}}{\text{全大队每劳动日包粮食产量}}$。

按照所有各种作物（主要是粮食作物）综合计算比较简单，由于各队种植作物比例不同，各种作物单位面积产量也不一样，若按所有各种作物综合计算，不利于保证全面完成各种作物的产量计划，并可能在计算各队报酬上出现不合理现象。因此，尽可能采取按每种作物分别计算的方法。

以包产定包工方法的特点全大队的包工总数不变，只是根据全大队平均劳动生产率水平和各生产队的包产产量分配这些包工数。产高工多，产低工少，这对于条件好，产量高的队有利，对于条件差，产量低的队不利。

（2）按面积和产量结合包工。每种作物从种前的整地、播种、田间管理的用工按面积包工，收割、拉运、打场、入库按产量包工。按产量计算包工的方法与按包产定包工的方法相同。这种方法有的称两段包工法。这种方法将一部分包工与产量结合起来。

（3）“三合一”的包工。即先按各队劳力底分、各项活路操作需要、产量三方面分别计算出包工数，然后将三种方法计算出的包工数相加，用三除即得各生产队的包工总数。其具体计算方法；按劳力底分包工数＝某队劳动力总底分×每劳力按规定应出勤天数（男劳力300天，女劳力280天）÷10（每劳动日为10分）。各项活路操作需要用工按各项活路的劳动定额加以计算。按包产产量计算包工的方法与前述相同。采用这种方法的目的与作用在于对地多劳力少，地少劳力多，及穷富不同的生产队都能兼顾。

（4）按面积与产量结合包投资。根据各种作物各项投资的性质和它们与产量和面积密切关系的程度，分别按面积和产量包投资。如山西省翼城县南梁公社庄里大队，对种子、农药、耕作用农具费用按面积计算包投资，肥料按面积和产量各占50％的比例计算包投资，收获用农具完全按产量计算包投资。这种方法既照顾到土质好，产量高，又照顾土质差，产量低的队对投资的需要。

上述各种包工和包投资的方法，只是在制定和计算各队包工和包投资时，采取了不同的方式和程度与产量结合起来，但在结算时的没有将产、工、资进一步结合起来，基本采取分别结算单奖单惩的方式进行结算。

2. 仅在“三包”结算时将产、工、资结合起来。属于这一类型的有以下几种形式：

（1）按面积和包产产量计算包工，按实际产量结算包工。这种方法与前一种类型中，按面积与产量结合包工的方法有些不同，其特点就是按面积包工部分是死的，按产量包工是活的。例如河南西峡县八龙庙公社黑虎庙大队的做法是：首先按全大队各种作物的操作规程计算出包工总数，再将由于土质远近所需的增、减工进行互相抵消，得出全大队总包工数。将总包工数分成两半，一半按各种作物播种面积包工，其计算方法为：$\frac{\text{50\%全大队总包工数}}{\text{全大队各种作物播种面积}}$＝全大队平均每亩包工数×某生产队各种作物播种面积＝某生产队按面积的包工数。这部分包工数定死不动。另一半总包工数除以全大队总包产数，得出全大队统一的产工比例，秋后按实际交粮多少计工。这就是这部分工是活的，随着产量而转移的，结算方法与以产定工相同。

（2）按包产产值的一定比例计算包投资，年终按实际产值结算包投资。在制订“三包”方案时，根据各类作物的性质，投资的大小，本着保证生产需要和勤俭办社的原则，分别定出全大队各种作物的投资占该种作物计划产值的比例，对各生产队实行预包预支，年终根据各生产队各种

作物的实际产值和大队统一规定的各种作物投资占该种作物产值的比例，进行结算，确定生产队实际应得投资数，为保证增产，同时规定各项重要投资如商品肥料，种子等必须用足。

(3) 这种方法基本上与上种方法相同，只是根据各队各种作物的包产指标和包投资指标计算出每生产一定数量产品所需的投资数，年终根据各种作物实际产量计算各队应得投资数，其计算方法：$\frac{\text{某种作物包投资数}}{\text{某种作物包产产量}}$＝生产某种作物单位产量所需投资数，以此乘上各队各种作物实际产量即得生产队应得投资数。

上述这种方法，在结算时都把投资与产量紧密结合起来，使生产队所得投资随着产量而转移，故有的地方称这种方法是“资”随产行。

3. 在制定“三包”指标和结算时都进行结合。属于这一类型的有以下几种形式：

(1) 在“包”时按面积与产量结合包工，在结算时按产量完成比例付工，这是山西省晋南地区所普遍采用的一种方法。根据各队土地的质量、阳光及耕作条件等评定基础产量或包产基础，每年根据全大队的包产指标和各队的基础产量或包产基础确定各队的包产指标。根据各种作物各项用工的性质，分别按面积和产量结合进行包工，如翼城南梁公社庄里大队对耕作工按亩包，收获工按产包，棉田整枝也按产包，积肥工按亩、产各半包。年终按照各队实际完成的产量付工，即完成百分之几的包产数，即付给百分之几的包工数。在包产范围以内，生产队所得的包工数，完全随着产量而转移的。在超额完成包产指标时，生产队除了得到百分之百的包工数以外，对于超产部分按比例在全大队与生产队之间进行分配。

(2) 以产定工。按面积与产量结合制定包工和包投资指标，这一点与第一种类型的2、4种形式相同。只是在结算时将产、工、资有机地紧密地联系起来，不过这种产、工、资结合形式与上种按产付工有所不同。黄寨公社北留大队实行以产定工的具体方法如下：

首先，根据各生产队所确定的包产、包工、包投资指标，计算出每种作物每工（劳动日）的交产标准，某队某种作物每工交产标准＝$\frac{\text{某种作物计划产值－计划投资}}{\text{计划用工（包工）}}$，然后根据各种作物实际产量和实际投资，计算应得的劳动日数，某生产队某种作物实际应得劳动日数＝$\frac{\text{某种作物实际产值－实际投资}}{\text{某种作物每工交产标准}}$。为鼓励生产队超产的积极性，若超额完成包产指标时，一部分以实物形式直接奖励生产队，并不再计工，一部分上交大队按产计工，此所得之工参加大队统一分配。

按照产、工、资结合的范围与方式划分，可分为以下几种类型：

从产、工、资结合的范围上，目前绝大多数，仅将“工”与“产”结合起来，如按产付工，以包产定包工等，也有少数地方将产、工、资有机地结合起来，如以产定工。同时产、工之间结合的程度各地有所不同，有的将包工完全与产量结合起来，如完全按包产定包工的形式，有的只有将包工的一部分与产量结合起来，如按面积和产量结合包工。

从产、工、资结合的方式上，有的采用“比例”结合的方式，如按完成包产指标的比例付工，被产值的一定比例计算投资。有的通过一定的折算标准结合的方式，如以产定工通过每工交产标准，将产、工、资结合起来。

总之，上述各种各样的产、工、资结合的形式都是在不同地区不同条件下，根据不同的需要而采用的。这就是说各种形式都有一定的适用条件，因此，必须结合当地的具体条件和实际需要，灵活地运用各种形式，不断地充实、完善和提高“三包一奖”制，使之发挥更大的作用。

由于产、工、资结合的形式不同，其产生的作用与效果也有所不同。一般说来，在“包”的时候进行结合，主要是为了承认和照顾生产条件和收入水平不同的生产队之间的差别；在结算时进行结合，主要是贯彻按劳分配，多劳多得的原则；在“包”和结算时都进行结合则两者都兼而有之。

三、产、工、资结合的作用和结合形式的分析

“三包”中产是中心，“工”与“资”是保证。生产的目的是为了获得人们所需要的各种产品，而为了获得一定数量的产品，就必须消耗一定数量的活劳动和物化劳动，前者表现为劳动工分，后者表现为投资。所以“工”和“资”对产量来说是保证条件，而产量对于“工”与“资”来说则是它们的结果，是最终直接衡量投入各种作物的用工和投资的效果。这就表明了产、工、资三者之间有着内在的联系，在实践中，将产、工、资三者紧密地有机地结合起来不仅必要而且是完全可能的。

以产为中心，将产、工、资有机结合起来，对于加强社员的生产责任心，贯彻按劳分配，承认与照顾差别，以及加强经济核算，贯彻勤俭办社的方针都有着重大的作用。

首先，以产为中心，将产、工、资结合起来，促使人人关心生产，克服重工轻产的现象，千方百计地为增加各种作物的产量而努力，从而有利于贯彻大办农业大办粮食的方针。首先使广大社员心目中有一个明确的产量观念，克服重工轻产思想，人人为增产献计策，例如黄寨公社北留大队在实行以产定工以后，社员说“有产就有工，没有产说得好也没用”。孙吉公社孙吉大队的社员在实行以产定工后说：“有产就有工，有工没产一场空。”人人关心生产，个个注意工作质量，经常为增产提合理化建议，真正成为千斤担子众人挑。其次，促进生产队加强精耕细作，扩大耕地面积，积极增加粮食总产量，有力地贯彻了大办农业大办粮食的方针。例如，实行以产定工制的黄寨公社北留大队当今年（1961年）三包指标落实到队后，各队都积极地挖掘增产潜力，制定出实现超包产的计划，靠近山边的北郁利生产队，山上荒地较多，一边组织社员及早春耕，对土地进行加工加肥，今年耙地普遍比往年多耙了一遍，打茬也比往年干净；一边组织人畜力，先后两次上山宿营开垦荒地五六十亩，预计当年即可收获粮食二三千斤，该队今年计划共计超产一万多斤。

其次，以产为中心，将产、工、资结合起来，有利于贯彻按劳分配，承认和照顾差别的原则。由于各生产队之间自然条件和经济条件不同，致使各队生产水平和收入水平也有所差别。形成这种差别有主观上的原因，也有客观上的原因。不论什么原因形成的，在目前条件下，都必须在不同程度上加以适当的照顾。对于生产条件好、收入水平较高的生产队，在包产、包工和超产奖励等方面加以适当的照顾，使其不致为由于大队统一分配而减少收入。不过从包产、包工和奖励的作用来看，一般应以包工进行照顾较为恰当。因为包工（劳动日）意味着生产队即将付出劳动的数量与质量，是衡量生产队劳动的尺度，也是大队对生产队进行分配的尺度。在同一生产大队内各生产队之间的生产条件和土质条件，在农业社最初编组生产队划分耕作区时，一般是比较平衡的，这些生产队在公社化以后一般变动并不大，因此造成目前各生产队之间生产条件和土质条件的差别，主要是由于各队经营管理好坏不同的结果。目前生产条件好，产量高的队，归根到底主要是由于这些队过去劳动积累的结果。生产条件好，产量高的队，单位劳动创造的价值也高，因此按劳分配中应给以较多的报酬。将包工与包产指标联系起来，如根据包产确定包工，就可以对生产条件好，产量高的队加以适当照顾。通过包产指标也可以对生产条件好，产量高的队

进行照顾，然而不能作为进行照顾的主要方法，因为包产指标对于各生产队来说，作为必须完成的生产任务。为了充分发挥包产指标对调动各生产队生产积极性的作用，包产指标必须做到既积极、又可靠，留有余地，使包产单位有产可超有奖可得。当然，对条件好、产量高的队在包产指标上留有较多一些余地，使之能得到较多的超产奖励是应该的、也是允许的，但如果是主要通过包产指标加以照顾的话，即对条件好、产量高的队包产指标定得过低，而相对的对条件差、产量低的队的包产指标定得过高。这样，对于条件好，产量高的队，不费劲就可以完成，甚至大大超过，这不符合包产指标要积极、先进的原则，从而不能很好调动这些队社员的生产积极性。对于条件差，产量低的队，由于指标定得过高，就会使他们失去争取超产的信心，因而也不能调动他们的生产积极性，促进生产的发展。

包产指标的高低主要是反映客观条件的差别，而实际产量的高低，则不仅反映客观条件的差别，而且也反映了主观条件（经营管理好坏）的差别。在同样的条件下，由于主观努力程度、经营管理好坏的不同，所达到的产量水平也必然有所不同，甚至条件较差的队，由于主观努力、经营管理得好，所达到的产量水平可能比条件好的队还高。因此，不仅在制定包工指标时，将包工与包产指标联系起来，而且在结算时也应该将产、工或产、工、资结合起来，即根据实际完成的产量调整计算各生产队所得的包工数，以便贯彻按劳分配，多劳多得的原则。将生产队所得的报酬（工分）与其最后成果（产量）直接联系起来，促使生产队和社员更加关心产量。如黄寨公社北留大队南留北生产队的社员说“过去（指以产定工以前）平时赚下10分工（指包工），就可以得10分工的钱，现在实行以产定工就不然，年终打不下粮食，仍得不到10分工的钱”。

再次，以产为中心，将产、工、资结合起来，有利于加强经济核算，贯彻勤俭办社的方针，节约开支，降低成本，从而以最小的消耗获得最大的成果。以产为中心，将产、工、资结合起来，促使生产队既要千方百计地增加产量，因为只有增加产量才能得到更多的超产奖励。又要注意投工和投资的效果，最大限度地发挥投工和投资的作用。在保证工作质量和生产需要的前提下，尽量节约用工和投资，以便以最小的消耗，获得最大的成果。如黄寨公社北留大队自实行以产定工以来，投资年年有节约，该大队1960年生产投资占总收入的比例已下降到12.8%，非生产投资压缩到只占总收入的0.017%，由于投资的节约，开支减少，纯收入年年增加。以产定工计算标准的产、工比例，实质上是反映了计划劳动生产率的水平，因此采取以产定工的形式就能比较精确地反映各生产队生产条件与生产成果的关系，正确地衡量各生产队劳动成果的大小。将产、工、资有机结合起来的以产定工的形式，不仅要求分别制定各种作物的包产、包工和包投资指标，而且要求分别核算各种作物的实际产量和投资，这样就为成本核算打下初步的基础，便于进行成本核算工作。

关于产、工、资结合程度问题。产、工、资结合是贯彻按劳分配，承认与照顾差别的一项重要措施。前面已经提到，由于结合的时期不同，所起的作用也不同，一般在“包”时进行结合主要为了照顾差别，而在结算时进行结合则主要是为了贯彻按劳分配，多劳多得的原则。我们对于各生产队之间所存在的差别既要承认，并给以适当的照顾，又要逐渐缩小，以至最后消灭这些差别。这就要求我们对条件好、产量高的队的照顾应该适当。因此，在包工上进行照顾应采取按面积与产量结合包工的方式为好，因为这样既可使条件好，产量高的队多得一些包工，得到适当照顾，又可以适当照顾条件差，费工多，产量低的队在用工上的需要。至于那些工按面积包，那些工按产量包，或面积工与产量工各占多大比重，可以根据当地具体条件和实际的需要加以确定。一方面在制定包产和包工指标要承认差别，照顾差别，另一方面在照顾差别的基础上，由于各队主观努力和经营管理好坏不同，所得结果也不同。这种在当年劳动中所产生新的差别也必须予以承认，要求在结算时将工与产紧密结合起来，在包产范围内完全采取以产定工（或按产付工）是完全必要的，也是合理的。只有这样才能更好的贯彻按劳分配，多劳多得的原则。

关于产、工、资结合方式问题。按产值一定比例计算投资，按产量完成百分比付工的方式和按“三包”指标预先计算出每工交产标准与生产单位产品计划投资率，然后根据此标准和各生产队实际产量结算包工和包投资的方式，经过我们试算比较，若两种方式所包括的内容完全相同，则所得的结果也相等。假如某生产队某种作物包产总数1 000斤，包工总数50个劳动日，该队实际完成产量900斤，若采取“以产定工”与“按产付工”均以产量（不是纯收益）“定工”与“付工”，则两者所得结果分别为：按“按产付工”所得劳动日数＝实际完成产量的%×包工总数＝$\frac{900}{1\,000}\times50=45$，按“以产定工”生产队所得劳动日数＝$\frac{\text{实际产量}}{\text{每工交产标准}}=900\div\frac{1\,000}{50}=900\div20=45$，计算结果表明两者完全相同。如果在超产的情况下，若超产奖励方式与比例一样的话，则所得的结果也相同。从这一简单的例子中可以看出，按比例进行结合的方式，在计算上比较简单，通过一定折算标准进行结合的方式，计算上比较复杂和麻烦，一个指标变动，则折算标准都得随着变动，据孙吉大队的财务人员反映，在实行以产定工时，计算工作量很大，故对核算水平要求较高，一般群众也不易了解和掌握。故在确定具体结合的形式与方法上，既要精确合理，又要简便易行。

总之，“三包”中产、工、资互相相关系和结合问题，是一个复杂的问题，也是进一步完善与提高“三包一奖”制的重要课题，我们对此了解还很不够，许多问题有待今后进一步加以研究。

包产在“三包一奖”制度中的地位、作用和方法*

杨伯祥

一

“三包一奖”制是包产、包工、包成本和超产奖励的简称。在这个制度中产、工、本是互相依赖互为条件，有机的结合为一个整体，而包产是这一整体的中心。

包产是人们，具体地说就是生产大队，根据各个生产队现实的生产条件（包括自然和经济的），对生产过程终了的结果在生产活动未开始之前的预先规定（经社员反复讨论后）。简而言之就是各项农业生产目的具体化，是干部组织生产和社员进行劳动生产的奋斗目标。包产指标是生产终了要达到的预期目的，而包工包成本则是为了保证实现这一目的所必须消耗的活劳动和物化劳动在数量上的规定。活劳动和物化劳动量的大小一般是根据包产指标的高低来拟定，在这里包产指标对工和本在量上起着规定和影响作用。

包产指标不仅是包工、包成本的依据，而且也是计算奖赔的基础。从“三包一奖”制的发生发展来看，包产和奖赔是同时出现的。有了包产指标不仅有了计算奖赔的界限，而且奖赔多少，也是取决于包产指标的高低。由此可以看出包产在“三包一奖”这个制度内诸因素间是居主导地位，其他几个因素都是为包产指标服务，量的大小是以包产指标的高低为转移。

在“三包一奖”制的贯彻执行当中，从包产指标落实到队以至实现，这是生产队进行生产的过程，在这个过程，包产指标是“当作法则，来规定他的活动的样式和方法，并使他的意志，从属于这个目的。”① 这就是体现为生产目的的包产指标，对生产队组织生产领导生产所采取的方式和措施，干部社员的生产情绪，增产信心是起着决定和支配的作用。所以包产指标不仅规定了和影响着“三包一奖”内部诸因素，而且还支配着人们在生产过程中的行动，直接影响着人们劳动积极性。

二

不仅如此，在经济关系上包产指标的高低，对兼顾国家、集体和个人三者的利益，在维护和巩固生产大队基本所有制，促进生产队一级所有制的发展也有极重要的意义。实践经验证明，凡是坚持“三包一奖”制度，实事求是地进行包产不仅兼顾了国家、集体和个人三者的利益，而且大队基本所有制生产队小部分所有制也得到了发展，江苏省吴县金山公社长滨大队，就是许多这

* 本文完成于1961年

① 《资本论》，第一卷，人民出版社1955年版，第192页。

样的大队中的一个。长滨大队从1957年以来一直坚持“三包一奖”制度，在包产当中虽然也有偏高的现象，但他们发现后及时进行了调整，包产指标为生产队和社员所接受，从而调动了生产队和社员的生产积极性，因而几年来粮食产量逐年增加，社员的收入逐年增长。全年粮食总产1957年825 922斤，1958年921 753斤比上年增长了11.6%，1959年976 356斤比上年增长了35.9%，1960年1 028 960斤比上年增长了24.7%。由于生产的增加，社员从集体经济（指从生产大队一级）中获得的收入，（每人平均收入）也是年年增加。1957年82元，1958年83.6元，1959年90.3元，1960年92.35元，比1957年增加了12.7%。粮食增产为国家提供的粮食也是逐年增加，卖给国家粮食由1957年的338 910斤增加到1960年的580 000斤比1957年增长了70%。所以在执行“三包一奖”时合理地进行包产，不仅促进了生产发展同时也使国家、集体和个人的利益都得到了照顾。

积极可靠的包产指标是“三包一奖”能贯彻始终和奖赔能以兑现的基础。同时也是在保证生产大队基本所有制的前提下，使生产队部分所有制能得到发展的基础。长滨大队在贯彻执行“三包一奖”的过程中，由于能认真严肃地对待包产指标，因而能使“三包一奖”坚持到底，奖赔年年兑现，从1957年到1960年共奖给生产队现金3 393元，粮食1 850多斤，减产队共赔现金1 784元，奖为赔的1.89倍。

“三包一奖”的超额完成和超产奖励的兑现，就意味着生产大队和生产队经济收入的增加，因为“三包一奖”的内容是直接反映了生产大队和生产队占有和支配产品的权利问题。生产队在包产以内的产品和收入全部上交生产大队由生产大队占有和支配，而超产部分大部或全部归生产队占有和支配，这一部分产品是构成生产队一级经济收入的主要来源，从长滨大队几年来每人从集体经济（包括大队和生产队）中获得收入的构成上，可以清楚地看到生产大队和生产队二级经济增长的情况（见表1）。

表1 单位：元

年份/金额/项目	1957年		1958年		1959年		1960年	
	金额	%	金额	%	金额	%	金额	%
合计	100.70	100.00	102.70	100.00	109.40	100.00	126.55	100.00
生产大队	82.00	81.40	83.60	81.40	90.30	82.00	93.35	73.80
生产队	18.70	18.60	19.10	18.60	19.10	18.00	33.20	26.20

资料来源：作者本人调查所得。

所以，合理地包产也是正确调整生产大队和生产队经济关系的一个重要方面。所以搞好包产工作是“三包一奖”制度得以正确贯彻的关键问题。

三

包产是“三包一奖”制度的中心，但包产指标的制定却是一件极为复杂细致的工作，在制定包产指标时必须贯彻实事求是的精神，不能凭主观愿望而应该对影响包产指标的客观条件和主观条件进行全面的分析，使包产指标建立在可靠的基础上。其实评定产量进行包产就是人们对客观规律的认识和利用。对于人们的主观能动性进行实事求是的估计。实践的经验证明，对客观因素认识得越深入，对主观因素估计愈充分，包产指标就愈是积极可靠。福建省龙海县港尾公社汤头大队就是一个明显的例子。这个大队从1956年开始实行“三包一奖”制，他们一开始就根据土壤、水利、阳光、茬口等条件，逐丘逐块地进行评产，以亩计算出总产量，这就为以后进行包产打好了基础，加上包产工作细致认真，因此历年的包产指标都能超额完成。这个大队历年来水稻的包产执行情况（见表2）就充分说明了只要从实际出发，实事求是的制定包产指标，生产队经过努力就有超产的可能。

表2 单位：斤/亩

年　份	包产数	实产数	为包产%
1957	610	616	100.98
1958	700	714	102.00
1959	765	774	101.18
1960	810	822	101.48

资料来源：《经济研究》，1961（8），第32页。

包产指标是生产队和社员群众最关心的问题，越是群众关心的问题越要做得扎实细致，所以在制定包产指标时必须充分发动群众参加这一工作，与此同时也要有科学细致的方法与之配合，以便引导群众将这一工作搞好，并将结果落实到生产队（承包单位）。要做好这一工作必须注意以下几点：

首先，充分发挥群众全面分析影响包产指标的因素，采取不同的方法确定包产指标。影响包产指标的因素是多方面的，既有客观因素也有主观因素，即有过去的也有现在的，对这些因素群众最了解，所以必须发动群众对这些进行全面分析。分析客观因素，就是为了更充分地发挥主观因素—人的主观能动性；分析过去的（如产量情况）就是为了更好的指导现在，这个过程就是为了在包产上承认差别。

在确定包产指标方面，由于各地的条件（自然的经济的）、干部的经营管理水平、群众的习惯等方面的情况不同，所以在确定包产指标的方法上是多种多样的，目前大体上存在以下几种方法：

第一种，以低于计划指标的一定比例数，例如低于计划指标10%～20%，作为包产指标。这个方法确定的包产指标的可靠程度关键在于计划指标是否从实际出发。

第二种，以上一年（正常年景）的实际产量作为包产指标，这种方法在做法上比较简单省事，但易出现鞭打快牛挫伤增产队的积极性，对生产不利。

第三种，按照近三年（也有近四年）的实际产量的平均数作为包产指标，这是目前比较普遍的一种做法，这种做法也有第二种方法的缺点存在。

第四种，以粮食“三定”时期的产量作为包产指标，这种方法比较合理，也有利于在包产上承认差别。但不能反映变化了的生产条件对包产指标的影响。

第五种，按土质好坏、耕作条件、平、坡和远近等条件，并且根据留有余地承认差别，有产可超的原则，重新评定包产指标。可以一年一评，也可以一次评定在几年内不变。如山西省孙吉公社孙吉大队的包产基数，就是根据上述条件一次评定固定七年不变。今年小麦包产好多社队也采取了一次评定几年不变，如陕西省西阳公社五泉大队小麦包产是一次评定三年不变。这种方式比较合理，但做法比较复杂。在评年时必须实事求是认真对待，特别是一次评定几年不变，若评的不合理就会出现长时间内鞭打快牛的现象。所以评定时对于土质条件较好历年产量较高的生产队，包产指标可以比按条件应达到的产量适当降低一些，对于这些队应留更多的余地。

第二，包产应包死，提早落实到队，改变以往"见苗包产"的做法，以使生产队早做准备，更好地因地种植，合理安排茬口，制定技术措施。安排农活合理使用劳动力。今年小麦好多社队在包产上做到早包包死，并提早落实到生产队，因而使生产队早定了心积极向土地多加工多施肥。如山西省孙吉公社孙吉大队，第十二生产队明确了他们队明年的小麦包产指标后，在夏收结束后，利用雨后不能干其他农活便采取"抽闲补空"的方式，用强劳动力修地（对土地加工）扩大现有耕地的有效利用面积，半劳动力给麦田积肥，干部们反映说："包产指标定下来，心中就有底了。"这充分说明了包早对促进生产的积极作用。为了使生产队生产积极性得到持续的发挥。包产指标确定后（只要包的合理又无其他特殊变化）应该一次定死，不宜变动。

第三，因地制宜采取不同的方式将包产指标落实到生产队。包产指标落实到队，对生产大队来说是向生产队交代生产任务，对生产队来说是承担和保证完成这个任务的责任。这就是说包产指标必须得到生产队承认，并认真照着它办。要做到此，包产指标（即生产任务）必须和生产队的生产条件相符合。但同一个生产大队内各生产队的生产条件是不相同的，是有差别存在的，因此在生产指标落实到队时，必须因队制宜分别对待，这个过程就是在包产上承认差别的过程，为生产队在包产上留有余地。不过对那些生产条件较好且连年超产的生产队应留更多的余地。影响包产指标的条件是复杂多样的，但其中总是有一个主要的，在农业生产中那就是土地。土地是农业生产的基本生产资料，包产指标最后最好落实到土地上，人们为实现包产指标的生活活动都在土地上进行。目前归生产大队所有的土地虽然都固定给生产队经营使用，但固定给各队使用的土地不论在地形上（平、坡）质地上（土质）和位置上（远近）都是有差别存在的。假定其他条件都相同，由于土地差别的存在，所以在确定和落实包产时就得分别对待，这样包产指标才能为生产队和社员接受。

土地差别的状况在不同地区、不同公社是不一样的，即同一公社不同大队也是不同的，因此结合土地评定产量和落实包产的方式也是不同的。在南方稻田地区的一些社队是采取逐丘评定和落实包产指标，如江苏省吴县金山公社长滨大队就是采取此种方式。这种方式简单能吸收更多群众参加，但计算比较麻烦。华北地区有些社队，采取按土地等级评定产量和落实包产指标，如北京市北寺公社高各庄生产大队自57年开始将全大队的耕地按土质好坏、产量高低等条件共分为12个等级，分别固定给生产队使用，每年包产就按固定给生产队使用的土地等级落实包产指标。这种方式比较简单也比较合理，有利于承认差别，但计算起来也比较麻烦。

为了克服上一办法的缺点，简化包产落实的手续，有的公社队如山西省孙吉公社孙吉大队在土地分级评定基础产量的基础上，创造一种比较简单的包产和落实包产指标的方式—包产系数（孙吉大队称为包产基数），包产系数$=\frac{\text{生产队平均每亩地的基础产量}}{\text{生产大队平均每亩地的基础产量}}\times 100\%$。且为了调动生产队的积极性，这个大队确定各队的包产系数固定七年不变。这个方法简化了包产指标落实的手续，采用这种方法时只要发动群众确定了全大队的包产指标时，各生产队的包产指标只要通过计算就可以落实到队。例如，全大队61年的小麦包产指标为180斤，第一生产队的包产系数为101.1，第一生产队的小麦包产指标＝大队的小麦包产指标×本队的包产系数＝180×101.1＝181.98（斤/亩）。

采用这种办法关键在于评定土地的基础产量，这一工作做得不好，就会使生产队间吃亏和占便宜的现象在较长的时间内存在，不利于生产。同一公社西里大队（七个自然村组成的联村大队）在落实包产指标时分两步走，首先是村与村在产量上挂钩（生产条件基本相同的村评定相同

的包产指标），其次是以村分队，落实包产指标。这种方法能使村与村互相了解，在包产上易于平衡和照顾差别，但特别麻烦。以上几种落实包产指标的方式都是群众在包产的实践中为了统一生产任务和生产条件（主要是土地）的矛盾而创造出来的。虽然各有利弊，但都为当地干部和社员所接受，落实包产的方式应尽量做到简单准确，但也要看条件不能硬性推行某种方式。而应因地制宜地使原有的方式不断趋于完善。

总之包产是“三包一奖”的中心，它在这一制度中是居主导地位，起主导作用，为此在实行“三包一奖”制度时不仅要认识到包产在“三包一奖”制度中的地位和作用，而且还要采取科学细致的方法搞好包产工作，以使“三包一奖”制的作用得到充分发挥，并使这一制度逐步趋于完善。

“三包一奖”制中奖惩问题的初步探讨*

洪乌金

几年来随着生产的发展，广大群众和干部在生产实践和经营管理实践活动中，对“三包一奖”制度有了新的认识和发展。1961年4月间我们教研组一部分同志和同学们在基点——北京市通县北寺公社和先进点——山西省阳曲县黄寨公社，万荣县孙吉公社和江苏一带进行了调查研究和考察，现以此材料和情况为主进行分析，就奖惩的性质、支付形式和兑现（时间和方法）问题提出一些看法。

“三包一奖”是在以生产大队为基本核算单位条件下的人民公社，生产大队同所属生产队之间实行分级管理，执行集体生产责任制和处理分配关系的一种形式。

“三包”和“一奖”是相互补充、相互作用的统一整体，通过“三包”规定了生产队的生产任务和承担责任，并作为奖赔的依据，只有“三包”落实“奖赔”才有可能兑现。“一奖”是“三包一奖”中调动广大群众积极性的关键问题，通过对超产队的奖励和减产队的赔偿达到鼓励先进鞭策后进，调动广大群众和干部的积极性和责任心，完成和超额完成三包任务。

正确处理“三包一奖”中奖惩问题对贯彻“按劳分配”，“多劳多得”的原则和巩固发展人民公社有着重要的意义，同时也是在经济工作中正确处理人民内部矛盾，合理调整国家、集体（大集体与小集体，下同）、个人三者之间的关系调动广大群众和干部的积极性发展生产的重要问题。

一、奖惩的性质——经济上的产品分配和政治上的奖励

“三包一奖”制中的奖惩制度是在生产大队范围内通过对主观努力获得超产的生产队的奖励和对主观不努力造成减产的生产队的惩罚，并在生产队内把超产奖励（现金和粮食，下同）按劳动日（工分，下同）进行分配和把减产赔偿（现金和粮食，下同）按基本劳动日（底分，下同）进行分摊和本着“奖勤罚懒”的原则在超产生产队内部对出勤多、劳动好的社员实行“奖中多奖”和“罚中有奖”，对出勤少、劳动不好的社员实行“奖中有赔”和“赔中多赔”的做法，有的地方还从超产奖励中提出一定比例作为优秀作业组、优秀社员、优秀干部的奖励(现金和实物)。

从以上看来奖励和惩罚的兑现都是同劳动的最终成果——产品直接联系起来的，因此说“三包一奖”制中奖赔的根本实质主要是超产部分的产品分配问题，山西有的社员把超产奖励叫着“超产分配”是有一定道理的。

另一方面超产奖励还不完全是按照劳动的数量和质量来分配其超产产品的，如对优秀作业组和“五好社员”的奖励就是这样的，因为，作业组不是常年的包产单位，因此对其奖励就不可能

* 本文完成于1961年。

完全是根据其劳动的成果——产品来进行分配的，而是在以劳动的数量和质量为主的情况下结合劳动态度等政治思想条件来进行分配的，至于五好社员奖那就更明显了。就对超产的生产队的奖励和减产生产队的惩罚也是这样的，因为一个是受奖励一个是受处罚，平产队虽然形式上没有受惩罚但相对意义来说也是受惩罚的，这样，对超产的生产队在政治上是一个很大的鼓舞，也给减产队和平产队做出榜样指出努力方向，鼓舞他们变平产、减产为超产的信心和干劲，在这里清楚地看出受奖与受罚不仅是一个经济收入多少的问题，而且包含着丰富的政治内容，标志着一个生产队的社员对社会主义建设贡献的大小，通过奖罚来进行自我劳动教育，起着推动生产的作用。

总的来看，奖赔制度有着调整经济关系和从物质上与精神上对先进生产队的鼓励和对后进生产队的鞭策作用，但是经济上的超产产品分配的一面是占主要的，它是由当前生产力发展水平、群众的思想觉悟、特别是人民公社当前的三级所有，队为基础的这一客观经济基础所决定的。

新中国成立以来我国生产力有了很大的发展，群众的思想觉悟有了很大的提高，但是生产力水平仍然是很低的，社会产品还很不丰富，笨重的手工劳动不可能成为人们乐生的需要，劳动还是人们作为谋生的手段，群众的思想觉悟还受着这一客观存在所决定着，“农民总还是农民”。“在阶级还没有彻底消灭的时候，在劳动还没有从生活手段变为人们的第一需要，变成为社会谋福利的自愿劳动的时候，人们将按自己的劳动领取工作报酬。”①

二、奖多少——奖惩比例——奖惩形式

奖惩比例是“三包一奖”制中奖惩制度的中心，它是具体体现和贯彻党有关分配奖励的各项方针政策的重大问题，处理得不好就会影响群众生产积极性的发挥。

根据北寺公社高各庄生产大队和大辛庄生产大队，孙吉公社孙吉大队，黄寨公社北留大队，山西省长治市南垂公社农庄管理区以及江苏吴县金山公社长滨大队等六个点的调查材料几年来的奖赔形式归纳如下：

（一）全奖全罚

生产大队（出包单位，下同）对超产的生产队（承包单位，下同）的超产部分实行全部奖励，多超多奖，少超少奖，无超不奖，对减产生产队的亏产部分实行全部罚赔，多亏多罚，少亏少罚，无亏不罚，这实际上也是奖赔一致的一种特殊形式，如大辛庄生产大队1957年的做法以及最近以来，如广东等许多地方在总结比例奖罚、多奖少罚的经验时也采用这种形式。

（二）比例奖罚，奖罚一致

生产大队对超产生产队超产部分奖励的比例和对减产生产队减产部分罚赔的比例一致。高各庄生产大队1957年和1959年就是采取这种形式：生产大队对超产生产队奖励其超产部分的80%，大队扣留20%，对减产生产队也赔偿其减产部分的80%。

（三）比例奖罚，多奖少罚

生产大队对超产生产队超产部分奖励的比例大于对减产生产队减产部分罚赔的比例。高各庄

① 斯大林：“和法国作家艾米尔·路德维希的谈话”，《斯大林全集》第13卷，人民出版社1956年版，第104页。

生产大队1960年以来就是采用这种形式。1960年的做法是：超产时把超产部分的80%奖给生产队，20%归大队，减产时，减产10%以内的不赔，10%以上的赔减产部分的5%。1961年对超产生产队的奖励比例同上年，对减产生产队罚赔的比例是：

减产%	偿罚减产部分的%
10以下	不罚
10	3
20	5
30	7

（四）总额分成，超产奖励

生产大队对生产队在包产指标以内给予一定的分成，包产指标以外超产部分按一定的比例进行奖励（这种奖励比例可以是统一一个比例，也可以是累进比例的）。也有的地方只是总额分成（在某种意义上相当于奖励），就没有再规定包产指标实行超产奖励。这一形式实际上也是多奖少罚的一种形式，农庄管理区1960年就是采用这种形式：

达到包产指标的%	分成%
85	不奖不罚
86～90	1
91～95	2
96～100	3

超产时，超产部分的40%归生产队，60%归大队，减产时，在70%～80%者罚减产部分的10%，仅达到60%～70%者罚15%，在60%以下者罚20%。

（五）累进奖励

超产奖励和减产罚赔不都是统一的比例，而是按其超、减产程度不同以累进的办法规定几种不同的比例实行奖罚（既可以是多奖少罚的，又可以是奖罚一致的）。孙吉大队为了在奖罚上解决经济价值高低不同生产队之间的矛盾，规定经济作物超产部分大队与生产队四六分成，粮食作物超产部分实行累进奖励：

超产%	生产大队与生产队的分成成比例
5	3∶7
5～10	2∶8
10～15	1.5∶8.5

减产时，按产扣工全部由生产队社员负担。

从以上情况看来奖罚一致（包括比例奖罚，奖罚一致和全奖全罚）的形式具有下列的优点：

（1）它们比“比例奖罚，多奖少罚”能够较彻底地贯彻“按劳分配”，“多劳多得，少劳少得”的原则。

因为在指标留有余地的情况下生产条件最差的生产队也能够超产，但主要是由于社员投入更多的活劳动和物化劳动以及进行合理经营的结果。对那些条件较好的生产队投入同样的劳动但能比条件最差的生产队获得较高的劳动生产率，多出的这部分收入是由于在劳动对象——土地上①过去他们所积累劳动成果不同，有过去劳动的转移，即获得“级差收益Ⅱ”（类似“级差地租Ⅱ”

的性质）的收入；②自然条件比较优越（主要是土地的自然丰度以及与社会生产力发展成果有关的，如交通、水利等条件的优越性）所获得的“级差收益Ⅰ”（类似“级差地租Ⅰ”的性质）的收入。

从以上分析来看，生产条件最差的生产队是由于自己追加的劳动，同时生产大队没有给予生产超产产品的这部分用工和费用，因此应该大部分或全部归生产队所得，对生产队和社员来说劳动得多就应该多得。“生产者们的权利是与他们供给劳动成正比例的；平等就在于平等的尺度——劳动——来计量。”① 同时生产队利用大队的农具、役畜等生产资料来生产这部分超产产品，以及生产队的超产也是和大队的正确领导，生产资料的及时供应，甚至也和兄弟单位的支援分不开的，因此生产大队应该提取一定的比例（如20%左右）。

对土地条件较好的生产队获得的“级差收益”（类似“级差地租”的性质），其“级差收益Ⅱ”应基本上归生产队所得（但如是大集体所进行的基建和投资而改变面貌者而获得的应基本上为生产大队所有）。“级差收益Ⅰ”也不完全是自然形成的，因此也应该大部或全部归生产队所得，分析时把两者加以区别对待，在实际工作中往往是结合在一起考虑的，总之“级差收益”应大部分或全部归生产队所得，因为它的产生，必须过土地直接经营者——生产队才能创造出来的。虽然土地等生产资料是属于生产大队所有，但是生产资料本身是不会创造价值的，只会从一种形式转移为另一种形式，在转移的过程中是必须通过劳动的，“地租是实行土地经营时那种社会关系的结果。它不可能是土地所具有的多少是经久的持续的本性的结果。地租来自社会，而不是来自土壤，”② 因此，不能采取大部分或全部归生产大队的平均主义做法，以免造成土质好、用工少、产量高的生产队上交的多而分配得少，而土质差、用工多、产量低的生产队上交的少而分配的多的不合理现象，所以也同条件最差的生产队作相同的处理，即大队只提取小部分（如20%）大部分归生产队（如80%）是合理的。在超产中这部分“级差收益”数量的大小，各个地区不同并且同包产和包工时对差别的承认程度密切联系着，这里的分析是把“级差收益”的差别在包产中已经承认使得条件较好的生产队具有较大的超产可能性的情况下进行的，至于超产中的“级差收益”生产大队和生产队各分配多少的具体比例在大部分归生产队所得的前提下，应依其形成原因和生产队与生产队之间的差别情况以及在包产和包工中已经分配（指标的差别程度）的情况加以确定，具体可在三包中加以研究，在此就不作详细叙述了。

由于生产大队对生产队在包产指标承认差别的前提下采取的这种奖励办法，有利于调动生产队的积极性，充分利用优越的生产条件——土地和生产工具等生产资料来创造更高的劳动生产率。这是与现阶段人民公社客观存在的经济基础和“按劳分配”、“多劳多得”原则相符合的，是有利于生产的，有利于加强生产队与生产队之间的团结以及使社员更关心集体，加强社员在劳动中互相鼓舞互相监督并且可以克服先进生产队的观望和后进生产队不下工夫的依赖思想。

（2）能够更好地巩固人民公社的三级集体所有制，把维护和发展生产大队的基本所有制同保障、发展生产队部分所有制结合起来。生产队努力完成和超额完成三包计划是维护生产大队基本所有制的基本方面；同时生产队力争超产，从超产中获得奖励也是保障生产队部分所有制的主要方面。一方面由于奖罚一致，各生产队减产的赔偿和超产的奖励可以相抵平衡，特别是目前一般包产指标比较落实的情况下更可以保证全大队平均包产任务的完成和超额完成，从而保证大队的统一分配，能克服多奖少罚可能出现的超产奖励和减产罚赔相抵不敷而影响大队的统一分配的缺

① 《哥达纲领批判》，《马克思恩格斯文选》，莫斯科外国文书籍出版局1955年版，第22页。

② 《哲学的贫困》，《马克思恩格斯全集》第四卷，人民出版社1958年版，第190页。

点。另一方面也由于奖罚严明能充分地调动生产队完成包产任务的积极性。生产队的三包计划完成得愈好，大队的基本所有制就愈有保证，愈巩固，生产队超产的愈多和从超产中所获得的奖励愈多，生产队一级的经济就愈能得到发展，这样使发展生产大队经济和生产队经济密切结合，共同发展，并可以克服比例奖罚，多奖少罚时可能出现减产队的赔偿微不足道，无足轻重，放松对包产任务的积极努力完成，而把力量转移到三包计划以外比较容易获利的经营项目（如副业生产、种非耕地等），形成减产队虽然减产受罚，但反而比起超产的生产队收入多，出现了“奖励”荒地，“奖励”投机的不合理现象。使生产队的经济发展离开了大队基本所有制的轨道，把发展生产队经济和巩固大队基本所有制对立起来。结果损害了生产大队大集体的利益也损害了生产队小集体的利益。

（3）能统筹兼顾，合理安排，正确处理国家、集体、个人三者之间的关系，前面说过实行奖赔一致能够使生产大队平均包产任务的完成和超额完成保证生产大队的统一分配，因而也就能够保证国家征购任务的完成，把三者的利益以及目前的利益同长远利益密切结合起来。

（4）计算简单，容易为广大群众和干部所熟悉和掌握。

（5）此外，比例奖罚，奖罚一致比全奖全罚还能使生产大队为生产队用于生产超产产品的生产资料的消耗得到补偿，并且把这部分用于统一分配和进行基本建设、添置生产资料（如农具、役畜等）等的扩大再生产中去，对全大队社员目前的利益和长远的利益都是有好处的。

但是这一形式也还存在一定的缺点：可能由于奖罚而造成了生产队与生产队之间，社员与社员之间收入和生活更加悬殊，扩大了差别，在大队范围内各生产队之间的生产条件、收入水平差别较大的地区或生产、收入水平较低而又不稳定的地区更可能产生这种情况，因而影响了团结，妨碍了生产积极性的发挥。其中全奖全罚由于超产部分大队没有提成不能使生产大队为生产队生产超产部分产品所使用的生产资料消耗得到必要的补偿。

全奖全罚比较适用于生产大队范围内各生产队之间的生产条件和收入生活水平比较平衡，而又稳定的地区。至于比例奖罚，奖罚一致的形式适用范围就更为广泛了。但是采用这两种形式都必须是在三包指标留有余地为前提（其超产可能性的幅度大小要根据当地的条件，详细在包产里加以研究）的。采用全奖全罚的形式可以通过对生产条件不同的生产队按不同的比例提取公共积累，以克服其存在的缺点。采用比例奖罚，奖罚一致时比例不能太小以免造成超产奖励激励不大，减产惩罚满不在乎的现象产生。采用奖罚一致的其中任何一种形式在兑现的时候都必须认真地、全面地对超产、减产的主客影响因素进行细致的分析，以避免不合理现象的产生。

比例奖罚，多奖少罚这一形式的优点是：①比较不至于因为奖罚而造成扩大队与队之间，社员与社员之间收入和生活差别的悬殊而影响团结的不利生产现象的产生，大队提供为生产队进行超产部分产品生产的生产资料消耗从扣留的一定比例中得到补偿（前面述过）。其缺点是：贯彻按劳分配不够，减产队满不在乎及漏洞较大（前面述过）容易造成削弱大队经济。因此在采用时奖励比例不能太小（如70%～90%左右为宜，这里比例的大小同包产指标留有余地的程度，即超产可能性大小密切相关的），奖罚差距不能太大（如超产奖励80%以上，减产罚赔30%以下，显然是不合理的），因为目前包产指标一般是比较落实的，减产的话，主要是由于主观不努力的缘故（不可抗拒的自然灾害除外）。这样才能比较合理地承认生产队与生产队之间的差别，贯彻“按劳分配”的原则，避免平均主义现象和前述漏洞的产生。因此，各地区必须根据不同生产部门按其所创造价值的大小，注意各部门之间的合理平衡正确的加以确定，以利于公社各部门生产的全面发展。

比例奖罚，多奖少罚，对那些大队内部各生产队之间的生产、收入水平比较低而又不稳定的地区还是可以采用的。

总额分成，超产奖励也是有利于调动社员生产积极性的一种三包奖罚形式，它对于新发展的生产部门，或者经验不足、把握不大以及生产不稳定的地区来说是适宜的。

累进奖励，它有一定灵活性，也是比较好的一种三包奖罚形式，因为较大幅度的增产是比较困难的，它意味着要投入更多更复杂的劳动，因此给予较多的奖励和对无故减产者，减产越多给国家和集体带来了更大的损失给予较多的罚赔都是合理的，是符合按劳分配原则的，对钻研、提高技术和采用推广先进的农业技术措施有着重要意义。

以上各种奖罚形式都是在一定自然条件和社会经济条件下，广大干部和群众生产实践活动中产生的，虽然是相对的，但基本上贯彻了“按劳分配”原则，同时和奖罚的物质鼓励和精神奖励相结合的性质是符合的，并且多年来一直在生产上起了积极的作用。

各地区在选择三包奖罚形式时应该遵循下列几个原则：

(1) 承认差别，贯彻“按劳分配”，“多劳多得”，“多产多吃”的原则；

(2) 有利于生产，把维护和发展生产大队基本所有制和保障与发展生产队部分所有制结合起来；

(3) 统筹兼顾，合理安排。正确地把国家、集体、个人三者之间的利益结合起来，目前的利益和长远的利益结合起来；

(4) 根据当地的生产条件、社员的收入、生活水平的稳定程度（前面述过）；

(5) 历史的经验习惯、经营管理水平以及便于群众参加管理的原则。具体分析条件时应本着有利于更好调动社员积极性发展生产的原则出发加以灵活的选择。

三、奖什么——奖罚的支付形式——实物奖与货币奖相结合

奖罚的支付形式不仅仅是简单地给物或给钱的问题，它也是“三包一奖”制中调动广大群众积极性的一个重要问题。

下面是四个点关于支付形式的调查材料：

高各庄生产大队1959年只奖现金，1957年和1960年都是实行现金奖与实物（主要是粮食）奖相结合，但都没有规定固定的比例，1957年是从超产部分粮食中抽出213 893斤，1960年是在完成征购任务以后从余粮中抽出6 400斤作为奖励粮，分别情况对超产的生产队进行奖励。1961年是在包产任务以内粮食扣除口粮、种子、饲料后的余粮国家征购90%，大队扣留10%，超产部分的粮食国家征购40%，大队60%，大队连同前述的10%总算为100%，其中大队扣留10%，生产队集体扣留10%，其余80%由超产队社员按工分进行分配（其中抽出一定比例作为积肥奖励）。

孙吉大队的粮食奖励是直接同口粮指标联系的，对超产队的奖励规定是：

口粮指标（斤）	超产部分奖励粮食（%）
300以下	20
350～400	50
400以上	60

北留大队是超产30%奖励粮食，70%按产计工，减产扣工。

长滨大队1957—1959年是单奖现金，1960年超产部分90%奖现金，10%奖粮食，1961年规定超产部分的粮食国家征购40%，大队扣留10%，生产队50%（如果社员口粮指标较高的话生产队还可以抽出20%作为储备粮）按工分分配给社员。

孙吉公社西里大队除了对粮食生产队奖励粮食外，还对棉花生产队规定每超产10斤（皮棉）奖励粮食3.5斤。同一公社的王显大队对所属经营固定的副业实行：定人员、定任务、定工、定资金、定开支、定收入的制度，对超额完成任务的生产队（单位）根据超产的粮食生产队每个工分应奖的粮食标准，按定工数进行奖励，但没有区别超额完成任务的情况进行奖励，其原因是：从事副业生产的劳动力也是从生产队来的，而且原来副业部门劳动力的口粮指标就比较高，再加上副业生产产值高可能超额的伸缩性也比较大，等等。

高各庄生产大队对其他部门是采取大队记工分参加原生产队的超产（现金和粮食）奖励分配。

从以上情况可以看出：

（1）奖赔的支付形式是在不断发展的，开始是单一的现金奖励，逐步发展到现金奖与粮食奖相结合，且粮食的比重是由少到多逐步扩大的；

（2）粮食奖励开始由农业生产部门的粮食作物逐步扩延到经济作物和其他部门。

这是由于目前农村人民公社是自给性生产和商品性生产相结合的经营单位，而且以农业生产为主体，其中粮食生产相当部分是属于自给性生产，是社员生活的主食，更重要的是目前生产力水平较低，农业还没有过关，加上最近几年来连续遭受了严重的自然灾害，口粮指标比较低，所以粮食分配就成为社员最关心的问题之一。从高各社生产大队的社员说的“难忘的1957年”也反映了这个问题，其实这个大队的社员收入水平是逐年提高的，1960年比1957年每人平均增加收入25.9元（即增加了63%）但为什么不是说“难忘的1960年”呢？其根本原因是1960年全大队分配给社员的粮食（665 400斤）比1957年（109 893斤）减少了9.33%，现金收入虽然增加但粮食收入是减少了。

奖赔支付形式的变化和发展也正是由这一生产力水平现状和群众的迫切要求所决定的。可是有些同志却认为奖励粮食国家和集体掌握的粮食就少了，不错，实行粮食奖励国家和集体掌握的粮食是减少了，但是我们应该看到广大农民的积极性隐藏着更多的粮食。同时，这种做法也是体现“多产多吃”的精神。“多产多吃”是“多劳多得”的一个重要内容，要多吃就得多收，要多收就得多产，这样有利于调动生产队和社员的生产积极性，有利于大办农业，大办粮食，“以粮为纲”，“多种多收”和“高产多收”方针的贯彻，同时也能更好地贯彻“粮畜并举”的方针为发展饲养业提供必须的物质前提，家畜家禽——猪、鸡、鸭、鹅等发展了不仅增加了社会产品，而且可以积了大量的肥料，反过来又促进了农业生产的发展。总之采用这种做法对发展农业生产和增加社会总产品是有利的。

鉴于上述情况，各地区应当把结合粮食奖励的办法在粮食作物普遍采用并逐步扩展到经济作物和其他部门中去，使这些生产和部门的劳动力在超产的情况下也能有较高的口粮指标以利于调动其生产积极性，保证农、林、牧、副、渔各部门生产有计划按比例的发展，达到公社经济全面高涨的目的。同时也能更好地保证国家对各种工业原料（如棉花等）的需要。

至于粮食奖励多大比例合适，应本着下列原则加以确定：

（1）保证完成国家的征购任务；

（2）生产大队必须扣留一定比例的粮食以用于基本建设及其他重体力劳动的劳动力的口粮补助和对那些因受灾而积极抗灾但口粮指标仍然较低的生产队的补助等，把国家、集体和个人的利

益结合起来，把目前的利益和长远的利益结合起来；

（3）对口粮指标较低的地区粮食奖励可以大此，反之则可小些，孙吉大队口粮指标越低奖励粮食比例越小的做法是不合适的；

（4）对不同性质的生产队（如粮食作物与经济作物）之间进行合理平衡。

粮食奖励是在一定条件下产生的，随着时间的推移，条件的变化和发展，主要是生产力的不断发展和生产关系的不断完善，奖赔支付形式也要随之变化和发展的。然而随着生产不断发展，社员生活水平不断提高，特别是农业基本过关以后大部分奖励现金也是社员所欢迎的，当然生产力更进一步发展社会产品比较丰富的时候，社员的生活需就更为复杂，那时粮食奖励也将全部为现金奖励所代替的。到那个时候“三包一奖”也将发生变化的。

四、什么时候奖——计算方式和兑现时间——按作物分季计算，预奖预赔和年终总算兑现相结合

奖惩的结算方式和兑现时间不只是一个单纯的结算方式，也不只是一个单纯地奖励早点给与晚点给的问题，而是关系到及时贯彻党的有关分配奖励方针政策及时调动广大群众生产积极性的重要问题。几年来各地有很多新的做法和经验，主要有下列三种：

（1）高各庄生产大队是实行年终一次结算和兑现，这种做法在目前还是相当多的；

（2）孙吉大队1960年以前是年终结结算一次兑现，去年改为麦、秋、棉三大作物分别计算在收获后及时兑现，“超麦吃麦”、“超秋吃秋”，钱、粮节节兑现；

（3）长滨大队是按夏、秋两季作物分别计算奖惩，对夏季超产者，钱、粮分别兑现一半，余下部分年终总算兑现，对减产者缓期罚赔。

这三种做法比较起来，后两者具有以下的优点：

（1）在夏季收获后及时对现，使生产队心中有数，如大辛生产大队社员所说：“赔得有个底，心中有个谱”，促进其做好细打细收及夏种工作，及时地总结经验教训，推动其动脑筋想办法，挖潜力，采取重要的措施及时地组织学习先进经验达到“以夏促秋”，“以赔促超”“超产再超产”的目的。如1960年孙吉大队过去实行年终结算一次兑现，这样到底哪些队哪些作物超产，超多少应该奖多少，哪些队哪些作物减产，减多少应该赔多少领导心中无数，同时也直接影响到奖赔的及时兑现。如第三生产队粮食总包产是：128 400斤，实产129 700斤，超产1 254斤，而棉花包产：14 300斤，包产值12 155元，实产13 452斤，实际产值11 500元，减产840斤折款655元，但由于麦、秋、棉混在一起年终统一结算粮食超产与棉花减产相抵不敷，结果社员不仅没有吃超产粮而且还赔了钱。但仍有些地区有的干部当地有条件（夏季作物也多，经营管理水平也比较高），群众也要求实行分季或分作物计算奖赔，而他们却片面地强调：夏季是预分性质的，年终还要结算，借口“夏季农活忙”等到年终算总账的思想。这是不利于及时调动群众生产积极性的，严格地说也是不认真、严肃和及时贯彻党的政策的表现；

（2）可以克服偏重于一些作物的而轻视另一些作物的现象，有利于加强对各种作物的田间管理，促进全面平衡增产；

（3）有利于提高经营管理水平和加强干部的经济核算观念；

（4）此外，由于按作物计算奖罚也为农作物产品成本核算创造了有利条件。

其中第二种办法由于夏季超产就全部兑现可能造成秋季减产时受罚被动，特别是在生产、收

入水平不稳定的地区更可能产生这种现象。第三种做法对夏季减产者实行缓期赔偿，这对现实主义者的农民来说就不如预赔对调动其积极性有利。当然对那些夏季作物特别少的地区可能因预赔而影响其生活的实行缓期赔偿也未必不可。

但是采用后两种做法是需要具备一定条件的。

(1) 在包产上按作物细算细包或细算细包与总包相结合，最起码也要按夏、秋两季作物包产或在此基础上与总包相结合以便于进行奖罚的计算；

(2) 较高的经营管理水平；

(3) 采用第二种做法的还必须是本地区的生产、收入水平较高而又稳定的条件以便克服前述的缺点。

但是条件也不是一成不变的，它是可以创造的，因此各地应该积极创造条件加以推行。

年终结算一次兑现的缺点正是上述做法的优点，但它比较简便易行，对那些经营管理水平较低，夏季作物特少，长期历史习惯就是年终结算一次兑现的，群众也愿意年终总算兑现的地区继续采取这种做法也是可以的，至于一年一熟地区（如东北等）是不言而喻的。

五、怎样给——奖惩兑现方法

奖罚兑现是“三包一奖”的终结，它是执行“三包一奖”的关键问题。如果不能坚持奖罚兑现，“纸上谈兵”，年初“三包”，年终“一讲”就会使“三包一奖”流于形式。

根据我们所到的几个点虽然采取的形式不同但是几年来他们都是根据“三包”合同进行兑现的，高各庄生产大队自从 1957 年以来（1958 年除外）一直是认真地贯彻了政策，坚持兑现的，1959 年虽受了灾但仍然根据灾情和抗灾的努力程度进行评成兑现，1960 年包产指标偏高但也经过民主评定调整包产指标坚持兑现。至于把奖赔兑现到社员的做法各个地方也不一样。如高各庄生产大队 1960 年现金是按工分进行分配，粮食是按人分配（即放在食堂里吃），对完成基本劳动日后每出勤一天奖励两个工分参加超产分配（各生产队的做法不完全一样），还从奖励中抽出一部分现金购买实物（毛巾、笔记本等）对五好社员和五好干部进行奖励，减产赔偿时按工分摊负担，粮食没有罚赔。孙吉大队超产（现金和粮食）按工分分配，还规定在超产队内社员没有达到基本劳动日 80%者不能参加分配，达到 80%以上者按完成比例参加分配，在减产队内社员超额完成基本劳动日 10%者奖励超过部分的 10%，超过 20%以上者奖励超过部分的 20%，并参加其分配。长滨大队 1960 年超产（现金和粮食）也是按工分进行分配的，减产赔偿现金是按底分（基本劳动日）进行分摊的，粮食是按人口进行分摊的。北留大队超产分配也同样按工分分配，减产除扣工外还扣一部分粮食：减产 20%以下者不扣，减产 20%以上者，每 10%扣每人口粮 1 斤（最高不能超过 10 斤）。

从以上情况来分析：

1. 生产大队对生产队“三包一奖”的兑现在一般情况下包产任务不变，但是对指标偏高的必须经过调整，对遭受自然灾害的要根据“按劳分配”和“奖勤罚懒”的原则以“实事求是”的精神严格地进行具体分析，对可以抗拒的一般灾害不努力抗灾而减产者不减其包产任务并扣其减产部分的工分，对那些遭受不可抗拒的自然灾害而又积极抗灾的，虽仍减产的生产队应该根据灾情调整包产任务不扣其完不成部分的工分（如高各庄生产大队等），同时还应该对那些因积极抗灾而付出劳动特别多的生产队酌情地照顾一定数量的工分。

2. 把奖惩兑现到个人的时候，在超产奖励现金和粮食分配时按工分进行分配和减产赔偿时

按基本劳动日（底分）进行摊负以及结合“奖中多奖，奖中有罚，罚中有奖，罚中多罚”的做法是合理的，这样把奖罚的分配和分摊直接同社员劳动的数量和质量——劳动日联系起来，把“劳动时间当作一种尺度，来计量生产者个人在总劳动中参加的部分，从而也计量在共同生产物中可以消费的部分，”① 这是符合“按劳分配”原则的。

在奖励现金和粮食中按基本劳动日分配和在粮食奖励中按人分配以及在减产赔偿按工分分配和减产不罚粮食的做法，如高各庄的减产按工分分摊和北留大队的以产计工和减产扣工等，结果生产队内一贯积极，出勤多、劳动好的社员在生产队受奖时不但没有多奖，而且在生产队受罚时劳动工分越多的罚得越多这是一种打击社员的劳动积极性的做法，同“按劳分配”和“奖勤罚懒”的原则是不相容的，对生产是不利的，因而也是错误的。

总之，在贯彻执行“三包一奖”制中奖惩制度的工作中，我们强调三包奖惩要承认差别贯彻“按劳分配”，但并不是主张“物质万能”，同时是要加强对社员的政治思想教育使广大群众认识到超产得到奖励对个人有利，更重要的，它是积极为社会主义建设贡献力量的具体表现，这是调动广大群众积极性发展生产的“取之不尽，用之不竭”的源泉。

① 马克思：《资本论》第一卷，人民出版社1955年版，第62页。

北京市通县北寺公社高各庄生产大队实行“三包一奖”的调查报告*

洪乌金

高各庄生产大队由六个自然村的八个生产队组成，共有 545 户，2 584 人，799 个劳动力，6 112 亩耕地，机耕面积（仅指耕地作业）1 469 亩，占耕地面积 22.8%。生产以玉米、小麦、白薯、高粱等粮食作物为主，次为花生、蔬菜等经济作物。该大队历年的粮食单位面积产量是：1957 年 326.6 斤，1960 年 374 斤，1959 年虽然遭受特大的自然灾害但仅低于 1957 年的 0.3%。大队几年来的总收入是：1957 年 273 581 元，1959 年 311 693 元，1960 年 351 812 元，1960 年比 1957 年每户平均收入增加 99 元，每人增加 25 元。这个大队生产不断增长、收入不断提高的重要原因之一是和他们从 1957 年以来一直坚持执行“三包一奖”制度分不开的。现将“三包一奖”问题调查情况整理如下：

一、“土地分等，以等定产”，包总产

这个大队自 1957 年来就采取了“土地分等，以等定产”的办法，在党支部的领导下由大队干部、生产队长、老农等组成土地评级委员会对全大队所有的土地逐块进行普查，根据土质、历年产量和作物生长状况划分为六等 12 级（见表 1），然后根据土地好坏、距离的远近、原耕基础等情况按各生产队的劳动力数量进行合理搭配固定使用，等级不变，并实行按等级确定包产指标，各级之间差距有等差距（见表 2）和非等差距。土地分等，按等定产的优点是：①解决了争种好地，不种坏地的现象；②使包产指标更切合实际；③能更好地调动生产队进行土地改良、加工，提高其肥力的积极性，如关辛庄 1957 年的 200 亩四级地目前已达到三级地的水平。

表 1　1961 年土地等级情况表

等　级	一		二		三		四		五		六	
	1	2	3	4	5	6	7	8	9	10	11	12
面积（亩）	684.1	472.8	1 135.7	700	956.7	556.9	328.2	532.9	507.7	230.6	125	210.2

表 2　1961 年各等土地包产指标情况表

等　级	一		二		三		四		五		六		平　均
	1	2	3	4	5	6	7	8	9	10	11	12	
包产指标（斤/亩）	20	465	430	395	360	325	290	255	220	185	150	115	357.5

* 本文完成于 1961 年。

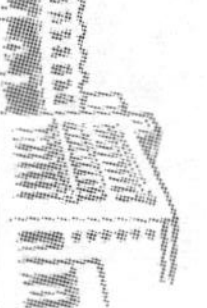

表3　1960年包产指标表（值）

单位：亩，斤，元

土地等级		大田												油料								
		主产品									副产品			花生			芝麻					
		春播大田			晚田			麦田														
		面积	单产	总产	面积	单产	总产	面积	单产	总产	面积	产值	总计	面积	单产	总产	面积	单产	总产			
一	1	434.6	500	217 300	128.5	240	30 940	128.5	260	33 410	1 621.2	6	97 272									
	2	208.7	465	97 046	122.5	225	27 562.5	122.5	240	39 400												
二	3	525.1	430	226 793	530.8	210	11 468	530.8	220	116 776	2 014.6	5	10 073									
	4	191.4	395	75 605	349.6	195	68 172	349.6	200	69 920												
三	5	653.9	360	235 404	262.8	180	47 304	262.8	180	47 304	1 351.8	4	5 407.2									
	6	274.5	325	89 213	282.4	165	46 596	282.4	160	45 184												
四	7	192.7	290	55 883	135.5	150	20 325	135.5	140	18 970	622.8	3	1 868.4									
	8	260.4	255	66 403	187.6	135	25 326	187.6	120	22 512				72.6	160	11 616	17	100	1 700	30	67	2 010
五	9	354.9	220	78 078	25.5	120	3 060	25.5	100	2 550				44	140	6 160	11.6	80	928	20	58	1 160
	10	19.2	185	3 552	108.5	105	11 392.5	108.5	76	8 680				132.6	120	15 912	17	60	1 020	5	49	245
六	11	23.1	150	3 465										93.2	100	9 320	4	50	200	5	40	200
	12	107.6	115	12 375										107.6	80	8 608						
说明：																						

在划等分级的基础上分大田（其中又分春播的、夏播的、秋播的——麦田）、油料、青麻、园田分别进行包产（见表3、表4）。大田主产品和油料作物是包产量，副产品和园田包产值，然后将各类作物（如大田和油料中的花生等）的包产指标乘以相应的面积则得各项作物的总包产（或产值）数，最后以货币指标（按不变价格计算）把各项作物的总包产数相加则为各生产队的包产（产量和产值）总数，再除以耕地面积即为每亩平均包产（值）指标，年终以此结算兑现，粮食奖励部分还按粮食作物的总包产量指标计算之。包总产的好处是：①有利于因地种植，正如第六生产队的队长说的："包总产能因地种植，多种玉米，少种白薯，秋收大忙季节也好调配劳动力"（按：白薯是较费工的作物）；②有利于"大办农业，大办粮食"和"高产多收"方针的贯彻，积极多种高产作物（如玉米、白薯等）；③可以克服按作物包产所产生的漏洞，如1957年南马庄就多报了低产作物——高粱的面积，少报了高产作物——玉米的面积。

表4 园田包产（值）表

等级	老园田			新园田			面积（亩）	总产（元）	备注
	面积（亩）	单产（元/亩）	总产（元）	面积（亩）	单产（元/亩）	总产（值）（元）			
一	91	230	20 930						
二	171.6	200	34 320	159	80	12 720	159	12 720	
三	80	170	13 600						

二、包产指标积极先进，稳妥可靠

（一）包产指标建立在常年产量的基础上（见表5）

表5 历年粮食作物包产任务执行情况表

年度	1957	1959	1960	1961
包产指标（斤/亩）	248.5	338.5	507.5	357.5
实际产量（斤/亩）	326	323	374	
说明：	1960年的粮食作物面积扩大部分中有去年300亩种花生地（8级——次地）改种的			

从表5中看出今年包产指标（357.5斤/亩）比前三年的平均实产（341.5斤/亩）高12.2斤比去年的实产低16.5斤。

（二）包产指标与条件、措施密切相结合

这个大队在确定包产指标时充分考虑到当年的有利条件：

（1）劳动力归队，去年到密云和徐辛庄修水库的劳动力回来了127人；

（2）扩大了灌溉面积，建立了八个扬水站，灌溉面积由去年的1 071亩增加到3 200亩，其中小麦及其他大田的面积竟达2 698.4亩；③扩大了高产作物的面积（见表6，表7）。

表6　两年高产作物比重表

单位：亩

项目 年度	作物播种面积	粮食作物播种面积	高产作物播种面积	
			绝对数	占粮食作物播种面积的%
1960	1 074	942	235	24.8
1961	1 190	1 105	450	40.2
说　明	高产作物仅包括玉米和白薯两种			

表7　两年主要高产作物面积增长情况表

单位：亩

	1960		1961		1961：1960			
					增　加		减　少	
	数量	占粮食作物播种面积%	数量	占粮食作物播种面积%	绝对数	%	绝对数	%
春玉米	802	11.26	1 100	15.7	298	37.15		
春白薯	70	0.98	300	2.8	230	318.5		
晚玉米	709	9.96	1 000	14.8	291	41		
晚白薯	314	4.41	250	3.57			64	20.3

从表7可以看出今年的高产作物比去年增加了15.4%，同时还采用了密植和间作等措施（如春玉米与豆子的2∶1密植法等）为作物增产提供了有利条件。

这样建立在去年和常年产量以及在与增产条件、措施密切相结合的基础上的包产指标是比较落实的，也是有产可超的。

三、按作物和亩包工，超过不补，节约归队

根据每种作物从种到收的实际需要（依各项农活定额）计算每一作物的包工数（见表8）。

表8　玉米用工定额表

活茬	耕地	运肥	盖地	耠地	耘地	拉荒	拔二次苗	耠青地	耪二遍	耪三遍	掰玉米	捆玉米秸	拉玉米秸	合计	备　注
工数（分）	1.8	1.2	0.8	4.5	0.8	22	2.5	0.8	2.2	3	2	2.5	2.5	63.6	该大队按8分为一个工计

在这个基础上根据不同茬口（如玉米的春茬和夏茬）和按亩结合进行包工，如玉米（主作）间作豆子，难以把两者分开计算包工，故把豆子的包工数与玉米合而为一——按玉米计算面积进行包工，例如春玉米70分，夏玉米50分，小麦70分，花生90分，芝麻60分，老园田450分，新园田400分等。然后以此乘该项作物的播种面积（包括辅助的间作作物），则得每一作物的总包工数，最后把各种作物的总包工数再和积肥工，机动工等相加即为生产队的包工总数，包给生产队，超过不补，节约全奖（见表9）。若因受灾则酌情调整，其因灾多用工分者可向大队报销，

对遭灾前承包工数不变，遭灾后多余的工分由大队扣回。从表中看出关辛庄生产队的总包工数是20 770分（按：机动工的比例过大是需要研究的）。这一包工办法比按土地等级进行包工的优点是：①有利于生产队实行精耕细作加强田间管理对土地加工，培养地力积极性的发挥；②包工数不受土地好坏和产量指标的影响，克服了按土地等级包工的不合理现象：好地包工多，次地包工少，产生种好地与种坏地的生产队之间的矛盾。

表9　各类作物总包工表

单位：亩，分

队别	面积	每亩用工	用工合计	大田	晚田	麦田	花生	青麻	园田	新园田	肥料	机动工
				面积 每亩用工 小计	面积 每亩用工 小计	面积 每亩用工 小计	面积 每亩用工 小计	面积 每亩用工 小计	面积 每亩用工 小计	面积 每亩用工 小计	面积 每亩用工 小计	面积 每亩用工 小计
关辛庄	787.6	256	201 770	286.1 70 20 027	333.3 50 16 665	333.3 70 23 331	56 90 5 040	10 70 700	67.6 450 28 170	32 400 12 800	787.6 50 39 380	788.6 70 55 132
合计	6 112	228.6	1 459 623	2 917.1 70 204 197	2 133.7 50 106 885	2 133.7 70 149 359	450 90 40 500	60 70 4 200	3 426 450 154 170	159 400 43 600	6 112 50 305 600	6 117 70 427 840

四、按各项费用特点包开支，挖掘潜力，节约成本

1. 农业费全大队平均25元/亩。

（1）耕畜费（饲草、饲料）按耕地面积包，以避免耕畜少的生产队生产任务重反而包耕畜费少的缺点。

（2）肥料（粗肥）、农药、杂支（农具修理费和小农具购置、灌溉费等）按耕地面积包。

2. 商品肥料。按耕地面积包，每亩1.5元，不分旱田和园田（按：由于各生产队的旱田和园田面积不等，因而产生园田多的队需要商品肥多和包的少不能满足需要之间的矛盾）。

3. 种子费。由于各种作物的每亩播种量要求不一以及价格上差异等原因，故实行按作物、按亩包：春播作物0.7元/亩，夏播作物0.53元/亩，秋播作物（小麦）3.6元/亩，芝麻0.7元/亩，园田10元/亩，老园田10元/亩，新园田5元/亩，全大队平均种子费6.84元/亩。

4. 管理费。每一承包单位48元。

把各项费用相加即为生产队的承包开支数，大队还规定生产队凡购置用品10元以上者需经大队批准，否则由生产队自己负责（按：这一规定是需要研究的）。

各生产队积极想办法，挖潜力，节约开支，如关辛庄生产队积极地发动社员养猪、挖河泥、拆炕土等广辟肥源，学生、社员利用课余和工余时间打草，既节约了耕畜的饲草费用开支又增加生产队的收入，这个队1960年打草除自用外还出售5万多斤，净收入1 100元。对集体的农具实行专人保管，严格借还手续，及时修理，小农具由社员自购、自用、自管、自修，这样不仅保证了生产的需要而且节约了生产队的开支。因此大大地节约了生产成本费用，如1960年节约了2 409.2元为1957年节约数（480元）的5倍（见表10）。

表10 关辛庄生产队节约开支情况

单位：元

项目 \ 年度		1957	1959	1960	备注
原包		3 424	4 068.5	7 634	
实支		2 944	3 935.86	5 224.8	
节约	金额	480	132.74	24 092	
	为原包%	14	3.2	31.5	

五、奖惩问题

（一）奖惩比例

这个大队1957和1959两年都是实行“比例奖罚，奖罚一致”的办法，对超产生产队奖励其超产部分的80%，大队扣留20%；对减产生产队罚其减产部分的80%。

1960年和1961两年是采取“比例奖罚，多奖少罚”。1960年规定：对超产生产队奖励其超产部分的80%，大队扣留20%；对减产生产队在10%以内者不罚，10%以上者罚其减产部分的5%。1961年规定：对超产生产队的奖励办法与上年同，对减产生产队减产在10%以内者不罚，减产在10%～20%者罚其减产部分的3%，减产在20%～30%者罚5%，减产在30%以上者，罚7%。

（二）粮食奖励与现金奖相结合

这个大队从1957年就开始实行现金奖与粮食奖相结合的办法，但是在1957年和1960年都没有规定比例，1957年是从超产部分粮食中提取213 893斤，1960年是在完成国家征购任务后从余粮中提取6 400斤，根据超产程度不同分别每人平均2斤和3斤进行奖励，对没有超产的队按每人平均一斤分配（按：这是不符合“按劳分配”原则的）。

1961年规定：粮食“三包”以内扣除口粮、种子、饲料外国家征购90%，大队扣留10%，超产部分国家征购40%，大队留60%，连同前述10%总算为100%，其中大队扣留10%，生产队10%，其余80%按社员的工分进行分配（其中提取一定比例作为积肥奖励）。

粮食奖励是由当前的生产力水平和人民公社客观经济基础所决定的，是广大社员的迫切要求。从表中（表11）看出社员的收入水平是逐年提高的，1960年比1957年平均每人增加25.9元（即增加了63%）但为什么还有些社员对此感到不满足呢？其根本原因是社员1960年的粮食比1957年减少了39.3%，其原因有：①播种面积结构发生了变化，1960年粮食播种面积减少了；②1960年遭受了自然灾害；③1957年超产的队较多，粮食奖励比例也比较高，所得的超产粮食比1960年多，等等。

表11 1960年与1957年社员收入比较

单位：元

项目 \ 年度	1957	1960	1960∶1957 ±	1960∶1957 ±%	备注
总收入	141 111	190 213	+49 102	+35	
每户平均收入	259.00	349.00	+90	+35	
每人平均收入	55.80	80.90	+25.10	+63	

表 12　1960 年与 1957 年社员口粮比较

项目＼年度	1957	1960	1960：1957	±%	备注
总产量（万斤）	208.7	192.8			
单产（斤）	326.6	37.4			
分配口粮（万斤）	88.2	65.9	22.3	－25.3	
奖励粮（斤）	213 893	6 400	207 493	－97	
分配口粮加奖励粮（斤）	1 095 893	665 400	440 493	－39.3	

（三）奖励兑现

这个大队从 1957 年起（1958 年除外）都认真地贯彻了“三包一奖”制度，坚持兑现，1959 年虽然遭受了严重的自然灾害，但是大队组织评灾委员会，实地观察核实灾情调整包产指标（减少承包面积的办法，亦即减少总包产指标），1960 年指标偏高又因受灾但也经过民主评定调整指标坚持兑现。

超产奖励的分配：1957 年是按工分进行分配，1960 年现金分配办法同上，粮食是按人分配，即放在食堂里吃。对出勤多、劳动好的社员还实行“奖中多奖”的办法，规定在完成基本劳动日后每出勤一天（除应得的工分外）奖励 2 个工分参加队内超产（包括粮食）分配，对“五好社员”和“五好干部”还给予毛巾、笔记本等奖励。减产受罚时现金按工分进行摊负，减产不罚粮食（按：粮食奖励按人分配、减产不罚粮食以及减产受罚现金按工分摊负都是不符合“多劳多得”，“多劳多吃”的原则）。

关于孙吉人民公社孙吉大队实行“四定到队、按产付工、超产分成、多产多吃”的调查报告*

洪乌金

孙吉大队位于山西黄土高原，水利条件较差，主要种植小麦棉花，是1956年成立的高级社，(大中高级社）1958年和附近一些高级社联合成人民公社，孙吉大队成为公社的一个基本核算单位，下属12个生产队，大队对生产队建立了比较健全的三包生产责任制，先后采用过三种形式：①包工照付，超产分成，减产受罚；②以产定工，超额分成；③按产付工，超额分成。经过几年摸索，认为第三种形式更能调动大干部和社员的积极性，更有利于促进生产的发展。

一、按产付工、超产分成的形成和发展过程

1956年底开始推行三包，其具体做法是按地块评议单产，然后汇算总产作为包产指标。按照技术操作规程和劳动定额算出包工总数。在结算三包时，不管超产减产，不管实际包工数是否有超支、节余，一律按原包工数计算报酬，另外超产了奖励超产部分的40%给生产队；减产的生产队要赔偿减产部分的20%给生产大队，投资的节余或透支结合产值计算。这种办法执行的效果是好的，加强了生产队的责任心和计划性，基本上贯彻了按劳分配原则，调动了广大社员和干部的积极性，但亦存在着问题，就是有的减产队得的工多、收入多，反而有的超产队得工少、收入少，例如第六队，生产没有抓紧，地里草多，远地没送上粪，可是他们对非包工的活做得很多，年终结算时减产3 841元，按20%赔768元，但是包工数是“笼里的馍馍，不吃照给”。而在包工以外的814个劳动日，共挣1 764元，每个劳动日值1.71元。相反的一队多加工施肥，超产3 563元，但非包工抓得少，实做工超过包工数，结果每个劳动日值只有1.67元。这样造成了一些干部重工轻产的思想，产量超过不超过关系不大，只要多抓一些包工以外的零工就可多分钱，结果影响了生产的发展。经过研究，1958年就改为以产定工的形式。

以产定工的具体做法是：三定的部分和以前一样，就是将一些间接用工按正茬三、七分；复种对半分，分摊到各种作物项下，投资也是将一些间接投资按上述比例分摊到各种作物项下（仅肥料是按亩产各半分摊），然后算出各种作物直接投资、间接投资占全队投资总额的百分比，结算出全队投资总额，乘以这个百分比就是该项作物的实际投资。在年初三包时根据下列公式算出计酬标准（即每个劳动日应交的产值）$=\frac{\text{原包产值}-\text{原包投资}}{\text{原包工数}}$。到了结算三包时，根据下列公式

* 本文完成于1961年。

算出应得工数$\left(\frac{\text{实交产值}}{\text{交产标准}}\right)$。将各种作物的应得工数加起来，再加上非包工数，即得出该生产队总共得到的劳动日数。这种做法的好处是克服了前一种产工脱节的毛病，使产、工、资紧密地结合起来了，并以产量为标准计算各队的劳动报酬，正如干部和社员所反映的那样，“有产就有工，有工无产还是一场空”，另外为了鼓励超产队，除超产多得工外还给予奖励（结算时的得工数比原来的包工多做一个就奖一个，多做两个就奖两个）。群众称这种奖励为双奖制，经过一年的试验，大家反映这种办法计算比较复杂，干部和群众不易掌握，另外奖励不够明显，赔产队负担过大而且由于计酬标准和实酬标准不一致，各队的计酬标准不一致，矛盾更加表面化。经过研究，试行“按社付工，超产分成，多产多吃”的形式。

二、“按产付工、超产分成、多产多吃”是一种较好的三包形式

孙吉大队近两年执行这种办法以来，对贯彻“按劳分配”原则，正确处理大队、生产队和社员之者关系，加强生产队的责任，厉行增产节约等方面起了很大作用，分别叙述如下：

1. 由于按产付工，使产、工更加紧密地结合起来，有力的调动了广大干部和社员的积极性，促进了超包产运动。“按产付工、超产分成”一方面吸取“以产定工”中的以产为中心、工随产转的优点，超产了可以得到原包工，减产了按照减产的成数来扣工。这样，生产队的干部和社员更加关心生产，注意工作质量，争取超产，另一方面亦克服了“包工照付，超产奖励”产工脱节所造成的重工轻产的缺点。

2. 按需要包投资，分别处理节约的投资，既保证了生产，又降低了开支。对不便于包到生产队的生产费用（如农药耕畜医疗费），由大队统一掌握实报实销，这种办法保证及时供应生产上的需要，及时治疗牲畜疾病，保证了牲畜的健康和植物的正常生长，如果包到生产队，则容易使生产队为了节约一些投资，不能及时防治，结果生产上遭受损失。

有些零星杂支，按包投资标准，包给生产队，节约归“已”，这样可以鼓励生产队的干部和社员精打细算，节约开支，1960 年 12 个生产队均有节余，共节余 2 646 元，干部和社员都想尽办法节约投资，例如第十二队需要麻绳十多斤（每斤三元多），并且也不容易买到，社员王圣子就提议，用社员家里存的头发代替麻皮，结果节约了三十多元。

对肥料的投资和收获的产量挂起钩来，产值（量）高的就可以多包一些肥料投资，产量低的就可少包一些投资，实际上照顾了高产队。

如果实际投资超过了原计划投资，则可在实际总产值中减去超支的部分，再进行计算奖赔，这样包产队可以少赔一些，我们认为超产了，包产队和大队共同分成，投资超过了，大队和包产队共同负担一些是比较合理的。

3. 奖励明显报酬合理。既贯彻了“按劳分配”原则，又发扬了超产光荣的思想，有力地促进了超包产运动。“超产分成”比“以产定工”的奖励形式更为明显，谁是超产，谁是减产，从奖赔中表现了出来，超产后不仅在物质上有所鼓励，同时在政治上亦得到了舆论的赞扬，超产标志着超额完成了生产大队交给的包产任务，意味着社员对社会主义社会做出了贡献，这是十分光荣的事情。“多产多吃”就是超产队除了一般的口粮标准外，还得到一部分奖励粮，这对调动社员的超产积极性，有着明显的直接的作用，对增加社会生产也有着重大的意义。

由于采用了“超产分成、多产多吃”的办法，更有力地促进了明争暗比的超包产竞赛运动，例如第十二队在向秋茬复播田送粪时，看见三队每亩送三车，他就送五车，三队看见十二队送五

车，也同样送五车，十二队看见三队送五车，就每亩送六车，总想压过三队。

4. 正确处理了大队、生产队、社员三者之间的关系，解决了“以产定工”中的计酬标准与实酬标准悬殊过大及生产队计酬标准不一致而造成的生产队与生产大队的矛盾和生产队之间的矛盾。

实行“以产定工”，在制定三包方案时，虽然是按单产和总产以任务的形式包给生产队。但在结算报酬时，仍以原来的计酬标准计算，包产队，实得的收入按规定的标准向大队买工，实得的收入多，买的工多，分得的报酬亦就多，三者就成正比例，有的队干部为了多得报酬，专门抓一些高产值的作物，同时对报酬标准低的作物多加工，这样超产了可以多得工，结果会影响到生产计划的全面完成。

另外，实行“以产定工”时，生产队对计酬标准的高低十分重视，而计酬标准与实酬标准相差悬殊，生产队每收入二元才买一个工，但是在分配时一个工的报酬是六角，表面上看起来，大队占了生产队的便宜，其实社员生产这些总产值，必须要花费各种生产投资、共同生产费和生产管理费。同时为了扩大再生产，还得留出一定的公积金和公益金和上交一定的农业税给国家，当时还留出一定数量的供给基金。因此，超额分成的办法就可以消除这种假象，解除社员不必要的怀疑。

再者，各个单位的交产标准也是有显著差别的，有的队交1.83元得一个工，有的队交1.17元得一个工，虽然交产标准不一样，但是每个工所得的报酬却都是0.6元，这样就引起包产队之间的矛盾。实行“按产付工、超产分成 ”的办法后，可以在一定程度上缓和、解决这种矛盾。

5. “按产付工、超产分成、多产多吃”的办法，简明合理，易为群众所掌握，亦适合于当前的经营管理水平。

首先从“以产定工”计酬标准计算的公式来看：

$$每个劳动日的交产标准=\frac{原包产值-原包投资}{原包工数}$$

这个公式中，只要产、工、资中有一项订得不正确，就会影响到交产标准的合理性，但是从目前的经营管理水平来看，很难正确地把共同生产费分摊到各种农作物上，同时各种作物的直接费用和投工亦由于条件不同，很难正确地估算。

其次在孙吉大队1959年的玉米包产表中，就有24栏，31个项目，共需计算700多个数，一个队种好几种作物，这样计算的数字特别多，带来了不少麻烦，算错的可能性亦不少，采用了超产分成就可以减少这样复杂的计算，只要将实产和包产一对照就可以结算了，再次早玉米和晚玉米的交产标准是不一样的，需要分别结算，可是在实际收获时，常混在一起脱粒，如果早晚玉米混合计算，则晚玉米比重大的队由于晚玉米计酬标准低而得工就容易，另外由于夏种作物收入少，而所摊得的共同生产费要比早秋少，但实际上并不少投工和少投资。如果把复种作物的投工投资压得过低，势必会影响夏播作物的加工管理。

最后，由于有些队牲口多，所报的牲畜饲草、饲料费大，计算出来的计酬标准较低，也容易多得工。

三、“按产付工、超产分成”中若干问题的商榷

1. 在三包方案执行过程中，遭受到人力不可抗拒的自然灾害时应如何兑现。目前各地所采用的方法有两种：一种如同孙吉大队所采用的那样，按受灾后的大队平均实产为标准；另一种如阳曲县黄寨公社所采用的那样，在受灾时，及时评灾，修订包产指标，结算时按新指标兑现。前

一种计算比较方便；另外超产队和减产队的数目差不多，以超补减，对大队收入水平影响不大。但是经常如此，使生产队对抗灾不积极，产生侥幸观望心理。如果采用第二种办法，生产队在受灾后还可以加强管理，继续争取超过修改后的指标，实行这种办法可能出现评灾不准，而使绝大部分队超产或减产。但是只要充分发动群众实事求是的精神，那就不会偏高偏低。为了防止评产偏高，故规定在减产20%的范围内不予赔产；即使评产偏低，绝大部分队超了产，那也没有多大坏处。

2. 在制定三包方案时，间接用工和一些零杂工根据什么原则分摊到各种作物项下，使三包更为合理。前面谈过有的队将畜牧工、零工和基建工都摊到作物项下，这样在采用“以产定工”结算时，这些用工既有奖的可能，亦有赔的可能，因为包的工多，计酬标准就低，超少部分产，就可以得较多的工，但减产亦要多赔一些工。采用“按产付工”，在结算时，减产的要多赔几个工，而超产的社就不会多几个工，因此在实行“按产付工”、“超产分成”的办法时，必须考虑哪些工该摊到作物项下，哪些工不该摊。我们认为：与农业产量有直接影响的畜牧工、农具修理工、积肥工、整地工都应摊到作物项下，另外一些基建工，生产队所包的副业工以及与当年农作物产量关系不太密切的工，可以不摊到作物上，以适当减少赔产队的负担。

3. 根据当前的收入水平，奖励的分成比例，应保持多大合适。随着生产的发展，应如何调整其比例。超产奖励是政治鼓励和物质奖励相结合的，是社会主义“按劳分配”原则的具体体现。奖励的多少，主要决定于生产力水平的高低。下面我们将孙吉大队三年来的总产值、总投工、总投资列表如表1。

表1

年份情况	面积（亩）	农业总产值（元）	农业总投工（个）	农业总投资（元）	产工资比例	备考
1958	12 412	413 283	285 840	90 691	10：6.9：2.2	
1959	11 510	406 358	205 082	72 602	10：5.0：1.8	
1960	11 039	403 826	173 054	81 480	10：4.3：2	
三年平均	11 153	407 823	207 992	78 191	10：5：2	

从表1大致可看出产量、投工、投资的比例是10：5：2也就是说创造10元的产值需要5个工、2元的生产费用。这是目前的实际生产水平。“三包一奖”的方案中，产、工资的比例应该与这个比例大致吻合，如果相差过大，必然会在执行过程中，不能兑现落实。另外这个比例，亦是决定超产分成比例的根据之一。我们说要超过一定的产值就必须花费相应的用工和投资。如果将这些用工投资采用奖励的形式奖给超产队，这就符合了“按劳分配”的原则；如果这些投工、投资，得不到补偿，则就不能真正地贯彻多劳多得的原则。我们根据这种比例做了试算，如果超产100元就需要付出50个工、20元投资，按前二年劳动日值（包括工资、供给）每工0.9元计算，50个工为45元，这样超产100元则超产队就要付65元的代价，如果按照70%奖给生产队，则生产队可得奖70元，恰恰能补偿65元的投资和投工额并稍微有余，其余30元上交给大队，作为积累、农业税等的支出。因此，这种70%奖给超产队的比例是合理的。但是如果生产提高了，劳动日值增加了，按每个劳动日值能分到1.2元则50个劳动日为60元加上20元投资，共需投下80元的代价，这样奖励的比例就要提高为80%奖给超产队。但是究竟采用什么比例还要参考当时公积金的提成比例和其他一些具体情况来确定。

农村人民公社农产品成本核算的几个问题*

王 金 铭

产品成本是经济活动中最重要的综合指标。这是从货币形式表现生产产品过程中的全部消耗，包括所消耗的物质资料的价值和所支付的劳动报酬。借助于农产品成本的资料可以促进经济核算的实施、改进和提高经营管理水平；可以更加恰当地处理人民公社收入分配中的积累和消费；可以作为确定农业布局以及国家制定农产品价格的参考，等等。但对当前来说，我们认为农村人民公社实行成本核算的主要作用是加强经济核算，改善和提高经营管理水平。

我们知道，经济核算是社会主义企业的一条主要管理原则，而成本核算又是经济核算的中心环节。实行了成本核算以后，就可以根据计划成本分析生产过程，根据实际成本分析经济结果。通过对生产过程和经营成果的分析，就可以发现什么地方不合理，什么地方还有潜力，从而给进一步改进生产、改进经营管理指出方向。几年来，特别是1958年农业生产大跃进以来，有些人民公社已在生产大队中开始试行了成本核算。实践证明，这些试行都获得了良好效果。比如，山西省长治市南垂公社农庄管理区由于实行了成本核算，通过对1959年成本资料的分析，发现全区种植的7 244亩小麦每百斤成本比1958年降低了45.2%，比计划降低了16.6%。而种植的677亩油料作物每百斤成本则比1958年提高了12%。经过分析以后，找出小麦成本降低的原因是：一方面是因为在春季加强了施肥、灌溉和田间管理，使小麦产量计划超额完成；另一方面因为合理地、有计划地使用劳动力和物质资料，使成本得到节约。至于油料作物成本提高的原因，主要是产量过低（亩产48斤）。而产量过低的原因则是由于部分社员对油料作物重视不够，以致选择岭地、次地去种，并且不注意管理和施肥。通过这样的核算与分析，不仅鼓舞了社员们对1960年进一步提高小麦产量和降低成本的信心，同时也引起了社员们对1960年提高油料作物产量和降低成本的极大注意。又如，山西平顺县城关人民公社川底管理区1958年获得了农业生产大跃进，但在总结全年生产中发现亩产虽然达到507斤，比1957年增产12.6%，可是生产投资在总收入中占的比重很大，以致增产并没有增加收入。通过1959年实行成本核算促进了合理利用资源，减少人力物力的消耗，虽粮食产量和1958年比只增加了16.5%，而生产费则比上年降低了三分之二，管理费则比上年减少了一半。由此可见，尽管人民公社成本核算还在试行阶段，在成本计算内容和方法上还有一些问题值得进一步探讨，而人民公社实行成本核算的必要性和可能性以及对提高经营管理水平带来的显著经济效果，是毋庸置疑的。那种认为“由于人民公社当前集体所有制性质不能计算成本”，或者认为“成本核算可有可无”，甚至说“多此一举”以及用实际劳动估价不能计算成本，等等想法，都是对生产不利的。我们认为只有正确认识成本核算的作用，才能对促进人民公社实行成本核算打下坚实的基础。

---

* 本文完成于1961年。

以下仅就农业成本核算中的劳动消耗的估价问题、成本计算与三包结合的问题、产品成本与作业成本问题、账内账外核算成本问题等谈谈我们的一些看法。

一、关于劳动消耗的估价问题

人民公社在计算农产品生产成本时，首先遇到的问题就是劳动消耗的估价问题。因为当前人民公社生产资料的集体所有制及与之相适应的分配制的特点，使人民公社的劳动报酬也发生了以下的特点：第一，每年劳动报酬的多寡决定于每年生产经营的结果，因而劳动报酬在各年之间，各大队之间是不一致的；第二，因为在目前的生产水平下必须照顾差别，因而条件较好、经营较好的队，可以把由级差地租形成的盈利作为劳动报酬。而条件较差，经营较差的队，它们的劳动报酬则没有这种利益。成本核算的主要目的在于对产品的成本构成、计划成本与实际成本、各队的成本、各年的成本、进行对比分析，以便找差距、挖潜力、降低成本、增加盈利。而由于上述构成成本的劳动报酬的特点，使社与社间、队与队间和年与年间对比发生困难。因而发生了在计算成本时究应如何估价劳动报酬的问题。

对于如何估价劳动报酬问题，历来议论很多，但归纳起来可以分为两类。即一类主张以假定的劳动报酬来估价；另一类主张以实际的劳动报酬来估价。前者的主要论点是：用假定的劳动报酬来计算成本时，可以避免因报酬不一致和级差地租关系所引起的对比上的困难。后者的主要论点是只有真实的成本才能把经济现实反映出，才能达到经济核算上将收入与支出进行对比的要求。而且假定的劳动报酬破坏了成本构成的内在有机联系，使物化劳动的消耗与劳动报酬孤立起来。他们还认为采用实际劳动报酬计算的成本虽然不能直接对比，但也可用间接办法来解决（如用劳动生产率相比）。至于级差地租，通过征收农业税实行农产品收购的地区差价以及提成公积金等，分配给社员的已无几，不致影响成本水平。

以上是两种意见的简要介绍。根据我们在农村中的调查和体验，我们是同意采用实际劳动报酬计算成本的。现把我们的意见谈一谈。

1. 我们认为无论讨论任何问题不能撇开时间、地点和条件，否则就是空谈。根据这个原则，我们认为当前我国农村人民公社的成本核算实行的范围不宜过大，主要应在大队范围内来进行。即计算各个生产队三包任务的成本和大队的汇总成本。以生产队的成本在各个生产队之间，计划实际之间、成本构成之间等等进行对比分析，以大队的成本在计划与实际之间、本年与往年之间成本构成的各要素之间等等进行对比分析，以找出经营管理的方向。我们所以这样说的理由：首先，现阶段我国农村人民公社的制度，是处在社会主义集体所有制阶段中的生产大队基本所有制阶段。在这个阶段中必须从各方面促进大队经济的发展，才能利于社会、大队、生产队三级经济的共同发展。因此，作为经济管理工具的成本核算，自然也必须由大队经济范围内做起；其次，我国农业生产力根据几年来的事实来看，发展速度无疑是很快的，但一因我国是“白手起家”，二因我们国家土地面积辽阔，三因我国建设的时间短，以致我们的发展虽快还不能满足我们的需要，就整个来说，目前我国的农业生产主要还是依靠手工劳动，再加以各地的自然环境、作物特性和技术条件不同，在大范围内实行成本核算，其可比性差，因而促进生产的作用也不会显著。生产大队主要是高级社的范围，自然条件、作物特性、耕作方式等大体相近，在这个范围内实行成本核算，我们认为是可以起到作用的。事实也证明是这样，例如山西长治南垂人民公社，河北藁城城关人民公社，都是在大队范围内实行；最后，运用成本核算进行经营管理，在农业上还是个新的事项，我们在这方面还缺乏完整的经验，我们认为先由小到大的去做是合乎事物发展规

律的。

如果在一个大队范围内实行成本核算，则在一个大队内条件大体相同，劳动分值也是相同，用实际劳动报酬估价劳动消耗时，除年度间因分值变动的关系不能对比分析外，其余都可对比分析。至于年度间的对比分析，也可以用间接方法进行，只要手续省而能达到改进经营管理的目的，任何方法都无不可。如同时用亩成本和斤成本两个指标来分析，以及由单位成本中劳动报酬长期变动的情况来分析。

2. 主张假定估价的意见只是单纯的从方法上完善与否出发，而不是先把人放在前面，然后再考虑其可能性。在我们国家中无论进行任何一种工作，都是在党的领导下通过群众运动来进行的。因此，在成本核算上提供给群众成本的资料，必须是真实的才能有说服力，才能使群众感到切身需要而寄予最大的关心，才能收到千方百计的挖掘潜力、促进生产和降低成本的效力。

3. 以上所说在年度间不能比的缺点是假定劳动报酬每年都不相同的情况下发生的。在全国各个县内的经济水平较高的社和队。这些社和队多半已实行了“固定工分值”。在实行固定工分值的队，上述缺点已不存在，所以在实行固定工分值的情况下，大队范围的成本核算，并无任何不可此之事发生。经过1960年冬1961年春的整社运动后，社员情绪高涨，生产更加发展，已不成问题。因此固定分值随生产的不断发展日益普及。由此可见，劳动消耗的估价问题已有了解决的方向。

最后，须声明一句，我们主张用实际劳动报酬作劳动消耗的估价，是从经营管理角度出发的。我们也不排斥为了其他目的，采用其他的估价方法。

二、关于成本计划和三包结合的问题

制定有科学根据的成本计划，对于实行成本核算是非常重要的。因为成本计划是成本核算的依据，有了计划才有可能以实际与计划比较分析，促使挖掘生产潜力和尽可能地节约人力、物力和财力。所以在实行成本核算时，必须同时制定成本计划。

三包中的包工和包财务，已具有成本计划的雏形。为了避免核算上重复计算的问题，有将两者结合起来的必要。但是，包工包财务尚不能完全代替成本计划。欲使两者结合，必须使包工包财务再做进一步的发展。

我们所说包工包财务尚不能完全代替成本计划的原因在于：成本计划是用货币指标来表示，而包工包财务则用劳动和货币两个指标来表示。这样就缺乏可比性；而且三包中的包工包财务所反映的活劳动和物化劳动的消耗是不够完整的。例如无论“大包干”、“中包干”、“小包干”，通常对固定资产折旧费、机械费、水利费、经营管理用工以及生产杂工等，都不加以反映。但可作为综合反映开支的成本计划中则必须加以反映。再者，包工包财务一般都是按开支的总项目而不是按作物分项目来计算，而这些项目也是不完全的。但在成本计划中必须按作物，并且把所有费用分项目来计算。

山西长治南垂公社农庄管理区在处理上述问题上就是根据中央指示的“经济工作愈作愈细致”的精神，以及实行成本核算的经验把三包发展为“双包”（即包工包成本）。包成本的内容完全按照成本核算的要求来设计，同时也继续发挥了三包责任制的作用。这样，就把三包和成本核算密切结合起来，给实行成本核算和发挥成本核算的效能提供了良好的条件。我们认为这种做法是值得注意的。

农庄管理区的做法也有力的驳斥有了三包便可以不要成本核算和实行了成本核算就否定三包

的错误看法。我们认为，人民公社既不能满足于过去农业社的包工包财务的办法而不再前进，也不能脱离已经建立的核算办法而孤立的谈成本核算。在我国人民公社的经营管理上，正因为有了三包制度，才为进一步实行成本核算创造了条件。

三、农产品成本核算与农业作业成本核算问题

当前，有些大队的成本核算，仅是产品的成本核算。但因农业生产受季节性的限制较强，不经过一个相当长的时期，不能获得产品。所以，产品成本核算必须在产品收获后或在年度完了时才能进行。利用产品成本资料核算该期的生产成果，找出经营管理上的经验教训，发动群众进行讨论，促使找窍门、挖潜力，并进一步订出措施，借以促进生产、降低成本，是十分必要的。但是，对生产投入的物资和劳动，是在开始生产和收获产品之间陆续投入的。在这个漫长的期间内，对于劳动和物资的消耗假定不进行经常的检查，则对促进生产、降低成本的措施就缺乏保证。而为了进行经常检查，就需要在进行产品成本核算之外再进行作业成本核算。所谓作业成本核算，即以生产队完成每单位农活（亩、斤等）的实际开支和该农活每单位的计划开支相比，以后再在生产队之间进行比较，由比较中发现问题，提供领导作为领导工作的参考。

因为作业成本能在生产上起到及时发现问题和解决问题的作用，所以我们认为基本核算单位应该两种核算同时并举。一提到作业成本，有人可能就联系到国营农场的作业成本的核算，而产生这样复杂的工作目前公社条件不够尚不能实行的想法。但是，由山西、河北一些实行作业成本核算的大队经验告诉我们，他们不是死搬国营农场的那一套，而是灵活运用的。他们的做法是：在核算的时间上，视本身条件和生产需要，可以是每日进行，也可以是几日或在一作业阶段完了时进行。在核算的作业成本项目上，能核算几项就核算几项。在项目的表现上能用货币应用货币，不能用货币用其他方式亦可。在运用上，能同时做到实际与计划之间、生产队与生产队之间的比较固然很好，否则进行一种比较也未为不可。我们觉得在开始实行时，这种做法是对的。因为比总比不比好，而且有了较简单的比之后，才能发展为较为复杂的比。

四、关于账内或账外计算成本发展问题

人民公社的成本计算上，还有所谓账内算成本与账外算成本的问题。所谓账内算成本就是把有关成本计算的资料和成本指标都通过账表来反映。为此，就必须放置相应的账户，把有关的资料通过“分录”转到账上去。所谓账外算成本，就是把有关计算成本的资料，大部分不在账内反映，而通过一定的原始记录和统计表格的办法来计算产品成本。

既然有两种办法，到底采用那一种办法好呢？我们认为在目前从实行账外计算较为适宜，我们所以这样主张是从以下两点出发的：第一，它符合当前人民公社的具体情况和实际条件；第二，它也能达到人民公社成本核算的目的。我们会在不同地区向大队的财务人员调查，他们差不多都有以下的意见：如果实行账内计算成本，势必增加账务内容，增加凭证手续和转账的工作，这样需要多添加人员；而且他们还认为手续麻烦，容易错账，可能影响结账工作。相反地，如果采用账外计算时，则不致发生以上的困难，比较容易进行。至于账外计算能否达到成本核算的目的，根据我们实际看到的情况，账外计算成本并不减低成本核算的重要意义，它对促进农业生产、提高经营管理水平与账内计算的成本是一样的。山西长治南垂公社农庄管理区的成本核算是一个很好的例证。该区在 1957 年就已开始试行成本计算，当时即用的是账内计算办法，财务人

员对前述的因计算成本而增加的财务工作感到困难，不易接受。因而改成了账外计算。办法是：一部分资料如人工、畜工和投资由生产队平时做记录，定期做统计（通过工票登记人畜工登记报告表，根据出入库单登记投资统计报告表）；另一部分资料如折旧费，大队管理费由管理区统一核算。根据这些资料由管理区和生产队分别算出生产队的产品成本和管理区的产品成本。农庄管理区的成本核算对促进农业生产和提高经营管理水平起到了显著的作用。

我们认为在目前实行账外计算成本是有利的。如果有些大队财务人员的条件许可，能够实行账内计算，也应当允许他们去实行。但必须指出，有的人认为要计算成本就必须由账内开始，否则就谈不到是成本。我们认为这种想法对人民公社成本核算的建立是有害的。因而我们是反对的。

从人民公社的现实情况来看，有重点地、逐步地试行和推行农业成本核算，已经具备了一定定的条件。首先，人民公社已经走上了巩固和健全发展的道路，公社无比的优越性和社、队干部及社员的积极性和创造性越来越有力的发挥出来，迫切要求加强社公的经营管理和实行经济核算；其次，公社已经建立了许多经济核算制度，有了一定的财务会计制度，一定的统计工作，财务人员的政治觉悟和业务水平也有了一定的提高；第三，先进的人民公社在大队中已经试行了农业成本核算，并且积累了一些经验。所有这些都是人民公社实行成本核算的有利条件。

农村人民公社生产大队的经济核算问题*

——山西省万荣县孙吉公社实行经济核算的调查

陈继昌

经济核算是财务管理的重要内容。它的最终目的是促进不断提高劳动生产率，降低生产成本，达到尽可能以最少的人力、物力、财力的消耗，取得最大的经营成果。人民公社生产大队是公社基本核算单位。有自己的资金平衡表，有自己的固定财产和流动资金，有自己的财务收支计划，对自己的经济活动成果负完全责任。所以按其性质来说，生产大队已经是一个独立的经济核算单位。但由于人民公社当前集体所有制的性质，收益分配上以及农业生产上的某些特点，还没有像国营企业那样实行完全的经济核算制，但国营企业经济核算制的原则，在人民公社生产大队也是完全适用的。我国从农业合作社到人民公社化以来，在农业方面推行经济核算，积累了丰富的经验，特别是1958年大跃进以来，人民公社积极开展经济核算中，创造了许多行之有效的简易方法，对促进生产，提高经营管理水平，产生了巨大效果。孙吉人民公社首创的简易经济核算——群众性经济活动分析，就是一个很好的例证。在这新的形势下，如何在原有基础上进一步巩固、完善和提高，根据由低到高，经济工作愈做愈细的精神，从不完全的经济核算逐步实现完全的经济核算制是广大人民公社经营管理工作者和科学研究工作者应当继续深入研究和探讨的问题。

根据我们在山西万荣县孙吉人民公社的调查，我们认为当前人民公社生产大队推行经济核算，首先应当以“三包”为中心制定好各种生产财务收支计划：积极开展群众性经济活动分析；加强生产小队的基层核算，健全劳动管理、财务管理、计划管理等各项制度，然后逐步实行成本核算，计算盈亏和经营成果，进一步实现全面的经济核算制。

一、制定以“三包”为中心的各种计划是公社生产大队经济核算的基础

计划管理是社会主义经济的基本特点之一，也是它的巨大优越性的表现。人民公社生产大队编制了生产财务收支计划，就可以调动生产大队一切积极因素，发掘和动员内部现有潜力，为全体社员指出奋斗的目标和努力方向。各种内部计划也是生产大队组织内部经济核算和考核生产单位(生产队)和个人生产成绩的重要依据，完成或超额完成计划指标，表示生产单位和个人的工作有了良好的经济效果，这就使整个生产大队圆满地完成总收入、纯收入以及收益分配等计划。孙吉人民公社实行简易的经济核算证明，以“三包”为中心的各种生产财务计划，能够有效地实行经济核算，保证社员从各方面关心劳动成果，以及生产大队在一切生产环节上实行有效的检查和监督的可能性。

---

* 本文完成于1961年。

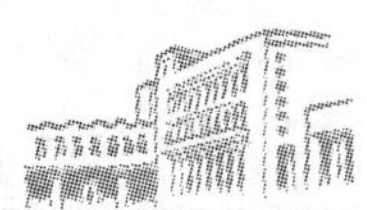

“三包一奖”是我国集体所有制社会主义农业生产中的一项基本的全面地责任制。也是生产大队有效地进行计划领导，进行经济核算的基础。包产、包工、包投资，既反映了提高产量，增加收入，又反映了节约劳动消耗和物资消耗。这些都是计划领导的要求，也是经济核算的主要内容。因此，生产大队要制定好各种计划，就必须首先制定好“三包计划”，才能真正使各种计划起到指导经济活动进行经济核算的依据。孙吉生产大队1961年“三包”计划的制定，就是贯彻“以农为主，全面安排”的原则，照顾需要与可能两个方面来进行的。在保证国家粮食征购任务，社员的口粮量种子饲料需要量以及棉花种植任务的情况下，根据黄土高原十年九旱的自然特点，积极采用各种复种制度和农业技术措施，组织社员反复讨论，确定各生产队的种植计划。然后参照前三年平均产量和自然物资等条件，确定各种作物的包产指标（如孙吉生产大队小麦1958年为133斤，1959年为233.5斤，1960年为129.3斤，三年平均166斤，根据今年生产条件和具体情况，最后落实为180斤群众普遍认为是切实可靠的)。根据各种作物从种到收的技术操作规程和劳动定额，经老农、队干部充分讨论，计算出每种作物投工、投资（种子肥料、农药等等）的需要量，再经群众讨论同意，以历年行之有效的包产基数和包工基数（根据耕地的历年产量、土质、阳光、远近、地坡大小平整程度等条件计算出全生产大队的每亩平均产量和平均用工，作为100，以各生产队的每亩平均产量和用工数与它比较所得的百分率即为生产队的包产基数和包工基数)。算出合乎各生产队包产指标和包工、包投资指标，最后签订三包合同。这样也就为制定全年的各种计划，进行经济核算，提供了可靠依据。

为了实行经济核算，孙吉公社实践证明（不论是简易的经济核算或完整的经济核算）除了抓好“三包”这个决定性的环节外，还要在“三包”的基础上制订以下各种计划。

（一）生产计划

在生产队包产计划的基础上，生产大队制订全队的生产计划。一般是包产指标就是生产计划中的产量指标，包产面积也就是生产计划中的种植面积。孙吉，西里，蔡村生产大队由于今年生产计划指标经过了自下而上，自上而下，反复讨论，从而使生产计划制订得更切实、更完善、更合理。

（二）投工计划

投工计划是完成生产计划的重要保证，它是以包工计划为基础而制订的。制订投工计划的程序是，根据各种作物不同的生长季节及技术措施要求，计算每种作物每亩的直接用工和间接用工数并以此为基数分季分月根据需要比例安排。在全大队分季分月投工总计划下，再按各生产队承包作物的面积分月进行安排。在首先保证农业战线有足够投工基础上（农忙80%农闲50%）再满足饲养、副业、生活福利等事业的投工需要，最后加以平衡。在孙吉公社各生产队为了贯彻执行“三分三定”的劳动管理制度，建立有“计划用工手册”将计划投工数分战线、分单位、分时间（年季月）具体规定劳力、投工、任务，由生产大队控制掌握，为更好地执行投工计划，各生产队对社员实行“四日连环套”的办法，即每月初评定每个社员应做基本劳动日和基本工作日，按月检查实做劳动日和实做工作日，根据执行情况给予奖惩，以保证投工计划的完成。

（三）财务计划

财务计划是保证生产计划完成的重要条件，财务计划必须在包产包投资计划基础上，密切配合生产计划，本着勤俭办社精打细算的精神，既鼓足干劲，又留有余地，制订好全大队的财务收支计划。包括农、林、牧、副业收支计划，税金支出计划，管理费支出计划，福利事业支出计划，公共积累使用计划，非生产收支计划，收益分配计划，粮食分配计划等。为了更好地控制各生产队的包投资额，生产大队对生产队则实行“四分一定”的制度。建立计划开支手册将生产队全年的计划开支数，分季分月作出计划安排，由生产队财务队长掌握控制，不能跨项开支，超支不予报销，节余留队使用。

以上是孙吉公社各生产大队实行简易经济核算，在年初必须制订的几种主要计划。孙吉生产大队在1960年还开始试行了农产品成本核算，除制订以上各种计划外，还结合三包计划制定了成本计划，包括各种作物的面积、产量、产值、直接和间接的劳动消耗、物资消耗以及总成本、单位面积成本、单位产品成本等指标。

孙吉公社各生产大队两年来实行简易经济核算——群众性经济活动分析的经验证明：在制订上述各种计划基础上，还必须提出几项对增加生产、降低成本有决定性意义的明确经济指标，如每个劳动力全年需投多少劳动日、工作日；生产多少产品；创造多少劳动价值；各种作物要投多少劳动日、每个劳动日要创造多少价值；生产费与管理费要降低多少等等，以此作为全年经济活动分析的主攻方向，从而使全体社员干部胸中有数，为完成和超额完成这些经济指标而努力。

二、群众性经济活动分析是公社生产队实行全面经济核算制的途径

群众性的经济核算和经济活动分析，是我国国民经济从1958年大跃进以来财务管理方面出现的蓬勃发展的新气象。就国营企业来说，它是实行经济核算的进一步发展；就农村人民公社来看，它是生产大队实现完整的经济核算制的良好途径。因为国营企业一开始就是实行完整的经济核算制。随着增产节约运动的深入开展，群众迫切要求了解和核算自己生产的产量、质量和原材料的消耗。通过经济活动分析，以及生产过程中先进与落后差距的比较，便于更好地学先进促后进，因此它是企业经济核算向广与深的进一步发展。人民公社生产大队虽然也是一个独立的经济核算单位，如前所述由于人民公社集体所有制性质以及与此相适应的分配制度的特点，还没有实行完整的经济核算制。适应农业生产上的要求和农村当前文化水平的状况，在原有的核算基础上，首先开展群众性的经济活动分析，实行简易的经济核算，然后进一步进行成本核算，计算盈亏，实行完整的经济核算制，是合乎由低级到高级，由简单到复杂，经济工作愈做愈细的原则的，也是合乎事物客观发展的规律的。所以说开展群众性的经济活动分析是公社生产大队实行经济核算制的良好途径。

人民公社群众性经济活动分析的首要特点就是党的群众路线工作方法在公社经营管理与经济核算中的运用和发展，是领导干部、专业人员、社员群众三结合的良好形式，因为推行经济核算，提高劳动生产率，降低成本的主要关键，是决定广大社员群众在生产过程中，充分而合理地利用土地、人力和物力，在不断提高产量前提下，最大限度的节约物资消耗。只有依靠社员群众，才能更好地贯彻勤俭办社和民主办社的方针，才能加强经济核算，提高生产中的经济效果，才能用最少的耗费，生产更多的产品，才能使经济核算具有坚实而广泛的群众基础，更好地发挥它的作用。孙吉人民公社实行群众经济活动分析的经验充分证明了这点。

（一）群众性经济活动分析的主要内容

孙吉人民公社的经验指出，人民公社开展群众性经济活动分析的基本内容，应当是对农业生产起决定作用的土地、劳力、生产资料和货币资金三方面。第一，土地在整个社会生产特别在农业生产中占有重要的地位。它不仅是劳动者的立足点，同时也是在人的劳动作用下创造农业产品

的积极参加者和动植物生长发育不可缺少的条件。因此，分析土地的利用率，分析提高单位面积产量的潜力，以及结合“八字宪法”的分析因地制宜采用技术措施等等，对增加农业产量，具有非常重大的意义。孙吉公社西里生产大队1960年通过群众性经济活动分析，贯彻了“广种多收”与“高产多收”相结合的方针，采用了“三扩大、四套种、一偷一变一补”的增产办法（今年改为三扩大，三套种，一变一补），提高了现有土地利用率，扩种的土地面积达4 099亩，占总土地面积的23%，一亩地发挥了一亩二分三厘地的作用，增收的秋粮，全部占秋粮总量的29%，增收的蔬菜平均每人180斤。在1960年大旱年景，农业总产值，较上年还增长了17%。第二，劳动力是社会生产力中最活跃的因素，劳动时间的节约是最大的节约，在农业生产过程中分析农闲与农忙时期农林牧副渔工及非生产性事业的劳动力使用情况，分析劳动出勤率、劳动效率和劳动利用率，对增加产量提高劳动生产率，降低成本，也起着决定性作用。根据孙吉公社1960年统计，由于经济活动分析的结果，全公社农业战线的劳动力在大忙季节稳定在80%，小忙季节稳定在70%，全年共挖掘106万个工，占全年实际投工数的31%；社员出勤率经常保持在97%以上，比1959年提高5%，不仅解决了农业生产第一线上劳动力不足的困难，并且大大发展了多种经济。第三，充分而合理地利用生产资料和货币资金，也是人民公社实行经济核算的要求之一。经常分析资金的筹集与使用，开源节流合理安排资金比例，延长设备寿命，提高资金利用率和周转率，对降低成本，起着直接的作用。孙吉公社蔡村生产队，1960年夏收后从小麦投资分析中，发现每百斤小麦投资额四队比三队低11.1%。每亩小麦的投资额六队比二队低52.6%。第二、三队投资高的原因，主要是间接投资费用浪费大，挤了肥料的投资，使小麦减产。通过这次资金分析，找到了四条节约资金的门路（开、清、压、代——开拓资金来源，清理不必要的库存物质，防止资金积压，以旧代新，自制代购买），共挖掘16 500元的资金潜力，发展了生产，保证了生产费用不断降低。由此可见，人民公社生产大队的经济活动分析，围绕土地、劳力、生产资料和货币资金等三大基本内容，进行找差距，作比较，挖潜力，能有力地促进、农业生产的发展。

（二）群众性经济活动分析的方法和形式

孙吉人民公社群众性经济活动分析的方法，是以唯物辩证法作为指导的。除此而外，根据我们的调查，他们在经济活动分析中，还具体应用了以下一些方法。

1. 比较分析法。即根据同类性质的个别指标，如单位面积产量、生产费用指标等等，在本期与上期，计划与实际，单位与单位之间进行对比分析，得出差异，进行排队。这是应用最广泛的一种分析方法。通过对比分析便能找出产生差异的原因。总结经验教训，进一步挖掘潜力。现以1960年孙吉生产大队小麦产量分析表（表1）为例为说明。

表1　孙吉生产大队1960年小麦产量分析

队别	播种面积					每亩平均产量					总产量					排队
	59年面积	60年计划	60年实际	占59年%	占计划%	59年亩产	60年计划	60年实际	占59年%	占计划%	59年总产量	60年计划产量	60年实际产量	占59年%	占计划%	
1	615	617	614	100.4	99.3	221.1	320	138.0	61.8	41.7	136 828	196 895	85 065	62.2	43.2	3
2	715	708	698	99.6	97.5	227.6	340	127.2	55.9	38.3	162 624	236 500	88 884	54.6	37.5	6
3	636	637	623	99.2	99.2	269.3	346	128.8	49.2	37.2	166 426	220 402	81 428	48.9	36.9	11
4	688	688	682	99.1	99.1	228.6	336	125.8	55.0	37.4	157 378	231 170	85 830	54.5	37.1	9

（续）

队别	播种面积					每亩平均产量					总产量					排队
	59年面积	60年计划	60年实际	占59年%	占计划%	59年亩产	60年计划	60年实际	占59年%	占计划%	59年总产量	60年计划产量	60年实际产量	占59年%	占计划%	
5	627	627	629	99.0	99.0	250.6	327	142.0	56.6	43.4	157 081	205 030	89 192	56.1	43.0	1
6	593	593	589	99.3	99.3	251.9	318	129.7	51.4	40.7	149 523	188 574	76 394	51.0	40.5	5
7	606	606	600	99.0	99.0	221.2	317	120.5	54.4	38.0	134.054	192 102	72 354	53.9	37.6	7
8	617	616	601	99.0	99.0	237.1	335	140.2	59.1	48.0	146.154	206 482	85 569	58.3	41.4	2
9	643	643	637	99.1	99.1	225.7	321	121.3	53.7	37.7	145 111	206 407	77 319	53.2	37.1	8
10	645	644	639	98.7	98.7	244.1	339	124.1	50.8	36.5	157 463	218 655	79 360	50.4	36.3	12
11	635	675	629	99.0	99.0	222.9	321	119.8	53.7	37.3	141 614	203 835	75 402	50.2	37.0	10
12	624	624	618	99.0	99.0	200.9	316	130.3	64.9	38.4	125 178	197 310	80 599	64.3	40.8	4
总计	1 639	7 639	7 569	99.3	99.0	233	328	129.3	55.4	40.0	1 782 196	2 505 092	980 428	55.0	39.0	—

（1）1、5、8队小麦单位面积产量最高。主要经验是“五多”、“五早”、“一快一好”；五多是轮作侧茬多，整修土地多，三类苗追肥多，耙耘保墒次数多，合理密植多。五早是早灭茬、早深翻、早施肥、早治虫、保墒早。一快是回茬麦田种得快，一好是优良品种选的好。

（2）1960年受百年没有的大旱灾，小麦产量比1958年有所减少，比计划上有差距，但在夏粮少了秋粮补，农业少了副业补的号召下，全队总收入不仅没有减少反比1959年增加了2.4%。

从表1可以清楚看出，比较分析法简单明了，一望而知，在日常或某一阶段运用这种方法分析工作，对鼓舞先进，鞭策落后，起着巨大的作用。

2. 因素分析法。即对年度、月度、阶段的工作或对某一事情，在该工作未开始时分析其中的积极因素和消极因素，在工作进行过程中分析新旧因素的变化，在最后总结过程中，分析正确的和错误的因素等等。如在孙吉生产大队1960年遭受百年未有的大旱灾，小麦减产，对于农业减产副业补问题，在副业尚未开始前便分析了搞副业是否影响农业，搞副业时下了雨，农活忙起来如何办？能抽多少劳动力？抽哪些劳力等等。分析结果是组织小部分人搞副业，大部分人继续抗旱保苗。在最后总结工作时，又分析了采取这种措施的效果，由于正确采取了措施，使得副业收入增加了5 900多元，决算分配计算，虽然农业收入比1959年减少一些，由于副业收入增加了34%，总收入不仅没有减少反而比1959年增加了2.4%，社员消费比1959年大大提高。这种分析方法，是完全合乎马列主义唯物的认识论和辩证的研究方法的。

3. 综合分析法。比较法与因素分析法，是在日常经济活动过程中和对区别作物以及某项作业结束时应用的。由于各项经济指标相互联系，相互制约，彼此影响，特别是在季度预分和年度分配时，还必须应用综合分析法，作较全面的分析研究。如对一个生产单位的生产成果既要分析甲种作物（如小麦）的生产情况，又要分析乙种作物（如棉花等）的生产情况；既分析农业收入，又分析林、牧、副、渔收入；既分析生产收入情况，又要分析投工和物质消耗情况。最后才能综合评定生产单位是先进还是落后以及产生差异的原因。1960年孙吉生产队年终分配时，分析了第八小队与第七小队生产条件和基础大体一样，原包产任务第八小队比第七小队还高，而最后的实际产量相差悬殊，一个是超产队，一个是减产队，两个队的每户平均收入和每人平均收入也相差很大，从表2可以看出。

表 2

队　别	原包产值（元）	实际产值（元）	增或减	平均每户收入	每人平均收入
第八小队	34 024	38 198	＋4 165	350.00	104.50
第七小队	28 032	24 353	－3 679	192.50	81.30

分析的结果，八队的主要经验是队干部对生产抓得紧，社员干劲足，及时安排农活，合理采用各种技术措施，而七队减收的原因是队干部不团结，工作欠主动，有依赖思想等。从上例可知，综合分析法对总结和评定各生产单位的最终经营成果，起着重要作用。不过确定评定最终成果的综合指标，还值得进一步研究，例如，总收入指标不如总产值，总产值指标不如纯产值，即总产值减全部生产费用（活劳动和物化劳动消耗），这便涉及纯产值指标的取得问题，亦即成本核算问题。

4. 分组分析法。这是借用统计上的分组法，应用在群众性经济活动分析上的一个辅助方法。1960 年孙吉生产大队在三包结算时便应用了分组分析法，首先是将各生产队的三包情况列为表 3。

表 3　1960 年孙吉生产队三包结算表

队　别	原产值（元）	实产值（元）	增或减	增减%	排　队
1	28 912	31 315.40	＋7 394.40	＋8.3	3
2	30 453	28 695.50	－1 757.50	－5.7	9
3	32 128	29 187.90	－2 940.10	－9.1	10
4	32 853	31 573.00	－1 280.00	－3.9	7
5	29 410	27 430.00	－1 980.00	－6.7	8
6	26 351	23 785.40	－2 565.60	－9.7	11
7	28 032	24 353.60	－3 678.40	－13.1	12
8	34 024	38 189.00	－4 165.00	＋12.2	1
9	28 902	30 073.00	＋1 171.00	＋4	4
10	33 158	33 802.00	＋644.50	＋1.9	6
11	28 810	29 473.40	＋663.40	＋2.3	5
12	27 479	29 807.00	＋2 328.00	＋8.5	2

根据表 3 分组，归纳提出表 4。

表 4

分　组	队　名	队　数
超产队（实产超原产 1%以上）	1、8、9、10、11、12	6
平产队（实产占原产 95%～100%）	2、5、4	3
减产队（实产占原产 95%以下）	3、6、7	3
合　计	—	12

通过排队宣布分组的情况后各生产队便可据此分析超产或减产的原因。

5. 专题分析法。即定期或不定期组织专业人员进行专题分析例如专门组织饲养员分析研究改进牲畜的饲养管理等，专题分析法对提高工作效率，减少非生产人员起着一定的作用。

6. 图表法。这是利用各式各样简明易懂的图表将分析资料和分析结果公布于众，使社员群众了解经济活动的情况的一种方法，通过公布结果知道生产了多少？花费了多少？是先进还是落后，是节约还是浪费，从而启发群众向先进的、节约的看齐、促进增产节约的进一步开展。孙吉人民公社利用图表公布分析结果，成为经营管理中一件经常工作，使死数字变成活教材。

以上这些分析法，均能为社员群众所接受。也是其他人民公社在推行群众性经济活动分析时可以采用的。

孙吉人民公社的实践也证明群众性经济活动分析，必须是领导干部专业人员，社员群众三结合，即领导干部出题目，专业人员提供资料，社员群众做分析。一般是：①年度季度的首末，从检查本年本季计划完成情况，总结经验教训发动全民大分析。②月度以检查投资、投工计划的完成情况，组织生产单位干部分析，排队、评比公布、促后进、赶先进。③分月分旬结合小段作业安排，分析作业完成的数量与质量，调动一切积极因素，克服消极因素。此外还可以组织定期或不定期的总结评比和专题分析举办展览等等。事实证明，这些分析形式，都有良好的效果。

（三）群众性经济活动分析为公社生产队实行完整的经济核算制创造了条件

群众性经济活动分析，是目前人民公社值得推行的一种简易经济核算。它体现了经济核算的要求，适合当前广大农村干部文化水平的特点同时也符合人民公社实行经济核算由低到高、由简而繁的客观发展规律。

首先，群众性经济活动分析促使了农业生产获得高产低成本的经济效果。孙吉人民公社虽然是没有普遍实行精确的成本核算但由于开展了群众性经济活动分析，在 1960 年土地利用率提高了 19.1%，劳动利用率提高了 31%，资金利用率提高了 25%，收到了高产低成本的效果。从我们在孙吉生产大队对 1960 年各种产品的实际成本的粗算资料，也可以证明这一点（表 5）。

表 5　1960 年孙吉生产大队经济活动结果

单位：元

农产品名称	总产值	生产费用（总成本）	生产费用占总产值%	经济效果		每百斤产品成本
				盈	亏	
小　麦	122 194.00	117 888.00	95	4 306.00		10.70
夏杂粮	758.21	1 967.00	152		1 208.79	23.3
玉　米	16 252.00	14 593.00	89	165.90		6.70
红　薯	3 311.00	3 200.00	96	111.00		2.71
谷　子	10 458.00	6 607.00	63	3 851.00		4.10
黍　子	5 988.00	2 943.00	49	3 045.00		3.20
棉　花	151 810.00	90 320.00	59.4	61 490.00		51.20
合　计	310 771.21	237 518.00	76.5	72 968.90	1 208.79	

注：① 劳动日值按 1960 年实际分配每个劳动日 0.847 元计价。

② 间接费用按直接费用此例分摊，间接投工按直接用工分摊。

③ 固定资产因未进行清理估价折旧费来进行分摊。

从表5可以看出，除夏杂粮有亏损外，其他农产品都有盈余，全部农产品盈利率达到30%左右（净收入和产品成本之比以产品成本为100，求得盈利率）。

其次，群众性经济活动分析对核算工作有了较高的要求。由于开展群众性经济活动分析要求核算工作能紧紧跟上，及时提供分析资料客观地反映经济活动情况，这对进一步实行完整的经济核算也创造了有利条件。孙吉公社各生产大队在核算工作上的要求是年初普遍制订生产计划，投工计划财务收支计划，并提出几项对于增加生产降低成本有决定意义的经济指标（以如前述）作为进行全年经济活动分析的依据，在生产费用的核算上要求生产大队根据财务管理“四分一定”的办法对生产队建立“计划开支手册”。会计账户普遍采用按队按作物设户按费用项目设专栏的明细核算，在劳动核算上要求生产大队根据劳动管理“三分三定”的办法，对生产队建立“计划用工手册”分作物、分项目、分时间。按作物类别核算生产用工和非生产用工、直接用工和间接用工，所有这些都是实行经济核算，执行和检查计划的要求，并为生产队在三包核算基础上进一步实行成本核算创造条件。

最后，党的坚强领导和广泛的群众核算基础，为进一步实行全面经济核算提供了根本保证。孙吉公社的实践证明群众性经济活动分析，必须是在党的领导下来开展的。在组织领导上，公社与生产大队均设立了有关经营管理的机构。公社一方面号召全体干部要通生产懂技术、会管理、会分析、大量培养又红又专的财务核算人员。另一方面广泛吸引群众参加管理，启发社员集体主义思想，树立经济核算观念。把群众性经济活动分析、成为广大干部和社员学会管理，学会做经济工作的大学校。

三、生产队的核算是保证生产大队经济核算质量的重要条件

生产队是人民公社“三包一奖”的承包单位，也是直接组织生产活动的单位。在生产过程中的劳动消耗和物质消耗，都是经生产队的安排而支付的。因此，不断提高生产队劳动核算和财务核算的工作，是关系到正确反映社员劳动成果和保证整个生产大队实行经济核算的重要条件。

（一）实行定额管理评工记分和四日连环套

孙吉生产大队各生产队一直坚持劳动定额和评工记分制度。在生产大队定有定额标准和计酬标准（现已制定各种定额137种），生产队可在一定幅度内对大队定额标准作适当调整。在各生产队普遍推行了小段作业计划，贯彻了评工记分的制度。这些都是保证劳动日核算的正确性的重要条件。为了充分挖掘劳动力潜力，提高劳动出勤率和利用率，孙吉公社还实行了“四日连环套”的劳动管理办法。因此，孙吉公社在生产队的劳动核算上除了正确核算劳动日外，还有工作日的核算任务。实践证明，实行“四日连环套”这种管理办法对鼓励社员积极参加集体劳动起了很大的作用。

（二）贯彻财务管理上的“四分一定”严格核算各项开支

孙吉公社在财务管理上还创立了“四分一定”的管理制度（即按照以农为主，合理安排的精神分单位、分季度、分月、分项目，具体规定各单位开支定额），各生产队根据三包中包投资数额，与生产大队建立计划开支手册。开支时持手册向财务股领取，结算时附上单据报销。因此，生产队在财务核算上要严格控制跨月跨项的开支，防止超支挪用的现象，堵塞了一切浪费漏洞，把勤俭办社的精神，贯彻到公社最基层的生产单位。同时，为生产大队实行经济核算和开展群众

性经济活动分析提供了更全面、更可靠的资料。生产队除核算包干范围的开支外，对自营部分的收支，也设立了简易的账簿和报表，做到日清月结、定期公布。

（三）基层劳动核算的两种形式

孙吉公社由于在劳动管理上实行了“四日连环套”的办法，生产队的劳动核算也就有着两种不同核算形式。

1. 定期收发工票、出勤证的形式。即在社员每完成一段农活经验收后一方面根据包工单（甲联）由工票出纳发给工票和出勤证（小段作业包工由作业组长分发），定期收回后，核算每个社员实做劳动日和工作日，以检查“四日连环套”的执行情况，并将社员应得劳动日分别记入“社员劳动工分登记簿”和“社员劳动手册”。另一方面依据包工单（乙联）登记“工分工种登记簿”，以检查各种作物实际用工情况，月终分别统计“社员户工分报表”和“分作物工分报表”上报生产大队。其核算程序如下：

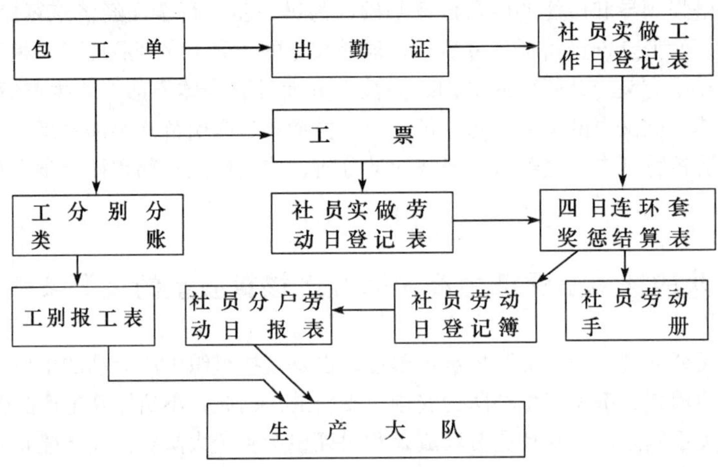

收发工票，出勤证的核算形式的最大优点是手续比较严密。社员劳动后就能领取工票做到经常心中有数；但是手续较复杂，工票出勤证容易丢失，在检查基本劳动日和工作日完成情况时，可能发生工票和出勤证相互转让的现象和在生产队兼设工票出纳员，加重核算工作量。

2. 劳动手册核算形式。即根据“四日连环套”的要求设计社员劳动手册。手册的格式如表6。

表6　社员劳动手册

月	日	早上活动	数量	工分	中午活动	数量	工分	下午活动	数量	工分	合计	队长盖章
4	1	挖苜蓿	59斤	4.5	休息			挖苜蓿	65斤	5.2	9.7	

社员劳动后，一方面由组长根据派工单填写手册，队长签字盖章（或由本人填写经队长签字盖章）交社员保存。月终时收回手册核算社员实做劳动日和工作日数检查社员“四日连环套”的执行情况。另一方面财务队长根据派工单登记“工别分类登记账”，月终分别统计“社员分户报

工表”和“作物类别报工表”上报生产大队。其核算程序如下：

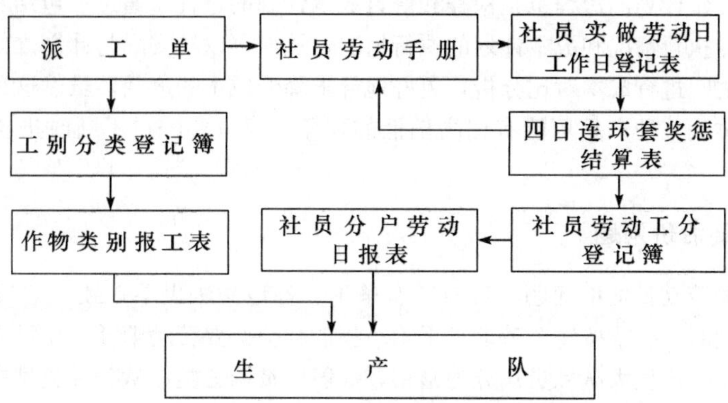

这种核算比发工票，出勤证核算形式的手续较为简便，劳动手册本身起了工票与出勤证的作用，也能使社员经常心中有数，执行四日连环套制度更为严密，但劳动手册的经常填写也比较繁琐。

人民公社的生产大队实行经济核算，要求建立完备的基层核算，特别是劳动核算。孙吉公社各生产队劳动核算的办法虽然还不尽一致，但大体核算过程和要求是近似的，只要通过实践，不断改进是可以为进一步完善基层核算，为实行完全经济核算制，提供全面可靠的资料，打下良好的基础。

四、进一步开展成本核算的几个问题

人民公社的生产大队要实行完整的经济核算制，应该在生产大队全部经济活动中广泛利用经济核算原则，达到生产的产品最多成本最低赢利性最高。因此，在简易经济核算——群众经济活动分析的基础上逐渐计算产品的计划成本和决算成本，在国家、公社计划的指导下确定各部门、各种作物和全大队的赢利水平：因地制宜地制订种植计划和采用技术措施，不断地改善经营管理，这是公社生产大队经济核算发展的一个方向。但是，实行农业成本核算，必须根据农业生产的特点，必须在“三包一奖”核算基础上，经常不断地监督和检查计划的执行情况，开展群众性经济活动分析，才能达到增加产量降低成本的目的。否则便成为为成本核算而核算，丧失经济核算应有的作用。

在进一步实行成本核算中必须解决以下几个问题：

（一）成本核算的具体办法问题

实行成本核算，也必须是由低而高、由简而繁、逐步达到经济工作愈做愈细致。孙吉生产队1960年年初通过经济活动分析，在制订全年生产计划，投工计划，财务收支计划基础上，结合“三包一奖”工作制订了成本计划，其具体做法是：首先确定各种作物的种植面积、然后结合三包（包产、包工、包投资），将直接投资和直接投工按作物记入成本核算表。间接投资和投工采用“资摊资、工摊工”的办法，分别按直接投资和投工的比例分摊间接投资与投工，最后计算单位面积成本和单位产品成本。年终结合三包结算，按同样方法计算实际成本。这种成本核算办法是比较简便易行的，既能克服成本核算与“三包”脱节，各搞一套，加重财务人员工作量的缺点，又能使三包内容通过成本核算更加切合实际。制订三包计划的过程，也是制订成本计划的过程。检查和修订三包计划的过程也是检查和修订成本计划的过程。通过三包结算和成本决算，便能反映三包计划的执行情况和成本计划的执行情况，从而可以在实际与计划之间，单位与单位之间，本期与上期之间进行成本对比分析，更好地寻求降低成本的途径。虽然这种办法在成本分摊上不够细致，具体到某种产品可能有偏高偏低的现象，但只要经过不断改进核算办法是可以克服的。

（二）劳动日估价问题

成本核算中的劳动日估价问题，目前还有争论、各地做法也不一致。1960 年孙吉公社各生产大队在制订计划时，要求按每个劳动日平均负担的社会必要劳动消耗（生活费用，进行估价）。其办法是：第一步把产生大队社员户分为富裕、一般、贫困三类，从各种类型中抽出一定比例的典型户调查他们的生活消耗量（包括衣食住行、文化娱乐费和子女教育费）求出这些典型户的平均每人消费水平作为全生产大队每人的平均消费水平，第二步是求出全大队人口生活消费总数，第三步用全年劳动日（按实做劳动日计算）除全大队人口生活消费总数，便得出每个劳动日的价值。其公式是：典型户生活消费总数×集体收入部分所占的百分比％÷典型户总人口数×全生产大队总人口÷当年实际劳动日数＝每个劳动日价值。

根据我们在孙吉、西里、蔡村几个生产大队了解，在试算 1960 年的计划成本时均未采取这种估价办法。首先认为调查和计算复杂，工作量太大，其次是选择典型户不易准确。调查典型户全年生活消费量也难以完全反映实际情况。孙吉生产大队 1960 年决算的成本，是按实际劳动日报酬估价的我们认为采用这种劳动日估价办法，不仅简便易行并且能比较确切反映生产大队全年经济活动的实际情况。从加强生产大队经济核算，提高与改善经营管理水平，反映经营成果来说，用实际的劳动日值是完全可以的。当然如果公社对各生产大队之间的成本进行比较时，就可以按全公社平均的实际劳动日值，即使在各生产大队劳动日值相差悬殊的情况上，采用平均实际劳动日值也是可以解决可比性问题的，同时有了直接投工数，计算也极为方便。

（三）固定资产折旧问题

实际成本核算，就必须对固定资产进行折旧。在当前三级所有队为基础的基本制度下，生产大队的固定资产不断得到增加和扩大。这些固定资产在生产过程中不断磨损、必须提出一定折旧费以资补偿。同时为了更准确的计算产品成本，也必须将折旧额分摊到各种产品的成本中。孙吉公社各生产大队 1960 年都进行了折旧提成，但不是根据固定资产的类别分别计提而是从收益分配中按总收入的比例提存的。要按固定资产类别计算折旧，就必须对固定资产进行清理、重新估价才能使计提的折旧额更切合实际，因此在开展成本核算前，彻底清理财产，按使用年限逐件计提折旧，是完全必要的。从目前条件看，财务人员业务水平普遍提高，固定资产的管理制度逐渐完善，实行固定资产折旧，不论在技术上条件上，都是可能的。

北京市海淀区东北旺公社劳动核算组织问题的调查*

杨 芳 林

准确而及时地反映生产队劳动资源和劳力的安排使用情况，是挖掘劳动潜力，发挥劳动者积极性创造性的先决条件。

生产队内负责劳动核算的专业人员是记工员，记工员必须做好以下几项工作：

一、摸清劳动资源

生产队所有的劳动力均应造册登记。

一般是按社员姓名，分男整、女整、男半、女半和辅助劳力等五类登记的，这样就能了解本队所有各类劳力的人数，便于领导者安排使用。如西北旺南队劳力的情况是：男整劳动力 37 人，男半劳动力 14 人，女整劳动力 33 人，女半劳动力 23 人，合计 107 人。另有辅助劳力 20 人。

除按劳动力的类别登记外，还应按劳动的编制进行登记，即按不同的工作类别，分别登记各单位及各作业小组的固定人员，这样的登记就便于考查劳力的安排是否合理，便于调配和管理。如西北旺南队的劳力按工作类别登记，情况如下：

（1）田间生产队劳力数　85 人

（2）辅助生产劳力数

　① 饲养员　2 人

　② 大车工　4 人

（3）后勤人员

　① 食堂　11 人

　② 托儿所　3 人

　③ 电磨　2 人

在摸清劳动资源方面，西北旺各生产队，还采用了工资卡片和供给卡片的办法，工资卡片是专门记录和计算每个参加劳动的社员每月所得的工资情况。供给卡片是专门计算各社员户应得的供给情况，不仅在年终经过汇总，能查明每个参加劳动的社员全年所得的工资，和每社员户全年所领得的供给以及收入增长的情况，同时还可以借此研究如何在本队挖掘劳动潜力，和提高社员的劳动生产率，这两种卡片的格式如下：

* 本文完成于 1961 年。

工资支付卡片

队别　　　　　　　　　　　　　　　　　　户名

　　　　　　　　　　　　　　　　　　　　姓名

<table>
<tr><td rowspan="3">月份</td><td colspan="9">应支付工资</td><td colspan="3">（减）扣款</td><td rowspan="3">实金发额</td><td rowspan="3">盖章</td></tr>
<tr><td colspan="3">基本工资</td><td colspan="3"></td><td colspan="3">合　计</td><td rowspan="2">产量工资</td><td rowspan="2"></td><td rowspan="2"></td></tr>
<tr><td>工数</td><td>工分</td><td>金额</td><td>工数</td><td>工分</td><td>金额</td><td>工数</td><td>工分</td><td>金额</td></tr>
<tr><td></td><td></td><td></td><td></td><td></td><td></td><td></td><td></td><td></td><td></td><td></td><td></td><td></td><td></td><td></td></tr>
</table>

供 给 卡 片

<table>
<tr><td rowspan="2">家庭成员</td><td colspan="2">姓　名</td><td></td><td></td><td></td><td></td><td></td><td></td><td rowspan="9">本月合计</td><td rowspan="9">盖章</td></tr>
<tr><td colspan="2">与户主关系</td><td></td><td></td><td></td><td></td><td></td><td></td></tr>
<tr><td rowspan="2">劳动能力</td><td colspan="2">年　龄</td><td></td><td></td><td></td><td></td><td></td><td></td></tr>
<tr><td colspan="2">劳　力</td><td></td><td></td><td></td><td></td><td></td><td></td></tr>
<tr><td rowspan="2">供给标准</td><td colspan="2">定　量</td><td></td><td></td><td></td><td></td><td></td><td></td></tr>
<tr><td colspan="2">金　额</td><td></td><td></td><td></td><td></td><td></td><td></td></tr>
<tr><td rowspan="3">每月出勤情况及应得供给费</td><td rowspan="3">1月份</td><td>工作日</td><td></td><td></td><td></td><td></td><td></td><td></td></tr>
<tr><td>金　额</td><td></td><td></td><td></td><td></td><td></td><td></td></tr>
<tr><td></td><td></td><td></td><td></td><td></td><td></td><td></td></tr>
</table>

二、计算每个社员应得的工分和统计各项用工

计算清楚每个社员所作的劳动工分和应得的工资；统计清楚本队生产上、基本建设上和后勤上的用工数，是记工员的两大主要任务，只有计算清楚每个社员每天应得的工分，才能正确的贯彻按劳分配的原则；只有统计清楚全年生产上、后勤上、基本建设上的用工数，才能正确计算各类产品的成本和考核各项工作的成果。

这个公社关于劳动的核算办法，是在原农大农场实行的核算办法的基础上结合人民公社的特点发展起来的，同时在实践中不断完善定额管理工作，至今已形成了一套相当完善的核算组织形式。

极少数的工作和活茬不能按定额计件，如队干部开会或指导生产的用工，以及暂时还没有制定出定额或不易制定定额的一些杂活等。

根据活茬的性质和操作技术的要求东北旺大队现行计算劳动报酬的方式可细分为以下几种：

（1）计时工。这种方式是当工作或活茬不易制定定额时采用，例如带领支援人员下地干活的工作，清扫垃圾的工作，修补垄沟工作等，这种工作是按其工作日和劳动力底分计算他所应得的工分。如带领支援人员干活是 3 级工，则每天（一个工作日）应得 8 个工分。

（2）个人计件。一个人能够单独完成而又有定额的活茬，如中耕除草、平畦整枝打杈、封按、绑蔓等，采用个人计件的方式。根据活茬的等级和定额以及本人实际完成的工作量计算社员应得的劳动工分，例如西红柿第一次中耕，这活茬是 3 级工，一个人定额是 0.5 亩，应得 8 个工分。如果有人完成了 0.7 亩，则应得 11.2 分。

计算方法如下：

首先求出：　　$$每完成一亩地应得工分=\frac{应得工分定额}{应完成面积定额}$$

$$=\frac{8\text{（工分）}}{0.5\text{（亩）}}=16\text{ 工分}$$

完成工作的实得工分数＝每亩应得工分×实际完成工作量

＝16×7＝11.2个工分

（3）小组包工个人计件。一项作业有几道工序，分成几个活茬，必须几个人分工协作才能完成任务，但协作中的各个有关的活茬又各有定额，如直播、分苗、栽苗等作业，都是采用小组包工个人计件的方式，例如栽苗这项作业必须有人从秧畦里把苗起出来、有人把苗挑到要栽苗的地里、有人把苗按规定的株行距摆好，有人把苗定植好，这些活茬必须大家分工协作才能完成这项栽苗任务。而各个活茬又各有定额如下：

起苗是3级工，1人定额1.5个大畦，应得8个工分。

挑苗是3级工，1人定额是1亩应得8个工分。

散苗是5级工，1人定额是1.5亩应得6个工分。

抹苗是3级工，1人定额是2亩应得8个工分。

封沟是3级工，1人定额1.5亩应得8个工分。

如果这几个人，每人都认定了一个活茬，行进单项作业，干了一天，共同完成了栽苗任务2亩，用秧苗1.5大畦。则每人应得的工分如下：

起苗的　完成1.5大畦　$\frac{8}{1.5}\times1.5=8$分

挑苗的　完成2亩　$\frac{8}{1}\times2=16$分

散苗的　完成2亩　$\frac{6}{1.5}\times2=8$分

抹苗的　完成2亩　$\frac{8}{2}\times2=8$分

封沟的　完成2亩　$\frac{8}{1.5}\times2=10.7$分

（4）小组包工评工计分。一项作业必须几个人协作完成，但又不易明显分工，因而也就不易执行个人计件，如垛苫、夹风障、铡秫秸等。但有时个人计件活而采取几人混合作业时也可采用小组包工评工计分的方式，例如栽苗这项作业分起苗、担苗、散苗、抹苗、封沟五个活茬，往往有一个活茬赶不上而影响全局窝工的现象，为了避免这种现象，几人的活茬不固定，灵活替换，采取混合作业法。例如几个人共同完成栽苗2亩，起苗1.5大畦，按前述五项活茬的定额计算共得50.6个工分。又假定五个人参加了这项作业，由五个人来民主评定分配这50.6个工分。

比如根据每人出力大小，辛苦程度、技术高低，评定的结果是一级的两人，二级的两人，三级的1人，又商定每级级差为一个工分。计算方法如下：

以最低级作基数：求出工分的总差数。

两个一级工，一个一级工比三级工多得两分，共多得2×2＝4分。两个二级工，一个二级工比三级工多得1分，共多得1×2＝2。两个一级工和两个二级工比三级工共多得4＋2＝6个工分。

算式：

2×2＋1×2＝6个工分

假定五个人都是按三级工计分，共得工分应是50.6－6＝44.6

那么一个三级工应得的工分应是44.6÷5＝8.9分

五个人分配的工分情况如下：

一个三级工应得(50.6−6)÷5=8.9 工分

二级工甲应得工分 8.9+1=9.9

二级工乙应得工分 8.9+1=9.9

一级工甲应得工分 8.9+2=10.6

一级工乙应得工分 8.9+2=10.9

合计　　　　　　　　　　50.5 个工分

按五项活茬定额计算 5 人应共得工分 50.6 个工分，今按上述方法分配后，每人所得工分合计在一起是 50.5 个工分，相差 0.1 个工分，相差不大。这多出来的 0.1 工分，一般都是加到一个人的名下，不再细分。

除了这个按级差法分配共得总工分外还有一个分成法。

举例说明如下：

例如垛蒲苫的定额是三级工，22 人垛 154 领应得工分 176 分。

假定会有 10 人垛了 77 领，共得工分应是：

$$[(22\times8)\div154]\times77=88\text{个工分}$$

十个人商妥按成数分配这 88 个工分，根据当天各个的努力程度，辛苦程度，技术的高低评出：10 成的两人、9 成的六人、8 成的两人。

10 人的成数合计=10×2+9×6+8×2=90 成

每成应得的工分=88÷90=0.98

10 成的每人应得工分=0.98×10=9.8 分

9 成的一人应得工分=0.98×9=8.8 分

8 成的每人应得工分=0.98×8=7.8 分

验算：

10 成的两人共得工分=9.8×2=19.6 分

9 成的六人共得工分=8.8×6=52.8 分

8 成的两人共得工分=7.8×2=15.6 分

10 人所得工分合计=88 个工分

验算的结果 10 人所得工分共 88 分，与按定额计算出的应得的 88 个工分相符合。

(5) 阶段包工。有几道紧密相连的工序，并需要连续工作几天或十几天才能完成的活茬，如白薯炕的管理，秧畦的管理等把这样的活茬包给一个或几个人负责完成，这一工作阶段的任务按定额来记工分，如韩家川 30 铺白薯炕包给 5 个人管理，一天共得 48 工分，至于每人应得的工分多少，则按前述级差法或分成法进行分配。

(6) 临时包工。临时的突击工作，或原来没有定额的活茬，如平菜窖、起猪圈、抢修大垄沟等。这样的活茬可以临时由定额管理委员会或队长决定一个临时定额，订出完成任务后，给记多少工分，可能这项活茬是包给一人，也可能是包给几个人。如果是几个人合包，个人间的工分分配可参考前述的办法。

根据上述的几种方式计算工分，都是为了贯彻按劳分配，多劳多得的原则，克服平均主义，发挥劳动者的积极性。

但有个别的队，执行得不够严格，有时在小组包工的情况下，怕麻烦、顾面子、不坚持评工记分，而采用了“推平头”的办法，大家都得一般多的工分，这就产生了小组内部人与人之间的平均主义。久而久之就会使积极的人不愿再积极，落后的就更加落后，抱怨丛生，影响团结，危

害生产。因而党委指出："平均主义是反动的"要坚决消灭"推平头的现象"，消灭平均主义，坚持按劳分配多劳多得的原则。

他们在劳动工分和用工方面的核算程序如下图所示：

现分别简述如下：

(1) 小组报工本。小组报工本是社员参加劳动的最原始记录，由生产小组长或临时作业组长负责填写，详细记载每个社员当日所从事的工作和活茬、完成的数量及耗用的工作时间。如果是小组包工的活茬，还应该注明评工的情况和分配工分的办法，每天小组长填好记工本后，交给生产队的记工员，由记工员根据每人工作的数量和活茬定额，计算出每个社员应得的工分。

生产队特别是菜田队，一天之间可能要完成几种以至十数种活茬，一个劳力在一天之内也可能要更换几种活茬。因而小组报工本的格式不能订死，应由报工的小组长，根据实际情况灵活运用。

(2) 工作日报。工作日报是生产队每日生产活动的汇总凭证。生产队记工员根据各小组交来的报工本，分别作业项目，按人登记。并根据各人的工作量和定额，计算出每个社员的劳动工分，汇总每人当天应得的工分数以及各项作业所使用的工分数。

这个公社采用了两种不同的工作日报形式，一种是"计工表"，一种是"人畜车工作日报"。前者格式简单填写容易，但进行汇总时要求记工员业务纯熟。后者格式比较复杂，填写时比较麻烦，但汇总比较容易，两者各有优缺点，可根据情况加以采用。

这两种日报的格式如下：

队 计 工 表

月　　日

排号	姓名	工数	项目	活茬	数量	定额	金额	工资
1								
2								
合计								

人、畜、车工作日报见次页

(3) 劳动手册。劳动手册是记载社员工分和发放工资的依据。凡是参加劳动的社员每人都有一本。记工员根据工作日报逐日在手册上登记社员每天所应得的工分。手册平时由记工员代为保存，十天小结一次并和社员核对，检查是否有错记、漏记的情况。到月底结算本月每个社员应得的劳动工分数。按每工分固定分值计算出本月每个社员应得的工资额。扣除保留的产量工资和其他应扣款，即为本月实发给社员的工资数。

劳动手册的形式，是一个纸口袋，上面印好应填的事项和数字栏，记工员平时按栏填写，到月底进行清结。把实发给的本月工资装在里面，一并发给社员。社员应把每月收到工资口袋（即手册）保存起来，以备查对和总结全年共得工资收入的情况。

(4) 工资卡片和工资支付明细表。每个参加劳动的社员都设有一张工资卡片，根据每人的劳动手册在卡片上逐月登记①每月应得的工资数；②已发数；③扣留的保留产量工资数。年终清结，求出全年应得工资总数，已得工资总数，和扣留的保留产量工资的总数，作为年终三包结算时奖罚的根据，并可作为研究社员工资水平的参考。工资卡片的格式前已列举。

人 畜 车 工 作 日 报

______公社______大队　　日报整理编号：______

第____生产队____组编制人员共____人　　196　年　月　日天气　　本日共______页第______页

地号、托运部门																							各工 项分 作合 业计	
作物、工作名称																								
作业名称、起止地点																								
工作等级/工作量定额		级/			级/			级/			级/			级/			级/			级/				
工资种类及单价		计件¥ 计时			计件¥ 计时			计件¥ 计时			计件¥ 计时			计件¥ 计时			计件¥ 计时			计件¥ 计时				
人工	姓　名	工数	工作量	工分	工数	工作量	工分	工数	工作量	工分	工数	工作量	工分	工数	工作量	工分	工数	工作量	工分	工数	工作量	工分	工数	工分
1																								
2																								
3																								
28																								
29																								
30																								
本 单 合 计																								
畜工日	骡马工作日（1.0）																							
	驴（牛）工作日（0.5）																							
	折合标准畜工日																							
车工日	胶轮车																							
	普通车																							
灌溉	电机井（小时/亩）																							
	机械井（小时/亩）																							

（续）

人工	姓名	停工补助项目	工数	工分	人员出缺勤情况	项目		人日数	牲畜车辆使用情况	类别	本队配备数	调入数			调出数			停用数						本日使用	本日实有
												队			队			休息	因病	无活	天气		小计		
						本队配备人数																			
						本队实际出勤																			
1						调入工	勤工俭学			骡															
2						调入工	义务支援工			马															
3						调入工	队内调拨工			驴															
4						调入工				牛															
5						调出工				驹															
6						停工缺勤				合计															
7						本日共计				胶车															
8						出勤率		%		铁车															
9																									
10																									
11																									
合计																									

注：使用材料或收获产品的数量及其他事项汇报记录如下：______

队、组长	记工员
印	印

劳动手册的格式如下：

××公社×××大队劳动手册

196 年 月份

单位________ 手册编号：________

姓名________ 职 别：________

签发日期： 年 月 日签发人________

日期	事项记工员盖章（活茬）	记工		基本工资	职津务贴	停工工资	其他津贴
		符号	工数				
1							
2							
3							
4							
5							
6							
7							
8							
9							
10							
★	1～10日小计						
11							
12							
13							
14							
15							
16							
17							
18							
19							
20							
★	11～20日小计						

（续）

日期	事项记工员盖章（活茬）	记　工		基本工资	职津务贴	停工工资	其他津贴
		符号	工数				
21							
22							
23							
24							
25							
26							
27							
28							
29							
30							
31							
	21～31日小计						

注意保存备查

工　资　支　付　项　目		千	百	十	元	角	分
本月份应发数	基本工资						
	职务津贴						
	停工工资						
	合　计						
本月份保留产量工资（10%）							
扣款	扣						
	扣						
	扣						
本月份实发工资（请当面点清）							
会　计	装袋人						

实发日期：196　　年　　月　　日

工资支付明细表上填写本队各社员本月应得的工资数，扣留数和实发数。社员领取工资时，应在本表上签名盖章。最后送交基本核算单位审核。其格式如下：

工 资 支 付 明 细 表

本月份编号　　号

本月共　　页第　　页

××大队＿＿＿＿站＿＿＿＿队　　年　　月份　　于　　月　　日发讫

人员类别：＿＿＿＿＿＿

顺序号	劳动手册编号	姓名	工资等级	应支付工资								(减)：扣款				(加)：支付医药卫生福利金				实发金额	领款人盖章
				基本工资		职务津贴		停工工资			合计	生活借支			合计	生活补助			合计		
				工数	金额	工数	金额	工数	金额												
本月合计																				共计	

主管　　　　会计　　　　出纳

(5) 用工统计。生产队记工员，应根据工作日报，统计各种作物和各方面的用工数，每隔十日，汇总一次填制报表，送交会计室，会计室经过整理，编制凭证，登录账簿。

关于用工统计，在这里也采用有两种形式，一种是“人畜力核算单”另一种是“人畜力支付登记”。前者把各类用工都汇总到一张“人畜力核算单”上。这种形式汇总比较麻烦，要求记工员对生产和业务十分熟悉。后者按用工类别或作物各设一页，分开统计，同时还可作为三包用工的辅助账簿。人畜力核算单位的格式如下：

人畜力作业费整理单

作物名称＿＿＿＿＿　　年　　月　　日起　　月　　日止

日期	工作日报		(摘要)作业项目	计量单位	人工费						畜工费		车工费	
	种类	编号			计件		计时		合计		马工日	金额	车工日	金额
					人工日	金额	人工日	金额	人工日	金额				

(6) 三包用工登记簿。三包用工登记簿的格式，基本上和人畜力支付登记簿相同，按承包的每种作物开设账户，由记工员逐日填写该作物用工数，每项作业完成后进行合计，并随时把用工情况向队长汇报，以便了解包工计划的执行情况。三包登记簿的格式如下：

每亩定额	人工	工数	
		工分	
	畜	工日	
	车	工日	

三包用工登记簿

作物名称＿＿＿＿＿　实包亩数＿＿＿＿＿　总承包工数＿＿＿＿＿

月	日	活茬项目	活茬定额	完成工作量	已用人工		已用车畜工数						备注
					工数	工分	车工日		畜工日				
							汽轮	一般	骡	马	牛	驴	

(7) 调拨工票 。生产队常常有其他生产队临时派来的协助工，和其他机关单位的支援工。在生产队之间互相调拨工时，应由调入单位开出调拨工票。调拨工票一式三联，一联留在调入工单位，作为统计用工的根据。一联交给会计室作为工资转账的根据。一联由出工人持交原出工单位，作为记工和计算工资的根据。

调入工和调出工都要通过日报的记录和计算，分别把调入工的工作日和工分转记到用工的作业和作物中去。把调出工应得的工分转记到社员的劳动手册中去。

调工票的格式如下：

（短）**拨　工　票**

用工单位：＿＿＿＿＿＿＿＿　　年　　月　　日　　字第　　号　　短工姓名

日期	工作地号	作物名称	作业项目	工作量	工　资			牲　畜				大　车	
					人工日	单价	金额	骡	马	驴	牛	汽轮	一般车
合　计													
人民币（大写）													

一联由生产队查留

会计　　　　队长　　　　统计员

当生产队接受义务支援工时，也应给支援单位开拨工票。按时完成活茬的定额算出应得的工分。并通过工作日报把这部分工作日和工分统计到“人畜力支付登记簿”或“人畜力核算单”里去，以便正确地核算三包用工和计算产品成本。关于义务工的劳动报酬在实际中往往是按规定的比例，一部分作为生产队的收入一部分作为公社收入。

虽然东北旺公社在劳动核算工作上积累了一套较完整的办法，但在各生产队之间还发展得不平衡，这与记工员的业务熟练程度和工作经验有密切的关系，应当在今后注意这部分工作人员的培训（如组织短期训练，组织经验交流等）。

略谈生产大队的合理布局问题*

——山西万荣县孙吉公社西里、孙吉大队农业布局的经验

张仲威　陈世忠　赵冬缓

1961年六月和七月，我们在山西晋南专区万荣县孙吉公社的西里和孙吉两个生产大队，对农业布局问题做了初步的调查，并参加了一点实际工作。从中我们体会到这个问题对农业生产的发展具有积极的巨大的作用和意义。同时，我们又把当地的一些经验作了总结。这些经验总结得是否对，尚值得研究和讨论。

本题分为四个内容，现分别作如下介绍：

一、关于当地农业布局的客观依据

山西万荣县的孙吉公社位于晋南专区的黄土高原地带，其自然地理和经济特点，具有下列最突出的三方面：

第一，水的问题。当地水源奇缺，全社境内无半亩水地，地下水位约在500尺①以下，过去十年九旱，每遇旱灾常到十里以外去取生活用水，造成人畜力的极大浪费。新中国成立以后，虽然挖了许多水窖（土井）、水柜，生活用水上得到一定的解决，但生产用水还靠天上降雨，故仍然是当前的一个大问题。

第二，土的问题。当地土壤种类比较简单，基本上分为大陆土（黏土）和绵土（壤土）两类。前者宜种粮食作物，后者最适于种棉花。绵土地在耕地面积中所占的比重大，同时，两类土壤有机质均缺乏，故感到缺肥。

第三，劳畜力的问题。当地的劳畜力比较少，耕地面积较多，每人平均3～4亩耕地，每个劳力平均10多亩耕地，而每头役畜负担耕地近30亩；机械化水平很低，基本上是手工操作。

以上的自然地理和经济特点，形成以小麦、棉花和苜蓿为当地的主要作物，其中小麦是主要作物中的主要作物，约占总播种面积的45%以上。在作物的布局上，由于上述条件的限制，过去的情况是这样的，当地按距村子的远近把耕地划分为三类：距村一里到一里半的为近程地；一里半到三里的为中程地；三里地以外的为远程地，孙吉大队最远的地有五里。远程地采取少施肥、少管理，实行一年一作或苜蓿连作等粗放经营的办法，来解决劳畜力与肥料不足的矛盾。如果不这样而把远程地都种上与近程地同样的作物，要求同样的操作规程，则用工量比近程地要多37%，比中程地多25%。无疑，劳畜力的矛盾就会更加尖锐了。显而易见，过去远程地所蕴藏着

* 本文完成于1961年。

① 3尺=1米。

的潜力，就没有很好发掘与利用了。为解决这个重要的矛盾，在最近几年来，特别是在党号召大办农业、大办粮食以来，当地为把耕地都种起来并种好、种快，在吸取外地先进经验的基础上，研究并进行了作物和田间基本建设布局，这样便初步地、有效地解决了长久以来存在的上述诸多矛盾。由此可见，生产大队进行农业布局不是主观意志所决定的，而是客观需要所决定的。

二、关于作物布局

当地的作物布局，包括轮作倒茬、套作、间作、混作和偷种（又叫借种）等方面。布局的方法是根据土地的性质、肥力、距村的远近等条件，进行分类排队，按不同的耕作方式、不同的作物，因地、因作物进行的。例如轮作倒茬，当地采取了以下几种做法：

以小麦为主的麦秋轮作倒茬，其中包括：二年三作制，即复播秋→茴茬麦→嫩茬麦（这种耕作制度多在近程地上实行）；三年四作制，即莞豆→嫩茬麦→老茬麦→复播秋（这种耕种制度，多数是在中程地上实行）；四年五作，即茴茬莞豆→嫩茬麦→老茬麦→老茬麦→复播秋（这种耕作制度多在远程地上实行）。

以棉花为主的粮棉七年八作制：棉花→棉花→棉花→棉花→茴茬麦→嫩茬麦→老茬麦→复播秋。

以苜蓿为主的草粮七年八作制：苜蓿→苜蓿→苜蓿→苜蓿→复播秋→茴茬麦→嫩茬麦→老茬麦。

所谓茴茬麦，就是小麦→秋作物→小麦，最后这茬小麦就称之为茴茬麦。所谓老茬麦，就是小麦→休闲（偷种）→小麦，最后这茬小麦就是老茬麦。即小麦连种的意思。所谓嫩茬麦，就是莞豆→休闲→小麦，或是秋作物→小麦。从产量上说，这三种小麦很不相同，据西里大队单打单收的实际数字和孙吉大队的经验数字，差不多都是嫩茬麦亩产280斤，老茬麦250斤，茴茬麦85斤，最高与最低产量，相差四倍，即嫩茬麦一亩等于三亩多茴茬，老茬麦一亩等于二亩多茴茬或近三亩茴茬。

以上的轮作倒茬制度，就是当地农业生产过程作物合理布局的一个组成部分，也是当地农作物生产的长期部署。由于这些布局进行得是合理的，因而发掘了各方面的生产潜力，收到了经济效益。以西里大队为例，当实行了以小麦为主的麦秋倒茬二年三作制之后，从产量上说，1960年复播秋每亩150斤，茴茬麦140斤，嫩茬麦300斤，平均每亩收295斤，比同类老茬麦（不倒茬的麦）亩产230斤，多收65斤，高出78%。当实行棉粮七年八作制之后，平均每亩比老茬棉多收13.7斤（皮棉），比老茬麦多收70斤粮。从用工量说，经倒茬之后，由于改变了病虫的生长条件（寄主、温度等），减少了病虫害，节约了人工。如1960年第五生产队195亩棉田，其中110亩为新倒茬的棉田，在收前仅治虫一次，用了22个工，到6月10号检查时，没有发现病虫害；但在同块的老茬地上，收前曾治虫二次，用工80个，后又发现有85%的棉株上又有虫害，不得不再进行第三次防治。从提高土壤肥力上说，倒茬之后，一般是不增肥而增加了肥力。如莞豆倒小麦，一般在第一年就比普通麦茬多收50～60斤，第二年多收20～30斤，到第三年才相近。正如老农说："一年莞豆，好麦二年收"。从完成国家任务上说，除其他措施的作用外，当地实行合理的轮作倒茬，对产量的增长和超额完成国家征购任务，亦起到重要的作用。

三、关于田间基本建设布局

当地为解决水、劳力、畜力以及肥料等生产上的主要矛盾，在田间进行了马房（饲养室）、打谷场、猪场、修整道路、挖旱井、打地捻等田间基本建设布局。为简便起见，主要谈谈田间马房和打谷场的建设问题。

两个大队的田间马房与打谷场都是联系在一起建设的。面积也大致相同，有的队略大一些，一般占地五亩左右，打谷场占三亩，马房占二亩。在孙吉大队，各个生产队的马房和打谷场一般是坐落在自己所经营耕作区的中间，距村约二里，服务半径一般是二里，面积约在 400～500 亩之间。各队马房与打谷场的建筑费（主要是木料）共值 2 000 元左右。在马房的内部有马厩八间（有的队多一点，有的少一点）和饲料存放室一到三间（均系土墙瓦顶结构）。此外，还有 600 m^2 的牲畜运动场。值得介绍的是：西里大队各生产队马厩的后墙上每间均有土洞二三个，这里叫"圈后开窗"，饲养员可以方便地从中运入圈土，运出粪肥，节约人工，提高清圈效率。当前两个大队各生产队在田间马房内所饲养的牲畜均在 20 头左右。大多数的队在村内与田间马房饲养的头数相等。

马房与打谷场是简而易行、行之有效的田间基本建设。它对农业生产起很大作用，从当地干部到群众，从领导到社员，都一致称好。究竟好在什么地方，归纳起来有如下的作用与意义：

1. 农业生产的季节性很强，每当农业大忙季节，如夏收夏种，往往由于畜力的不足，远地不能多施肥、多管理和进行复种；如果多施肥，需从四里以外的居民区运肥，往往耽误了播种节令，这样历年来，生产队就把复播安排在近地上，致使约达$\frac{1}{3}$耕地的地力不能很好发挥，年复一年造成不可估量的损失。当田间建立了马房与打谷场之后，就可以在其中长期饲养牲畜，存放农具和季节性的打谷脱粒，以使远地成为近地，长途运输成为短途，大大节约劳畜力，缓和了农忙季节劳畜力不足的尖锐矛盾。

2. 农业生产的两大部门，种植业和畜牧业。这两大部门在客观上存在着相互关联不可分割的联系，只要布局得合理，它们之间的互相促进相辅相成的作用就会加强。这就是说，动物饲养业的副产品——便是植物的食粮。而植物的产品——蒿秆糠皮又是动物的饲料，两个部门进行交换，互为条件，互相促进，则是农业内部的内在联系，也就是存在着永远不灭的客观规律。两个部门不仅进行交换，客观上还要求交换的周期缩短，交换的数量增多，更加相互促进。田间马房和打谷场的建立，犹如农牧业联系的纽带和桥梁。它便成了肥料基地和饲料贮存基地，可以把二十多头牲口的粪便，方便地运送到周围的地里，可以把粮食作物的主副产品方便地作为饲料。很明显，这就密切了两个生产部门的关系，加强和加速了两部门的促进作用，为增加土地的肥力，提高单位面积产量，提供了极大的有利条件。

3. 田间马房与打谷场的建立把远地变为近地、瘦地变成肥地之后，就给改变过去的耕作制度创造了条件。现在已把过去不能进行复播的一年一作的远地实行二年三作、六年七作等的近地了。这是黄土高垣地区的一大改革。由此，可以充分地利用和发掘土地的潜力，发挥劳动人民的技能和智慧。

4. 由于马房与打谷场的建立，改善了劳动条件，便利了社员躲避风雨，农忙季节进行午餐和休息，减少往返之劳，节约工时。

5. 在 1958 年由于地远路长，往往因为牲畜工作量大，使役后不能很好休息，过于劳累而造成 100 多头牲畜的死亡。自建立马房和打谷场后，把长途运输变成短途，减少了牲畜的工作量，而且缩短了往返时间。所以，最近几年这里的牲畜，不仅没有死亡，相反，都是膘肥体壮，母畜繁殖率增加，从而孙吉公社成为万荣县发展大家畜的标兵。

6. 当地在"麦收一垧"的大忙季节，劳畜力更为紧张，如何使一年的劳动成果，颗粒还家，

丰产丰收，这必须抢收快打早入仓。由于马房与打谷场的建立，基本上解决了这个问题，现在比过去同样面积的小麦收打入仓提前了二天到三天。

7. 其他田间基本建设，如田边地梗砌垫，不仅合理地利用了土地，又保土保墒，提高了土地的肥力和利用率。西里第五生产队60亩地普遍修地梗之后，到1960年每亩收麦300斤，比同块不修整的土地每亩多产31斤。社员说："做庄稼是个实手话，人哄地皮，地哄肚皮""人勤地皮，地饱肚皮"。由于道路的规划调整，不仅扩大了耕地面积，便利了生产和运输，还提高了劳动生产率和节约了物力与资金。例如孙吉大队把绕弯大的12条路作了调整，每条路平均缩短了0.5公里，全年就可少走弯路两万多里，这不仅提高了劳动效率，还扩大了耕地15亩。

以上田间基本建设的功能，并不终于此，将来随着生产力的发展，农业机械化的实现，它的作用将在新的要求下，更加扩大。比如机械化是必然的趋势，将来实行机械操作之后，它很可能成为机械加油、上水、保养、停放和驾驶员接班和农具修理的场所；同时，随着马房的扩大而有新的要求，如西里第一、二、三生产队的马房是同设在一起的，就要求为牲畜设立保健站和配种站，所以又具有配种保健的功能。

在以上基本建设工程中，田间马房与打谷场、旱井的作用最为明显，这些工程建立后，最突出的功能是大量节约了劳动力，提高了劳动效率。以孙吉大队来说，总共节约了30 000多工，折合一百个壮劳动力，约等于全大队总劳力1 026个的10%。由此，不难理解农业生产过程中的田间基本建设的合理布局所发掘出来的人力、物力方面的潜力对农业生产上的巨大意义。

四、关于当地农业布局的几点经验

根据孙吉公社西里与孙吉两个大队的实际情况，足以说明在农业生产过程中的人力、物力、土地和财力，均蕴藏着尚未经发掘出来的丰富的潜力，这些潜力一旦被我们逐步发掘并加以充分利用，则将对农业生产起着不可估量的作用，同时对社会主义经济建设上也具有巨大的作用与意义。

根据这两个大队的经验，发掘农业生产潜力最有效的一种方法，就是进行以土地利用为中心的农业生产合理布局。所谓农业生产合理布局，就是在农业生产过程中，正确地处理人力、物力、土地和作物等之间的关系，以调集积极因素，发掘潜在力量，促进生产的发展，满足社会需要的战略部署。因此，我们认为，农业生产布局是否达到了合理的地步，其衡量的尺标则应是："有理、有力、有利。"所谓"有理"，就是布局找到了客观的正确依据。也就是说布局是根据客观的需要和自然条件以及作物生长规律进行的。所谓"有力"，就是有潜力被发掘。一般说来合理的布局就能发掘出各方面的生产潜力。所谓"有利"，就是生产潜力的发掘与利用，对国家、集体和社员三方面有利。

以上"有理、有力、有利"六字尺标正是两个大队布局的经验概括。其经验可归纳为以下三点：

第一，作物布局首先是服从和保证完成国家任务，同时也应照顾集体和社员个人的需要。布局是否合理，最基本的问题就在于这个正确的依据。也就是国家、集体、社员个人利益相结合的集中表现。孙吉、西里两个大队的布局之所以是合理的，我们认为，他们首先把国家的计划任务放在首要地位，而后与当地具体情况相结合来考虑进行的。例如，若单从当地的土质、气候和种植习惯来说，应该是大面积的种植棉花，但实际不然，几年以来，棉花的播种面积控制在占总耕地面积的25%～30%左右，相反，粮食的播种面积则占55%～60%的耕地面积。此外，在总耕地面积中，又以7%～8%种了苜蓿，2%～3%的耕地种了瓜菜，为什么这样来安排作物的种植比例呢？这就是根据客观需要所决定的。首先是国家需要，为使粮食早日过关，当地贯彻了以粮为纲、全面发展的方针，以较大比例的耕地面积用来发展粮食，和以适当的比例种植了棉花。为了公社和大队解决饲料饲草、肥料和错开农活对劳畜力集中需要的时间，每年都种有苜蓿。还有各个生产队每年都种植了瓜菜，也正是为了适当满足社员生活需要和照顾原来的种植习惯。当地这种布局的正确性，具体反映在国家的征购任务超额完成，集体和社员的收益分配逐年增加方面。例如西里大队，当由缺粮队转为余粮队之后，在1961年小麦完成征购任务不仅比去年超额近四倍，而且社员口粮（按小麦一项）每个比去年同期也增加了18%。由此可见，根据国家需要进行作物布局是达到三个方面都有利的重要的依据。

第二，农业合理布局必须贯彻因地制宜。服从国家需要诚然是合理布局的首要依据，但是离开了因地制宜，因时、因作物制宜，不从自然因素之间的内在联系出发，国家任务也是无法完成的。所以说，作物布局是否因地制宜，也是衡量它是否合理的重要标准。那么，孙吉西里两个大队是怎样因地制宜的呢？

农作物是多种多样的。有高秆的，也有低秆的；有拉蔓的，也有不拉蔓的；有有根瘤菌的豆科作物，也有无根瘤菌的禾本作物；有生长期长的，也有生长期短的；有需要水多的，也有需水少的……。这些作物与作物之间，都彼此存在着相互制约、相互促进的内在联系。这两个大队就是利用了作物之间相互促进的一面，限制其矛盾的一面，实行了高秆与低秆的、需水多与需水少的、豆科的与禾本科的、生长期长与生长期短的作物正确安排，采取了各种间作、套作、混种的方式，这就充分利用了阳光水分等有利的自然条件。

各种作物不是孤立生长的，而是作物与作物、作物与土地、水分等自然条件之间存在着密切联系。由于前述两个大队的自然经济条件，当地目前主要作物是小麦、棉花和苜蓿，所以，他们在安排农作区的作物播种面积构成时，是从合理的轮作倒茬出发，不仅考虑了上茬与下茬，而且考虑了当年与下年。例如，棉花不能连作四年，苜蓿连作四年要调换，小麦不能连作三年，同时在作物安排上是因地种植，绵土地以植棉为主，陆土以种粮食为主。因而做到合理利用了土地资源。

作物的合理布局，关系到农业全面发展的问题。不同的作物所提供的秆、秸、藤、叶，以及糠麸等可供牲畜饲料的数量是不同的。因此在种植农作物的比例时，应照顾到提供一定数量的饲料饲草，才能相应地发展一定数量的牲畜，如果提供饲料的作物少了，牲畜发展不起来，肥料也就少了，则种植业也就不能迅速发展。孙吉、西里两个大队，在作物布局时，在考虑种植业内部比例关系时，也联系到畜牧业的发展。例如，苜蓿的种植就每年占到7%～8%，由于农业布局合理，也就促进了种植业与畜牧业都迅速发展。

作物布局必须考虑到劳动力的充分使用。作物布局得好，就能够充分发挥劳动力的潜力。孙吉、西里大队，根据作物生长特点，利用省工作物与费工作物，需要劳力多而较集中的作物和需劳力少而较分散的作物，进行适当搭配，在一定程度上消除了劳动力在农业生产中的季节性，而使劳动力更充分合理利用。

农业布局的合理，必须有效地创造性地与农业“八字宪法”结合起来，才能稳定高产。两个大队为了解决雨水奇缺的问题，创造了干炒（干耙地）、早灭茬、早施肥等办法。在解决缺肥的问题时，实行了巧施肥等办法。由于当地这样把合理布局与农业“八字宪法”巧妙地结合运用，不仅抗御了1960年特大的干旱和风、虫、病灾，还夺取了天时，挖掘了地力，调正了劳动力，获得了1961年的丰收。由此可见，作物之间、作物与自然条件之间的规律如同其他规律一样，

只能发现它、运用它，而不能违背它，违背了就必然使生产减产减收。例如西里大队的迴龙村第 21 生产队，1959 年只顾眼下有利和当年多抓一把的思想，不顾庄稼上茬与下茬的关系，当年生产对下年的影响，便在茴茬麦和新茬棉地上复播秋，结果该队小麦亩产比同样土地的其他生产队少收 60 多斤，造成 1960 年的小麦减产减收。与此相反，第五生产队根据了作物与作物之间的关系，今年生产照顾到下年生产做出安排，结果是增产增收了。由此可见，作物布局必须遵循各自然因素之间的内在联系来进行。

第三，农业生产过程的合理布局，必须贯彻以生产大队为基础的三级集体所有制的根本制度。经验证明，进行任何农业生产过程中的农业布局时，必须在国家计划指导下，充分尊重大队的生产经营权，生产队的因地制宜等权限，这样就能正确地处理人与人之间的关系，从而正确处理人与自然的关系。生产队的指挥生产、因地种植等权限被尊重之后，就能动员广大群众经常进行经济活动分析，总结和提供轮作倒茬、套作、间作、偷种、混种等方面的经验，更能因地制宜，有计划地合理布局作物，使国家与集体利益，当前与长远利益统筹兼顾。例如，西里大队由于坚持贯彻这个根本制度，而动员了广大群众，在 1960 年通过几次工作检查，便从中总结了关于作物布局方面的宝贵经验，使作物的布局更趋完善合理。

农业布局，特别是作物布局，总的方案不能轻易变动，必要变动时，公社应通过大队，大队应通过生产队，做到充分协商，不能上级说动下级就一定得变，这就是说，要充分尊重各级的权力和各级的利益。只有这样，布局在国家计划指导下，才能日益完善和日益发挥它的巨大优越性。

关于北京市通县宋庄公社大兴庄大队以粮为纲、粮菜比例问题的研究*

陈 世 忠

农村人民公社的生产大队，是现阶段的基本核算单位。它的生产各部门必须在国家计划的指导下，根据当地的自然、经济和社会条件，因地制宜分别主次地进行安排，使其相互促进，协调地得到发展。

这次我们调查研究了通县宋庄公社大兴生产大队粮菜两个部门有机结合相互发展的情况。

一、根据几年来当地粮菜发展的情况，关于要以粮为纲确定粮菜比例问题的提出

大兴庄大队，有耕地1 763公亩，户数255户，人口1 150人，劳动力361个，它是北京市远郊区通县宋庄公社的一个基本核算单位，位于运河与潮白河之间，紧靠京唐公路，交通方便，土壤肥沃（多为沙土壤），地势比较平坦，水利条件较好，所以该队主要经营粮食和蔬菜。

几年来，该队在生产上，特别是蔬菜生产上，有很大的发展，例如：

年份	蔬菜播种面积（亩）	蔬菜收入（元）
1958	212.0	35 766.06
1959	305.6	88 379.41
1960	504.1	184 364.84

但是在蔬菜的迅速发展中，也出现了粮菜生产比例不协调的问题，在当前的形势下，以及该大队所处的地理位置，这个问题集中表现为蔬菜发展比例过大，粮食生产比例过小，因而产生以下的问题。

首先是社员口粮和生活上多方面的需要不能得到满足。根据我们的调查，该队在1957年，有地2 534.9亩，1958年拨出用作基建的土地后，只剩有1 683.7亩，同时又由于蔬菜面积自1959年起逐年扩大，粮食面积就更为减少，1958年粮食占耕地面积的90.5%，1959年就减少到82.6%，1960年又减少到68.3%；虽然亩产逐年在提高，但绝对总产量却是逐步减少的，以1958年总产量为100，则1959年为1958年的41%，1960年为1958年的48%；总产量的减少，社员的口粮总量也逐渐减少，以1958年口粮总产量为100，则1959年为1958的99%，1960年为1958年的85%。这就说明粮食种植面积的减少就影响到社员口粮的需要，同时，在粮食种植结构上，由于粮食总播种面积减少，也只能安排几种主要作物，小杂粮种植面积就减少，因而也

* 本文完成于1961年，大兴庄大队现改属通县北寺公社。

就不能满足社员生活上多方面的需要。

其次是对畜牧业发展的影响。社员们说得对“凡是吃粮食的东西，只要粮食富裕了，都会发展起来的。”但该队由于粮食减少，直接影响到饲料的总量，如 1958 年为 53 640 斤，1959 年为 42 420 斤，1960 年 45 280 斤，饲料粮的减少，使猪与大家畜的发展直接受到了影响。如以 1958 年大家畜饲养头数为 100，则 1959 年减少到 77%，1960 年又减少到 76%；猪饲料头数以 1958 年为 100，则 1959 年减少到 62%，1960 年又减到 60%。由于猪和大家畜的减少，大队的有机肥料就感到不够，如 1961 年的春播作物平均每亩施肥还不到 2 000 斤，由于肥源不足，同时也产生粮菜争肥的现象，直接影响农业生产。

第三，影响蔬菜本身的发展。粮菜是有着互相依存、互相促进关系的，任何一个方面的变化，会影响到另一个方面，由于大田高秆作物的减少，菜地所需要的风障、架材等材料就感到不足，近几年来不得不从外地购买这些材料，例如向外地购买每根高粱秆需花 0.05 元，增加了蔬菜生产的成本。社员都说“成本这样高，蔬菜种不起了”。像这种类型的基本核算单位必须以粮为纲，正确安排粮食比例，发展多种经济。

二、关于当地贯彻以粮为纲解决粮菜比例的正确途径

正确确定粮菜比例不仅是一件复杂的经济工作，也是一项群众性政策性很强的政治工作，该队在贯彻以粮为纲解决粮菜比例问题时，首先是对社员加强政治思想教育。在改变一个生产大队的生产方向，从以菜为主到以粮为主，开始是不会为所有干部和社员都能够认识清楚的。因此，从制订生产计划直到贯彻生产计划的整个过程都是不断地进行着以粮为纲的思想教育，扭转重菜轻粮不以粮为纲的思想，同时要纠正粮食“唯一”而不能兼顾发展其他作物的思想。在讨论重新确定粮菜比例时，有一部分干部和社员认为应该继续扩大蔬菜生产，主张从原来 86.7∶13.3 的菜粮收入比例中再提高蔬菜收入的比重；与此相反，另有部分干部和社员，则把发展粮食看作是“唯一”的，对蔬菜和其他经济作物不主张发展，认为发展了蔬菜就会影响粮食的发展；把既发展粮食，又发展蔬菜；既发展菜又发展畜牧业看成是互相不可解决的矛盾。经过充分讨论，统一了认识，最后研究“以粮为纲，粮食自给有余，还要卖余粮给国家，在保证粮食增产的前提下，保证蔬菜供应”的生产方针。并在此基础上，采取了以下几项经济措施：

（1）在三包奖励制度上实行超产奖粮食的办法。1960 年大田奖励只与包产值有关而与包产量无关，而 1961 年粮食作物主要包产量；1960 年只奖现金，不奖粮食，1961 年的奖励办法上是超产部分除以现金形式奖 80%以外，并在粮食超产部分的 60%中提出 60%分给社员，以作实物奖。

（2）非耕地和十地粮食收入，采取“二、二、六”的分配办法，即留给生产大队储备 20%，生产队 20%，社员分配 60%。

（3）调整大田和蔬菜原来不合理的劳动定额，原来同样劳力在园田劳动一天就比在大田干一天所得工分多，经调整后，达到定额合理。

1. 大力发展养猪，解决肥料不足，粮菜争肥的矛盾。生产大队除了采取多方面措施发展养猪积肥外，并订出了鼓励社员积肥和向生产队交售肥料的办法。如在三包超产粮中，除了出售给国家 40%外，余下的 60%作为 100，以其中 20%由生产队根据社员投资给生产队的肥料质量和数量分配给社员。同时生产队规定，大田和园田分开施用化肥，计划在大田上施的肥料，坚决不能施到园田。

2. 根据1961年种植安排，劳力是不缺的，但是为了加强对粮食生产的管理，生产队内划分出大田作业组和蔬菜作业组，组与组之间可以互相协作，但又责任明确，并且规定在大田最忙季节，蔬菜要向大田让路。

3. 调整粮菜种植比例，多种多收和高产多收相结合。1961年大兴庄大队的粮菜比例是：粮食作物种植1 238.7亩，占总耕地面积1 638.7亩（不包括非耕地）的75%，蔬菜种植400亩，占耕地面积25%，比去年蔬菜耕地面积减少20%。

在调整粮菜种植比例的同时还积极地提出如下充分利用土地，挖掘土地潜力的办法。

1. 作物的安排都充分发动群众讨论，进行块块落实，将各种作物落实在它最适合的土地上。主粮作物——玉米都安排在土壤肥沃的一等地上，高粱安排在1960年种水稻的低洼易涝的土地上，山药安排在沙土地上，做到了因地种植。社员李殿相自豪地讲："今年都是大伙的意见，积累下来的经验都使用上了，哪有不打好粮食的道理"。

2. 多种高产作物。玉米是当地高产作物，从1957、1958年正常年景来看，比其他作物单产一般要高一倍，1961年春播玉米521亩，比1960年春播玉米增长了12倍。

3. 推行了间套、混作，适当增加的复种面积，达到充分利用土地。

对于大兴庄大队解决粮菜比例发展生产的几个途径，根据所掌握的材料，在下面第三个问题中，我们提出了几点粗浅的看法。

三、我们对当地解决粮菜比例所提出途径的几点看法

我们认为当地解决粮蔬比例的"途径"是正确的科学的，也是切实可行的。首先，因为这些办法根据以粮为纲，大办粮食的方针，结合当地的具体情况因地制宜制订的。在该队的社员中，由于以粮为纲的思想确立，出现了大力发展粮食的新气象，掀起了超包产运动；预计1961年计划在三包以内的粮食收入除了扣除口粮、种子、饲料外，按照比例还可以出售给国家余粮4万斤，并保证蔬菜供应，生产大队和生产队都可以有储备粮食并留足社员的口粮。根据1961年计划农业收入24万元，比1960年增加4万元，生产大队积累部分比1960年提高14%，社员分配部分也比1960年提高14%，通过今年的计划制订的过程，使国家、集体和社员方面都满意。

其次，所订的这些办法能够使人力、物力和土地得到充分的利用，达到相对的平衡。经过我们调查研究分析，大兴庄生产大队有机井两眼，如按园田要求，每眼能浇200多亩，种植400多亩园田，水利是不成问题的；从土地平整程度和土地条件，也都适于种菜，因为1961年蔬菜都种在适宜于蔬菜生长的土地上。所以，1961年计划每亩产值最高一级地是500元，最低的四级园田还达到265元，1960年蔬菜平均每亩产值290元，1961年蔬菜平均亩产值就可达到400元。整个大兴庄生产大队男女正半劳力计有361人，如与1966年同期2月相比，则劳力增加2/3以上，另一方面蔬菜面积减少了。经过计算该队的劳力不仅能完全保证1961年粮菜总用工数(53 529个）和其他各项用工的需要，而且能有劳力用来提高大田和园田的精耕程度。原来园田所使用的大镐、铁锨等生产工具，也不致因蔬菜面积缩小而无用。因此，按照现在的种植比例，做到了地尽其力，人尽其才，物尽其用。

按照现在的种植比例预计：1961年计划生产粮食48万斤，加上非耕地产粮数共计52万斤，比1960年总产增加10万斤；蔬菜计划收入16万元，比1960年蔬菜收入增加1.2万元，由此可以看出在农业生产方面，以粮为纲正确安排各部门的比例，就能同时获得发展；只有根据国家计划和因地制宜地配置生产，计划才会起到指导生产的作用，同时满足国家、公社、大队和社员的

需要，充分地利用人力、物力和财力。

最后，我们认为，农业生产内部各个部门的比例关系，是随着党的不同时期的政治经济任务和当地经济条件、自然条件的改变而发生改变的，现在大兴庄大队粮菜之间的比例关系只是一定条件下的平衡，因而只是暂时的平衡，将遵循“平衡—不平衡—平衡”的客观规律而向前发展，毛泽东同志的平衡理论是我们研究农业各部门比例关系的准则。

黄泛区农场农牧结合中的一些经验*

陈　道

一、提高土壤肥力，要求畜牧业提供充足的肥源

不断提高土壤肥力是农业上获得高额而稳定产量的基础。在全面贯彻执行农业“八字宪法”的原则下，“肥”是一项重要增产条件。黄泛区农场从建场开始，就牢抓着这一重要关键，按不同土壤类型采取不同的提高土壤肥力措施。

对于占农场耕地面积二分之一以上的沙土地，采用轮种苜蓿的办法，以固定浮沙增加土壤有机质和氮素的含量，并改良了土壤结构和其他物理性质。对于占农场耕地面积20%以上的土质黏重的淤土，则采用晒垡和绿豆掩青等措施。晒垡是一项半休闲的耕作措施，在小麦收获后，深翻晒垡，风化酥散粘结的土垡，以改善耕性，分解土壤养分。掩青即是压绿肥，收获小麦后，即播种绿豆，在其开花结荚时，翻入土中，增加土壤有机质。另外还有上面是沙性下面是黏性的蒙金土，泛区边绿土壤以及其他土壤，则根据情况采取不同措施。除上面提到的几种措施以外，另外就是施用各种肥料如堆厩肥、化肥了。

黄泛区农场许多实践经验说明，各植苜蓿有效地改良了瘠薄的沙土地。而且它不仅从根本上改良了土壤，因其含有丰富的蛋白质、维生素和矿物质，并提供了发展畜牧业以优等饲料。据计算，100公斤青苜蓿即含有可消化的蛋白质2.5公斤，相当于20个饲料单位，1.5公斤苜蓿干草的营养价值相当于一公斤大麦。一亩地收获300公斤干草，从饲料价值上来看，即等于200公斤大麦。1960年全场苜蓿面积17 970亩，约占全场耕地面积的6%，可以说，这既是直接“改土”的有效措施，也是发展畜牧业的饲料基地。黄泛区农场也有许多实例说明，晒垡、掩青和栽种苜蓿固然可以提高土壤肥力，增加产量。而增施肥料对于提高产量更为显著。从第五作业站不同前茬和施肥量对小麦产量的影响的材料来看，大豆玉米茬的小麦并不算坏，且同一品种，2区大豆玉米茬的小麦的亩产383斤还高过7区绿豆摘角掩青茬的亩产326斤。显然，是由于施肥量较多的缘故。

表1　黄泛区农场第五作业站不同前茬和施肥量对小麦产量的影响

(1956—1957)

田区	前　茬	品　种	施　肥　量（斤/亩）			亩产（斤）
			堆厩肥	饼　肥	化　肥	
1	绿豆摘角掩青	438	4 351	13.6	23.8	251.2
5	绿豆摘角掩青	438	4 803.6	28.4	30.4	251.2
	大豆玉米	白玉皮				241

* 本文完成于1961年。

（续）

田区	前　茬	品　种	施　肥　量（斤/亩）			亩产（斤）
			堆厩肥	饼　肥	化　肥	
2	大豆玉米	碧蚂2号 白玉皮	6 250	30.4	36.8	383 263.2
7	绿豆摘角掩青	碧蚂2号	2 815.9	24.4	35	326
6	玉米绿豆	白玉皮	3 158.6	30	37.5	241

掩青和晒垡是黄泛区农场淤土地和蒙金土一项重要提高肥力的措施，不管过去和现在都是如此。但这里有一个影响复种的问题，我们可以设想，如果一些措施跟得上去，多种一季（如玉米黄豆等），提高单位面积总产的潜力比单种一季小麦会要大些，而这些措施中最重要的一项措施就是施肥。再用第五作业站连续四年的材料来看，这几年的情况是：小麦前茬是掩青的比重降低了，施肥的种类和数量特别是堆厩肥的数量增加了。

表2　第五作业站小麦播种面积、施肥面积及亩产量

年　份	小麦播种面积（亩）	施肥面积（亩）	亩产量（斤）
1951—1952		—	157
1952—1953	6 824	150	180
1953—1954	4 614	2 025	187
1954—1955	4 894	2 630	227
1955—1956	4 759	4 759	247
1956—1957	5 448	5 448	280

表3　第五作业站逐年小麦施肥种类及数量

年　份	施肥面积	施　肥　种　类　及　总　量			
		粗肥（万斤）	饼肥（斤）	骨肥（斤）	化肥（斤）
1951—1952	—	—	—	—	—
1952—1953	150				2 250
1953—1954	2 025		10 500	29 220	20 250
1954—1955	2 630	60			23 670
1955—1956	4 759	140			76 144
1956—1957	5 448	1 672	126 780		178 527.5

表4　第五作业站绿豆掩青占小麦前茬的比重

年　份	小麦播种面积（亩）	前　茬　为　掩　青　面　积	
		亩　数	%
1954	4 614	3 152	68.3
1955	4 894	2 840	58.0
1956	4 759	2 565	53.8
1957	5 448	2 163	39.7

不仅大部属沙金土的第五作业站是如此，其他各站也都有这样情况，如第四作业站北地属黏重的淤土，晒垡和掩青对提高土壤肥力和增加小麦产量起着非常明显的作用，但其中第四和第五田区由于接近畜牧场，施用厩肥较多，虽然在六、七年中复种了三、四次，而七年小麦平均亩产348和387斤，较其他田区为高。

黄泛区农场施肥水平是逐年提高的，不论在施用面积上，肥料种类上，质量上，用量上以及配合方法都逐步提高改进。建场初期，施肥只限于棉花等重点作物，和距离较近的重点田区，且施用量较少，当时饲养牲畜头数不多，习惯于施用豆饼，骨粉和其他化肥。如第五作业站1953年播种小麦4 614亩，在350亩面积上，施用饼肥10 500斤，平均每亩施用30斤，在974亩面积上施用骨粉29 220斤，平均每亩用30斤。在2 025亩面积上施用化肥20 250斤，平均每亩10斤。而1957年第五作业站5 448亩小麦中有4 448亩施用了基肥，占播种面积81.7%，平均亩用堆肥3 897斤，厩肥148斤，饼肥23.27斤，过磷酸石灰7.75斤，另在4 700亩面积上，每亩用种肥硝酸铵5斤，此外又全面施用追肥硝酸铵，每亩用22.3斤，又重点施过磷酸钙亩用5斤。

施用肥料，提高地力，黄泛区农场紧紧抓住这一环节，特别是自产的堆厩肥的数量增加很快。除发动群众积肥运动，堆肥的数量逐年成倍的增长外，加速发展畜牧业，增产厩肥。不过由于牲畜头数和积肥量的增长，还不能满足农业生产上的需要，以优质厩肥作基肥施用的，还只限于重要作物和一定的面积。而高额丰产经验向这一方面提出更高的要求，例如第四作业站北地第四号田块南头1961年培植了一块246.8亩小麦丰产田，据农场的总结材料，平均亩产1 020.1斤，每亩施用厩肥15 500斤，化肥32斤，总结中提到，丰产的关键是及时灌水，施足底肥，并适时分期合理增施追肥，总结中并作这样的结语，“收与不收在于水，多收少收在于肥。”所以为获得农业上高额丰产，除继续采用因地制宜的晒垡、掩青和苜蓿轮作等提高七地肥力措施以外，发展畜牧业，增积厩肥，是农牧结合中，农业方面提出的迫切要求。

二、畜牧业的发展，要求掘发饲料潜力

黄泛区农场建场初期的经营方针是以粮棉为主，1957年提出以农牧为主，畜牧业包括猪、牛、马、羊等发展迅速。

表5　黄泛区农场逐年畜群发展（头数）

年　份	猪	乳　牛	黄　牛	骡	马	驴
1952	63			71	2	1
1953	130	3		75	12	2
1954	189	6	136	83	10	2
1955	1 131	13	398	72	14	7
1956	3 360	20	566	73	16	8
1957	5 230	67	689	66	53	9
1958	8 841	147	2 132	255	221	229
1959	17 139	226	2 178	268	573	344
1960	20 480	432	5 205	641	288	2 057

在发展畜牧业过程中，不仅数量上增多，且对猪、乳牛、马等进行杂交，培育适合本地条件的良种。在饲养管理上积累了不少经验。应该说，发展畜牧业的重要物质基础，在于建立和巩固饲料基地。饲养牲畜以青粗饲料为主，这又是我国在较长时期内发展畜牧的一个基本方针。近两年由于自然灾害影响，精料标准不能不有所降低，因此，青粗饲料的组织供应显得特别重要。黄泛区农场的饲料潜力是很大的，除秸秆糠麸等大量农业副产物外，作为提高土壤肥力重要措施，基本上配置在沙土地上的苜蓿是发展畜牧业的重要饲料基地。畜牧的发展和饲料基地情况，全场各作业站有不同特点，这里以三种不同类型加以分析。

（1）第一作业站部直接经营部分，属沙性土壤，综合种植各种作物，有较大面积的果园和苜蓿地，畜牧业是一个主导部门，全场的乳牛基本上集中在这里；

（2）第五作业站（现一般称五分站，属第四作业站领导。）大部分属蒙金土和小部分肥力稍差的沙土，综合种植粮食作物、棉花和一定面积的苜蓿，畜牧以养猪为主，目前按耕地计的猪群比数较高；

（3）第四作业站北地是淤土地，只有零星面积的沙土麦类作物占绝大比重，畜牧以养猪为主，目前有一定数的猪只。

1. 第一作业站，由站部直接经营部分有耕地10 304亩，和2 000亩结果的苹果园，50亩葡萄园，苜蓿地约3 000亩。目前养有乳牛329头，其中成乳牛46头，育成牛109头。养猪3 064头，其中母猪363头，仔猪1 345头，占约半数。此外还饲养大牲畜332头，其中黄牛183头、马85匹、骡43匹、驴1头。近两年种植作物以麦类、红薯、豆类为主，高粱、花生、胡萝卜等次之。为解决多汁饲料，1960年种了150亩南瓜，因天旱每亩只产1 000多斤，用来喂猪和乳牛。1961年种了3 330亩南瓜，亩产2 000斤左右，饲喂猪和乳牛，现时（10月）已经吃完。又种300亩胡萝卜，亩产1 800斤，准备大部分供成乳牛，小部分供猪冬季食用。目前按低标准供应精料，平均每头猪每天0.15斤，为发挥饲养员的积极性和对猪料有点补助起见，1961年鼓励饲养员开种荒片地，一站三个猪场的饲养员共种了约160亩红薯、高粱和大豆，可以收获15 000多斤饲粮，对于3 000头猪来说，仅是小补。猪和乳牛均采用舍饲和放牧相结合的方式，春秋放牧时间较长，冬夏较短。秋冬在收获后的茬地放牧，如红薯、花生及豆类作物等茬地，难以收获干净，（特别是地下部分）驱猪放牧，可以取得不少饲料。在生长季节则在苜蓿地轮放。日饲料除精料以外，采用大量青粗饲料，其中以苜蓿为大宗。冬冷天包括的范围更广，如干薯秧、苹果、葡萄及一般树叶，作物秸秆等，牛马等大牲畜麦秸为主要粗料。每年十月以前，要为牲畜作好冬春干粗饲料准备。从本年9月底的情况来看，猪群目前3 064头预计明春可以发展到5 000头左右，半年时间，平均每头每天以2斤粗料计算，共需干粗料1 800 000斤，乳牛和其他大家畜有654头，从1961年10月到1962年5月，8个月时间每天每头平均8斤粗料，共需1 328 000斤。在猪、乳牛和大牲畜共需干粗饲料3 120 000斤中，大体是这样解决的，花生秧、红薯藤、棉叶及胡萝卜叶等按种植面积和单产计算，可得1 165 400斤，占所需量37%；基本上供大牲畜的麦秸395 200斤，占12%；收集苹果、葡萄等叶约200 000斤，占6%；发动群众收集草叶约占需要量10%。其余部分则是收刈的苜蓿干草。而全年粗料的需要和供应情况，估算一下，按现牲畜头数共约需400万斤，从农副产品中得来约占二分之一，发动群众采集草叶约占四分之一，苜蓿地供应约占四分之一。一般粗料需要量，大牲畜和猪大体是1与4之比，如将现有大牲畜头数折合为统一猪的标准头数，即5 708猪的标准头数，以苜蓿地3 000亩均摊，每头平均占苜蓿地0.52亩。以包括果树面积在内共有农用地12 354亩均摊，平均每2.5亩有一猪的标准头数。

以这样的基本比数和青粗料的实际供应情况来看，第一作业站发展畜牧业的潜力是很大的，目前从利用农副产品和发动群众收集草叶，已得近300万斤粗料，按果园发展和本地区的植物生长情况来看，还有不少潜力可挖。工副业生产规模逐步扩大，目前有年产80万斤的葡萄酒厂、轧花厂和榨油厂等，副产品可利用的数量很多。重要的是苜蓿地的潜力如何发挥问题，现时每猪标准头数占有半亩左右的苜蓿地，而2/3的粗料依靠农副产品和草叶的收集。问题在于苜蓿地的管理水平和生产水平问题，刈草的机械化跟不上，每人一天只刈一亩多地，刈的茬数少，收草量就少，而不能及时收刈，影响生长也就更降低了质量和产量，有些苜蓿地全年只刈草两次，甚至还不能及时。平均每亩只收草合400斤，和黄泛区农场所属的“养马场”相比，那里管理较好的苜蓿地，一年可以收刈干草1 000斤以上，这就相差有一倍以上。另外，在畜群放牧工作上没有严格执行有计划的分区放牧，也影响苜蓿草的产量和质量。如果加强苜蓿地的管理，不断提高产量，以营养价值提高、可以代替部分精料的苜蓿作为基础，配合以数量极其丰富农副产品，这是发展畜牧业的可靠饲料基地。

2. 第五作业站耕地面积6 800亩，1961年苜蓿地面积1 592亩，占耕地面积23.4%。1961年种植麦类作物3 134亩，红薯2 132亩，棉花407亩，胡萝卜489亩，南瓜483亩，花生162.5亩，高粱233亩及其他作物等。畜牧方面共有猪2 325头，其中母猪342头，仔猪1 074头，大牲畜共243头，其中包括乳牛10头。

把大牲畜按一般青饲料需要量折合成标准猪的头数，（4∶1）和现饲养猪只数共有3 297头，每头以年需干粗饲料720斤计算，总共需要2 373 840斤。农副产品包括麦秸、红薯秧、棉叶和花生秧等共约50万斤；苜蓿干草有100万斤；每亩平均约产600斤，此外则从收集草叶等方面来解决。平均每猪标准头数占苜蓿地0.48亩；每2.1亩耕地有一猪的标准头数，这个比数是较高的。从五站农业生产发展情况来看，既以粮为主，又发展以棉花为主的经济作物，配合畜牧业的发展，成一种较好的综合经营的类型。而目前精料标准较低，苜蓿产草量不高，较多的青粗饲料还依靠采集草叶。今后如适当的配合以多汁饲料，提高苜蓿草量，加以整个国家的粮食情况基本好转，肥多粮多，精料标准能有提高，饲料的基础是巩固的，农畜业将得到共同提高。

3. 第四作业站“北地”六个田区共4 800亩，距四站南地站部八里，基本上是红淤土，只有沿河沟的几百亩是沙性土。1961年种植小麦3 370亩，大麦630亩，红薯321亩，南瓜462亩，胡萝卜400亩，绿豆300亩，河沟附近沙性地种苜蓿400亩。目前养猪887头，大牲畜99头和一些羊只。前面曾提过，淤土地有很大增产潜力，如果施用相当量的厩肥，可获得高额产量。北地现共有按折合猪的标准头数1 283头，每头年需干粗料720斤计算，共需923 760斤。1961年农业生产上提供的副产物约有50万斤，400亩左右的苜蓿地可得干草20万斤，不足之数，一部分由四站站部那边运来供应（属沙性土栽种苜蓿较多），另由本身收集草叶补足。此外，还种一部分南瓜和胡萝卜作多汁饲料补充。从饲料的组成情况来看，副产物中90%是麦秸，只适于饲喂大牲畜，对于猪群则利用价值不大，而苜蓿地较小，平均每猪标准头数只摊占0.31亩，且零散分布在地头沟边，又同时作猪、羊、牛的放牧地，收草量受一定影响的。从站部相隔八里运供一部分苜蓿草也不是长久之计，耕地面积和猪标准头数之比为4∶1，从厩肥的需要量来说，要求畜牧业有更大的发展。根据具体情况，配合技术措施，在占比重很大的掩青和晒垡的面积中，种植一定面积的适于饲养猪群的饲料，应该是可能的。对于现有苜蓿地的加强管理，提高产草量，也是很重要的一个方面。

从黄泛区农场的几种不同情况来看，发展畜牧业的饲料潜力是很大的。除充分利用农副产品、收集草叶以外，一部分需从直接生产饲料的基地上，提供发展畜牧业所需的饲料，增多肥料，也就促进农业生产的提高。但直接生产饲料占用耕地面积过大，又会影响总产量的提高。在

这一相互制约的关系中，只有加强饲料地的管理，提高产草率，才能统一这个矛盾。过去农场从改良土壤出发，采用种植苜蓿、掩青和晒垡等措施。而加强农牧结合，提高饲料地管理水平，是现阶段一项重要任务，也是从平均每单位土地面积上提高农畜产品总量的重要途径。

三、农牧结合中的几个重要措施

加强农牧结合，除一方面保证饲料供应。特别是青粗饲料的供应，一方面多饲养、多积肥以外，在实践中，农场还采取了几项有效措施。

（一）建立专业队，加强责任制

为加强饲养管理、积肥、运肥及饲料生产和运输等工作，农场各作业站都组织了饲养、饲料、积肥、运输等专业组或队。例如第一作业站站部直接经营部分目前共有劳力 1 103 人，其中积肥队有 33 人，运输队有 37 人，饲养组 135 人，饲料队 78 人。饲养组中每个饲养员固定牲畜头数及承包年度生产任务，例如每人饲养母猪 20～25 头，每年交断奶仔猪 220～275 头，平均每头重 17 斤。并实行超产奖励。积肥、饲养等专业队也都定了任务。任务到组和到人，有些工作必要时也进行协作，如猪群放牧时，合并几个猪群由 1～2 个饲养员负责，其他的人则分作其他工作。这样可以明确责任和任务，不断提高技术和管理水平。在积肥和运肥这一环节上，为达到多养、多积、多运，农场除固定专人外，最近又配备了专车，可以更好地完成任务。

（二）猪场的合理布局

对于畜牧场来说，饲料的运进和肥料的运出，运输量是很大的。过去农场一部分土地未施用基肥，一方面固由于基肥量有限，而畜牧场距某些地块过远也是一个原因。目前这里运肥的工具大半是用牛拉的“太平车”，装载量 1 500 斤左右，一人三牛，三四里地距离的运行，一天只能运五六次，总共不到 1 万斤，距离再远一些，那一天的运输量就更少了，有些距离畜牧场七八里，上十里的地块，好些年都施不上基肥。因之农场在发展畜牧业中，注意了猪场布局问题，例如第一作业站建立的育肥猪场就放在场部东北地区，这是过去运肥不到的地区。又如五站原有猪场设在四号区块，去年建的猪场就放在 1、2 号区块之间，现在 6 号区块北边又建一猪场。一共三个猪场在 6 800 亩耕地上作了合理布局，改变过去施肥不均的局面。

（三）初步拟定“地养猪、猪养地”的比例

根据农场过去经验，养一头肥猪达 150 斤左右，需要精料 290 斤。1960 年农场规划，每头猪，以半亩饲料基地种植高产饲料作物（如大麦、豌豆、玉米、南瓜、红薯等）平均可产 250 斤以上，供作精料，另半亩种植苜蓿加上作物的副产品供作青粗饲料，另再通过放牧取得一部分饲料。这样可以满足需要。而同时每头肥猪每年可以积肥 1 万斤，施入 2～3 亩农田内，增产粮食将超过过去半亩地所产。这一方案正在部分地区试行。

（四）建立有利于农牧结合，提高产量的轮作制

根据几个作业站多年来换茬轮作经验，本年农场和北京农业大学工作组在不同地区，因地制宜地研究出几个轮作方案，从全面考虑，使农牧业生产得到稳定有计划的发展。例如对 5 分站第二、三、七号三个地块规划为以棉花为主的轮作区，12 年轮作中包括 4 年苜蓿、4 年棉花、4 年

粮食。另外在四、五、六号三个地块规划为以粮食为主的4年轮作，第一区为机动区，各年机动安排。在轮作制中，每年有一千亩地苜蓿和大量农副产品提供畜群饲料。轮作方案中的苜蓿地面积较原有的少了五百多亩。解决的办法是在机动区种适当面积的苜蓿作为补充，根本办法还在加强苜蓿地的管理，提高单位面积产草率。轮作制是作物安排、农牧结合以及各部门配合的一个根本规划，认真贯彻执行和加强生产管理是必要的保证。

第四作业站的北地，也曾拟定了一个以粮食为主的五区轮作方案，一般仍采用掩青晒垡等措施来提高土壤肥力，对于建立饲料基地保证畜牧发展，这一方面注意较少，因之，在施肥制中提出的施用厩肥量可能得不到保证。而四站北地沿河沟属沙性土，现种有苜蓿四百多亩，但面积较小，管理较差，可考虑在这基础上稍扩大面积，制定一个饲料轮作区，这是值得研究的问题。

黄泛区国营农场丰产棉花经济效果分析*

郑 维 勤

一、棉花丰产田的经济效果

棉花生产在国民经济中占重要的地位，是我场重要经济作物之一。我场一向对于棉花生产极为重视，在场党委的正确领导下，不断地引导群众从实践中总结经验，吸取教训，突破了植棉技术上的重重难关，并且不断的培养丰产典型，创造高产纪录，通过较小面积的试验，摸索并掌握棉花丰产的规律，总结丰产经验，使丰产棉田的面积不断扩大，单位面积产量不断提高，许多的低产棉田变为高产棉田。从1957年开始，我场的皮棉单产突破了100斤，1958、1959两年继续上升，到1960年，由于将棉花丰产技术措施，在全场范围内，进行了不同程度的推广，因而在原老场的1 348亩棉花播种面积上，获得了平均亩产211.2斤皮棉的成就。第一作业站屈应理植棉小组的丰产棉田，实行了棉花与甜菜间作，在88.72亩的土地上，创造了平均亩产籽棉1 011.45斤兼收甜菜2 776斤（带叶）的高额丰产纪录。全场包括1960年新入场的棉田在内共播种棉花10 579亩，平均亩产达到了90.1斤皮棉。其中1960年新入场的西夏公社棉田7 384亩，平均单产201.46斤籽棉，比58年增长2.9倍。

棉花大面积高额丰产的结果，改变了我场整个棉花生产部门的经济面貌，提高了单位面积产量，增加了总产量。1959年全场棉花播种1 300亩，共产皮棉193 830斤，1960年全场共产皮棉893 881斤，其中老场的棉花1 348亩，就获得得了皮棉274 697斤，播种面积只增加了3.69%总产量则增加了41.70%。

丰产田是在具有高度的植棉技术水平的前提下，不断对棉田增加投资的高度集约化的经营方式。我场棉花丰产的伟大成就，充分显示出集约化经营的优越性。

以1960年一站站部的棉花丰产田和一般田进行对比时，可以充分说明这个问题。这两类棉田的主要技术措施如下：

表1 1960年一站站部丰产田和一般田的主要技术措施

	丰 产 田	一 般 田
种植方式	棉花、甜菜间作，1∶1	同
深 耕	40厘米	30厘米
底 肥	20 000斤厩肥	6 500斤厩肥
春 耕	浅耕12～18厘米	同
春 灌	一次	同
播 种	亩17斤，机播	同

* 本文完成于1961年。

（续）

	丰 产 田	一 般 田
中　耕	10 次	6 次
化　肥	硫酸铵 105 斤及一部分磷肥	硫酸铵 39 斤
治　虫	25 次	11 次
整　枝	较精细	较粗

由于技术措施不同，两类棉田的投资量和用工量相差很大，丰产田每土地面积一亩的生产费用为 164.30 元，一般田的生产费用为 63.65 元。这两类棉田生产的经济效果比较如下：

表 2　1960 年一站站部丰产田和一般田生产经济效果比较

		一般田	丰产田	以一般田为 100% 时丰产田的%	备　考
单位面积产量	籽棉	249.5 斤	1 011.45 斤	400.6	
	甜菜	365.5 斤	1 388 斤	380.3	丰产田甜菜产量是带叶产量的一半
皮棉斤成本		0.77 元	0.322 元	67.5	棉花单独计算
甜菜斤成本		0.039 元	0.011 7 元	30.0	甜菜单独计算
每亩土地纯收益		26.65 元	198.55 元	761.5	棉花与间作甜菜合并计算
赢利率		41.71%	120.83%		
劳动生产率		5.99 元	9.03 元	160.8	棉花与间作甜菜合并计算每一人工日的产值，机器操作人工未计在内

农业生产集约化的终极目的在于：第一，从每一单位土地面积上获得更多的产品；其次，降低单位产品成本，增加投资的收益，提高赢利率；第三，提高劳动生产率。从上表中分析，两种不同集约经营水平的棉花生产的经济效果的差异非常明显，在丰产田方面，棉花和间作物的单产都比一般田高约三倍左右，斤成本则为一般田的 67.5%，从一亩土地上所得的纯收益 198.55 元为一般田纯收益 26.65 元的 761.5%，从而赢利率也大大超过了一般田的赢利率，劳动生产率比一般田高约 50%。这些事实证明，我场在场党委正确领导下，发展棉花生产的途径是完全正确的。

二、棉花间作与平作的经济效果分析

我场棉花丰产的主要措施之一是实行丰产棉田的间作。棉田间作在技术上可以解决丰产棉花通风透光的问题，减少棉铃脱落的现象，从而有利于棉花单产的迅速增长。我场经过不断摸索和总结经验，通过小面积试验成功以后，从 1959 年开始在较大面积上推行了棉花和低秆作物的间作，这对于棉花单位面积产量的提高，起了很大的作用。1960 年亩产千斤籽棉以上的高产纪录，就是在间作的条件下取得的。

1960、1961 两年间，我场老场中经营水平较高的棉田大部分实行了间作。1961 年一站站部在 224 亩的棉田实行平作，也获得了亩产 400 多斤籽棉的成就。因此，究竟在棉花生产上间作与平作在经济效果上那个比较有利，是一个值得研究的课题。

目前有关间作与平作经济效果比较的资料。仅调查有一站站部1960年和1961年三种不同情况的间作和1961年一种平作的生产和成本的情况如下：

表3　一站站部间作棉田与平作棉田生产与成本情况

编　号		Ⅰ	Ⅱ	Ⅲ	Ⅳ
年　度		1961	1960	1961	1960
土地面积（亩）		224	88.72	99.97	456.48
种植方式		平作	棉花与甜菜间作1：1	棉花与花生间作1：1.39	棉花与甜菜间作1：1
单位土地面积产量（斤）	籽　棉	447	1 011.45	546	249.5
	间作物	——	甜菜1 388	花生100	甜菜365.5
单位土地面积生产费用（元）		83.19	164.30	129.4	63.63
单位土地面积纯收益（元）		57.66	198.55	58.58	26.65
赢利率（%）		69.31	120.83	45.33	41.71
皮棉斤成本（元）		0.456	0.322	0.414	0.447
间作物斤成本（元）		——	甜菜0.011 7	花生0.303	甜菜0.039
劳动生产率（产值，元）		6.74	9.03	6.20	5.99

影响农业生产的因素非常复杂，就棉花生产来讲，不同年度的自然气候条件，不同地块的自然肥力，作物的前茬等都能影响到棉花生产的经济效果。棉花的品种对于种植方式也有一定的影响。此外也还可能有某一年度的气候条件对某一种种植方式有利而对另一种方式不利的情况发生。植棉技术的进步对于经济效果也有影响。

以上这些条件中，在目前情况下以不同年度的自然气候条件对于棉花生产经济效果的影响最为重要。因此这里仅能就上列的资料中将同一年度生产的经济效果进行对比。

1. 在不同集约化水平的情况下，间作与间作的比较。即表3中的Ⅱ和Ⅳ的对比。

比较的结果如下：

	Ⅳ的经济效果指标指数	Ⅱ的经济效果指标指数
单位土地面积产量		
籽　棉	100.00	400.60
甜　菜	100.00	380.30
每亩土地纯收益	100.00	761.50
赢利率	41.71%	120.83%
皮棉斤成本	100.00	67.50
甜菜成本	100.00	30.00
劳动生产率	100.00	150.00

2. 平作与间作的对比。即表3中的Ⅰ和Ⅲ对比。

比较的结果如下：

	Ⅰ的经济效果指标指数	Ⅲ的经济效果指标指数
单位土地面积		
产量籽棉	100.00	122.10
每亩土地纯收益	100.00	101.60
赢利率	69.31%	45.33%
皮棉斤成本	100.00	91.00
劳动生产率	100.00	92.00

从以上两项对比以及（表3）的资料中，可以看出目前有下列的一些现象：

1. 集约化水平较高的间作比集约水平较低的间作的经济效果优越。这在第一项对比中看的很明显。

2. 间作与平作比较时，棉花的单位土地面积产量比平作较高，而赢利率、成本、劳动生产率等方面则不如平作。

3. 从间作各项经济效果看来，间作对于提高棉花的单位面积产量方面效果较为显著，而对于其他各项经济效果的提高的程度不与单产提高的程度相适应。

以上不过是从极少量的对比材料中所看出的初步现象，究竟其发展趋势如何，还有待于今后继续进行观察比较。

三、进一步降低产品成本、提高赢利的途径

1. 进一步提高技术和总结丰产经验，使棉花单位面积产量稳定的上升。提高单位面积产量和总产量是我们的主要目的，也是降低成本提高赢利水平的主要途径。目前我场间作棉花的技术已经达到了可以保证棉花净播种面积亩产千斤以上的水平，但在这个水平以上的产量波动还很大。因此，目前应该继续总结经验，提高技术，稳定高产纪录，并使之在稳定的基础上继续上升，这是进一步降低成本提高赢利水平的首要途径。

2. 对于间作棉田在保证棉花丰产的前提下力争间作物的高产。从间作的经济效果来看，存在着棉花单位产品成本不高，但是单位土地面积投资的赢利率较低的矛盾。例如表3的中Ⅲ与Ⅰ的对比，间作单位产品成本为平作的91%，而赢利率却比平作低（间作为45.33%，平作为69.31%）。这主要是由于间作物的产量较低，产品成本过高，因而降低了单位土地面积投资的赢利水平。这种情况对于棉花间作是不利的（参考附表1）。

附表1　棉花及间作物（每一亩净播种面积）的生产费用

单位：元

编号 与表 相同 / 棉花和间作物 / 生产费用项目	Ⅰ	Ⅱ		Ⅲ		Ⅳ	
	棉花	棉花	甜菜	棉花	花生	棉花	甜菜
机耕费	3.37	6.77	6.77	6.77	6.77	4.72	4.72
种子费	0.60	0.68	2.86	0.68	6.33	0.68	2.86
肥料费	5.51	26.50	3.40	23.70	1.70	7.16	1.10
人工费	25.07	86.99	9.16	64.13	15.90	27.63	8.51

（续）

编号与表相同 / 棉花和间作物 / 生产费用项目	I	II		III		IV	
	棉花	棉花	甜菜	棉花	花生	棉花	甜菜
畜力费	1.75	6.20	6.00	3.25	3.00	2.08	6.00
其他直接费	33.03	115.70	2.71	89.66	15.94	38.46	2.23
行政事业费	13.96	48.57	6.18	37.60	9.93	16.15	5.00
生产费用合计	83.19	291.51	37.08	225.79	5 957	96.88	30.42

由于目前间作物的机耕、施基肥两项投资和用工必须和主作物相等，因此在降低生产费用方面的潜力较小，但土地好、肥力足是增产的有利条件。目前的关键除应该继续试验选择更有利的间作物种类外，对于目前的间作物应加强田间管理使之尽量避免损失。在思想上进一步明确间作物和主作物之间在经济上的密切关系，这对于加强间作物的管理和保护工作是有意义的。

3. 加强劳动管理，进一步提高劳动生产率。棉花生产的高度集约化，在目前情况下必须带来了用工多的问题。在丰产田间作的生产费用构成中（参考附表2、附表3），人工费占较大的比重。1960年一站丰产田间作的人工费占总生产费用的29.84，在人工、机耕、种子、肥料、畜力等五项费用总额中，人工费占68.42%。每亩（棉花净播种面积）用工72.66工日。间作丰产棉田用工多，这是劳动生产率提高较慢的主要原因。

附表2　1960年间作丰产棉花生产费用构成比例

项　目	金额（元）	%
机耕费	6.77	2.32
种子费	0.68	0.24
肥料费	26.50	9.10
人工费	86.99	29.80
畜力费	6.20	2.12
其他直接费	115.0	39.69
行政办公费	48.57	16.73
合　计	291.15	100.00

附表3　1960年间作丰产棉花人工费在五项基本费用中所占比重

项　目	金额（元）	%
人工费	86.99	68.42
机耕费	6.77	5.32
种子费	0.68	0.54
肥料费	26.50	20.84
畜力费	6.20	4.88
合　计	127.14	100.00

在丰产棉花间作各项作业用工构成中（参考附表4），以收花用工数量最多，占全部用工量的51.29%（包括晒花在内）。而每工日实际工作量平均为54.12斤，这根据我场过去的经验来看，还有提高工作效率的潜力。此外治虫打药用工占的比重也较高，这方面还有改进工具和改进操作方法及作业组织的可能性。由于丰产棉花常常发生倒伏现象，因此增加了棉花的扶花搭架一项人工，占的比重也不小。这必须从棉花栽培技术方面加以解决。

附表4　1960年间作棉花丰产田各项作业每亩（每棉花净播种面积一亩）用工构成

作业项目	工日数	%
平地、整地	1.60	2.22
送　粪	4.00	5.55
选　种	0.33	0.45
拌　种	0.10	0.10
间　苗	1.50	2.06
播　种	1.74	2.39
中　耕	4.00	5.55
治　虫	5.00	6.88
整　枝	6.72	9.25
排　灌	2.00	2.75
扶花、架花	5.29	7.28
施　肥	2.58	3.55
收　花	37.30	51.29
拔　柴	0.50	0.07
合　计	72.66	100.00

根本解决棉花生产高度集约化与用工量较多的矛盾的途径在于实现棉花生产的机械化。因此这除了给农业机械生产部门提出了任务以外，在棉花生产部门中，研究如何使棉花的栽培方式与生长性状有利于机械作业，也是当前的重要任务。

附：计算方法的说明：

一、生产费用中的人工费用是根据生产队的作业核算单统计出棉花及间作物各项作业用工总数，其本工人按每工日1.2元，家属及社员按0.70元计算的。

二、丰产田的各项作业用工计算方法如下：

1. 送粪用工是根据施用底肥数量及工作定额计算的；

2. 收花用工是根据全年实际收花用工总量及收获籽棉总量算出平均每工日收花量，然后根据每亩平均产量算出每亩收花用工；

3. 架花用工是实际用工数；（因为一般田没有这项作业，所以核算单里的架花用工完全是丰产田用的）

4. 其他各项作业的用工，是参考该年度各项作业的每亩平均用工数及丰产田技术措施，并调查丰产田各项作业的实际工作量计算的。

三、一般田的各项作业用工计算方法如下：

1. 送粪、收花两项用工的计算方法与丰产田的计算相同；

2. 其他各项用工是从各项用工的总数中减去丰产田各项用工的总数，然后按一般田亩数平均算出的。

四、畜力费用按每畜工 1.00 元计算的。畜工中主要是送粪用畜工，送粪用畜工是按施底肥量计算的。其他用畜工是按核算单统计计算的。

五、肥料费、种子费、机耕费是根据实际用费计算的。

六、各种作物的“其他生产费用”是根据 1960 年度决算书各该作物生产费用中其他生产费用对于人工、种子、肥料、机耕、畜力五项费用总额的比例计算的。

七、各种作物的“行政事业费”是根据 1960 年决算书中行政事业费对直接生产费用的总计的比例计算的。

八、棉花间作时，棉花与间作物的产品成本是分别计算的。

九、棉花间作时，每一亩土地的生产费用的计算方法如下：

每一亩折实净面积棉花生产费用×棉花面积比例＋每一亩折实净面积间作物生产费用×间作物的面积比例＝每一亩土地的生产费用。

十、间作棉田每一亩土地纯收益的计算方法如下：

〔棉花主产品（籽棉）收入＋棉花副产品（棉柴）收入＋间作物主产品（甜菜或花生）收入＋间作物副产品（花生秧或甜菜叶）收入〕－每一亩土地的生产费用＝每一亩土地纯收益。

十一、各种作物的主副产品价格和肥料、农药等价格都根据计划价格计算。

小麦“三段机收法”的调查及经济分析*

——东北旺公社三种不同小麦收割方式的经济效益分析

袁若飞

1961 年东北旺公社 2 430 亩小麦的收割中，采用了三种收割方式：第一种是采用联合收割法，用东方红—54 牵引康拜因收获，并备配马车把康拜因脱下的麦粒和麦草分别运回场院。第二种是采用三段机收法，利用割晒机将麦子割倒在地上，再用拣拾机将割下的麦子拣拾并运回场院，用脱谷机脱粒。第三种是采用人力收割法，即人用镰刀将麦子割倒捆好再由大车运回场院，用脱谷机脱粒。

三段机收法在我国还是试验阶段，对这种收割方式的工作效率和质量还不太清楚，为了对这一种新的收割方式作一鉴定，我们做了两次跟车测定，并与其他两种收割方式作了比较。这次测定工作是在收割的后期开始的，是在一块亩产 574 斤、地长 123 米、面积 15 亩左右的小块小麦留种地上进行的。因此地头空转时间多、小时生产率低、耗油最多、损失多。为了真实的反应机器本身的效率，我们对实际测定的资料作了一番分析，清除其中的自然条件和人为条件等影响。

一、三段机收方式的实测分析

1. 三段机收方式的第一步，是用 VTOS—2.45 拖拉机带动割晒机割倒小麦，剪割台宽度为四米，但由于麦子生长好，垄沟纵横交叉，实际上平均割幅为 3.26 米，每秒切割速度为 0.9 米，先后工作了 5 673 秒（1 小时 34 分 33 秒）共收割 15.32 亩小麦，平均小时生产率为 9.73 亩，这种速度是低的，为了分析原因，我们将割晒机的工作时间作了统计分析。

表 1　刈晒机工作小时分析表

	切割时间	空转时间	故障时间	合　计
绝对量（秒）	3 458	1 760	455	5 673
相对数（%）	60.96	31.02	8.02	100

从表 1 看出空转时间太多，除了地块小、地头短的原因外，很重要的是割晒机的运行路线不合理，这次是采用大区转圈收刈，地头空转的行程开始为 80 米，以后逐渐减少到 4 米多，我们将空转行程作了分组统计，然后将空转行程为横坐标，所用的空转时间为纵坐标，得出空转行程与空转时间的相关曲线如下：

* 本文完成于 1961 年。

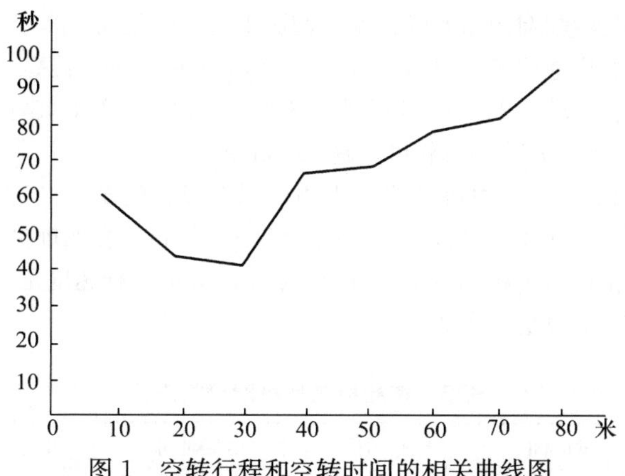

图 1　空转行程和空转时间的相关曲线图

从相关曲线图上看出这样一种规律性，随着空转行程的逐渐缩短，耗用空转时间逐渐减少，可是到 20 米以下，耗用空转时间反而增加，说明空转行程以 20 米左右为最适合。如果我们将大区转圈收刈法改为小区转圈收刈法，把这块留种地中间的垄沟作为分界线，分为二个小区，先收第Ⅰ区，完工后再收第Ⅱ区，则其收割效率可大大提高。现将两种收刈法的运行路线作如下比较：

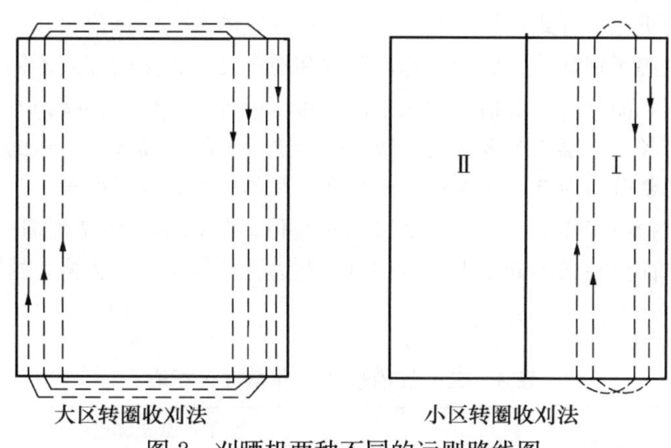

图 2　刈晒机两种不同的运则路线图

表 2　二种不同运则路线工作情况比较表

		大区转圈法	小区转圈法
空转行程（米）	最长	80	27.5
	最短	5	19.5
	平均	45	20
	总长	1 081	493
空转时间（秒）	最多	120	42
	最少	35	35
	平均	70.4	28.3
	总消耗	1 760	707

从表 2 看出，小区转圈收刈法比大区转圈收刈法少走空转距离 588 米、少花空转时间 1 053 秒，空转时间的减少，相应地使实际切刈时间占总工作时间的百分率提高，如果在亩产 200 斤麦地上收刈的纯作业时间占 90%，拣拾速度每秒 1.3 米，刈幅为 4 米，则小时生产率可由原来的 9.73 亩提高到 25 亩，一天工作十小时就可切割 250 亩麦子。

2. 三段机收法的第二步，是由拣拾机将收割机割倒成行的麦子经过传送部分拾在拖车里（拣麦），拖车装满麦子后运回场院（运麦），将麦子卸在场院再回麦地拣拾（空行），我们记录了四车共化 6 748 秒，拣拾了 11.04 亩，小时生产率为 5.36 亩，这样速度是比较低的，为了分析原因，我们将拣拾机工作小时分析如表 3：

表 3　拣拾机工作小时分析表

	拣麦时间	空行时间	运麦时间	卸麦时间	小　计
绝对量（秒）	668	207	511	301	1 687
相对数（%）	39.6	12.26	30.3	17.84	100

从表 3 看出小时生产率低的主要原因是由于拣麦时间占总时间的百分率太低，另外拣麦速度慢，没有装满车，场院布置也不够合理，下面分别提出几点改进拣拾机工作的不成熟看法。

（1）整体式拣拾机比分解式拣拾机好。这次参加麦收的有二种拣拾机，一种是整体式，另一种是分解式，二者主要区别是动力部分、拣拾部分和拖车之间连接的方式不同，整体式拣拾机的三个部分固定在一起，而分解式拣拾机的三个部分可以分开，亦可以连接但不够紧密，因此行走起来很不方便，震荡较大，第二个区别是分解式的传送部分较高而长，传送的麦子掉在拖车的中央，而整体式的传送部分短而低，传送的麦子掉在拖车的前方，这样拖车上工作的农工的工作量大，常常由此影响拣拾机工作效率。第三个区别是整体式的卸车方式是不需变动拖拉机的位置，就可直接自动卸麦，而分解式的卸麦需要拖拉机从前边开到拖车后边去拖，这样分解式的拣拾机卸车时用的时间较多。

表 4　二种拣拾机的工作情况分析表

	单位	分解式	整体式	整体式比分解式增加数（+）和减少数（—）	
				绝对量	相对量%
拣拾速度	米/秒	0.99	0.73	−0.26	−28
拣拾时间	秒	560	777	+217	+21.78
运麦速度	米/秒	1.01	2.23	+0.22	−18.9
运麦时间	秒	575	447	−128	
卸麦时间	秒	430	172	−258	
装运一车共需时间	秒	1 770	1 604	−166	
小时工作效率	亩/小时	5.48	6.41	+0.93	+15.68
拣拾损失	斤/亩	29.8	23.83	−6.04	

从表 4 看出整体式虽然拣拾速度慢 28%，多化 217 秒，但运麦速度快 20%左右，节约 128 秒，另外卸车亦快 258 秒，每车总工作小时就节约 166 秒，这样小时工作效率提高 15.68%而且

整体式拾麦的损失每亩少损失 6 斤，因此我们认为整体式比分解式要好。

（2）在拖车内装一个可以自由转向且能伸缩的滑梯。这样既可以减少拖车内的农工，又可提高拣拾速度，我们将整体式车和分解式车的每一行的拣拾速度作了比较分析。

表 5　二种拣拾机各行拣拾速度表

	第一行	第二行	第三行	第四行	第五行	合计平均
分解式	1.28	0.98	1.22	0.98	0.82	0.99
整体式	1.47	1.01	0.45	0.75	0.53	0.73
合计平均	1.39	1.00	0.64	0.84	0.65	0.84

从表 5 可以看出一二行拣拾速度是快的，以后就慢了，特别是整体式更为明显，其主要原因是麦子堆满在拖车前边，农工来不及把麦子往拖车后边移动，往往拣拾机速度放慢甚至停止下来，等农工把前边的麦子向后移动得差不多了，再开始拣拾，因此在传送部分的出口处装一个可以转向并能自由伸缩的滑梯，把麦子滑到车子的后半部，这样可以把原来的四个人节省两人，还可以避免麦子堆满在前方客易损失在田里的缺点，又可以提高拣麦速度由 0.84 米/秒，提高到 1.2 米/秒。

（3）装满拖车比少装的要好，在额定的范围内应该尽量装满车。

表 6　不同装载数量的工效分析

	单位	装不满车	装满车	装满车比装不满车增加数	
				绝对量	相对量%
拣拾行数	行	4	5	1	
拣拾时间	秒	612	725	113	
运麦距离	米	310	389	79	
运麦时间	秒	300	382	82	
卸麦时间	秒	235	367	132	
一车共花时间	秒	1 548	1 827	279	
拣拾面积	亩	2.35	3.17	0.82	
小时速度	亩/小时	5.85	6.25	0.4	+7.7
一车载重量	斤/车	2 698	3 619	921	
占定额载重量%	%	67.65	90.5		

从表 6 可看出，装满车的虽然多拣一行，拣拾时间多 113 秒，运麦距离增加 79 米，多花 82 秒，卸车多花 132 秒，每一车的总时间多花 279 秒，但是多拣八分地麦子，因此小时速度比装不满车的增加 7.7%，每车额定的载重量为 2 000～2 400 公斤，而实际上装四行的只有3 619市斤，占额定数的 90.5%，这样也没有因溢满车厢而使麦子掉落现象，因此我们认为在额定的范围内应尽量装满车。

（4）合理的调整麦场的布局，同样能提高收割工作效率。我们测定了同一拣拾机在离场院不同距离的麦地的拣拾速度，发现麦地和麦场的距离近的收割速度快。

表 7 离开麦场的不同距离对收割速度的影响

	单位	离场距离		距离远的比距离近的增加数（+）或减少数（-）	
		206.5（米）	580（米）	绝对量	相对量%
空行时间	秒	230	640	-410	
运麦时间	秒	390	630	+240	
拣拾时间	秒	640	620	-20	
空转时间	秒	260	297	+37	
卸麦时间	秒	560	352	-208	
一次总花时间	秒	2 080	2 539	+541	
小时速度	亩/小时	5.39	3.59	-1.8	-33.4

从表 7 看出，离场 580 米远的空行时间多花 410 秒，运麦时间多花 24 秒，因此每车所花的总时间多 541 秒，小时速度慢 33.4%，每小时少拣 1.8 亩麦子。例如东北旺四区丰产方长度为 750 米左右，打麦场设置在四区的中央，这区收割的实际效率就高。

当上面四个方面能得到切实改进，拣拾机的工作速度会大大提高，假定我们装满车，一车装 4 000 市斤，这样可拣拾 10 亩亩产 200 斤（谷草比为 1∶1）的麦子，10 亩地共计 6 667 米^2，割晒机的割幅为 4 米，则麦铺总长度为 1 667 米，拣拾速度以每秒 1.2 米计算，则需要拣拾时间 1 389 秒，如果每行麦铺的长度为 150 米，共十一行，每行的空转行程为 20 米，每次空转时间 35 秒，共需空转时间 385 秒。假定场院到麦场的距离为 200 米，空行速度为 1.7 秒/米，所需空行时间 117 秒，运麦速度为 1.4 米/秒，需运麦时间 170 秒，每车卸车时间为 170 秒，加总起来一车共需 2 199秒，则其小时速度为 16.37 亩。

3. 三段机收法的第三步，是用热托 25 K 或超级 35 拖拉机分别带动松花江五号和 MK1100 号脱谷机进行脱谷，前者共需 37 人，每 3 分钟脱谷 150 斤，每小时脱谷 3 000 斤。去年农大农经系二年级同学在尚庄大队的测定，用 16 人，每天的脱谷量最高为 18 000 斤。据北京市额定的数量来看，用热托 25 拖拉机带动 MK—1100 脱谷机需 24 人操作，每天工作量为 16 000 公斤，折合 160 亩，这样的工作速度在实践中也是可能达到的。

二、三种收割方式的比较

如何从经济效益上评价三种收割方式，这是一个值提探讨的问题，我们认为衡量一种收割方式是好是坏，主要看劳动生产率的高低，更具体一点说，首先要考虑到如何提高劳动效率，缩短麦收期限，尽量的在雨季来临之前收割完毕，如果收割不及时，不仅麦子干粒重降低，而且遭受到雨季的袭击，其损失往往是难以估量的。北京郊区平常年份雨季都在 6 月底 7 月初到来，有的年份雨季到来后经常下雨，例如 1956 年从 6 月 13 日开始下雨一直下到 7 月 20 日，差不多每天一场雨，麦地潮湿、积水，康拜因无法下地，收下的麦子因潮湿而无法脱粒，小麦在场院发芽，这样不仅干粒重降低，麦子的品质不好，发芽率降低 50%。因此，在生产实践中常采用早熟品种，而不愿用晚熟品种，这样小麦的成熟期还是比较集中。例如，东北旺公社种的小麦是农大 90 号，1961 年 6 月 1 号进入腊熟期，到 6 月 12 号就结束腊熟期进到完熟期，6 月 18 日结束完熟期进到

枯熟期，要求在10日开始收割，要在18日以前完全收割完，否则就要遭受雨季的为害和麦子枯熟后断穗脱粒、干粒重降低等损失，因此在评价收割方式时，很重要的是考虑哪一种收割方式所花用的人工和投资较小，而其工效最高。其次要考虑到那一种收割方式的作业成本低，再次考虑哪一种收割方式的损失最少。下面我们分别的从3个方面来加以分析比较：

1. 从提高劳动效率，缩短收麦时间来看。我们衡量三种收割方式的工作效率的指标是收割百亩小麦需工数，因为各种收割方式，都是由切割、脱粒、晒麦、垛麦草等工序组成，根据对每一个工序的实测资料，推算出每一种作业的百亩需工数，再加以汇总得出每一种收割方式的百亩需工数，下面就是我们实测分析和计算的资料。

（1）联合收割法百亩需工数为9.8工具体计算如下表：

	单　位	康拜因收割	运粮	运草	合计
每日进度	亩/日	100	120	60	
共用人工	工	4	1	3	
每工日完成数	亩/工日	25	120	20	
百亩需工数	工/百亩	4	0.80	5	9.80

（2）三段机收法百亩需工数为18.2工，具体计算如下表：

	单　位	割晒机收割	拣拾机拣拾	脱谷机脱谷	合计
每日进度	亩/日	250	16.4	160	
共用人工	工	2	4	24	
每工日完成数	亩/日	125	4.1	6.67	
百亩需工数	工/百亩	0.8	2.4	15	18.20

（3）人工收割法百亩需工数为120工，具体计算如下表：

	单　位	割捆	运输	脱谷机脱谷	合计
每日进度	亩/日		40	160	
共用人工	工		2	24	
每工日完成数	亩/工日	1	20	6.67	
百亩需工数	工/百亩	100	5	15	120

我们再把三种收割方式的百亩需工数作一比较，以联合收割法的用工为一，则三段收割法为1.83，人工收割为12.24，这个比例数明显的告诉我们联合收割法的工作效率最高，三段机收仅次于康拜因联合收割法，而人工收割花工最多，当然收割时间会拖得最长，从发展的角度来看机械收割也必须代替人力收割。

2. 从降低成本来看。我们比较了三种收割方式的成本，最按照每百亩所耗费的成本计算的，每一机工的日工资为1.6元，农工的工资为1.2元/日，畜工费为2元/头日，主燃油中的柴油每斤0.4元、汽油每斤0.93元，修理费、折旧费根据具体情况估算：

(1) 联合收割法的百亩成本为 12 586 元，具体计算如下表：

单位：元

	康拜因收刈	运 粮	运 草	合 计
机工费	6.4			
农工费		0.46	6.0	
畜力费		1.6	3.4	
油料费	68.0			
折旧修理费	40.0			
合 计	114.4	2.06	9.4	125.86

(2) 三段机收法的百亩成本为 97.8 元，具体计算如下表：

单位：元

	割晒机切割	拣拾机拣拾	脱谷机肥谷	合 计
机工费	1.28	1.92	2.0	
农工费		1.44	26.0	
畜力费				
油料费	10.0	12.0	8.7	
折旧修理费	8.7	9.0	16.7	
合 计	20.0	24.4	53.4	97.8

(3) 人力收割法的百亩成本为 184.4 元，具体计算如下表：

单位：元

	割 捆	运 输	脱谷机脱谷	合 计
机工费			2.0	
农工费	120.0	6.0	26.0	
畜力费		5.0		
油料费			8.7	
折旧修理费			16.7	
合 计	120.0	11.0	53.4	184.4

我们把三种收割方式的百亩所需成本作了一番比较，三段机收法的成本最低，三段机收法、康拜因联合收割和人力收割之比为 1∶1.4∶1.9，人力收割的成本最高，康拜因联合收割比三段机收的成本高，主要原因是机器造价高、利用率低，康拜因的主燃油是汽油，它的价格比较贵，因此成本比三段机收法高 40%。

3. 从收割的损失来看。从麦子生长的特点来看，腊熟中后期收割最好，千粒重最高，到了晚熟期千粒重逐渐降低。据北京农大 1960 年在红星农场测定的资料来看，腊熟初期麦粒的干重为26.3克，腊熟中期为29.84克，腊熟末期为27.38克，完熟初期为28.82克，完熟后期为28克。东北旺大队的农大90号麦种宜在6月11～12日收刈，但康拜因适合后期收割（即完熟期），如果过早收割，脱粒损失较大，不仅麦粒脱不净，麦子破碎度大，而且机器磨损大、还容易出故障，如果康拜因在完熟期收割，工作的时间更少，这就是康拜因一大缺陷。康拜因的第二大缺点即颖壳全部丢失在田中，根据我们实际测定的麦粒、麦秸、颖壳之间的比例是，49.06∶42.2∶8.74，这样一亩地产200斤麦子即损失35斤颖壳，这种颖壳又叫麦谷囊，是缺乏牲口饲料的经济作物区牲畜的主要粗饲料，因此这些地方不太喜欢康拜因收割。从麦粒的损失来看，由于康拜因是联合收割，各工序之间衔接紧密，损失较小，如在完熟期收割损失更少。相反，三段机收法各作业之间结合不紧密，损失较多，特别是到了完熟后期损失更大，这次我们也对三段收割法的损失作了测定，自然落粒每亩7.6斤，割晒机3.68斤，拣拾机20斤左右，总损失23.7斤，占亩产574斤的4%。在麦子的完熟后期收割，康拜因收割比三段机收法的损失少，如在麦子腊熟前期收割康拜因收割的损失反而比三段机收法的损失更大。

综合上述分析，从提高劳动效率，缩短麦收时间和降低成本来看，必须用机器收割的方式代替人力收割。但目前土地规划的状况还是不够平整，同时机械的数量较少，质量不太高，而且技术力量赶不上机械化发展的需要，机器的故障多，效率不高。因此，目前主要采用人、畜力收割的同时尽量发挥现有的机器设备的作用。

从三段机收法和康拜因联合收割法作比较来看，三段机收法的优点是收麦早，（可躲过雨季）利用率大，（收获的前后期都可用割晒机收割，更重要的除了麦收以外，还可以担负其他作业）损失小（一般的麦谷囊就很少损失）、成本低、故障少、结构比较简单、操作技术容易掌握，而结构复杂的脱谷机在场院进行固定作业，震动较少，故障少。而康拜因常发生故障，因此当前群众更喜欢三段机收法。三段机收法的弱点是由于收割、集中、脱粒三个工序断续，这样，一方面易遭雨受损失，另外麦子的损失（特别到了后期）可能比康拜因大些，而且劳动效率比康拜因低些。还要和拣拾机、脱谷机等各种工具密切配合，否则容易由于某一个薄弱环节而使其他作业停工待料，因此必须根据各地的雨季情况、土地规划状况、技术熟练程度、牲口饲料来源的多少来确定采用何种收割方式为主。一般土地较平整，技术熟练程度较高、牲口饲料来源丰富、雨季比较晚的地区可以以康拜因收割为主，或者采用二段机收法，即第一段用割晒机切割，第二段用拣拾脱谷相联合的机械，以两段机收法弥补三段机收效率低、后期收获麦粒损失大的缺点，又可克服康拜因不宜在腊熟前期收割的弱点。如果土地不太平整、技术熟练程度不高，雨季来得比较早，牲口饲料比较缺乏的地区应以三段收割法为主，配合一定的康拜因和人力收割。

从三段机收法试验的情况来看，经济效果是好的，群众是欢迎的，可以逐步试验推广。

关于中国近代农业经济史分期问题的初步意见*

王毓瑚

近些年来，关于中国近代史和中国近代国民经济史分期问题讨论得很多。历史分期是一个很复杂的问题，需要从多方面来考虑。这里想试谈一下关于中国近代农业经济史的分期。谈到中国近代农业经济史的分期，自然是同中国近代通史、近代国民经济史以及近代革命史的分期有关联的。现在就在参考关于中国近代其他各史分期的讨论的基础上，经过初步的考虑，提出来一种粗浅的看法。下面分三点来谈：

（1）划分中国近代农业经济史时期（阶段）的标准应当是什么？

（2）中国近代农业经济史的分期是否要同通史、国民经济史或革命史的分期相吻合？

（3）关于中国近代农业经济史分期的初步意见。

一、关于近代农业经济史分期的标准

要替历史划分时期，就得有个标准。既然近代农业经济史的分期同近代通史、国民经济史以及革命史的分期应当是有一定的关联，所以在考虑农业经济史的分期标准时，有必要先看一看其他各史分期的标准。

关于中国近代通史分期标准的意见，据我们所见到的大体上不外下列几种：①阶段斗争的表现；②社会主要矛盾的变化；③半殖民地半封建社会的发展变化；④民族斗争和阶段斗争的发展(也就是反帝反封建的革命形势的发展)。关于中国近代国民经济史的分期标准，除了阶段斗争以及半殖民地半封建的经济的发展之外，还有人提出应当以新经济成分的出现或中国资本主义的发展为分期的界标。至于近代革命史大体上要划分为旧民主主义和新民主主义革命时期以及最前面的民主主义革命的准备时期，那是没有什么争论的。

本文的任务，当然并不包括对于上述的争论表示意见。这里把不同的各种意见列举出来，只是为供参考。中国近代是一个半殖民地半封建时期，这个时期内农业经济发展是包括在整个半殖民地半封建经济发展之内的；在考虑这一时期农业经济史的分期时，当然是要具体的顾及这个半殖民地半封建社会的阶级斗争（包括民族斗争）形势的发展，也就是社会矛盾的发展，尤其是其中的主要矛盾的发展。同时也当然要考虑到中国人民反抗封建压迫和资本帝国主义侵略的革命斗争的情况。这些应当都是没有问题的，不过中国近代农业经济史究竟是有它的特殊任务，它的任务是阐明这一时期农业经济的具体发展规律，因而在考虑它的分期时，既要同通史、国民经济史以及革命史的分期有照应，同时又要表示出来它本身的特点。这个特点应当是半殖民地半封建的

* 本文完成于1961年。

农业经济中剥削关系的发展以及其消灭的规律性。这里面当然包括了阶段斗争，也就是社会矛盾的发展在农业经济方面的表现。这样说来，中国近代农业经济史分期的标准也就要在中国半殖民地半封建农业经济中剥削关系的具体发展变化过程当中，也就是要在具体的半殖民地半封建的农业生产关系的发展变化当中去找。所谓半殖民地半封建的农业经济，就是带上了殖民地性质的封建农业经济；它基本上是封建的性质。封建的农业生产关系的中心是封建土地关系，封建农业经济中剥削关系的中心是地租剥削；因此，封建农业经济的历史分期，应当是以地租剥削为中心的封建剥削关系的具体的发展变化为其指标。要从这种封建剥削的方式，特别是地租剥削的方式以及参与剥削的各方面对剥削物的具体瓜分情况等等的变化上面来划分阶段。

二、关于中国近代农业经济史分期与历史、国民经济、革命史分期的关系

中国近代农业经济史的分期，并不一定要同中国近代通史、国民经济史以及革命史等的分期完全相合，这也就如同中国近代国民经济史的分期并不一定要同通史和革命史的分期完全相合是一样的。不完全相合并不意味着其中必有一误，这主要是因为各自的任务不同，各自的分期标准也不同，其结果在分期上面也自然就不会完全相同。不过尽管各种史的分期不一致，这却并不排除对于这一时期整个历史发展的看法是一致的可能性。首先，这一时期的中国社会是一个半殖民地半封建社会，关于这一点，各方面会是都同意的。关于中国近代通史的分期，大家的意见还不统一；作为划期的年度，提出来的计有 1850，1864，1873，1895，1900，1905，1911 或 1912（或 1914）。近代史截止于 1919，正好同革命史衔接起来，而革命史是以 1927，1937，1945 几个年度来划分，终于 1949 至于中国近代国民经济史分期，提出的年度，大都包括在上面所举的历史以及革命史的分期年度之内，只是像 1850，1900 和 1905 等几个年度没有提，这显然是因为太平天国起义，义和团运动和兴中会的成立都不被认为在国民经济发展史上具有划阶段的意义。事实上从国民经济发展的角度来考虑，这几次的历史事件的以前和以后时期，确也没有显著的差别。此外，通史上把 1873 年当作一个分期的年度，那是因为全国普遍的农民大起义在那一年完全结束了，也就是说根据重要的政治事件，来选定的。与此不同，在国民经济史上被选定的却是 1870 年，所根据的理由是，从那时起，外国资本才大批地进入中国来。事实显然是，在全国普遍的农民大起义被完全镇压下去之后，外国资本家才开始大规模地向中国投资，这本来是一回事。通史以政治为主，而政治事件的发生或结束的年月是确定的；反之经济发展的阶段，往往不大可能在年月上像那样子精确地划分，所以只可取一个大约的年度。事实上到 1868 年捻军失败之后，中国沦为半殖民地的命运已然完全决定了，外国资本对中国进行殖民地性的掠夺，自然也就紧跟着进入了一个新的阶段，用不着等到全国农民起义的彻底终止的。这可以说是一般历史分期和经济史分期不必完全相同而实质上却并又无不合的一个例证。

农业经济史和通史在分期问题上的关系，也是如此；而农业经济史的分期和国民经济史的分期仍然是会有所不同。举例来说，如果说，辛亥革命之后，民族资本比以前显著地活跃起来，外国投资也骤然增多了，因此，1911 或 1912（或 1914）年应当是中国近代国民经济史上的一个划阶段的年度，那么，从农业经济发展的角度来看，辛亥革命却没有引起什么值得称道的变化。一般说来，农业经济的发展比起整个国民经济来，特别是比起工商业来，在比较短的时间内是更不容易觉察的。

把以上所说的概括起来也就是：即使在对中国近代时期整个历史发展的看法上是一致的，中国近代农业经济史的分期也不一定要同中国近代通史和革命史完全相合，而且也不一定要同中国

近代国民经济史的分期完全相合，只是在精神实质上必须不与之相连，也就是了。不过这里必须附带解决一个问题。这就是中国近代农业经济史的下限问题。这个问题同时也就包括了另一个问题，这就是，中国近代农业经济史的叙述究竟应当以什么为主体。关于中国近代通史截止于1919年，大家的意见是统一的。至于中国近代国民经济的下限，就有不同的见解。有的主张就断在1919年，也有的认为应当叙述到1927年，理由是，从那一年起，出现了新民主主义经济；意思是说，一种新的经济成分的出现，应当是国民经济发展进入一个新的阶段的指标，新的经济成分是体现新的生产关系的。依照这种想法，中国近代农业经济史也应当终于1927年，因为在第二次革命开始以后，经过土地革命斗争，在革命根据地范围内打倒了封建地主阶级，废除了封建土地制度，这当然是农业生产关系上的一大变革，它的意义确是非常大的。不过在经济的范围内具有划时代意义的历史事件，并不一定就是一个新的历史时期开始的指标。我们在一般地解释经济史的时候，固然要对具有划时代的意义的历史事件像新的经济成分的出现予以应有的注意，但同时也不应忽视各个时期事实上占着统治地位的经济状态。具体到中国近百年来的农业经济发展的历史来说，无论如何应当承认半殖民地半封建的农业经济，换言之也就是带有殖民地性质的封建的农业生产关系是这一时期农业经济的主体。1927年开始出现的新的农业生产关系诚然是具有极其重大的历史意义，但是那究竟是只限于比较不大的地区之内，而且是在这同一地区也并没有一直维持下去。在这同时，全国绝大部分还是处于半殖民地半封建状态之下，带有殖民地性质的封建的农业生产关系始终是占着统治地位的。如果专写一部中国新民主主义农业经济的发展史，那就一定要从1927年写起，甚至也许还可追溯到更早的萌芽时期，毫无疑题。但是要一般地讲述这一时期农业经济发展的历史，那就不能否定半殖民地半封建农业生产关系占着统治地位这样的事实。根据这样的考虑，中国近代农业经济史的下限就不应当是半殖民地半封建的农业生产关系在全国范围内还没有发生根本动摇的1927年。而且如果更考虑到旧中国的农业生产关系基本上是封建的性质，这种封建的农业生产关系正是旧社会的最后基础的话，那么中国近代农业经济史的下限就应当确定在封建的农业生产关系，也就是封建的土地制度的彻底消灭的时候。这就是说，讲中国近代农业经济史还并不只要讲到反动政权被摧毁、全国性的人民政权建立起来的1949年，而是应当一直讲到土地改革在全国范围内基本上彻底完成的1952年为止。这是因为随着土地改革的彻底完成，封建的土地关系，也就是封建的农业生产关系才算是完全消灭，从而一个世纪以来的半殖民地半封建的农业经济才算是完全结束。

总起来说，在考虑中国近代农业经济史的分期时，必须参考关于这同一时期的通史、革命史和国民经济史的分期的意见。在这里，一方面是要异中求同，另方面又要同中显异，也就是要在同通史、革命史以及国民经济史的分期保持呼应的前提之下，照顾到农业经济史的特点，不过于顾忌表面上的差别，而着重在精神实质上的统一。

三、关于中国近代农业经济史分期的初步意见

中国近代农业经济史的内容是从1840年到1949年（1952年）中国农业经济的发展。这一时期的农业经济的主体是半殖民地半封建的农业经济。这种性质的农业经济是从1840年以后逐渐形成发展起来，而到1949—1952年归于消灭的。这一时期的农业经济史主要是阐述这种半殖民地半封建的农业经济从始至终整个存在过程及其发展规律，而这种发展规律又是在这一时期的封建剥削关系的发展变化上面表现出来的。根据这样的认识，试把这一时期农业经济发展的历史划分为下列几个阶段：

第一阶段：1840—1870

这是一个农民大起义的时期。中国传统的农业经济从第一次鸦片战争以后开始受到西方资本主义侵略势力的影响，但是还没有发生显著的变化。农业经济中的基本矛盾仍然是封建地主统治阶级与农民阶级之间的对立，剥削关系基本上依然如故，全国普遍的农民起义正是这种基本矛盾的反映。在这期间，中外反动势力在镇压农民起义的上面开始互相勾结了起来。在中国的农业经济中，出现了一种前所未有的局面；在原来的单纯的封建剥削关系之外新增加了外来的剥削这个新的因素。换言之，中国传统的封建农业生产关系开始披上了殖民地的色彩。这是一个半殖民地半封建的农业经济的萌芽时期。

第二阶段：1870—1900

中国农民的革命斗争被镇压下去之后，资本主义国家对中国的殖民地性的掠夺就相当迅速地向前推进，中国农民越来越感受到外来的剥削，而且这种剥削比起原来的纯粹封建剥削来显得更为突出。特别表现在，传统的小农业生产与家庭手工业生产的密切结合开始遭到破坏，中国的广大农村越来越同资本主义的世界市场联系起来，中国的反动统治阶级也越受到外国资本的影响。这是一个半殖民地半封建农业生产关系的形成时期。农业经济中主要矛盾的双方，一方是中国广大农民，另一方是封建地主统治阶级和外国侵略者。这种以外国侵略者的掠夺迅速加剧为主的剥削关系的发展，引起了1900年的义和团运动，从而告一段落。

第三阶段：1900—1927

从进入20世纪以后到1926—1927年的第一次国内革命战争，这是一个半殖民地半封建农业经济的发展时期。辛丑条约以后，中国的反动封建统治阶段对外国侵略者彻底投降，转入帝国主义阶段的西方资本主义势力对中国农民除了通过不等价交换进行掠夺之外，更主要地是假手中国的封建地主统治阶级来进行剥削。因此，这一时期比较突出的是中国的反动封建统治者对农民的直接（赋役）剥削，也就是所谓“集中的封建地租”剥削的加剧。反动统治者既要把一大部分剥削物贡献给帝国主义者，又由于贪欲逐渐增大而极力设法扩大自己的实际收入，因而大大地加重了对农民的压榨。这种残酷的直接剥削正是广大农民群起参加第一次国内革命战争的主要原因。

第四阶段：1927—1949（1952）

在带有高度买办性的国民党反动统治之下，中国农民的苦难达到了空前深重的程度。封建地主阶级买办化，买办阶级封建化，半殖民地半封建农业生产关系发展到了极峰，土地高度集中起来，剥削关系高度殖民地化了，部分地区还出现了对农业经济的完全殖民地性质的掠夺。在这同时，广大农民在党的领导下掀起了有组织的反帝反封建的斗争。在斗争的发展过程中，主要矛盾方面逐渐由反革命方面转移到革命方面来。这是一个半殖民地半封建农业经济的崩溃时期。1949年中华人民共和国的成立，结束了中国农业经济史上的这一时期。

解放战争是迅速地胜利了，全国性的人民政权是建立起来了，但是封建的土地关系却不可能立即消除。全国规模的彻底的土地改革的实现需要一定的时间。这一工作只有留待中华人民共和国成立以后来进行。土改彻底完成之后，农业中封建的剥削关系才算完全消灭。因此必须把这个时期也归在以阐述半殖民地半封建的农业生产关系的发展变化为内容中国近代农业经济史之内，作为最后一个阶段的尾声。从此以后，中国的农业经济就进入了一个完全新的时期。

以上是关于中国近代农业经济史分期的一个初步想法。概括起来就是把半殖民地半封建农业经济的历史时期划分为萌芽、形成、发展和崩溃以至封建的土地关系彻底消灭几个阶段。这里所提出的划分时期的年度，都是截至目前关于中国近代通史、革命史以及国民经济史的分期所已经提出过的。这就说明，农业经济史的分期是同其他各史的分期有呼应的。这样来分期是顾及了其他各史上的阶段发展的。它考虑到了阶级斗争（包括民族斗争）形势的发展变化，四个阶段分别符合于基本上反封建性质的国内阶级斗争、带有浓厚的民族斗争性质的农民反抗运动、中外反动势力完全勾结起来进行压榨下中国农民反帝反封建的革命斗争的高潮和封建地主买办阶级的彻底消灭的发展情势。从农业经济中主要矛盾的演变的角度来说也就是，由国内阶级矛盾为主转变为广大农民与外国侵略者直接冲突的民族矛盾为主，更进而形成中外反动势力完全结合起来与农民阶段对立的矛盾形势，更进而出现了主要矛盾方面的转移，而终了这种矛盾的完全消失。在国民经济的发展方面，把 1927 年当作一个分期年度，也就照顾到了新经济成分的出现。至于考虑到同革命形势发展的联系，也还是有照应的。1840—1900 年大体上相当于民主革命的准备阶段。只是把 1900—1927 年这个时期划为一个阶段，似乎是忽略了划分新旧民主主义革命的 1919 年这个重要的年度。不过 1919—1927 这短短的几年，只算是新民主主义革命的最初阶段，事实上在 1926 年北伐以前，中国绝大部分仍然处于北洋军阀统治之下，从国民经济尤其是农业经济发展的角度来看，与其说它是一个新的阶段的初期，毋宁说它是原来阶段的末期。1926—1927 年的革命战争，正可视为一个阶段的经济发展的结果，从 1927 年起，才真正开始了有领导的、有计划的土地革命斗争。因此，虽然没有把 1919 年当作一个划期的年度，在精神实质上，这样来分仍然可以说是不与革命史分期相连。这种道理，同把进行全国规模的土改的 1949—1952 年划归第四阶段之内的相仿的。

总括起来再重复一下：中国近代农业经济史有它的特殊任务，它的分期并不一定要，同时也不可能同其他各史的分期完全相合，只是必须在精神实质上不与其他各史的分期相连。它的任务规定了它的分期应当是在与其他各史的分期相呼应的前提下，具体地、科学地反映出来中国半殖民地半封建时期农业经济的发展规律。

旧中国农村的高利贷与新式农业金融*

韩 德 章

一、高利贷的起源与发展

恩格斯在“家族、私有财产及国家的起源”这一名著里，认为高利贷是文明所由以开始的商品生产阶段经济特征的一种标志，在同一篇论著里也讲述了欧洲在古代雅典氏族社会末期的高利贷情形。[1]在我国高利贷也有久远的历史。春秋时因铁器农具和耕牛的使用，生产渐见发展，资本愈益集中，虽然已有借贷关系的记载，但还没有发展有关高利贷的迹象。春秋以后，经过战国的初期和中期，产业发展与资本集中的倾向愈来愈显著，高利贷在这时期逐渐出现，到战国末期已发展到比较普遍的地位。齐桓公曾派人到国内四方采访有关高利贷主及借高利贷的农民的情况。[2]记载的文字，虽然是后人的伪托，但是具体描画了战国末期高利贷盛行的面貌，仍是可信。冯欢替孟尝君收利息，仅在一个小小的薛邑，就收到“息钱十万。”像秦国的无盐氏“一岁之中，息计倍”，折成利率也就是年利 1 000%，可称得是古代历史上的最高记录。[3]

唐代贵族王侯地主官僚占有大量土地，形成土地以高度集中，伴随着封建剥削的土地制度，高利贷不只盛行，而且在形式上有新的发展：一种是与近代当铺相同的“质”，称为收质、纳质、质库；一种是与近代使用放款相同的“出举”、“举放”；一种是提供担保品的“质举”。利率之高，也很惊人。武德贞观年间之利超过百分之百，开元初年的利率也达到年利七分，长庆会昌间利率较低也不少于月利四分。[4]宋神宗时王安石行新法，其中“青苗法”原意在于“防兼并之徒，乘佃农之困，”但是由于暴吏为虐，使一般贫农与佃农并得不到实惠，反而有助于兼并。[5]

历代政论家多指摘高利贷的危害性。封建统治者为了巩固他们的统治地位，在王朝濒于覆灭时也有时禁止高利贷，但只是一纸通令往往成为具文，并不可能发生限制民间高利贷的效果。[6]历史经验证明了这一个普遍真理：只要是封建剥削的生产关系一天不被根除，高利贷也就继续长期存在。

二、高利贷的性质和中国近代农村高利贷的特点

高利贷是封建剥削的借贷关系，同资本主义的信用制度有本质上的区别。从高利贷资本利息与银行资本利息的性质上可以看出二者之间的显著的差别，银行资本利息是由工业资本与商业资本所产生的利润中支付出来的一定数量货币资本，所能产生的利润总额是利息的最高限度，无论在任何情况下，利息率最高不能超过利润率。但是高利贷资本利息率远不受这个限制，除了负债者所能忍受的最低限制或被剥削者组织起来以革命斗争来进行反抗外，可以说是漫无限制的。

---

* 本文完成于1961年。

高利贷不只表现在利率的高昂，同时也表现在借款条件的苛重和债务人与债权人在社会经济地位之悬殊。银行资本是资本家与资本家之间融通资金以媒介，借贷关系建筑于平等的地位。高利贷则是封建主剥削农民和小手工业生产者的工具。这种借贷关系是剥削者与被剥削之间的关系。农村高利贷主通过高利贷不只榨取农民的土地收获物和货币资金，有时还凭借着高利贷来兼并土地，甚至侵占人身劳役。高利贷没有任何合法的依据，它的唯一保障，就是地主阶级和商业资本家在农村的封建特权。

中国近代农村高利贷除具有高利贷资本的共同属性外，还具有以下的半封建半殖民地的特点：

第一，中国近代农村高利贷是全部社会经济结构中剥削关系的一个方面，是同一系列半封建半殖民地剥削关系联系在一起相辅相成交互作用的。封建地主的地租剥削，反动政权苛捐杂税的直接榨取，旧的城乡关系下农用品和农产品价格之间的剪刀差，农产运销过程中中间商人的侵蚀以及殖民地与帝国主义国家之间商品不等价交换和帝国主义的直接掠夺等等因素，都与农村高利贷的存在有关，在不同程度上都直接地或间接地保成高利贷资本的猖獗。

第二，高利贷是旧中国农民的普遍负担。在每一个历史时期在每一个地区农民都逃不出高利贷的魔掌。商品经济发达的地区固然有助于高利贷资本的活跃，在经济极端落后地区，高利贷仍然在农村剥削关系中不失其重要地位。据 1934 年全国 22 省 871 县调查，农民现金借款利率，平均周年一分至二分者，占 9.4%；二分至三分者占 36.2%；三分至四分者占 30%；四分至五分者占 11.29%，五分以上者占 12.9%[7]。而粮食借贷利率，据另一农情报告所载，被调查 22 省 850 个县平均月利则达七分一厘，如以年利计，平均在八分五厘以上。[8]据陈翰笙先生调查在“七七”抗战前夕山东东部农村借高利贷农户占本阶级和阶层农户总数的比例是：富农占 20%，中农占 60%，贫农占 77%，雇农情形更坏，这不仅反映了高利贷在农村的普遍性，也同时说明农民经济生活愈困难也就愈受到高利贷的剥削。[9]

第三，高利贷是地主兼并土地的杠杆。农村的封建地主兼放高利贷是各地农村的普遍现象。例如 1930 年江苏省 374 个大地主中，放高利贷者在苏南占 42.9%在苏北占 57.3%；兼商人者在苏南占 22.4%，在苏北占 14.6%；事实上地主兼商人的也通过商业借贷关系进行高利贷活动。地租高利贷商业资本三位一体的剥削原来已经是促成农民破产的主要原因，而封建地主又通过各形各色的土地抵押借款，以没收抵押品的残酷手段实行兼并农民的土地。

第四，是高利贷与商业资本的密切关系。如前所述，不只地主阶级通过封建土地关系进行一系列的封建剥削，农村的商业资本家也同样是高利贷的贷放者。

第五，是近代中国高利贷资本体系具有帝国主义背景的国际性。帝国主义的在华投资，无论是政治投资或产业资本的输出，都对中国农村经济起着破坏作用。帝国主义的经济势力凭借着银行、洋行和买办对中国农村高利贷者予以金融上的帮助。殖民地半殖民地的高利贷者是帝国主义掠夺殖民地半殖民地经济的有力的助手，而帝国主义者又是殖民地半殖民地高利贷和一切剥削关系的最有力的支持者。

帝国主义对殖民地半殖民地不仅输出商品，并输出资本以榨取超额利息和利润，因此，旧中国农村的高利贷不只是封建残余同时也沾染上浓厚的殖民地半殖民地的色彩。

三、旧中国农村高利贷的形式与作用

旧中国农村高利贷的形式是多样的，除了单纯的货币借贷和实物借贷外、高利贷又往往与地租、与商业资本或与变相的劳役地租相结合。[10]总括起来，有以下几种：

1. 货币借贷。货币借贷是高利贷的最通常的形式，往往是“利上加利”如陕西关中的“连根倒”“牛犊账”“驴打滚”（1932）湖南桃源的“孤老钱”（1927）都是极苛刻的复利。有时高利贷者为了遮盖他们的剥削量，故意在借据上写成为“不计利息”而约定一个远远大于贷款数额的偿还数额，或者在名义上用较低的利率而在借款时预先扣减原本。如广东惠阳河源等地的“九出十三归”，（1933）借洋一元，实得九角，而一个月后本利共还一元三角。河北临城的“六顶十”“七顶十”（1935）更是以六、七元当作为十元的债务，另加利息。在这些借贷关系中，高利贷者利用农民借款的急迫需用情形与到期无力偿还而提出种种苛刻的条件，有时要拿土地、耕牛、粮食等财产以至人身劳役作为抵押，到期不能偿还时高利贷者即没收农民的土地财产或以农民的无偿劳役来抵消债务。

2. 实物借贷。实物借贷中最通常的是借粮食借种子，在经济作物地区也把商品肥料作为借贷。总之，实物借贷是以农村中最主要的生产资料或生活资料来借贷，都是发生于青黄不接时农民对这些生产资料、生活资料处于最迫切需要的情势，因此不得不在种种苛刻条件下忍痛地受高利贷者的宰割。如山东鱼台的借“青麦”（1932）在青麦未黄时借粮，六月初一（农历）以前偿还借一还四。广东北江的“箩兠箩”春荒三、四月借入，六月收成时偿还，一般借一箩还两箩，重的有借一箩还五六箩的。江苏川沙的“翻杠子”（1950）和太仓的“利加利”，借米还米，除了加几成计算之外，夏季麦贱时须折成麦，秋季米贱时又折成米，折来折去，秋季偿还时，便增加到三倍以上，拖至第二年偿还时可以增加到十倍以上。[11]

实物借贷不一定都还实物，有时借谷还钱，对高利贷者比较更为有利。浙西、广西水稻区域都盛行借谷还钱，一般是早春青黄不接时也正是谷价飞涨时借谷一石，秋后加倍还钱。实际上秋后新谷登场，谷价已然跌落，这样就使高利贷者获得额外利益而负债农民饱受损失。如春间借谷一石，折洋二元，秋还四元；但秋后谷价已跌落到每石一元，农民就必须卖掉四石谷来还一石谷的账。这种借债期限一般不超过四个月，折成年利应在“大一分”以上。

3. 赊卖。赊卖是商业信用的一种形式，但仍具有封建剥削的本质。农村商店多半是地主经营的，除将赊销商品（包括生产资料和生活资料）的价格比现售提高几成外，并在质量上以次货充好货在分量上压低斤秤加以榨取，甚且额外加上利息。如辽宁熊岳农村商店的赊销，（1933）每年三节各为一般，售价比平时高30%，二月间赊出商品，到端午不能还钱就加利三分，到中秋不还，再加三分，拖年底再加三分。在赊卖的情形下，农民往往为了归还欠款，不得不在农产品价格低落时贱价卖出，而经营农村商店的地主及商业资本家即以剥削农民所积累的流通资金利用这一时机低价收购，转年青黄不接时再高价出售，因而获得暴利。

4. 预卖及预押。预卖是农民借得一笔高利贷，以低价卖出尚未收获的农产物为名以代替偿还借款的本息，实际上等于以货币借贷用实物偿还。一般对粮食作物称为“卖青苗”“卖青谷”；对果树和其他经济林木如桐茶漆等称为“卖青山”；对桑田称“卖青叶”；统称之为“买青卖青”。这种方式并不是合法的商业信用中的预购，而是商业资本家乘人之危在农民急需现款时压价收购，从本质上看仍然是一种高利贷剥削。如浙江长兴的“卖夏米”（1934）预卖的米价只按夏米期间市价的一半估值。浙江平湖的“卖寒叶”（1934）年底预卖明春的桑叶平时每担可卖3.5～4元，而“寒叶”定价只有2元。帝国主义者在江苏南通用“期买”的形式预购未成熟的棉花，估计不及市价十分之三四，这种高利榨取，若按利率计算，不在年利500%以下。

预押在形式上是订立借款字据，以一定数量或一定土地面积上的全部收获物来抵，到期不能偿还，高利贷者即没收农民的全部抵押品。如果当时抵押品的时值低于借款本利，负债农民还要补足了这一个差额；如果抵押品的时价超过借款本利，超过部分也归高利贷主所攫取。这同资本主义的动产抵押信用制度不同，在资本主义农业金融中的动产抵押借款，抵押品只是作为偿还担保之用；如果需要拍卖抵押品以偿还债务，变卖抵押品所得的收益除拿出一部分清偿债务外，其余完全属诸债务人所有。因此，旧中国的农产预押仍是属于典型的封建剥削的高利贷。

许多地区的高利贷者为了掩盖他们的剥削行为，明明是以预押的形式放高利贷却不立借据而立倒填日期的卖契届期债务人本利还清，就把卖契收回，否则就作为“卖绝”，高利贷者根据契约来没收农产品。如浙西武康的“卖白头桑”名义上也称为预卖。[12]因此预卖和预押二者之间有时也不好区别。

5. 典当。典当起源于唐代的“质库”，是旧中国最古老的农村金融机构，仍是封建性的。典当的习惯是“值十当五，月利一分八厘”。表面上看来典当利率是比一般利率低，但是因为“当值”很低，当铺是靠着用变卖“当死”的抵当财物来获得高额利润，因此典当在性质上也是高利贷。实际上农民在种种剥削关系之下经济极为困难，典当什物“当死”者多，到期有力赎回者少。用于典当的财物包括粮食与其他农产品（如丝茧桐籽茶籽等）、农具及其他生产资料以及衣服家具饰物等生活资料。经营典当业的地主或商业资本家往往同时投资商店或钱庄或同时投资于这三方面的经营，资本得以互相调拨，因此典当业也起着农村商业资本剥削与高利贷资本剥削相结合的纽带作用。

6. 土地抵押。土地抵押借款实际上是货币借贷的一种方式，因为是以不动产为抵押，因此在借贷关系上又有别于一般的无抵押借贷。

旧中国农村的土地抵押借款不同于资本主义商业金融的不动产抵押借款或农业金融的土地抵押借款的，也是在于前者是债务人不能偿还本息时，作为抵押品的土地全部无条件地被债权人没收；而在后者则是拍卖抵押担保品而清偿债务时超过本利的部分仍归债务人所有，债权人无权过问。这样就很清楚地显示出旧中国农村土地抵押的封建性，这一种封建性的借贷关系就成为地主阶级兼并土地的一个最主要的手段。

土地是农民的基本生产资料，是农民经济的基础，农民向地主和高利贷主借贷而用土地为抵押时，一般都是数额巨大的借款，同时也是农民在惨重剥削之下或遭到种种天灾人祸经济濒于绝境时才肯得忍痛地成立这样的借贷关系；因此，是很少有可能届期赎回的，这也就促成了地主兼并土地的有利条件。封建土地制度同一切封建剥削制度的内在联系在这里充分地体现出来。

土地抵押的形式，有的是在立借据时写明以土地作抵情形；有的是同时立两个契的，一个借据、一个卖契，届期本利偿清两契一并注销，否则卖契届期发生效力。有的地区地主为了隐蔽高利贷的本来面貌，令农民立一个倒填月日的卖契，届期本利不能偿清即由“活卖”改为“卖绝”。兹以浙西二十县调查为例（1928）以概其余（见图 1）。[13]

以上是从几十件契约原文的抄件整理出来的资料，(实际利率可能还比书面利率为高)，无论采取哪一种形式，在封建剥削的暗无天日的岁月里土地抵押都成为地主阶级兼并农民土地的有利的工具。

同土地抵押性质相近的还有耕牛或其他重要生产资料的抵押借款，也同为地主侵占农民财产的手段，不具述。

7. 预卖劳役与人身抵押典当。这种形式是旧中国农村最野蛮的封建剥削，是地主阶级榨取农民劳力蹂躏人权的最残酷的方式。广西西部农村（1945）农民借洋一元每月替债主无偿地做工一天以代利息，借洋满三十元就要替地主全年服役。人身抵押是以劳役折本利，大概本金 20 元，成年人作三年奴隶，幼年人要做十年。广东罗定的人身典当（1935），农民为了借钱将妻女抵押给债主，如在债主家中怀孕，所生儿女归债主所有，偿债时只能赎回原来做抵押的妻女，过期无力赎取，妻女便被债主没收。这不只是超经济的而且是惨无人道灭绝人性的封建剥削。

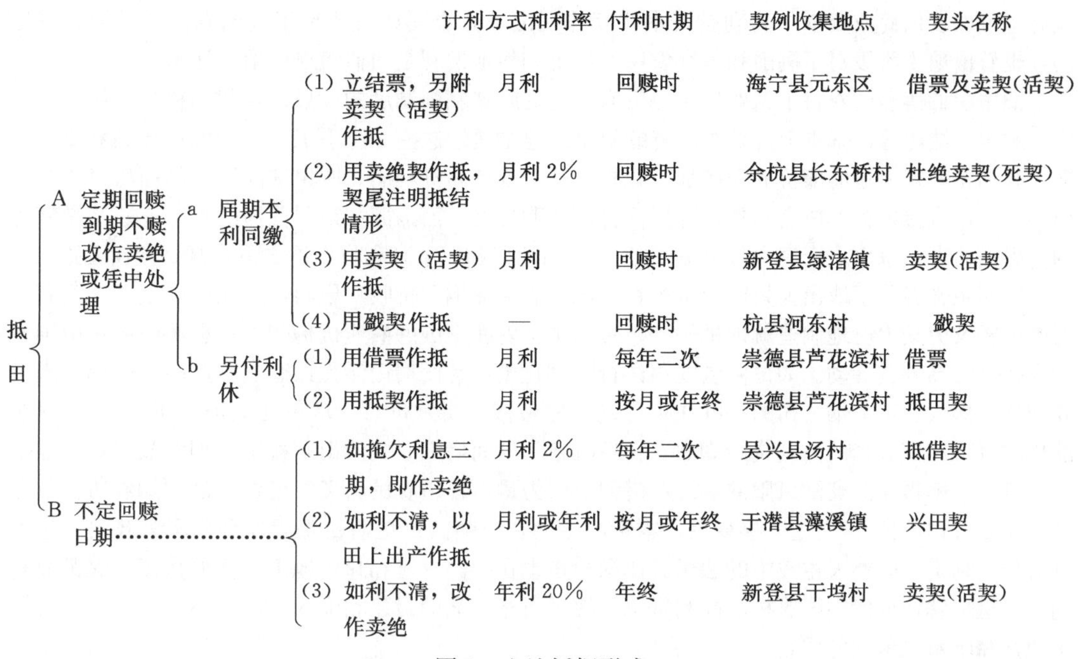

抵田				计利方式和利率	付利时期	契例收集地点	契头名称
A 定期回赎到期不赎改作卖绝或凭中处理	a 届期本利同缴	(1)	立结票，另附卖契（活契）作抵	月利	回赎时	海宁县元东区	借票及卖契(活契)
		(2)	用卖绝契作抵，契尾注明抵结情形	月利2%	回赎时	余杭县长东桥村	杜绝卖契(死契)
		(3)	用卖契（活契）作抵	月利	回赎时	新登县绿渚镇	卖契(活契)
		(4)	用戤契作抵	—	回赎时	杭县河东村	戤契
	b 另付利休	(1)	用借票作抵	月利	每年二次	崇德县芦花滨村	借票
		(2)	用抵契作抵	月利	按月或年终	崇德县芦花滨村	抵田契
B 不定回赎日期		(1)	如拖欠利息三期，即作卖绝	月利2%	每年二次	吴兴县汤村	抵借契
		(2)	如利不清，以田上出产作抵	月利或年利	按月或年终	于潜县藻溪镇	兴田契
		(3)	如利不清，改作卖绝	年利20%	年终	新登县干坞村	卖契(活契)

图1　土地抵押形式

以地租剥削为中心的封建剥削关系的相互作用不只体现在地主佃户之间直接地发生高利贷的借贷关系和地主阶级用高利贷资本兼并土地，有时还利用高利贷为地租剥削的保障。江苏清江(1934)的地主对于无力缴纳预租的佃户，迫令写立借票，照典例起息，于明年夏秋后收获一并偿还。河南也有类似的情况。[14]

地主阶级兼营商业投机及高利贷，成为近代农村的普遍现象，尤其是在帝国主义入侵之后农产品殖民地性商品化不断发展的情况下，地租、高利贷商业资本的相互结合，狼狈为奸更为显著，形成农村剥削关系的紧密的网络，不只互相促进也互相转化。当商业投机利润大于高利贷时，高利贷资本随时转化为商业资本；高利贷利润大于商业投机时，商业资本又随时转化为高利贷资本，于是产生了农村封建剥削的恶性循环。图2可以看出商业资本与高利贷资本的相互交替。[15]

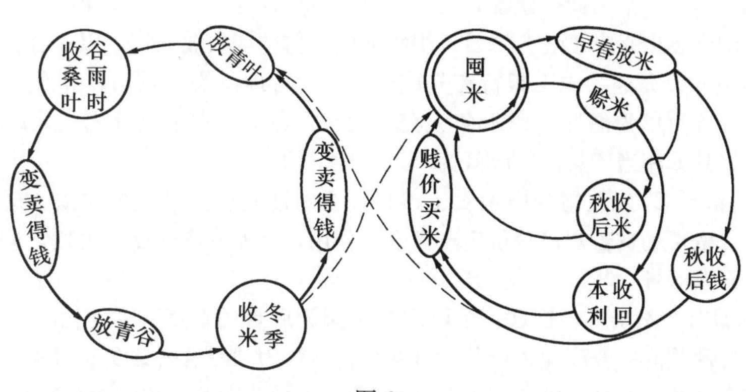

图2

图2是浙西杭州嘉兴湖州一带农村高利贷活动的示意图，根据1928年浙西廿县（调查整理）从这里可以看出商业资本与高利贷资本相互作用之下，农民如何地难于逃出剥削关系的天罗地网，也看出地主阶级对于剥削和掠夺农民经济上如何地惟利是图似蛆虫般地无孔不入。

旧中国的落后的农村手工业经营也带有一定的封建剥削制度的性质。农村的糖房、糟房、碾房、磨房、油房等，基本上是地主经济的附庸。地主通过这些作坊手工业，向农民放高利贷，并通过高利贷取得大量的廉价的农产加工原料，从而获得高额利润。四川沱江流域的糖房以预买青山的方式，直接向蔗农放高利贷，并压低青蔗收购价格；而漏棚（精制蔗糖的加工业）又是糖房的金融供给者，也出之于高利贷[16]蔗农在苛重的地租和双重高利贷压迫之下，真是走投无路！

帝国主义者除了取出大量产业资本在中国设立商业网剥价收购原料，或在中国设立工厂利用低廉原料及劳动力就地制造就地推销外，帝国主义者在中国的商业机构和工厂也不放弃在中国农村直接进行高利贷活动。如德商爱立司洋行赊销化肥，英商瑞记洋行预购农畜产品，也都是通过高利贷的形式。英美烟公司的买办在正月趁开榨最盛豆饼跌价时，从东北买进豆饼6、7月豆饼涨价时以月利四五分的高利贷给烟农，秋后收还，秋间烤烟时又向山东益都的烟农放煤账，也是实物贷放利率很高。安徽凤阳的乡绅，借假政府力量，冒用农民名义，组织所谓“烟农协会”专替英美烟公司放债。“七七”事变后日本帝国主义在沦陷区更是明目张胆地利用军事政治力量大量的放高利贷。此外天主教中的法国、比国神甫也在中国农村和封建地主一样地直接向农民放高利贷。这也就使近代中国农村的高利贷除了继承封建古老的封建剥削的生产关系而外，也具有殖民地性和半殖民地性的内容。

四、中国近代农业经济史上新式农业金融机关的出现

中国近代农业经济史上新式农业金融机关的出现可以上溯到19世纪末期。这时满清封建统治者一方面屈服于帝国主义的压迫，一方面不断从形式上效法资本主义国家以图自存。戊戌政变之后，更摄于国内革命情势不得不被迫实行所谓“新政”以维护摇摇欲坠的封建王朝。光绪三十四年（1908年）度支部奏请厘定各银行条件，即拟有殖业银行则例三十四条。这是中国历史上新式金融事业的萌芽。[17]从性质及融通资金的办法来看，这种银行多半是抄袭德国的土地信用银行和日本劝业银行的制度，囫囵吞枣地搬移过来，在业务经营上又继承了已往典当业的传统，实际上只能为新兴的工农业资本家服务，农民根本享受不到这种银行的好处。殖业银行于宣统三年（1911年）成立，不久即无形歇业。辛亥革命后北洋军阀政府的农商部和财政部于1911年会同拟定劝业银行条例，由于政治局面的紊乱，公布条例之后终未兴办。[18]1915年财政部倡议设立农工银行，声称以通融资金振兴农工业为宗旨，组织办法模仿德国农业银行，以一县为每个独立银行的营业区域。1915年八月通县农工银行首先成立，其后各地纷纷仿效。1917年江苏省财政厅组织筹设农工银行事务所以为倡导。1918年大宛（大兴，宛平）农工银行成立，1925年北平农工银行成立，都是以县或相当于县的行政区为单位而经营的。

大宛农工银行，1927年改组为中国农工银行，业务性质仍然是抵押放款。这种银行不但不能发挥活泼农村金融帮助贫苦农民获得生产资金的作用，反而有利于商业投机，同时也显然是为资本主义的农场经营服务。[19]

1921年农商银行突然出现，这是一个以北洋军阀为后台的冒用农业金融名义的正规的商业银行，业务范围与性质同一般商业银行并没有两样，号称为“经营公共实业机关收支款项”实际上是官僚资本工商业的一个公开的“钱库”，而且它还得到北洋军阀政府的特许发行兑换券。

除了这些官僚资本的银行而外，帝国主义也参加了新式农业金融的行列。随着早期农村信用合作社的发展，1922年中国华洋义赈救灾总会宣告成立[20]在该会的农利委办会之下设“农利股”在华北各省普遍推广，农村信用合作社及少数的运铺，供给和利用合作社，并直接向合作社贷放短期的农贷。

北阀以后专业的农业金融机关开始出现。这种新型的农业银行以省为业务范围的可以江苏农民银行为典型；以县为业务范围的可以浙江省各县农业银行为典型。

江苏省农民银行是蒋宋孔陈四大家族所举办的第一个所谓“农民”的金融机关是四大家族背叛孙中山先生三大政策反共反农民之后，在1928年七月间成立的。它接受了和继承了北洋军阀封建强制掠夺的事业，从事于反对农民的解放[21]江苏农民银行的业务，可归纳为合作社农本放款、农产储押放款、农产运销放款及农业信托四项。实质上是以小恩小惠麻醉农民，并通过银行系统进行商业投机。其中的农产储押放款就是经营蚕茧稻麦棉花杂粮等储押业务。而农产运铺业务则以该行直接掌握的江苏省合作社农产运销办事处为经营运销之中心机关，由该行各分行附设之运销代理处负责营运，从而侵蚀农业在流通过程中应得的一部分利润。农业信托业务更是为工商业资本家的商业投机而服务，农民在里边并得不到什么好处。

浙江省于1928年拟定浙江省农民银行条例，组织形式分省立县立两种。省行业务由省府委托杭州中国农工银行代理。另外普设县农民银行及其他县级机构。条例公布施行之后，八年之久，到1936年亦不过成立县联合地方银行三处，县农民银行九处县农民借贷所二十五处。从县银行的业务内容看，同农民的实际需要是有一段很大距离的，[22]无怪乎流于形式，得不到什么发展。

这些新式的农业金融机关，从服务的对象来说，名义上都是挂着救济农村便利农业的响亮的招牌，实质上都是为官僚资本服务为农村地主富农及商业投机者以及经营农产运销农产加工的城市工商业资本家服务。因此，这些新式农业金融机关在农村经济中所起的作用，在质的方面并不能解除了农村高利贷的剥削，反而起着助长农村高利贷和商业投机的作用，在量的方面更是杯水车薪远远不能满足广大农村的贫苦农民对于缺乏生产资金和在青黄不接时解决生活费用的迫切要求。

此外，各省银行省农民银行以及大都市的某一些商业银行为了追求金融资本的利润，在他们认为农村贷款有利可图的时候也纷纷染指于农业金融事业，甚至于在某一时期形成了相互角逐的竞争局势。

五、国民党政府中央农业金融机关的兴起与兼并

国民党政府中央农业金融机关的建立，标志着官僚资本垄断全国农业金融事业进入一个新的历史阶段：

1932年10月国民党政府假借维护国民生计救济农村之名施行他们所叫嚣的“三分军事，七分政治”之实，成立豫鄂皖三省农村金融处，另外筹设“豫鄂皖赣四省农民银行”。1933年三月17日国民党政府公布该行施行条例，正式开业。1935年改四省农民银行为“中国农民银行”，业务地域广大到十一个省份。同时又投资于国民党政府军事委员会举办的金水流域国营农场。抗日战争爆发后，国民党政府中国农民银行不仅致力于西南大后方蒋管区农业金融业务的开展，同时更注重于同我解放区和根据地接触的地带的农贷业务，以企图达到他们所谓的“经济作战”的目的。

国民党政府中国农民银行的创立，说明蒋宋孔陈四大家族官僚资本垄断全国农业金融事业统制全国农业的莫大的野心。这一个名为“农民银行”的银行，在业务范围上实际概括了一切国家银行，综合性商业银行和专业农业银行的业务。而在贷款的对象也包含了整个农业生产领域和农产流通领域，同时也涉及一切有关农业生产农产运销的运输业、仓库业、保险业、农林畜产加工业、农具及农业机械制造业以及各项农业基本建设；同时又是代理国库的“银行的银行。”这一个“万王之王”的“银行之银行”业务范围的庞大是史无前例的，也是世界各国农业银行所绝无仅有的。[23]此外该行还以特殊的政治势力除取得发行纸币一亿元的特权外，还取得发行债券的权力。而且发行额可以达到实收资本五倍之多。

国民党政府中国农民银行成立不久，国内金融界即逐渐陷入一种混乱局面。由于资本主义世界经济总危机的影响以及国内工商业经济的畸形发展，当时银行金融事业处于极不安定的状态。一般国家银行和商业银行鉴于经营地产和证券的投机事业前途暗淡，且诸多风险纷纷转移目标，从事于农业贷款，借以维持他们在经营以农产品为对象的商业投机的利润以及他们在投资于以农产品为原料的工业企业上所获的利润。当时国民党政府中国农民银行、中国银行、交通银行、上海商业储蓄银行以及其他资金雄厚的商业银行都先后在经济作物地区大力开展了农业贷款，一时形成群雄割据和互相竞争的局势。为了避免巧取豪夺两败俱伤，1934 年由交通、上海、新华、中南、大陆、金城、盐业及中农等十家银行，合组中华农业合作银团，联营农贷事业，其中中国银行因某种原因从贷款团中退出但仍在某些方面以单个银行名义与贷款团合作。合作银团虽然昙花一现，但嗣后在单项农贷上仍往往有联合经营的形式，如 1936 年中国、交通、中国实业、上海及中农等六家银行联合举办江苏省蚕种贷款，中国、交通、江苏、浙江兴业等五家银行联合举办江浙两省春茧贷款，上海银行与邮政储金汇业局联合举办甘蔗放款等。

1936 年 9 月国民党政府实业部倡议建立“农本局”，仿照美国联邦农业金融局的组织，总揽全国农业金融事业。该部在提案中对农本局设立的宗旨这样讲道：“……至调整工农业产品，流通农业资金，实目前最切要最困难之问题，非赖政府与金融界通力合作断难奏效，年来各农民银行储蓄银行各种商业银行以及其他金融机关均热心投资农业贷款……然终以无精密之组织联络之计划，仓库之建设不定，运销之机构不备，致农产物不能商品化，各金融机关无从为大规模之投资……”因此要建议“……拟创立农本局为农业经济机关，俾与农业技术机关，农产检验机关相辅而行，而政府对于农业政策之实施，于斯乃臻完备。”[24]这一个好像是冠冕堂皇的几句话实际上隐藏着两个不可明言的意图，一个就是要借此消除当时各银行竞争农贷的混乱局面纳入统一的领导，另一方面，也是更重要的一方面是秉承四大家族反动统治集团的授意通过全国性农业金融总枢纽来实现封建的法西斯的农业统制。

农本局是国民党政府中央政府和国民党政府国家银行与当时几个著名的商业银行的联合组织，是一个半官半商的业务机关。固定资金由国民党政府财政部拨给，合放资金由参加的银行合缴，两项数额相等；流动资金由各参加银行组织的农贷团于每年度之始与农本局协定数额。参加银行除了国民党政府中国农民银行、中国银行、中央银行、交通银行四家国家银行外几乎把当时活跃在国内金融市场上的重要商业银行全都网罗在内。当时规定农本局的业务范围，在农产流动方面主要是农业仓库业务与农产运销业务，在农贷方面主要是农业生产贷款及合作金库放款；农本局也得发行债券，但其数额以农本局固定资金的数额为限。农本局的业务范围的详细规定在绝大程度上是与国民党政府中国农民银行重复的，[25]因此在创立之初即埋伏下这两个机关之间的矛盾，最后农本局终于被伪中农排挤吞并以迄于消灭。

农本局在 1936 年 9 月正式成立，成立后即积极从事于蚕丝茶叶等生产贷款，另外积极筹办

省县合作金库开展合作金库放款。同时在沿海及铁路干线上各重要市场设立各级农产运销仓库，直接经营米谷运销，并在合作金库放款区域以内推行农村的农产储押仓库。在农贷业务而外，又同德商华孚远东公司及英商瑞记洋行订立合同，代营在以货易货过程中的农产品采购业务。抗日战争军兴，运销仓库相继沦陷，国际贸易迄未实现。沪战失利，国民党政府内迁，农本局业务局限于桂黔川康等西南省区，业务也约束在合作金库及农业仓库放款。1938 年农本局接管全国农产调整委员会，改组为农本局农产调整处，从事于农田水利贷款，食粮生产贷款，经济作物生产贷款以及农产运销贷款等。同年 6 月设立福生庄，期以官办的商业组织办理调整工作，主要是大量购储棉花棉纱棉布及食粮，此外并假借推广农村手工纺织品的名义大量购储土纱、土布、土帆布及针织品等。所谓的调整工作实质上是执行四大家族的商业垄断与经济统制政策。

这时期在西南各省放款的有农本局，国民党政府中、中、交，农四个国家银行，各省银行及省农民银行及少数的商业银行等，割据和竞争的局面仍未终止。1940 年四联总处（国民党政府中、中、交、农四行联合总办事处）成立，又叠床架屋地多了一个执行农贷业务的机关。1941 年春，国民党中央政府调整农业金融机构，将农本局所办的农贷业务分别移交给国民党政府中农统一办理，农本局所负农业金融任务自此宣告结束。1942 年 2 月国民党政权成立物资局，四大家族的商业独占从此转化为政治独裁的物资管制。农本局以福生庄的机构根据物资局的限价，替物资局经营棉花棉纱的收购业务，1934 年 1 月物资局撤销，农本局及福生庄改组为国民党政府财政部花纱布管制局及各地办事处，至此农本局已荡然无存。

国民党政府中国农民银行兼并了农本局的农业金融事业后，成为蒋管区最高的也是唯一的农业金融机关，从此唯我独尊为所欲为。重新布置业务目标，披着维护农家利益的外衣，把吸吮民膏民脂的魔掌伸入农村伸入都市，借着农业金融事业的独占，垄断一切有关农业生产领域和农产流动领域的经济活动。它不只牢固地维持官僚资本主义新式农业金融机关年来的既得权益，也更进一步地对农民经济加以掠夺和榨取，同时也推波助澜地助长农村高利贷资本剥削和商业资本剥削的气焰。四大家族的官僚资本就是这样地用银行本身的赤官赤商的复合身份，控制整个旧中国农业经济的命脉，假公济私，养肥了自己。

六、官僚资本经营新式农业金融事业的本质

官僚资本举办新式农业金融事业，丝毫摆脱不开高利贷的性质。在旧中国半封建半殖民地的生产关系下，地租、高利贷、商业资本三位一体的剥削。苛捐杂税兵差摊派的压榨，城乡贸易中农产品农用品价格剪刀差的恐慌，农产运销过程中中间商人的侵蚀，币制的紊乱以及殖民地和帝国主义之间的商品不等价交换等等，构成农村的极其强固而周密的剥削网。在这种情况下，农民在普通作物的生产上所获利润率很低，在没有水旱风蝗灾害的年成里，也不过相当于年利五厘六厘。即使新式农业金融机关平均利率为一分，从全部生产关系来看，也还是高利贷，何况一般放款的利率一般是一分二厘到一分五厘或者更要高些。一般农业生产贷款，往往在春荒时贷出秋收后归还。贷出之时正值农产物价飞腾之际，农民借得款项所能买得的生产资料或生活资料为量无几，而秋后偿还贷款时，又值农产物价暴跌农民不得不加倍地卖出农产品才能换回用以偿还贷款本利的现金。因此从农贷以发放和收回时间来看，也决定了他的高利贷性质。

官僚资本的银行系统通过各级合作金库发放农贷名义上是对农民的合作社放款，但受益的并不是真正需要资金的贫苦农民而是剥削他们的那些地主富农土豪劣绅。旧中国的农村合作社绝大多数被地富乡绅保甲长等所操纵，他们甚至伪造社员名册，伪造账册报表套取低利贷款再用高利

贷放给农民，转手之间从中获得暴利。因此，新式农业金融机关业务所及之处，农村高利贷进而更为活跃。对农贷机关来讲地主富农的偿还能力较强，因此向被他们所把持的合作社放款很少呆账损失。这也就是为什么官僚资本的银行系统大量投资各级合作金库并利用参加股本掌握了对合作金库的管理权的一个重要原因。

农业仓库放款，也同样是起了为地主阶级及商业资本家服务的作用。从表面上看，农业仓库的储押贷款利率好像比旧式当铺为低，但是把仓库储押借款的利息和仓租，保险费加在一起计算，再加上在农产储押期间鼠耗虫伤腐败变质的损失以及农民送储和取赎时所花费的劳力代价，农民的实际负担，并不比旧式当铺轻。

农业仓库对地主富农商业资本家也开放对贫苦农民也开放，但是所起的作用显然不同。

对地主富农和农村商业资本家来说，农业仓库等于给他们安排好一个周转商业资本的工具。他们把从地租剥削或贱价收购得来的农产品趁市场价格跌落时押到仓库里转换为货币资本，再拿来作商业投机或放高利贷之用。经过反复地买进、储押、再买进，再储押，到市价飞腾时再赎出来卖，这样就可以用很少的资本套做很大一笔生意。江浙养蚕地区的商业投机者用这种方法利用旧式当铺从事子蚕丝的投机谋取高额利润已经有了三四百年的历史。[26]

但是农业仓库对贫苦农民来说所起的作用同旧式当铺并没有两样。贫苦农民只有在生活极端困难的情形下，或春耕已届尚无种子的紧迫情况下，才会把身边仅有的小量农产品拿去抵押以济眉急，他们从来不可能掌握一大批商品农产物待价而沽。到期应赎取抵押品时手下没有现款又不得不忍痛贱价卖出另外的农产品换得货币再去取赎，一出一入之间受到了不少损失。从浙江省银行 1940 年对米谷及豆类储押放款的办法，可以看出这种新式农业金融机构的本质。储押在五十担以上的为大额抵押，利率低而期限长；小额抵押一律为五斗，期限短而利高。为谁服务昭然若揭。

国民党政府的农村复兴委员会会报（1934 年）在宣传农业仓库的好处说："……一则佃农亦有借款机会，再则抵押之农产，农民得待价而沽，不受商人垄断……"事实上能待价而沽的正是地主富农投机商人，而抵押五斗米以济一时之急的真正贫苦农民从农业仓库里并得不到一些好处。农业仓库虽然会经一度繁荣，最后还是由于四大家族商业垄断与投机商人之间的矛盾，和国民党反动派加紧对粮食的统制就在 1941 年借口"防止农仓业务影响农产价格避免囤积居奇之嫌，"把原有的简易农仓停办，并将农业仓库所管粮食储押农务一律停止。

官僚资本不只助长了农村封建势力进行商业投机，他们本身就直接从事于更大规模的商业投机。到了国民党政府中国农民银行就更为明目张胆肆行无忌地巧取豪夺。他们不只对商品农产品兴风作浪扰乱市场，而且还囤积油盐粮食布匹等基本生活资料，使农民和城市居民受到很大的痛苦。1945 年七月间在参政会上有人提出弹劾国民党政府中农的提案，其中说道："农民银行违反本身事业，贷放大宗商业款项，影响市面，"又说它"运盐、售油、囤粮……有营私舞弊嫌疑。"事实上这已然是行之有素万目共睹，岂止嫌疑？1946 年四月四大家族的"国家"银行放出粮贷十亿元，单是孔家的长江公司就得到了 6 000 万元。粮贷放出之后长江公司和三泰米店就高价收购，结果使当天上海米价由每担 3 万元跳到 63 000 元。当时米市上糙米只要 51 000 元一担，而该公司硬要出 55 000 元买进，等米价涨到顶峰突破 63 000 元大关后该公司就以平日囤积的现货乘机抛出，一日之间不费吹灰之力获得暴利 1 亿多元。换句话说也就是没动自己的本钱凭着粮贷从农民和市民身上掠夺了人民的财富 1 亿多元。[27]

国民党政府中国农民银行以农贷扶持商业投机的事例是罄竹难书的。1947 年 1 月该行在它的内部刊物里透露消息决定于是年扩大举办茶贷，而且是对茶叶之生产、收购、运销、出口各方面

均予贷款，以便做到“茶农茶商”均沾其惠。[28]这均沾其惠的茶农茶商是谁呢？原来就是四大家族自己的中国茶叶公司及其所属的种茶场制茶厂和收购机构的一整套商业垄断系统，对茶农茶商并没有丝毫好处，所以要放这么一个烟幕弹也就是为了掩盖它的假公济私。1946年7月上海交汇报载嘉兴一读者的来信说中蚕公司承办春茧贷款200亿元，该公司规定春鲜茧收购价格每担仅伪币10万元，实际上还不到7万元，但蚕农成本种价每张1万元以上再加上桑叶人工等费用，每担至少要15万元，农民辛苦一月非但工资无着连血本都要亏蚀半数以上。这就可以看出国民党政府中农行和四大家庭自己的中蚕公司狼狈为奸榨取农民的残酷剥削情况。[29]

国民党政府中国农民银行直接投资举办农业企业公司、肥料公司、农具公司、农业机械公司、农业保险公司及中国林木公司；并与各省合办官僚资本的农业企业如新疆林垦公司、广西水利垦殖公司、浙江林垦公司及福建林垦公司等。这些有关农林垦牧的工农业和商业企业，按照该行的业务范围都是农贷的对象。抗战时期在西南蒋管区内成立的大华企业公司及华西建设公司等亦都是陈家系统在农林范围内进行投机活动的组织。[30]操纵全国的农业金融控制一些专门掠夺农民经济的农业企业公司，加紧对农产品的搜刮不顾农民的死活，是在这一历史时期官僚资本特有的狞狰面目。

国民党政府中国农民银行不只在国内尽量搜刮民间财富，同时也效忠于四大家族的美国主子，据他们自己透露的消息，该行总经理曾于1947年二月乘飞机前往华盛顿应中美农业技术合作团之邀对我国农业金融交换意见。[31]可见官僚资本的农业金融机关不只是属于四大家族封建法西斯统治的体系，同时也和美帝国主义殖民地统治密切勾结在一起，破坏了中国农业经济。

官僚资本由参加新式农业金融事业到热衷于新式农业金融事业最后垄断新式农业金融事业，从本质上分析一方面是运用从剥削全国人民所得来的农业资金深入农村直接地和间接地向农民进行榨取剥削和掠夺；另一方面是假公济私投资于官僚资本体系的特点是四大家族嫡系的有关农业生产农产运销加工的一切工商业企业和农业企业，从中获取超额利润。官僚资本除具有它本来的封建性而外，又被国际帝国主义给它加上另一个买办性的特点。官僚资本从清末到北洋军阀政府时期最后发展蒋宋孔陈四大家族，它的封建性是一脉相传迄未动摇而且不断加深，同时它的买办性则逐步加强，成为半封建半殖民地生产关系的一个重要标志。官僚资本除了占有大量土地并拥有资本额巨大的新式工商业和农业企业外，又占领了新式银行金融事业的阵地，运用金融资本力量来进行大规模商业垄断独揽国际出入口贸易，并普遍投资于一切有利于搜刮和掠夺民间财富的运输仓库保险信托各业。官僚资本的金融势力贯彻到国民经济的每一个部门，官僚资本的农业金融活动渗透在整个农业生产和农产流通领域。官僚资本的银行系统和农业金融机关，盗窃国库，假公济私用政治特权来保卫了他们的非法经营，并勾结帝国主义加紧帝国主义的殖民地剥削。官僚资本的新式农业金融机关冒用“农民”的名义而骨子里却是进行着一系列对农民压榨剥削掠夺的反农民的罪恶活动。国民党政府中农行自己的宣传把农贷说成了可以“使农民得普遍的协助，生产增加，生活安定，能繁荣农村经济，安定农村秩序……”[32]谁都知道在四大家族封建的买办的法西斯的统治下在官僚资本的压榨下农民所身受的只不过是贫穷、饥饿、灾荒与死亡。单从物价来看，1937—1948年的11年中，物价上涨了600万倍，100元的法币，1937年可以买两头黄牛，1941年只可以买一口猪，1943年只可以买一只鸡，到1946年勉强可以买到一只鸡蛋，到1949年就只能买到一粒大米了。[33]官僚资本的农业金融事业，不只不能使农民脱离了这水深火热的农村经济危机，而官僚资本的农业金融事业正是造成农村经济危机农民破产的一个强有力的因素。旧中国封建的买办的剥削关系集中地在官僚资本主义体现出来。四大家族官僚资本垄断蒋管区一切农业金融事业的过程，很生动地显示出四大家族封建的买办的法西斯的统治濒于总崩溃之前，对农民的疯狂掠夺；这也就表现出一个即将灭亡的没落阶级的垂死的挣扎。

这一阶段的历史充分证明了在半封建半殖民地的生产关系下，新式农业金融事业的兴起，只不过是给帝国主义、官僚资本和农村封建势力增加了一份剥削中国农民的新的力量。所谓新式农业金融不只不能代替旧中国农村原有的高利贷剥削，反而巩固了农村封建剥削关系。在农贷数量方面既使把农贷数额扩充到几十倍也依然远远不能满足几亿贫苦农民对农业资金的要求。历史经验充分证明只有推翻了封建的买办的法西斯的血腥统治，打倒官僚资本，赶走了帝国主义，彻底摧毁了数千年来的封建土地关系和一切封建剥削关系，结束了一个世纪以来半封建半殖民地的生产关系，中国农民在工人阶级和工人阶级的政党的领导下获得解放，这才能在新的生产关系下发挥农业金融事业对于恢复和发展农村经济的巨大作用。

参考文献

[1] 马克思恩格斯文选莫斯科外国文书籍出版局1955年中文版，两卷集第二卷页322。

[2] 管子轻重丁篇："夷吾请号令谓四子曰：子皆为我君视四方称贷之家，其受息之氓几何千家以报吾"。"……几称贷之家出众参千万，出粟参数千万钟受子息民参万家"。其中有谓："北方之萌者，衍处负海，煮沸为盐，梁济采鱼之萌也：薪食。其称贷之家，多比千万，少者六七百万。其出之钟伯二十也，受息之氓九百余家"。

[3] 史记货殖列传

[4] 唐六典卷六唐会要卷九三

[5] 西塘集卷六郑侠上王荆公书说：……是法本于苏贫乏，而反因之；抑兼并，而反助之矣。

[6] 据唐令拾遗载："诸公私以财物出举者，……每月收利，不得过六分。积日虽多，不得过一倍。……又不得迴利为本，其放粟麦者，亦不得迴利为本，及过一倍。"

[7] 伪实业部中央农业实验所农情报告第二年第十一期（1984年11月1日）。

[8] 农情报告第二年第四期。

[9] 陈翰笙产业资本与中国农民（英文本）1940年上海Kelly aud walsh书店出版。

[10] 参看中国近经济史统计资料选辑，表79：高利贷的剥削形式示例；表31各省租佃与高利贷的关系示例；表61：商业资本对农民的榨取形式示例。中国科学院经济研究所编，科学出版社1955年出版，页264～353。

[11] 新区土地改革前以农村页124，105，土地改革前的苏南农村，页36。

[12] 韩德章：浙西农村的借贷制度，社会调整所1932年出版页5～7。

[13] 同上，页8～20。

[14] 中国经济年鉴，1934年，第七章。

[15] 浙西农村的借贷制度页7～9。

[16] 韩德章论川糖产销之合理化，沦国民公报，1942，10，4，第四版。

[17] 殖业银行"以放款于农工为宗旨"，业务范围一为长期放款，放款以田地园林房屋或工业实业或股票作抵于三十年内用分年摊还法归清本利；一为短期放款"因农工业家之便以产作抵"。见则例第一条，第二条，第七条。

[18] 劝业银行主要业务是"以放款于农林垦牧水利矿产工厂等业为目的"主要经营方式也是抵押放款。见条例第一条。

[19] 中国农工银行的业务，一种是五年或三年分期摊还的不动产抵押放款，一种是在一年内定

期摊还的以不易坏的农产品为抵押的动产抵押放款。这都是农民所难以参与的。见条例第九条。

[20] 中国华洋义赈救灾总会，简称华洋义赈会，英文名称是 China International Famine Releaf Commission 简称 C. I. F. R. C. 是英美帝国主义投资的一个具有文化侵略经济侵略性质以所谓“慈善机关”。

[21] 陈伯达，中国四大家族，第六章，第一节，新华书店 1949 年出版。

[22] 县农民银行的放款用途以海宁县为例，包括：(1) 耕作垦荒事业，(2) 水利造林事业，(3) 购买种子原料及各项农业原料，(4) 购买或兴理农民所用器械，(5) 购办牲畜修造牧场，(6) 购办蚕桑渔业种子及各种器具，(7) 其他关于农业上应兴作改良事项。

[23] 根据 1936 年，该行自己的报道：伪中农的业务范围是：(1) 放款于农民组织的合作社及合作社联合社，(2) 放款于农业之发展事业，(3) 放款于水利备荒事业，(4) 经营农业仓库及放款于农具之改良事业，(5) 不动产的抵押放款及保证使用于款，(6) 票据之承受或贴现，(7) 收受各项存款及储蓄存款，(8) 代理收解各项款项，(9) 办现汇兑及同业短期短来，(10) 买卖有价证券，(11) 其他农民应有之业务。

[24] 见 1936 年 6 月 25 日国民党政府行政院通过的农本局组织章程中实业部的提案。

[25] 农本局业务范围是：甲，农产部分：(1) 经营农产品仓库事务，并得各铁路局建筑仓库廉价租与经营之，(2) 受政府委托代理买卖农产品事宜，(3) 一般农产品之运销或代理运销事务，(4) 抵押品中农产部分之处理事务，(5) 其他经理事会决议关于农产改进及调整事宜。乙，农贷部分：(1) 各县及农村创办农业银行，农业合作社，农民典当，经审查认为有补助必要者，得在固定资金内拨款投资提倡。并随时加以考察监督。但其条件数额应由理事会分别限定之。(2) 联合及介绍各参加银行等，为一般农产品抵押放款，或各县及各农村农业银行，农业合作社、农民兴当，以放款所收之抵押品之再抵押借款。(3) 经理事会议决得参酌改良农产贷款，或规定数目，协商各县及各农村农业银行农业合作社向农民酌放信用借款。(4) 其他经理事会议决关于资金运用及创办农村牲畜保险事务。见农本局组织规程第二条。

[26] 吴敬梓：儒林外史第五十二回对这种商业投机有很生动的描写。

[27] 国民党政府中农弹劾案及上海粮贷案并见许涤新：官僚资本论第四章，海燕书局 1951 年出版。

[28] 中农月刊第 11 卷第一期，经济情报栏，国民党政府中农行经济研究处编印，1947 年 1 月 31 日出版。

[29] 同见官僚资本论，第四章。

[30] 同书，第二章。

[31] 中农月刊，11 卷四期，大事月志栏，国民党政府中农行经济研究处编印，1947 年 4 月 30 日出版。

[32] 李叔明：一年来之中国农民银行，中农月刊，11 卷四期，国民党政府中农行经济研究处编印，1947 年 4 月 30 日出版。

[33] 谭贾，商业史活，大公报 1961 年 10 月 17 日。

中国近代土地关系和地租*

耿　彬

一、旧中国土地的占有关系

土地占有制度，就是根据所有权完成占有土地。把土地作为生产资料，作为经营的对象。在不同的社会形态中，土地的占有制度各有其特点，这种特点完全是由该社会中占统治地位的社会生产方式所决定的。在原始公社制度下，土地属于部落和氏族公有，土地由他们耕种由他们保卫。在奴隶制度时代，奴隶主握有土地，以农奴的劳动去耕种，劳动生产物归奴隶主所有。在封建制度下，主要的生产资料是土地。土地是封建主的财产，将这种土地以奴役的条件交给农民使用，他们被束缚在土地上，这样农民处于对封建主的人身依附地位。农民耕种封建主的土地，保证了封建主的劳动人手，农民世世代代给封建主劳动，把剩余劳动产品或一部分必要劳动产品，以实物或货币的形式交给地主享用。土地的占有在资本主义制度下，地主资产阶级对劳动农民群众，进行着更残酷的剥削和掠夺。农民在自己的土地上被资产阶级驱逐出去，土地被夺走了。在资本主义条件下，土地是地主资本家致富的源泉，是压迫劳动农民的手段。

中国封建社会存在历史时期很长久，从周秦一直到鸦片战争。在这 3 000 年左右的时间里劳动农民受着封建地主、贵族、皇帝的压迫和剥削。绝大部分土地被他们占有了。广大的农民很少有土地或未有土地。农民用自己的劳动力、工具，在地主、贵族、皇室土地上去劳动，将劳动的收获物一半或一半以上无代价交给封建统治阶级享用，劳动农民却得不到饱暖。从 1840 年以后外国资本主义势力侵入到中国，由封建社会逐渐形成了半殖民地、半封建的社会，自给自足的自然经济被破坏了。封建地主的剥削不仅没有减退，反而在中国又出现了买办阶级，这样地主、买办、商人、高利贷资本结合在一起加重了对农民的剥削。

现在我们从各方面来分析一下旧中国的土地占有关系。旧中国的土地占有制度极为不合理，耕种田地的人，没有土地，不耕田的人却握有大量的土地，即表现出使用权的分散和土地所有权的集中，大部分土地集中在地主、富农手中，用来剥削农民。从农村阶级构成上来看有各种不同的阶级，在农村中各占多少，由下边数字可以清楚的看出。在抗日战争以前一般的来说，地主占农村总户的 1%～5%，富农占农村总户的 5%～10%，中农占农村总户的 15%～30%，贫农占农村总户的 50%～70%，其他农户不到 10%（参考表 1）[1]，这里完全可以说明，不到 10%的富有者，他们却统治和奴役着 80%～90%的劳动农民。

表 1　各地农村阶级构成（总户数＝100）

地　区	资本主义时期	地　主	富　农	中　农	贫雇农	其　他
陕西绥德 4 村	1933	1.5	3.3	11.4	79.8	40

* 本文完成于 1961 年。

（续）

地　　区	资本主义时期	地　主	富　农	中　农	贫雇农	其　他
河南辉县4村	1933	4.4	8.1	24.7	58.0	4.8
江苏兴国	1930	1.0	5.0	20.0	61.0	12.0
江苏常熟7村	1933	1.3	1.9	25.2	65.6	5.9
云南昆明6村	1933	1.7	11.4	18.7	68.2	

从租佃关系上来看，（只能反映租佃关系不反映阶级构成）佃农和半佃农，在中国一般的来说占农村总户数的50%以上，从各个地区上来看也各有不同，在内蒙古和西北地区占总农户的49%，在华中华南则占70%，中国佃农绝大多数是饥寒状态的无地和少地的贫苦农民他们不可能有条件按照资本主义方式经营农业。无地和少地的农民，其出路不得不以高额地租、向地主租进小块土地，加以耕种借此苟延残喘。

地主阶级是一个寄生阶级，是一个腐朽阶级，在各方面来压迫农民剥削农民。在地主中间不是做官、经商就是放高利贷或兼而有之，即地主、官僚、商人、高利贷者相互结合成一体（参看表2）[2]。地主从农民那里剥削来的巨额资金不投入到生产中去进行扩大再生产，却用来做商业投机和高利贷资本进一步对农民进行剥削。

表2　江苏大地主各类职业户数百分数（1930年）

	总　户　数	军政官吏		高利贷者		商　　人		经营实业者	
		户数	%	户数	%	户数	%	户数	%
江苏南部	161	44	27.33	69	42.86	36	22.36	12	7.45
江苏北部	231	122	57.28	60	28.17	31	14.55	—	—

近代中国农村，向两极分化是很明显的，中等土地所有者，变为土地不足的农户，大多数的中农下降为贫农。这种下降的趋势，在国民党统治的年代里更为突出。蒋介石攫取政权之后，各地中农普遍减少，贫农普遍增多，在抗日战争期间，国民党统治区通货膨胀，封建半封建的剥削更加严重，这样更加速了农村阶级的分化。从广东南雄的情况来看可以说明这个问题，在1939年100户中地主兼富农7户，富农12户，中农40户，贫农35户，雇农6户，到1942年在100户，地主兼富农10户富农18户，中农20户，贫农42户，雇农10户，向两极分化是相当严重的。

前面为阶级的构成情况，现在说明土地的占有情况。旧中国的土地占有情况，一般地说，地主约占50%以上的土地，地主富农合计约占70%～80%的土地，而占农村人口90%的贫农、雇农、中农及其他人口，却总共只占有约20%～30%的土地。从地区上来看，在华中华南各省和新开垦的东北、西北诸省地权更为集中（参考表3）[3]。在中国农村大约有15%～60%的农户没有土地，在华北无地农户约占20%左右，在华中、华南及东北则有30%以上农户未有土地。

表3　农村各阶级占有土地的对比（总数为100）

地　　区	资料时期	地　　主	富　　农	中农贫雇农
陕西绥德4村	1933	55.7	12.2	32.1
江苏启东8村	1933	65.0	22.5	12.4

（续）

地　区	资料时期	地　主	富　农	中农贫雇农
浙江龙游 8 村	1933	65.1	12.5	22.2
广东番禺 10 村	1933	68.2	15.0	15.3
云南昆明 6 村	1933	50.8	18.2	31.0

地主富农不仅占有大量的土地，同时在占有土地当中又是质量好的土地，他们握有大量的水田和上等土地，农民耕土的土地都是一些旱地、坡地、沙土地等瘦薄的土地。农民耕种的田地质量不好，再加上耕畜、农具的缺乏，因此收成也是不高的。各阶级占有田地的质量（参见表 4）[4]好坏由下边材料就很清楚说明这个问题。

表 4

地　区	资料时期	田间等级差别	地　主	富　农	中　农	贫　农
广东番禺	1933	合计	100	100	100	100
		水田	61.3	63.0	53.6	37.3
		旱田	38.7	37.0	46.4	62.7
河北赞皇	1937	合计	100	100	100	100
山西昔阳						
平顺口		上等田	40.0	20.0	15.0	12.0
		中等田	25.0	52.0	45.0	28.0
		下等田	35.0	28.0	40.0	50.0

注：河北赞皇、山西昔阳、平顺贫农的田亩合计不等于 100 恐有错误。

旧中国还存在着一些大地主，这些大地主手里握有相当大的一部分土地。这些地主拥有数千亩到数万亩的土地，甚至有数万亩以上的大地产，可以看下边的事实。黑龙江肇东东南松花江以北有 50 万里肥沃的土地为周孝义所圈占；吴俊升的土地则几乎全省各地都有。在绥远省有 265 所天主教堂占有土地 500 百万亩，在省临河县杨、李两家有 7 万亩，另外霸占官田 40 万亩（见陈翰生：现代中国的土地问题）。安徽省霍丘有 2.5 至 8 万亩土地的地主有 13 户，蒙城有 10 万亩土地的地主有 4 户（郭汉鸣等：安徽土地分配与租佃制度）。广东番禺县 5 千亩至万亩的地主有 3 户，四川成都平原大地主特别多，有不少万亩至数十万亩的（吴文晖：中国土地问题及对策）。事实说明了大地主是存在的，同时，也反映了大地主的组成分子多为军阀官僚。这些大地主直接反映了土地占有的强制性和残酷性。这是旧中国不合理的土地占有关系的封建性特点之一。

农用土地问题，包括两方面的内容，一方面是土地的占有，另一方面是土地的使用，土地的占有前面已经论述过。现在进一步考察土地是怎样使用的，所有者和使用者的关系是怎样的，1928—1933 年的材料来看，一般的来说，农村土地 60％～90％以上是由中农贫雇农、贫耕种，地主经营的土地面积多数不到 30％，极少数的超过 40％这样看来很明显在土地使用上，主要的不是地主富农而是广大的中农和贫雇农。土地所有权的集中和使用权的分散，这就说明了近代中国农村封建半封建的土地关系的主要特点。

土地所有权的集中和使用权的分散，在土地经营上也是分散的，根据 1934 年 16 个省 163 个县的材料来看[4]，不足10亩者占47%户，在10～29.9亩占32.4%户，30～49.9亩者占7.8%户，50～90.9亩者占5.4%户，在100亩以上者占7.4%户由此可知，不到10亩土地者占了近半数。在华中华南地区，土地经营更是分散的，从19世纪90年代起，这种土地分散经营不断加深。到蒋介石统治时期，农业生产更加衰退，这种现象更加显著了。占有土地愈来愈集中，使用土地愈来愈分散，这种趋势标志着旧中国的土地关系中的矛盾愈来愈激化。

二、地租演变的几种形态

地租，在不同形态的社会里，反映的生产关系却有不同，在封建社会，有封建地租的特点，在资本主义社会中，有资本主义地租的特点。我们知道在资本主义社会里，有各色各样的剥削集团瓜分工人、农民的剩余劳动所创造的剩余价值。产业资本家瓜分的那一部分称为产业利润；商业资本家瓜分的那一部分称为商业利润；借贷资本家所瓜分的那一部分称为利息；而土地所有者要参加剩余价值的分配，以土地所有权为基础，土地占有者在剩余价值的分配上，所获得的收入，叫作地租。在封建主义时代，地主以封建地租的形态，占有农奴剩余劳动的生产物，因此封建地租包括全部剩余劳动的生产物，往往还包括必要劳动的生产物。但封建地租和资本主义地租，也有共同的特点，即实现土地所有权对农民劳动的产品进行剥夺。封建地租和资本主义地租也有差别：首先，资本主义地租不是主从关系，不是超经济的强制关系，是资本主义的剥削关系。其次，资本主义地租，不是全部劳动的生产物，是剩余价值的一部分，这一部分是超过平均利润以上的余额。

地租有各种不同的形式，不同的社会制度表现的形式不同。地租在阶级社会里，土地所有者对生产劳动者采取着残酷的榨取。在旧中国半封建半殖民地的社会里，同样表现了有各式各样的形式。无论什么样的形式，都是榨取农民劳动创造的生产物。中国地租的存在有各种不同名称，如力租、谷租、物租、押租、分租、钱租、折租等等名目，归纳起来，大体可分为力租（劳役地租）、物租（实物地租）、钱租（货币地租）。近百年来哪一种地租，在中国占优势呢？在抗日战争前大体可分三种，这三种比例是这样的，分租占28.1%，谷租占50.7%，钱租占21.2%。分租和谷租都以实物交给地主，实际上都可称为物租。这样很明显地看出，物租在中国占统治地位。力租在中国仍然存在于少数偏僻地区和落后地区，即经济不发达地区；钱租的存在，是在经济较发达，农产品商品化的地区；物租在各地普遍存在，现在就具体的分析各种形态的地租。

（一）力租（劳役地租）

力租，就是劳动农民以自己的劳动力，作为地租的形式交纳给地主。这种地租是原始的，剥削最残酷的一种形式。

力租在近代的中国占在次要地位，它并未完全消失，在若干落后地区，经济不发达、偏僻地方，力租占有一定地位，如云、贵等省的偏僻地方。力租大体有两种形式存在，农民给地主做多少天活有一定的规定，另外给地主做活的多少无有规定，随地主的方便进行使用。

农民给地主做活多少有一定的规定，在一年或一月之内，租地的农民给地主做一定的天数，地主并不给农民任何代价。1934年在1 520处的材料来看，有28处有这种力租，这种力租在各地劳动天数的多少也未一定。有的地方按租种田地的多少来规定力租的日数，即按田亩出力租如山东诸城县每租种一亩交纳两个工；河北来源县每租种一亩交纳一个工，在这个县当中也有规定，每亩交10个工或20个工的。同时还有的地方根据租种土地的好坏和土地的多少，来确定为地主交纳多少工。有些地区按年给地主交纳力租，即在一年之内给地主做多少工，在山西寿阳县，每年纳力租30日，当地叫作“拉工”，有的交纳半个月，有的交纳十天不等。在贵州的定番县租地的农民每年给地主工作10天或20天，如果超过规定的天数，地主按超过的天数付给一定的工钱，当然很少的。有些地方按季节给地主纳力租，在一个季节中给地主做几天活。有力租的地方，形式有差异，实质都是一样的，都是榨取劳动农民的劳动力（实际为劳动产品）。

农民给地主做活多少，没有一定的规定，地主可以对租地的农民无限制的驱使。地主需用劳动力时，农民就得出劳动力给地主去做活。这种地租的奴役，不仅男子给地主去做工，而且妇女不例外地也要给地主去做工（做衣服、洗衣服和各种针线活）。在给地主做工时有的管点稀饭吃，有的连稀饭都不管的，存在这种力租的地区，各有不同的名称，河南召县农民给地主干活叫“值官”，山东馆陶县叫“打官差”，江苏泗阳县叫“拿庄差”，有这种力租的地方比前一种为多。

这种力租比有规定天数的力租，其残酷性、强制性更加严重。

农民使用了地主很小一块土地，除了耕种自己的土地之外，取得必要的生活资料，还得无偿地在地主经营的土地上进行劳动（收获物都归地主所有）。为地主所服的劳役，就是农民为了耕种地主所交给的那一小块地所交纳的地租。地主所剥削的是农民的赤裸裸的剩余劳动。必要劳动和剩余劳动分得很清楚。但还要说明一点，有些地区物租存在，但农民除交纳物租之外，还要给地主做一定的工作日为力租的残余，这样加重了超经济剥削强度。

（二）物租（实物地租）

由力租发展下去逐渐形成物租，农民将剩余劳动的产品交给地主作为地租。近代半殖民地半封建的中国社会里，在地租形态中与封建的自然经济相结合着的物租占着统治形式，起着绝对作用。物租在中国的存在，各地的名称很多，如物租、分租、包租等名称，实际上都是物租。物租可分两种情况来说明。首先，租额未有一定，是按收获量的一定比例，一部分以地租形态交给地主，一部分归农民。在丰收的年头里，农民就要多交地租，在歉收的年头里，农民就要少交地租。例如农民在租种土地时规定每亩收10斗粮食，交地租5斗，其租率为50%，因水灾或旱灾等原因，每亩未有收到10斗而只收8斗粮食，按50%地租率要交4斗粮食。物租有一定的比例，地主得几成，农民得几成，各地都不一样，地主有收5成、6成、7成、8成不等。例如在西北各省存在有“二、八”分种，农民租种这种土地，地主供给少量的耕畜、农具、种子、肥料，将收获的产品地主得八成，农民得二成。归纳起来，大体有三种形式：一种是，一切生产资料由地主供给，农民只出劳动力，地主收租量较大。其次是，地主供给一部分生产资料，收获物一半以上交给地主。最后一种是，农具、牲畜、种子、肥料等都由农民负担，收获物按成分，实行这种地租的占多数，地主剥削农民的程度最高。

其次，农民在租种土地之前，每亩耕地规定租额，不管年成的好坏，在一定的时期农民要向地主交纳一定的地租，丰年不加租，歉年不减租，到时候地主一定要收租。这种物租的存在，各地名称也不一致，如包租、板租、死租、铁租、呆租等等，这种固定租额剥削，地主对农民是非常苛刻的。如遇到灾荒时，田地里未有多少收成，地主并不因此而减少租额，有些地方田赋可欠，地租不可欠，例如山西左云县流传着“欠粮不欠租”的话语，如果农民欠了地租，地主则用种种方法对农民进行压制，地主借口将土地收回，或有押租金的将押租金扣除，或者地主逼着农民进行赔偿。不仅如此，有些地方地主设有收租“机关”，将农民随便拘留，任意打骂等方式掠夺农民的成果。实行固定地租的原因很多，地主想尽一切办法最大限度地来剥削农民；地主对土

地进行垄断，租额高农民也要租种的；同时固定租额可以减少地主的麻烦，到时候农民一定要交租，在农业收成较稳定的地方，实行这种固定地租较多，这种“保证”地主稳定的剥削。

物租在旧中国为什么占统治地位？是由于整个社会经济结构所决定，由于农民用简单工具进行着简单再生产；地主经济活动的范围狭小，收入的地租用在高利贷和商业剥削上去，不将资金投到扩大再生产上去。物租体现了旧中国生产力的低下，同时也体现了封建半封建经济和半殖民地经济同时存在，这正是旧中国农民极端贫困化的标志。

（三）钱租（货币地租）

劳动农民租种地主的土地，以货币的形态交给地主则为钱租。地租简单发展趋向，由物租向钱租发展，由物租向钱租发展的过程中还有一种折租。所谓折租以原来的物租为基础，将交纳的实物折成钱，以钱的形式交给地主。这种折租，可以看作由物租到钱租的过渡形式，不过地主随时根据对自己有利，剥削程度增大时，就随时变为物租。但是在耕种地主土地前一年或二年要将地租额交上，也有在当年作物收获之前交的，多数在租种土地之前将地租交给地主，遇到歉年收成不佳租金不能减少，地主将钱拿到手绝不会退还给农民的。钱租在旧中国发展得很不平衡，在农产品商品化发达的地区如茶田、烟田、菜田、棉田、果园等，离城市较近的地区，或铁路两旁地区纳钱较多。从各个地区来看钱租占的比重并不大，在1934年河南省钱租占15%，折租7%，浙江钱租占10%，折租占14%。江西钱租占8%，折租占7%，钱租在整个地租当中比重还是很小的，这说明了占统治地位的不是钱租而是物租。钱租虽然在旧中国不占统治地位，在经济较发达的地区，或距城市较近地区还占着重要地位，在1934年，上海是经济最发达和农产品商品化最高的地方，钱租则占租地数的95%，广东的番禺，在种植棉花、花生、蔬菜、水果等农村中（四个村的材料）纳钱租的田地占96.4%。另外在商品经济较发达的省份中如广东、江苏、浙江、山东、河南、河北等省，钱租也较为发展。但不占主要形式。相反的，在交通不便，商品经济不发达，偏僻地区，钱租则很少发展，在这样的地区钱租不过6%。由此看来，中国各个地区在经济发展上是不平衡，为封建半封建的经济特点之一。

除上述力租、物租、钱租三种地租形态之外，在中国还存在押租和预租。地主除收正租之外，还通过土地的关系对农民进行另外的剥削，即押租和预租。押租在中国中部及南部租佃制盛行地区比较多，在东北地区押租较次之，但在交通不便、工业不发达，农民又缺乏其他生活出路等等因素成了地主掠夺押租的有利条件。押租额的高低各有不同，从1933年时的情况来看，押租额占正租额，少者占70%，一般要占100%以上，多者则占到正租额的700%以上。预租在商品经济和钱租比较发展的地区较多。例如江苏、浙江、广东、河北等省较其他省份盛行，这些省份不仅经济状况比较好，同时和外国资本主义联系也较多这说明了预租和买办经济相结合的。这种预租制度，在水旱灾的情况下，地主对农民的剥削更重，这又反映了经济的强制性。

押租和预租，使广大的劳动农民经常陷入到高利贷者的魔掌中去，农民从地主手里贷来巨额款项，但回头又以押租、预租的形式交给地主，地主又将这笔款以高利贷资本或商业资本的形式，投入农村反复对农民进行剥削，农民与地主的借贷关系成了租佃关系的另一种连锁反映，这种借贷成了超经济强制的变相形式。

三、地租对农民的剥削

中国近代地租以物租为主要的形式，地主对农民剥削量的程度极大，不但剥夺了农民剩余劳动的全部，而且还侵占了农民必要劳动的一部分或大部分，在生产力低下的地方，剥夺必要劳动的部分越大，在农业生产稍高的地方，只能勉强维持着简单再生产，甚至破坏了这种简单的再生产，这是旧中国农业经济发展缓慢的重要原因。占统治形式的物租租率平均在50%以上，有些地方高达70%～80%，还有的高到100%以上，各地定额物租占产量的百分比（如表5）[5]来看，完全可以证明中国地租量相当大的。根据“中国近代经济史统计资料选辑”材料整理如表5：

表5　各地定额物租占产量的百分比

地　　区	时　　期	类别及单位	每亩租额	每亩产量	租额占产量%
四川重庆	1934	石	0.85	1.5	56.7
云南昆明3村	1934	（谷）斤	163.7	152	107.7
浙江龙游8村	1933	（谷）斤	166.3	301	55.2
江苏常熟5村	1929	石	0.8	1.57	51.0
福建武平	1929	斤	60	120	50.0
河南许昌3村	1933	（谷）石	0.3	0.518	57.9

由上面数字我们可以看出，地主通过地租一项对农民的剥削量相当大，毛泽东同志曾在“兴国调查”的文章中这样写道：“一乡（凌源）二乡（永丰圩）四乡（候遥）平均是百分之五十，三乡（山坑）大部分百分之六十小部分百分之五十”。地租对农民的剥削量和剥削率这样大，不仅不能较快地发展农业生产力，就连农民的生活也难保得住，这是旧中国的生产关系所造成的。

土地有好坏肥瘦之分，有水田、旱田之分，有上等田和下等田之分，无论好坏田多为地主所占有，农民只要耕地主的土地就要受到地租的剥削。土地不同地租量和地租率有所不同。首先，水田比旱田的地租量和地租率都高，上等田比下等田地租量和地租率也都高。在1934年福建省水田每亩租价6.57元，租价占产值的50.54%，旱田每亩租价为3.65元，租价占产值的43.14%。广西水田每亩租价为7.26元，租价占产值的56.99%，旱田每亩租价为3.63元，租价占产值的40.33%。上等田和下等田也有同样的情况，地租量大，地租率也大。土地种类不同、土地好坏不同，地租量地租率也不同。

我们根据马克思的土地地租理论来说，由于土地肥沃程度不同，土地有远近之差别，因而产生级差地租第一形态，由于对土地实行递加投资而生产率不同，则产生级差地租的第二形态。由于土地所有者，对土地的垄断而勒索到的地租，称为绝对地租。这是资本主义地租。在半殖民地半封建的中国资本主义农业的发展还很缓慢，封建剥削在农业中还占统治地位，因此，资本主义性质的地租是微弱的，而又原始的。虽然有水田旱田，上等田与下等田之分别，地租量不同，这里边存在着级差地租和绝对地租的因素，但其剥削的程度和强制性，远大于资本主义地租。旧中国地租的强制性，是属于封建性质的而不是资本主义地租。为什么是封建性的，由于中国农业生产力低下，一般剩余劳动很小，地主对农民的剥削贪得无厌，在生产条件较差的地方剩余劳动更少甚至未有剩余劳动，即使未有剩余劳动地主也要榨取，农民只能保持最低限量的生活资料，来维持最低的生活。

其次，现在来分析一下，上等地的地租量大于下等地的地租量，其剥削率下等田大于上等田。从各地材料来看可以说明这样的问题，在1934年黄河流域的河南、河北、山西等省，在旱田当中上等田每亩租值为4.07元，中等田每亩租值为2.99元，下等田每亩租值为2.00元，但

租率却相反，上等田为45.47%，中等田为47.61%，下等田为51.15%。水田也有同样情况，即下等田比上等田的租率要高。这些情况说明了租种下等田的都是最贫苦的农民，他们无钱租种上等田，只能租种下等田，负担的地租率就越大。广大的贫苦农民不仅耕种最坏的土地，同时又没有好的生产工具，他们的剩余劳动很小，几乎未有，地主不因此而减轻剥削反而剥削程度更为苛重。

上等田地租量地租率大于下等田。另一种上等田的地租量大于下等田，而地租率下等田大于上等田，这两种情况在各地交错存在，变化不一，参差不齐，没有一定变化规律，这说明了旧中国地租的复杂性和封建性。

钱租在中国有一定的发展，但不占主要地位。以货币形式研究地租时则用地租量和土地价格的比例来计算地租率。凡是租种越坏的土地，地租占产量的百分比越大，则地租占土地价格的百分比也越大，物租，钱租都有这种情况。从中国各地的材料[6]来进行分析。由表6的数字可以看出越是次等土地地租率越高，这就是钱租的实质，同时也说明了地租的封建性和半封建性。下等土地为贫苦农民租种，这样加重了对贫苦农民的剥削，因此又表明了，地主对广大农民剥削的野蛮性。

表6　各省各等水旱田钱租额对地价的百分比（1930）

水田				旱田			
报告区数	上等田	中等田	下等田	报告区数	上等田	中等田	下等田
360	10.3	11.3	12.0	372	10.3	11.0	11.5

农民交租时，有的在收获之前，有的在收获之后，在收获之前交租，农民无钱需向高利贷者手中借钱，这样受到高利贷者剥削，如果在收获之后，农民被逼迫交田租，即使粮价很低，也得出售，农民又受到商业资本的剥削。农民不仅受地主剥削同时受着高利贷资本和商业资本的剥削，这样农民实际支出大于形式上地租的支出，这是半殖民地半封建社会制度不合理的结果。

将中国地租和西欧各国地租的“购买年”加以对比，就更显出封建半封建地租的苛重。什么叫“购买年”即地主收多少年的地租能等于土地价格，“购买年”越多的地租则越轻，“购买年”越少地租越重。从下面的资料[7]中来看中国地租和西欧各国对比，悬殊很大。中国地租“购买年”（在1934年时）谷租平均为7.76年，分租平均为7.09年，钱租平均为9.06年。有些地方短至5～6年，有少数竟到2～3年。现陕西、四川、福建、吉林、绥远等省更为严重，从这里也体现了封建性半封建性的地租特点。

表7　中国地租与西欧各国地租购买年的比较

国名	购买年	时期
中国	7.09～9.06	1934
德国	28～32	毕士麦时代
德国	20	欧战后
英国	20～25	18世纪末
英国	27～30	欧战后

中国近代地租的剥削另外一点还要说明，农民租种土地，不仅没有利益可得，反而往往收入不能抵偿支出，不仅侵占剩余劳动，必要劳动也无法确保。在1934年江苏铜山租种一亩地收入

6.8元，支出7.1元尚亏0.3元，浙江武义某户租地12亩收入136元，支出186.7元尚亏50.7元。河北省北塘某户租地10亩收入90元支出105元尚亏15元。另外地租的剥削不仅把全部剩余劳动的产品剥夺，同时还将一部分或大部分必要劳动的产品被侵占。例如在1927年江苏宜兴地租侵占必要劳动占75.7%，1934年浙江武义地租侵占必要劳动占58.6%，1934广西郁林七家佃农平均起来地租侵占必要劳动占8.9%。农民在地主的土地上劳动一年，其结果收入不能抵偿支出，必要生活资料被侵占，农民要活下去，不得不去搞些副业生产（编织、打猎、打柴等）卖苦力来进行补救，这样使农业生产力的发展受到了很大阻碍。

四、地租剥削阻碍着农业生产力的发展

在旧中国的农村中，存在各式各样的剥削形式，对农民进行着剥削，在各种剥削形式中，地租的剥削是主要的。因为土地关系在中国农村中是最主要的生产关系，在这种关系的基础上，地主阶级利用封建半封建的统治权力，维持着陈旧的剥削方式。

在资本主义社会里，资本家剥削得来的剩余价值，一部分被资本家消费掉，另一部分投入扩大再生产。由于资本主义的生产关系所支配，个别资本家必须不断扩大再生产，不断改进生产技术，提高劳动生产率，这才能和另外资本家进行竞争，才能存在于资本主义社会。

在半封建半殖民地的中国和资本主义社会不同，地主阶级在生产过程中，不负任何责任，生产工具、种子、肥料等生产资料都由农民自己负担。地主在农民身上榨取的资金，不需要拿来作为扩大再生产。因此，地主从农民那里剥削的财物，一部分供养他们饱食终日奢侈消费，一部分用来“添购”土地，这种新得的土地，就是农民所失掉的土地，从整个社会来说并没有增加社会财富，这不过扩大了地主阶级的剥削手段而已，这样看来地主对社会的生产丝毫未有贡献。同时还把剥夺来的另一部分财物，用来摧残生产力，即用在高利贷盘剥和商业的榨取上面，这就是摧残农业生产力的两把利刀，这种盘剥和榨取的对象，是贫苦农民大众。地主不去积累资金，农民不可能有条件积累，整个社会很难积累，因此，没有积累就无法进行扩大再生产，不得不进行简单再生产，因而农业生产力很难谈得上发展和提高。

从耕地面积上来看，在抗战以前中国的土地面积大约在14亿到15亿亩之间（这个数字不一定十分准确），从现有材料来看，从19世纪70年代起，除新开垦地区（特别是东北）之外，耕地一般没有增加，而且有下降的趋势，从1873年到1933年这60年的过程中，除东北地区之外，耕地面积不过增加1%，从1893年到1933年在这40年中却未有增加。

在国民党反动统治时代，由于政权的腐朽则加重了耕地面积下降趋势。从1928—1929年作为100%，到1933—1944年陕西三县为79.19%，河北一县为99.4%，河南三县为98.43%，江苏四县为94.24%，浙江四县为99.14%，广东一县98.5%。至于抗日战争结束之后，蒋介石为了夺取人民胜利果实，发动了反人民内战，在这战争时期，耕地荒芜现象极为严重，例如在1946年河南的耕地有30%荒芜，湖南和广东耕地有40%荒芜。

从农产品的总产量和单位面积产量也有下降的情况，例如小麦在1931年总产量为464.531千市担，到1947年则下降到403.570千市担。大豆在1931年总产量为220.224千市担，到1947年则下降到159.178千市担，其他作物也有类似情况。从单位面积产量上来看，同样也有逐年下降的趋势，1931年水稻每亩产量336市斤到1947年每亩产量则为247市斤。1931年小麦每亩产量为141市斤到1947年则每亩产量为138市斤，其他作物也有这种情况。农产品产量的下降是农业生产力衰退的重要标志之一。

中国农业生产，种植的作物主要是稻和麦，米麦生产量的多少应是中国农业生产力的标志。由于中国存在着不合理的封建半封建的土地关系，束缚着农村生产力的发展，土地变成地主的私有物，以地租的形式对广大农民进行着剥削，是发展生产的枷锁，因此农产品产量不会提高，这样引起了米麦的进口。在1908年到1912年中国社会的主要粮食还能自给，还没有洋米、洋面的进口，但洋面刚开始进口，在1909年输入的面粉为596 777市担，到1926年面粉输入为3 927 010市担，而且洋米输入是可观的即4 497 200市担。到1931年大米的输入为10 740 810市担，面粉输入为5 063 770市担，到1933年大米输入为22 486 639市担，面粉输入为6 676 658市担，小麦输入为15 084 723市担，是生产力衰退的例证。

不仅粮食有下降趋势，几种著名农业特产品也在下降。例如茶叶是世界闻名的产品，历来出口很多，自19世纪80年代以来出口量有显著的减少，在1888—1892年每年要出口242 213 000磅，到1946年降到7 500 000磅，在半个世纪中缩减了三分之二，茶叶出口减少说明产量是下降的，标志了生产的萎缩。这种萎缩的原因除国际影响之外，在国内未能改进茶叶生产技术和经营方法，使茶叶出口下降。棉花、生丝、桐油等也有这样的趋向。

以上所述，农业生产力的衰退由于地租甚重，同时存在着高利贷资本、商业资本、买办资本的剥削所造成。半殖民地半封建的生产关系阻碍着农业生产力的发展，广大的劳动农民终年劳动不得饱暖，过着牛马不如的生活，历史已经证明要想解放生产力，要想解放广大的农民，必须推翻半殖民地半封建的生产关系。

参考文献

[1] 严中平等编：《中国近代经济史统计资料选辑》第272页。

[2] 冯和法编：《中国农村经济论》第226页。

[3] 严中平等编："中国近代经济史统计资料选辑"第272页。

[4] 同上书，第274页。

[5] 同上书，第304页。

[6] 同上书，第307页。

[7] 伪国民政府主计处统计局：《中国地佃制度之统计分析》第143页。

美国农业中土壤肥力的破坏与生产的衰退*

应廉耕

从经济意义来说，土壤是农业的基本的和普遍的生产资料，同时也是劳动的产物。土壤的这种意义决定于它的基本特性——肥力。土壤肥力就是土壤以它的水分、营养物质和其他的物质保证生活在其上的植物的生存和繁殖的作用。土壤直接为植物的生存和繁殖创造条件，通过植物——作为动物的主要食料——也保证了动物的生存和发展。所以在自然界中，一切生物都是直接地或间接地通过土壤这个媒介取得必要的水分和营养物质，而其基础就是肥力。因此，只有有了肥力，土壤才能成为继承着人类世世代代的生存和繁殖的条件。

土壤肥力作为农业科学的一个中心问题，不仅是和自然科学的规律性问题，同时也是和社会经济的发展问题有着密切的关系。马克思在资本论第三卷中详细地说明过土壤肥力不仅是自然科学的现象，而且也是社会经济的现象。恩格斯亦指出肥力已经完全不是土壤的天然品质，它是与现代社会关系密切联系着的。在资本主义国家里，资本主义社会的生产关系与提高土壤肥力是不相容的，私有土地制度促使土地所有者有着在最短时期内从土地上榨取最大利润的企图，因而他们就不会顾及土壤生产率的逐渐下降，从而也就会忽视在土壤中进行着的化学作用和生物化学作用而掠夺土壤的自然财富。资本主义国家的这种生产方式已普遍引起了土壤肥力的破坏作用，而美国土壤肥力损耗的严重性却已达到了全国性灾难的程度。

一、农业上的灾难

美国土壤肥力不断地被掠夺和破坏，早已成为农业上不可救药的灾难，但是未能引起反动政府及时地注意。直到1933年，正值“世界经济危机”时期，大批农场破产、毁灭，才促使美国政府注意到由于大批农场的毁灭所引起的土壤冲刷问题而成立了土壤冲刷局（1935年改为土壤保持局）。1934年，土壤冲刷局第一次进行了全国范围的土壤冲刷调查，根据调查材料可以看出土壤冲刷的严重程度已是全国性的了，给农业生产带来了巨大的损害。全国轻微或未受冲刷的土地只占30.3%；受片状冲刷的（2～5英寸深的表土层受到冲刷）占34.8%；受严重的片状冲刷的（5英寸以上的表土层受到损害）占10.1%；受沟状冲刷的占17.7%；受片状、沟状同时冲刷的占0.2%；受风蚀的占16.9%。1935年土壤保持局发表了下列材料，农用地中有5 000万英亩土地受到彻底破坏，不能利用；另有5 000万英亩土地受到严重的冲刷，已到不能利用的边际，或已失去了农用价值；有1亿英亩土地虽已遭到严重的冲刷，尚可勉强利用，但已失去了四分之一的表土层；另有1亿多英亩土地正在丧失表土层，除非迅速加以改善，否则就有被毁灭的危

---

* 本文完成于1961年。

险。在放牧地区内大约有28 000多万英亩土地已遭到严重的破坏；有78 000多万英亩土地已受到土壤冲刷的影响。1955年，美国土壤学家弗来浮脱估计美国农牧地每年被冲刷的土壤最少为30亿吨，相当于21 000个80英亩大小的农场一尺深土壤的损失。目前美国有三分之二的土地受到不同程度的土壤冲刷的影响，或者说全国有一半以上的土地损失了原有的肥力，这种灾难毫无疑问地还在继续着。

二、自然灾害的影响

美国绝大部分的河流经常发生水患，其中最大的两条河流——密西西比河和密苏里河几乎每年都要冲上两岸，数不尽的城乡的家庭遭受洪水的摧毁，带来了巨大的灾难，造成了数十亿美元财产的损失。例如1951年秋和1952年春，密苏里河连续发生了两次大水灾，1952年的一次水灾有87 000户农民被迫抛弃了家园，丢弃了200多万英亩被淹的最肥沃的土地。1961年夏季，美国得克萨斯州由于暴雨引起的水灾冲毁了价值千百万美元的庄稼。仅就美国各个河口每年输入于海洋的土壤的情况来看（局部的冲刷和沉淀于下游的土壤未计算在内）是十分惊人的，据美国土壤学者杜尔的估计约为7亿多吨，相等于50多万英亩表土的重量。美国土壤学者张伯林的估计约为10亿吨，相等于100万英亩土地7英寸深表土的损失。这种被河流冲刷的土地都是最肥沃的土壤。

旱灾给美国农业亦带来了巨大的灾难。1961年美国北部大平原，长久干旱的气候引起了三十年来最严重的旱灾。估计今年小麦总产量只有12 000多万蒲式耳，为1936年以来最低产量。更严重的紧随着旱灾往往带来了虫灾，风蚀、尘暴。美国大约有900多万英亩土地因遭风蚀、尘暴而被毁坏；有800多万英亩土地因风蚀而遭到严重的损害；有2.3亿多英亩土地受到比较轻微的风蚀 。风蚀的结果，不但肥沃的土地遭到损害，同时这些被风卷走的土壤，到处为害，或者形成沙丘，埋没了各种建筑物，或者由于这种土壤的积聚，损毁了庄稼。风蚀中最可怕的是尘暴。1934年5月12日从堪萨斯州西部、得克萨斯、俄克拉荷马、新墨西哥和科罗拉多诸州的大平原上被风卷起的尘土形成的尘暴遮没了洛山矶直到大西洋海岸以外几百英里，全国三分之二的大陆受到影响。有人形容当时尘暴经过纽约城时，居民惊惶失措，猜测西部降临了一种极为严重的灾难。估计这次尘暴每平方英里有百吨以上的尘土往东径飞，从平原刮起的土壤大约为200万吨到300万吨。1937年早春，尘暴发生在得克萨斯——俄克拉荷马两州，经过东北部几个州到达加拿大，尘土被风卷走了五百多英里。被卷走的土壤，曾经有人从雪中取得样本，经过化验后，含有大量的腐殖质氮素和钾素。有人这样说过，撒哈拉大沙漠在很久以前是良好的森林地带和有一定文化水平的地区，其后由于人的过失经过人为的破坏，发生尘暴造成了可怕的后果。尽管有这样可怕的惊讯，却没有引起反动政府采取有效的防护措施，风蚀 、尘暴还是无休止地继续下去，新的尘暴又在形成，例如美国最富饶的属于加利福尼亚州的四个县已受到新的尘暴的打击。

三、资本主义带来的恶果

（一）殖民主义的罪恶

新大陆在西欧殖民主义者到达以前是一个极其肥沃的地区，具有优越的自然条件和有利于发展农业生产的。但是，自从西欧白种人殖民新大陆以后，就开始糟蹋了这些优越条件，造成了罪恶的浪费。

当1607年西欧白种人殖民主义者“先锋队”到达了弗吉尼亚州和1620年另一批殖民主义者

"传教士"到达了密塞久塞茨州之后，极其野蛮地残酷地屠杀了和驱逐了当地土人——印第安人，占据了他们的土地。殖民主义者把新大陆东部、北部良好的天然森林大肆破坏，成千上万英亩的森林被大火烧毁。这批"发横财主义者"从烧剩的火堆里提炼出钾素，销售到西欧去，当时是一种"著名"的行业，一种"生财致富"的捷径。在新大陆南部"发横财主义者"除了粗暴地乱伐森林经营木材业外，复从事提炼松脂，致大批大批的松树林遭致毁灭，这些被"清除"的肥沃的林地开始遭到了土壤冲刷的劫运。殖民主义者为进一步攫取土地中的财富，采取了原始的掠夺式的耕作方法"榨取"土壤肥源，这样，更加速了土壤冲刷的过程和土壤肥力的破坏。1765 年，一个英国观察家曾经唤起注意这种不顾危险的耕作，他指出这种耕作的方法是罪恶。事实证明了这个预见，不久之后，许多肥沃的、印第安人作为生产粮食（玉米）的土地，迅速地变为瘠薄的只能生产干草和难于利用的土地了。原因是，殖民主义者到新大陆的口号是"取得土地"和尽量攫取土地上的原始财富。当时土地是丰富的，劳力是昂贵的，殖民主义者掠夺土地财富的标准是以每个劳力为单位而不是以土地面积为单位来计算最大利润的，因而尽量从剥夺天然肥源来满足他们的欲望，他们不愧为破坏土壤肥力的"先锋队"。

（二）"世界经济危机"加速了地力损耗的进程

随着 1929—1933 年号称"世界经济危机"接踵而来的是百分之百的中小农场主经营亏本和破产，他们不得已停用了农业机器，被迫缩减经营面积，紧缩了对肥料和土壤改良的投资，倒退到原始的耕作方法。1 万英亩以上的大农场主，他们把终日辛勤劳动的黑人用血汗创造出来的财富剥夺过来，无耻地算为自己的利润，吹嘘他们没有受到危机的打击，因而农业资本家被他们迷惑了，认为大农场有利可图，他们一方面利用大机器的优点和剥削雇用工人的劳动，一方面竭力排挤中小农场主来扩张他们的经营规模。但是，这种大农场制，连资产阶级土壤学者也不得不承认由于过度的集中，单一作物的连作制，落后的农业技术，以及由于不正常的使用大机器以至违反农业机械技术操作标准而严重地破坏了土壤结构等等，对土壤有着强烈的掠夺性。因之，随着经济危机而来的农场两极分化，加速了土壤肥力损耗的进程。

（三）第二次世界大战后农业衰退的恶果

1. 农业的衰退——伴随着土壤肥力的不断破坏和经常性的农业危机而来的是农牧业生产不断衰退和农牧产品量不断下降。以 1910—1914 年的产量为 100，则 1955 年的粮谷产量为 74.5（其中小麦为 72.8）；饲料玉米为 77.0；马铃薯为 66.6；棉花为 50.0，尤其近几年来这种情况更是突出，如果按人口平均计算，美国农业部门生产的增长速度已大大落后于人口增长的速度。

美国主要作物单位面积产量大大低于其他农业集约化程度较高的国家，例如 1950—1954 年平均每公顷产量，小麦：美国 11.6 公担，丹麦 36.5 公担；玉米：美国 29.1 公担，瑞士 34.5 公担；马铃薯：美国 166.9 公担，荷兰 260 公担。从畜牧业方面来说，按单位面积计算的牲畜密度，美国亦大大低于法国、联邦德国、比利时、荷兰、丹麦等国家。1950—1954 年平均每百公顷农业用地上牛羊头数折成标准牲畜头数：美国为 14；法国为 36；联邦德国为 66；丹麦为 77，荷兰为 103；比利时为 105；猪与家禽：美国为 23；法国为 32；联邦德国为 61；丹麦为 92；比利时为 102；荷兰为 148。美国牲畜产品率也低于其他资本主义国家，如果以 1950—1954 年荷兰乳牛每头平均产量为 100（3 784 公斤），则比利时为 93；丹麦为 91；联邦德国为 72；美国为 64；法国为 53。在每百公顷农业用地上主要畜产品的生产量，以 1953—1955 年平均数字计算，美国为 104（公担下同）；法国为 470；联邦德国为 1 184；丹麦为 1 689；比利时为 1 889；荷兰为 2 522。

2. 农民的贫困和破产——第二次大战以后，美国经常性的经济危机和农业的衰退激减了农民的货币收入。1948—1949年农民所得还低于“世界经济危机”收入水平。据美国1955年的调查资料，占总数四分之一的农民和三分之一的雇用工人的家庭的总收入少于500美元；占总数二分之一的农民的收入少于1 300美元；占总数二分之一的农业工人的收入少于1 040美元；仅18%的农民的收入多于3 000美元。1960年农民的收入预计要比1947年还低40%。美国资产阶级社会学家把两千美元的货币收入称为“贫穷线”，低于这个数目的对健康就不能避免危险的后果。但是，目前绝大部分的农民年货币收入已大大低于这个“贫穷线”了。

农民收入急剧下降的后果，大批中小农场主遭到破产，被迫离开了他们的农场。第二次大战后被驱逐出农场的中小农场主一直在增长。在1930—1940年农户数目仅减少了20万户，但从1945—1954年农户数却减少了100万户以上。1956年4月到1957年4月减少了将近20万人，1959年内离开农场的农户数达到10万以上。这种“淘汰率”无疑的将还继续增长。被驱逐出的农民大多数参加了失业的行列，少数成为流浪的雇用劳动者或季节工人。

3. 中间商人的剥削、捐税、债务等也给了农民沉重的打击。商品生产是美国农业经营的特点，全部农产品通过中间商人如制造商、冷藏商等等才能转到消费者手里。因此，农产品出售价格完全被操纵在大资本家和中间商人的手里，他们可以用各种各样卑鄙手段欺骗农民来贬低产品的价钱，这种例子不胜枚举。据官方统计，农场主在消费者的一块美元中所占份额已从1945年的五角四分减少到1959年的三角九分。同时由于生活必需品价格不断上涨和美元普遍贬值，农民的负担也就愈越沉重。

名目繁多的财产税、所得税等等对农民来说也是一个负担。农民被征收的财产税1956年比1947—1949年平均增加60%。美国土壤学者费纳脱举了这样一个例子说明美国反动政府的无耻和残暴。失去肥力的土地应按标准降低财产税，但是美国反动政府为了“维护”税收，改变了税收标准，提高了税收率。同样，农民负债近年来亦有激增，农民负债总额从1950年到1956年增加了74%，农地抵押负债仅1955—1956年一年中增加了12%。

农民面对生活费用、捐税、债务等的压迫限制了自己对农场的投资。从最近农业机械制造业的生产情况来看，他们倾向于生产价值几千元以上的、适宜于种植园用的大型机械，而对于小型机械的生产由于销售困难，正在下降。据1954年的统计数字，美国有半数农场没有拖拉机。

农民对肥料的投资大大落后于其他资本主义国家，从而加速了地力的损耗。根据1957年的统计资料，几个主要资本主义国家平均每千公顷肥料消耗量，美国居于末位。

国　别	氮（公担）	磷（公担）	钾（公担）
荷兰	179.60	105.22	143.83
联邦德国	61.01	63.08	101.64
英国	43.64	50.94	45.05
丹麦	35.75	39.40	61.99
法国	18.90	31.32	27.19
意大利	16.95	25.93	4.04
美国	9.15	11.27	8.93

4. 佃农问题——第二次大战以来，美国资产阶级土壤学者认为“最麻烦”的一件事就是租

佃制度中的租赁期限问题。第二次大战以前租赁期平均为四年，第二次大战后，情况改变了，许多地区租赁期为一年，所以佃农在一年以内尽量"榨取"土壤肥力后，第二年又转移到另一个农场，他们决不会在短短一年内投入任何收不回来的资金。这种掠夺式的耕作是腐朽的垄断的土地私有权的恶果，更加深了土地肥力损耗的程度。

四、结束语

我们知道，土壤肥力原是无穷无尽的，只要加以合理经营利用，土壤肥力就会不断提高。在社会主义国家里科学和技术的进步是可以提高土壤肥力效能的。很多事例证明不良的土地通过人们的劳动可以改变为肥沃的土地。我国勤劳的农民早已总结出一条宝贵的经验："人勤地不瘦"，"人有多大劲，地有多大力"。但是在资本主义国家里，资本主义的生产关系与合理的农业是不相容的，它束缚了生产力的发展，成为合理化农业最根本的障碍。资本主义的进步是劫夺土地技巧的进步。美国一个历史学家曾经嘲弄过美国的农场主，作为一个矿工比作为一个土地耕作者更要像些，因为他只攫取土壤的财富而不去恢复逐渐丧失着的肥力。但是有的美国资产阶级土壤学者到现在还在利用早已破产的、臭名远扬的"土壤肥力递减律"和由此派生出来的变相的反动的"学说"——"边际收获量说"（意指产量高并不等于增加农民的收入），欺骗被剥削的人民大众。他们企图把资本主义的缺点、局限性和矛盾归咎于自然界，把自然灾害和土地贫瘠等认为是"宿命的、不可避免的"自然现象。这种早已破产了的谬论已经为许多人所批判和被无数的实例加以驳倒，但是他们还在制造新的"理论"为其辩护，这是需要我们注意的。其次我们再来看看美国政府究竟为土壤保持做了哪些事呢？1933年开始修建的所谓"德纳西河流域建设区"曾经是当时的政府竭力宣传的一个巨大的水利建设工程。德纳西水利管理局企图把防洪和发展德纳西河的航运和灌溉结合起来，把建筑蓄洪的水库和建设水力发电站结合起来，以解决全面的发展河流的问题。然而这个工程白白地花费了纳税人无数的金钱和从农场主手里剥夺了很多的土地。这个建设区除了为工业的垄断资本家"造福谋利"外农业上的作用已是"淹没以闻"。又如居住在洪水经常泛滥的密苏里河流域的成千上万的农民和居民，多少年来渴望政府建立一些防洪措施，垄断资本家很想利用这种机会压榨纳税人的钱为自己建立工业动力基地，因此他们提出过一个庞大的预算55亿美元，以致当时最反动的最保守的胡佛委员会亦不得不认为这个计划是惊人的浪费和管理很糟的榜样。我们由此可以总结出，在美国修建农田水利工程的实质是花纳税人的金钱，掠夺农场主的土地来为垄断资本家服务。再次，我们来看看土壤保持局究竟是怎样一回事，美国土壤保持局是反动政府的一个机构，但是由于经费少，困难重重，20多年来毫无建树。某些资产阶级土壤学者指出，中小农场对土壤保持局的工作不感兴趣，因为被驱逐出农场的恶运天天在威胁着他们。大农场主则认为土壤保持局经费太少，不可能做出任何成绩，因而对土壤保持局失去了信心。美国土壤学者费纳脱在他的著作里幻想着在三四十年以后即21世纪初，或者能有所改进。但他是不能理解到最根本的一个问题，就是除非生产关系彻底改变，否则在垄断资本主义制度下，这种幻想是不可能实现的。

我们用马克思的两句名言来结束本文："在农业，像在制造业一样，生产过程之资本主义的转化，是表现为生产者的苦难史。"（马克思，资本论，人民出版社1953年版第一卷，第618页）"资本主义生产方式的这种进步，……首先要把直接生产者转化为完全的赤贫，用这个作为代价，方才得到它。"（马克思，资本论，第三卷，第806页）。

美国垄断组织对农业的层层剥削*

孟庆彭

美国的农业生产由于遭受着各种垄断组织的层层压迫剥削，长期以来处在严重的危机下，生产增长缓慢、滞销农产品不断增加、农产品价格不断下降、广大中小农场主不断破产，没有破产的也入不敷出，负债累累。要了解当前美国农业危机的情况，就必须首先了解这些垄断组织，主要的是：中间商、工业生产、金融资本及作为垄断组织代理人的美国政府。本文将就这四方面对农业剥削和压迫的情况作简单的介绍如下：

一、中间商对农场主的剥削

在每一美元农产品零售价格中，农场主的所得 1940 年为 0.60 美元，1957 年为 0.40 美元。1957 年面包每磅零售价格为 0.19 美元，而农场主只得到 0.025 美元，亦即是在每一美元面包零售额中，农场主仅取得 0.13 美元。但这些还不能充分暴露中间商的剥削情况，必须对农产品每一美元零售额作进一步的分析。表 1 显示了各类农产品每一美元零售的分配百分比：

表 1

	面包和谷物	奶和奶制品	肉类和肉制品	水果和蔬菜
农场主	23.6	47.1	48.2	29.4
掮客	2.9	0.6	1.5	1.5
运输业	8.4	5.0	5.3	20.2
加工工业	42.3	27.6	13.6	13.6
批发商	4.4	5.8	5.4	4.3
零售商	18.4	13.9	26.0	31.0
合　计	100.0	100.0	100.0	100.0

表 1 中掮客、批发商、零售商都是属于中间商的范围，显然，在每 1 美元农产品的零售额中，中间商的收入都占着很大的比重，如面包和谷物类的收入比农场主的还多 9%，水果和蔬菜类则要多 25%。

中间商的垄断，主要是通过低价向农场主购买和高价向消费者出卖来从中取利的。最近十年来，农产品价格指数下降了 24%，而同期农产品的零售价格指数却上涨了 17%，中间商的垄断

* 本文完成于 1961 年。

是造成这种差价日益增大的一个重要原因。

由于食品的买卖不适宜于过分集中在一个商店或一个地区，因此中间商的垄断组织也采取了与工业生产垄断组织不相同的所谓连锁商店和超级商店的形式，一个垄断组织可以有很多食品商店分布在各个地区，每一商店则尽量扩大其经营的部门使分门别类地保有各种食品。1948 年食品批发业连锁商店营业额占批发总额 38%，1956 年更增为 59%；1957 年 10%的零售商店掌握了 67%的食品零售量，十二家大公司在 1956 年零售食品总额为 112 亿美元，几乎占全美国 1955 年消费者向零售食品商店购买总额的 1/3。

中间商的垄断组织，为了保持其高额的利润，不断对中小型商店排斥使破产而为其所并吞。根据纽约州 1926 年调查，饲料和谷物中间商投资的利润率最高的为 16.27%，而有的却是 −13.12%。纽约州布法罗市 1918—1927 十年的统计材料表明：出售农产品的零售商店能存在到十年的只有 5%，95%不到十年就破产了，84.9%存在不到五年，60%存在不到一年，而连锁商店却在逐步增加，1933 年已占到总商店数的 25.2%。在连锁商店这种垄断组织内部的竞争也是十分剧烈的，只有最大的垄断组织才能取得高额的利润，根据 1934 年的材料，规模不到一百家的连锁商店平均赔本 2.2%，100～500 家的（平均 236 家）赚了钱，而 500 家以上的（平均 1 973 家）利润率又为 100～500 家规模的一倍。正因为这样，农产品购销商店的规模在逐年扩大和集中着。从 1905—1954 年，雇用少于五人的购销商店数由占总数 44.3%下降到 37.3%，而雇用 100 人以上的购销商店数则由 5.8%增加到 7.4%。

中间商店不仅用低价买进农产品和高价卖出去来取得利润，而且还常常兼营高利贷放款来对农场主进行剥削，特别是中小型农场主，由于生产条件较差，无法向政府银行及一般商业银行等以较低的利率取得贷款，便只有向中间商及其他私人等借高利贷。田纳西州 1954—1956 平均，中间商向农场主贷款的利率高达 18%，而当地同期商业银行贷款利率只为 7.3%。中间商不仅通过高利贷向农场主剥削，而且也利用高利贷迫使农场主和它订合同，使以较低的价格和规定的数量将农产品卖给它，从而加强了对农场主的控制。中间商对农场主的高利贷和通过贷款加强控制正在不断发展，据美国农业部估计，1958 年商人、掮客、其他私人等对农场主非固定资产贷款已达 35 亿美元，其中仅商人的贷款即高达 10 亿美元之多。

农场主联合起来组织合作社来经营销售业务是在资本主义国家内被宣传为代替或减轻中间商剥削的有效办法，美国在 1944 年就已有运销和购买农产品的合作社 11 171 个，拥有社员 4 378 000 人。但合作社在不同社会制度下的性质是根本不同的，正如列宁在论合作制中指出的：“合社社在资本主义国家条件下是集体的资本主义组织”，它的目的是为了追求利润，并且也采取和其他中间商一样的方法来榨取利润。另一方面，要参加合作社就必须先拿出钱来，而这又只有大农场主才能办到的。因此，虽然在 1939 年参加合作社的农场主已达 22.4%，但其中绝大多数是自耕农和雇用经理的大农场主，表 2 可以看出这种情况：

表 2　参加合作社农场的百分数（1940 年）

	销售合作社	购买合作社	服务性合作社
自耕农	15.4	13.9	13.6
雇有经理的农场	18.5	15.3	13.8
佃农	10.6	9.5	8.6
分成佃农	2.1	1.4	2.6

二、工业对农场主的剥削

工业垄断组织对农场主的剥削，可以分别从农产品加工工业和农业生产资料生产工业两方面来谈。美国农产品加工工业的生产集中，在第二次世界大战后又有了新的发展。1954 年的情况：四家最大的肉类加工厂的产值占到全部肉类加工厂产值的 39%，四家最大的乳品工厂产值占到全部乳品工厂产值的 55%，四家最大的饼干工厂产值占到全部饼干工厂产值的 71%，四家最大的低烟工厂产值占到全部纸烟工厂产值的 82%。这些大垄断组织利用其垄断的地位，压低农产品的收购价格来增加利润，特别是在丰收的年份，更是尽量压价收购。根据长期的统计，农产品增产 20%则价格下降情况为：马铃薯 30%，玉米 31%，小麦 21%，肉用牛 22%，丰收反而使农场主减少收入。与此同时，由于一般农场主缺少储藏等设备，加工厂更利用收获季节农产品大量上市的机会，压价收购，造成所谓季节差价。例如，长期以来，芝加哥小麦 7 月份价格约比 5 月份的低 8%，肥猪批发价格 12 月份约比四月份的低 13%，而这两个价格较低的月份，也正是它们大量上市的月份。

第二次世界大战后，农产品加工垄断组织为了保证其高额的利润，更进一步加强对农场主的控制而大量推行所谓“垂直整体”的办法，直接插手到农业生产部门中去。所谓“垂直整体”是和“水平整体”相对的名词，前者指工业和商业等直接控制农业生产使服从其经营管理的需要，后者指同一部门如农业，加工工业等内部的生产集中和控制。[1]在 1930 年以前，农产品批发商的“垂直整体”是主导力量，一方面控制住零售商，另方面又对农产品加工厂等加以控制，随着食品加工工业垄断的逐渐形成和加强以及零售食品商店“水平整体”——连锁商店的发展，农产品批发商在“垂直整体”中的主导地位已经失去而逐渐让位于农产品加工工业等部门。加工工业通过直接占有农场或通过贷款的方式来控制农场主。当前，大量存在的还是后者，加工工业等通过向农场主提供贷款、生产资料等办法使农场主和它们订立合同，按照加工厂所规定的品种、数量来生产农产品，并以规定的、较低的价格将农产品作为贷款和生产资料的偿付，缴纳给加工工厂。“垂直整体”的发展以养禽业为例，1958 年有 90%的肉用鸡和 20%的蛋是在“垂直整体”控制下，按照合同来生产的，此外，在棉花、肉类等方面也都有很大的发展。

在这些“垂直整体”的控制下，农场主已经失去作为经营管理者的资格，他们不能决定自已生产什么？出卖什么？向谁出卖？一切服从垄断组织的支配，他们在农业生产中的地位，实际上已类似计件工资制的雇佣工人，在“垂直整体”的领导下工作，取得工资。因此，当前美国农业经济学界已经对这样的农场主称为新式的雇农而不再称他们为农场主了。

农产品加工工业中控制着大量产值的一小撮垄断公司，通过上述一系列的剥削，他们的利润是十分巨大的，并在逐年增长着。国民乳制品公司年平均利润从 1939—1945 年的 2 120 万美元增加到 1946—1954 年平均 2 780 万美元；四大肉类加工公司在同期的年平均利润则由 3 430 万美元增加到 4 500 万美元。垄断公司为了维持和增加其利润，就必然在同业中展开剧烈的竞争，排斥中小型企业，仅国民乳制品公司和博登公乳制品公司 15 年来就并吞了 1 500 家与它们竞争的对手。

农业生产资料生产工业也是十分集中的，例如美国饲料制造公司一家提供的商品饲料在 1957 年便达到 3 600 万吨之多；在农业机械工业方面，四家最大的工厂生产了 75%的农业机械。这些垄断企业利用它们对农场主提供生产资料的垄断地位，尽量提高售价来榨取利润。以农业机械的价格指数和农产品的价格指数相比，1910—1914 年的平均价格指数二者各为 100，到 1938 年农产品价格指数为 109，而农业机械的价格指数则为 160。

农业生产资料工业也常常和农产品加工工业联合起来，参加“垂直整体”来加强对农场主的控制和剥削，例如饲料生产公司就常和肉类加工厂联合起来和农场主订立合同，给予贷金，并迫使以高价购买本公司的饲料，农场主则为加工厂提供廉价的牲畜。

经营农产品运输业的集中程度也是提高的，1954 年四家最大的运输公司掌握了 21%的面粉和饲料的运输额，20 家运输公司共掌握了 43%的运输额。运输费用在农产品零售价格中也要占到一定的比重，例如水果和蔬菜的运输费用便占到其零售价格的五分之一以上。

三、金融业对农业的剥削

当前在农场主的收入中，约有 50%是用在生产性支出上的，随着农业中资本主义进一步的发展，随着商品农产品比重的不断增加，农场主需要向场购买的数量也在不断增加。例如农业机械设备价值便从 1948 年平均每农场 1 017 美元增加到 1956 年的平均 2 939 美元，增加达三倍；又据康纳尔大学农学院对纽约州乳牛农场的调查，农场主平均支出从 1907—1947 年增加达 14 倍之多。在垄断组织的操纵剥削下，农场主被迫以高价购买这些产品，而自己的农产品又以低价出售，在这种情况下，农场主为了延缓破产，只能用借债的办法来维持其生产和生活，债台高筑，并不断在增长。1930 年 4 月 1 日农场抵押借债为全部农场资产价值的 19%，1935 年 1 月 1 日升高为 23%；第二次世界大战后更有了新的增长，1946—1956 年十年中，固定资产抵押债务增加一倍，短期债务增加一倍以上；至 1959 年，农场负债总额已达 245 亿美元，为当年农场纯收入的 207.6%。

农场主取得借款的来源主要是与大财团垄断组织有关的私人商业银行、保险公司、中间商、农产品加工工业及私人等，例如 1955 年 1 月 1 日统计，保险公司就放出农场抵押借款的 25.3%，仅摩根财团势力范围的谨慎保险公司在 1948 年就放出 2.16 亿美元的农场抵押借款。农场主为了取得贷款，必须付出高额的利率，例如经营农业机械中间商贷款的利率平均在 9%左右。这些中间商、加工工厂等贷款的资金来源，归根结底，仍是向大垄断商业银行借来的。

由于农场主无法偿还欠款而宣告破产拍卖，为金融资本家所占有，以及由于金融资本直接投资于农业，经营大规模的农业企业，大批农场转为金融垄断组织所有。当前，银行、保险公司和其他垄断组织直接占有 40%以上农地，并通过抵押贷款方式控制了超过 20%的农地。

保险公司对农业千方百计的压榨需要特别加以指出来，一方面它们进行高利贷剥削，并直接投资经营农场，另一方面又用各种欺骗的手段来迫使农场主进行各种保险，付出大量保险费，这也是保险公司掌握大量资金的一个重要来源。当前农业经营上几乎哪一方面都要保险，个人有人寿险，房屋有火险，拖拉机、汽车在公路行走要保险，作物险牲畜险等等。以汽车保险为例，没有保险的汽车便不敢在公路上行走，因为万一和别的汽车相碰，哪怕是很轻微的擦伤，如果对方保了险，便能通过保险公司要求高额的赔偿，每年汽车保险支出便要达到汽车价格的 5%～10%。

垄断金融资本对农场主同时也是对消费者加强剥削的另一新发展是加强对食品零售商店的控制。第二次世界大战以后，特别是 1958 年以来，消费者购买食品不付现款而直接由食品商店将其赊购额转交银行，定期向银行缴付的办法大为发展。至 1960 年，已有 110 家银行经营这种业务，例如，加利福尼亚州约有 27 000 家零售食品商店参加美洲银行的账户扣支计划，约有 200 万户消费者持有该银行的信用卡片，能在上述 27 000 家零售食品商店的任何一家进行赊购，赊购后按月向银行偿付，如过期 25 天未还，要按月付 1.2%的利息。食品商店和银行建立这种账户扣支关系时，除在一开始要向银行缴纳一笔费用，并在以后按月付给一定的手续费外，主要是按季度

根据其营业额的大小将其一部分收入付给银行。每张信用卡一季购买额平均在3.5～4.9美元时，银行从营业额中提取6%，信用卡上购买额愈大，则提取比例相应降低，每当一张信用卡上购买额平均在25～34.99美元时，提取额降为3%。另外，消费者的数目与提取的比例也有关系，当信用卡超过1 000张至25 000张时，可以少扣除1%，超过25 000张扣除比例还可能降低。这种购买食品账户扣支计划，对中间商和银行都是增加利润的办法，食品商店由于推行赊购而扩大了营业额，并能将赊购额随时向银行取得现金而增加了利润，银行则通过营业额提成等而取得食品商店的一部分利润，而这一些增加的利润当然最后还是从消费者和农场主榨取得来的。这种金融资本加强对食品零售商店控制的结果，一方面造成农产品价格的进一步下降和食品零售价格的进一步上涨；另一方面，由于它对食品零售商店根据不同营业额和不同购买者人数提取不同比例金额的办法，对营业额高的和购买者多的商店提取较低比例的营业额，这又助长了零售商店的集中，加速中小型食品零售商店的破产，从而又进一步加强了中间商垄断组织对农场主的剥削。

四、美国政府是垄断组织的代理人

垄断组织支配着美国国家机构，使它在各方面来为垄断利益服务，这在农业方面也是一样，美国政府有关农业的一些措施、法会令等，都是为加强对农业的垄断，为各种对农业进行垄断的组织的高额利润服务的。

美国政府通过一些专门的农业金融机构，贷放一般较中间商、商业银行和其他私人等利率为低的贷款。但由于在贷款时的种种要求和条件，实际上只有大规模的商品性农场才能享受到这种权利。例如，政府金融机关在贷款时必须首先检查农场主的偿付能力、收支平衡情况，抵押是否可靠等，这一些实际在排斥了中小农场主、特别是广大“家庭农场”的取得政府贷款，因为他们对上述条件一般是不具备的。此外，有一些政府金融机关的贷款更是根本不贷给贫苦农民的。例如，联邦土地银行是进行为期三年以上长期贷款的，其目的按照规定应为使农场主能购买土地、改良土壤及购买机器设备等的，但却限制只有本身已经是土地占有者才有这种借款的资格，佃农、雇农和农业工人没有土地，便也不准借款购买土地。正因为这样，广大中小农场主只能被迫以高利贷方式向商人和其他私人等借款。1946—1953年，农场主债务增加一倍，而农场主欠高利贷者的债务则增加了两倍以上。1945年高利贷者集中了农场主抵押借款总额的36.2%，1955年则增为42.1%，农场主还不清高利贷款，便只有宣告破产，沦为农业无产者。美国农场数目不断减少，特别是第二次世界大战后减少更为迅速，15年来已减少120多万个或减少了约五分之一，在这里美国政府的贷款政策是起着一定的推动作用的。

美国政府也说要给低收入的农业工人、雇农和佃农等贷款来使他们定居、购买土地，成为自耕农。这由农场数目不是增加而是不断迅速减少已完全证明了其欺骗性。如果再从这种贷款的具体情况看就更清楚了。雇农购买土地贷款基金最高每年只有5 000万美元，还要扣除机构的各项开支，按平均一户贷款6 000美元，估计最多能有7 000户得到贷款，这无论6 000美元和当前每一中型资本主义农场需要8万～10万美元投资相比是一个微不足道的数字，而7 000户和现存460多万个农场来比也只有千分之一多一点，试问这如何能帮助大批佃农、雇农等来自有农场呢？

美国政府为了扩军备战，迅速增加各种税收，对农场主来说，这种负担也是愈来愈重，1955年农村居民缴纳的联邦所得税竟比1932年增加了216倍，而在这些苛捐杂税方面，也是在尽量照顾垄断组织利益的。从农场主缴纳所得税的情况来看，个人（已婚）经营农场的所得税便比农业公司缴纳的所得税多。例如，同样每年收入60 000美元，个人（已婚）经营农场缴纳所得税要比农业公司缴纳的多96.6%，几乎是后者缴纳数目的一倍。

在生产和消费矛盾不断尖锐化的情况下，美国的“剩余”农产品不断增加，相反地，农产品价格不断下降，美国政府为了农业垄断组织的利润，采取了政府按“平价”收购的政策，[2]当前美国农场主的收入，45%是靠政府收购取得的。政府收购的农产品限在小麦、棉花、玉米、烟草、大米和花生六种，其收购价格和农产品供应数量情况的关系如表3：

表3

市场供应年度开始时“供”的%	价格保证水平不低于1910—1914年同等价格的百分数	
	小麦、玉米、大米、烟草	棉花、花生
超过26%但未达27%	77	79
超过27%但未达28%		78
超过28%但未达29%	76	77
超过29%但未达30%		76
超过30%	75	75

这种已经降低了的“平价”，却还是比急剧下降着的市场价格为高，例如，1956年1月每英斗玉米市场价格为1.15美元，而政府收购价格却为1.58美元。由于只有大农场才能提供大量的商品农产品，80%～85%的商品农产品集中在大农场主手里，而为数超过一半的中小农场却只提供9%的商品农产品；更由于政府在收购农产品时的有意挑剔，要求很高的质量，如必须由联邦检验员检验合格才能收购等，这一些，都使得只有大农场主才能享到按“平价”出售农产品的权利。至于广大中小农场主仅有的一小部分商品农产品，却只能以比政府规定收购价格低得多的价格卖给商业和工业垄断组织，例如粮食售价要低30%～40%，肉类售价要低三分之二左右。

与收购政策相紧密联系着的是限制农业生产的政策和扩大农产品消费额的政策。限制农产品生产的办法当前主要是通过在1956年建立的“土壤银行”来执行的。[3]“土壤银行”的设立，在限制农业生产，就上述政府收购的六种农产品，规定将其中一部分种植面积退出耕作，企图通过缩减耕地面积来限制其产量，促使农产品价格上涨来增加农场主的收入，而由政府对这些减产的农场主于以补贴。1956年退耕1 230万英亩，其中玉米545万英亩，小麦565.4万英亩、棉花111.3万英亩、花生4.37万英亩、水稻2.8万英亩、烟草3.17万英亩。1957年更要求退耕达到2 000万英亩，其中主要是小麦要求达到1 280万英亩。退耕补贴视不同的作物而异，例如小麦及玉米为其价值的60%、棉花为50%、烟草为40%。这种退耕补贴办法，实际上也只是有利于大农场主的，他们一方面将一些贫瘠的土地放弃，另一方面又利用这笔补贴来增加技术设备，在其余耕地上发展生产来增加收入。至于中小型农场主，退耕实际上意味着迫使退出农业生产，正如原来建立“土壤银行”时明确提出的，要求一部分农场主离开农业生产，使其余的能有足够的收入。就退耕补贴办法限制生产的作用看也是可疑的，1957年执行退耕的结果，上述六种作物实际减少面积不是2 000万英亩而是1 600万英亩，而与此同时，不在此限内的作物面积却增加了450万英亩。

美国政府增加农产品消费的政策，在第二次世界大战后主要是结合其对外扩张和侵略的政策来加强农产品的对外倾销，至于在国内推销的一些办法是微不足道的。例如在1929—1933年大危机时开始采用的小学生免费中餐制度，在1958年政府支出仅7 500万美元，而该年有小学生1 360万人，每人每年平均只有5.5元。这种建立小学生免费午餐办法的目的，正如美国农业部1958年出版的年鉴上所说的，只是一种由于政府储藏了过多的农产品，无法出售，而为了处理其即将霉烂一部分产品的措施。与此相反，1959财政年度出口农产品价值高达40亿美元，相当于4 000万英亩农产品的价值。为了加强对“剩余”农产品的外销，美国政府又采取了压价倾销而且政府给予补贴的办法，而这实际又只是增加了生产大量商品农产品的大农场和大农产品加工厂等的利润。

五、结束语

第二次世界大战以来，美国的农业在各种垄断组织的层层压迫和剥削下，农业危机正在进一步发展和加深。一方面是少数垄断组织掌握了大量资本来向广大劳动农民进行剥削，取得高额的利润并不断扩张其垄断组织；另一方面是千百万中小农场主的日益贫困化和破产。一方面是农产品大量“剩余”，每年仅储藏这些“剩余”农产品就要花费政府开支5亿美元；另一方面，据肯尼迪总统宣布：“1 700万美国人每天饿着肚子上床”。在这里，垄断的中间商、农产品加工工业和农业生产资料生产工业、农业贷款组织以及作为垄断组织代理人的美国政府，是造成农业危机不断深化和这些矛盾不断尖锐化的直接原因所在。只有根本上解决这些问题，美国的农业危机才能真正得到解决。

还必须指出，美国当前正在吹嘘其工业生产恢复发展，而就在1929年大危机来到的前夕，也是农业危机首先来到和深化，而工业生产上却暂时地出现了虚假的繁荣现象，然后迅速地爆发全面的大危机的。

注释

[1] 按照美国密勒和柯林等资产阶级教授下的定义，“垂直整体”指生产过程中两个或两个以上环节统一决定生产管理的过程。

[2]“平价”指政府根据农产品上市数量按照1910—1914年工农产品比价的一定百分数来向农场主收购农产品的价格。

[3]“土壤银行”不同于“土地银行”，后者专门经营土地抵押贷款业务的。

农业生产合作社的生产资料公有化形式*

王秉秀　王绍泰　范　澜

我国过渡时期的总任务在农业方面就是通过农业合作化，实现农业的社会主义改造，逐步地改变农业中的生产关系，把生产资料的个体农民所有制，改变为农民的集体所有制。农业生产合作社的生产资料的公有化就是标志着社的社会主义因素的增长，标志着生产资料对个体农民所有制向农民的集体所有制的转变。由于在我国头两个五年计划内，国家还不可能建立大批的农业机器拖拉机站，实行大规模的农业机械化，所以在农业生产合作社中如何合理利用农民原有的生产资料特别是耕畜和大型农具等，对于农民组织起来提高生产，就具有特别重大的意义。同时，在农业生产合作社中，由于农民原有生产资料的处理是关系到农民的经济利益的问题，关系到如何正确地对待农民过去的劳动成果和今后劳动成果的问题，而这个问题又是新、老社员和尚未入社的广大农民群众所深切关怀的，所以处理农民原有的生产资料就必须慎重从事。

把生产资料的个体农民所有制逐步地改变为农民的集体所有制，决不能采用剥夺的办法，而必须是采取自愿联合的办法，采取个人利益与集体利益正确结合的办法。这对于吸引农民参加合作化运动和提高农民的生产积极性，是具有决定性的意义的。斯大林同志曾强调说："……不能把另一种可怜的马克思主义者的意见当作回答，他们以为也许应该夺取政权，并着手剥夺农民中的小生产者，把他们的生产资料公有化，马克思主义者也不能走这条荒谬和犯罪的道路，因为这样的道路就会摧毁任何无产阶级革命胜利的可能，就会把农民抛掷到无产阶级敌人的阵营中。……"（斯大林：苏联社会主义经济问题，人民出版社，第1版，第11页）。

目前在农业合作化运动的实践过程中，由于各地区各阶层农民占有生产资料的比重不同，各地区合作化基础不同，农民的经验和习惯以及觉悟程度等条件都不相同，所以生产资料处理的形式，是多种多样的。

在社初建立时，由于基础薄弱，缺乏牲畜集体饲养和经营管理的经验，农民对私有生产资料的处理存在着怕归公的顾虑，所以初建立的合作社，一般以私有公用较为妥当。这对贫、中农的团结，社的巩固以及对发展生产都是有利的。这正如人民日报社论所指出的："……如果合作社刚刚成立就急于实行生产资料公有，一方面会加重多数社员的负担，一方面会使生产资料较多的社员发生疑虑。既不利于贫农又不利于中农。一般的农业生产合作社初创办时，……耕畜大农具是应当由合作社统一使用的，但是不必急于采用折价归公的办法，而由合作社以合理的代价租用为妥。"（人民日报1955年3月14日社论）但是，由于农业生产合作社实行了土地统一经营和集体劳动，随着生产的发展和组织规模的扩大，它本身就要求农民原来的牲畜农具等主要的生产资料也尽量联合在一起，共同使用，因为在生产资料个人所有的条件下，并不能保证满足共同使用

* 载《北京农业大学学报》第1卷，第1期，1993.10。

的要求，例如有的社员甚至正当农忙季节把牲口牵去作个人副业生产或探望亲戚等，而使社的生产受到一定的损失；也有的社员反映："人在社里忙，牲口在家里闲"。使牲口得不到合理的利用。特别是在合作社扩大和发展了的情况下，这种矛盾更加扩大。这就要求生产资料的占有和使用统一起来，使农民原来个体经营时所使用的牲畜农具在入社后得到合理的利用，以促进生产的进一步发展。

在农业合作化运动中，农民根据不同的经济条件和生产要求，创造了主要生产资料由私有过渡到公有的许多具体办法。这些办法基本上可以归结为以下两种形式：一种是作价收买，其价款由社分期偿还；另一种是作价入股，按劳动力或土地和劳动力的比例平均分摊作为股份金，多余部分分期归还（是否付息民主商定），股份金不足的农民在不影响其生活的条件下从劳动收入中分期扣还补清，特殊贫苦的社员可以酌情少补或免补，股份金在退社时可以带走。

这两种办法的共同点是根据自愿互利和民主协商的原则，使农民原有的生产资料作价入社，作为社的公共财产，由社统一使用，这就解决了私人占有和集体使用的矛盾。这样在自愿的基础上合理地对待农民过去积累的劳动成果。不仅对团结社内生产资料较多的中农是必要的，而且对于吸引社外农民参加合作化运动和鼓励他们更多地积累生产资料与提高生产积极性也是有利的。

其次，这两种办法的另一共同特点，是使生产资料较少的农民从现在和今后的劳动收入中拿出一部分来补偿生产资料多余的农民。这在一定限度上来讲也是必要的合理的，因为这样做在目前无论对贫农和中农都是有利的。首先是中农利益得到了照顾，而贫农也不能算是吃亏，因为缺少牲畜农具的贫农在个体生产时也是要付出相当的代价雇用或以其他换工等方式用别人的牲畜耕地。如北京东郊区南湖渠农业生产合作社社员（贫农）刘程氏说："单干时种地雇套也得花钱，入社后地还得种，摊股份金是合理的，何况一时缴不全股份金，还可以分年缴还哩！"入社后虽仍然付出一些代价，但是从实际收入来看，贫苦农民比入社前的收入还是会增加的。由此可见，这两种形式基本上是符合于半社会主义合作社的性质的，是既能适当地照顾到农民私有制的基础，又适合于社由低级向高级逐步过渡的。所以，目前这两种形式，已根据地区和社本身的条件而逐渐地被采用着。

虽然作价收买和作价入股是生产资料公有化的适当形式，但不等于说这两种形式在实际应用中没有存在着问题和缺点。相反地，某些社由于具体做法的不适当，往往引起贫农吃亏中农不满的现象。因此，分析这两种公有化形式的具体办法，是具有重大意义的。

这两种公有化形式的具体办法，正如前面提到的，是存在着不同的特点的，即一种是作价收买分期还清，另一种是作价入股，多退少补，因而也就产生了一些不同的结果：作价收买的办法，因为生产资料的代价须全部偿还这往往会使合作社的负债过大，对社的巩固发生不利的影响；而作价入股的办法，由于价款不需全部偿还，这就可以大大地减少合作社的负债，而且可以集聚社员的资金以增加社的公共积累，这对社的巩固和发展是有很大作用的。这里，作价入股的股份金虽仍为社员私有，在退社时可以带走，但实质上已是把社员的财产部分地无代价地变为集体所有的财产，所以这种办法就不但易为农民所接受，而且也有利于社的集体所有制的成长。

在偿还的方式上，作价收买的办法主要有以下几种方式：

（1）用公积金来偿还。由于要偿还价款，各社往往扩大公积金的积累。又当建社初期公积金的积累还不够多，一般尚不够偿还，于是有的社又不得不从总收入中抽取弥补。

（2）以折旧方式拿提存的折旧基金来偿还。不够时从公积金或从总收入中抽取弥补。

（3）直接从总产品收入中以生产费用的方式提取偿还。

这三种方式的共同点是：无论用公积金还是折旧提存或者是用生产费形式支付，实际上都是以全社的生产收入中偿还，因而就必然影响社的总收入中按劳动和土地分配的那一部分的减少，从而降低社员的收入。特别是在土地报酬固定的场合，结果就会是谁的劳动日多谁就摊的多，谁的劳动日少谁就摊的少。这样对鼓励社员参加劳动是不能起积极作用的。

作价入股的办法，也有下列几种方式：

(1) 完全按劳动力来分摊股份金。这种方式在土地不分红的社采用，如京郊国有土地上建立的社。

(2) 按劳动力、土地、产量的一定比例分摊股份金。因为目前土地分红还占一定的比例，而各个社员所有牲畜、农具等生产资料的多少又是和他们占有土地的多寡有密切的联系，同时，合作社生产中需要牲畜农具的多少，基本上也是由社内土地的多少决定的，所以，在一般的情况下，按土地面积产量和劳动力的一定比例入股是较为适当的。

(3) 完全按土地入股。这在一般情况下会使土地多的中农不容易接受，但在土地分红较多并取得中农同意的情况下也可采用。

以上三种方式可以根据不同的具体情况分别采用。目前，一般的以第二种方式较好。

股份金入股办法总的来说，是按照农民原来的土地和生产资料的占有情况以及劳动力的多少来分摊一定数额的股份金，每户社员的生产资料作价抵充后逐年的多退少补。这样从合作社的财务上看来，基本上就是每年拿原来生产资料较少的农户所补入的股份金，来补偿给原来生产资料较多的农户，使牲畜农具较多的农民合理地得到一定的代价，而对原来农具较少的农民来讲是逐年进行积累，几年之后就在合作社中可以积累一份财产（股份金）。虽然这一部分资金出社时可以带走，但因可作为公有化的生产资料由社加以无偿的使用，这就大大有助于社的资金积累和扩大再生产；而且生产资料平均入股后的超额部分，基本上不是从合作社当年的总收入中抽取，而是以欠股份金的农民所得的劳动收入中支付，因此也就不会降低单位劳动日的报酬。但是如果社员之间占有生产资料的多少相差悬殊，也可能使中农产生顾虑，贫农感觉到负债不起。因而实行这种办法，必须考虑生产资料较少的贫农每年的偿还能力，以免影响他们的生活。因此除注意劳动力的分摊比例外，尚须考虑偿还期限的长短问题。

作价收卖的办法也需要从偿还期限上来研究。偿还年限一般不宜拖得过长，如果年限太长，就会使生产资料较多的农民觉得没有指望，发生疑虑。如山西解虞中凹庄农业生产合作社社员（中农）武振江有两匹马、一辆大车和一辆轿车，他觉得自己生产资料多，怕作价入社后归还期限拖得太长，日久不还，所以他说："牲口价格最迟也该三年还完"。也会有不少的农民说："再过几年就到社会主义了，还不还那时候再说吧！"这些都充分的说明了农民对偿还年限过长存在着一些疑虑。这些疑虑的存在是会影响社内外农民生产的积极性和合作社本身的巩固与发展的。那么，究竟合作社能不能在较短的三五年内还清呢？一般是比较困难的，因为在建社初期经济力量薄弱，在短期内偿还大批的牲畜农具价款确实是个很大的问题。但是如果不能按期偿还，同样是会使生产资料较多的农民发生意见，影响团结，甚至于使他们感到不安的。如昆明市郊区先锋农业生产合作社副社长说："因为以前我们说过用公积金来还，但是两年内没有还，说了白话，使牲畜农具多的人思想动摇不定。"这种做法显然是不很恰当的。实际上目前不能按期偿还的农业生产合作社并不是个别现象，而一般说来，要求合作社三五年内偿还的期限也是有困难的。要知道，农民原有的生产资料，是多少年来节衣缩食辛勤劳动积累的结果，是逐年添置的，甚至于一部分还是祖先给遗留下来的，绝不是三五年内劳动的成果，因此要求才从农民原来落后的生产基础上组织起来的农业生产合作社，在三五年内就完全把农民原有的生产资料收买过来，这几乎是不可能的。如果一定要在短期内偿还，那就势必会影响到社的经济基础，影响到社员的劳动收入，特别是影响到贫苦农民的收入。其次，从提存折旧费偿还的角度上看，因为一般耕畜和较大的农具都可以用到十几年以上，如果要想三五年内就全部折旧还清，也是不合理的，目前在一些用提存折旧费偿还的合作社中，事实上就产生了由于折旧年限和偿还年限不一致的矛盾，结果是只靠折旧提存不够偿还，如再从生产总收入抽取，则同样地发生上述的不利后果。

作价入股的办法，由于采用社员财产入股的方式，比作价收买的办法就大大的减少了偿还的数额，其多余部分也有可能保证在不太长的时期内偿还，从而避免了作价入社的一些缺点。

由于作价收买的办法，因只靠公务金不够偿还，而必须从生产中抽取，实际上许多合作社就往往在建社初期，不适当地进行过多的公共积累。这就不仅影响了社员的劳动收入，同时在合作社扩大时，还造成了新老社员之间在利益上的一些矛盾。老社员原来认为建社初期是打家底子，多积累一些是应当的，可是在扩大社时情况就不同了。他们认为老社员花费了很大的劳动，才置买了一部分牲畜农具，有了不少的公共财产，可是新社员一入社就同样享受，觉得有些不合理。（当然，公积金部分因为是集体所有的财产，新社员是应当同样享受的）。如山西汾阳贾家庄星光农业生产合作社1954年经过了两年的积累，全社有了4 132元的公共财产，其中有公积金934元，按72户老社员平均，每户57元3角。在合作社扩大时，有的老社员就要求新社员也按户补57元3角，有的老社员主张分掉一部分。总之是大家觉得新社员不补一些是不合理的。如老社员宋树勋说："我们几十户出力受苦才置下的车马、粉坊和成百条猪，一下成了大家的东西了。早入社不如迟入社，越入的迟占的便宜越大。"这些事实充分地说明了新老社员之间是存在着利益上的一些矛盾的。解决新老社员之间的这些问题，固然要不断地加强社员们的社会主义和集体主义的教育，使大家都了解到人多力量大，共同走社会主义富裕的道路的道理是重要的。但是也应该贯彻互利的原则，以克服这些矛盾，使老社员的利益和合作社的扩大正确地结合起来，因为只有让新老社员互不吃亏，才能使老社员对合作社的扩大抱积极的态度，并打消农民怕早入社会吃亏的顾虑，以保证合作化运动迅速顺利地开展。

作价入股的办法，在一定程度上是可以克服新老社员之间的矛盾。因为迟早入社所纳股份金都是同样的标准，所以就不会发生这个问题。例如有些农民说："像供销社一样，大家都入股就不会有新老社员的矛盾了！"但是在采用入股的办法时，必须注意到正确贯彻党在农村中的阶级路线，对贫苦农民应当给予适当的照顾，绝不应因贫苦农民生产资料少，入社时便歧视和排挤他们，绝不能用马上让贫苦农民交出股份金等办法来限制其入社，更不应当错误地认为"贫农经济弱，没法依靠，"这里必须深刻地认识到在合作化运动中贫农是最坚决最可靠的，只有稳稳地依靠贫农，巩固地团结中农才能保证合作化运动的健康发展。在具体办法上，就应该是在保证贫农去逐步提高的基础上，由社员民主协商决定补齐股份金的年限，对特别贫苦的社员必须照顾，解除他们在思想上的顾虑，并使大家认识这样解决是公平合理的，同时必须加强贫中农的团结教育，使农民们认识到合作社是贫中农共同走向富裕的大道。

更值得注意的一个问题是：随着合作社的发展，生产规模的扩大，必须逐渐的使旧的牲畜农具不能适合于大规模的集体生产的要求，而要求以新的生产资料来满足。目前已有很多合作社感到在个体生产时原有的耕畜（毛驴、牛等）工作效率低，不能解决问题，而要求以较大的牲畜来代替。同时新式农具在合作社的生产中也逐渐地将要占着重要的地位，因为生产力的改变首先是生产工具的改变，对生产是具有革新的作用。就单以新式步犁和旧式犁的比较来说，根据1951年在九个省区用新式步犁和旧式犁耕地种植棉花、玉米、高粱、谷子、小麦、大豆等十一种作物的初步试验结果，在同样的栽培条件下，用新式犁耕作比用旧式犁耕作平均可以增加产量16.8%，并且可以提高耕作效率36.8%。这个例子就充分地说明了新式农具对发展合作社的生产是具有重大的作用。那么如何保证合作社有足够的资金来更换大的牲畜和添置新式农具进行扩大再生产呢？当然最主要的方法是依靠合作社公积金的不断积累。但是作价收买社员的生产资料的方法，却每年要把积累的公积金用在偿还社员原有旧的生产资料上，这样就无法保证更换和添置新的牲畜农具，如果要添置，就要更多的从产品的总收入中提取，这样就不仅影响社员的劳动收入，并且会扩大新老社员之间的矛盾。特别重要的是这种办法对扩大再生产不能提供可靠的保证因为按公积金的意义来讲，是应当用在扩大再生产上的，只有保证合作社不断地进行扩大再生产，才能保证社的生产逐渐提高，社员收入不断增加，这才是社与社员最大最长远的利益，并且是符合于国家的利益的。但是把公积金用在偿还旧的生产资料价款上，就会无法保证扩大再生产，违背了原来抽取公积金的精神，也违背了社与社员的长远的利益。那么再看一下生产资料较多的农民得到偿还的价款究竟是拿它来做些什么用途呢？农民由于已经入了社，当然就再不把所得的价款用在购置生产资料上，而是用在生活费用上，这样在整个社会来讲，实质上是把原来的生产资料转化为生活费用而把它消耗掉。如果合作社每年都把应当用作扩大再生产的公积金去偿还社员作为生活费用，这样年复一年的下去，就会使原来的生产资料消耗净尽，新的生产资料积累不起来，这就谈不上扩大再生产了。

作价入股的办法，由于使农民原有的牲畜农具部分的作为股份金而不每年偿还，就可以使农业生产合作社逐年增大公共积累（公积金）并把它正确地应用到扩大再生产上，即用来更换和添置新式农具与较大的牲畜，保证生产的不断提高和社员收入的逐渐增加，这对农业生产合作社的巩固和提高具有极大作用的。

根据以上各方面的分析，可知作价入股的办法是一种比较先进和合理的形式。特别是对于合作社生产的扩大和发展及合作社本身的巩固和提高上都具有重大作用。但是绝对不能就此得出结论，认为这是唯一最好的形式，而不根据具体的情况，不根据农民觉悟程度而盲目推行。这里应该理解：在我国过渡时期中公有化的形式是多种多样的，决不能低估了作价收买在逐步过渡中的作用，也绝不能不顾条件地过急过早地采取公有化的形式。尤其是应当深刻的认识到，合作社究竟应如何处理生产资料的问题是农民自己内部的问题，在这个问题上必须遵守自愿互利的原则，无论任何地区任何时候违反了这一原则，都是会给合作化运动带来严重的损失的。

最后，在采用平均入股的办法时，还应注意：（一）在决定股份金的数额和偿还期限时，应根据合作社的经济条件和农民觉悟程度来决定，既不要使中农产生顾虑，也不要使贫农负担过重而影响生活，同时又要照顾社的巩固和发展，因此股金不宜过多，偿还期不能太短，也不能太长；（二）平均入股的股份金和社员对社的生产投资（包括种子、肥料、现金等），是在性质上截然不同的（虽然这两种都是属于社的自有资金），因此必须在财务核算上明确的划分，不能混淆；（三）生产资料多的社员在其平均入股后的超过部分的每年偿还数，必须与生产资料少的社员平均入股后的不足部分的每年扣除数大致保持平衡，这样可以不致因社对社员的债权债务关系而影响社的生产收支和财务计划。

总之，目前农业生产合作社的巩固工作，正在全面展开，根据各地区不同的经济条件和生产特点，对于生产资料的公有化采取适当的形式，改善新老社员的关系，加强贫中农的团结，贯彻自愿互利的原则，这是从组织上经济上巩固农业生产合作社的重要关键。

对作为估计标准的最小均方误差的几点评论

刘 宗 鹤

本文证明，得自最小均方误差（MMSE）的估计量，对其他标准如皮特曼关于接近真值的估计量的概率（*PN*），或者聚集在真值周围的估计量的概率（*PC*）可能不具有最优性质。本文特别要对缩小最小方差无偏估计量以减少均方误差（*MSE*）的估计量进行详细的研究。由于便于数学运算与某些直观考虑，建议 MMSE 用做初步假设以导出估计量，但它的可接受性应当由更为本质的标准如 *PN* 与 *PC* 加以判断。

一、前言

作为估计标准的 MMSE 的概念可归功于高斯及其关于统计估计问题优异特点的讨论，无疑，如果估计问题是以设定的平方误差估计量作为决策理论的损失逐渐来考查，则标准是有效的。另外，高斯本人在 1809 年致哥廷根皇家统计学会信中观察到这个标准是任意的。

“由 $\int_{-\infty}^{\infty} x\phi(x)\mathrm{d}x$ 的积分值，即 x 的平均值（定义为估计量 x 与参数的真值的离差），不仅我们知道固定误差的存在或不存在，而且也知道这个误差之值；同样，积分 $\int_{-\infty}^{\infty} x^2\phi(x)\mathrm{d}x$，即 x^2 的平均值，一般说，似乎很适宜于定义和测度观察组的不定性。……如果有人认为这个传统用法是任意的，也不必要，我们容易同意这种说法。这里与我们有关的问题同它的本来性质总有点模糊不清，而且由于某些原则本身带有一定程度的任意性，所以实在无法把它弄准。……一开始就是明显的，损失不应当是与所犯错误大小成比例，在这个假设下，由于正误差可考虑为损失，负误差可以考虑为所得；另一方面，损失的大小应当由其值总是为正的误差函数来计算。在满足这个条件的无数个函数中，自然是选择最简单的，无疑就是平方误差，这样就导致我们上面提出的原则。”

卡林（1958 年）也有同样议论：

“对二次损失函数作为估计误差的测度的理由是，由于具有以下两个特征：（ⅰ）在 $a(x)$ 代表 $h(w)$ 的一个无偏估计的情况下，MSE 可以解释为 $a(x)$ 的方差，当然，在古典估计领域中用方差测度变动是具有传统性的；（ⅱ）从技术与数学观点看，平方误差本身导致容易操作与计算。”

因此，过去用的 MMSE 标准，实际上不是由于它与一个给定的问题吻合，而是由于它的简单性与便于数学计算。如同其他方法一样，例如极大似然法、极小卡方法等，我们也可以接受 MMSE 作为提供估计规则的初步假设，并按别的标准求得估计量，再对其性质进行调查。

本研究限于考查为了降低 MSE 就要“缩小”无偏估计量问题。我们按照偏误（B），平均绝对误差（MAE）、均方误差（MSE）、平均四次误差（MQE）以及更为本质的标准如麦特曼

(1937) 关于接近真值的估计量的概率（PN）与聚集在真值周围区间内的估计量的概率（PC），把“缩小”估计量与无偏估计量加以比较。

近来伯克森（1980）与作者本人（1980）在论文的讨论中指出，接受 MMSE 作为估计标准有可能出现不同结果的某些事例。例如，给出的估计量具有较小的 MSE，但当与其他估计量比较时，按更为本质的标准中 PN 与 PC 加以衡量，其效果却不好。这样的异例认为是由于二次损失函数不适当地把重点放在以小概率出现的较大离差上，而最小化 MSE 可以保证估计量中的大的误差出现的次数不致比真值领域中的估计量的聚集程度更大。对这种情况我们在本文要做更详尽的研究。

二、单一参数的估计

设 X 为参数 θ 的一个无偏估计量，且 $V(X)=\sigma^2$。大家熟知这是与二次损失函数有关的，当 $0<c\leqslant 1$，CX 为 θ 的一个可容许的估计量，(见劳，如 1976b)。CX 的 MSE 为

$$E(cX-\theta)^2=\sigma^2[c^2+(1-c)^2\delta^2]\leqslant E(X-\theta)^2 \tag{2.1}$$

当且仅当 $\delta^2\leqslant(1+c)/(1-c)$，这里 $\delta=\theta/\sigma$。因此，如果我们已有 δ 的一些知识，我们可作 c 的适当选择以保证不等式（2.1）。当 $c=\delta^2/(1+\delta^2)$ 就可使 $E(cX-\theta)^2$ 达到最小，而且当 c 已知，则真正 δ 接近 δ_0，我们可以考察估计量

$$X_0=\frac{\delta_0^2}{1+\delta_0^2}X \tag{2.2}$$

它有以下性质

$$E_2=[E(X_0-\theta)^2/E(X-\theta)^2]^{\frac{1}{2}}\leqslant 1\quad 当\ |\delta|\leqslant(2\delta_0+1)^{\frac{1}{2}} \tag{2.3}$$

但性质（2.3）并不保证

$$PN=Pr(|X_0-\theta|<|X-\theta|)\geqslant 0.5 \tag{2.4}$$

对 δ 的相同范围有效。在 $PN\geqslant 0.5$ 与 $E_2\leqslant 1$ 下，缩小因子 $c=\delta_0^2/(1+\delta_0^2)$ 的不同值，以及假定 X 为正态分布，δ_0 的有关值。表 1 给出 δ 的近似值。

表 1 在 $E_2\leqslant 1$ 与 $PN\geqslant 0.5$ 下的不同缩小因子的 $|\delta|$ 值

C	0	0.1	0.2	0.3	0.4	0.5	0.6	0.7	0.8	0.9
δ_0	0	0.33	0.50	0.65	0.82	1.00	1.22	1.53	2.00	3.00
$E_2\leqslant 1$	1.0	1.2	1.3	1.4	1.6	1.8	2.0	2.5	3.0	4.5
$PN\geqslant 0.5$	0.7	0.8	0.8	0.9	1.0	1.1	1.2	1.4	1.6	1.8

表 1 说明（2.4）（即 $PN\geqslant 0.5$）δ 的范围比（2.3）（即 $E\leqslant 1$）δ 的范围小得多。注意选择相应于给定 δ_0 的最优 c 以减少 MSE，即使 $\delta=\delta_0$，并不保证 $PN\geqslant 0.5$，除非 δ_0 低于 1.2（近似数），才能保证 $PN\leqslant 0.5$。因此只有当所估计的参数的真值大约小于 1.2 倍估计标准误时，缩小无偏估计量才是有用的。

如果 σ^2（估计量 X 的方差）未知，而且有一个 σ^2 的估计量 s^2 可用，我们可以定义（2.2）的一个经验式

$$X_e=\frac{(X/s)^2}{1+(X/s)^2}X \tag{2.5}$$

并研究它的运用情况，X_e的MSE与X的MSE的比较已由汤普森用X的不同分布假设作过广泛研究。设想X为正态分布且σ^2已知，我们考察（2.5）的性质。如汤普森所证明的，当（2.5）中的s^2用σ^2来代替，即使f（自由度）为小值，也不可能做出σ^2估计的不同结论。

表2给出以下各值

$$B=\sigma^{-1}E(X_e-\theta),PN=Pr(|X_e-\theta|\leqslant|X-\theta|),$$

$$E_1=\sigma^{-1}\sqrt{\pi/2}E|X_e-\theta|,E_2=\sigma^{-1}[E(X_e-\theta)^2]^{\frac{1}{2}},E_4=\sigma^{-1}[E(X_e-\theta)^4/3]^{\frac{1}{4}}$$

表2　对不同的$\delta=\theta/\sigma$值，估计量$X^3(s^2+x^2)$的E_1，E_2，E_4，$E=\sum E_i$，PN与B的各值

δ	B	E_1	E_2	E_4	E	PN
0.0	−0.005	0.549	0.702	0.813	0.688	1.000
0.5	−0.171	0.757	0.764	0.818	0.780	0.706
1.0	−0.290	0.946	0.893	0.856	0.898	0.565
1.4	−0.344	1.047	0.993	0.919	0.986	0.504
1.5	−0.352	1.066	1.015	0.938	1.006	0.487
2.0	−0.367	1.124	1.097	1.031	1.084	0.444
2.5	−0.350	1.136	1.131	1.094	1.120	0.436
3.0	−0.317	1.124	1.133	1.121	1.126	0.437
3.5	−0.283	1.105	1.118	1.118	1.114	0.444
4.0	−0.252	1.086	1.100	1.102	1.096	0.453
8.0	−0.130	1.026	1.037	1.035	1.033	0.476
10.0	−0.105	1.018	1.028	1.026	1.024	0.480
20.0	−0.055	1.007	1.017	1.015	1.013	0.490
100.0	−0.015	1.003	1.013	1.012	1.009	0.495

由模拟取得。从这里可以看出，仅当$\delta\leqslant1.4$（近似）时，经验的缩小估计量X_e优于无偏估计量X，即当参数估计量的标准误大于70%的参数值。可是除非δ为很小或很大，（2.5）估计量的一个严重缺点可能是具有大的负偏误。

三、方差估计

如果S^2表示来自$N(\mu,\sigma^2)$总体的n个观察值的校正平方和，大家知道，$s^2=S^2/(n-1)$为σ^2的最小方差的无偏估计量。但是$s_2^2=S^2/(n+1)$比s^2有较小的MSE，这时所有σ^2与所有n都一样，所以s^2不可作为MSE标准的σ^2的一个估计量。如何把s_2^2按其他标准来与s^2比较？表3给出不同自由度（$n-1$）的以下各值：

$$B=E(s_2^2-\sigma^2)/\sigma^2$$

$$PN=Pr(|s_2^2-\sigma^2|\leqslant|s^2-\sigma|)$$

$$PC=pr(-\log d\leqslant\log s^2-\log\sigma^2\leqslant\log a)$$

$$PC_2=Pr(-\log a\leqslant\log s_2^2-\log\sigma^2\leqslant\log a)$$

$$E_2=[E(s_2^2-\sigma^2)^2/E(s^2-\sigma^2)]^{\frac{1}{2}}$$

表 3　不同自由度（DF）的 E_2，B，PN，PC 与 PC_2 的各值

D·F (n−1)	E_2	B^*	PN	PC（第一行）与 PC_2（第二行）			
				a=1.5	a=2.0	a=2.5	a=3
1	0.577	0.677	0.221	0.193	0.322	0.413	0.480
				0.123	0.206	0.267	0.315
2	0.707	0.500	0.264	0.290	0.471	0.588	0.667
				0.213	0.349	0.442	0.511
3	0.774	0.400	0.290	0.360	0.571	0.695	0.772
				0.285	0.457	0.566	0.643
4	0.816	0.333	0.308	0.416	0.644	0.768	0.838
				0.345	0.540	0.658	0.734
5	0.845	0.286	0.323	0.463	0.701	0.821	0.883
				0.395	0.688	0.727	0.801
6	0.866	0.250	0.334	0.503	0.747	0.851	0.913
				0.440	0.663	0.780	0.849
7	0.882	0.222	0.346	0.539	0.784	0.888	0.935
				0.479	0.709	0.822	0.885
8	0.894	0.200	0.352	0.570	0.815	0.911	0.951
				0.514	0.747	0.855	0.911
9	0.904	0.182	0.359	0.599	0.840	0.928	0.963
				0.545	0.780	0.882	0.932
10	0.912	0.167	0.365	0.624	0.862	0.942	0.972
				0.574	0.808	0.903	0.947
20	0.953	0.091	0.400	0.793	0.963	0.992	0.998
				0.762	0.945	0.987	0.996
40	0.976	0.048	0.428	0.926	0.996	0.999+	0.999+
				0.912	0.994	0.999+	0.999+

*　缩小因子为（1−B），这里 B=偏误/σ^2。

尽管 E_2 对所有 σ^2 与所有 n 都小于 1 个单位，但可看出在 PN 中，s_2^2 比 s^2 对所 σ^2 与所有 n 其接近 σ^2 的概率一律小于 0.5。同样，$\log s^2$ 比 $\log s_2^2$ 对所有 σ^2 与所有的 n 一律都有较大的聚集概率。因此，缩小无偏估计量 s^2 得出较小的 MSE，但在任何方面并不使估计量更接近 σ^2 的真值。无偏估计似乎比 s_2^2 具有更佳的本质。

可以指出，s^2 的最优缩小值取决于所选损失函数。如果我们不用 MSE，而选用 MQE=$E(cs^2-\sigma^2)^4$ 作为损失函数，则最优 c 为三次方程的解

$$\left(1+\frac{6}{n-1}\right)\left(1+\frac{4}{n-1}\right)\left(1+\frac{2}{n-1}\right)^{c^3}-3\left(1+\frac{4}{n-1}\right)\left(1+\frac{2}{n-1}\right)^{c^2}+3\left(1+\frac{2}{n-1}\right)c-1=0 \tag{3.1}$$

这样得到的估计量由 s_4^2 表示。

另一方面，最优化 c，它使 MAE$=E\mid cs^2-\sigma^2\mid$ 最小，是一个使以下函数

$$(c-1)+2G_{n-1}\left(\frac{n-1}{c}-2cG_{n+1}\frac{n-1}{c}\right) \tag{3.2}$$

最小的因素，这里

$$G_k(a)=\frac{1}{2^{k/2}\Gamma\left(\frac{k}{2}\right)}\int_0^a \mathrm{e}^{-t/2}t^{k/2-1}\mathrm{d}t$$

所得到的估计量可用 s_1^2 表示。

表 4 给出 $E_i=E(|s_i^2-\sigma^2|^i)/E(|s^2-\sigma^2|^+,B_i=E(s_i^2-\sigma^2),PN=Pr(|s_i^2-\sigma^2|\leqslant|s^2-\sigma^2|)$ 与 $PC-PC_i$ 的值，这里

$$PC=Pr(-\log a\leqslant\log s^2-\log/\sigma^2\leqslant\log a)$$
$$PC_i=Pr(-\log a\leqslant\log s_i^2-\log/\sigma^2\leqslant\log a)$$

表 4　不同自由度，$i=1$，4 的 β_1，E_i 与 $PC-PC_i$ 的值

DF	s_1^2							s_4^2						
	E_1	B_1^*	PN	$PC-PC_1$				E_4	B_4^*	PN_2	$PC-PC_4$			
				$a=1.5$	$a=2$	$a=2.5$	$a=3$				$a=1.5$	$a=2$	$a=2.5$	$a=3$
1	0.78	0.577	0.24	0.04	0.07	0.10	0.11	0.32	0.764	0.20	0.11	0.18	0.22	0.25
2	0.85	0.404	0.29	0.04	0.07	0.09	0.10	0.46	0.619	0.23	0.14	0.21	0.24	0.25
3	0.89	0.311	0.31	0.04	0.007	0.08	0.08	0.55	0.523	0.25	0.14	0.20	0.22	0.22
4	0.91	0.252	0.33	0.04	0.06	0.07	0.07	0.61	0.450	0.27	0.14	0.19	0.20	0.18
5	0.93	0.212	0.35	0.04	0.05	0.06	0.05	0.66	0.396	0.28	0.13	0.17	0.17	0.14
6	0.94	0.183	0.36	0.03	0.05	0.05	0.04	0.70	0.354	0.29	0.13	0.16	0.14	0.12
7	0.94	0.161	0.37	0.03	0.04	0.04	0.03	0.73	0.320	0.30	0.13	0.15	0.13	0.09
8	0.96	0.144	0.38	0.03	0.04	0.03	0.03	0.75	0.292	0.31	0.12	0.13	0.10	0.07
9	0.96	0.130	0.38	0.03	0.04	0.03	0.02	0.77	0.268	0.32	0.11	0.12	0.09	0.06
10	0.96	0.118	0.39	0.03	0.04	0.02	0.01	0.79	0.248	0.33	0.11	0.11	0.07	0.05
20	0.98	0.063	0.42	0.02	0.03	0.00	0.00	0.88	0.142	0.37	0.07	0.04	0.01	0.00
40	0.99	0.032	0.44	0.01	0.00	0.00	0.00	0.93	0.077	0.40	0.03	0.00	0.00	0.00

*　最优缩小因子如果为 $(1-B)$，其中 $B=$偏误$/\sigma^2$。

对 $i=1$ 与 4。可以看出 s^2 比按 PN 与 PC 计算的 s_i^2 与 s_4^2 的效果好。其结果不是所期望的，这是由于 i 的分布为右偏，且最小化典型式 $E(cs^2-\sigma^2)^m$ 使估计量离开 σ^2 所在区域且低于 s^2 的众数值。

为什么统计文献把重点放在 σ^2 的估计上而不放在 σ 上，这点是不清楚的，尽管后者在实际中可能是所直接关心的参数。不利的是在估计量与参数的交换的情况下，无偏性与 MMSE 的性质并未保持。例如，σ 的最小无偏估计量为

$$s^* = \left(\frac{n-1}{2}\right)^{\frac{1}{2}} \frac{\Gamma\left(\frac{n-1}{2}\right)}{\Gamma\left(\frac{n}{2}\right)} s = ts \tag{3.3}$$

它与 s 不同，而 σ 的 MMSE 为

$$s_2^* = \left(\frac{n-1}{2}\right)^{-\frac{1}{2}} \frac{\Gamma\left(\frac{n}{2}\right)}{\Gamma\left(\frac{n-1}{2}\right)} s \tag{3.4}$$

它与 s_2 不同，现在

$$E(s^* - \sigma)^2 = \sigma^2(t^2 - 1) > 2\sigma^2\left(1 - \frac{1}{t}\right) = E(s - \sigma)^2 \tag{3.5}$$

故 s 比作为 σ 的估计量的 s^* 有较小的 MSE。

我们要比较 s 与作为 σ 的估计量的 s^* 以及作为 σ^2 的估计量的 s^2 和 $(s^*)^2$ 的有关运算式。表5给出不同自由度的以下值：

$$E_2 = [E(s-\sigma)^2/E(s^* - \sigma^2)]^{\frac{1}{2}},$$
$$PN_1 = Pr(|s^* - \sigma| \leqslant |s - \sigma|),$$
$$PN_2 = Pr(|(s^*)^2 - \sigma^2| \leqslant |s^2 - \sigma^2|),$$
$$PC = Pr(-\log a \leqslant \log s^2 - \log \sigma^2 \leqslant (\log a),$$
$$PC_2 = Pr(-\log a \leqslant \log(s^*)^2 - \log \sigma^2 \leqslant (\log a)。$$

表5　不同自由度的 E_2，PN_1、PC 与 PC_2 的值

DF	E_2	PN_1	PN_2	PC	PC_2	PC	PC_2	PC	PC_2	PC	PC_2
				a=1.5		a=2		a=2.5		a=3	
1	0.841	0.625	0.622	0.193	0.186	0.322	0.313	0.413	0.407	0.480	0.478
2	0.912	0.586	0.585	0.290	0.284	0.471	0.467	0.588	0.590	0.667	0.675
3	0.940	0.570	0.569	0.360	0.356	0.571	0.570	0.695	0.702	0.772	0.784
4	0.954	0.560	0.559	0.416	0.413	0.644	0.646	0.768	0.776	0.838	0.850
5	0.963	0.553	0.553	0.463	0.461	0.701	0.705	0.821	0.829	0.882	0.893
6	0.969	0.549	0.548	0.503	0.502	0.747	0.751	0.859	0.868	0.913	0.923
7	973	0.545	0.545	0.539	0.539	0.784	0.789	0.888	0.896	0.935	0.943
8	0.976	0.542	0.542	0.570	0.570	0.815	0.820	0.911	0.918	0.951	0.957
9	0.979	0.539	0.539	0.599	0.599	0.840	0.845	0.928	0.934	0.963	0.968
10	0.982	0.537	0.537	0.624	0.625	0.862	0.867	0.942	0.947	0.972	0.976
20	0.991	0.526	0.526	0.793	0.794	0.963	0.966	0.992	0.993	0.998	0.998
40	0.995	0.519	0.519	0.926	0.927	0.996	0.997	0.999+	0.999+	0.999+	0.999+

虽然 $E_2 \leqslant 1$ 对所有 σ 与自由度都一样，但是 s 比作为 σ 的估计量的 s^* 有较小的 MSE，PN_1 都一律在0.5以上，以致 s^* 比 s 更常接近 σ。我们关心的是 PN_2，同样一律都在0.5以上，$(s^*)^2$ 比 s^2 更接近 σ^2。尽管 σ^2 的有偏估计量 $(s^*)^2$ 在 MSE 方面存在较高的不容许性，而在 PN 与 PC 方面却比 s^2 具有良好的性质。

由于 X^2 的立方根具有近似正态分布，可能利于比较下式：

$$PC = Pr\left[1-\delta < \left(\frac{s^2}{\sigma^2}\right)^{\frac{1}{3}} < 1+\delta\right] \tag{3.6}$$

$$PC_2 = Pr\left[1-\delta < \left(\frac{s_2^2}{\sigma^2}\right)^{\frac{1}{3}} < 1+\delta\right]$$

下表给出对不同自由度，$\delta=0.1$ 与 0.5，PC 与 PC_2 的各值。

D. F	$\delta=0.1$		$\delta=0.5$	
	PC	PC_2	PC	PC_2
1	0.145	0.093	0.657	0.538
5	0.354	0.306	0.982	0.972
10	0.491	0.456	0.999	0.999
20	0.654	0.632	0.999^{+}	0.999^{+}

可以看出 s^2 比按聚集标准由（3.6）与（3.7）定义的 s_2^2 较好。

四、正或逆回归

考察一对随机变量（θ，y）如

$$Y=\theta+\varepsilon, E(\varepsilon)=0, COV(\theta,\varepsilon)=0, V(\varepsilon)=\sigma_0^2 \tag{4.1}$$

实验上 θ 代表某个量（例如血样的胆固醇水平）的真值，而 Y 为从属于误差的测度。只有 Y 是可观察的，而 θ 则不是，在这种情况问题是给定 Y 以估计或预测 θ。

由（4.1）Y 对 θ 的回归为 θ 本身，所以 θ 的逆回归估计为 Y，它同样是 θ 的无偏估计。另一方面，如果 θ 的无条件分布已知，平均数为（μ），方差为（σ_θ^2），则 θ 对 Y 的回归为

$$\hat{\theta}=\mu+\frac{\sigma_\theta^2}{\sigma_\theta^2+\sigma_0^2}(Y-\mu) \tag{4.2}$$

它提供 θ 的一个正回归估计。实际上，估计程序（4.2）可以从 Y 的过去资料（胆固醇测定），即大量个体（见劳，1973 第 337 页），通过 μ，σ_θ^2 与 σ_0^2 的估计而实现，并将近期资料录入，为估计积累更多的资料。估计量 θ 可识同用二次损失函数与有关事前分布的贝叶斯估计量。

假设一个人的血样已经提交为临床的胆固醇测定，且临床报告其量度为 Y，作为个人血胆固醇的估计，我们应当记录些什么？是 Y 的无偏估计，或者是（4.2）的贝叶斯估计量用一个事前分析的有关估计。在这个主题上有过不少争论，在极少区别的前后关系中，在刻度问题上（见伯克森，1969；霍尔珀林，1970；克鲁奇科夫，1967，1969，1971 与威廉斯，1969）。我们观察这个问题，是在假设事前分布的参数，μ，σ_0^2 及测度误差的方差 σ_0^2 已知，建立起（4.1）为依托的。现在

$$E(\hat{\theta}-\theta)^2=\frac{\sigma_\theta^2\sigma_0^2}{\sigma_\theta^2+\sigma_0^2}\leqslant\sigma_0^2=E(Y-\theta)^2 \tag{4.3}$$

当 $\sigma_0^2\neq 0$ 且严格的不等式成立，以致预测 $\hat{\theta}$ 的均方误差较小。就一般意义说，$\hat{\theta}$ 比 Y 更接近 θ。考察这个问题，我们要在一定 θ 下考虑 Y 与 θ 的分布。

给定 θ 的 MSE 及其 Y 与 $\hat{\theta}$ 为

$$E[(Y-\theta)^2 \mid \theta] = \sigma_0^2 \tag{4.4}$$

$$E[(\hat{\theta}-\theta)^2 \mid \theta] = \sigma_0^2\delta^2(\delta^2+\lambda^2)/(1+\delta^2)^2 \tag{4.5}$$

这里 $(\theta-\mu)/\sigma_0=\lambda$ 及 $\delta=\sigma_0/\sigma_0$。由（4.4）与（4.5）

$$E[(\hat{\theta}-\theta)^2 \mid \delta] \leqslant E[(Y-\theta)^2 \mid \theta] \tag{4.6}$$

当且仅当 $\lambda^2\leqslant(1+2\delta^2)/\delta^2$。则 $\hat{\theta}$ 与 Y 关于 MSE 的效果比较，其 MSE 取决于真值 θ 与事前平均数的离差的大小。当离差很大，$\hat{\theta}$ 的效果比 Y 小。

Y 的估计量为无偏的。而 $\hat{\theta}$ 的偏误为

$$E[(\hat{\theta}-\theta) \mid \theta] = -\lambda\sigma_\theta\sigma_0^2(\sigma_\theta^2+\sigma_0^2) \tag{4.7}$$

所以 θ 的大值为低估的，而 θ 的小值则为高估的。

表 6 对 δ 与 λ 的不同组合，给出 E_2 与 PN 的值

$$E_2 = [E\{\mid(\hat{\theta}-\theta)^2 \mid \theta\}/E(Y-\theta)^2]^{\frac{1}{2}}$$

$$PN = Pr(\mid \hat{\theta}-\theta \mid < \mid Y-\theta \mid)$$

表 6　λ 与 δ 的不同组合，E_2（第一项）与 PN（第二项）的值

δ	λ					
	0.5	1.0	1.5	2.0	2.5	3.0
0.5	0.283 0.835	0.447 0.679	0.632 0.535	0.825 0.411	1.020 0.308	1.217 0.226
1.0	0.559 0.742	0.707 0.528	0.919 0.375	1.118 0.275	1.346 0.209	1.581 0.160
1.5	0.729 0.673	0.832 0.460	0.979 0.353	0.154 0.294	1.136 0.248	1.548 0.207
2.0	0.825 0.615	0.894 0.435	1.000 0.371	1.131 0.329	1.281 0.290	1.442 0.253
2.5	0.879 0.565	0.928 0.433	1.005 0.391	1.104 0.356	1.219 0.322	1.346 0.290
3.0	0.912 0.535	0.949 0.439	1.006 0.407	1.082 0.376	1.171 0.346	1.273 0.318
5.0	0.966 0.481	0.980 0.461	1.004 0.442	1.035 0.432	1.075 0.403	1.121 0.384
10.0	0.991 0.490	0.995 0.480	1.001 0.470	1.010 0.461	1.020 0.451	1.033 0.441
15.0	0.996 0.493	0.997 0.487	1.000 0.480	1.004 0.474	1.009 0.467	1.015 0.466

表 6 中按以下区域加以划分（ⅰ）$E_2<1$，$PN>0.5$，（ⅱ）$E_2<1$，$PN<0.5$ 与（ⅲ）$E_n>1$，$PN<0.5$。可以看出，当误差的测度较大，真值接近事前分布的平均数，θ 用得比 Y 好。但

是如果由事前平均数形成大的离差的估计正确程度更重要（应当如同血的胆固醇估计问题一样），应当取Y而不取$\hat{\theta}$。

五、两个参数的联合估计

设$X_1 \sim N(\theta_1, \sigma^2)$，$X_2 \sim N(\theta_2, \sigma^2)$与$fs^2 \sim \sigma^2 x^2(f)$为独立随机变量，并考虑以下$\theta_1$，$\theta_2$的估计：

$$t_1 = \frac{X_1 + X_2}{2} + c\,\frac{X_1 - X_2}{2} \tag{5.1}$$

$$t_2 = \frac{X_1 + X_2}{2} + c\,\frac{X_2 - X_1}{2} \tag{5.2}$$

作为无偏估计量X_1与X_2的交替指标。则

$$E(t_i - \theta_i)^2 = \sigma^2\left[\frac{1+c^2}{2} + \frac{(1-c)^2\delta^2}{4}\right], i = 1,2 \tag{5.3}$$

与期望复合二次损失式（ECQL）为

$$E\sum_1^2 (t_i - \theta_i)^2 = \sigma^2\left[1 + c^2 + \frac{(1-c)^2\delta^2}{2}\right] \tag{5.4}$$

这里$\delta = (\theta_1 - \theta_2)/\sigma$。（5.4）式当$c = \delta^2/(2+\delta^2)$时达到最大。由于$\delta^2$未知，我们可考虑（5.1）与（5.2）的经验式。

$$t_1^{(e)} = \frac{X_1 + X_2}{2} + \frac{(X_1 - X_2)^2/s^2}{2 + (X_1 - X_2)^2/s^2}\,\frac{X_1 - X_2}{2}$$

$$t_2^{(e)} = \frac{X_1 + X_2}{2} + \frac{(X_1 - X_2)^2/s^2}{2 + (X_1 - X_2)^2/s^2}\,\frac{X_2 - X_1}{2}$$

我们把$t_1^{(e)}$与$t_2^{(e)}$同X_1与X_2比较，假设σ^2已知，照顾以下标准：

$$B_1 = \sigma^{-1}(t_1^{(e)} - \theta_1), B_2 = \sigma^{-1}(t_2^{(e)} - \theta_2),$$

$$PN = \frac{1}{2}[Pr(\mid t_1^{(e)} - \theta_1 \mid \leqslant \mid X_1 - \theta_1 \mid) + Pr(\mid t_2^{(e)} - \theta_2 \mid \leqslant \mid X_2 - \theta_2 \mid)]$$

$$E = (E_1 + E_2 + E_4)/3$$

这里

$$E_1 = \sigma^{-1}\ \sqrt{\pi/2}\left(\frac{1}{2}E \mid t_1^{(e)} - \theta_1 \mid + \frac{1}{2}E \mid t_2^{(e)} - \theta_2 \mid\right)$$

$$E_2 = \sigma^{-1}\left[\frac{1}{2}E(t_1^{(e)} - \theta_1)^2 + \frac{1}{2}E(t_2^{(e)} - \theta_2)\right]^{\frac{1}{2}}$$

$$E_4 = \sigma^{-1}\left[\frac{1}{6}E(t_1^{(e)} - \theta_1)^4 + \frac{1}{6}E(t_2^{(e)} - \theta_2)^4\right]^{\frac{1}{4}}$$

表7用1 000个样本作为模拟研究的基础，对不同$\delta = (\theta_1 - \theta_2)/\sigma$的值给出$E_1$，$E_2$，$E_4$，$E$，$PN$与$B_1$，$B_2$的各值。可以看出用$t_1^{(e)}$与$t_2^{(e)}$的$\theta_1$，$\theta_2$的联合估计比用$X_1$与$X_2$有许多优点，当$\delta \leqslant 2$时（近似地），即只要所估参数估计量的标准差别并不比单一参数估计量的大2倍。

表 7　对 $\delta=(\theta-\theta_2)/\sigma$ 的不同值的 $t_1^{(e)}$ 与 $t_2^{(e)}$，其 E_1，E_2，E_4，B_1，B_2 与 PN 的各值

δ	B_1	B_2	PN	E_1	E_2	E_4	E
0	−0.027	0.005	0.702	0.854	0.864	0.872	0.863
0.5	0.052	−0.132	0.674	0.871	0.871	0.878	0.873
1.0	0.121	−0.164	0.635	0.894	0.887	0.883	0.888
1.5	0.216	−0.145	0.567	0.962	0.956	0.954	0.957
2.0	0.257	−0.259	0.517	1.013	0.998	0.976	0.996
2.5	0.269	−0.277	0.465	1.041	1.029	1.000	1.023
3.0	0.199	−0.243	0.475	1.046	1.045	1.041	1.044
3.5	0.279	−0.234	0.455	1.087	1.064	1.037	1.061
4.0	0.229	−0.251	0.442	1.087	1.083	1.080	1.083
5.0	0.188	−0.132	0.454	1.037	1.034	1.023	1.031
6.0	0.207	−0.181	0.465	1.027	1.029	1.025	1.027
7.0	0.197	−0.118	0.468	1.042	1.040	1.049	1.044
8.0	0.085	−0.102	0.491	1.022	1.018	1.010	1.017
9.0	0.070	−0.108	0.490	1.015	1.024	1.029	1.023
10.0	0.097	−0.105	0.485	1.006	1.009	1.025	1.013

以上分析提出一个有点不同的问题，即在估计地区参数时关于探查与消去异样观察值的问题。假设我们从 N（μ，σ^2）总体中得到 N 个观察值，平均数为 $\overline{X}$ 且有 M 个异样观察值来自 N（v，σ^2）总体，平均数为 $\overline{Y}$。让我们忽视 $\overline{Y}$ 是一个混杂（污染）观察值这个事实，且由 $\hat{\mu}=$（$N\overline{X}+\overline{MY}$）/（$N-M$）来估计 μ。由 $v-\mu=\delta\sigma$，则

$$E(\hat{\mu}-\mu)^2=\frac{\sigma^2}{N+M}\Big(1+\frac{M^2\delta^2}{N+M}\Big)<\frac{\sigma^2}{N}=V(\overline{X})$$

如果 $\delta^2<M^{-1}+N^{-1}$，当 $\delta\leqslant 1$ 与 $M=1$ 时，不管 N 如何上式总是真的。因此，按照 MMSE 标准有利于包括一个来自平均数比所估计的参数可能差一个标准差的总体的异样观察！

六、多个参数的估计

设 $X_i\sim N$（θ_i，σ^2），$i=1$，…，p 与 $fs^2\sim N\sigma^2X^2$（f）为独立随机变量，这里（θ_1，…，θ_p）$=\theta'$为一个不变向量参数。詹姆斯与斯坦（1961）已找到值得注意的结果，当 $p\geqslant 3$，这里存在统计量

$$T_i=T_i(X_1,\cdots,X_p,s^2),i=1,\cdots,p \quad (6.1)$$

使

$$E\left[\sum(T_i-\theta_i)^2\right]<E\left[\sum(X_i-\theta_i)^2\right] \quad (6.2)$$

所有 θ_i 相同，这是指 $X'=$（X_1，…，X_p）可作为 θ 的估计量，这也与 CQL 函数（复合二次损失函数）有关。(6.2) 的结果是同时用回答许多可能无关问题的办法来获得概念。大家知道，并不存在用 t_i 代替 X_i 的统计量，使

$$E(t_i-\theta_i)^2<E(X_i-\theta_i)^2, i=1,\cdots,p \tag{6.3}$$

所有 θ_i 相同，以致 ECQL 普遍缩小，可能对某些能数增加 MSE，而对其他参数则减少 MSE 甚多。让我们详细观察这种现象，我们要考虑由詹姆斯与斯坦提出的其他 θ_1，…，θ_p 型联合估计，并且研究个体估计量的运用情况。

我们特别考虑 θ_1，…，θ_p 的以下类型：

$$T_{1i}=bX_i, i=1,\cdots,p \tag{6.4}$$

$$T_{2i}=a+b(X_i-a), i=1,\cdots,p \tag{6.5}$$

$$T_{3i}=a+b_i(X_i-a), i=1,\cdots,p \tag{6.6}$$

可用向量符号 T_1，T_2 与 T_3 表示。

现在

$$E[\sum(T_{1i}-\theta_i)^2]=pb^2\sigma^2+(1-b)^2\sum\theta_i^2 \tag{6.7}$$

$b=v^2/(1+v^2)$ 本式达到最小值，这里 $v^2=\sum\theta_i^2/p\sigma^2$。如果 v 已知，则（6.4）型的最优估计量为

$$T_1=\left(1-\frac{1}{1+v^2}\right)X \tag{6.8}$$

及 ECQL 为

$$E[\sum(T_{1i}-\theta_i^2)]=p\sigma^2\frac{v^2}{1+v^2}\geqslant p\sigma^2=E[\sum(x_i-\theta_i)^2] \tag{6.9}$$

个体估计量的 MSE 为

$$E(T_{1i}-\theta_i)^2=\sigma^2(v^4+v_i^2)/(1+v^2)^2 \tag{6.10}$$

这里 $v_i=\theta_i/\sigma$。如果 $v_i^3>2v^2+1$ 表示 T_1 型的联合估计量的可能性，上式大于 X_i 的 MSE，与较小的参数比较，参数越大估计的效果越小。

如果 v^2 未知，我们可能由 $cs^2/\sum X_i^2$ 来估计 $1/(1+v^2)$，这里 c 为适当的常数，且得到（6.8）的经验式

$$T_1^{(e)}=\left(1-\frac{cs^2}{\sum X_i^2}\right)X \tag{6.11}$$

当 $p\geqslant 3$，由最小化（6.11）的 ECQL 得到的最优选择 c 为 $f(p-2)/(f+2)$，导出詹姆斯与斯坦估计量

$$T_1^{(e)}=\left[\left(1-\frac{f(p-2)}{(f+2)}\frac{s^2}{\sum X_i^2}\right)\right]X \tag{6.12}$$

詹姆斯与斯坦已证明 $p\geqslant 3$

$$E[(T_1^{(e)}-\theta)^1(T_1^{(e)}-\theta)]=p\sigma^2-\frac{f(p-2)^2\sigma^2}{(f+2)}E[(2K_1+p-2)^{-1}] \tag{6.13}$$

这里 K 是参数为 $v^2/2$ 的泊松变量。对所有 v（6.13）式比 $p\sigma^2$ 小。乌拉里（1974）计算个体估计量的偏误与 MSE。

$$\sigma^{-1}E(T_{1i}^{(e)}-\theta_i)=-\frac{(p-2)f}{f+2}v_iE[(2K_1+P)^{-1}] \tag{6.14}$$

$$\sigma^{-2}E(T_{1i}^{(e)}-\theta_i)^2=1-\frac{f(p-2)^2}{2(f+2)}\left[(1+g)E\{(2K_1+p-2)^{-1}\}-\left(1+\frac{pg}{p-2}\right)E\{(2K_1+p)^{-1}\}\right]$$

这里

$$g=[(p+2)\theta_i^2-2\sum\theta_i^2]/\sum\theta_i^2 \tag{6.15}$$

同样，(6.5) 型的最优估计量为

$$T_{2i}=\bar{\theta}+\left(1-\frac{1}{1+^2}\right)(X_i-\bar{\theta}),i=1,\cdots,p \tag{6.16}$$

这里 $\bar{\theta}=(\theta_1+\cdots+\theta_p)/p$ 与 $\eta^2=\sum(\theta_i-\bar{\theta})/p\sigma^2$。$T_2$ 的 ECQL 在 (6.15) 中为

$$p\sigma^2\left(\frac{\eta^2}{1+\eta^2}\right)\leqslant p\sigma^2\left(\frac{v^2}{1+v^2}\right)\leqslant p\sigma^2 \tag{6.17}$$

所以如果 $\bar{\theta}$ 与 η^2 已知，进一步通过 X 与 T_1 改进 ECQL 是有可能的。个体估计量的 MSE 为

$$E(T_{2i}-\theta_i)^2=\sigma^2(\eta^4+\eta_i^2)/(1+\eta^2)^2 \tag{6.18}$$

这里 $\eta_i^2=(\theta_i-\bar{\theta})^2/\sigma^2$。(6.18) 式大于 σ^2，X_i 的 MSE，如果 $\eta_i^2>2\eta^2+1$ 是指 T_2 型的联合估计存在的可能性，与相应的无偏估计量比较，极大的参数有较小的估计效果，而中等参数更为有效。

如情况 T_1，当 $P\geqslant4$，我们可分别用 $\overline{X}$ 与 $(P-3)fs^2/(f+2)$ $[\sum\overline{(X_i-X)^2}]$ 估计 $\bar{\theta}$ 与 $1/(1+\eta^2)$，并且得到 T_2 的经验式。

$$T_{2i}^{(e)}=\overline{X}+\left[1+\frac{f(p-2)}{(f+2)}\frac{s^2}{\sum(X_i-\overline{X})^2}\right](X_i-\overline{X})\quad i=1,\cdots,P(\geqslant4) \tag{6.19}$$

可以证明（埃罗与莫里斯，1971，1972a，劳，1976a）

$$E\{(T_2^{(e)}-\theta)'(T_2^{(e)}-\theta)\}=p\sigma^2-\frac{f(p-3)^2\sigma^2}{(f+2)}E\{(2K_2+p-3)^{-1}\} \tag{6.20}$$

这里 K_2 为带有参数 $\eta^2/2$ 的泊松变量。(6.20) 式小于 $p\sigma^2$，使 $T_2^{(e)}$ 一律优于与 ECQL 有关的 X。劳与夏洛兹克 (1978) 已证明个体估计量

$$E(T_{2i}-\theta_i)=\frac{-f(p-3)}{(f+2)}(\theta_i-\bar{\theta})(E\{(2K_2+p-1)^{-1}\} \tag{6.21}$$

$$E(T_{2i}-\theta)^2=\sigma^2-\frac{f(p-3)^2\sigma_0^2}{2(f+2)}\times[(c+d)E\{(2K_2+P-3)^{-1}\}$$

$$-\frac{c(p-3)+d(p-1)}{(p-3)}E(2K_2+p-1)^{-1}]$$

这里 $c=(p-1)/p$，$d=\{(p+1)(\theta_i-\bar{\theta})^2\}\cdot\frac{2(p-1)}{p}\Big/\sum(\theta_i-\bar{\theta})^2\Big/\sum(\theta_i-\bar{\theta})^2$

最后，(6.6) 型的最优估计量为

$$T_{3i}=\bar{\theta}+\frac{\theta_i-\bar{\theta}}{(\theta_i-\bar{\theta})^2+\sigma_0^2}(X_i-\bar{\theta}),i=1,\cdots,p \tag{6.22}$$

而其经验式为

$$T_{3i}^{(e)}=\overline{X}+\frac{(X_i-\overline{X})}{(X_i-\overline{X})^2+s^2}\qquad i=1,\cdots,p \tag{6.23}$$

计算 $T_3^{(e)}$ 的 ECQL 或 $T_{3i}^{(e)}$ 的 MSE 是困难的。

估计量 $T_1^{(e)}$ 与 $T_2^{(e)}$ 的有关运用，以及参数值的范围，就其个体 $T_1^{(e)}$ 与 $T_2^{(e)}$ 估计量来说优于 X 估计量，已为劳与夏洛兹克 (1978) 所考察。表 8 包含若干个样本为基础的模拟结果，这些样本是为了估计 4 个参数 $\theta_1=a\sigma$，$\theta_2=(a+b)\sigma$，$\theta_3=(a+2d)\sigma$，与 $\theta_4=(a+3d)\sigma$ 的不同 a 与 d 的组合，设 σ 已知，即由 σ^2 代替 (6.12) 与 (6.19) 中的 $fs^2/(f+2)$，以求，$T_2^{(e)}$ 与 $T_3^{(e)}$。假设自由度不小，如果用随机变量 s^2，就使主要的结论保持相同。

表 8　不同的 $\bar{\theta}/\sigma$ 与 d 组合，T_1，T_2 与 T_3 型的估计量的 E_2，PN 与 B 的各值

$\frac{\bar{\theta}}{\sigma}$	$\underline{d}$		E_2				PN				βiae			
			θ_1	θ_2	θ_3	θ_4	θ_1	θ_2	θ_3	θ_4	θ_1	θ_2	θ_3	θ_4
1.25	0.5	T_1	0.835	0.884	0.955	1.069	0.770	0.589	0.479	0.440	0.094	−0.183	−0.297	−0.410
		T_2	0.927	0.863	0.864	0.950	0.634	0.766	0.751	0.620	0.197	0.079	−0.067	−0.209
		T_3	0.761	0.614	0.613	0.771	0.692	0.727	0.723	0.692	0.246	−0.092	0.105	0.232
2.00	1.0	T_1	0.919	0.947	0.985	0.953	0.793	0.521	0.446	0.453	0.041	−0.123	−0.215	−0.304
		T_2	1.004	0.912	0.914	1.010	0.500	0.739	0.721	0.510	0.217	0.078	−0.074	−0.220
		T_3	0.814	0.688	0.693	0.816	0.652	0.712	0.704	0.645	0.028	0.015	0.019	−0.033
2.75	1.5	T_1	0.950	0.972	0.993	1.030	0.800	0.478	0.456	0.466	−0.022	−0.088	−0.157	−0.230
		T_2	1.015	0.949	0.950	1.076	0.476	0.696	0.662	0.480	0.175	0.061	−0.059	−0.177
		T_3	0.901	0.793	0.802	0.899	0.575	0.626	0.612	0.570	0.160	0.005	−0.006	−0.159
3.50	2.0	T_1	0.972	0.983	0.995	1.019	0.912	0.462	0.465	0.476	−0.013	−0.068	−0.127	−0.183
		T_2	1.011	0.969	0.970	1.012	0.482	0.646	0.597	0.482	0.139	0.048	−0.047	−0.140
		T_3	0.967	0.888	0.894	0.964	0.521	0.486	0.477	0.524	0.224	0.008	−0.011	−0.220
7.00	4.0	T_1	0.993	0.997	0.999	1.004	0.651	0.464	0.481	0.488	−0.057	−0.030	−0.065	−0.092
		T_2	1.003	0.991	0.992	1.003	0.501	0.536	0.500	0.492	0.073	0.025	−0.624	−0.073
		T_3	1.054	1.035	1.035	1.056	0.465	0.199	0.201	0.469	0.229	0.000	−0.001	−0.226

对 $\bar{\theta}\sigma$ 与 d 的每种组合，表 8 在第一行 $T_1^{(e)}$，第二行 $T_2^{(e)}$，第三行 $T_3^{(e)}$ 给出 E、PN 与 B 的值，这里

$$E = [E(t_i - \theta_i)^2 / E(X_i - \theta_i)^2]^{\frac{1}{2}}$$

$$PN = Pr[\mid t_i - \theta_i \mid \leqslant \mid X_i - \theta_i \mid]$$

$$B = E(t_i - \theta_i)$$

在埃罗与莫里斯（1971，1972a，b，1973a，b）、劳（1975a，1975b，1975c，1977），劳与夏洛兹克（1978）以及现在模拟研究基础上，得出以下主要结论：

(a) 当参数值的全距很小，用 $T_2^{(e)}$ 与 T_3^{e} 有许多优点，而当参数值的全距较之无偏估计标准误为小时，用 $T_1^{(e)}$ 也有许多优点。

(b) 当参数全距大时，$T_1^{(e)}$ 与 $T_2^{(e)}$ 两者与 X 具有同样性质。但 $T_3^{(e)}$ 的运用却不确定。

(c) 当参数全距中等大小时，$T_1^{(e)}$ 对带有较小值的参数给出较高正确性，这是以牺牲大值参数给出较低正确性为代价的。在 $T_2^{(e)}$ 与 $T_3^{(e)}$ 情况，大值参数的正确性受到损失是由中等值的正确性增加来补偿的。

(d) 使用估计量 $T_1^{(e)}$，$T_2^{(e)}$ 与 $T_3^{(e)}$ 的缺点，对 X 说是这些估计量存在偏误。在 $T_1^{(e)}$ 情况，较大参数值有很大偏误，而 $T_2^{(e)}$ 与 $T_3^{(e)}$ 情况、参数的数值有很大偏误。有很多情况，偏误在估计量中可能有以下很严重的结果。

假设有 4 个地区需要对某一特征定期进行估计，而共有的某些资源与 4 个地区的特征值成比例。如果每次用上 $T_1^{(e)}$，$T_2^{(e)}$ 与 $T_3^{(e)}$ 三型，在长期中，有的地区是以牺牲别的地区得到好处的（劳，1977，1979）。

在某些情况中，个别参数可能不是直接关心的，但某一线性组合都可能是重要的。如果 $c'\theta=c_1\theta_1+\cdots+c_4\theta_4$ 是一个所要估计的线性组合，是否应当用 $c'X$ 或 $c'T_1^{(e)}$ 或 $c'T_2^{(e)}$ 或 $c'T_3^{(e)}$ 来估计？很自然，回答取决于向量 c（劳，1975b，1975c），而 $T_1^{(e)}$，$T_2^{(e)}$ 与 $T_3^{(e)}$ 关于单一标准如 CQL 的最优性质并不保证其在实用中不同方面的效果。如果是多种用途、最优计划将放在作为 θ 估计量的 X 上（与估计 σ^2 用在一起），留给使用者做出 X 的任一最优选择，这取决于所研究的特定问题。

注 1，在多元分析中，为了遗传选择的目的，由史密斯（1936）、哈泽（1943）与劳（1953）在费希尔提出的概念基础上，在更一般的条件下所建立的 T_2 型估计量，可能是历史上注意的一个问题。问题如下：设（θ_1，y_1，…，y_m）为表示不可观察的遗传值 $\underline{\theta}$以及重复独立显形向量的个体测度 y_1，…，y_m 的（$m+1$）维向量变量。变量的关系由模型表示为

$$\underline{y_i}=\underline{\theta}+\underline{\varepsilon_i},i=1,\cdots,m \tag{6.24}$$

个体的遗传值由线性函数$\underline{g}'\theta$ 测定。假设已从总体观察到 p 个个体，并具有显性测度。

$$\underline{y_{1j}},\cdots,\underline{y_{mj}},j=1,\cdots,p \tag{6.25}$$

估计个体的遗传值$\underline{g}'\theta_1$，…，$\underline{g}'\theta_p$ 的最优方法是什么？在此之前先要把这些个体加以分级，并按一定比例选择带有最大遗传值的个体。如果$\underline{g}'_j$ 表示测度（6.25）对个体 j 的平均数，则$\underline{gy}'_j$ 为$\underline{g}'\theta_j$ 的一个无偏估计。但是费希尔提出作为适当的选择指数的$\underline{g}'\underline{\theta_j}$ 对 $\bar{g}j$ 的回归。这个指数包括 $\mu=E(\theta)$，$T=COV(\theta,\theta)$，$\Delta=COV(\bar{\underline{\varepsilon}},\bar{\varepsilon})$ 的知识，这里$\bar{\underline{\varepsilon}}=m^{-1}\sum\underline{\varepsilon_i}$。$\underline{g}'\underline{\theta}j$ 的回归估计为$\underline{g}'\hat{\underline{\theta}}_j$

$$\hat{\underline{\theta}}_j=u+[1-\Delta(\Gamma+\Delta)^{-1}](\underline{\bar{y}_j}-\underline{\mu}) \tag{6.26}$$

由（6.25）资料的方差与协方差的多元分析，我们得到离差矩阵 **B** 和 **W**，作为个体之间与个体内分别带有自由度（$P-1$）与 $f=m$（$p-1$）做出（$\gamma+\Delta$）的 $B/$（$p-1$）以及 Δ 的 W/mf 的估计。则（6.26）的一个经验式为

$$\hat{\underline{\theta}}_j=\underline{\bar{y}}+\left[1+\frac{p-1}{mf}WB^{-1}\right](\underline{\bar{y}_j}-\underline{\bar{y}}) \tag{6.27}$$

这里 $p\,\underline{\bar{y}}=\sum\bar{y}_j$。(6.27) 公式的详细推导在劳（1953），第 237～238 页书中给出。当所有变量为一维的，(6.27) 与（6.19）中的 $T_{2j}^{(e)}$ 相同（除开乘 $\alpha(p-1)/f$ 由（$p-3$)($f+2$）代替外）。在 1953 年论文中，劳也考虑了关于 T 矩阵的等级假设检验以及回归估计的效果等许多分布问题。

应当注意回归估计量（或经验贝叶斯估计量）$\underline{g}'\underline{\theta_j}$ 是适宜于选择问题的，这里所选个体子集的总遗传值必为最小者。在这种情况，大家知道，取得观察个体的最优顺序是用做选择指数的遗传值回归的显性测度（见科克伦，1951 与享德森 1963）。如果为了其他目的，对每个个体遗传值加以评价，这可能需求个体估计量的正确性相同，但对回归估计量可能是不正确的。

注 2，芬尼（1974）在他以皇家统计学会主席名义向学会提交的报告中，提到联合估计问题可能通过最大似然原理得到解决，这样就避免使用假定的复合二次损失函数。设 $X_i\sim N$（θ_i，ϕ)，$i=1$，…，P，为 P 个独立观察值。如果 θ'_is 是总体 $N(\mu,P)$ 的一个随机样本，则对数似然数为（除常数外）

$$L=-\frac{\sum(X_i-\theta_i)^2}{2\phi}-\frac{\sum(\theta_i-\mu)^2}{2\tau} \tag{6.28}$$

芬尼关于 μ 与 θ_i 的最大 L，并且得到估计

$$\hat{\theta}_i = \overline{X} + \left(1 - \frac{\phi}{\tau + \phi}\right)(X_i - \overline{X}) \tag{6.29}$$

最大似然原理是否应用在这种情况是未知的，如（6.28），这里似然数为两个未知参数与不可观察随机变量的函数。芬尼提出 $1/(\tau+\phi)$ 的一个无偏估计为 $(p-3)/\sum(X_i-\overline{X})^2$，以致当 τ 未知，θ_i 的估计量为

$$\hat{\theta}_i = \overline{X} + \left[1 - \frac{(p-3)\phi}{\sum(X_i - \overline{X})^2}\right](X_i - \overline{X}) \tag{6.30}$$

这与由林德利（1962）用贝叶斯定理与二次损失函数给出的式子相同。

但是，如果 τ 未知，适当的对数似然数与下式成比例

$$-\frac{p}{2}\log\tau - \frac{\sum(X_i - \theta_i)^2}{2\phi} - \frac{\sum(\theta_i - \mu)^2}{2\tau} \tag{6.31}$$

（6.31）式可用 $\theta_i=\mu=\overline{X}$ 对所有 i，并令 $\tau=0$，使之任意大。因此，$m.1.$ 估计量为 $\theta_i=\overline{X}$ 对所有 i！这样的特殊例子只有当不可观察的随机变量作为未知数包括在内，且一个“全似然”函数如（6.31）用它做出推断的情况才出现。

感谢：

我衷心感谢罗伯特布德罗在不同表中所作的模拟研究。这个研究工作是由空军科学研究局按合同 F49620-79-0161 资助的。

参考书（34 本）

附录

在本文第 3 节中证明 $s^2=S^2/(n-1)$ 为 σ^2 的无偏估计，优于 $s_2^2=S^2/(n+1)$，如果我们用皮特曼 PN 标准，可用 χ^2 分布在理论上加以证明，对算数平均数大于中位数，也容易证明。

我们现在提出一个问题，即由 PN 标准估计 σ^2，S^2 的除数的最优选择问题。由于 PN 标准是以两个估计量比较为基础的，我们要确定除数 d 使

$$Pr\left(\left|\frac{S^2}{d} - \sigma^2\right| < \left|\frac{Sa^2}{ad} - \sigma^2\right|\right) > 0.5$$

对任何 a。容易看出上式的左边与下式相同

$Pr[S^2 \leqslant 2ad/(1+a)]$　　当 $a>1$

$Pr[S^2 \geqslant 2ad/(1+a)]$　　当 $a<1$

如果 d 选作 χ^2 分布（自由度为 $n-1$）的中位数，上述各值超过 0.5。用这样选到的 d，按照 PN 标准，S^2/d 优于 $S^2/(n-1)$。估计量 S^2/d 首先由皮特曼（1937）提出。

（C·R·劳，美国匹兹堡大学数学与统计系）

发展农区养猪　促进粮丰畜旺*

袁若飞

我国大部分猪只都在农区饲养，搞好农区养猪是发展我国养猪业的关键。同时，养猪是农区的一个重要生产部门，要建设繁荣富庶的农区，也必须大力发展养猪业。

如何才能多、快、好、省地发展农区养猪业？谈些不成熟的看法，和大家一起讨论。

一、因地制宜地确定养猪规模

我们谈养猪规模，主要是从农牧两大部分合理配合的角度，寻找合适的养猪规模。

种植业和畜牧业是两大基本生产部门，这两个部门之间存在着相互依赖、相互制约的密切联系：任何一方既有促进对方发展的一面，为对方发展创造良好的条件，弥补对方的某些局限性；又有制约对方发展的一面，使对方的发展与本部门保持合理的比例关系。许多国营农场和人民公社由于贯彻了农牧结合的方针，通过饲养猪只，把种植业中人们难于直接利用的茎叶、糠麸等副产品转化为营养丰富的猪肉，还可为种植业提供肥料，增加土壤肥力，提高农作物单产。又能利用不适合发展种植业的土地资源，或利用二茬农作物之间的空隙时间种植饲料，发展畜牧业。总之，发展农区养猪业，可以充分利用现有的土地资源和人力，生产出更多的农、牧产品，为国家作出更大的贡献。天津市静海县东双塘大队就是一个农牧结合的典型，取得了良好的经济效果，详见下表1。

表 1

年　别	1969	1972	1976	1980
每人平均养猪头数（头/人）	0.05	1.0	1.7	2.0
百亩耕地养猪头数（头/百亩）	2.3	45.6	80.5	101
平均每亩耕地施肥量（方/亩）	0.9	1.74	4.0	5.0
粮食单产（斤/亩）	225	445	665	900
每人平均生产粮食（斤/人）	509	804	1 049	1 183
饲料地面积（亩/头）	0	0.05	0.07	0.10
提留的猪饲料粮（斤/头）	40	120	137	180
平均每人向国家贡献粮食（斤/人）	51	95	149	142
平均每人向国家贡献肥猪活重（斤/人）	1.3	17	91	200

注：1980 年是规划数字。

* 原载中国农业经济学会编：《中国农业经济学会第一次学术讨论会论文选辑》，农业出版社，1979 年。

猪多、肥多；肥多，粮多；粮多，猪多。这是一般的规律。当然也不是绝对的，有的地方养猪不少，但对积肥不重视，积的肥料就少；有的地方虽然积的猪肥很多，但水利化没有解决，遇到久旱不雨，猪肥增产的潜力也就难于发挥；有的地方，粮食生产不少，每人平均生产粮食不低，但国家征购任务重，没有留多少饲料来喂猪；有的社队虽然有粮食可作饲料，但怕赔钱、贴粮，不愿养猪。

从一般情况来考察，养猪的头数总是与粮食的社会占有量、社员口粮水平有密切的联系。下面以河北省 1973 年的统计材料加以说明。

表 2 单位：斤，头

地区类别	平均每人生产粮食	社员口粮	平均每人养猪头数	备　注
一类	641	403	0.31	承德、石家庄两个地区平均
二类	615	366	0.28	保定、唐山、衡水、廊坊四个地区平均
三类	475	324	0.20	邢台、邯郸、沧州三个地区平均

从表 2 可以看出，粮食社会占有量高，社员口粮水平就高，养猪的头数就多，这不是偶然的巧合，而是三者有机联系的客观反映，只有粮食多了，才有可能提供更多的饲料来养猪。这里反映了一条重要的规律：养猪的规模总是以一定的饲料作为基础。

我们提倡因地制宜确定养猪规模，也就是要根据当地能提供多少饲料粮来确定养猪头数，而饲料粮的多少，往往受生产方针、种植制度、粮食单产、征购任务、口粮水平等因素的影响，由于这些因素是经常变动的，因此，一个企业的畜群规模将随着这些因素的变化而相应地变化。有些社队根本不算饲料账，而是主观随意的盲目确定畜群规模，结果猪群的实际规模超过了饲料所许可的规模，造成日粮定额低，猪吃不饱，日增重减慢，畜产品率下降，这样的教训应引以为戒。

在全国来讲，对养猪业应该有一个合理的布局，根据猪肉的需要量和饲料的供给量计算出需要养猪的头数，并确定这些头数如何分布。另外，各个企业的养猪规模与比重以多大为好，亦需要很好地加以研究。总之，要提倡因地制宜。千万不能用一个模式到处去套，这样做，对生产是有害的。

大、中城市郊区和大工矿区，居民户集中，副食品需要量大，猪肉的需要量大，这些地区的农牧企业，应以副食品生产为主，菜、畜、粮结合。主要为国家提供蔬菜、牛奶、禽蛋、猪肉。至于口粮、饲料，能自给的自给，不能自给的由国家从外省调拨供应，国家还可以指定这些地区中的某些企业，重点发展养猪区，实行以猪为主，全面发展，成为养猪专业化基地。

广大的农区，一般来说发展畜牧业应以养猪为中心，结合发展其他牲畜。在保证人吃、马喂、完成国家征购粮任务的前提下，力争多养猪，把养猪从作为一个副业的传统影响下独立出来，作为一个独立的生产部门，实行畜牧业与种植业并重。在土地、劳力、资金安排上，要考虑到畜牧业的发展：如建立饲料基地，留饲料粮，建造猪舍，分配专业饲养员，但农区畜牧业的发展亦不能影响粮、棉、油征购任务的完成。东双塘大队就是这样发展过来的，他们在保证完成国家征购任务和满足本大队人吃马喂的前提下，随着粮食社会占有量的提高而逐渐提高养猪头数，每个平均生产粮食达到 800 斤以后，养猪就实现一人一猪、一亩半猪；每人平均生产粮食达到 1 000斤以后，养猪就实现一人二猪、一亩一猪。然而农区中有些丘陵山区、林地，草地较多，耕地很少，这些地方适合发展牛羊等反刍家畜。由于粮食占有量少，养猪的规模不可能很大，这些地方应以养牛、养羊为中心发展畜牧业。

广大牧区，由于地势高，气候严寒，生长期短，雨量不足，水源奇缺，粮食作物很少。要在这样的条件下，养猪是十分困难的，但是适合发展牛、羊、骆驼、马、牦牛。

二、讲究科学饲养　大搞饲料生产

饲料是养猪生产的物质基础，饲料数量的多寡，质量的优劣，日粮配合的合理与否，对畜产品率的提高，具有决定性的影响。要想养好猪，必须在饲料上下功夫。

猪是杂食动物，能采食各种各样的饲料。各种猪饲料所含的营养物质不外乎有蛋白质、碳水化合物、脂肪、矿物质、维生素和水等，当然它们所含的营养物质多少及其营养价值高低是不同的。多种饲料的合理配合，在营养上有互补作用，可以提高营养价值，而且适口性好，猪爱吃，有利于猪的发育生长。东双塘大队用45%的玉米，20%的高粱，22%的麦麸，11%的豆饼，1%的鱼粉作成混合饲料与100%的高粱作对比饲养试验，其结果，喂混合饲料的经济效益高40%，详见下表3。

表3

饲料配合方式		配合饲料	单一饲料
平均日增重（克）		618	397
每增重1千克活重的饲料费用（元）		0.77	1.26
每增重1千克活重所消耗的饲料	混合精料（千克）	3.6	5.63
	折粮食（千克）	3.08	5.63

东双塘大队在试验的基础上，认真总结了从前喂单一饲料的教训。过去收大麦，全吃大麦，收高粱，全吃高粱。吃完一样，再吃一样，日粮中含蛋白质较少，结果日增重和饲料报酬都较低。近两年来，他们用玉米去换豆饼，另外利用盐碱荒地种植苜蓿，又发动小学生采集紫穗槐叶晾干磨粉，大大增加了日粮中的蛋白质含量，收到了显著的效果。

在饲料的配合中，最大的分歧就是以精料为主？还是以青粗饲料为主？我们认为：精饲料充裕的地方，可以提"以精料为主，适当搭配青、粗料"；在精饲料少的地方，可以提"以青粗料为主，适当搭配精料"。

许多试验证明，日粮中精料多的比精料少的效果好，下面用芦台农场1975年对芦台白猪在高、中、低三种不同精料水平下的育肥效果来说明表4。

表4

精料水平类型		低水平	中水平	高水平
日粮（千克）	混合精料（定量）	0.82	1.26	1.83
	青饲料（定量）	0.54	0.53	0.53
	精饲料（随便吃）	0.52	0.39	0.18
日增重（克）		0.186	0.358	0.459
饲料报酬	混合精料	4.41	3.51	3.98
	青饲料	0.29	0.15	0.13
	粗饲料	0.29	0.11	0.04
每增重1千克活重所耗费的饲料费（元）		0.91	0.71	0.80

从表4看出日粮中精料越多，日增重越高，但从饲料转化率来看，中水平的最高。

有人认为："农村社队喂猪也应以精料为主，如果没有粮食，宁可少喂，应从现有存栏头数中砍掉一半。"有的说："粮食不过关，养猪列不上。"我们认为这些观点不符合我国国情。我国人多地少，粮食社会占有量还不到700斤，农区社队在扣除征购粮、口粮、种子、大牲畜饲料后，没有多少粮食用来喂猪了，如果还采取高水平喂猪，势必就养不了什么猪了。这样，一不能满足社会对猪肉的需要，二不能解决高速度发展农业生产对肥料的需要，三不能充分利用农副产品和社员养猪的特殊条件。为些，在精饲料比较少的社队，应该以青粗饲料为主，适当搭配精料来喂猪。从一些养猪先进队的实践来看，用多喂青粗饲料来顶替一部分精料也是完全可能的。育成一头肥猪（从18斤到130斤），需喂精料200～270斤，粗饲料500～600斤，青饲料1 000～2 000斤，每增重1斤活重只需精料2斤，比高水平饲养可节省一半左右的精料。

也有人认为："不用粮食，也可以喂好猪"我们认为这种提法也不确切，就拿农户养猪来说吧，农民家庭固然可以利用辅助劳力和整半劳力的业余时间，采集大量青粗饲料，另外在口粮加工中有一部分糠麸（五口之家有2 000斤口粮可得200多斤糠麸），还有残羹剩饭、刷锅泔水，即使这样，在催肥期也得加喂一部分粮食才行，需要用卖猪时得到的奖售粮来平衡。如果拿社队集体养猪场来说，就没有社员养猪的那些有利条件了，至少要200斤以上的粮食才能喂出一头肥猪，整个饲养期每天需一斤精料。而有的社队，一天只喂3两粮食，熬稀汤、灌大肚，光拉尿、不长肉，一年还喂不出一头肥猪，表面上看来，节省了粮食，实际上粮食没有少喂，大部分用在维持生命上，没有用在长肉上，这种赔本买卖实是屡见不鲜。

猪是一个活体，每天都得吃食，在低水平饲养条件下，一头猪一年要吃如下饲料（表5）：

表5 单位：斤

猪组别	精饲料	青饲料	粗饲料
成年公猪	500～600	3 000～3 600	700～1 000
成年母猪	220～300	2 000～3 000	600～800
肥猪	200～270	1 500～2 000	500～600
后备公母猪	300	1 000～1 500	300～500

猪多了，需要的饲料就更多，如何解决这些饲料呢？一方面应采取"以料定猪"按饲料的多少确定养猪头数；另一方面还应采取"以猪促料"，根据猪的实际需要，大抓饲料生产。根据一些先进社队的经验，要做好如下几方面工作：

1. 在夏秋季节，发动社员采集野生饲料。有的社队提出："下地不空手，回来采满篓。"效果很好，亦可以组织少量辅助劳力，组成采青专业队，为集体采集青饲料。

2. 利用水面种植水葫芦等水生饲料。不过京津一带冬季气温低，水葫芦在池塘不能越冬，要移进温室保种。

3. 要想尽一切办法种植各种饲料。有条件的地方，可以利用茬口抢种一茬饲料作物，有些人少地多的队，可以利用边远荒地种植一些苜蓿，如果没有上述条件，可向四旁十边地要饲料，实行"沟边绿，路边青，零星土地种干净。"甚至可以按一头猪留五厘饲料地，划归猪场经营，选种苦买菜、爱国草等高产或蛋白质含量高的饲料，以保证青绿饲料的周年供应。

4. 秋末，可大搞青贮。猪吃青贮玉米比吃玉米秸秆粉的效果更好，东双塘大队作过试验，别的条件相同，只是青粗料不同，喂青贮玉米秸的猪日增重三两五，喂干玉米秆粉的猪日增重一两七，他们通过试验坚定了玉米秸青贮的决心，每年总在夏玉米收获时，实行秋收、种麦、贮青三结合，分成三条战线，集中人力、物力，昼夜突击，总得完成一百万斤以上的青贮任务，保证了全大队所有猪只的冬春吃青。

除青贮外，还可开展小秋收活动，采集大量秋白草、紫穗槐叶、花生秧等。打成干草粉，与精料配合成混合饲料，既可起到填加剂充饥的作用，又可防止单纯吃青拉稀的缺陷。

5. 在年终粮食分配中，对征购粮、口粮、种子、储备粮、饲料粮要统筹安排，留出适当的粮食喂猪，专料专用。

6. 充分利用农村四坊的糟、渣、浆、糠、麸、饼等副产品来喂猪。县、社以上的粮油加工厂，一定要按比例返还一部分油饼作饲料，有利于调剂日粮中的蛋白蛋含量。有的地方把油饼直接作肥料，这是很可惜的。

三、多积肥　积好肥

要夺取农业高产稳产，必须有足够的肥料。牲畜肥料仍是当前的重要肥源。我们养猪的目的除了吃肉之外，就是要积肥造田。有些人只讲究猪舍卫生，不重视积肥造肥，这是极端错误的。

事实上，猪吃进的饲料，只能消化吸收一部分，而大部分养分和代谢产物通过粪尿排出体外，试验证明，如把饲料中所含的氮磷钾各作为100的话，而从猪粪尿中排出的氮为53.1%，磷为79.8%，钾为89.4%。一头猪一年排泄的粪尿量平均4 000斤左右，相当于硫酸铵80斤，过磷酸钙55斤，硫酸钾40斤。猪粪尿中的氮素极大部分以尿素形态存在着，而尿素在常温下，极易转化为碳酸氨而挥发掉，因此，如何防止氮素丢失？实为养猪积肥中的重要课题。

我国农民历来用垫圈（干土、褥草）来保肥、积肥，用垫圈的干土迅速吸收猪粪尿中的水分，通过化学置换作用，使猪粪尿中的氨态氮吸附在土壤粒子上，从而防止了氮素的丢失。加土多少对氮素流失的影响是不同的，据试验，加一倍土，12天后损失48%；加二倍土，其损失可减少为15%；加三倍土，其损失为12%；加四倍土，其损失为6%，但加土多，就成了黄土搬家，来回运输会浪费不少劳力、畜力。因此，究竟加多少土，要考虑多种因素，权衡利弊，决定取舍。一般来说，在地远、交通运输不方便、劳力少的社队垫土以二至三倍为宜，如果土地集中，交通运输方便、人力、畜力、机械运输条件充裕，垫土以三至四倍为宜。

另外，过去农户养猪积肥是深坑大圈。这种积肥方法，一方面猪舍不卫生，对猪生长发育不利；另一方面，长期曝晒，肥效挥发流失较大。最近不少先进队改深坑为浅坑，勤垫勤起，在圈外掺入人粪尿、牛马粪、秸秆垃圾等混合成堆，加泥封好，采取四合一高温堆肥，促进腐熟，有可能时，捣一次粪，提高了肥料质量。这些经验，应加以推广。

四、广泛推行经济杂交

经济杂交就是用两个或三个不同的品种进行交配所生的杂交种用来育肥。杂交种比亲本具有一定的生长优势，适应能力强、发病率低、产仔多、增重快、耐粗饲、省饲料、饲料报酬高、畜产品成本低，如果亲本选得合适，杂交优势率可达20%左右，各种杂交的效果各不相同，我们应认真总结经验，找出其中的规律性，加以推广。在推行经济杂交时，应注意做好下列几点。

1. 在选择亲本时选择优良的母本是关键。一般来说，应选择当地优良的土种猪为母本，下面用柏各庄农场的试验加以说明。

表 6

杂交种类别	日增重	每增重1千克活重的饲料费用
以本地母猪与外引公猪交配所生的杂交种	302	0.66
以本地公猪与外引母猪交配所生的杂交种	249	0.73
以外引公猪与另一品种的外引母猪交配所生的杂交种	205	0.76

从上表6可以看出有本地猪参加的杂交种比没有本地猪参加的杂交种效果好，以本地猪为母本的比以外地猪为母本的效果好，为什么以本地猪作母本的效果好呢？因为本地猪具有优良的繁殖性能和抗逆性，能耐粗饲，当然也有例外，有的外引母猪比土种母猪更好，亦可以用外引母猪。

2. 在推广二元杂交的基础上，积极推广三元杂交。二元杂交是甲乙两个品种交配的杂交种，三元杂交是丙品种公猪与甲乙两个品种交配繁殖的杂交一代母猪相交配后生的杂交种，三元杂交种可以获得更多亲本的优点，具有更大的杂交优势，也充分利用了二元杂交种产仔多、哺育率高的特点。据江西省农科院猪育种组作的试验证明，二元杂交种优胜于亲本，三元杂交种优胜于二元杂交种，但杂交优势率略有下降，详见下表7。

表 7

<table>
<tr><th colspan="2" rowspan="2">种类 / 数量 / 项目</th><th rowspan="2">亲本（太和）</th><th colspan="2">二元杂交（约克×太和）</th><th colspan="2">三元杂交（长白×约太）</th></tr>
<tr><th>数量</th><th>比亲本增加%</th><th>数量</th><th>比二元杂交种增加%</th></tr>
<tr><td rowspan="2">育肥性能</td><td>日增重</td><td>273</td><td>427</td><td>+56%</td><td>444</td><td>+4%</td></tr>
<tr><td>每增重1千克所需饲料（千克）</td><td>5.73</td><td>3.30</td><td>−42.4%</td><td>3.19</td><td>−2%</td></tr>
<tr><td rowspan="2">繁殖性能</td><td>每窝产仔数（头）</td><td>9.12</td><td>10.01</td><td>+9.6%</td><td>10.26</td><td>+3%</td></tr>
<tr><td>断奶窝重（千克）</td><td>33.59</td><td>44.03</td><td>+31%</td><td>52.00</td><td>+18%</td></tr>
</table>

3. 根据当地的饲料条件，选择经济性能最好的杂交组合。杂交亲本之间的遗传差异是产生杂交优势的基础。遗传差异越大，杂交后代的杂种优势率越大，因此，我们在选择杂交亲本时，应尽可能选择遗传差异大的品种。另外，杂种优势能否充分发挥还有赖于相应的饲料条件。在同一饲料条件下，不同杂交种的经济效果是不同的；同样，同一杂交种，在不同饲料条件下的经济效果亦是不同的。正因为这样，我们在鉴定杂交组合时，必须设计当地几种不同的饲养水平，来观察各种杂交组合在各种饲料条件下的经济效果，以便生产队和社员根据自己的饲养条件选择相适应的杂交种。下面我们用柏各庄农场的材料加以说明。

表 8　　单位：斤，元

杂交种别	高水平		中水平		低水平	
	日增重	增重1斤肉的饲料费用	日增重	增重1斤肉的饲料费用	日增重	增重1斤肉的饲料费用
北京黑×昌黎	431	0.378	359	0.487	300	0.497
荣昌×昌黎	310	0.383	251	0.408	161	0.426
北京黑×荣昌	228	0.469	225	0.568	162	0.523

从上表8看出，在高水平下，无论是从日增重，还是从增重一斤肉所耗费的饲料费用，都是以京昌杂交种为好；在中、低水平下，虽然京昌的日增重较高，但从每增重一斤肉所耗费的饲料费用来看，都是以荣黎猪为低。因此应选荣黎猪为好。

4. 推广三元杂交，必须建立相应的繁育体系。一般来说，应是县办良种场，公社办繁殖母猪繁殖场，大队办育肥猪繁殖场，生产队办育肥猪场。县办良种场的任务是培育杂交用的亲本纯种，向公社繁殖场提供乙品种公猪和丙品种母猪，并向大队繁殖场提供甲品种公猪；公社繁殖母猪繁殖场的任务是向大队繁殖场提供乙、丙的杂交母猪；大队繁殖场的任务是向生产队育肥场和社员提供育肥用的仔猪。

五、贯彻党的政策　调动广大群众的养猪积极性

“积极发展集体养猪、继续鼓励社员养猪”是党中央规定的现阶段养猪方针，是调动两个积极性在养猪生产中的具体运用。我们必须坚决贯彻这一正确方针。

社员家庭养猪是社员的家庭副业之一，它可以充分利用社员家中的辅助劳力和整半劳力的工余时间采集野生饲料，还可以利用口粮加工的副产品以及一家人的残羹剩饭、刷锅泔水来喂猪，这样既能为国家提供肉食，又能为集体提供肥料，社员本人亦可将零钱换成整钱。这是一举三得的好事。我们要从正确处理国家、集体、社员三者关系出发，继续鼓励社员家庭养猪，帮助社员解决猪源、猪圈、饲料、治猪病等方面的困难，对社员投肥报酬方面一定要按质论价，优质优价，既要给钱又要给粮，如果不给现钱现粮，可以记工分，到年终分配时与劳力干活挣的工分一样分钱分粮。总之不要使社员吃亏。

要积极发展集体养猪，据先进社队发展集体养猪的经验，应抓好以下几项工作。首先，要挑选对于此事有热心、有干劲、肯动脑筋而又善于办事的同志担任猪场领导，还要挑选热爱集体，责任心强的社员当饲养员；其次，要养好公母猪，自繁自养，这样可掌握猪源，稳定仔猪市场价格；再次要加强经营管理，实行定额管理，推进经济核算，建立必要的责任制，贯彻按劳分配政策，对成绩优异的社员给予必要的物质奖励。玉田县周庄大队的六定责任制可供参考：①定饲养员。饲养员固定下来后，一般不要勤变动。饲养员固定后，对猪的习性了解得清楚，就能分别对待，把每个猪都养好。②定饲养头数，按定额记工。③定饲料标准，按标准发料。④定燃料。⑤定任务。成年母猪一年生两窝，每窝保活六头60天断奶，平均长到18斤，育肥猪从18斤入圈，12个月长到130斤，每头猪全年积肥一万斤。⑥定奖惩。超额完成上述任务的可以得到物质奖励。前一段时期，万恶的“四人帮”把定额管理、经济核算、按劳分配、合理奖励，一概斥之为“修正主义”。其实他们煽动平均主义，干多干少一个样，干好干坏一个样，挫伤了饲养员的养猪积极性。为了把集体养猪搞好，必须把“四人帮”颠倒了的是非颠倒过来，认真落实党的政策，天津市东双塘大队近几年来实行每交售一斤活肉奖二分钱，每出售一斤仔猪奖励二分的办法，对鼓励社员的养猪积极性起了一定的推动作用，这样做，社员果然可以得到一部分奖金，但集体增加的收入比起个人所得的奖金要高十几倍，对发展集体养猪大有好处。

要积极发展集体养猪，继续鼓励社员养猪，还必须正确处理集体养猪与社员家庭养猪的比例关系。从一般的情况来看，在每人养猪零点四头以下的社队，社员家庭养猪的头数占主要比重，充分利用社员家庭养猪的有利条件，再往上发展，集体养猪的比重会逐步增加，等到发展到每人零点八头以上时，集体养猪就超过社员家庭养猪。我们当然希望集体养猪超过社员家庭养猪，但要做到这点，必须具备雄厚的物质基础与丰富的饲养经验，当然还要有坚强的党的领导和正确的

路线指导，如果这些条件不具备，盲目的追求提高集体养猪的比例是达不到的。有的地方采取限制社员家庭养猪的办法来扩大集体养猪的比例，这同样是错误的，它不符合党的积极发展集体养猪，继续鼓励社员养猪的方针。

制定生猪的收购政策，也是发展养猪中需要解决的重要课题。养猪收购政策的内容包括派购办法、价格、奖售、购留比例等四个方面。

关于派购办法，我们认为还是用粮田占耕地面积乘上常年产量，扣除国家征购任务、种子粮、口粮、大牲畜饲料后的粮食作基数，按比例派购生猪活重的斤数，超过派购任务的可以考虑给予与卖余粮一样的加价奖励。目前有的社队感觉到养猪多了，猪饲料需要多了，而余粮卖得少了，不能得到加价了，实际上等于用加价粮喂猪更是赔本。因此，对超购毛重实行加价，有利于解决上述矛盾。

关于价格，这是一个复杂的问题，牵涉的面很广，需要慎重对待，一般来说我们是采取物价稳定政策，从长远的观点来看，价格总是随着其他工农产品价格的变化而相应变化。从目前猪粮比价来看，一斤毛猪活重只能换五斤玉米，这是偏低了一些，许多集体猪场都有赔本贴粮的现象。只拿猪吃的精饲料来讲就需3斤左右的玉米，那么还有2斤玉米怎么能够其他各项开支呢？根据东双塘大队的初步核算，交售每斤活重需赔钱0.14元，赔粮二斤多。对于这个问题，国家需要广泛深入的调查研究，根据等价交换的原则，合理确定猪的价格与其他工农业产品的合理比价。要继续坚持按“出肉率定等，按毛斤计划”的收购办法，有的收购部门为片面追求利润，采取压级压价的办法，更是违背党的政策的，当然也更不能营私舞弊，抬级抬价。

关于奖售问题，主要是奖售饲料粮。对于这一个问题，必须从两方面综合考虑，一方面要考虑饲养一头肥猪需要多少斤饲料粮，另外也要考虑国家收购的粮食中有多少粮食可以用来补贴猪料，只考虑前者，国家拿不出那么多粮食，必然是开空头支票，不能兑现。光考虑后者，奖售粮食太少，社队养猪贴粮太多，养猪积极性不能持久。有人认为“今后地方粮食部门可以通过超购加价粮或国家进口部分饲料的办法，逐步提高奖售数量，普遍达到斤猪斤粮，或者一斤猪二斤粮。”也有人认为：“为了减少来回运输及流转手续应在收购时发饲料票顶替征购任务。”但搞得不好可能产生猪吃人粮，影响到居民口粮供应。我们认为比较妥善的办法还是各社队根据本单位有多少余粮，发展多大规模，使养猪的规模建立在可靠的基础上，至于社队少交加价粮减少收入的矛盾，可以用加价肉的办法来平衡。

关于购留比例，中心是保证社员吃肉。有的地方只管收购社员的猪，而不考虑社员的肉食供应，造成养猪的吃不上猪肉，那就不好了。其实各地在保证社员猪肉供应上有很多经验，有的采取按收购生猪活重的比例发给肉票，社员凭肉票到肉店去买肉，可以得到优先供应。这种办法比较灵活方便。也有的留一部分由集体自宰分给社员；也有允许社员自宰，交一部分白条肉。我们认为：多养、多交、多吃这是个牵涉到政策的问题，需要统一研究决定，不得各行其是。至于供应的具体方法，允许各地灵活采用，勿求统一。

发展甜菜生产中的几个问题*

贺锡苹

甜菜既是糖料，又是饲料。种好甜菜，不仅能为多产食糖增加原料，满足人们日益增长的对食糖的需要，还可为家畜提供优质饲料，加快畜牧业的发展，有助于解决肉食问题。从社队来说，种好甜菜，可以增加收入，壮大集体经济。就国家来讲，食糖是国家财政税收的主要来源之一。所以发展甜菜生产，既关系到工农牧业的紧密结合，又影响到国家和集体的资金积累，在实现四个现代化的过程中，有着不可忽视的地位。

甜菜是一种新兴作物，自从用它制糖还不足200年。但是从20世纪40年代以来，在世界食糖总产量中一直占40%左右。早在19世纪初，法国就曾引进甜菜而刺激了农业革命。今天在法国等西欧共同市场的一些工业发达国家，甜菜的种植一直占着一定的比重。如在20世纪70年代初，就甜菜种植面积占耕地的比重来看，法国占2.1%，联邦德国占3.7%，荷兰占11.2%，从50年代以来，它们的甜菜种植面积一直保持稳定增长的趋势，而这些国家又都是农牧并重，畜牧业在国民经济中占有较大的比重。

新中国成立以来，我国甜菜生产发展迅速。1976年甜菜种植面积比1949年增加21.4倍，产量增加13.8倍。1976年甜菜种植面积占全国糖料作物总面积的39.9%，甜菜糖产量占全国总产糖量的19.8%。这是由于甜菜作为糖料作物和甘蔗比，具有如下的特点：①具有耐低温，耐炎热，抗盐碱和适应性广的特性；②生长期短，只有5～6个月；③甜菜茎叶和制糖后的废丝、废蜜等有多种用途。所以现在我国北起黑龙江，南至广州福建甘蔗产区；东自江苏，西到新疆，甜菜都有所种植。但是，我国的甜菜生产水平还不高，单产很低，增长缓慢，远不能适应国民经济发展需要。平均亩产多年来长期徘徊在1 000～1 300斤之间，不仅大大低于1976年的世界平均亩产4 182斤，而且还低于我国历史上的最高水平2 047斤。甜菜和甘蔗合起来全国糖料作物种植面积还不到全国耕地面积的百分之一。可见，进一步发展甜菜生产的潜力是很大的，扭转每年从国外进口几十万吨乃至百万余吨食糖的局面是完全可能的。我国许多先进单位的事迹亦可以证明这一点。在“四人帮”横行的时候，黑龙江省的安达县排除干扰，一直坚持种好甜菜，1976年他们种了16万亩甜菜，占全县耕地6%左右，平均亩产达到1吨多。内蒙乌拉特前旗树林子公社，1976年种了五千亩甜菜，秋后生产了1万吨甜菜块根，平均亩产达到两吨。其他如辽宁宁城，山西大同，山东高密等地都有许多高产先进典型。但不少地区甜菜生产存在着国家计划完不成，面积少，增产技术措施少，对国家贡献少，产量低的“三少一低”的情况。为了改革这种状况，本文仅从经济管理上就甜菜综合利用，合理布局，有关技术措施，经济效益和管理体制及经济政策等四方面加以分析探讨。

---

* 原载《甜菜糖业》1979年2期。

二

甜菜除块根能制糖以外，还有很多部分都可以利用（如茎叶、尾根等）。甜菜制糖工业的副产品（如废丝、废蜜）也是很好的饲料和工业原料。如果对甜菜开展综合利用，不仅能做到物尽其用，还能加快农业和畜牧业的发展，促使工农牧业密切结合，反过来又促进甜菜生产的大发展。所以说，开展甜菜的综合利用，是发展甜菜生产的关键。

确实，如果处理得不好，甜菜是比较消耗地力的。它通常要比一般作物多费三倍的肥料，所以种甜菜必须有好的地力。农民常常把地力的恢复作为能否发展甜菜的一个很重要的因素来考虑，这是很有道理的。土地是农业的基本生产资料。农业生产的特点要求我们在评价作物的经济效果时，必须是既考虑当年的增产效果，又考虑年年持续增产的效果。但是甜菜这种作物有它的特点，只要处理得当，地方不仅能够恢复，而且还能越种越有劲。这是因为糖是碳水化合物，里面没有氮磷钾，氮磷钾则都在茎叶和废丝里（制糖废蜜里也有一些）。如果把甜菜茎叶和榨糖后的废丝用以喂牲畜，再用畜粪肥田，这样既能促进畜牧业的发展，又能培养地力，使粮食和甜菜生产不断提高。如法国、联邦德国、荷兰等国的甜菜亩产达到2.5～3.0吨以上，尽管甜菜产量越来越高，而地力却没有降低。我国山西省大同县萝卜庄大队原是塞上一个后进山庄。1968年以来在抓紧粮食生产的同时，积极种植甜菜，大力发展养猪事业，多年来一直取得粮、糖、猪三丰收。将该大队1975年和1968年的农业生产比较；粮食总产量由33万斤提高到130万斤，粮食亩产由124斤；甜菜总产量由13万斤提高到186万斤，甜菜亩产由1 320斤提高到3 700斤；生猪由38头发展到1 000头；亩施肥量由20多担增加到120担。1975年全大队平均每人生产粮食1 500斤，甜菜2 200斤，生猪1.17头。在我国像这样的例子也不是个别的。它说明了，由于种植甜菜而产生的许多矛盾，如粮糖矛盾，种甜菜与培养地力的矛盾，只要开展综合利用，就可迎刃而解。下面就这个问题作进一步的深入分析。

甜菜茎叶和甜菜废丝都是良好的饲料，甜菜茎叶含有蛋白质，多种维生素，有机酸和矿物质盐类等物质，是一种营养丰富的青饲料，可以鲜喂、干喂、也可以青贮窖藏。它的营养成分比青割燕麦、饲料甜菜和青贮玉米等还要高。每13斤新鲜甜菜茎叶的饲料价值约等于1斤高粱。在北部地区，甜菜茎叶的单位面积产量约为甜菜块根产量的40%～50%，在中部地区夏播甜菜的茎叶和块根的比例可达到一比一，有时还超过些，全国500多万亩甜菜，每亩产量若以1吨计，则将有甜菜茎叶250万吨，即相当于19万多吨高粱的饲料价值。

榨糖后的甜菜废丝营养亦很丰富。新鲜的废丝一般含有93%的水分，固形物占7%。固形物中含纤维素2.4%，蛋白质0.9%，脂肪0.05%，灰分0.5%及其他无氮浸出物质。每10斤新鲜甜菜废丝的饲料价值约等于一斤高粱。在制糖过程中每处理10吨甜菜块根便能生产出9吨新鲜的湿甜菜丝。这样，如若全国年产500万吨甜菜块根，便能有450万吨新鲜甜菜废丝，即相当于45万吨高粱的饲养价值。甜菜废丝和茎叶合计起来将可饲养500万头猪或100万头乳牛。有人估算过，如果把饲料折算成饲料粮，将相当于甜菜占用耕地的产粮量，这样甜菜糖的收入就等于额外收入了。国外现在都很重视甜菜废丝作饲料。为了便于保存和远地运输，他们还把甜菜废丝压榨和干燥后，制成块状干粕。在欧美各国甜菜废丝已经形成一个市场，1975年每吨售价达65美元，伊朗下令禁止废丝出口，日本1974年进口的废丝竟多达189 000吨。

当前我国对甜菜的综合利用已经开始引起了注意。许多种植甜菜的社队都积极用甜菜茎叶和废丝喂猪或饲养乳牛，并取得了良好的效果。但是由于主客观条件不同，因此，发展不平衡，效果好坏相差悬殊。看来有以下几个问题值得加以研究。

(1) 甜菜产区的干部和群众对开展甜菜综合利用的重要性，虽说有一定的认识，但是还不深入，客观存在的“粮糖对立论”的思想就是一个反映。因此对这个问题还必须深入地大张旗鼓地进行宣传，既要深入浅出解释开展综合利用的科学道理，又要广泛介绍报道国内外的先进经验。

(2) 我国甜菜茎叶和废丝多用于喂猪。据畜牧专家对饲料的分析，认为甜菜茎叶和废丝中粗纤维含量较大，在有条件的地方，利用它来喂牛羊效果会更好一些。国外的经验可以充分证实这一点。

(3) 甜菜茎叶利用方式目前有鲜喂、晾干和青贮三种。鲜喂较简便，但由于甜菜收获后茎叶集中切削，量大，难以在短期内用完。山西大同县萝卜庄大队和黑龙江安达县万宝山公社，将甜菜茎叶粉碎加工做成青贮饲料，就比晾晒以后用干茎叶饲喂经济合理得多。青贮饲料不仅能保存并可增进养分，由于经过乳酸发酵，从而增强了适口性。它是奶牛生猪的理想饲料，西欧国家大多是用甜菜茎叶作青贮饲料。国内作青贮饲料也有比较成熟的经验，但推广普及较差。青贮加工制作程序并不复杂，设备投资不多，易于被群众掌握运用，但是由于甜菜收获时期劳力比较紧张，加速实现甜菜收获机械化，将会进一步促进甜菜的综合利用。生产实践证明，在甜菜生长期打叶子，一般减产一至二成，降低含糖一到三度，所以要防止在发展畜牧业的口实下打叶子的偏向。

(4) 甜菜废丝最好返还原产地处理。这是甜菜综合利用中一个十分重要的问题。废丝的数量既大，营养价值亦高。废丝不能返还，势必影响畜牧业的发展，影响地力的培育，最终必将影响群众种植甜菜的积极性。国外对甜菜废丝的返还都有明确的规定。如罗马尼亚规定：每吨甜菜免费返还400公斤废丝，对路途远的则返还干粕。法、比等国规定：甜菜废丝全部归农民，由糖厂负责压榨至含固形物百分之十左右返还农户，制成干粕时农民付干燥加工费，有的是工农合办干燥车间。但当前一些地方的糖厂，图省事，怕麻烦，有的甚至走后门，把废丝在糖厂就近处理，或远销外地，这不仅对开展甜菜综合利用不利，而且势必对甜菜生产的发展带来有害的影响。

(5) 重视甜菜青头和尾根的合理利用。甜菜青头是叶柄的基部，这部分不易保管，含糖最少，并且有辣味及萝卜味。一般在收获时随茎叶一刀切掉，用作牲畜饲料。甜菜一厘米以下部分叫尾根，在保管时期容易腐烂，所以在收后马上切掉。它也是良好的饲料。甜菜的青头和尾根又是制酒的原料。用它们制酒，出酒率一般为10%～13%（五十度白酒）。它们的产量相当于根重的三十分之一，也就是每生产30吨甜菜块根就可以生产出1吨青头尾根。全国甜菜产量如果达到500万吨，每年便要生产16万吨青头尾根，这也是一个可观的数字。用甜菜青头尾根做酒，黑龙江安达县酒厂早在1957年就已开始。它既为国家节省了粮食，又为农民增加了收入，酒糟还能喂猪所以深受各方面的欢迎，但是亦要防止个别地方把整个甜菜根挪用做酒的现象。

二

合理布局，是发展甜菜生产中一个极其重要的问题。随着农业现代化的实现，农业生产进一步专业化是客观发展的必然趋势。甜菜是经济作物，商品率高，管理复杂费工，另外，甜菜还具有它本身所独有的特点。甜菜产品产量大，不便运输，不耐贮藏，不能晾干，而商品性又特强，它的主要副产品又必须返还农业中去以利于生态循环和培养地力。这就决定了甜菜生产基地必须

和制糖工业密切结合，也就是甜菜生产基地必须尽可能地安排在糖厂周围集中种植，以节省运力和减少浪费损失，并且促进工农牧业的发展。从国外经验来看，几乎所有国家都把甜菜集中安排在糖厂四周一定范围内，糖厂设在产区中心。例如，法国日处理14 000吨的糖厂，甜菜运距半径为50里，日处理4 000吨到5 000吨的糖厂，甜菜运距半径为30～40里。*

近几年来，根据“因地制宜，合理布局，适当集中”的原则，各地对甜菜生产布局都曾作过适当的调整。如黑龙江哈尔滨和平糖厂加工的甜菜原分布在七个县内，现在主要集中在肇东和海伦两县。1977年黑龙江省计划进一步建设双城等二十个甜菜基地县。1979年吉林省按照国家计划和本省情况，在全省27个种甜菜的县中拟建农安等九个甜菜生产基地和100个甜菜生产重点公社。这说明了，建设甜菜生产基地和进一步实现甜菜专业化的必要性，已为人们所认识。但是，为了使甜菜的布局适应今后甜菜生产大发展的需要，还有必要对甜菜布局作进一步的探讨分析。

（1）根据甜菜的生物学特性，甜菜最好实行4年以上的轮作。法国一般做到了三年轮作，他们的甜菜种植面积占产区耕到面积的20%～30%。据我国当前的情况，在甜菜生产单位，甜菜种植面积占到全部耕地面积的10%～15%是完全可能的。如上面所讲的那个萝卜庄大队，他们那里人均地4.1亩，1975年他们种了500亩甜菜，甜菜种植面积占到耕地的14%以上，但是甜菜亩产还达到3 700斤。类似这样的例子在黑龙江新疆都有。但是，许多甜菜产区，布局过于分散，甜菜种植面积一般只占生产队耕地面积的2%～4%。在甜菜基地县甜菜种植面积也只占耕地的5%～6%。即使在先进的重点公社，甜菜种植面积往往还不到耕地面积的百分之十。这种分散布局的做法是小农经济自给自足思想的反映。它是甜菜生产实现高产稳产低成本的严重阻碍。我国有的大型糖厂日处理仅1 000多吨，而其原料要来自好几个县，运输距离远的甚至达400多里。别的不说，因为运距远，给废丝的返还就带来许多困难。距糖厂远的社队，因为不能返还废丝，不仅影响畜牧业的发展，而且加深了各种矛盾，严重地影响社队种甜菜的积极性。

当前我国糖厂规模一般不大。所谓大型糖厂是指日处理1 000吨以上的糖厂，日处理200～1 000吨的为中型糖厂，日处理200吨以下的为小型糖厂。黑龙江省安达县，抓紧甜菜生产基地的建设，1976年他们为国家提供了165 000吨甜菜原料。安达县的经验表明，北方地区大糖厂的原料产区，集中到糖厂周围一个县两个县是完全可行的。中小型糖厂的甜菜应集中由周围几个公社供应。应不超过离糖厂50里的范围以内，以便汽车当天往返。

（2）糖厂应当逐步建立起专业汽车运输队，以协助生产队解决运输力量不足问题。运输力量是关系到甜菜生产发展的极其重要问题。据安达县万宝山公社估计，由于甜菜收获不及时，运送时间长，田间损失达10%以上，有的边远社队还超过20%以上。甜菜堆垛在地里影响秋翻地，既不符合技术要求，又为来年春耕生产增加压力，而且面积越大，矛盾越尖锐。因此群众迫切需要增加农用汽车和装卸倒运机械化。国外的先进经验是由糖厂负责用汽车往返运输甜菜及废丝。如法国全部采用15～30吨的高车斗载重汽车运输甜菜，一个3 000吨规模的糖厂约需载重汽车40辆，糖厂所用的大型卡车是糖厂向运输公司租用的。国外对甜菜的运输还有铁路运输的。但是多数是逐步要用汽车运输代替铁路运输，以减少甜菜的二次倒运。结合我国情况，解决运输力量不足问题较为有效的办法是，由糖厂组织专业汽车运输队，力争做到去时拉废丝，返回时拉甜菜。在糖厂闲季专业汽车队可以开展支农运输业务。

---

* 1里=500米。

(3) 在加强甜菜生产基地建设的同时，在有条件的地区，还可以考虑集中发展肉牛生产，逐步建立肉牛生产基地。肉牛耐粗饲，增重快。发展肉牛既可出口争取外汇，又能满足人民肉食需要。所以除了养猪，还要大养肉牛。内蒙、黑龙江等甜菜重点产区是完全有条件做到的。如肇源是有多年种植甜菜历史的地区，在用甜菜的废丝喂养肉牛方向也积累了一定经验。近年来在肉牛饲养方面有了较大的开展。这方面经验值得加以总结推广。在美国，他们常常在糖厂附近设立肉牛育肥场，将草原培育的肉牛最后驱往糖厂附近去育肥。

三

由于甜菜的生物学特性，使它在栽培技术上有许多特殊要求。在我国当前技术水平条件下，无论在种子繁殖、育种，或田间管理和收获等方面都积累了丰富的经验。在实际生产中，为了做到高产稳产低成本，对于它们的经济效果必须给予足够的关心。以下试就当前我国甜菜生产中亟待解决的几个技术措施从经济上加以分析和评价。

(1) 甜菜一次捉全苗问题。甜菜由于它的生物学习性，播种后难以发芽出苗，我国北部到中部地区，春季干旱多风，甜菜一次捉全苗都是一个重要研究课题。国内外甜菜高产的经验都是每亩需要保苗 5 000 多株。黑龙江省农业技术推广部门和甜菜科研单位在多年大量工作的基础上，提出黑龙江省合理密植幅度为每垧保苗 6 万～8 万株（即每亩 4 000～5 000 株）。而在当前我国甜菜生产中，移苗补栽除外，一次保苗一般只能达到 2 000 多株。有的社队通过移苗补栽最后能达到合理苗数，但是造成了在一块地里出现不止五类苗，大根 2～3 斤，小根 2～3 两，以致总产不高。据分析，多年来我国甜菜单产不高，总产不稳，只就生产技术方面来说，除播种面积不落实外，保苗面积小，单位面积株数少是主要原因。国内外研究证明：甜菜育苗移栽是一个较好的办法。它有以下好处：①在北部、中部地区使春播甜菜安全躲过各种自然灾害，保证全苗；在湿盐碱地上可避免盐碱和病虫对甜菜幼苗危害，有利于保证全苗壮苗；使夏播甜菜可以延长生育期，从而大幅度地提高产量。②甜菜育苗移栽是在农活比较闲暇时期，可缓和种粮大忙季节争水争劳力的矛盾。③育苗便于甜菜幼苗集中，有利于采用农业先进技术培育壮苗。④一亩苗床播种只需八斤种子，而能育出足够 8～10 亩的移栽苗，因而减少了用种量，节约了生产费。日本为了解决移栽中栽不直和叉根问题，从 1961 年开始推行纸筒育苗，效果显著。他们认为日本在北海道许多不利条件下，近年来甜菜产量接近西欧美国的产量水平，推广育苗移栽起了很大作用。如 1964 年日本甜菜移栽率为 12%，亩产为 3 373 斤，1973 年移栽率达到 78%，甜菜亩产达到 6 373 斤。据估计，如果我们推广纸筒育苗移栽这项技术，便能增产 50%。看来这是一项值得注意的技术措施，应当加强研究。

(2) 甜菜机械化问题。种甜菜是比较费工的。特别是甜菜收获运输要过四道手，削七刀，十分费工。据黑龙江省调查，收一垧甜菜要用 40～50 个工，而且劳动强度大，收甜菜与收大田同时进行，甜菜不及时起收就会冻到地里，造成丰产不丰收。因此，在实现农业机械化的过程中我们要重视甜菜的机械化，特别是抓紧解决甜菜收获机械化的问题。现在有关单位正在试制研究。甜菜收获机械化国外已有较成熟的经验可以借鉴，只要我们重视这个问题，短期内是不难做出成绩来的。

(3) 加强种子繁殖工作。当前在甜菜生产大发展中种子不足是个迫切的问题。有的地方一到春天采购人员便四处紧张地购买种子，每斤种子价格高达 1.6 元。当然，这样买来的种子，质量也很难保证。现在种一亩甜菜一般需要两斤半到三斤种子。这样，一亩地的种子费就要 4～5 元，

种子费几乎相当于甜菜收入的十分之一左右。因此，为了适应甜菜大发展的需要，必须加强种子繁殖工作。甜菜是二年生作物，异花授粉。为了保持并不断提高甜菜的优良经济性状，良种繁育技术很复杂。正规繁育甜菜种子，由超级原种到生产用种需要四年。现在我国甜菜种子繁育工作由糖厂负责，由于人员流动，技术力量不足，母根管理不善，最后造成了种子不符合需要的情况，必须迅速改变这种状况，否则将会严重地影响甜菜生产的发展。国外对甜菜种子供应工作都十分重视。罗马尼亚规定国家免费提供种子，波兰也规定糖厂低价供给农民种子，秋后结算。山东省高密县为了发展甜菜，规定国家收购种子的价格为 0.8～1.0 元，但售给种菜社队只收 0.3 元。看来，采取各种措施，加强种子繁殖工作是一项刻不容缓的任务。从长远来看，甜菜的育种和良种繁育工作需要更集中一些，以便工作更有成效。法国有 600 多万亩甜菜，全国只有两家私人种子公司，由于所处环境不同，一家负责培育耐旱品种，一家负责培育耐湿润品种。这两家公司除了供给法国农家的种子以外，还将种子远销共同市场、中东、美洲等二十多个国家。我国主要甜菜产区亦可以在轻工部门和农业部门的领导下组织力量逐步建立甜菜育种良种繁育中心，以供应本地区的种子。

（4）提高甜菜含糖量。甜菜是为制糖工业生产工业原料的作物，因而在甜菜生产上，既要考虑不断增加甜菜的产量，又必须注意提高它的含糖量。在评定甜菜生产经济效果时，这两个方面也是必须同时注意到的。所以国外常用单位面积产糖量作为衡量甜菜生产效果的最终指标。甜菜含糖量，如同它的产量一样，在人们的干预下得到了不断提高。据文献记载，当 1802 年德国人创建世界第一个糖厂时，甜菜的含糖量只有 3%～4%，加上根中灰分含量较多，这就更影响到糖的回收量低。当时生产一公斤砂糖需要百余公斤块根。但是现在由于定向选育的结果，在不到 200 年的时间内，最好的品种根部含糖量已经达到 24%～25%以上，而阻碍蔗糖结晶的灰分则降低至 1.75%，根中糖分以回收 85%以上，通常从 100 斤原料根中已可制出 15～16 斤糖来。

目前我国甜菜品种绝大多数属于中产中糖的中间类型，而高产高糖类型仍然是努力加以培育选择的方向。这样在实际生产中，对各种品种的生产潜力加以分析，再考虑具体的栽培条件来合理安排，就有可能在经济上取得较为理想的效果。例如有的甜菜品种是以高产配合中等糖分来达到高额的产糖量，另外一些则是以含糖较多配合中上等产量达到同样的目标。前一类型品种适合土壤肥力较低耕作较粗放的地区，后一类型品种适合水肥条件好耕作水平高的地区，为了更快向高产高糖类型过渡，应该选择生产力更高的类型作为母本通过各种育种方法加以培育。考虑到我国地少人多和有着精耕细作的传统，必须对培育高糖类型的品种给予更多的关注。

我国甜菜含糖量一般为 14%～15%，西部地区略高，与世界平均水平 15%～17%相比，还是低的。甜菜亩产如以 1 吨计算，则多增加 1%的含糖量，就相当于增产 7%食糖。如若年产甜菜 500 万吨，每增加 1%的含增量，即相当于增产五万吨食糖，而又不需要增加劳力和投资，确实是一个多快好省地增产食糖的办法。

四

为了加快甜菜生产的发展，各级领导部门要本着统筹兼顾、全面安排的精神，不仅要把国家、集体、个人间的关系处理好，而且要做到使生产、加工和流通各个环节相互协调，努力做到调动一切积极因素，避免管粮的只管要粮，管糖的只管要粮，管钱的只管要钱。对有关的经济政策要本着实事求是的精神，认真加以贯彻落实，这是由于正确的经济政策是客观经济规律的反映。有关部门对甜菜所需要的物资器材的供应要力求做到保质保量，不误农时，认真完成支农任务。要使甜菜生产有一个大的发展，以上几方面的问题必须认真加以解决。国外如罗马尼亚、法国等在价格、物资供应等方面所采取的经济措施对促进甜菜生产起了良好的保证作用，其中不乏我们值得参考的经验。

(1) 当前甜菜生产中，有关种子繁殖、原料根保藏乃至技术推广等工作多由各地糖厂负责。经验证明，这种作法是行之有效的。但有关农业部门要进一步和糖厂、甜菜站密切配合，加强甜菜生产的领导。商业部门从物资供应到收购食糖等工作都必须积极支援配合。在甜菜重点产区，在党委统一领导下由农业、轻工和商业有关人员组成甜菜生产办公室，这是体现加强党的领导完成国家计划任务的有力措施。

(2) 糖厂和种植甜菜生产队的关系以合同关系固定下来比较合适。这既有利于把甜菜生产进一步纳入国家计划轨道，又有助于发挥糖厂的支农力量，密切工农联系。在合同中既要规定种植甜菜生产队应完成的计划任务，又要明确国家对种植甜菜生产队的各项支援：如年初由糖厂拨付一定的预购定金，保证一定的化肥、农药、种子及技术支援等。合同中还要规定违反合同的经济约束办法。在国外，如法国和比利时就是糖厂和农户签定合同，确定甜菜种植面积和双方各自承担的义务，其中包括糖厂提供一定的免费技术服务。

(3) 国务院关于"合理安排油料、糖料集中产区粮食征购任务和统销指标，坚决保证社员口粮不低于邻近产粮区的标准"的政策，应当认真落实贯彻。有的地区按照国务院的政策，在不影响上交粮食任务的前提下对种甜菜的社队，实际了交售甜菜折算粮食顶征购粮的办法，对调动群众的积极性起到了良好的作用。辽宁省宁城县规定了七斤甜菜顶一斤粮食的顶征购任务的办法，既完成了征购任务，又保证了社员口粮。发展了甜菜，不仅为国家提供了商品糖，还为国家积累了资金。现在宁城食糖生产产值占全县工业总产值的40%，收入占全县总收入的30%。由于种甜菜购置农业机械等生产资料的能力大大提高，加快了农业机械化的进程。该县现拥有大中小型拖拉机1 117台，比种甜菜前增加了12.5倍。养猪事业也有较快的发展，猪多肥多，为农业增产创造了好条件。可是，有的地区把粮糖对立起来，不敢推行甜菜顶粮食的办法，或是规定了不认真兑现，这样必然会影响社队群众种植甜菜的积极性。

(4) 现行甜菜价格，全国统一，每斤三分钱，是合适的。但是我国甜菜单产比较低，还可考虑实行超产加价收购的政策，以鼓励甜菜的高产更高产。这样有可能增加糖厂的成本，但甜菜生产发展了，糖厂的原料从数量到质量都能得到保证，再加上糖厂充分挖掘内部潜力，从经济上来讲，还是合算的。罗马尼亚的甜菜平均亩产是2 600多斤，在东欧诸国中是偏低的，它现在实行的办法是：在与农业社签定种植合同时，规定单产指标，超过指标者提价10%～15%。在甜菜收购过程中还应该贯彻按质论价，优质优价的原则，对含糖量高于原定指标的，应酌情予以奖励。国外如法、比等国糖厂收购甜菜按含糖和净重计价，含糖以百分之十六为标准，按质论价，高增，低减。罗马尼亚现在也在三个糖厂试点，试行甜菜含糖超过指标予以提价的办法。

(5) 对甜菜的奖售化肥的政策，应当认真贯彻落实，以保证甜菜必需的肥料，甜菜是需肥较多的作物，据测定，它较谷类作物需氮多1.5～2倍，需磷多2倍，需钾多3倍。在我国当前化肥不足的情况下，对甜菜奖售一定的化肥，是符合实际需要的。有的地区如高密县针对甜菜需要磷肥较多的特性，还奖售一定的磷肥，甚至额外增奖售一定的化肥。这对甜菜增产具有良好的作用。比方说，1976年全国平均亩产为1 050斤，而高密县（75年）平均亩产为三千斤，甚至还出现了不少亩产六七千斤和八九千斤的高产典型。有的地区却不是这样，甜菜专用化肥不能落实奖给甜菜，而是挪做他用了。有鉴于此，甜菜的奖售化肥由糖厂拨发较为合适，年初由糖厂甜菜站按种植面积预售一部分，秋后再根据甜菜实际交售量结算。

中国传统农业的历史成就*

董恺忱

我国的传统农业历史悠久，成就卓著，在近代农业出现以前，曾一度处于世界领先地位。通过中外对比来回顾这段历史，不仅有助于探索具有我国特点的农业发展道路，也能增强我们加快实现农业现代化的信心。

一、中国是世界栽培植物的起源中心之一

人们今天常见的栽培植物，多是经过长年培育才形成的，而不是单纯的自然产物。根据苏联遗传学家瓦维洛夫（N. I. Vavilov）的研究，栽培植物的起源中心在世界上共有八个，中国是其中之一，而且占有重要地位。据瓦维洛夫的统计，在全世界已知的666种主要栽培植物中，起源于中国的有136种，即占20.4%，位居第一。他说“就本地种的丰富和栽培植物种和属的巨大潜力来看，中国超出了其他起源地，”是“第一个最大的独立的世界农业发源地和栽培植物起源地。”[1]

起源于中国的主要栽培植物，谷类作物有粟、稷、水稻和荞麦；豆类有大豆及红小豆；蔬菜有萝卜、白菜等；而特别值得一提的是果树，瓦维洛夫说过“按果树（梨属、海棠属、李属）物种资源的丰富来说，中国应占第一位，多数柑橘类起源于中国”。后来从事这方面研究的如科夫斯基（P. M. Zhukovsky）和哈伦（J. R. Harlan）等，对中国所驯化的植物在种类估算上虽有些出入，但对中国作为世界起源中心之一的重要地位，却始终得到一致的公认。[2][3]

这些为数众多的栽培植物，最初主要是集聚在中国的东部和南部，后来陆续传播到世界各地，为丰富人类的物质生活做出了自己独特的贡献。

二、中国框形犁是世界上最先进的传统犁之一

犁的应用是传统农业阶段的一个重要成就，因为只有当犁出现之后，才能大规模耕种土地，从而使食物的迅速增加成为可能。据德国历史学家维尔特（E. Werch）的研究，截至16世纪初，世界上只有居住在亚洲和撒哈拉以北非洲地区的居民，使用了牲畜牵引的耕犁。而新大陆、大洋洲乃至中南非等地，仍然使用以人力操作的锄、镢和更原始的掘棒从事耕作。全世界的传统犁共有六种：①地中海勾辕犁；②日耳曼方形犁；③俄罗斯对犁；④印度犁；⑤马来犁；⑥中国的框形犁[4]。维尔特把中国犁称作框形犁（Rahmenpflug），是根据犁体通常由床、柱、柄、辕等部位

* 原载《世界农业》1983年第3期，后经《新华文稿》1984年第10期转载。

构成而成框形的缘故。和另外几种相比，其突出特点为：①富于摆动性，操作时犁身可回旋自如，便于调节耕深和耕幅，适于在面积较小的地块上耕作；②到了公元1世纪前后的汉代就已采用了铁制的曲面犁壁，这样不仅能更好地碎土，还可作垡起垄，进行条播，有利于田间操作和管理。而其他五种传统犁的犁体在耕作时都不能摆动，最初也都没有犁壁，即使是其中较为发达的日耳曼方形犁也是很晚才采用由两块船头形铁板拼合成的犁壁。

18世纪后，在西方近代犁的改进过程中，就曾与中国框形犁的摆动性和曲面犁壁的结构特点相结合，这样，既便于深耕，又利于翻土。在这一基础上形成的新的犁耕体系，构成新的农业技术革命的特点。西欧农业技术的变革，归因于采用中国传统犁的特点这一学说，最早是由美国农学家莱赛（P. Leser）提出的，他说"构成现代犁的特征部分，就是具有和犁铧结合在一起的、呈曲面状的铁制犁壁，它是东亚7世纪发明的，并在18世纪传入欧洲。"[5]在日本，以研究农业史比较著称的熊代辛雄，赞同莱赛的这个观点，充分肯定了中国传统犁的历史地位。[6]

三、中国是世界上土地利用率较高的国家之一

充分而又合理地利用土地，是发展农业生产的主要途径，陆续扩大耕地和深入开展集约经营是提高土地利用率的两种基本方式，但在不同地区不同时代又分别有所侧重。在人多地少的我国农区，较早就积累了集约而又合理利用土地的经验。美国经济学家帕金斯（D. H. Perkins）认为，从明代至今的600年中，中国人口的增加速度超过了耕地的垦辟。中国人为了维持温饱，在农业生产中取得了异乎寻常的成就，他说："14世纪到19世纪的中国，人口和粮食产量估计增加近五倍，到了20世纪中期又增加了近50%。所增加的产量中，只有近一半是由于扩大耕地面积得到的，一半则主要是因为粮食单产翻了一番。"[7]在为提高单产而改进推广的技术中，改进耕作方式起过突出的作用。美国育种学家布洛格（N. E. Borlaug）曾指出，中国人民创造了世界上已知的最惊人的变革之一是"遍及全国的两熟制和三熟制，这在发展中国家也处于领先地位。"[8]

在传统农业阶段，我国主要土地利用方式是没有休闲的连作制，它不同于西方把1/2或1/3耕地每年依次分区轮流休闲的二圃制和三圃制。还在13世纪以前的宋代，江南就已很少闲田旷土；而在当时的欧洲却仍是地广人稀，耕地在全部土地中的比重英国不到20%，德国和法国在15%以下，人口稠密的法国南部和西班牙等也只在20%～25%之间。18世纪以后欧洲各国相继废除了休闲，推行四圃轮栽制，耕地虽有所扩大，但也只占全部土地的30%多些。而用于放牧的永久性草地，德国和法国各占1/4左右，英国达一半以上。我国进入清代之后，随着人口的剧增，人均耕地逐年减少，而多熟种植和间、混、套种等技术则得到了进一步发展和普及，正是因为土地得到较为充分而又合理的利用，才使紧张的粮食需求有所缓和。

四、中国是世界农业起源较早、而没有出现地力衰竭的仅有的几个国家之一

培育并增进地力，是农业实现高产稳产的一项基本要求。在用地的同时注意到养地是我国传统农业的一个突出成就。美国农学家金（F. H. King）在本世纪初曾到过东方，对我国、日本及朝鲜的农业十分赞赏，誉之为"永久农业"（Permanent Agriculture），他说："我们渴望了解，在这三个国家里，如何能够经历了2000年、3000年乃至4000年的漫长岁月，而那里的土壤至今仍能维持密集的人口的生存。"[9]他经过实地调查之后得出结论是，这非凡的农业实践成就，可归因

于普遍地保存和利用人类通常遗弃的一切垃圾和废物。曾在中国居住过的德国农学家瓦格纳（W. Wagner），根据他在中国的见闻说："在中国，一直到现在未出现地力衰竭的现象，这要归功于他们的农民细心施肥这一点。"[10]

我国靠施肥来维持并增进地力历史悠久，战国时就已相当普遍地认识到"多粪肥田"的重要意义。随着土地集约而又合理利用，施肥的意义及作用就更为突出。到了清初，甚至有人把传统农业的最基本之点，概括为"粪多力勤"。我国传统农业的施肥技术几乎达到经验知识的极限。在西方，罗马时期一些管理较好的奴隶制大庄园（Latifundium）曾施用肥料来提高产量，但在漫长的中世纪却只采用分区休闲的方式以恢复地力。11世纪后施肥虽有所恢复，但直到18世纪仍不普遍。近代工业兴起后，城市人口逐年增加，但积存的垃圾和人粪尿却始终未能很好地利用起来。马克思说过："消费排泄物对农业来说最为重要。在利用这种排泄物方面，资本主义经济浪费很大。"[11]

五、中国传统农业的技术体系不仅在世界上曾一度处于领先地位，今天，也有着巨大的潜力

我国传统农业总的成就，还可通过它在技术上形成独具特点的精耕细作技术体系体现出来。我国能在不到世界总耕地7%的土地上，养活着占世界人口近1/4的人民，主要是精耕细作的结果。在今天，根据我国人多、地少、底子薄的这个基本国情，我们只有在批判地继承这一传统技术的基础上，再引进吸收可为我利用的外来经验，才能在稳步提高土地生产率的基础上逐步提高劳动生产率，探索出一条适合我国民族特点的农业发展道路。

早在半个世纪之前，美国农学家格拉斯（N. S. B. Gras）就曾说过，"中国给农学家一种极有意义的启示……中国农民劳动时间长而又艰苦，在气候适宜的地方，每年种两季或三季作物；采用大规模的灌溉和排水方法；把凡是可以得到的生物粪便（包括动植物与人类）都还到土壤里去，把两种以上的作物同时种在一起；把田地密密麻麻地种满……这是一种聪明的农作制度。"[12]

日本的熊代辛雄也认为，在中国通过精耕细作，并使耕地尽量的扩大，进而在这个基础上形成的集约农业"是在相当恶劣的栽培条件下，竭尽人力所能最大限度地维持人口的生活要求而发展起来的"。作为这一体系重要组成部分的中国北方"旱农的经验原理，已由六世纪的《齐民要求》加以定型化。"而这一原理与现代旱农（Dry Farming）的科学原理已十分接近，但在时间上却早二千年。[13]

在以石油能源作为支撑点的西方农业暴露出一系列的弱点和危机之后，国内外都有人提出所谓"有机农业"的说法，并主张对中国的传统农业在认真总结经验的基础上再重新评价。这时，我们不妨重温一下德国化学家李比希（J. Liebig）的说法。作为近代农业化学奠基人的李比希早在一百多年前就已提出了有关自然生态循环的"补偿学说"，他认为农业是人类和自然之间物质代谢的基础，当人类和动物从大地取走食物之后，应该予以归还。根据这一观点，他把东西方的农业加以比较之后得出如下的结论：西方的农业从追求最大利润出发，只关心"从土壤中获取最大量的粮食和肉类，以满足其需要，……"。和这种掠夺式农业形成鲜明对比的是使用人粪尿等有机肥料的东方国家。他说："中国和日本的农业是以经验和观察为指导的，因而创造了保证土地的永久肥力、产量的不断提高与人口增长相适应的这种无与伦比的农法。"从而他把当时中国和日本的传统农业誉为"合理农业的模范。"[14]

参考文献

［1］ N. I. Vavilov："The Orgin，Variation，Immunity and Breeding of Caltativted Plants" Chron Bot 13. 1949/50

［2］ A. C. Zeven and P. M. Zhukovsky："Dictionary and Cultivated Plants and Their Centres of Diversity" Centre for Agri. Pub. Documentation，1975

［3］ J. R . Harlan： "Agricultural，Origins，Centres and Noncentres" Science N. Y. 174，468～474，1971

［4］ E. Werth："Grabstock，Hacke und Pflug ". 1954
转引自日文译本薮内芳彦，饭沼二郎译：《农业文化の起源》，岩波 1968

［5］ P. Leser："Entschung and verbretung des Pfluges"
转引自熊代幸雄编.《中国农法的展开》，アジア经济研究会，1976

［6］ 熊代幸雄：《比较农法论》御茶の 水书房. 1969

［7］ D. H. Perkis："Agricultural Development of China 1368—1969" Aldine (1969)，宋海文等中译：《中国农业的友展》上海译文出版社，1964

［8］ 见《基督教科学箴言报》1977. 12. 7

［9］ F. H. King："Farmers of Forty Centuries or Parmanent in China Korea and Japan" Wadison Wis. 1911

［10］ W. Wagner："Die Chinesische Landwritschaft" . 1926 王建新译《中国农书》商务印书馆. 1936

［11］《马克思·恩格斯全集》第 25 卷第 116～117 页，人民出版社

［12］ N. S. B. Gras："A History of Agricuture in Europe and America" (1925) 万国鼎译：《欧美农业史》商务印书馆 . 1935

［13］ 熊代幸雄：《乾地农法における东洋と近代的命题》载《比较农法论》

［14］ J. Liebig："Die Chemie in Ihrer Auwendung auf Agricültur und Physiologie" (1980) 董恺忱转译自日译本第六版序言（农耕与历史）载《农大科研资料汇编》1981 年 6 期。参看刘更另据俄译本转译的《化学在农业和生理上的应用》农业，1983，43 页的相关部分。

报酬递减规律和农业生产*

贺锡苹

一

在加快实现农业现代化的过程中，一定要实行科学种田，也就是要严格按照客观规律办事。但是长期以来，在有些地方不遵循客观规律，农业生产上盲目投工施肥，只关心产量，不注重成本，因此造成增产不增收，有些甚至产量也没有增加，出现高产穷队的怪现象，严重挫伤了农民生产积极性，不利于农业生产向前发展。造成这种现象的原因虽然有许多，但是它和长期以来不注意投入和产出的关系，不研究报酬递减规律，不能说没有一定的关系。

根据实践是检验真理的标准，我国家业经济学界已经开始探讨研究报酬递减规律在农业生产中的作用。有的同志认真研究农业生产中的问题，根据无可辩驳的事实举出有力的例证说明农业生产中存在报酬递减的事实。比方说，有人研究了四川省粮食播种量和产量的关系，发现目前一年粮食用种量52亿斤，比新中国成立之初多一倍，但产量却没有翻一番。据二十七年的资料，分三个阶段来看，第一个九年粮食产量平均每年递增6%，第二个九年递增3%，第三个九年只递增1%，播种量逐年增加，而增产率却逐年递减[1]，但在文中却有意避开明确提出报酬递减规律。有的同志对这个问题已经做了相当深入的分析和研究，肯定了报酬递减规律在农业生产中的作用，但还是要在它前边加上“资本主义国家农场管理学理论”等字样。当然，也有人认为报酬递减规律是“为资本主义制度辩护的反动论断”，拒不承认它是客观规律。

的确，我国的传统农业是以“粪多力勤”[2]为特点的劳动集约农业。旧中国一家一户个体小农经济的时候，处境贫微，它所掌握的生产资料毕竟有限，所以实际投入生产的终归不多，但这样的措施对推动和发展农业生产在历史上还是起了一定积极作用。现在我国农业生产是社会主义的集体大生产，不研究客观规律，不注意投资效果，它带来的影响就非常明显了。不应该忘记，由于我们不重视报酬递减规律，在我们国家有些地方一度出现过“人有多大胆，地有多大产”的荒谬说法，当时在这种错误思想指导下曾经给农业生产带来相当严重的损失。其实报酬递减规律是“过犹不及”这个朴素的近乎常识的简单真理的科学表述，但长期内在经济学上被视为禁区，讳莫如深。本文拟就经济和农业技术两个方面，从历史上做些简单的回顾，在理论上作些粗略的探讨，以期引起大家对它的关注。由于可用来说明报酬递减的具体实例俯拾皆是，所以不再列举更多的事实，文中不妥之处在所难免，愿同志们批评指正。

---

* 原载《北京农业大学学报》1980年第2期，提交中国农业经济学会第二次会议论文。

二

对报酬递减规律的研究由来已久，它经历了一个历史的发展过程，为了认清这个规律，看来对它作些历史的回顾也不是完全无益的。

现在国外对报酬递减规律一般的表述是：从一定土地上所得到的报酬随着向该土地投入的劳动和资本量的增大而有所增加，但随着投入的单位劳动和资本的增加，报酬的增加却在逐渐减少。对这个规律的表述，各个研究者在内容上虽然基本相同，但是有时候方式上却互有出入，以上只是其中一种主要的表述方式。

关于报酬递减规律的内容是由杜尔哥（Anne-Robert-Jacques Turgot，1727—1781）和安德森（James Anderson，1739—1808）最初差不多同时提出的。后来李嘉图（David Ricardo，1772—1823）曾把它作为地租理论的基础。马尔萨斯（Thomas Robert Malthus，1766—1834）也曾以这个规律为基础虚构出他的人口理论。屠能（Johann Heinrich von Thünen，1783—1850）根据在泰罗农场的实践确认了报酬递减的事实，并从理论上加以发展，使它成为具有更广泛内容的边际生产力说的基础，后来的各个研究者进行了更精密的研究，使它又有所发展，这里只想指出应该注意的几点。

报酬递减规律是假定当某些生产要素保持不变，而另一些生产要素追加投入时的情况。由于经常不变的要素是土地，所以报酬递减规律在德文中称 Gesetz des abnehmenden Bodenertrage（或简称 Boden-gesetz）即土地收获递减规律。但是不变要素并不一定限于土地，所以这个规律可应用在更广泛的范围中去。特别是在“边际生产力说”的影响下，把土地加以舍弃，所以正是在这个意义上英文叫做 Law of diminishing returns，即报酬递减规律。俄文称它为 эакон убывающего плодродия дочвы 通常译为土地肥力递减规律，尽管它的基本内容也是一样，但表述方式有相当出入。有时候有人着眼于具体物质叫做“收获”递减规律，有的人注意价值方面，则认为是“收益”递减规律，所以在国内把报酬递减规律亦叫做“土地报酬递减规律”、“土地收益递减规律”或是“土地收获递减规律”，实际上这三者是一回事。关于追加投入的生产要素除了可用具体物质来衡量，亦可以用经营费用来比较。布林克曼（Theodor Brinkmann，1877—1951）就是用毛收入和经营费用的关系来说明这个法则的，由于毛收入的总额不是渐减，而只是增加部分渐减，所以他把这个规律叫做 Gesetz des abnehmenden Etragszuwachses，即收益增加的递减规律。因为报酬递减规律事实上说明了边际生产力（或边际产量）的变化状况（参见图 1），所以在当前西方农业经济学中，又把它叫做边际生产力递减规律 Law of diminishing marginal Productivity。

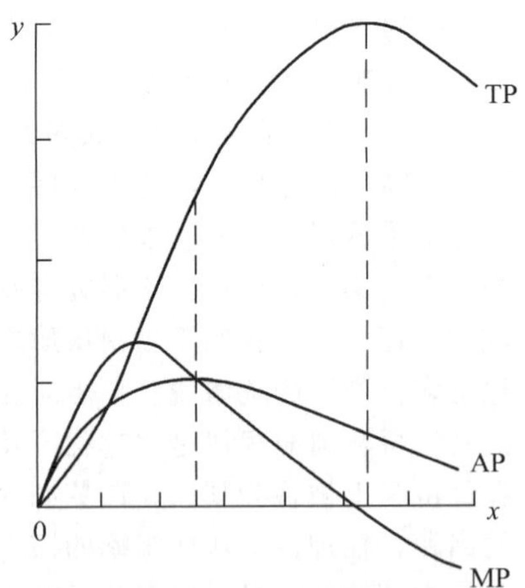

图 1 假定一些生产要素固定，在技术不变条件下的生产曲线

注：TP——总产量 AP——平均产量 MP——边际产量 x 轴表示投入 y 轴表示产量

报酬递减规律通常是以技术不变为前提。因为当考虑到技术条件发生变化的时候，在一定阶段报酬就不是递减，而是递增，或则是保持不

变。这种情况可简单用图来表示。假定土地不变，当生产要素 x 追加投入时，对生产物 y 的增加用曲线 0，1，2 来表示，它通常称为生产曲线（见图 2）。0，1，2 分别表示 0，1，2 的技术水平。当技术水平为 0 时，在 x 轴上从 x_0 起始追加投入，y 的增加依次为 Δy_1、Δy_2、Δy_3 呈现递减。而当技术水平从 0 变为 1 进而到 2 的时候，y 的增加则是代替 Δy_2 得到的是 AB，代替 Δy_3 得到的是 CD，是渐增了，也就是报酬递增。可见，报酬递减规律必须考虑到技术不变前提这个事实，它是一个有条件的、相对的起作用的规律。

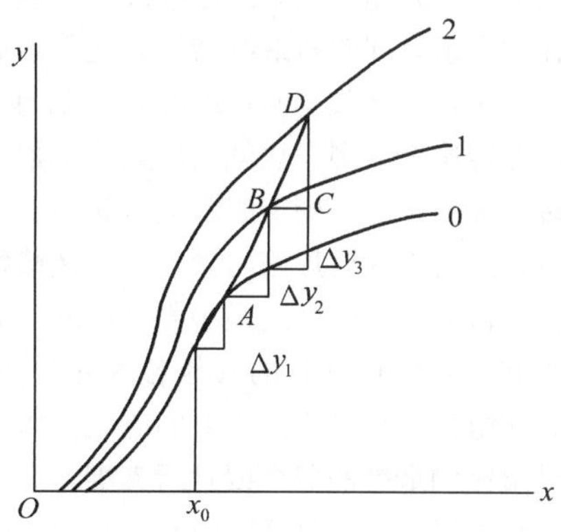

图 2　假定土地固定，在技术水平变化条件下的生产曲线

注：x 轴表示投入　y 轴表示产量

报酬递减规律在资产阶级经济学中是当作一个基本法则，被用于许多方面。李嘉图和马尔萨斯就曾分别用来解释各自的地租和人口理论。后来克拉克（John Bates Clark，1847—1938）也曾把它作为分配论的原理依据。这些引申推论当然不免有谬误欠妥之处，但是如果把原因归结为报酬递减规律本身，那就不免有些是失当了。在农业经营管理上，依据报酬递减规律，曾取得一些积极成果。在屠能的《孤立国》中报酬递减规律虽未被明确加以论述，但确是构成合理经营方式的理论基础。布林克曼正是以它为前提，建立了有关农业集约经营学说的完整体系，提出了集约度和集约度界限的科学概念。布林克曼提出了经营的目标是为了最大限度的获得从毛收入扣除经营费用和利息后的纯收入。当集约度提高时就会出现边际毛收入递减，而这是以报酬递减和价格不变为前提的。为了获得最大的纯收入。就必须找出边际集约度和边际毛收入相一致之点，这就是集约度的界限。在农业经营上，集约度超过了这个界限，就将招致因过分积极而带来的损失，如果不到那一点，就意味着牺牲了部分确定可得的纯收入[3]。我国农业的发展必须遵循集约化的方向，因而布林克曼的学说不无可资参考之处。当然，布林克曼是就资本主义经营追求利润而论述的，和我们社会主义农业生产有着本质的不同，不过我们在考虑投入和产出问题时，不能不注意集约度界限，也就是注意投资的容纳能力（见图 2）。

三

报酬递减规律在农业生产上不只受到了经济学者的关注，有些从事技术科学的研究者也通过他们常年的实践得出了相同的或类似的结论。虽然当他们从理论上对这一研究成果加以概括时，不免有疏漏之处，但其基本内容是符合客观事实的。这些技术科学研究者所共同关心的是通过什么方式或手段在当时技术水平下取得最高产量。在农业生产中有生命的动植物也是饲养和栽培的对象，它们有自己特有的生理机能，即使是供给它们所需要的营养物质，也不能不注意它们本身所能吸收、消化和转化的能力。所以施肥和饲养都必须讲究合理的限度，超过这个限度再继续追加投入，效果就将依次递减。农业科学家们早就注意到这种现象，其中有些人还曾从事和这有关的研究。

近代农业化学奠基人李比希（Justus von Liebig，1803—1873），他在提出有名的矿物质营养学说（补偿学说）的同时也注意到各营养元素之间的比例关系，明确提出了和报酬递减规律有关的"最小养分律"，李比希认为植物为了生长发育需要吸收各种养分，植物的生长量受最小量因素的限制，并随着因素的增减而增产或减产。根据李比希的论断，不难引申出如果无视限制因素存在的实事，即使是继续增加其他营养成分，也难以提高植物的产量[4]。

杜布列克（A. von Dobeneck，19世纪末至20世纪初）为了使这个法则容易被人理解，用一个桶形容这个法则，也就是构成一个桶周围的木板长短不同时，这个桶容纳液体的容量，决定于最短木板的长度。桶上的木板就相当于田地里的植物生长发育所需要的各种要素，只有增施最少要素，按比例的增加施用量，才能使植物生产增加。这就是杜布列克最少要素桶。李比希是专就矿物质营养成分来论述最小养分律的。后来许多研究者证明这个法则除对矿物质营养成分以外，对影响植物生长发育的其他各种条件也是适用的。沃里尼（Ewald Wollny，1846—1901）曾指出，在植物生长发育所需要的空气、水分、温度、阳光和养分等各个因素中，植物的生长发育要受供给比例最少的那个因素所支配。

赫尔里格尔（H. Hellrigel）以大麦为例，做了氮肥施用量和产量关系的试验，他得出的结果当图解时，呈现出S形曲线。即随着氮肥施用量的增加，产量逐渐增加，而追施氮肥所增加的产量开始是递增，后来是递减，所以形成S形。

米邱里希（Alfred Mitscherlich，1874—1956）也曾通过他所做的燕麦施肥营养试验，发现养分的增加对增产的比例的影响并不是一致的，当养分增加超过一定程度以后，增产的比例就逐渐的减少，甚至产生即使增加养分也不能增产的现象，所以在作物栽培上就有一个确定养分最适量的问题，从而明确肯定了报酬递减规律的存在。[5][6]

威廉斯（Василий Робертовнч Вильямс，1863—1939）进一步论述了如果对植物所需的各种因素都能同时综合保证，产量可以不断和无限增加，就不会出现报酬递减现象。但是农业生产实践中，威廉斯的主张是难以做到的。

综上可见。自然科学家从科学试验出发提出了最小养分律，通过对产量和各种技术措施之间关系的探索，同样得出了在作物栽培上存在着报酬递减规律。

一个多世纪以来，李比希等人的理论经受了客观实践的反复验证，近年来国外一些农业科学家在他们的著作中对上述的学说理论还在引述和讨论。如英国土壤学家罗素（E. Walter Russell）在讨论植物生长量的研究中就生长量和营养供应之间的关系作了分析。日本作物栽培学教授川田信一郎在总结近一个世纪来日本水稻生产的过程中，也从技术观点对报酬递减规律作了探讨分析。他们都认为只要提高生产技术，注意投入和产出的比例关系，是可以避免出现报酬递减现象的。川田信一郎将提高水稻单产技术的各种技术分为四大类，称之为四根支柱，即①品种选择；②作物管理；③肥料和施肥法；④土壤环境的管理和改良，并且认为唯有四柱均衡发展，产量才能稳步提高[7]。

报酬递减规律在农业生产中的作用和影响不只限于作物栽培方面，同样它也适用于畜禽饲养。饲料为家畜提供营养物质，组成体质，形成畜产品，或供给热能。所以饲喂的饲料的数量、性质和组成在很大程度上左右着畜禽生产力以至于寿命。畜禽饲养的任务就在于合理解决饲料（原料）和畜产品（成品）之间供与求的矛盾。为了使畜禽能合理而又有效地利用饲料中所含的养分，除了应了解各种养分在动物体内转化的规律，还要掌握各类畜禽为不同生产目的和生产水平所需要的各个养分的确切数量，以便取得最大的经济效益。

当供给畜禽的饲料的能量水平不能满足畜禽需要时，不仅生产力降低，也会使健康恶化。但是如果供给的饲料能量过多，超过合理界限，也能促使畜禽体质和生产能力下降。如乳牛和母猪常因产前供给过多饲料能量以致产后体质虚弱多病，母鸡开产前采食过多则会出现增重过快，体脂沉积以致性成熟早，初产蛋重量较轻。畜禽饲料的组成与配合还需要注意各种营养物

质之间的比例关系。实践证明，在饲料组成中蛋白质应保持恰当的比例。蛋白质过多，除了造成浪费以外，还会出现营养障碍，生理机能紊乱；而不足时，除了直接影响畜禽生产能力以外，还会限制其他养分的吸收和利用。在脂肪、粗纤维和其他营养成分的饲喂利用过程中也有类似的现象。畜禽的生长过程通常经历了胚胎期、生长递增期、生长递减期（性成熟以后），然后进入成年期。如果以时间（年龄）为横坐标，以体重为纵坐标，所描绘的生长曲线呈缓 S 形。饲养的畜禽超过一定的年龄和体重以后，饲料报酬逐步降低。因此要达到经济饲养的目的，主要应抓生长递增阶段。集约化的肉畜生产（猪、肉牛、肉羔、肉鸡）就充分发挥了这一阶段的增长趋势。

饲料费用是畜产品生产成本中最大的开支，在畜牧生产经济中占有突出地位。为此，在畜禽饲养中同样亦要注意报酬递减问题。因为没有达到必需的饲料标准，畜禽潜在的生产能力就不能充分发挥，可是超过了合理限度，就不仅会造成饲料的浪费，而且会影响畜产品的品质和数量。

可见，和从经济上分析一样，通过技术上的探讨也能肯定在农业生产中存在着报酬递减的事实。不过，必须指出，技术上取得的最高产量并不经常和经济上要求的最大效益相符合。在生产活动中人们关心的是如何以较少的投入取得最大的经济效益，可是由于经济上和技术上的一些原因，在一定技术条件下的最高产量并不总是保证最大的经济效益。追加投入而使产量达到最高点，这虽然是我们力求达到的目标，但是为了取得最大收益，还必须考虑增产部分的产值不能低于追加投入的成本。所以小范围的科学试验活动可以不计工本来探索高产途径，而大规模生产就不能不在注意增产的同时关心经济上较大的收益了。总之在投入和产出分析中，重要的问题是确定最佳投入方案，以保证高产、优质、低成本。

四

1906 年列宁在批判布尔加柯夫时曾指出，这个报酬递减规律只是“极其相对地、有条件地适用于技术不变的情况”[8]。问题在于在长期农业生产实践中，是否曾出现过技术较少改变和生产相对停滞的状况？在这种情况下又是否出现过报酬递减的现象呢？为解决不断增长的粮食需要又曾采取过哪些对应办法？

诚然，在农业生产经营上，在一个生产周期内，一般来说，技术上不会普遍发生重大的变化。这时候，如果不注意追加投资效果，报酬递减规律就可能发生作用，不能取得预期的经济效果。这一点易于被人们所理解。另外，从历史上来考察农业生产的发展，总的趋势，技术是在进步，产量是在提高。但是分析具体过程中也会发现有技术相对不变和生产停滞徘徊的阶段，时间延续不等，可从几年到几十年。有人曾对西欧从 1770 年到 1925 年小麦产量水平的变化做过分析。发现在 1770—1780 年实行三圃轮作制时小麦的产量大约在每亩 93 斤的水平。从 1780 年以后将三圃轮作制改为种三叶草的轮作制，因此使产量提高了一倍，小麦产量达到每亩 200～220 斤的水平，在以后近半个世纪时期内（1840—1895）产量几乎不变。从此以后的 20 年左右主要由于普遍施用矿物质肥料，当然也与种子改良和耕作的改进有关，小麦产量几乎提高了一倍，到 1925 年产量达到每亩 400 斤的水平[9]。而在生产停滞期间通常是从海外殖民地运进粮食以补充不足。

在美国，1920 年以前单产很少变化，农业生产的增加主要靠扩大耕地面积，经营粗放。1937 年以后单产有所提高，特别二次大战后采用良种和增施肥料等措施，较充分地发挥土地生产能力，增产显著，从 20 世纪 60 年代后期生产发展缓慢。据美国密执安大学农业实验站主任威特沃（S. H. Witiwer）的意见："主要粮食作物生产停滞不前，美国的小麦、玉米、高粱、大豆和马铃薯的产量自1970年以来没有增加"[10]。这样，加强农业科学研究，取得技术上重大突破，就具有较为突出的意义。不过，从总的历史发展趋势来看，美国主要是指靠扩大耕地面积来增加总产的。

川田信一郎对日本1880—1970年90年来稻米产量提高的过程作过总结，他发现日本单产的提高不是直线上升，而是经过许多曲折的。概括起来可分为三个时期：第一时期1895—1918年，稻米单产从每亩223斤提高到400斤左右；第二时期1918—1945年，产量停滞在400斤左右；第三时期是1945—1970年，稻米产量提高到每亩600斤左右的水平。第二个时期延续近三十年，相继经历了经济恐慌，自然灾害和空前战祸，农民困苦异常，农业生产当然不能迅速发展。但是生产技术上许多根本问题没有得到解决，也不能不是一个重要原因。虽然农民作过盲目的努力，非但不能打破产量停滞不前的僵局，反而造成一些意外损失。如贫困农民为增加稻米产量过多增施氮肥。1931年比上年多施氮肥达二成。结果，水稻延迟成熟，显著减产[11]。

只要生产技术没有显著的改变，无节制地追加投入就可能导致报酬递减，这在我国农业生产的历史中也屡屡出现。即使早在传统农业形成初期的商周时代，只要不能够指靠新垦土地来进行轮换，而在当时的生产工具还依然如故，生产方法也毫无改进的情况下，土地报酬递减的作用也必然会显示出来。但这时候除了改进生产技术，还可靠扩大耕地，开辟新的经济区来解决。[12]到了18世纪清代中期以后，人口的自然增长趋势，日益超过耕地面积增长趋势。就当时的文献记载可以看出，从雍正时开始，按人口平均的地亩数逐年在显著减少，乾隆时在有些地区就已出现了"田地贵少，寸土为金"的说法。[13]限于当时的农业技术水平，土地利用和粮食生产都已达到了很高的程度，甚至在川、陕、鄂边缘山区新开垦的农区，报酬递减规律也已发挥作用。[14]全国解放后改变了旧的生产关系，推广了新的生产技术，使农业生产有了一个较大的跃进局面。但近年来，在生产技术进步不能完全和人口增长趋势相适应的形势下，如在江南地区的苏州一带，就已出现要投入更多的活劳动和物化劳动，才能取得必要的维持众多人口所需要的农产品。由于农产品的价值取决于愈益劣等的土地或更低投资效率下的生产费用，所以农产品的成本也就愈来愈高，推究其原因还是由于生产技术相对不变的情况下，原有耕地上追加资金和劳动只能招致报酬递减的后果。[15]有些技术措施，如兴修水利等，在更大的范围里，似乎也已现了这样的趋势。[16]这些情况不只引起人们的关注，并且也在探索解决的途径。[17][18]

综上可见：

1. 在技术不变的情况下，追加投资超过合理限度，报酬递减规律就会发生作用，从而不能取得最大的经济效果。因此，为了保证农业生产的不断增长，我们必须破除生产到顶的思想，加强农业科学研究，提高技术水平。

2. 由于种种原因，不可能在每个生产周期内技术上都有重大突破，这在客观上就为报酬递减提供了可能。这时必须注意投入和产出的比例关系，力求避免超过合理限度。

3. 在考虑各种投资时要注意它们之间的比例关系。对于每个时期和每个阶段影响农业生产的限制因子尤其应该特别予以重视，不但要及时发现，而且应尽快解决，从技术上尽快予以打破。

我们承认报酬递减规律的存在，并研究它的作用，经常注意投入和产出的比例关系，就有可能取得最大的经济效果，使它不起作用。相反的，我们如果拒不承认它，也不充分了解它，无视农业生产中合理界限的存在，盲目蛮干就会受到它的惩罚，必然得不偿失。

参考文献

[1] 亦农：《掌握特点尊重规律加速农业发展》，《经济研究》1979 年 3 期

[2] 明《沈氏农书》，农业出版社，1959 年 7 页

[3] 参看布林克曼：《农业经营经济学》刘萧然译，内部印行

[4] 参见彭克明：《有关农业化学几个定律的介绍》，文中指出，“我国施用化学肥料发展的实践证明李比希最小养分律是正确的。解放初期由于我国农田耕作长久，土壤有机质不高，氮是含量最少的养分，因此氮肥普遍有效，当时磷肥在大部分土壤上是无效的，随着我国化肥工业的发展，氮肥施用量的增加，氮素得到满足，磷肥就成为增产的限制因素，到六十年代磷肥则普遍有效。七十年代以后，随着氮、磷肥的施用，氮磷得到满足，别的元素成了最小养分，在长江以南，钾肥开始有效。有的地方微量元素显出效果。这个现象也是受最小养分律的约束。”（1979 年 9 月南京农化讲习班讲稿，油印本。）

[5] 参见 E. W. Russel：“Soil Conditions and Plant Growth”，10th ed. Longman，1973，pp. 49—59。米邱里希的这一表述可归结为如下数学公式：

$$\frac{\mathrm{d}y}{\mathrm{d}x}=(A-y)c \quad 或 \quad y=A(1-\mathrm{e}^{-cx})$$

这里 y 是产量，x 是施肥量，c 是常数，A 是最高产量

[6] 参见 G. W. Cooke：“Fertilizing For Maximum Yield”，中译本《高产施肥》，科学，1978。第十二章中指出：联合国粮农组织提出一个值得研究的关于处理现代试验结果的决定施肥量的各种方法，他们用的除上述米邱里希的指数曲线公式外，另有较为满意的两个公式，即

$$y=a+bx+cx^2 \text{ 和 } \frac{1}{y}=a+\frac{b}{x+c}$$

[7] 川田信一郎：《日本作物栽培论》第九章《收获渐减の法则をめくて》，养贤堂，1976 年

[8] 列宁：《土地问题和马克思的批评家》，《列宁全集》第五卷 88 页，人民出版社

[9] 参见《Д. H. 普里亚尼施尼柯夫院士选集第一卷》，《农业化学》，高等教育出版社，1956 年，中译本 59～60 页

[10] S. E. Witiwer：“The Next Generation of Agricrural Research”，“Science”，27. Jan. 1978. Vol. 199，No. 4327

[11] 参见上海科学技术情报所编《日本稻米生产怎样从不足到自给有余》

[12] 参见傅筑夫：《决定重大历史变革的地理因素和经济因素》云南省经济研究所资料室：《学习研究参考资料》第 7 期

[13] 据孙毓棠、张寄谦：《清代的垦田与丁口的纪录》，《清史论丛》第 1 辑，中华书局

[14] 见何炳棣：《美洲作物的引进、传播及其对中国粮食生产的影响》，《大公报在港复刊三十周年纪念文集》，724—728 页

[15] 参见孙治方：《经济学界对马寅初同志的一场错误围攻及其教训》，《经济研究》，1979 年第 10 期

[16] D. H. Perkins：“Agricultural Development in China 1368—1968”，Aldinne pub. pp 55～56

[17] 参见何建章、吴凯泰：《关于加快我国农业发展速度的几个问题》，《经济研究》1978 年 5 期

[18] 参见周诚、毕宝德：《掌握农业扩大再生产特点促进农业现代化》《学习与探索》1980 年第 1 期

明清两代的“畿辅水利”*

董恺忱

继元朝之后，明清两代也先后建都北京。当时的北京虽已成为全国的政治中心，但邻近都城的海河流域，却水旱频仍，农业生产低而不稳。皇室和它庞大的官僚机构所需要的粮食，不得不指靠漕运来供应，这样不仅耗工费时，而且随时又有中断之虞。所以从明代中叶以后，就不断有人倡议，兴修农田水利来提高生产，以便和北京的政治地位相适应。由于邻近皇都的地方以前又叫“畿辅”，所以有关这一地区的水利问题，就又有“畿辅水利”之称。在明清两代这五百多年里，先后有人提过一些合理的方案和措施，但多为浮议所阻，从未得到认真的贯彻，当政者也举办过一些水利，但不是兼顾全局，加以工程草率而又时兴时废。灾害仍逐年有增无减，洪、涝、旱、碱的危害日趋严重。通过对这一历史时期“畿辅水利”的回顾与分析，可以看出昔日官府治水，除了最高统治者为了确保漕运因而把它放在凌驾于灌溉、排涝、防洪之上，还反映出围绕着这一问题，在不同阶级和集团之间经济利益上的冲突。明清两代畿辅水利成效甚微的终极原因，就在于这些矛盾在当时的历史条件下，是无法得到解决的缘故。

一

明清两代“畿辅”水利所涉及的地区，大体上相当于今天华北平原的海河流域，而它所讨论的范围则包括了漕运、灌溉、防洪及排涝等几个方面。海河通常是指北运河、永定河、大清河、子牙河和南运河在天津附近汇总后到入海的 70 多公里那段。而它上游的这五条河则是河北境内主要的水道，连同它们的支流一起构成了海河水系。不过海河水系形成却为时不久，历史上这个地区曾是黄河故道，多年来迁徙不定；到了三国曹魏时才初步趋于定型；宋代以后，受到黄河的影响逐渐减小；明清两代有些河道虽仍有时改变，但已和今天大体相近。

由于黄河和那些源自太行山等高处的河流，多次泛滥，迁徙无常，它所留下的旧河床，有的因为沉积淤塞，以致高出平地；有的由于决口时大溜冲刷形成槽状洼地。再加上地质运动所留存下来的淀、泊、沼、泽，所以河北境内海河流域地区，虽然是属于华北大平原的一部分，但它的地形却是坡岗坑洼相间而微有起伏的。

华北地处季风气候带。全年雨量分布极不平均，春季干旱多风，夏秋降水又较集中，极容易发生春旱秋涝，从而加重了这个地区的灾难。据明清两代的记载，海河流域在这 540 多年里，发生过 361 次水灾，377 次旱灾。[1]通常水灾的危害大于旱灾，而水灾的次数又是从明万历以后骤然加多的。推究其原因，除了年代愈近记载较为详备，也和人们对土地利用不尽然合理有关。

* 原载《北京农业大学学报》1980 年第 3 期，第 77～86 页。

唐以前，虽已有人在靠近水源的地方垦田种稻，但规模有限，邻近淀、泊、沼、泽的低洼地方很少开垦，所以仍然起到蓄泄的作用。北宋时，在从今西淀至海的地方，曾广开水田，除了增加粮源还用来限制辽国戎马的进犯。元朝在它覆亡之前，由于海上的漕运有时难以接济。根据丞相脱脱的建议，在今保定、河间及其以北地区也曾兴修水利，力求就近解决所需的部分粮食。但为时短暂成效不大。明代中叶以后，随着人口的增多，从前的一些低洼地方也都相续被开垦成良田。由于任人耕种而从无规划，遂使泄涝归泊之路断阻，这样一旦山洪暴发，就水漫田野势必成灾了。

随着各河上游水土流失的加剧，它所挟带的泥沙也就日益加多，当这些河流进入平原后，因流速顿减，就有更多的泥沙沉淀淤积下来，使河道拥塞改动，从而更易经常泛滥成灾。太行山区在宋代以前还是个林木繁茂的地方。[2]元代以后，统治者为了营建宫室，相继乱砍滥伐。到了明代，为了解决内府所需薪炭，又在这时设立炭厂，伐木取材，烧薪为炭，致使林木更加稀疏，[3]有的地方开始成了童山秃岭。明代为了防止塞外游牧民族入侵，每年又在汇入北运河的白河上游等地区，放火烧荒，而面积常在方圆百里以上。[4]滥伐和烧荒的结果，破坏了森林和植被，影响水土保持，使得下游平原地区也深蒙其害。

永定河在隋唐两代原称芦沟水，元明时期又叫浑河，就是因为它“石水斗泥”十分浑浊的缘故。从石景山以下进入平原之后，下游多淤，为害较大，加上北京就在河的东侧，因而是明清两代河防工程的重点。大清河位于永定河和子牙河之间。所处地势较低，上下游都较窄，只有中游略为开阔，其间有东、西淀及文安洼等淀泊，可以作为蓄泄的处所，它的上游唐河和易水所挟带的泥沙，就有一部分沉淀在这里，所以大清河又有淀河之称。子牙河上游的干流有二，北为滹沱，南是滏阳。滹沱水急流浊，所至填淤，自从流入宁晋泊，邻近水道便俱受其害。滏阳河过去曾与漳河相汇，由于漳河雨季水势急促流量较大，故多冲溢。后来漳河改道，滏阳河才独流向北，穿宁晋泊后与滹沱河在献县合流。宁晋泊和在它之南的大陆泽旧有北泊、南泊之称。有人说它就是《禹贡》里的大陆泽。[5]但因常年疏于修浚，听其淤塞，逐年垫高，到了明清两代，蓄泄能力已大为减弱。

由于各河逐年淤积，使河床不断加高，因而河水决堤后留下的旧河道，也就必然高出地面，就使周围的地区形成了封闭的洼地，由于这里的沥水找不到出路，而促使地下水位不断提高，出现了次生盐碱化。春季干旱多风的时候，又使土壤水分极易蒸发，便于土壤积盐返碱，结果在有些地方旱涝盐碱相继为灾。如围在卫河、南运河、滏阳河和子牙河之间的黑龙港地区就是海河流域的最大的封闭洼地。早在明代，其间的大名等地，已是十年九涝，成了“江湖凫雁之泽，而硝河者又复池卤下垫，凡所经流，率数岁不复刍牧。”[6]而曲周在明代崇祯时已是“盐碱浮卤，几成废壤，民间赋税无出”的地方。诚然，海河流域洪、涝、旱、碱相继成灾的原因，除了受地形、降水等自然条件的影响，也和当时人们不合理的经济活动有关。

二

明清两代海河流域生产的粮食，远远不够当时皇室和它庞大的官僚机构的需用，仍旧仰仗由东南的供应来解决。早在元代，大都的粮食主要就是取自长江下游的江浙行省。为此世祖忽必烈时除了从事开发运河，还曾建造船只，充实漕运机构。早在至元十六年（1279）就曾着手开凿大都至通州间的运粮河，二十八年（1291）由郭守敬主持修通惠河，它自大都至通州高丽庄入白河，全长80公里，东连白河（通州至直沽），再南经临清和位于山东境内的会通河相沟通。这样运河的南北段就全部通航，而不必水陆交替再辗转中原了。但运河常因天旱水浅，淤塞不畅，影响漕船不能如期到达。所以至元十九年（1282）也曾另辟海道。开始海运与河运并行，后来海运逐年增加。到文宗天历二年（1329）时，经过近半个世纪的时间已从开始时的四万多石，增加到350多万石。

明初成祖定都北京后，鉴于海运事故较多，又把漕运的重点放在河运上来，对运河北段加以整治，又使运河南北畅通无阻。永乐十三年（1415）建造了3 000只木船，增加了河运能力。明代漕船通常在1万只左右，年运输量为400万石上下。明代运河各段，因地为号，其在今河北境内的分称白漕、卫漕。北运河因借资白河，是以称白漕。其中北京至通州间在元代开凿的通惠河，在永乐时已因河道淤塞，闸坝具已湮灭、不再通船。后来虽有人多次提出修复，但皆被浮议所阻。到了嘉靖时经御史吴仲反复陈述直接通航的好处，才蒙最高当政者的采纳，而再度兴工疏浚，并设官管理。直到明末，漕船都能直达京师，但通州、武清间的一段，因白河上游泥沙下行常使河道淤塞，多次决堤影响了漕运。英宗正统时，改挖过一段新河，但仍无济于事。卫漕即南运河，因导引卫河水在临清汇入运河才又有这个名称。明代为了保证运河水量以利漕运，弘治时实行过“引漳济卫”，即把漳河引入卫河，再汇至南运河，这一措施曾取得一定成效。但因疏于整治，不久到了隆庆时，漳河又复北入滏阳河。

清初实行海禁，漕运也全都指靠运河。清代运河的河道，除山东境内为避黄河之险，康熙二十五年（1686）曾由靳辅开凿中河，废止了原长180里河槽那段之外，在今河北境内的河道仍同明代一样。问题也还是难以应付北运河因伏秋季节山洪决堤而使漕运中断；南运河则常苦于干旱水浅以致漕船难以顺利畅通。康熙三十六年（1697）又把漳河水东引到馆陶，让它流入卫河，借以增加卫河汇流到南运河的水量。这样虽然改变了一向苦浅阻滞的局面，但自漳河南徙入卫后，又因汛期水流湍急浩渺，经常泛滥成灾。只好另行开挖减河来宣泄，但每当遇到较大洪水仍然无法控制。整个河运到了嘉庆的时候，因为黄河屡次决口，加以一度实行过“引黄济运”，使河身淤垫日甚，船只胶浅难行，搬运更为艰难，而疏浚又复耗工费时，于是又有人筹议恢复海运。道光六年（1826）以官督商办的形式，开始把江南的粮食通过海运直输天津。从这以后，河海并运，而河运就逐年更加不景气了。光绪末年，江浙漕粮由招商局承运。经海路到津，再改用火车运京，河运终于全废。

明清两代的统治者，为了确保其安危系于一线的漕运，始终强调并坚持在畿辅治水问题上，防洪、排灌都要服从漕运的利益。负责治河的官吏对此当然是心领神会，不遗余力地来加以贯彻。结果是，畿辅地区的水利愈治愈坏，每况愈下，在当时兴办农田水利和保证漕运的河道是难以兼顾的。早在乾隆二年（1737）时，就曾发过上谕，严令沿河各地从每年五月初一开始，就堵塞各渠口，并使卫河水全归运河以接济漕运，对所有灌溉用水都要稽查严禁。嘉庆二十年（1815）河督文冲等又曾上言：“卫河需水之际，正民田待溉之时”，但“倘天时干旱，粮船阻滞日久，是漕运尤重于民田，应暂闭民渠民闸，以利漕运”。[8]到了光绪时漕粮河运行将结束，当时的一些廷臣督抚曾在运河的兴废问题上有过争议。由于处在海运已代河运而兴，废除河运已成定局的形势下，有些人才敢于直陈其利弊。如曾任两江总督的沈葆祯在光绪五年（1879）时承认：“舍运道而言水利易，兼运道而筹水利难，民田与运道势不两立。兼旬不雨，民欲启涵洞以灌田，官必闭涵洞以养船。迨运河水溢，官又开闸坝以保堤，堤下民田立成巨浸，农事益不可问。”[9]这对当时有人仍在坚持“运河贯通南北，漕艘藉资转达，兼以保卫民田”的说法，是个有力的批驳。

由于漕粮是天庾正供，事关封建帝王、皇室贵族以及朝廷官僚、京师内外卫戍部队的口粮供应，所以它历来受到统治者的重视。尽管过去也有人指出过漕运的积弊，但却丝毫不能动摇最高统治者不惜一切来保漕的决心。明末徐光启就说过："漕能使国贫，漕能使水费，漕能使河坏。"[10]这话是指漕运东南粮食来供应京师，民费数石而实得一石，使东南人民陷于穷困；把北方一些河水引到运河以供漕运，就无法保证民田灌溉用水；而且由于运河穿过黄河，倘治理不善，就极易发生差错。这可说是对漕运问题的高度概括。作为解决的办法在徐光启看来应该在京畿发展农业生产，就近供给京师所需的粮食。而在这之前和以后，也还有些人提出过类似的主张，强调应在畿辅兴办农田水利。

三

为了把地近京畿的海河流域的水害变为水利，并扭转指靠漕运仰食江南的局面，明清两代朝野上下不少关心国家大事的人，曾围绕在畿辅地方是否应该并如何兴办农田水利，开展过反复多次的讨论，提出了有着不同经济背景的各种主张。如一些出身江南的廷臣，其所以力陈应在畿辅兴办水利发展生产，是为了减缓东南的赋税；而有些籍贯在京畿的大吏和皇戚阉宦中占有田产的，又担心会把负担转嫁到自己身上，就以各种借口来阻挠。而皇帝只要能够得到所需的粮食，都城的安全也有保障，就懒得多去过问。

早在元代泰定（1324－1328）时，虞集就提出过："京师之东，濒海数千里"，可"用浙人之法，筑堤捍水为田"。[11]明朝弘治初年，邱濬又把虞集的旧议重提，但均议而不行。到了万历时，徐贞明又大力提倡，他曾上疏说："神京雄踞上游，兵食宜取之畿甸，今皆仰给东南。岂西北古称富强地。不足以实廪而练卒乎。夫赋税所出，括民脂膏，而军船夫役之费，常以数石致一石，东南之力竭关。又河流多变，运道多梗，窃有隐忧。"[12]后来又作《潞水客谈》以毕其说，列举了十四条理由来论证在京畿开发水利的必要和可能。由于他的建议详备具体，又获众议的支持，乃得受命在京东诸县亲自主持其事。行之经年，垦田39 000多亩。正在预备再进一步大事疏浚开垦的时候，御史王之栋竟上疏阻止，列举了十三条理由，力主其不可。徐贞明终于在浮议屡起，众说纷纭中被免官，而由他负责主修的工程也谕令停下来。和徐同时的汪应蛟以及稍后天启时的左光斗、董应举也都先后曾在天津沿海举行过军屯，其中有些是新开的稻田，在当时确曾收得一定的功效，但限于时势和国力，已经难以持续和推广。万历四十一年（1613）和天启元年（1619）的时候，徐光启曾先后在天津附近从事垦务试种过水稻，并倡议实行军屯，以便减缓漕粮需求与供应间的矛盾。崇祯三年（1630）任礼部尚书时又上《屯盐疏》，力陈举办屯田兴修水利的必要。在他纂著的《农政全书》中又专辟了《西北水利》一卷，辑录了有关京畿水利的一些材料。但由于当时明朝已濒临覆亡，因而无力认真地加以贯彻。

清代最高当政者对海河流域的水利开发较为关切。但在整个满清的时代，对自然灾害的控制能力却始终没有能够得到显著的提高，依赖漕运的程度也从未有所减缓。雍正三年（1725）近畿曾发生特大水灾，饥民遍野，因而用过较大的力量来兴办水利，农田灌溉事业一度有过较大的发展。在怡贤亲王允祥的主持下，公私合计先后开垦出稻田579 000多亩。[13]为了便于统一领导，曾分设京东、京西、京南和京津四局加以管理。但是由于水田的开发，既违背了消极保漕的政策，又触犯一些地方权绅的利益，因而受到阻挠和破坏。这样就使新垦稻田大部分旋即湮废。乾隆二十七年（1762）诏谕："物土宜者，南北燥湿，不能不从其性，倘将洼地尽改作秧田，雨水多时，自可借以储用，雨泽一歉，又将何以救旱？以前近京议修水利营田，始终未收实济，可见地力不能强同。"[14]强令禁止再在京畿从事水利营田。道光时林则徐著《畿辅水利议》，提出较为具体的兴办农田水利计划，吴邦庆辑录有关兴修水利垦田种稻的论述成《泽农要录》，并刻印

《畿辅河道水利丛书》，包括有《直隶河渠志》等九部书，其中也有吴邦庆自撰的《畿辅河道管见》及《畿辅水利私议》等。他们都曾致力于兴复畿辅水利，但也均为浮议所阻不得贯彻。光绪时出任过直隶总督的纳尔经额和李鸿章等也都反对在河北举办屯田水利。李并将时兴时废的原因归结为："此实限于天时，断非人力所能补救者也。"不过他也被迫承认，在他以前确有一些从事水利营田收到实效的显例。但他说："今访其遗迹，所营之田，非导山泉，即傍海潮，绝不引大河无节制之水以资灌溉，安能藉减河水之患，又安能广营多获以抵南漕之入。"[15]李肯定了在有泉水处及滨海垦荒是能够种稻的，但对沿河及邻近低洼淀泊的广大地区则认为难以收效，所以还得依靠漕运。他还反对在平原不顾条件地把旱田改种水稻说："倘于平原易黍粟以秔稻，水不应时，土非泽埴，窃恐欲富民而适以扰民，欲减水患而适以增水患也。"[16]尽管李鸿章在这里列举用以反对兴建水利的理由并不充分，但也不无合理之处。

如果把明清两代围绕在京畿地方兴修水利开田种稻的各种议论加以归结，则不外乎以下三种，即①以林则徐为代表的"直隶土性宜稻，有水皆可成田；"[17]②以纳尔经额为代表的，认为"至全省水利，历经试垦水田，屡兴屡废，总由南北水土异宜，民多未便。而开源、疏泊、建闸、修塘，皆需重帑，未敢轻议试行。"[18]结论是直隶难以兴举屯田水利；③吴邦庆所说的"畿辅诸川，非尽可用之水，亦非尽不可用之水，即用水之区，不必尽可艺稻之地，亦未尝无可艺稻之地。"[19]不难看出，三者中以吴邦庆的意见为是。

对兴举农田水利的具体方法，徐光启在《农政全书》中做过全面的总结，即①用水之流，流者水之枝也，川也；②用水之潴，潴者水之积也，其名为湖为荡为泽为淀等；③用水之委，委者水之末也，海也；④作原作潴以用水，作原者井也，作潴者，池塘水库也。[20]他所概括的虽是属于一般用水的原则，但也能适用于北地的畿辅。后来吴邦庆在具体讨论畿辅水利的时候，也曾做过类似的归结。他说："水之属为泉，为河，为引淀泊之流，为蓄近海之潮。"为了相度地势，酌量施用，他进而指出："泉源宜陈畦以引之，经流宜开渠设涵洞以析之；形势就下，宜建闸以蓄之；来源太猛，宜修坡以缓之；他如水潦易及之处，则宜为围，为圩；山麓荦确之地，则易布石留泥；起壑越涧之处，则宜腾桥筒车，水性不外此数则，用法亦不外此数种。"[21]

事实上明清两代，特别是清代在京畿地方所兴办的农田水利如果按以上要求来衡量，应该说还是有一定成绩的，尽管这个成绩又是十分有限的。下边仅就清代的一些文献，稍加归结则：①有泉之处，引水以成田的有邢台的百泉，正定的大鸣、水鸣，满城的一亩、鸡跑，乃至望都，定州、涿州、平谷等处。②利用海潮，筑堤建闸节以成田的有宁河、宝坻、天津等滨海的地方。③河水下游因性猛难御，多弃而不用，上游也有引水灌田的。如永定、滹沱因汛期水急浑浊，南北运河是漕粮运道，所以很少利用，但永定河上游的蔚州、保安地区以及滏阳河、沙河、唐河、涞水的上游，有些地方确有引河水来栽植水稻及浇灌蔬畦的。④至于邻近淀泊之处，像宁晋、新安、文安、霸县等地一些摄水归泊之路，本不宜垦种，但由于有司无识，听民占耕，影响宣泄，得不偿失。⑤凿井灌溉，早在明末徐光启就认为，冀南豫北一带干旱缺水的地方"惟井可以救之"，"旱年甚获其利"[22]到了清代在经济作物如棉花的种植较为集中而又趋于集约经营的地方，也多开井灌田。如乾隆三年（1765），方观承在他负责编绘的《棉花图》里，就曾说到："种棉必先凿井，一井可溉田十亩。"同治、光绪以后，栾城、正定一带，井灌开始多了起来，但也只限于种植菜蔬以及棉花收益较多的经济作物，而始终未能普及到一般的大田。

综观这些水利灌溉工程，有一些是卓有成效的，甚至在今天还在生产中发挥一定作用。有一些是旋修旋废的，那可能是因为工程本身不合乎科学道理或是管理上不符合经济原则；而另一些是本不适宜开垦耕种的，却因作为谋生手段群众业经占用，官府也已起科征税而只好沿袭利用下

来，所以要具体分析，不能一概等同看待。但是对过去那些该兴办而还未做好，固可留待今天，而不该开垦但已利用的却难再轻易改变，这不只是由于积重难返，而且还因为地少人多可供选择的机会愈来愈少。对这些群众自发经济生产活动的成果，我们今天是无权苛责的，但经验教训是必须认真地来加以总结。

四

明清两代由官府督办或以工代赈兴举的一些规模较大的防洪排涝工程，虽不能说一无是处，但实际真能为民造福的却不多。这不仅是由于受限于当时的技术水平和施工能力，还因为庞大的官僚机构要通过治河管水来养活一批闲散的官员。负责治水的各级官吏又无不层层从中扣刻来填饱私囊。为了借水求财这些人有意地作虚弄假，致使这些工程所潜存下的许多隐患，又成为后人所面临的一些难题。

当时负责治水的官员所关心的是，只要在任上不出差错而又能捞到一笔钱财就行，所以只图急功近利而必然缺乏全局和长远的打算。在这样的思想指引下当然不会想方设法地去变水害为水利，所以在处理治田和治水的关系，对待修堤和疏浚的态度，安排蓄存和宣泄的措施上，都是偏而不全的。

水既可为害又能为利，明清两代就有人根据这样的认识提出要把治水与治田结合起来。如明嘉靖时的周用主张“使天下人人治田，则人人治河也”，强调要兴修沟渠。万历时曾任宝坻知县的袁黄认为实行沟洫“不必尽泥古法，纵横曲直各随地势，浅深高下各因水势”[24]就行。徐光启在论述用水时也说过：“若遍地耕垦，沟洫纵横，播水其中，资其灌溉，必减大川之水。”[25]后来清代的沈梦兰和程瑶田也有过恢复封疆沟洫的议论，沈甚至提出沟洫之设有十五利和三便。[26]本来如果能在河川上游蓄水溉田，下游的平原地区又遍布沟洫，雨季汛期自会分减水势，纵使不能完全消除水害，但是定能减轻成灾的程度，可是在当时直隶的情况是，虽然“其大道两旁，尽可开沟疏广，以资蓄泄”，但实际上却“并无沟洫，全仗天时”[27]。姑不论古沟洫之制是否确有，但在当时要兴举却实难。因为不仅“斯其劳在耳目之前，而其利在五十年之后。”[28]群众的通习是可与乐成难与图始。所以地主不会欣然同意去举办自己眼前不受益的事业，而农民在求活不瞻的时候，更没有余力做长远的打算。当权的官吏中像袁黄那样关心群众疾苦的终归是少数，而有司中因循守旧只顾一己之私的才比比皆是。就水利技术条件来讲，要在河流下游的平原上广兴沟洫，不仅像《周礼》说的，仿井田之故制，行成周沟洫之旧法，绝难实现。就是像明代有些人主张的，要在下流多开支流以泄横溢也不易办到。可是治水不为治田，而营田又不兴水利，则确是未能毕竟其功。

河官在受命治河时，率多沿袭疏于挖浅而只留意于筑堤的惯例。原因很简单，就是“盖修筑易于见功，漫决或以致罪。”至于“淀之通塞，河之淤畅，具在茫茫积浸中，为考成者所不及，虽复过问焉”。[29]结果是在一些河官中形成了“不知有河，但知有堤”的陋习。但在河官督办下兴修的堤坝又多马虎从事，所以不时溃决坍塌。如在清代被视为重点工程的千里长堤，它北起清苑，南至献县，周回于当时的顺天、保定、河间三府，沿河绕淀有几十个州县。但在康熙三十五年（1696）和雍正三年（1725）大水时，都曾溃决为灾，水漫田野，不仅频河临淀的居民，就是邻近州县的群众也都深蒙其害。

不能兼顾蓄存与宣泄的原因，就在于不能真正理会“水之在天壤间，本以利人，非以害之也。聚之则害，散之则利，亲之则害，收之则利”[30]的缘故。如果能够把治田与治河相结合来分水溉田，本可以收到一定功效，但这在当时只是清议断难见诸行动。明清两代当政者为了确保漕运的水道对运河加倍留心，但也不能毫不顾及由于南北向的运河截住了东西向的海河水系的出路。为了调剂运河北段的水量，缺水时要引进卫河的水注入运河，雨多时又要找到泄水的出路。这样在明代就在运河的东侧修建过一些减水的闸坝，并疏凿过几条减河，像永乐时施工的德州四女寺减河、哨子营减河以及弘治时开凿的沧州捷地减河、兴济减河等，后来嘉靖年间又在这里重修过减水闸。这样虽使汛期里运河多余的水找到了临时出路，但却让可以用来灌溉的有限水利资源，白白东流注入大海。至于运河西侧的黑龙港地区长期沉浸在积水中，正是由于运河阻绝了沥水的出路，而明清政府又严令只准运西报灾，不准运西挖河的结果。

为了确保都城的安全，汛期只守护永定河东岸堤坝而从不顾及西岸的安全，所以西岸堤坝的工程质量是远不能和东岸相比的。这样永定河就经常从西岸决口而南徙，把灾祸移到固安以及霸县、文安等大清河流域。康熙三十七年（1698）于成龙奉命在良乡筑堤使永定河易道南下入淀，但不出二十年使东淀淤得再也无力宣泄，只好在雍正四年（1726）又别引一道导入三角淀，过了十多年又因淤垫而自行改道。乾隆五年（1740）甚至提出“顺其南下之性”的主张，要恢复明代河道，而明故道则是早已淤积湮废，遍是村庄耕地了。从乾隆到同治这百多年里，永定河又先后改道十次，可见河官虽是“不知有河，但知有堤，”但由他们经修的豆腐堤，除了劳民伤财，却很少真正起到束水防洪的作用。作为当政者治河防洪工程的根本性措施，成果也不过如是而已。

这样到了清末，作为直隶总督的李鸿章被迫承认“畿辅水利，受病过深，凡永定、大清、滹沱、北运、南运五大河，及附丽之六十余支河，原有闸坝堤埝，无一不坏，减河引河，无一不塞，而节宣诸水之南泊、北泊、东淀、西淀，早被浊流填淤，仅持天津三岔口一线海河，迤逦出口，平时既不能畅消，秋冬海潮托顶倒灌，节节皆病。”[31]可见明清两代统治者惨淡经营的“畿辅水利”到头来不只是成效其微，反过来却是积弊更深。

结　论

明清两代的畿辅水利，其所以时兴时废而每况愈下，当然绝非一朝一夕之故，而是国家之法有以使然。对于这点早在清初顾炎武就注意到了。[32]但是透过错综交织的诸多矛盾，还可看出在封建制度下各种不同经济利益的冲突才是更根本的原因。这里不避蛇足之嫌，再进而作些总的考察。

在有关“畿辅水利”的漕运、灌溉和防洪这三件大事中，明清两代统治者最关心的，都是确保漕运的河道和都城的安全。因为漕运关系到皇室和庞大的中央官僚机构的口粮供应，所以有时皇帝竟以诏令手谕来严禁小民与运河争水，撕下了宵旰勤劳，爱民重农的伪装。当永定河水威胁到都城的安全时，竟有意让它向西岸溃决，使有幸居住在临近帝都的子民，却无法蒙受浩荡的天恩。漕粮使三吴的苏松常等地，田赋之重科征之繁甲于全国。尽管洞察到民力已竭，但还要舍近求远，以数石致一石，来加重农民的苦难和负担，就是因为在畿辅兴办水利耗工费时，又常为各种力量所阻。为了保证天庾正供的漕粮及时供应，它就成了安危攸关的最急切的经济问题。

在廷臣御史和督抚大吏们之间，有关畿辅水利的争论，也反映出经济利益的冲突。《农政全书》里辑录了徐贞明的《潞水客谈》，徐光启在“惟西北有一石之入，则东南省数石之输，所入渐富，则所省渐多”之后，竟批注说：“此条西北人所讳也，慎弗言，慎弗言。”[33]忿慨之情，溢于纸上。这是由于徐光启和他之前的汪应蛟、徐贞明一样，所拟兴办的水利事业，同样受到家住北京，而在畿辅各地拥有大量田产的官僚、贵戚和宦官们的反对阻挠，而终无所成的缘故。

治水又为一些承办水利的官员提供了贪污敛财的好机会。由于偷工减料“以致钱粮不归实

用，工程止饰目前，冲溃泛滥率由于此。”[34]可是尽管所经办的工程，由于“河道迁徙无常，所筑亦属徒劳，”因而“全非经久之计。”[35]但因为它是个绝好的生财之道，落入私囊的钱财，又可在“天意难违”和“地力不可强求”的借口下，对草率从事的水利工程可轻易推卸了应负的责任而难予以查究。[36]“近年来修堤，官不过出票、差役、雇夫而已。役到村中，名是催夫，实是催残，钱既到手，堤便完工。”[37]这样自然会激起各阶层群众的反对。“中间更有旗民、乡绅、豪富之地，故意阻格者，又有按省地界，愚民争执不容修浚者。”[38]承办的官员为了缓和这个矛盾，有时甚至请旨，妄想凭借一纸圣谕就能使群众恪守遵行不敢违抗。可见明清两代由河官承办的水利河工，是和群众切身经济利益直接对立的，所以它也就必然为群众所反对。一个本来事关千百万群众利益的好事，竟不能得到群众的拥护，那只能说明它是在为民兴利除害的借口下，侵吞着群众真正利益的缘故。

注释

[1] 明清两代的水旱灾数的统计参见陈高佃《中国历代天灾人祸表》及孙寿荫：《河北省的降水特点与旱涝问题》载《地理学资料》第三期，本文所引数字略有修正

[2] 如《宋会要辑稿》卷177载徽宗时“河朔沿西山一带，林木茂密，”《太平寰宇记》上说：“满城西北有松山，因松林遍布得名”

[3] 明代宫室所需炭柴据《明会典》载：“宣德间始设易州山厂专官总理，景泰间移于平山，又移于满城。英宗复辟，初仍移于易州，而自后增办之数，乃多至四倍焉。”

又，邱浚：《大学衍义补》有“今京师切近边塞，所持以为险固者，内而太行西来一带，重冈近阜；外而深蔚等州，高山峻岭，蹊迳狭隘，林木茂密，以限敌骑驰突。不知何人，始于何时，乃以薪炭之故，营缢之间，伐木取材，斩枝为薪，烧柴为炭，致使木植日稀，蹊泾日逋，险隘日夷。”

[4] 见顾炎武：《日知录》，卷二十九，烧荒

[5] 据《畿辅通志》卷八十·河渠六，水道六：“大陆泽在任县东北三十里，即《禹贡》所谓大陆即作也。”又据顾颉刚《禹贡》的注解，“大陆，泽名，在今河北任县东北，与巨鹿、隆尧二县接界，古有广河、巨鹿、泰陆、大麓、沃川等名称，又称为张家泊，旧时泽地甚广，跨有今河北束鹿、隆尧、宁晋诸县，后也淤断遂分为二，一般叫宁晋泊为北泊，大陆为南泊，今皆淤成平地。”载《中国古代地理学名著选读》第1辑，第10页

[6] 见顾炎武：《天下郡国利病书》，卷五北直四《大名境内迩年诸洼水之患》

[7] 见同治《曲周县志》

[8] 见《清史稿》卷一二七，河渠二

[9] 同上

[10] 原疏为崇祯三年（1630）徐光启所上的《钦奉明旨条画屯盐疏》中的第二部分。收入《农政全书》时把其中的用水第二改为《旱田用水疏》，据万国鼎说旱田二字可能是由陈子龙妄增，因为疏中说到的用水方法还包括水田在内，如改为旱田则名实不符。见万国鼎：《徐光启的学术路线和对农业的贡献》，载《徐光启纪念论文集》，中华书局

[11] 见《元虞集畿辅水利议》，载《畿辅河道水利丛书》

[12] 见《明史》卷二二三，列传一一一，徐贞明本传所引《请亟修水利以预储蓄疏》。但徐光启《农政全书》卷十二水利所引个别字句却与传中所引不同

[13] 见吴邦庆《水利营田图说》

又侯仁之:《历史上海河流域的灌溉情况》附有许天良据以制作的清雍正间畿辅水利营田表,载《地理学资料》第二集

[14] 见《清史稿》卷一二九,河渠四

[15] 同上

[16] 同上

[17] 见林则徐:《畿辅水利议》

[18] 见《清史稿》·卷一二九·河渠四

[19] 见《水利营田图说》吴邦庆跋,载《畿辅河道水利丛书》

[20] 见《旱田用水疏》,载《农政全书》卷十六·水利

[21] 见吴邦庆:《畿辅水利私议》,载《畿辅河道水利丛书》

[22] 见《农政全书》·卷十六·水利:"近河南及真定诸府,大作井以灌田,旱年甚获其利,宜广推行之也。"清代改真定为正定,即今河北正定

[23] 见周用:《理河事宜疏》:夫天下之水,莫大于河,天下有沟洫,天下皆容水之地,黄河何所不容?天下皆修沟洫,天下皆治水之人,黄河何所不治?水无不治,则荒田何所不垦?载《明经世文编一四六》、《农政全书》·卷十六水利改作:"先臣周用曰:"使天下人人治田,则人人治河也。"

[24] 袁黄:《宝坻劝农书》·田制第三

[25] 见徐光启《农政全书》·卷十六水利

[26] 见沈梦兰:《五省沟洫图说》

[27] 见彭世昌:《请疏沟道疏》

[28] 见沈梦兰:《书五省沟洫图说后》

[29] 见陈仪:《直隶河道事宜》,载《陈学士文钞》

[30] 见徐贞明:《潞水客谈》

[31] 见《清史稿》卷一二九·河渠四

[32] 见顾炎武:《日知录》卷十二·河渠:"于是频年修治,频年冲决,以驯致今日之害,非一朝一夕之故矣,国家之法使然。"

[33] 见徐光启:《农政全书》卷十六·水利

[34] 怡贤亲王:《请设河道官员疏》,载《怡贤亲王疏钞》

[35] 曾国藩:《奏陈滹沱河水患大概情形疏》

[36] 参看顾炎武:《日知录》卷十二·河渠,指出:"天启以前,无人不利于河决者,侵克金钱,则自总河以至闸官,无所不利。支领工食,则自执事以至于游闲无食之人,无所不利"。这里说的虽然是有关明清代修治黄河的事,但海河又何尝例外

[37] 见道光《安州志》

[38] 见怡贤亲王:《请兴直隶水利疏》,载《怡贤亲王疏钞》

世界农业发展历程述略*

——兼论东西方农业的特点

董恺忱

一

大约在一万年前，人类在逐步学会驯化植物和动物之后，开始摆脱完全依靠采集和猎取现成天然产品而开始了农业生产。此后在漫长的年代里，由于生产工具和土地利用方式的改进，农业生产大体上经历过原始农业、传统农业和现代农业三个阶段。随着农业生产技术的发展，人类的经济生活以及对待自然环境的能力也都有所改变。当然这是就整个人类的发展过程来说的，因为世界各地区各民族的具体条件不同，其发展水平也不会完全一致。

在进入新石器时代以后，人类除了用木棒以外，还开始学会把石斧、石锄等缚在木棍上，拿它作为生产工具来开荒掘地，种植作物。这就是刀耕火种的原始农业。后来发明了简单的木犁，并用驯化了的大牲畜作为役畜来牵引。但是这些工具都是取自天然存在的木、石等材料，动力也还是以人的劳动为主。土地利用则是采取耕种过一段时间以后，当地力衰竭时就丢弃不用的撂荒制。这时的生产水平是很低的，经常还不得不以采集、狩猎作为辅助手段，而且技术进展也比较缓慢。这时在旧大陆有些地区里畜牧业比种植业占优势；而新大陆的印第安人，早在欧洲人来到这个地区以前，已经独立地创造了他们的新石器时代的原始农业，但是后来却没能够超出这个水平，这个阶段大约有六七千年之久。以后出现了金属工具，特别是用役畜牵引的铁制耕犁的应用和推广，使整个农业生产为之改观。这个过程，在欧洲是从希腊、罗马的奴隶社会开始的，在我国则是从春秋战国开始的。在土地利用方面，这个阶段里的欧洲一直实行轮流休闲的二圃制或三圃制，而我国则很早就采用施肥、条播、中耕和轮作等措施，并逐步形成了精耕细作的优良传统。这个阶段可心概括称之为传统农业，传统农业是以手工工具、人、畜力以及自然肥料作为基础的。在整个封建社会里，这样的传统农业始终是决定性的生产部门，它的时间延续较长。到了资本主义在西方兴起以后，农业有了较快的发展，由人、畜力耕作过渡到使用机器和电力，施用化肥，对杂草和病虫害也开始用化学药剂加以控制，有的地区还从轮作制过渡到自由种植。总之，用工业来装备农业，并把实验科学的成果广泛地应用于农业，是这个阶段农业的共同特征，这就是现代农业。这一过程在西方国家是从产业革命开始，进入本世纪后又大大地加快，而到了本世纪中期才先后完成这个转变的。

农业是人类社会上最早出现的生产部门，所以也是最古老的经济部门。在原始农业阶段，原始手工业在最原始的社会里是作为农业劳动的附属物存在的。只有农业劳动生产率提高了，从事

---

* 原载《世界农业》1980年3～4期，后经修改收入《中国大百科全书·农业卷》改为《世界农业史》。

农业的人所生产的食物，除了自身需用还有剩余时，才有可能让另一部分人去专门从事手工业，正是在这基础上才产生了纺纱、织布、冶金、制陶器和航行。到了奴隶社会就更巩固和发展了农业和手工业的社会分工。进入传统农业阶段，在农村里农业和手工业有时还是结合着的，但在城镇则已逐步形成了独立的工业部门。到了资本主义社会，特别是在大机器工业出现以后，农村的手工业受到排挤而逐步破产，农业虽然还是社会生产的主要部门之一，但它在社会总产品中的比重不仅相对下降，而且已到了必须由现代工业来装备才能保证农业生产顺利进行的地步。从这一点说，现代农业是走向“工业化”的农业。

农业不仅是经济的再生产过程，而且是自然的再生产过程。农业生产依存于自然并改造着自然，正是在这个过程中人类才不断地加深对自然的认识。在农业出现以前，人类靠采集、狩猎为生，有人估计，当时整个生物圈所能供养的人口不会超过 1 000 万[1]，这和今天的四十多亿是不能相比的。在农业出现以后，人类开始能够获得较为稳定的生活来源。为了农业生产的需要，天文、历法、物候、数学、测量等一些科学开始形成。到了传统农业阶段，和农业生产直接有关的土壤耕作、施肥、灌溉等一些知识，在反复实践的基础上，逐步发展起来；对作物的栽培、育种和家畜的饲养繁育等技术，也在积累经验的过程中，开始从理论上加以概括，逐步系统化和条理化了。这样，不仅作物和家畜的习性有了改变，就连山川田野等自然环境，在人力所及的地方也开始改观。当然，这时人类征服自然的力量还是极其有限的，但已不愿再屈居于对自然的隶属地位了。现代的农业生产要求应用现代化的技术，这就要更自觉地学习和掌握科学知识，不仅像遗传、生理、生态、生化等这样一些能够揭示生物内在机制的基础科学，甚至像物理、化学和数学等也都和农业生产有了日趋密切的关系。人类为了使自己真正成为支配自然过程的主人，就不仅要把作物和家畜的生长发育过程加以控制，而且要进一步掌握改变作物和家畜生长环境的能力，有效地实现对土、肥、水等环境因子的调节。但是，随之而来的水土流失、地力下降和环境污染等破坏生态平衡、干扰生物圈正常循环的现象，也正是由于不断扩大耕地，提高复种指数和多施滥用化肥和农药等措施的结果。这是人类面临的一个新的挑战，在今后的年代里，人们既要扩大食物生产能力，来满足日益增长的人口的需要，同时又必须尽力避免对生物圈的冲击所招致的灾难性后果。

二

当人类进入新石器时代，在原来采集、狩猎的基础上，开始向原始农业过渡，这时的农业一般是兼有栽培作物的种植业和饲养牲畜的养畜业的混合农业[2]。但这两者在发生时间上的早晚，和在不同地区不同民族中所占的比重是有很大差别的。种植业出现于母系氏族社会，最初由妇女承担。可能是在长年采集的基础上，了解到一些植物的生长规律，把其中适合于人类需用的加以培养而成为栽培植物，然后再有计划地进行周期性的管理。养畜业同样是在狩猎活动的常年实践中，把其中一些经济价值较高的野生动物进行多年的驯化而发展起来的。被驯化的，最初是小动物，数量也很少，后来才有了较大的畜群，用大牲畜作役畜可能是更晚的事情。

在旧大陆从黑海、高加索到蒙古的大草原地带上，在很长一个时期里，主要的居民西方是斯库台人，东方则是蒙古人。他们从狩猎过渡到游牧之后，也一直是以畜牧经济为主的，直到近年才开始定居。新大陆的印第安人和秘鲁人则始终以种植玉米、马铃薯、甘薯等食用作物为主。虽然他们也饲养羊驼和火鸡，但从未拿大牲畜作为役畜使用过。他们不会冶炼，也没有制造耕犁。但有些地区确已从新石器时代过渡到青铜时代。住在两河流域的闪米特人和曾一度游牧于中亚、东欧草原和部分移居到印度的雅利安人，最初是在适于畜牧的地方开始了游牧生活，那时他们种

植谷物可能只为了解决牲畜饲料，但后来的发展却使之成了食物的主要来源。居住在我国黄河、长江等流域的汉族和其他民族，主要是从采集经济发展成种植业的，但由狩猎演进而来的养畜业在整个经济生活中也占有较大比重。在中原地区，到了较晚的商、周时代，有过华戎杂处的阶段，实质上就是两种不同经济部落的混居。所以那种认为在原始农业阶段，人类一定是在经历了狩猎、捕鱼和游牧之后才进入农耕的观点是缺乏足够的根据的。[3]。

原始农业在西亚的肥沃新月区出现得较早。近年来考古学、文化人类学和民族植物学的研究证实，在伊拉克、巴勒斯坦境内，距今八、九千年前人类已开始从事刀耕火种的原始农业。在巴勒斯坦约旦河畔的耶利哥（公元前7800年）和位于札格罗斯山脉西侧斜面的伊拉克的雅尔莫都曾发现新石器时代早期文化遗址，出土的有石斧、石镰、石臼等经过磨制的石器。在后一地区，还发掘出野生型和介于野生型和栽培型之间的中间型一粒系小麦和栽培六棱大麦的遗物。同时这个地区还分布有小麦和大麦的野生自然群体，所以今天被公认是小麦和大麦的起源地。伴随小麦出土的还有豌豆和兵豆。居住在两河流域的苏末尔人在公元前4000年金石并用时期，发展了灌溉农业和冶铜等手工业。灌溉农业不仅使生产稳定而且也提高了谷物的产量。在乌尔第三王朝时，小麦的产量已达1 200公升/公顷，产量已是播种量的20倍，和今天伊朗的相近。到了公元前19世纪的古巴比伦王国时，建立了奴隶制的中央集权王国。在有名的汉谟拉比法典中已经说到了耕犁和耕牛等役畜。此外对有关出租和耕耘土地，放牧和管理牲畜以及修建管理果园等事，该法典也都做了具体明确的规定，可见当时的农业生产已经很发达。后来由于战乱频仍，致使水利失修，沟渠湮塞；而盲目扩大耕地、滥伐森林又加快了水土流失。这样，到了公元前四世纪时，农业生产就衰落了下来。

埃及的原始农业比两河流域约迟2 000年，即在公元前5000年时开始的。由于尼罗河的定期泛滥，不仅使河流沿岸的土地得到灌溉，而且沉淀下来的淤泥还有利于作物的生长。到了公元前2000多年的古王国时期，已经有了牛拉的木犁、碎土的木耙和金属的镰刀，役畜有牛和毛驴，农作物有大麦、小麦、亚麻，并种植橄榄、葡萄以及各种蔬菜。后来的中王国时期，对水利工程的管理和维修又有所改进，出现了高度发达的古埃及文明。但是，埃及的农业只限于尼罗河两岸，沿岸耕地一般宽度仅十多公里，最宽处也不过二三十公里，再远些就是灼热的沙丘，农业生产受到很大限制。公元前525年，埃及被波斯人征服，经济也衰落下去。

中国的原始农业具有近一万年的历史，在旧石器时代晚期萌芽，到了新石器时代有了较快的发展。那时的自然条件对农业的发展并不很有利。北方是春季干旱少雨的黄土地带，南方是遍布沼泽的水乡，所以黄河流域以种植抗旱耐瘠薄的粟为主，长江流域以南则栽培性喜高温多湿的水稻，这两个地区当时实行的还都是撂荒制。近年来黄河流域发现了一些新石器早期文化遗址，年代都在距今7 000年以上，比属于仰韶文化的半坡遗址要早些，如河南新郑裴李岗（公元前5800年），河北武安县磁山村（公元前5300年）等处，都有石斧、石锄、石镰以及石制杵臼等出土。这些农具不仅磨制精细，而且分工明确，从种到收完整配套，反映出当时的农业生产已经达到较高水平。在磁山遗址下层还发现有腐烂了的粮食和猪、羊等家畜骨骼以及纺轮等物，可见养畜业和手工业在人们的经济生活中也占有一定地位。大家熟知的西安半坡遗址，除了出土有石器、陶器、骨角器等农业和渔猎生产工具外，还有加工、贮藏食物的器具和装饰器以及保存较为完好的粟和菜子等，这说明园艺生产和大田生产一样，已经得到一定的发展。稍后，各地的大汶口文化和龙山文化类型出土实物，证实了农业生产在稳步提高。长江流域的水稻生产，根据近年来湖北京山屈家岭、浙江吴兴钱山漾以及江苏南京青莲岗等处出土的实物来看，至少已有四、五千年的历史了。1976年浙江余姚河姆渡出土了7 000年前的炭化稻谷及稻壳、稻秆等和一些保存完好的骨制耜、镞、锥、针及一些木制工具。这一发现不仅把我国水稻生产的年代提前了，并说明我国水稻栽培是从南向北推移的。在史前时期，长江流域和黄河流域一样，已经有了原始农业。[4]到了商代，据甲骨文的记载和各地出土的实物来看，工具虽更为精致，但仍以木、石为主。木犁可能已经出现，但似乎不曾得到推广，青铜农具可能也没有大量使用过。当时的作物有黍、稷、稻、秾(麦)，牲畜有猪、狗、牛、羊等，马也已被驯养蚕桑业也早已出现，此时则又进一步获得普及。到了西周，虽还实行撂荒制，但新垦田不断加多，菑、新、畲的所谓新垦荒地，钱、鎛、銍等农具的改进，以及六谷、六畜的形成，农圃的明确分工等，都说明农业生产正处在一个新的变革前夜。

印度是世界上文明古国之一，但印度在古代从未形成统一的国家，原居民为达罗毗荼人。根据近年发掘的材料推知，在公元前2500至1750年之间有过哈拉帕文化，大小遗址已发现有百多处。当时农业生产已达相当水平，主要种植大麦、小麦和豌豆，并最早在世界上从事种棉，水稻栽培也已遍及境内许多地主。家畜有牛、羊、猪、鸡等，在晚期遗址还发现了马骨；除了木、石工具以外，还使用青铜制的锄和镰。大约在公元前2000年前，原住中亚的雅利安人就已进入印度，他们原以游牧为生，后来定居在朱木拿河和恒河流域，并向原住的达罗毗荼人学习农业。到了公元前1000年左右，在今印度河和恒河流域出现了二十多个奴隶制的小国开始使用铁器，提高了生产力。经济的发展加速了阶级的分化，这样就在印度形成了所谓种姓的社会等级制度，从事农业和畜牧业的是属于贱民身份的劳动者，而以土地公有、农业和手工业结合，并以实行固定分工制为特征的村社制度一直延续到19世纪中叶。这就不能不严重地阻碍社会生产力的发展。

一般说来原始农业随新石器时代而开始，随铁器的出现而告终。从原始农业的发展过程可以看出，世界各个地区古老文明的出现，最初都是和农业生产直接有关，农业起源不限于一时一地，但最初的原始农业可能多是兼有种植业和养畜业的混合农业。始农业发展较为缓慢，但后来还是有了较多的剩余产品，这就不仅有利于扩大社会分工同时也促成了阶级的出现。原始农业最突出的成就是对野生动植物的驯化。从杂草到植物，从野兽到家畜的演化中人类不知道倾注了多少心血和汗水。今天常见的主要作物和家畜大多在4 000年前就已被人类所驯化。这是一份珍贵的历史遗产，它在今天还极大地影响着我们的经济生活。

三

随着铁制农具的出现和应用，农业生产进入了传统农业阶段。它的开始在西方是希腊奴隶社会的荷马时代，在中国则是春秋战国从奴隶社会过渡到封建社会的时候。由于传统农业开始使用铁犁牛耕，因而能够深耕细作，伐林开荒，农业生产在深度和广度上都有了提高。西方为了有利于农牧结合和地力的恢复，从这时起就实行了轮作休闲并兼有放牧地的二圃制和三圃制，在我国则是在废除撂荒制以后就在一块地上连年种植庄稼，这样种植业和养畜业就进一步分离。这种分工早在春秋战国时就已开始，秦汉统一后基本上也还是沿着这个方向发展。如东方滨海的齐、鲁、吴、越兼有渔盐之利；西边的秦和诸戎则适于放牧和繁殖畜群；地处中间的中原地区就以种植业为主，改变了华戎杂处的局面。虽然人们也饲养少量的鸡、豕、狗、彘，但一般没有饮奶的习惯，经常吃肉的大半也只限于贵族。尽管东西方封建社会经济有许多不同的特点，但在这个阶段农业生产都是最主要的经济部门，不过在西方农畜两业结合得较为紧密。随着资本主义在西方的兴起，农业生产在18世纪中期产业革命前后开始向现代过渡，而东方国家，包括日本在内，却都是在较晚的时候才开始发生这一转变的。

欧洲农业的发生发展比两河流域和埃及要晚3 000多年，原因可能和最近一次冰川活动结束得较晚有关。地处东地中海的希腊和克里特岛，约在公元前3500到前3000年的时候接受了埃及和两河流域文化的影响，形成了具有自己特点的克里特和迈锡尼文化，使用铜和青铜工具。到了

公元前1130年的时候，多里亚人开始使用铁器。最早的铁制农具是镰刀，接着铁制工具就较快地发展起来。还在城邦国家建立的早期，木犁就已装上了铁制的犁铧。农业生产的提高，推动了工商贸易和文化的发展，在这基础上出现了雅典、斯巴达等奴隶制国家。经过梭伦的改革，对从事农业和手工业的人适当给予保护，这在一定程度上有利于农业生产的发展。到了公元前5世纪中期，除了在人口稀少的南方山地外，希腊人已经伐尽了可利用的木材，结束了实行几百年的二圃制。他们在地力肥沃的地方实行谷物与蔬菜轮作的一熟制，在较为贫瘠的土地上则采用了三圃制，交替种植大麦、稷和休闲，并在有条件的地方开始灌溉，修筑梯田，后来还在一些不适于栽种作物的地力较差的地方建立了果园，种植葡萄和橄榄，并把产品加工成葡萄酒和橄榄油，通过对外贸易来弥补粮食之不足，借以养活日益增多的人口。希腊的多数城邦国家就这样从农业国转变为工商业国家。[5]

随着希腊的衰落，罗马在意大利中部崛起，不断扩张其版图。罗马经济的发展，对欧洲农业生产起了一定的促进作用。从残存的加图、瓦拉、克路美拉等农书记载中，可以较为清楚地了解到当时农业生产的一些情况。罗马本来是个农业国，随着共和转向帝制，小农相继破产，部分沦为农村雇工，多数流入城市变为无业游民，依靠国家从其他地方通过掠夺和贸易运来的粮食为生，这就加深了社会危机，成为后来罗马帝国灭亡的一个原因。当时的农业生产多靠一些奴隶制的大庄园来进行。地中海沿岸气候冬季多雨夏季干燥，当时罗马实行的是二圃制，在从春到秋的休闲期中实行三至五次休闲耕，在秋雨来到之后播种冬麦。冬季为了便于排水，田间多做畦掘沟。收获期，地中海东部地方是在五月中，意大利则在六至七月初。收获时多用手镰摘穗，余下的茎秆留给家畜做饲料或翻入地里。据克路美拉的记载，产量约为每一英亩九蒲式耳。在一些农庄里也有种葡萄、辕榄和蔬菜的。阿尔卑斯山以北的地方，由于气候和土质的不同，生产就不完全一样了。耕犁不是像罗马那样轻便的弯辕犁，而是有轮的较为笨重但适于深耕的反转犁，实行的是较为粗放的二圃制。尽管当时的高卢和不列颠已处于罗马势力影响下并从罗马引进了先进的技术，但农业生产却由于当地的风土特点而没有实行罗马化。

公元5世纪时，随着西罗马帝国的灭亡，日耳曼人在欧洲建立了许多封建国家。农业生产开始并不发达，这和日耳曼人当时经济比较落后有关。公元纪元前后，日耳曼人还处于原始社会末期，畜牧业较为进步，而农业和手工业都很简陋，土地也还没有成为私有财产。后来，在封建制度发展的过程中，逐步形成封建地主阶级和依附农民。政治上是严格的等级制，经济上把土地形成庄园来经营。土地利用方式是典型的三圃制，但在一些地力瘠薄的地方，如英格兰的西南部，直到16世纪时二圃制还占优势。法国的南特列地方农村，直到18世纪也还是二圃制和三圃制并存。有关庄园结构和三圃制的一些具体情况，最早的材料可从八世纪末查理大帝颁布的“庄园敕令”和其他文献中看到。庄园的土地分两部分，最好的耕地是领主的直领地，由农民携带自己的工具来耕种，过去的公有地包括森林、牧场、荒地等，这时也都成了领主的财产，农民必须交纳一定的代价才能使用。庄园中的一切生产都是为了供给领主和生产者本身的消费。手工业和农业密切结合，几乎生产出全部日用品，只有盐、铁等少数物品从外面购买，所以是闭塞的自然经济。[6]它所实行的三圃制是把全部耕地划分为三个耕区，依次轮流种冬谷、夏谷并进行休闲，所以，有人把具有这个传统的西方农业称为“休闲农业”。[7]三圃制最初是在南德、北法等处属于王室和寺院的组织得较好的庄园内实行，后来就逐步推广开来。到了11至13世纪，除了在原来的耕地外，还在新开垦的土地上推行，有人不无原因地称这个时期为“大开垦时代”[8]，因为在这期间，西欧一些国家的耕地面积是成倍地、个别地方竟是三至四倍地增长。在这以前，农业较发达的英国，其耕地也不超过全部的土地的二成；德国和法国北部在一成五以下；人口稠密的法国南部和西班牙也只到了二成至二成五之间。考虑到当时实行的还是三圃制或二圃制，则实际上栽培作物的土地大大低于这个数字。[5]但是，在中世纪实行三圃制的欧洲，农业生产管理较为粗放，一般种子采用撒播，从种到收田间几乎不进行管理，所以产量很低。从罗马帝国灭亡到法国大革命前的漫长年代里，欧洲各地谷物的单位面积产量几乎没有增加，在生产技术上也很少改进。如以中世纪的德国来看，仅是把三圃制普及到全国；休闲地上犁耕的次数从三次增加到四次，休闲地在夏季也开始利用；施肥技术开始有了进步等。[6]

和西方不同，我国从春秋战国实行铁犁牛耕进入传统农业阶段以后，就结束了撂荒制，但从没有实行过二圃制和三圃制，而是以提高单位面积产量，充分利用土地的精耕细作为特点。铁制农具的出现是在春秋晚期和战国早期，以小农具为多。到了战国中期以后带有铁制犁铧的耕犁就逐步推广了。全国解放后，在相当于过去战国七雄领域的多个省市范围里都有铁农具出土，可见铁农具的出现是在战国时期各国变法之前，而它的广泛应用和推广则在各国变法以后。这个时期的农业生产除了扩大耕地面积外，更重要的是开始实行深耕易耨，多粪肥田，起垄条播和兴修芍陂（安徽）、都江堰（四川）郑国渠（陕西）等大型水利工程，为精耕细作打下了基础。

秦汉以后到隋统一，北方旱农形成耕—耙—耢的作业体系，建立了一整套保墒抗旱的耕作措施。经过六朝时代的开发，唐宋时在江南水稻产区建立了耕—耙—耖的完整生产过程，适于水田地区的整地要求。农具也相应地有了改进，为了便于耕翻起垄，至迟到了汉代就已有了铁制犁壁。而德国则直到18世纪才开始出现犁壁。据有的学者研究，它可能和楼车、扇车等一样，都是先后由东亚传去的。[9]为了提高开沟播种的效率，还发明了楼犁。唐代水田用的江东犁，据陆龟蒙《耒耜经》所记，已经有了11个部件，形制已相当完备。为了有效地利用土地，唐宋以后，在江南地区修筑圩田、形成水网，再用筒车、翻车提灌，做到水旱无虞；在东南、西南的丘陵山区，则整修梯田，有利于生产及水土保持。这时南方长江流域的经济发展已经超过北方。为了有效地恢复并增进地力，除了轮作倒茬外，对各种肥料的施用更加注意。"地力常新壮"的思想就是在这个基础上总结出来的。这个时期的传统农学成就由北魏贾思勰的《齐民要术》和宋陈旉的《农书》加以总结概括。

明清以来，中国商品经济有了较快的发展，封建社会渐趋衰落，特别是在明清之际引进原产新大陆的作物以后，加快了经济作物的商品化过程。在一些经济作物集中产区，如太湖周围的三吴地区，原来虽然是粮食高产地区，但因栽种桑棉，还需从外处调进粮食，这样就促进了粮食的商品化。其他一些经济作物，像花生、烟草乃至甘蔗等在其生产发展中也都有类似情况。这样，在人口稠密的地方和贫瘠的山区都推广高产的玉米、甘薯等作物，以补救粮食的不足。全国作物生产的布局有了新的变化，在土地利用上除了随着东北、西北的垦植开发扩大了全国耕地以外，更重要是由于复种和间、混、套种等多熟制的推广，提高了复种指数，扩大了增产途径。全国各地根据当地光热等条件，创造了有多种作物搭配的许多种植类型，更合理地安排生产程序，使天时地利得以充分利用，传统的精耕细作得到了进一步的推广和发扬。在这个时期主要作物的单产和总产都有所提高。[10]

就传统农业的技术成就来说，无疑的是东方的我国高于中世纪的欧洲。西方是粗放经营的，但农牧结合较好；而以我国为代表的东方国家，则以劳力集约为特点，生产率较高。在传统农业阶段，东西方农业生产上的这个差异，是在不同的自然和历史条件下形成的，不过就土地利用、生产结构和技术水平来看，也还是有共同之处的，即都是以手工工具、人、畜力和自然肥为基础的。当时从其他物质生产部门转移到农业生产系统中去的物质和能量是很少的。有人把这样的物质和能量的运动方式叫做"半封闭式的循环"。[11]但是对传统农业的评价应该全面，在我国既要看到它体现了像我国精耕细作传统的技术成就，也不能忽略那种由于小生产者的局限性所造成的生产手段落后及费时耗工的情况；自发形成的生产布局和结构也不尽合理，有待调整改进。西方

农业在庄园制的束缚下，生产发展缓慢，有时甚至近于停滞。但后来，在资产阶级的产业革命的推动下，经历了质的变化，其发展速度是东方国家所不能企及的，其农畜产品的生产供应始终保持一定比例的较为合理的结构也有所保留和发扬。

四

现代农业是用工业技术装备，以实验科学为指导的商品性生产。由于技术水平上的差别，在西方它又可分为近代和现代两个时期。前个时期除了还利用中世纪的木犁和手工工具并施用有机肥外，部分地区的土地利用开始从三圃制过渡到轮栽式农业，时间是从产业革命之后到本世纪初。严格说来，它只是从传统农业向现代农业转化的过渡阶段。后一个时期是在采用了动力机械和人工合成化肥以后开始的。近年来在水利灌溉和杂草、病虫害的化学控制上也取得了一定进展；土地利用上有些地方已从轮栽式农业向专业化的自由种植过渡；在畜产和园艺上近年出现了更趋向于集约经营的设施型农业，有别于过去完全依靠土地的现象。除了西方国家，近年来苏联和日本也已实现了这个技术上的转变。现代农业萌发于20世纪初，到了21世纪中期一些工业发达的国家都已先后完成这一转变。总之，现代农业着重依靠的是机械、化肥、水利灌溉以及化学除草灭虫等技术，它是由工业部门提供大量物质和能源的农业。在1个多世纪的时间里，它的成就是惊人的，特别是由于劳动生产率提高，使农业人口逐年减少。但是，今天高度机械化的现代农业，投入每亩耕地的能量有的甚至比生产出食物所含的能量还要多，对环境的污染也日益加重。怎样更好地节省能源并保持生态平衡和生物圈的正常循环过程，已成为人类面临的新问题。

西方国家农业现代化的过程可以以英国为代表。在废除农奴制以后，通过16至18世纪的圈地运动，在英国农业中资本主义的大租佃农场已占绝对统治地位。其他一些西方国家资本主义农业的发展，存在着两条不同的道路：一条是美国式的道路，它是在彻底摧毁封建土地关系的基础上，在小农经济自发分化的过程中，建立起资本主义农场的。法国农业的发展基本上也是这条道路，但它没有像美国南方那样经历过大种植园式的生产组织形式。另一个是德国式的道路。自上而下的资产阶级改革并没有彻底消灭封建的土地关系；封建地主的经营不但被保留，而且有所扩大。在商品经济发展的推动下，从农民中虽然缓慢地分化出少数富农，但主要的还是地主经济缓慢地转变为雇佣农奴式的农业经营。1861年才废除农奴制的俄国，基本上也是沿着保留封建残余的这条道路发展起资本主义生产关系的。日本1868年明治维新后，经过土改只是部分地废除了旧的封建关系，因而后来佃农日益增多，土地经营日趋分散，影响了资本主义在农业上的发展。只是到了二次大战结束后，再次土改才在农业中彻底废除了封建的土地占有关系，但小农经营依然占绝对优势。

生产关系的变化反过来又影响了生产技术的发展。英国农业上的技术改革大体上是和产业革命同时进行的，不过开始较慢。18世纪末，塔尔所倡导的中耕农法和他所设计的马拉式的条播器、中耕机，开始改变了中世纪遗留下来的粗放经营方式。19世纪初由阿瑟·扬把轮栽式农业从理论上加以概括，在实践中加以推广。轮栽式农业由于最初在英国伦敦西北部的诺弗克郡推行，所以又被称为诺弗克式农业。它是把耕地分成四个部分，轮换种植芜菁、大麦、三叶草和小麦。放牧地已不再单独存在，牲畜改为舍饲，耕地面积得以扩大。包括豆科牧草在内的合理轮作措施与较为精细的田间管理，使单产也有所提高。这样，废除了三圃制，结束了过去的休闲，使耕地得以不断扩大而又得到合理利用，使农业生产有了较为显著的提高[12]。这样的轮栽式农业传到欧洲大陆时，曾一度被认为是唯一合理的农业而受到赞誉。

16世纪，美洲大陆发现以后，美国从早期殖民到19世纪60年代南北战争前后，一直是以向欧洲输出谷物和棉花为主的农业国。欧洲移民在屠杀和驱逐了印第安人之后，侵占了他们的土地，北部出现了自耕农的小农场，南部则从非洲运进黑人，建立起大种植园，以后又不断向西部扩张，扩大耕地和牧场。由于大量移民的流入和技术的改进，农业生产有了一定的提高。大量廉价谷物和棉花拥进欧洲市场，迫使英国废除“谷物法”，靠进口谷物养活它的人口，这样就促使它的农业从19世纪后半叶起逐渐衰落下去。大陆上的法、德等国，由于采取了保护贸易的政策，国内农业发展虽较缓慢，但却稳步增长。这一时期的美国农业，因地多人少、劳动力不足而对农机具进行大力改革。在19世纪初美国开始使用畜力农业机械，1825年第一台马拉棉花播种机注册登记，接着就有谷物收割机、畜力脱谷机、玉米播种机及割草机等相继问世。到了50年代，马拉农具已普遍应用。1850年美国农业开始使用蒸汽机，最早是用在脱谷机上。1870年试制成第一台蒸汽拖拉机。到20世纪初的1910年开始生产出汽油拖拉机为止，这一时期曾是蒸汽机的全盛时期。进入20世纪后到20年代，则是蒸汽机与内燃机争相发展的年代，在这以后，由于蒸汽机过时而被淘汰。可见美国农业机械化是从工具机开始的，是以工具机的改革作为技术革命的起点的。但在20世纪20年代以前，管理一直较为粗放，地力主要靠轮作来维持，一般很少施肥，所以单产和19世纪初相差无几[13][14]。

从20世纪20年代开始，农业生产在一些较为发达的国家开始进入现代化时期，它的标志是轮式内燃通用拖拉机逐步取代骡马等畜力，成为农业生产上的动力。化肥工业诞生了，根据哈柏的合成方法开始大批生产氮肥。就美国来看，它用了将近30年时间实现了农业机械化。从先后的次序来看，先是从固定作业与耕种开始，最后才实现收获机械化；而收获作业则是从小麦、玉米、大豆等开始，再逐步扩大到甜菜、马铃薯和棉花等作物。其他西方国家略迟于美国。法国是从30年代初开始，到了1955年才基本上实现了农业机械化，战争时期除外，实际上用了20年的时间。英国也是从30年代初开始，但在二次大战后就完成了，用了不到20年。西德稍后，是在1935年开始的，到1955年也基本实现了。苏联在1929年实现农业集体化的基础上，从1929年开始对农业进行技术改造，也是在1955年结束了这个技术转变过程的。在实现农业机械化的同时，还要配备足够数量供运输用的汽车。对农业加工和照明用的电力也必须相应地发展。美国是从40年代以后才转向采用化肥和其他技术措施来提高产量的。化肥工业发展得很快，像复合肥料、长效肥料、微量元素肥料和微生物肥料也在近年相继出现。在土地利用上这个时期也有了新的动向，像配合以化学灭草的最少耕作法，小麦、玉米和棉花以及蔬菜、果树园艺等的种植专业区域化和单一化都是和经营的大型化相适应的。畜牧业在美国农业中的比重一直大于种植业，近年来猪、鸡的饲养趋向于设施类型的工厂化。这一切都显著地提高了劳动生产率，但投放在固定资产的费用却在不断地逐年上升。多数西方国家先后都已走上了资本集约经营的道路。

在实现农业现代化的过程中，东方的日本走过的道路是有着自己的特点的。日本在1868年明治维新以后，整个社会经济逐步资本主义化了，但在相当长的一个时期里农业技术并没有超出传统农业的水平。它是以多劳多肥的技术特点来求得水稻等主要作物的单产不断提高。在这个过程中，日本根据人口多，耕地少，境内丘陵起伏，河谷交错的特点，对农田基本建设和水利设施投放了较大的力量。在化肥工业还不十分发达以前，主要是从我国东北进口豆饼。从1874年才开始进口和试制化肥，第一次世界大战后化肥产量虽然逐年增多，但一直不敷需用，到二次大战前还一直采取专卖配售的办法。日本在发展化肥工业时，采取了先进口再建立本国化肥工业的办法，以缓和需求间的矛盾。战后日本化肥产量剧增，当前日本已是世界上单位面积上施用化肥最多的国家之一。但是大量施用化肥和农药，减少了有机肥，虽然使水稻等作物能够高产稳产，但是却导致了对土壤结构的破坏和污染，因此，维持和增进地力就成为日本农业当前的一个十分突出的矛盾。日本实现农业机械化的过程晚于其他工业发达国家，是至战后1950年才开始的，到了1967年基本上实现了耕地、排灌、除草、施肥和加工等方面作业的机械化。但是水稻插秧和收获两项，又经过近十年的研究探索，到了1977年才实现了生产过程的全部机械化。由于经营规模过小和农业结构上的缺点，日本今天按单位面积平均的动力虽已占世界前列地位，但农机具的利用率极低。在土地利用上，近年来除了压缩水稻种植面积，同时还大幅度地减少复种小麦等作物，致使复种指数不断下降，几乎近于种植一茬庄稼，因而所需的口粮和饲料的自给率不足六成，不得不依靠进口来解决，这些都已成为日本农业生产的潜在危机[15][16]。

我国解放后，经过土改废除了封建的土地所有关系，在组织起来集体化的基础上开始了有组织有计划的农业上的技术改造。经过近30年时间，在实现农业现代化的过程中取得了一定成绩，但跟全部完成这个技术转变还有相当的差距。特别是由于人口多、耕地少、底子薄等原因。必须探索适合自己特点的现代化道路。不采用新的技术成就，不用现代工业来装备当然不行；不改变生产上的基本条件，不调整农业内部的结构，也不利于农业生产的进一步发展。我们只有解决好农业现代化所需的资金来源，处理好实现现代化过程中涌现出来的多余的劳动力；并且在提高劳动生产率的过程中同时稳步地提高土地生产率，才能找到逐步发展农业生产的中国式的现代化道路。在以劳动集结为特点的传统农业基础上，是不能指望只通过简单的模仿或抄袭就能实现像西方国家那样以资本集约为特点的农业现代化的。回顾了历史上一些国家民族农业生产的兴衰没落，对比了当前一些国家现代化的成就和进程，更加感到靠花钱引进是实现不了现代化的。机械地照搬别人经验，也不会完全解决问题。我们只有充分利用社会主义制度的优越性和批判地继承精耕细作的优良传统，有选择地学习外国的经验和长处，才能完成历史赋予我们的这一艰巨任务。

参考文献

[1] B. Brown《人类的食物是生物圈里的一个过程》，《生物圈》，科学，1974
[2] 岩片矶雄：《农林水产原论》，养贤堂，1977
[3] 熊代幸雄：《比较农法论》，御茶の水书房，1969年。所谓“游牧阶段假说”也称“三阶段说”，是说人类在狩猎、渔捞之后，是经过游牧最后才进入农耕阶段的。这一说法希腊时就有，到了后来还为List、Roscher、Goltz等所承袭，但却受到了Lang Wethal和Humbolda等人的反对
[4] 宋昊升：《河姆渡出土骨耜的研究》，《考古》，1979年第2期
[5] V. G. Carter和T. Dale，《Topsoil and civilization》，univ. of Oklahowa pr.，1974、Rev. ed
[6] G. V. Below：《独逸中世农业史》，会元社，1944
[7] 饭沼二郎：《日本农业技术论》，未来社，1971
[8] M. Bloch.《French Rural History • An essay on its characteristics》，Routledge & Kgan Paul. 1978
[9] Emil Werth：《Grabestock. Hacke and Pflug》，1954，饭沼二郎等译，岩波，1968
[10] D. H. Perkins：《Agricultural development in China 1368—1968》Aldine Pub.，1969
[11] 江海涛：《农业现代化是生产的伟大使命》，《自然辩证法通讯》，1979年1期
[12] Lord. Ernle：《English farming：Past and present》，Frank Cass & Co.，New 6th. ed. 1969
[13] N. S. B. Gras：《欧美农业史》商务，1936
[14] M. R. Cooper et. al：《Progress of farm mechanization》，U. S. Dep. of Agri，1947
[15] 小仓武一监修：《近代における日本农业の发展》，农政调查委员会，1961
[16] 大内力《日本农业论》，岩波，1978

我国农业现代化必须走自己的路*

冯宝林

从世界各国的经验看，实现农业现代化尽管情况不同，搞法不一，但有它的共同点，主要表现在现代农业生产力与传统农业生产力有着本质的差别。具体讲，就是用现代物质技术装备逐步代替简陋的生产工具和人、畜力；用现代科学技术逐步代替传统的农业生产经验；用现代管理经济的科学方法逐步代替传统落后的经营方法和管理方法。把落后的传统农业转变为具有当代世界先进水平的现代农业。但是，具体一个国家怎样实现农业现代化，应该采取什么步骤，从何着手，抓什么重点，走什么样的道路。就要根据各国的社会经济条件和自然条件来确定。

借鉴国外经验，联系我国实际，我国实现农业现代化除了要重视社会主义制度这个重要特点外，从经济、自然条件方面看，有许多不同于其他国家一些重要情况和特点：

第一，幅员辽阔，地区差异性较大。根据这一特点，要求我们首先把全国千差万别的自然条件和极其复杂的经济状况摸清，搞好区划，为制定农业现代化规划提供科学依据，使农业现代化真正做到从实际出发，少走弯路，扎扎实实地前进。

第二，人多地少，经济力量薄弱。根据这一特点，一方面要实行农业集约经营，向农业生产的浓度进军，使有限的土地，生产出更多的农产品，以满足国家和人民的需要；另一方面，要广开生产门路，积极发展社队企业，向农业生产的广度进军，为农业现代化解放出来的劳动力开辟广阔的天地，为农业现代化积累资金提供较好的途径。

第三，资源丰富，生产结构不合理。根据这一特点，要充分利用丰富资源，全面发展农林牧副渔各业生产，逐步调整生产结构，建立良好的生态系统，为迅速发展农业生产和实现农业现代化创造一个良好的生物与环境条件。

第四，科学技术落后，科技人才较少。根据这一特点，要特别重视“智力投资”，大力培养科技人才，迅速提高农业科学技术水平，以适应农业现代化的要求。

上述情况和特点有有利的一面，也有不利的一面，我们的任务就是要充分发挥社会主义优越性，利用有利条件，克服不利条件，发挥优势，转变劣势，走出一条适合我国情况的农业现代化的道路。

一、进行农业资源调查，搞好农业区划为制定农业规划提供科学依据

多年的实践经验证明，制定符合实际情况的远景规划和近期规划，对于合理地利用人力、物力、财力，对于克服盲目性、增强自觉性，对于调动广大干部和群众同心同德为实现远景目标而

---

* 本文为1980年东北农业现代化学术讨论会送交的论文。

奋斗，都有着非常重要的意义。要搞好农业规划，必须首先进行农业资源调查，把家底摸清，把农业区划搞好，使农业规划真正建在具有科学依据的基础上，这对农业生产来讲，尤为重要。因为农业生产是经济再生产过程与自然再生产过程相互交织。经济再生产过程是说人们通过投放活劳动和物化劳动进行不间断的生产活动过程，在这个过程中同时又受着社会生产关系制约、受着经济规律支配。自然再生产过程，一方面是说农业生产的对象是有生命的动植物，其生长发育有它自己的规律和过程；另一方面是说农业生产，特别是种植业生产与土壤、光照、雨量、气候等自然环境条件有着密不可分并受着它们制约的关系，这些自然环境都有它们自己存在和活动的规律。由于各地自然条件不同，无论是动植物的生长发育，还是自然环境的存在和活动，表现在地区上都有着严格的地区差异性。我国幅员辽阔，各地区的经济条件和自然条件千差万别，更加强了这种地区的差异性。在目前的条件下，人们还不能在很大程度上改造自然、控制自然，也不能在很大范围内按照统一的方式支配人们的生产活动，处理人们的社会生产关系。这就要求人们深刻认识经济再生产过程和自然再生产过程的特点，掌握它们的客观规律，在积极进行改造客观条件的同时，注意在适应较好地贯彻因地制宜原则，宜农则农，宜林则林，宜牧则牧，安排适宜的农作物生产，确定适宜的耕作制度的栽培技术，合理布局农业生产，把用地和养地密切结合起来，就能做到趋利避害，收到增产增收的经济实效。

农业资源包括土地资源、气候资源、水利资源、生物资源以及经济条件等。我们通过农业资源调查，把各地区农业资源的历史和现状，特点和差异搞清楚，制定符合各地实际情况的农业区划，研究不同类型地区的生产发展方向、生产结构以及利用和改造的途径。在此基础上再搞远景规划和分年度的实施计划，就能使规划真正建立在具有科学依据的基础上，真正起到激发人民、动员人民、指导人民为实现农业现代化努力奋斗的作用。可见，摸清农业资源情况，是进行农业区划的最基础工作，而搞好农业区划，又是制定农业规划的科学依据。搞好这些工作，意义颇大。湖南省桃源县通过八个多月的综考和农业区划的研究工作，基本上摸清了全县的农业资源和农业生产条件以及农业生产的历史、现状和存在的主要问题，根据全县的不同自然条件和经济条件，初步划分以生产粮、棉、油、木材、茶叶为主的七个农业区。不仅为制定农业规划提供了科学依据，对当前生产也起了推动作用。例如，土地利用专业调查组通过对全县土地利用方面问题的考查，基本上搞清了全县各种土地类型的具体面积，并对当前利用状况作出了评价。畜牧草场组对全县不同类型草场资源的数量、质量以及载畜能力进行了全面分析，提出了开发利用的建议。农业经济组对全县生产状况和经济关系进行了调查，提出了有待进一步处理的六个方面的经济关系，即以粮为纲与全面发展的关系；长远建设和当前生产的关系；增产与增收的关系；统一计划与因地制宜的关系；加强领导与尊重自主权的关系；国家与集体、个人之间的关系。这些评价和建议都得到了当地党委的高度重视，并逐步采取了相应的措施，进行落实，已初见成效。

综上所述，搞好农业资源调查和农业区划，并以此为根据制定农业规划，十分必要。它是因地制宜发展农业生产，从实际出发实现农业现代化的最基础工作。全国各地，特别是县是最基本的单位，应该根据自己的情况，组织相应的人力，抓紧进行农业资源调查，搞好农业区划，制定农业发展规划，使我国农业现代化既快又扎实地向前发展。

二、实行农业集约经营，提高土地生产率

发展农业生产有两种方式：粗放经营和集约经营。前者是在技术水平较低的条件下，对一定面积的土地投入较少的生产资料和劳动，进行粗耕细作的农业经营方式。后者是在一定面积的土

地上投入较多的生产资料和劳动，采用先进的技术措施，进行精耕细作的农业经营方式。

实行农业集约经营，提高土地生产率是发展农业生产的基本途径。这是由于土地面积的有限性和土壤肥力的无限性的特点所决定的。前者为实行农业集约经营，提高土地生产率提出了客观必要性，后者为实行农业集约经营，提高土地生产率提供了客观的可能性。土地面积绝对有限的特点，决定了满足社会和人口对农产品日益增加的需要，不可能用扩大土地面积和无限扩大耕地面积的办法来解决，只能通过农业集约经营，提高土地生产率的途径来解决。那么能否通过农业集约经营来不断提高土地生产率，增加农业产量呢？土壤肥力无限性的特点提供了客观的可能性。土壤肥力按照它的形成和作用可分为自然肥力和人工肥力，有效肥力和潜在肥力。自然肥力是在土壤自然发展过程中，由母质、气候、生物、地形等自然因素所形成的肥力。人工肥力是通过人们适时耕作、施肥、排灌以及土壤改良等人为因素所形成的肥力。在这两种肥力中植物能即时利用的叫有效肥力，不能即时利用的叫潜在肥力。人类劳动不仅能将潜在肥力转化为有效肥力，而且主要是通过采取有效措施，来不断提高有效肥力。只要注意用养结合，不但自然肥力不会衰竭，人工肥力更会不断增加，不仅能大大提高有效肥力，而且会积累越来越多的潜在肥力。特别是随着科学技术的进步，更能促进土壤肥力的不断提高。马克思说："肥力虽然是土地的客观属性，但从经济学方面说，总是同农业化学和农业机械的现有发展水平有关系，因而也随着这种发展水平的变化而变化。"① 这就告诉我们，土壤肥力虽然是土地客观存在的，但是要使土壤肥力不断提高，必须采取各种先进措施，而且随着科学技术的发展、生产力水平的提高，只要措施得当，土地会越种越肥，产量会越来越高。这就决定了实行农业集约经营，提高土地生产率是发展农业生产的基本途径。国内外的生产实践也完全证明了这一点。从许多国家农业生产发展的历史来看，尽管情况不同，搞法不一，但都经历了一个由粗放经营到集约经营的发展过程。特别是20世纪以来，世界上一些生产发达的国家，农业集约经营的水平有了迅速提高。例如美国是地多人少的国家，在1920年以前主要靠扩大耕地面积来获得农产品总产量。从1866年到1920年的56年时间，耕地面积由10亿亩增加到24亿亩，谷物产量增长了三倍。1920年以后，美国耕地面积没有显著增加，但由于集约利用土地，提高土地生产率，特别是50年代以来，产量成倍增长。1977年与1950年相比，谷物产量从2 814亿斤增加到5 230亿斤，棉花从4 342万担增加到6 314万担，肉类从1 220万吨增加到2 565万吨。日本是人多地少的国家，更加重视农业集约经营，战后到现在30多年中，重点抓了以兴修水利为中心的土地改良（农田基建），大力增施化肥，采用良种，开展科学研究和先进技术推广工作，随后又抓了农业机械化，粮食单产显著提高，1946年395.5斤，1960年563.4斤，1975年741斤。我国解放后到现在，三十多年来，农业集约经营水平和土地生产率都有较大的提高。农业生产的物质技术状况和农业生产条件有了明显的变化，农田基本建设取得了显著成绩，灌溉面积达到7亿多亩，比解放初增加两倍，占耕地面积的48%，农业机械从无到有，机耕面积占耕地面积的41%，化肥每亩达到70斤，各项农业科学技术也有很大进步，由于集约水平的提高，尽管耕地面积没有增加，但产量却有很大提高。这一切都说明，实行农业集约经营，提高土地生产率，是各国农业生产发展的必然趋势，必走之路。

我国平均每人占有耕地较少，只有世界平均数的1/3，同时我国宜垦荒地不多，即使把全部宜垦荒地都开垦出来，由于人口的相应增加，仍然改变不了我国人多地少的局面。另外，我国单产不高。据1977年统计，我国按耕地面积计算的粮食亩产491斤，高于世界平均245斤的水平，

① 《马恩全集》第25卷，人民出版社，1974年版，第733页。

但按播种面积计算的亩产只有313斤，低于许多国家。1976年日本按播种面积计算的亩产665斤、法国452斤、英国490斤、联邦德国494斤、美国417斤。我国由于耕地少、单产水平低、人口增长过速，农产品不能满足需要。目前我国人口已达到9.7亿，到20世纪末将要达到12亿。就粮食生产基本过关来讲，按人均占有量1 000斤计算，共需12 000亿斤，全国12亿亩粮田，平均亩产要达到1 000斤。这样高的产量，目前在世界上还没有先例，任务十分艰巨。可见，我国实现农业现代化，改变农业落后面貌的最突出问题是大幅度增加各种农产品的总产量。要增加各种农产品总产量，在我国人多地少、可垦荒地不多、单产潜力较大的情况下，必须而又有可能主要通过实行农业集约经营，提高土地生产率来实现。

通过什么途径来提高农业集约经营水平、提高土地生产率呢？从根本上讲就是用现代物质技术装备和现代科学技术来武装农业，这也就是农业现代化的主要内容和主要途径。这两个方面和途径，从世界各国情况看，由于各自的特点不同、要解决的主要矛盾不同，在步骤安排上，也是各不相同的。根据我国人多地少、经济力量薄弱、工业基础较差、突出矛盾是各种农产品不足的特点，在当前应该把运用现代科学技术放在重点。广泛应用生物学、遗传农药学、育种学、栽培学、土壤学、农业化学以及畜牧饲养学等方面的科学成果。要重视科学种植，合理地用地、用肥、用水、用药，合理地确定种植制度和耕作方法，不断提高光能和土地利用率，做到高产、低成本，增产增收。要大力培育良种。品种是进行农牧业生产的重要生产资料，是生物因素的重要内容，培育、推广良种是经济有效的增产增收措施，世界上许多国家都把培育良种作为农业增产的带头措施。因此要充分利用现代遗传学和育种学的最新成就，尽快、尽多地培育出适合我国各地条件的稳产、高产、早熟、多抗、优质、适应性广的各种新品种。要广泛应用农业化学方面的科学成果。增施化学肥料、化学农药和除草剂是有效的增产措施。要尽可能生产和施用优质高效的化学肥料和高效、低毒、低残留的化学农药，并实行化学肥料与农家肥料并举，化学防治与生物防治相结合的方针。国内外的经验都证明，这些方面的措施，投资少、见效快、增产显著、兴办容易，其中有许多项目，农村广大干部和广大农民可以自己动手来办。

农业集约经营由于在投资总额中活劳动和物化劳动构成不同，可分为劳动集约和资金集约两种类型。前者表示在投资总额中活劳动所占比重较大；后者表示物化劳动所占比重较大。因此，提高农业集约经营水平的途径，不仅只是投入更多的物化劳动，在合理安排的前提下，适当多投入活劳动也能提高集约经营水平、提高土地生产率。特别是我国有丰富的劳动力资源和传统的精耕细作经验，在当前家底薄的情况下，更应该充分发挥这方面的优势，在积极创造条件，用先进的物质技术装备来武装农业的同时，充分调动广大农民的积极性、充分利用我国丰富的劳动力资源，多投入活劳动、多搞劳动积累较多的生产建设有着重要的作用。如改造低产田、兴修水利、植树造林、积肥造肥等等，都是投资少、效果大的措施。例如我国解放以来的水利建设取得了很大成绩，国家只投资了400多亿元，工程量的70%是靠劳动积累形成的。可见，充分利用我国的丰富劳动力资源，发挥人多的优势，可以在一定程度上转变地少和投资力量不足的劣势。总之，根据我国的情况，在农业集约经营的发展过程中，单位土地面积上投放的活劳动和投放的物化劳动的构成只能逐步变化，活劳动所占的比重只能逐步减少，从劳动集约过渡到资金集约只能逐步实现。

三、实行农工商一体化，积极发展社队企业

国外经验和国内一些典型经验都说明，实行农工商一体化是现代农业发展的必须趋势。因为农工商结合、产供销结合，能够更好地做到人尽其才、地尽其利、物尽其用；能够减少许多中间

环节，避免浪费，降低成本，增加收入；能够促进农村小城镇建设，有利于逐步缩小三大差别。

在我国当前情况下，实行农工商一体化的中心环节是积极发展社队企业。它对我国来讲，既重要又现实，是实现农业现代化必不可少的重要途径。因为我国实现农业现代化，从农业内部来讲，首先遇到两个实际问题，即农村劳动力转移和投资能力问题。就劳动力转移来讲，一些资本主义国家实现农业现代化解放出来的大批劳动力主要向城市转移。我国实现农业现代化也要逐步解放出大批劳动力，但由于我国人口多、经济力量薄弱，不会像资本主义国家那样大批向现在人口已经相当稠密的城市转移，也不可能建设许多新的城市。出路何在呢？出路就是就地转移、就地安排，除了向农业生产的深度进军，提高精耕细作程度外，主要是发展社队企业，把农业现代化解放出来的劳动力都充分利用起来，使农林牧副渔各业和社队企业的总产值的增长幅度，大大高于因实现农业现代化所增加的生产费和折旧费的增长幅度，从而使集体和农民都得到增产增收的好处。这样才能调动广大农民搞农业现代化的积极性。如果节省出来的劳动力得不到合理安排和有效的使用，人力、畜力、机械“三套锣鼓一起敲”，收入未增，开支加大，势必出现增产不增收的现象，这就会大大挫折伤广大农民搞农业现代化的积极性。因此能否广开生产门路发展社队企业，能否解决好劳动力出路问题，是影响我国农业现代化速度的一个现实的重要的问题。就投资问题来讲，由于我国经济落后，家底薄，农业现代化所需要的资金，也不可能像国外一些生产先进国家那样，由国家大量投资和贷款，主要是采取以社队自筹资金为主，社队自筹资金和国家支援相结合的方针。社队自筹资金从哪里来？在目前农业生产水平不高、农产品价格偏低的情况下，单靠生产队发展种植业和为数很少的多种经营，其积累能力是很有限的。据调查，河北省栾城县平均1亩耕地一年只积累5～6元，而仅机械化所需要的资金，每亩就要投资200元。湖南桃源县估计全县实现农业现代化需要投资4亿元，目前一年只能积累1 000万元左右，按此速度需要40年的时间。黑龙江省海伦县计划到1982年实现机械化，需要投资2.6亿元，社队可自筹资金6 600万元，尚缺1.9亿元。从三个农业现代化实验基地县所需要资金情况看，缺口都很大。如果全国平均每个县按2亿投资计算，2 300多个县、市，共需资金4 600亿元。显然这样大的投资数额，国家包不下来，靠社队当前比较单一的农业生产来积累也是办不到的。因此，必须认真执行因地制宜原则，充分利用各地的资源，积极发展社队企业。全国许多典型材料说明，以生产大队为单位，只要把社队企业和多种经营搞好了，一年可积累五六万元，多的十余万元，在国家的适当支援下，用8～10年的时间就可基本上实现机械化。

发展社队企业不仅能就地转移劳动力和自力更生地为农业现代化筹集资金，还有其他许多优越性：有利于工农结合，农忙务农，农闲做工，工农相互支援、相互促进；有利于就地取材、就地加工、就地利用劳动力，能够减少许多中间环节，浪费少，成本低；能够为社队就地提供一些必要的生产资料，就地维修农机具；社队企业不要增加国家职工指标，不吃国家商品粮，减轻国家负担；社队企业规模小、设备少，又是工农结合，调头方便，可以根据市场的需要，机动灵活的安排生产。因此，积极发展社队企业，是我国实现农业现代化一个新的课题，是实现农业现代化的必由之路。所以，我们必须提高对发展社队企业重要性的认识，认真贯彻有关政策，搞好生产布局，搞好经济结构调整，调动各行各业的积极性，满腔热情地支持社队企业的发展。

四、建立合理的农业生产结构和良好的生态系统

农业生产的对象是有生命的动植物。农业生产过程就是生物与生物之间、生物与自然环境之间进行能量与物质的转化过程。具体讲，这里主要包括两个方面的关系：一是农林牧副渔之间的

关系；二是农林副渔与自然环境之间的关系。它们之间的关系处理得越好，能量和物质转化的就越好，农林牧副渔各业的产品，生产的就越多。所谓处理得好，就是指它们之间的比例协调，有一个互相促进的合理的农业生产结构；有一个有利于农业生产发展的自然环境。这也就是我们通常所讲的生态平衡，生态系统良好。这样就能充分合理地利用自然和改造自然，减少甚至避免自然灾害，使能量和物质得到更快地转化、更好更快地循环，促进农业稳定增产。如果它们之间比例失调，即或某个环节失调，都会影响能量与物质的转化和循环、农业生产就要受到影响。因此，建立一个合理的农业生产结构和良好的生态系统，对于促进农业生产迅速发展非常迫切，对于实现农业现代化十分必要。因为有了合理的农业生产结构和良好的生态系统，现代物质技术装备和现代科学技术才能充分发挥作用。所以，合理的农业生产结构和良好的生态系统是迅速发展农业生产和实现农业现代化的最基本条件。也是现代农业的重要特征。

当然，农业生态平衡是不断打破旧平衡、建立新平衡的过程。怕打破旧的平衡不对，但是，光打破旧的平衡，不建立新的平衡更是不对的。我们的问题主要是出在后者。多年来，我们迫于人口增长过快和粮食不过关的压力以及认识上的片面性，特别是林彪、"四人帮"的严重干扰破坏，孤立地抓粮食，造成五业比例失调。导致资源利用不合理，生产上不去，收入少、成本高、社员分配水平低、资金积累有限，影响了扩大再生产的进行，影响了社员生活水平的提高。更为严重的是破坏了生态平衡使农业生态系统趋向恶化，主要表现如下：

第一，土壤肥力下降，耕地遭到破坏。国外一些生产发达国家的耕地含有机质一般在3%以上，而我国耕地含有机质一般不到1%，较高的2%左右。土壤肥力下降的主要原因：一是由于森林、草原遭到破坏，造成水土流失和风沙侵袭；二是作物布局不合理；三是肥料少，特别是有机肥料不足。黑龙江省水土流失面积达6 000万亩，占全省耕地面积的1/2。辽宁省东部山区7个县21年间因水土流失而减少耕地占耕地面积的34%。吉林省土壤片蚀，以每年0.5厘米的速度发展，每年每亩损失3～5吨肥沃表土。黄河流域每年有16亿吨泥沙流入黄河，长江流域土壤侵蚀量24亿吨，全国总蚀量50亿吨。在作物布局方面，强调了玉米、高粱等耗地作用，虐待了大豆、花生等自养作物，砍掉了草木樨、绿肥等养地作物，使土地越种越瘦，土壤肥力越来越低，据计算：每亩产玉米500斤，带走N12.9斤、P4.3斤 K4.7斤；每亩产大豆200斤，带走N13.2斤、P2.6斤、K3.6斤，生物固氮10～15斤，氮素基本自给；每亩产草木樨2 000斤，带走N14.1斤、P4.6斤、K12.1斤，生物固氮17斤，氮素自给有余。在肥料方面，不仅化肥的数量和质量不能满足需要，有机肥的数量少、质量差的问题也亟待解决。现在全国百分之七八十城乡人口全年煮饭和冬季取暖，几乎全靠烧树木、树叶、秸秆，甚至草和草根。

第二，草原遭受破坏，饲草减少，草原退化、沙化、碱化严重。以西辽河沙地为例，1958年沙地1 123万亩，1978年增加到2 678万亩，20年沙地扩大了1 000多万亩。由于草原缩小，饲草缺乏，出现了牲畜秋肥、冬瘦、春死亡的现象，严重地影响了畜牧业生产的发展。

第三，气候变坏，雨量减少。如黑龙江省全省林地总面积4.4亿亩，现在森林面积仅2.7亿亩，其中好的林地只有1.8亿亩。解放后伐了3 000万亩，近年来栽了2 200万亩，成活率为65%左右。伐多于栽，也多于生长量。现在荒山秃岭有8 000万亩。由于森林过伐少植，直接影响了气候变化。黑龙江省25年来降雨量由600毫米下降为现在的400毫米，过去仅仅是西部干旱，现在东部也出现干旱。全省雨少、风大，甚至河水断流。当然，气候干旱和大气环流有关，但也和小气候变化有关。

为了建立一个良好的生态系统，把农业生产引到良性循环的轨道上来，应该充分利用我国丰富资源，特别是各类土地资源，建立一个互相促进的合理的农业生产结构，特别要认真执行农林牧并举的方针。

首先，保持生态平衡一个带根本性的有效措施，就是植树造林、种草，保持合理的植被面积。现在全世界平均森林覆盖率为22%。我国仅12.7%，而且多集中在边远地区。就森林覆盖率和人均占有森林面积来说，在世界160个国家和地区中，我国分别占120位和121位。而芬兰森林覆盖率达74%、瑞典达53%、日本达66%，这些国家几十年没有发生过大的旱涝灾害。我国也有许多典型经验，陕西省米脂县高西沟大队，人均六亩土地，以前广种薄收，产量不高，水土流失严重，后来他们三分之一种树，三分之一种草，三分之一种粮，结果保持了水土，稳产高产，粮食和收入都大大增加，粮食总产等于以前的7倍。

因此，要狠抓造林种草，发挥森林、草原对调节气候、涵养水源、保持水土、防风固沙等生物效能。按照覆盖率30%计算，我国森林面积应为43.2亿亩，现在只有18亿亩，相差24.9亿亩，如果到20世纪末完成，从现在起，每年要造林1.2亿亩，将近目前造林面积的二倍。这无疑是一项艰巨的任务，必须给予足够的重视，采取有力的措施，全民动员，限定时间，保证完成。否则，农业生态系统趋向恶化的状况很难改变。

其次，因地制宜，采取多种形式，积极发展畜牧业。世界上生产发达国家，农业发展趋势是畜牧业比重日益增加。人吃其肉、奶、蛋，逐步改善食物构成。地用其肥，提高土壤肥力。西欧国家，现在都重视施用农家肥。法国大部分耕地是化肥和厩肥混合用的。我国经验也证明，单纯施化肥，土地易发生板结。所以，发展农业生产提高土壤肥力的一项基本措施，就是大力发展畜牧业，实行农牧结合，使农牧业相互利用，互相促进。认为农业现代化，只要化学肥料，不要有机肥料，那是一种片面的看法。

此外，充分利用一切能源，积极解决农村燃料问题。沼气、小煤窑、煤气、薪炭林、太阳能等等，都要因地制宜，积极去搞。不仅解放农村燃料的困难，而且把秸秆节省下来还田，提高土壤肥力，把木材节省下来，有利于林业的发展。

五、认真执行因地制宜原则，由选择性的机械化逐步发展为全盘机械化

一个地区、一个生产单位是采取选择性的机械化，还是实行全盘机械化，都是由客观条件决定的。从我国当前情况看，绝大多数地区和生产单位不具备实行全盘机械化的条件。其原因，除了前面讲到的劳动力转移和资金筹集需要有一个过程外，还有三个重要问题也需要有一个逐步解决的过程。一是农业机械系统和配备还存在许多问题。当前我国的农业机械系统比较混乱，配备不合理。例如我国拖拉机和配套农具的比例只有1：2. 14，还低于1965年的1：3. 6。许多地方由于没有搞好经济合理的配套和配备，农业机械利用率较低，尽管拖拉机成倍增加，而机耕面积和其他机械化作业项目却增加不多，大大影响了先进机器生产优越性的发挥。在配套农具不足、配备不合理和农业机械性能较差的情况下，不少地方为了确保不误农时，搞了土洋双保险，两套人马、两套成本，增加了开支，降低了经济效果。要解决动力机与工作机以及各种农机之间的比例，失调问题，需要有一个生产力逐步提高和工艺流程逐步改进、完善的过程。二是农机和农艺相结合问题也有待进一步解决。如许多地方实行间套作，这有利于争取农时，获得稳产、高产。但作物组合、带宽和行距。花样繁多，变化不定，机器赶不上农艺变化。这也需要有一个认真总结经验，逐步完善的过程。三是使用和管理农业机械的水平较低。先进的生产工具必须和先进的科学技术、先进的管理结合起来，才能发挥它的应有作用。它们之间密切结合才能共同对农业生物及其环境发挥有效作用。这更需要有一个循序渐进的过程。当然，我们要充分发挥人们的

主观能动性，采取有效措施，力争缩短这些过程。同时，有条件的地区和生产单位也应该先走一步，争取在短期内基本实现全盘机械化，缩短两套人马、两套成本的过渡时期。

但是，不能因为我国当前还不具备实行全盘机械化的条件，就主张先实行生物措施后实行机械措施。国内外的经验都说明，把两者结合起来才能同时收到高产量、高效率、低成本的经济实效。因此，那种主张先实行生物措施后实行机械措施的意见是不全面的。这种意见，是把生物措施和机械措施截然分开、完全对立起来，是不符合生产实际情况的。实际上生物措施和机械措施，一个是农业科学技术，一个是物质技术装备，这两者是相互依存、互为条件的关系。先进的物质技术装备是先进的科学技术的物质条件、运用的手段；而先进的科学技术则是先进的物质技术装备运用的依据。同时，还要看到，农业机械的内容，不只是拖拉机，也不只是田间的耕作，还包括水利机械化、运输机械化、加工机械化等各方面。在一定时期内，有些地方可能水利机械化是主要矛盾，有些地方可能解决交通运输问题十分迫切，有些地方可能田间作业机械化是当务之急。特别是南方的双抢，北方的三夏、三秋，时间紧迫，劳动紧张，借助于农业机械，抢住农时，对农业增产增收意义颇大。因此，不能因为人多地少和当前还不具备实行全盘机械化的条件，就认为机械化应该退后一步来抓。从我国实际情况出发，一是生物措施和机械措施都要抓，但在当前应该把前者放在重点。二是农业机械化要认真执行因地制宜原则，有步骤、有选择地进行。针对不同地区的不同自然条件、不同经济条件和不同的生产结构，全面考虑必要性与可能性，采用不同的措施，分阶段、有主次，要经过由点到面、由少到多、由低到高的发展过程。要贯彻集中力量打歼灭战的方针，条件好的地区，可以先搞、多搞，条件差的地区，可以后搞、少搞。农业机械要集中使用，配套成龙，选择那些增产效果最大、经济效果最好的项目先行一步。总之，在“化”的过程中，先化哪里，后化哪里，先化什么，后化什么，都不能千篇一律，都要抓住当地当前影响农业生产的主要矛盾，按照经济效果最佳原则，选择不同类型的地区，选择不同的作业项目，选择不同的型号和不同的配套农具。根据客观条件的发展，由选择性的机械化逐步发展为全盘机械化。

六、大力培养农业科技人才，迅速提高农业科学技术水平

科学是一种在历史上起推动作用的革命力量，科学技术上的重大发明，常常在历史上引起深刻的革命。从现代农业发展历史情况看，由于生物学的发展，农用机械的发明，化学肥料的出现。高效农药的研究成功，优良品种的不断更新，都曾在生产上引起革命性的变化，以致改变了精耕细作的内容，使农业生产向着资金集约化方向发展。这就充分说明现代农业生产的发展，越来越依靠人们对于自然规律的认识和自觉运用，越来越依赖于科学技术的进步。我国北方各地生产实践证明，当粮食产量要突破千斤大关，必须有农业科学技术上的突破。因此，我们要广泛采用先进的科学技术，提高科学种田水平。

为了迅速提高农业科学技术水平，必须采取有远见的政策和各种有效的措施，办好农业教育，大力培养农业科学技术人才。教育是使科学技术由可能性生产力转化为现实性生产力的桥梁，是提高科学技术水平的主要途径。因此，一些生产发达国家对农业教育和科研都十分重视。美国科学家认为，对农业现代化起主导作用的是科学与教育，其次才是投资。他们分析，1929—1972年美国农业产量增长的81%、生产效果提高的71%归因于科学研究工作。而把农业教育称作“智力投资”，认为它是巨大的长远起作用的因素。日本在战后缺乏资源、缺乏资金的情况下，经过20年左右的时间，就恢复、发展成为一个经济发达的国家，他们认为是过去几十年间积累

起来的教育的成果。他们认为他们的农业科学技术水平的提高，也是从抓农业教育入手的。我国解放后，农业教育事业有了很大发展，但基础较差，又遭到林彪、“四人帮”的严重摧残，目前恢复和发展的速度又较慢，这同实现农业现代化的要求很不适应。现在高等农业院校在校学生只占农业人口的一万八千分之一，中等农校在校学生只占农业人口的一万三千分之一，而法国分别占五百分之一和五十分之一，差距很大。现在各种农业专门人才很少，管理人员普遍缺乏生产技术和生产管理知识。各级农业科技网很不健全，不少流于形式。广大农民不仅科学技术水平低，文化水平也很低，文盲占农民总数的30%，不少地方文盲青年还占有相当大的比重。边远牧区更为突出，不少拖拉机手、柴油机手、剪毛机手甚至兽医是文盲。这种落后状况，如不迅速改变，农业现代化是“化”不成的。

如何加强农业教育？根据多年的经验，首先，应迅速恢复、充实和提高原有的高等农业院校和中等农校，充分发挥高等农业院校和中等农校师资和设备的作用，多出成果、多出人才。其次，应积极改革农业教育结构，特别是要积极发展农业技术学校和农业中学。使较多的初中、高中毕业生受到专门训练，成为各种专门农业技术人才，解决他们有文化而缺乏专门农业技术知识，从而不能充分发挥他们智力作用的矛盾。第三，建立各种专业培训班，逐渐形成科技培训网，为农业培训各种专门技术人才和管理人才。第四，人民公社生产大队、生产队和其他农业企事业单位还应根据自己的条件，建立业余学校，利用农闲和晚间、雨天组织广社员和农业工人学习政治、学习文化、学习科学知识，扫除文盲，扫除科盲，普遍提高广大农业劳动者的思想觉悟和科学文化水平。

农产品世界市场的形成过程*

董恺忱

一

从15世纪末开始，由于“美洲的发现、绕过非洲的航行，给新兴的资产阶级提供了新的活动场所”（见《共产党宣言》）。在这以后的两百多年里，在残酷的殖民掠夺和血腥的资本原始积累过程中，成为西欧一些国家最初的搜求掠夺对象的，还是珍宝类东方的奢侈品（如香料、丝绸）。到了17世纪，也还是以香料为贸易的中心，18世纪，则以砂糖和烟草为大宗，中国的茶叶、印度的棉花也开始流入西欧市场。限于当时的生产和运输条件，这样的贸易在整个社会经济生活中还没有形成巨大的影响。

随着世界市场的日益扩大，工场手工业生产已经不相适应，革新技术的要求日益迫切。18世纪60年代，英国首先开始了工业革命。大约经过了70～80年的时间，到了19世纪的30年代实现了这一变革。在这之后，英国曾一度成为世界工厂。农业中的资本主义生产关系也迅速发展起来。这时英国进口的农产品，除了糖、茶、香料之外，还有原棉、亚麻、蓝靛等，以及为数不多的谷物，而出口的货物则以毛织品为大宗。

美国和法国在19世纪初，德国在30年代以后，也都相继进入工业革命时期。由于有了英国的技术成就和经验可以借鉴，所以后来居上，大体上用了半个多世纪的时间，就都先后基本上完成了工业革命。随着生产力的急速发展，贸易额也相应地有所增加，这样就使整个世界的经济和贸易结构有了新的变化。世界贸易总额，1800年为28 000万英镑，1830年为38 000万英镑，1850年已达到8亿英镑。在1800年时最主要的农产品贸易对象还是砂糖，可是半个世纪以后就改成小麦和原棉了。随着生活水平的提高，糖、茶也成为人们日常生活的必需品，增加了消费量。如英国每人茶的年平均消费量，从1850年到1900年，就从0.8公斤增加到2.9公斤。这样从特产品、奢侈品的贸易向必需品贸易的转变，就意味着资本主义贸易的确立。但是要完成农产品生产的国际分工，使农产品的世界市场最终形成，还必须有交通革命才行。1825年在英国出现了火车、铺设铁路的热潮马上就扩展起来。世界铁路总长在1850年时是38 000多公里，1870年就增加到21万多公里，1897年时竟达71万多公里。其中以美国的铺设速度最快，1897年时已近30万公里，约占世界总长的44%。与铁路发展的同时，海运也发生了变化，1838年轮船横渡大西洋成功，1880年轮船的载货量开始在世界范围内越过帆船，十年后就完全压倒了帆船。火车和轮船的出现与普及，既节约了运输的时间，也大大降低了运费。如美国从1870年到世纪末，横穿国内大陆的小麦运费竟减到原来的1/3。而从芝加哥到英国利物浦小麦的海上运费，从70年代前期到90年代

* 原载《世界农业》1980年第7期，后经修改收入《中国农业百科全书》，题目为《近代农产品国际市场》。

后半期，由179便士降到70便士。这就促使新大陆的农产品有可能大量涌入欧洲市场。

还有一个不能忽视的影响世界农产品市场的技术因素，就是冷冻工艺的应用，推动了畜产品贸易的发展。19世纪中期以前，以英国为主的畜产品市场，大体是在欧洲范围内进行。但是从60年代以后，阿根廷和澳大利亚的牛羊肉就以冷冻的形式开始出口，1874年美国也开始向英国出口冷冻牛肉。不久，这些新开发国家就逐步掌握了肉类出口的主动权，成为世界上肉类产品的主要出口国。

据统计，世界农产品中食品的贸易数额，18世纪50年代约近400万吨，80年代增加了三倍多，第一次世界大战前约为4 000万吨，后来历经两次世界大战，大体上也还维护这个水平，只是到了20世纪60年代以后，才又突增了一倍（详见表1）。可见，从1850到第一次世界大战前的1913年这段时期，基本上是处在农产品的世界市场的形成过程。本文就以这个时期为主，试图考察有关世界农产品贸易的内容、地域结构和有关的体制问题。

表1　1854—1858年～1962—1966年世界农产品（食品）的出口额

单位：百万吨

	1854—1958年	1884—1988年	1901—1913年	1924—1928年	1934—1938年	1952—1956年	1962—1966年
小麦	2.5	9.5	19.6	23.8	17.3	27.1	54.4
黑麦	0.3	2.0	2.3	1.9	0.9	1.3	4.5
大麦	0.3	1.9	5.5	3.4	2.6	5.9	6.8
燕麦	0.2	1.4	3.0	1.6	0.8	1.5	1.3
玉米	0.5	2.5	6.8	8.4	10.0	5.3	22.3
牛肉	0.03	0.1	0.6	1.2	0.9	0.9	1.4
猪肉	0.04	0.3	0.4	0.6	0.5	0.5	0.8
羊肉	—	0.02	0.2	0.2	0.3	0.4	0.5
黄油	0.03	0.1	0.3	0.4	0.6	0.4	0.6
总计	3.9	17.82	38.7	41.5	33.9	43.3	92.6

资料来源：R. M. Stern，Kyklos，13，1960，58—61；F. A. O. Trade yearbook，Vol. 22，1968。

二

谷物贸易的历史由来虽久，但在过去数额有限，而且运送的距离不大。在欧洲，除了意大利、荷兰等国的一些商业城市购进少量粮食以外，还有在凶年歉收的时候调剂部分地区间的余缺。从17世纪后半叶到18世纪前半叶这个时期，英国本身还是小麦的出口国。工业革命以后这才开始有所转变，但直到19世纪初，英国进口的农产品也还多是来自欧洲大陆。

从1850年起情况开始发生变化。当时欧洲市场上的谷物分别来自以下地区：①北美（美国、加拿大）占25%；②东欧（沙俄和多瑙河流域各国）约为30%；③西欧各国约占43%。到了1884—1887年，①北美以小麦、玉米输出为主，增加到29%；②东欧北出口燕麦和黑麦为主，一度占54%；③西欧各国的出口数额骤减，逐步失去了出口国的地位。20世纪初，由于阿根廷、澳大利亚等国的农产品进入世界市场，北美、东欧地区的比重有所下降。不言而喻，这个比重的变化，是在农产品贸易总额有所增加的前提下出现的。

一些国家出口额的加大，同时也就意味着另一些国家进口额的增多。仅以小麦为例，在这个时期，以英国的进口量为最多，19世纪70年代，占欧洲小麦贸易额的70%，1909—1913年虽下

降为44%，但绝对量却从260万吨增加到590万吨。德国也从小麦的出口国变为进口国，这时法、意、荷、比以及丹麦等国的小麦进口额也都有所增加（详见表2）。

表2 欧洲小麦（包括面粉）**进口的变化**（五年平均）

单位：10万吨,%

年度＼国别	英国 爱尔兰		比利时 荷兰 瑞士		德国		法国		意大利		丹麦 挪威 瑞典		合计	
1871—1875	26	(70)	5	(14)	−1	(−3)	4	(11)	3	(8)	−0	(−0)	37	(100)
1876—1880	33	(59)	8	(14)	2	(4)	11	(20)	3	(5)	−1	(−2)	56	(100)
1881—1885	38	(56)	9	(13)	6	(9)	11	(16)	3	(4)	1	(1)	68	(100)
1886—1890	39	(52)	12	(16)	5	(7)	10	(13)	8	(11)	1	(1)	75	(100)
1891—1895	48	(51)	16	(17)	10	(11)	13	(14)	6	(6)	2	(2)	95	(100)
1896—1990	47	(51)	18	(19)	12	(13)	6	(6)	7	(8)	3	(3)	93	(100)
1901—1905	46	(43)	23	(21)	20	(19)	3	(3)	11	(10)	4	(4)	107	(100)
1909—1913	59	(44)	26	(19)	21	(16)	9	(7)	15	(11)	4	(3)	134	(100)

英美的工业革命都是从棉纺织工业开始的，市场上对棉花的需求推动了美国植棉业的发展，长期以来，美国出口的棉花占世界首位，第一次世界大战以前，美国出口的棉花达200万吨，占世界出口总额的61.5%。以下依次为印度、埃及 、中国等。进口国以英国为主，达103万吨，占进口总额的32.6%。以下依次为德国、日本、法国、奥匈帝国、意大利、沙俄等（详见表3）。德日等后进工业国棉纺织业的发展，除了对英国以曼彻斯特为代表的传统纺织业形成了新的威胁外，在世界棉花市场上也成了新的竞争对手。

表3 棉花贸易（1909—1913年平均）

出口				进口		
国别		千吨	%	国别	千吨	%
	世界合计	3 257	100.0	世界合计	3 155	100.0
第一次输出国	美国	2 002	61.5	英国	1 030	32.6
	印度	426	13.1	德国	457	14.5
	埃及	313	9.6	日本	312	9.9
	中国	52	1.6	法国	311	9.9
	秘鲁	19	0.6	奥匈帝国	196	6.2
	土耳其	19	0.6	意大利	194	6.1
	巴西	18	0.6	沙俄	192	6.1
第二次输出国	英国	127	3.9	比利时	108	3.4
	法国	68	2.1	西班牙	83	2.6
	比利时	57	1.8	荷兰	60	1.9
	德国	46	1.4	美国	47	1.5
	荷兰	31	1.0	加拿大	34	1.1

随着消费和生产的增长，砂糖已逐渐成为大众化的食品。据统计，第一次世界大战前，世界砂糖出口总量为786.6千吨，其中蔗糖占70%多，主要出口国为古巴（占23.3%）、美国所属殖民地（占16.7%）、印尼（占10.5%）。甜菜糖也占有一席位置，主要产自欧洲大陆。德国和奥匈帝国的出口量分别各占世界砂糖出口总额的10%左右。砂糖的进口国主要是美国（280万吨，占36%）、英国（184万吨，占24%），以下依次为印度（8.2%）、日本（4%）、中国（3.9%）等。茶的出口集中于印度、中国和锡兰，进口以英国、美国及俄国为主。由于消费习惯的不同，美、德、法、荷、比等国人民喜欢饮用咖啡，这五个国家的咖啡进口量竟达总额的72%。咖啡虽原产于非洲的埃塞俄比亚，但出口国主要是在新大陆的一些拉丁美洲国家。

三

从19世纪下半期起，继英国之后，法、美、德、日等国相继实现了工业化。新的农产品出口国也先后涌现，农产品世界贸易的地区结构也有些变化，各国进出口的农产品类别、数量互有消长增减。

英国从1860年到1909—1913年，进口的粮食增长了近3倍，其中以小麦、玉米为主，60年代分别从东欧、北美和德国进口，80年代德国被阿根廷和澳大利亚所取代，东欧与北美在英国粮食进口总额中这时都分别增加到35%左右。后来随着进口总量的增加，进口国却趋于分散而呈多元化。英国进口的棉花、羊毛等纺织工业原料，在这个期间变化不大。棉花在1860年虽因南北战争的影响，一度减少了从美国的进口量，而增加了从印度的进口额，但后来又有所调整。羊毛的进口始终是以澳大利亚和新西兰为主，从这两国进口羊毛的总量一直占英国所需量的60%上下。牛肉开头是从美国进口，1884年占牛肉92%，后来主要从阿根廷进口。1908—1912年时，阿根廷出口的牛肉已经占英国进口牛肉总额的74%，而美国却和澳大利亚一样，只占9%。英国市场上的羊肉始终是从阿根廷、澳大利和新西兰进口的。黄油主要来自欧洲，开始是从荷兰进口，后来主要改由丹麦供应。英国在这个时期里，随着农产品进口量的增多，和世界各地区间的经济联系也在扩大加强，特别是对它的殖民地，像加、澳、新及印度、锡兰等，依赖程度不断加深。它和欧洲大陆国家间的农产品进口贸易，已逐渐失去了昔日的重要意义。

德国逐渐成为欧洲大陆上仅次于英国的重要农产品进口国。1909—1913年平均进口量达770万吨，约占英国同期的76%，但是其中有近半数转来用于出口。尽管从1880年到第一次世界大战前的进口量增加了两倍，但是从沙俄进口的比重，却始终保持在60%上下。进口粮食中，小麦从美国和阿根廷的进口量，逐年有所增加。德国当时出口的粮食，有一部分是在易北河以东的容克地主向瑞士等国出售的。德国的砂糖出口额，多年来一直维持在世界出口总额的10%左右，而它的出口对象也始终是以英国为主，糖是平衡德英两国贸易差额的重要商品。德国需用的畜产品大体可以自给，第一次世界大战前，约有1/10的肉类、1/4的黄油和1/15的奶酪是从欧洲一些国家进口的。

法国基本上是一个农产品能够自给的国家。但是随着工业化的进展，出现谷物进口逐年递增的趋势，19世纪60年代，进口量是63万吨，80年代增加到183万吨，第一次世界大战前已经达到210万吨。最初主要是从俄国进口，其次是德国，后来美国取代了德国，第一次世界大战前从俄美两国进口的绝对量和比重都有所下降，而从阿根廷和澳大利亚及法属北非的殖民地阿尔及利亚和突尼斯的进口都有所增加。法国自产甜菜糖，进口的全是蔗糖，总数不及英国的1/10，而且大部分也来自他的殖民地。进口的棉花，主要是从英国转口的美棉，比重占进口的总额的60%上下。

十月革命前的俄罗斯从18世纪就开始出口谷物，是个传统的粮食出口国。1909—1913年年平均出口量是1 046万吨，主要出口对象是德、荷、英、意、法等国。运往荷兰的有些是过境贸易，最后还是转运到德国，不算转口的，直接销往德国的，就占出口总额的59%，而德国从沙俄进口的比重也大体相近。所以第一次世界大战前俄德两国在谷物贸易上的相互依存关系是很深的。除谷物外，沙俄还是砂糖、亚麻和鸡蛋的出口国，出口的砂糖，1909—1913年年平均达27万吨，除销往英国外（占27%），邻近的波斯（29%）、土耳其（15%）和芬兰（20%）是主要市场。俄国进口的农产品主要是茶和棉花，19世纪70年代，从我国进口的茶，约占总数的43%，后来增长到50%以上，并长期维持在这个水平。棉花进口总量不及英国总量的1/5，主要是经由英德转口的原产美国的棉花。

美国一方面是个新兴的工业国，但同时又是这个期间崛起的世界上最大的农产品出口国。优越的自然条件和勤劳的欧洲移民，很快就使美国西部大平原的处女地成为世界谷仓。大量运往欧洲市场的谷物和肉类，左右了欧洲的价格。1879年“那一年西欧各地收成都不好，在英国年景也很坏，然而，由于美国的谷物，谷物价格差不多没有变动。年成坏而同时小麦价格又很低，这种情况英国农场主还是第一次遇到。于是农场主开始骚动起来，大地主感到恐慌了。第二年，收成好了些，价格跌得更厉害。谷物的价格，现在是由在美国的生产费用加上运费决定的”。① 美国出口的小麦和棉花，开头主要是销往英国，对英国市场的依赖程度较高。后来随着整个欧洲市场需求的扩大，德、法、意等欧洲大陆国家，相继成为主要的农产品贸易对象。棉花的出口额在世界市场上一直占有垄断地位。但是谷物的出口受到国内市场需求的影响，曾一度有所减少。美国进口的主要农产品除茶、咖啡等嗜好品外，还有糖和生丝。根据1909—1913年的统计，美国进口的生丝量，占世界进口总额的34%，它主要来自日本（53%）、中国（22%）、意大利和法国（两者合计占18%）。而日本出口的生丝有70%是销往美国的，中国当时生丝出口的主要对象是法国，占法国进口总额的48%，第二位才是美国。

印度当时是英国的殖民地，整个经济从属于英国，一方面是工业品的销售市场，同时又是谷物和工业原料等农产品的供给地。1860年英国市场上的棉花一度短缺，英国就在印度强行推广种植，美国南北战争结束后英国又迫使印度把部分棉田改种小麦。19世纪70年代以后开始向西欧出口小麦，其中半数是运往英国，而英国所占的比重又逐年加大，1913年达46万8千吨，占印度出口小麦的75%。不仅这样，英国还强迫印度种植茶、兰靛等。茶始终是供给英国的，只是在大战前约有10%经由英国商人销售给沙俄。第一次世界大战前，棉花的出口部分转向日本，销往日本的棉花一度占印度出口棉花总数的42%。当时的英领印度还辖属缅甸，所以是世界上最大的稻米的出口国，1909—1913年间平均年出口量是2 438 000吨，占世界稻米的出口总额的42%。主要出口对象是马来西亚（13%）、日本（9%）、印尼（8%）、德国（8%）、锡兰（7%）、中国（6%）、荷兰（6%）及英国（5%）等。印度地处季风带，雨量变化很大，加上水利失修，经常是饿殍遍地，所以印度出口的农产品是以牺牲印度人民的切身利益换取来的。

四

农产品的世界市场只是国际贸易整体的一个组成部分。由于它的形成过程正处在一些主要资

① 恩格斯：《美国的食品和土地问题》，《马克思恩格斯全集》十九卷，人民出版社，1963年版，297页。

本主义国家在实现了工业化之后正向帝国主义过渡的阶段，所以它也必然体现出一些新的国际关系的特点，即与资本输出相联系的殖民体系这种经济上的从属关系。随着多数国家成为工业国，贸易上也呈现出新型的多元关系。

首先，从英国来看，从19世纪50到60年代到大战前，进口总额的75%左右是谷物、原料等这样一些农产品，出口的80%是工业品。德国、法国在实现了工业化以后，进口的农产品也逐年加多，而这些国家过去曾经是农产品的出口国。这时除了向工业不发达的国家出口工业品，在它们之间的贸易有的也以工业品的交换为主，如英德两国间在19世纪80年代以前，英国从德国进口的70%还是粮食、原料等农产品，工业品不足15%。19世纪末，进口农产品下降到60%，工业品增加到36%；第一次世界大战前，进口的农产品虽不到30%，而工业品竟骤增到70%以上。英国从德国进口的工业品，主要是汽车、染料等机械、化工一类的重工产品，而英国向德国出口的仍是棉毛等纺织品之类的轻工业产品。这样在英德两国之间，形成了轻工业的英国和重工业的德国新型的贸易关系。

这些工业发达国家，为了满足日益增多的城市人口对粮食的需求和工业原料的供应，就促使一些工业不发达的国家通过国际贸易为它们提供这些农产品。这里既有被它们侵占的新老殖民地，也有一些新独立的国家，它们之间的发展水平和经济特点不尽相同，可是和这些工业发达国家或宗主国之间的贸易都是不等价的工农业产品之间的交换关系。为了使进口的农产品保持低廉的进口价格水平，英国当局竟强令印度出口小麦、稻米等，即使遇到了像1897—1898年这样的特大的歉收凶年，也不例外，丝毫也没有减缓。所以在英国控制下的印度，出口的农产品是个典型的饥饿输出。

殖民地经济的另一个特点是在有些地方推行畸形的单一种植经济。为了保证人们衣食之源和日常生活上多方面需要，在这些经济不发达国家间，有时也开展双边的农产品贸易。这种情况以稻米进口国反映得尤为突出，如在荷兰占领下印尼的爪哇，把生产出来的一部分糖，向印度和中国出口，但它又是仅次于日本的稻米进口国，有相当一部分是从印度购进的。锡兰最初是咖啡，后来又是茶和橡胶的主要出口国，岛上有许多单一经济结构的种植园，却很少稻田，也是稻米的主要进口国。甚至像古巴这个以种植甘蔗为主的位于拉丁美洲的国家，也进口部分稻米充作口粮。像锡兰、古巴这样，用出卖橡胶、蔗糖的收入再向第三国，也是出口谷物为主的不发达国家购买粮食，形成了一种新型的三角贸易关系。

在农产品的世界市场形成中，美国和沙俄由于它们所处的地位和经济特点的不同，起着不同于上面的特殊作用。美、俄两国，都是幅员辽阔，资源丰富的国家，但经济发展水平不同，美国在初步实现了工业化以后，和欧洲大陆上的一些国家的贸易也还是以出口农产品为主，可是对日本、印尼等亚洲国家，是用工业品来换取糖和生丝等农产品，对阿根廷、澳、新等国，它也是工业品的出口国，这样它就分别通过进出口的工农的农产品出口国。俄国在1867年废除农奴制以后，农产品的生产有所增加，农民为了缴纳赋税和赎金，需要大量的货币。但由于国内市场狭小，无力吸收这些农产品，加上沙俄工业化所需要的资金也难以筹措，所以只好借助于谷物和工业原料的出口来求得经济上的出路，这就是俄国小农经济被急剧地卷入货币经济及资本运动涡旋的原因。就当时整个俄国来说，农民的生活水平还是十分低微的，所以一直持续到后来很久的农产品出口，也都具有几分饥饿输出的色彩。

参考文献

[1] B. R. Mitchell, “European Histosical Statistics 1750～1970”, 1978

［2］FAO，“Traed Yearbook”，Vol 22，1968
［3］R. M. Stern，“A Century of Food Exports”，Kyklos，13，Fasc. 1，1960
［4］D. B. Grigg，“The Agricultural Systems of The World”，Cambridge Univ. Pr.，1974
［5］J. H. Clapham，《1815—1914年法国和德国的经济发展》，商务，1965
［6］J. H. Clapham，《现代英国经济史 1887—1914》，下卷，商务，1977
［7］樊亢等：《主要资本主义国家经济简史》，人民，1973
［8］持田惠三：《世界农产品市场的形成》，《农业综合研究》，Vol. 34，No. 1

明治时期的日本农业和西方农学*

董恺忱

日本从 1868 年明治维新以后，实行了广泛的社会政治经济改革，迅速走上了资本主义发展道路。但是由于历史和自然的原因，农业的发展却较为曲折，经历过积极而又盲目模仿西方的过程，才逐步找到自己农业发展的道路。本文试图通过对这一过程的回顾与分析，来说明日本农业的一些特点。

一

明治维新以前，日本的封建领主通常是把领地交给农民来种，每户经营的份地不到 1 公顷，所以这时日本农业的结构是“纯粹的封建性的土地占有组织和发达的小农经济”。维新后，在农民起义的压力下，1872 年实行过土地改革，取消了旧领主的土地占有制，承认了私有制。1873 年颁布了地税改革条例，实行全国统一的单一地税。改革后的土地虽然大部分落到了新兴地主手里，但是并没有形成像英美那样的资本主义大农业。半封建性的佃农小土地经营日益增多，除北海道以外，日本内地每户耕种的土地甚至减少到维新前的一半左右。

形成日本农业这一特点的原因，除了明治中期以前工业还不够发达，无力吸收失掉土地的农业人口以外，还在于日本一向存在着占总收入 50%～60%的高额地租。这使一些地主不愿承担资本主义经营方式的风险，而仍把土地零碎出租。所以土地私有权虽然得到承认，但经营规模小的情况不但没有改变，还由于农村人口增加而更加分散。规模小，地租重，迫使农民为了维持最低的生活水平，只好尽量利用每一寸土地，使生产经营更趋于集约化。

从技术特点来看，维新前，日本农业属于水稻作为主的、无畜、少肥的劳动集约类型。种植方式以水稻连作为主，间或实行稻麦轮作的；饲养牛马仅限于少数上层农家；施用的肥料主要是以杂草枯叶为主的草肥，也有用秸秆沤制的堆肥。只有在种植蔬菜或棉花等经济作物的局部地方才施用人粪尿或鱼粕。由于管理精细，投入的劳动较多，所以又有园艺式栽培（garden culture）之称。

维新以后，政府当局认为农业应该和其他部门一样，要以西方为模式，建立起资本主义大农业。所以从作物、牲畜品种和农具，到各级农业学校，农业试验推广机构等一律照搬、模仿；最早出洋考察的政府官员和应聘来日的外籍专家，也多这样鼓吹，一时成为风尚，严重忽略了本国特点。这样做当然不会有什么成果。为了找到适应日本历史和风土条件的农业发展道路，建立起具有日本特点的技术体系，先后经历了三十多年的探索，直到明治后期才初步得到解决：技术上从无批判的移植到有选择的引进，经营上从企图模仿英美式资本主义大经营，到重新肯定日本的小农经济。

---

* 原载《世界农业》1980 年第 7 期。

二

维新后的最初几年，日本政府就在"富国强兵"和"殖产兴业"的口号下，确定了向西方学习的基本政策。1871—1873年先后多次派出以岩仓具视等为首的政府官员到欧美进行实地考察，通过实地见闻，这些人深切感到德川幕府的锁国政策，使日本在许多方面都已落后于西方。为了急起直追，他们认为最好的办法莫过于亦步亦趋地机械套用。作为劝业政策的一环，对农业也决定采用同样的办法。在内务卿大久保利通的倡导下，积极引进实物借以示范。1869年就已引进牛、猪等新品种；1870年开始引入美棉、甜菜、牧草等种子。1871年，在东京三田设立了进口农具展览场。除了展出实物供人观摩，还把仿造的农具发给各地试用。1872年在东京的内藤新宿建立了最早的农事试验场，以便把引进的新技术加以总结推广。

为了系统地引进西方农业科学，1872年在东京设立了北海道开拓使学校。1875年移至北海道的札幌，翌年改称札幌农学校，这是现在的北海道大学农学部的前身。1874年决定在东京内藤新宿的农事试验场里设置农事修学场。1877年7月建场，同年底迁到驹场，第二年的1月在明治天皇参加下举行了开学典礼，改称驹场农学校，后来的东京大学农学部就是在它的基础上发展而来的。

驹场农学校的发展，能够反映出日本农业科学建立形成过程的一个侧面。这个学校最初设立的宗旨是，通过引进西方农学的原理和试验手段来改造日本的农业技术，以促进生产的发展。学校设有本科（农学、兽医和农艺化学三个系），预科及试业科。本科和预科主要招收前武士的子弟，目标是培养较为专门的人才。试业科招收农民子弟，侧重于实际技术的训练。为了贯彻办学的宗旨，派出了官员去英国，这是由于当时政府认为日本内地条件和英国较为近似，适宜于推广英国式的农业。在英国选聘了五名教师，任期三年（1876—1879年），来到以后所讲授的几乎都是脱离日本实际的英国农业经验，而所用的教科书和参考书也是以记载叙述英国农业为主要内容的，如亨利·斯蒂芬荪（Henry Stephenson）《斯氏农书》（Book of Farm，1875），约翰·威尔逊（John Wilson）的英国耕种法（British Farming，1877年日本劝农局刊印的节译本改称《英国农业篇》）等。

当时的教学情况，可从听课学生回忆中看出一些。如1880年的第一期毕业生后来留校的玉利喜造说：讲的全是英国有畜粗放农业，几乎完全不能应用到日本来。第二期毕业的横井时敬说：担任农学课程的约翰·卡斯坦斯（J. P. Karstens）是在来日的旅途中，就便对热带地方的水稻作了几十天的考察，所以课堂上他只讲了3～4小时有关水稻的课，就毫不足怪了。这样的教学内容，后果不问可知。这五个英国教师除了两个任期稍长外，其他在聘期一满就回国了。

在英籍教师离任之后，再次招聘的则是以德国教师为主。从1881年开始，农艺化学教师奥斯卡·克路耐尔（Osker Kellner，1851—1911）和讲授农学的迈克斯·费斯卡（Max Fesca 1846—1971年），另外还有一名兽医教员，都相继到任。他们旅居日本的时期较长，都在十年以上。他们边研究日本的农业具体情况，边向学生讲授系统的农学知识，克路耐尔分析过日本经常施用的肥料成分。费斯卡在普查的基础上编制了日本最早的全国性《地质要览图》，此外他还写过一些有关日本农业和地质的论文，其中影响较大的是1893年印行的《日本地产论》一书。书里针对当时日本农业现状，提出了一些较为中肯的改进意见，如改变浅耕的习惯实行深耕、增施肥料、以堆肥为基肥再追施人造肥料以及改进排水和实行轮作等。但他对日本与欧美之间的条件差异缺乏足够的了解，所以也强调在日本应实行大农业。接替费斯卡的奥斯卡、罗耶布（Osker

Loeb）等也是德国人。

驹场农校后来的变化，特别是一些早期毕业生的成长过程，也能够有助我们进一步了解日本是怎样建立了自己农业科学基础的，像驹场农学校早期毕业的玉利喜造、横井时敬和酒勾常明等人，后来都曾任东京大学的教授多年，是日本真正近代农学的奠基人。他们最初接受的是英国式的农业教育，后来在和德籍教师共事的过程中受到了德国新兴农艺化学的影响，但是只有在这基础上经过探索，总结出了具有日本特点的一些农学知识时，才为建立日本农学奠定了坚实的基础。如作为近代农学主要组成分支的作物学中有关稻作的系统进授，就是在1890年升为东京帝大农学部（当时称农科大学）时，首先由横井时敬承担的。由他讲授的栽培学泛论直到1918年改称栽培学讲座时才改由宗正雄接替，后来相继经由安藤广太郎、野口弥吉等主持，在科研和教学上都为日本农业的发展作出了较大的贡献。

在日本零细经营的基础上，德国的新兴农艺化学是比英美的以推行轮栽式农业为特点的农学更易产生影响。集约经营的日本农业为提高单产，迫切需要借助于土壤和肥料学的知识来找出提高地力的方法，改变过去少肥的增产途径。德国的农艺化学的传入促进了日本农业科学的成长，对日本农艺化学的发展影响尤其深远，所以费斯卡甚至被日本人尊崇为日本的李比希。后来经由古在由直（1886年驹场农学校农艺化学系毕业，曾任东京大学教授和总长）和铃木梅太郎（1896年东京大学农艺化学系毕业）等人的努力，建树了具有日本自己特点的农艺化学。农艺化学的发展同时又推动了肥料工业的兴起，为使日本农业成为多劳多肥的集约化农业开辟了途径。日本从1834年开始进口过磷酸石灰，到1848年成立东京人造肥料会社开始自己生产；硫铵是在1897年首先从澳大利亚进口的。到了1905—1908年之间，先后在大阪、东京、冈山、新泻以及北海道等地，建立了一批生产硫铵的化肥工厂，部分地满足了当时农村迫切需要的肥料。

三

在日本内地推行英国式大农经营的企图，由于社会经济和自然的原因，不久就被日本朝野上下认识到由于不合国情难以实现，而逐步有所改变。但对位于日本北端北海道的开垦方针，却是经过了更长时间的摸索才找到了适宜于当地特点的开发对策。北海道总面积为835万多公顷，占日本全部国土总面积的22.1%，其中可耕地近200万公顷。维新前住有土著的虾夷人和少数内地移民，维新后的第二年，即1869年设置北海道开拓使时，全道人口也只有12万。对于这样纬度较高，土地资源丰富而人口较少的地方，日本政府认为最适宜于推行以美国为模式的资本主义大经营。

维新后日本政府出于国防和经济上的考虑，奖励向北海道移民，并坚持在移民中要推行新的耕种经营方法，以1871年制定的开拓使十年计划为起点，进入了所谓“开拓使时代”。当时任开拓使次官的黑田清隆，在1871年招聘了以美国农业部次长霍莱士·凯普隆（Horace Capron）为最高顾问的许多外籍专家来日，参与开发事业。1876年在札幌农学校成立时，又延请了威廉·克拉克（William Smith Clark）任首席教师。这些美国人的指导思想就是力图把欧美的轮栽式大农业移植到北海道来。为此还从美国先后引进了一些新型农具以及作物和家畜的新品种，以利推行有畜的旱作农业。但是限于资金和人力，开垦事业进展较为迟缓，到了1882年废除开拓使时，总共才有15 000家农户，开垦耕种了两万多公顷的土地，当时北海道到处仍是茫茫草原和有待开发的处女地。

在废除开拓使之后，于1886年设立北海道厅而进入了一个新的开发阶段。随着日本资本主

义的成长，开发的方针也从官办改为奖励由民间筹集资金，但仍以大农为主。停发对移民的渡航补助费，而制定“马耕保护法”等，以利引诱投资。1888年井上馨入阁任农商务大臣，仍坚持推行大农经营的原则。他说：要达到开垦北海道的目的，就应留意日本内地农业的积弊，务必使其不再扩展到北海道来。在北海道应尽力扶植大农，如仍从内地募集贫民小农，任其下去，必将招致和今天内地同样的后果。在井上的倡议下，在北海道相继出现了一些直接用从欧美进口的大型农具装备起来的、饲养有引进的牛羊等家畜的大型有畜农场，这些农场是以雇佣劳动为主来集资经营的，如北越殖民社农场（1844—1891年）、组合华族农场（后改称蜂须贺农场1889—1890年）、桥口农场（1887年）和札幌农学校同窗会农场（1889—1894年）等。这些农场除了半官半民的札幌农学校同窗会农场外，都以失败而告终。分析其原因除了人力不足，资金短缺以及交通不便等外，还由于当时的日本不具备在农业上实行资本主义大企业经营所必要的社会经济条件。日本政府被迫承认大农经营的失败，重新确定以发展租佃制小农场为北海道开发的基本方针。

可是北海道的社会和自然条件终归又和日本内地有着许多差别，任其自发滋生的小农经营也难于在短期收到成效。所以有人在经过实地考察之后提出应推行经营规模适宜的企业化的农业。费斯卡在1887年奉井上的命令去北海道实地考察的基础上，著有《日本农业及北海道殖民论》。他在书里提出在北海道对每户有三个男劳动力的农家，拨给土地十町（每町等于99.15公亩），同时贷与资本使能购置必要的家畜及农具，以便以家族劳动为主进行独立经营。进入本世纪，曾在德国留学后来担任北海道大学教授职务多年的高冈熊雄就更明确地提出应实行扶植自耕农的“中农主义”。限于条件，直到昭和初期的1927年政府制定所谓第二期北海道开发计划以后，才得以逐步实行。

和北海道的开发相适应，札幌农学校的办学方针也经历了同样的变化，即从移植美国农业科学到建立具有风土特点的农学的过程。最初这个学校甚至连稻作学的课程也不开设，1896年升为东北帝大农科大学时的学则中规定了要开设食用作物论和特用作物论。到了1919年改称北海道大学农学部时，随同北海道农业的发展，以及农业科学水平的提高，学则中规定分别开设有作物学泛论、食用作物学、饲料作物学和工艺作物学等课。1915年由明峰正夫担任的育种学讲座，是在日本大学中最早系统讲授有关育种知识的。而在这之前，选育品种的工作多由各地老农根据多年的生产经验来进行的，明治时期推广普及的一些水稻良种，被称为“老农品种”是不无原因的。以稻作为主集约栽培的日本农业的一些特点，这时也在北海道的农学研究和教育中体现出来了。

为了推广经营规模较大的有畜农业，札幌农学校初期的教学还是留下了一定的影响。在克拉克的教诲下，培养出了像佐藤昌介、高冈熊雄等一些后来成为北海道大学骨干的人才。在引进西方农业技术的过程中，甚至还曾招聘四户外国人来北海道从事实际经营，以便起到示范作用。1923年从丹麦和德国分别延请了两户农家作为模范农家在十胜等地定居，经营的土地面积恰好和近40年前费斯卡所倡导的一样也是10町。他们推行的有畜农业和包括酪农在内的多种经营也对后来北海道农业的发展留下了影响。明治末年（1909年）第一期开发计划规定的15年内开垦51万公顷耕地和增加15万户农家的目标，后来基本实现。1920年时北海道水稻产量突破百万日石（每石折合180.5公斤）。

四

费斯卡和克拉克的农学思想，都是来自德国特别是渊源于泰厄的《合理的农业原理》一书中的主张。可是他们来到日本时活动的舞台却不一样，一个是明治中期的日本内地，一个是明治早期的北海道，由于他们面临的环境和碰到的问题不同，所以留给日本农业科学发展的影响也必然会有差别。费斯卡是以定型并制度化了的日本传统农业作为批判对象。尽管这个技术体系中的一些合理的东西，他并不完全理解，但是他较为留意于日本实际。而克拉克认为由于日本传统的农业技术对北海道的开发是无用的，北海道又是有待开发的地方，所以对日本传统农业技术不屑于一顾，结果美国式的农业生产不能在北海道生根，所以影响较差；但比浮光掠影对日本农业几乎毫无所知的英国农业教师，还是有成绩的。

费斯卡等对日本农业提出了一些合理的主张，为发展日本农业科学打下了必要的基础。但他对日本农业也还不是完全理解的，所以真正日本的农业科学的建树还得由本国人来承担。为了做好这个准备，还在明治中期作为费斯卡的对立面，就出现了以船津传次平（1832—1869 年）为代表的“传统农业技术论”和以横井时敬所主张的“小农论”。无疑地，他们的主张有反映日本生产实际的合理东西，当然也不会是完备无缺的理论。

对传统农业技术评价重新提到日程上来的直接原因，是由于明治早期在内地无批判地引进西方农业科学技术所受到的种种阻力。所以在总结消化它们的过程中，对当时仍然行之有效的传统技艺很自然地又给以较大的关心。传统农业是指维新前从德川幕府追溯上去的许多世代里所积累的经验。参与推广普及这些经验的是被称做“老农”的一些从德川幕府末年到明治时期的民间指导者。这些老农不仅向日本传统农学如宫崎安贞的《农业全书》等著作学习，而且也从我国的传统农业技术到农业思想中吸取营养，所以他们的活动体现出所谓“东方型农业”的特点。它不仅在明治时期在实际增产上，而且在后来形成日本的农业科学上也有着不可低估的作用。如林里远为推广普及牛马等畜耕所作的努力，丸屋重次郎和高桥安兵卫等选育的神力（1877 年）、爱国（1892 年）等水稻高产品种就是显著的事例。

由于老农在生产中的作用受到政府重视，从 1875 年开始，当局就要求每个县推举出 1～2 名优秀老农加以表彰。1878 年前后在各个地方还召开了农谈会和种子交换会以促进技术交流和良种推广。1881 年召开了全国农谈会并以参加这次集会的老农为中心，成立了以英国皇家农业协会为榜样的大日本农会，在各个县里也组织了地方性的农会。为了把普及推广的事业更好地开展起来，政府除了鼓励老农的活动，还致力于建立农事改良指导的科学体制。1893 年设立了国立农事试验场，第二年 1894 年公布了有关府县农事试验场的规定，1899 年制定了府县农事试验场国库补助办法和农会法。这样在促进传统农业技艺和引进的西方农学逐步融合的过程中，各级农事试验机构就逐步取代了作为民间交流活动的老农组织。

为了在日本找到合理的农业经营方式和规模，费斯卡看到了日本农业过于细小零碎的特点，认为只有否定现行的经营方式而实现企业化才能解决。费斯卡坚持泰厄提出的农业经营，应该是通过动物或植物性生产以获取最高利润的原则，他亲自计算过日本一些主要作物的生产费用，得出了除极少的例外，从事这些作物的生产是不能得到纯收益的结论。尽管这个主张从原则上来说是合理的，但在当时的日本却是无法实现的；不仅整个明治时期，就是到了二次大战结束前的大正、昭和年代，由于社会经济条件的限制，绝大多数的农家是不能在商品性生产和自给性生产之间，根据有利性的原则来进行选择，而只能从事以自给性为主的生产，来维持其全部家族成员的生计和家族劳动力的再生产。此外，当时的技术水平也适于推行多劳多肥无畜的土地集约利用。零散过细的小农经济普遍存在固然是日本农业生产力低下的根源，但在当时的条件下，农家为了生存却又使生产经营更趋于集约化，也就使生产得到一定的发展。所以横井时敬竟认为在日本只要有使用自己的劳动力来获取他自己及其家族的劳动报酬为目的的小农，即使设有中农或大农也无妨。改变小规模的农业经营这在实现了农业现代化的今天日本，也还是一个有待解决

的问题。

到了20世纪初的明治末期，经过30多年的探索，在总结传统农业和吸收西方农学的基础上，形成了以水稻生产为主的新的日本农业技术体系，但是劳动集约和土地集约的特点还是保留了下来。役畜的推广克服了浅耕的毛病，公肥的施用改变了少肥的缺点，而高产耐肥和耐寒抗病的新水稻品种的选育成功，不仅把水稻生产的北限推进了很远，而且还因适应以水稻为主食的生活方式而受到农民的普遍欢迎。经过各方面的共同努力到了明治末期，日本的水稻单产出现了近百年水稻栽培史上的第一个持续上升时期，即在1895—1918年期间全国每10公亩（1.5市亩）的糙米平均产量从不足200千克，提高到300千克左右。但农村中半封建的生产关系，却阻碍了农业生产的进一步发展。在1918—1945年这近三十年的时期里单产仍停滞在原来的水平。二次大战后经过所谓“农地改革”，日本农业从残余的封建土地所有制解放出来，尽管小农经营方式基本未变，但水稻单产却有了极为显著的增加。

综上所述，明治时期日本引进的西方农业科学技术，给当时的农业生产带来了新的活力；尽管当时农业生产还处于使用人畜力和简单农具的小规模经营状态，但已逐步形成深耕、密植、多肥的以水稻栽培为主的技术体系。后来日本农业技术就是沿着这个方向发展下来的。此后随着整个农业结构的变化，技术上也实现了农业的现代化，而早期引进的西方农学却为它准备了必要的物质和思想前提，所以它的影响和作用即使从今天来看，也是不能低估的。

参考文献

［1］杉本勋编：《日本科学史》. 山川出版社，1967

［2］安藤良雄编：《日本近代经史要览》. 东大出版社，1979

［3］小野武夫：《日本文明史—农村史》. 东洋经济新闻社，1941

［4］饭沼二郎：《日本农业技术论》. 未来社，1971

［5］フエスカー：《日本地产论》. 农文协. 1978

［6］安藤国秀：《农学事始》. 东大出版社，1965

集约经营是发展农业生产的基本途径*

冯宝林

一、集约经营的必要性与可能性

发展农业生产有两种方式：粗放经营和集约经营。前者是在技术水平较低的条件下，对一定面积的土地投入较少的生产资料和劳动，进行粗耕粗作的农业经营方式。后者是在一定面积的土地上投入较多的生产资料和劳动，采用先进的技术措施，进行精耕细作的农业经营方式。马克思指出："在经济学上，所谓耕作集约化，无非是指资本集中在同一土地上，而不是分散在若干毗连的土地上"①。列宁在有关土地问题的著作中也进一步说明了集约经营的概念：即对一定面积的土地追加劳动和生产资料。诸如追加肥料、农药、选用优良品种，采用先进的农艺和动物饲养技术，使用新式生产工具、提高经营管理水平等等②。集约经营的目的，是在减少每一单位产品的劳动和生产资料消耗的条件下，求得从每一单位土地面积上获得更多的农产品，即不断提高土地生产率。这是发展农业生产的基本途径。所以这样做是由于土地面积的有限性和土壤肥力的无限性的特点所决定的。土地面积绝对有限的特点，决定了满足社会和人们对农产品日益增加的需要，不可能用无限扩大耕地面积的办法来解决，只能通过农业集约经营、提高土地生产率的途径来解决。那么能否通过农业集约经营来不断提高土地生产率，增加农业产量呢？土壤肥力无限性的特点提供了客观的可能性。我们知道土壤肥力按照它的形成和作用可分为自然肥力和人工肥力，有效肥力和潜在肥力。自然肥力是在土壤自然发展过程中，由母质、气候、生物、地形等自然因素所形成的。人工肥力是通过人们适时耕作、施肥、排灌以及土壤改良等人为因素所形成的。在这两种肥力中，植物能即时吸取的叫有效肥力。不能即时吸取的叫潜在肥力。人类劳动不仅能将潜在肥力转化为有效肥力，而且还能通过采取有效措施，不断提高有效肥力。因此，只要注意用养结合，措施得当，自然肥力不会衰竭，人工肥力更会不断增加，不仅能大大提高有效肥力，而且会积累越来越多的潜在肥力。马克思说："肥力虽然是土地的客观属性，但从经济学方面说，总是同农业化学和农业机械的现有发展水平有关系，因而也随着这种发展水平的变化而变化。"③ 这就告诉我们，土壤肥力虽然是土地客观存在的，但是要使它不断提高，除采取各种先进措施外，还随着科学技术的发展、生产力水平的提高，土地会越种越肥，产量会越来越高。这就说明实行农业集约经营，提高土地生产率是发展农业生产的基本途径。国内外的生产实践完全证明了这一点。从许多国家农业生产发展的历史来看，尽管情况不同，搞法不一，但都经历了一

* 原载《经济研究》1980年第8期。

① 马克思：《资本论》第3卷，人民出版社1975年版（下同），第760页。

② 列宁：《关于农业中资本主义发展规律的新材料》，《列宁全集》第22卷，第24～30页。

③ 马克思：《资本论》第3卷，第733页。

个由粗放经营到集约经营的发展过程。特别是20世纪以来，世界上一些发达的国家，农业集约化的水平有了迅速提高。所以，列宁指出："在欧洲，农业的发展主要靠集约经营，不是靠扩大耕地的数量，而是靠提高耕作的质量，增加原有的土地上的投资。这才是资本主义农业发展的主要路线。它也会逐渐地成为美国的主要路线。"① 历史发展事实正像列宁所说的那样。美国是地多人少的国家，在1920年以前农业主要靠扩大耕地面积，从1866年到1920年的56年时间，耕地面积由10亿亩增加到24亿亩，谷物产量增长了三倍。1920年以后，美国耕地面积没有显著增加，但由于集约利用土地，提高土地生产率，特别是五十年代以来，产量成倍增长。1977年与1950年相比，谷物产量从2 814亿斤增加到5 230亿斤，棉花从4 342万担增加到6 314万担，肉类从1 220万吨增加到2 565万吨。52种作物平均单产提高64%，其中玉米由于进一步普及杂交种、增施肥料和利用化学除草剂，亩产由1950年的313斤提高到1977年的760斤，27年时间增长一倍半。小麦、水稻、棉花等作物的亩产也都有显著提高。日本是人多地少的国家、更加重视农业集约经营，战后到现在30多年中，重点抓了以兴修水利为中心的土地改良（农田基建），大力增施化肥，采用良种，开展科学研究和先进技术推广工作，随后又抓了农业机械化，粮食单产显著提高，1946年为395.5斤，1960年为563.4斤，1975年为741斤。我国解放后30多年来，农业集约经营水平和土地生产率都有较大的提高。农田基本建设取得了显著成绩，灌溉面积达到7亿多亩，比解放初增加两倍，占耕地面积的48%，农业机械从无到有，机耕面积达到耕地面积的41%，化肥每亩施到70斤，各项农业科学技术也有很大进步。因此，尽管耕地面积没有增加，产量却有很大提高。这一切都说明，实行农业集约经营，提高土地生产率，是各国农业生产发展的必然趋势。

二、集约经营的意义和提高集约化水平的途径

实行农业集约经营，提高土地生产率，对我国来说，有着更加重要的意义：

第一，我国耕地少，单产水平低，农产品不能满足需要。我国每人平均土地面积和耕地面积都只有世界各国平均数的三分之一左右。同时，我国土地资源的后备潜力不大，宜垦荒地不多，而且多分布在边远地区和沿海滩涂，开垦这些土地需要大量的投资和装备，不是一件轻而易举的事。即使把全部宜垦荒地都开垦出来，平均每人占有的耕地也少于世界大多数国家，仍然改变不了我国人多地少的局面。另外，我国单产不算高，据1977年统计，按耕地面积计算的粮食亩产491斤，但按播种面积计算的亩产只有313斤，低于许多国家。我们只有通过实行农业集约经营，提高土地生产率，来弥补耕地的不足，才能生产出较多的农产品，满足人民和国家的需要。从而充分发挥农业是国民经济基础的作用，促进社会主义建设蓬勃发展。

第二，我国科学技术水平低，抗拒自然灾害的能力差，对自然环境依赖性大，实行农业集约经营，追加更多的肥料、农药、除草剂，使用先进的农业机械、塑料薄膜和其他工业产品，实现水利化，采用先进的科学技术，增强人们对客观规律的认识和自觉运用，就能逐步摆脱受自然环境的支配，增强控制自然环境的能力，较好地促进生物因素与环境因素的统一，就可以有力地抗御旱涝病虫等自然灾害，做到稳产、高产、增产增收。

第三，我国生产水平低，农业内部各项生产用地矛盾大，生产结构不合理。由于我国耕地

① 列宁：《关于农业中资本主义发展规律的新材料》，《列宁全集》第22卷，第58页。

少、无论是农林牧渔各业的用地，还是各种作物的用地，以及用地与养地之间，都存在着较突出的矛盾，因而影响了农业生产的合理布局，五业比例失调，经济作物受到排挤。1977 年在农业总产值中，种植业占 67.5%，林业占 3.1%，畜牧业占 13.7%，副业占 14.1%（其中包括社队工业 11%），渔业占 1.5%。近两年农业总产值尽管增长较快，但是农林牧副渔五业比例失调的问题仍没有多大改变。在种植业内部，粮食作物排挤经济作物和养地作物的状况还没有很快改变。实行农业集约经营、充分挖掘土地潜力，提高单位面积产量，就能逐步解决农林牧副渔各业之间和种植业内部各种作物之间用地的矛盾以及用地和养地之间的矛盾，就会促进我国农业生产朝着农林牧副渔全面发展、农工商综合经营的方向发展，逐步实现区域化、专业化，提高社会化水平。使我国逐步成为既是稳产高产的国家，又是自然环境非常优美的国家。

提高农业集约化水平的途径是多方面的。诸如改变生产结构和作物构成，积极发展多种作物；提高复种指数，充分利用土地资源；改革耕作制度，使用地与养地很好的结合；进行农田基本建设，建成高产稳产的基本田；实行山、水、田、林、路综合治理等等。这就能在一定面积的土地上增加生产资料和劳动的投放，取得较好的经济效果。而提高农业集约化水平最根本的途径则是用现代物质技术和现代科学技术来装备农业。农业集约经营由于在投资总额中活劳动和物化劳动构成不同，可分为劳动集约和资金集约两种类型。前者表示对一定面积的土地的投资总额中，活劳动所占比重较大；后者表示物化劳动所占比重较大。我国农业生产的历史悠久，是一个具有精耕细作传统的国家。但是由于我国农业科学技术落后，直到今天，农业的物质技术装备主要是手工工具，以人力、畜力为动力；农业的生产技术主要是凭借长期积累的传统农业生产经验；农业生产的精耕细作主要是依靠活劳动的集约投放，还是属于劳动集约的类型。我国现阶段还没有达到资金集约的程度，先进的技术和设备，还未能充分利用。正因为这样，我国农业集约经营的经济效果不高，无论是土地生产率还是劳动生产率都比较低。因此，必须用现代的农业机械逐步代替简陋的生产工具；用机电动力逐步代替人畜力；用现代科学技术逐步代替传统的农业生产经验。逐步提高农业生产的有机构成和农业科学技术水平，以便使我国农业逐步从劳动集约过渡到资金集约。这也就是农业现代化的重要内容。这样，我们在进行生产，在同大自然作斗争过程中就能够逐步做到由盲目性变成自觉性，就可以经济合理地利用自然、改造自然，创造出日益增多的农林牧副渔各种农产品、农业生产面貌就会大为改观。

三、集约经营要讲究经济效果，处理好各项技术经济关系

在实行农业集约经营，提高集约化水平的过程中，由于投放的生产资料不断增加，生产费用总量和单位耕地面积的成本也必然不断提高。与此同时，单位耕地面积的产量和农林牧副渔各业的纯收入也应随着增加，收到越来越好的经济效果。可是，在生产实践中，往往由于投放的生产资料不合理，出现投资大、成本高、效果小，增产不增收，甚至增产减收的现象。这就应该经常注意研究投资的经济效果，采取有效措施，力求做到增产增收。为此，必须处理好如下几方面的技术经济关系：

第一，实行农业集约经营，要处理好各项技术措施之间的关系，逐步建立起符合客观规律的农业技术体系。用现代物质技术和现代科学技术装备农业，打破传统农业的生产资料平衡关系和农业技术体系。因此，应该逐步建立起符合各地区实际情况的新的生产资料平衡关系和新的农业技术体系，力求做到经济有效。这是因为各项技术措施是一个互相联系、互相制约的整体，孤立地采用其中任何一项措施都不能收到应有的增产增收效果。例如，要充分发挥机器、化肥、农药

等生产资料的作用，就要求有相应的技术措施和提高管理水平，以求得提高使用的质量，产生好的经济效果。又如，深翻、平整土地，就要求相应的增施肥料，否则容易造成减产。再如推广丰产性能较高的作物良种，就要求有相应的肥、水条件和其他技术措施。如果不具备这些条件，就不如种植丰产性能中、低等的品种更为合算。黑龙江省友谊农场五分场二队全盘机械化试点，显示了巨大的优越性，取得了很大成绩。但因为他们是初办，还没有完全建立起新的生产资料平衡关系和新的农业技术体系，因而从经济效果方面看还不够理想。如 1978 年旱情严重、喷灌机械没有及时运到，致使 5 000 亩小麦因旱减产。1979 年由于解决了水利，小麦亩产 450 斤，比分场平均 330 斤增产 27.5%。原计划美国进口的拖拉机应带五台条播机，但只进了三台，拖拉机只好带三台作业，浪费了机车马力。由于烘干、入库等机械不配套，只得靠手工劳动，大大降低了劳动生产率。由于没有抓好良种工作，1978 年播种的玉米，种子发病率较高，生长参差不齐。结穗部位不一，倒状严重，后期收获损失率达 10%。这些实际情况，充分说明，采用各项生产技术措施，必须从各地的实际情况出发，统筹兼顾，合理安排，密切配合，逐步建立起符合客观规律的新的生产资料平衡关系和新的农业技术体系，使各项技术措施都取得较好的经济效果。

第二，实行农业集约经营，要研究追加投资的适合度。随着农业科学技术的发展，追加投资，采取各项技术措施，从理论上讲，其经济效果是没有止境的。可是，在具体的生产过程中，在一定的科学技术水平条件下，追加投资与增加的产量、产值也会有一个限度。马克思指出："土地的优点是，各个连续的投资能够带来利益，而不会使以前的投资丧失作用。不过这个优点同时也包含着这些连续投资在收益上产生差额的可能性。"① 因此，我们要重视研究追加投资的数量界限，当连续投资所增加的价值等于所增产量的价值时，即可追加投资的最高数量界限。当然也可制定多种方案，通过实践寻求追加投资的最大经济效果，确定追加投资最好的适合度。

研究追加投资的适合度，有着重要的现实意义，使我们在向一定土地面积上追加投资时，重视在一定技术条件下，如何经济有效地追加生产资料和活劳动，如何合理地确定投资方向，避免盲目性，增强自觉性，克服那种"人有多大胆，地有多大产"不科学的指导思想，做到实事求是，使追加投资真正收到经济实效。现在有不少地区和生产单位由于不注意研究追加投资的适合度，加上农用工业品价格高、农业内部多种经营不够发展，致使农业生产费日增，经济效益日低。据山东省统计，农业生产总费用占总收入的比例，1956 年占 27.4%，1965 年占 30.5%，1974 年占 37.3%，1977 年占 43.3%，1978 年稍有下降，占 41.9%。而根据一些典型调查，每投资一元所获得的经济效益：1956 年是 3.65 元，1965 年是 3.28 元，1974 年是 2.69 元，1977 年是 2.32 元，1978 年稍有提高，是 2.38 元。有的单位在总费用中不合理开支约占 15%左右，化肥浪费尤为突出。可见，研究投资的适合度，讲究追加投资的经济效果有着重要的现实意义。研究追加投资适合度，还有助于我们积极创造条件、努力提高农业科学技术水平，以求改变原有投资适合度对投资数量的限制，找到投资多、效果更高的途径，使农业集约化水平不断提高，农业生产不断向前发展。列宁指出："在理论上，把任何数量的资本投入任何数量的土地都是可以设想的，自然，'这要取决于'现有的经济条件、技术条件和文化条件等等，全部问题正在于这一个国家在这一个时期具有一些什么样的条件。"② 这就告诉我们，追加投资的适合度是由一定条件形成的，只要努力改变这些条件，就会打破旧的适合度，产生新的适合度，因此，追加投资的适合度，具有相对的意义，是要随着条件改变而改变的。

---

① 马克思：《资本论》第 3 卷，第 880 页。

② 列宁：《关于农业中资本主义发展规律的新材料》，《列宁全集》第 22 卷，第 61～62 页。

第三，实行农业集约经营，要区别不同地区不同生产单位的不同特点，贯彻因地制宜的原则。我国幅员辽阔，各地区的自然条件和农业发展水平均有差异，而农业生产对象又是有生命的动植物。其生长发育有它自己的规律，不同的农作物，在不同的地区，种在不同的土壤上，又有着严格的地区差异性和各不相同的具体特点，因此，必须从实际出发，针对不同地区的不同土壤、气候条件和不同的作物结构等，采用不同的集约化措施。有些地区应该首先抓水、肥和良种，在精耕细作上下功夫，有些地区水肥条件较好，而人少地多，资源丰富，就可以广开生产门路，多在机械化、电气化上下功夫，提高劳动生产率，促进农业向深度和广度发展。总之，要贯彻因时因地制宜原则，切忌“一刀切”，一律化。

第四，实行农业集约经营，提高农业集约化水平，既要考虑其必要性，又要考虑可能性，要从实际出发，经过由低级到高级的发展过程。我们必须从我国人多地少，家底薄，有传统的精耕细作经验这个实际出发，一方面积极地创造条件用先进的物质技术装备农业，提高农业集约化水平；另一方面要继续利用和提高传统的精耕细作经验。在国家帮助下，依靠集体力量，充分发挥广大群众自力更生、艰苦奋斗的精神，扬长避短，实事求是地解决问题。如充分利用我国丰富的劳动力资源，进行农田基本建设、兴修水利、植树造林、积肥造肥等等。总之，在实行农业集约经营，提高农业集约化水平过程中，单位土地面积上投放的活劳动和投放的生产资料的构成只能逐步变化，活劳动所占的比重只能逐步减少，从劳动集约过渡到资金集约只能逐步实现。

关于几个农业经济关系问题*

——湖南省桃源县农业经济调查报告

冯宝林　许树恩　刘德伦

湖南省桃源县有九区、二镇、60个人民公社、一个农场、839个大队、7 569个生产队，89万人口，其中农业人口83.7万，农业劳动力37.9万人。总面积4 794平方公里，平原占8%，丘陵占51%，山地占41%，耕地135万亩，其中粮食作物面积105万亩，棉花16.2万亩。地处亚热带温和湿润气候区，年平均气温16.5℃，年日照1 537小时，年10℃以上有效积温2 812.8℃，年降雨量1 500毫米，无霜期285天，自然条件较好，资源丰富，适宜农林牧副渔全面发展，可称为湖南省地形的缩影。

桃源县解放前是个“山多水横流，田多望天收，怕旱又怕涝，年年都发愁”的穷地方。1949年粮食总产36 420万斤，亩产只有380斤。解放后，特别是1970年以后，县委带领全县人民进行了大规模的农业基本建设，大搞山水田林路综合治理，为迅速发展生产创造了有利条件，1978年粮食总产9.84亿斤，比历史总产量最高的1974年增长14.61%，比1949年增长1.7倍，每年平均增长3.5%；1977年棉花总产11.8万担，比1949年增长9.3倍，每年平均增长8.7%；1978年食油总产86 600担，比1977年增产25 400担，增长41.5%；生猪饲养量743 000头，人均0.9头，比1949年增长6倍多；1978年农业可分配收入15 529万元，比1977年增长27.6%；社员人均分配收入89.5元，比1977年增加22元；社员口粮人均570斤，比1977年增加50斤；向国家贡献粮食2.66亿斤，人均316斤，贡献食油19 460担，出栏肥猪28.2万头，比1977年增加74 300头。

成绩显著，成绩喜人，但从总结历史经验来看，还有许多值得研究和今后借鉴的问题。主要是处理好如下几方面的农业经济关系问题。

一、长远建设与当前生产的关系

桃源县的人民，连续大干苦干了八年，为农业高速度发展创造了很好的条件，为实现农业现代化，打下了坚实的基础，成绩很大，方向对头，是一项建设社会主义大农业，造福于子孙后代的伟大事业，是完全必要的。问题是在大干中，没有认真处理好长远建设与当前生产的关系，对国家财力、物力和农民负担的可能性考虑不够，农业基本建设摊子铺得太大，战线拉得长，过多地调用了社队劳力、资金，给当年生产和社员收入分配都带来了一定的影响。据不完全统计，从

* 1978年下半年，中国科学院支农办公室，组织了一些高等院校农经专业（组）的教师，分别到中国科学院三个农业现代化综合科学实验基地县，进行了农业经济调查。据此于1979年1月写成本调查报告。

原载《北京农业大学学报》1980年第3期。

1970—1977 年全县农业基本建设共投放工日 2.8 亿个，平均每个劳动力每年接近 100 天；1975—1977 年，社队自筹的农业基本建设的三材费 281 万元，开支伙食补助费 741 万元，两项合计为 1 022万元，全县每个农业人口负担 12 元。余田公社 1973—1977 年的五年中，投工总数为 818 万个，其中农业生产用工 398 万个，只占总用工的 48.7%；农业基建用工 225 万个，占 31.2%；社队企业用工 99 万个，占 12.1%；非生产性用工 65 万个，占 8%。农业基建五年共用资金 86.9 万元，其中国家投资和县财政拨款 12.3 万元，占 14%；社队企业提供资金 2.9 万元，占 3%；向生产队摊派 13.3 万元，生产队贴钱 58.4 万元，两项合计 71.7 万元，占 83%，全社每年每人负担 10.8 元。由于生产队负担农业基本建设用工多，开支大，直接影响了当年生产，加上四面八方向生产队伸手要人、要钱、要粮，全社人平从集体分得的收入由 1974 年的 70 元，减少到 1977 年的 59 元。这个公社的黄花桥大队受的影响更大，从 1974 年以来，除了长年专业队（包括治山、治水、社队办企业）占用 200 多人外，公社还根据治山治水，发展社办企业需要，每年要临时抽掉二三百人大干上四五个月，农业基本建设和社队企业用工约占总用工的 50%～60%。1976 年由于抽掉劳力过多，特别是精壮劳力过多，早稻育秧延误了 7 天，中耕除草只搞了一次，有些田块草比稻高，治虫不及时。有 500 多亩早稻受害，每亩减产 150 多斤，加上绿肥种的不好，长的较差，肥料不足，造成这一年大减产，总产量由 1974 年 2 253 800 斤降到 1976 年 1 584 706 斤，减产三成。全大队生产开支占总收入的 61.9%，社员分配由 1974 年的人平均 62.5 元，减少到 36 元。黄花桥大队是余田公社农业基建的先进大队，得了许多奖旗，确实感人，可是社员的意见很大。他们说："红旗挂满屋，仓里没有谷。"这就真切地说明一个问题，搞生产建设必须把长远利益与当前利益紧密地结合起来，把必要性与可能性联系起来进行通盘考虑。否则往往事倍功半，好事办不好，挫伤群众的积极性。因此在处理长远建设和当前生产的关系时，必须实事求是，因地制宜，统筹兼顾，全面规划，既要采取积极态度争取多搞一些建设，又不要超过社队本身的实际负担能力，不能因为搞农业基本建设，挤掉当前生产和影响群众生活。这样，才能既保证长远建设顺利进行，又保证当前生产迅速发展，才能使广大社员的积极性旺盛地、持久地保持下去，愈干愈想干，愈干愈有劲。

二、发展粮食生产与发展多种经营的关系

为了解决吃饭这件大事，各级领导大抓粮食，是完全对的。但是，实践反复说明，粮食与其他各业是互相促进、互相制约的关系。毛主席早就告诉我们："农林牧三者互相依赖，缺一不可，要把三者放在同等地位。"从桃源县的情况看，在发展粮食与发展多种经营的关系上处理的不够得当。从 1957—1977 年 20 年的时间，农业和林牧副渔的比重，大体未变。1957 年农业占 70.84%，林牧副渔占 29.16%；1977 年农业占 67.8%，林牧副渔占 32.2%，而林业所占的比重反由 1957 年的 7.5%下降到 1977 年的 4.1%。如果从当地盛产的茶叶、油茶、油桐三项来看，问题更为突出。茶叶产量 1966 年 19 848 担，此后多年徘徊，到了 1976 年，降为 15 100 担，1977 年 14 994 担。茶油产量 1971 年 52 302 担，从 1975 年开始，下降到 3 万担以下。桐油产量直线下降，50 年代平均每年产桐油 9 555 担，60 年代下降到 5 611.7 担，70 年代则为5 521 担。

这种重粮忽视全面发展的生产状况，既不利于当前，更有害于将来。

从当前看，由于多种经营不发展，收入少，积累少，影响扩大再生产，影响人民生活水平的提高。例如，陬郊公社畹田大队第三生产队，1970 年以前，每年集体副业收入 7 000 多元，后来

把副业当“资本主义”批掉了，搞农业单一经营，农业生产缺乏资金，造成减产，社员口粮从650斤降到420斤，社员分配人均收入从90元降到55元。以前无贷款，从1973年开始，每年要向国家贷款2 000余元。九溪公社狮子大队何家生产队则是另一种情况，他们通过总结经验认识到：发展生产“不能吊死在一棵树上”，必须全面贯彻执行“以粮为纲，全面发展”的方针，从1976年起，在狠抓粮食生产的同时，大力开展多种经营，不仅促进了粮食生产的迅速发展，而且大大地增加了经济收入。

1978年这个生产队粮食总产达到224 657斤，比1957年增产36%多，亩产1 422斤，全年总收入39 580元，比1975年增加60%多。其中多种经营收入17 180元，占总收入的43.3%，社员人均分配收入180元，比1957年的78元增加1.3倍，口粮650斤，除分配实物折款79元外，每人分现金101元，做到全面大发展，增产又增收，家家都分款，户户有余粮。

重粮轻多种经营，从长远看，危害更大。这主要表现在毁林开荒，破坏了植被，破坏了生态平衡。现以三望坡公社为例说明这一问题。三望坡公社是深山区，每人平均水田只有1.1亩，而山林面积却有20多亩，自然资源丰富，潜力很大，本应以发展林业为主。可是前几年片面执行“以粮为纲”，既向水田要粮，又向山地要粮，共开荒种粮一万多亩，每人平均二亩多，相当于水田面积的两倍，亩产只有一百多斤。尽管开荒种粮面积较大，但由于分散了劳力、肥料，影响了水田的产量，因而从1971—1977年六年时间，粮食总产量只增长20%。而该公社盛产的茶油，桐油产量和其他林产品却大幅度下降。茶油产量1977年比1968年减少了56%，桐油产量1977年比1971年减少30%。由于多种经营收入减少，社员分配水平由1971年人均76元下降到1976年的69元。更为严重的是毁林开荒种粮破坏了森林覆被，造成了水土大量流失，每年要流掉表土二三寸。一般开荒种粮只能种三年，到了第四年表土大部分流掉，不能再种，甩掉再垦，当地称为“甩亩”。这样造成水土流失面积不断扩大，以前遍山覆盖，山清水秀，现在有些山头变成光山秃岭，岩石裸露，无雨则旱，大雨成灾，受到大自然的处罚。公社算了一笔账：现在每年向国家上交粮食65万斤，人均128斤，如果不交粮，将种粮的山地退耕还林，几年后，每人每年可交桐油40斤，交木材一立方米。仅这两项就相当于700斤粮食的价值，等于现在每人上交粮食价值的六倍。而且越往后山林产品越多，对国家贡献越大，集体收入也会不断增加，又能涵养水源，保持水土，利国利民。

既然毁林开荒危害很大，那为什么还要这样做呢？根本原因在于上级机关和领导人不从实际出发，片面执行“以粮为纲”，只讲发展粮食，不研究发展多种经营。基层干部说，粮食上了纲，书记才好当，其他不上纲，心里不着慌。粮食任务越来越大，干部压力愈来愈重，在科学种田水平不高、单产上不去的情况下，只好“以粮为纲，其他挤光”，向山上要粮，以多取胜。

三、统一计划与因地种植的关系

有计划按比例发展生产，是社会主义经济的一个基本特征，是社会主义制度优越性的一个重要表现。但是，农业生产，不仅受着经济条件的影响，还因气候和耕地条件千差万别，又受着自然因素的强烈影响。因此，国家机关下达计划，不能搞得过细，管得太死，要给基层和企业足够的灵活性，以便更好地发挥他们的主观能动性，因地制宜地进行种植，这是发展农业生产的一个十分重要的问题。据我们在桃源县一些社队的粗浅了解，有许多好的经验，也有不少教训。主要有两个方面问题：一是种植制度问题，二是作物布局问题。

关于种植制度问题，当前存在的主要问题是不讲科学，不尊重客观规律，不按照因地制宜原则办事，凭“长官意志”搞一刀切。我们所到社、队普遍反映，冷浸田、陷泥田种双季稻不如种一季稻增产、增收。三望坡公社小馆大队440人，483亩水田，山高、沟窄，土地条件较差，大部分是冷浸田、山塝田，只有100来亩适宜种双季稻，其余300多亩，多年经验证明，单季稻和双季产量相差无几，平均亩产都在500斤左右。1978年他们认真贯彻因地制宜原则，只种了70亩双季稻，其余300多亩都插了中稻。中稻平均亩产550多斤，好的地块达到800斤。喜雨公社过去对陷泥田认识不足，不从实际出发，不尊重客观规律，片面强调插双季稻，结果两季亩产只有500来斤。1978年他们根据陷泥田泥脚深、地下水位高、水温低的特点，将全社1 000多亩陷泥田，全部改插了一季中稻，平均亩产粮食700多斤，每亩比种双季稻增产200多斤。

对于三熟制，群众反映也较强烈。多数同志认为，在适宜种植三熟制的社队，根据目前水肥条件和科学种田水平，应以稻稻肥、稻稻油为主，兼以稻稻麦、稻稻菜、稻稻豆等多样的三熟制，许多社队都主张扩大稻稻油面积，既肥田、又能大大增加收入，一亩油菜，油和饼加在一起可收入50多元，相当于500多斤稻谷的收入。如果全县在现有8.6万多亩的基础上再扩种2万亩，每年可增加总收入100万元，是一笔很可观的经济收入，很值得重视。

关于作物布局问题，内容较多，意见纷纭。但在调查中，干部、社员共同意见都强烈要求因地制宜，合理布局，切忌一刀切、瞎指挥，做到地尽其利，增产增收。喜雨公社从1975—1977年连续三年减产350万斤，一个重要原因就是在作物布局上不尊重客观规律，不因地制宜。为了好看，就搞路边花，应付检查，就搞一律化，不分土质，就搞一刀切，说种麦子就打倒蚕豆，讲插双季，就砍掉中稻，推广高粱，就不栽红薯。群众批评这是“赶时髦”，他们从切身的经验教训中认识到：不按照客观规律办事，靠“长官”意志领导农业生产是不行的。1978年他们倾听群众意见，比较合理地进行了作物布局。一是因田制宜。前面已经介绍过，将全社一千多亩陷泥田，全部改种了中稻，收到了显著增产效果。二是因土制宜。在2 200多亩红泥土上种植蚕豆，在1 000多亩沙质土上种植麦子，在青刚泥田种植油菜。由于布局合理，适宜作物生长，蚕豆、麦子、油菜产量翻了一番。三是因种制宜。早稻早熟品种插天水田，迟熟品种插低洼田，有效地错过水旱威胁，创造了增产条件。全公社1978年由于作物布局比较合理，加上比较认真地抓了土肥水种，产量大增。粮食总产量达到1 477万斤，比1977年增产501万斤，增产五成。亩产1 136斤，每亩增产385斤。

四、增产与增收的关系

社会主义生产的目的，是为了满足社会主义国家和人民日益增长的需要，既要增加产量，又要增加收入，增加积累，以便保证扩大再生产和改善人民生活的需要。但是，前些年，由于林彪、“四人帮”到处乱扣“修正主义利润挂帅”的大帽子，致使一些干部不敢抓收入。有些受流毒影响较深的干部，对于生产队的正常副业动不动就给扣上，“以副伤农”、“资本主义经营方向”一类的帽子。迫使生产队的生产只能单一经营，“吊死在一棵树上”，稻谷加稻草，只有增产的打算，没有增收的措施。不注意节约，不珍惜人力、物力和财力的消耗。“只要产量上，不怕成本高。”其结果收入少，开支大，增产不增收，经济效果差，生产资金缺乏，社员生活困难。现列表说明如下：从表1可以看出，总费用和生产费用占总收入的比重不断提高，由50年代的22.3%和21.6%，上升为70年代的38.3%和35.7%，这就必然使投资的经济效果下降，从50年代的每一元费用支出收回4.49元下降为70年代的2.61元，降低了41.9%。

表1　桃源县基本核算单位收入、费用、投资效果比较表

项目＼年份	50年代 (1957—1959)年平均	60年代 (1960—1969)年平均	70年代 (1970—1977)年平均
总收入（万元）	3 994	6 508	11 682
总费用（万元）	889	2 173.7	4 477
占总收入%	22.3	33.4	38.3
生产费用（万元）	864	1 582.6	4 171.3
占总收入的%	21.6	24.3	35.7
每一元总费用支出收回（元）	4.49	2.99	2.61
每一元生产费支出收回（元）	4.62	4.11	2.80

以1977年和其他一些具体年份来比较，问题就更加突出。

从表2、表3可以看出，总费用和生产费用占总收入的比重逐年提高，由1968年的20.5%和18.4%分别提高为1977年的41.6%和38.4%。总费用和生产费。增长的速度也大大超过粮食生产和总收入增长的速度。由于费用开支大，费用占总收入的比重不断提高，1977年和1968、1971、1974三年相比，纯收入都是减少的，造成增产减收和减产减收的局面。这不仅影响了集体经济的发展壮大，而且降低了社员收入水平。

表2　桃源县基本核算单位生产、费用、收入投资效果比较表

项目＼年份	1968	1971	1974	1977
粮食总产（万斤）	58 876	76 491	85 709	80 498
总收入（万元）	8 954	11 223	13 009	12 166
总费用（万元）	1 839	3 636	4 706	5 057
总费用占总收入的%	20.5	32.4	36.2	41.6
生产费（万元）	1 651	3 361	4 633	4 654
生产费占总收入的%	18.4	29.1	35.6	38.4
纯收入（万斤）	7 115	7 587	8 303	7 109
每一元总费用支出收回（元）	4.87	3.09	2.76	2.41
每一元生产费支出收回（元）	5.42	3.34	2.81	2.61
每亩收入（元）	64.5	8.3	97.7	91.1
每亩费用（元）	13.8	26.9	35.3	37.9
每亩积累（元）	4.8	9.5	12.3	7.2
每斤粮食生产费（元）	0.028	0.0439	0.0541	0.0578
社员人均分配收入（元）	80.4	74.2	75.4	67.4

表 3　桃源县基本核算单位生产、收入、费用投资效果比较表

项目＼年份	1977年比1968年增减		1977年比1971年增减		1977年比1974年增减	
	绝对数	%	绝对数	%	绝对数	%
粮食总产（万斤）	21 622	36.7	4 007	5.2	−5 211	−6.1
总收入（万元）	3 212	35.9	943	8.4	−843	−6.5
总费用（万元）	3 218	175.1	1 421	39.1	351	7.5
生产费（万元）	3 003	181.9	1 293	38.5	21	0.45
纯收入（万元）	−6	−0.1	−478	−6.3	−1 194	−14.4
生产费支出一元收回（元）	−2.81	−51.8	−0.73	−21.9	−0. 20	−7.1

由于生产费用开支大，费用增长的速度远远超过粮食产量增长的速度，必然使得产品成本不断提高，全县每斤粮食生产费用成本由1968年的二分八厘，提高为1977年的五分七厘八，增长一倍多。生产投资的经济效果也显著下降，由1968年的每一元生产费用支出得到5.42元的收入，下降为1971年的3.34元，1974年的2.81元，1977年的2.61元，9年间每年平均减少0.31元。照此速度下降，再过五年就只能收入和支出相抵，得不到任何效益。这是一个值得十分注意的经济问题。

出现增产不增收的原因是多方面的，有农业内部的原因，也有农业外部的原因。就农业本身而言，主要是开源节流搞得不好，一是农业生产单一，多种经营不开展，前面已作了介绍，这里不赘述。二是经营管理不善，不讲节约，不搞经济核算工作，生产不计成本，投资不讲经济效果。其具体表现：①管理人员没有经济核算、成本核算的观念，再加上缺乏这方面的知识。因此，许多即使直接从事核算工作的财会人员也不懂得什么叫经济核算和成本核算。有些财会人员甚至连收入、支出账目也记不好，根本无法运用经济核算、经济活动分析等科学管理方法。②对机器、肥料、农药、油料等物化劳动的使用，采取“煮大锅粥，吃大锅饭”的办法，消耗无定额，用多用少，效果好坏，无人过问。造成许多无效耗费，增加了开支，提高了成本，减少了纯收入，降低了社员分配水平。③对活劳动的使用，不注意节约劳动时间，不重视提高劳动效率。劳动时间的浪费是最大的浪费。可是，许多同志的头脑里缺乏这个概念，不珍惜劳动时间。究竟各项生产如何合理地分配和使用劳动力，一亩粮食、一亩棉花需要多少工时。很少有人精打细算。劳动无定额，干活一窝蜂，完不成任务就加人加班，搞“人海战”、“消耗战”。有的生产队人均只有一亩多地，也要经常搞“夜战”搞得人困马乏，工效却很低，大大浪费了劳动时间，也影响了向农业生产的深度和广度进军。

五、国家、集体与个人的关系

兼顾国家、集体和社员个人三方面利益，是我们党的一贯政策，近年来，桃源县为了大干快上，为集体利益，特别是对社员群众的物质利益有所忽视。不根据生产发展的可能，任意加重农民负担，不按政策办事，对农民的正当生产活动乱加干涉。主要表现在如下三个方面：

1. 有些社队，巧立名目、乱摊乱派，揩生产队的“油”，共生产队的“产”。这里仅举几例：三汊港公社办企业，收占了各大队机帆船32艘，拖拉机两台，渡口及全套设施三处，砖厂一个，砂石厂一个，低价折款17万元，实际只付给5万多元。1975年，14个社办企业抽调生产队劳力

469个，全年总收入50多万元，纯收入15万多元，没有给生产队分文报酬，严重地挫伤了群众大办社队企业的积极性。有些社队用惩罚作为推行乱摊乱派的手段。余田公社1975年发展社办企业，向各生产队抽调了62个劳力，62部板车，毛驴，组成联运队，规定每个板车，缺工一个罚款三元。结果这一年应付给生产队的报酬是8 400元，而罚生产队的钱却达22 269元之多。生产队的62个劳力62部板车、毛驴。辛辛苦苦干了一年，还倒找公社13 814元。不仅公社如此，国家机关有些部门在农村兴办各种事业，也转嫁负担给农民。如在农村兴办交通、广播、教育、卫生等事业，也往往借口“群众大办”乱行摊派。桃源县经过认真贯彻中央三十七号文件。据不完全统计，全县从1975年以来，共清出农民不合理负担，而应退赔给社队的金额共468万元，已退309万元。各级各单位占用社队的耕地8 513亩，已退回3 440亩，其余都按照土地征用规定付给了征用费。政策兑了现，群众放了心，密切了干群关系，调动了广大群众大干社会主义的积极性，夺得了1978年的大丰收。

2. 在粮食分配上，偏顾国家一头，以致减少集体留粮，降低社员口粮标准，使社员生活发生困难。以1977年为例，粮食总产84 470万斤，比1974年减少了4 087万斤，可是征购只减少234万斤，使集体留粮减少2 623万斤，社员口粮减少1 639万斤，由1974年的人平口粮501斤下降为1977年的468斤，人平减少33斤，使社员生活发生困难。如茅草街公社伍家坪大队1977年人均口粮381斤，返销了四万多斤，还是吃不饱。到1978年春，约有1/3的社员户经常出去弄粮。

3. 对于社员家庭副业，限制太死，管得太严。前几年，有些社队常常把社员家庭副业当作“资本主义尾巴”看待，规定只许养鸡，不许养鸭，每户又不能超过两只。自留地只许种菜、种粮，不许种生姜、荸荠等等。社员对此很有意见，他们说集体分不到钱，又不让社员个人搞点钱，买油、买盐、穿衣、治病等所需要的花费，又从何而来？实在难为人。我们在调查中感到，所以产生这些违背经济规律，不得人心的“土政策”，主要是有些同志，由于受“四人帮”流毒影响太深，有一个错觉：“利多转向，富必变修”，好像只能苦干过穷日子，才算革命。事实说明，在目前生产力水平不高的情况下，社员家庭副业是必要的，是集体经济的一个重要补充。盘塘公社1978年社员卖鸡、鸭和蛋的收入共有60多万元，全社平均每人收入27元。这对解决社员日常花费是一项重要来源。近一二年来，桃源县通过贯彻中央一系列方针政策，批判“四人帮”种种谬论，总结工作经验教训，逐渐纠正了各种“土政策”，包括对社员家庭副业的“土政策”，生产发展了，经济活跃了，市场繁荣了，群众满意了。

六、加强领导与尊重生产队自主权的关系

在我们社会主义国家，一切工作，都必须加强党的领导，这是毫无疑义的，问题在于怎样加强领导。生产队是人民公社的基本核算单位，尊重生产队自主权是党在农村的一项重要政策。生产队在所有制上有所有权，在安排生产上有决定权，在劳动力使用上有支配权，在收益分配上有自主权。任何人不得侵犯这些权利，侵犯了，就要挫伤社员的主动性、积极性。多年的实践证明，以生产队为基本核算单位，尊重生产队的自主权，适合于当前我国农村生产力水平和农民觉悟程度。社员群众的劳动积极性，是发展农业生产的最大动力。实行以生产队为基本核算单位，尊重生产队自主权，正是调动广大社员生产积极性的一项重大措施。

社员普遍反映，这些年来，凭“长官意志”办事盛行，对生产队的自主权毫不尊重。基本核算单位有名无实，变成空壳。对生产队的生产资料和劳力随便抽调，对生产队的生产安排乱加干

涉。从种到收各个环节都要统一规定，集中管理，搞“一刀切”。生产队不照办，就上纲上线，批你“自由种植”。采取的种植制度不符合实际，也要硬性推行，名曰：“种思想田”，用所谓“政治”来代替实际生产。对生产队的收益分配，规定得过细，各项分配项目都要划杠卡死、甚至对年终的产量也要按照上级下达的指标来定，造成背离实际。这些做法，对生产发展不是起推动作用，而是起阻碍作用。我们所到的生产队，多年来都没有做生产计划的习惯，他们说：“一切听从上级指挥，我们操心无用。”干部和群众都处在心中无数的状态中，生产队的主人—社员和干部处在被动的客人地位上，一切都要坐等上级统一指挥，完全丧失了主动性，这怎么能搞好生产呢?

这样做，还助长了干部的官僚主义、主观主义、形式主义的坏作风。他们可以不做深入调查研究，不动脑筋，不根据客观规律行事。一切等待上级发布命令，上级指示一到，就层层压，压不服就批。有的公社干部说，上级压我们，我们就压下级，不压过不去。这样就促成了一些干部吹牛皮，说假话，搞浮夸。例如有一个公社从1973—1976年，年年虚报产量，越虚越多，以至虚到占当年总产量的20%。为什么要虚报呢?他们说，不虚报不行啊，我们是先进县，只能上，不能下，报少了要挨整，说你给“红旗”抹黑。他们说，这个产量是“阶级斗争”斗出来的，是“政治挂帅”挂出来的，是政治产量，不是实际生产出来的产量。这严重地破坏了党的实事求是作风，给人们一种极不好的印象：老实人挨批评，说假话的受表扬。

近一年多来，桃源县的各级干部学习了中央方针政策，进行了实实在在的总结，逐渐认识到，农业生产是和大自然打交道的，又和种种经济条件密不可分，各社队的自然环境和经济条件千差万别，把千头万绪的具体生产工作都纳入到一个中心，统一指挥，集中管理，很难做到因时、因地制宜，必然犯瞎指挥的错误。因此必须尊重生产队的自主权，充分发挥生产队的主动性和积极性，才能高速度发展农业生产。

以上所说的六个方面，概括起来，就是如何尊重客观的经济规律和客观的自然规律，搞好科学种田、经济种田、民主种田。我们认为桃源县以前在生产上所以存在着一些不可忽视的差距和经验教训，主要是因为没有很好地按照这两个规律和三个种田办事。1978年所以取得了突出的成绩，除了气候条件较好外，主要是因为贯彻落实了中央一系列方针、政策，比较认真地按照两个规律和三个种田办事的结果。

我国羊毛供需矛盾及对策探讨*

刘德纶　李正强

我国羊毛供需历来存在缺口，毛纺工业发展在很大程度上依靠外毛。近年来，全国养羊业经历严重下降后虽有所回升，但毛纺工业规模又迅速膨胀，使本来就存在的供需矛盾进一步尖锐。

一、我国羊毛供需矛盾的现状

我国羊毛供需矛盾尖锐反映在以下几方面：

1. 总量供不应求，自给程度降低。从表1可以看出近年来我国毛纺工业规模与绵羊毛收购量的对比情况。

表1　毛纺工业规模与绵羊毛收购量

项目 \ 年份	1979	1980	1981	1982	1983	1984	1985	1986
毛纺锭（万枚）	53.29	60.05	74.44	88.888	100.54	120.52	139.49	168.52
需净毛（万吨）	5.329	6.005	7.444	8.888	10.053	12.052	13.949	16.852
绵羊毛收购折净毛（万吨）	4.92	5.2536	5.4516	5.808	5.5737	4.6464	4.5804	4.71
按收购量计自给率（%）	92.32	87.49	73.35	65.35	55.44	38.55	32.84	27.95

表1显示，自1980年以来，羊毛自给率急剧下降，1986年羊毛收购量尽管略有回升，但仍未改变自给率下降的趋势。

2. 品种结构供需不协调。长期以来为适应以细毛为原料的精纺，我国已形成以细毛为主，半细毛、优质土种毛为辅的格局。但近年来，以改良半细毛为原料的粗纺呢绒、毛线和以土种毛为原料的地毯、提花毯等产品的市场需求量大增，在许多地方形成了以粗纺为主体的毛纺工业，因而在羊毛总量供不应求的情况下，又出现了品种结构上的供需矛盾。如河南省粗精纺锭数量为3∶1，这就要求用于粗纺的毛要多于细毛。而河南省细毛比例占85%以上，半细毛比例只占11.72%，改良毛、优质土种毛更缺。

3. 国毛质量不高，并呈下降趋势。新中国成立初期，国毛多属土种异质毛，只有极少部分可用于毛纺工业。经过30多年的绵羊改良，羊毛质量尽管有了很大提高，但仍不能与毛纺工业需要相适应。在长度、细度、光泽、卷曲度、洗净率等方面与进口毛相距甚远。特别是进入80年代以来，洗净

* 原载《中国农村经济》1988年第12期。

率普遍呈下降趋势。据纺工部1980年测定，新疆平均洗净率为43.6%，内蒙古37.99%，河北38.61%，河南33.49%。到1986年，经上述省区用毛单位测定，新疆降为41%，内蒙古降为35%，河北降为32%，河南降为30%。云南、江苏、陕西等省洗净率也均有不同程度的下降。

面对羊毛数量、质量、品种结构上的供需矛盾，各级政府、羊毛生产者、经营者及毛纺企业做出了各自不同的反应：

(1) 各级地方政府。为保证本地财政收入，保护区内毛纺工业发展，主产区政府部门一般都采取了对外进行封锁以阻止羊毛外流，对内则实行专购以维持垄断经营。1986年国家对主产区实行自产、自销、自用的“三自”政策，为其强化控制提供了社会保护。

(2) 羊毛经营者。我国羊毛供销体制在1984年前一直未变，以二类物资纳入国家计划派购，各地基本上采用外贸经营、基层供销社委托代购，统一收、藏、贮、运的体制。1983、1984两年不正常的羊毛积压给生产和流通部门造成很大压力。1984年底需求膨胀后，这一局面被打破。1985年国家又放开了对羊毛市场的管理，进而形成了多家抢购的局面。

首先，羊毛经营者大量涌现。除供销社仍担负着国家收购任务外，生产厂家、小商贩、个体户以及国营和集体企事业单位都加入了经营羊毛的行列。

其次，羊毛收购价格大幅度上升。1985年以前，羊毛收购均执行国家计划价格，平均2.30元/斤左右。1983、1984年羊毛积压时，收购价下跌严重。河南某些地方已跌至1.70元/斤以下。1984年底，羊毛又趋短缺，收购价格上涨。如1986年春河南省供销社收购羊毛价为2.50～2.70元/斤,其他经营者则可付3.50～4.20元/斤，最高可达6.00元/斤。

再次，掺杂兑假现象严重。掺杂方式有以牧民为主的交毛前掺杂；个体商贩收购后掺杂；调运过程中经营单位掺杂。1983年河南安阳地区畜产进出口公司调向上海17车皮羊毛，由于掺杂严重，一次被上海索赔37万元；同年在运往北京的6车皮40万斤“一等细羊毛”中，又粘裹大量沙土、机油。经鉴测，等级合格率仅30%，洗净率只有19%。

(3) 羊毛生产者。长期存在的羊毛供需矛盾并未给绵羊生产提供迅速发展的有利环境。1983、1984年羊毛不正常积压，使其生产积极性受到严重挫伤，只好忍痛宰羊。1984年底至1985年国内羊毛出现紧缺后，许多农牧民仍心有余悸，导致羊毛生产回升迟缓。由于政府强有力的行政管理与控制，一向愿为国家做贡献的农牧民仍将大部分羊毛按较低的价格交售给基层供销社，但受着“等价交换”观念和国家收购不分等级等制度缺陷的驱使，于是就在剪后的羊毛中掺杂。由于供销社以外的羊毛收购者出价较高，农牧民自然愿意把毛卖给他们。

(4) 毛纺厂家。在尖锐的供需矛盾下，毛纺工业的发展面临困境。由于原料短缺，许多工厂开工不足；随着收购价格和流通费用的提高，毛纺工业生产成本上升很快，致使企业效益严重下降。由于羊毛资源短缺、厂家饥不择食，有毛就用，生产时也难按等级、规格使用，导致毛纺品质量下降。河南省1985年精纺呢入库一等品率仅为87.1%，比1984年减少1.19%；粗纺呢绒一等品率87.25%，比1984年减少4.49%。由于国毛吃紧，毛纺企业竞相向国外购毛。

据《经济参考》报道，仅1987年第一季度就有二十几批购毛团体到新西兰、澳大利亚等国购毛。由于众多的国内团体到国外购毛，致使外毛价格不断上升。

二、羊毛供需矛盾因素分析

我国羊毛供需矛盾源于羊毛供应规模萎缩、需求规模膨胀以及流通环节混乱。具体原因有四：

1. 绵羊生产下降引起供应能力降低。1980年以前，我国绵羊年末存栏数除少数年份外，基

本呈稳定增长趋势，与此相应，羊毛收购量总体上也是逐年上升的。但进入80年代以来，绵羊存栏和羊毛收购量连年下降（详见表2）。

表2　全国绵羊年末存栏及绵羊毛收购量

单位：万只、万吨

项目＼年份	1980	1981	1982	1983	1984	1985
年末存栏	10 663	10 947	10 657	9 892	9 519	9 421
收购量	15.92	16.52	17.60	16.89	14.08	13.88

造成全国性绵羊生产下降，羊毛供应规模萎缩的原因较多，但最主要是羊毛收购价格低，养羊剪毛经济效益差。据计算，1952年1公斤羊毛可交换小麦29.1千克，棉花2.73千克，到1980年分别降为13.2千克、1.47千克，到1985年就只有11.7千克和1.46千克了。比较效益如此下跌，农民自然要将有限劳力、资金转向他业。在牧区尽管受其自然条件的限制，牧民转营他业相对困难，但国家无力大量援助，养羊生产条件难以改善，生产规模也难以扩大。

半细毛具有较高的洗净率，一般比国产细毛高出25%左右，但半细毛又具有产毛量低的生理特点。据农业部1981年测算，半细毛平均每只年产原毛比细毛羊低17%，而且对环境的适应能力不及细毛羊，饲养管理要求较高。因此，只有给半细毛以较高的交换价才能使生产半细毛与细毛具有相近的收入水平，也才能促进半细毛羊的发展。然而我国长期以来执行的是半细毛、细毛都以原毛为标准的同级同价政策，这就使饲养半细毛羊的收入低于细毛羊45%左右。在羊毛价格总水平较低的情况下，农牧民更不愿意养半细毛羊了，这就是我国半细毛羊改良进展缓慢的原因所在。1977年吉林延边自治州半细毛羊8.9万只，到1985年仅存2.9万只，下降67.42%。江苏省徐州地区适宜发展半细毛羊，农业部及当地有关部门拟在该区发展半细毛羊，但因影响群众收入，只好重新引进细毛公羊向细毛方向改。半细毛羊生产因效益低而萎缩，构成了国毛品种结构畸形发展。

2. 毛纺工业发展与国毛资源不协调。主要表现：首先是发展速度过快。近年来与羊毛供给萎缩形成反差，毛纺工业规模却迅猛膨胀，超过了国毛资源的承受力，导致供求矛盾尖锐化；其次是精粗纺产品结构与羊毛结构不协调。1984年以前，精纺产品销路不畅，刺激了粗纺工业的大量发展，加剧了与羊毛资源品种结构的矛盾。造成这一状况的原因主要有三：一是强大的市场需求引力。随着人民生活水平的提高，消费需求向高档方向转化，如1984年开始的西服热等，使压抑了许久的对纯白、混纺毛织物的需求迅速增长；二是毛纺产品高利率的强烈刺激。在纺织行业中，以毛纺业的利润率最高（达20%～40%），而且毛棉麻产品的利润率有明显差别。据对1984、1985两年的成本收益分析，毛纺企业的成本利润率是棉纺的2.57倍和2.125倍，是麻纺企业的4.2倍和4.69倍，这无疑会使社会劳动涌向毛纺工业。一个拥有1 000枚精纺设备的国营毛纺厂以20%利润率计算，两年即可收回全部投资；乡镇企业上一台套粗纺设备（240枚）只需投资70万元，两年内就可全部收回投资；三是粗纺工艺相对较简单，技术要求不高，易于上马。由于强大的市场需求引力，高利润的强烈刺激，再加上国家对乡镇企业三年免税的政策性扶持，毛纺工业迅猛膨胀就成为必然了。

3. 流通环节混乱。近年来毛料、呢子走俏，经营羊毛有利，出现了多家争毛的混乱局面。外贸与供销系统失去了主渠道作用，在羊毛大旅游、价格滚雪球的情况下，不少厂家毛源难于落实，恐慌不已。

4. 外毛进口过量。70年代我国羊毛进口量一直维持在需求量的20%左右，用以协调国内羊毛供需在数量和品种结构上的矛盾，到80年代，进口量却急剧增加（详见表3）。

表3 我国外毛近年进口量

年　　份	1979	1980	1981	1982	1983	1984	1985
进口量（万吨）	1.69	3.74	4.22	7.71	7.44	6.92	11.34

从1979—1985年，羊毛进口量增长5.71倍，年均以37.34%的速度递增。尤其1980年比1979年，1982年比1980年进口毛量均翻了一番多。由于外毛在洗净率、毛长等方面明显优于国毛（外毛洗净率一般在60%左右），国家对外毛的使用又实行优惠政策，致使企业使用外毛的利润率远高于使用国毛，迎合了国内厂家“多用外毛、少用国毛”的欲望，这就极大地压缩了国毛市场，从整体上造成了国毛流通渠道堵塞，犹如火上浇油，给绵羊生产以沉重打击。

三、缓解羊毛供需矛盾的对策

实现毛纺工业与羊毛生产的同步发展，必须采取如下对策：

1. 提高对发展羊毛生产重要意义的认识。我国绵羊生产是牧区主要的生产经营项目，也是农区多种经营的重要方面，羊毛生产不仅关系到农牧区各级政府的财政收入状况，也直接关系到边疆少数民族地区的经济繁荣和人民生活水平的提高，因此，它对活跃农村经济具有重要意义。

2. 确定合理的羊毛收购价格，保证农牧民养羊有较好的经济效益。合理的羊毛价格体系的基本标准一是既要保护农牧民的生产积极性，又要考虑毛纺工业的承受力；二是不同的羊毛品种有合理的比价，使生产者收益水平相近，防止羊毛结构性矛盾加剧；三是在目前供需矛盾突出的情况下，不宜将价格完全放开，应制定最高限价，避免因羊毛价格过高导致绵羊超高速发展，使畜牧业内部结构失调。

3. 实行净毛计价，加速改良进程。国毛洗净率低的一个重要原因是收购时以原毛计价，解决低洗净率的根本途径除了要有合理的价格体系外，还要推行净毛计价。目前可首先推行阶段性洗净率标准，每隔一定时期提高一定的百分点，逐步提高洗净率。

4. 加强以优良服务为中心的绵羊生产和草原建设管理。农区绵羊生产一般是以家庭副业形式出现，只要有合理的价格体系，就会有充分发展。牧区除自然与社会经济条件对绵羊生产影响很大外，管理工作尤为重要。目前广大牧区已普遍实行了牲畜作价归户，草原承包到户或联户长期使用的联产承包制，使羊毛生产得到了迅速发展，但这一管理形式仍有许多不完善之处，应从以下方面加以改善：

（1）解决混群放牧问题。当前应提倡在自愿基础上的牧户换工或发展“羊入托”，逐步实现绵羊分群专业饲养。

（2）集中管理种公羊，免费为农牧民的绵羊配种。

（3）对农牧民饲养绵羊实行免费防疫、收费治疗，技术服务费从羊毛经营环节中适当提取。

（4）做好草原建设与管理工作。目前要迫切解决好以下问题：第一，草原由集体或全民所有，但使用权应长期固定到户或组，从而使草、畜、生产者统一于牧户或组；第二，提倡国家、集体、个人共同投资建设草原。目前农牧民收入水平低，资金是建设改良草原的最大约束，故应

坚持国家、集体、个人共同投资原则；对草原飞播、水利建设、大面积沙化、退化草原的改良等可以国家投资为主，个体或联户使用权范围内的草场改良，应以个体或联户为主，国家、集体应给予必要扶持；第三，划定草原边界，制定草原管理规章。

5. 整顿毛纺企业，制定以稳定现有毛纺规模、提高企业内部素质为主的毛纺工业发展战略，确立以国毛为主的指导思想。应在政策上取消对使用外毛的补贴和优惠利率的规定，在保证毛纺品质量的前提下，为企业使用国毛开绿灯，并鼓励通过工牧结合稳定毛源；为解决中小毛纺企业与先进的大型毛纺企业争吃原料问题，要取消对非纺织系统内上马的中小企业和乡镇企业的一切优惠条件，严格控制计划外企业上马。由于全国毛纺总锭数已提前四年完成“七五”规划数量，建议已列入“七五”计划的尚未上马的毛纺项目缓上或不上。

6. 改革完善流通体制。少环节、双渠道应是羊毛流通体制改革的方向，为此应当：①发挥供销社点多面广优势，积极组织货源，同时允许畜牧部门参与羊毛经营，形成政府可控制的双渠道竞争，保证流通环节的高效有序；②羊毛交接点放在县（旗）一级，县级羊毛经营者直接接受省级有关部门的信息服务和宏观控制，与毛纺企业直接供货，直接结算，省地两级畜产系统不参与经营；③取消一切非商业性部门或单位、个体商贩插手经营羊毛，加强对羊毛市场管理；对于山区和交通不便地区，可由当地工商行政管理部门审核、签发经营许可证，让个体商贩参与经营；④羊毛收购与使用单位应坚持质量第一的原则，严格分等验收，坚决制止和打击经营者掺杂行为。

7. 合理组织外毛进口。当前供需矛盾尖锐，如果大量压缩进口，无疑会打击国内毛纺工业，且使国内羊毛大战升级，但进口量不宜突破 1985 年水平，并尽可能将进口量限制在调剂国毛品种结构上，以利引导国毛发展；同时今后应考虑把羊毛进口与良种羊引进挂钩；在进口的组织方式上，要改变目前国内几十个购毛团体一齐涌到外毛市场的局面，应由毛纺工业供销单位上报需求计划，外贸部门统一组织购买，避免国内购毛者在国外“打仗”；在分配外毛上，要克服平均主义，以保证创汇企业和创汇产品的发展。

从实际出发逐步兴办农工商联合企业*

袁若飞　常明莲　许树恩

近年来，各地国营农场和人民公社相继办起了各种形式的农工商联合企业，形势喜人，但在要不要办、如何办等问题上，大家的看法很不一致，为了正确认识这方面的问题，我们曾到四川、江苏做了短期的调查研究，下面提出一些粗浅的看法和大家讨论。

一、要实现农业现代化必须兴办农工商联合企业

从社会发展总趋势来看，机械化优越于手工生产，专业化的商品经济优越于小而全的自然经济，大规模生产优越于小规模生产，产供销一体化优越于产供销相互脱节，总之，现代化、社会化是生产发展的总方向。马克思指出："农业和工场手工业的原始的家庭纽带，也就是把二者的早期未发展的形式联结在一起的那种纽带，被资本主义生产方式撕断了。但资本主义生产方式同时为一种新的更高级的综合，即农业和工业在它们对立发展的形式的基础上的联合，创造了物质前提。"① 我们认为：生产社会化有专业化与联合化两种不同的发展形式，生产专业化有利于大批量生产，实现机械化，节省投资，可以使产品的产量高、质量好、成本低、劳动生产率高。但片面专业化容易产生各环节之间相互脱节，增加中转环节，资金、机具、劳力、产品都不能综合利用。生产联合化是反映生产过程集中的形式，它是专业化的前提和结果，可以弥补专业化的不足。农工商联合企业就是建立在专业化基础上的联合，兼收并蓄了专业化与联合化的长处，它是发展生产、实现生产现代化的必由之路。资本主义国家要走这条道，社会主义国家也要走这条道，当然两者的性质不同，实现农工商一体化的形式和做法亦各有其特点。

从我国农业发展的历史和现状来看，要高速度发展农业，实现农业现代化，必须走农工商联合企业的道路。全国解放以后，由于种种原因，农业企业变成了只生产初级农产品的单位，农产品加工由工业部门经营，农业生产资料的供应和农产品销售由商业部门经营，产供销各环节之间矛盾重重，加之工农业产品交换价格"剪刀差"的存在，原料农产品的价格大大低于价值，致使大部分农业企业连简单再生产亦难维持，不少国营农场亏本，需要国家补贴，许多社队劳动日值很低，生产靠贷款，严重地挫伤了农民的积极性，限制着农业集约化程度的提高，使农业发展速度长期处于徘徊不前的境地，拖了国民经济的后腿，这种情况如不改变，我国四个现代化很难实现。

如何高速度发展我国农业生产、提高农业现代化水平，当然有许多办法：揭批"四人帮"推行的极左路线的流毒，解放思想，贯彻党和政府的现行经济政策；加强国家对农业的支援，提供

* 原载中国农业经济学会"社队企业及农工商联合企业"研究会编：《农工商联合企业文选》，上海人民出版社，1981年。

① 马克思：《资本论》第1卷。《马克思恩格斯全集》第23卷，第551～552页。

更多的农贷，供应价廉物美的农用生产资料；有选择的实现机械化、水利化；适当地调整工农业产品的价格，逐步缩小“剪刀差”；搞好农业生产的科学研究，培养农业技术人才，提高科学种田水平；改革经济管理体制，举办农工商联合企业等等。从当前来看，农产品价格不能大幅度提高，国家对农业的投资亦有限，农业现代化所需的资金，主要还是靠农业企业本身的积累来解决，而举办农工商联合企业是农业企业积累资金的较好的办法。许多先进的国营农场和人民公社由于兴办了农工商联合企业，产量和收入大增，产品成本下降，盈利增加，重庆市农垦联合公司就是一例（表1）。

表1　重庆市农垦联合公司1979年利润分析表

单位：万元

项　　目	1978年	1979年	1979年比1978年增长	
			金　额	%
产品销售收入	2 128	3 140	1 012	47
产品销售成本	1 999	2 803	804	40
税　　金	98	125	27	27
销售利润	31	215	184	594
其中：农业	−116	−56	60	52
工业	140	205	65	46
商业	7	65	58	828

从表1看出，举办农工商联合企业的1979年，利润总额提高了五倍多，从利润结构来分析，1979年所得利润中，主要来自工业和商业，如果单独搞农业仍然要赔本56万元。

为了进一步看清农工商联合企业为什么能增加收入，分析一下西山茶场的经营状况就可明白：西山茶场只生产茶叶，自1963年开始采茶以来，由于毛茶价格低于价值，连年亏损，六年共亏84万元，平均每年亏损14万元。1973年以后冲破了重重阻挠，办起了沱茶加工厂，亏损就逐渐减少，五年共亏损33万元，每年亏损6万多元。1979年开始举办农工商联合企业，一年盈利13万元。下面我们以一吨鲜叶为基础，计算了生产鲜叶、生产毛茶、生产沱茶、直接销售沱茶（批发给外地商业部门）等各种类型企业的产值、成本和利润的情况（表2）。

表2　各类企业一吨鲜叶的产出情况

单位：元

项　目	鲜　叶	毛　茶	沱茶（交售）	沱茶（批发）
成　本	660	760	870	877
销售收入	370	503	935	1 121
税　　金	6	—	46	179
销售利润	−296	−257	19	65

从表2可以看出，如果单纯生产原料，每吨鲜叶亏本296元；如果把自已种出来的鲜叶加工成500斤毛茶，就可少亏39元；如果把自己种的鲜叶加工成沱茶交售给本地供销部门，就可能

转亏为盈；如果把自己生产的沱茶直接批发给外地商业部门就能盈利 65 元。从这里可以看到工农产品交换价格“剪刀差”的作用。要彻底改变原料生产者的不利地位，要么就是消灭“剪刀差”或国家给农业补贴，要么就是举办农工商联合企业，别无其他道路可走。

农工商综合经营不仅可以增加收入，而且可以解决劳动力的出路，提高劳动生产率，详见表 3。

表 3　重庆市巴县红旗农场劳动力与劳动生产率变化表

项　　目	1970 年	1975 年	1978 年	1979 年
一、年末职工人数（人）	345	500	840	898
其中：农业工人	262	347	540	390
工业工人		75	161	279
二、总产值（万元）	22	56	196	261
其中：农业产值	22	49	84	80
工业产值		7	112	181
三、全员劳动生产率（元/人）	787	1 330	2 433	2 942
农业工人劳动生产率	841	1 421	1 548	2 052
工业工人劳动生产率		908	6 990	6 482

从表 3 可以看出：第一，工业工人劳动生产率比农业工人劳动生产率高，1979 年工业工人劳动生产率为 6 000 多元，比农业工人劳动生产率高 3 倍。第二，尽管农场工人总数 1979 年比 1978 年增长了 7%，但由于实行农工商综合经营为农业剩余劳动力找到了出路，农业劳动力向工业方面转移，工业工人增加了 70%，农业工人减少了 28%。第三，随着农工商综合经营，工业工人的比重的增加，全员劳动生产率和农业工人劳动生产率都有显著提高。

农村人民公社和国营农场一样，由于实行农工商综合经营，劳动生产率和人均分配水平都有相应提高，详见表 4。

表 4　江苏吴县光福公社农工副综合发展的经济效果

项　　目	1965 年	1975 年	1979 年
总　收　入（万元）	524	836	1 017
工副业收入占总收入（%）	30	37	46
全员劳动生产率（元/人）	172	230	291
人均分配水平（元）	105	129	157

从吴县光福公社的情况来看，1979 年工副业收入占总收入的比重已达 46%，比 1965 年的工副业比重提高半倍，随着工副业比重的提高，全员劳动生产率提高了 69%，社员人均分配水平提高了 49%（表 5）。

表 5　江苏省江阴县华西大队农工副业综合经营的经济效果（1979 年）

项　　目		农业	副业	工业	总计
总收入	万元	25	35	115	175
	%	14	20	66	100

（续）

项	目	农业	副业	工业	总计
纯收益	万元	17	22	40	79
	%	22	28	50	100
用工量	万工	5.0	4.3	5.8	15.1
	%	39	26	35	100
劳动生产率	每工总收入（元）	4.1	8.0	19.7	11.6
	每工纯收入（元）	2.7	5.1	6.9	5.2
资金占用额	万元	45	36	82	163
	%	28	22	50	100
资金生产率（%）		55	96	140	107
资金利润率（%）		38	61	48	48
人均分配水平（元）					410
粮食单位面积产量（斤/亩）		2 221			

从江阴县华西大队1979年的实际情况看来，工业产值比重已达66%，农业产值只占总产值的14%，由于农工副业全面发展，大批的农业劳动力转移到了工副业方面，劳动生产率有了显著提高，平均每工生产产值11元，折合每个标准劳动力1年生产产值3 700多元，每个标准农业劳动力一年生产粮食4 000多斤，粮食亩产2 200多斤；集体经济家底越来越厚，拥有固定资金107万元，流动资金55万元，平均每亩耕地占有资金1 800多元，每个劳力占有资金2 700多元；资金产值率为107；资金利润率为48；社员人均分配水平为410元，劳动日值为2.7元。

二、因地制宜　建立各种形式的经济联合

农工商联合企业是根据专业化和协作的原则，以农业生产为中心环节，把农业生产、农用生产资料的生产、供应与农产品的加工、贮运、销售结合成一体，由不同所有者联合起来统一经营管理的经济组织形式。从国外农工商联合企业发展的过程来看，一般先从横向一体化开始，然后发展纵向一体化。所谓横向一体化，就是指同类企业的横向联合，举办专业化的联营企业。所谓纵向一体化，就是综合经营，搞农、工、商一条龙。当然农工商联合企业主要指包括人、财、物、产、供、销六统一的高级联合形式，但亦可以包括其他各种初级联合形式。当前，我国尚不够条件普遍举办高级形式的联合企业，亦没有必要按照一个模型去到处乱套，而必须贯彻因地制宜的原则，本着对发展生产有利，对国家、集体、劳动者三有利的精神，从现行的经济体制和生产力水平出发，扬长避短，发挥优势，由简到繁，由少到多，由低级到高级地循序渐进，能办什么，就办什么。

从再生产的环节来看，一般在搞好原料产品的同时，首先搞好农产品加工，大力发展社办企业、场办企业，有条件的搞些商业。有的可以单搞加工联合，有的可以单搞销售联合，有的可以搞加工、销售联合，有的可以搞成农工商一条龙。重庆市华莹茶厂就是由三个茶厂联合举办的加工销售联合企业。

从经营内容来看，可以先搞单项产品的联合，成立各种专业公司，如柑橘公司、建筑公司，

有条件的亦可发展多种经营项目的综合公司，在总公司下设立苦干分公司，如重庆市农垦联合公司就是一个综合公司，下设柑橘、茶叶、牛奶、建筑等分公司。

从联合的经济单位来看，重点搞同行业、同系统、同部门、本地区范围内的联合，有条件的亦可以搞跨行业、跨系统、跨部门、跨地区的联合，既可以搞同类所有制的联合，亦可以搞不同所有制的联合。如农场与农场联合，农场与商业部门联合，农场与人民公社的生产队联合，国营工厂与人民公社的生产队联合，社办工业与生产队联合，商业部门与社队的联合。

从联合企业内部经济核算体制来看，一般先搞简单的经济联合，依托某一方经营，所得利润，通过高于国家收购价格的合同价格返还给原料生产单位。有的可以充分利用各单位的有利条件，如人民公社生产队出土地、劳动力、原料；国营工厂出资金、设备、技术；然后按双方议定的比例分红。有的可以搞入股分红，即按供应的原料数量计算股份，按照股份投资、抽调劳力，企业经营管理由股东大会选出的董事会来负责，所得利润按股份分红。

三、兼顾三者利益　巩固和发展经济联合

不管实行什么形式的经济联合，都必须按照经济规律办事，兼顾国家、各联合单位、劳动者三方面的物质利益，调动各方面的积极性，共同办好联合企业。如果只是为了赶时髦、凑热闹，穿新鞋、走老路，单纯靠行政命令办事，参加联合企业的生产队和劳动者得不到实惠，这样的联合企业是不会得到群众欢迎的，往往变成徒有联合企业之名，而无联合企业之实，甚至会短命夭亡。

怎样才算对国家有利？就是要为国家提供更多的商品，保证计划收购任务的完成，满足社会主义建设和人民生活水平提高的需要。而且要保证国家财政收入不致减少，要使国家税收的增加额，不少于国营工商业上缴利润的减少额，当然还得结合考虑国营农场利润增加额，国家对农业补贴的减少额，以及减轻农民负担过重等因素。

如何兼顾参加联合企业各单位的利益，核心是加工销售利润按什么原则分配，下面分别二种情况加以叙述：

在入股分红的情况下，一般按提供原料的数量计算股份，如提供一万斤柑橘为一股，二万斤即为二股，计算出联合企业的总股份数；另外要计算联合企业规模多大，需要多少资金和劳动力，用总股份数去除，得出每一股份应投资金多少元，应抽调多少劳力。所得的利润中要扣留扩大再生产所需资金（一般不超过20%），剩余的部分按照股份的比例分红，算出每一股应分利润。

在以合同价格返还利润的情况下，一般先在销售利润中扣除占有资金的利息，再按劳动量分红。应通过详细的计算，求出合理的利润返还比例和合同价格，而绝不可毫无根据的信口开河，否则必然会伤害某一方的利益，不同的单位由于情况不同，计算出来的返还比例和合同价格是不同的。下面举例说明计算的公式与程序：

设××茶叶加工销售联合企业，生产收入56万元，成本（不包括利息）36万元，税金9万元，资金占用额90万元，工业投资年利率5分，加工鲜叶量2万担，每担鲜叶收购均价18.5元，原料生产用工与加工销售用工的比例为8比2，求利润返还比例和每担鲜叶的合同价格。

解：销售利润＝总收入－总成本－税金

56－36－9＝11万元

$$\text{利润返还比例}=\frac{(\text{销售利润}-\text{资金占用额}\times\text{年利率})\times\text{原料生产用工的比重}}{\text{销售利润}}\times 100\%$$

$$\frac{(11-90\times 0.05)\times\frac{8}{8+2}}{11}\times 100\%=\frac{6.5\times 0.8}{11}\times 100\%=47.27\%$$

$$\text{每担鲜叶的合同价格}=\text{每担鲜叶收购均价}+\frac{(\text{销售利润}-\text{资金占用额}\times\text{年利率})\times\text{原料生产用工的比重}}{\text{鲜叶加工量}}$$

$$18.5+\frac{(110\,000-900\,000\times 0.05)\times\frac{8}{8+2}}{20\,000}=18.5+\frac{52\,000}{20\,000}=21.1\text{元}$$

无论是按股份分红、还是以合同价格返还利润，都是为了使原料生产单位取得一定的经济利益，促使原料生产单位采取切实有效的措施发展生产，增加产量；同时也促使原料生产单位更关心给他们带来好处的联合企业，为联合企业提供质量好的原料，共同出力把联合企业办好。

如何体现对劳动者有利？就是要保障劳动者正当的物质利益，要通过定额管理和生产责任制等办法，贯彻按劳分配原则，科学地规定各种劳动定额，计算原料生产用工和加工销售用工的合理比例。在联合企业内部支付劳动报酬方面，可以采用计件制或计时加奖励的制度。劳动好、贡献大的劳动者，得到的劳动报酬应该多些。只有这样，才能更好地调动各个劳动者的生产积极性。

四、允许计划指导下的竞争　保护经济联合

建国以来，我们已在计划经济的指导下，初步形成了一整套经济结构，现在农业部门举办农工商联合企业，势必和原有的加工、销售企业并存，打破了独家经营的垄断局面，产生了同行业的竞争；另外由于存在着工农产品交换价格“剪刀差”和随着市场调节作用的加强，大家都争着发展利润率高的部门，随之而来会出现原料不足和产品滞销的现象。为了争取销路，必然要在产品的质量、品种、价格、服务质量等方面展开竞争，千方百计满足用户的需要；为了争取原料，必然在返还利润、提供资金、技术、生产资料帮助等方面展开竞争，满足原料生产者的需要，下面略举二例说明社会主义制度下竞争的好处：

如××县原来只有商业局冰棍厂独家经营牛奶冰棍，牛奶含量少，也不合卫生标准，群众叫它“清水冰块”。后来某农场利用自产牛奶来加工冰棍，同样的价格，含奶量多，而且合乎卫生标准，群众誉为“白雪冰糕”。后来商业局告了这个农场的状，理由是抢了他的生意，该县领导经过调查研究和各方协商，鼓励双方开展竞争，从此以后，商业局冰棍厂为了生存，被迫改进冰棍质量，群众高兴地说“冰棍厂相争，消费者得利。”

又如××县茶叶的加工销售原由外贸单位和供销社、商业局垄断，利润较大，有的地方还有压级压价现象，原料生产单位亏本太大，损害了茶农发展生产的积极性。最近××茶场办起了茶工商一条龙，并与周围生产队签订合同，以高于收购价格的合同价格收购，返还一部分加工销售利润。茶农感到种茶有利，千方百计增加茶叶产量，除完成原有收购任务外，又把大量茶叶送到联合企业加工。后来，外贸部门为了收购更多的鲜叶和毛茶，再也不敢在那里搞压级压价了，群众高兴地说：“加工厂相争，原料生产者得利。”

无数事实证明，社会主义制度下的经济竞争有其利，亦有其弊。其利者，可促进生产技术的

改进，经营管理的改善，为用户提供价廉物美的产品，公平合理的收购原料农产品，利于克服"官工"、"官商"和因循守旧的歪风恶习。因此，为了促进生产发展，必须允许竞争，借以鼓励先进，鞭策后进，保护农工商联合企业，把国民经济搞活。其弊者，有一定的盲目性，造成某些企业开工不足，甚至会淘汰一些落后企业，增加一定的麻烦和损失，如果对竞争加强计划指导，就可扬长避短，把竞争造成的损失限制到最低限度。

如何对竞争加强计划指导，我们认为应根据价值规律、国民经济有计划按比例发展规律办事。发挥税收、信贷利息、价格、奖售等经济手段的作用，以计划经济为主体，充分发挥市场经济的作用，凡属影响国计民生的重要产品，仍然实行统购统销，在农工商试点县和试点场社，可以采取稳定统购任务，超产部分允许自行加工销售。对于二类、三类产品应给予原料生产单位有更多自行加工销售的自主权，还应允许在国家规定的幅度价格内产销直接见面。当然在允许竞争的同时，还要强调计委的作用，深入搞好调查研究，统筹安排，兼顾各方面的需要，协调各方面的利害关系。如某县成立了全县的柑橘公司，经过与各方面协商，将全县 5 000 吨柑橘作了适当的分配，其中 1 000 吨作为出口的鲜果，1 100 吨加工成橘瓣罐头出口，400 吨供应本县果酒加工厂，400 吨供应本县商业系统零售，600 吨由重庆市干果公司零售，900 吨销至外省商业部门，500 吨由农垦联合企业加工，超产部分由原料生产单位自行销售。这样做，既保证了原有的供销渠道，又为农工商联合企业开拓了广阔发展的余地。

五、加强领导　办好农工商联合企业

农工商联合企业是农业现代化的必由之路，是发展的方向，应该积极办好，尽管农工商联合企业要求建立在机械化、专业化的基础之上，而我国一般情况下还不太具备这样条件，但是我们不能消极等待，而应积极创造条件，哪个地方条件先成熟就先搞，够搞高级形式联合的就搞高级形式联合，不够搞高级形式联合的就搞低级形式联合，统购统销产品不易搞自行加工销售就暂且不搞，先搞二、三类产品的加工销售联合。

农工商联合企业是新鲜事物，我们尚缺乏成熟的经验，这就要求我们慎重地进行试点，试点的面不宜铺得太宽，以便取得经验后再行推广，如果目前采取一哄而起，遍地开花，往往要把好事做坏。

办农工商联合企业的困难是很多的，而且是很大的，它与现行的经济管理体制有矛盾，需要改革现行的经济管理体制，建立适应农工商一条龙的管理体制；它与现行的政策规定有抵触，需要修改或补充现行的政策规定；它要触犯一些部门的既得利益，就要受到这些部门的干扰和阻挠。所有这些问题的解决，都需要省市负责人亲自过问，及时解决各种矛盾，协调各方面的利害关系，调整不相适应的上层建筑，才能搞好农工商联合企业的试点工作。四川省重庆市农垦联合公司办得好的一条重要经验，就是省、市委主要负责同志，亲自作调查研究，召集工、商、财政，计委等部门共同商量解决办法，帮助农工商联合企业解决本身解决不了的问题。

农工商联合企业是一种经济组织形式，不仅要贯彻互利政策，而且还要坚持自愿，目前一般不改变现行所有制，可以通过签订经济合同来联合，按合同办事，农村人民公社生产队是一个独立的经济核算单位，今天感到与甲单位联合有利就可与甲单位联合，明天感到与甲单位联合不利，就可以等这次合同期满后与别的单位联合，在联合的问题上，不能搞强迫命令，不能搞平调。

论农业生产率*

安希伋

一、基本概念

为了探讨我国农业生产率问题，先定义几个基本概念。

生产率是指：在生产中投入一个单位的活劳动、土地或生产物资（如肥料），与取得的产品产量的比率。一般说的生产率是平均生产率。用投入的劳动总量去除产品总量，就得到（活）劳动生产率；用土地面积去除产品总量，得到土地生产率，也就是单位面积平均产量。这是两种最常见的生产率。也可以计算肥料生产率等。按最佳投肥方案施肥，其生产率最高。用实物计算的生产率叫实际生产率，反映活劳动、土地和物资的实际生产能力。用货币计算的生产率叫做名目生产率，它还要受到价格结构状况的影响。例如，当工资水平相对于产品价格水平比较高的时候，名目（活）劳动生产率就会比较低，反之就比较高。计算方法如下式：

$$（活）劳动生产率 = QP/LW \quad (1)$$

式中：Q为产品产量；P为产品单价；L为投入劳动量；W为工资水平。

由于这个公式包含了价格因素，所以是以商品经济为前提的。在微观经济分析中，有一种观点认为，劳动生产率或土地生产率都反映生产经济效果，甚至把生产率与经济效果画等号。在我国和国外都有一些学者持这种观点。另外一种观点认为，生产率不能同经济效果画等号，它们反映的是两种不同的经济过程。因为生产率只是指平均化了的某项生产投入与产出的比例关系；而经济效果大小，除了受投入产出比例关系影响外，还要受资源分配效率的影响。例如，假如投入总量相同（用货币计算），当两种投入资源配合适当时，经济效果就比较高；配合比例不当时，经济效果就比较低。这种变化情况，从生产率上却得不到适当反映，如图1。

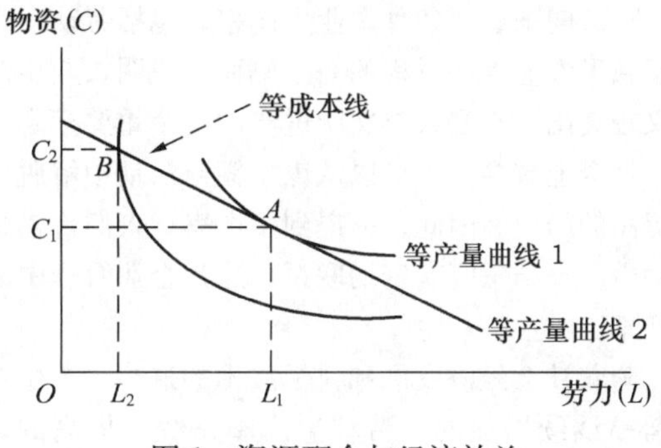

图1　资源配合与经济效益

由图1可见，研究经济效果问题，不但要分析投入产出关系，要计算生产率，而且还要研究投入资源的配合问题。这里就不能不利用不同资源的边际产品和它们的价比来说明问题。两种资源最适配合比例由下式决定：

* 这是1988年1月为北京农业大学农业经济学系主办的《农村社会经济学刊》创刊号的一篇论文。

$$PL（\Delta L）=PC（\Delta C），\Delta L/\Delta C=PC/PL \quad (2)$$

式中：ΔL 为劳动增量；PL 为工资/单位劳动；ΔC 为投入物资量；PC 为物资单价。

由上可见，生产率是一个平均数，精确的测定经济效果则表现为边际产量和边际投入。一个是常量，一个是动态变量，它们并不是等同的。

有的经济学家强调了生产率与经济效果的区别，却忽略了它们之间的内在联系。我们认为，把生产率与经济效果截然割裂开的观点，也是不全面的。因为，经济效果往往随着生产率变化而变化。仍以上图1为例：劳动和物资两种资源的配合，从A移到B的时候，经济效果下降了，因为A和B在不同一条等产量曲线上，而现在A所代表的产量则大于B。导致经济效果下降的原因，可从生产率变化中看出来。首先，从A移到B，物资生产率显然下降了，从 A/OC_1 降到了 B/OC_2。投入的物质（C）量增加了，从 C_1 增为 C_2，而产量则减少了，从较高的等产量线A降到了较低的等产量线B。这是导致经济效果下降的一个重要原因。其次，（活）劳动生产率可能上升，也可能下降或者不变。究竟是上升、下降或者不变，取决于产量下降的幅度与（活）劳动投入减少幅度之比。可用下式表之：

$$（A-B）/A\neq（OL_1-OL_2）/OL_1 \quad (3)$$

如果 $（A-B）/A>（OL_1-OL_2）/OL_1$，那么，（活）劳动生产率的变化也构成经济效果下降的一个因素；如果 $（A-B）/A<（OL_1-OL_2）/OL_1$，它就不是经济效果下降的直接因素。但是，即使 $（A-B）/A<（OL_1-OL_2）/OL_1$（用货币表示），由此所取得的劳动生产率的提高，也抵不上物资生产率下降对于经济效果下降的影响。所以总的来说经济效果下降了。由此可见，在静态微观条件下，第一，生产率与经济效果是密切联系的两个经济过程，它们之间有区别，但不能截然分开。第二，个别生产要素（或叫投入）生产率可与经济效果呈同方向的变化，同增同减，也可能呈相反方向的变化，即一增一减。

二、社会经济发展与农业劳动生产率

从短期来看，各种农业生产率，包括劳动生产率、土地生产率以及物资（资金）生产率，各自反映了农业生产过程的一个侧面，说明农业生产基本状况。从长期来说，（活）劳动生产率的意义较突出，它是人类文明进步的一个重要标志。每一农业劳动力所能养活人口数量的多少，意味着社会上有多少人可以从谋生糊口活动中解脱出来。可以说，一部经济发展史是劳动生产率不断提高的历史。因此，一提到生产率，人们首先想到的是劳动生产率。并且，从一个企业来看，劳动生产率与工资有密切联系，这是企业管理中的一个重要问题。这篇文章也首先探讨农业劳动生产率。

随着社会经济发展和科学技术的进步，单位劳动时间所能生产出来的工农业产品数量，总趋势是继续增加的，劳动生产率是继续提高的。这是近代经济发达国家的历史经验。根据马克思的经济学说，人们在生产活动中，不断用先进的工具和机器以及新的生产方法代替活劳动，从而不断提高劳动生产率，不断减少单位产品中所包含的劳动量，这是一条历史规律。

但是，农业劳动生产率的提高，并不总是简单的以直线上升的形式进行的。往往有曲折，有的社会因素会延缓劳动生产率提高的过程。在一定时期内，甚至可能出现劳动生产率下降的情况。近30年来，我国便出现过劳动农业生产率大幅度下降的情况。

在一定时期内，一个国家的农业劳动生产率究竟是上升或下降，受许多社会经济因素的制约，其中主要有人口增长速度，可垦未垦土地面积，劳动力向非农业部门转移速度，以及农业现

代化进展状况等。具体到一个国家，一定时期，还有许多具体因素起作用。以下我们试图就我国30年来农业劳动生产率变化情况，作一简要分析。

从20世纪50年代到20世纪70年代末期，我国人口增长速度很快，平均年净增约2.4%左右。而可以开垦的土地则较少，大大降低了人地比率。并且，农民向非农业转移速度很慢，不足以吸收新增人口，以致农业人口早就超过了在传统农业条件下原有土地和资金所能吸收的能力，在将近30年中，农业劳动生产率下降了约67个百分点（见表1）。

表1　六种主要粮食作物劳动生产率变化情况*

（劳动生产率指数以1952年为100）

年　　份	1952	1957	1965	1975	1978
农业劳动生产率	100	53.8	34.4	38.1	32.8

*　主要根据1981年农业年鉴材料换算而来，投入劳动指各种作物实际投工数量，以之除产品产量，编为指数。

我国农业劳动生产率在下降过程中，有三个因素延缓了农业劳动生产率下降的进程。

第一，非农业部门的扩大和发展，毕竟还是吸收了一部分农业劳动力，从而在一定程度上缓和了过剩劳力对于土地的压力。

第二，大规模的农田基本建设，包括群众性的平整土地、打井挖渠、修筑梯田，以及由政府投资兴建的大中型水利工程等，通过主要依靠活劳动的农田基本建设，把一部分剩余的农业劳动力直接转化成为农业固定资产，这就是我们通常说的劳动积累。这种劳动积累，对于农业劳动生产率的变化，起了双重作用：首先，它为农业中剩余劳动力在农业之外找到一条出路，减轻了人口对土地的压力。其次，劳动积累转化为固定资产，提高了土地肥力，起了增产作用。缓和人地比的降低和提高单产这两件事，从两个不同方面延缓了农业劳动生产率下降的进程。

第三，把剩余劳动力用于进一步提高精耕细作程度，更加精细地进行耕作、播种、除草等田间作业和各种管理工作，提高了农业劳动集约化程度。加上提高农业复种指数，实行复种制度，从而在一定范围内提高了农业生产率。这是延缓我国农业劳动生产率下降的又一因素。

尽管有以上3个因素延缓了农业劳动生产率下降的程度，1952—1978年期间，我国农业劳动生产率仍然有大幅度的下降。以稻谷、小麦、谷子、玉米、高粱和大豆六种主要粮食作物为代表的农业劳动生产率的变化情况，如表1和图2所示。

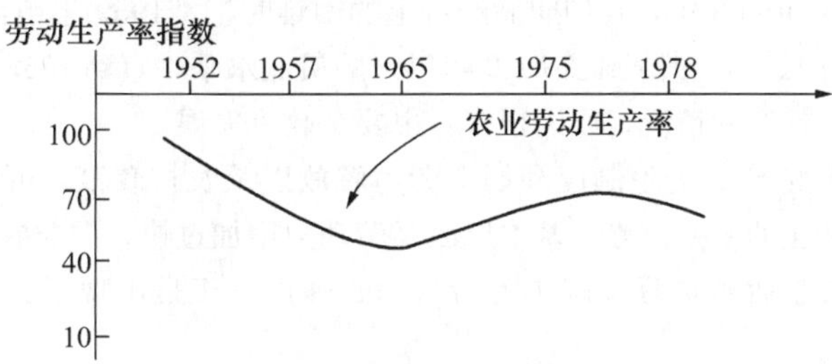

图2　六种主要粮食作物劳动生产率变化图

关于1952—1978年间我国农业劳动生产率的变化情况，我们再作些进一步的分析。在此期间，以1965年为分界线，又可分为两个阶段：

1952—1965年间，农业劳动生产率下降很猛，从100降为34.4，13年中下降了65个百分点。

1965—1978年间，农业劳动生产率从34.4降为32.8，13年中只减了1.4个百分点。并且，1965—1975年的10年间，农业劳动生产率还回升了3.7个百分点，1975—1978年3年间又下降了6.2个百分点。

为什么我国农业劳动生产率的变化会出现这些曲折呢？上文已经说过的3个因素，即上文说的延缓劳动生产率下降的3个因素，它们的作用大体上是贯穿在1952—1978年的整个时期的。所以，拿这些因素，不足以说明农业劳动生产率变化的曲折情况，特别是不足以说明为什么前13年猛烈下降，后13年只是稳中有降。我们手中的资料也还不足以把农业劳动生产率这种曲折变化情况说清楚。不过我们认为，进一步研究这个问题，把它的来龙去脉弄清楚，对于今后制定农业政策，以及经济政策，将有重要参考价值。以下提出3点看法供讨论：

第一，农业技术改革进展状况，可能是两段时期的农业劳动生产率先是猛降、后又稳中有降的一个关键因素。1965年以前，我国农业还是一种具有我国精耕细作特点的传统农业。农业技术还比较落后。1964年全国平均每公顷耕地化肥用量为52.5千克，每公顷机械动力为0.12马力①，机灌面积占耕地面积的6%，优良作物品种没有大面积推广。这种传统农业的一个特点是：增产潜力不大。再加上下面说的两个原因，于是，劳动力增加过快就必然降低农业劳动生产率。1965年以后，农业技术改革进展比较快。1964—1979年，化学肥料用量增加了10倍，全国平均每公顷达525千克；农业机械动力增加了12倍多，每6.67公顷耕地平均约有10马力；灌溉总面积增至全部耕地总面积的44%；其他良种、农药和农业用电都有很大增长。可以这样说，1964—1965年是我国农业现代化的起点，差不多和国际上的绿色革命同时发生。在1965—1975年这段时期中，农业技术改革有了较快的发展。这是1965—1975年的10年间农业劳动生产率上升的一个主要原因。1975—1978年间，技术改革缓慢和公社制度的弊端暴露，主要一套管理办法很死板，僵化而不灵活，可能构成了劳动生产率的再次下降。

第二，1952—1965年间，我国农村经历了一连串的社会经济制度的改革。1952年在全国范围内完成了土地制度改革，1956—1958年的3年间，先后实现了农业合作化（集体化）和公社化。经济制度变革无疑具有重大历史意义。但是在改革过程中，可能会影响农业生产的发展。在一段时间内，生产发展缓慢、停滞甚至下降。并且正是在这段时期，解放了农村妇女劳力，构成农村劳力半边天，大大增加了农村劳动力总数，而土地和生产资源并不相应增加。

第三，1959—1961年的3年，我们叫做经济上的困难时期。1959年粮食生产比1952年下降了7个百分点，1960年粮食产量降到了1949年以来的最低水平，直到1965年才基本恢复到1952年的粮食生产水平。出现这种情况，原因很多，主要是政策失误。

以上三点，即技术变革 、土地制度和妇女劳力解放以及农村政策，可能是造成1952—1978年间农业生产率曲折变化的主要因素。基本原因是劳动力增加过快，向非农业部门转移很慢，其他生产因素的调整和技术改革进程又跟不上劳力增长速度，于是出现了劳动生产率长期下降的局面。

1979年以后，情况发生了变化。据调查，1981年全国水稻和小麦平均每公顷用工量比1979年分别减少了24%和32%。两种作物亩产量，在这3年间有了较大幅度的提高，所以稻、麦劳动生产率提高幅度还不止于24%和32%。同时，在公社时期潜在的失业，一变而成了公开失业，

① 马力为非法定计量单位，1马力=735瓦。

许多地方有1/3的劳动力过剩，多的达到总劳动力的一半。乡村非农业部门的发展也加快了，大量农业劳力以较快的速度向非农业部门转移。于是，在短短几年间，就扭转了农业劳动生产率的下降趋势，转而上升。这件事当然是与联产承包生产责任制的推广密切相关的。

三、全要素劳动生产率

活劳动生产率只能反映农业的一个侧面的情况，不能反映全面情况。1952—1978年期间，粮食活劳动生产率下降了67个百分点，同期粮食的土地生产率却上升了37%。物资（资金）生产率下降了约50个百分点。为了比较全面地了解农业生产情况，在作动态的宏观分析中，需要计算农业全要素劳动生产率。1984年我曾在《论农业投资报酬运动规律与农产品成本变动趋势》一文中，分析过1952—1981年间我国粮食全劳动生产率，如下表2及下图3。

表2　1952—1981年我国粮食全要素生产率（指数）

年　份	1952	1957	1965	1975	1978	1981
粮食生产率	100	93	63	95	92	134

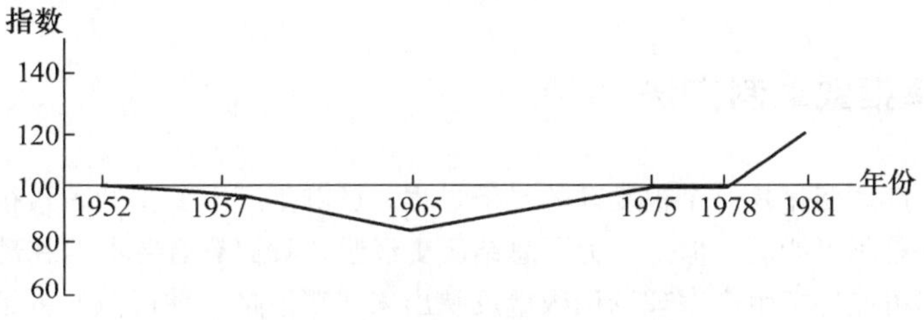

图3　1952—1981年粮食生产率图

以上采用的指数方法，虽然计算比较粗略，但是它大体上如实反映了30年间农业生产率变化的趋势。大体与活劳动生产率变化相似，不过下降幅度比较小。1952—1965年间下降了37个百分点，1965—1976年间回升了32个百分点，经过一段小的上升，再下降。1981年猛升到了134，比1978年上升了42个百分点。

根据近30年来我国农业中活劳动生产率和全劳动生产率变化的历史经验，参照国际上类似的经验，现在我们可对影响并决定劳动生产率变化的若干主要因素，做出一般的分析。

第一，在农业技术不变，并且总投入（总成本）也不变的条件下，不同资源配合比例是否得当，可以引起全要素生产率下降或上升。关于这一点，我们在上文已利用图1做了说明。劳力与物资配合从A点移到B点，生产率下降，从B点移到A点，生产率上升。资源组合是否适当，反映了不同的管理水平。微观是这样，宏观管理也是这样。所以，管理水平是影响生产率的第一个因素。

第二，在投入资源 不变，而技术水平提高条件下，生产率上升。这是历史上最常见、也是最明显的事情。技术是一种强大的生产力。图4是根据20世纪60年代初期分别在印度和美国做的科学实验数据制作的。印度的西孟加拉与美国的得克萨斯水稻生产率有明显差距，其中原因很多，主要是水稻生产技术水平不同所致。

第三，智力投入引起生产率变化。实际上，这是上说第一和第二条的概括。提高技术水平或管理水平，都有赖于提高农民的文化和科学技术水平，也可以说，它是技术和管理的前提条件。这是从长期来说的，涉及一些经济战略的取向。

第四，经济管理体制改革，从而调整生产关系，这是另一个影响生产率变化的重要因素。我国粮食生产率在1978年以后的重大变化，就是经济管理体制影响生产率变化最明显的证明。我们说的“一靠政策”，主要就是靠经济体制改革。

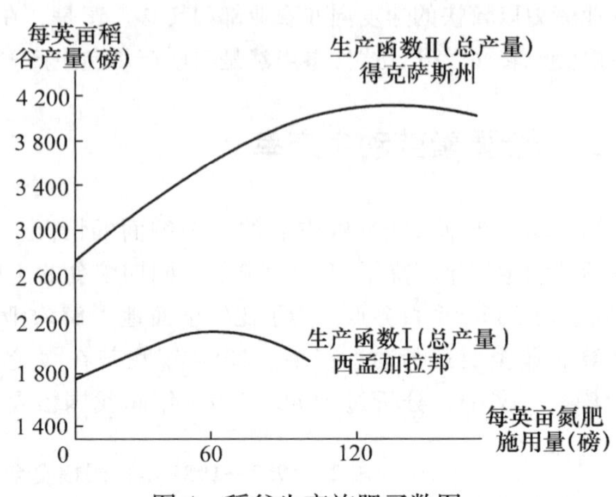

图4 稻谷生产施肥函数图

如果把上述第一、第二、第三条归结为生产力的组织和发展，那么，上面说的影响劳动生产率的第四个因素，则反映生产关系的调整。总的来说，也可把影响生产率的因素归结为生产力与生产关系两大因素。

四、生产率指数编制方法

由上可见，生产率变化是一个很复杂的经济过程，影响生产率变化的因素很多，要想把它精确计算出来，几乎是不可能的。但是，为了总结历史经验，我们有必要不但在理论上进行探讨和总结，而且还要尽可能地把生产率理论用数量反映出来。哪怕是一种近似的数量分析，也可作为我们制定经济政策的参考。以上关于粮食活劳动生产率和全劳动生产率的计算，就都是用了一种近似而不精确的计算方法。我们用的是简单的算术指数法，采用了现行价格和非加权的计算方法。现在我们简要讨论生产率计算方法中的若干问题。

（一）算术指数法

算术指数法是利用生产投入与产出之间的内在联系，用算术式计算和表达生产率及其变化的方法。它的理论基础是投入价值必然等于产出价值。西方经济学家往往把生产投入分为活劳动投入与资金投入两大类。产出也就是产品价值。有的经济学家，如黄龙辉先生在所著《社会主义国家农业生产率》一书中，把资金投入仅仅当作利润，于是就采用了下列算式来表达生产投入与产出之间的关系：

$$Y = WL + RC \tag{4}$$

式中，Y为产品价值；L为活劳动量，W为工资率；C为投入资金数额；R为资金报酬率(Rate of return of capital)，即利润率。

如把C分为垫付资金 C_1 和物质投入 C_2，则可改写为下式：

$$Y = WL + RC_1 + PC_2 \tag{5}$$

式中，C_1 为垫付资金；C_2 为投入物资数量；P为物资价格。

如果0作为基期的符号，并且把基期的生产率指数 I_0 定为100（%），得下式：

$$I_0=\frac{Y_0}{W_0L_0+R_0C_{10}+P_0C_{20}}=100\ (\%) \tag{6}$$

在t期，即计算期的生产率指数为：

$$I_t=Y_t/Y_0\ (W_0L_t+R_0C_{1t}+P_0C_{2t})\ /\ (W_0L_0+R_0C_{10}+P_0C_{20}) \tag{7}$$

I_t 值大小反映从0年到t年生产率变化的方向和变化程度。如果 I_t 小于100%，说明生产率降低了。具体数值反映生产率提高或降低幅度的大小。

算术指数的优点是简单明了，容易计算。许多西方经济学家和政府统计工作中常使用这个方法。它的缺点是计算结果往往不能准确地反映生产率变化的真实情况。主要有两个原因：

第一，这个算术式的经济理论基础，暗含着两个前提条件。就是说，只有在下述两个前提条件下，这个算术式才能成立，即生产投入价值才会等于产出价值。离开工这两个条件，它就会是一个不等式。首先，要在完全竞争的商品经济条件下，上列等式才能成立。用这个等式来研究非商品经济是没有意义的。如果是非完全竞争的商品经济，计算结果会有偏差。事实上，在现实经济生活中，从来不存在一个完全竞争的商品经济，所以，利用这个公式计算和分析生产率的变化，总是会有某种偏差。我们认为，作为经济理论概括，可以假设有一个完全竞争的商品经济，正像马克思和古典学派经济学家所做的那样。但是作为具体的历史的数量分析，需要清醒地认识到其中的偏差。其次，这个算式的另一个前条件是，投入与产出的关系是一种函数关系，就是说在一定条件下，产出随投入变化而作相应变化。这个一定条件包括：①投入与产出是一种线性的函数关系，两者总是依一定比例同增同减，画在直角坐标图上，是一条直线，而不是曲线。②他们还是同质的（homogenous）。意思是说，用一个常数，例如用λ乘L和C并用λn乘Y，等式不变。而在这个等式中，n=1，也就是说，L和C与Y是以同一倍数增加或减少的。而在现实经济生活中，生产投入与产出之间的关系。可能是线性的，也可能不是线性的，可能是同质的，也可能是非同质的。就是说，这个算术式的使用范围是有限的。在采用这个式子研究生产率问题的时候，需要首先分析投入与产出之间的函数关系的性质，以避免在数量分析中出现的盲目性。

除了上面说的理论问题之外，还有许多计算方法问题。其中最难办的是怎样处理价格，即怎样排除价格变化对于生产率的影响。包括：W和P，还有产品价格（Y是产品产量与产品单价的乘积）。问题在于是采用市场价格呢，还是采用固定价格？采用不同价格体系，当然会影响计算结果。特别是，价格结构总是在不断变化的，不同生产因素的价比会发生变化，生产因素与产品之间的价比也会发生变化。在生产率指数计算工作中，这是一个较难处理的问题。

以上我们指出算术指数法的若干主要缺点，但是并不是要全盘否定这个方法。可以说大多数数学模式，特别那些运算复杂的数学模式，都有类似问题。我们指出这些缺点，只是要说明：算术指数法计算结果往往有一定偏差，在工作中应该尽可能缩小这种偏差，尽可能接近实际。

具体运用算术指数方法，往往把生产投入再细分为若干项，例如分为：活劳动、土地、肥料、机械和耕畜等最常见、最重要的五项投入。

（7）式可改写为：

$$I_t=(Y_t/Y_0)/\Sigma S_i(X_{it}/X_{i0})$$

为了便于统一计算产品产量，各种农产品可以化为小麦单位；Y的计量单位为小麦单位；X_{i0}为所选定的基期年的生产投入i项的投入量；Y_t 为t年即计算年的产出量；S_i 为i年投入在总投入量中所占的份额。在理论分析中采用了价值计量，即以各种投入的单价作该项投入所占份额的加权数。若在算实物指数，须另行确定各项投入所占份额。实物指数避开了上文说的由于价格结构变化所带来的计算困难，同时又出现了如何确定各项投入所占份额的问题。解决这个问题，往往须采用函数法，经过回归分析，得出各项投入的系数，用作权数（即所占份额）。例如，在研究我国农业全劳动生产率的著作中，对于上说五项投入权数有两种不同估计：

表 3

	活劳动	土地	肥料	机械	耕畜	固定投入	流动投入	合计
Ⅰ	0.155	0.042	0.239	0.173	0.391			1.00
Ⅱ	0.54	0.27				0.110	0.08	1.00

上表为黄龙辉先生在所著《社会主义国家农业生产率》1986）一书中所计算出来的权数，Ⅱ为 Tang，Anthony 在所著《人民中国的食品生产》（1980）一书中所用的权数。

作者引用上引 Tang 先生书中得出结论说：1952—1977 年期间，我国农业全劳动生产率下降了 19%。而黄先生所得结论显然同上述我的结论大不相同。

表 4　我国农业生产率算术指数（以 1960 年为 100）

1950	1951	1952	1953	1954	1955	1956	1957	1958
201	200	213	194	193	196	191	177	154
1959	1960	1961	1962	1963	1964	1965	1966	1967
128	100	90	95	94	98	87	79	74
1968	1969	1970	1971	1972	1973	1974	1975	1976
81	70	73	66	58	53	55	51	48
1977	1978	1979	1980					
44	38	35	32					

（二）几何指数法

农产品产量是生产投入量的函数，就是说产量随投入量的变化而变化。用几何式子表达这种关系，并把投入分为活劳动和资金两大类，可写作：

$$Y=f(C,\ L) \tag{8}$$

这是一个最一般的函数式，表达了生产投入与产出之间的关系。

随着时间的推移，特别是科学技术的进步，同量投入所取得的产出量可能会发生变化，一般是相对的有所增加。把这个时间因素和技术变化考虑在内，上式可写作：

$$Y = A(t)f(C,L) \tag{9}$$

式（8）又可改写为：

$$A(t) = Y - F(C,L) \tag{10}$$

在这里，A 表示技术进步。

把上式化作相对量，用来测定技术变化，也即生产率变化，得下式：

$$\frac{\dot{A}}{A} = \frac{\dot{Y}}{Y} - W_C\frac{\dot{C}}{C} - W_L\frac{\dot{L}}{L} \text{ 或写作}$$

$$\frac{\Delta A}{A} = \frac{\Delta Y}{Y} - W_C\frac{\Delta C}{C} - W_L\frac{\Delta L}{L} \tag{11}$$

$\dot{A}$、$\dot{Y}$、$\dot{C}$和$\dot{L}$为技术、产量、资金和劳动变化率。

ΔA、ΔB、ΔC和ΔL的计算，以Y为例：

$$\Delta Y = (Y_t + 1 - Y_t)/Y_t \qquad \text{其他类推。}$$

这个几何式的理论说明很简单：产量随着投入的变化而变化，投入多，产量也多，是指的在技术不变条件下的关系。如果技术条件改变了，同量的投入有可能得到不同的产量。产量减去投入的余额，就可用来测定技术变化。

几何指数在理论上也有一些缺点，或者局限性。它本来是用来测定技术变化的，而在现实生产中，技术变化几乎必然带来劳动与资金的比例变化。但是上列几何式却是以技术中性为前提的，就是说假定技术变化不会改变劳动消耗与资金消耗的比例关系，这叫做希克斯技术中性（Hicks neutral technical change）；还假定资金消耗与产出的比例关系不变，这叫做哈罗德技术中性（Harrod neutral technical change）；索洛（solow）的技术中性是指技术变化不改变劳动消耗与产出之间的比例关系。只有在技术中性情况下，几何指数式才是有效的。它与现实生活之间存在一定差距，因此计算结果总有某种程度的偏差。几何指数在具体应用中，也可包括劳动、土地、肥料、机械和耕畜5大因素。如下式：

$$\frac{\Delta A}{A} = \frac{\Delta Y}{Y} - \underset{\text{劳动}}{W_L \frac{\Delta L}{L}} - \underset{\text{肥料}}{W_F \frac{\Delta F}{F}} - \underset{\text{机械}}{W_M \frac{\Delta M}{M}} - \underset{\text{耕畜}}{W_S \frac{\Delta S}{S}} - \underset{\text{土地}}{W_N \frac{\Delta N}{N}}$$

计算程序用下式：

$$A_{(t+1)} = A_{(t)}[1 + (\Delta A_{(t)}/A_{(t)})] \qquad (12)$$

t表示时间，以年计。

黄龙辉在前引书中，利用上式，并用与算术指数同样的权数（L、N、F、M、S所占份额）计算得到1950—1980年我国农业生产率指数如表5。

表5

1950	1951	1952	1953	1954	1955	1956	1957	1958
1086	1020	732	476	407	340	265	226	167
1959	1960	1961	1962	1963	1964	1965	1966	1967
136	100	99	92	91	95	86	82	78
1968	1969	1970	1971	1972	1973	1974	1975	1976
79	72	76	72	66	65	66	64	62
1977	1978	1979	1980					
59	57	56	53					

把黄龙辉计算出来的算术生产率指数与他所计算出来的几何生产率指数进行比较，可以看出其间明显的差异。究竟哪种方法更精确些，为什么两种方法所得结果会有如此大的差异，很难找到一个合理的答案。这就不能不引起我们对于这种数学方法实用价值和黄先生使用这种方法可靠性的思考。特别是怎样用来研究我国现实的经济问题，还有大量理论和计量工作需要我们去做。有的经济学家还采用生产函数方法计算生产率指数，涉及到更多数学方法和更加复杂的经济关系，这里暂略而不论。

贝叶斯估值理论与经济预测*

吴敬业

[摘　要] 本文在比较经典统计与贝叶斯统计的基础上，指出贝叶斯统计的特点是引进主观信息，而这正是经典型统计所无法解释的。

贝叶斯估计值在决策方面的应用，需要有经济预测资料，这样才使决策选定的方案在实践中能够取得最大的经济效益。在国民经济调整过程中，可以利用抽样资料，不断修改方案，以适应变化中的经济形势。最后，对贝叶斯估值理论作出初步评价。

我国人民正在搞四化建设，目前把主要的力量放在国民经济的调整工作上。要做好调整工作，既要看到现在，又要照顾将来，这就非常需要切实的经济预测资料。预测无非根据过去和现在的资料以推断将来，根据样本提供的数据推及全体。贝叶斯估值理论在决策论上占重要地位，它有些什么特点，如何与预测资料相结合，我们将如何评价？这是本文试图阐明的问题。

一、贝叶斯统计与经典统计

人们无论在工农业生产或各种社会经济活动中，对社会或自然现象的种种观察与研究，往往采取一定的措施、手段或方针政策，但不一定能得到预期的结果，这种事情是常有的。提出一种假设或理论与事实不符也是常有的。概括起来，就是在不确定的情况下，我们将如何判断并采取最合理的措施。从统计的观点来说，判断的主要依据是“概率”。经典的统计学家认为要使概率成为判断的可靠依据，就必须是客观的。

客观的概率是指在一系列的试验中，某一事件发生的频率。如一枚普遍硬币，在旋转15次中有7次为正面，则出现正面的相对频率为7/15＝0.47，当旋转的次数为无穷时，更确切地说，相对频率的极限就是概率。这一概率定义导源于较早的17世纪研究概率论的数学家，因此称为“经典概率”。沿着这一方向发展的统计方法，即称为“经典统计”。

有许多情况，采用经典概率的解释不一定适用，特别是把概率统计方法应用于预测方面。如预测明年小麦增产5%的概率为0.7，这种概率就不可能看作是客观的，也不再是相对频率，只能看成人们对某一事件发生与否预测的信任程度。这种概率在很大程度上属于个人或某些人的主观判断。当然这种主观判断也不是凭空臆想，而是根据各人过去的经验，试验结果以及当时可供参考的资料作出的。这种判断也会受到偏见、本能、习惯以及个人的主观愿望的影响。

18世纪英国的数学家贝叶斯（Thomas Bayes，1702—1761）首创运用概率推理，并为此建

* 原载《南京农学院学报》1981年第2期

立了数学基础，采用把主观概率和客观概率结合起来的方法进行判断。他在概率论上的发现收集在《An Essay Towards Solving a Problem in the Doctrine of Chances》（根据机遇规律求问题的解），这是1763年在他逝世后发表的论文。他在论文中提出一种方法，对某种事件或假设有预定的比值以表示其可能性，可以根据经验数据予以调整。

经典统计采用的推理方法是通过取样估计总体的特征值，如平均数和某一部分在全体中所占的比率，进一步再检验有关总体特征值或参数（如回归系数）的假设，借助于一定的概率分布来评定其可靠程度。

经典统计先要求从总体中取一个随机样本，这个样本的一切信息就是推论总体参数的基础。如要确定一批产品的正品率，可取100件产品进行质量检验，如有95件是正品，就可以95%的正品率来推论总体。推论要严格根据样本提供的客观信息，通过抽样取得的信息即称为客观信息。技术员或质量检验人员本人的意见、经验、判断，则属于主观信息。

经典统计只利用客观信息。但贝叶斯统计则凡一切有关的信息，包括客观的与主观的，都可利用，并允许只根据主观信息作出关于总体参数的推论。若以后有客观的样本信息可利用时，就要把主观信息与客观信息结合起来，根据这种合并的信息对总体参数作出推论。

一个企业单位选购一台加工机械，在正常运转操作的条件下，次品率的高低也是重要考虑的方面。工程技术人员对同类产品的机械加工零件的次品率不能作出准确的判断，而只能凭以往经验估计，这种估计的可信赖程度用概率表示。如某一型号的铣床，估计生产的次品率为0.04，可能性达0.20，即概率为0.20。这类信息是技术员个人的判断，因而是主观信息，不同的技术员对次品率的判断也是不同的。经典统计完全不利用这方面的信息。在贝叶斯统计中，则要设法对这类信息予以最充分的作用，借以决定是否购买这种铣床，如果要买的话，应该买哪一种型号的。

二、贝叶斯估计值与经济预测

贝叶斯统计利用主观信息进行判断的直接结果，就导出在不确定条件下的决策问题。这一理论提供对不同方案作出选择的方法与步骤。在决策过程中，经济预测所提供的信息是非常有用的。

如有一蔬菜公司，夏季每天销售青菜每担成本4元，全部售出可得5元，如当天销不出去，剩余部分到第二天即一文不值，每担要亏损4元。该公司必须认真估计市场的需要量，假设有以下数据，见表1。

表1

市场需要量（担）	概　率
100	0.6
200	0.3
300	0.1
	1.00

该公司每天应该进多少担青菜才是最合理的？

就问题本身而论，这是在不确定的情况下要求作出决定，可对几种不同的方案加以选择，每一种方案选定以后，能否全部售出就确定了可能得到的收益。市场的需要量是变动的，可看作随机变量或事件，这方面决策人是无法控制的。蔬菜公司不能左右顾客是否购买与购买多少，但是决策人可以对各种事件确定相应的主观概率。这一概率的判定可以根据当时能利用的信息，加上决策人的聪明才智与经验得出。决策人指定的主观概率，也称为前概率。

各种方案执行的结果，常常用决策人所得到的收益（或利润）与遭受的损失来衡量决策的效果。无论是收益还是损失，都表示执行方案的效果，可以称为“效果指标”。把每一种方案和事件的一切可能组合以及它们的收益、损失列成表格的形式，称之为“效果分析表”。前述的蔬菜公司有三个进货方案，市场上以青菜的需要量有三种情况，于是有 3×3 种结果，每一种收益或损失看成一种结果。把这数据列成效果分析表如表 2：

表 2

事件（市场需要量）	前概率	方案		
		①进 100 担	②进 200 担	③进 300 担
100 担	0.60	100 元①	−300 元④	−700 元⑦
200 担	0.30	100 元②	200 元⑤	−200 元⑧
300 担	0.30	100 元③	200 元⑥	300 元⑨

表中数据按下式确定：

效果＝总收入－总支出

当效果为正值时，决策人得到收益，若为负值，即表示损失。发方案①的收益为 500 元－400 元＝100 元，即使需要量更大，因为只进 100 担，也只能得到 100 元的收益。又如方案②的效果为 500 元－800 元＝－300 元，即损失 300 元，即当需求为 100 担时，批进 200 担，则有 100 担销售不出去，反而造成 300 元损失。可见，执行方案的结果，是收益还是损失，依市场需要量（条件）为转移。这种效果是有条件的，也称为条件收益。圆圈内的数字表示不同的组合。

怎样才算最优方案?

在上例中，市场需要量是变动的，进货多少是决策人可任意选定的。从以上效果分析表中，他总希望能得到最大的经济效果，也就是最高的收益。若决策人对市场形势有最乐观的估计，批进 300 担完全可以销售出去，就认为方案③是最优方案，可实现 300 元收益。若他对市场形势判断错误，当市场需要量只有 100 担时，就要遭受 700 元的损失（组合⑦）。因而当决策人对市场条件抱有最悲观的估计时，他就从最低的需要量出发，选择有最大收益的方案。在上例，需求量为 100 担时，三种方案的效果分别为 100 元，－300 元，－700 元即组合①、④、⑦，决策人将认为方案①收益最大，这才是最优方案。当然，这是最稳妥、最保守的标准。

上面两种方法都没有考虑事件发生的概率，市场条件一发生变动，选定的方案就不是最优的。概率决策是贝叶斯判断标准的重要组成部分。这一标准把事件与发生的概率结合起来，计算“期望收益”。比较各种方案的期望收益，选择其中期望收益最高的方案作为最优方案。每一种方案的期望收益，是各条件收益与相应事件发生的概率的积，把各个积相加，即得期望收益。因为这种收益还没有实现，而要在销售过程结束以后才能实现，因而称为期望值或期望收益。其实，期望收益不过是条件收益的平均值。兹以条件收益与前概率计算期望收益如表3：

表3

方案①	方案②	方案③
100×0.60=60	－300×0.60=－180	－700×0.60=－420
100×0.30=30	200×0.30=60	－200×0.30=－60
100×0.10=10	200×0.10=20	300×0.10=30
期望收益100	－100	－450

在三种方案中，方案①的期望收益最高，因而按贝叶斯决策标准判断，这就是最优方案。这一结果表明，虽然决策人不能确定青菜每天的需要量，但在这一期间每天进100担是最稳妥可靠的。

贝叶斯估计值要最充分地利用预测资料。如果决策人能够预测第二天的需要量，或者借助于测报单位提供的信息，他就可以按照市场的需要量进货，以实现最大的期望收益，而不必采取最保守的方案，以致在需要量超过进货额时，错失增加收益的机会。当然要求预测的结果与实际需要量十分接近，才能达到这一点。

用经验概率（前概率）确定每天的需求量，可能每天都是不同的。但是长期间，在这一季节中每天的需要量会按这种前概率的值确定的天数出现，因为我们在前面说过，概率就是相对频率的极限。在上例中，需要量为100担的天数，在这一时期中占60%，需要量为200担的天数占30%，300担的天数占10%。把概率与预测数据结合起来，如果预测正确，每天根据预测结果进货，分别得到100元、200元、300元的天数也占这一时期的60%、30%、10%，于是期望收益为表4，把预测的结果考虑进去，就可得到每天的平均收益为150元，也就是有准确的预测信息时期望收益提高了（原来是100元）。这一期望收益与在需要量确定的情况下所能得到的平均收益是一致的。

表4

条件收益（元）	前概率	条件收益×前概率
100	0.6	60
200	0.3	60
300	0.1	30
		150元

可否预测信息，经营的效果是不同的。这可以从期望收益作出比较，

预测的效果＝利用预测信息得到的期望收益－无预测信息的期望收益

预测不仅限于经济行为，在气象、水文、生态、病虫害等各方面的研究都需要采用一定的预测方法。根据最小二乘方原理的回归分析是常用的方法。但是贝叶斯统计则利用概率为预测提供一种评价的手段，使概率与预测结合，判断决策就更为确切可靠。

用最小的机会损失来选择最优方案。概率不仅可用于计算期望收益，还可用于计算期望机会损失。所谓“机会损失”指除实际损失外，还包括因为没有采用最优方案而使本来可取得但是没有实现的一部分收益。如上例，需要量大于进货量时，当决策人选用方案①即批进100担青菜，

而市场的需要量为200担时，则当100担售出后，以后再来买的顾客就因进货不足而买不到，决策人就不能实现这一部分收益，这就是机会损失。机会损失的多少也可用具体金额表示，在进货不足的情况下，用顾客需要量减去进货数量再乘上销售一单位所得的利润或收益，就可算出机会损失的金额。

在进货量大于需要量时，机会损失应该这样计算：如需要量为100担，但是选用方案②，即进了200担，于是造成了300元的损失（200×4元－100×5元＝300元）。如果考虑在选择方案①作为最优方案时，本来可得的100元收益也因为决策错误而损失了，因此，机会损失为300元＋100元＝400元。这种机会损失也称为条件机会损失。把机会损失列成效果分析表的形式，见表5。

表5　条件机会损失

事件（需要量）	前概率	方案①（100担）	方案②（200担）	方案③（300担）
100担	0.60	0	400	800
200担	0.30	100	0	400
300担	0.10	200	100	0

把机会损失与前概率相乘，把这些乘积相加，就得到每一种方案的期望机会损失，见表6。

表6　期望机会损失

方案①（进100担）	方案②（进200担）	方案③（进300担）
0×0.60＝0	400×0.60＝240	800×0.60＝480
100×0.30＝30	0×0.30＝0	400×0.30＝120
200×0.10＝20	100×0.10＝10	0×0.10＝0
50元	250元	600元

方案①的期望机会损失最小，与用期望收益作为判断标准得到的最优方案是一致的。可见，用这两种标准确定的方案是同一个方案，因而可以任取一种较简便的办法确定最优方案。期望机会损失为50元，这是因为需要量每天有变动而发生的。如果有准确的预测资料，使每天批进担数与需要量相等，则机会损失为零。方案①的期望机会损失是在需要量不确定的情况下作出决定时付出的代价。

三、样本资料在贝叶斯估值理论上的作用

决策人对不同事件确定的概率，在很大程度上是主观的，即属于个人判断的概率，或者加上他的经验，才能与判断力作出的，这就是前概率，也称为初始概率。利用前概率作出的分析即称为初始分析。如果初始分析选定的最优方案期望机会损失相当大，这就表明选定的方案还有可能进一步改进，常常需要通过抽样取得更多的信息，然后以样本提供的信息为依据修改初始概率。

修改后的概率称为后概率或修正概率，修正时要应用有名的贝叶斯定理①。下一步再利用后概率计算期望收益。

这里所说的前概率与后概率是相对的，如初步确定的前概率 P_0，可与抽样提供的信息得到的后概率 P_1 结合分析，使 P_1 还可与进一步抽样得到一组新的后概率 P_2 结合分析。于是，在第二次分析时，P_1 就可看成前概率。

以检验产品质量为例来说明怎样利用样本资料来修正前概率。如某工厂生产的产品，成品检验结果如表 7：

表 7

车间	次品率（θ）	前概率 P_0（θ）
1	θ=0.10	0.20
2	θ=0.15	0.30
3	θ=0.25	0.50

三个车间的次品率不同，前概率是凭以往经验确定的，不同车间生产的次品在全部次品中所占比率是不同的，因而可以把前概率表为次品率的函数，记作 P_0（θ）。注意所有车间的前概率之和一定为一。

结果该厂质量检验人员对前概率有所怀疑，于是需要进行取样，在次品率有确定的值时，出现样本中取得的结果，其概率为几？如第一车间的次品率 θ_1 是真实的，随机取出两件产品都是次品的概率，根据独立事件的乘法规则，应为：

$$0.10\times0.10=0.01$$

同理在第二、第三车间随机取得两件次品的概率分别为 0.15×0.15=0.0225，0.25×0.25=0.0625。这就是条件概率。

把前概率与条件概率结合起来考虑，当第一车间次品率为 0.10 时，随机取得两件产品是次品的条件概率为 0.01，而在全部次品中，一车间的占 0.20，因而取得两件次品而属于一车间的概率为 0.20×0.01=0.002，即所谓联合概率。在其余两个车间的联合概率分别为

$$0.30\times0.022\,5=0.006\,75 \qquad 0.50\times0.062\,5=0.0312\,5$$

三个联合概率的和 0.002+0.006 75+0.031 25=0.04，即表示样本中出现两件次品的概率，而不问次品是属于哪一个车间的。

根据贝叶斯定理，按照不同车间的次品率，取得两件次品的概率（即后概率）分别为其中后概率一栏的各项，表 8。即表示在样本中以取得两件次品为条件，而这两件次品分别属于第一、二、三车间的概率。把后概率与前概率相比，从第三车间取得两件次品的后概率大为提高了。原因在于第三车间的次品率本身较高，此外还由于其前概率在三个车间中也是最高的，而后概率就显得更为突出，其余两个车间的后概率则相对降低。

---

① 贝叶斯定理是从条件概率导出的，主要结果可表述如下：若事件 Bi 是否发生以事件 A 为条件，则 P（Bi/A）即表示这一概率，Bi 发生的概率记作 P（Bi），于是贝叶斯定理可用下式表示：

$$P(Bi/A)=\frac{P(A/Bi)\,P(Bi)}{\sum\limits_{j} P(A/Bj)\,P(Bj)}$$

j=1，2，…，n。注意公式左端是以 A 为条件的概率，右端各项是以 Bi 这一事件为条件的概率。

表 8

车间	联合概率	后概率
1	0.002	0.05
2	0.006 75	0.168 75
3	0.031 25	0.781 25
	0.04	1.00

对产品的成本与利润也可用贝叶斯后概率进行分析，像以前一样用后概率来计算期望收益。如有预测资料，对不同车间或不同产品计算期望收益，然后从中选择最优方案。同理可以计算期望机会损失，从中选择损失最小的方案作为最优方案。

对企业能否兴建的分析。在国民经济调整过程中，某公社的社办企业是否可以兴建，对产品能否适销对路，是否有利可图是主要考虑的方面。如某一社办企业打算制造一种产品，制造与销售成本包括不变成本与可变成本两部分，其中不变成本 1 000 元，可变成本每件产品 3 元，售价 5 元。如果在某地的两万户中，估计今后要购买该产品的用户及其相应的概率如表 9：

表 9

购买户的比率（θ）	前概率
.01	.20
.02	.30
.03	.50

根据这一估计，我们来判断这种产品是否可以投产或该企业是否应该兴建?

先按前概率估计需求量，如果价格不变，投入生产是否有利，可以比较两种方案的期望利润，选择期望利润较高的方案作为最优方案。计算如表 10：

表 10

购买户比率（θ）	前概率	投入生产	
		效果（元）	期望利润（元）
.01	.20	20，000×0.01×2−1，000=−600	−600×.20=−120
.02	.30	20，000×0.02×2−1，000=−200	−200×.30=−60
.03	.50	20，000×0.03×2−1，000=200	200×.50=100
			−80

表 10 中效果一栏的销售量为用户总数乘上购买户比率，如 20 000×.01=200，按每一购买户选购一件计算，则可销售 200 件，每销售一件可得收益 2 元（每件产品的销售价格与可变成本之差，5−3=2），销售 200 件可得总收益 200×2=400 元，再减去不变成本 1 000 元，可得利润 −600 元，即亏损 600 元。期望利润即以效果一栏所得结果乘以相应的前概率。期望利润总和为 −80 元。与不投产或不办这一企业相比，不办的期望利润为零。因而在这种条件下，产品销路

不广，不办虽然不能获利，但也不会造成亏损，两相比较，不办是可取的。

如果因为经济形势发生变化，认为原定的前概率应予修正，就要根据抽样调查的资料加以修正。如调查用户20户，其中有两户需要这种产品。要是在二万户中真有.01需要这种产品，那么在包含20户的样本中出现2户需要这种产品的概率，可用二项分布求出，即

$$P(20,2,0.01)=\frac{20!}{2!(20-2)!}(0.01)^2(1-0.01)^{20-2}$$

$$=\frac{20!}{2!\ 18!}(0.01)^2(0.99)^{18}=0.519$$

一般求二项分布概率的公式为

$$P(n,r,\theta)=\frac{n!}{r!(n-r)!}(\theta)^r(1-\theta)^{n-r}$$

其中θ为某一事件发生的概率，n为样本中包含的个体数，r为具有某一标志的个体数。当θ取不同值时，也可按上式计算，这也称为贝努里（Bernoulli）概型。

表11　修正概率的计算过程

事件（购买户比率）	前概率	条件概率	联合概率＝前概率×条件概率	后概率＝$\frac{联合概率}{联合概率总和}$
0.01	0.20	0.015 9	0.003 18	0.046 6
0.02	0.30	0.0520	0.015 60	0.228 8
0.03	0.50	0.098 8	0.049 40	0.724 6
			0.068 18	1.000 0

表11中条件概率即指二项概率。至此，已经把抽样信息转换为后概率。下一步就可利用后概率提供的信息比较不同方案的期望利润，继续生产的期望利润是按表12计算的。

表12

事件	后概率	条件利润（元）	条件利润×后概率（元）
0.01	0.046 6	－120	－5.592
0.02	0.2288	－60	－13.728
0.03	0.724 6	100	72.460
	1.000 0		53.140

表中的条件利润就是原来的期望利润，因为把它们看成利用后概率修正期望值的条件，最后一栏修正的期望利润总和为53.14元这一结果比不办要优越，因为不办的期望利润为零。从上例可知，当经济形势发生变化时，原来的最优方案就不一定是最优的，因而随着经济形势的发展，及时采用抽样资料修正前概率有时是可取的。

四、讨论

贝叶斯统计主要的价值在于估值方面的应用，所不同于经典统计的是引进了主观信息。统计本身应该是纯客观的，反映客观的真实情况是其首要任务，但是一旦涉及估值，预测等问题、在

某些场合不利用主观信息几乎是不可能的。一是由于客观世界的复杂性，作为反映客观情况的统计资料，无论事前考虑得何等周密，包括的指标何等完备，总不能毫无遗漏地、全面地反映客观实际，而永远只能近似地反映。另一个原因是客观世界是瞬息万变的、从收集资料经过整理分析到综合利用，总得隔相当长的时间，在此期间，现实世界仍将进一步发生变化。为使认识逼近实际，再取少量的补充资料，有时也很必要，这时利用后概率来修正就是一种供选择的可行办法。

利用主观信息，必须实事求是。但是主观信息不带有个人成分是不可能的。个人的见解总会带有片面性，不可能全面如实地反映客观实际。使主观信息尽量符合客观实际是每一个研究工作者应抱的态度。因而，在一定场合，主观信息不应摒弃，而应实事求是地加以判断、利用。

利用后概率作出决策并不是一件简单的事。在实际应用中，要做很多细致的调查研究。如果各方面的条件与后果都是确定的，在这种情况作出决策，就只需直接比较不同的方案而不必借助于概率。

贝叶斯统计是经典统计的补充，并不否定经典统计。经典统计发展的一套抽样理论、回归分析方法仍旧是十分有用的。贝叶斯统计也要利用这些方法作为深入研究分析的手段。

在人类的认识领域里，在自然界或社会上，还有许多未被认识的现象、规律，不确定的因素也是普遍存在的，在这种形势下要各行各业的领导、计划决策部门，各门科学的专家作出决策，不发生错误或少犯错误，使决策能够收到预期的效果、可以借助于贝叶期统计。贝叶斯统计是一种有用的辅助手段，但绝不能认为贝叶斯统计既要利用主观信息，就可以把后概率任意调整，以符合个人的主观愿望。另一方面，如果可以根据客观信息作出决策，并不一定要引进主观信息。因此，贝叶斯统计可以看作是在经典统计基础上作出的新开拓。

贝叶斯估值理论在作出决策方面是一件有力的工具，如果与适当的经济预测相结合，可以使决策取得更好的经济效果。如果没有确切的预测资料，根据贝叶斯估计值选定的最优方案、在长期间仍将显示出它的优越性。

贝叶斯估值理论对决策人提出一种要求，即随着形势的发展，要及时修正前概率，要尽量迫近实际，要使前概率或主观信息尽可能地符合客观实际，因而，贝叶斯估计值是有其科学基础的。当然，选择的最优方案是否真是“最优”，还得用“实践是检验真理的唯一标准”来作出评价。

西汉时期我国的农业区域概貌*

阎万英

西汉时期我国的农业地理是在春秋、战国、秦朝几个历史时期政治、经济变化的基础上，演进而来的。春秋战国时期，政治上突出的特点是诸侯称雄，彼此之间进行兼并战争。兼并战争给人民在经济上带来的后果有二：其一是，在诸侯国交战区，人民的生命财产遭到严重损失，生产力受到破坏；其二是，在诸侯交战的后方，各诸侯国为了保证战争的胜利，尽力发展农业生产，借以增强国力。因此在列国战争的背后地，经济确有相当发展，只是由于诸侯割据状况，各地的发展是不平衡的。公元前221年，秦始皇统一了中国，由于秦始皇实行严刑苛政，又大兴土木，驱使民力很急，农民生活陷于困境，生产力备受摧残。秦末又经过陈胜、吴广起义，刘邦、项羽的楚汉相争，连年的战乱使西汉初年的国内经济相当衰落。正如《汉书·食货志》所说："天下既定，民无盖臧，自天子不能具醇驷，而将相或乘牛车"。在这样的情况下，自孝惠至文、景，都采取了劝课农桑，躬修俭节，思安百姓，与民休息的政策。随着这一政策的实施，汉代经济逐步改观。《汉书·食货志》曾描述说："至武帝之初七十年间，国家亡事，非遇水旱，则民给家足，都鄙廪庚皆满，而府库余货财。……"汉武帝凭借先帝的资蓄，北攘匈奴，南降百越，征战三十余年，虽消耗了人力财力，但疆界扩充万里，保证了边境的安定，并促进了各民族之间的交往。武帝之后，虽国势有所衰落，但终西汉之世，基本上还能维持稳定。因此西汉时期的农业生产比春秋战国时期有较大发展，但由于各地自然条件的不同，技术发展水平的差异，就使各个地区的农业又各具特点。

这里拟就西汉时期的农业区域的划分，经济状况及其形成的原因做一简单论述。

一

中华民族早在距今约一万年的新石器时期，已经开始进入定居的农业生活。黄河中下游地区逐渐形成以种植业为主的经济区。到西汉时，农业已相当进步，以种植业为主的经济繁荣地区也在逐渐扩大。据《史记·货殖列传》记载，这一地区的范围包括：关中地区，在陕西省中部。由关中地区向东是汉设置的河东郡、河内郡、河南郡，它们分别在今山西省西南部、运城、临汾一带；河南省的东部，安阳、焦作市一带；河南省的中部，郑州、洛阳一带，"三河"地区则是这三郡的简称[1]。由"三河"地区向北，河内郡的西面为上党郡，地处今山西省长治专区一带。由上党郡向北为太原郡，在山西省中部，《史记·货殖列传》没有提及此郡，但《汉书·地理志》讲"太源、上党多晋公族子孙……"可见这相邻二郡风俗有一致之处，因此太原郡应同属农区范

* 原载《农业考古》1981年第2期。

围之内。由河内郡向北，为汉时的封国赵、中山，由中山国再向北是涿郡。在赵、中山、涿郡周围还有一些封国和郡，《货殖列传》没有一一提及，但从其地理位置看，当时的冀州全部地方，即今河北省中、南部地区应属农区范围之内。由"三河"地区向东是梁宋之地，梁、宋原是周时的封国，地处河南省与山东省交界，巨野周围一带地区。由梁、宋向东是邹、鲁，由邹、鲁再向东是齐地，邹、鲁、齐也都是沿用了周时的旧称，分别在山东省的中部和东部。由"三河"地区向南则是颍川、南阳，颍川在今河南省南部平顶山一带；南阳在河南省与湖北省交界的一带地区。

这一地区，西自关中，东到齐、鲁，北从涿郡、中山，南到颍川、南阳，都属于黄河中下游地区。这一地区经济总的特点是以种植业为主，人民勤劳、节俭、重视贮藏。但由于各地自然条件不尽相同，农业生产要因地制宜，所以又各具特点。

西汉时经济最繁荣的地方是关中地区，它位于泾、渭两水的中下游，西起汧、雍，东至河、华，那里"膏壤沃野千里，自虞夏之贡以为上田，……好稼穑，植五谷，地重……"[②]同时商业、交通发达，"故关中之地，于天下三分之一，而人众不过十三；然量其富，十居其六"。

齐地的富庶是与关中等量齐观的，战国时曾以沃壤千里闻名。齐地经济的发展与巧智者的主观努力是分不开的。周初，姜太公受封于此，但"地潟卤，人民寡"。在这不利的情况下，姜太公鼓励妇女植桑养蚕，织丝帛。同时利用临海的有利条件，发展渔业、盐业。于是"人物归之"，经过多年的开发，齐地富饶起来，齐桓公时在管仲的辅佐下，曾称霸诸侯。《史记・货殖列传》在描述西汉时期齐地经济时写道："齐带山海，膏壤千里，宜桑麻，人民多文采布帛鱼盐"。这个描述在一定程度上反映了齐地从事多种经营以致富饶的特点。

位于上述两地之间的邹、鲁、梁、宋及"三河"地区既无山川林泽之饶，而又地狭人众，可是那里的人民"好稼穑"，能够节衣缩食，生活异常节俭，虽然自然条件不那么有利，但仍能做到有积蓄、有贮藏。

黄河中下游地区是以种植业为主，农作物的种类也比较多，首先看大田作物的种类。西汉时期的作物种类是由前代沿袭而来的。《毛诗》卷第八＜国风・七月＞曰："十月纳禾稼，黍稷重穋，禾麻菽麦"；《毛诗》卷第十四＜小雅、甫田＞："黍稷稻粱，农夫之庚，……"根据《诗经》的记载来看，从西周到春秋，中原地区主要种植黍、稷、禾、麻、菽、麦、稻、粱等大田作物。后来《周礼・夏官・职方氏》与战国末年《吕氏春秋・审时篇》的记载都没超出《诗经》的记载范围。西汉时期的农书《氾胜之书》记载了多种作物的栽培方法，其中提到的大田作物有：禾、黍、稻、稗、枲麻、豆、小豆、宿麦、旋麦、芋等。其中麦就是小麦，到西汉时已经分有春种的旋麦和秋种的宿麦；禾是北方谷子，稷和粱都是北方谷子的别名；麻是麻类的总称，枲麻是雌雄分株的，枲是雄麻，苴是雌麻；菽是大豆；大麦、稻、黍、小豆与现在的作物同名；芋的块茎茎长在地下称大芋头；稗是饲料，碰到荒年人也可用来充饥。[③]

这一地区除种大田作物外，还种植其他多种作物。《毛诗・国风・七月》曰："六月食郁及薁，七月亨葵及菽，八月剥枣，十月获稻，……，七月食瓜，八月断壶，九月叔苴，采荼薪樗……"。这里讲的是六月吃郁和薁；郁是果名"郁李"，薁也是郁类，是形状较小的一种；七月烹饪葵和菽，葵是古代的一种蔬菜，菽是豆子；八月收枣；十月收稻；……七月吃瓜，八月摘葫芦，九月收拾苴麻，采萑苕，砍樗木为柴禾……。从这记载看出人们除种大田作物之外，还种植果木、蔬菜、瓜类等多种作物。

《汉书・食货志》记载，战国以前百姓“还庐树桑，菜茹有畦，瓜瓠果蓏殖于疆易，鸡豚狗彘毋失其时，女修蚕织，则五十可以衣帛，七十可以食肉”。这个记载反映了当时一般百姓以种植大田作物为主，种植蔬菜、瓜果、植桑养蚕及饲养家禽规模都不大，勉强维持自家的需要，只有受人尊敬的老人才能享有较好的生活。

到西汉时，虽然绝大多数农民仍把种植瓜果、蔬菜、饲养家畜作为副业，从事小规模经营，但由于生产的发展，地主阶级兼并土地，个别的经营规模也有所扩大。《史记・货殖列传》就记载着“无秩禄之奉，爵邑之入”食租税的“素封”之人，他们的经营规模已相当可观，“……陆地牧马二百蹄，牛蹄角千，千足羊，泽中千足彘，水居千石鱼陂，山居千章材。……及名国万家之城，带郭千亩亩钟之田，若千亩卮茜，千畦姜韭：此其人皆与千户侯等。”这样的经营规模，肯定不完全是为自家食用，而是把多余的农产品作为商品去出卖，随着商品经济的扩大，一般的庶民百姓对副食的享用也会较前代为多。

武帝时张骞出使西域，打通中原与西域的道路后，中原与西方在经济、文化等方面开始有了较频繁的交流。原产西土的一些物种如：胡麻、胡瓜、胡豆、胡蒜、胡桃、葡萄、石榴、苜蓿等陆续传入中原。其中胡麻含油量较高，随着种植的推广，丰富了中原地区植物油的来源。

由于这一地区自古以来重视种植业生产，因此发展到西汉时旱地耕作技术有较大的进展。从《诗经》卷十四＜小雅・大田＞，卷十九＜周颂・良耜＞，＜周颂・臣工＞等篇的记载看，春秋时期已有翻土用的耒耜；类似铲的钱；刨地用的铫；锄草用的镈和耨；收割用的镰和铚。以上农具的分工已是比较细，从耕垦到收获，田间作业每一过程都有相应的农具与之配合。战国时期的耕作技术又有进展，最为突出的是铁犁牛耕的应用和推广，耕作栽培也趋精细。《庄子・则阳篇》：“其深耕而熟耰之，其禾繁以滋”；《韩非子・解老篇》：“积力于田畴，必且粪灌”。这些记载表明，人们已经认识到深耕与粪灌的必要性。从《吕氏春秋》的＜任地篇＞、＜辨土篇＞、＜审时篇＞，有关农事的文章看，当时人们对农作物的生长规律以及与周围环境的关系，是有一定认识的。可见我国精耕细作的传统农业生产技术在战国时已经发端，后来就在这个基础上逐步发展提高。

到西汉时，赵过曾推行代田法，氾胜之总结了区种法的经验，又进一步改进了耕作技术。《汉书・食货志》记载：“过能为代田，一亩三甽，岁代处，故曰代田”。这种代田法，既可使土地不必休闲，又能保持地力。赵过还推行耧车、耦犁等新田器，这样不仅使更多的土地得到开垦，同时又提高了粮食产量。《氾胜之书》记载了多种作物的栽培方法和农业生产经验，更突出的是区种法。根据此书记载：区种法的优点为“可不耕旁地、庶尽地力”，同时“诸山陵、近邑、高危倾阪及丘城上皆可为区田”。可见西汉时期，经过耕作技术的改革，使种植业水平得到进一步提高。

由于这一地区以种植业为主，农具不断改进，耕地面积不断扩大，又由于采用了精耕细作的耕作技术，就使农产品不断增多，从而为工商业的发展提供了便利条件。《史记・货殖列传》中描述了当时通邑大都的盛况，那里既有农副产品，又有手工业品作为商品上市。这些商品表明当时的农业已比较发达，手工业分工也比较细致，手工业、商业的规模也具有一定水平，由于农业、手工业、商业的发展，各地出现了许多都市，如：长安、咸阳、邯郸、蓟州、洛阳、临菑、陶、雎阳、宛……。这些都市都是交通枢纽，贸易中心。再加上商贾们“转毂以百数、贾郡国，无所不致”，不仅促进了这个地区的经济发展，也进一步沟通了这一地区与邻近地区间的经济往来。因此这一地区不但是以种植业为主农业比较发达的地区，同时手工业、商业也是比较繁荣的。

二

在以种植为主的经济区的西部和北部，是以畜牧业为主的经济区。司马迁在《史记·货殖列传》中大致给牧区画了一条线，即“龙门、碣石北”。从《史记·货殖列传》和《汉书·地理志》的记载，可得知西汉时期我国牧区的大致范围。西部地区有：武威郡、张掖郡、酒泉郡、敦煌郡，这四个郡分别在今甘肃省的中、西部。从这四郡向东，有天水郡、陇西郡、金城郡、北地郡、上郡，这几个郡分别在今甘肃省南部、宁夏回族自治区和陕西省的北部。北部地区有定襄郡、云中郡、五原郡、朔方郡，这几个郡都在内蒙古自治区一带。这几个郡的东南方有河西郡、雁门郡、《货殖列传》所讲的种、代就是代郡，它们分别在山西省的西部、北部以及与河北省北部交界的一带地区。东北部地区：主要指上谷至辽东一带，包括上谷郡、渔阳郡、右北平郡、辽西郡、辽东郡，相当现在河北省的北部与辽宁省西南部一带地区。

对这一地区的经济状况，《史记·货殖列传》做了总括的介绍：“龙门、碣石北多马、牛、羊、旃裘 、筋角”。繁多的畜产品反映了这一地区的经济特点是以畜牧业为主的。

《史记·货殖列传》说：“天水、陇西、北地、上郡，与关中同俗，然西有羌中之利，北有戎狄之畜，畜牧为天下饶”；“种、代石北也，地边胡，数被寇。人民……不事农商”；《汉书·地理志》：“安定、北地、上郡、西河，皆迫近戎狄，修习战备，高上气力，以射猎为先”。这些记载表明从天水、陇西到种、代，是与游牧民族相邻的，在生产生活方式上受游牧民族影响很大，在经济上与游牧民族有着频繁的往来，游牧民族以畜牧业为主的经济直接影响着这一地区，使这一带成为畜牧业较为发达的地区。

武威以西四郡以及定襄、云中、五原、朔方，原是匈奴故地，那里的人民仍然保持着游牧生活。由于地广民稀，水草宜畜牧，因此这些地方也是畜牧业发达的地区。

上谷至辽东，地形多样。西部是山区，东部是渤海，中间是东北平原的南部和华北平原的北部，在这多变的地形影响下，不仅有畜牧业，还有地方特产，具“渔、盐、粟、枣之饶”。

这个地区的经济虽是以畜牧业为主，但在一些地方也有一定的种植业，从而有半农半牧的色彩。《汉书·食货志》记载，汉时“山东被水灾，民多饥乏……乃徙贫民于关以西，及充朔方以南新秦中，七十余万口，衣食皆仰给予县官”；“初置张掖、酒泉郡，而上郡，朔方、西河、河西开官田，斥塞卒六十万人戍田之”。汉时迁徙大批移民到牧区屯田，一方面是为了解决内地灾荒，另一方面是要利用移民从事种植业，开垦这地广民稀的牧区，借以达到移民实边的目的。《史记·货殖列传》说：“塞之斥也，唯桥姚已致马千匹，牛倍之，羊万头，粟以万钟计”。从在边塞屯田的桥姚的经营来看，马、牛上千，羊只上万，是以畜牧业为主的。但从他的食粮贮存量看，也是相当可观的。这个材料所记载的虽是一个富豪的经济，但它反映了牧区经济是以畜牧业为主，同时也在河川地或有水源的地方发展一定的种植业。西汉时，这个地区的水利事业也有所发展，据《汉书·沟洫志》记载，自汉时塞瓠子口之后，“用事者争言水利。朔方、西河、河西、酒泉皆引河及川谷以溉田”。可见汉时这个地区的农牧业生产水平较前代都有所提高。

《汉书·地理志》说：“正北曰并州……；其利布帛；民二男三女；蓄宜五扰；谷宜五种”。并州北部的代郡、雁门郡属牧区，从这个记载看，人们不但从事了马、牛、羊、犬、豕的畜养，还从事五谷的种植，与此同时百姓还从事些家庭手工业，织布帛以解决穿衣问题。

以畜牧业为主，同时兼有种植业和手工业，是这一地区经济的主要特点。

三

在以种植业为主的黄河流域以南，是广大尚未充分开发的水田区。这个地区位于江淮以南，战国时期是楚、越及秦国的巴蜀之地。《史记·货殖列传》按照其地理位置、风俗习惯把楚越之地分为西楚、东楚、南楚三个区域。

“夫自淮北沛、陈、汝南、南郡，此西楚也”。沛郡在今安徽省的北部与江苏省北部交界的一带地方；陈是汉时封国淮阳国的首邑，这里指的就是淮阳国，地处河南省南部淮阳一带地方；汝南郡位于安徽省的西北部与河南省南部交界处；南郡地处湖北省的西部。

“彭城以东，东海、吴、广陵、此东楚也”。彭城就是今江苏省徐州市，由此向东都是东楚。东海郡地处山东省南部与江苏省北部交界地区；吴是苏州，广陵是扬州，这里指的不单纯是两个县，而是从徐州到扬州，再到苏州的江苏省大部地区。吴是会稽郡的郡治，会稽郡地域很大，包括江苏省南部、浙江省与福建南大部地区。因此东楚的范围应涉及今山东省南部和江苏、浙江、福建几个省的大部分地区。

“衡山、九江、江南、豫章、长沙，是南楚也。”《史记·集解》徐广对“衡山”作注曰：“都邾。邾，县，属江夏。”给“江南”作注曰：“高帝所置。江南者，丹阳也……”。根据这两个注解可知，衡山指的是江夏郡，包括今湖北省大部地区；江南指的是丹阳郡，地处安徽省东部与江苏、浙江西部交界的一带地区；九江郡在安徽省中部；豫章郡在江西省；长沙国地处湖南省。《货殖列传》在讲到南楚经济时说：“九疑、苍梧以南至儋耳者，与江南大同俗、而杨越多焉。”从九疑山、苍梧山以南一直到海南岛，即广东、广西的地域也在南楚范围之内。

另外长江上游的巴蜀之地，以及西部的邛笮，南部的滇僰，即汉时的益州刺史部也应属于这一地区范围之内。④

江淮以南的经济发展情况在当时是不平衡的。其中吴、江陵和巴蜀开发较早，农业生产比江南其他地区先进，经济也较为繁荣。

吴地，即今江苏省南部，位于长江下游。这里“东有海盐之饶，章山之铜，三江五湖之利”，人们利用这有利的自然条件铸钱、煮盐，发展农业生产，国用富饶，百姓殷富。以至春秋末年、吴、越称雄诸侯，汉时吴王濞曾据此与朝廷抗衡谋反。

另一个比较发达的地方是江陵，它过去是楚国的国都郢都，是江南的一个经济、文化中心。由江陵向西可通巫郡、巴郡，东边的云梦泽有富饶的物产，成为江南经济比较发达的地区。春秋时楚庄王得以称霸，战国时楚国能与强秦长期对峙，都表明这一地区的经济实力。

巴蜀在今四川省，北面隔着秦岭、巴山与关中为邻，东以三峡与楚地相接。巴郡是以现在重庆为中心的川东地方，蜀郡则是以成都为中心的川西平原，战国时都属秦国。根据《史记·货殖列传》记载它和关中的泾渭平原同属一个经济区。但是根据它的自然条件和农业生产特点，这里把它归入了江淮以南的水田区。战国时秦国蜀守李冰曾在成都平原兴修水利。秦灭六国后，迁徙六国被虏略的人民到巴蜀地区。“巴蜀亦沃野，地饶卮、姜、丹砂、石、铜、铁、竹、木之器”，人们在这富饶的土地上充分利用当地的自然资源发展多种经济。《汉书·地理志》描述巴蜀地区：“民食稻鱼，亡凶年优”。据《汉书·食货志》记载：“是时，山东被河灾及岁不登数年，人或相食，方二三千里。天子怜之，令饥民得流食江淮间……下巴蜀粟以赈焉”可见巴蜀的粮食不仅够当地食用，还有多余可调出赈灾。秦时著名的巴寡妇清开丹砂矿；卓氏、程郑在此冶铁鼓铸，铁工具得以较普遍使用，促使这一地区得到较早的开发。

但是，从总的来看当时广大的江淮以南地区则有如《史记·货殖列传》所述："楚越之地，地广人稀，饭稻羹鱼，或火耕而水耨，果隋蠃蛤，不待贾而足"。《汉书·地理志》也说："江南地广，或火耕水耨。民食鱼稻，以渔猎山伐为业……"。由于地广人稀，大部分土地没有得到开发。种植的谷物主要是水稻。耕作技术较为落后，所谓"火耕水耨"即用火焚烧地面的草木以肥地，然后耜之；浸大漫灌，把草沤烂在水里，农业生产技术落后、耕作粗放。江淮以南的主要经济形式虽然也是以种植业为主的，但由于这里地广人稀，地势饶实，稍搞一点种植业就足以解决吃饭问题，因此这里的人民还根据当地湖泊多、丘陵多及盛产竹木的特点，从事捕鱼、狩猎和砍伐竹木等生产活动。这一特点从下文所描述的物产情况，也可以反映出来。

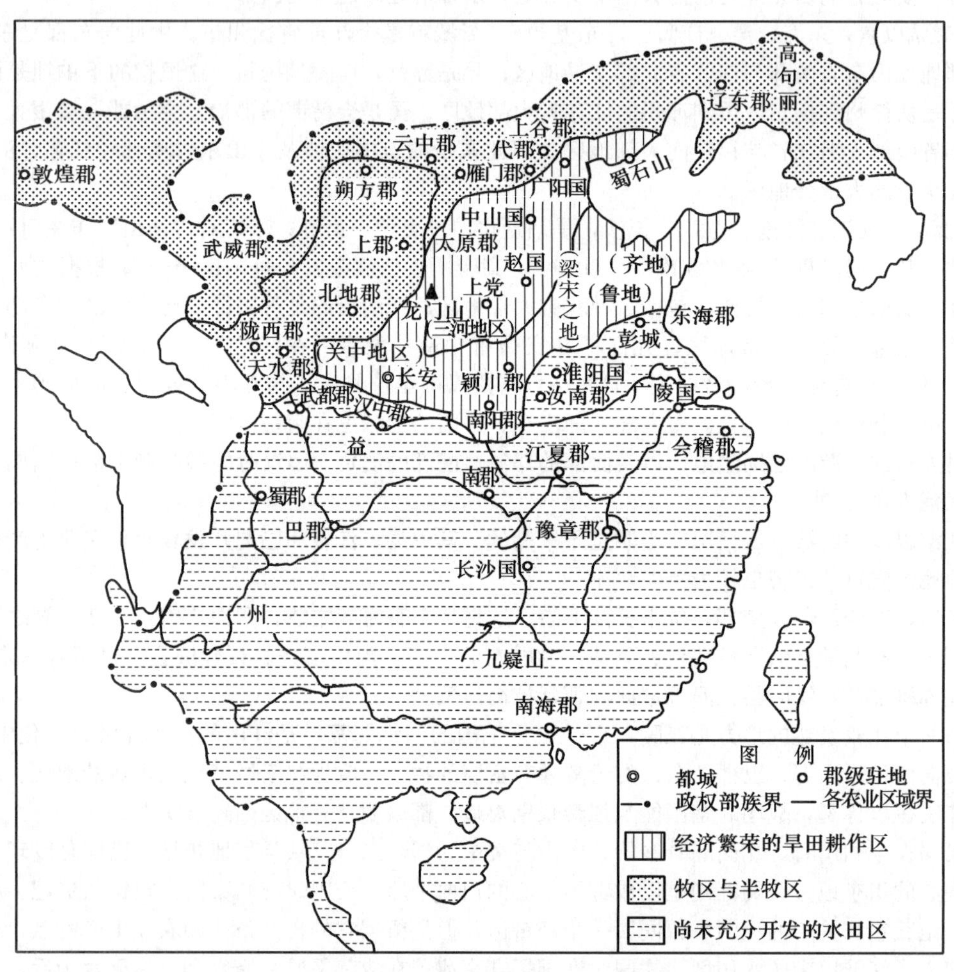

西汉时期我国农业区域概貌示意图

从《货殖列传》的记载看，江淮以南物产的种类也不少。整个江南多竹木。合肥一带有皮革、咸鱼、木材等；豫章有黄金；长沙出铅、锡；广州有珍珠、犀角、玳瑁（似海龟的动物）、龙眼、葛布；蜀、汉、江陵产柑橘；陈、夏产漆树等等。可是由于生产水平较低，在某些项目生产中，人们经营所得到的物质利益经常不足以抵偿其投下的人工、财力，因而人们就干脆罢手不干了。所以江淮以南当时不单农业生产落后，其他手工业、商业也处于落后状态，百姓"无积聚

而多贫”，“故江淮以南，无冻饿之人，亦无千金之家”。

四

上边论述了西汉时期我国三大农业区域的概貌，这三大农业区域形成的原因是多方面的。

从地形条件来讲，黄河下游地区的大部分土地是平原，而黄河中游地区的渭水秦川及汾河流域总的地势也还是比较平缓的。加上这里土壤质的比较松软，便为开垦耕地、引水灌田提供了有利条件。因此这一地区较早地得到开发，到西汉时已成为以种植业为主的经济较为繁荣的地区。而西部、北部牧区大部分土地处在黄土高原和内蒙古高原上，这两个高原的地形特点也不相同。《史记·货殖列传》说：“天水、陇西、北地、上郡……地亦穷险……”黄土高原西部、北部、地势险要、土地瘠薄，不适于大面积发展种植业，也不具备发展牧畜业的天然草原。在这穷险之地，人们为了生存，只好在狭窄的河川地上搞些种植业，利用山坡草地放牧羊群。这里形成半农半牧区。内蒙古高原虽地势较平坦，但由于气候干燥也不适于发展种植业。江淮以南，除吴、江陵、巴蜀等少数地方有较大片平原外，大部分地区是丘陵、山地及沼泽沮洳地带。要在地势起伏较大的山地丘陵及沼泽沮洳地带发展种植业，则需要大规模整地造田，兴修一定的排灌设施。但从当时的生产技术水平看，还没有达到那么高程度。因此江淮以南广大丘陵及薮泽地区尚未得到充分开发，仍处于“地广人稀”的状态。

从水的条件看，各地也大不相同。黄河中下游地区属于温带季风气候，虽然年降雨量并不少，大致在400～800毫米左右，但降雨集中在夏季，常常造成春旱夏涝。再加上黄河经常泛滥成灾，给种植业的发展与人民的生命财产造成威胁。千百年来，中原人民为了战胜干旱和水害曾动员大批人力物力，兴修水利治理黄河。据《汉书》<地理志>、<沟洫志>的记载，战国时期这一地区著名的水利工程有：魏文侯及魏襄王时，邺令西门豹和史起分别引黄河水、漳河水溉邺地；秦始皇初年修造郑国渠，引泾水溉民田。西汉时兴修的水利工程更多，齐人水工徐伯开凿漕渠；为引洛水溉民田，开凿了龙首渠；公元前111年开凿六辅渠；公元前109年堵塞了时跨二十年的黄河大堤决口——瓠子口；以后又修建了灵轵渠、成国渠、纬渠……。这些水利工程扩大了中原地区水浇地面积，有助于弥补干旱与河灾造成的损失。然而这些水利工程毕竟还是有限的，为了适应这个地区早春多风的特点，人们广泛地采用了防旱保墒的耕作技术，从而保证并促进了中原地区种植业的发展。

我国广大西部、北部地区属大陆性气候，降雨量很少，在400毫米以下，尤其内蒙古高原及甘肃北部降雨量更少。再加上这些地方处于高原地带，地下水位较低，地下水不易利用。这里大部分地区水的条件不能满足农作物生长的需求，不宜大面积发展种植。然而草和林木对水的需求大大少于农作物，因此我国广大西部北部干燥地区有许多天然草原，降雨量稍多一些的地方生长着林木。由于这一地区具备大面积草原，为牲畜的生长提供了饲料，因此这里如《汉书·地理志》所说：“自武威以西……地广民稀，水草宜畜牧，故凉州之畜为天下饶”。上谷到辽东一带气候条件比西部、北部地区好，但西汉时这里是边境地带，“地踔远，人民稀”，广大地区没有得到充分开发，不过这一地区的种植业已占一定比重，是种植业与畜牧业杂处的地区。

从淮河到秦岭以南，这一地区降雨量约在800毫米以上，气候潮湿，地下水位又高，适于栽种水稻，形成水田区。这里的一般旱地作物不行灌溉，需要灌溉的主要是水稻，而南方的主要粮食作物又正是水稻。在有塘、陂和灌溉条件的平原地区，水稻种植普遍，开发也较早。而南方广大丘陵及沼泽、沮洳地区（当时没有像样的排灌设施，主要粮食作物——水稻则难以种植。这也是南方广大丘陵及沼泽、沮洳地区）地广人稀，尚未得到充分开发的原因之一。

春秋末到战国初，铁工具开始在农业生产上使用。铁工具的出现为开垦荒地，精耕细作，兴修水利创造了有利条件。然而直至西汉时期，全国各地铁器的普及程度还是不一致的，这标志着各地生产力水平的不同。从《史记·货殖列传》记载的私人鼓铸地点看，除巴蜀之外，大部分处于黄河中、下游的中原地区。《汉书·地理志》记载西汉中期实行盐铁官营铁官的设置情况，当时铁官设置四十多处，大部分也集中在中原地区，江、淮以南设置的铁官，大多数在巴蜀地区和紧靠中原的地区。从解放后考古发掘的冶铁遗址看，战国时期的不够多，基本上都是在中原地区。西汉时期的，出土较多，大多数也还是集中在中原地区，仅河南一省就有十五处之多，江淮以南只有江苏利国驿和泗洪县峰山镇[5]。这些事实表明：西汉时期中原地区已普遍地使用铁工具，这对中原地区的开发和种植业的发展起了很重要的作用，而江淮以南铁工具使用尚不普遍，江淮以南又多丘陵、多薮泽，若没有锋利的铁工具是不易开发的。因此江淮以南直至西汉没能充分开发，同时耕作技术落后。

三大农业区域的形成，也是有其社会原因的。西汉时期汉族在西部、北部地区分别与西羌、匈奴、乌桓、扶余等游牧民族杂居或相邻，受游牧民族影响较深的地方，自然形成以畜牧业为主的经济。黄河中下游地区的情况则不同。这里是中国文化的发祥地，历代王朝多建都在这里，是个人口密集的地方。这里“土地小狭，民人众”，再加上自然灾害较多，百姓的吃饭问题自然成为迫切需要解决的问题。由于种植业能比畜牧业在同样的土地上提供更多的产品，所以历代的当政者都不得不关心辟土垦荒，并推行重农政策。《管子·治国》讲：“民事农则田垦，田垦则粟多，粟多则国富”，正是基于这样的认识，历史上一些有作为的人物曾做出相应的成就。如：战国时李悝为魏文侯作尽地力之教；商鞅推行急耕战之赏；汉初采取躬修节俭，思安百姓，与民休息的政策；晁错主张入粟于边，得以受爵免罪；武帝末年赵过推广代田法和耦犁……。这一系列行之有效的措施，使农业生产得以发展，黄河中、下游地区就是在这样的历史背景下成为以种植业为主的地区。江淮一带地广人稀，长时间未充分开发，与当时南方人口自然生殖率低及迁徙来的人口少也有关系。《吕氏春秋·上农篇》曰：“民农则产复，其产复则重徙，重徙而死其处，而无二虑”，从这记载可知统治阶级为了维护其统治，增加对劳动人民的剥削量，千方百计不让人民迁徙。中原地区的一般庶民百姓也因当时“南方卑湿，丈夫早夭”而不愿南迁。直到东晋、南北朝时，由于少数民族统治北方，中原战乱，大批人口南迁，带去北方先进的耕作技术，才使江淮以南地区得到充分开发，以至后来，南方地区竟成为我国最重要的粮食产区。

小　结

西汉时期我国三大农业区域各有其不同特点：黄河中下游地区以旱田种植业为主，这里不仅农业生产水平较高，手工业、商业也较为发达。广大西部、北部地区以畜牧业为主，同时也兼有一定的种植业。江淮以南为尚未充分开发的水田区，这里虽以种植水稻为主，但也有相当比重的渔猎山伐等经济活动。这三大农业区之间虽然有一定的界限，但它们之间又有着互相交融与过渡的地段。

我国三大农业区域的形成是与各地的自然条件相适应的。黄河中、下游区由于地势较平坦，土质较松软，因此开发较早。广大西部、北部地区由于气候干燥，具备较大面积的天然草场，为畜牧业的发展提供了条件。江淮以南雨量充沛，形成水田区。

然而这三大农业区域的开发与变化主要还是与各个时期生产力的发展水平相关的。战国时期

由于铁农具的使用，使黄河中、下游区种植业明显地上升到主导地位。到西汉时，铁器、牛耕进一步推广；水利事件进一步发展；劳动人民广泛地推广精耕细作的生产技术，同时利用当地的自然资源发展多种经营。这样，不但使黄河中下游地区的种植业水平不断提高，同时也使我国的农耕区迅速地得到扩大，在农牧交错接壤的地方出现半农半牧区。后来，农牧区又有所消长，但是随着农区人口的增长，农区北移扩大的趋势始终占主导地位。江、淮以南水田种植区，也随着陂塘渠堰等水利工程的修建，得到进一步的开发。

可见，西汉时期全国的农业生产，在适应各个地区自然条件的基础上，虽都有所发展，但是受当时生产力水平的限制又相当不平衡。可是总的说来，这个时期的农业生产技术等方面，在继承的基础上又在不断提高，战国时期发端的精耕细作这一优良传统进一步得到发扬，农业布局，也不断在调整变化，这不仅推动了当时的农业生产，也为后来全国土地利用勾画出一个粗略的总轮廓。

参考文献

[1] 史念海《海山集》1963 年，生活·读书·新知三联书店

[2]《史记·货殖列传》以下凡未注出处之引文皆出于此文

[3] 王毓瑚：《我国自古以来的农作物》，《农业考古》1981 年 1～2 期

[4] 三大农业区域的地理位置，参见中国历史地图集编辑组：《中国历史地图集》1975 年，中华地图学社

[5] 钢铁学院《中国古代冶金》编辑组：《中国古代冶金》1978 年文物出版社

集体所有制农业的管理体制改革*

常明莲

我国农村人民公社集体经济在我国经济中占有重要地位。作为国民经济基础的农业，主要是由集体所有制的生产队（基本核算单位）经营的。占全国人口80%以上的八亿多农民，组织在450多万个生产队里，直接进行农业生产，提供全国农副产品的90%以上。农村人民公社的生产队是发展我国农业生产力的基础阵地。要把农业生产尽快搞上去，必须大力发展生产队经济。这直接关系到我国农业生产和整个国民经济的发展，直接关系到八亿农民的切身利益，也直接关系到社会主义制度的巩固和发展。因而，对集体所有制农业采取什么样的管理体制，以便更好地组织农业的生产、交换、分配和消费，是关系到集体所有制巩固和促进发展农业生产力的大问题。

我国农业集体经济已经建立二十多年，但农业生产至今还没有摆脱落后面貌，集体经济的底子很薄，扩大再生产的能力很弱，广大农民的生活还很贫困。造成这种状况的原因很多，重要的原因之一，是国家对集体所有制农业的管理体制在一定程度上还不适合农业生产力的发展。因此，很有必要对集体所有制农业的管理体制作进一步的探讨。

一

农村人民公社的生产队是社会主义集体所有制经济。它的生产资料是属于一定范围内的劳动农民群众集体所有。他们共同劳动，共同分配劳动成果。这就决定了这种经济形式具有以下的特征：

第一，生产队是一个独立经营、独立核算、自负盈亏的农业企业。生产队是我国社会主义制度下社会生产的基本单位，是农业经济活动的基层组织，具有经济上的独立性。这种独立性，要比国营经济更大。有权独立自主的组织本队的生产、收益分配和产品交换。生产队的生产资料属于本队全体社员共同占有，共同使用，共同支配；它的劳动产品属于本集体的劳动者共同所有；生产队有权独立自主地组织本队的生产；社员对集体的经营成果也负有全部经济责任。在生产过程中所需要的一切物资、资金，都由本集体的劳动者共同筹集，生产过程中的一切劳动消耗，都要依靠本集体的经营成果来补偿，以收抵支取得盈利，只有这样，才能进行扩大再生产和提高劳动者的生活水平。可见，独立核算、自负盈亏是集体所有制农业的重要特征。当然，这种独立经营，应该是在国家计划和经济政策的指导下进行的。

第二，生产队是一个独立的商品生产者。它的产品和收入除依法上缴农业税（和工副业税）以外，全部归这个集体所有，其他任何单位和个人都无权占有和支配。他们只有通过等价交换的

* 原载《国民经济调整与经济体制改革》，《经济研究》编辑部，山东人民出版社，1981年9月版。

形式，才能取得它的产品。它与其他集体单位或全民所有制单位之间也是商品交换的关系，而不是从属关系，或上下级关系。各级领导机关和其他单位都不能对集体经济内部的经济活动进行直接干预。国家只能利用经济规律，采用经济方法例如计划指导、利用经济杠杆（如价格、税收、信贷等）的作用，并辅以科学的行政管理，引导集体经济纳入社会主义计划经济轨道。

生产队和其他单位之间，既然是商品交换的关系，便要求他们之间的交往切实遵守等价交换的原则。集体经济用一定价值的农产品应该换回同量（或近似）价值的工业品。但是目前由于种种原因，还存在着工农业产品不等价交换的“剪刀差”。这种“剪刀差”随着农业劳动生产率的不断提高和国家采取各种措施，正在逐步缩小。另外集体经济之间，调剂使用生产资料，进行协作劳动，举办社队企业，也都要遵守等价交换的原则。兴修水利工程，也要根据受益状况，合理负担，不能无偿调拨。

第三，各个生产队之间，收入分配水平不尽相同。生产队作为自负盈亏的农业企业，它的积累和消费水平，是由本集体的经营成果决定的。由于各生产队所处的自然条件不同，各自占有的生产资料数量、质量不等，各队的经营管理水平也不尽相同，致使生产队之间的经营成果有很大差别。经营成果好的生产队，可以取得较多的积累基金，用于扩大再生产；用于分配给社员的消费基金也较多，劳动报酬水平也较高。相反，经营成果差的生产队，积累基金少，扩大再生产的能力低；社员的劳动报酬水平也低。在不同的集体经济组织之间，社员的劳动报酬水平是不统一的，在队与队之间等量劳动不能获得等量报酬，社员不能完全“平等”地实行同工同酬。即使在同一集体经济单位内部，不同时期，劳动报酬标准也不能统一。社员从集体经济中取得的个人收入的多少，不仅取决于他们在集体经济中的劳动份额，而且还取决于集体经济的经营成果。各个生产队的收入分配水平一般并不相同，这要根据各地的具体情况而定。

第四，由于生产队的经营成果是由劳动者共同负责，生产队是集体的商品生产者，这就要求集体经济内部的经济活动，要实行民主管理，要充分实现劳动者对生产资料和劳动产品的主人翁权力；只有广大社员参加管理，实行监督，才能更好地体现劳动者的意愿和利益。要做到这一点，人民公社各级领导干部，要经过民主选举产生，要真正代表社员的经济利益，反对任何个人对经济管理的专制；生产队一切重大的经济事务（如生产计划、经营方针、收入分配方案、重大财务开支项目等）都要民主讨论决定。生产队干部应定期向社员报告工作，定期向社员公布账目。

二

生产队集体经济的这些特征，从生产、交换、分配、消费各方面表现了集体所有制的本质。集体经济的管理体制应该适应所有制的本质和农业生产的发展水平。但是，现行的管理体制，在以下几个方面却存在着一定的弊病。

第一，现行管理体制，在一定程度上限制了生产队生产经营的自主权。例如现在的计划管理体制，实际上是具有指令性的直接计划。尤其从1958年以后，基本上是以行政命令为主的办法，把农业计划指标按照行政系统层层下达，指挥生产队的生产活动和经济活动。这实际上就形成了国家计划通过公社、大队一直下达到生产队。生产队则不论计划是否统得过死，种类项目规定得过多，也必须保证完成。有的地方甚至是靠政治压力和行政命令强制推行计划，强行对经济活动直接干预；有的地方甚至是包办代替。一些日常的经营活动，例如购置拖拉机等农机具、改变种植制度、采取重要技术措施、确定劳动组织形式、决定收入分配方案等等，都要报请大队、公社等上级批准后才能执行。而这些上级机关对其经营结果的好坏却不负任何经济责任，这就使生产队的自主权受到压抑，因而大大挫伤了广大社员的积极性。

第二，现行管理体制，限制了集体经济的商品交换和商品流通。现行的人民公社管理体制，对生产队的农产品几乎都是采用产品分配的办法，很少通过市场流通。一方面，国家对农产品的需要主要是采取计划收购（统购、派购）的办法，甚至连牛奶、鲜鱼、水果、鲜蛋等鲜嫩易腐的产品，也由商业部门统一收购，而不准社队经营商业，使产销直接见面的很少。另一方面，农业生产所需要的农机、化肥等农用生产资料，又都是由物资部门统一分配，社队集体经济不能根据自己的需要在市场上选购。这就使集体经济各生产单位，实际上没有产品交换的权力，在流通领域几乎没有什么活动的余地。生产队只有进行农业生产的责任，而没有过问产品销售的权力。这在一定程度上束缚了生产队的手脚，必然影响农业集体生产的发展。

当然统购、统销以及定量供应的办法在一定时期曾经起了积极作用。1953 年第一个五年计划开始，由于城市人口突然增加，粮食供应紧张，逐步建立了统购统销制度，对打击投机倒把和私商囤积居奇、稳定物价、保证人员生活起过很好的作用。以后也由于我国农业生产力水平低，农产品供求矛盾大，为了保证供求平衡，而不得不继续采取这种措施，也起了一定的作用。但多年来，我们也习惯用行政办法、行政手段管理经济，忽视价值规律对调节生产的作用，忽视流通对生产的反作用；加之一个时期以来，我国农业生产发展缓慢，农产品供求矛盾越来越大，迫使我们又不得不进一步扩大统购、派购和定量供应的范围。这就在一定时期和一定程度上形成供应越紧，统购派购越多的恶性循环。这种用行政强制方法进行商品交换的形式是需要加以改革的。

第三，现行管理体制，限制了生产队分工协作的发展，很难发挥各自优势，影响农产品商品基地的建设。农业生产受自然条件影响很大，各种动植物生长的地域性很强，各地都有自己适宜发展的部门和产品。农业生产的区域性，要求按商品经济发展的内在联系组织农业生产的经济活动，逐步实行农业的区域化、专业化生产，充分有效的发挥各地的优势，取得更大的经济效果。例如在黑龙江省 6 亩甜菜能产糖一吨 ，而北方其他地区平均 16 亩甜菜才能产糖一吨；福建九龙江地区种植甘蔗 1.7 亩能产糖一吨，而湖北种植甘蔗 7～8 亩才能产糖一吨。但是 20 多年来，我国农业专业化程度不是提高了，而是降低了，一些经济作物的种植更加分散了：棉花分布在 23 个省 1 200 多个县，20 多个省种甜菜，10 多个省种甘蔗。结果，单产下降，商品率降低。这种专业化程度降低的情况，不能不说是一种生产倒退的现象。今后，随着农业生产的发展，要逐步实行区域化、专业化生产，这就要求打破所有制界限，打破行政区划的界限，按专业化协作和经济合理的原则，逐步在国营经济、社队集体经济之间因地制宜地组织各种形式的经济联合，以利于分工协作和专业化的发展。

第四，现行管理体制使广大社员民主管理集体经济的权力受到干扰。目前，人民公社是“政社合一”的基层管理单位。国家政权和集体经济组织是结合在一起的。这就使国家政权可以直接干预集体所有制的经济活动，可以支配集体所有制的生产资料和产品，因而往往发生无偿调拨生产队人力、物力和财力的现象，侵犯了社员民主管理集体经济的权力。同时，公社一级的领导干部是由上级党政机关委派的，他们是国家政权的代表，而不是集体所有者的成员，社员没有权力决定他们的任免，而他们的经济利益与集体经济又没有直接的联系。这种状况造成他们只按上级指示、命令办事，而很少考虑这种指示、命令是否经济合理，是否有利于集体经济的利益；他们只直接对上级政权机关负责，而很少考虑向社员负责，有的甚至是利用职权发号施令，不尊重群众意见。再加上有的生产队干部有封建家长式的作风，就使广大社员行使民主管理集体经济的权力受到阻碍。

三

鉴于以上，现行农业集体经济的管理体制，应该逐步加以改革。改革的方向和主要内容是：要承认、维护和尊重集体经济的自主权；要逐步实行以经济办法为主，行政办法为辅管理经济；要按民主集中制的原则管理经济。为此：

第一，要改革“政社合一”的管理体制。要把人民公社，作为集体所有制经济组织与基层政权机构分开。国家政权对农业企业的管理和集体所有制农业企业本身的经营管理，两者不应是一回事。前者体现全民利益，后者则体现农业企业单位内劳动者的集体利益。因此，要使生产队真正成为有经济活动能力的农业企业，就必须使行政和企业分立。恢复乡人民政府，行使现在人民公社中的政权职能，使人民公社成为纯粹的经济组织。与此相应，大队、生产队两级也应实行政企分立，成立相应的政权组织，大队可以是公社的派出机关或如过去的村政权。各级行政部门，应着重研究和拟订发展农业生产的战略决策，通过相适应的经济政策、经济合同、经济立法等来指导农业企业的经济活动。公社、大队两级经济，从有利生产出发，在自愿互利、平等协商的基础上组织各生产队之间的经济联合。社队企业应真正成为各生产队和生产大队联营的经济组织，要受生产队和大队的领导和管辖。

第二，要大力发展商品生产和商品经济。必须使生产队具有商品生产者所应有的权力，能够按照社会需要并考虑自己的经济利益进行生产。生产队生产的农产品，除了上缴少量农业税和自己的需要以外，可以销售，也允许其自由交换。生产队只有取得交换价值，才能有资金购置生产资料和生活资料，才能进行扩大再生产。

为了发展商品经济，销售农产品的流通渠道必须畅通。商品经济越发达，交换的数量、种类也越多，销售的范围也越广阔，流通渠道也就越重要。近年来，农业生产多种经营有了很大的发展，不少地方出现了某些土特产品无人收购的现象。解决这一问题，在大力发展商品经济的同时，必须改革商业管理体制。要使农产品流通渠道多样化，如除国营商业外，可开辟自由市场，增加流通渠道。为了减少流通环节，也可使产需双方直接见面。因此除几种重要农产品由国家统购统销以外，应该允许社队自己直接销售。农产品种类甚多，尤其是小宗土特产品，品种多、生产分散，有些地方交通运输困难，供销社无法全部担负起千万种农产品的收购工作，这就势必造成流通渠道不畅通，而严重影响一些土特产品的质量下降。目前北京、上海等城市，已允许本市或外省的社队，把自己的产品运到市区销售，既增加了农民收入，又增加了城市供应。石家庄、重庆、成都等城市农贸市场的肉、禽、蛋、菜、果等的销售价格，基本上接近于国营商店的价格。可见，在流通领域，建立以国营商业为主体，集体商业为辅佐，农贸市场作补充的商业网，广开流通渠道，就可以把经济搞活。

也要改革农产品购销政策。除对一些重要农产品，在一定时期内，还必须实行统购统销外，应该积极创造条件，逐步以平等互利的合同制，代替统购派购。生产队或农业经济联合组织可以直接与有关单位（如商业、粮食、轻纺以及外贸等部门）签订合同，把双方的经济关系和经济责任用有约束力的合同契约固定下来；双方自愿互利，明确各自的职责权力。推广经济合同制应该是改革管理体制的一个重要内容。

第三，国家对集体经济实行计划管理时，要注意保证生产队的自主权。社会主义经济是计划经济，农业生产需要一个统一的计划来指导。这个统一的计划，要根据客观规律的要求，从原则方向上规定农业主要产品（如糖、棉、油、畜等）的发展速度和比例构成，使生产不致陷入盲目的无政府状态。但是，由于农业生产多种多样，统一的农业计划，不能无所不包；而且，全国约有几百万个农业生产基层单位，规模小，数量多，经济基础和生产条件也相差悬殊，要把这样大量的分散的农业企业的生产经济活动，全部纳入国家计划，既不必要，也不可能。生产队是自负盈亏的农业企业，应该有权独立安排自己的生产计划。国家的计划指标应该只是参考性、建议性质，要注意保证给生产队以应有的自主权。社会主义经济是计划经济，又是商品经济。我国农业商品性生产不发达，当前要特别重视市场调节在农业计划经济体制中发挥其应有的作用。要使生产队能够根据自己的条件和市场价格状况来安排经济活动。在目前条件下，由于计划规律和价值规律对农产品价格形成的作用因产品而不同，因此，要对农产品的价格实行分类管理。对少数关系国计民生的重要农产品，可以由国家规定计划价格；对某些次重要的农产品，规定浮动价格，各地可以灵活掌握；对其他大多数农副产品，可以由买卖双方，根据市场供需状况自行议价。要更多的利用价值规律来调节生产。

第四，农业集体经济，除经营农林牧副渔等生产外，还应允许经营某些农副产品的加工和销售，走工农商一体化的道路。现在许多国家把建立农工商联合企业作为改革农业生产结构和管理体制的方向。目前我国的农业生产力水平尽管还很低，但也总要朝这一方向发展，这是现代农业发展的必然趋势。

我国的农业生产企业（国营农场和生产队）目前单纯生产原料，生产周期长，资金周转慢。而农产品的加工和销售是由工业和商业部门经营，产、供、销脱节，矛盾较大。当前又还存在着工农业产品价格的“剪刀差”，农产品价格低，成本高，致使一些国营农场经营农业生产亏本，不少生产队难以维持简单再生产。解决这一问题的一个重要途径，就是在可能的范围内，把农业生产和某些加工、销售联结起来，使农业生产单位取得一部分加工和销售的利润，为农业积累资金，加快农业生产的发展。

目前，我国已有不少地方正在试点。事实证明，实行农工商一体化，把产供销结合起来，可以减少流通环节，降低成本；有利于缩小工农业产品价格“剪刀差”，为农业积累资金，并可以增加农民收入；它也有利于生产队实行专业化生产和协作；同时，它也有利于吸收农村劳动力，加强建设现代化小城镇，缩小城乡差别；此外，它也将使生产队作为单纯的经济组织，通过联合，逐步扩大规模，提高公有化、社会化程度，不一定都要经过过渡到生产大队所有，再过渡到公社所有，而走出一条我国农业经济组织发展自己的道路来。与此同时，试点的事实也说明，实行农工商一体化，农业企业经营一定的加工和销售，要从全国一盘棋的要求出发，接受国家计划的指导。目前有的地方对此注意不够，较多从本单位的局部利益出发，与国家先进的大厂争原料、争市场，出现某些盲目生产和以落后挤先进的现象，影响了取得全局更大的经济效果，这种情况是要努力避免的。

西方农业经济学说史述评*

安希伋

农业经济学作为一门科学是随着资本主义的兴起和近代科学技术的发展而出现并发展起来的。它的发展历史大体可以分为三个阶段。即积累科学资料阶段；进行理论概括阶段；纳入新古典学派一般经济理论并建立比较完整的学科体系的阶段。现在我们依次简要介绍一下它的发展过程。

一、积累科学资料阶段

农业经济学发展的第一阶段，主要是记述经济实况，描叙生产过程，积累经济和技术资料，为下一阶段进行理论概括做好准备。具体是指19世纪中期以前的时期。这一阶段最著名的代表人物为英国的阿瑟·扬（A. Young，1741—1820）。他生活在英国农村经济中资本主义生产关系得到迅速发展、并逐步取代中世纪庄园制度的时代，同时也是近代科学的生产方法开始取代传统农业技术时代。它包括生产过程中的问题和流通过程中的问题。阿瑟·扬亲身经历并细心观察了这一巨大的变革过程，并且他本人就是新兴资本主义农业制度的实践家和鼓吹者。对于这一变革过程中的很多经济现象和生产状况做了较详细的记载。他的著作，除了《农业经济论》（1770）一书外，多采用游记体裁，主要包括：《英格兰及威尔士南部游记》、《英格兰北部游记》、《英格兰东部游记》及《爱尔兰游记》。他还遍游法国和意大利、西班牙北部地区，对以上各国农业作了一番比较研究，并写出《法国游记》。阿瑟·扬的著作涉及内容比较广泛，他竭力提倡作为近代农业特征之一的诺福克轮作制度（Norfork），论证了大农经营的优越性，提出了生产要素配合比例和生产费用与收益的关系问题。阿瑟·扬虽然提出了许多重要的农业经济问题，但是，他所处的时代，资本主义农业还在初创阶段，实践经验不多，还不可能对资本主义农业作出系统的分析和阐述。从经济思想上来看，他是近代德国农业经营经济学派的先驱者，许多资产阶级农业经济学家认为，阿瑟·扬是农业经济学的创始人。当然，许多比他早或与他同时代的经济学家也注意并从理论上论述了农业经济问题，例如李嘉图（D. Ricardo）的地租论。但是农业经济学作为一门独立的学科来说，人们首先想到的还是阿瑟·扬。不仅在这门学科的建立上，而且对于英国资本主义农业的发展，他也起到了一定的作用。

资本主义在欧洲大陆国家的兴起，比英国大约晚了半个世纪，农业经济学的发展也相应的迟了几十年。其中最著名、影响最大的是德国的农业经营经济学派的创始人泰厄（A. Thaer1752—1828），著有《合理的农业原理》一书。泰厄站在资产阶级的立场上，首先明确的提出：农业经营的目的是为了获取最大利润。这是资产阶级农业经济学的一个根本性的命题，也可以说

* 这是1982年为农业部举办的高校农业经济学教师进修班上用的一个讲课提纲。

这是德国农业经营经济学派在以后发展过程中所作理论分析的基石。他大力宣传轮作制，用以取代中世纪流传下来的三圃制。泰厄也还属于农业经济学发展第一阶段的代表人物，他把农业看作是一个混沌的整体，还不能明确的阐述农业经济问题与农业技术问题的区别与联系。

二、进行理论概括阶段

泰厄的学生冯·屠能（J. H. Von Thünen 1783—1850）继承并大大发展了他的学说，初步建立了一套系统的农业理论，在理论和方法上为德国农业经营经济学派打下了坚实的基础；并把农业经济学的发展推进到了第二阶段，即理论概括阶段。冯·屠能的主要著作是《孤立国》[1]。在这本书里，屠能确立了在一个土地肥沃程度一致，又只有一个中心城市的平原国家的农业生产配置问题。他指出，在这样一个国家里，由于各个地区与中心城市的距离不同，运输费用也不同，从而就会形成农业经营形态不同的农业经济区。这就是著名的“屠能圈”。在《孤立国》这本书里，屠能差不多与李嘉图同时独立的创立了级差地租学说，并在经济学中首先提出并运用了“边际”分析方法，即动态分析方法，建立了经济区位理论。他还分析批判了他的老师泰厄关于普遍推行轮作制的主张，树立了农业经营相对利益学说，对于农业经济学这一学科的发展作出了重大贡献。

屠能以后，德国农业经营经济学派继续发展，相继出现了许多著名的农业经济学家。例如承前启后的葛尔兹（Theoder Von der Golgz 1836—1905）。到了 20 世纪初叶，艾瑞保（F. Aereboe 1865—1942）和卜凌克曼（T. Brinkmann 1877—1951）继承这一学派的衣钵，把它发展成为一个较为完整的理论体系，集经营经济学派的大成。艾瑞保和卜凌克曼两人的主要著作分别为《农业经营学概论》和《农业经营经济学》[2]。下面我们简要介绍一下作为这个学派代表的卜凌克曼的《农业经营经济学》的主要内容和观点。

德国的农业经营经济学派主要是在农业经营形态的形成和发展规律这一基本命题下，展开理论分析的。他们所说的农业经营形态，主要是指农业集约化程度和农业部门组织状况。就农业集约化程度而言，有集约与粗放经营之分。这是就土地与土地利用手段（劳力和资本）两者间的关系而言的。就农业部门组织状况而言，有多部门与专业化经营之分，这是就农业生产方向来说的。卜凌克曼的书就是围绕农业集约度和农业部门组织（他把它叫做农业经营制度）建立他的理论体系的。

卜凌克曼认为，“农业经营的目的，在于获得最高度、最持久的经济上的收益”。为了达到这一目的，农业企业家便须在土地上投放劳力和资本，实行一定的集约化经营。那么，究竟应该投放多少劳力和资本呢？卜氏认为，劳力和资本的投放应该不断增加，直到限界收益与限界支出互相吻合为止，过或不及，都不能达到上述经营目的。很显然，作者是把土地收益递减法则看成是农业的根本大法，并且运用了动态（边际）分析方法，为农业集约度规定了一个客观的标准。在这个问题上，当代西方农业经济学，除引进了高等数学分析方法之外，在理论和科学方法上都没有超出卜氏的重大发展。用公式概括为：

$$\Delta XP_x = \Delta YP_y$$

卜氏认为，对于农业上总收益和支出，也即对于农业集约度的影响，主要有四种因素起着决定性的作用，叫作集约性因素：①农业企业的交通位置；②农场的自然状况；③国民经济的发展阶段；④企业家个人情况（包括经营管理水平）；⑤农场内部与外部因素交互作用。

农场交通位置对于农业集约度的影响，主要表现在：农场的交通位置不同，则农产品和农业

生产资料的地方价格不同（即 P_x 与 P_y），从而影响到农业集约化程度。设想存在着一个中心市场，各种产品的供需关系，决定着统一的价格水平。一般来说，农场离中心市场远近不同，运费不同，因此农用生产资料地方价格和当地工资水平也不同。离市场越近，越靠近工业基地，农用工业品如化学肥料，农业机具等的地方价格越低，这就越有利于提高集约化程度。反之，离中心市场越远，农用产品（如种子、农家饲料等）的地方价格越高，越不利于集约经营。至于工资水平，离中心市场越远，"实物工资"部分越高，而"货币工资"部分越低，反之亦然。所以工资对于集约化程度的影响，往往取决于这两部分工资的构成情况。至于农产品，则离中心城市越近，他们的价格也越高，因而有利于集约经营的提高。交通位置就这样通过统一价格与地方价格的差额，使不同地区的农业集约度发生了量的差别。卜氏关于交通位置作用的阐述，具体说明了农业生产成本价格与产品价格对于农业集约度的制约作用。大体相当于当代农业经济学家所说的单项生产因素投放最优化公式 $MPP=P_x/P_y$ 中的后半段，是从比较中说明其中道理的。此外，还有质的分化：有资本集约经营与劳动集约经营之分；有耕作集约与加工集约之分；集约化程度还往往通过作物种类和种植制度体现出来。例如，一般来说，饲料作物、粮食作物、经济作物、园艺作物等，它们的集约度不同；休闲制、半休闲、一年一作以及多熟制，集约度也不同。总之，农业集约性一般以3种形态表现出来，第一，在同一种作物或农业制度中，不断增加单位土地面积上劳力和资本的投放；第二，由粗放的作物过渡到集约的作物；第三，由粗放的种植制度，如休闲、半休闲制，过渡到集约的种植制度，如多熟制。所有这些，不论从地区间差别或者从历史发展的角度进行考察，无不受交通位置的制约。

经营学派所说的交通位置对集约度的影响，实质上主要是指农产品和农用品价格对于决定集约度的作用。当代农业经济学家往往改用数字符号表达同一原理。这个观点，对于农业经济学的发展起了很大的推动作用。正像屠能用经济观点批判他的老师泰厄的合理轮作学说一样，卜凌克曼也用经济观点批判了李比锡著名的土地肥力补偿学说。他指出：施肥量的决定，乃至种植制度的变革，都是相对的、有条件的，而不是绝对的、必然服从纯自然观的。当然，卜氏这个观点，有一个暗含的前提条件，这就是资本主义的竞争经济制度。至于从社会利益出发，怎样长期保持并提高土地肥力和生态平衡，那是一个农业政策问题。他指出农业经营经济学的任务，是为制定农业政策提供理论依据，则不是代替农业政策的研究。

自然状况对于集约度的影响，主要表现在作物单位面积产量上。一般来说，土地越肥沃，作物单产越高。因此，似乎土地肥沃度与农业集约度有着密切的联系。但是，土地种类不同，适种作物也各异。适种甲种作物的土地，未必适种乙种作物。所以，关于土地肥沃度的测定，并没有一个普遍适用的标准。因而自然状况对于集约度的影响，不像交通位置那样有一个一般性的规律。然而卜氏认为，一般来说，或者作为一种历史趋势，在具体决定一个农场集约度的时候，自然状况比交通位置往往起着更大的作用。从当代经济学说来看，自然状况对于集约度的影响，集中表现在生产函数上，自然状况不同，生产函数也不同，也就是说投入与产出的关系也不同。可用集约度优化公式中 $MPP=P_x/P_y$ 的前段表示。

卜凌克曼认为，交通位置和自然状况构成一个地区集约度的客观条件。企业家个人状况，主要包括经营管理水平和个人经济状况，则是农业集约度的主观因素。这三者作为农业集约度的制约因素，是就一个处于一般均衡状态下的国民经济来说的。就是说，由供需关系决定的价格结构不变，技术水平不变，国民经济处于一种静止的状态，即一般所说静态经济。如果我们把经济发展比作一条川流不息的大河，所谓静态经济下的集约度问题，就是这条大河一个横断面上的集约度问题。但是，事实上河水并不是静止的，也正像河水一样，经济生活永远处在连续不断的运动之中。所以我们研究农业集约度，必须从发展上去把握它，研究它的历史趋向，研究农业集约度怎样随着经济生活的发展而不断推移的过程，这就是卜克曼所说的国民经济发展阶段对于农业集约的制约作用。

国民经济发展，是一种极端错综复杂的社会现象，这里只就其对于劳力和资本投放的影响，即对于集约度的影响，列举下列两大项目和 4 个小的项目：

1. 农产品需求增加：①由于人口增加；②由于每人消费量加多。

2. 技术进步：①一般技术进步；②农业生产技术进步。

在其他条件不变的情况下，农产品需求增加，市场价格和地方价格必随之提高，从而促进农业集约经营的发展。由于各种农产品需求强度不同，又必然导致农业生产结构，即卜氏叫做农业经营制度的变化。

卜凌克曼把技术进步划分为 5 大类：①农用生产资料工业技术进步，如农机具、设备、肥料、饲料工业的进步。它能够直接降低成本，间接提高产量，从而促进农业集约经营的发展，并偏向于资本集约经营。②农业生物科学技术进步，它主要能提高产量，增加收入，从而促进农业集约经营的发展，特别是有利于近城地区农业的发展。③农产品加工技术进步。④经营管理水平提高。③、④两项亦有利于促进农业集约经营的发展。⑤交通运输技术进步。它与生物科学技术进步相反，有利于促进远离中心市场地区农业集约经营的发展。

卜凌克曼认为，历史的说，实际工资有增长趋势，资本利息有下降趋势。与之相联系，劳动集约意味着农业的落后状况，资本集约是农业进步的特征。

总的来看，技术进步意味着农产品实际成本的降低，从而导致农产品价格下降。就这一点而言，又会麻痹农业集约经营的发展。

每种技术进步，只不过是表示各种生产因素配合比例的变化。而为了取得最大产量，就需要适当调整这种配合比例。卜凌克曼从这种经常出现的现象出发，提出了一个最小限度法则。即在各种生产因素中，总有一种因素是限制性因素，这就是增产的关键因素。当代经济学家把它叫做稀缺因素原则。随着计算机的应用，又进一步演绎为影子价格理论。

综观卜凌克曼关于农业集约经营的理论，既包括当代西方经济学家所说微观经济，也有宏观经济；既有静态分析，也有动态分析。这是农业经济学发展在前期阶段的一种表现，它还没有分门别类建立起各种专门学科的体系。但是，卜凌克曼所作历史分析，即用历史观点研究农业经济问题，在西方经济学说史上，是一大特色。

从以上关于农业集约经营理论的说明，我们已可粗略看出卜凌克曼的理论和方法的概貌。关于他的农业部门组织（农业经营制度）学说，这里只介绍一下他的基本观点。

卜凌克曼认为，有各种因素促使实行多种作物和生产部门的综合经营。它主要包括土地利用手段（劳力和生产资料）共同体的发展，土地利用共同体的发展以及初级产品加工共同体的发展。这 3 个共同体合起来，构成部门组织的集合力。当代经济学家所说的部门之间的互补关系，大体与卜氏的 3 个共同体学说相当。同集合力起相反作用是分化力，大体与当代经济学家所说的部门间的竞争关系相同。部门组合状况取决于集合力与分化力的平衡。

卜凌克曼把影响部门组织状况的因素也归结为：①农场交通位置；②土地自然特性；③企业家个人状况。并从国民经济不同发展阶段，详细论述了农业部门组织状况的变化。关于交通位置对于部门组织的作用，即市场对于农产品生产的吸引力，他提出一个节约指数公式，即测定市场对于一种农产品生产的吸引力公式。并从节约指数推出地租指数。总的来说，卜凌克曼在农业部门组织问题上，过分强调了集合力，得出了农业不可能出现单一经营、也不可能把全部产品卖出

去的结论。这个论点显然受了他所处的时代限制。

总的来看，卜凌克曼在他的著作中，较为明确的提出了资本主义农业经营的目的，抓住了资本主义经济的本质，作了系统的分析论证，贯彻始终地运用了经济学中的抽象方法和动态分析方法，用静态分析和历史分析方法研究了他所提出的主要命题，从而建立了农业经营经济学的理论体系。

德国农业经营经济学派在国际上有着广泛的影响，日本和俄国都有不少信徒。在这些国家的农业经济论坛上甚至成为主流。直到70年代，日本还再一次出版了卜凌克曼《农业经营经济学》的日文新译本，并由日文译者为该书作了数学注解。

美国是一个后建的国家，它前期的农业发展历史，基本是一部欧洲移民在北美大陆自东向西开垦荒地的历史，这里没有欧洲的庄园制及其残余，也没有三圃制，因而它的农业经济学的发展，当然只能适应美国资本主义农业道路而产生，并在这一轨道上得到发展。19世纪60年代，美国才开始建立农学院，又过了20多年，才逐步建立起各州的农事试验场。但是，在农业发展初期，主要是研究农业技术，并不注意经济问题。到了19世纪末期，美国向西欧出口农产品受到西欧各国的抵制，农产品“过剩”成为当时美国农业中一个引起政府重视的十分尖锐的问题。于是他们开展了大量调查研究工作，在研究农产品“过剩”问题过程中，促进了农业经济学这一新学科的发展。到了20世纪20年代，美国农业经济学术活动已很活跃，相继出版了反映美国时代特色的许多农业经济学专门著作。其中主要的有，泰勒（H. C. Taylor）的《农业经济学概论》、(Outlines of Agricultural Economics)，诺尔斯（North）的《农业经济学》、（Agricultural Economics)，博伊尔（Boyl）的《农业经济学》（Agricultural Economics），斯皮尔曼（Spillman）的《农场管理学》(Farm Management)，以及伊利（Ely）《土地经济学原理》(Principles of Land Economics)。此外还有农产品运销学和乡村社会学方面的专门著作。这段时期，美国农业经济学方面的研究一直到20世纪40年代末为止，一般都注重当前的实际问题，很少留意于理论的概括。他们通过敏锐观察，详尽搜集资料，细心描述现状和具体数量表现，就各种具体问题提出结论性意见。较少从事理论分析或建立一套系统的理论体系。在很大程度上还带有农业经济学史初期阶段的特征。只有布拉克（J. B. Black）的《农业生产经济学导论》（An Introduction to Agricultural Production Economics）一书，在理论上和科学方法上堪与德国经营学派的著作相媲美。布拉克在这本书中引入了数学分析方法，可看作大量使用数量分析的先河。也开始与资产阶级一般理论联系起来，成为农业经济学说发展中由第二阶段即理论概括阶段，向第三阶段，即纳入一般经济理论阶段的一本过渡性著作。

三、纳入新古典学派一般经济理论并建立比较完整的科学体系阶段

西方农业经济学的发展，和一般经济学一样，经过30年代初期世界经济大恐慌的冲击，发生了显著变化。1933年美国公布了《农业调整法案》，就是罗斯福总统的三A政策。从此以后，在美国、在整个资本主义世界，就结束了农业自由发展的时代，开始了政府直接大规模干预农业发展的新阶段。在此以前，以自由竞争为前提的农业经济学理论，已不能适应农业发展中的新情况。一般经济学理论也是这样。这时就出现了凯恩斯经济学。在西方经济学发展中，有人把它叫做凯恩斯时代。二次世界大战后，美国的舒尔茨（Theodor Schultz）[3]发表了《不稳定经济中的农业》(Agriculture in an Unstable Economy）一书。他首先把农业放到整个国民经济背景中进行考察，并运用新古典学派的经济理论分析农业问题，把西方农业经济学的发展推进到了第三个阶

段，从而使美国的农业经济学面目一新。

1950年以来，西方农业经济学有了很大发展，特别是在美国。这一时代的特点主要表现在以下三方面：第一，更加系统的运用新古典学派理论和方法研究农业中的经济问题。在微观经济研究方面，包括农场和家庭的生产决策论和消费决策论，市场经济与农产品、农用品的价格形成；宏观经济研究方面主要包括农业经济管理体制和农业政策，国内农业与农产品国际贸易。这方面的理论著作很多，如英国瑞丁大学里特森的《农业经济学——原理与政策》就是一本代表作。第二个特点是：除了更加广泛的使用统计方法外，并系统的使用数学方法作为分析和阐明经济问题的工具。把经济理论同数学方法紧密的结合了起来，往往使用数学符号表达经济概念，使用数学方程表达理论观点，用数学推导的形式进行经济理论分析，一直到利用数学模式为经济决策提供依据。他们把定量分析方法既用于微观经济的研究，也用于宏观经济的研究，特别是农业生产经济学，几乎所有命题都用数学方法赋予量的规定性。其较早的代表著作为美国海地（Earl Heady）的《农业生产经济学与资源利用》（Agricultural Production Economics and Resourse Use)。第三个特点是：逐步建立了一个有机联系的各分支学科体系，特别是农产品和农用品流通过程的研究，有了很大发展。与1950年以前相比，出现了很多独立的分支学科。1950年以前，农业经济学的主要分支学科有：一般农业经济学、农场管理学、土地利用、农产品运销学、农业金融、农业政策等。从那时以来，逐步建立了一些新的学科，如农业生产经济学、农业发展经济学、农业资源经济学。原来的农产品运销学，主要研究农产品分级、包装、运输、贮藏和加工的一般职能，以及市场结构、价格变动等项课题。现在许多课题都发展为独立学科，并大规模地开展了产前、产后企业的研究工作。新建学科如：农业贸易学、农业销售与服务、农业企业组织（指产前、产后企业)、农业运销管理学、农业企业情报、农业企业经营、农业价格分析、食品系统金融、食品零售、包装学、食品集散、食品系统生产资料供应、食品加工、食品运销制度等。美国密执安州立大学农业经济系食品系统管理专业，下边又分为8个专门化，除必修课外，还开设了52门选修课，其中很多学科都是研究流通领域中的经济管理问题的。

农业经济学各学科的建立和发展，是现代化农业发展在观念上的反映。仍以美国为例，20世纪30年代美国农业人口约占全国人口总数1/4。到了70年代末期已降到不足4%。其中许多人从农业生产领域转入到产前、产后企事业去了。1976年在美国食品和纤维系统总收入中，农用资料工业占19.5%，农产品运销和服务部门占68.7%，农业生产部门仅占11.8%。在整个食品和纤维系统中,包装材料费用占各种费用第二位,仅次于工资开支。1966—1977年间,包装费用增加了3倍多。为了适应农业高度商品化的需要,不但建立了一门农产品包装学,密大还开办了一个包装学校(比学院小,比系大的教学机构)。充分证明了农业经济学是一门应用科学的论点。

西方农业经济学发展到了第三个阶段，可以说已逐步建立起一个有基础理论、有科学方法、有互相密切联系而又各有独立研究对象的一系列分支学科的科学体系。它是随着资本主义农业的发展而建立并发展起来的一个庞大的科学体系。

参考文献

[1] 顾绥禄曾译为中文《孤立国》，商务印书馆

[2] 刘潇然译为中文《农业经营经济学》于1930年和1938年先后由前北平大学农学院和西北农学院内部发行。1980年，两书由刘潇然翻译的中译本在农业出版社出版

[3] 1979年诺贝尔奖金获得者，他还是教育经济学这门新学科的奠基人

对1990年我国粮食生产与消费状况的一个估计*

安希伋

一、近年我国粮食供应与消费状况

我们只引用几个统计数字说明我国粮食供应与消费概貌，作为估计今后8年粮食状况的基础。先说粮食生产与供应状况。

第一，我国粮食总产量从1978年的28 275万吨增加到了1981年的32 502万吨，这是目前我国粮食生产的总水平。

第二，按播种面积计算，每公顷粮食产量从1978年2 527.5千克增加到了1981年2 827.5千克。按耕地面积计算，1981年为4 132.5千克。反映我国粮食生产的技术水平。

第三，近几年来每年进口粮食1 000多万吨，约占我国粮食供应量的3%～5%。但在世界粮市上我们已成了一个大买主。

第四，1978—1981年间，粮食种植面积约减少了0.07亿公顷，其中约有一半改种了经济作物，另一半是降低复种指数的结果。这两种趋势，某些地区仍在继续进行中。只是由于粮食单产提高幅度大于种植面积减缩幅度，所以，3年来粮食总产量还是增加了。

粮食消费状况也发生了并且正在发生引人注目的变化。

第一，1981年全国人均占有粮食达到了326千克，平均口粮246.5千克（1980）。当然并不是平均分配的，农村地区还有约15千万人口粮不充足。

第二，食品结构开始起了变化。总的趋势是副食品比重增加了，城市口粮消费量有所下降。原来口粮不足的农村地区，粮食消费有增加。

第三，随着人口的增加和人们收入的增加，粮食需要量也在增加。近年来我国人口增殖率仍在1%以上。

以上所举我国粮食供应与消费状况，是我们估计1990年我国粮食问题状况的基础。

二、1990年我国粮食需求

我国粮食主要用作人们的口粮，它构成我国人民的主要食品。其次用作饲料，包括役畜饲料和产品畜饲料。此外还有种子用粮、工业用粮和其他用粮。这里我们只对1990年口粮和养猪、养鸡饲料粮的需求量作一个粗略估计，暂不讨论其他用粮的变化，例如，随着我国农业机械化水平的提高，从长期来看，役畜将会逐渐减少，役畜饲料粮当然也随之减少。反之，随着肉牛、乳

---

* 这是1982年为当时初成立的国务院农村发展研究中心写的一篇研究报告，曾在中国农业经济学会第二次全国代表大会上宣读。

牛的增加，养牛饲料粮也将增加。种子用粮也将起变化。食品工业用粮等都可能有不同程度的变化，有增有减。我们暂不讨论这些变化，实际上意味着，我们假定：其他各种用粮总的来说基本不变。以下只讨论口粮和猪、鸡饲料粮。

（一）现有人口保持目前口粮水平

如上所说，目前全国平均口粮标准为 246 千克，很多地区有余，还有较少农村地区不足。只要我们逐步改进粮食管理工作，把口粮调配工作做得好一点，以盈补缺；再加上下面我们将要讲的增加副食这个新的条件，那么，1990 年在仍然保持这一总的口粮水平条件下，人民生活将有明显的改善，食品结构会更符合营养需要。

我们说现有十亿人口保持现有口粮水平，它的来源，当然包括现有粮食生产和粮食进口两部分在内。关于进口粮食问题，不宜再增加了。这里不详细讨论这个问题。

（二）新增人口口粮

新增人口当然需要相应的增加口粮。若以我国现有人口 10 亿计，平均人口年增殖率以 1%计，到 1990 年人口总数将达到 110.5 千万人，增加 10.5 千万人。以每人每年平均需粮 350 千克计（包括口粮和副食饲料粮，算一笔粗账，不精确），到 1990 年需增加粮食供应 3 866 万吨。这是我们对新增人口口粮的估计。

（三）养猪、养鸡饲料粮

为了估计 1990 年养猪、养鸡饲料粮。需先说明我国目前猪肉、鸡、蛋消费状况，以及今后 8 年消费增长状况。

先说猪肉：1980 年我国猪、牛、羊肉总产量为 1 205.5 万吨，其中猪肉 1 134.1 万吨，占 94%。假定所产肉类全部内销（只是一个假定），也不进口肉类，平均每人全年食肉量约为 12 千克，其中猪肉近 11.5 千克。这是全国猪肉产销总的状况。

根据近年来人们食品结构变化情况，20 世纪 80 年代我国猪肉需求量将会增加，这是一个总的趋势。但是，猪肉需求量究竟将增加多少？到了 1990 年有多大供应量才能满足人们的需求？这个问题，取决于许多条件。其中主要包括：第一，80 年代我国国民经济发展速度，以及伴之而来的人民收入增长速度；第二，猪以外其他副食品，即牛、羊、鸡肉和蛋类、奶品生产增长速度和人们生活习惯改变情况；第三，政府经济政策，特别是积累与消费比例安排。以下我们简要说明这三件事怎样直接影响到猪肉消费量的增长状况。

首先，国民经济发展速度和人民收入增长速度直接影响到猪肉消费量的增长速度。人民生活的改善建立在生产发展基础上。一般来说，经济发展越快，人民收入也随之增加越快，猪肉需求量也增长越快。当然，猪肉需求量不会无限增长，只是在一定限度内才随着收入水平提高而增长。目前我国人均猪肉占有量才 11.5 千克，离消费高限相差还很远。人均收入水平也还在 500 元以下，正处在肉食随收入增加而迅速增加的阶段。1980 年我国每一农民吃肉、蛋、禽约 95 千克，城镇职工平均每人全年为 24 千克，后者比前者多 1.5 倍。造成这一消费差别的原因很多，城乡人口收入水平不同，是一个最主要的原因。这一年农民平均每人收入 191 元，城镇人口为 762 元。

可以设想，随着我国经济建设的发展，城乡人民收入增加，肉食也将增加。这个情况，近年已经较明显的表现了出来。例如，由于农业和工副业的发展，农民收入增加，1978—1979 年间，

农民肉食增加 10%，蛋类 11%，家禽 28%。1980 年我国国民收入增加了 6.9%，农民集体收入增加了 3%，城镇职工实际工资增加了 6.1%，这一年猪肉消费量猛增 15.3%，产量则增加 13.3%。在这一年中，我们对许多消费品价格进行了调整，其中副食牌价调价幅度最大，提高了 13.8%。本来，消费品价格与有效需求量一般成反比例变化，可是由于人们收入增加了，即使副食品价格有了较大幅度的提高，猪肉需求仍呈现猛增的情况。1977 年我国平均每人占有猪、牛、羊 7.55 千克，1981 年达 12 千克，平均年递增率为 12%，其中主要是猪肉。

人们口袋里钱多了，就要到市场上去买东西。买什么呢？在原来的生活水平较低情况下，一般首先是买那些质量较好的食品，然后再及其他。这是合乎人之常情的事情，也是许多发展中国家和发达国家的历史经验已经证明了的事情。如上所说，我国经验也是这样。收入增加，首先改善食物结构。这个公式具有普遍意义。

在我国社会主义制度下，实行按劳分配原则，人们收入水平差别不大，大家共同享受经济发展的果实，这就同资本主义制度下贫富悬殊、美食与饿殍并存的情况根本不同；与解放前半封建、半殖民地社会的消费经济状况也根本不同。随着我国经济建设事业的发展，食物结构变化可能更快，对肉类的需求增长更快。

我们还要特别注意到占人口 80%以上农村人口收入的增长情况，1978—1981 年的 3 年间，平均每人收入从 89.9 元增加到 223.4 元，年增长率高到 35%。鉴于农业、特别是农村工副业、交运、商业的发展趋势，农业人口收入增长速度可能远远快于农业生产发展速度。1976—1981 年 5 年间，社队企业总收入增加了 1.3 倍，平均年递增率为 20%，远超出农业发展速度，已占到公社三级集体收入的 34%。这还没有计入农民家庭工副业收入。

从我国近年情况和国外经验来看，在农村发展小型工业、交通运输业和商业、服务行业，逐步实现专业化，真正建成农村中农业、工业、交通运输与商业并举的综合经济，可能是一个较长时期的趋势，并非偶然。以美国为例，20 世纪 30 年代，农业人口占全国人口约 1/4，现在已减到只占 3.7%。那么，原来那些农业人口都到哪里去了呢？多数并没有进入大城市，农业人口虽然锐减，农村人口却仍占全国人口的 1/4。1976 年，他们的食品纤维系统，包括农业生产和产前产后企事业在内，雇用劳力占全国劳力总数的 1/4，仍然是全国最大的产业。在我国从农业转非农业，可以从根本上改变大批农民挤在有限的耕地上，一方面用 8 亿人口搞饭吃，一方面又有约 1/3 的劳力无事做的局面。

由此可见，我们不能低估人民购买力增长的速度。从 20 世纪 70 年代初以来，苏联连年大量进口粮食，主要用作饲料。东欧一些国家也在不同程度上长期存在着怎样满足人们对动物性食品需要的问题。在波兰，并且几次发展为政治问题。吸取这些经验教训，在我国进行大规模经济建设过程中，研究我国消费经济动向和规律，已被提到了日程。我们从事经济建设的最后目的，是为了满足人们不断增长的物质需要，随时了解人民收入增长情况以及人们将要把钱花到哪些地方去，才好对我们的经济发展作出计划安排，力求避免计划的主观性和盲目性。在这里我们主要是指畜牧业，特别是养猪业。

其次，影响猪肉需求量的第二组因素，是牛肉、羊肉、鸡、鸭、鱼肉和蛋、乳产品的发展速度。这是因为，在一定条件下，各种不同动物性食品之间有互相代替的关系。多吃点牛、羊、鸡肉，可以少吃点猪肉。反之亦然。不过，这里有一个长期养成的膳食习惯问题。我国人口中的多数更习惯于吃猪肉，而不是牛、羊肉。在膳食问题上，一方面，膳食习惯是可以改变的；同时还要看到，改变膳食习惯要有一个或长或短的过程。关于我国牛羊肉增产情况的估计，我们留到下面再去说它。

第三，政府采取的经济政策，直接影响猪肉需求情况和增长速度。例如，在国民经济中，安排积累的比例大一点，消费少一点，人们口袋里的钱相对来说就会增加得慢一点，猪肉消费增长也会慢一点。反之亦然。这是从人们收入水平上去影响猪肉的需求量。又如价格政策，包括不同食品比价政策，通过猪、鸡、牛、羊肉差价不同，可以鼓励或抑制猪肉消费量及其增长速度。总之，随着经济建设的发展，猪肉消费量必然会有所增长，可以说这是一个客观规律。但是，它并不意味着人们不可能影响猪肉需求增长的过程。特别是我国实行计划经济，国营经济占绝对优势，职工工资变化要通过政府工资政策，所以，政府可在相当大范围内影响猪肉消费量。当然，这个影响力量是有客观限界的，当鼓励改善生活，增加肉食，以致损害经济建设投资的时候，或者削减消费比例，抑制肉食消费量，以致损害人们生产积极性的时候，在这两种情况下，都会延缓整个经济发展速度，这就是客观限界。我们要分析我国具体情况，探索现实的限界。

以上说明了直接影响猪肉需求量的三大因素，也还有其他一些因素在起作用，就不作说明了。这些只是一般的分析，那么，到1990年究竟需要多少猪肉呢？养猪业发展速度要多快？回答这个问题，我们还只能估计一个假定的数字，作为计算基础。我们假定猪肉需要量以年递增率（即增产率）5%的速度增长，即略高于1952—1979年间平均年递增4.3%的速度（猪、牛、羊肉），那么，到1990年就需要1 847.3万吨猪肉，比1980年增加713.2万吨，平均每人全年占有猪肉18.75千克，比1980年约增加了7.5千克。这个速度比经济发展速度慢点，比粮食增长速度要快得多。

下一问题是：为了增产700多万吨猪肉，需要多少饲料粮？为了估算养猪饲料粮，需要先就养猪形式的发展和饲养技术管理进步情况，作一简要说明。

我国养猪业正在从传统养猪业向专业养猪业过渡。传统养猪业是一项重要的农村家庭副业，利用辅助劳力或农事空隙，在庭院内外盖个猪圈，喂以残羹剩菜及部分粮食或粮食加工副产品，以所得收入补贴生活零花钱，甚至养猪往往主要是为了积肥。它的基本特点是：以自给性的农村家庭生活为基础，与种植业密切结合，一举多得，生产成本较低，所用饲料粮往往较少。到目前为止，传统养猪业仍然是我国全部肉食的主要来源。

传统养猪业（还有养鸡业）虽有许多优点，但是它的发展前途总是有限的，它不可能随着猪肉需求量的增加而不断扩大规模。国外经验证明，作为家庭副业的传统养猪业（还有养鸡业），或迟或早将为专业养猪业所取代，摆脱副业地位，发展成为主要生产部门之一，或者建成一种专门的产业。近年来我国专业养鸡、养猪、养牛业的出现，正是家庭饲养副业向饲养业专业化过渡的表现，也是社会生产力大发展的一种表现。专业生产必然取代传统的家庭副业，这个过程可能快点，也可能慢点，作为发展方向，是不可逆转的。我们对于养猪饲料粮的估计，就以专业养猪为基础。

据估计，在我国现有养猪技术和管理水平条件下，每千克净肉大约要用7千克饲料粮。假定今后8年所增产的猪肉，都以这一饲料消耗标准计算，到1990年要增产713.2万吨猪肉，共需要4 992.4万吨饲料粮。

如果制作混合饲料，配以油饼、糖渣之类，代替一部分饲料粮；并且，再估计到提高饲养技术管理水平，节约一部分饲料粮，两项合计以二成计算，仍需3 993.9万吨饲料粮。

再说养鸡饲料粮。据估计，我国禽肉消费量每年约100万吨，国家每年收购禽蛋80多万吨（当然其中不只包括鸡肉和鸡蛋），两项合计180万吨（不包括农村消费部分，这是个大缺口）。今后10年若以消费量加倍计算，则新增禽、蛋约需饲料粮734万吨。与养猪饲料粮合计为4 727.9万吨。

（四）新增口粮与养猪养鸡饲料粮总计

把以上计算的三笔账比较一下：今后8年假定人口年递增率为1%，到1990年将新增加人口10.5千万人，平均每人口粮以350千克计，共需增加口粮3 866万吨。猪肉需求量以每年递增5%计算，每千克净肉消耗饲料粮5.6千克，那么到1990年养猪饲料粮需求为3 993.9万吨，养鸡饲料粮734万吨。三项合计共需粮食8 593.9万吨，约折合859.5亿千克。以1980年粮食总产量32 052万吨为基数，粮食生产要每年递增2.4%才能满足以上三项需要。就是说，今后8年必须保持1952—1980年间的粮食增产速度。1990年粮食总产量要达到40 645.9万吨。

三、1990年我国粮食增产可能

根据对于口粮和养猪、养鸡业饲料粮的需要，我们把1990年的粮食增产目标定为8 593.9万吨，粮食总产量为40 645.9万吨，折合4 564.5亿千克，比1980年增长27%。这就意味着今后8年我国粮食总产量以平均每年递增2.4%的速度增长，才能达到预定目标。是否能够办得到呢？这个问题，主要取决于以下几项条件：第一，要实行能够调动农民生产粮食积极性的农村经济政策，其中包括农村经济管理体制改革和价格政策、财政金融政策。关于经济政策与粮食生产的关系，30年来，特别是1978年三中全会以来，我们已经有了许多经验。当具备了物质技术条件的时候，政策往往就成为发掘生产潜力的决定性因素。近年来农村经济发展情况，使人们生动的体验到政策的威力。特别是体制改革的威力。第二，要有必要的农业生产建设投资。第三，要有与上述人力、物力、财力投放相应的农业技术改革措施。最后，还要在农业生产发展过程中，分批分期逐步恢复并建立一个良好的生态环境，逐步发展山区林牧业和草原牧业生产。

这里暂不讨论农村经济政策问题，以下就粮食种植面积与种植制度问题、农业投资、物资供应与技术改革问题，以及生态平衡与发展山区林牧业和草原牧业问题，分别作一说明。下面的分析表明，总的来看，我们能够达到粮食增产年率2. 4%的速度，工作做得好，也有超过的可能。

（一）粮食种植面积与种植制度（复种）问题

生产粮食当然不能没有土地，问题在于究竟种多大面积？目前粮田播种面积约1.13亿公顷，1980年平均每公顷产量2 730千克。上面我们说的粮食增长速度2.4%的要求，是就总产量来说的。如果播种面积大体稳定在目前规模，那么，就要求平均每亩产量提高速度也达到2.4%。到1990年，按播种面积计算的平均每公顷产量要达到3 457.5千克。如果播种面积扩大，或者缩小，粮食总产量增长速度，每公顷产量增长速度就会不同，提高单产的目标就高于或低于3 457.5千克了。如果每公顷产量目标高于3 457.5千克，当然要花更大气力才能达到。如果扩大粮田面积，就可能影响到经济作物的种植面积及增产目标。总的来看，粮田种植面积似宜稳定在目前水平上，只作小幅度调整，不再大增大减。以下我们就按照这个种植面积及亩产目标，作为讨论增产可能的基础。现在先讨论怎样保持目前粮食播种面积问题。

讨论粮食作物种植面积问题，即怎样才能保持目前粮田规模问题，除了非农用占地和开荒问题之外，主要涉及三个问题：第一是种植制度问题，是大体维持目前的复种指数呢？还是要提高或降低复种指数？第二是怎样保持粮食作物与经济作物种植比例问题；第三是在那些水土侵蚀严重地区退耕还林、还牧、还渔问题。现在先讨论前两个问题，下节再说退耕问题。

种植制度问题是近年来争论较多的一个问题，三熟、两熟、一熟究竟哪种好？主张三熟的，有许多实地调查材料，证明三熟确比两熟好。有一段时期，有人在北京郊区也提倡三熟制。在黑龙江省，也有人在打两熟制的主意。赞成两熟的，也有许多实地调查材料，证明两熟比三熟好。那么究竟谁说的对呢？大家所用材料可能都是真实的，因而所得两种截然相反的结论，也都是符合实际情况的。可是，如果谁要超出所调查的地区和生产单位，用所得局部材料，作出概括全面的结论，笼统地说三熟比两熟好，当然就会有争论，并且会争论不休。

种植制度问题，是一具体的技术问题和经济问题，而不是一个抽象概念问题。解决这类问题，要从五个方面分析研究：即技术可行性、经济可行性、技术效果、经济效果以及社会效果。在这个问题上，我国有丰富的经验，特别是新中国成立30年来的经验。为了说明这个问题，我们回顾几件农作改制的事例。

1954年华中部分地区实行稻作改制，主要是把一季稻或连作稻改为双季稻。这是新中国成立以来首次初具规模的农作改制活动。从华中地区的自然条件来看，当然可种双季稻，技术上也是可行的。但是，那次改革，许多地方都失败了。其所以失败，主要不是技术不可行，而是因为当时当地不具备一熟改两熟的肥、水和劳力条件。把本来只能满足一季稻的肥、水和劳力，勉强分给两茬用，于是就减了产，技术效果不好；收入低，经济效果也不好。后来华中地区经济条件（主要指肥、水、劳力状况）改变了，双季稻就被普遍采用了。

1958年许多省区实行大规模的种植制度改革，有成功的，也有失败的。后来许多地方都总结了种植制度改革的经验。山西省洪赵县当时把一熟制或两年三熟制改为一年两熟制。对于那次改革，群众中流传着截然相反、针锋相对的两种意见。一种意见认为，一熟改两熟好得很，提高了产量，增加了收入。另一种意见认为：两熟制糟得很。当地流传着一个顺口溜："秋赶麦、麦赶秋、两料不如一料收"。经过较深入的调查，证明以上两种相反的意见，在所调查地区都是确实符合实际情况的。问题在于：说两熟好的地方，肥、水、劳力、畜力都比较充足，能够满足种两茬作物的需要，于是提高了产量，增加了收入。反之，说两熟不好的地方，当时还不具备两茬作物的条件，勉强改制，技术效果和经济效果都不好。

以上两个事例说明，确定一种种植制度，要考察当时当地的经济条件，不能贸然从事。

从我国大量经验来看，确定一种种植制度，还要研究它的经济效果，主要表现在收入水平。拿一个最近的事例来看：近年苏州地区双三制面积锐减，1976—1978年间减少了近一半之多，成为粮食产量大幅度下降的重要原因之一。为什么那里双三制面积会猛减呢？除了别的原因之外，这里有一个收入水平问题；特别是：社队工副业收入较多，种双三制粮食，收入较少，于是许多劳力转入社队工副业，不愿再搞费工多、收入少的双三制。可见，苏州地区近年粮食产量大幅度下降的主要原因，表面上是过多的削减了双三制面积，实质上是一个不同生产部门（粮食生产与工副业）的相对经济效果问题。不解决收入问题，要保持或扩大双三制面积是很困难的。这里主要表现为工资水平问题。

解决种植制度问题，还要进一步研究它的社会效果。这是什么意思呢？仍就苏州地区的情况来看：基层生产单位和农民，为了增加收入，愿意多搞点工副业，从而挤了粮食生产。可是，在历史传统上，苏州地区是我国一个重要的粮仓，国家需要它多种粮食作物，多提供商品粮。这是一个矛盾，是农民要求的经济效果与国家需要（社会效果）发生矛盾。为了既要适当发展农村工副业又要增产粮食，政府就要采取行政和经济手段，去调节这对矛盾。这个问题很复杂，但是政府可以控制物价，有财政、金融大权，只要找到问题所在，把它调查研究清楚了，找一套解决办法并不难。调节基层生产单位和农民群众与国家之间的经济利益，是社会主义经济管理工作中一项十分广泛而重要的任务。

我们在前面已经说过，近年我国农村工副业（包括社队企业在内）发展很快，在许多地区，这是农民增加收入的一个主要来源。而在农村工副业发展过程中，往往一方面为种植业提供了大量资金，却又与种植业争劳力。所以，苏州地区在发展工副业与粮食生产中出现的情况，具有某种普遍意义。例如，在一些大城市郊区，也出现了工副业从资金上支援蔬菜生产又与蔬菜生产争劳力的现象。今后随着农村工副业、交通运输业以及商业等项事业的发展，还可能以各种不同方式出现类似的问题，值得我们注意，并进行较系统的研究。

由上可见，种植制度问题并不单纯是一个农业技术问题，或者一个产量高低的问题，同时还是一个经济问题，包括经济效果和社会效果问题。解决这类问题，可从区域规划方法入手，再作综合平衡。不但要定性、定量，而且还要定位（杜润生同志提出三定的意见，我把他用到这里来了）。就是说还要在调查研究基础上弄清楚：哪些地区和生产单位适合采用三熟制，哪些地区和生产单位适合采用两熟制或一熟制。只有研究了一种种植制度的技术效果（这里表现为亩产量）、经济效果（表现为收入）和社会效果（在这里表现为社会需要或国家需要），并且经过定性、定量和定位分析，在此基础上提出的种植制度，才算有科学依据。如果我国各地都这样做了，其结果，可能有的地区要适当扩大复种，另一些地区则要缩小复种或保持现行种植制度。只是笼统地说要扩大复种，或者要缩小复种，并且作为一种理论或号召提出来，就有出现一种新形式一刀切的危险。

（二）粮食作物与经济作物种植比例问题

关于粮食作物与经济作物种植比例问题，目前成了一个使人十分关心的问题。为了把粮食作物稳定在现有水平上，就要设法抑制经济作物的扩展，防止粮食作物种植面积进一步的缩减。主要办法是行政措施和经济政策，包括物价政策、财政政策、金融政策等等。例如采取适当方式调整粮食与经济作物产品的比价。这是20世纪50年代我们为了调节粮食生产与棉花生产，使之符合当时国家对粮棉的需要，所曾采用过、并且证明行之有效的一套办法。从价格政策上调节粮食作物与经济作物的关系，近期内不宜轻易改变粮食价格（不是指现行粮食价格体系中的某些漏洞，而是指粮价总的水平）。调节重点，可以放到经济作物产品价格体系上。这样做，影响面可能较小，不致牵一发而动全身。譬如说，重新规定某些经济作物的收购基数，调整或取消某些产品的超售加价，或者改为超售减价，如此等等。可采取各种灵活办法，调整某些产品的价格体系，以至适当降低其价格水平。物价总是要随着经济发展变化的，要稳定物价，但要灵活调整以适应经济发展的需要。此外还可实行不同税制、奖售短缺物资以及差别贷款条件，一直到采用有法律保证的经济合同制等。经济管理中的政策问题，很复杂，涉及面很广泛，并且情况变化不定，没有一个一劳永逸的办法。但是，只要我们善于总结经验，勤于学习，也并不难办到。

我国农业本来自给性很强，商品率不高。但是，价值规律对于粮食与经济作物种植比例的确定，从来就起着很大的作用，30年来华北棉区的兴旺、衰减、再复兴的过程，只有从经济利益分析中才能得到说明。内江甘蔗生产27年徘徊不前，价格不合理是一个主要原因。近年我国农业专业化、商品化进程发展较快，这是生产发展的一种必然趋势。商品生产反映为商品经营意识，它从许多方面表现了出来。只要它的活动没有超出国家规定和法令允许范围，就要求我们对症下药，采用与商品生产相适应的办法，把国家计划与市场管理结合起来，调节粮食作物与经济作物的比例关系，以及其他经济管理问题。

粮食是人们生活中最基本、最必需的物资，为了适当满足人们生活需要，就要把粮食生产任务纳入国家计划，并逐级落实到地方。而为了保证完成国家计划，就要动用各种行政和经济手段，促进粮食生产的顺利发展。

（三）农业投资与物资供应

如上所说，今后8年粮食增产靠提高单位面积产量。有了一个好的农村经济政策，适当的农业投资和与之相应的技术改革，是增加农业生产的必要条件。30年来我国粮食生产发展历史充分说明了这一点。为了估计今后我国粮食增产速度，有必要对我国30年来粮食生产的经验作一个回顾。

1952—1981年间我国粮食总产量年递增率为2.4%，按播种面积计算的平均产量，年递增率2.7%。这个速度比大多数发展中国家同期的粮食增长速度略快一点，比某些经济发达国家又稍慢一点。今后8年只要我们能够保持这个增长速度，1990年粮食产量就能满足上述我国粮食需要。

30年来，我国粮食生产经过了一些曲折。特别是3年困难时期，20世纪60年代初期粮食总产量下降到了50年代初期水平。到了1964年，粮食单产超过1 500千克，反映粮食生产技术已恢复到50年代的最高水平。从那年开始算起，一直到1981年，粮食生产基本上呈现持续增长的趋势。1964—1981年间，粮食总产量年递增率为3.3%，同期播种面积亩产量年递增率3.6%，在世界上居于前列。

30年来，特别是1964年以来，我国粮食生产增产较快，其中有许多原因，农业投资和技术改革是主要原因之一。1964—1979年间，我国化肥施用总量从536万吨增加到5 248万吨，每公顷耕地用量从52.5千克增加到525千克，年递增率分别为16%和17%。同期机电灌溉面积从625万公顷增加到2 532万公顷，年递增率9.8%。机耕面积从1 279万公顷增至422万公顷，年递增率8.3%，农业机械动力从1 494（1965年）万马力增加到18 191万马力，年增19.5%。此外，农田灌溉面积已达到0.47亿公顷，农药用量552.8千吨，农村用电232.7亿千瓦时，发展速度都比较快。并且相应的进行了农业技术改革，包括改良作物品种，改进耕作方法和田间管理工作，以及改革种植制度等，这是粮食增产必不可少的物质技术基础。这段时期，不论是农用物资的投放，或者技术改革工作，当然都不是在各地平均进行的。

今后8年，我们是否有条件、有可能从物质技术上保证粮食生产以2.4%的速度增长呢？是否有那样大的投资力量用于农业？技术上是否可行？现在我们来讨论这两个问题。

先说投资能力和物资条件。

为了估计为保证粮食增产年率2.4%的速度所需要的投资，我们回顾一下过去30年的情况。总的来看，过去30年我国农业投资在国民经济基本建设投资总额中占的比重不高。农业投资，包括农、林、水产、水利和气象五大项目在内，所占国民经济投资总额比重，最高的年份不过20%左右，大多数年份只有百分之十几，有些年份还不到10%。1952—1978年间平均为12%。可见，在过去30年中，相对于当时的国家经济力量来说，我们在资金上只花了较小的力量，就保持了粮食增产年率2.4%，1964年以后达到了3.3%～3.6%的高度。现在根据中央发展国民经济的政策，要把农业放到比较重要的地位。这项政策，当然也要在投资分配上体现出来。所以，就投资能力和分配而言，应该说是有保证的。

不过上面说的是投资比例，是一个相对数。今后农业发展基数大了，追加资金和物资的绝对数就要大得多，我们又能不能供应得起呢？实际上，所谓基数问题，就投资和物质资料来看，不过是一个水涨船高的问题。举几个例子：1952年国家全年投资总额才43.6亿元，农业占

13.3%，绝对数不过5.6亿元。到了1979年，国家投资总额为500亿元，农业占11.6%，低于1952年所占比重，绝对数却达近58亿元，比1952年增加了10倍多。

农业投资，并不单纯依靠国家力量。农业生产发展了，农民收入增加了，群众投资能力就大得多了。近年来农民收入增长较快（农民人均收入从1978年的90元增加到1981年的223元），为了增加生产，提高效率，许多地方的农民都在要求改进农业技术，购买各种生产物资，逐步改善农业生产的物质技术条件。这个经验说明：在发展生产基础上，农民有能力增加投资；在正确的经济政策鼓励下，农民也愿意增加投资。考察我国粮食问题，要看到农民自身的经济力量。

农业所需生产物资供应情况也是这样。过去30年，除水利建设外，农业生产物资中，主要是油、电和化肥。1952年我国原油总产量为44万吨，即使把它全部用到农业上，也不过平均每公顷7.5千克多。1979年原油产量10 615万吨，假定只拿出1/10用于农业，平均每公顷耕地也可摊得105千克多。1952年全国发电总量73亿千瓦时，1979年2 820亿千瓦时。20世纪50年代我们还没有建成现代化肥工业，当时即使要在每公顷地上增施7.5千克化肥，也很费力气。现在我国化肥产销基本平衡，每公顷产施75千克化肥也比较容易办到。总之，我们已经从一个工业很少的落后国家，初步建起了一个现代工业体系，这是进一步发展农业、主要是粮食生产的较为强大的物质基础。我们可把30年来的经济发展比作滚雪球，球体越大，积聚散雪也越多。所以，我们考察农业发展前景，既要看到基数越来越大的一面，也要看到我国经济状况已经远非昔日可比。

（四）技术问题

现在我们再讨论我国增产粮食的技术可能和增产限度问题。

我国粮食问题，在国际上也引起许多人注意。我国有10亿人口，近年又成了世界粮食进口大国之一，所以许多人对于我国粮食问题前景都表示关注。国外讨论我国粮食问题，也有争论。其中有些人对粮食发展前景持悲观看法。他们主要提出两个观点：第一，他们认为，我们很难克服领导农业工作中的官僚主义作风，它严重阻碍农业发展。这个看法，近年来已经被并且还正在被我国现实生活所打破或减弱。当然，我们的工作还大有改进余地。第二，他们认为，我国农业技术已经达到了较高水平，进一步增产就难了。在我们同行中间，也有些与之相类似的看法。以下我们就讨论我国农业技术水平问题，讨论粮食增产潜力和限度问题。

同许多国家相比，我国农业技术水平确实比较高。很多人都认为，在发展中国家里，我们的技术改革工作做得很出色。20世纪60年代，大面积推广了改良稻种，小麦、玉米也都有了较大的增产。拿某些技术项目来说，我们居于世界前列。例如多种形式的复种制度、70年代后期出现的杂交水稻品种等。近年来还涌现出近200个粮食亩产千斤县，它们是我国农业技术水平较高的集中表现。但是，如果笼统地说我国农业技术水平已经很高，生产基数很大，并进而作出粮食增产潜力不大的推断，那就不符合实际情况了。实际上我国农业有先进的一面，也有落后的一面，地区间差距很大，这就是潜力。

首先，如上所说，1981年我国粮食以播种面积计算的公顷产量，全国平均2 827.5千克，平均每公顷耕地4 162.5千克。这个水平在世界上还不能进入先进行列，同有些国家相比，还有差距。

其次，我们还有约0.4亿公顷低产田，占我国耕地总面积1/3。其余大部分地区属中产区，高产区在全国占的比重还不大。

第三，从单项技术看，例如我国育成的杂交水稻良种，生产水平确实很高，被誉为世界同类工作的尖端。有些外国人拿它同1930年美国杂交玉米作出的贡献相比。但是我们还要看到，到1981年，这种杂交水稻良种才种了533.33万公顷，只占水稻总面积的16%。可见我们还有大量工作要做，这就是增产粮食的潜力所在。所以，不能由于我们在农业技术上的成就大，就推断增产余地已经不多了，或者认为，基数大就难以提高了。再从粮食作物能量转换的观点来看，只就局部高产地区说，进一步提高转换率确实不易，可能有待于技术上出现新的突破。但是就比较落后的广大地区来看，必然得出恰恰相反的结论。施肥也是这样。现在我国总的施用化肥的水平，平均每公顷约112.5千克（有效成分），同世界上很多国家相比，还是一个很低的水平。并且，肥料分配很不均匀，化肥用量高的省市，例如江苏省、北京市，每公顷在225千克以上，北京市通县达300千克多。另一方面，还有些省区，不过37.5千克左右，例如甘肃省和黑龙江省。如果我们分地区把施肥量同粮食每公顷产量对照一下，就不难看出增施肥料的生产潜力有多么大。

并且，肥料结构不合理，尽管我们施用氮肥的数量还不多，但是由于磷肥、钾肥太少，已不能充分发挥肥效。所以，改善肥料结构，包括有机肥与无机肥配合，也还有不少增产潜力。

以上从我国总的粮食生产水平、各省区之间的差距、粮食作物品种，以及施肥水平等四个方面，用举例方法、从技术角度说明了我国粮食生产还有很大潜力。现在让我们回顾一下30年来我国农业技术发展总的过程。

根据历史材料分析，从1952年我国农业从长期战争中恢复过来以后，农业技术发展过程大体似可以分为两个阶段：1952—1958年为第一阶段，这段时期，我们主要依靠组织起来，增投劳力、精耕细作，尽可能发挥我国传统农业技术的优点，促进粮食增产。1958年达到顶峰，各地区比较均衡，实现了大面积丰产。应该说，那段时期我们比较充分的挖掘了传统技术的增产潜力。经过了困难时期，粮食生产大体在1964年恢复到了50年代的最高水平（平均每公顷产过1 500千克）。同时我们也可把这一年看作我国农业技术发展的转折点。从此以后，我国农业技术发展就进入了第二阶段，它的特点是：主要依靠改良作物品种（例如水稻已经过两次大规模的换种）、增施化肥、扩大灌排系统、辅之以增加机械动力，来发展农业生产。总之，主要依靠现代化技术物质手段增加生产。并且，成效较大，粮食每公顷年产递增率达3.6%，1981年每公顷产量2 827.5千克。

那么，目前我国农业技术发展处在什么阶段？有些什么特点？从近年材料看，似乎我们仍然处在第二阶段前期，即农业现代化前期。依然主要靠以上说的改良品种、增施肥料、扩大并完善灌排系统等项技术措施增产。与现代化前期最早阶段不同的特点是：现代技术正在从小范围向更广大的地区扩展，只要把已经行之有效的现代技术（不是要什么新技术），适应各地特点推广开去，增产速度可能比早期更快。从我国材料分析来看是这样，外国农业技术改革历史也莫不经过先在小区突破、再在全国推开的过程。新技术在面上推广，与技术改革早期相比，增产速度当然更快。如果我们的工作做得好，很可能会超过递增年率2.4%。

可见，对我国粮食增产前景持悲观看法是没有根据的。也没有必要疑虑重重，缺乏信心。许多人提出，今后若干年内，要把粮食增产工作的重点放到中产地区。这个意见，看来是符合当前我国实际情况的。进一步总结高产地区增产经验，有选择的把中产地区作为建设重点，逐步改造低产地区，这样做法，可能费力较少，收效较快。做好技术推广工作是一个关键环节。

（五）投资效果与粮食生产成本

我们的目标不但是增产粮食，并且还要提高追加投资的经济效果，降低粮食生产成本。以下讨论这个问题。

近年来有许多实地调查材料证明，某些地区粮食生产投资的经济效果在下降，同时生产成本在上升。例如，1971—1973年北京市通县每千克化肥平均增产粮食降到了3.3千克。以后随着施肥量的增加，肥效下降，1974—1978年每千克化肥平均增产粮食0.5～1千克。江苏省无锡县每千克化肥增产粮食从1.5～2.5千克降到0.25～0.5千克。与之相连系，许多实地调查还证明：近年来很多地方粮食生产成本有上升趋势。例如，江苏省吴县每50千克粮食的物质费用，从1965年的3.54元，上升到1979年的6.09元。若干年来，许多地方追加投资效果下降，粮食生产成本上升。怎样理解这种现象呢？从中应该得出什么结论呢？有一种看法认为，这是一种普遍现象，我国如此，外国也是这样。进而认为：追加投资效果下降、粮食生产成本上升，是一种必然趋势和客观规律。如果事情确定如此，那我们就很难提高粮食生产经济效果并降低粮食成本了。这是一个重要的现实问题，也是一个重大理论问题。

讨论这个问题，可从近年科学实验材料入手。在粮食生产中，关于追加投资的增产效果问题，曾经做过很多科学实验，国外早就在做，近年来我国也在进行这种实验，特别是关于连续追加肥料的增产效果，有关资料很多。各个实验所得结果，千差万别，但是它们有一个共同趋向，也可以说一个规律：在单位土地面积上，随着施肥量的增加，在施肥总量达到某种限度之前，施肥越多，每千克肥料增产粮食就越少。最后追加的一部分肥料，还可能起减产作用。

上举施肥调查材料，可能是在那些施肥总量很大的地区和单位进行的，就当时当地技术水平来说，甚至可能远远超过了最高施肥限界。就上举通县和无锡的材料来看，他们追加的最后一部分肥料起了减产作用，只是由于使用平均数方法分析肥效问题，这种减产作用就被掩盖了起来。如果改用动态（边际）分析方法，就会把真相揭露出来。

这类实验材料给我们的第一个启发是：不论是在全国、一个地区或一个生产单位，在分配现有肥料的时候，要分得适当均匀一点，不要弄得有的地方过多，多到肥效严重下降，甚至有部分肥料起了减产作用；少的地方又太少，少到肥效发挥不出来。可见，改进肥料分配工作，每千克肥料就能增产更多的粮食。全国算一笔总账，可能是一个可观的数字。其结果，追加投资的效果上升，粮食生产成本就会有所下降（肥料费是近年粮食生产成本中的主要项目）。

其次，需要说明的是，上举施肥的效果实验，是在其他技术条件不变的情况下进行的。包括作物品种不变、供水数量和方法不变、耕作和田间管理方法不变，在此条件下，观察不同施肥量的增产效果。假设中还包括土地原来的肥力不变，就是说不同施肥量的地块，它们的自然条件也相同。可是在现实生活中，不同地区之间的自然条件（表现为土地的自然肥力）和技术水平当然不会都是相同的。在科学实验中，把作物生长的自然条件和技术措施都放到人的控制下，是为了得出有实际用处的结论。实验结果表明，如果技术条件改变了，施肥效果的限界就会不同。例如，使用一般作物品种，施肥量达到25千克以后（这完全是一假设的数字），如再追加肥料，每千克肥料的增产效果就要下降。如果改用优良品种，肥效转为下降的施肥限界，可能就是40千克（假设数字）。所以同量肥料，用于一般作物品种，每千克肥料增产粮食就少点；用于优良品种，每千克肥料的增产粮食就多点，并把施肥总量限界向上推移。就是说，随着技术进步，技术上合理的施肥数量可以继续增加。实验中得到的结论，与我们的实际经验是一致的。

技术进步当然不限于品种改良，其他如改善供水条件、改进耕作方法，也会产生类似的效果。改旱地为水地，就会提高每千克肥料的增产效果，并且延伸施肥总量限界。所以，当我们发现肥效下降的时候，要研究一下技术状况，查一查是哪项技术措施落后了，限制了肥效的提高。如不查清这个问题，只是继续增加投肥，当然会出现投资效果下降，成本上升的现象。

由此可见，这类实验给予我们的第二个启发是：各项农业技术是互相制约的。不能只要良种，不顾施肥、供水，也不能只顾追肥，不管品种、供水等其他技术措施。因此，技术工作需要各行各业协同工作，组织综合技术队伍，不可孤军作战。

这样说，是否认为技术推广工作不应有重点呢？恰恰相反，技术推广工作不但要有重点，而且还要抓关键环节。这里说的关键环节，不是一个抽象的概念，譬如说“机械为中心”，肥料是关键等，而是指具体到一定时期和一定地区的增产关键环节。例如福建省沙县高砂公社冲原大队有34.67公顷低产田，为了改造这片低产田，他们采取了许多措施。后来采取增施磷肥的办法，粮食产量猛增20%。那个时候，在冲原大队，磷肥就是关键措施了。这是1978年的事了，后来又在许多地方发现类似情况，扩大磷肥来源就成了一件大事。但是，我们仍然不能一般地说：磷肥是增产关键。农业生产地域性很强，任何一项技术措施，此地为关键，彼地不一定也是关键。此时为关键，彼时不一定是关键。这类问题不宜作抽象概括，要有定性、定量和定位分析。

可见，农业技术改革要分区进行，各有重点，并努力找到当地的关键环节。如上所说，有的地方增产关键是改良品种，另一些地方是磷肥，黄淮海地区是控制盐碱，华中某些地区是改造红壤、黄壤，如此等等。只要经过实地调查或科学实验，找到了当时当地的技术关键环节，不但能够增加生产，并且事半功倍。就是说：可能做到投资效果大，粮食生产成本低。这是我们从上述科学实验中得到的又一个启发。并且，解决了旧的增产关键环节，又会有另一项技术措施成为关键环节，技术不断进步，产量随之提高。

马尔萨斯和李嘉图都把土地报酬递减看作是一条历史规律。马克思在批判李嘉图地租论的时候说过：“这是没有疑问的，文明进步，会有愈益更劣的土地加入耕作。但这是同样没有疑问的；因科学和工业进步之故，这些较劣的土地，比以前的良地还是相对地好的。”近代农业发展历史证明，马克思的观点，完全符合历史进程。随着科学技术进步，农业生产率不断提高。在美国，1945年一只肉鸡养到3.5～4磅重，需要养14个星期，每长一磅肉消耗4磅饲料。现在分别减为7.5个星期和1.9磅饲料。蛋鸡下蛋年率从1967年的218个，增加为1980年的240个。近70年来，随着科学技术的发展，西欧小麦生产实际成本持续下降，20世纪70年代大约只相当于第一次世界大战前的一半。可见，从历史上来看，农业投资效果有提高的趋势，粮食生产实际成本则有下降的趋势。具体到一个特定地方特定时期的情况，要作具体分析。只要我们认真改进工作，在发展粮食生产过程中，有可能把投资效果提高，相应的把生产成本降低。

以上我们就我国某些地方粮食生产投资效果低、生产成本高的情况，从技术方面作了些一般的说明。这里还要补充提到一条重要的经济原因，这就是农业生产资料价格，特别是化肥价格与粮食价格的比例不合理，肥粮价比离实际价值之比太远，这是出现粮食生产成本高的一个重要的经济原因。我们仍只就肥料为例，作一说明。现代农业发展历史资料说明，增施肥料是农业得到迅速发展的一个重要因素。我国经验和国外经验都是这样。为了鼓励农业增产，有些国家以各种方式降低肥粮比价，促使农民增施肥料。有人拿我国现行（化）肥粮比价与国外进行比较，相对于粮价来说，我国化肥价格比各国都要高，比那些工业发达国家高得多。其结果，①不利于鼓励农民增施肥料，提高产量；②人为的抬高了粮食生产成本；③并从而影响到粮价水平以及粮食生产与经济作物生产、工副业生产等的竞争能力，成为粮食受到排挤的一个重要原因。从经济管理

工作的全局来看，价格问题是一个很复杂的问题，特别是粮食价格，可以说牵一发而动全身，在经济上很敏感。因此，为了增加粮食生产，并协调粮食生产和粮食消费与各个方面的关系，与其变动粮价，或者把粮价体系弄得很复杂，倒不如考虑降低农业生产资料价格水平，特别是化肥价格水平。当然，究竟降多大幅度，也是一个需要研究的问题，这中间当然要涉及国家财政负担问题。

关于今后8年粮食增产可能，以上从种植制度和粮食作物与经济作物关系两个方面对粮食作物种植面积作了说明，似宜保持现有粮食面积，不再大增大减。其次从投资和物资供应以及农业技术两个方面讨论了增产粮食的潜力，然后讨论了提高投资效果、降低生产成本以及粮价问题的某些方面。看来到1990年这段时期内，要求粮食生产达到递增年率2.4%，并不算要求过快。

四、生态平衡与山区和草原生产建设问题

我国山区和草原不是粮食主要产区，但是它们同我国粮食供应与消费问题有密切关系。另外，生态状况如何，直接影响到全国粮食生产，所以我们简单的讨论一下生态平衡和山区、草原生产建设问题，主要是为了估计它们在我国粮食供应与消费中所占的地位和作用。

我国山区面积约占全国总面积的2/3，大部分适合发展干鲜果品、木本油料以及各种特产的生产。其中许多产品都是食品，如板栗、枣、核桃、油茶等，可以代替粮食和食油。这类产品多了，我们就可以少种一点粮食和油料作物；山区出产水果多了，可以减少一般耕地上的果园面积。据估计，山区还有0.47亿公顷草坡（一说0.67亿公顷），可以发展草食性牲畜，提供大量肉类，用以代替吃粮食的猪和肉禽，从而减少饲料粮的需要。

我们有2.67多亿公顷草原，需先了解它们的现状。近年来做了许多调查工作，初步了解到一些情况。总的来看，我国山区主要由于长期滥伐滥垦，许多地方已成了荒山秃岭，全国森林覆被率12.7%，平均每人占有森林面积只有0.13公顷，仅相当于全世界平均数的12.5%。这同山区占国土面积2/3这个基本情况很不相称。这两个数字说明，山区破坏严重，面积虽大，但是基本条件很差。看来山区建设既紧迫又艰巨。

我国草原有很大一部分本是生态脆弱，又遭到较严重的破坏。据估计，30年来开垦优良牧场0.07亿公顷，打粮食不多，随即撂荒，沙化、退化、碱化达0.47亿公顷。

主要由于山区和草原滥伐滥垦，引起大面积水土流失。根据卫片测算，全国约150万平方公里。例如，黄土高原八个省区54万平方公里，水土流失严重的即达43万平方公里，特别严重的10万平方公里。三门峡年输沙量，20年代11.9亿吨，50年代18.6亿吨，1977年20.8亿吨。有人估计现在已达35亿吨。可见，山林草原破坏，不只是山区和草原生产建设问题，并且波及广大中游和下游地区。影响所及，广大农业地区风沙在增多，水源失去涵养，不论从林牧建设来看，或从生态平衡来看，都是一个十分紧迫的问题。

山区和草原生产潜力很大，但是长期以来发展很慢。许多地区呈现停滞状态，甚至倒退。例如北京郊区，作为平原地区主要产品的粮食、猪肉、蔬菜，1965—1980年期间分别增长了56%、93%和31%。但是某些山区特产，或者长期徘徊不前，如山羊和绵羊，或者还有减少趋势，如干果产量下降了32%。不仅北方山区，南方某些山区也有类似情况，有的生产减缩更严重。例如湖南省桃源县，这是个有名的山区，七山一水二分田，传统盛产油茶、油桐、板栗、松脂等。1979年与解放初期相比，这些山区特产却分别下降了53%～95%。湖北省山区占全省总面积56%，丘陵地区占24%，适种茶树、油茶、油桐等，可是1979年林业产值只占农业总产值的4.5%。

据调查，我国草原产量与解放初期相比，下降了30%～50%。我们已经说过，作为山区和草原重要产品的牛羊肉，只占全国猪牛羊肉总量的约5%～6%。一方面是广大的山区草坡和辽阔的草原，而所提供的产品却为数甚微。

从以上这些情况可见，第一，我国山区和草原生产潜力很大，从长远来看，山区和草原经济在我国经济中应占有重要地位。第二，山区和草原经过长期破坏，目前自然条件对于发展农林牧业很不利，恢复生态平衡和原来生产水平，要花费很大力气。第三，山区和草原之所以造成目前这种状态，原因很多，绝非偶然。值得认真研究。其中有经济政策问题，但是也有大量实际问题。例如交通运输问题。这是一个落后国家历史上遗留下来的问题。

我国大部分山区和草原地带，都是交通运输不方便的地方。外边的粮食运不进去。因此，要把不适合耕种的地方，退耕还林还牧，就有困难。农用生产物资也不容易大量运进去。这就不利于帮助山区农民培育适耕土地，提高粮食单产，从内部为退耕还林还牧创造条件。另一方面，还有一个运不出来：要发展山区和草原生产，就要把大量山区特产、牛羊肉和其他畜产品运出来。不但要有道路和运输工具，并且还要有仓库（包括冷库）、包装、加工设备以及整套社会基础设施。而要在广大山区和草原建设一个交通运输网，和与之相连系的社会基础设施，恐怕就不是短期所能办到。

建设山区和草原的实际问题很多，当然并不只是一交通运输问题，我们只是以之为例，说明这个问题的艰巨性和长期性。

总结上面所说，我国山区和草原有很大生产潜力，在我国农业中应该占很重要的地位。目前我国生态严重失调，而要恢复和建立一个良好的生态平衡，改造我国自然环境，也必须把山区和草原建设作为重点。我们应该十分强调建设山区和草原的重要性和迫切性。另一方面也要看到，建设山区要做大量的工作，需要巨额投资，是一件经过长期努力才能逐步见效的事业，不是三年五年、十年八年能完成的事情。总之，生态和山区及草原建设问题很重要，很急迫，同时又很艰巨，需要一个相当长的时间才能见效。

为此，需要有个长期计划，连同平原地区在内，在分区调查研究基础上，制定一个以建立生态平衡为中心，包括山区和草原建设以及平原区三项问题在内的综合长远规划。从长期发展粮食生产来说，改造生态条件，提高土地自然肥力，是一项重大的基本建设。根据国外科学实验资料，从事种植业生产，在肥力较低土地上投放物资，很快就会达到技术上的最高限度，增产潜力有限，投资效率较低，生产成本较高。对照在肥力较高土地上投入物资，情况相反，增产潜力大，投资效率高，生产成本低。所以，一方面我们不能放松农田基本建设，同时还要从根本上和全局上搞好生态平衡，全面的提高我国土地自然肥力，为长期的粮食持续增产创造条件。为此需要归并原有有关机构，建立相应的综合机构，把农林牧渔水（利）融为一个整体，把整治河山同发展生产结合起来，建立中央和省地县各级机构，规划、设计、指导生态平衡工作，改变分散管理局面。

回到粮食和食品问题，鉴于目前山区和草原状况，以及开发建设的艰巨性和长期性，我们估计，到1990年山区和草原还很难提供大量食品，包括肉类和食油及其他干果等。就牛羊肉来说，如果我们的工作做得好，当然会超过目前在猪牛羊肉中只占约5%～6%的比重，但是短期内还难以成为我国肉食品的主要来源，并从而较大幅度的降低口粮需要量。有人建议在广大农区大力发展奶牛，（可再加上养兔）可能是一条比较容易办、收效又较快的路子。它能改善营养，节约口粮，而又花钱不多，基本不用饲料粮，饲养技术问题也较易解决。只是要逐步改变人们的饮食习惯。

五、小结

（一）我们从对于口粮和饲料粮的需求出发，即从消费经济出发，估计1990年的粮食需要量

首先假定现有10亿人的口粮稳定在目前大约250千克的水平上，靠盈缺调剂和增加肉蛋奶食品改善人民生活。其次，新增人口约1.05亿，共需口粮3 866万吨。第三，养猪、喂鸡要增加饲料粮。以平均每人肉食增加15千克、禽肉和禽蛋加倍计算，1990年共需要增加饲料粮4 727.9万吨。以上两项合计8 593.9万吨。到1990年要求全国粮食总产量达到40 645.9万吨，折合4 065亿千克。共增长27%，平均每年递增2.4%。

（二）我们从粮食作物种植面积和增产可能，对于1990年粮食生产情况作了一个估计

首先把粮食种植面积稳定在现有规模（1.13亿公顷），不再大增大减。复种指数不作大升大降，只在地区间进行适当调整，并防止经济作物再排挤粮食。其次，从国家和群众投资能力、农用生产资料供应和技术改革及推广各方面进行分析，看来保证粮食生产以递增年率2.4%的速度增长，是可以办到的。第三，如果我们的工作做得好，投资效果有可能提高，粮食生产成本有可能降低。就是说，1990年我们有可能供应比较充足而又廉价的粮食，争取少进口粮食。

（三）恢复和建立生态平衡是关系到粮食发展前途的一件大事

山区和草原有很大生产潜力，这是既迫切又艰巨的工作，宜作长远综合规划，全面治理。但是到1990年，山区和草原为我们提供的肉类，还很难成为肉食重要来源，由此减少的口粮还很少。

（四）也要制定农业技术改革的全国规划

农业技术改革可以有选择的以目前的中产地区为重点，分区抓住增产的关键技术环节，节节推进。同时还要提高高产区，逐步改造低产区。准备下一步把现在的低产区作为重点，使现代生产技术在全国普遍展开。完成农业现代化前期的过程。在高产区，争取技术上有新的突破，把农业现代化推向一个新阶段。

（五）抓综合增产技术，组织综合的科技队伍

要有全国规划和目标，并纳入国民经济计划整体。又要分区落实，做到定性、定量又定位。

我国畜牧业发展的几个问题*

洪乌金　韦嘉珀

农业是国民经济的基础。畜牧业是农业的一个重要生产部门。没有畜牧业的经济，是跛足的经济、畸形的经济。

大力发展畜牧业对于增加集体和个人收入，改善城乡人民生活和改变食物结构，促进农业生产发展，提供轻工业、制药原料和外贸货源，以及加速国民经济的发展都具有重大的意义。

目前，世界上许多农业现代化的国家，畜牧业都有很大发展，畜牧业在农业总产值中占很大的比重。如法国占55%，美国占60%，加拿大占65%，英国占70%，意大利、瑞典、芬兰都占80%，丹麦、新西兰高达90%。东欧的社会主义国家，罗马尼亚、南斯拉夫的畜牧业产值也占50%以上，苏联的情况与此近似。原是“无畜国”的日本，近二十多年来大力发展畜牧业，目前畜牧业占农业总产值的比重也达28%。这些农业经济发达的国家，由于畜牧业的发展和人民收入的提高，人们的食物结构已经由以粮食为主，转变为以肉、蛋、奶等食品为主。例如，美国平均每人每年食肉169斤，奶类490斤，蛋类26斤，粮食150斤；联邦德国平均每人每年食肉169斤，奶类231斤，蛋类33斤，粮食130斤。

新中国成立以来，我国的畜牧业有很大发展，1979年大牲畜9 459.1万头，比1949年(6 002万头)增长57.6%，猪31 970.5万头，比1949年（5 775万头）增长4.5倍，羊18 314.2万只，比1949年（4 235万只）增长3.3倍。但是畜牧业在农业经济中占的比重仍还很小，1977年畜牧业仅占农业总产值的13.7%。畜产品产量很低，据统计，1976年全国平均每人占有量：肉类16斤半，相当于世界平均的1/3，占世界第108位，奶类2斤多，相当于世界平均的1%，蛋类4斤，相当于世界平均的1/3。由此可见，我国畜牧业仍然是农业中的一个薄弱环节。这同改善人民生活，改变食物构成的要求，同外贸的要求，同农业现代化和整个国民经济发展的要求很不适应，和农业经济发达的国家相比有很大差距。因此，必须认真贯彻农牧并举的方针，把加快畜牧业的发展作为调整我国农业内部比例关系的一个重点。发展畜牧业有许多问题需要解决。但是首先要从理论上和实践上解决一些带全局性战略性的问题，方能保证我国畜牧业沿着多快好省的道路发展。现就几个问题提出我们的粗浅看法，与大家讨论。

一、私养与公养同时并举

靠谁来养？这是一个关系到调动全体农牧民的生产积极性，发展我国畜牧业的重要问题。建国以来，特别是农业合作化以来，党中央和国务院提出了一系列关于私养和公养的发展畜牧业

* 原载《农业经济论丛》农业出版社，1982年6月。

（包括耕畜）方针，得到广大农牧民的热烈拥护和欢迎，有力地促进了我国畜牧业的发展。但是，在十年的大动乱中，林彪、“四人帮”疯狂攻击破坏党和政府在农村的各项方针政策，打着“改造小生产”、“限制资产阶级法权”、“继续革命”、“支持新生事物”等旗号，把私养畜牧业看作是“邪教异端”、“资本主义”，进行了严重地摧残，极大地打击了广大社员饲养家畜家禽的积极性，严重地破坏了我国畜牧业的发展。造成城市居民吃不到肉，有时有些地方定量肉票也供应不上。粉碎“四人帮”以后，党中央重申了党在农村的各项方针政策，提出了“因地制宜，大力发展猪、牛、羊、兔、鸡、鸭、鹅等畜禽。继续鼓励社员家庭养猪，积极发展集体养猪”的方针。但是，在我们一些干部中，仍然心有余悸，他们怕发展私养畜禽会助长资本主义，发展私养畜禽数量多了会导致资本主义，一再强调公养畜牧业要占绝对优势，“以公养为主”等等。企图从数量上和畜禽种类上（如不允许养母猪、养牛）等各方面去限制社员个人饲养畜禽。因此，如何从思想上理论上理解党的发展畜牧业方针，在实践中做到私养与公养同时并举，是一个关系到我国畜牧业发展的重要问题。

（一）在目前条件下，单纯或主要依靠公养解决我国人民的主要肉食来源是不可能的

诚然，公养是我国畜牧业的发展方向。但是公养畜牧业的存在和发展，同一切事物的存在和发展一样，必须以一定的条件为转移，不能随心所欲，它是由我国当前的生产水平等社会经济条件所决定的：①发展畜牧业需要大量粮食。目前世界上畜牧业比重较大的国家，他们发展畜牧业都是具有雄厚的粮食做后盾。如美国，现在人均占有粮食2 700多斤，据估计平均每人消费粮食1 000斤左右，用于生产肉、蛋、奶等畜产品700多斤，仅这部分就高于我国按人口平均占有粮食的水平。英国、联邦德国、荷兰和日本，尽管本国粮食不多，但他们工业发达，依靠出口工业品换回外汇，进口饲料来发展畜牧业。目前，我国农业生产水平低，而人口众多，平均每人占有粮食仅600多斤，低于世界平均水平（800斤左右）。因此，国家和农村社队还不可能拿出大量粮食来发展公养（包括国有和集体所有）的畜牧业。公养私养用粮问题，就猪而言，应该说都要用粮食，不同之处在于：公养用粮要整批拨付，而农户的养猪粮则可利用泔水、糠麸等零碎粮食来源。②发展公养畜牧业需要大量的投资和物质技术装备。这从国家的财政尤其是社队的积累状况和国家的工业基础来看，力量也是很有限的。③一定规模的畜牧场需要有相应的科学技术和经营管理水平。否则，即使是有可能发展较多公有畜牧场，特别是现代化畜牧场，而技术力量和经营管理水平不相适应，还是不可能得到好的经济效果。目前不少畜牧场畜禽疾病死亡率高，饲养成本高，赔钱累累，重要原因之一就在于此。

从我国畜牧业发展的实际情况来看，农牧民个人尤其是农区社员提供的商品畜产品量占极大比重，猪占90%，羊占60%，家禽占90%以上。由此可见，在目前条件下，企图单纯或主要依靠公养解决我国人民的肉食问题是不切合实际的。

（二）当前我国农牧社员户养畜禽具有很大的潜力

①农村有可以用于饲养畜禽的劳动资源。外国农业人口只有百分之几，我国有八亿农民，三亿劳动力，这些劳动力可以利用业余时间，采取“下地不空手，回来采满篓”的办法，采集饲料饲养畜禽。同时还有占全国农村总人口15%左右的三、四千万辅助劳动力，大可充分利用起来发展私养畜牧业。②农村有丰富的饲料资源。如秸秆、糠麸、野草、野菜、树叶、残羹剩饭和泔水等，而且便于分散利用。③我国是世界上养猪最早的国家，早在五六千年以前，我们的祖先就饲养和驯化了猪，广大农民有饲养畜禽的丰富经验，特别是养猪的传统经验。因此，我们应当充分

利用农牧社员私人饲养畜禽的这些有利条件发展副业性质的畜牧业。

我国有一亿多农户，除少数禁猪民族和个别因宗教习惯不愿养猪外，可以劝他们养一口至几口猪。如果每户每年养猪1～2头，再加上牛、羊、兔、蜂、家禽等，这样全国一年就有二三亿头的猪，几百万几千万头的牛羊以及大量家禽。这是一个很可观的数字。这是一件利国利民的大好事，对于改善人民生活和促进整个国民经济的发展，将起重大的作用，我们何乐而不为呢？

（三）对社员私养畜禽的数量不应限制

对社员经营正当家庭副业，饲养的畜禽是否限制数量问题，现在有两种不同的看法。我们的意见是不应限制。因为：①社员私人饲养畜禽等家庭副业“是社会主义经济的必要补充部分”，虽然它还带有个体经济的残余，但是从属于社会主义经济的，是一种新型的家庭副业经济。在农村生产力水平低，产品不丰富的情况下，发展社员私养畜禽是完全必要的；②在发展过程中由于各地饲料等资源条件和各社员户劳力的多少与强弱不同，等等，因而农牧民私人在饲养畜禽的多少、收入的高低、生活富裕程度就会有所不同，这种差别是正常的，根本谈不上什么资本主义。只要不影响参加集体生产（如完成基本出勤日、基本投肥和基本投草等任务），遵守国家的各种资源保护法，不雇工剥削，不投机倒把，就不应当限制。在饲料等资源条件好的地方，劳力多劳力强的社员户，多饲养一些畜禽，为社会多提供一些畜产品，生活富裕一些，这是大好事，不应受到责备。

总之，在目前条件下，就全国范围来说，私养与公养同时并举，两条腿走路，是势在必行。那种过分强调公养、以公养为主，限制私养种种的做法是不切合我国实际情况的，是不利于畜牧业的迅速发展的。

至于公养私养各占多大比例合适？应从实际出发，因条件而异。不同地区不同时期应当有所不同。在目前，牧区集体经济的支柱是畜牧业，和农区大田生产一样，自然以公养为主体，但也要鼓励私养的发展；农区农业集体化20多年来多数社队饲养畜禽尚未成为独立、有一定比重的畜牧业生产部门，一般养畜场基本上是养猪场，且规模不大。畜禽饲养还一直是处在社员家庭副业的地位。从历史和现实条件来看，农区养猪等小家畜家禽的饲养以公养为主是“主”不起来的，事实上不能不承认以私养为主，私养与公养同时并举；大城市郊区与农区、牧区均应有所不同。但是任何一个地区的私养与公养比例都不应当是固定不变的，而是随着生产力不断向前发展而变化的。在农业现代化发展过程中，公养和私养均将得到发展，随着时间的推移，农业生产力水平的提高，客观上公养的比例将会不断提高。不考虑条件，不创造必须的条件，任凭主观愿望行事，这无异于拔苗助长。

二、农区与牧区各打各的优势仗

我国畜牧业的发展，到底重点应当放在牧区还是农区呢？这是学术界争论的一个重要问题。我们认为，必须从分析我国畜牧业发展的历史、现状和进一步发展所需要的条件来回答。

（一）加强草原建设，继续发展牧区畜牧业，是发展我国畜牧业的重要方面

我国有广大的草原，全国有43亿亩，可以利用的有33亿亩，是发展畜牧业的有利条件，是建设现代化的畜牧业的生产基地。过去和现在为我国人民提供肉食和工业原料等起了不小的作用。应当继续促进其发展。但是，我国草原按人口平均占有面积不到四亩，尚不及世界平均数

（11亩）的1/3。而且草原的粗放、落后面貌没有得到改变，特别是由于林彪、“四人帮”极“右”路线的干扰，滥垦草原，毁草种粮，加上过牧超载，重使用，轻建设，致使草原退化、碱化、沙化、鼠害严重，产草量下降。据十个牧区省（区）统计，碱化、沙化占草原面积的1/4，鼠害面积占1/3，缺水面积占1/3。草场产草量比50年代下降30%到50%，而且质量也随之下降。据有关部门分析，天然草场牧草粗蛋白的含量要达5.8%以上，才能满足羊的长肉和长毛的需要，而我国冬春草场牧草的粗蛋白含量只有3.8%。因此，我国牧区严重的出现了饲草的生长赶不上牲畜的采食，牧草养分供不上牲畜营养的需求的不平衡现象。我国每只羊占有草场面积达三十多亩，载畜量低于世界平均水平（每只羊20来亩），仅为新西兰的1/9。尽管载畜量低，但许多地方却已超载过牧，出现了“夏壮、秋肥、冬瘦、春死亡”的局面。鉴于上述情况，牧区畜牧业生产力水平很低，提供的畜产品并不多，一般每年仅有40万～50万吨，只占全国肉食总量的8%，平均每人1.3斤。由此可见，不积极大力进行牧区建设而把提高畜产品的任务寄托在牧区上，那将难以实现这一主观愿望。有些人从数字上用农区耕地面积的概念来看牧区的几十亿亩草原，高估其出产畜产品的潜力。如前所述，目前世界一般水平是20来亩天然草场才养活一只羊。而农区20亩耕地至少可产粮几千斤，同一面积大小数字，实质意义很不相同。况且我国不少天然草原靠天放牧，黑（旱）灾、白（大雪）灾等灾害频繁，牧区建设需投入的人力物力财力远比农区要多，也非短期所能为力。现以世界上畜牧业最发达国家——澳大利亚为例：澳全国有70亿亩草原，经过100年的建设，人工草场和改良草场占8%，年产肉200万吨。假设我国的草原经大力建设后，能够提高到澳大利亚的生产水平，其产肉量也不过100万吨左右，平均每人也只有2斤多肉。况且牧区建设和生产达到这样的水平，恐非易事。

（二）农区畜牧业的发展，大有可为，应当摆在重要地位

农区聚居着我国90%以上的人口，它不仅是畜产品的主要消费区，而且是畜产品的主要生产区，它有着发展动物饲养的广阔前途。

1. 有丰富的饲料资源。①南方有十亿亩草山草坡，得天独厚，产草量高。有人根据湖南桃源县草场资源计算，我国南方草场亩产鲜草800千克，分别相当于我国北方荒漠草场16亩、草原草场5.3亩、草甸草场3.2亩的产草量。也就是说，我国南方的十亿亩草场，等于北方产草量最高的草甸草场32亿亩。这个产草量是非常可观的；②北方的农区也有许多山区、半山区和丘陵地；③农区还有许多农作物副产品。以禾本科作物为例，每一斤籽实一般就有一斤以上的茎秆，且在籽实中有10%的秕糠。全国6千多亿斤粮食，就有六七千亿斤茎秆，假设拿出1/3作饲料，再搭配一些精料，估算可以养牛两千万头；④有许多农畜产品加工工业的副产品。如油饼类，全国就有100亿斤；⑤有大量的野草、野菜和树叶；⑥我国有2.5亿亩陆地水域，多数分布在农区，这除发展养鱼及其他水产业外，还可以生产大量的水生饲料和饲养水禽；⑦有大陆海岸线长达一万八千多公里，水产下脚料小鱼烂虾等是很好的蛋白质饲料和矿物饲料。

2. 我国农区大部分地处亚热带、暖温带和温带，气候温暖，雨量充沛，草木四季常青，可以为饲养畜禽提供丰盛的水源和饲草，以及减少冬天畜体的能量消耗，做到“一年养畜一年长”。

3. 我国农区人多，劳动资源丰富，为发展畜禽提供了重要的饲养管理条件。这些都是发展畜牧业的重要物质基础和良好的条件。农区过去在上述条件未充分利用的情况下就已经为我国人民提供90%以上的肉食。今后，应当充分利用这些有利条件，发挥这些方面的优势，在继续发展养猪业的同时大力发展养牛、养羊等草食动物，为社会提供数量更多、质量更好、种类更齐全的畜产品。由此看来，农区畜牧业特别是集约畜牧业的发展有着广阔的前途。今后仍将是我国人民

畜产食品来源的主要生产区。

综上所述，我国畜牧业的发展应当是：把农区与牧区放在同等地位，根据各自的特点，各打各的优势仗，为我国畜牧业现代化做贡献。一方面，加强牧区的草原建设，利用和改造我国的广大草原，建设现代化的畜牧业生产基地，是发展我国畜牧业的一项长期战略任务，对于增加畜产品产量有着重要意义，而且对于加强牧区少数民族的经济文化建设，改善牧民生活，加强民族团结，巩固边防也有着特别重要意义，应切实抓好。另一方面，应改变过去以牧区为主的做法，大力挖掘农区发展畜牧业的巨大潜力。只要加强领导、政策（如价格、奖售以及对某些地区实行粮食减购增销等）得当，并从投资和物质技术装备等方面给以积极支持，那么我国农区的畜牧业在不长的时间内就可以获得全面而迅速的发展。

三、在继续发展养猪的同时，大力发展草食动物

过去曾提过，“猪为六畜之首”、“以养猪为中心全面发展畜牧业”的方针，片面强调“一人一猪”、“一亩一猪”，限制了自然资源等优势的发挥，影响畜牧业的全面发展，对此，学术界也持有不同的看法。养什么？这是发展畜牧业的一个重要问题。

（一）在目前条件下，养猪业的发展还有潜力，但受一定限制

猪肉是我国人民的主要肉食来源。猪具有充分利用各种饲料资源、饲养期短、繁殖率高、猪肉味道鲜美和猪粪质量好等特点和优点。加之我国人民有传统的养猪经验，继续搞好养猪业是完全必要的。但是，也要看到，猪毕竟不是草食动物，它需要以精饲料（特别是粮食）为主，与人争食。养一头180斤重的肥猪，需要四五百斤粮食和不少的副产品，目前我国粮食生产水平低，尚不能满足人民基本生活的需要，近年来，每年还得进口大批粮食。在这种情况下，拿出大量粮食来发展养猪，是比较困难的。所以说在粮食没有达到一定水平时（例如按人口平均每人1 000斤粮食），大规模发展养猪业是受到相当限制的。

（二）大力发展草食动物。前面讲到我国有发展草食动物的优越条件，应当充分利用

1. 发展牛、羊、兔等草食动物，不仅本身有许多好处而且与养猪相比有许多特点和优点。 第一，不与粮争地，不与人争食。前面讲到我国广阔的青粗饲料资源，如不养畜，则任其春生秋枯，白白浪费；养猪，则由于这些青粗饲料的粗纤维多，猪是单胃动物，难以消化；而发展牛、羊、兔等草食动物则大有可为。据有关资料分析，牛的饲料的78.3%、羊的饲料的80.9%是饲草。养牛需要少量精料和盐，养羊需要粮食更少，兔主要吃青草。同时牛、羊等草食动物对粗纤维饲料的利用率高。牛、羊是反刍动物，例如牛，有个瘤胃可以靠微生物去分解粗纤维，牛对粗纤维的消化率比单胃动物高的多，发展养牛、羊可以充分利用它们消化粗纤维能力强的优点，主要以草换肉、奶、皮、毛，比养猪要经济有效的多。第二，肉奶营养价值高。牛、羊、兔肉不仅味美可口，而且营养丰富，脂肪低、蛋白质高。牛肉、羊肉和兔肉的蛋白质含量分别为18.6%、11.1%和21%，均比猪肉（9.5%）高的多，而脂肪含量分别为18.9%、28.8%和3.8%，都比猪肉（59.8%）低的多。羊肉还具有纤维细嫩、脂肪分布均匀的特点，是牧区人民主要肉食来源。牛奶羊奶营养价值也很高。一头奶牛每天能提供蛋白质363克，相当于9千克大米的蛋白质含量。羊奶的蛋白质含量比牛奶还多，且消化率高。兔肉还具有肉质细嫩的特点。30～40只兔的出肉量就相当于一头肥猪。美国畜牧业以菜牛为主，猪占第二位，1976年肉类消费总量中牛

肉占50%以上，猪肉不到30%，其主要原因就在以上两点。第三，牛、羊、兔肉是出口的畅销物资，换汇率高。在国际市场上，一斤牛、羊、兔肉均可换小麦16.6斤或玉米23.2斤。我国出口物资，平均每五元人民币换一美元，而牛、羊、兔肉，每一市斤，均可换一美元。一斤二级兔毛，可换回化肥370斤或小麦二百斤或白糖135斤。三只长毛兔一年所产兔毛的出口价值超过一块上海牌手表的出口价值。第四，可以为农业提供大量优质的有机肥料。每头奶牛一年的纯粪尿平均一万斤左右，一般可增产粮食300多斤，羊粪中含N0.7%、含P 0.5%、含K 0.3%，是各种家畜粪中肥分最浓的高效有机肥料，每只羊一年的纯粪尿一千六百多斤，可增产粮食150斤左右。一只成年兔每年可积肥二百余斤，十只兔相当于一头猪的积肥量，而兔粪比猪粪质量高，兔粪含的氮、磷、钾，分别为猪粪的5.8倍、5.8倍、2倍。第五，养牛、养羊、养兔比养猪省工、省料、成本低。养牛、养羊老人、妇女、小孩都可以放牧，能充分利用田边地角的草料和零星饲料，养兔是"收工一把草，老少都能搞"。第六，收益快。一头良种奶牛一年提供的商品量，相当于10只肥猪的商品量。羊和兔则投资小，繁殖率高，收益大，见效快。山东省定陶县陈集公社中沙海大队，近年来大力发展养牛业，1979年饲养量达到1 335头，平均每户4.4头，这年卖牛收入18万元，平均每户290元。

2. 随着农业现代化的发展，机械动力将逐步代替畜力，役畜将逐步退耕。例如，农业机械化发展比较快的山东省1971年大牲畜开始下降，1976年比1971年下降了三十多万头。从向农区提供役畜的牧区情况来看，也已相应地出现马匹跌价的现象。如内蒙古自治区1971年马就开始滞销，到1978年有8万匹待售，马的价钱较过去下降20%～30%。这种变化趋势在客观上给我们提供了可以逐步把役畜变为产品畜的条件。但是由于各地区、社队经济发展不平衡，在一些先进地区、社队已经出现这种趋势，就多数地区、社队来说，这种变化还需要一个较长的过程。

统观全局，我国畜牧业的发展，应当在继续发展养猪的同时，大力发展草食动物。

3. 为了大力发展牛、羊等草食动物，应当做好以下两项工作。第一，兴办奶品加工厂。由于奶畜（奶牛、奶羊）的发展，奶源越来越多，且分散在农村各个角落，鲜奶又易于腐败变质，不宜长途调运。因此，只有在奶源多的县，兴办奶品加工工厂，设点收购，就近加工，将鲜奶变成奶制品，饲养奶畜才能获得最大经济效果。黑龙江绥化县、山东崂山县、陕西富平县等建立了奶品加工厂，有力地促进奶畜业的迅速发展；第二，要积极地、适时地做好牛的经济用途转变工作。鉴于农区一些机械化发展较快的地区、社队，大牲畜在逐步退耕，而在马、骡、牛等役畜中，由于牛的速度慢，挽力较小，必然先退耕。而牛又正是我们将役畜变为产品畜的目标。因为马对粗纤维的消化率低（只有15%左右），而且能量转化率也远不及牛，马奶、马肉除少数民族习惯食用外，马一般不宜做产品畜。这就提出如何在机械化过程中，使牛不减少，而是改变经济用途的问题。因此党和政府一方面应当从价格等政策去调动农民养牛的积极性。另一方面要及时地做好牛的经济用途的转变工作。如选择或引进（包括从国外引进）优良肉用、乳用及乳肉兼用的种公牛，同当地母牛杂交改良，提高牛的生产能力。否则，随着农业机械化的不断发展，牛就越来越少，那对牛的品种改良和发展我国农区的畜牧业将是很不利的。

（三）因地制宜，合理布局

在继续发展养猪的同时，大力发展草食动物，是就全国范围讲的。至于每一具体地区、社队发展什么牲畜，则应当根据因地制宜的原则来决定。由于我国幅员辽阔，各地区、社队的饲料资源、气候等自然条件和社会经济条件（粮食生产水平、劳动资源等）千差万别，不仅牧区与农区不同，就是在农区、山区、半山区、丘陵区、平原区和城市郊区，也都有很大差异。因此，各个地区发展什么畜禽，不应千篇一律，而应当从实际出发，分类指导，因地制宜，合理布局。牧区，鉴于农区对马的需要量在逐步减少，在这种情况下，今后的生产任务将由提供役畜和产品畜逐步着重向产品畜的方向发展，因而畜牧业内部结构也需做相应的调整，即应当把以饲养马、羊为主，根据情况逐步改变为以饲养牛、羊为主。农区总的应当是在发展养猪的同时，积极发展草食动物等畜禽，包括牛、羊、马、骡、驴、鸡、鸭、鹅、兔、蜂等，适宜发展什么，就发展什么。其中，山区和半山区由于粮食生产水平较低，应当着重发展养牛（包括肉役兼用牛、乳肉兼用牛、肉用牛等）、羊（包括绵羊、山羊和奶山羊等，高寒地区应以绵羊为主）、兔业为主；平原地区应在积极发展养猪的同时发展肉役兼用牛、乳肉兼用牛、羊（奶山羊和山羊）、兔等草食动物。在一些交通条件较好的地方还应当积极发展奶牛和乳肉兼用牛；城市郊区畜牧业应以为城市服务为主要发展方向，着重发展猪、奶畜（包括乳牛、乳肉兼用牛、奶山羊等）、家禽等，提高肉、奶、蛋的自给率。

农产品成本与价格形成的几个问题*

陈 继 昌

一、农产品成本中活劳动消耗的货币估价

农村社队的农产品成本核算中，碰到一个“老大难”的问题，就是怎样对成本中活劳动消耗进行合理的货币估价。对于这个问题，历来存在着两类不同的观点：一类是按照统一的标准估价；另一类是按照社队的实际劳动报酬估价。主张按统一标准估价的同志中，又有几种不同意见：如按国营农场工人的平均日工资估价；按一定地区社队的平均劳动报酬估价；按当地社员平均生活水平估价；等等。到底采用哪一种估价为宜呢？我认为，这仍然要从成本的经济实质上去探讨，才能求得比较妥善的解决。

农产品成本既然是农产品价值中C+V用货币表现的独立组成部分，那么，V所体现的就不是全部必要产品价值，而只是其中通过劳动报酬形式分配给劳动者并成为个人消费基金的那部分，也即是保证劳动消耗的正常补偿或叫做劳动力再生产的那部分价值。农产品成本中V的经济实质，也就是活劳动消耗采用哪种货币估价方法的理论依据。

那么究竟如何确定保证劳动消耗的正常补偿，即如何确定劳动力再生产的那部分产品价值呢？马克思指出：“可变资本不过是生活资料基金——一种特殊的历史的现象形态；那种基金是劳动者维持他自己以及再生产他自己所必要的，在一切社会制度下，都要由他自己不断地生产和再生产出来”。① 由此可见，保证劳动者的消费，即保证劳动力再生产所需要的物质、文化及其他生活资料的数量，也就是劳动消耗的正常补偿或劳动力再生产那部分产品的价值。马克思还指出：在任何社会生产方式上，“总是能够区分出劳动的两部分，一部分的生产物，是直接供生产者及其家属用在个人消费上，另一部分——即总是剩余劳动——的生产物，总是满足一般的社会需要，而不问这个剩余生产物是怎样分配的，也不问是谁当作这种社会需要的代表。”② 从这里又可以看出，劳动力再生产所必需的物质文化生活资料，不仅指劳动者本人那一部分，而且包括他们的家属——未参加工作的子女和不工作的老弱人等这部分的共同消费。

因此，农村社队农产品成本中活劳动的消耗，按照保证劳动力正常再生产的消费水平估价，即按照社员平均生活水平估价，不仅具有充分的经济理论根据，也使客观实际形成的劳动消耗，在农产品成本中得到正确反映。同时，社员生活水平与工资范畴亦有直接联系，它既没有实际劳动报酬中包含的利润或亏损，也没有级差地租的影响。采用这种劳动消耗量的货币估价，才能正

* 原载中国社会科学院财贸物资经济研究所编：《农产品成本与价格论文集》，中国社会科学出版社，1983年5月第1版。

① 《资本论》第1卷，人民出版社，1953年版，第709页。

② 《资本论》第3卷，人民出版社，1953年版，第1150页。

确确定单位产品成本作为制定农产品价格的原始依据，才能使成本核算作为指导社队农业生产的重要经济工具，使我们能够更准确地确定生产盈利和加强经济核算。

问题又出现了。按社员平均生活水平估价成本中活劳动消耗，究竟怎样计算社员参加集体生产所做标准劳动日负担的必需生活费用呢？对这个问题目前又有两种不同看法。

一种意见认为：可以不考虑家庭副业这个因素，即用调查的各典型社员户参加集体生产所做总标准劳动日数去除各典型社员户生活费总支出，得出每个标准劳动日所必需的生活费，用公式表示：

$$\text{每个标准劳动日所必需的生活费}=\frac{\text{各典型户生活费总支出}}{\text{各典型户参加集体生产所做总标准劳动日数}}$$

理由是：①社员家庭副业是社员利用业余劳动时间进行的生产劳动。由于集体分配的收入不能维持劳动力再生产必需的生活费用，所以必须用家庭副业给予补充。②用上式算出的标准劳动日所必需的生活费计入农产品成本，在提供制订农产品价格时，有利于缩小工农产品价格的剪刀差。

另一种意见认为：计入农产品成本中每个标准劳动日所必需的生活费时，应当考虑社员家庭副业这个因素，不能将全年生活费总支出由参加集体生产所做总标准劳动日数负担，而应由参加集体生产所做总标准劳动日和家庭副业生产用工之和去除全年生活费总支出。用公式表示：

$$\text{每个标准劳动日所必需的生活费}=\frac{\text{各典型户生活费总支出}}{\text{各典型户参加集体生产所做总标准劳动日数}+\text{各典型户家庭副业生产用工合计}}$$

理由是：①社员户全年生活费总支出的主要来源是集体分配的收入和家庭副业等的收入，将社员户必需的生活费用，全部由集体劳动所决定，缺乏足够的理论根据。②集体所有制社队的劳动力再生产，不仅包括社员参加生产队集体再生产，也应包括家庭副业、自留地的再生产，这是和国营企业劳动力再生产不同的一个特点。既然家庭副业生产了产品，支付了劳动，而且也要进行再生产，也就需要负担相应的必需生活费用。③如果按第一个公式计算，分母不包括家庭副业生产用工，而分子又包括了社员户全部来源（集体的和家庭副业的）生活费总额，分子、分母范围不同，也不尽合理，势必加大参加集体生产所做标准劳动日负担的生活费用，从而会加大集体所生产农产品的生产成本。

究竟每个标准劳动日所必需的生活费，以哪一个指标合适，还可以进一步探讨；这将随着农产品成本核算的理论和实践的发展而得到合理解决。但从总的方面来看，按劳动力再生产的生活费用估价，即按社员平均生活水平估价，无疑是比较正确和恰当的活劳动消耗估价方法。它不仅具有充分的经济理论根据，也使计算的农产品成本指标，能成为比较不同社队劳动消耗或同一社队不同年份劳动消耗的基础。这种估价方法，无论对解决国民经济任务，制订农产品价格提供原始依据，还是指导和加强农业经济核算等方面，都是最基本、最主要的。当然，生产队内部，在某种情况下按实际劳动报酬计算另一个成本指标，对于实际分配以及进行比较、分析、研究和指导本单位经济工作，也还是具有一定作用的。

二、按劣等地社会成本为原始依据是农产品价格形成的特点

马克思主义论述价格形成的共同基础和原则，不仅适应工业产品价格的形成，也同样适用于

农产品价格的形成。但我们要注意，农产品价格形成过程，还有自己的某些特点，比工业产品价格形成来说，农产品价格的形成要复杂得多。在研究农产品价格形成问题时，必须考虑它的特点，才能充分发挥农产品价格为社会主义经济服务的作用。这就涉及农业生产的特点、农业生产依附自然条件的特点；涉及农产品社会成本按什么样的自然条件来确定的问题。

谁都知道，土地是有限的，土地又是农业生产不可代替的生产资料。农业生产的对象，主要是有生命的植物和动物。植物和动物的生长、繁育与客观的自然气候土壤条件具有密切的联系。自然气候土壤等条件不同，适宜发展的农业生产也不一样。可见土地的有限性，土地是农业生产不可代替的生产资料，以及为了充分满足社会对农产品的需要，就决定了社会主义社会不仅要耕种优等地，而且要耕种中等地和劣等地。由于土地肥瘠不同，自然气候条件不同，经营中等、劣等地要比经营优等地耗费更多的劳动和资金；等量的劳动和资金，投入面积相等而肥力不同的土地上，会带来不等量的农产品。列宁指出："土地的有限（这同任何土地所有权完全无关）造成一定的垄断，就是说，既然全部土地都被农场主占用，既然市场需求是全部土地所生产的全部粮食，其中包括最贫瘠、距离市场最远的土地所生产的粮食，很明显看出粮食价格取决于劣等地的生产价格（或者说，取决于生产率最低的最后一次投资的生产价格）"① 列宁说的是资本主义制度下的农业，但也完全适用于社会主义制度的农业情况。在社会主义制度下，农产品的价值也应当决定于肥力和位置不良以及投入土地的劳动和资金而生产率较低的那些劣等地。在实践中，作为制定农产品价格原始依据的农产品成本，也应当取决于中等经营管理水平、劣等地上社队的农产品社会成本。如果说，农产品按中等经营管理水平、中等土地上社队的社会成本为制定价格的依据，那么耕种劣等地的社队，作为经济核算企业来说，就不能存在了。当然，我们指的按中等经营管理水平、劣等地上的社会成本作为制定价格的原始依据，是要对劣等地和中等经营管理水平两个条件结合考虑，而不应单纯考虑劣等地耗费而不问其经营管理水平的好坏。因为"经营管理水平最差"与"劣等地生产条件最差"是两个不同的概念，绝不能混为一谈。同时，决定劣等地上的农产品社会成本，也应当是一定生产范围的社会成本，而不是不管追加多少劳动和资金，所获得产品的生产率多么低，都按这个标准作为制定农产品价格的依据。而且在实践上具体计划农产品价格时，除要考虑一定生产范围内劣等地社会成本这一重要因素外，还需要考虑多方面的因素。

有同志提出另一种观点，认为农产品的社会价值不决定于劣等地上的劳动消耗，而决定于中等地上的劳动消耗，从而应当按中等地社会成本为制订价格的依据。理由之一是：土地的有限程度特别是劣等地是可以改变的，过去的不毛之地，可以进行开垦；劣等耕地可以变为中等耕地；中等耕地可以变为优等耕地。不错，土地虽然具有有限性和不可代替性，但在合理利用条件下，其质量是可以改变的。我国在改土治水，大搞农田基本建设的过程中，大大增加了农田灌溉面积，也扩大了新垦荒地；运用现代农业科学技术，也不断提高了耕地质量。但是土地的有限性，土地的优、中、劣以及级差地租的存在，仍然是一个确定的事实。即使将来到了共产主义高级阶段，商品生产消亡了，不存在形成级差地租的客观条件，而投放到自然肥力不同土地的劳动，也仍然会有某种程度的差别；何况在当前生产力水平条件下，包括运用现代科学成就和先进农业技术，还不可能根本消除土地的有限性以及肥瘠程度的差别。如果说只耕种优等地和中等地，而不耕种社会需要范围内的劣等地，显然就不能充分满足社会对农产品日益增加的需求。

① 《列宁全集》第5卷，第99、102页。

提出这种观点同志的另一个理由是：如果按劣等地社会成本为制订价格的原始依据，那么经营优等地、中等地的社队所获得的纯收益（利润）就太多了。这又涉及级差地租的分配问题了。马克思分析形成级差地租的条件，分成两种不同形式的级差地租——级差地租Ⅰ和级差地租Ⅱ。级差地租Ⅰ是来自土地自然肥力较好，地理位置优越而形成较高生产率的纯收益，这些纯收益不是某一个社队经营活动的结果，理所当然地绝大部分应该提交国家作为全民积累基金使用，这就是通过国家农业税的形式来取得这项积累。我国农业税的转本政策就是种多少田，应产多少粮食，依率计征，依法减免，增产不增税，各地区自然条件和农业生产水平不同，农业税率也有地区差别。这显然是考虑到级差地租Ⅰ的重要因素在内。至于级差地租Ⅱ，是由于对同一土地上不断投放劳动和资金，提高劳动生产率所获得的纯收益，这种纯收益决定于社队的经营管理水平和努力程度。因此，级差地租Ⅱ的绝大部分应当归社队自己支配（小部分可利用地区差价这个经济工具给以调整）。例如，实行增产不增税，让一部分社队先富裕起来，就是级差地租Ⅱ分配的具体体现。

提出按中等地社会成本制订价格的第三个理由是：按中等地社会成本制订价格，可以使中等水平的社队得到合理的纯收益，先进队获得较多的纯收益，后进队少得或得不到纯收益，这样就有利于奖励先进，鞭策后进，促进农业生产发展。这就把“贫瘠的、分布地理位置不利的劣等地”和“落后的、经营管理水平最差的社队”两个概念混淆在一起了。前面谈到，经济上的劣等地是说要比优等地和中等地要耗费更多的劳动和资金，才能获得相当的产量；而落后的、经营管理水平最差的社队，则是说在客观条件基础上，没有充分利用客观条件，没有发挥主观能动性，没有实行科学种田、加强经济核算等原因所造成的那种落后状况。大量的事例证明，经营管理水平最差的、落后的社队，不仅可以出现在中等地、劣等地上，也完全可能出现在优等地上；相反，经营管理水平很好、成绩卓著的先进队，不少也出现在劣等地上。

综上所述，农产品价格形成的重要原始依据，应当是中等经营管理水平条件下，劣等地上的社会成本。

三、农产品价格中盈利率的确定问题

农产品的收购价格和工业品的出厂价格基本相似，它是由农产品生产成本加上利润（纯收益）和农业税金所构成。利润（纯收益）是税金和盈利的两种形式。有经济根据的农产品价格水平，不仅应该得到产品成本的补偿，保证农业税金的上缴，而且应当保证社队有一定的利润（纯收益）进行扩大再生产和提高社员生活水平。

根据全国农产品成本调查表明，社队生产农产品的物质费用和用工的增加大于农产品增产幅度的增加，农产品收购价格的长期偏低，致使有些社队收购价格相当于生产成本，有的还低于生产成本，从而使社队进行农业生产无利可图，乃至造成亏损，有的社队连简单再生产维持都有困难，更谈不上扩大再生产了。因此正确确定农产品价格中的盈利水平，使农业作为国民经济基础一个重要部门，保证有自身的积累，保证农民有适当的利润，是加速农业发展，实现农业现代化的一个重要问题。

怎样确定产品价格中的盈利额呢？即如何把剩余产品价值计入产品的价格中呢？经济学界对这个问题讨论很多，归纳起来不外以下三种意见。①按工资（劳动报酬）比例分配盈利，即工资盈利率；②按产品成本的比例分配盈利，即成本盈利率；③按固定资产、流动资金价值的比例分配盈利，即资金盈利率。权衡利弊，资金盈利率是比其他两种盈利率前进了一步，它不仅反映了

已消耗的活劳动和物化劳动，也反映了生产产品占用的全部资金，包括实现机械化、自动化的全部固定资产的利用。按资金盈利率作为价格形成的基础，无疑有利于先进技术的采用和促进劳动生产率的提高。随着社会主义建设，特别是四个现代化的实现，采用资金盈利率确定产品价格中的盈利，是完善产品价格形成的一个方向。但考虑目前我国农业有机构成很低这个特点，我认为仍须有一个以成本盈利率作为规定农产品价格的过渡阶段，即以农产品成本盈利率为主，充分考虑资金盈利率和工资盈利率来制定农产品价格比较适宜。

第一，单纯按工资（劳动报酬）盈利率分配盈利，不利于劳动生产率的提高，甚至会阻碍技术进步。因为工资盈利率只能反映活劳动耗费和活劳动生产率的高低状况，不能反映物化劳动耗费状况。作为剩余产品价值的盈利，虽然是活劳动创造的，但离不开物化劳动——生产资料。用较大量的、先进的物化劳动装备的活劳动，比用手工劳动或薄弱的技术装备进行农业生产，能更有效地利用和征服自然力，大大提高劳动生产率，从而会带来更多的利润。如果单纯按工资（劳动报酬）比例分配盈利，便会产生与农业机械化、现代化的要求相矛盾的现象：在经济上愈落后，墨守成规，保持原始手工劳动进行农业生产情况下，生产农产品价格中的利润就愈多；反之，实行科学种田，逐步实现机械化、现代化所生产的农产品价格中利润就愈少。这便不利于利用价格这个有力的经济工具，鼓励和促进社队实现农业机械化和现代化，不利于提高和改进农业生产，甚至还会阻碍科学技术的进步。

第二，对目前来说，完全采用按资金盈利率分配盈利，则不利于缩小工农产品交换的剪刀差，甚至会继续扩大这个差价。谁都知道，在我国目前农业生产基本上靠人畜力劳动情况下，活劳动消耗还占相当大的比重，农业部门的资金有机构成很低；相反，一些工业部门企业如拖拉机厂、化肥厂、农药厂、农用塑料工厂等，资金的有机构成比农业显然要高得多。过去有同志估算过：我国一个国营工业工人装备的固定资产大约十倍于农业劳动者。如果完全采用资金盈利率规定产品价格，那么工业产品价格就要高于它的价值，农产品价格就要低于它的价值，工业产品的价格将远远超过农产品的价格，剪刀差问题不会是日益缩小，而会继续扩大，这对调动八亿农民的社会主义积极性，加速农业发展，逐步实现农业现代化，都是很不利的。

第三，农产品成本中，不仅包括了劳动报酬，也包括了劳动对象的耗费和已被利用的固定资产的折旧额。把利润和产品成本联系起来，即与生产某种产品时实际参加和利用的生产资料联系起来加以计算，从理论上讲，是合乎规律的。同时，按成本盈利率规定农产品价格，也简便易行，无论就目前农产品成本核算试点社队的产品成本资料，或定点调查农产品成本资料，都是比较容易掌握和取得的。而资金盈利率要根据年度平均的固定资金和流动资金总额来确定，而且社队的全部资金（包括固定资金和流动资金）是为多种多样农产品所共同利用，在实践中很难确定每种农产品生产所耗费的资金数额。所以在我国目前条件下，以成本盈利率为主，充分考虑资金盈利率和工资盈利率来制定农产品价格，比较适宜。

应当指出，由于农业生产的特点，农业生产条件和销售条件的特点，除了以农产品成本盈利率为主，充分考虑资金盈利率和工资盈利率以外，并不排斥把与社队农产品生产相联系的其他盈利率指标作为制订价格的参考。例如每亩盈利率，每市担主产品盈利率，每一劳动日或工作日盈利率等，同样也可以作为制订农产品价格的重要参考。

谈谈京郊县（区）级农业区划中的两个问题*

郭 象 贤

一、关于农业发展方向的论证问题

农业发展方向，是关系到一个县今后农业发展的战略问题。这是综合农区划要解决的核心问题，必须进行周密的综合研究，多方面做科学的分析论证。

一般来说，一个县的农业发展方向的确定，应从满足国民经济发展的需要出发，充分考虑到资源条件的优势，生产特点和潜力，以及地方传统经验等，进行全面的综合分析。对自然资源的利用，要充分考虑经济效益，以利于积累资金和增加农民收入，同时，要充分考虑到如何有利于改善农业生态环境，以促进农业的持续发展。

北京是我国的首都，中央书记处关于首都建设方针的四项指示，北京市委对郊区农业提出的“服务首都，富裕农民，建设社会主义新农村”的方针，是京郊发展农业生产的指导思想。因此，京郊各区、县的农业生产，首先应为首都市场的需要服务。但是，郊区有近效、有远郊，有平原、有山区，各地区的地理位置及生产条件不尽相同。如何为首都服务呢，国务院办公室转发《农林部、商业部关于发展蔬菜和其他副食品生产的报告》中指出：“近郊区要坚持以菜为主，同时发展其他副食品的方针，建设蔬菜副食品生产基地。远郊区要在发展粮食生产的同时，积极地有计划地发展各种副食品生产”。这就给发展郊区农业生产明确了方向。

京郊各区、县的农业布局，应是北京总体农业布局的具体化。通过农业资源调查和农业区划，各区、县基本摸清了资源底数，查明了优势和劣势，综合分析了农业生产特点和潜力，运用社会主义大农业的观点，提出了今后农业生产和建设的主攻方向，把各区、县的农业生产纳入了京郊总体农业的体系，为首都服务的方向更加明确了。例如，远郊区的门头沟区，属纯山区，通过农业资源调查和农业区划后，确定以“林果为主，积极开展多种经营，农林牧副渔全面发展”的方向，将为首都提供越来越多的干鲜果品和山货土特产品。门头沟区在确定新的发展方向时，回顾了三十年来发展农业生产的经验教训，50年代曾提过把该区建成“花果山，活肉库”，60年代又提过“以粮为纲、全面发展”。从经过的实践经验来看，该区只讲“花果”，不讲林木，是片面的，而什么“活肉库”与“以粮为纲”的提法，则因既无那么多、那么好的牧场，又无那么多、那么好的耕地，因此，都是不可能实现的。而今日确定以林果为主，多种经营、全面发展，与五六十年代的提法相比，最大的区别在于，它是立足于资源基础之上的，不是空想，而是从实际出发的，因而也是比较正确的。

门头沟区山地占总面积的98%以上，平均海拔高，气温低，生长季短，地形起伏多变，坡度

---

* 本文为1983年全国农业区划研究会年会论文。

陡，不利垦殖。水主流失严重，生态环境逐步恶化，可利用土地有20多万亩，现有森林面积16.5万亩，耕地面积13.8万亩（约占6.1%），还有160多万亩未加利用或利用不充分的土地。现有各种果树140多万株，主要果树10余种，约130个品种，干果以核桃为主，鲜果以白梨为主。全区农业人口人均土地20.4亩，居全市的首位。农业人均耕地1.25亩，果树13.2棵，有林地1.54亩，牲畜（羊单位）2.27头。各业劳动力分布结构为：种植业57.6%，林果业3.8%，畜牧业7%，工副业14.8%，其他16.9%。各业产值结构为：种植业17.8%，林果业12%，畜牧业7.1%，工副业63%。从各业每元投资效益看：种植业1.7%元，林果业25元，畜牧业1.2元，工副业4元。各业的年劳动生产率为：种植业110元，林果业2 250元，畜牧业97元，工副业2 898元。综上所述，可见该区提出的农业发展方向，有理有据，切合该区的实际。

门头沟区为了逐步实现以林果业为主，多种经营的目标，他们确定要正确处理四个过渡和两个关系。四个过渡就是：在农业整体上要从粮向林果过渡；在工副业生产上要从少向多过渡，即投劳多，生产项目多；在产品售销上，要从以出售原料为主向以出售成品或半成品为主过渡；总体经济要从自然经济为主向商品生产为主过渡。两个关系就是：处理好果粮关系和林牧关系。为了确保战略重点的实现，逐步做到以林果为主，有关林果发展中的一系列问题，不论是从历史的，还是从现实的角度看，主要牵涉到果粮和林牧两种关系，这里既有实际问题，也有认识问题，这些问题都需经过调查研究逐步加以妥善解决。

门头沟区综合农业区划，在论述实现农业发展方向，要处理好四个过渡和两个关系方面，以提高土地利用率和生产水平为核心，以调动人的积极性为前提，更以党的农业政策为依靠，以科学技术为手段，作了全面分析和充分论证。因而具有很强的科学性，很值得学习。

从门头沟区的经验可以看出，各郊区县确定其农业发展方向，应该既要考虑到本地区在全市农业总体布局中所处的地位和社会的需要，又要考虑到农业扩大再生产和提高农民生活水平的需要；既要考虑到本地区存在的优势，又要考虑到发挥优势所采用的结构和布局可能对生态环境带来的影响。因此，农业生产发展方向，实际上是一个很复杂的经济；生态综合平衡的总体布局问题，所以必须要有充分的科学依据，进行充分的科学论证。

二、关于农业分区和分区论述问题

农业生产具有明显的地域差异性，而在一定的地区范围内又有基本的相似性。所以，农业区是客观存在的，农业分区则是农业地域分异规律的反映。

由于各地区农业自然条件不同，所受的社会经济和技术条件的影响也不同，从而导致各地区的农业生产，在发展方向、生产结构和布局，农业集约化程度和经营效果等方面，都有各自的区域特征。农业区划就是通过分类划区来反映农业地域分异规律的科学研究工作。在农业区划工作，无论搞农业资源条件评价，还是搞农业生产特点的分析，最终都是为了达到因地制宜，实现分区发展农业生产的目的。所以，农业分区和分区论述，就成了综合农业区划报告的重要组成部分。

那么，北京郊区县是如何搞农业分区和分区论述呢，在这方面有些较好的经验。

（一）农业分区问题

先谈一下农业分区问题，仍以门头沟区的农业区划为例，它们的分区是在综合自然区划分区和综合农业现状区划分区的基础上，再搞综合农业区划分区的。综合自然区划分区的依据是：一级区以主要地貌类型划分，二级区以水、热条件和生物资源的差异划分。综合自然区划的原则是：首先按海拔高度，800米以上为中山，100米以下为平原，其间为低山河谷；其次，反映水、热条件差别的自然分水岭线；再次，则现有天然林分布的下限。通过对农业自然条件和自然资源的研究，根据各农业自然因素的地域分布规律，按照不同地区的土地适宜利用方向和综合治理的特点，把综合自然区划分为三个一级区，七个二级区。

门头沟区综合农业现状区划的分区依据是，按农业结构类型划分，即根据1980年农林牧三业产值所占比重进行划分的，分别确定全区所有生产大队的农业生产结构类型，共分为四种类型：有一业为主型（主业所占比重在50%以上，其余两业比重较主业低20%以上）；两业并重型（比重最高的两业比重之间相差不足5%，另一业比重，比两业中的低者尚低15%以上）；三业均衡型（三业比重间的相差不足10%）；主辅型（高为主、次为辅，但高低之间的比重相差要在5%以上，20%以内）。综合农业现状区划和分区原则，主要是按农业结构类型区域分布的异同情况，同时参考主要作物、果品、畜产品和工副业产值的比重的现状分布情况，并保持大队界线的完整，还注意现状区的集中连片。根据以上原则，将该区划分为八个综合农业现状区。

通过综合自然区划和综合农业现状区划，摸清资源状况，把握生产条件，发现存在问题，汲取经验教训，在此基础上，进而揭示该区农业生产地域分异规律，为合理安排生产布局打下了基础。编制综合农业区划，以中央书记处关于首都建设的四点指示，市委关于郊区要“服务首都、富裕农民”的方针为指导思想，以土地资源的合理利用为核心，因地制宜分区确定生产方向和建设途径。综合农业区划的分区依据，也是采用全国综合农业区划上的四条，根据区域内部的相似性和区域之间的差异性原则，又进一步将全区进行综合农业区划的分区。门头沟区最大的地域差异，主要是以清水涧——妙峰会山一线划分为东、西两部，东部多为低山，水、热、土条件配合较好，人口稠密，社会经济技术条件优越，农业生产水平较高。西部多为中山，水、热、土条件配合有缺欠，人口少，社会经济技术条件较差。东、西两部又各自分成三块。东部有山区与平原之分，平原是主产粮菜区，山区是主产鲜果粮区，其中又将矿区部分单独划出。西部清水河谷附近与两侧深山区有明显的差异，深山又有南北的区别。分区原则是，除方位、地貌外，着重反映发展方向的主要部门。由于该区农区地域分异比较明显，而且资源调查和专题考察收集到的各种材料也比较丰富，又经过多方案比较，反复酝酿，最后划分出来的六个综合农业区。这六个区个性上都比较明显，特点突出，符合该区农业分布的客观实际。六个区即：①山前平原菜粮区；②东部低山河谷鲜果粮区；③西部低山河谷干果粮区；④北部中山林业干果牧区；⑤南部中山林业干果区；⑥矿区。

下边再以朝阳区为例，谈一下平原区的农区分区问题。朝阳区属近郊平原区，自然条件差异较小，综合自然区划的分区，主要根据土壤因素对作物种植的适宜性，利用方向的差异性和相似性来分。因地貌、气候条件基本一致，故可不必考虑，而且该区地域范围小，所以综合自然区划只采取一级分区，分成三个一级自然区。综合农业现状区划的分区，因林牧副渔四业生产在该区没有明显的区域性，而种植业中的蔬菜、水稻、玉米则是主导因素，有着显著的区域性。因此，综合农业现状区划的分区，是以三种主导作物占耕地面积的不同比例，进行分区划片的。全区也只分为三个综合农业现状区。

至于划分综合农业区，则是在综合自然区划分区和综合农业现状区划分区的基础上，按以下四条依据进行的：①农业生产发展方向和增产途径的相似性。因朝阳区农业生产发展方向是“以菜为主，多种经营”，所以分区时，优先考虑蔬菜地的安排。同时，由于该区地域范围小，又都是平原、畜牧、林果、水产、工副业的区域差异不明显，且在各农业区中又成不了主导专业。因此，在考虑农业方向问题，仍以种植业为主，根据各区自然条件对菜粮生产的适宜性，确定其主

导作物，并以此命名农业区。②自然条件和现有生产基础的相似性。③保持大队行政界线的完整性。④划蔬菜发展区，还遵循了以下三个原则：一是相对集中连片，便于生产规划和专业化生产。二是将来发展为蔬菜大队的，菜田面积占集体耕地的40%以上。三是工业污染轻，解决水源方便。按照以上分区依据和原则，朝阳区划分的三个综合农业区，即近郊老菜区、蔬菜发展区、水旱轮作区。

从门头沟区和朝阳区两个区，划分综合农业区的情况来看，做法是比较细致的，比较合乎科学的，先划综合自然区和综合农业现状区，在此基础上再划综合农业区。因此，划出来的综合农业区，均能反映各自的客观实际，将对规划和指导农业生产提供充分的科学依据。不过朝阳区的综合农业区的命名，还应冠以方位为好，以便于运用。

县级综合农业区是否要划二级区的问题，应根据实际情况而定，如果二级区之间没有什么本质的差异，就可不必划二级区。门头沟区的地貌、气候等条件较为复杂，综合农业区划只划了一级区，而未划二级区，即可反映该区发展农业的实际需要。县级农业区划的主要目的在于应用，因此，综合农业区划的分区还是应以差异鲜明些，层次少些为好，一般可不划二级区。

（二）分区论述问题

综合农业区划的分区论述，是综合农业区划报告的重要组成部分。分区论述的主要内容一般应包括：概况（本区的地理位置、范围、土地、人口、劳动力、耕地等基本情况），发展农业生产的优势条件（如丰富的土地资源、光、热、水资源、发展生产的潜力等）；其次，农业生产的特点及存在的主要问题（如农业生产以什么为主，目前生产结构、生产水平如何、致富门路有哪些，农业四化水平及生产技术存在什么问题等）；再次，今后发展方向与主要关键措施（如利用本区优势条件，确定今后发展方向应以什么为主，如何调整生产结构和布局，加强或建立什么生产基地。为保证今后发展方向的逐步实现，应采取哪些关键性措施等）。为了对上述内容展开分析和论述，这一部分就需要有适当的篇幅，否则就不能使分区论述作到比较深透。京郊各区县综合农业区划的分区论述部分。一般都占有一定的篇幅，论述也多是比较充分的。

农业分区论述，要注意科学性和系统性。不同的农业区是在各自一定的条件下形成的，必须做深入扎实的调查研究。对各农业区的论述，应阐明各自的形成条件、生产特点、存在问题、发展方向和关键措施，分析论证要实事求是，要有论有据。

农业分区论述，更要注意突出各区的特点，要抓住各区独特的一面，使各区的个性能比较鲜明地表现出来，这就有利于在生产实践中实行分类指导，达到有用可行的目的。

门头沟区在综合农业区划的分区论述上有其独特的地方。它抓住发展方向和关键措施为核心，深入细致地进行分析论述。首先突出论述各区今后的农业生产发展方向，应充分发挥何业的优势，加强哪些项目的生产，建立什么生产基地，促进农业生产的发展。然后从各区的自然条件、社会经济、技术条件等方面论证农业发展方向的主要依据。其次，突出论述各区发展农业生产的主要途径和措施，主要从如何调整生产结构、如何改善耕作制度，推广何种先进技术措施、重点搞哪项农业基本建设等方面进行论述。可以使人明显地看出各农业区的不同特点，这一点，确实是比较成功的。

我国农业多阶段等距抽样调查的又一个排队方法*

刘 宗 鹤

我国农业现行多阶段等距抽样调查法（以后简称本方法）的形成与发展是与我国农村调查中长期应用且富有成果的划类选点方法分不开的，同时也是我国统计工作者吸收新发展的概率抽样法所结出的丰盛果实。本方法的优点：

第一，运用辅助信息，提高抽样效果。概率抽样理论的开始发展阶段，就抽样过程说，着重运用与所研究现象无关的标志，不必有目的地搜集辅助信息。但是随着抽样理论的发展和实践的需要，考虑到抽样调查设计的效果，往往有意地放弃简单随机抽样，运用与所研究现象高度相关的标志进行分层，以达到缩小抽样误差的目的。按亩产排队结合播种面积等距抽样，实质上是将与产量有关的过去单产资料划分为若干个层或组，每层抽一个单位（如县、公社、生产队等），对每层抽几个单位的一般分层抽样而言，是一种特殊形式的分层抽样，能减少抽样误差。

第二，突出了不等概率的作用。我们知道，随机样本是与概率密切联系的，概率的古典定义是从等可能性这个概念出发的。所以，从前的随机样本的定义也包含这个概念。随着概率科学的发展，现用随机样本的定义不再包含每一可能样本必须具有相同的抽出机会这个意思。不等概率的应用，赋予随机样本以更广泛的意义。本方法按前 3 年平均粮食亩产（或上年的）排队，并考虑各个调查单位播种面积的大小，就调查单位（县、公社、队、田块）说是一个不等概率的问题，即播种面积多的单位抽出的机会就多，相反，播种面积少的单位抽出的机会就少，因此，各单位抽出的机会一般说是不相等的。可见不等概率不是主观臆造的，而是客观存在的。

第三，按行政系统分阶段抽样，可以适应各级政府的需要。如果抽样设计的方案只能满足到县，而抽样调查所在的公社，为了满足其要求可再增加一定数量的队。为了符合随机抽样原则，可以采用如下方法。例如，在公社内规定只抽 3 个队，而公社却要求增加两个队，在排队抽样时，先确定 5 个队，一、三、五属于统一规定的队，二、四为新增加的队，前者适合上级要求，后者与前者结合（5 个队）则适合公社要求。分阶段抽样且便于分级管理监督抽样调查工作，充分利用有关单位的人力，节省费用。

此外，等距抽样，合乎均匀分布的原则，又简便易行，容易为工作人员和群众所接受。

本方法虽具有上述优点，但就性质说仍然是等距抽样或机械抽样或系统抽样。等距抽样的主

---

* 原载《统计与预测》1983 年第 2 期。

要问题是确定第一个样本单位的位置。如果采用简单随机抽样的方法，在第一层取亩产低的单位，则其余各层中取的都是低的单位；或者在第一层取亩产高的单位，则其余各层中取的都是高的单位，因而明显出现偏差。这是在等距抽样情况下，由简单随机抽样法带来的一种系统误差，与周期性出现的系统误差是同一性质。如何克服这个误差呢？由于排队与抽取第一个样本单位法是本方法的两个相互制约的环节，要克服系统误差可直接从第一个样本单位的取样上想办法，也可间接从排队上想办法。先谈直接法，有的取各层的平均数。这种方法的缺点，为了凑平均数，容易为主观意见所左右，而且计算复杂，失去本方法简单易行的优点。有的主张用中位数作为第一层的样本单位，因为本方法是按亩产高低排队，就统计方法的性质说，属于次序统计，与之适应是中位数，而不是算术平均数。中位数是一种位置数，不受极大极小变量值的影响，比较稳定，一般在算术平均数与众数之间。用以确定层的样本单位，既不失之高，也不失之低。在逻辑上是完全站得住脚的，而且容易确定，国内外有很多统计学家赞成用这个方法，不是没有理由的。中位数虽好，但没有完全贯彻随机抽样原则，往往受到人的指责。除上述平均数和中位数方法外，还有其他方法，这里不一一枚举。

其次谈间接法，即变更排队次序。由于本方法的排队与抽取第一个样本单位法是两个相相互制约的环节，既然取样法找不到好的办法，要改进第一个样本单位的确定问题，只有从排队想办法。我们认为这是对问题的一个新的看法。

排队的方法很多。最简单的是按亩产排队，不考虑播种面积的大小，优点是排队整齐，简单易行（由于简单，不在这里举例）。有的人还认为这种排队法在同一单位内不至出现抽取两次的现象，这点也可说是个“优点”，如果从问题的实质看，却是这种排队法的缺点。因为把每个单位的播种面积看成一样，显然不符合客观实际情况，从概率角度看，也是不符合等概率条件的。

排队的第二个方法，按亩产排队结合播种面积，以北京市大兴县红星公社（中朝友好公社）为例，按1977—1979年平均粮食亩产排队，结合播种面积（3年平均）抽出 t 个队，排队抽样方法如表1所示。

表1　每层由左到右顺排列表

层别	编号	1	2	3	4…	18
W	队名	霍村	西红门三队	碱庄	许村	亦庄
Ⅰ	1977—1979年平均粮食亩产	323	325	329	330	407
	3年平均播种面积	1 720	746	2 314	642	641
	累计播种面积	1 720	2 466	4 780	5 422	26 406
	样本号	1	2	3	4	18
	编号	19	20	21	22…	35
	队名	四海三队	刘一	西红门二队	层庄	西磁
Ⅱ	1977—1979年平均粮食亩产	412	414	416	416	456
	3年平均播种面积	1 253	1 757	1 272	825	1 958
	累计播种面积	27 659	29 416	30 688	31 513	52 484
	样本号	1	2	3	4	1 718

(续)

	编号	36	37	38	39…	51
	队名	下中号	杜庆	辛店	居民区	新建一队
Ⅲ	1977—1979 年平均粮食亩产	459	459	462	462	474
	3 年平均播种面积	939	1 172	987	2 184	1 521
	累计播种面积	53 423	54 595	55 582	57 766	78 326
	样本号	1	2		3，4	18
	队名	霍村	西红门三队	碱庄	许村	亦庄
	编号	52	53	54	55…	70
	队名	二号	羊北	西一	王立庄	四海一队
Ⅳ	1977—1979 年平均粮食亩产	476	476	477	478	503
	3 年平均播种面积	644	2 157	2 301	2 923	2 115
	累计播种面积	78 970	81 127	83 428	86 351	105 649
	样本号		1，2	3，4	5，6	18
	以下从略					

表 1 展示了本方法在具体问题上的实施情况，包括排队、取样以及隐藏在内而外表上不易看出的分层作用。本例抽取 7 个样本单位数，就要将资料划分为 7 个层，每层的大小和界限，由抽样距离决定。由于本方法是按亩产结合播种面积排队的，计算抽样距离不是按亩产的顺序号数，而是取决于播种面积。抽样距离为总播种面积除以样本单位数，本例抽样距离为 182 560÷7＝26 080（亩)，则每层的大小为 26 080，各层界限：第一层为 0～26 080，第二层为 26 080～52 160，第三层为 52 160～78 240 等等。上述层（组）限，如第二层的下限为 26 080，上限为 52 159.99，52 160 属于第三层，为其下限，即组限用下闭上开法，表 1 各层所属队名就是按以上层限安排的，例如，第一层为 0～26 080，本层的上限为 26 080，在累计播种面积 25 765～26 406 之内，故将亦庄列为本层最后一个队，其他仿此。抽样距离即不用亩产顺序号，而用累计播种面积，故不免会出现排队不整齐的情况，即每层的单位并不一定与其成垂直的各层单位对应。如果只按亩产排队的顺序数，如前面谈到的简单排队法，就不会出现排队不整齐情况。

抽样距离还用以决定所抽出的队。如果第一个样本单位安排在第一层（0～26 080）的中点，则本例第一个样本单位在 26 080÷2＝13 040 亩位置上，根据上表这个数落在 12 214～15 114 这个区间，故孙村为抽出的第一个单位，第二个样本单位为 13 040＋26 080＝39 120，在 38 007～39 883区间，故旧宫三队为抽出的第二个单位，依次抽出的其余各个队为薄村、鹿圈二队、旧宫四队、四海二队、寿宝庄，组成一号样本。同样可抽二号、三号……样本，将各样本所有样本单位的亩产列成如表 2 所示。

利用方差公式计算等距抽样的总体方差如下：

$$\frac{1}{k}\sum_{i=1}^{k}(\bar{y}_i-\bar{y})^2=\frac{1}{n^2k}\sum_{i=1}^{k}(n\bar{y}_i-n\bar{y})^2=\frac{1}{n^2k}\left[\sum(\sum_{y_{ij}})^2-\frac{(k_{n\bar{y}})^2}{k}\right]$$

$$=\frac{1}{7^2\times 18}(3\ 276^2+3\ 279^2+\cdots-\frac{61\ 704^2}{18})$$

$$=\frac{1}{882}(211\ 762\ 438-211\ 521\ 312)$$

$$=\frac{1}{882}\times 241\ 126=273.4$$

表 2 各样本所有单位的亩产

	1	2	3	4	5	…18	层平均数
Ⅰ	325	325	329	330	339	…407	366.1
Ⅱ	412	414	416	416	419	…456	434.2
Ⅲ	459	459	462	462	463	…474	*
Ⅳ	476	476	477	477	478	…503	*
Ⅴ	506	506	507	508	509	…537	*
Ⅵ	537	538	538	539	539	…556	*
Ⅶ	561	561	562	568	568	…711	
合计	3 276	3 279	3 291	3 300	3 315	…3 644	3 428
样本平均数	468.0	468.4	470.1	471.4	473.6	…520.6	489.7

总体标准差为 16.5（斤）。

上式符号：$\bar{y}_i$ 为样本平均数，$\bar{y}$ 为总体平均数，k 为样本个数（本例为 18 个样本），n 为样本单位数（或层数），y_{ij} 为样本单位的亩产。

这个排队法的缺点，不管采用上述哪一种取样法都有问题，同时在本文后面将看到它的方差较之第二种排队法为大，可以说，这个排队法不是一个完善的方法。

第三个排队法，即奇数层顺排列偶数层反排列的方法。仍以红星公社为例，说明这个方法的应用。排队抽样方法见表 3。

从表 3 粗略地看，各层所对应的单位，其平均亩产的平均数都很接近，因为这个排列方法把大的对着小的，大小搭配，能保证每个样本平均数基本一致，现在让我们来研究一下新排队法的取样步骤：

（1）计算抽样距离（同前法）。本例为 182 560÷7＝26 080

（2）随机抽出第一层的第一个单位。可利用随机数表（或其他取样方法）查出 0～26 080 中的任一数，如果找出的数为“2 133”，从表 3 可知在 1 720～2 466 之间，即取第二号队（西红门三队）。

（3）其余奇数层的取样法，如第三层为 26 080×2＋2 133＝54 293，从表 3 可知在 53 423～54 595之间，为杜庆队。第五层为 26 080×4＋2 133＝106 453，从表 3 可知在 105 649～106 759 之间，为九号队。第七层为 26 080×6＋2 133＝158 613，从表 3 可知在 156 550～158 823 之间，为团河南队。这是因为 2 133 为一个定点，与奇数层下限的距离都是 2 133，如第三层的下限为 26 080×2＝52 160，则 26 080×2＋2 133＝52 160＋2 133＝54 293 为所求单位等。

（4）偶数层的取样法，如第二层为 26 080×2－2 133＝50 027，从表 3 可知在 47 172～50 526 之间，为双北队。第四层为 26 080×4－2 133＝102 187，从表 3 可知在 100 875～155 134 之间，为中尖队。这也是因为 2 133 为一定点，与偶数层上限的距离都是 2 133，如第二层的上限为 26 080×2＝52 160，则 52 160－2 133＝50 027 为所求的单位，第四层的上限为 26 080×4＝104 320，则 104 320－2 133＝102 187 为所求单位，第六层的上限为 26 080×6＝156 480，则 156 480－2 133＝154 347 为所求单位。

以上是为了说明奇数层顺排列偶数层反排列抽样法的原理和应用。在实际抽样工作中，不必用这个排队法（即第二种排列法）而仍然用习惯用的第二排队法，不过要用第二排队法（奇数层

表 3 奇数层由左到右顺排列,偶数层由右到左反排列表

层别	编号		1	2	3	4	5	6	7	8	…18
	队名		霍村	西红门三队	碱村	许村	西红门十队	西红门十一队	刘二	西红门七队	亦庄
1	1977—1979 年平均粮食亩产		323	325	329	330	339	340	349	355	407
	3 年平均播种面积		1 720	746	2 314	642	903	745	2 993	1 254	641
	累计播种面积		1 720	2 466	4 780	5 422	6 325	7 070	10 063	11 317	26 406
	样本号		1	2	3	4	5	6	7	8	18
	编号			35	34	33	32	31	30	29	…19
	队名			西磁	双北	隆场	西广德	太西	同心	西红门四队	四海三队
Ⅱ	1977—1979 年平均粮食亩产			456	452	448	448	439	438	438	412
	3 年平均播种面积			1 958	3 354	2 399	1 145	977	915	1 118	1 253
	累计播种面积			52 484	50 526	47 172	44 773	43 628	42 651	41 736	27 659
	样本号			1	2,3	4,5,6		7		8	17,18
	编号		36	37	38	39	40	41	42	43	…51
	队名		下中号	杜庆	辛店	居民区	大粮台	南宫	店一队	四合二队	新建一队
Ⅲ	1977—1979 年平均粮食亩产		459	459	462	462	463	466	466	466	474
	3 年平均播种面积		939	11 172	987	2 184	3 099	1 502	999	1 620	1 521
	累计播种面积		53 423	54 595	55 582	57 766	60 865	62 367	63 366	64 986	78 326
	样本号		1	2		3,4	5,6,7		8	9	17,18
	编号	70	69	68	67	66	65	64	63	62	…52
	队名	四海一队	南街四队	瑞二队	西二	宝善	集贤二队	侯村	董场	东合	二号
Ⅳ	1977—1979 年平均粮食亩产	503	503	499	498	495	493	492	492	491	476
	3 年平均播种面积	2 115	1 090	1 569	2 339	1 289	624	1 857	823	1 283	644
	累计播种面积	103 534	105 649	102 444	100 875	98 536	97 247	96 623	94 766	93 943	78 970
	样本号			2	3,4	5,6		7		8	18

顺排列偶数层反排列）的计算步骤就可以得到相同结果。这是因为顺序数 1，2，3……与所对应队的顺序并未改变，单是采用了“Z”，字排列形式，所要求计算的结果则由第二排法计算步骤加以解决。例如用第二排队法，第一层抽中队为西红门二队，第二层抽中队为双北队，而用第一排队法，按第二排队法计算步骤计算，第二层仍为双北队，其他层抽中队也相同。所以我们主张引进这个新排队法，而不要求按这个方法排队，而只是要求按第三排队法的计算步骤计算，就可取得随机抽样的效果。

上述 7 个队的亩产分别为 325，452，459，499，506，550，561，合计数为 3 352，其平均数为 478.9 斤/亩。如果用同样方法抽取样本，其平均数将会大致相同。在这里我们取 18 个样本，以第一层每个单位的中位数为准取样，仿表 2 得出表 4。

表 4 单位：斤/亩

层 别	样本号数							
	1	2	3	4	5	…	18	层平均数
Ⅰ	323	325	329	330	339	…	407	365.9
Ⅱ	456	452	452	448	448	…	412	
Ⅲ	459	459	462	462	463	…	474	
Ⅳ	503	499	498	498	495	…	476	
Ⅴ	503	506	507	508	509	…	537	
Ⅵ	556	550	549	548	548	…	537	
Ⅶ	561	561	562	568	568	…	711	
合计	3 361	3 352	3 359	3 362	3 370	…	3 554	3 425.6
样本平均数	480.1	478.9	479.9	480.3	481.4	…	507.7	489.4

从表 4 样本平均数看，基本是相差不多的，最大合计数与合计的平均数之比为$\frac{3\,554}{3\,426}\times 100\%=97.9\%$，相差 $100\%-97.9\%=2.1\%$，最小合计数与合计的平均数之比为$\frac{3\,352}{3\,426}\times 100\%=97.8\%$，相差 $100\%-97.8\%=2.2\%$。如果把这两个相对数与表 2 资料比较，最大合计数与合计的平均数之比为$\frac{3\,644}{3\,428}\times 100\%=106.3\%$，相差 $100\%-106.3\%=6.3\%$，最小合计数与合计的平均数之比为$\frac{3\,276}{3\,428}\times 100\%=95.6\%$，相差 $100\%-95.6\%=4.4\%$。可见第二种排队法比第一种排队法的误差较小。现有例子是取 7 个样本单位数，如果取偶数个单位数则各样本平均数更趋于一致，可见用第二排队法，以用偶数单位数为宜。

由表 4 资料可以计算等距抽样的总体方差如下：

$$\frac{1}{k}\sum_{i=1}^{k}(\bar{y}_i-\bar{y})^2=\frac{1}{n^2k}\sum_{i=1}^{k}(ny_i-ny)^2=\frac{2}{n^2k}\left[\sum\left(\sum y_{ij}\right)^2-\frac{(kn\bar{y})^2}{k}\right]$$

$$=\frac{1}{7^2\times 18}\left[3\,361^2+3\,352^2+\cdots-\frac{61\,660^2}{18}\right]$$

$$=\frac{1}{882}[211\,280\,562-211\,219\,755.6]$$

$$= \frac{1}{882} \times 60\,806.4 = 68.9$$

总体标准差为 8.3（斤）。

把这个数与第一排队法计算的同一数比较，可后者标准差（16.5）比第二排队法的标准差（8.3）大 1 倍。由此可见第二排队法既符合随机的原则，对于减少抽样误差也有着明显的作用，所以不失为一个好的排队法。

为什么这样的排队法能减少误差呢？从方差的性质考察，由于各层之间大小搭配，所得到的样本平均数相差不多，因此计算的方差或标准差（因各样本平均数与总平均数的差是方差的核心）不大。这个问题也可从等距抽样方差的另一计算公式去考察，这个公式为

$\frac{S^2}{n}$（$\frac{N-1}{N}$）［1+（$n-1$）ρ_ω］，其中 S^2 为 $\sum_i \sum_j \frac{(y_{ij}-\bar{y})^2}{N-1}$，$N$ 为总体单位数，（$k_n=N$）k 为每层单位数，用 $i=1$，2，…，k 表示，本例 $k=18$，n 为层数，用 $j=1$，2，…，n 表示，本例 $n=7$，y_{ij} 为第 i 个样本第 j 层的变量值（本例为亩产），ρ_ω 为同一样本内各单位的亩产之间的相关系数，写成 $\rho_\omega=\frac{E(y_{ij}-\bar{y})(y_{iu}-\bar{y})}{E(y_{ij}-\bar{y})^2}$，$E$ 为所有可能成对变量值的平均数，本例为 k_n（$n-1$）/2 成对变量值的平均数。由上式$\frac{S^2}{n}$（$\frac{N-1}{N}$）［1+（$n-1$）ρ_ω］可以看出 ρ_ω 相关系数的作用，当 ρ_ω 为正相关系数时，则等距抽样总体方差大，当 ρ_ω 为负相关系数时，则等距抽样的总体方差小。而偶数反排列这个方法就可以起到使相关系数成负数的作用。这是由于每个样本内各变量值相差悬殊，大小成对，即一个小一个大或一个大一个小，构成负相关系数的条件，而 ρ_ω 为负数则总体方差可以大为减少。

旧中国农村的高利贷*

韩德章　詹玉荣

一、高利贷的起源与发展

在我国高利贷有着久远的历史。早在春秋战国时期，随着铁器农具和耕牛的使用，生产渐见发展、资本愈益集中，并随着生产发展与资本集中的趋势愈来愈显著，高利贷由逐渐出现，到战国末期已发展到相当普遍的地位，此后便在漫长的封建社会和近代半封建、半殖民地社会中，与地租一样始终是榨取广大贫苦农民的重要手段和阻碍农业经济发展的桎梏。据《史记》记载："鲁人俗俭啬而曹邴氏尤甚，以铁冶起，富至巨万……贳贷行贾遍郡国"。① 《管子》轻重丁篇记有齐国的高利贷情况："桓公曰：'寡人多务，令衡籍吾国之富商蓄贾称贷家，以利吾贫萌，农夫不失其本事，反此有道乎?，……鲍叔驰而西，反报曰，'西方之氓者，带济负河。菹泽之萌也，渔猎取薪，蒸而为食。其称贷之家多者千钟，少者六七百钟。其出之钟也一钟。其受息之萌九百余家。宾胥无驰而南，反报曰：'南方之萌者，山居谷处，登降之萌也，上斫轮轴，下采杼栗，田猎而为食。其称贷之家多者千万，少者六七百万。其出之中伯伍也。其受息之萌八百余家。'宁戚驰而东，反报曰：'东方之萌，带山负海，谷处上斫辐，渔猎之萌也，治葛缕而为食。其称贷之家：丁、惠、高、国多者五千钟，少者三千钟。其出之钟五釜也。其受息之萌八九百家。'隰朋驰而北，反报曰：'北方之萌者，衍处负海，煮沸为盐，梁济取渔之萌也，薪食。其称贷之家多者千万，少者六七百万，其出之中伯二十也。受息之氓九百余家，凡称贷之家，出泉参千万，出粟参数千万钟，受子息民参万家。"② 上述记载文字，虽然是后人的伪托，但是具体描画了战国末期以前高利贷盛行的面貌，仍是可信的。再如冯驩替孟尝君收利息，仅一个小小的薛邑，只是孟尝君一家，一年就可得"息钱十万"。③ 无盐氏出捐千金贷其息什之……一岁之中……之息什倍"。④ 所以当时有"子贷金钱千贯，……此也比千乘之家"。⑤ 可见当时高利贷既有实物也有货币，范围之广数额之大已达相当可观的程度。利息率若以齐桓公调查的货币月息按"伯伍"、"伯二十"的平均数推算利率也达12.5%。实物按年息'钟也钟''钟五釜'的平均数推算年息率可达75%，若以无盐氏"息十倍"折成利率推算年利率达1000%；可称得是古代历史上的最高记录。

---

* 原载《中国农史》1984年第4期。

① 《史记·货殖列传》3279页。

② 《管子》卷24"轻重丁篇"第83，参见《管子集校》（下）科学出版社1956年。

③ 《史记·孟尝君列传》。

④ 《史记·货殖列传》3281页，中华书局。

⑤ 傅筑夫、王毓瑚：《中国经济史资料·秦汉三国编》457页，社会科学出版社。

嗣后历代史书对各朝代的高利贷也都有记载：到汉代新兴的巨富，“以京师为例有樊嘉、挚网、如氏、苴氏……王孙大卿等人，樊嘉有钱五千万，其余诸人各有一万万”。“……京师以外，成都罗裒有钱一万万，临淄姓伟有钱五千万。洛阳张长叔、薛子仲各有钱一万万。凡是大工商业主尤其是大子钱家大囤积商，必须交通大贵族大官僚取得政治权力的保护……高利贷和囤积商不同于通货物有无的正当商人，正当商人每年取息十分之二，高利贷囤积商取利息至少是十分之三，有时竟取十倍”。① 不仅巨富如此，就是从事农业的地主也大量的放债，如《东观汉记》记载了汉代“樊重，字君云，南阳人，世善农家，好货殖，治家产业……其素所假贷人间数百万……”。② 上例足以说明汉代高利贷发展也很可观。进入唐代，贵族、王侯、地主，官僚占有大量土地，形成土地的高度集中，伴随着封建剥削的土地制度，高利贷不只盛行，而且在形式上有新的发展。一种是与近代当铺相同的“质”，称为收质、纳质、质库；一种是与近代使用放款相同的“出举”、“举放”；一种是提供担保品的“质举”。利率之高，也很惊人。太宗贞观十五年，‘捉钱令史每司九人，补于吏部，主才五万钱，以下市肆贩易，月纳息钱四千”，③ 年息达 96%。又据武后光宅元年，“州县典史捉公廨本钱者收利十之七”，④ 而“五千之本七分生利一年所输四千二百，兼算劳费不啻五千”。⑤ 年利超过了 100%，其严重程度迫使皇帝不得不下诏加以限制。玄宗开元十六年（728 年）下诏：“比来公私举放，取利颇深，有损贫下，事宜厘革，自今以后，天下贫举只宜四分收利，官本五分收利”。⑥ 但是这个旨意并不能阻止高利贷的盛行，即使到天宝九年（750 年）硬性规定“其放债官，先解见任，物仍纳官，有剥削者准法处分”，⑦ 也没有阻止住高利贷的猖獗。

宋神宗时王安石行新法，其中“青苗法”原意在于“防兼并之徒，乘佃农之困”，但是由于暴吏为虐，使一般贫农与佃农得不到实惠，反而有助于兼并。⑧ 并且随着“豪强兼并之患……百姓膏腴，皆归贵势之家”，⑨ 他们“操奇赢之资，取倍称之息”⑩ 农民借贷利率之高竟达到“春借米一石，秋还两石”。⑪

元代，富豪、巨商、军官以高利贷盘剥农民也很盛行，各地富豪放债所收利息高至五分或超过一倍以上。若举债者无力偿还除已付利息外，换立借据将利作本再行计息。⑫ 巨商放债，每年照本加倍，将利作本号曰“羊羔儿利”。借债者如不能按期归还，即搜索债务者‘人口头匹’以为奴役⑬。在明代，农民受高利贷剥削也很重，吕坤《实政录》记万历年间“佃户缺食，便向主家称贷。轻则加三，重则加五。谷花始收，当场扣取，勤勤一年，依然冻馁”。⑭

---

① 范文澜：《中国通史》二卷 97～98 页。
② 傅筑夫、王毓瑚：《中国经济史资料》（秦汉三国编）458 页。
③ 《新唐书》卷 55 页 2、3，转引自王寅生：《高利贷资本论·中国土地问题和商业高利贷》一书 171 页。
④ 《新唐书》卷 55 页 2、3，转引自王寅生：《高利贷资本论·中国土地问题和商业高利贷》一书 171 页。
⑤ 《新唐书》卷 55 页 2、3，转引自王寅生：《高利贷资本论·中国土地问题和商业高利贷》一书 171 页。
⑥ 《唐会要》卷 88 页 21，转引书同前页。
⑦ 《唐会要》卷 69 县令条。
⑧ 《西塘集》卷六 郑侠：“上王荆公书”。
⑨ 《宋史·食货志》上。
⑩ 《宋史·食货志》上。
⑪ 见《宋史·陈舜俞传》。
⑫ 《元典章》二七 户部十三私债。
⑬ 姚公振：《中国农业金融史》131 页，中国文化服务社印，民国三十六年十一月初版。
⑭ 转引自陈安仁：《中国农业经济史》159 页。

在清代，除地主官吏放债之外，“佐领骁骑校”、“旗丁土棍”也都“放债害民，逞凶辱官，大干法纪”。① 尽管清初顺帝和历代一些皇帝一样，已经下谕：“今后一切债负每银一两，止许月息三分，不得多索及息上增息，……如违，与者、取者，俱治重罪”。② 历代政论家也多指摘高利贷的危害牲。但官府的旨令只是一纸通令，往往成为具文，并不可能发生限制民间高利贷的效果。历史经验证明了这样一个普遍真理：只要是封建剥削的生产关系一天不被根除，高利贷也就继续长期存在。

二、近代农村高利贷发展的基本情况

1840年鸦片战争以后，中国社会逐渐由封建社会一步一步的转化为半封建半殖民地社会。而农村中的生产关系在根本上并未改变，与其相应的封建剥削制度也始终没有改变。农村中的私人借贷典当等高利贷剥削到1920年以前，一直居于农村金融的独占地位。1920年以后，近代农业金融体系逐渐建立起来，但在借贷数量或数额上并不能与旧有高利贷相抗衡。据实业部中央农业实验所1934年农情报告第二年第十一期登载的22省850县调查，农村的借贷来源，地主、富农、商店、商人放高利贷占全部借贷来源的80%以上。③

其中纯属私人借贷（地主，富农、商人）所占比重为67.6%（富农占18.4%，地主占24.3%，商人占25.3%）其实这三种人在农村，地主、富农多兼营商业，商人也在农村购买土地、出租、放债，是“三位一体”的东西。而银行借贷仅占2.4%。直到抗日战争开始后，随着官僚资本的发展，银行借贷在地主官僚的控制下有所发展，私人借贷比重才逐年下降，④ 直至官僚资本控制了农村金融。

在旧中国的高利贷，不仅私人借贷的比重大，而且农民负债人数之多，利率之高，借贷时间之短，名目之多，在世界上也是屈指可数的。据中央农业实验所农情报告第二年第四期发表的数据，1933年各地农村现金借贷平均占农家总数的56%，粮食借贷户占农家总数的48%。就是说全国半数以上的农家都负有债务。即使是富庶的江浙地区，其农民的负债户数的百分比也与较贫瘠的西北地区不相上下⑤。它反映出旧中国在农村经济全面趋于崩溃的过程中，农业生产水平低下，封建剥削严重，农民为了生存被迫承受高利贷剥削已是全国农村的普遍现象。特别是贫苦农民受高利贷剥削就更重。据金陵大学农经系对河北、湖北、安徽、江西四省14个地区852户的调查，1934年至1935年佃农负债户平均占佃农户数的78%；⑥ 半佃农平均占72%；自耕农平均占63%。若按阶级成分统计：1933年河北定县贫农负债户占负债农户的63%，广东番禺占67.4%，1934年广西苍梧占89.6%，四川璧山占66.8%。⑦ 两种统计方法，都反映出贫农负债者所占的比重最大。而且负债户仍处于不断增加的过程中。⑧ 同时，实物借贷越来越多。以广西苍梧为例，贫农借谷户约占71.6%，借现金户只占8.4。⑨ 据金陵大学四省调查，自耕农、半自

① 南开大学历史系编：《清实录经济资料缉要》448页。
② 南开大学历史系编《清实录经济资料辑要》448页。
③ 严中平：《中国近代经济史统计资料选辑》345页。
④ 严中平：《中国近代经济史统计资料选辑》346页表74。
⑤ 严中平：《中国近代经济史统计资料选辑》342页。
⑥ 严中平：《中国近代经济史统计资料选辑》342页表67。
⑦ 严中平：《中国近代经济史统计资料选辑》343页表67。
⑧ 严中平：《中国近代经济史统计资料选辑》344页表71。
⑨ 严中平：《中国近代经济史统计资料选辑》344页表70。

耕农、佃农借贷款项用于生活部分约占91.6%，用于生产的仅占8.4%，其中佃农借贷用于生活方面的占到94.2%，仅有5.8%的借款用于生产①，明显的反映由贫苦农民被迫承负重债，主要是因为生活贫苦的原因。

就利息率来说，据中央农业实验所农情报告第二年第四期及第十一期所载，粮食借贷，1933年22省平均月利为7.1%，其中陕西最高为14.9%。现金借贷年利在30%以上的占54.4%。②并且利率一直处于不断上升之中，③ 而借贷时间却在不断缩短。特别是抗日战争爆发至国民党统治彻底跨台，随着国民党统治区经济的不断崩溃，高利贷变得更为狰狞。与战前相比，首先表现为高利贷利息以几何级数地空前增高了。由于物价腾贵和法币贬值，高利贷者一方面转而从事更有利的囤积居奇或贩运外货的生意。一方面继续放债生息，借战争期间任意提高利率，如汉中一带战前月利息率不超过5%，到1941年月利率已提高到30%～50%。河南汭县一位高利贷者，贷款给农民时在契约上不写明贷款数额，只写“所贷款额可购小麦若干斗，每月还利若干成”，以便随着麦价增长不断加息。④ 再如豫西，1944年竟有农民借款百元，日出利息达四元、五元的，若以本金百元每日利息5元计则年利率达1800%。实物借贷竟有二月中旬借小麦一斗五升，到五月底收麦后先还小麦四斗五升，秋后再付一千元⑤的苛刻借贷。第二，抗日战争爆发以后，高利贷的贷款期限明显的越来越短。据统计，从1938年到1946年放款期限所占的百分比，1938年1至3月借贷期的占9%，到1946年占41%；10至12个月借贷期的由59%降至36%。⑥ 第三，由于国民党统治区的恶性通货膨胀，实物借贷和放债人要求取保或索取抵押品的越来越多。如在陕南，农民向高利贷者借得百元法币，通常须指定二三倍以上的物品(牲畜、土地)做抵押品。⑦第四，高利贷者以贷出法币，收回实物的办法谋取暴利。由于货币不断贬值，物价不断上涨，高利贷者乘农民贫困之机，一取得法币立即折成粮食布匹贷出，在借贷期满后除收取实物还要收取实物利息，从中借助法币贬值和物价飞涨谋取暴利，而贫苦农民一经负债就有倾家荡产的灭顶之灾。

抗战胜利以后，蒋管区的农村高利贷资木的活动更是变本加厉。以素称富庶的湖南地区为例：长沙，春季农民从高利贷者手中借谷一石，秋季归还四石。邵阳，春借谷一石作价二万二千元，八月归还每一万元利息两石谷，另还本二万二千元。⑧ 在广西有夏季借谷一石，秋收时还秋谷五石。⑨ 由于通货膨胀，农村几乎完全以实物作为价值的估算标准或成为支付手段。实物借贷几乎完全取代了货币借贷。利率也就高的更为惊人了。直到国民党政府彻底跨台，新中国建立之后，这种延续了二千多年的高利贷剥削才同封建剥削制度一起被消灭了。

三、旧中国农村高利贷的形式与作用

旧中国农村高利贷的形式是多样的，除了单纯的货币借贷和实物借贷外，高利贷又往往与地

① 严中平：《中国近代经济史统计资料选辑》344页表72。
② 严中平：《中国近代经济史统计资料选揖》348页表76。
③ 严中平：《中国近代经济史统计资料选辑》349页表77。
④ 唐临风：《略论目前的农贷和农村高利贷》，《中国农村》第八卷五、六期，1942年。
⑤ 石岚：《目前的豫西农村》《中国农民月刊》四卷四期1944年。
⑥ 严中平：《中国近代经济史统计资料选辑》349页表78。
⑦ 唐临风：《略论目前的农贷和农村高利贷》，《中国农村》第八卷五、六期，1942年。
⑧ 太平洋经济研究社编《1947年中国经济年鉴》。
⑨ 太平洋经济研究社编《1947年中国经济年鉴》。

租、与商业资本或变相的劳役地租相结合，总括起来有以下几种：

1. 货币借贷。货币借贷是高利贷的最通常的形式。往往是“利上加利”，如陕西关中的“连根倒”、“牛犊账”、“驴打滚”（1932）；湖南桃源的“孤老钱”（1927），城步的八斗九年三十石都是极苛刻的复利。有时高利贷者为了遮盖他们的剥削量，故意在借据上写成为“不计利息”，而约定一个远远大于贷款数额的偿还数额，或者在名义上用较低的利率而在借款时预先扣减原本。如广东惠阳，河源等地的“九出十三归”（1933），借洋一元，实得九角，而一个月后本利共还一元三角。河北临城的“六顶十”、“七顶十”（1935年），更是以六、七元当做为十元的债务另加利息。① 在这些借贷关系中，高利贷者利用农民借款的急迫需用情形与到期无力偿还而提出种种苛刻的条件，有时要拿土地、耕牛、粮食等财产以至人身劳役做为抵押，到期不能偿还时，高利贷者即没收农民的土地、财产，或以农民的无偿劳役、妻室儿女来抵消债务。

2. 实物借贷。实物借贷中最通常的是借粮食、借种子。在经济作物地区，也把商品肥料作为借贷。总之，实物借贷是以农村中最主要的生产资料或生活资料来借贷，都是发生于青黄不接时，农民对这些生产资料生活资料、处于最迫切需要的情势，因此不得不在种种苛刻条件下忍痛地受高利贷者的宰割。如山东鱼台的借“青麦”（1932），在青麦未黄时借粮，六月初一（农历）以前偿还，借一还四。广东北江的“箩克箩”，春荒三、四月借入，六月收成时偿还，一般借一箩还两箩，重的有借一箩还五、六箩的。江苏川沙的“翻杠子”和太仓的“利加利”，借米还米，除了加几成计算之外，夏季麦贱时须折成麦，秋季米贱时又折成米，折来折去，秋季偿还时便增加到三倍以上，拖至第二年偿还时还可以增至十倍以上。②

实物借贷不一定都还实物，有时借谷还钱。对高利贷者更为有利。抗日战争前，广西水稻区域都盛行借谷还钱，一般是早春青黄不接时也正是谷价飞涨时，借谷一石，秋后加倍还钱。实际上秋后新谷登场，谷价已然跌落，这样就使高利贷者获得额外利益，而负债农民饱受损失，如春间借谷一石折洋二元，秋还四元；但秋后谷价已跌落到每石一元，农民就必须卖掉四石谷来还一石谷的账。这种借债期限一般不超过四个月，折成年利应在“大一分”以上。

3. 赊卖。赊卖是商业信用的一种形式，但仍是具有封建剥削的本质。农村商店多半是地主经营的，除将赊销商品（包括生产资料和生活资料）的价格比现售价提高几成外，并在质量上以次充好，在分量上压低斤秤，加以榨取，甚至额外加上利息。如辽宁熊岳农村商店的赊销（1933），每年三节各为一段，售价比平时高30%，二月间赊出商品，到端午不能还钱就加利三分，到中秋不还再加三分，拖至年底再加三分。再如浙江嘉善县米行，对于谷种与肥料的赊放，在春间播种时开赊，秋收后米值最贱时按原赊价加月利2%收米。设冬至节不还，由米行雇船下乡催索，须另加利息。③ 在赊卖的情形下，农民往往为了归还欠款，不得不在农产品价格低落时贱价卖出，而经营农村商店的地主及商业资本家即以剥削农民所积累的流通资金，利用这一时机以低价收购，转年青黄不接时再高价出售，从中获得暴利。

4. 预卖及预押。预卖是农民借得一笔高利贷，以低价卖出尚未收获的农产物为名，以代替偿还借款的本息，实际上等于以货币借贷用实物偿还。一般对粮食作物称为“卖青苗”、“卖青

---

① 严中平：《中国近代经济史统计资料选辑》350页。

② 参看严中平：《中国近代经济史统计资料选辑》表79“高利贷剥削形式”，例表31“各省租佃与高利贷的关系示例”，表61“商业资本对农民的榨取形式示例”，264～353页。

③ 韩德章：“浙西农村之借贷制度”，《社会科学杂志》三卷二期，1932年

谷”，对于果树和其他经济林木如桐、茶、漆等称为“卖青山”；对桑田称“卖青叶”；统称之为“买青卖青”。这种方式并不是合法的商业信用中的预购，而是商业资本家乘人之危，在农民急需现款时压价收购，从本质上看仍然是一种高利贷剥削。如浙江长兴的“卖夏米”(1934)，预卖的米价，只按夏米期间市价的一半估值。浙江平湖的“卖寒叶”(1934)，年底预卖明春的桑叶，平时每担可卖 3.5～4 元，而“寒叶”定价只有 2 元。帝国主义者在江苏南通用“期买”的形式预购未成熟的棉花，估计不及市价十分之三、四，这种高利榨取，若按利率计算，不在年利 500%以下。

预押在形式上是订立借款字据，以一定数量或一定土地面积上的全部收获物为抵押，到期不能偿还，高利贷者即没收农民的全部抵押品。如果当时抵押品的时价低于借款本利，负债农民还要补足了这一个差额；如果抵押品的时价超过借款本利，超过部分也归高利贷主所攫取。这同资本主义的动产抵押信用制度不同，在资本主义农业金融中的动产抵押借款，抵押品只是做为偿还担保之用；如果需要拍卖抵押品以偿还债务时，变卖抵押品所得的收益除拿出一部分清偿债务外，其余完全属债务人所有。因此旧中国的农产预押仍是属于典型的封建剥削的高利贷。

许多地区的高利贷者为了掩盖他们的剥削行为，明明是以预押的形式放高利贷，却不立借据而立倒填日期的卖契，届期债务人本利还清，就把卖契收回，否则就做为“卖绝”，高利贷者根据契约来没收农产品。如浙西武康的“卖白头桑”，名义上也称为预卖。① 因此预卖和预押二者之间有时也不好区别。

5. 典当。典当起源于唐代的“质库”，是旧中国最古老的农村金融机构，仍是封建性的。典当的习惯是“值十当五，月利一分八厘”。表面上看来典当利率是比一般利率低，但是因为“当值”很低，当铺是靠着用变卖“当死”的抵当财务来获得高额利润的，因此典当在性质上也是高利贷。实际上农民在种种剥削关系之下经济极为困难，典当什物“当死”者多，到期有力赎回者少。用于典当的财物包括粮食与其他农产品（如丝茧、桐籽，茶籽等）、农具及其他生产资料以及衣服、家具、饰物等生活资料。经营典当业的地主或商业资本家往往同时投资商店或钱庄或同时投资于这三方面的经营，资本得以互相调拨，因此典当业也起着农村商业资本剥削与高利贷资本剥削相结合的纽带作用。

6. 土地抵押。土地抵押借款实际上是货币借贷的一种方式，因为是以不动产为抵押，因此在借贷关系上又有别于一般的无抵押借贷。

旧中国农村的土地抵押借款，不同于资本主义商业金融的不动产抵押借款或农业金融的土地抵押借款，在前者，债务人不能偿还本息时，做为抵押品的土地全部无条件地被债权人没收，而在后者，则是拍卖抵押担保品清偿债务时超过本利的部分仍归债务人所有，债权人无权过问。这样就很清楚地显示出旧中国农村土地抵押的封建性，这种封建性的借贷关系就成为地主阶级兼并土地的一个最主要的手段。

土地是农民的基本生产资料，是农民经济的基础。农民向地主和高利贷主借贷而用土地为抵押时，一般都是数额巨大的借款，同时也是农民在惨重的剥削之下或遭到种种天灾人祸，经济濒于绝境时才肯得以忍痛地成立这样的借贷关系，因此是很少有可能届期赎回的。这也就促成了地主兼并土地的有利条件。封建土地制度同一切封建剥削制度的内在联系在这里充分地体现出来。

土地抵押的形式，有的是在立借据时写明以土地作抵押的条件；有的是同时立两个契约，一个

① 韩德章：《浙西农村之借贷制度》，《社会科学杂志》三卷二期，1932 年。

借据，一个卖契，届期本利偿清两契一并注销，否则卖契届期发生效力。有的地区地主为了隐蔽高利贷的本来面貌，令农民立一个倒填月日的卖契，届期本利不能偿清即由"活卖"改为"卖绝"。

同土地抵押性质相近的还有耕牛或其他重要生产资料的抵押借款，也同为地主侵占农民财产的手段，不多具述。

7. 预卖劳役与人身抵押典当。这种形式是旧中国农村最野蛮的封建剥削，是地主阶级榨取农民劳力，蹂躏人权的最残酷的方式。广西西部农村（1945），农民借洋一元，每月替债主无偿地做工一天以代利息，借洋满30元就要替地主全年服役。人身抵押是以劳役折本利，大概本金20元，成年人作三年奴隶，幼年人要做十年。广东茂名乡间十岁的女孩可押40元。罗定的农民为了借钱将妻女抵押给地主，如在债主家中怀孕，所生儿女归债主所有，偿债时只能赎回原来做抵押的妻女，过期无力赎取，妻女便被债主没收。在南路县大地主家中每每养婢女多至二十余人，他们嫁女时，随从婢女必有数人，① 大多数是高利贷中人身抵押的牺牲品。

以地租剥削为中心的封建剥削关系的相互作用，不只体现在地主佃户之间直接地发生高利贷的借贷关系和地主阶级用高利贷资本兼并土地，有时还利用高利贷做为地租剥削的保障。江苏清江（1943）的地主对于无力缴纳预租的佃户，迫令写立借票，照典例起息，于明年夏秋后收获一并偿还。河南也有类似的情况。②

地主阶级兼营商业投机及高利贷，成为近代农村的普遍现象。尤其是在帝国主义侵入之后，农产品殖民地性商品化不断发展的情况下，地租、高利贷、商业资本的相互结合狼狈为奸更为显著，形成农村剥削关系的紧密的网络，不只互相促进也互相转化。当商业投机利润大于高利贷时，高利贷资本随时转化为商业资本；高利贷利润大于商业投机时，商业资本又随时转化为高利贷资本，于是产生了农村封建剥削的恶性循环。以下的图形可以看出商业资本与高利贷资本的相互交替。③

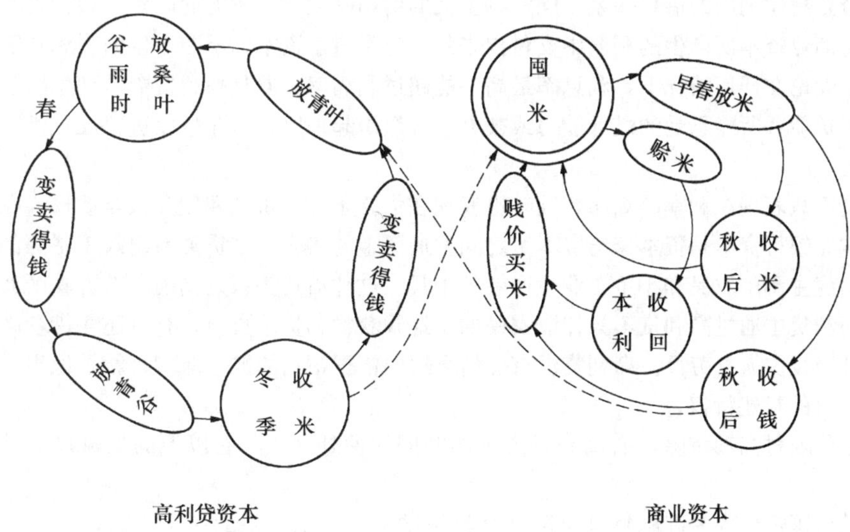

① 陈翰笙：《广东农村生产关系与生产力》，中国文化教育馆刊行，1934年。

② 《中国经济年鉴1934年》第七章。

③ 韩德章：《浙西农村之借贷制度》，《社会科学杂志》三卷二期，1932年。

图例是浙南杭州、嘉兴、湖州一带农村高利贷活动的示意图（根据1928年浙西二十县调查整理），两个循环圈可以看出：高利贷资本与商业资本可以按照自己循环圈进行，也可在哪方有利可图时向哪方转移。同时也看出商业资本与高利贷资本相互作用下对农民经济的挤夺。

此外，旧中国落后的农村手工业经营也带有一定的封建剥削性质。农村的糖房、糟房、碾房、磨房、油房等，基本上是地主经济的附庸。地主通过这些作坊手工业向农民放高利贷，并通过高利贷取得大量的廉价的农产加工原料，从而获得高额利润。四川沱江流域的糖房以预买青山的方式直接向蔗农放高利贷，并压低青蔗收购价格；而漏棚（精制蔗糖的加工业）又是糖房的金融供给者，也出之于高利贷。① 蔗农在苛重的地租和双重高利贷压迫之下，真是走投无路！

再就是帝国主义者除了取出大量产业资本在中国设立商业网，杀价收购原料，或在中国设立工厂利用低廉原料及劳动力就地制造就地推销外，帝国主义者在中国的商业机构和工厂也不放弃在中国农村直接进行高利贷活动。如德商爱立司洋行赊销化肥，英商端记洋行预购农畜产品，也都是通过高利贷的形式。英美烟公司的买办在正月趁榨最盛，豆饼跌价时，从东北买进豆饼。六、七月豆饼涨价时，以月利四五分的高利贷给烟农，秋后收还。秋间烤烟时又向山东益都的烟农放煤账，也是实物贷放利率很高。安徽凤阳的乡绅假借政府力量，冒用农民名义组织所谓“烟农协会”专替英美烟公司放债。“七七”事变后，日本帝国主义在沦陷区更是明目张胆地利用军事政治力量大量的放高利贷。此外天主教中的法国，比国神甫也在中国农村和封建地主一样地直接向农民放高利贷。这也就使近代中国农村的高利贷除了继承古老的封建剥削的生产关系而外，也具有殖民地性和半殖民地性的内容。

四、中国近代农村高利贷的性质和特点

高利贷是封建剥削的借贷关系，同资本主义的信用制度有本质上的区别。银行资本利息是由工业资本与商业资本所产生的利润中支付出来的一定量货币资本，所能产生的利润总额是利息的最高限度，无论在任何情况下，利息率最高不能超过利润率。但是高利贷资本利息率远不受这个限制；除了负债者所能忍受的最低能力或被剥削者组织起来以革命斗争以进行反抗外，可以说是漫无限制的。

高利贷不只表现在利率的高昂，同时也表现在借款条件的苛重和债务人与债权人在社会经济地位之悬殊。银行资本是资本家与资本家之间融通资金的媒介，借贷关系建筑于平等的地位。高利贷则是封建主剥削农民和小手工业生产者的工具。这种借贷关系是剥削者与被剥削者之间的关系。农村高利贷主通过高利贷不只榨取农民的土地收获物和货币资金，有时还凭借着高利贷来兼并土地，甚至侵占人身劳役。高利贷没有任何合法的依据，它的惟一保障，就是地主阶级和商业资本家在农村的封建特权。

中国近代农村高利贷除具有高利贷资本的共同属性外。还具有以下的半封建、半殖民地的特点：

第一，中国近代农村高利贷是全部社会经济结构中剥削关系的一个方面，是同一系列半封建、半殖民地剥削关系联系在一起相辅相成交互作用的。封建地主的地租剥削，反动政权苛捐杂税的直接榨取，旧的城乡关系下农用品和农产品价格之间的剪刀差，农产运销过程中中间商人的

① 韩德章：《论川糖产销之合理化》，渝《国民公报》1942.10.4第四版。

侵蚀以及殖民地与帝国主义国家之间商品不等价交换和帝国主义的直接掠夺……等等因素，都与农村高利贷的存在有关，在不同程度上都直接地或间接地促成高利贷资本的猖獗。

第二，高利贷是旧中国农民的普遍负担。在每一个历史时期，在每一个地区，农民都逃不出高利贷的魔掌。商品经济发达的地区固然有助于高利贷资本的活跃，在经济极端落后地区，高利贷仍然在农村剥削关系中不失其重要地位。不论在地域上和负债农户的比例上都反映了高利贷在农村的普遍性，同时也说明农民经济生活愈困难也就愈受高利贷的剥削。

第三，高利贷是地主兼并土地的杠杆。农村的封建地主兼放高利贷是各地农村的普遍现象。例如，1930年江苏省374个大地主中，放高利贷者在苏南占42.9%，在苏北占28.2%，兼商人的在苏南占22.4%，在苏北占14.6%，① 事实上地主兼商人的也通过商业借贷关系进行高利贷活动。地租、高利贷、商业资本三位一体的剥削原来已经是促成农民破产的主要原因，而封建地主又通过各形各色的土地抵押借款，以没收抵押品的残酷手段实行兼并农民的土地。例如，陕西省米脂县杨家沟马家大地主就是靠放高利贷兼并土地发家的。地主马维新家有一个专放高利贷，搞商业投机和兼并土地的字号“崇德厚”。他家放高利贷都是以土地或房屋、耕畜为抵押的。如果到期不能还债，则将土地等抵押品顶债予以没收。如在1902年马维新开始管家，到1942年止，共买地381垧（合1 300多亩）其中由“崇德厚”转来的有136垧（合478亩）。② 在一个偏僻农村，一个高利贷者四十年竟兼并土地达1 300亩。

第四，高利贷与商业资本有密切关系。如前所述，不只地主阶级通过封建土地关系进行一系列的封建剥削，农村的商业资本家也同样是高利贷的贷放者。

第五，近代中国高利贷资本体系，具有帝国主义背景的国际性。帝国主义在华投资，无论是政治投资或产业资本的输出，都对中国农村经济起着破坏作用。帝国主义的经济势力凭借着银行、洋行和买办对中国农村高利贷者予以金融上的帮助，殖民地、半殖民地的高利贷者是帝国主义掠夺殖民地、半殖民地经济的有力的助手，而帝国主义者又是殖民地、半殖民地高利贷和一切剥削关系的最有力的支持者。帝国主义对殖民地、半殖民地不仅输出商品，并输出资本以榨取超额利息和利润。因此，旧中国农村的高利贷不只是封建剥削，同时也沾染上浓厚的殖民地、半殖民地的色彩。

总之，在半封建半殖民地的生产关系下，封建高利贷剥削一直被延续下来，即使新式农业金融事业的兴起，也只不过是给帝国主义、官僚资本和农村封建势力增加了一份剥削中国农民的新的力量，所谓新式农业金融不仅不能代替旧中国农村原有的高利贷剥削，反而巩固了农村封建剥削关系。由于阶级的对立，贫富的悬殊，在农贷的数量方面即使把农贷数额扩充到几十倍也依然远远不能满足几亿贫苦农民对农业资金的要求。历史经验充分证明：只有推翻了封建的买办的法西斯统治，打倒官僚资本，赶走了帝国主义，彻底摧毁数千年来的封建土地制度和一切封建剥削关系，结束一个世纪以来的半封建、半殖民地的生产关系，中国农民在工人阶级及其政党的领导下获得解放，建立起自己的新式农业金融系统，才能在新的生产关系下发挥农业金融事业对于恢复和发展农村经济的巨大作用。

---

① 冯和法：《中国农村经济论》266页，黎明书局，1934年6月版。

② 转引自人大主编《中国近代农业经济史》119页。

从学科的发展看创建农村经济学的必要性*

张寄农

一、客观现实需要创建《农村经济学》

在我国目前的农村，农业的自然经济正在向着商品经济转化；农业的单一经营，正向着农、林、牧、副、渔、工、商、建、运、游综合经营的方向发展。

目前全国有关部门的有关人士，都在关注着这种形势的新发展；经济学界的知名人士，也力图用新的说法，来说明目前农村的新情况。据我所知主要的有以下几种新提法：

（一）“十字形农业”

是于光远同志多次在《农业经济问题》杂志及其他报刊上提到的；主要的论点和内容是：原来已经被公认的“农业”概念，包括广义的农、林、牧、副、渔被称作一字形农业，在这横向联系的一字形之上，加上“农业”服务业；在一字形农业之下，再加上“农产品加工业”，这样就被称作为“最广泛，最完整”的“十字形农业”的概念①。

（二）“飞鸟型农业”

首先是石山同志提出来的。

他认为农业所有制是鸟身，两个翅膀是农、林、牧、副、渔和农、工、商，鸟的两脚就是交通和能源，而鸟头是精神文明和方针政策②。

（三）“大农业”

是中国科学院同志们提出来的，见诸文章或口头报告是很多的，从郭延狄同志写的两篇有关“大农业”的文章里③，把“大农业”的基本内容及其理论依据。归之为六个方面：

1. 生物因素与环境因素的统一，以合理地利用各种自然资源。

2. 农、林、牧、渔、工、副综合发展，才能收到较好的效益。

3. 农、工、商结合，在农村经济中，不但要包括工业和商业，而且还应该发展矿业、能源、交通运输、建筑、服务、外贸和旅游等业。

---

* 原载《经济参考》1985年第66期。

① 《农业经济问题》，1982年第6期第59页。

② 1982年12月2日的一次报告会上提出的，及杨挺秀《试论“飞鸟型”农村经济发展战略》1982年10月北方农业发展战略学术论文《农业现代化研究》1983年第2期。

③ 《论大农业战略》见《经济问题探索》第4期。

4. 国内生产和国外世界市场相结合。只要国际市场需要，我们又有条件搞的就应该尽量搞，以搞活农村经济。除传统的大豆、花生、茶叶等出口产品外，更重要的是要发展我国农村的手工业产品，特别是工艺产品和广辟游览胜地，广招外宾，换取外汇，以繁荣农村经济。

5. 科学——经济——教育相结合。“科学技术就是生产力”，现代农业发展的速度和水平，不光看投放物资多少，而且很大程度上，取决于农业科学研究的发展和劳动者掌握现代科学技术的程度，所以如何进行智力投资，培养人才，不单纯是个教育问题，从经济效益的观点来考虑，也是一个经济问题。

6. 人口、资源与环境的统筹安排。在另一篇《既抓粮食又抓多种经营》① 文章里更着重指出：“农民生活的提高，包括改变食物的构成，以提高农民体力的健康水平，同时还要开展科学教育和文化娱乐等精神生活，以提高农民的智力水平，这种提高了体力和智力的新农民，才能成为实现农业现代化提高效率的熟练技术劳动者，是提高生产力的重要因素”。

从以上的观点来看，他所说的大农业，不仅仅是现在农业经济学教科书上所说的广义农业的范围（即农、林、牧、副、渔的生产问题），甚至连工、商、财、矿、交通、运输、外贸、旅游、农村教育、文娱、卫生、计划生育都包括在内了，既包括了各行各业的生产和经济活动，也包括了影响经济活动的某些上层建筑。

（四）农村经济

杨挺秀同志用系统工程学中的层次论，来说明农村经济、农业经济以及农业生产和各业生产的内部关系②，他说我国农村是个多层次的结构，最少有以下几个层次：

1. 农村经济。包括农、工、商、交通、财税、农村集镇经济等。
2. 农业生产经济。包括农、林、牧、渔、副。
3. 种植业经济。包括粮食作物、经济作物、牧草、蔬菜、药用作物等经济。
4. 粮食作物。包括稻、麦、黍、豆、薯等。

我认为他说的比较清楚，分析的比较科学。

根据以上几种对我国目前农村经济形势新发展，所下的几种新定义、新概念；尽管名词不同，反响也不一样，但有一点是必须加以肯定和认同的，那就是：农业和农业经济的概念，已经不能完全概括我国农村正在变化着的新发展、新情况。必须找出更恰当的名词概念，来概括说明农村情况的新变化，正像是人类由猿变人的过程中，“猿猴”的概念，不能概括地说明猿人的许多活动不同于“猿猴”，就必须产生一个新的名词、概念，来概括这些新情况、新变化；这样“人”也就从“猴”的概念里产生并分离出来了。

所以，现在产生的这些新名词、概念，是大势所趋，时机已到，正像是胎儿正待降生，雏鸡正在啄壳欲出，我们就应该创造条件因势利导，让它们顺利地降生。

至于这些新的名词、概念到底称做什么最恰当，最合适？我认为；杨挺秀同志提出的“农村经济”比较科学，比较能够概括目前我国农村的新情况、新形势、新问题。

所以我同意用“农村经济”来说明现在和未来农村整体经济的发展，并认为应该创建《农村经济学》来说明我国农村经济发展的规律和前景，来改正和补充旧农业经济学的不足；当然我不是说创建了农村经济学就不要农业经济学；而是说这两者可以并存，并可以互相协调，共同说明

① 《农业现代化探讨》，1981年第12期。

② 杨挺秀《开展农业科学的崭新领域》见《经济问题探索》第4期。

和推动我国社会主义农业和农村的经济建设。

二、必须重新审定农业经济教材的某些基本概念

我们知道“任何学科必须讲究概念、范畴和命题的科学性、准确性；没有科学准确的概念、范畴和命题，便不能对事物作出正确的概括，也不能形成正确的科学和理论”。①

从学科本身发展的科学性和逻辑性来考虑，应该重新审定农业经济教材里关于“农业”“农业经济”的概念和范畴，并要创建《农村经济学》以补充《农业经济学》之不足。我们知道，现在全国农业院校试用的《社会主义农业经济学》（1980年版），是我国解放后公开发行的第一本具有中国特色、比较系统、比较完整的部颁统编教材。恰恰是这一本教材，在一些最主要的名词概念和研究的范畴上就不够科学、不够准确；甚至在全书找不出统一的共同的规律来叙述全书各章节。用这样的教材来教学生，既不能从道理上比较科学、准确、完整地概括说明我国农村经济正在发生、发展变化着的新情况和新问题，更不能从道理上讲清某些基本概念和规律。学生毕业后，面对农村现实情况和新问题，就会感到束手无策，学非所用。因此必须重新审订统编试用农经教材的某些名词概念，同时创建新的《农村经济学》以补《农业经济学》之不足。

首先，应该重新审定的是“农业”这个基本概念。在统编试用农经教材里，“农业”的定义是这样写着的：“农业是人们利用生物机体的生命力，把自然界的物质和能，转化为人类的最基本的生活资源及其原料的一个生产部门”②。

在这里，把“农业”概念的含义写得非常含混不清，它只把生物机体利用自然界物质转化为能的自然特性写出来了，但是作为“农业”这个概念的社会属性却没写进去；也就是说没有把“人们有意识的劳动”最重要的这一点写进去，这就不能比较完整地表述“农业”的内涵。如果没有人的劳动去整地、播种、施肥、除草、灌溉、防治病虫害，以及一系列的管理工作和收获，就不能称之为农业，单纯地“利用生物机体的生命力把自然界的物质转化为人类的最基本的生活资源及其原料”这种自生自长的植物，人们一般称之为野生植物而不叫农作物，把这种野生植物能供给人们食用的部分收集起来，叫做“采集”，不叫“农业”。这是目前稍有经济知识的人们都知道的常识，可是在试用统编教材里却偏偏把这一点给忽略了，这不仅不能完整确切科学地反映出“农业”的全部含义，而且为以后各章节硬塞进一些不属于或不完全属于“农业”范畴的许多内容开了后门，这就是造成全书内容庞杂，概念混乱的根本原因。

如果我们查看1980年出版的《辞海（经济分册）》以及待要出版的《经济辞典——农业经济卷》有关“农业”的条目③，在说明生物本身的自然特性以外，都写上了“通过人工培育”或“通过培育”这样的字眼，这样就把人对作物劳动的含义表现出来，就对农业的含义说得比较全面合理了。

所以今后重编“农业”和“农业经济”有关学科的书，应该把试用统编教材中关于“农业”的概念改正过来，把“农业”的全面含义正确地表达出来。

其次是农业的范畴问题，按照农业的一般定义，狭义的农业只包括种植业，而广义的农业除了种植业以外，还包括林业、牧业、渔业和副业（见统编教材128页）。也就是人们常说的多种

---

① 《农业经济问题》1982年第4期第13页。

② 全国高等农业院校试用教材《社会主义农业经济学》第1页。

③ 《辞海（经济分册）》233页。

经营（现在也有人称之为大农业）。这种说法习以为常，人们也就照本宣科，不假思索了，但如认真的仔细分析，就会发现，把这些内容都加在“农业”的概念之内，不能说在某些方面没有共同之处，但有些地方差异很大，弄在一起很勉强，尤其是对于副业的提法根本不科学，或者说根本不应放在农业的范围之内，应另起名字，独立于农业之外。

现在把这几业逐个剖析，就会发现：

（一）林业

一般包括造林、营林和成熟林的采伐和利用；造林和营林，基本上具有农业的特点，就是以土地为基本生产资料，通过林木的生理技能积蓄和转化太阳能得到各种不同的成熟林，以达到各种不同的用途。如供人们吃的各种水果林、供造房、造船、造车、造家具用的木材林、油料等经济林；但是林业还有它最重要特殊的用途，那就是各种各样防护作用的防护林。人们种植这些防护林木的目的，不是像种植业那样，为了收割或砍伐，而是为了使它们成长再成长，一直到死；甚至希望它们再生，尤其是防风林、护堤林、风景林更是这样。而这类森林在有些地方是自生的，并未经过人们劳动的栽培，所以林业在用途和自生这两方面就和狭义的农业有着完全不同的含义。而且更大的差异，就是对经济林的采伐和利用，可以说完全和农业的定义概念不相干。我们知道，成熟期的用材林，要通过采伐、运输、加工或利用其他方式，才能转化为木材和其他多种林产品，这个过程就不是植物本身的再生职能，而完全具有一般工业特点的过程，把工业过程的内容也硬算到农业的概念里面去，就像把人和昆虫算在一类，同样不合乎逻辑。

（二）畜牧业

通常是指通过饲养（或放牧）繁殖，以取得畜、禽产品或役用牲畜的社会生产部门。把畜牧业硬放在农业之内，这里有两点值得商榷：

1. 家畜和家禽是通过人工饲养或放牧才能得产品的，如果没有人工的劳动而能得畜禽产品，那不叫牧业，而叫狩猎。统编试用教材农业的概念里没有人的因素，既说明不了“农业”的本身，更说不清畜牧业的含义。

2. 饲养家畜家禽占畜牧业生产的绝大比重，但这些被饲养的畜禽并不是直接靠它们的自身的生命力，把“自然界的物质和能转化为人类的最基本的生活资源及原料”。而是人们用劳动所生产的粮食和种植业的副产品作饲料来喂养禽畜的。难道它们不需要饲料也能像植物一样能直接地利用阳光、空气和水等自然物质直接当养料来使自身成长吗？统编教材“农业”的定义显然回答不了这个问题的。所以按照统编教材对“农业”所下的定义把畜牧业硬放在“农业”里也值得商榷。

（三）渔业

渔业一般包括捕捞渔业和水产养殖两大类，捕捞渔业又包括海洋捕捞和内陆水域的捕捞，养殖业包括水生动物、水生植物和海藻、菌蘑的养殖。

在渔业的两大类中，养殖业如用变通的说法和种植业及家畜、家禽业有些类似，还能勉强符合农业的概念，但是谈到捕捞业，尤其是海洋的捕捞业，就完全和农业的概念不相干了。我们知道海洋捕捞就是把水生动物从自然成长后的成品，经过收集（捕捞）、加工、运输等一系列的特种工艺劳动，是把水产品变位、变时、加工、运输的纯粹的工业劳动，硬把这种工业性的捕捞渔业，放在农业生产的概念范围以内，也就像把采集、狩猎以及林产品的砍伐，加工运输放在农业生产的范围一样，同样是讲不通的。

（四）“副业”

这个概念更值得商榷了，统编教材（146页）里是这样写的：第一种概念是“从劳动对象区分的，即除了种植业、林业、畜牧业、渔业以及农村工业以外的生产项目都称为副业，这里副业生产主要包括采集、狩猎、运输、劳务、编织和各种手工艺品，以及农副产品的手工业作坊等。根据这些内容，就是一般所说‘五业并举’中的副业概念”。

这种“副业”概念，有以下几点值得商榷。

1. 既然……副业……就是一般所说的“五业并举”中的副业的概念，那么“这五业”就是“农、林、牧、副、渔”了，可是在解释这个概念的同时又多出了一个“农村工业”，把农村工业也加进去不成了“六业并举”了吗？

那么一般所说的“五业并举”中的副业包括不包括“农村工业”？如果“农村工业”也包括在副业之内，为什么却不声不响地、不加任何说明把农村工业从副业中划出来另立一业呢？

2. 其次“农村工业”既然从副业中划出去了，为什么把“手工艺品，以及农副产品的手工业作坊”仍然留于副业的概念之内？难道各种各样手工业作坊的劳动不是工业范畴的问题吗？

3. 在同一个副业的概念中，把部分工业从副业中划出去，成为独立的‘农村工业’而把另一部分属于工业范畴的“手工业作坊及手工艺品”，仍然留在副业的概念内，这种划分方法本身就不科学，应该重新考虑，重新审定。

第二种副业的概念是“与各地的主业相对的概念，在农业日常工作中通用的就是这种概念”（见统编教材146页第六行）。

按照这样说法，副业的概念就更含糊了，就没有一个标准的内涵，也没有标准的内容，是一个连环套，怎样说也行，但是怎样说也说不出恰当的含义。

譬如在平原农区，林业、牧业、渔业就称为副业；而在林区、那么农业、牧业和渔业就都成为副业了。在渔区呢？当然农、林、牧、都是副业了。

如果在城市郊区以社队工业或家庭工商业为主的近郊区，或以工矿生产为主的远郊区呢？那么农业、林业、渔业又都成副业了。

在目前全国各地农村都实行了双包生产责任制情况下，尤其是在城镇郊区的很多农户，有的（离土不离乡，离乡不离土，或离乡又离土）成了某项或某几项生产的专业户、重点户，有的主要劳动力离村外出专门从事劳务劳动（参加各种修建队或各种各样的修补缝纫等体力服务行业）；或小工业劳动（如各种食品加工，捏面人，爆米花，弹棉花，烧瓦盆瓦罐等手工工艺劳动）或从事各种各样远近贩运的行商小贩活动。这样他们留在农村从事土地耕作及饲养为业的，只是他们的家属或他们自己完成了他们的主业以后来兼营，成了像日本一样的兼营农户。那么原来被称为主业的农业和饲养业（牧业），不也成了地地道道的副业了吗？

综上所述，用这样日常生活的习惯用语，作为农业经济的学科用语，不但在道理上说不清楚造成混乱，而且会给农村实际工作者和农业行政部门造成很大困难。如填写统计表，从全国范围讲，副业这一项，到底应该填写什么内容呢？这就很难一致，所以说这种“副业”概念的提法不科学。另外还要着重指出两点：

1. 现在很多地区农村社队工业的比重不仅产值超过了“副业”内部其他各业，甚至超过了所有的农、林、牧、渔主业的总和，尤其在沿海城市和各大城市的近郊区，这种现象更为明显，所以应该把农村工业明明白白的从副业中独立出来，与农村原有的农、林、牧、渔一样，成为堂

堂正正的正业中的一员——农村工业。

但是农村工业应该包括着各种各样手工业在内，不能把这一部分继续留在副业概念内。

2. 对于家庭副业的提法也应加以改正。多年来我们习惯地把社员家庭从事的多种经营称为家庭副业，这个“副”字曾经限制了人们的思想，不利于调动农村千家万户，发展多种经营的积极性和主动性，对于促进农村经济更快发展，使农民迅速富裕起来有很大的束缚性；尤其是在实行了联产承包制的农村，各种家庭的生产活动，已经成为农村经济的主要因素的现阶段，仍然沿用“家庭副业”这个词，不管从家庭的收入比重还是从今后农村经济的发展方向来看，都不符合实际情况，因此对“家庭副业”应该重新审定，给予新的名称。

根据以上分析，“副业”这个历史上的民用语，既然很不科学，又已不适应实际工作和学科建设的需要，因此就要加以改变，把它所包含的各业分别独立出来，使它们科学化、准确化。

从以上对试用农经教材关于“农业”概念所包含的内容进行分析，它实际上包含着三层不同含义的内容和研究对象，或者说是三个互不相同的研究对象，即三种不同的农村经济。①以种植业为中心的狭义的农业和农业经济；②以生物为中心农、林、牧、渔广义农业的多种经营的生产经济；③超出生物生产范围的，包括农村工业生产及非生产性经济部门在内，所谓副业的整个农村经济。

显然，在一个“农业”的概念下，包含三层不同的含义，三个不同的研究对象，必然造成含义混乱，概念不清，影响了农业经济学的科学性和准确性，因此我认为应该实事求是的将原来“农业”概念中的各项内容，还原为农村各业的概念，将农业生产改为农村各业生产，将原来的农业经济，分别变为农村各业经济，同时要把农村作为一个综合的经济实体进行研究，因此就要创建《农村经济学》来研究整个农村经济发展的规律和有关农村各部门经济之间的内在联系和作用；任何科学研究的区分，都是根据学科所具有的特殊的矛盾性，来进行研究的。因此，就有必要把原来混杂于“农业经济”概念下的有关各种名词、概念，从旧的“农业经济”的概念中分别清理出来，成为《农村经济学》的有机组成部分，这样新的《农村经济学》就会逐渐地创建出来，而原有农业经济学中“农业”概念下的许多含义不清，混杂矛盾的现象，也会迎刃而解了。

三、要正确处理有关各业和农业的关系

在统编《社会主义农业经济学》教材中，从农业经济的角度出发，讲了以下有关章节：

第十二章　农村工业和农、工、商一体化。

第十四章　农业中的商品交换和价格（包括着农产品的国家收购，集市贸易，农产品价格，农业生产资料的供应）。

第十六章　农业与财政，信贷（包括农业税其他农村税，国家对农业的财政拨款，农业信贷）。

第六章第六节　农用能源的利用和开发。

第七章第二节　农用劳动力资源的利用和分配。

第十七章第二节　农民生活水平的提高。

在以上各章节里，虽然题目谈的都是与农业生产，农业消费有关的问题，但从各章节所谈的具体内容来分析，都已超出或远远超出“农业”本身的概念所能概括的范围了，早就应该独立于农业之外另成章节；才能更确切、更科学的说明农村发生的任何问题，才能更全面地考虑问题，

正确地解决问题。

(一)关于农村工业和农工商一体化的问题

1. 我们知道,工业就是工业,不管是与农业生产有关的工业,还是与农业生产无关的工业;不管是现代化的工业,还是传统的手工作坊;也不管是城市工业、还是农村工业;更不管是社队工业还是家庭手工业,它们的特性,只能和工业相连,而不应勉强附属于农业的范畴以内。

我们从不同的辞典或有关材料的介绍中,可以把工业的特性和概念,用很多词句来说明,但归根到底,从本质来说:工业就是把本已存在的物质,通过人们各种形式的劳动,把原来的物质变质,变形;变成一种或几种更适于人们需要的新产品,这就是工业生产的本质和特性。

如果把采矿和交通也算在工业范畴的话,本质上也不过是把原有的物质或是已经加工好了的新物质,重新变换位置,从一个地方转到另一个地方罢了。

所以说工业的本质和概念,是完全不同于农业的两回事;工业的生产,不管是在城市或农村,也不管是现代化的还是传统的手段,更不管是和农业有关的或无关的工业产品,它的产品的转换和产生,是和农产品的产生走的是完全不同的道路;工业产品的产生和发展有它自己特定的条件和规律,如果人们不懂得或不愿意根据工业的特点和规律去办工业,不管你是在什么地方,在城市或农村都要受到客观规律的惩罚,如工业产品的质次价高、或腐烂变质、或者机器运转不灵、厂房爆炸以及产生废渣、废气、废水、噪声等对环境的污染等问题,都是工业生产特有的问题或有些是不按客观规律进行而产生的问题,这些问题,在严格定义的农业生产本身是不存在的。因为农业生产的任何问题,是由于农业生产的特点,条件和规律决定的,是和工业生产的规律完全不同的。

所以我认为应该把农村工业独立出来,把农村中各种各样大大小小的工业,从附属于农业的范畴中分离出来,认清工业本身具有的特点、规律,正确地发挥农村工业本身应该发挥的作用,促进农村经济的正常发展。譬如:我们通常地把农、林、渔、牧产品一次加工以后残渣糟粕,多作为副产品来处理,用作为肥料、饲料或废料。这是过去农村手工业作坊生产水平直接产生的后果;人们习以为常也就不去深究副产品的潜在价值了,在农村,人们用豆饼、花生饼、芝麻饼、肥田、养畜,普遍认为是天经地义的;但随着科学技术及加工设备的发展,人们却从这些过去被当作饼肥或饲料的豆饼、花生饼、棉籽饼、菜籽饼、葵花籽饼中提取并生产了植物蛋白肉;甚至进而加工成多种风味食品。目前提取植物蛋白的新的食品工厂,在我国已有600多家①,年产植物蛋白6.5万多吨;而且这种食品工业还在方兴未艾的发展中。这不仅能充分合理地利用了油料作物产品的自然资源而且能够为城乡人民提供营养丰富,鲜美可口,物美价廉的新产品,对于促进农村经济的发展和提高人们的生活水平,都会起很大的促进作用。我国农村幅员广阔,可供再加工的农、林、渔、牧、副产品资源却远远没有被充分加工利用,如果能像现在油料糟粕的再加工那样,从这些"废料"中提出更多、更美的食品和用品;这对开发利用农村产品的丰富资源和提高人们的生活水平,将会出现另一种天地。

但是要把食品加工业从原来的农业中的副业的地位中解放出来形成独立的食品加工业,还需要有一个前提条件,那就要求科研单位和机器制造工业以及有关部门相应的跟上去,才能促使这种新兴的食品工业走向蓬勃发展的道路,这些客观条件的出现是必然的,只是时间问题而已。

所以把工业及食品加工业从"农业"这个概念中独立出来,按照它们本身固有的规律及有关

---

① 见经济参考,1983年6月7日。

事物的内在联系进行研究，已被提到日程上来了。这也是《农村经济学》所要研究内容的一小部分。

2. 至于商业本身的概念和特点，又完全不同于农业和工业。商业的任务，从本质上讲就是把工业或农业的产品转移地点或延长保存时间逐个变成商品的过程，这个过程的具体工作就叫商业。商业本身的特点和规律，又完全不同于农业和工业生产，它所需要的条件和工作方法也完全不同于农业生产和工业生产。但商业工作运转的好坏，却直接间接地影响着工、农业生产发展和人民生活水平提高，以及换取外汇积累资金、建设祖国的速度，所以它是一个非常重要的部门，即使在农村也是农村经济中的一个主要部门。可是过去却一直从农业生产的角度，只谈农产品的商品生产和收购，却不管农村商业其他方面的职能和联系，因而农村产品的买难或卖难的老大难问题，一直没有很好地解决，追其根本就是只把商业作为了农业生产的附属品，没有把商业本身固有职能及有关方面的联系工作，全面确切地加以说明和运用，这就限制了农村商业工作更合理、更全面的发展。

因此，我认为只有把农村商业从农业的附属地位中独立出来，才能显示商业工作在农村地位的重要性，才能处理好有关方面的关系，才能更有力的解决好在农村出现的各种产品或原材料买难卖难的大问题。

3. 至于农、工、商问题，就是通常称之为农、工、商一体化或农、工、商一条龙的简化，完整地讲：是农业生产与产前、产后的有关工业和商业如何联成一体，更好地为农业生产服务的一种经营形式问题，在这里传统的概念，仍然是以农业生产为核心，如果是非农业有关的工业和商业的联合，或者与农业无关工业，商业单独经营，这就不叫农、工、商一体化，言外之意也就是非法的了。但是现实农村发展的情况，早已冲破了教科书上束缚，早已按照各地的特有条件，经营起与农业生产根本无关或关系很小的工业、商业或工、商联合企业了。

如与旅游业直接有关的各种工艺美术品的加工厂和销售部（店）以及与旅游业相应发展的旅馆、照相、澡堂、电影院、演剧队及各种交通运输工具的经营等等，已有不少地方出现了。

现在政策上既然允许了个人可以长途运输，农民可以集资购买大型拖拉机、汽车运输农副产品，而且还代公家转运煤炭（人民日报 1983 年 3 月 4 日登载江西丰城县私人联合运输的煤炭，就有 29 万吨原煤），这些煤炭与农业生产并无直接关系或关系很小，但却直接影响着城乡人民的生活和大小工厂以及发电站的需要。

1983 年 3 月 16 日晚的电视节目曾报导安徽滁县有十户农民集资购买东方红大卡车，而且滁县专署代表社员，向长春第一汽车公司订购了十辆新的大卡车，并举行了隆重的交接仪式，难道专为这些农民购买的卡车，能限制他们不去经营非农副产品的物资吗？

4. 至于说到农村中直接与农业生产有关的加工工业以及间接有关五小工业以外，随着我国工业化不断发展，城市工业向农村扩散的工业行业越来越多，很多工业行业根本与农业生产无关，但却与城乡人民生活直接有关、与城市大工业产品的加工配套有关、或与国内外旅游事业及换取外汇有关。

在这些工业当中，既有传统的半机械半手工的作坊，也有完全机械化、电气化了的专业化程度较高的现代化小工厂，还有原来被称之为副业或家庭副业的小手工业工厂（如各种针织刺绣，以及各种工艺美术，手工制品），如果就因为这些生产不是农业生产或者因为与农业没有直接关系为理由，而不让生产或停止这些工业的生产，这不是故意停滞农村经济的发展，阻碍农民致富的道路吗？

因此我们应该打破老的概念，在农村不管对农业有没关系，只要当地有条件，对民对国有利的工、商业都应促使发展，这一点又说明了必须把农村工、商业从农业经济中独立出来。

（二）其他经济范畴的问题

如财政、税收、交通、运输、邮电、信息，这些经济工作都直接间接地与农业生产有关，也与人民的生活有关，但他们之中任何部门在农村中的工作，都得按照各自的性质和规律，结合农村各方面的需要和条件，合理安排，才能够既促进农业产品的生产，又能有利于农业商品以及其他各业商品的加工、贮运和销售；同时还应照顾到国内外城乡各类人民生活的需要。如果单纯从农业生产这个范畴内来考虑，它们的其他职能就不能合理地表现出来，这既影响农村经济的发展，也会影响它们在整个国民经济中应产生的经济效益；因此在理论上如果把它们放在农村经济学中来叙述，就能较全面，较完整地论证它们的职能与作用了。

（三）农村中的水资源、能源、环境卫生等问题

在统编试用农经教材里都已谈到，但是都是从农业生产的角度出发考虑这些问题的。我认为对于能源、水资源的开发利用和保持一个优良的自然环境，首先应该从人们生活、生存的需要来考虑，第二位的问题才是生产问题（不仅仅是农业生产问题，而且还要考虑农村工业、农村交通运输等各方面需要的能源、水资源问题，以及避免环境污染问题）。

1. 据说全国八亿农民，却有五亿农民吃的水不符合卫生标准①，如果农村居民，连符合卫生条件的一定质量、数量生活用水的资源都没有保证，人们在那些地方能长期居住，长期生产吗？譬如现在有些地方病区，以及严重缺水的干旱地区或山区，如果只谈生产用水，而不谈或少谈生活用水，虽然那些地方农业生产可以持续进行，但是由于水质不好，人身受到残害，如克山病、大骨节、甲腺病、血吸虫病等地方病严重地区，人们都是带着严重的病痛进行生产的，难道这是我们的社会主义新农村长期发展的方向？难道还希望“先治坡，后治窝”极“左”的政治口号，继续统治我们社会主义的新农村吗？所以那种只从生产上考虑问题，而很少从人们生活和生存条件来考虑问题所带来的恶果词句，必须从旧的教科书里改正过来。

2. 能源问题。具体到农村就是生活用能源和生产用能源的矛盾问题。这个问题在中国农村已经存在了几千年，到现在为止，在不少地区非但没有解决，而且越来越严重，造成耕地肥力递减，生态平衡破坏，水土严重流失，恶性循环一直在继续发展，如果不解决这个问题，将对我国经济建设带来很大灾难。

在农村首先是生活用能源问题，如果不能很快很好的解决，就必然砍树铲草，继续破坏生态平衡，这既阻碍了生产的发展，同时也增加了生存条件的困难，因此必须对能源资源的种类、特性加深认识并充分利用。如果我们能够把太阳能、风能、地热、潮汐、水能、生物能源统统地充分综合的利用起来，人们自然不会再去砍树铲草，去做有害于人们生存的蠢事了。但这种认识和利用水平的提高，有赖于人们科学技术水平，以及整个国家科学技术和工业机械部门的制造能力的提高。所以把各种能源本身的特点、作用以及获取这些能源，利用这些能源的手段，系统详尽的告诉读者，就应该将能源作为《农村经济学》的一个专题，专章或一门课程。但过去的《农业经济学》教科书，单从农业生产的范畴里谈能源问题，是没法把所有农村能源的问题谈清楚的。

3. 环境卫生方面。优美舒适的自然环境是人们生存生活必不可少的自然条件；城市居民需

① 1983年3月18日石山同志在创建《农村经济学》会上的发言。

要这样的环境，农村居民当然也不能离开这样的自然环境，但是随着农村工业的出现和发展，尤其是大城市以支援农村为名，越来越多的将具有烟、气、水、渣、噪声的“五毒工业”扩散到农村，农村的环境污染越来越严重了，据说辽宁省有几种对人体不利的化学元素在漫延，广东南海县由于铬太多鱼都变了形，在苏州出现了三龙（黑龙、黄龙、灰龙）困苏州的现象，寒山寺一带臭水溢流①，由此可见环境卫生问题值得注意和研究。

(1) 工业对环境的污染问题，不管是在农村，还是在城市，都应设法就地解决，就地消除，不能使环境污染继续扩散，尤其是城市工业，更不应有意识地把“五毒”扩散到农村去，不能把农村看成是垃圾堆，什么脏东西都弄到农村去，应该平等的对待农村居民，因为农民和工人、知识分子一样，同样是国家的主人，同样应该过上美满的社会主义生活。

(2) 如何既要保证农村工业的不断发展，以充分利用农村的各种资源，增加社会财富和农民收入；又要保持环境卫生，保持优美的生存环境；这也是旧《农业经济学》讲的不多而《农村经济学》应该认真研究的。

最后还应该补充几点来充实“农民生活水平”这一章，那就是在物质生活方面农民消费结构的变化；(包括食物构成的变化)，以考察我国农村居民身体健康水平变化的情况。

同时还要研究我国农村居民的智力水平的变化情况，因为只有体力和智力水平同时提高的农村居民，才能担当建设社会主义新农村和实现农业现代化的任务。

在提高农民智力的前提下，必然要研究农村教育，科学技术和成果利用等智力投资问题，以及开展计划生育，控制人口，发展农村文娱活动、体育卫生和改革旧的社会习俗，开展社会主义的精神文明教育等一系列的上层建筑，如何影响和推动社会主义新农村的经济建设问题，这些都应提到议事日程上，并应都包含在待创建的《农村经济学》范畴之内。

① 1983年3月18日石山同志在创建《农村经济学》会上的发言。

我国农业机械经营形式的探讨*

宋声鹗

为了实现党在十二大提出的到20世纪末我国经济发展的战略目标，80年代打基础的工作是很重要的，经济体制的调整与改革就是其中重要的一项。同时，力求实现经济体制的合理化，也是宏观经济管理中的一项基本任务。

邓小平同志在十二大的开幕词中，把进行机构改革和经济体制改革作为“我们坚持社会主义道路，集中力量进行现代化建设的重要保证”之一。胡耀邦同志在十二大的报告中，分析目前我国经济效益很差时指出，主要原因之一是经济体制造成的，为改变这种情况，提出头十年要逐步开展经济体制改革，把全部经济工作转到以提高经济效益为中心的轨道上来，为后十年进入一个新的经济振兴时期创造条件。这些都为我们进行这方面的研究进一步指明了基本方向。

近三四年来，我国国民经济各部门，社会再生产各环节都在经济体制方面进行了试验性的改革，并已取得成效。农业机械管理部门也正在重视和研究这方面的问题。

与所有制相联系的经营形式是经济体制的主要内容之一。任何一种所有制经济，都要求建立与它的性质相适应的经营形式。农业机械的经营形式就是指在一定的生产资料所有制条件下，生产资料的所有者，对生产经营采取什么样的组织形式。特别是如何根据我国的国情、当前农村经济的发展水平和联产承包责任制的普遍推行以及农业机械在使用上的特点，建立以公有制为主、多种经济成分并存的所有制结构和多种经营形式互为补充的经营形式结构，来更好地调动农民使用农业机械的积极性和充分发挥农机具的效率，达到增产、增收、提高经济效益和实现农业战略目标的目的，是农业机械管理部门当前的一项重要任务，这也是农村经济改革的一个重要方面。

本文拟从理论和实际的结合上，对我国农业机械的经营形式提出一些初步的想法和建议，期望引起同行们的共同研究和讨论。

一、我国农业机械经营形式的演变及其规律性

我国农业机械的经营形式，经历了以下的演变过程：

20世纪50年代是国家办站为农村集体经济提供劳务，称为国营拖拉机站，国家所有，国家经营。当时集体经济尚无力购买农业机械，国家也不准集体经济拥有农业机械。

50年代后期开始，随着公社集体经济的发展，农业机械始而下放公社经营，继而收归国有……，几上几下，折腾多次。逐渐变成了以集体经营为主，国营的所存无几。集体所有、集体经

* 本文是参加1983年3月，由中国农机学会和农机化技术经济学会召开的、在福建省福州市举行的《农业生产责任制与农业机械化》学术讨论会的论文。1983年6月，由中国农机学会和农机化技术经济学会编成《学术论文选集》出版。

营、为集体经济服务。

70年代起，随着生产队集体经济的发展，农业机械的经营从大集体（公社、生产大队）开始向生产队转移，（个别地区例外）并且转移的速度逐渐加快。

70年代末，随着农业生产责任制的推行和农村经济的发展，农民有了生产的自主权，当然也应该有购买生产工具的自主权，于是农民开始自己办机械化，农业机械突破了集体经营的框子，出现了农民个人和联户经营农业机械的新形式。因而，现在我国的农业机械存在着三种所有制（国有、集体、个人）和七种经营形式（国营、公社、生产大队、生产队、作业组、联户、农民个人）并存的局面。

1982年以来，经营形式的发展趋势是：公社、生产大队和生产队经营的农业机械继续减少，农民个人和联户经营的拖拉机又有较大的发展。据不完全统计，到1982年12月，全国农民个人和联户经营的小拖拉机已达到74万台，占全国小型拖拉机保有量的1/4。在南方的一些省份，经营形式的发展更为迅速。据1982年10月份的材料，如安徽省和湖南省，农民个人和联户经营的小型拖拉机都占全省小型拖拉机保有量的80%左右。（安徽全省有大中小拖拉机15万台，其中小型拖拉机12万台，其中农民个人和联户经营的占10万台）。广东和福建两省，联户和独户经营的小型拖拉机也占全省保有量的50%左右。广西也达到39%，河南达到37.5%，……。并且农民个人和联户经营的大中型拖拉机也在逐渐增加。

上述演变过程，清楚地说明：30多年来农业机械的经营形式已从少数的国营机站独家经营逐渐发展到目前以集体经营为主，联户和独户经营为辅的“千家万户”的事了。我们认为这个演变过程，细节虽有差异，但就其历程的基本方面来说，从中可以找到农业机械经营形式发展的规律性。

1. 农村经济的发展水平和农业经营方式的变化对农业机械经营形式的发展起着决定性的影响。如前所述，公社经营农业机械是与公社集体经济的发展相伴而行的；生产队开始经营农业机械是与“以队为基础”的生产队集体经济的发展相伴而行的；农民个人和联户经营农业机械是与以家庭承包为主要形式的生产责任制相伴而行的。可见农业机械的经营形式一定要与农村生产力的发展水平相适应，要与农业的经营方式和经营规模相适应。

2. 由于我国农村的经济发展水平很不平衡，农业生产责任制的形式也有差别，所以目前农业机械的经营形式必须朝多种形式互为补充的方向发展，绝不应强求一律。为前所述，30年来的历史演变过程，目前七种经营形式并存的局面，都清楚地回答了这个问题。

3. 农业机械的经营形式必须朝责、权、利相结合的方向发展。30年来，我国农业机械的经营形式，开始由国家经营，继而由公社经营，后又逐渐发展到大队经营、生产队经营。近几年发展到农民个人和联户经营。这个演变的历程告诉人们：农业机械的经营形式正朝着农业机械的所有者。经营者和使用者越来越密切结合的方向发展，实质上也就是朝责、权、利相结合的方向发展。就是我国传统的代耕形式也正在朝责、权、利相结合的方式进行改造和转化而使自己获得新生。

4. 在客观世界，普遍存在着组合方式与功能的关系，它们相互依存又相互对立。在社会经济领域，生产工具的不同经营形式会产生不同的效果。如果经营形式不合理或有缺陷，生产工具的功能和人的积极性就不能正常发挥或处于低效状态，表现出生产效率低下，缺乏经济生命力，甚至连续出现经营亏损，奄奄一息。这样下去，它就会刺激、逼迫经营形式进行改革，甚至能冲破重重阻力。我国农业机械经营形式的演变过程不正是突破了人为的种种框框发展起来的吗？

30多年来的实践启发我们：可以运用经营形式与经济效果的辩证关系来作为检验经营形式

是否合理的重要标准。

上述这些从历史演变过程中总结出来的带有规律性的东西，为继续探讨农业机械的经营形式和检验经营形式是否适应提供了理论上的指导。

二、我国新的农业机械经营形式已应运而生

近几年来，一场广泛、深入的变革正在我国农村进行。这场历史性的伟大变革，引起了农村经济内在生机的焕发，导致生产的方式和结构的更新，也显示出具有中国特色的社会主义农业的发展道路和前景。随着这场历史性的变革，我国的农机化事业也正在经历着一个考验和变革的时期。由于这场变革来的迅猛，原有的农业机械经营形式适应不了新形势，加以未及时处理好责任制中包与统的关系，因而出现一些新问题。同时随着农村经济，特别是商品经济的发展，对农业机械化提出了新的要求，需要有更适合的经营形式为其服务。现先从新问题和新需要谈起。

——目前农民个人或联户经营的小型拖拉机达 74 万台，大、中型拖拉机达 1 万台，都分散在千家万户的农民手里。许多有机户不会开机，不会修车，怎么办？所以在培训、修理、供应等方面都提出了新的要求。

——大家都熟悉的安徽怀远县，人口 90 万，手扶 1 万台。已经出现能源紧张、事故增多、马路损坏失修，经济效益降低等现象，这也是目前我国南方某些省、县具有代表性的问题，怎么办？由于农民自发办农机化，量大面广，游移性也很大，各地有机户发展很不平衡，怎么办？这就给经营管理方面提出了新的要求，如何尽量做到按需发展，合理布局。

——虽然不少农户有了农业机械，但多数农户还是无机户，其中有的还缺牛，缺劳力，怎么办？有的有机户为无机户代耕，收费合理；但漫天要价的也大有人在。如以贵州某地为例：

一亩地（一耕两耙），收费 5～6 元（吃饭还不在内），比过去高出两倍，有的要价更高。如请牛工代耕，一耕两耙要干两天，连吃饭在内要花 15 元以上。对这些无机户无牛户，甚至缺劳户，能够不去管他，让其耕种失时吗?! 或是听其受人抬价，敲诈勒索吗?

——实行联产承包责任制以后，有些农活一家一户干不了，或是干不好，或是干起来不合算。如水稻育秧，有许多青年农民不会育；且家家育秧，费地、费工、费钱，既不合算，又不能保证秧苗质量。农民希望农村有"商品秧苗"买。又如治虫，一家一户的治，你治他不治，等于不治；且不少农家不会观察虫情，不会配药，加以各种农药分散在千家万户，很不安全，事故增多。农民希望专门有人来包治庄稼的虫害和病害。……可见，实行责任制以后，农民对生产前生产后和生产过程中农机技术服务的要求愈来愈迫切。

——随着农村经济的发展，农村的商品经济逐渐发达起来。一些有技术专长和经营能力的生产者，逐渐突出经营某一专业，于是重点户、专业户在农村广泛出现。同时不少专业户为了扩大生产能力和提高经济效益，按照有利生产和自愿互利的原则，一些专业化、社会化的"经济联合体"已经出现，他们除满足联合体自身的需要外，已逐渐发展商品性生产。这些联户和独户经营的专业化生产由于专业比较单一，能以数量最少、种类也最少的机械来满足生产上的要求，因此对机械化的兴趣甚大，希望为他们提供机械或机械劳务。

——原来公社或生产大队经营的农机站（队），由于生产队和个人有了农业机械，代耕的工作量大大减少；农村实行联产承包责任制以后，由于经营规模缩小，大、中型拖拉机难以发挥作用，不少大、中型拖拉机封存起来。再加以原有农机站（队）服务项目少、服务态度差、调动也

欠灵活。因此逐渐失去了服务对象和作业市场。大部分原有机站任务少、没活干、严重亏损，有的甚至连工资都难以开支，无法支撑门面。

综上所述，农村出现了一种十分矛盾的局面：一方面是千家万户的有机户等待着有人为他们提供培训、修理、供应等服务和管理；为数较多的专业户和经济联合体盼望有人为其提供机械劳务，广大的以户和作业组为经营单位的农民希望有人为他们提供越来越多的社会服务，这些都是发展农业生产、繁荣农村经济的迫切要求，却没有及时组织力量去满足这些正当的要求。另一方面原有的农机站队处于一种“耕地没有田，管理没有权、发展没有钱”的山穷水尽的地步。

面对农村的这种现实，面对这种十分矛盾的局面，近两年来农业机械的经营形式终于发生了变革，突破了种种框框的限制，先后出现了两种新的经营形式：

一是在原有两站（公社农机管理站和公社农业机械站）基础上产生的农业机械服务站（或农业机械管理服务站）；

二是农民个人或联户经营农业机械（包括农机自耕户和农机专业户）。

这两种新的经营形式是适应当前农业生产和农村经济发展的迫切需要应运而生的，也是广大农机工作者和农民群众为解决上述矛盾局面的一大创造。

“农业机械服务站”出现前后，都得到各级政府和农机部门的支持；但农民个人或联户经营农业机械，几年以来，有的地区禁止；有的地区允许；更多的地区则是不表态，甚至不闻不问，听之任之。这样，就不能不给实践带来消极的影响。直到今年一月才明确回答了这个问题：对农民个人和联户经营小型农业机械予以支持，对经营大、中型农业机械也不限制。

三、建立与农村经济发展相适应的农业机械经营形式体系

当前我国农业机械化的主要任务是用好农业机械，管好农业机械，发展好农业机械化。要用好农机，就要解决好农业机械的经营形式问题；一个合适的农业机械经营形式体系也必然会有利于农业机械的管理工作和发展工作。

农业机械的经营形式并不存在一套固定的模式。我们的任务是根据我国农村生产力发展的要求，在每一个阶段上创造出与之相适应和便于继续前进的具体形式。我国农业机械的经营形式目前正处在一个变革时期，这一变革主要表现在两个方面：一是农民个人和联户经营农业机械，并且发展迅速；二是原有的农业机械经营形式正处在调整和转化之中，并正在逐渐转化到服务的轨道上来。为了适应农机经营这种实质性的变革，必然要有相应的新的经营形式。这种新的经营形式已被广大农民群众和农机工作者在实践中创造出来，已在上一节叙述了它们的产生背景和过程。我们认为：民办农机化的出现，是我国农业机械经营形式的一个重大突破；农机化工作转到以服务为主的轨道上来，这也是一个带方向性的改革。这就为解决在我国目前条件下，农业机械究竟归谁所有？究竟由谁经营？才能更好地发挥作用的问题，指出了一个基本的方向。以此作为基础，一方面让其在实践中继续锤炼和提高，一方面我们就可以着手研究建立起一个与我国农村经济发展相适应的农业机械经营形式体系。

由于我国农村实际存在着先进、中间、落后的三类地区；在每一类地区，甚至一个集体经济组织内部，也可以看到现代的与古老的，先进的与落后的两种生产手段同时并存。因此如第一节中所提到的农村生产力水平的高低和农村经济发展的不同程度是我们建立农业机械经营形式时首

先要考虑的问题。

农业生产责任制的多种形式，以及同一形式的具体差异，虽说是“繁花似锦”；但是“包干到户”这种责任制形式，或统称为联产承包责任制，正在日益显示它的生命力而蓬勃发展，不少省、县已占绝对优势。如贵州省目前包干到户已占98%，安徽滁县地区则占99%。看来正在席卷南方诸省和扩展到全国，所以如第一节所提到的农业中这种“包”与“统”相结合的联产承包责任制形式，是我们建立农业机械经营形式时要认真考虑的。同时也要求在完善农业生产责任制时，要正确处理好包与统的关系。

农业机械系统本身也有较大的差别，大致可以分为两种类型：一类是大型的农业机械（包括大型的畜牧机械和加工机械在内），运输工具和水利机械，它们是社会化的生产手段，宜于集中统一经营。一类是小型的农业机械，如手扶拖拉机，小型杀虫机械，小水泵等，一家一户完全能驾驶操纵，随着土地分散使用，可以让其独立分散经营。

综上所述，我们建议：由于我国农村存在着生产力的多层次结构，农业机械的所有制结构和经营形式体系也必然是多层次的，应该是因地制宜，多种形式，互为补充。在生产力水平较高和多种经营发达的地区和单位可实行“机械化作业队”专业承包的经营形式；一般的地区和单位都可实行农业机械服务站提供劳务的经营形式，并作为我国当前的主要经营形式；在全国范围内，都应该允许并支持农民个人或联户经营农业机械的经营形式。就所有制结构来说：以集体所有为主，个人所有为辅，同时还存在少量的国有农业机械。下面分别就三种不同的经营形式作一些分析和探讨。

（一）“农业机械服务站”的经营形式

作为当前我国农业机械经营的主要形式，农民个人和联户经营农业机械，由于使农业机械的所有者、经营者和使用者三者统一起来，是一种较好的经营形式之一。那么为什么不大力提倡和发展这种经营形式而当前仍以“农业机械服务站”为主要经营形式呢？这是因为在我国条件下，这种三统一的经营形式有较大的局限性。我国耕地少，人口多，农民的经营规模都很狭小，农民的经济发展状况又很不平衡，就当前的实际来看，特别要充分发挥家庭（或小组）承包制的优越性，这种又是小规模，又逐渐走向专业化、社会化的生产方式，可能是建设具有中国特色的社会主义农业的较好的道路。因此，在这种情况下，一是不可能家家都购买小型拖拉机，更不可能户户都购置一个小而全的农机系统。二是在经营规模狭小的条件下，户户购机很不合算。投资大，利用率低、经济效益下降；（如河北有的县、社，一口机井上有十多台水泵和动力机）还会加重本来就紧张的能源问题，甚至连农村的道路网都要扩建，（安徽怀远县已出现交通阻塞的现象）。日本长期以来就是这样做的，发展小型农业机械装备个体农户，结果单位面积上的投资动力远远超过美国（达4～5倍），一个种植5公顷土地的农户每年农业机械的投资达200万日元，很不合算，且日本农户的经营规模比我国还大得多。东南亚一些国家和我国的台湾省，都是发展代耕形式。如台湾省每个农户平均10多亩，长期以来，80%的农户是由农机代耕的。这些正反的经验教训，可供借鉴。所以，我们认为：在我国农业机械经营形式体系中，目前仍应以集中经营农业机械为农户提供劳务的“农业机械服务站”作为主要的经营形式。

大型的农业机械是一种先进的生产工具，它需要熟练的技术。需要配套的农具和设备，需要一定的经营规模，才能发挥它的优势，因而它是一种社会化的生产手段，以集中经营为宜，这样可以提高利用率，降低成本，从而获得好的经济效益。而农业，由于分布空间广，生产周期长；对于有生命的劳动对家，需要白天黑夜按其实际需要随时给以照料；加以我国地少人多，必须集

约经营、精耕细作，所以农业宜于分散经营，但又需要农业机械为其服务。农业机械服务站这种经营形式就在于能解决农业生产要求分散经营，而大型农业机械又要求集中经营的矛盾，能充分发挥两方面的优势，为实现农业目标而共同努力。

这种经营形式的优越性还在于通过合同关系，既可以为实行几统一的经营单位提供服务，又可以为以户为经营单位的农户提供服务，还可以与农艺部门合作，生产商品性的种子、幼苗（如育秧等……）对于适应有统有包的农业生产责任制有较大的弹性。特别是随着农村商品经济的发展，几千年来的农村自给性的经济结构必将解体，专业农户会逐渐增多，对社会化的服务会有更多的要求。这种经营形式装备较好，服务能力较强，因而能较好地适应这种变化，能办好那些靠个人力量所办不到的项目，以满足各方面的要求。

目前我国农村公社，大队等集体单位经营的农业机械仍占全国农业机械保有量的70%左右，占大、中拖拉机保有量的80%左右，设备、人员、技术也大都集中在这里，可说是我国农机化事业30年来的精华所在，又是农机管理工作的基层机构。我们认为：这个阵地不能丢；但必须改革，使之转化到以服务为主的轨道上来。所以逐步转变成为“农机服务站”这种新形式，不仅有利于保存卅年来农机化积累的基本力量不致被分掉或被化公为私，还能使之“旧貌换新颜”为实现农业目标服务。

但是，由于“农机服务站”仍然是农机所有者，经营者和使用者相脱离的，这种经营形式有可能出现经营者积极性不足，使用者不便的毛病。其解决办法是：一是对外扩大服务项目，改进服务态度，提高服务质量，做到有利生产、方便农民群众，把全部工作的着眼点转到服务的轨道上来。一是对内实行农业机械使用管理责任制，实行联产承包，单机核算通过责任制调动经营人员和机手的积极性，服务工作才能搞好；通过搞好服务工作，服务站因而受到农民的欢迎，也增加了收入，又会进一步鼓舞经营人员和机手的积极性，这是相辅相成的。所以认真推行上述两项关键性措施，实行责、权、利三结合，可以使这种经营形式的生命力旺盛起来。原有的农业机械站（队）很多没有办好，其主要原因就在这里；今天采用的农机服务站的经营形式与原有农业机械站（队）的本质区别也就在这里。

根据一些省、县的经验，要转化到以服务为主的轨道上来，对农业机械服务站的性质，任务、经营方针及具体管理办法都应有相应的规定。农业机械服务站的性质是以农为主，综合经营、独立核算、自负盈亏的经济实体。它的经营方针是实行技术专业化（在技术上做文章），服务社会化（在扩大服务项目，有利生产、方便群众上做文章），经营企业化（对内实行责任制，对外实行合同制，坚持自愿互利原则。每完成一项服务，要使双方都合算，双方都得到好处，用经济管理办法来代替过去的行政管理办法）。当然还要勤俭办站。

农业机械服务站的任务和服务范围：一是为农业生产服务；二是为农村建设服务；三是为农机自身服务（如农业机械修理、供应、培训……等）；四是为农民生活服务。在政策允许的条件下，也可再搞一些其他副业，但要分清主次。

农业机械的管理工作，是一项很重要的工作，随着农业机械数量的增多，个人经营农业机械的发展，管理工作将更加重要。但“管理”职能是否和“服务”业务合在一个单位进行，尚值得研究。如果合在一起，就叫“农业机械管理服务站”。有利于精简机构、减少人员，还可以通过服务来加强管理。但这样就成了一个企事合一的单位，从而改变了作为一个企业化经营的经济实体的性质；行政管理和技术服务是属于两个不同的范畴，合在一起，也容易形成官商作风；同时企事合一的经营形式，也不符合中央关于经济体制改革的精神，我们的看法是倾向于二者分开。

“农业机械服务站”（或农业机械管理服务站）这种体系，从它的职能形式来说：它可以是管理站和农业机械站两者组合起来，既提供服务，又进行管理。也可以是管理站、农业机械站，农机修理厂，农机供应站等多种职能组合起来，甚至还可以扩大到把农业机械的人才培训，农业机械的研究工作都组合在一起，成为服务范围极其广泛的服务组织，并进行行政管理。它也可以是只提供一项或几项服务的组织，而不负责农业机械管理工作。从它的所有制形式来说：它可以是国营的；也可以是公社、生产大队等集体经营的；也可以是国、社合营的；国营和集体经营的服务站还可以把独户或联户经营的农业机械也吸收在自己的周围，成为一种较松散的联合组织。总之，在职能范围和所有制形式上，可以允许各种各样的具体形式存在和发展，切不宜限制过死。随着历史的进程，实践会作出选择的。选择的结果，也不会是单一的，而将是一个存在着多种具体形式的体系。

（二）农民个人和联户经营农业机械的经营形式

西方的家庭农场和大的农业企业几乎都是这种经营形式，不过他们在家庭农场的基础上又社会化了。

不少的人总认为旧的模式才是社会主义的正道：在农村生产资料公有，集体劳动，按工分计酬，愈纯愈好，这些在人们心目中形成了比较凝固的观念，因而在变革中处于被动地位。我们先看看今天农村的实际情况：实行联产承包责任制以后，耕畜、农具基本上归承包户所有了，不少承包户还独户或联户买了小型拖拉机，这些都是耕者必备之物，并不用这些生产资料去剥削他人；一台小型拖拉机也不过相当一头耕畜的价格，从中也体现不了多大的占有差别；何况在土地等主要生产资料集体所有的条件下，一个社会主义国家的农民，用他个人所有的农业机具，在承包集体所有的土地上进行耕种，根本不会改变社会主义农业的性质。我们再听听农民怎么说的：这些东西就算个人所有吧！我们大家吃饭，还都得有双筷子哩！所以，我们认为：既然允许农民有承包土地、分散经营的自由，就应该让他有购买生产工具（包括耕畜和农业机械）的自由。对此，应适当放宽，因势利导，以利于更广泛地动员农村的资金和技术等潜力。大家都还记得：多少年来，限制我国农业机械化发展的两个条件，一是资金；二是劳动力的出路。实行民办机械化以后，就为解除这两个限制条件开拓了一条新路。它既有利于聚集农民手中的资金来发展农机化事业，又可开展多种经营，增加就业门路。据了解，1982 年大多数省、市农机销售量普遍回升，小型农机具畅销，少数地区甚至出现了“农机热”。

这种经营形式，由于实现了所有者、经营者和使用者的统一，因此不存在经营者内在动力不足和使用者不方便的问题。但是，问题在于这种经营形式有其自发性和盲目性，如果任其自流，依靠价值法则最终来调节，就会造成经济损失，资本主义国家一般是这样的。我们是社会主义国家，就应该事先进行适当的规划、指导和必要的行政干预。我们不同意那种认为农民个人买机不用管理的看法。不应把管理片面理解为管人和卡人，我们主要是从规划、组织、协调和服务等方面进行管理，以消除内耗，同时提高微观经济和宏观经济的效益，这样的管理工作在任何时候都是不可缺少的。具体说来，这些管理工作大体可分为两个方面。

一是从农机化规划和机具的投放方面进行指导和管理，如要求购机户必须有一定的农田作业量，并配备一定数量的农田作业配套农具（新疆伊犁自治州特克斯县个人所有的 115 台小拖，除拖斗外一件配套农具也没有。在淮北平原，手扶拖拉机的配套机具多数是一辆拖车，少数的才有犁、旋耕机、喷灌机、脱粒机等，由于配套农具少而利用率低）以防止盲目发展，要求购机户必须有拖拉机驾驶证以防止无证驾驶，事故增多。这样方准购机，然后农机管理部门主要从①登记上户发证；②安全监理；③油料分配等三方面进行管理。并通过以机管田，以油为机的途径进行有效的管理。还应制订有关农机化的政策和法规，有机户必须遵守。

二是多方为他们提供服务和支持，包括培训、修理供应等方面，都应一视同仁，以促其健康成长。

个人和联户经营的拖拉机在自耕有余的情况下，可以为附近农户代耕，以补“农机服务站”力量的不足，但收费标准应有相应的规定。

农民个人和联户经营的拖拉机，1979年为1万多台，1980年为3万多台，1981年为36万多台，1982年发展到74万台，其发展之速，出人意料。预计今年还有较大发展，很快将突破100万大关。其根据是：

(1) 政策已进一步放宽。

(2) 用机比用牛合算，且用途广、效率高，农民是善于从经济效益着眼来选择生产工具的。事实上，这几年来经营农业机械的农户都是很赚钱的。据了解，很多先富起来的农民大部分与农业机械有关。

(3) 农民经营的农业机械，其中90%是小型机，这种机型比较适合我国目前农村以户为经营单位的形式，又便于综合利用。且结构简单，操作方便，农民个人完全能够驾驭。

这种经营形式的发展趋势，其中的多数会逐渐走向联合经营，将来还有相当一部分由兼户走向专业户（现已出现以代耕、运输为主的专业户、以修理农机为主的专业户。有的农户家有拖拉机、动力机数台，因而被称为“四机部长”或“八机部长”）。

安徽某县马邦子公社，八户农民分别买了六台小型拖拉机。自耕有余，于是搞运输。由于货源不足，互争货源，各不相让。村外有一段路不能走小型拖拉机，机器进村出村很不方便，但谁也不愿修理。久而久之，大家都感到不便，相互之间也很恼火。这个矛盾只有通过自愿联合才能解决，于是他们联合了。首先是举行电影招待会，向全村宣布：他们联合了。接着，八家合作，动手修路，路很快就修好了。还推举组长，调度和会计，轮班派活，不闹货源的矛盾了，并且业务发展很快。但他们联而不合，即赚钱归己，消耗自出，修车换工。目前他们还想搞点积累，增加点配套农具，以扩大服务项目。八户农民所走的路，是有代表性的，代表了有机户走向联合的内在要求。所以不必过分担心，小型农业机械的经营会愈来愈散，直至分散到独户经营。相反，多数的会从独户到联户，相当一部分还会从兼户到专业户。总之，许多有机户走向联合是必然趋势。

（三）农业机械化作业队的经营形式

这种经营形式是：农机具由集体所有，交给农机队经营，为集体农业服务。其做法是：由农机队来承包土地，即实行专业承包，农机队内部实行责任制和单车核算。这种经营形式基本上把农业机械的所有者经营者和使用者通过承包责任制统一起来了。所以它既不同于农业机械集中经营，分散为农民服务的第一种形式，也区别于农民个人和联户的经营形式，大体上与国营农场实行机农结合的那种农业机械的经营形式相同。这是一种较为优越的经营形式，是有发展前途的。但在目前农业分散经营、机械化程度较低和多种经营尚不发达的情况下，它的适应范围受到限制。

上述农业机械经营形式体系，在现阶段，仍以“农业机械服务站”提供劳务为主要经营形式，这种形式适应范围较广，我国南北均可采用，具体形式可以有差别。“农业机械化作业队”专业承包的经营形式，适用于地多人少劳力不足、作物比较单一、机械化程度又较高的地区，如黑龙江省的麦豆地区、新疆北部（北疆）的一些地区，其他如多种经营、工副业发达，大量的劳动力离土不离乡因而种植业部门劳力不足，且机械化程度较高的地区，也可考虑采用这种经营形式。前者如黑龙江省的兴十字大队、黎明大队就是采用这种经营形式；后者如山东烟台地区的大王庄公社、河南新乡地区的某些社队、北京的张辛庄公社、四季青公社也是采用这种经营形式。农民个人和联户经营农业机械的经营形式适应范围也较广，我国南北均可采用，但重点在南方，适宜于地少人多、农业分散经营、且经营规模和地块均较小的地区。

四、通过实践、检验效果、不断完善和提高

农业机械的经营形式是否合适，可以通过经济效果检验出来，这在本文第一节已经提到。我们认为：一种合适的农业机械经营形式在有利于坚持社会主义道路的前提下，它应该具有下述效果。一是有利于经营人员和机手积极性的发挥；二是有利于农业机械效率的提高和成本的降低；三是能给农村和农民带来实惠。归根结底是要有利于经济效益的提高和农业目标的实现。

下面先就"农业机械服务站"（或农业机械管理服务站）在实践中的效果进行检验和分析："农业机械服务站"这种经营形式，经过两年多的实践，已经初见成效，表现出这种经营形式的生命力。

有许多省、县、组建服务站以后，不仅精简了机构，减少了人员；且出现了农机人员心情稳定，积极性提高的新局面。听听他们的反映吧！"不搞服务站，树倒猴狲散；一搞服务站，大家加油干"因而，服务项目增加，机具效率提高，作业成本降低，站里收入增加，农民增产增收。

如江苏省有193个农机服务站，403个大队农机服务队，506个植保队。1982年站站有盈余、队队有盈余。

又据河南省安阳县雀家桥公社农机化服务站的调查材料，可说是建站四年，成效显著。

（一）扭亏增盈

建站前年年亏损，共欠贷款11 000元。建站后年年盈余，四年多累计盈余99 500元。

（二）增加了收入，扩大了积累

全站职工的年平均产值由建站前的2 000元增加到现在的3 000元，固定资产由建站前的4万元增加到13.3万元。

（三）提高了农机管理水平

全公社大中型拖拉机的完好率，由建站的58%提高到91%。小型拖拉机由50%提高到85%。大中型拖拉机的出勤率，由57%提高到90%，小型拖拉机由51%提高到88%。拖拉机的年马力作业量由107标亩增加到160标亩。标亩耗油由1.1公斤下降到0.8公斤。标亩成本由0.91元下降至0.82元。

（四）提高了全社农机队伍的技术水平

建站前，机手中达到"三懂""四会"的仅占45%，现在达到了95%。

（五）提高了农业机械化水平，促进了农业生产

机耕面积由建前的33%提高到81%，机耙由28%提高到80%，机播由2%提高到14%，机灌由31%提高到54%。随着机械化水平的提高，全公社粮食亩产由1978年的380斤增加到396

斤，总产由2 569万斤增加到2 650万斤。

“农机服务站”组建以后，由于把管、供、修、培等许多职能结合在一起，有利于生产，方便了群众。农民说：“上面千条线，下面一个门，只要进了管理服务站的门，问题都解决了，再也不用找东家，串西家，到处碰壁了。”服务站组建以后，服务质量提高，服务态度改善，因而不少服务站被农民称之为“贴心站”深受农民欢迎。

如有的服务站，农民半夜叫门修车，热情接待。有一次，拖拉机的一个螺丝坏了，站内又无同一规格的存货，迅即重新加工一个新的，还是按0.18元的规定价格收费。拖拉机修好了，农民十分满意，从此远近闻名，生意兴隆。还有的服务站，当农民上门换零件时，首先拆下旧件，如尚不需更换，就代为修理，重新装上，服务站稍收一点修理费，农民节省了换件开支，由于他们正确处理了盈利和服务的关系，深得农民的好评。

在实行联产责任制分户经营后，农民要求的服务增加了，如育商品秧，承包植保等服务项目很受农民欢迎；且服务站集中提供服务，工效高，成本低，很合算，给农民带来实惠。

如1983年江苏宜新街公社滕上大队农机服务队和农业技术站合作育商品秧，（用工厂化育秧），为本公社11个大队65个生产队及三个外公社750户提供秧苗，农民只要预先提出茬口、品种、时间、订好合同，到时一辆小推车就把秧苗拉回来了。每亩秧苗只要8元钱，省地、省时、省工、省钱、农民十分欢迎这种专业化、社会化的服务。

又如宜兴新街公社植保公司，1981年用高效率农药和机械，专业化承包17个生产队共1 841亩水稻的病虫防治任务，比17个生产队各自防虫的效果明显提高，下面是对比材料：

项　目	面积（亩）	负责植保总人数	每人承担亩数	成本（元/亩）
植保专业公司承包后	1 841	7	263	5.07
17个生产队各自防治	1 841	17	108.3	6.38

同样防治1 841亩作物，植保公司承包后提高工效243倍，每亩降低成本20.5%。

可见，“农业机械服务站”这种经营形式对于调动农机人员的积极性，提高农机具的效率降低作业成本，给农民带来实效和实惠等方面都表现出它的生命力，可以认定是一种适合当前情况的较好的经营形式。但它出现的时间还不长，还需要在实践中继续锤炼、完善和提高。同时，有的地区虽也建立了“农机服务站”但面貌改变甚微，其原因是多种方面的，但其中重要的一条，多是由于换汤不换药，没有真正地转到服务的轨道上来，或是由于农业生产责任制中没有正确地处理好“包与统”的关系。另外还存在一些问题，如管理和服务是合一还是分开？管理和服务的关系？对外如何通过三化加强服务工作，为实现农业目标多做贡献？对内如何完善农业机械管理责任制，正确处理职工的劳动报酬与分配问题。还有一些政策性问题，如服务站与社队企业的分工关系，与工商行政部门的关系？服务站虽然是自力更生，艰苦创业，但对于一个新事物的出现与成长，国家可否给予适当的有偿支援，还需要得到各有关部门的配合和支持。

农民个人和联户经营形式，总的说来，近2～3年来，一是发展十分迅速；二是经营者得到的盈利很可观；三是服务周到，受到农民欢迎；四是大部分机组仍以农为主。实际证明：农民是能够自己办机械化的，并且说明民办机械化的经营形式是有生命力的。但也有他们的苦恼：如油料供应，据山东省堰城县对27个公社135名农民个人经营的拖拉机的调查，其中有52%的拖拉机未分到国家供应的油料。又如管理问题，据了解：有的地区对农民个人经营的拖拉机，其收费、纳税标准都比集体经营的高出一倍。有的地区一台农民个人经营的拖拉机要通过八个主管部门、领取六块牌子，才能开始营业。为了促使这一新生事物健康成长，目前应积极进行调查研究，并从速制订一些相应的政策规定和具体的管理办法。

可以相信，上述三种农业机械经营形式将在我国农村相互配合、各展所长。目前虽以“农业机械服务站”为主要形式，但可预见：“农业机械服务站”的经营形式和农民个人经营农业机械的形式将来究竟是“谁主谁从”，或是“平分天下”，它们之间不可避免地要进行一番较量和竞争，在实践中农民将会作出选择的。然后逐步形成一个与农村经济发展和农业生产经营方式相适应的农业机械经营形式体系，在继续经受考验中为实现农业目标服务。

农村畜禽饲养专业户（重点户）成本核算的探讨*

陈 继 昌

农村专业户（重点户）的迅速发展，标志着我国农民逐渐从自给半自给的经济摆脱，从而开拓了一条适合我国国情，迅速发展农业专业化、商品化生产，加快农业生产社会化进程的新路子。根据农村这一新形势的要求，协助和培养专业户（重点户）建立简要的生产核算和成本计算制度，是为加强专业户的经济核算，不断提高经济效益，达到劳动致富服务；是为国家制定技术经济政策、价格税收政策服务。这是农业经济管理工作者、农村财务会计工作者面临的一个重要课题。本文仅就农村畜禽饲养专业户（重点户）的生产核算和成本计算问题，作一初步探讨。

一、畜禽饲养专业户（重点户）成本核算的特点

建立畜禽饲养专业户的生产核算和成本计算制度，产生一系列与其他专业、部门不同的一些特点。这是由于畜禽饲养业本身的特点和以畜禽饲养专业户为核算单位的特点所引起的。

首先，畜禽饲养业是种植业产品再加工的部门，它对其他部门特别是种植业部门的依赖性最大。饲料是畜禽饲养的物质基础。畜禽产品的成本，很大程度取决于生产出来的饲料成本。因此，种植业的成果（不管是畜禽专业户兼营的种植业成果或其他种植专业户的成果），对畜禽饲养业的工作成果必然产生一定的影响。从而饲料消耗量的核算，在畜禽饲养的整个核算中占有十分重要的地位。

其次，各种畜禽在饲养过程中，不仅由于购入、繁殖、交售、屠宰、死亡等原因，使头数经常发生变化，而且畜禽本身的重量和价值，因增长、增重，也在经常发生变化。因此，畜禽生产核算和成本计算过程，必须注意畜禽动态的核算。

第三，畜禽产品的多样性，决定畜禽产量计算和费用分摊的复杂性。不仅各种不同类别的畜禽，生产各种不同的畜产品，即使同一群畜禽，也可能同时生产好几种不同产品。如主产品——牛奶、羊毛、禽蛋等主要的产品。联产品——价值几乎与主产品相等的那些产品，牛奶与牛犊，羊毛、羊羔与幼羊增重等。副产品——价值较低的连带产品，既粪肥、羽毛、死亡幼畜皮、骨等。因此计算畜禽产品的产量和单位成本时，就比较复杂，甚至要采用规定的系数或按固定的基数比例把总成本分摊到各产品中去。

第四，专业户（重点户）是以商品生产为基本特征，以家庭为经营单位，基本上或完全从其他行业分离出来，专门经营某一生产项目，费用自理，盈亏自负。畜禽饲养专业户也是如此。因此，在生产核算和成本计算过程中，要由专业户提供畜禽动态、产量、费用、用工等原始资料。

* 原载《农业会计研究》1983年第2、3、4期。

生产队或大队按户核算成本、汇总核算户的平均成本。这就决定了畜禽专业户与种植业包干户的成本核算方法一样，都应通过统计和会计相结合的方法进行生产核算和产品成本计算。

根据以上特点，畜禽专业户的成本核算，应以畜禽群别为核算对象，畜禽饲养专业户为核算单位，并提供原始记录资料；生产队或大队汇总、计算、编制畜禽产品成本及报表。具体核算程序大致如下：① 确定专业户（重点户）报告期内（一年）饲养各种畜禽消耗的物质费用和人工费用。② 确定专业户（重点户）所生产各种畜禽产品的产量。③ 确定畜禽副产品数量并估算价值从总成本中扣除其应摊部分。④ 将畜禽报告期总成本的余额分摊到各种畜禽产品（包括联产品）上去。

二、建立畜禽专业户（重点户）的原始记录

建立健全畜禽饲养核算的原始记录，对于反映畜禽的变动情况、监督费用支出和正确计算畜产品成本，有着重要意义。根据简明适用、易学易懂的原则，畜禽饲养专业户应设置以下几种账表，要求各核算户如实进行常年性登记。

1. 畜禽动态登记表。用以反映畜禽饲养专业户畜禽变动和结存情况的登记表。按畜禽类别（养猪、养鸡等）和群别（如幼猪育肥猪群、基本鸡群、幼鸡育肥鸡群等）设页。核算户根据畜禽繁殖、购入、拨入、增重、出售、屠宰、死亡等情况，及时登记，畜禽动态记录，除了解畜禽头数动态和结存数额外，还可为考核饲料的合理利用、年终确定畜禽的活重和增重，以及计算活重成本、增重成本、料肉比例等，提供可靠的资料。其参考格式如下：

表 1　畜禽动态登记表

畜禽类别________群别________　　　　专业户________

年		说明	期初数			增加												减少												期末数		
月	日					繁殖			购入			拨入						出售			转移			屠宰			死亡					
			头数	重量	金额	头数	重量	金额	头数	重量	金额	头数	重量	金额				头数	重量	金额	头数	重量	金额	头数	重量	金额	头数	重量	金额	头数	重量	金额

2. 饲料消耗登记表。畜禽饲养过程中，最主要的费用支出就是饲料。它在畜禽产品成本中占最大的比重。因此，应设置畜禽饲料消耗登记表，根据饲养畜禽的种类和群别，及时登记各种饲料消耗数。并查明购入饲料单价或自产饲料规定的价格，定期（5～10 天）汇总记入"直接费用登记表"。其参考格式如下：

表 2　饲料消耗登记表

年		说　明	饲　养	饲　料　消　耗　数　（斤）				
月	日		头（只）数	精　料	混合饲料	粗　料	多汁饲料	……

3. 禽类产蛋、畜类产奶、剪毛登记表。畜禽饲养专业户的禽类产蛋、乳牛产奶、绵羊剪毛，都是一笔大宗收入。因此，在畜禽产品产出期间，每天都应及时把捡拾的禽蛋或挤奶量、剪毛量及时过秤、登记保管。待产品出售或自产自用后，再作收入，记入产品收入登记簿。禽类产蛋、畜类产奶、剪毛登记表参考格式如下：

表3　禽类产蛋、畜类产奶、剪毛登记表

专业户________

年		说　明	禽　蛋		牛　奶		羊　毛	
月	日		母禽只数	重　量	乳牛头数	重　量	绵羊只数	重　量

4. 各项收入登记簿。用于登记畜禽饲养专业户的畜禽产品收入和其他家庭副业收入。参考格式如下：

表4　各项收入登记簿

专业户________　　　　第　页

年		说　明	项　目	数　量	金　额
月	日				

5. 物质费用登记簿。用于登记畜禽饲养专业户（重点户）饲养畜禽的物质费用支出的数量和金额，直接费用和共同费用应分别设页。参考格式如下：

表5　物质费用登记簿

畜禽类别________

专业户________　　　　群　别________

年		说　明	名　称	单位	数量	单价	金额
月	日						

说明：①凡与饲养该畜禽群有关的直接物质费用，都记本登记簿。

②凡不能直接记某畜禽群，而与几种畜禽有关以及其他有关的共同生产费用，记入物质登记专用簿，其格式同（略）。

6. 畜禽饲养用工登记簿。用于登记畜禽饲养专业户饲养畜禽的直接用工和各种间接用工，如修理工、管理及其他用工等。参考格式如下：

表6　饲养畜禽用工登记簿

专业户________

年		畜禽群——直接用工										间　接　用　工					
		王　成		王小伟								王　成					
月	日	用工名称	工作小时	用工名称	工作小时	用工名称	工作小时	用工名称	工作小时	用工名称	工作小时	用工名称	工作小时	用工名称	工作小时	用工名称	工作小时
会计工时																	
劳力等级																	
折合标准工作日																	

三、物质费用和人工费用的核算

畜禽饲养的生产费用核算，应按畜禽的类别和群别进行。

1. 物质费用。

（1）饲料：包括外购的、自产的各种精饲料、混合饲料、粗饲料、多汁饲料以及动物矿物质饲料和饲草等。外购的按购入价格加运费计算；自产的按国家牌价或规定的价格计算。

（2）动力及燃料：包括蒸煮饲料、畜舍保暖等耗用的动力和燃料。

（3）医药费：包括医疗费、防疫费、药品消毒剂等。

（4）其他直接费：指不属于以上几项又能直接计入畜禽成本的费用，专用工具、用具购修费、运输费等。

（5）固定资产折旧费：包括畜舍折旧费、禽笼折旧费、畜禽机械折旧费等。

（6）管理费及其他支出。

（7）购入幼畜禽费用：指外购幼畜禽的成本费用。

为了汇集物质费用，应设置“畜禽成本登记簿”，按核算的专业户（重点户）和畜禽群别设账页，按成本项目设专栏，包括：年初存栏价值、购入幼畜禽、饲料、动力及燃料、医药费、其他直接费、固定资产折旧费、管理费及其他等栏目。

2. 人工费用。畜禽饲养专业户（重点户）的人工费用，单独列为一个成本项目。平时进行用工记录，期（年）终折价计算人工费用。畜禽饲养用工的细目，大体如下：

（1）直接用工：包括饲养用工、放牧用工、捡蛋用工、挤奶用工、剪毛、接羔用工。

（2）间接用工：包括修理用工、管理及其他用工。

畜禽饲养用工，可采用工时单位。由核算户每天进行登记。定期（一月）折算为标准工作日（劳力系数×工时÷8＝标准工作日。）年终将间接用工按一定标准（如各业收入或各畜群饲养日）分摊后，再按规定的计价标准计算，便可得出该畜禽饲养的人工费用。其计算公式为：

$$\text{某畜禽饲养人工费用}=\frac{\text{该畜禽用工量}}{\text{（标准工作日）}}\times\text{工日单价}$$

由于包干到户的生产队，没有分配工值、工日单价，一般可采用劳动力再生产必需生活费用调查的工值计算。

四、畜禽产品产量的确定

畜禽饲养业产品的多样性，导致畜禽产品总量计算的复杂性。大体来说，肉用猪、牛、羊等的主产品有牲畜的增重，副产品有厩肥、猪鬃、羊毛、皮骨等。乳牛的主产品是牛奶，联产品是牛犊，副产品有厩肥等。毛用绵羊的主产品的羊毛、联产品是羊羔及幼羊增重，副产品有羊皮等。蛋用家禽主产品是禽蛋，联产品是增重。肉蛋兼用家禽主产品则是增重，联产品是禽蛋。而家禽的副产品是粪肥、羽毛等。

肉用畜禽（猪、牛、羊、鸡等）产品的重量一般按活量（毛量）计算。其活重量包括收购单位运走畜禽的活重；已屠宰畜禽的活量；拨给其他单位畜禽的活重；以及期（年）末存栏畜禽的活重。

为了考核畜禽饲养工作质量，还要确定饲养期内畜禽的增重。增重总量等于该群畜禽期（年）末存栏活重，加上本期内离群（收购、屠宰以及拨出畜禽的活量——不含死畜禽）畜禽的

活重，扣减期初结转、期内购入、拨入等畜禽的活重。

畜禽饲养过程中，生产一种以上主产品时，可以将各种产品的数量分别计算，确定其产量。例如，饲养肉毛兼用羊的养羊专业户，可以分别计算羊毛、羊奶和幼羊的增重。也可以将畜禽联产品折合成一种主产品，确定其产品量。例如，乳牛业联产品是牛犊，可将一头牛犊折合成若干斤牛奶。肉蛋兼用家禽可将100斤鸡蛋折合成若干斤鸡肉，或将100斤鸡肉折合成若干斤鸡蛋。如果饲养几种家禽（如鸡、鸭、鹅等）而没有分别核算，也可以按售价比例，将各种禽蛋折合成鸡蛋，将各种禽肉折成鸡肉。

饲养畜禽还会生产各种副产品。如厩肥、羽毛、猪鬃、死畜皮骨等。对畜禽副产品，也应根据其经济价值进行正确估算。

五、畜禽产品成本的计算

各种畜禽的自然特性不同，要求饲养管理的技术不同，提供的主产品、联产品、副产品也多种多样。因此，它们的成本计算方法，也就各有其特点。现将畜禽饲养专业户（重点户）的产品成本计算方法，分述如下：

1. 畜禽活重、增重成本的计算。肉用畜禽（育肥猪、肉用牛、羊、肉用家禽等）的增长增重，有两个主要成本指标，即畜禽单位活重成本；畜禽单位增重成本。

畜禽单位活重成本，又称畜禽单位毛重成本。它是反映某畜禽群全部活重的平均单位成本。因为全部活重单位成本，除受本期（年）饲养费用大小影响外，还受上期（年）结转存栏畜禽成本、本期购入或拨入幼畜禽费用，以及本期（年）畜禽的增重量、死亡等情况的影响。以育肥猪为例，活重单位成本计算程序如下：

（1）先计算育肥猪群的总成本。

（2）再求育肥猪群的总重量。

（3）将（1）＋（2）得：

$$\text{育肥猪群单位活重(斤)成本}=\frac{\text{期初存栏总成本}+\text{购入、拨入成本}+\text{本期饲养费用}-\text{副产品价值}}{\text{期末存栏活重}+\text{本期离群活重（不含死畜）}}$$

（4）单位活重成本求出以后，就能据以计算本期出售肥猪的单位成本和总成本，以及存栏育肥猪的成本。

计算单位活重成本，有着十分重要的意义。因为通过畜禽单位活重成本指标与售价比较，可以查明畜禽专业户（重点户）是否获利？获利多少？对不断提高其经济效益，促进商品生产的发展，以及为国家制订价格、税收政策等，都有重要作用。

但仅仅计算活重成本还不能完全满足要求。为了深入地了解畜禽饲养情况，分析饲养工作质量，还应计算畜禽单位增重成本。

畜禽单位（斤）增重成本，是指某幼畜禽、育肥畜禽每增加一斤体重，平均花多少成本。畜禽单位增重成本的计算，以育肥猪群为例，计算程序如下：

（1）确定育肥猪群本期饲养费用。

（2）确定育肥猪群本期的增重量。计算公式是：育肥猪群期（年）末存栏活重＋本期离群（出售、屠宰、拨出、死亡）活重－期（年）初存栏活量及购入、拨入活重。

（3）以（1）÷（2）得：

$$\frac{\text{育肥猪单位(斤)增重成本}}{} = \frac{\text{本期饲养费用}-\text{副产品价值}}{\text{育肥猪群本期增重量}}$$

畜禽单位增重成本是完全按照本期（年）内的费用和增重数来计算的。它可以清楚地揭示本期的情况，而不受前期（年）和外购、拨入等因素的影响。它只受三方面因素决定：即饲养费用的大小、副产品价值的多少和增重的多少。饲养费用愈少，副产品收集愈多，增重愈快，则单位增重成本愈低，饲养管理成绩愈好。反之，则饲养管理质量就差。

应当指出，畜禽饲养专业户（重点户）为了考核饲养费用水平，计算饲养日成本指标，也是很重要的。饲养日成本是指平均每头畜禽饲养一天要花多少成本，根据这一指标，可以考核饲养费用的节约或浪费情况。如育肥猪群饲养日成本计算公式为：

$$\text{育肥猪群饲养日成本} = \frac{\text{饲养费用总额}}{\text{育肥猪饲养头日数}}$$

2. 畜禽产品——禽蛋、牛奶、羊毛等成本的计算。畜禽产品——禽蛋、牛奶、羊毛等的单位（斤）成本，是反映饲养费用与产品率的综合性的经济指标。

蛋禽饲养专业户（重点户）计算禽蛋单位成本的计算公式为：

$$\text{禽蛋单位(斤)成本} = \frac{\text{基本禽群饲养费用}-\text{副产品价值}}{\text{禽蛋总产量}}$$

如果饲养蛋肉兼用禽群，可以将禽肉折成禽蛋合并计算。

乳牛饲养专业户（重点户）计算每斤牛奶的成本时，先从乳牛饲养费用总额中减除副产品价值，计算出牛奶和牛犊的总成本，如将每头牛犊折成200斤牛奶，则为牛奶总成本。因此牛奶单位成本的计算公式为：

$$\text{每斤牛奶成本} = \frac{\text{乳牛群饲养费用}-\text{副产品价值}}{\text{全年产奶量}+\text{全年产牛犊头数}\times 200}$$

饲养绵羊专业户（重点户）要计算羊毛的单位成本。应分情况处理：如果饲养的是去势羊及非种用公羊，只需计算一种生产品——羊毛的单位成本。即以全年饲养费减副产品价值再除以年内生产的羊毛总量即可。如果计算基本羊群或幼羊群成本有羊毛、羊羔和幼羊增重等多种产品，可按规定的固定比例计算。

3. 编制成本计算表。为了反映畜禽饲养专业户（重点户）畜禽产品成本水平和构成情况，根据物质费用和人工费用资料，进行汇总后，便可编制畜禽饲养成本计算表。

表7　畜禽饲养成本计算表

年　月　日

项　目	行次	专业户及饲养畜禽类别						
		专业户：张湘	专业户：李小东	专业户：王伍	专业户：彭大东	专业户：	专业户：	专业户：
		育肥猪	肉用牛	蛋肉兼用鸡	乳牛			
数　量	1							
总活重（斤）	2				×			
总增重（斤）	3				×			

（续）

项目		行次	专业户及饲养畜禽类别						
			专业户：张湘	专业户：李小东	专业户：王伍	专业户：彭大东	专业户：	专业户：	专业户：
			育肥猪	肉用牛	蛋肉兼用鸡	乳牛			
主（联）产品（蛋、奶、毛）总产量		4							
人工费用	用工数	5							
	工值	6							
	人工费用	7							
物质费用	饲料	8							
	动力燃料	9							
	医药费	10							
	其他直接费	11							
	固定资产折旧	12							
	管理费及其他支出	13							
	饲养费用小计	14							
	年初存栏价值	15							
	购入幼畜禽费用	16							
	合计	17							
生产总成本		18							
副产品价值		19							
单位活重成本		20							
单位增重成本		21							
单位主（联）产品成本		22							

从世界看我国传统农业的历史成就*

董恺忱

前言

我国的传统农业历史悠久，成就优异。近年河北武安磁山和浙江余姚河姆渡的发掘证明，早在七八千年之前，就已分别在黄河和长江下游的一些地区种植粟、稷和水稻了。三千多年前的商代甲骨文已有稻、麦、粟、稷等农作物的名称，和田、圃、囿、甽等有关土地利用的文字。进入春秋战国之后，农业生产技术又得到进一步的发展提高。在长年生产实践的基础上，逐步形成了精耕细作的优良技术传统。尽管近一百多年来，有些方面比西方国家落后了一些。但凭借传统农业技术的潜在力量，即使在今天也还能够以不到世界总耕地 7%的土地，养活着近 1/4 的人口。在世界上许多曾繁荣一时的文明古国已相继衰落下去的强烈对比下，我国传统农业的成就更加显得突出。这个事实理所当然地受到国外一些学者关注。听听这些人的意见，并从更广阔的视野来看一下它的特点，该是一件颇富启发并具现实意义的事。

一、中国是世界栽培植物起源中心之一

有人曾经估算过，地球上现有的植物约有 35 万种，其中已被人们利用的植物只有 2 500 种左右，而作为栽培植物来利用的，包括农作物、蔬菜、果树以及药用植物在内，也不过 1 300 种[1]。但这为数不多的栽培植物，却为人类提供了衣食之源。即使在今天这样工业化了的时代，也极大地影响着人类的经济生活。栽培植物起源的历史虽有八千年之久，但对有关栽培植物起源的系统研究，却不过一百多年。在这百多年的研究过程中，对作为世界栽培起源地之一的中国，在所驯化植物种类的估计上，虽因人而互有出入，但作为世界起源中心之一的重要地位，却始终得到一致的公认。

1882 年瑞士的植物学家德・康多尔（De Candolle）最早从生物进化的角度，结合历史地理上的分布，着手从事对栽培植物起源的研究，早在一百年前他就已肯定了中国、西亚南亚及埃及、热带美洲，同是世界植物最早驯化的地区[2]。20 世纪初苏联遗传学家瓦维洛夫（N. I Vavilov）根据遗传进化的理论，提出凡是集中分布一个物种的大量显性基因的地区，就可能是它的起源中心。经研究他把世界分为八个起源中心，而中国则是第一个起源中心。据瓦维洛夫统计，在全世界已知的 666 种栽培植物中，起源于中国的有 136 种，即占 20.4%。他说："人们认为这是世界栽培植物最早和最大独立的起源中心，它包括中国中部和西部山岭地区及其毗邻的草原"[3]。

---

* 原载《世界农业》1983 年第 3 期。

1968年苏联的茹科夫斯基(Q. M. Zhukovsky) 提出，世界栽培植物可分为12个大的起源中心，

中国及其毗邻的日本属第一中心，在全世界2 397种栽培植物中，起源于这一中心的有284种，占总数的12.8%，居世界第二位[4]。1971年美国的哈伦（J. R. Harlan）提出世界栽培植物的起源地有三个中心和三个无中心地区。中国黄河下游地区属 B_1 中心，长江以南地区则属 B_1 无中心，但均占重要地位[5]。

起源于中国的主要栽培植物，有谷类作物的粟、稷、水稻、荞麦，豆类的大豆、毛黄豆，蔬菜中的白菜、萝卜和果树中的桃、李、杏、梨和柑桔类等多种，分属于禾本科、豆科、十字花科、蔷薇科、芸香科等。瓦维洛夫强调说：在中国这个起源中心，“最重要的温带土生植物是三种粟、荞麦、大豆和一些豆类。在梨属（Pyrus)、苹果属（Nalus）和樱桃属（Prunus）果树种的资源上，中国占据着第一位。许多柑橘类原产在中国。如果把栽培植物以外，中国用作粮食的许多野生植物也考虑在内，我们就可更好地了解，几亿人民是如何地依靠他们的土地过日子”。[同[3]]

在作为栽培植物起源中心之一的中国，我们祖先从野生植物中驯化培育了大量的栽培植物，并进一步把它们传播到世界各地，为丰富世界人类的物质生活，做出了自己的独特贡献。这个成就的取得，固然同我们祖国的辽阔的疆域上丰富的自然资源有关。但更重要的还是靠我们祖先的辛勤劳动才取得的。马克思说过：“动物和植物通常被看作自然的产物，实际上它们不仅可能是上年度劳动的产品，而且它们现在的形式也是经过许多世代，在人的控制下，借助人的劳动不断发生变化的产物”[6]

二、中国框形犁是世界上最发达的传统犁之一

犁的应用是传统农业阶段的一个重要成就。恩格斯说过：“有耕犁以后，大规模耕种土地，即田间耕作，从而食物在当时条件下，实际无限制地的增加便都可能了”。[7]据德国历史学家维尔特（E. Werth）的研究，截至16世纪初的地理大发现为止，世界上只有居住在亚洲和撒哈拉以北的非洲地区的居民，在农业生产中使用了牲畜牵引的耕犁，而新大陆、大洋洲及中南非洲等地还是靠人力操作的锄、镢、乃至更原始的掘捧来从事耕作整地的。

传统犁的形制据维尔特的研究，全世界共有六种：即① 地中海勾辕犁；② 日尔曼方型犁；③ 俄罗斯对犁；④ 印度犁；⑤ 马来犁；⑥ 中国的框形犁[8]。中国犁被称做框型犁（Rahmen pflug)，是因为犁体通常是由床、柱、柄、辕等部位构成，呈框形的原故。和其他五种类型相比，它的突出特点有两个。一是富于摆动性，即操作时犁身可以摆动。这样不仅犁体富有机动性，便于调节耕深、耕幅，而且也轻巧柔便利于回旋周转，适于在面积细小的地块上耕作。二是至迟到了公元一世纪前后的汉代就已采用了铁制的曲面犁壁。有了犁壁不仅能够更好地碎土，还可作垡起垄，进行条播，有利于田间操作及管理。其他五种传统犁的犁体在耕作时都不能摆动，而且除了日尔曼方型犁在形成近代犁的时候才采用由两个船头形铁板拼合而成的犁壁，其他几种类型最初都没有犁壁。

西欧近代犁的改良，是在18世纪以后，在广泛地吸收了世界各种犁结构上的长处，再结合它原来的特点而形成的。而在这过程中主要采用了中国框形犁的摆动性和由曲面构成的犁壁，再和原有的犁刀相结合。在原来能深耕的基础上，又增加了便于耕翻碎土的新性能。这样形成的新的犁耕体系，就成为西方农业技术革命的起点，使原来的三圃制（盛行于中世纪西欧，把耕地分

为三区，其中两区分别种小麦、黑麦等冬谷和大麦、燕麦等夏谷，另一区休闲，每年轮流交替，三年一循环的耕作制度）能够逐步改变成四圃轮栽制（即废除休闲，采用饲用蔓菁—大麦—红三叶—小麦四区轮栽的耕作制。18 世纪从英国诺福克郡创行，后来推广到西欧各国，是以又称诺福克农法，（Norflk System)。这样不仅土地利用更加合理，而且经营也逐步趋向于集约化了。对西欧农业的这个变革，归因于采用中国传统犁的特点，是由美国农学家，研究世界犁耕历史的权威雷塞（P. Leser）根据他多年的研究提出的。他说："构成近代犁的特征部分，就是具有和犁铧结合在一起的呈曲面状的铁制犁壁。它是东亚古代发明的，并在 18 世纪传入欧洲[9]。"日本的农业经济学家以研究比较农业史著称的熊代辛雄，也赞同雷塞的这个观点，并充分肯定了中国传统犁的历史地位[10]。

三、我国是历史上有着较高土地利用率的国家之一

充分而又合理的利用土地，是增加农业生产的主要途径。人类多年的农业生产实践，就是沿着扩大耕地和开展集约经营这一道路前进的。这两者通常虽是相互促进密切结合的，但在不同地区不同时代却又分别有所侧重。

在人均耕地较少的我国，集约而又合理的利用土地的经验，也是国外学者极为关注的一个问题。美国经济学家帕金斯（D. H. Perkins）认为从明代迄今这六百年，中国人口增加的速度超过了耕地的垦辟。中国人民为了维持温饱，在农业生产中做出了异乎寻常的成就。他说："14 世纪到 19 世纪的中国，人口和粮食产量估计增加近五倍，到了 20 世纪中期又增加了近 50%。所增加的产量中，只有近一半是由扩大耕种面积得到的，另外一半则是因为主要粮食的单位面积产量翻了一番"[11]。在为提高单产而改进推广的技术中，帕金斯认为除了通常的技术措施，这个时期改进耕作方式起过突出的作用。诺贝尔奖金获得者美国育种学家布劳格（N. E. Borlaug）曾具体提出：中国人民创造了世界已知的最惊人的变革之一是"遍及全国的两熟和三熟栽培，它在发展中国家中也居于领先地位"[12]。

据公元前 3 世纪成书的《周礼》记载，我国古代在经过不定期撩荒和定期轮荒之后，随着人口的增加，很早就已走上连作的土地利用方式。后来耕地虽也有所垦辟扩大，但在农区从宋代以后，就已经很少闲田旷土，地少人多的矛盾已较突出。因而向水夺田，与山争地的修造围田和梯田的活动，在有条件的地方也逐步开展起来。为了增加生产，另一个更为有效的措施，就是通过推行多熟种植来提高复种指数，而这一措施，愈到后来愈起着重要的作用。随着冬麦的推广，至迟在汉代的北方一些地区已出现了两年三熟制。到了宋代，在江南地区稻麦两熟和双季稻也开始推广。明代之后五岭以南地区一年三熟制也多了起来。进入清代，随着人口的急增，间、混、套复种技术得到了进一步发展和普及，从而使紧张的粮食供应得以有所缓和。

截至 18 世纪，在西方的土地利用方式，主要是采用三圃制乃至二圃制。除了 1/3 和 1/2 耕地要依次轮流休闲，还有大量的公用草地和荒地。有人估算过，13 世纪以前，在当时农业较为发达的英国，耕地不会超过全部土地的二成，德国和法国在一成五以下，人口稠密的法国南部和西班牙也只到了二成至二成五[13]。18 世纪以后西欧各国相继推行了四圃轮栽制。经这样废除休闲并扩大耕地，耕地一般也只占全部土地的三成多些。而用于放牧的永久性草地，在法国和德国西部各占 1/4 左右，英国则多达一半以上。和具有悠久的农业生产历史同为东方古国的印度土地利用情况相比，也许更有助于说明问题。印度气候温和，雨量充沛而可利用的土地资源也较多。

但在独立后的 50 年代初期，耕地虽占土地总数的 42%，但其中有 18%是经常的休闲地，而实际播种面积的复种指数，当时只在 109%～113%之间。[14]

四、在世界农业发展较早的国家中我国是没有出现地力衰竭的几个仅有国家之一

培养并增进地力，是农业生产实现高产、稳产的一个基本要求。把用地和养地结合起来，使地力经常保持新壮，是我国传统农业的一个突出成就。美国农学家金（F. H. King）在本世纪初曾经到过东方，对我国及日本、朝鲜的农业十分赞赏，誉之为“永久的农业”（Parmanent Agriculture）。他说：“我们渴望了解，在这三个国家里，如何能够经历了二千年、三千年乃至四千年的悠久岁月，而那里的土壤至今仍能够维持密集的人口，使之赖以生存[15]。”经过调查他认为在这三个国家里，“非凡的农业实践成就”，都可归因于普遍地保存和利用人类通常遗弃的一切垃圾和废物。曾在中国居住过的德国农学家瓦格纳（W. Wagner）根据他自己亲身见闻，说：“在中国人口稠密和千百年来耕种的地带，一直到现在未呈现土地疲敝的现象，这要归功于他们的农民细心施肥这一点。丝毫没有疑义，在中国农民除了在自己的家园中极小心地收集一切废料残渣，并收买城市中的肥料，又不辞劳苦去收集使用一切发臭的资料，在一千年和一千年以前，他们的先人已经知道这些东西具有肥料的力量”[16]。

在我国靠施用肥料来维持并增进地力，可能始自商代，但那时可能只是个别的现象。到了战国以后才较为普遍，形成“多粪肥田，是农夫众庶之事”（《荀子·富国篇》）的观念。在生产实践的基础上，发现可用作肥料的东西不断加多，施肥的技术水平也相应地得到了提高。宋代《陈旉农书》曾提出“地力常新壮”的杰出的培育地力思想。清代《知本提纲》讲到了“土化粪，粪化土”的观点，说明施用有机肥料不仅能够肥田，而且还可化废为宝，有利于自然界的生态循环。明清时期，我国传统农业的施肥技术几乎达到了经验知识的极限，而施肥的意义与作用也被提高到前所未有的高度。

在西方，罗马时期一些管理较好的奴隶制大地产（Latifundium）确曾施用过肥料来提高生产，但进中世纪却只采用休闲的消极方式来恢复地力，为了使放牧的牲畜所排出的粪尿能够积存在自己的地上，领主竟强令农奴把他们牲畜驱赶来放牧。11 世纪之后施肥在部分庄园得到恢复，但是到了 18 世纪以后才较为普遍。城市和近代工业发展起来之后，积存的垃圾和人粪尿虽然也随之加多，但却始终未能很好地加以利用。马克思就此曾说过：“消费排泄物对农业来说最为重要，在利用这种排泄物方面，资本主义经济浪费很大”。但“在小规模的园艺式农业中，在伦巴第，在中国南部在日本也有过这种巨大节约”[17]。

五、我国传统农业曾一度处于世界领先地位

我国传统农业总的成就，还可通过它在技术上形成独具特点的精耕细作技术体系，和在单位面积产量上曾一度超出其他地区而展现出来。

我国的精耕细作技术备受国外许多学者的赞许。美国的农史学家格拉斯（N. S. B. Gras）说过：“中国给农业历史学家一种极有意思的情况，……中国农夫劳动长而苦；他在气候适宜的地方，每年种两季或三季作物；他采用大规模的灌溉和排水方法；他把凡是可以得到的动植物与人类所产的肥料，都放到土壤里去；他把两种以上的作物同时种在一起；他把田地结结实实地种

满，使他的农场像鱼鳞一般……那是聪明的耕种制度，使这个国家不致枯竭”[18]。日本熊代也说过：“作为东亚，中国农法的特征是在施肥的基础上，形成了连续种植谷物的农业技术体系。它不仅提高了土地利用率，也为开展多熟种植创造了前提。由于用人力中耕而使耕耘趋向于集约化。追肥也随着推行到谷物的种植上，此外还因采用间、混作和移栽，就使土地利用达到了相当高度，从而能最大限度地有效利用空间”。通过精耕细作并使耕地尽量扩大，进而就在这基础上形成的集约农法，“是在相当恶劣的栽培条件下，竭尽人力所能来最大限度地维持人口及生活要求发展起来的[10]”。总上可见，这些外国学者对我国传统农业技术体系是以多肥多锄、深耕细耘及适度密植为特点的也有所了解。这样的农业是属于多劳多肥类型的集约农业。而它又是在克服了不利的自然条件，为保证人口的增长而必须充分而有效的利用土地，即稳步沿着提高土地生产率的方向发展起来的。和我国不同，西欧中世纪的农业是较为粗放的，农田不仅很少施肥，一般也不中耕，恢复地力主要靠休闲，播种方法多采用撒播，这样产量虽然偏低，但在整个生产过程中用工也较少。由于每个人拥有的耕地较多，再加上养畜业占有较大的比重，所以每个人平均占有的农畜产品的数量并不少。在这基础上，经过产业革命之后的西方国家，由于新兴的工业对劳动力的需求较多，因而农村的劳动力不断流出。为缓和劳动力的供应，采用机械是有利的，因而形成了以提高劳动生产率为主，尽量扩大固定资金的资本集约类型的农业。可见当今中国和西方的农业，不仅在发展阶段上有所区别，而且也不从属于同一类型[19]。从农业技术内在核心的基本原理比较出发，熊代认为，作为我国精耕细作农业技术重要组成部分的我国北方“旱农的经验原理，已由六世纪时的《齐民要术》加以定型化”，而“这一经验原理与现代旱农（Dry farmig）的科学原理已十分接近”。但在形成的时间上，两者相差却近两千年。[20]

处在传统农业阶段的我国农业生产的单位面积产量，曾在相当长的一个历史时期里，高出于其他国家。由于古今中外的度量衡制度不同，加上文献的记载有时又欠精确，所以在相互比较时是有一定难处的。近年来国内外学者多以产量与播种量的比率为依据来推算比较的。这个比值虽然是一个相对的数值，但它便于从中看出一个总的轮廓和变化的趋势。熊代用折算后的中国和英国在中世纪的产量与播种量的比率做了对比，得出结论说：“在以小麦为主粮的英格兰，这一比值在中世纪是略小于 4，到了近代则提高到 11～16，也就是说，每公顷的播种量为 200 公升左右，产量则在 700～2 800 公升之间。与此相对应，在六世纪前期，中国华北旱地生产，小麦与粟的播种量每公顷都是 200 公升左右，但缺少精确的产量记载”。然“在最好的土地，每公顷能收 5 000公斤”因而在中国如以《齐民要术》所载的比率和单位面积产量的数据，如与欧洲相比则高出 10 倍以上[10]。近来国内也有人从事这种比较研究得出大致相同的结论，说“欧洲中世纪农业的粗放程度就更惊人了，当时一般收获量最低是播种量的一倍半到两倍，一般是三四倍，最好的年成也不过六倍。关于我国从云梦秦简的材料看，收获量至少为播种量的十倍或十几倍。再据《氾胜之书》、《齐民要术》记载，则已达几十倍乃至上百倍”[21]。在西方据十三世纪的《亨利农书》（Walter of Henley's Husbandry）所记是三倍。英国的著名的经济史学家克拉潘（J. H. Clapham）经过研究推断说。在 12～14 世纪这四百年里，“欧洲小麦的平均产量大约是种籽的四倍，而现在的农民看来，八倍于种籽的产量已经很低了”[22]

结语

总上可以看出，中国的传统农业即使从世界来看，在有些方面也是有着它突出的成就。当然用它来和以实验科学为基础的现代农业技术相比，也自有其落后与不足之处。但以上列举的几项

成就，即使从现代科学技术的高度，用新的观点来评价，也应予以充分肯定。总结中国传统农业的合理内容，比较中外农业的特点和差异，作为农业现代化的借鉴和参考。在以石油能源为支撑点的西方现代农业暴露出一系列的危机和弱点之后，再重温一下国外有识的学者对中国传统农业的分析和论断，会有助于我们开阔眼界，更好地去探索中国农业的未来和出路。

近代农业化学奠基人，杰出的德国化学家李比希（J. Liebig）根据他提出的“补偿学说”早在近百多年前就已指出，农业是人类和自然之间物质代谢的基础。被人类和动物做为食物从大地取走的物质，应该予以归还。根据这个观点把东西方的农业加以比较之后说：西方的农业从追求最高利润出发，只关心“从土壤中获得最大量的粮食和肉类，以满足其需要，而尽可能不归还从土壤取出的决定其产量的物质”。和这种掠夺式的农业形成鲜明对比的是，使用人粪尿等有机肥料东方国家。他说：“中国和日本的农业是以经验和观察为指导，保持了土地的永久肥力，创造了产量不断提高，能和人口增长相适应的，这样无与伦比的农法”[23]。因而他不无根据地把当时中国和日本的传统农业誉为“合理农业的模范”。

注释

[1] 明峰正夫：《世界における作物の种类》，《农业およで园艺》8卷，8—12号（1933）。

[2] A. DeCandolle：《Origin of Cultivated piants》，（1882），有俞德浚、蔡希陶中文节译本《农艺植物考源》商务，（1930）。

[3] N. I. Vavilov：《The Origin，Variation，lmmunity and Breeding of Cultivated Plants》，Chron. Bot. 13.（1949/50）。

[4] A. C. Zeven and P. M. Zhukovsky：《Dictionary of Cultivated Plants and Their Centres of Diversity》，Centre for Agri. Pub. Documentation（1975）。

[5] J. R. Harlan：《Agricultural Origins，Centres and Noncentres》，Science，N. Y. 174－468－474（1971）。

[6]《马克思恩格斯选集》，22卷，206页，人民。

[7]《马克思恩格斯选集》，4卷，22页，人民。

[8] E. Werth：《Grabstock，Hocke und Pflug》，（1954），参看薮内芳彦，饭沼二郎日文译本《农业文化的起源》，岩波（1968）。

[9] P. Leser：《Entstehung und verbretung des pfluges》，（1931），（转让自熊代幸雄编《中国农法的展开》）。

[10] 熊代幸雄编：《中国农法的展开》，アジア经济研究会，（1976），参看董恺忱摘译其第一章《论旱地农法中精耕细作的基础》，《中国农史》1981年1期。

[11] D. H. Perkins：《Agricultural Development in China》，1368－1968，Aldine，（1969）。

[12] 见《基督教科学箴言报》，1977，12，7.

[13] M. Bloch：《French Rural History》. Trans. from the French by J. Sondheimer，Routledge（1966）。

[14] 陆心贤：《印度农业地理》，商务，（1958）。

[15] F. H. King：《Farmers of Forty Centnries Or Permanent Agriculture in China》，korea and Japan，Madison Wis（1911）。

[16] W. Wagner：《Die Chinesische Landwirtschaft》（1926），有王建新中文译本《中国农书》，商务。

(1936)

[17]《马克思恩格斯全集》25 卷，116—117 页，人民。

[18] N. S. B. Gras：《A History of Agriculture in Europe and America》，(1925)，有万国鼎译中文译本《欧美农业史》，商务，(1935)。

[19] D. B. Grigg：《The Agricltural System of World》Cambridge，univ，pr，(1974)。

[20] 熊代幸雄：《乾地农法における东洋的と近代的命题》，载《比较农法论》，御茶の水书屋，(1969)。

[21] 宁可：《有关汉代农业生产的几个数字》，载《北京师院学报》，1980 年 3 期。

[22] J. Clapham：《A Consice Econmic History of Britain》，Cambridge，Univ. Pr，(1957) 有范定九中文译本《简明不列颠经济史》，上海译文，(1980)。

[23] J. Liebig：《Die chemie in Ihrer Auwendung auf Agricultur und Physiologie》，(1840)，参看董恺忱摘译自《化学在农业和生理学上的应用》，第六版序言《农耕与历史》，载《农大科研资料汇编》，1981 年 6 期。

试论我国"三划一同"的农业计划科学体系*

张 仲 威

一、"三划一同"提出的客观基础

我国是一个社会主义国家，以公有制为基础的计划经济是其基本特征。任何社会形态再生产过程的各个方面和各部门之间都存在着不依人们意志为转移的相互制约与联系的数量关系，即比例关系。作为国民经济基础的农业，其再生产过程的各部门也是如此。这种互相联系与制约的比例关系，随农业社会生产分工的迅速发展，愈来愈错综复杂。为使农业迅速发展，就要求这些错综复杂的比例关系相互协调，相互适应，就要进行调节，按一定的比例向农业各部门分配社会总劳动。这是存在于各种社会形态的一个普遍的规律。但是，其实现的方式，不同的社会形态是不同的。

在以私有制为基础的资本主义社会，由于其固有的生产社会性与生产资料私人占有性这一基本矛盾的存在，各部门所需要的比例，只能在竞争和无政府状态中，通过市场来实现，这就"必然经过危机来建立被破坏的平衡"。① 在我国，由于消除了资本主义制度下固有的基本矛盾，决定了国家、企业、个人根本利益的一致性，使整个国民经济成为统一的机体。这样，通过计划、规划、区划来分配社会总劳动就有了客观基础。社会主义公有制仅仅提供了全国进行农业区划、制订农业规划、编制农业计划，指导各个部门有计划按比例发展的可能，要使之变为现实，还要根据客观规律、国家的政治经济任务制订与执行农业区划、农业规划、农业计划。新中国成立三十多年的实践充分证明：什么时候按客观规律办事，制订与执行农业区划、农业规划、农业计划、农业合同（简称"三划一同"下同），按"三划一同"办事，哪个时候农业就迅速发展，反之，农业就徘徊、停滞，甚至倒退。为恢复与发展被破坏的生态平衡，复苏与发挥窒息的农业经济机制，提高与激励8亿农民的积极性，根据我国10亿多人口、8亿多农民等国情和底子薄、基础差等国力的实际情况，研究"三划一同"这一农业计划的科学体系，作为实现我国农业发展战略的费省效宏措施，具有现实与深远的意义。

二、"三划一同"的辩证关系

"三划一同"彼此之间具有相互联系性与相互制约性的辩证统一关系。它们之间都带有以现在推断未来的科学预见性质，都是以农业的自然条件与社会经济条件作为依据，它们之间的关系极为密切，谁也不能离开谁而独立地发挥应有的作用。"三划一同"的共同作用：

---

* 原载《农业区划》1983年第4期。

① 《列宁全集》第3卷，第566页。

第一，农业自然条件与社会经济条件，对农业生产起着相互交错的促进与制约作用并构成一个相对平衡的综合体。这种综合体的相对平衡，在社会主义制度下，能够也只能通过“三划一同”自觉地、有效地布局与指导，调配与控制，而不致使综合体的生态系统和经济系统中任何一个方面平衡遭到破坏。

第二，我国现阶段由于多种经济成分的并存，集体所有制占绝大比重，又由于农业生产的季节性、地域性、周期性长的特点和计划经济的特征，为使农业生产迅速发展，为更好地照顾国家、集体、个人三者的利益，为使农业生产的人力、物力、财力和自然资源得到合理地利用与保护，只有通过“三划一同”才能达到。即只有通过农业区划才能因地制宜，分类指导，只有在农业区划基础上编制农业规划、农业计划和经济措施、经济合同，才能把集体的、个体的经济活动，纳入国家计划之中。

第三，农业再生产过程的各个方面、各个部门之间都存在一定的比例关系，这种比例关系的协调，只有通过“三划一同”才能解决。杂乱无章，无政府状态和市场调节是不能使农业再生产过程各个方面以及各个部门有计划、按比例发展，从而也就不可能建设社会主义的农业现代化。

“三划一同”除在上述性质、依据和作用等方面具有明显的相似性或共同性外，还具有明显的联系性、序列性和差异性。这些都表现在它们之间的关系之中。

1. 农业区划与农业规划的关系。所谓农业区划，就其一般概念来说，是根据客观规律，特别是地域分异规律的要求，根据自然、社会、经济等条件的类似性及其差异性和国家的政治经济任务所进行的区域划分。是社会主义实行计划经济不可缺少的一项重要措施。它的任务在于阐明自然条件（地貌、土壤、气候、植被、动物、水文、地质等）发生、发展和分布的规律；在于阐明社会经济条件（人口、劳动力、土地、技术、收入分配、地理位置等）发展、变化和分布的规律；在于查明和评价这些农业生产的条件中资源的数量、质量和分布对农业生产的影响；在于研究根据地域生产综合体内的相似性及其潜力如何合理开发、利用、改造和保护，提出发展方向、合理结构、轮廓性指标和战略性的措施，以便为农业规划提供科学依据和论证，因地制宜地，有计划、按比例地发展农业生产，为农业现代化服务。在就其分区划片（区域划分）的概念来说，就其完成农业生产结构、合理的布局来说，无疑它都具有强烈的空间性。

所谓农业规划，就其一般概念来说，是农业生产的一种长期计划形式。是按农业区划所提供的科学依据而编制的。农业规划的任务在于分期、分批，有计划、按比例地进行农业区划所确定的农业生产结构、农业轮廓性指标、农业战略措施。这些用什么样的方式方法，按什么样的速度和比例，在什么时间、什么阶段来完成，很明显，它具有强烈的时间性。

尽管两者在概念、具体任务上不同，其彼此的关系不可分割。同时，由于其长期性、综合性和总体性，所以它们都属于农业生产的战略问题。从这个角度来说，农业区划是农业生产的战略空间部署，农业规划则是农业生产的战略时间安排。农业生产的时间战略安排，必须以农业生产的空间战略部署为依据，随空间条件的演变而转移；农业生产的空间战略部署，有赖于农业生产的时间战略安排来实现，随时间的推移而逐渐落实。实践证明，没有，也不会有不经过农业区划——农业生产的战略空间部署而能搞好农业规划——时间的战略的安排的；同样，没有，也不会有不通过农业规划——时间的战略安排而落实了农业区划——空间的战略部署的。从这个角度来说，农业区划是侧重于认识世界，农业规划则富有浓厚的改造世界的含义。因为农业区划搞的是否正确，是否科学，是否能应用，必然在农业规划的实践中受到检验。这就是说，农业区划不能离开农业规划，否则，便失去了实践性，变成为劳民伤财、束之高阁的一具空文。同样，农业规划也不能离开农业区划，离开了农业区划，便失去了科学性，变成了脱离实际，脱离群众，“假大空”折

腾社员的东西。

农业区划与农业规划都是意识的东西，是否符合客观实际，还要拿到实践中去检验。若认为农业区划主要是地学家或农业区划机关的科研工作，研究出来的成果如何应用，则是计划部门的事，那就大错特错了。这是把认识世界与改造世界的责任分开了；把对世界规律性的认识放回到改造世界的实践中，受实践检验的工作中止了；把具有共同的、多样性的、彼此复杂联系性的农业区划、农业规划工作，实质上简单化了，割裂开来了。“马克思主义的哲学认为十分重要的问题，不在于懂得了客观世界的规律性，因而能够解释世界，而在于拿了这种对于客观规律性的认识去能动地改造世界”。“抓住了世界的规律性的认识，必须把它再回到改造世界的实践中去，…这就是检验理论和发展理论的过程，是整个认识的继续”。① 农业区划必须回到农业规划的实践中去，受农业规划实践的检验，否则农业区划与农业规划就会出现“两张皮”的现象，就会使农业区划失去生命力；农业规划也要回到农业生产实践中去，受到农业生产实践的检验，否则，农业规划必将是一具空文或“墙上挂”的一幅美丽图画。所以，农业区划之后，应进行农业规划，千万不要农业区划之后作为完成上级差使而告终，只有这样才算为农业做了一件大好事，否则后果将不堪估计。

2. 农业规划与农业计划的关系。在我国根据客观规律，要制订以农业规划为主要形式的长期计划。以年度计划为主要形式的短期计划，构成一个完整的计划体系，指导农业生产的发展，完成不同时期、不同任务，满足不同时期的不同要求。农业规划就是一种长期计划形式，其任务是落实农业区划，是给农业生产和农村工作向何处发展，怎样发展，指出一个远景，是给农民和农村工作者一个奋斗目标。短期计划通常包括年度计划、季度计划或时间更短的计划。根据农业规划的长期性，指标不宜详细，只能简明扼要。为使其具体实现，就必须制订以年度计划为主要形式的短期计划。农业规划是短期计划的方向，其战略任务和战略目标，通常是由短期计划分阶段、分时期、均衡地来使之具体化的。这样短期计划就成了以农业规划为主要形式的长期计划战略部署、战略目标和战略措施的战役或战斗任务的安排。长期计划与短期计划有机结合、战略与战役、战斗任务有机地结合。河南的唐河、灵宝、方城，湖南的双峰、道县、怀化以及四川的大邑、巴县等不仅把农业区划与农业规划有机地结合起来了，而且把农区规划、农业规划与农业合同（或生产责任制）结合了起来，并在生产中发挥了十分明显的效果，总结出了正确处理长远利益与当前利益，全局与局部，宏伟的奋斗目标与当前生产，国家、集体、个人三者利益相结合的好形式。他们体会到农业规划是当年生产的方向，当年生产是实现这个方向的具体化和基础，没有方向就无目标，生产就无主动权，就无计划，就盲目，但目标和方向的实现，必须狠抓农业规划的前一两年，狠抓前一两年必须狠抓当前生产。这就是所说的“千里之行，始于足下”。农业生产要一环一环地抓下去，要前后衔接地向预定目标发展。这样，必然使远景变成近景，近景变成现实，看得见，摸得着，就能激发群众无法估量的积极性，显示出“三划一同”相结合所发挥出来的优越性。同时也证明这是高速度按比例发展农村经济的好形式。

3. 农业计划与农业合同的关系。我国农业生产仍存在商品生产，有商品生产若无计划指导必然陷于生产的盲目性，为实现生产与需要的平衡，就要求国家、集体、农户之间签订农业合同。这就是签订农业合同的客观经济条件和客观的必要性。所谓合同，就是签订合同的双方为达到彼此的目的而明确规定权利和义务的协议书。农业合同种类很多，包括农业生产合同、主要农

① 《毛泽东选集》第1卷，第268、269页。

产品收购合同、农业技术推广合同、派购合同、议购合同、综合合同等等。农业合同反映了国家与集体、集体与集体、集体与个人、国家与个人、个人与个人之间的经济关系，是农业计划的具体化。合同的甲方或乙方如果不按规定的内容与要求来完成，就要按合同规定的惩罚办法受到经济的或法律的制裁。

我国农村是以集体经济为主的多种经济成分并存，按宪法规定集体经济有其农业生产的经营自主权，国家的农业计划对集体所有制的农业企业，对个体经济的经济活动，不能用直接农业计划（指令性的农业计划）方式强令他们执行，而是要通过各种经济杠杆和经济政策，诸如价格、税收、信贷、利息、利润、工资、外汇、农业合同等杠杆进行指导，使之纳入国家计划轨道。其中农业合同是一个重要的形式。从这个角度来说，农业合同是国家、集体和个人计划的具体化和落实的基础，农业合同的逐步完成的过程，也就是农业计划逐步落实的过程和完成的过程。独立经营的亿万户生产者所签订的农业合同履行之时，就是国家农业计划、集体计划实现之日；就是国家、社会对农产品需要不断满足之日。

但是，农业合同签订的是否合理，关系着国家、集体、社员的目前与长远的利益，关系着农业区划、农业规划、农业计划的落实。要把农业合同签订好，在我国农业实践中积累了许多经验，主要的有三条：一是政治上的“协商”。所谓“协商”，就是在签订合同时，双方，不论是国家与集体、集体与集体、集体与个人或是国家与个人，均需要本着平等的、充分协商的原则，不能一方压一方下达所谓计划指标，或“任务书”。二是经济上的平等互利。所谓平等互利，就是签订合同的双方，都有平等的责、权、利，而不是只对一方有利，对另一方不利。三是加强领导与司法。这样就会保证上述两条的顺利实现，会促使签订合同的双方在自觉自愿的基础上完成各自的义务。

三、“三划一同”的科学性问题

“三划一同”要讲求科学性，讲求实际，越切合实际，科学性也就越强，也越有生命力。我国的第一个五年计划及全国各地实现了农业规划、农业计划和农业合同，尽管它们有不完善之处，或具有粗线条的性质，但都是属于成功的类型。它们所以能把宏伟的蓝图变成灿烂的现实，主要的经验就是基本上符合客观实际。第二、三、四个五年计划以及其他许多规划、合同，尽管表面上搞得很好，但是没有很好实现。所以如此，除“左”的指导思想影响外，还在于不科学、不符合客观实际。就以综合农业区划而论，要把它搞好，必须基于两个客观基础：一是客观的自然、经济条件基础；二是参加人员的客观条件基础。这两个基础缺一个都不行。离开了客观的自然、社会、经济、技术条件，搞好综合农业区划固然不行，但离开了参加人员的条件基础，即离开了他们的数量、质量（文化、技术、健康等）的实际状况，部署或提出这样、那样的要求任务也不行。当前有的地方综合农业区划遇到许多问题，我认为农业区划工作应该扎扎实实地总结一下。当前主要的问题是有些地方的综合农业区划，内容上过繁，执行上过急，做法上偏于形式，而不重实际。今后应在近千个县级综合农业区划实践取得较好的成就的基础上，总结新经验，研究新课题，拿出新办法，以完成全国其余一千多个县的区划任务。

参加区划人员的数量多，质量高的地方区划内容可搞得详细些，绘制的图表可多一些，撰写的报告质量要求可高一些。但在目前我国文化、教育水平普遍不高的实际情况下，不宜要求搞高水平的区划、规划，特别是综合农业区划要求不能过高，应从实际出发，搞简明扼要通俗易懂，拿来可以应用推广的综合农业区划。因为农业区划主要目的是为农业规划服务，为农业现代化服务，既然如此，综合农业区划的任务可简化为三个方面：① 为农业规划提供发展方向（生产结构）；② 战略目标；③ 战略性、轮廓性的措施。其中最主要核心的任务是生产结构的合理确定。一个合理生产结构的确定，必须依据自然与经济条件的周密调查、综合评价、综合平衡。自然与经济条件到底需要哪些调查研究既简化了区划内容又保证了区划质量？这一方面根据不同地区（山区、平原、牧区、郊区）的不同情况有所侧重，有所选择；另一方面还要根据一般条件，即不论什么样的县区，只要搞综合农业区划、规划，必须考虑的条件。如自然条件中气候、土壤、地貌、水资源等，社会经济条件中土地、劳力、农机、收入分配等。只要这些条件调查清楚了，揉在一起综合评价，综合平衡搞好了，再加上各县区的一些特殊条件，如郊区县的地理位置，山区的地形及交通等条件，就可以确定出来比较科学、比较合理的综合农业区划方案来。此外也不宜把规划要搞的内容放在综合农业区划中解决，要分别进行，一环接一环，一个阶段解决一个主题。这样就可以大大加快综合农业区划的步伐，可以使之“轻装前进”，适时地转入成果应用阶段——农业规划阶段。

我国农业现行多阶段等距抽样调查法的剖析及改进意见*

刘宗鹤

搞准农作物产量（包括粮食、棉花、油料、糖料等）是关系国民经济和人民生活的大事。

我国地域辽阔、地理情况复杂，农作物种类繁多，收获季节参差不齐。由于农作物的生物再生产性质，农作物生长的旺盛与否不仅取决于社会历史和物质技术条件，如历史形成的土壤肥力、耕作、种子、密植程度、施用肥料（有机肥和无机肥及其施用时间），也取决于水利、农业机械作业、田间管理以及其他农业技术的采用。因而农作物产量有所不同，农作物产量的丰歉也取决于自然因素的影响，如降水量、降雨时间、日照、温度、无霜期等，所谓风调雨顺对农作物的促进作用，水、旱、风、雹、霜冻、植物病虫等自然灾害，对农作物的危害。况且我国农村自从联产承包责任制后，作为农作物调查单位的基层生产单位不可能再是生产队，而必须逐步转移到农户上来，这也给产量调查带来一些新问题，因此要搞准农作物产量实在不是一件轻而易举的事。

以前在我国为了取得当年农作物产量资料（年报实产要等到第二年初）大都采用目测估产的方法，所得结果往往与实产相差较大，丰年估产偏低，歉年估产偏高。多年的经验表明，一般基层偏低，省县偏高（用其他方法取得的资料也有同样情况发生）。目测的另一种情况是，目测结果的正确程度与距离收获时间的长短有关，早期估产偏差大，晚期估产偏差小。有的地区采用查棵数粒方法的估产，由于这项工作繁重，因而取样少，加上割拉（运输）打损失估计偏低和耕地面积不实（这种情况在实割实测时也是存在的），形成估计结果偏高的现象。我国农业现行多阶段等距抽样调查法（以下简称本方法），是一种在庄稼成熟时利用抽样法进行实割实测的方法，可以克服上述估产方法的缺点，及时准确地取得农作物产量资料。

早在1956年我国农业合作化高潮时期，国家统计局即在农作物收获量调查方案中提出了按收获率排队并考虑播种面积、划分类型的方法，这是本方法的雏形。所以说本方法的形成与发展是我国农村调查中长期应用且富有成果的划类选典方法分不开的。另外，在农作物产量调查中我们还利用了概率抽样的理论和方法，1963年建立了全国农产量调查总队及其驻在各省、自治区的分队，同时制订了“农作物产量抽样调查方案（草案）”，并在1963－1965年经过试点，正式使用了概率抽样调查方法，取得了科学准确简单易行的效果，也培养了干部。所以本方法又是我国统计工作者结合我国实际情况吸收概率抽样法的结果。本方法的优点：

第一，运用辅助信息，提高抽样效果。按亩产排队结合播种面积等距抽样，实质上是将与产量有关的过去亩产资料结合播种面积划分为若干个（相当样本单位数）层或组，每层抽一个单位

---

* 原载第三次全国统计科学讨论会论文选集（三），1983年12月。

（如县、公社），对每层抽几个单位的一般分层抽样而言，是一种特殊形式的分层抽样，既便于抽取样本，又能减少抽样误差。

第二，突出了不等概率的作用。本方法按前3年平均粮食亩产（或上年的）排队，并考虑各个调查单位播种面积的大小，就调查单位（县、公社）说，是一个不等概率的问题，即播种面积多的单位抽出的机会就多，相反，播种面积少的单位抽出的机会就少。因此，各单位抽出的机会一般是不相等的。

第三，按行政系统分阶段抽样，可以适应各级政府的需要。对组织调查来说，分阶段抽样且便于分级管理监督抽样调查工作，充分利用有关单位的人力、节省费用。

此外，等距抽样，合乎均匀分布的原则，又简便易行，容易为工作人员和群众所接受。

在这里仅从以上几点，就足以看出本方法是一种合乎科学的和效果好的抽样设计。但是如果对它加以分析，并且归结到理论的高度来认识，提出在实践中存在而亟须解决的问题，则对本方法的推行和改进不是没有一点好处的。这就是本文写作的动机和目标。

一、运用辅助信息，提高抽样效果

在20世纪50年代，辅助信息的运用还处于萌芽阶段，当时国际统计学者强调简单随机抽样的作用，对辅助信息持怀疑态度，而我们却坚持使用这种方法，不能不归功于我国统计界的大胆创新精神。随机抽样调查理论的开始发展阶段，就抽样过程说，着重运用与所研究现象无关的标准，对总体单位进行整理或排队编号，随机抽取样本，用这种方法得到的样本就是随机样本。由于是无关标志，就不必有目的地搜集辅助信息，所以在当时辅助信息并不列入理论问题中。但是随着抽样理论的发展和实践的需要，考虑到抽样调查设计的效果，往往有意地放弃简单随机抽样，运用与所研究现象高度相关的标志，进行分层，以达到缩小抽样误差的目的。我们知道，有目的地运用辅助信息，是近二三十年内的事，有关辅助信息的许多概念和问题还不清楚，而在实践中又需澄清。例如，无关标志与有关标志的区别及其相互关系，是否可以这样理解，所谓无关标志是独立于所研究现象的标志，为随机抽样提供条件，而对所研究现象的有关标志，除为随机抽样提供条件外，还起分层作用，至于这个“有关标志”对其他与之无关的现象来说，仍然是无关标志，只是为随机抽样提供条件，并不起分层作用。再者，对有关标志的选择除根据以往知识外，还要进行相关分析，算出相关程度的大小即相关系数。所以这种有目的地利用辅助信息进行分层的方法，就是客观的、科学的，是与主观的“目的抽样”完全不相同的随机抽样。

在农作物产量调查中，本方法所取有关标志一般为近3年平均粮食作物综合单产。以北京市通县22个公社1977—1979年3年平均粮食作物综合单产作为排队的依据，其与1980年粮食作物综合单产间的相关系数为0.89，如果采用上年（1979）粮食作物综合单产作为排队的依据，其与1980年单产的相关系数为0.88，从这个具体例子看，采用近3年平均或上年对本年的相关程度基本相同。同时各种因素特别是自然因素对农作物产量的影响就一个小的地区很难保持稳定，就全国（全省）范围说，上年与本年却能保持稳定，而这个调查的目的主要是估计全国、全省情况，所以不采用近3年平均粮食作物综合单产而采用上年的，似乎是可行的，这不仅符合马尔柯夫链论近期指标起主要作用的设想，也可以简化计算。

至于上述排队标准是否适合于某种粮食作物，如小麦、玉米等，以上述通县22个公社为例，就相关系数说，1977—1979年3年平均粮食单产与1980年小麦单产的相关系数为0.54，而同期粮食之间则为 0.89，两者显然不同，3 年平均粮食单产与 1980 年玉米单产的相关系数为 0.72，而同期粮食之间为 0.89，两者相差不大。在这种情况下，是否需要分别按小麦、玉米等排队，我们认为不必这样，因为估产是在整个粮食作物上进行的，各种作物产量的比重不同，如通县 1980 年小麦产量占 25.5%，玉米占 55.6%等，个别作物相关系数的背离，通过粮食作物的综合基本可以达到一致，所以，每种作物不必分别按该作物单产排队，以减少计算和样本点的安排工作量。但是如果人力、经费与时间容许，按作物布点也不是不可以的。

还有，上述相关系数在总体与样本之间的情况又是怎样？这是一个理论问题，通过样本也可以对它进行研究。现在以上述通县 22 个公社为例，从中抽出 7 个公社样本，其总体相关系数与样本相关系数的情况如表 1 所列（3 年平均粮食作物综合单产，分别与 1980 年粮食、小麦、玉米的相关系数）。

表 1　总体相关系数与样品相关系数的情况

项　目	粮食	小麦	玉米
总体相关系数	0.89	0.54	0.72
样本相关系数	0.92	0.81	0.77

从表 1 可见总体相关系数与某一个样本相关系数有出入，关于这一点，只有从理论上才能解释。有一个定理表达这个问题，如果从一个具有相关系数 ρ 的双变量总体中，抽取大小为 n 的所有样本，则

$$zg = \frac{z - mg}{\sigma_{zg}}$$

$$\text{其中：} z = \frac{1}{2}\ln\left(\frac{1+r}{1-r}\right), mg = \frac{1}{2}\ln\left(\frac{1+\rho}{1-\rho}\right), \sigma_{zg} = \frac{1}{\sqrt{n-3}}$$

满足一个近似正态分布。这就是说 r（样本的相关系数）的分布是一近似的正态分布，当 r 为正时，各样本 r 的分布略带左偏，当 r 为负时，各样本 r 的分布略带右偏。并且在已知 r 时，可建立总体 ρ 的置信限，r 为正，上置信限靠近 r，r 为负，下置信限靠近 r。在 $\rho=0$，即不存在线性相关时，也有一个定理表达这个问题，如果从一个相关系数为 $\rho=0$ 的正态双变量总体中，抽取所有样本，其相关系数用 r 表示，则：

$$t = \frac{r}{\sqrt{\frac{1-r^2}{n-2}}}$$

满足自由度为 $n-2$ 的学生氏的 t 分布。这点可以解释为，无关标志与所研究现象之间，其样本相关系数 r 的分布为 t 分布。以上是对有关标志与无关标志的又一个说明，有助于我们进一步研究这方面问题。

二、突出了不等概率的作用

本方法按前 3 年平均粮食单产排队，并考虑各个调查单位使用播种面积大小，就某一调查单位（县、公社、队、田块）说，是一个不等概率的问题，即播种面积多的单位抽出的机会就多；相反，抽种面积少的单位抽出的机会就少。例如，北京市大兴县红星公社（中朝友好公社）按 1977—1979 年平均粮食亩产排队，结合播种面积（3 年平均）抽出 7 个生产队，排队抽样方法见表 2。

表2　每层由左到右顺排列表

层别	编号	1	2	3	4	5	6	7	8
	队名	霍村	西红门三队	碱庄	许村	西红门十队	西红门十一队	刘二	西红门七队
Ⅰ	1977－1979年平均粮食亩产	323	325	329	330	339	340	349	355
	3年平均播种面积	1 720	746	2 314	642	903	745	2 993	1 254
	累计播种面积	1 720	2 466	4 780	5 422	6 325	7 070	10 063	11 317
	样本号	1	2	3	4	5	6	7	8
	编号	19	20	21	22	23	24	25	26
	队名	四海三队	刘一	西红门二队	层庄	西红门六队	李村	娘娘庙	小羊坊
Ⅱ	1977－1979年平均粮食亩产	412	414	416	416	419	421	421	431
	3年平均播种面积	1 253	1 757	1 272	825	888	1 697	1 101	2 808
	累计播种面积	27 659	29 416	30 688	31 513	32 401	34 098	35 199	38 007
	样本号	1	2	3	4	5	6	7	8，9
	编号	36	37	38	39	40	41	42	43
	队名	下中号	杜庆	辛店	居民区	大粮台	南宫	店一队	四合二队
Ⅲ	1977－1979年平均粮食亩产	459	459	462	462	463	466	466	466
	3年平均播种面积	939	1 172	987	2 184	3 099	1 502	999	1 620
	累计播种面积	53 423	54 595	55 582	57 766	62 865	60 367	63 366	64 986
	样本号	1	2		3,4	5,6	7	8	9
	编号	52	53	54	55	56	57	58	59
	队名	二号	羊北	西一	王立庄	郭上波	四合一队	三怀	同义
Ⅳ	1977－1979年平均粮食亩产	476	476	477	478	480	480	482	482
	3年平均播种面积	644	2 157	2 301	2 923	810	1 392	1 353	529
	累计播种面积	78 970	81 127	83 428	86 351	87 161	88 554	99 807	90 436
	样本号		1,2	3,4	5,6	7		8	9

9	10	11	12	13	14	15	16	17	18
西红门五队	孙村	桂村	邢各庄	太北	西红门九队	金星	烧并	西红门八队	亦庄
362	373	384	392	394	394	395	398	399	407
897	2 900	2 145	2 904	1 277	725	656	1 515	1 429	641
12 214	15 114	17 259	20 163	21 440	22 165	22 821	24 336	25 765	26 406
9	10	11	12	13	14	15	16	17	18

（续）

27	28	29	30	31	32	33	34	35
旧宫三队	西红门十二队	西红门四队	同心	太西	西广德	隆场	双北	西磁
432	432	438	438	439	448	448	452	456
1 826	285	1 118	915	977	1 145	2 399	3 354	1 958
39 833	40 618	41 736	42 651	43 628	44 773	47 172	50 526	52 484
10			11			12,13	14,15,16	17,18

44	45	46	47	48	49	50	51
薄村	西红门一队	店一队	车磁	怡乐	石太	付原庄	新建一队
467	469	472	472	473	473	474	474
1 700	936	1 941	2 503	2 902	1 220	617	1 521
66 686	67 622	69 563	72 066	74 968	76 188	76 805	78 326
10		11	12	13,14,15	16		

60	61	62	63	64	65	66	67	68	69	70
二队	千顷	东合	董场	侯村	集贤三队	宝善	西二	瑞二队	南街四队	四海一队
485	488	491	492	496	493	495	498	499	503	503
1 409	810	1 288	823	1 857	624	1 289	2 339	1 569	1 090	2 115
91 845	92 655	93 943	94 766	96 623	97 247	98 536	100 875	102 444	103 534	105 649
10					12		13,14,15	16	17	18

	编号	71	72	73	74	75	76	77	78
	队名	九号	小粮台	四海四队	旧宫一队	瑞一队	集贤一队	鹿四队	太东
Ⅴ	1977—1979年平均粮食亩产	506	507	508	509	511	511	514	514
	3年平均播种面积	1 110	1 817	1 580	1 146	1 861	1 090	1 367	1 142
	累计播种面积	106 759	108 576	110 156	111 302	113 163	114 253	115 620	116 762
	样本号	1,2	3	4	5,6	7		8	9

	编号	88	89	90	91	92	93	94	95
	队名	鹿五队	南街二队	南街三队	和义	姜场	东队	羊南	四海二队
Ⅵ	1977—1979年平均粮食亩产	537	538	538	539	540	541	543	543
	3年平均播种面积	1 661	1 320	1 581	3 707	1 294	774	1 739	1 514
	累计播种面积	132 265	133 585	135 166	138 873	140 167	140 941	142 680	144 194
	样本号	1	2	3	4,5,6	7		8,9	10

（续）

	编号	105	106	107	108	109	110	111	112
	队名	团河南队	新建二队	店二队	西顺大队	广德	大白楼	振亚庄	新建大队
Ⅶ	1977—1979年平均粮食亩产	561	562	563	568	577	586	590	592
	3年平均播种面积	2 273	1 383	1 102	1 232	870	830	773	1 788
	累计播种面积	158 823	160 206	161 308	162 540	163 410	164 240	165 013	166 801
	样本号	1,2	3		4,5	6			7

79	80	81	82	83	84	85	86	87
旧宫四队	东二	南街一队	常庄	德茂农场	鹿三队	团河北队	天思	三间房
514	515	515	524	525	526	528	530	537
1 483	1 670	1 621	1 492	957	450	2 387	1 374	2 408
118 245	119 915	121 536	123 028	123 985	124 435	126 822	128 196	130 604
10		11		12		13,14,15	16	17,18

96	97	98	99	100	101	102	103	104
新建四队	集贤二队	志远庄	场一	肖庄	头号	中尖	西队	北牛场
545	546	547	548	548	549	550	551	556
1 556	718	1 401	2 258	1 383	2 065	1 559	1 033	383
145 750	146 468	147 869	150 127	151 510	153 575	155 134	156 167	156 550
		11	12	13	14,15,16		17	18

113	114	115	116	117	118	119	120	121	122	123	124
旧宫二队	寿宝庄	宏农	新建庄	大生庄	双南	店三队	金星老三余	新建三队	集贤四队	新三余	大白楼
604	610	614	616	618	625	625	629	632	648	689	711
1 566	1 345	1 633	879	864	2 691	1 307	1 487	1 401	513	936	1 137
168 367	169 712	171 345	172 224	173 088	175 779	177 086	178 573	179 974	180 487	181 423	182 560
8，9	10			11	12	13	14	15,16			17,18

表2展示了本方法在具体问题上的实施情况，包括排队、取样以及隐藏在内而外表上不易看出的分层作用。本例抽取7个样本单位数，就要将资料划分为7个层，每层的大小和界限，由抽样距离决定。由于本方法是按亩产结合播种面积排队的，计算抽样距离不是按亩产的顺序号数，而是取决于播种面积，抽样距离为总播种面积除以样本单位数，本例抽样距离为182 560÷7＝26 080（亩），则每一层的大小为26 080，各层界限：第一层为0～26 080，第二层为26 080～52 160，第三层为52 160～78 240等。表2所列各层就是按以上数字安排的，例如，第一层为0～26 080，本层的上（大）限为26 080，在累计播种面积25 765～26 406，故将亦庄列为本层最后的一个队，其他仿此。抽样距离既不用亩产顺序号，而用播种面积，就不免会出现排队不整齐的情况，即第一层的顺序数并不一定与其他各层的顺序数一一对应。如果只按亩产排队的顺序号，则不会出现排队不整齐情况。这是要注意的。

抽样距离还用以决定所要抽出的队。如果第一个样本安排在第一层（0～26 080）的中点，则本例第一个样本单位在26 080÷2=13 040亩位置上，根据表2这个数落在12 214～15 114这个区间，故孙村为抽出的第一个单位，第二个样本单位为13 040+26 080=39 120，在38 007～39 883区间，故旧宫三队为抽出的第二个单位，依次抽出的其余5个队为薄村，鹿圈二队，旧宫四队，四海二队，寿宝庄，组成一个样本。

随机样本的中心内容是可以计算各样本的概率，表2所列资料及上述计算，给我们提供了计算概率的根据，例如，霍村为$\frac{1\,720}{182\,560}\times100\%=0.94\%$，西红门三队为$\frac{746}{18\,256}\times100\%=0.41\%$，就个别队而言，其概率是不相等的。如果把所抽的七个队的概率加在一起，就可得出这个具体样本的抽取概率为

$$\frac{2\,900+1\,826+1\,700+1\,409+1\,483+1\,514+1\,345}{182\,560}\times100\%=6.67\%$$

同样可计算其他样本（本例可能样本总数为18个）的抽取概率，每个样本的抽取概率一般都是不相等的，这种抽样我们就称之为不等概率抽样。我们知道，随机样本是与概率密切联系的，由于概率的古典定义是从等可能性这个概念出发的，所以，以前的随机样本的定义里也包含这个概念。随着概率科学的发展，现用的随机样本定义并不含有每一可能样本必须具有相同的抽出机会这个意思。不等概率的应用，赋予随机样本以更广泛的意义，本方法突出了这一点，其优点是显而易见的。

上例如果不考虑播种面积的多少，每个单位一律看待，则其抽出的机会相等，这就是等概率抽样。另外，计算抽样距离用的是播种面积，从抽取地块的角度看，每一单位面积（本例为亩）在总播种面积中具有相同抽取机会（本例为$\frac{1}{182\,560}$），这也可称为等概率，不过不是说的每个单位（县、公社、队等）的抽取概率。

不等概率的运用，符合国际上大农场抽样比例大、小农场抽样比例小的理论与实践。例如南斯拉夫、美国、巴西、坦桑尼亚等国家在1970年世界农业普查中，一般对大农场进行全面登记，对小农场（例如，美国规定年销售额在2 500美元以下的农场，巴西规定为10公顷以下的农场）则按一定比例抽取样本。例如，南斯拉夫的小农场抽24.7%，美国50%，坦桑尼亚0.7%等。

我们已一再讲到，本方法在理论上是不等概率，但还没有提到在计算上的加权作用问题。一般的等距离抽样具有均匀分布的作用，在估计亩产时，可将各样本单位的亩产相加，再求平均数(即按简单算术平均数的方法计算)。现在按亩产排队，又考虑了播种面积的大小，具有明显的自我加权性质，所得抽样结果完全符合使用简单算术平均数计算原则。

三、改变排队次序，随机等距抽取样本

我们在很多地方已经肯定本方法是一个很好的抽样设计，但有的环节还有待研究加以改进，这里主要谈到的是改变排队次序问题。现行方案的排队方法是将亩产由低到高排队，再在各层中等距抽取样本单位。仔细分析，可以看出，排队与等距抽样是互相制约的两个环节，在一定的排队情况下，等距抽样有着不能克服的缺点。我们知道，等距抽样主要问题是确定第一个样本单位的位置，如果采用随机抽样的方法，在第一层取的是亩产低的单位，则其余各层中所抽的都是低的单位，如果第一层取的亩产高的单位，则其余层中所抽的都是高的单位，因而明显出现偏差。

为了补救这个缺点，有的人提出，取各层的平均数。这种方法的缺点是，为了凑平均数，容易为主观意见所左右，而且计算复杂，失去本方法简单易行的优点。有的主张用中位数作为第一层的样本单位。因为本方法是按亩产高低排队，就统计方法的性质说，属于次序统计，与之适当的平均数是中位数，而不是算术平均数。中位数是一种位置数，不受极大极小变量值的影响，比较稳定，一般在算术平均数与众数之间。用以确定第一层的样本单位，既不失之高，也不失之低。在逻辑上是完全站得住脚的，而且容易确定，国内外有很多统计学家赞成用这个方法，不是没有理由的。

中位数虽好，但没有贯彻随机取样的原则，往往受到人的指责。由于本方法排队与等距抽样两个环节的制约，要改进第一个样本单位的确定问题，就要从排队这一环节想办法。柯克兰（W. G. Cochran）在《抽样方法》（第3版）一书中提出，根据等距抽样的一个方差公式$V(\bar{y}_{sy})=\frac{s^2}{n}\left(\frac{N-1}{N}\right)[1-(n-1)\rho_w]$，其中：$\rho_w$是同一等距样本内成对的单位之间的相关系数，它是由$\rho_w=\frac{E(y_{ij}-\bar{y})\ (y_{iu}-\bar{y})}{E(y_{ij}-\bar{y})^2}$定义的。为了使等距抽样出现负相关，以减少抽样误差，可以采用奇数层由左到右排列，偶数层由右到左排列的方法。对每一个等距样本成对的单位观测值对各层均值的离差形成的交叉积，使之变换为负数的，因而降低等距抽样误差，提高等距抽样设计效果。柯克兰所指的这种情况在客观事物中是难以找到的，但是用在抽样设计中我们认为还是可行的。因为这种排列方法比之现行方法的抽样误差要小得多，而且具体排列方法也不难掌握。这种方法的排列法如表3所示。

表3　奇数层由左到右顺排列，偶数层由右到左反排列表

层别	编号	1	2	3	4	5	6	7	8
	队名	霍村	西红门三队	碱村	许村	西红门十队	西红门十一队	刘二	西红门七队
Ⅰ	1977—1979年平均粮食亩产	323	325	329	330	339	340	349	355
	3年平均播种面积	1 720	746	2 314	642	903	755	2 993	1 254
	累计播种面积	1 720	2 466	4 780	5 422	6 325	7 070	10 063	11 317
	样本号	1	2	3	4	5	6	7	8
	编号		35	34	33	32	31	30	29
	队名		西磁	双北	隆场	西广德	太西	同心	西红门四队
Ⅱ	1977—1979年平均粮食亩产		456	452	448	448	439	438	438
	3年平均播种面积		1 958	3 354	2 399	1 145	977	915	1 118
	累计播种面积		52 484	50 526	47 172	44 773	43 628	42 651	41 736
	样本号		1	2，3	4，5，6		7		8
	编号	36	37	38	39	40	41	42	43
	队名	下中号	杜庆	辛店	居民区	大粮台	南宫	店一队	四合二队
Ⅲ	1977—1979年平均粮食亩产	459	459	462	462	463	466	466	466
	3年平均播种面积	939	1 172	987	2 184	3 099	1 502	999	1 620
	累计播种面积	53 423	54 595	55 582	57 766	60 865	62 367	63 366	64 986
	样本号	1	2		3，4	5，6，7		8	9

（续）

	编号	70	69	68	67	66	65	64	63	62
	队名	四海一队	南街四队	瑞二队	西二	宝善	集贤二队	侯村	董场	东合
Ⅳ	1977－1979 年平均粮食亩产	530	503	499	498	495	493	492	492	491
	3 年平均播种面积	2 115	1 090	1 569	2 339	1 289	624	1 857	823	1 283
	累计播种面积	105 649	103 534	102 444	100 875	98 536	97 247	96 623	94 766	93 943
	样本号			2	3，4	5，6		7		8

9	10	11	12	13	14	15	16	17	18
西红门五队	孙村	桂村	刑各庄	太北	西红门九队	金星	烧并	西红门八队	亦庄
362	373	384	392	394	394	396	396	399	407
897	2 900	2 146	2 904	1 277	725	656	1 515	1 429	641
12 214	15 114	17 259	20 163	21 440	22 165	22 821	24 336	25 765	26 406
9	10	11	12	13	14	15	16	17	18

28	27	26	25	24	23	22	21	20	19
西红门十二队	旧宫三队	小羊坊	娘娘庙	李村	西红门六队	层庄	西红门二队	刘一	四海三队
432	432	431	421	421	419	416	416	414	412
785	1 826	2 808	1 101	1 697	888	825	1 272	1 757	1 253
40 618	39 833	38 007	35 199	34 098	32 401	31 513	30 688	29 416	27 659
9	10	11		12	13		14，15	16	17，18

44	45	46	47	48	49	50	51		
薄村	西红门一队	店一队	东磁	怡乐	石太	付源庄	新建一队		
467	469	472	472	743	473	474	474		
1 700	936	1 941	2 503	2 902	1 220	617	1 521		
66 686	67 622	69 563	72 044	74 968	76 188	76 805	78 326		
10		11	12	13，14，15	16		17，18		

61	60	59	58	57	56	55	54	53	52
千顷	鹿二队	同义	三怀	四合二队	郭上波	王立庄	西一	羊北	二号
488	485	482	482	480	480	478	477	476	476
810	1 409	529	1 353	1 393	810	2 923	2 301	2 157	644
92 655	91 845	90 436	89 907	88 554	87 161	86 351	83 428	81 127	78 970
9	10			11		12，13	14，15，16	17	18

	编号	71	72	73	74	75	76	77	78
	队名	九号队	小粮台	四海四队	旧宫一队	瑞一队	集贤一队	鹿四队	太东
Ⅴ	1977－1979 年平均粮食亩产	506	507	508	509	511	511	514	514
	3 年平均播种面积	110	1 817	1 580	1 146	1 861	1 090	1 367	1 142
	累计播种面积	106 759	108 576	110 156	111 302	113 163	114 253	115 620	116 762
	样本号	2	3	4	5，6	7		8	9

（续）

	编号	104	103	102	101	100	99	98	
	队名	北中场	西队	中尖	头号	肖庄	东一	志远庄	
Ⅵ	1977—1979年平均粮食亩产	556	551	550	549	548	548	547	
	3年平均播种面积	383	1 033	1 559	2 065	1 383	2 258	1 401	
	累计播种面积	156 550	156 167	155 134	153 575	151 510	150 127	147 869	
	样本号	1		2	3	4，5	6，7	8	
	编号	105	106	107	108	109	110	111	112
	队名	团河南队	新建二队	店二队	西顺大队	广德	大白楼	振亚庄	新建大队
Ⅶ	1977—1979年平均粮食亩产	561	562	563	568	577	586	590	592
	3年平均播种面积	2 273	1 383	1 102	1 232	870	830	773	1 788
	累计播种面积	158 823	160 206	161 308	162 540	163 410	164 240	165 013	166 801
	样本号	1，2	3		4，5	6			7

79	80	81	82	83	84	85	86	87
旧宫四队	东二	南街一队	常庄	德茂牛场	鹿三队	团河北队	天思	三间房
514	515	515	524	525	526	528	530	537
1 483	1 670	1 621	1 492	957	450	2 387	1 374	2 408
118 245	119 915	121 536	123 028	123 985	124 435	126 822	128 196	130 604
10		11		12		13，14，15	16	17，18

97	96	95	94	93	92	91	90	89	88
集贤二队	新建四队	四海二队	羊南	东队	姜场	和义	南街三队	南街二队	鹿五队
546	545	545	543	541	540	539	538	538	537
718	1 556	1 514	1 379	774	1 294	3 707	1 581	1 320	1 661
146 468	145 750	144 194	142 680	146 941	140 267	138 873	135 166	133 585	132 265
9		10		11		12，13	14，15	16	17，18

113	114	115	116	117	118	119	120	121	122	123	124
旧宫二队	寿宝庄	宏农	新建庄	大生庄	双南	店三队	金星老三余	新建三队	集贤四队	新三余	大白楼
604	610	614	616	618	625	625	629	632	648	689	711
1 566	1 345	1 633	879	864	2 691	1 307	1 487	1 401	513	936	1 137
168 367	169 712	171 345	172 224	173 088	175 779	177 086	178 573	179 974	180 487	181 423	182 560
8，9		10		11	12		13，14	15，16			17，18

从表3粗略地看，各层所对应的单位，其平均亩产的平均数都很接近，因为这个排队方法把大的对着小的，大小搭配，能保证每个样本平均数基本一致。现在让我们来研究一下新排队法的取样步骤：

(1) 计算抽样距离（同前法）。本例为182 560÷7＝26 080

(2) 随机抽出第一层的第一个单位。可利用随机数表（或其他取样方法）查0～26 080的任一数，如果查出的数为“2 133”，从表3可知在1 720～2 466之间，即取第二号队（西红门三队）。

(3) 其余奇数层的取样法。如第三层为26 080×2＋2 133＝54 293，从表3可知在53 423～54 595之间，为第37号队（杜庆队）。第五层为26 080×4＋2 133＝106 453，从表3可知在105 469～106 759之间，为第71号队（九号队）。第七层为26 080×6＋2 133＝158 613，从表3可知在156 550～158 823之间，为第105号队（团河南队）。这是因为2 133为一定点，与奇数下限的距离都是2 133，如第三层的下限为26 080×2＝52 160，则52 160＋2 133＝54 293为所求单位。

(4) 偶数层的取样法。如第二层为26 080×2－2 133＝50 027，从表3可知在47 172～50 526之间，为第34号队（双北队）。第四层为26 080×4－2 133＝102 187，从表3可知在100 875～102 444之间，为第68号队（瑞二队）。第六层为26 080×6－2 133＝154 347，从表3可知在153 575～155 134之间，为102号队（中尖队）。这也是因为2 133为一定点，与偶数层上限的距离都是2 133，如第二层的上限为26 080×2＝52 160，则52 160－2 133＝50 027为所求单位。

这种排队法及其样本单位的位置可用图形表示如图1所示：

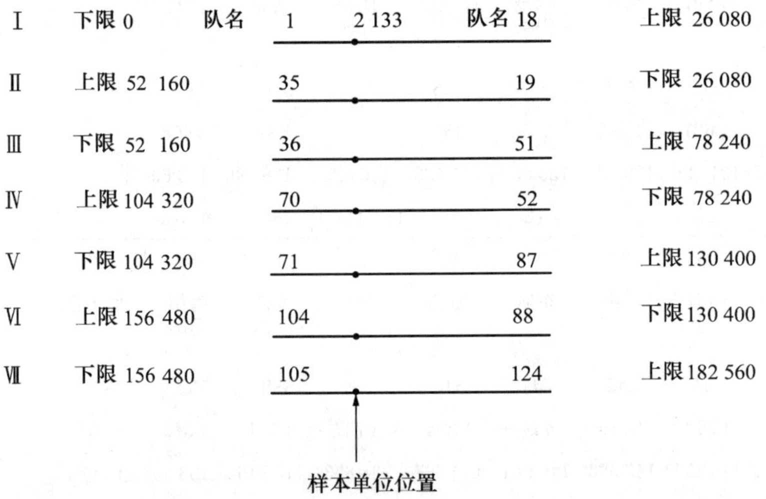

层	左端	队名	样本点	队名	右端
Ⅰ	下限0	1	2 133	18	上限26 080
Ⅱ	上限52 160	35		19	下限26 080
Ⅲ	下限52 160	36		51	上限78 240
Ⅳ	上限104 320	70		52	下限78 240
Ⅴ	下限104 320	71		87	上限130 400
Ⅵ	上限156 480	104		88	下限130 400
Ⅶ	下限156 480	105		124	上限182 560

样本单位位置

图1 新的排队法（第二排队法）

这种排队法确定样本单位位置的计算方法可用以上计算推出。为此，列计算式如下：

第二层样本单位的位置：26 080×2×1－2 133＝2×26 080－2 133

第三层样本单位的位置：26 080×2×1＋2 133＝2×26 080＋2 133

第四层样本单位的位置：26 080×2×2－2 133＝4×26 080－2 133

第五层样本单位的位置：26 080×2＋2 133＝4×26 080＋2 133

……

如果抽样距离用d表示，顺序号用c表示，$c=1$，2…第一个样本单位所对应的面积用a表示，则表3所列计算可概括为$d\times 2c\mp a$

由小到大（或由大到小）按顺序排列的方法（简称第一排队法）是我们惯用的方法，第一排队法与奇数层顺排列偶数层反排列的方法（简称第二排队法）有相同之点，即各队的顺序号不变，例如，第二排队法第一层抽中队为西红门三队，它的编号为2号，第二层抽中队为双北队，它为编号为34号，而第一排队法的编号，西红门三队仍为2号，双北队仍为34号，并没有改变。两种排队方法不同之点只是第一排队法按⟹……形式排列，而第二排队法则按"Z"字形成排列，所抽样本单位的位置如图1所示，把它放在第一排队法的图形上，则出现下述情况（图2）奇数层的样本单位的位置与层的下限的距离为2 133（第一层样本单位的位置），偶数层的样本单位的位置与层的上限的距离为2 133，这与公式 $d\times 2c\mp a$ 所概括的情况完全符合，例如，按第二排队法计算，第二层样本单位的位置在2×26 080−2 133=52 160−2 133处，第三层的位置在2×26 080+2 133=52 160+2 133处。就是说，按第一排队法排列，用上述计算公式，同样可得到上述结果。这就为第二排队法的推广创造了简单易行的条件（图2）。

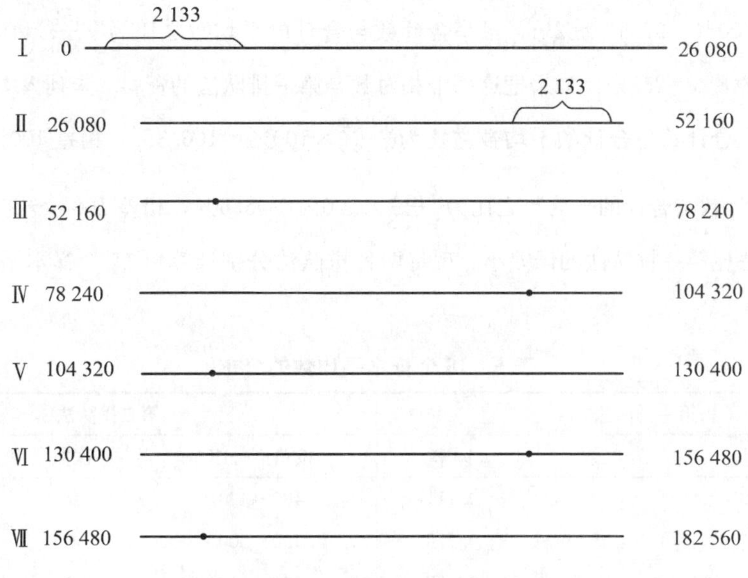

图2　一般的排队法（第一排队法）

上述西红门三队、双北队、杜庆队、瑞二队、九号队、中尖队和团河南队等7个队的亩产分别为325，452，459，499，506，550和561，合计数为3 352，其平均数为478.9斤/亩。如果用同样方法抽取样本，每个样本平均数将会大致相同。在这里我们取18个样本（其他17个样本以第一层每个单位亩产的中点为准取样），得表4。

表4　抽取样本

单位：斤/亩

层别	样本号数				
	1	2	3	4	5…18平均数
Ⅰ	323	325	329	330	339…407
Ⅱ	456	452	452	448	448…412
Ⅲ	459	459	462	462	463…474
Ⅳ	503	499	498	498	495…476

（续）

层别	样本号数				
	1	2	3	4	5…18 平均数
Ⅴ	503	506	507	508	509…537
Ⅵ	556	550	549	548	548…537
Ⅶ	561	561	562	568	568…711
合计	3 361	3 352	3 359	3 362	3 370…3 554（3 425.6）
样本平均数	480.1	478.9	479.9	480.3	481.4…507.7　489.4

从表 4 样本平均数看，基本上相差不多，最大合计数与合计的平均数之比为$\frac{3\ 554}{3\ 426}\times100\%=$ 97.9%，相差 100%－97.9%＝2.1%最小合计数与合计的平均数之比为$\frac{3\ 352}{3\ 426}\times100\%=97.8\%$，相差 100%－97.8%＝2.2%。如果把这两个相对数与第一排队法的资料（未列入本文）比较、第一排队法的最大合计数与合计的平均数之比为$\frac{3\ 644}{3\ 428}\times100\%=106.3\%$，相差 100%－106.3%＝6.3%，最小合计数与合计的平均数之比为$\frac{3\ 276}{3\ 428}\times100\%=95.6\%$，相差 100%－95.6%＝4.4%。可见第二排队法比第一排队法的误差小。现将两种排队法分别计算出 18 个样本平均数的分布列表 5。

表 5　18 个样本平均数的分布

第一排队法			第二排队法		
按亩产分组	次数	频率	按亩产分组	次数	频率
460～470	2	0.111	480～490	10	0.556
470～480	5	0.278	490～500	6	0.334
480～490	3	0.167	500～510	2	0.111
490～500	1	0.056	合计	18	1.001
500～510	5	0.278			
510～520	1	0.056			
520～530	1	0.056			
合　计	18	1.002			

可以看出第二排队法的分布更为集中，与总体平均数的离差更小。这表现在第一排队法亩产 480～510 斤的样本平均数仅占 50.1%，而第二排队法却包括所有样本平均数。

从上面的分析我们可以看出，第二排队法的优点，除在理论上通过偶数层对各样本单位值由右到左的排列方法，可以使等距抽样出现负相关以减少抽样误差，还由于使用这个排列方法，可以把大的单位对着小的单位，大小搭配，能保证每个样本平均数基本一致，取得明显抽样效果。

现有例子是取 7 个样本单位数，如果取偶数个单位数，则各样本平均数更趋于一致，可见用第二排队法以偶数单位为宜。

由表4资料可以计算等距抽样的总体方差如下

$$\frac{1}{k}\sum_{i=1}^{k}(y_i-\bar{y})^2=\frac{1}{n^2k}\sum_{i=1}^{k}(ny_i-n\bar{y})^2=\frac{1}{n^2k}\left[\sum(\sum y_{ij})^2-\frac{(kn\bar{y})^2}{k}\right]$$

$$=\frac{1}{7^2\times 18}\left[3\,361^2+3\,352^2+\cdots-\frac{61\,660^2}{18}\right]$$

$$=\frac{1}{882}[211\,280\,562-211\,219\,755.6]=\frac{1}{882}\times 60\,806.4=68.9$$

总体标准误为8.3（斤）

而第一排队法的总体方差为

$$\frac{1}{k}\sum_{i=1}^{k}(\bar{y}_i-\bar{y})^2=\frac{1}{n^2k}\left[\sum(\sum y_{ij})^2-\frac{(kn\bar{y})^2}{k}\right]=\frac{1}{7^2\times 18}\left[3\,276^2+3\,279^2+\cdots-\frac{61\,704^2}{18}\right]$$

$$=\frac{1}{882}[211\,762\,438-211\,521\,312]=\frac{1}{882}\times 241\,126=273.4$$

总体标准误为16.5（斤）

上式符号 y_i 为样本平均数，$\bar{y}$ 为总体平均数，k 为样数个数（本例为18个样本），n 为样本单位数（或层数），y_{ij} 为总体单位的亩产。

把第二排队法计算的标准误与第一排队法的同一数比较，可见第一排队法的标准误（16.5）比第二排队法的标准误（8.3）大1倍。由此可见第二排队法既符合随机抽样原则，又对减少抽样误差有着明显的作用，所以不失为一个好的排队法。由于等距抽样而采用随机方法，本调查法也就可以改名为多阶段等距随机抽样调查法。

以上分析肯定了第二排队法的优点，但是不可忽视两种排队法具有同样的理论基础。两者都是按亩产排队等距（抽样距离）分层，层内各单位的变量较为一致，而层与层之间的差距则较大，符合分层抽样减少误差的原理。即在总方差一定情况下，由于层间方差较大，因而各内部的方差较小。我们知道，一般分层抽样是指各层内分别随机抽取一定数目的样本单位，而等距抽样虽属分层抽样，但每层只抽一个样本单位，这样能否满足均匀分布的要求呢？如按第一排队法，第一个样本单位为亩产低的，则各层的样本单位都是亩产低的，或者相反，都是亩产高的，显然不符合随机抽样均匀分布的原则。而按第二排队法，则高低（大小）搭配，每个样本平均数大致相同，又与总体平均数接近。按照一般分层抽样需要，每层抽取若干样本单位才能做到均匀分布，而现在用第二排队法每层只抽一个样本单位也能满足均匀分布的要求，尽管样本单位数很少，还同样可以缩减抽样误差。由此可见，第二排队法的优点在抽样理论中所占的地位，不属于分层问题，而只是样本点的分布问题。由于各个样本平均数不是一个高一个低，而是高低一致，这就给随机抽取样本创造了有利条件。

第二排队法具有减少误差的作用，上面已有从样本内大小搭配方面，考察现在则从等距抽样方差的另一计算公式加以分析，这个公式为

$$V(\bar{y}_{sy})=\frac{S^2}{n}\left(\frac{N-1}{N}\right)[1+(n-1)\rho_w]$$

其中：$S^2=\sum_i\sum_j\frac{(y_{ij}-\bar{y})^2}{N-1}$ ：N 为总体单位数($kn=N$)；k 为每层单位数，用 $i=1,2,\cdots$ 表示，本例 $k=18$；n 为层数，用 $j=1,2,\cdots,n$ 表示，本例 $n=7$；y_{ij} 为第 i 个样本第 j 层的变量值(本例为亩产)；ρ_w 为同一样本各单位的亩产之间的相关系数，写成 $\rho_w=\frac{E(y_{ij}-\bar{y})(y_{iu}-\bar{y})}{E(y_{ij}-\bar{y})^2}$ E为所有可能成

对变量值的平均数，本例 E 为 $kn(n-1)/2$ 成对变量值的平均数。由上式 $V(\overline{y}_{sy})=\frac{S^2}{n}\left(\frac{n-1}{N}\right)[1+(n-1)\rho_w]$ 可以看出 ρ_w 相关系数的作用，当 ρ_w 为正相关系数时，则等距抽样的总体方差大，当 ρ_w 为负相关系数时，则等距抽样的总体方差小。而奇数层顺排列偶数层反排列这个方法就可以起到使相关系数成为负数的作用。这是因为每个样本内各变量值相差悬殊，大小成对，即一个小一个大或一个大一个小，构成负相关系数的条件。就所抽的具体样本说(325,452,459,499,506,550,561)，它的相关系数为 $r=-0.089$，同样可以计算出其他 17 个样本的相关系数，最后得到 $\rho_w(-0.15)$，其值为负，则总体方差可以大为减少。

四、多阶段抽样及其抽样误差

多阶段抽样克服了简单随机抽样编列名单的困难。例如，由中央将生产队按亩产排队编号一竿子插到底就是一件办不到的事，如果改由各省抽县、县抽公社、公社抽生产队，由于在一省之内，一般只有几十，百多个县，容易排队编号，县内的公社，公社内的生产队，为数也不多，都容易排队编号。通过多阶段抽样，原来办不到的事现在就办到了。多阶段抽样得到了各级组织的帮助，也满足了它们的要求。但不是没有矛盾的，特别是在基层如果抽选的单位（公社、生产队）过多，就要花费过多的人力，甚至不易把调查工作搞好，因此，在统一安排样本单位数（公社数、生产队数、田块数）的情况下，可以适当增加单位数。例如在公社内规定只抽 3 个队，公社却要求增加两个队，在排队抽样内，定下 5 个队：一、三、五属于统一规定的队，二、四为新增加的队，前者适合上级的要求，后者与前者结合（5 个队）则适合公社的要求。这个办法同样可适用于其他各级要求（如县抽公社数）。

任何一个调查都会有误差。在随机抽样调查中既有调查误差，也有抽样误差。克服调查误差是一个很重要的问题。这里我们只研究多阶段等距抽样误差的计算公式及其对抽样实践的指导意义。我们知道，一定的抽样调查方式决定着一定的抽样误差公式。等距随机抽样方差的一般公式，反映着各单位对总体平均数的方差与等距样本内各单位对其平均数的方差间的数学关系。等距样本平均数较简单随机样本平均数更准确更富于代表的充要条件，是等距样本的方差大于总体方差，而等距样本的方差大的条件是等距样本中各单位相差悬殊，本方法按亩产高低排队，按大小分层，完全满足等距样本方差大的条件，大大缩小了抽样误差。另一类等距随机样本的方差公式，是由样本内各单位的相互关系或者层内的相互关系所构成的。正相关则方差大，负相关则方差小。上述奇数层顺排列偶数层反排列的方法，就是根据这点设计出来。但是等距抽样在各阶段中计算方差的统一公式，目前还没有在数学上找到计算根据，现在应用的是多阶段简单随机抽样方差公式，因此，用这个公式计算的抽样误差要比用等距抽样公式计算的误差为大。这是需要特别提出的。

现用的多阶段简单随机抽样方差公式，是由随机变量的数学期望导出的方差公式，只适用于简单随机抽样二阶段为

$$V(\hat{\theta})=V_1[E_2(\hat{\theta})]+E_2[V_2(\hat{\theta})]$$

三阶段方差公式为

$$V(\hat{\theta})=V_1\{E_2[(E_3\hat{\theta})]\}+E_2\{V_2[E_3(\hat{\theta})]\}+E_1\{E_2[V_3(\hat{\theta})]\}$$

按照上述公式还可推出更多阶段的公式。

由上述公式即可推出平均数的真正方差公式。

$$V(\bar{\bar{y}}) = \frac{N-n}{N} \cdot \frac{S_1^2}{n} + \left(\frac{M-m}{M}\right)\frac{S_2^2}{nm}$$

$V(\bar{\bar{y}})$ 的无偏估计公式为

$$V(\bar{\bar{y}}) = \frac{N-n}{N} \cdot \frac{S_1^2}{n} + \frac{M-m}{M} \cdot \frac{S_2^2}{nm}$$

现以三阶段为例（适应省抽县、县抽公社、公社抽生产队的要求）说明它的用法。全省经过县、公社所抽各生产队平均亩产方差的无偏估计公式为

$$V(\bar{\bar{y}}) = \frac{1-f_1}{n}S_1^2 + \frac{f_1(1-f_2)}{nm}S_2^2 + \frac{f_1 f_2(1-f_3)}{nmk}S_3^2$$

其中：$S_3^2 = \dfrac{\sum\limits_i \sum\limits_j \sum\limits_u (y_{iju} - \bar{y}_{ij})^2}{nm(k-1)}$ 为全省所抽各生产队与该队所在公社平均亩产的方差。

$\bar{y}_{ij} = \sum\limits_{j=1}^{k} \dfrac{y_{iju}}{k}$ 为某一公社所抽生产队的平均亩产。

$S_2^2 = \dfrac{\sum\limits_i \sum\limits_j (\bar{y}_{ij} - \bar{\bar{y}}_i)^2}{n(m-1)}$ 为全省所抽各公社与该公社所在县平均亩产的方差。

$\bar{\bar{y}}_i = \sum\limits_{j=1}^{m} \dfrac{\bar{y}_{ij}}{m}$ 为某一县所抽生产队的平均亩产。

$S_1^2 = \dfrac{\sum\limits_i (\bar{\bar{y}}_i - \bar{\bar{y}})^2}{(n-1)}$ 为全省所抽各县与所有抽中县的平均亩产的方差。

$y = \sum\limits_{i=1}^{n} \dfrac{\bar{\bar{y}}_i}{n}$ 为全省所抽各县与所有抽中县的平均亩产的方差。

$f_1 = \dfrac{n}{N}$，N 为本省县数(80)，n 为所抽县数(16)；

$f_2 = \dfrac{m}{M}$，M 为各县平均公社数(23)，m 为平均所抽公社数(5)；

$f_3 = \dfrac{k}{K}$，K 为公社平均生产队数(104)，k 为平均所抽生产队数(5)。

如果将以上所附资料代入上述公式，可以看出：

第一，增加第一阶段样本单位数，可以大大降低误差。公式第一阶段（省抽县）误差占总误差的比重很大（本例为 85.8%）如果县数增加 1 倍（本例由 16 县增加 32 县），可以减少总误差 53.5%，即减少 1/2 多。其降低误差的效果是特别显著的。

第二，适当减少第三阶段样本单位数（本例为生产队），以冲销由于增加第一阶段样本单位数而增加的队数。根据计算，由于减少第三阶段所抽队数（由 5 个减为 4 个），增加的误差仅为总误差的 1%（因第三阶段的误差只占总误差的 1.7%）。如果所抽队数减少更多（由 5 个减少 3 个），误差虽比以前增加，但为数仍然很小，仅为总误差的 2.5%，而减少队数取得的平衡效果却很显著（本例原来为 400 个队，增加县数 1 倍变为 800 个队，由 5 个减为 3 个队后，降为 480 个队）。

第三，在有限总体中，划分为三个阶段后，每一阶段的总体单位就随之减少，本例在一省之内一般只有 80 个县，一县之内一般只有 23 个公社，一个公社之内一般只有 104 个生产队。如果把全省的 80 个县当做一个总体，与无限总体或有限总体比，当然是一个小总体。这是在多阶段抽样中出现的新情况。与无限总体比较，其抽样比例$\left(\text{如省为}\ \frac{n}{N}=\frac{16}{80}\right)$较大，有限总体改正系数$\left(\frac{N-n}{N}=1-f_1=0.8\right)$也就随之减少，则由它计算的误差比之无限总体为小。还可看出，由于总体单位数小，增加样本单位的可能性有限，减少误差的可能性也就有限。

第四，上述三阶段误差公式是以省为起点计算的，对中央说，应当用四阶段误差公式，但是我们并不去抽省，而是全面调查各省，四阶段误差公式

$$V(\bar{\bar{y}})=\frac{1-f_1}{n}S_1^2+\frac{f_1(1-f_2)}{nm}S_2^2+\frac{f_1f_2(1-f_3)}{nmk}S_3^2+\frac{f_1f_2f_3(1-f_4)}{nmk_1}S_4^2$$

因 $f_1=\frac{N}{N}=1, \frac{1-f_1}{N}=0$，

则上式变为 $V(\bar{\bar{y}})=\frac{(1-f_2)}{nm}S_2^2+\frac{f_2(1-f_3)}{nmk}S_3^2+\frac{f_2f_3(1-f_4)}{nmk_1}S_4^2$

如果与省用的三阶段误差公式比较，就第一项说，省的$\frac{1-f_1}{n}S_1^2$与中央$\frac{1-f_2}{nm}S_2^2$，同属省抽县的误差，如果样本单位数及抽样比例不变，省的$(1-f_1)S_2^2$与中央的$(1-f_2)S_2^2$相同，则中央的$\frac{1-f_2}{nm}S_2^2$远远小于省的$\frac{(1-f_1)}{n}S_2^2$，其减少的程度，中央只有省的$\frac{n}{nm}$，其余项（县抽公社，公社抽生产队）同样可以比较。由此可见中央取得的全国农产量资料，它的正确性要比各省的高得多。

再者，由于每个阶段抽取样本单位数少，用少数单位以估计总体的误差就大。代表性就小。例如公社抽3个队不一定能代表这个公社，但与所抽其他公社的生产队结合，有可能代表所在县，如果不能代表县，则与所抽其他县的生产队结合代表省。到底满足哪一级要求，要由设计的方案决定。

除上述4个方面的剖析外，还有很多问题需要加以说明：

例如，在5个阶段抽样中，前3个阶段是按前一时期亩产排队等距抽样的，而第四个阶段（队抽地块）则由当年估产排队等距抽样的。就抽样方法说，这4个阶段的抽样法都是随机的。不过还应注意到，这4个阶段不是在客观现实上的抽样，只是对客观事物的一个估计，由于各种因素（包括人为的和自然的）的影响，所确定的样本单位的情况会发生变化（或高于估计、或低于估计）这是一种不以人们意志为转移的不肯定的随机现象。如果进行长期研究，将发现它符合一定的分布。所以由此得到的样本还是随机样本。至于第五阶段田块上抽取实划实测样本，只是随机等距抽样在田块的应用，并不存在估计现实的问题，也就没有后一种随机现象的问题。

又如由于在农村实行了生产责任制，农民除在生产队内的生产活动外，还大量出现以农户为单位的包产到户的情况，这就要求根据实际情况采取适当的抽样调查方法，例如在公社范围内以队、自然村或其他地理区域（如广西的圩）为单位，从中抽出农户或地块如果农户经营地块大或地块多者还需在地块中抽取实割实测样本单位。

又如，不论在理论上还是在实践上都可看出，实割实测是实施本方法的关键一步。5个阶段中的前3个阶段是室内工作，第四阶段有田间估产工作，也有室内计算工作，而第五阶段则为实地的抽样调查工作，是以前各阶段抽样工作在这一阶段的具体体现，实割实测土地面积的多少取决于人力的训练和安排。为了便于在一个场院（坪）上脱粒、晾晒、扬净、称重等工作，每个地

块上所测样本单位数应当力求相等，以便计算。如果是方形测框则应按45°在田间置放，这是由于在窄垄作物中多放入测框的部分，只是测框三角形的尖端，这样每个测框内的作物不至相差悬殊。

又如，由于农作物产量调查对象的复杂性，光靠一种方法是无法搞准产量的。因此，就要利用各种有效的方法，并且使之有机的结合起来，以发挥各种方法的优点。由于农作物生长季节长，在不同阶段要有农情记载，包括气候，作物长势，技术措施等，如美国就有这方面的经验，可以借鉴。对农产量也可以利用回归分析方法进行预测，例如，原西德用8个因素的回归方程以预测产量，而前苏联则以春季存在的小麦株数作为回归方程的因素，以测定冬小麦的成熟穗数。如何确定回归因素，是要以实际经验为依据的。广东省关于生产队逐块估产排队的困难，可否和（原）西德一样按地理分布抽选10个点（或若干个点）来解决。田间实割实测是一项繁重的工作，亟须探索简便易行的方法，各地已这样做，国家统计局也在大力提倡。此外，还可通过空间遥感技术以预测农产量，由于误差大，目前只能提供农情趋势，还不可能作为计算实际农产量的根据。

最后还可举出一个值得研究的问题，即农产量抽样调查与农户家庭收支情况抽样调查两者相结合问题，我们称之为“多主题”调查，这是1981年12月全国农业统计工作会议上争论较大亟待解决的一个问题。我们知道，农作物产量抽样调查是农业统计的主要调查，是向国家提供农产量的主要依据，要求在短期内完成，而田间实割实测工作又很繁重，需要集中人力。社员家庭收支情况抽样调查，则要求平时登记，调查人员按期收集整理，及时解决思想和方法疑难问题。由于两者性质不同，一般说由于在时间上可穿插进行，便于安排调查工作，充分利用调查人力，但由于以农产量调查为主，取样时按亩产高低排队，抽取的样本适合农产量。但农产量以外特种生产情况有的却排除在外（特别是集中产区），而经营这些生产的生产队和农户的收入又比较突出，这就不免影响对全部农户家庭收支情况的研究，这点在国外已有先例，例如研究居民收入时只注意对富裕户的研究。为了弥补这个空白，就应将特种生产的集中产区，如棉区，烟叶产区、渔村、茶叶产区、蚕丝产区以及社办企业和工副业发展的地区等纳入调查范围，其对农产量区的抽样比例，以人口数为标准。在特种生产区的抽样调查则以每人收入高低为准，并按收入高低排队用等距抽样法抽取样本。为了使农产量调查与农户家庭收支调查结合在一起，还可进行有关标志的分组研究。例如，我们将广东全省各县按产量和收入的平均数与总体的相应平均数比较，分成3个组，高高组、高低组、低低组。高高组包括产量和收入都高于全省平均数的县，高低组是一值高于全省平均数另一值低于全省平均数的县，低低组则是两值都低于全省平均数的县。广东全省按上述方法分组及其抽取样本情况如表6所示。

表6　按1978—1980年平均数（每人收入，亩产）**比较**

组别	总体		样本县数
	县数	(%)	
高高	30	28.04	6
高低	33	30.84	7
低低	44	41.12	9
合计	107	100.00	22

由于高高组农民收入的差异较大，收入的总体平均数是89.92元，而收入最高的县高达296.66元，约为总体平均数的3.3倍。相比之下，产量的差异却没有那么大，所以高高组按收入排队抽选样本，其他两组按亩产排队，抽取结果符合所提要求（3%）。对此还可进一步分析，以找出农产量调查与农户家庭收支调查两者结合的点（县），这样既可充分利用现有调查力量，又可节省经费，并可通过成立一定调查组织，发挥调查人员的更大潜力，把两项调查工作搞好。

试论月令体裁的中国农书*

董恺忱

中国月令体裁的农书渊远流长，在整个农书中又占有相当大的比重。所谓月令体裁的农书在这里是泛指用月令、时令以及岁时记等以时系事的体例写成的农书（包括主要部分采用了这种体例的农书）。分析这些农书先后之间的继承关系，比较这些农书的内容，找出各该农书所具的特点，不仅有助于加深对这些农书的理解，还可进而从中看到我国传统农业发展的一些侧影。

一

“月令”这个名称来自《礼记·月令》，它和《夏小正》，同被看作月令体裁农书的先驱。所谓“月令”就是把一年里该作的事，按正规常例逐月加以安排。最初它只包括一些月份的天象、物候以及和季节有关的农事活动等，后来又添加了按月别时分，上起天子、百官等为政者应行的起居、祭祀、礼仪；下至被统治的劳苦大众应守的法令、戒条等政治措施。为了加强它的欺骗性，又把具有朴素的唯物主义色彩的阴阳五行学说神秘化来加以装点，所以其中既有周期性的自然现象，也有当时人们日常的生产和政治活动。至于那些用来配合的阴阳五行等说法，虽然迷信色彩较重，但也是先民的一些习俗和信仰的反映。

《夏小正》是公认的最早历书。虽然过去被奉认儒家的典籍，但是近年来多数的学者都肯定了它是农书[1,2,3,4]，不过关于成书的年代还有争论。做为农书，或者说从农学的角度来加以评价，它的主要意义在于它是先秦时期一种农家历。《夏小正》的正文过去被称做经文，据现在通行的本子共473个字，但其中有和后人撰写的传文揉杂的地方，它按十二个月，分别记载有关的天象、物候、农耕、狩猎、蚕桑乃至养马等活动。作为一本历书，它所载的天象经人考证不能晚于公元前二千年[5]。做为应农事活动需要观象授时的手段，它可能长期在先民中流传过，至于成书的时间似应在春秋前后。古时候以每个月一些显著的星象出没动态来表示节候，这是世界各国共同的。但像我国古代用自然界动植物和环境条件的周期变化相互之间的关系，即所谓物候来指导农事活动的还很少见[6]。所以《夏小正》中关于物候的记载就显得十分可贵而值得重视了。由于物候带有较浓厚的地方色彩，它只能适用于地理条件相近的范围。《夏小正》所反映的地区，经一些学者的考证推断在今淮海地区[2,3]。至于黄河中游地区则另有一套如下所记叙的资料，从物候特征来看，就是源出于西周所在的关中地带和沿黄河而下的中原地区。《夏小正》以时系事主要是为了生产，从它所反映出来的农牧和狩猎相配合的情况来看，当时还应该属于早期原始农业阶段。

反映西周农事活动的诗篇《诗经·豳风七月》，一向就被认为是一篇农事诗。由于它还说到了

---

* 原载《农史研究》1984年第3辑。经于．Bray泽成英文，曾发表于法国《传统农业与应用植物》1981年3—4期合刊。

一些月份的星象、物候和农事的关系，所以过去和现在也还有人认为，它可以和《夏小正》相表里，起着农历的作用[3,7]。比《夏小正》晚出的《吕氏春秋·十二纪》;《礼记·月令》和《淮南子·时务训》等都有沿袭《夏小正》以时系事的部分，不过内容已经比《夏小正》复杂多了。除了星候、物候和生产活动，还有政治措施以及一些迷信的东西，从这可推断出它们之间有着明显的渊源关系。但是它们之间的先后真伪等问题，却迄今尚无定论。不过多数学者的意见还是趋向于认为《吕氏春秋·十二纪》是较为早出的[8,9]。在这几篇中影响较大的要算《礼记·月令》了，因为早在汉代就把它列入儒家的典籍，到了元明清时期，《礼记》又被列为《五经》，这样《月令》也就随着成为科举时代应仕的必读之书了。清代每年颁行的历书《时宪书》上，每月都冠以《月令》所载的物候，随同历书的传播它已深入到了各个农家。不过《月令》的真正价值还在于它所载的有关节气和物候的知识，所以当今有人认为《夏小正》和《礼记·月令》是流传至今的两种最古的历书[10]，并肯定它们同样是后来农家月令书的基础[2]。

汉代以后，月令这种体例在内容和体裁上又都有所发展和演进。除了后面要着重讨论的农家月令书之外，还有时令以及岁时记等，它们虽然都是以时系事，但已不限于月份，而是用季节或年为准，内容涉及到社会生活的更多方面。由于封建社会里是以农业经济为主的，为政者的活动也总不能完全脱离农事，所以这些以记载年中行事为主的书也就或多或少总有一些和农事有关的内容。像南朝、梁、宗懔《荆楚岁时记》，虽是一本记载江南的农民年中行事，侧重反映社会风貌的书，但也有部分与农事有关的内容，所以国外有一些学者把它列为农书[11]。唐·李隆基颁行的《唐月令》，基本上还是沿袭《礼记·月令》的体例，只是在节令时序上有所修正并略有增删。后来月令体裁的著作就更多了起来，宋代的书目《崇文总目》就单列了一个岁时类，清代《四库全书总目》在史部已标出了一个时令类，说它的内容是“大抵农家日用，间阎风俗为多”，并列举了从宋、陈元靓撰写的《岁时广记》等十一部书。《岁时广记》虽按四时分为四卷共一百六十六条，但由于它是以摭取《礼记·月令》、《孝经纬》及《三统历》等材料为纲，再杂揉其他有关月令事宜而成书，所以无所发明。后来像《岁时广记》这样编撰的月令书也还时有所见，虽然它也为后来保存了一些史料，但在当时所起的多半是点缀升平的作用。在月令体裁的著作中，现在较受人们重视的是农家月令书。因为这种体例的农书除了辑录了一些各该时代的生产技术知识外，还保存了不少关于农业经营和反映农民物质以及文化生活侧影的资料，这些不只对探索历史上各个时期农业生产，进而对研究当时的社会经济生活也都是很有用的。以下试就农家月令书的演化存佚的情况做些探讨，并将其中有代表性的著作分别做些分析。

二

我国过去许多农学家，从重视农时这个传统出发，曾用月令的体裁写出了许多农书，据王毓瑚先生统计，全书都是袭用这个体例的至少有二十一种[1]但在今天能够看到的，包括经后人辑佚的也不过七种，相当于1/3，其他都失佚了。原因可能是因为农家月令书多是时间性和地域性较强的。随着时代的推移不断要求有新的这类农书出现，时过境迁一些用处不大的旧书就被遗忘而散失了。

除了这二十一种通篇都是用以时系事体裁写出的农书以外，还有两种情况也和月令这一体裁有关，一是在整部农书中，有关时宜的部分也是用以月系事的办法，把全年的生产活动做了安排，例如大型的《农政全书》、《授时通考》;小型的《沈氏农书》、《三农纪》等，也都参照上述

月令这个体例在卷首列出一项，突出的讲述有关时宜的问题。另外就是记叙某一个方面农事技艺的农书，也用这种以月系事的体例，但它已不同于把一个农家全年生产和生活加以安排的那种农家月令书了。在这类书中既有全书通用这种体裁的，如清初徐石麒撰写的《花佣月令》；也有把月令体例部分列于卷首，而后又申论有关事宜的像元代娄元礼编撰的《田家五行》。《花佣月令》是以十二月为经，再用移植、分栽、下种、过接、扦压、滋培、修整、收藏、防忌九事为纬，记叙一年里园艺操作的方法。《田家五行》是把全书分为上中下三卷，每卷又分若干类，上卷为正月至十二月类；中卷为天文、地理、草木、鸟兽、鳞鱼等类；下卷为三旬、六甲、气候祥瑞等类，全书大都以农谚来表述。可见农家月书令精确说来当不只限于王毓瑚先生列举的那二十一种，当然真正有成就有影响的农家月令，还是那些通篇首尾都用以时系事体例写成的书。

在这些农家月令书中，写作有工劣之差，成就有高低之分。所谓有成就有影响的，应该是从历史发展的进程上，在当时对生产起过指导作用，在今天能有助于了解各该时代的农事特点的。所以这里想就各个时代有代表性的农家月令书，做些粗浅的分析比较，目的在于引起大家对它的关注。在先秦可以《夏小正》为代表，前已略述不再赘叙。汉代以来的拟就东汉的《四民月令》、六朝的《荆楚岁时记》、唐的《四时纂要》、元的《农桑衣食摄要》、明的《便民图纂》、《沈氏农书》和清的《农圃便览》等加以比较。至于宋代的农家月令书虽有如《真宗授时录》和《十二月纂要》等，但可惜都已佚失没有流传下来，就只好付之缺如了。

1.《四民月令》。《四民月令》是农家月令书的开创者，东汉崔寔撰，书中列举洛阳地区一个仕家大族一年里逐月该做的事。书名“四民”，据石声汉先生的解释是“按当时所谓士农工商四民来说，这是以‘农业’、小手‘工’业为主，‘商’业收入为辅，来维持一个‘士’大夫阶级家庭的生活，合四民为一”[9]。

本书的内容涉及到许多方面，除了耕种、养蚕、加工、采集等生产活动外，还有祭祀、饮食、收藏，粜籴和保养、卫生等杂事。它是为了传授给和他相似的经营地主，把自己长年在庄田上积累的经验加以整理安排而后记叙的，从中可以看出，当时农业生产的概况。东汉时在洛阳一带，粮食生产已占优势，蚕桑也很重要，畜牧退到从属地位，蔬菜还只限于荤辛调味类。就生产技术来说，书中所谓“别稻”即水稻的移栽，和树木的埋枝繁殖法还是农书中最早见的记载。至于说到农业经营，除了反映自给自足的封建经济的基本方面，也有关于利用价格涨落的变化，把大宗粮食、丝棉和丝织品买进卖出的从事投机性的商业剥削活动。由于在各月的安排次序上比较细致合理，所以在月令体裁农书中，它不只是开创者还可称得上是一部代表作。

《四民月令》曾被《齐民要术》引征，即除了各卷在说到各种作物种植和加工酿造程序，凡是涉及到时令安排时，随时都曾引证外，在《杂说第三十》一章里，基本上又是以《四民月令》为基础，写出了北魏时有关蚕桑、染织、粜籴等和经营有关，逐月该做的事。《四民月令》在唐时还存在，到了北宋可能就佚失了，清代曾刊印了几个辑佚本，但质量都欠佳。1965年由中华书局出版的，经石声汉先生整理的《四民月令校注》是一个较好的本子，受到国内外学者的重视和好评。日本天野元之助在进行了比较研究之后，对石声汉先生这一校注本十分推崇[1]，近来日本的渡部武又据此进行了译注刊印了日文译本。此外德国的赫尔茨（Christine Herzer）曾据《全后汉文》所收严可均的辑本译成德文，书名是《Das Szumin Yueh－ling des Tsui Shih》，副题是《Ein Bauem－Kalender aus der Spateven Han－zeie》（后汉时代农家历），1963年在汉堡出版，书前附有赫尔茨的有关《四民月令》的论文。

2.《荆楚岁时记》。南北朝时梁·宗懔撰，严格说来它既不是真正的农书，也不是纯粹的农家历，但是由于有关南朝当时的农事、饮食等著作都不曾流传下来，而它却有助于了解江南农耕文化的一些情况，所以在这里还是把它列举出来了。

《荆楚岁时记》的内容，正如书名所题那样是记叙荆楚地方从年初到岁暮一年里的三十 六件行事，其中虽有些关于农业技术的记载，但没有突出的参考价值，主要的是反映了当时两湖地区农民生活的情况。由于书中记载的一些活动，诸如饮屠苏酒、行四方拜、登高、祭灶之类，不仅流传在中国，而且还和日本有些行事相似，可以看出中日两国文化交流的渊源，所以很受日本学术界的重视。除了有人把它列为农书[11]外，还有守屋美都雄据《汉魏丛书》所收的底本，参校了七种刊本，于1950年出版了日文译本《校注荆楚岁时记》。

3.《四时纂要》。唐末韩鄂撰，宋真宗时曾将本书与《齐民要术》一同刊印，发给各地劝农使者，这事具见于宋代的几部文献[12]，似在宋代确曾广为流传。元初的《农桑辑要》把它的书名改为《四时类要》并曾广泛的引用过，后来明代虽也有人偶尔提及，但在清代的书目中就不再见到了，一般都认为它已散佚。

近年在日本由山本敬太郎发现了一个万历十八年（1590年）的朝鲜翻刻本，随即在1961年由东京山本书店影印。据该印本题记它所依据的祖本是宋太宗至道二年（996年）印刊的一个杭州民间刻本，可见至少早于官刻本二十五年的宋初它已流传。据朝鲜《李朝实录》世宗（1419—1450）的诏令中，曾把它和《农桑辑要》做为劝农的范本而多次提及，所以在当时朝鲜雕板刊刻绝非偶然。

《四时纂要》全书五卷，分为春令正月；春令二、三月；夏令四、五、六月；秋令七、八、九月和冬令十、十一、十二月，即在月令前再统以时令，全书共四万三千多字。就书的内容来看，每月依次收录了天文、占候、丛辰、禳镇、祭祀、食忌、种植、修造、牧养和杂事等新旧文献，书中属于占候及各种迷信的文字者多达十分之四，即将近一半，另外谈饮食和烹调的也占一定比重。其中真正和农事有关的只有种植、畜养两项，和杂事中的几条。由于内容较杂无怪乎前代的目录学家曾把它归入不同的类属了[14]。

做为农书来看，它在生产技术上虽多引自《齐民要术》，但在技术成就上也有超过了的地方。如正月的接木；二月的种茶及种薯预；三月种菌子及木棉；八月份关于苜蓿和麦的间作（若不做畦种，即和麦种之不妨，一齐熟）等。关于种木绵一段，多数人认为是后人揉杂混入的，但据万国鼎先生的考证，元明书中木绵已改做木绵，而本书仍做木绵；另外从栽培方法和当时的习俗看，又不像是后人加入的[16]。至于种茶及收茶子的记载，据胡道静先生的考证可能是在中国古书中，我国有关茶树栽培经验的最早总结。因为在这以前，北魏《齐民要术》将茶列入非中国物产者，记载较简略。唐·陆羽《茶经》虽是有关茶叶的最早专著，唯详于采、焙、煮、饮，而略于栽植之法。但《四时纂要》所载，已是当时中南地区一般茶农所掌握的栽培技术，特别是有关套作法（茶未成开，四面不妨种雄麻，黍、稷等）很值得注意。

从经营上来看，当时一般地主似乎缩小了工商业经营，而更多的依赖于土地剥削。从书中没有提到家庭妇女参加蚕桑织染等劳动，而有付出雇佣劳动工资（放人工）的记载来看，反映出唐末一些地主经营方式的改变，其原因可能和当时长安以及洛阳地区的商品经济发展有关。特别是书中修造项下关于酿造的部分，虽仍可做为农家副业来看待，但从它的方式和规模似应纳入城市居民的经济范围了。

就月令体裁农书的演化来看，它虽师法《四民月令》的体例，但后来却逐渐蜕化为有如明代《便民图纂》一类通书性农书的迹象。所谓通书性农书，主要是作为农村居民的日用百科全书，它较详备的记录了农村居民的生产活动，但也更多的夹杂着丛辰、禳镇等迷信材料。《四时纂要》

中这类材料比起《四民月令》来所以更多，可能和时代有关，在封建社会的发展过程中，地主阶级不仅更多的需要用占卜、求神等一类行事来欺骗广大农民，而且也要靠神灵庇护和侥幸运气一类欺骗手段来麻醉宽慰自己空虚的心灵。

4.《农桑衣食撮要》。作者鲁明善，维族人，书成于元代仁宗延佑元年（1314年），当时作者任寿春郡监察官，这本书是他在任上为了奖励农桑，便于农民安排一年行事而编写的，由于寿春接近江南，所以书中所反映的生产地域较为广阔。加之文字简洁，内容充实，所以一向受到好评，清代的《四库全书总目》说它“明善此书，分十二月令，件系条别，简明易晓，使种艺敛藏之节，开卷了然”，决非过誉，石声汉先生说它是最好的农家月令书之一[2]。

这书从元代开始，都曾多次翻刻。皇家藏书的《永乐大典》和《四库全书》都收录过，书名在明代曾题《农桑撮要》和《养民月宜》。近世通行的本子错讹颇多，经王毓瑚先生整理的，以明刻《农桑撮要》本为主的会校本，1962年曾由农业出版社排印，书前《校订农桑衣食撮要引言》列出了各版本传承渊源关系。

这书的特点在于：去掉了礼俗、买卖、雇佣等事，占候禳禁等迷信成分也极少；所谈农事虽以农、桑为主，但已兼及园艺、畜牧和加工、修建等农家必要的活动，并逐条说明具体操作；文字不求典雅，征引不衔渊博，文体虽非口语但通俗易晓，引文虽经改写但不失原意，其所以这样，想来是作者为了讲求实用，较多为读者着想的原故。

书中材料来源主要是元朝官颁的《农桑辑要》，但经作者逐月安排，成为有规律秩序，条理井然的著作。确像《四库全书总目》说的“盖以阴补《农桑辑要》所未备”。这两书可互为表里，相互补充，所以在月令体裁的农书中《农桑衣食撮要》成就还算较高的，其原因似在于它的体例而不是内容。

元代三大农书之一的《王祯农书》，把农家月令的主要点集中体现在授时指掌图上。将“天干、地支、四季、十二个月、二十四节气、七十二候，各个物候所指示的应该进行的农业操作程序，星躔季节、物候、农业生产程序，灵活而紧凑的联成一体，将农家月令的要点，全部总结在一个小圈中，明确、方便、经济，是一件值得赞叹的创作”[2]。

5.《便民图纂》。明代月令体裁的农书不少，但成就不高。像取材于《农桑衣食撮要》由宋权撰著的《臞仙神隐书》，或抄摄旧籍无所发明由戴羲编写的《养余月令》等，不仅缺乏新的内容，而且又多是寄情寓性漫不经心之作，陈鹤鸣的《田家月令》又没有传世，所以这里就权以《便民图纂》为例来说明有明一代月令体裁农书演变的情况。《便民图纂》和《居家必用》、《多能鄙事》等相类，应是属于所谓农家日用百科全书这类农家或小市民手册一类性质的通书。但是由于它仍包含了一定的农业技术内容，所以在指出了这个缺点之后，一般都还是把它列入农书的范围。

本书的作者邝璠，河北任丘人，但《四库全书总目》列入杂家类，不载作者的姓名，后来一些书录曾加以辨析。据王毓瑚先生考证，邝氏可能并非本书的作者，而是由他第一次刊印，像这样的通书多半不是出自一时一人之手[1]，万国鼎先生认为可能是邝氏根据前此成书的《便民纂》改编的[18]。总之多所沿袭较少新意该是事实。它在明代曾被多次刊印，流传很广。《农政全书》和《本草纲目》也都引用过，可见它还有一定价值，解放后曾据郑振铎收藏的万历本影印，西北农学院古农书研究室曾据明嘉靖本校注，于1954年排印过。

《便民图纂》所记的是江苏吴县一带的习俗、行事。全书十六卷，依次为农务图、女红图、耕获图、桑蚕类、树艺类（上、下）、杂占类、月占类、祈禳类、涓吉类、起居类、调摄类（上下)、牧养类、制造类(上、下)。卷八至卷十的月占、祈穰、涓吉三类完全是迷信的东西,全书一半是讲农事以外的事物,但如其中所记医药、卫生等事宜,亦自有其参考价值未可完全抹杀。由于书中和农业生产有关的知识所占分量还是较大,所以它的确可代表中国农书中通书这一流派。由于许多活动还是按月份安排的,所以也有人认为月令部分在全书中乃是重点所在[19]。

就全书的技术内容来说,它虽辑录了一些从《齐民要术》到《种树书》的一些旧材料,但也反映了当时江南太湖地区新的技术成就。杂占类大部分抄袭自《田家五行》和《田家五行拾遗》。制造类包括的内容比较多,如酿造、保藏和加工等,虽然大部分属于农事之外的活动,但和小生产者的生计还是密切相关的。

通书也是中国传统农书中的一种体例,它是从农家月令书衍生发展而来的。最早的历书是月令体裁农书的基础,农家月令书只有根据辨别时宜的历法才能做到以时系事繁而不乱。农家月令书既是用来指导农家全年活动的,它就必然涉及到技术、经营、习俗等许多方面,当在原来编写记叙的基础上,稍有发展,而不过分拘守时分季节的次序,而更广泛的反映农家生活全貌,这就必然形成类似于农家日用手册的通书。但月令和通书这两种体裁是可以互相渗透的,如《四时纂要》是属于农家月令书中通书类型的,而《便民图纂》就是通书中偏重于月令这种体裁的了。

6. 《沈氏农书》和《农圃便览》。清代,除首尾通编都以月令体裁撰写的农书如《农圃便览》之外,还有一些农家月令融入时宜部分的地方性小型农书。所讲的都是当地实际的生产方法,较切实用,像涟川沈氏的《沈氏农书》;山东蒲松龄的《农蚕经》和清中叶四川张宗法的《三农纪》,以及较晚的陕西杨秀元撰写的《农言著实》等,书中都有仿月令编写的部分,把全年的农事活动按月编排放在开头,极便于作生产经营的计划安排时参考。此外像钦定的大型农书《授时通考》,它的名称就是源自"敬授民时",即把适时的耕种时令,布告给大众知道。而且天时又列在全书八门之首,除总论两卷之外,还按四季分为四卷,每卷又仿月令体例以月系事,杂引众书而成。本文这里拟就《沈氏农书》和《农圃便览》稍加分析,因为前者是江南太湖地区一个经营地主的家训,后者是北方山东一个失意的读书人长期住在乡间务农的心得,一南一北,较具代表性。

《沈氏农书》大约是明朝末年,由一个姓沈的人撰著的,故称《沈氏农书》,作者身世不详。后来由清初的张履祥加以校订,和他自己所增补的部分合刊,前半部分是沈氏所作为上卷,分四个部分,下卷即张氏续补的,故又称《补农书》。由于这两部分成书年代有前后之差,而且又不是出自一人之手,所以有人把它当做两本著作,分别加以著录[11]但是也有人把它合在一起,有时题《沈氏农书》,有时称《补农书》。或是用《补农书》后边加注(也称沈氏农书)的办法来区别(20)。

总之,《沈氏农书》是清初江浙间桐乡地区的地主阶级经营农业的记录,不仅生产技术,而且经营方法也有很值得重视的地方。从全书内容来看,上卷"首以月令,以辨趋时赴功之宜",在题为"逐月事宜"的这部分,实质上是一篇农家月令提纲,每月一条,共十二条,逐月按天晴、阴雨、杂作、置备四项,记载了全年一应有关的农事活动,对生产、加工、经营等事条例分析详加安排。以下"种田地法"二十条,讲水田耕作;"蚕务"九条,包括六畜的饲养;最后的"家常日用"二十一条是加工调制。下卷分三个部分,即"补农书后"二十二条,"总论"九条和"附录"八条,这部分是张氏"以身所经历之处,与老农尝论者,笔其概",以补沈氏之所未备。

《沈氏农书》开头以时系事的"逐月事宜"部分,虽只简略的列举了年内应做之事,但可看出生产的概貌和特点。后来的几个部分则就有关的问题详加论述,具体的分析了生产中一些关键问题,能够较深入的反映出当时的技术成就和经营水平,两者相辅相成互为表里。这样的处理安

排，兼顾了广度和深度，作者是颇费了一番心力的。《沈氏农书》反映出来的经营虽然还是封建式的而不是资本主义的，但从处处精打细算，事事讲求实效来看，的确是一个干练的经营地主的手记。从全书上下两卷的比较中还可看出，在经济上沈氏是以水稻生产为主而兼及种桑，稍后的张氏则重桑而兼及水稻生产，它反映了明清之际太湖地区一些地方由生产商品粮食地区转变为生产商品蚕丝的地区。这的确反映了经济作物生产的增长使粮食不足，从而要从他处买入使得粮食生产商品化，说明在商品经济因素不断增长的过程中，社会正孕育着重大的变化。在技术上最为突出的是有关地力的维持和培育的问题，从有关材料可以看出这一地区从唐以来，所以能够保持扬一益二位冠全国，是位居首位的膏腴之地的原因。本书在清代有过几个刻本，1956年农业出版社出版了标点校印本，书名为《沈氏农书》。1958年在深入调查的基础上整理出版的《补农书研究》。是由陈恒力编著，王达参校的，1961年曾增补修订过，颇获好评。

《农圃便览》是在乾隆二十年（1755年）由丁宜曾撰著的。这是作者三十岁之后，科举失意回到日照县石西梁家乡，经营田地近二十年的心得。由于内容较为具体实际，所以对了解山东和徐淮沿海一带的农业生产还是有参考价值的。全书不分卷，体例仿月令，开头标题为“岁”，是一般性的泛论，后边就分为四个季节，再逐月讲叙有关农耕、园艺、气象、加工、养生等事宜。书里有不少浮文虚辞是失意文人借以自慰的，阴阳迷信等说法也比比皆有，这反映出地主阶级在精神上的空虚无聊。但除此之外，在技术上也确有些独到之处，如二月种烟，三月种棉花关于播种前种子的处理，六月份打棉花心以及各个月份栽花、种菜的精巧技艺，都有值得称道的地方。这些不只反映了作者做为一个地主成员的闲情逸致，同时也说明一些经济作物和蔬菜、花卉等园艺作物栽种管理的技术水平有了提高，同时在平时生产活动中所占的比重也趋向加大。本书1957年曾由王毓瑚据乾隆二十年原著者家刻本，加以整理校点重新排印，并对书中和农业技术无关的部分做了删节。

三

用月令体裁写作农书是中国传统农学中一个较为突出的成就，它用以时系事的体例，把纷繁的农事活动加以排比，使之井然成序，而又极为简便易行，所以源远流长，各个历史时代几乎没有间断过，一直有人用这种体例编撰农书。从月令体裁内容涉及的面来看，又是形形色色包罗万象，从类似通书的体例到专讲一事一物的谱录等都可用来表述。有的还把它做为一部农书的有机部分放在开头，继之再配以深入系统的专论，使生产活动的安排和对操作技艺的探讨，相互结合，以达到相得益彰的境地。

月令体裁的农书所以有较为突出的成就，并受欢迎广为流传，根源还在于中国传统农业的精耕细作，和在封建社会里土地买卖和租佃关系相对说来较为自由的原故。精耕细作的传统农业在种植上，作物的茬口灵活多变，栽培技巧上以手工操作为主，这些都要求不误农时，切实掌握季节时令的变化。土地占有关系要求一些经营的地主和小土地所有者，必须抓紧一切时机精打细算，开展多种经营，力求获得较多的收益。因此，对全年生产规划和逐月安排生产的进程，必然给以较多的关注。和我国相比，西方的情况就有些不同了，除四世纪罗马帝国时帕拉迪阿斯（Palladius)的《农业论》，是以农家历的形式写作的农耕诗，逐月记叙了有关葡萄、橄榄和一些花卉、蔬菜的栽培管理技术之外，直到1771年才有阿瑟·扬（Arthur Young）的《农家历》(Farmer’s Calender）于伦敦出版，但那已是近代农业在英国兴起之后的事了。而在实行庄园经济和三圃制农业的中世纪，一切按通行的惯例去办就行，简单、僵化、少变的社会生活和农业生产，并不需要随时编著反映生产经营不断变化的以时系事体裁的农书，所以西方在以传统农业做为对象的农书中，月令体裁较为罕见也是不无原因的。

月令体裁的农书所涉及的问题比一般农书要多些，这是因为它所包括的内容较为复杂，包括了从生产技术、经营管理到起居饮食和占候祈报等物质和精神生活的一切方面。做为农书来说，这几方面也都是有参考价值的，由于时代和阶级的局限，它必然会是瑕瑜互见，精华与糟粕并存。技术内容只要推陈出新，用现代科学来加以评论，用生产实践本身来决定去取，问题较易解决。就经营管理来说，它也还有可供参考之处，不应全部抹杀。不贻误时机，不浪费财物，并不能都看成仅是地主阶级的悭吝的本性，而是组织生产从事经营要依循的原则。至于反映物质和文化精神生活的记叙，值得借鉴参考的地方，可说是全无或极少，但即使这样，由于它是阶级和时代的产物，所以不能说从中不会找到旧社会旧时代留在我们身上有待克服的烙印。小生产者的心理和习气，士大夫的孤芳自赏与闲情逸致，都是阻碍实现农业现代化的有形无形的阻力。月令体裁农书中留下了这些痕迹；做为批判的材料也应该认真对处。要改善今天广大农民的物质和精神生活，就应该从历史上了解它的过去，简单的不承认主义是无助于解决复杂的社会经济生活中的问题的，又何况这些书中还保存一些为广大群众喜闻乐见的富有民族特点的年中行事，和烹调加工等精湛技艺。

月令体裁的农书在历史上是经历了一系列的演化过程，遗憾的是在封建社会里广大劳苦人民虽是历史的主人，但他们处在被剥削被压迫的地位，并没有真正当家作主，所以真正直接反映劳苦农民大众生活和生产情况的农书就很少。同样它也体现在月令体裁的农书中，试看《夏小正》和《礼记 ·月令》是为政者的月令，它是为了适应统治者的需要，在劳动人民长年实践所积累的经验基础上，规定了一些劳动者必须遵守的戒条；《四民月令》是东汉仕家大族的生活纪录；《四时纂要》是唐代寄生地主的生活写照；清代的地方农书较多的还是经营地主的手册或记录，元代的《农桑衣食摄要》是一本较为切合群众要求的月令体裁的农书，但它不仅是出自牧民之官的手，而且从书中讲到的“造酥油”、“晒干酪”的记载来看，它所反映的也绝非在饥饿线上挣扎的广大农民的全部实情。到了近代，虽曾有像竺可桢先生那样杰出的学者，倡导过以新的内容来充实月令这种体裁，编写来新月令来[21]，但成效甚微。新中国成立后情况就完全不同了，有了受到农民大众欢迎的有着崭新内容的历书，和内容丰富形式类似通书体例的日用手册，如通俗出版社每年刊行过的《东方红》等，和以时系事的作物栽培管理历程表和一年早知道之类的经营管理规划表等。这些内容新颖充实，形式为群众熟悉的读物资料，备受欢迎。这也说明月令这种体裁经过时代的洗礼也在新生，不仅有了新的科学内容，同时也反映出新的社会风貌。

参考文献

[1] 王毓瑚：《中国农学书录》农业出版社，1964。
[2] 石声汉：《中国古代农书概说》农业出版社，排印中。
[3] 夏纬瑛：《夏小正经文校释》农业出版社，排印中。
[4] 梁家勉：《逐步发展的祖国农业文献》华南农学院（油印本），1955。
[5] 陈久金：《历法的起源和先秦的四分历》，《科技史文集》第一集，上海科技出版社，1978。
[6] 竺可桢：《物候学与农业生产》《竺可桢文集》，科学出版社，1979。
[7] 见宋、朱熹《诗集传·豳风七月》传文，及清，沈懋德《夏小正诂》序文。
[8] 见《十三经注疏》《礼记十四·月令》郑玄注。

[9] 石声汉：《试论崔寔和，〈四民月令〉》《四民月令校注》中华书局，1965。

[10] 李约瑟：《中国古代科学技术史》，第四天学，第一分册，科学出版社，1975。

[11] 熊代幸雄：《汉籍农书的解题》《比较农法论》御茶的水书房，1969。

[12] 天野元之助：《中国古农书考》，龙溪书舍，1975。

[13] 见《资治通鉴长编》卷九十五，《宋会要辑稿》职官劝农史条，《玉海》卷一七八，食货农书类。《文献通考》经籍考，子部农家类。

[14]《崇文总目》列入岁时类，《玉海》入律令时令类，《宋史，艺文志》则归入农家类。

[15] 见《李朝实录》世宗五年（1422）六月庚戌、一九年（1437）六月辛未、二〇年（1438）七月丁亥各条。

[16] 万国鼎：《韩鄂四时纂要》《中国农报》1962 年 5 期。

[17] 胡道静：《读四时纂要》《中华文史论集》第二集，中华书局。

[18] 万国鼎：《邝璠便民图纂》《中国农报》1962 年 11 期。

[19] 石声汉：《试论我国古代几部大型农书的整理》《中国农业科学》1963 年 10 期。

[20] 陈恒力编著：《补农书研究》农业出版社，1961。

[21] 竺可桢：《论论月令》《竺可桢文集》科学出版社，1979。

城郊环式农业结构初探*

李志民

大城市郊区农业不同于一般农区结构，应该有其特点。现阶段，中国大部分大、中城市的郊区，由距离城区远近的影响，已经形成了大小不等、远近不一的经济圈（环或半环）。

一

把城市和郊区关系作为环式研究，由来已久。

早在1826年，德国学者屠能在他所著的《孤立国》中首次研究了城市和郊区农村的关系。他假设在肥沃平原中央有一巨大城市，该区土质、气候条件相同，该大城市只与郊区单一联系组成一个“孤立国”。他设想，第一环为农业园圃；第二环为林业；第三、四、五环为粮食作物；第六环为畜牧。很明显，他是根据距离城市远近来考虑农业布局的，它是一个个界限分明，层层相接的圆环形。当然这样的“孤立国”现实中是没有的。但是，如自然科学那样，假定某些条件不变，只研究某些因素，是科学研究常用的方法。因此，环式在农业布局中，作为一个理论来研究有其一定的意义。

1957年苏联的华西里耶夫所著《城郊农业的发展》一书，以莫斯科为中心，以距离莫斯科远近为半径，分析了1937年苏联卫国战争以前城郊农业的生产结构。其结论是农场中各业的配置取决于路程的远近和运费的多寡。他还指出，这一配置原则几乎在每个城市，历史上已经形成。

1966年初版，1977年再版的英国P. 霍尔所著《世界大城市》一书中，把距离城市中心远近做为城市总体规划的重要原则。无论是伦敦、纽约、东京、还是巴黎、莫斯科都有核心，都有近郊、中郊、远郊之分。荷兰的兰斯塔德本身即为“环状”城市。拿美国纽约来说，它的郊区超过城区。1970年城区人口为789.5万人；标准联合大城市郊区1970年为1 617.9万人；区域规划协会所划定的郊区为31个县，总人口1 974.8万人。纽约区域的市中心区的面积仅占曼哈顿岛的9平方英里，但是其就业率占纽约总就业率的1/4。居民分布密度，从核心的县向区域的中圈和外圈的县，由高到低逐步分散。随着世界大城市的膨胀，带来了居住、交通、卫生等方面的社会矛盾，作者推崇霍德华的“社会城市”。这是以绿带相间的一环套一环的多环式的城市总体规划。它是在汽车成为城市主要交通工具之前的1898年制定的。它明显地表明既适用于人们高度流动性的条件，也适合于流动性较低的条件。

中国对中心城市的研究业已开始。中央领导曾指出要“以大城市为依托，形成各类经济中心，组织合理的经济网络”。要组织大的经济网络，首先要把各个城市本身的小网络搞好。这就

* 原载《中国城郊经济结构与发展战略》，武汉大学出版社，1984年10月版。

是首先要把各个大、中城市的城区与郊区的经济网络调整好。中国在1981年12月召开了“中心城市问题座谈讨论会”，已着手这方面的研究，且取得了可喜的成果。

二

按距离城区的不同距离为半径来分析粮、油、菜、果（干、鲜果）、猪、羊、蛋等9种农副产品的结构。根据北京郊区283个公社、农场的统计资料和天津市7区5县的资料，有以下共同特点：

第一，距城区最近的一环（即近郊区），菜的比重大，北京占40%以上，天津接近40%；粮的比重则较小，北京占25%左右，天津占35%左右。而在二环，菜降低为8%左右（北京8.4%，天津7.8%），粮食则增加为50%以上，北京51.2%，天津57.1%。三环，菜值下降的更多。北京为6%以下，天津为5%以下，粮食仍在50%左右。果品值由近到远是增加的趋势，羊产值在各环中的比重很小，但是比重是呈上升的趋势。呈现出鲜菜、鲜奶、鲜鱼等产品最近消费区的特点，而粮食、肥猪生产结合较紧，且离城区较远。

第二，1978年的结构与1927年莫斯科的结构类似。

第三，党的三中全会以后1980年的结构与1978年的结构相似。只是更加体现了近郊菜区的副食品基地的作用。其表现是：菜值上升0.8%，粮值下降1.2%，油值上升0.1%，蛋值上升0.2%，鱼值上升0.2%。

第四，农产品的价格对环式结构有一定的影响。因为1980年不变价格比1970年不变价格提高30%，但各类产品提价幅度不一。因而同是一年的资料，以不同的价格分析，则出现增加的比例不一致的现象。如近郊（一环）的1980年不变价格比1970年不变价格计算的比例，粮值低1.6%，菜值低0.3%，果值高1.2%，油值高0.1%。

三

古今中外，以城市为中心，其农业生产布局、结构配置、确实有一个环状分布。按照距离城区的远近，由内环到外环，在农业生产上有以下特点：其一，农业人口的密度由密到稀；其二，农业人均耕地由少到多；其三，农业生产水平由高到低；其四，农业部门由蔬菜，副食品生产为主到以粮、油为主；其五，蔬菜品种由叶菜茄果为主到块根为主。环式农业结构配置能不能适用于对农业生产结构的调整，特别是郊区农业生产结构的调整呢？通过规划实践，这是可行的。

近郊区：紧靠城区，人多地少，劳均耕地一般已不足一亩。因此，该区不宜新建企业，占用高产菜田，并要通过总体城市规划，划出高产菜田保护区，不宜征用，以利农业基本建设。该区以生产叶菜、茄果蔬菜为主，并发展奶牛、蛋鸡、鲜鱼生产，供应城市居民鲜活副食产品。

中郊区：该区与近郊区相连，由于行政区划的关系，形成犬牙交错地带。生产安排为菜、果、鱼区。且粮油比重加大，又是季节菜和加工菜的集中地。蔬菜品种以块根非叶菜为主，成批上市，但不一定天天上市。而随着卫星城的发展，亦要适当增加叶菜、牛奶、鲜蛋的生产。

远郊区：离城区较远。主要是粮、油作物产区，提供新鲜奶、果、蔬菜、活鱼等副食品比重不大。但以特有的干果、草食畜产品、林业产品供应城市需要的潜力很大。

据上所述，城市郊区农业生产结构的安排，农林牧副渔五业大致是三环式（即近郊、中郊、远郊）的配置，如下表所示：

项　目	一环（近郊）	二环（中郊）	三环（远郊）
种植业	菜	粮	油（包括木本油料）
畜牧业	牛（奶）、鸡、猪	猪、鸡、牛（肉）	牛、羊、兔
林果业	鲜果	干果	松林
渔　业	网箱养鱼	坑塘养鱼	水库养鱼
副　业	养殖、种植	农产品加工	野生采集

环式结构规划的好处，简略述之为以下五点：① 含5%到28%干物质、不耐运输的商品菜、奶、鲜果、蛋类尽量安排在靠近消费区一环。因此，能保质保鲜，及时供应；② 根据土壤、地貌、自然、经济特点实行专业化，社会化的生产，有利于因地制宜，发挥优势；③ 每一环中，其发展方向是一业为主，综合发展多种经济，向生产的深度、广度进军；④ 有较高的经济效益。不耐运输不易贮存的“五鲜”产品放在靠近城区的近郊生产，不仅及时上市供应，而且运输费用大大降低，损耗率下降；⑤ 从广义农业出发，既有一定的环，又不机械地形式地划环，可划类型区。例如，北京市延庆县按其距离应划在三环，但是，根据需要，可以利用其地势高，温差大的特点，种植一部分土豆，调剂北京市蔬菜淡季的矛盾，实际可以起到二环的作用。

中国的城市郊区大体分为三类：一是小城镇（如县城或县属村镇），一般有郊区性质的一个或几个乡镇（如城关镇）；二是大、中城市（如地级市、省城），除拥有郊区以外，有的还辖一个或几个县；三是特大城市（如中央直辖市），不仅有较大范围的郊区，而且辖数个县，甚至辖境相当于一个地级市范围。这种状况是在交通不高度发达，食品保鲜技术不过关条件下形成的，在相当长的时间内还不易改变。

最后，需要说明，环式结构指的是集中团块状城市郊区的情况，实际上则复杂的多。如海港或大江河港城市，在没有桥梁连接时。郊区农业则呈半圆形发展。分散为几个块块的城市，各块都有自己的郊区，不一定只有一个中心。而带状城市的郊区往往呈矩形分布。因此，在确定郊区界限及其结构时还要考虑地形、水面、资源、运输网等条件。尽管郊区的形状各式各样，但有一条原则是共同的，即鲜活产品要靠近消费地，不应舍近求远。

调整我国畜牧业生产结构的方针*

林 智 元

畜牧业生产结构，包括畜种结构、品种结构、畜群结构和畜产品结构，因为畜群结构是微观经济研究的范畴，而畜产品结构又是畜种结构和品种结构决定的。所以本文试图根据畜牧业发展的规律与国内外畜牧业发展的情况，重点探讨我国畜种结构和品种结构发展的方针。

一、畜牧业生产结构的概念

农业生产结构是一个多层次的复合体，由种植业、林业、牧业、渔业和副业构成的最高的一个层次我们称为农业生产的一级结构。在一级农业生产结构中的每个生产部门中，如种植业又分为粮食生产和经济作物生产两个类型；林业分为薪炭林、经济林、防护林等；畜牧业分为养猪、养牛、养羊、养马、养骡、养驴等；渔业分为捕捞与养殖。所以在农业生产一级结构中下面又有一个层次的结构，我们称之为农业生产的二级结构。因此，从农业生产结构上看，畜牧业生产结构属于农业生产二级结构中的一个组成部分。但畜牧业又是一个独立的生产部门，无论从全国、或是从一个地区的范围来考察，畜牧业生产结构都是由畜种结构、品种结构、畜群结构和产品结构组成。因而畜牧业生产结构也是一个独立的、多层次的复合体。由于畜种结构是畜牧业生产结构中的一个最高层次，所以我们把畜种结构称之为畜牧业生产结构中的一级结构。在一级结构的不同畜种中又可分为不同的品种，因此我们把品种结构称为畜牧业生产结构中的第二级结构。在二级结构内的不同品种中又有不同类型的畜群结构，我们称为畜牧业中的第三级结构。至于畜产品结构，它是上述三种结构的产物。同时也是一个多层次的复合体，不可能与上面的三种结构同在一起分级。一般我们可以把肉、奶、蛋、皮、毛等称为畜产品的一级结构。在一级结构的不同产品中。又可分为不同的类别、如肉类，可分为猪肉、牛肉、羊肉、兔肉、鸡肉、鸭肉等；奶类分为牛奶、羊奶、马奶等；蛋类分为鸡蛋、鸭蛋、鹅蛋、鹌鹑蛋等。我们把这些不同类别的产品构成，称为畜产品的二级结构。在二级产品结构中还可细分，如把羊毛分为绒毛、细毛、半细毛、粗毛，我们把这种产品的分类构成称为畜产品的三级结构。当然相同的细毛也有质量好坏之分，如划分为一级、二级、三级细毛等我们称之为畜产品的四级结构。

总之，畜牧业生产结构的每个层次之间都有着明显的界限，同时在各层次之间又是一个有机联系的整体，研究畜牧业生产结构时不能把它们决然分开。

---

* 原载《中国畜牧业经济发展》，中国城市出版社，1988年10月。

二、研究畜牧业生产结构的意义

研究畜牧业生产结构的历史、现状和发展，对于发展畜牧业生产具有重要的经济意义。

1. 畜牧业生产结构是制订畜牧业生产计划的依据。畜牧业生产是自然再生产与经济再生产交织在一起，只有合理的畜牧业生产结构，才有合理的计划。如果计划脱离现实的畜种结构和品种结构，则计划肯定不能实现。

2. 合理的畜牧业生产结构，有利于充分利用我国的饲料资源。我国的饲料种类繁多，不同的饲料适合不同的牲畜。而且不同的牲畜也可以食用同一种饲料，但获得经济效益的大小是不同的。植物生产是第一性生产，它通过光合作用把无机物、水分和二氧化碳等制造成饲草、饲料。动物属于第二性生产，它把饲草、饲料加工成畜产品。由于畜牧业生产是植物再生产与动物再生产紧密联系在一起，所以要充分合理的利用我国的饲料资源，就必须要有相应的动物去加工才能提高饲料的经济效益。建立合理的畜牧业生产结构，就要使农牧结合得到最佳比例，并达到相互促进的目的。

3. 合理的品种结构与畜群结构，可以使用一定的人力、物力财力取得最大的经济效益。优良的品种就好比先进的加工机器。而合理的畜种结构，则是加工机器成龙配套的最佳组合。畜牧业生产是以畜群为单位进行，只有按照科学的畜群结构组织生产。畜牧业才能高速度发展，才能做到投入小产出大、经济效果好。总之，合理的畜牧业生产结构，有利于有计划按比例发展畜牧业；有利于充分利用自然资源和经济资源；有利于充分利用人力、物力、财力，不断提高畜牧业经济效益；有利于农牧结合建立良好的生态系统和有利于满足人民对各种畜产品的迫切需要。

三、调整我国畜种结构的方针

畜种结构，通常是指各种家畜的构成情况，即猪、牛、羊、马、驴、骡等的各种头数占总头数的比重。新中国成立后，我国猪、羊和大牲畜的结构变化，如表1。

表1　我国畜种结构变化表

单位：万头

年份	1949	1952	1957	1965	1978	1982	1986
牲畜总头数	16 012.3	22 801	32 830	39 017	56 512	58 370	62 167
大牲头数	6 002.3	7 646	8 382	8 421	9 389	10 113	11 891
占%	37.5	33.5	25.3	21.6	16.6	17.3	19.2
猪头数	5 775	8 977	14 590	16 693	30 129	30 078	33 693
占%	36.1	39.4	44.5	42.8	53.3	51.5	54.1
羊头数	4 235	6 178	9 858	13 903	16 994	18 179	16 583
占%	26.4	27.1	30	35.6	30	31.2	26.6

从表1可以看出：① 大牲畜所占比重基本上是下降的，只是在80年代初有些上升；② 猪所占比重各年代虽有波动，但总的情况是大幅度上升；③ 羊所占比重1965年以前是上升的，1965

年以后缓慢下降。造成我国畜种结构这种变化的主要原因，是猪增长的速度比其他牲畜快。1986年与1949年相比，牲畜总头数增长288%，其中猪增长483%，羊增长291%，大牲畜只增长98%。

为什么猪的发展这样快呢？主要原因有三条：第一，粮食增长促进猪的增长，粮多猪必多，粮食与猪的关系是正相关，相关系数高达90%以上。1949年我国粮食产量只有1 100多亿千克，现在则发展到4 000亿千克。增长两倍多。1984年我国粮食产量创历史最高记录，1985年生猪存栏达33 139万头，占大牲畜、猪、羊总头数的55.1%，创我国历史上猪所占比重的最高记录。相反粮少猪也少。1961年由于粮食大减产，猪的存栏头数只有7 552万头，占大牲畜、猪、羊总头数28.1%，是我国历史上猪所占比重的最低记录。第二，猪增长快与我国发展畜牧业的政策有关。自从20世纪60年代初，我国提出了以养猪为中心，全面发展畜牧业的方针以后，生猪的存栏头数就从1961年的7 552万头，猛增到1978年的30 129万头，17年的时间，生猪存栏头数翻了两番。第三，养猪好处多。猪为杂食动物，可以利用各种各样的饲料。猪全身都是宝，猪肉是我国人民最主要的副食品，猪粪是有机肥的主要来源；养猪是农民传统副业，可以利用闲散劳力和增加农户收入；猪的繁殖能力强，比牛羊育肥快，生产周期短；养猪多对农业生态平衡有好处，养牛羊多则会破坏草原。正因为养猪有许多好处，所以发展的速度快。

大牲畜为什么发展慢呢？主要原因有两条：第一，大牲畜发展慢与我们的政策有关。长期以来我们对农户实行“禁养、限养、禁宰”的政策。养大牲畜不能作为商品生产，反而浪费人工和饲草、饲料。农户不但不能养，就是养了也得不到什么好处。第二，我国饲养大牧畜的主要目的是作役畜用，我国的耕地有限，而且越来越少，随着农业机械化水平的提高，所需的耕畜总是有限的，只是农村实行改革以后，由于各家各户分散经营才多需要一些役畜。

养羊主要是靠牧草资源，我国的草原质量差，而且都是靠自然再生产来维持。1965年以前，由于草原的载畜量少，所以羊的发展较快。1965年以后，随着载畜量的提高，羊的发展速度越来越慢，最近几年则出现下降趋势。

我国畜种结构的这种状况是否合理？如何正确评价？我认为，单从各种牲畜的绝对数和相对数来评价我国的畜种结构是否合理，是不能得出正确结论的。要评价畜种结构是否合理，必须从中国的实际出发，按以下几条原则来判断。

第一，要看畜种结构所提供的畜产品结构是否合理。畜种结构是手段，提供符合人民迫切需要的畜产品则是目的。所以，畜种结构必须根据人民对各种畜产品的需要量来安排。

第二，要能充分合理的利用我国的畜牧业资源。饲料资源，畜种资源，品种资源和畜牧业的科技人才资源等，是畜牧业不可缺少的生产要素。只有把资源充分合理的利用起来，才能高速发展畜牧业生产。

第三，要有利于农牧结合，相互促进，从而建立一个良好的农业生态系统。

第四，要有利于提高社会效益和企业的经济效益。

根据畜牧业的发展规律，从我国实际情况出发，遵照上述四条原则，我国畜种结构调整的方针是：“基本保持现在各种牲畜的比重”。即羊的比重适当提高，猪的比重适当降低，大牲畜的比重保持不变。也就是说，羊的比重保持在30%左右，猪的比重保持在50%～55%，大牲畜的比重保持在15%～20%之间，提出这个方针的依据是：

1. 猪从1961年以后的比重几乎是直线上升，发展过快。主要原因之一，是我们在发展生猪生产的政策上重数量、轻质量，重存栏、轻出栏所造成。猪的比重从1961年的28%，上升到1978年的53.3%。十一届三中全会以后，我们纠正了这种错误的政策，把发展生猪生产的重点放在出栏率上，到1986年年底，猪占牲畜总头数的比重只比1978年增加0.8%，但猪肉的产量却翻了一番。可见今后猪肉生产的增长，应当主要靠提高出栏率，以内涵扩大再生为主，不能再走外延扩大再生产的老路。解放后我国的肥猪出栏率一直没有得到提高，而且出现下降趋势。1952年我国肥猪出栏率高达88%。1957年84.9%，1965年79.8%，而1978年则降到55.2%，到1986年回升到77.5%。所以今后提高肥猪出栏率的潜力是很大的。现在肥猪生产较好的地方，出栏率高达140%，发达国家肥猪出栏率都在150%以上。我国只要把肥猪的配合饲料搞上去，到20世纪末，出栏率比现在提高一倍是不成问题的。这就是说，即使我国猪的存栏头数不增长，靠提高出栏率，猪肉产量也能再翻一番。总之，今后我们贯彻以内涵扩大再生产为主的方针，猪在牲畜总头数的比重绝不会再增长了。

此外我国人口多，粮食有限，到20世纪末，我国每人平均占有粮食也只能保持在400千克。除去口粮、工业用粮、种子用粮外，剩下用作饲料粮的不多。因此，养猪不可能大量发展，猪占牲畜总头数的比重也不宜再增长。

2. 羊占牲畜总头数的比重，今后要回升到30%左右。1986年末我国羊存栏16 583万头，比1980年的18 731万头少2 148万头。羊出现连续下降的情况是很不应该的。因为羊是草食动物，与粮食产量矛盾不大。为了满足人民对羊毛、羊绒、羊皮和羊肉的需要，必须充分利用我国的牧草资源发展养羊业。但1986年我国绵山羊占牧畜总头数的比重只有26.6%，比1949—1986年的平均数32.1%减少5.5%，比较高年份1965年的35.6%少9%。从1952—1984年32年的时间，羊占牲畜总头数的比重从来没有一年不超过27%的。近20年来羊的比重都在30%左右，保持这样的比重好处是：第一，能满足人民对羊肉和皮毛的迫切需要；第二，能充分合理的利用我国牧草资源，减轻养猪用粮的压力；第三，能增加农牧民的收入；第四，可以减少羊毛进口，节省外汇。

我国的草场质量低，产草量少，国家资金有限，不可能大面积的搞人工种草。在目前草场仍在退化的情况下，只能适当的增加饲养量，应主要靠内涵扩大再生产来增加羊的产品，绝不能再主要靠提高载畜量来取得产品，所以羊在牧畜总头数的比重，也只能从现在的26.2%恢复到30%左右。

3. 大牲畜比重要基本稳定。1986年大牲畜比重为19.2%比1971年以后任何一年都高。从畜种结构变化的历史分析，大牲畜所占比重是逐步下降的，近几年的回升是暂时的。因为我国的大牲畜主要是作役畜用，1952年役畜占大牲畜的比重为67.2%，1965年为51.3%，1978年为53.4%，1985年为58.3%。随着农业机械化的发展，大牲畜的比重不宜再提高了，应保持在15%～20%为宜。

大牲畜作为役畜使用，今后所需数量是逐步减少。但是作为产品畜使用则是逐渐增加的。特别是奶牛、肉牛的增长速度应当要比别的牲畜增长更快。但役畜所占比重，1985年比1965年反而增加7%，即产品畜比重降低7%。现在产品畜只占41.7%，这是很不合理的，今后应提高到50%以上。总之，由于产品畜的逐步增长和役畜的逐渐减少，这一增一减，则使大牲畜在畜种结构中保持原有的比重。

我国的畜牧业生产仍是一种小商品生产，自给自足占相当大的比重。长期以来畜牧业都是分散的粗放经营。生产水平低，每头存栏牲畜提供的畜产品非常的少。1985年我国牛存栏8 682万头，牛肉产品46.7万吨，平均每头存栏牛提供牛肉5.35千克；猪存栏33 139万头，猪肉产量1 654.7万吨，平均每头存栏猪提供猪肉49.9千克；绵羊存栏9 421万只，绵

羊羊毛产量17.79万吨，平均每只绵羊产毛1.85千克。现在发达国家每头牲畜的单产要比我们高几倍，今后我国畜牧业的发展方向，要以提高单产为主。因此，我国的畜种结构应保持基本不变。

四、调整牲畜品种结构的方针

牲畜品种结构，是指在同一畜种中不同品种的构成情况。品种结构有两种类型：一种是在同一畜种中，不同主要经济用途的品种之间的比例关系，如羊有肉用、毛用、乳用和兼用品种；另一个类型的品种结构，是指同一畜种中，同一用途的优良品种与一般品种（或当地土种）之间的比例关系。本文仅探讨前一种类型的品种结构调整。

我国牲畜品种很多，调整的重点应放在猪、牛、羊上面。因为猪、牛、羊在牲畜总头数中的比重高达95%以上，而马、驴、骡、骆驼所占的比重极小，而且主要是作役畜用，发展前途不大，所以品种结构的调整，我们只研究猪、牛、羊。

（一）猪的品种调整

我国猪的品种调整方向，应是以大力发展育肥快、出栏率高的瘦肉型猪品种。我国猪的品种很多，但出栏率低，而且都是脂肪型品种。1978年，我国猪的出栏率只有55%，到1986年也不过是77%。农村改革后的八年时间，猪的出栏率提高了22%，这是一个很大的成绩。但这样的出栏率与先进国家相比，差距仍然很大，而且还未达到我国历史的最高水平。早在1952年，我国猪的出栏率就高达88%，1957年为84.9%，1964—1966年三年的时间内猪的出栏率都保持在79%，只是在“文化大革命”期间才大幅度下降。造成下降的主要原因主要有三条：第一，是政策失误，养猪重存栏轻出栏，重数量轻质量；第二，饲料质量差，过去几乎没有配合饲料生产；第三，不能充分发挥我国良种猪的作用。我国猪的良种很多，原有的品种有内江猪、荣昌猪、金华猪、太湖猪、桃源猪、文昌猪等。新中国成立后，我国又培育了许多新的优良品种，如新疆猪、哈白猪、吉林黑猪、北京黑猪、广东大花白猪、上海白猪和伊犁白猪等。但是由于育种的目标不明确，新培育出来的良种几乎都是脂肪型的，瘦肉型猪的品种极少。随着人民生活水平的提高，我国原有的品种和新培育的品种都不能满足需要，今后必须大力发展育肥快、出栏率高的瘦肉型猪品种。解决的办法主要有五条：

1. 积极引进国外优良的瘦肉型猪品种，建立瘦肉型猪生产基地。猪育种时间长，直接引进良种可以争取时间，能解决市场的迫切需要。现在国外有许多育肥快出栏率高的优良瘦肉型猪品种，可以直接引进为我国利用。

2. 利用瘦肉型猪与我国良种猪杂交，加速瘦肉型猪的推广。利用杂交培育和推广良种，易于农牧民所接受，是一种多快好省发展瘦肉型猪的好方法。

3. 大力发展饲料工业。瘦肉型猪要求有足够的蛋白质饲料，否则就不能保证育肥快、出栏率高和瘦肉率高的要求。

4. 推广饲养管理瘦肉型猪的科学方法，不断提高经济效益。我国农民缺乏饲养管理瘦肉型猪的经验。如果饲养瘦肉型猪的效果不好，农民则不愿意饲养。只有饲养瘦肉型猪的效益提高了，农民才能大量饲养。

5. 提高瘦肉型猪的收购价格。现在我国收购瘦肉型猪和脂肪型猪的价格还没有拉开，养瘦肉型猪没有养脂肪型猪的经济收入高，这非常不利于瘦肉型猪的发展。只有养瘦肉型猪的收入高过养脂肪型猪的收入，才能使瘦肉型猪得到普遍发展。

以上五项措施如能得到落实，我国就可以力争到20世纪末，实现大城市郊区瘦肉型猪良种化，在全国猪的品种结构中，使瘦肉型猪良种占到50%左右。现在发达国家的脂肪型猪都被淘汰了，如德国猪的品种全是瘦肉型的。猪的繁殖能力强，良种推广的速度要比大牲畜和羊高几十倍。一头良种母猪经过一代繁殖，如果能生产6头母猪，再经过五代的繁殖，则是6×6×6×6×6=7 776头母猪。一头大牲畜或一只羊经过五代繁殖，最多也不过16头或32头。总之，猪的繁殖能力强，是良种推广的有利因素，只要我们的方针政策正确，措施得力，实现大城市郊区瘦肉型猪良种化，在全国猪的品种结构中，瘦肉型猪的品种占到50%左右的目标完全是可能的。

（二）牛的品种调整

我国养牛主要是作役畜使用，今后应大力发展奶牛、肉牛和兼用型品种，降低役畜的比重。牛占大牲畜总头数75%左右，但饲养奶牛和肉牛的数量很少，只有内蒙古、东北等地农牧民养的蒙古牛、宾州牛和青藏高原养的牦牛、犏牛能提供少量的肉乳以外，农民养牛主要是作役畜使用。1985年，我国养牛的总头数为8 682万头，其中黄牛6 526.9万头，占75.1%，水牛1 993.4万头，占23%，而良种和改良乳牛只有162.7万头，占1.9%。发达国家牛的品种结构与我国相反，他们都是养奶牛和肉牛，耕牛早已被淘汰。我国农业机械化水平虽然不高，仍需要一定数量的役畜，但现在的农业机械数量已有一定的基础。据1986年统计，我国农机制造企业已达2 266个，产值122.8亿元，累计生产大中型拖拉机119万台，小型拖拉机528万吨，各种田间管理耕作机械700万台，谷物联合收割机5.5万台，全国农用动力机械3.1亿马力，平均231亩耕地一台拖拉机，5亩耕地就有1马力的农用动力机械。我国所有的这些机械，如果充分合理的都使用在农业生产上，还可以节省大量的役畜。

1985年，我国有役畜6 646.4万头，占大牲畜总头数11 381.8万头的58.4%。现在役畜的头数要比1952年的4 142万头、1957年的5 368万头、1965年的4 322万头、1978年的5 023万头都多。为什么我国随着耕地面积的减少和农业机械化水平的提高所需的役畜数量反而增多呢？原因是① 1978年以前，我们实行禁止屠宰耕牛的政策，出现牛养老的现象；② 1978年以后，农村普遍实行大包干的政策，各家各户分散经营，因而所需耕畜增加；③ 已有的农业机械未能得到充分合理的利用。今后随着农业经营规模的扩大和农业机械化水平的提高，所需役畜的绝对数将要大幅度下降，这是一个不以人们思想转移的客观经济规律。例如，苏联在1941年末实现农业机械化之前，全国有马匹2 100万头，1974年实现农业机械化以后，全国只剩下马匹6.8万头，是农业机械化前的3.2%。如果到20世纪末，我国耕畜拥有量相当于1965年的4 322万头，总牲畜头数按“六五”期间的增长速度计算，则役畜占大牲畜总头数的比重，将由现在的58.4%下降到31.7%。

奶牛生产是我国畜牧业最薄弱的环节，今后随着人民生活对牛奶的迫切需要，奶牛增长的速度要大大的高于其他牛品种增长的速度。解放初我国只有奶牛3万头，“六五”计划期间，我国奶牛从1980年的64.1万头，增加到1985年的162.7万头，即增加98.6万头，增长154%；同期牛总头数由7 103.5万头增加到8 682万头，增加1 578.5万头，增长22.2%。如果按这样的增长速度计算，到20世纪末，奶牛在牛结构中的比重，将由现在的1.9%上升到16.9%；如果奶牛的增长速度放慢，也要达到8%左右。

我国牛肉生产水平低数量少，还不能满足人民生活需要，今后必须大力发展。1985年初我国饲养牛的总头数为8 212.8万头，当年出售和自宰的只有456.5万头，出栏率为5.5%，牛肉产

量46.7万吨，平均每头存栏牛提供牛肉为5.7千克。我国的饲草、饲料很紧张，养牛的数量又这样大，但从每头牛身上得到的产品极少，这是很不经济的。如果我们利用这些饲草、饲料来养良种肉牛，则牛肉产量至少可以提高十倍以上。

（三）羊的品种结构调整

羊的品种按产品的主要用途分类，有绵羊和山羊。绵羊又分为细毛羊、半细毛羊和粗毛羊；山羊毛又分为毛皮用、肉用和奶用品种。由于羊的产品种类多，各种产品都具有自己的独特经济价值，加上各品种之间对自然条件要求严格，具有较强的地域性。因此，羊品种结构调整的方针应当是“因地制宜，适当集中”。解放后，由于养细毛羊的产毛量高、经济价值大、收入多，国家重视细毛羊的品种改良推广工作，这是对的。但忽视粗毛羊的品种改良和推广工作，则不能充分发挥粗毛羊的优势。我国生产的地毯在国际上有很大的竞争能力，现在西方国家的高级地毯价格非常高，一块10平方米的高级地毯出口，就能换回一辆小轿车。因此，只重视细羊毛的发展，而忽视其他品种的作用是片面的。

奶山羊过去的基础很差，自十一届三中全会以后发展很快。到1985年我国已有奶山羊233万只，占羊总头数1.4%。养奶山羊的好处是：① 能满足农村和小城市对鲜奶的需要，也可以制成奶粉供应全国；② 能利用田边地角的零星草地和作物秸秆作饲料，节省用粮；③ 以利用闲散劳力，增加农民收入，如养一只奶山羊可以日产奶3～5千克，一个泌乳期能产奶500多千克，产值达200～300元；④ 具有投资小、收益大、不费粮和改善食物构成等优点。由于养奶山羊具有上述许多好处，今后必须大力发展。

近年来羊肉与羊毛的比价对养肉羊有利，因而宰羊出售的数量增加，羊的存栏头数出现下降趋势。1980年我国羊存栏18 731万头，到1986年降到16 583万头，减少2 184万头，下降11.5%。

绵羊与山羊的比例，1952年是1.48∶1，1957年是1.19∶1，1965年是1.28∶1，1978年是1.3∶1，1985年是1.53∶1。以上的历史数据说明，自1957年以后绵羊所占比重一直是上升的。其原因是随着绵羊育种的进步，饲养良种绵羊的经济效益越来越高，所以绵羊发展较快，因而所占比重也就越高。

以上情况说明，不同经济用途的羊品种结构变化，原因是多方面的，因此，在羊的品种结构调整上，既要考虑市场对毛皮的需要，又要考虑对肉奶的需求；既要考虑饲料资源和品种资源的合理利用，又要考虑经济效果的大小；既要考虑人民的迫切需要，又要考虑是否可能。总之，要统筹兼顾，全面安排，因地制宜，适当集中才能把羊的品种结构调整好。

畜牧结构和品种结构决定畜产品结构，而畜产品结构是否合理又会影响畜种结构和品种结构。在我国肉、奶、蛋、皮、毛等一级产品结构中，存在的主要问题是奶类生产非常薄弱。现在我国每人占有奶类不到3千克，而1980年世界每人平均就高达107千克，我国还不到世界平均水平的3%，今后必须大力发展。

我国的肉类结构也很不合理，猪肉产量占猪牛羊肉总产量95%以上，而牛肉、羊肉、禽肉、兔肉等所占比重极小。这样的肉类结构，很不适应人民生活水平提高的要求。今后必须大力发展草食动物和家禽，从而改变我国不合理的肉类结构。

综上所述，我国畜牧业生产结构调整的方向是：① 在畜种结构中，草食动物占的比重向上调，猪占的比重向下调。② 在大牲畜结构中，产品畜占的比重向上调，马、驴、骡等役畜向下调。③ 在猪的品种结构中，瘦肉型猪品种占的比重向上调，脂肪型猪品种占的比重向下调。④ 在牛的品种结构中，奶牛、肉牛、兼用牛品种占的比重向上调，役牛品种占的比重向下调。⑤ 在绵山羊的结构中，绵羊品种占的比重向上调，山羊品种占的比重向下调。⑥ 在山羊的品种结构中，奶山羊品种占的比重向上调，其他山羊品种占的比重向下调。⑦ 在肉、奶、蛋、皮、毛、绒的畜产品结构中，肉、奶、蛋产值占畜牧业总产值的比重向上调，皮、毛绒产值占畜牧业总产值的比重向下调。⑧ 在肉类结构中，牛肉、羊肉、兔肉、禽肉产量占的比重向上调，猪肉产量占的比重向下调。⑨ 在品种质量的结构中，出栏率和产品率高的优良品种占的比重向上调，劣质土种占的比重向下调。

调整畜牧业生产结构要涉及的问题很多，如要考虑畜牧业的资源数量和生态平衡，要考虑人民的收入水平和对各种畜产品需求的迫切程度，要考虑国内的需要和出口的需要。总之，要统筹兼顾、全面安排，才能把畜牧业生产结构调整好。

关于农产品价值决定理论的商榷*

俞 家 宝

一

我国许多经济学家主张农产品的价值应由劣等地条件下农产品的生产价格决定。即以劣等地条件下的个别生产价格为农产品的社会生产价格，或者说以劣等地条件下的个别生产费用加平均利润。这个方法基本上是依据马克思关于资本主义条件下农产品价值决定的理论提出的。

我们认为，农产品价值的物质内容无论是在社会主义条件下还是在资本主义条件下，应该说都是一样的。但价值本身是生产关系的范畴，价值所反映的社会经济关系，随不同的社会生产方式而不同，社会必要劳动时间的计算方法应该不同。例如，在简单商品生产的条件下，由于其交换范围狭小，农产品的价值是直接由价值决定。在资本主义条件下，价值反映资本主义生产关系，农产品的价值转化为劣等地条件下的生产价格。这个农产品价值计算的公式，反映了资本主义基本经济规律、平均利润率规律、价值规律在农产品价值形成中的作用。社会主义生产关系和资本主义生产关系根本不同，价值本身所代表的经济关系完全不同，计算农产品价值的方法也应不同，即它必须体现以下社会主义农业生产关系的基本特征：基本生产资料的公有制（主要是集体所有制）；计划经济为主、市场调节为辅；土地不能自由买卖；农产品生产者主要是集体所有制经济的包干户农民，他既是劳动者、生产者，又是经营者；产品实行按劳分配。如果农产品价值按劣等地条件下的个别成本（消耗生产资料的费用加消耗的工作日数乘标准工作日值）加平均利润计算农产品的社会必要劳动时间，则不能完全体现上述生产关系的特点，也不能反映社会主义基本经济规律、有计划按比例发展规律在价值形成中的作用。

1. 社会主义要求农业生产要不断满足人民日益增长的对农产品的需求，这就要求农业的经营者必须按照国家计划进行生产。但是农业经营者基本上是实行联产承包制的集体经济，它与国家不是一个所有者之间的内部关系，是两个所有者之间的关系，国家不能直接调配集体经济和包干户农民所有的生产资料，国家计划只能变成集体的或包干户农民的意志才能顺利实现。而集体和农民执行国家计划的积极性，产生于它执行国家计划能够满足其所追求的物质文化生活的程度。

国家计划需要的农产品，对集体和农民来说是生产的商品，不是生产直接满足自己需要的使用价值，而是生产“价值”，以便交换到能够满足集体和农民所需要的生活资料和生产资料，并能在价值形态上补偿已消耗的物化劳动和活劳动的价值，以及应该追加的扩大再生产所需要的生产资料的价值和提高生活水平所需要的价值。如果农民按国家计划生产，不能满足农民生产价

* 原载《农业经济参考资料》1984 年第 3 期。

值的目的，那么农民就必然利用自己承包使用的和所有的、占有的生产资料，直接生产满足自己需要的使用价值，或选择能够满足自己生产“价值”需要的经营项目。这种价值和使用价值的矛盾，是社会主义基本经济规律与有计划按比例发展的规律和价值规律的矛盾，这个矛盾的统一必然反映到社会必要劳动时间的含义上。而我们现行的农产品价值决定的公式只能反映价值规律和在农业生产中起作用不大的平均利润率规律，而不能反映基本经济规律和有计划按比例发展规律的作用。

2. 资本主义社会，资本家付给工人的工资只是其雇佣工人实际劳动天数的劳动力的价值，他可以完全不管工资是否能满足劳动者全年消耗的生活资料的价值。资本家还可以完全不管单位土地面积上的产值，不受经营土地面积的限制，可以多租种土地实行粗放经营，也可以少租种土地实行集约经营，取得资本的平均利润。在我国当前的条件下，农民经营土地，不能仅仅是取得平均利润，而且也不仅仅是实际劳动天数的劳动报酬，因为农业中生产时间和劳动时间不一致，在农闲时间仍然需要维持劳动力再生产的生活资料，这就要取得劳动者或经营者本身以及其家属的生活资料。劳动者新创造的价值（农业中称为净收入）的大小决定着提高劳动者生活水平和扩大再生产的能力。由于土地数量是固定的，农业中净收入的大小，不决定于农民及其家人可以投入多少劳动，而决定于他所经营的土地，种植的作物能够容许他投入多少劳动去创造多少净收入。从这个意义上来说，追求单位土地面积上较多净收入或净产值是我国集体经济和包干户农民经营种植业的主要目标。

3. 农业中不同作物的技术进步不同，有些作物经过人工驯化，有效地改变了它的生物学特性，生产增长速度较快，在集约经营的条件下，能取得较高的单位面积产量，而有些作物技术进步较慢，受到它本身生物学特性的限制，追加较多的物化劳动、活劳动，单位面积产量并不能随之增加，生产增长速度较慢。例如，1949 年粮食作物亩产 171 斤，1978 年为 548 斤，增长 220%。而同期棉花由每亩皮棉 22 斤增长到 59 斤，增长 168%，油料作物则由每亩 87 斤增长到 112 斤，增长 38%。粮食单位面积产量增长最快，油料作物增长最慢，粮、棉、油的生产技术不同，所需要消耗的物化劳动和活劳动也不同。超过了现有技术水平的需要，追加过多的物化劳动和活劳动，并不能形成产量，只是一种无意义的消耗，形成的个别价值不能被社会承认。不同的农产品，生产技术水平不同，有不同的集约度。按现行的农产品价值公式计算，生产技术水平高的作物，集约化程度高，在单位面积上可以形成较高的价值量，技术进步慢的作物，在单位面积上所需投入的物化劳动和活劳动较少，所形成的价值量也少。如果集体经济单位或农民按照国家计划经营技术进步慢的作物，就要比他经营技术进步快的作物，在相同的条件下，同一块劣等地上，所形成的价值量少，得到的总收入低，净收入低，利润量低，农民所得到其需要的生活资料的价值满足程度低，扩大再生产能力低，提高生活水平的可能程度低。所以，国家计划价格即便是反映了按这个公式计算的生产价格，仍然不利于国家计划的执行。例如玉米和大豆的价格，1 斤玉米价 0.1 元，亩产 700 斤，超购加价每斤 0.15 元，亩产值 100 元。大豆 1 斤 0.23 元，亩产 100 多斤，亩产值 25 元。① 成本占产值的比重，玉米为 77%，大豆为 75.8%，显然大豆的利润高。② 上述材料虽然不是来自一地，但材料反映的情况是可以说明按现行的农产品生产价格计算公式，是不能反映社会主义生产关系的。

4. 农产品的需求随着供应的改变，也会发生变化，但人类的生活习惯是多年养成的，有些农产品又是不可代替的。因此，需求的变化不可能与产品的技术进步幅度一致的“同向”增减。

① 《榆树县大豆为什么越种越少》，《人民日报》1980 年 8 月 14 日。

② 《价值规律和黑龙江水稻生产》，《农业经济丛刊》1980 年第 6 期。

一些技术进步慢的作物，由于有需要就要有生产、就要使农民愿意生产。这就必须使经营这种土地生产率低的作物的农民也得到与经营其他作物大致相同的净收入（而不是平均利润），这种产品的价值就必须大于按现行公式计算的价值，或者说现在这个公式本身没有完全反映社会主义农产品价值的全部经营关系。

5. 当前我国农业生产中，劳动力的利用并不是根据生产上需要多少，就使用多少，而是有多少劳动力就必须利用多少，而且大多数地区劳动力过剩。一般情况下，在一个经营单位中每亩地上投工多少，只影响劳动力的利用率，不大影响劳动力数量的增减，经营需工多的作物劳动力的利用率较高，经营需工少的作物，劳动力利用率较低，如经营投工少与投工多的作物都按统一的标准计算劳动报酬，那么经营投工少的作物的农民全年劳动力报酬就低，按平均利用率计算的利润量也少，这就造成在一年中，一个相同的劳动力，只是按国家计划生产投工多与投工少的作物不同，而生产的价值量不同，如果一个集体经营单位或一个包干户农民按国家计划生产投工少的作物，就达不到他生产较多净收入的目的。事实上，劳动力在闲暇时期，虽然没有活劳动直接物化到产品上，但是劳动力为了满足下一次作物生长对人类劳动的需要，则必须储备在那里。如果这种闲暇是由于该作物的生产特点所创造的，这种闲暇在生产上就是不可避免的，社会就应当承认这种不支出劳动力的消耗，将这个阶段所消耗的生活资料的价值转移到产品中去。农业中劳动力的价值，应以年为单位计算，在一年中如果劳动力利用率较高，生产总量较多，分摊到产品中去的劳动力的价值就较少，反之，就较高。当然也必须看到一个全年劳动力利用率较高的劳动力，所消耗的生活资料的价值比较一个劳动力利用率低的劳动力消耗的生活资料的价值要高。但是劳动力利用率的高低，除去经营能力外，还决定于农业生产的特点，如果农闲时间是该作物所必须的，那么消耗的按天计算的活劳动价值较高，就是必须的社会成本。

总之，现行的计算农产品价值的公式，不能恰当地反映社会主义农业生产关系的特点，不适合当前农业生产的实际情况，据此而制定的农产品计划价格，不能起到促进农业计划实现的作用，并造成作物间比价不合理。根据上面的五点分析，我们提出：农产品的价值是劣等地条件下消耗的生产资料的价值加劣等地上可能经营的作物种类的平均净收入（不是平均利润）。这样就可以避免现行公式所代来的缺陷，而可以做到：① 集体经营单位或农民只要按国家计划生产，国家按计划价格（农产品价值的货币表现）收购农产品，农民都可以得到大致相同的每亩平均净收入，就可以使国家计划的执行有了经济利益上的保证。② 有机构成较高的作物消耗的活劳动量较少，但可以得到消耗的每单位劳动时间较高的劳动力价值和较高剩余价值率，推动生产者实行集约经营。而按原生产价格公式计算，按统一的劳动报酬标准计算消耗的单位劳动时间，那么有机构成越高，消耗的活劳动越少，劳动报酬越少，单位产品成本降低，利润量也少，则不利于生产者实行集约经营。按我们提出的公式计算则可以促进集约经营，并有利于降低成本。③ 反映了农业生产经营者经营农作物商品生产是为了获得单位面积上净收入的核心目标。

我们所说的要使农业经营者获得大致相同的每亩平均净收入，并不否定资金和劳动力的作用，无论投入物化劳动和活劳动多少都得到相同的每亩平均净收入，也会使经营者失去经营花费资金和活劳动较多的作物的兴趣，投入活劳动和资金较多的作物应该有较大的价值量，应该有较多的净收入，每亩平均净收入应该进一步发展为土地、资金、劳动力三种资源的平均净收入。

二

如果上述理论是成立的，我们提出如下一个农产品价值理论模式的试算。假设每种农产品产量的增长都是社会的需要，并且在一块劣等的土地上，可以种植三种作物：甲作物由于它本身生物学特性的限制，是一个投入少产出也少的低产作物。丙种作物由于人类对它的改造，它的生物学特性，允许它在高水、高肥、高劳动消耗的条件下可以得到高额产量。乙种作物介乎两者之间。如果这三种作物都得到平均利润，那么在同一块土地上经营丙种作物，显然在单位面积上得到较多的利润量和劳动报酬。

例如，甲、乙、丙三种作物有机构成相同，按通常的价值公式，25%的利润率计算，他们各自的亩产值是：

	c＋v＋m＝w
甲作物	10＋10＋5＝25
乙作物	30＋30＋15＝75
丙作物	50＋50＋25＝125

丙作物比甲作物，每亩多收入 100 个单位。

如果这三种作物投资相同，有机构成不同、利润量相同，则每亩净收入相差较大。

	c＋v＋m＝w
甲作物	30＋30＋15＝75
乙作物	40＋20＋15＝75
丙作物	50＋10＋15＝75

可以看出，每亩净收入，甲作物为 45，乙作物为 35，丙物作为 25，有机构成越高，活劳动消耗越小，按统一劳动报酬标准计算，则花费的活劳动少，换句话说就是劳动报酬少，形成高产穷队。

如果对这三种作物作动态数列考察，我们还可以看到如下的情况，设利润率和劳动报酬率不变，以甲作物为例：

甲作物	c＋v＋m＝w	净收入（v＋m）
1. 有机构成不变	10＋10＋5＝25	15
	20＋20＋10＝50	30
	30＋30＋15＝75	45
	40＋40＋20＝100	60
2. 有机构成提高	10＋10＋5＝25	15
	25＋15＋10＝50	25
	40＋20＋15＝75	35
	55＋25＋20＝100	45
3. 有机构成下降	10＋10＋5＝25	15
	15＋25＋10＝50	35
	20＋40＋15＝75	55
	25＋55＋20＝100	75

从上式可见，不论有机构成高低，只要平均利润率不变，投资相同利润量就相同，而每亩净收入

则有较大的差别。在相同投资的条件下，有机构成越低，净收入越高，有机构成越高净收入越低。在这种情况下，如果需要农民按国家计划种植甲作物，即便是计划价格反映生产价格，也不能保证农民得到相同的净收入，农民必然脱离国家计划去经营丙作物。而且也不愿意实现机械化。如果计算农产品的社会必要劳动量，按劣等地消耗生产资料的费用加劣等地可能种植作物的平均净收入，使无论经营何种作物，都能得到大体上相同的净收入，就可以保证国家计划所需要的甲种作物、乙种作物和丙种作物。按照我们上述的例子计算：甲、乙、丙三种作物的每亩价值量就成为：

甲作物	10＋10＋5＝25
乙作物	30＋30＋15＝75
丙作物	50＋50＋25＝125

三种作物的平均净收入[(10＋5)＋(30＋15)＋(50＋25)]÷3＝45

甲作物	10＋45＝55
乙作物	30＋45＝75
丙作物	50＋45＝95

这是在有机构成相同的条件下，按平均净收入计算的产品价值，如果有机构成不同，按原公式计算：

甲作物	20＋20＋10＝50
乙作物	50＋30＋20＝100
丙作物	80＋40＋30＝150

按平均净收入计算

甲作物	20＋50＝70
乙作物	50＋50＝100
丙作物	80＋50＝130

从计算结果可以看出，按照每亩平均净收入计算农产品价值的方法，不论每亩投工多少，所得净收入完全相同，这样势必引导农民仅愿意经营投资、投工少的作物，甲作物就成为农民最有兴趣的作物。因而还要把投资、投工对农产品价值的影响考虑在内。

投资导致下述三种情况：

第一，有机构成不变，劳动生产率（按价值计算）不变，单位产品的价值量增减，由单位面积产量的增长速度与亩价值量的增长速度的比值决定。单位面积价值量增加，经营者除得到较多的利润外，还能由于追加活劳动而得到较多的劳动报酬。

第二，每亩投入物化劳动增长速度低于活劳动增长速度，有机构成下降，按价值计算的劳动生产率下降，亩价值量增长，利润量增加，按统一劳动报酬计算的劳动报酬增加，净收入增加。

第三，亩投资增长速度快，投入活劳动相对减少或绝对减少。按统一劳动报酬标准计算的消耗的活劳动的价值可能绝对减少。但是实际上劳动力的价值，由于有机构成提高，必然导致劳动者消耗的生活资料增加，劳动力的价值增加。这样就应该承认经营有机构成较高的作物，劳动力价值较高，同样一个劳动力今天从事较复杂的劳动，劳动力价值较高，明天从事较简单的劳动，劳动力价值又较低，这似乎是一个矛盾。其实这个矛盾确实存在，当然劳动力的支出和劳动者每日消耗的生活资料的价值并不一致。劳动者每日支出的脑力和体力劳动不同，这是农业劳动与工业劳动不同的特点。有机构成提高，劳动力价值不变，用工量绝对下降，可能导致每亩净收入量绝对下降。这就失去了投资的兴趣。如何使投资得到较多的平均净收入？我们认为，只要是生产量等于人民的需要量，每一元投资都应得到相同的平均净收入。

无论多少投资，都应得到相同的每元平均净收入吗？也就是说如何确定劣等地上社会需要的投资额。我们认为，可以从投资量与单位面积产量的相关关系中得到解答。一般情况是，在生产的第一阶段，随着投资的增长，产量以更快的速度增长，边际产量递增，单位产品价值量递减。第二阶段，随着投资的增加，产量以较小的规模增加，投资的边际报酬递减，单位产品的价值量由下降到上升，这时单位面积产量未必达到最高，如果继续投资单位面积产量还可以继续增长，一直到现有技术水平下单位面积产量最高。再继续投资单位面积产量下降，投资已毫无意义。如果按国家、人民、社会的需要，劣等地要提供最大的单位面积产量，那么达到最高产量的投资额就是合理的、必要的，这个投资额就是社会必要投资额，超过这个界限的投资额则不能被社会承认，不能转移到产品的价值中去。

有了上述理论界限就可以计算劣等地上可能生产的作物种类的每元投资的平均净收入。

投工，对产品价值量的影响比较明显。但是一块劣等地上，无论投工多少，都能形成社会必要劳动时间吗？假设一亩劣等地生产 100 斤小麦，需要 10 个工作日，现在为了达到最高产量增加了许多操作，如最高产量达到 200 斤，用工 15 个。那么用工 20 个产量也是 200 斤，社会承认的劣等地的个别活劳动消耗，是 20 个工还是 15 个工呢？我们认为，在一定技术水平下，每一种作物要达到最高产量，需要一定的投工量，超过这个投工量就是多余的，不能形成价值。这个投工的标准量可以由试验取得，也可以调查现有劣等地上经营该种作物的平均用工量。

需要投工多的作物，每亩形成的价值量较多，投工少的形成的每亩价值量较少，同时由于一种作物技术水平提高，会带来经营劣等地的劳动力价值平均上涨，因此，应该使投工多的作物得到较多的净收入，投工少的得到较少的净收入。

上述分析如果成立，计算农产品价值时的资源平均净收入应该是：

1. 在劣等土地上，可能经营的作物种类，不论其投资、投工多少，只要是社会需要，国家计划下达的任务，就应该保证每个经营者都得到相同的平均净收入。

2. 每种作物所需的投资、投工多少不同，需要投资、投工较多的应该得到较多的净收入，这就需要计算每种作物最高产量时，投资投工平均净收入。

3. 当我们计算出经营每种作物每亩土地都应该得到的平均净收入、每种作物的每亩投资的平均净收入和每种作物的每亩投工的平均净收入，把 3 个净收入再平均，就可以得到资源平均净收入。

计算方法如下：

第一步，计算每种作物的每亩成本＋平均利润。

第二步，计算劣等地的每亩平均净收入 Y。设甲作物每亩平均净收入为 y_1、投资为 n_1、投工为 a_1；乙作物的每亩平均净收入 y_2、投资为 n_2、投工为 a_2；丙作物的每亩平均净收入为 y_3、投资为 n_3、投工为 a_3。

三种作物的劣等地每亩平均净收入 $Y=\frac{y_1+y_2+y_3}{3}$

第三步，计算劣等地每元投资的平均净收入 Y_E。

$$Y_E=\frac{y_1+y_2+y_3}{n_1+n_2+n_3}$$

第四步，计算劣等地每工投入所得到的平均净收入 y_V。

$$y_V=\frac{y_1+y_2+y_3}{a_1+a_2+a_3}$$

第五步，求每种作物的资源平均净收入（以甲作物为例）。

y_E 乘 $n_1 = Y_{En1}$ 投资所得到的平均净收入

y_V 乘 $a_1 = Y_{Va1}$ 投工所得到的平均净收入

设：$\sum Y_1$ 为甲作物的资源平均净收入；$\sum Y_2$ 为乙作物的资源平均净收入；$\sum Y_3$ 为丙作物的资源平均净收入；$\sum Y_n$ 为 n 作物的资源平均净收入，则：

$$\sum Y_1 = (Y + Y_{En1} + y_{Va1}) \div 3$$

$$\sum Y_2 = (Y + Y_{En2} + y_{Va2}) \div 3$$

$$\vdots$$

$$\sum Y_n = (Y + Y_{Enn} + Y_{Van}) \div 3$$

甲作物的亩产值 $W_1 = C_1 + \sum Y_1$

乙作物的亩产值 $W_2 = C_2 + \sum Y_2$

丙作物的亩产值 $W_3 = C_3 + \sum Y_3$

甲作物单位产品的价值$=\frac{W_1}{A_1}$

A_1 为甲作物的劣等地上亩产量

按上式计算我们假设的模式

甲作物　　10+10+5

乙作物　　30+30+15

丙作物　　50+50+25

三种作物亩平均净收入 Y=（15+45+75）÷3=45

三种作物每元投资平均净收入：

$$Y_E = \frac{135}{90} = 1.5$$

三种作物每工投入的平均净收入：

$$Y_V = \frac{135}{90} = 1.5$$

甲作物的亩产值：

$$\begin{aligned}\sum Y_1 &= C_1 + [Y + Y_E \times n_1 + Y_{V1} \times V_1] \div 3 \\ &= 10 + [45 + 1.5 \times 10 + 1.5 \times 10] \div 3 \\ &= 10 + 25 \\ &= 35\end{aligned}$$

甲作物在劣等地上的产量为 A_1，125 斤每斤为 0.28。

乙作物的亩产值：

$$\begin{aligned}\sum Y_2 &= 30 + [45 + 15 \times 30 + 1.5 \times 30] \div 3 \\ &= 30 + 45 = 75\end{aligned}$$

丙作物的亩产值：

$$\sum Y_3 = 50 + [45 + 1.5 \times 50 + 1.5 \times 50] \div 3$$

=115

设丙作物亩产量 850 斤　每斤为 115÷850=0.135

从计算的结果可以看出，按我们提出的计算公式比按生产费用加平均利润——生产价格计算的结果，甲作物亩产值提高 10，乙作物不多不少，丙作物的亩产值减少 10，甲作物的净收入提高 10，丙作物的净收入减少 10。但由于经营丙作物投资、投工多每亩净收入仍然是最多的。

三

什么是劣等地？这是确定农产品价值理论的又一个重要问题。一般认为劣等地是指土壤贫瘠，单位面积产量低，距离市场远，运输费用大，投资报酬低，仅是由于社会对农产品的需要增加，不得不开发利用的土地。还有一些同志也指出，投资报酬低的土壤，并不仅限于土壤贫瘠，单位面积产量低的土壤，某些土壤肥沃的地区，为了追求高产，实行高投资，由于报酬递减的结果，投资报酬也很低，生产单位产品花费的物化劳动和活劳动并不比土壤贫瘠地区少。

在实际生活中，确定哪一块地是劣等地，远较概念复杂。往往是对一种作物是劣等地，而对另一种作物则是适宜的环境，例如沙土地对花生和红薯远较比种玉米、小麦适宜，山坡地土层薄种粮食作物单产低，土地投资报酬低，但种植果树就比较适宜。

因地制宜是相对的，各种作物播种面积，更主要的是决定于技术经济发展水平，决定于人民或社会的需要。所谓劣等地不是按自然条件的绝对界线划分的，而是一个经济学的概念。我们认为劣等地就是为了满足人民或社会对该作物提出的需要，而必须开发利用的最后一级适宜圈。

各种作物的生物学特性，要求一定的自然环境，各种自然环境也选择了自己的最适合的作物，自然环境的地域性，形成了各种作物的适宜圈，随着自然环境的变化对一个作物是由最适宜向不适宜递减，在同一的适宜圈内，经营条件相同便可以得到大体相同的产量。产量随着适宜性递减而递减，这样就形成了以最高产量为核心的产量递减圈，例如棉花可能有 200>150>130>100>80>60 等各种单位面积产量的地域分布或产量圈。

对一个作物形成的产量递减圈，对另一个作物并不一定是相同的递减圈，例如在棉花的递减圈内，粮食并不一定递减，最少也不是同棉花一样同步递减，譬如可能是：

粮食亩产（斤）	1 000	800	600	400
棉花亩产（斤）	150	180	130	100
粮食亩产（斤）	1 000	800	600	400
棉花亩产（斤）	150	140	120	80

等等会有各种各样的排列组合。

同时在一个地区可能种植的作物并不只是一两种作物，而是多种，适宜与不适宜的排列就更为复杂。那么如何确定劣等地呢？我们认为：如果亩产 80 斤以上棉花的地区都必须种上棉花，才能满足需要，那么亩产 80 斤棉花的土地就是劣等地，在这个圈内如适宜种植粮、油作物，对粹、油并不是劣等地。粮、油生产的劣等地也应根据同样的原则确定。当农业生产技术水平提高以后，人们的消费结构也随之发生变化，劣等地的界限也就随之变化。劣等地本身不仅是一个经济学的概念，而且是一个动态的概念。

对棉花是劣等地，对粮、油生产可能是中等地和优等地，这是确定种植业劣等地的矛盾现象，那么如何确定种植业的劣等地呢？我们认为种植业的劣等地是由粮食作物的劣等地决定的。因为粮食作物是数量最大、播种面积最大、地位最重要的种植业生产。粮食作物几乎在全国各地

都能生产，不同的自然条件下，有不同的作物品种，而经济作物对自然条件的选择比较严格，适应范围比较小。所以粮食作物的价值正确确定之后，就可以正确确定其他作物的价值。

粮食作物种类也很多，譬如对小麦是劣等地，对谷子并不是劣等地，但有些土地对谷子是劣等地，对其他粮食作物也是劣等地。假设有些地区，是种植谷子、马铃薯、莜麦的劣等地，而对其他作物均不适宜，我们就可确定是种植业的劣等地。有了种植业的劣等地和各种作物的劣等地，就可以求出各种作物的资源平均净收入，正确确定产品价值。

关于农业生产经济学在我国应用的问题[*]

郑 大 豪

一

农业生产经济学在西方是一门形成较早的农业经济学。20 世纪初，农业生产经济学的基本理论、概念和初步分析方法，如边际报酬递减规律，生产的适当集约度，部门配合理论，边际分析方法等便在农业经济学与农业经营等学科内部发展并逐步完善起来。其中影响较大的早期著作产生于德国，如艾瑞保（F. Aereboe）于 1905 年发表的“农业经济学泛论”，布凌克曼（T. Brinkmamn）1914 年发表的“农业经营经济学”等。20 世纪初，美国人口与经济大幅度增长，对农产品的需求迅速增加，加上得天独厚的自然条件以及农业技术的改进，1910—1920 年间，美国出现了农业生产的所谓“黄金时代”，使农业经济学在这块大陆得到充分应用与发展条件。据美国农业经济学家介绍，第一本以农业生产经济学命名的较有影响的著作是布莱克（John D. Black）于 1926 年发表的“农业生产经济学绪论”（An Introdution to Agricultural Production Economics)。由于生产经济活动分析的需要，美国农业生产科学试验的成果，一般都把生产投入对于产出的关系制订成各种生产函数，以便于分析鉴定这些成果的技术效率和经济效率。这样有一个生产试验成果就有一项生产函数的研究方式，几乎成了美国农业科学试验的制度。这些农业生产函数，就是农业生产经济学分析研究与发展的基础。

农业生产经济学利用这些生产函数，联系资源价格与农产品价格，研究成本与收益的变化；研究怎样在一定资源条件下，确定成本最低的资源利用方式；研究在一些资源可以充分供应的情况下，怎样取得最大限度利润；从假定其余情况都固定不变，只有一两项因素变化的较简单的分析，发展到有较多因素同时变化的较复杂的分析。农业生产经济学逐步从概念性阐述与简单运算向对多因素进行精确定量分析的方向发展。

20 世纪 20 年代末与 30 年代初，资本主义世界经历了第一次严重的经济危机。许多农业经济学观点和理论受到冲击或否定。但关于农业生产中的资源与产品、资源与资源、产品与产品之间的经济关系的一些概念和理论，以及与此相应的分析方法等，却经受住了考验。这些方面，也就是农业生产经济学研究的内容。第二次世界大战前，这部分内容形成西方农场管理学的基础，一般是这类教科书的最初数章或第一篇的内容。许多农业经济学教程中，也在适当篇章中阐述农业生产这种物质或价值的转换的经济关系。由于要确定许多可变因素间的精确数量关系，计算量往往很大。由于当时还没有电子计算机，这些理论的应用实际上受到很大的限制。

战后，美国许多农业经济学家认为，农业经济学的主要任务是管理。首要的问题是要研究农

---

* 原载《农业技术经济》1984 年第 1 期。

产品的加工以及农产品与资源的分配；研究以成本最低的方式运用资源；以适当的形式获得最高的利润。因此，农业生产经济学的地位更为突出了，由于线性规划方法的应用，使比较精确地组织许多资源进行多项生产的经济分析成为可能。这样，日趋成熟与完善的农业生产经济学理论，便发展成为独立的农业经济学分支。1952年，美国依阿华州立大学教授海地（Earl O. Heady）所著“农业生产经济学与资源利用”（Economics of Agricultural Production and Resources use）出版。这本书，至今仍被西方农业经济学界誉为农业生产经济学的经典。

60年代以来，农业生产经济学已成为西方国家农业经济系学生的基本课程之一。只是各类学校对此的教学与科研水平有较大不同。

近十几年来，农业生产经济学存在三种较明显的发展趋向：一是为了确定合理的产品结构和产品量，它不得不越出生产领域，研究农产品的市场与需求；二是为了避免生产过剩与其他损失，研究生产中的风险与不确定性，研究时间对资金的影响，这部分内容，在发达国家中一些条件较好的学校，已形成了动态农业生产经济学课程；三是研究大范围农业区与多层次农业，甚至与农业相关的工商业的合理组织。这样，便使原来只研究单个农业企业经营的这个学科，也用于探究农业部门的生产经济问题了。

但农业生产经济学的基本部分，作为大学的一门课程，一般可以归纳为八项基本内容：① 生产函数；② 成本函数；③ 资源与产品的关系；④ 资源与资源的关系；⑤ 产品与产品的关系；⑥ 最低成本与最大利润决策；⑦ 线性规划法的应用；⑧ 合理生产规模的确定。

经常运用的原则和方法主要有五种：① 边际报酬递减规律；② 边际分析方法；③ 弹性分析方法；④ 机会成本原则；⑤ 时间价值原则。

农业生产经济学用于解决三个生产问题：① 生产什么；② 生产多少；③ 怎样生产。使企业生产取得最大利润是它的唯一目的。

二

作为资本主义农业经济学科的一个分支，农业生产经济学本来是为资本主义农业经营服务的。这首先体现在它的所有理论、分析原理和方法都是为了获取最大利润。可以说，如果不是为了获取最大利润，就不需要农业生产经济学。第二，它只考虑本企业的经营利益，根本无所谓全局，也不考虑左邻右舍的利益。当企业生产必须和全局与左邻右舍发生联系时，它分析和了解全局的目的只是为了有利于本企业的生产经营，以便在竞争中战胜对手。第三，它是从属于在价值规律与平均利润率支配下进行无政府主义经营的经济学，只作企业生产计划，而不受外界约束。什么有利就生产什么，生产多少利润最高，就生产多少，至于怎样生产，更是围绕利润目的作安排。只要经营不利，可以卖掉包括土地在内的任何固定资产。资本可以在市场上自由流动到能获致最高利润的其他行业中去。显然，这种性质和社会主义生产目的与计划经济是矛盾的。

另一方面，农业生产经济学的许多概念和分析是假定在所谓“完全竞争市场”条件下进行的。即：有大量卖主；产品同质；新卖主可以自由进入市场；买卖双方对市场完全了解；资本在各行业之间可以自由流动；因而买卖是按已形成的市场价格进行的，没有人能对价格产生影响。这些在垄断资本主义条件下的假定条件，其中一些在社会主义条件下，在一定程度上却是现实条件。由计划生产带来的对市场的了解，稳定的价格，可以使农业生产经济学的一些原理和方法用起来更方便，分析计算也可以简化。这对于应用这些分析方法反而是个有利条件。

西方经济学家把经济学分为实证经济学和规范经济学。实证经济学只阐述经济情况是什么，而不对这种情况的好坏或应该怎么办作出结论。对情况提出好与坏或应该怎么办的意见或指令，是规范经济学的任务。自然，要明确区分这两者的界限实际上是不可能的。但许多搞农业生产经济学的外国学者认为，农业生产经济学基本上是一种实证经济学，它为规范经济学作判断和结论提供基础。因此，他们认为，农业生产经济学的应用是没有国界的。它可以为资本主义的企业经营服务，也可以为社会主义农业生产服务。可以说，他们这种看法有一定道理。

我国农业生产，已经转移到以经济效益为中心的正确轨道上。利润，当然是反映经济效益的一种重要指标。但根据社会主义生产的目的，利润并不是衡量社会主义经济效益的唯一指标。而农业生产经济学中一些不受国家计划指导，唯利是图的分析理论也是和社会主义整体利益不相容的。显然，农业生产经济学在我国应用时，需要马克思主义经济学理论的统率，需要作某些改造。同时，我国社会主义农业生产已存在三十多年，我们研究并解决过许多农业生产经济问题，积累了一定的知识，建立了一些概念和理论，其中一些概念与农业生产经济学的一些概念是相近的，只是各自给它们起了不同的称呼。例如我们在表述增加资源对于增产的作用时，常用资源增加的幅度大于或小于产品增加的幅度这样的词语来表达；而农业生产经济学却用生产弹性来表达这种概念。所以，既然都是用于解决农业生产经济问题的学问，必然有许多共同的地方，当然可以各取所长，加以组织改造，使之更好地为社会主义农业生产服务。

当前在应用农业生产经济学时，有如下几个问题要研究解决。

1. 关于计划经济与农业生产经济学的问题。在我国计划经济制度下，主要农产品生产什么、生产多少是由国家计划规定的，生产单位必须首先按照国家计划要求生产这些农产品。这是国家整体经济效益的体现。因此，一个生产单位不能毫无限制，无所遵从地完全按照农业生产经济学中利润最大化的要求来作生产什么、生产多少与怎样生产的决策。而只能按照国家计划规定的产品与产量指标，按照这些指标所允许的活动余地决定生产什么，生产多少。至于怎样生产的问题，则完全是由生产单位自行决定的。但这并不是说，解决生产什么，生产多少，以及多获利润的问题，在计划经济下就不能充分考虑了。相反，经过农业生产经济学的研究，可以比资本主义制度更容易地搞清楚农业生产的实际情况，进而得出应该怎么办，以便使国家、地方、各农业生产单位都获得最好的经济效益。合理的农业区划与生产规划，切合实际的计划指导，正确的农业生产政策，有效的经济与生产技术措施，都可以从这种研究中得到改进。例如根据增施某种肥料对作物增产的作用的生产函数，作出生产经济学的分析，就可以用于制定这种肥料在一定范围内如何分配经济效益最高的方案；如何合理安排这些作物生产方案；以致合理分配投资的大致方案。当然，对一些非计划的农产品，生产单位是可以根据对市场的预测作最有利的生产安排的，所以计划经济并不是农业生产经济学发挥作用的障碍，而是一种更好的条件；而农业生产经济学又是计划工作的一种有效工具。只是在这种情况下，农业生产经济学就不仅是一种企业经营经济学，而是兼用于部门与企业的生产过程了。这对于这门学科的发展并不是不利的。

2. 关于农业生产经济学在我国应用时，需要一个多元化的指标体系问题。在资本主义国家，生产的唯一目的是获取利润，所有生产资源，包括劳动力和土地，都可以用货币购买。而在商品化农业生产中，几乎所有农产品都用于出售以换取货币。所以农业生产经济学用于反映经济效益的指标只需一个，即资产利润率。在我国条件下，利润率也是反映企业经营经济效益的重要指标。但提供劳动资源的劳动者是企业的主人，他们不能从市场上随意雇佣。作为农业生产基本资源的土地归集体所有，也不能自由买卖。我国人多地少，土地资源更为宝贵，是我国发展农业生产的根本依靠。因此，这两种资源比其他农业生产资源具有很不相同的经济意义。如果在任何情况下都把这三种资源用货币勉强统一计量，就会掩盖许多我国特有的经济问题，而不利于提高社

会整体经济效益。所以在确定农业生产经济效益时，不能只用资产利润率一种指标来衡量，而必须同时考虑劳动生产率和土地生产率，甚至还要考虑到影响社会整体经济效益的其他经济因素。因而农业生产经济学中所没有的一些分析方法，如权重评分法等，也要引入用于农业生产经济效益的分析。

由于社会主义生产目的在于取得使用价值，而不是单纯获取利润，而且由于我国主要农产品和生产资源的价格是由国家规定的，具有较大的稳定性，因而在许多情况下，生产成果可以、也必须用实物形式来反映。但这一点在西方农业生产经济学中往往是不考虑的，它认为这不是经济效果，而只是一种具有经济意义的技术效果。

在我国当前条件下，以实物形式反映经济效益，是十分重要、必不可少的。在以货币形式来反映经济效益时，也不只是用产品的利润部分，有时还必须用净产值和产品的全部价值来反映。总之，农业生产经济学在我国应用时需要一个多元化的指标体系。这类问题，在我国经济工作者关于衡量经济效果的文献中已作过较多讨论。这方面的研究成果，肯定会促进农业生产经济学在我国的有效应用。

3. 关于农业技术经济学与农业生产经济学的同与异。近几年来，作为用于评价农业技术经济效果的科学，农业技术经济学得到迅速发展，由于引进了农业生产经济学的概念和分析方法，应用了数学与统计分析技术，使对农业技术经济效果的研究加深了，研究的范围也扩大了，有些已超出了研究农业技术经济效果的范围，而进入研究农业生产的合理组织。

农业技术经济既用于研究企业农业技术经济问题，也用于解决大范围农业技术经济问题。根据上面的分析，农业生产经济学在我国条件下应用时，也必须同时用于解决企业与农业部门的农业生产经济问题。因此，在这一点上，两者是相同的。

但根据农业技术经济学是用于评价农业技术经济效果的定义，以及它的词义本身，它是针对解决怎样生产这类经济问题而创立并发展的。过去，我国片面强调使用价值的生产，只顾追求粮食等少数农产品的高产，根本忽视农业生产的经济效益。至于生产什么，生产多少的问题，农业生产单位毫无考虑的余地。农业技术经济学的倡导，正好填补了留下的这个怎样生产的空白，以弥补农业生产经济效益的巨大损失。

现在的问题是把生产什么，生产多少两个问题与怎样生产这个问题分开研究好，还是把三个问题合在一起研究好。

如果要使以经济效益为中心的方针得到更有效的贯彻，还是把这三个问题联系在一起研究好。因为解决好生产什么、生产多少的问题，对于取得较好的经济效益有十分显著的作用。如果把怎样生产的问题与这两个问题联系起来一并解决，在社会主义条件下，就可能使国家、地方和生产者都取得最好的经济效益。如果分开来研究，自然也会有效果的，但就不易于达到对社会整体和生产者都是最好的经济效益了。在生产中，有许多生产措施是不能用技术这个词来概括的。例如生产什么产品有利；生产多少有利；同样的技术，实施的规模不同；或同样的技术在不同社会经济条件下实施等情形，就很难用“技术”一词来概括。可是用生产一词却可以概括所有技术与其他生产措施。

事实上，我国目前对农业技术经济问题的许多研究，都已包括了对生产什么与生产多少问题的研究，以及在不同社会经济条件下实施时对农业生产经济效益的影响等，已经突破了只评价农业技术经济效果的范围。

由于评价农业技术经济效果的理论、概念和方法也是用于解决农业生产经济问题的，因此把农业生产经济学不适应社会主义生产的部分加以改造，把这两种研究农业生产经济问题的体系组织到一起，是可以做到的。开始时，可能结合得比较生硬，然而总归可以统一起来。看来以社会主义农业生产经济学的名称和结构，来发展这门解决农业生产经济问题的学科，更切合农业生产以经济效益为中心的要求，因而也名实相副。

4. 社会主义农业生产经济学与我国原有农业经济各学科之间的关系问题。这个问题，对于进行农业经济科学研究影响不大。在科研工作中，大可十八般武艺一起上，只要解决问题就行。但在教学工作中，就有一些问题要解决，主要是在课程安排中避免教学重复或脱节的问题。

上面提到，农业生产经济学是在资本主义农业经济学和农业经营学等学科内部产生、发育成长后分离出来，成为一门独立学科的。现在，美国出版的许多农业经济学和农场管理学教科书，几乎都有几章阐述农业生产经济学的基本概念和理论，以便使这些教科书的内容比较充实而完整。但在教学安排上，一般是先讲农业经济学，而后农业生产经济学，然后讲农场管理学。只要开了农业生产经济学课程，其他学科在讲课中，一般就不再讲这部分内容。只是在内容衔接与运用这些原理时，仍不免有重复讲授的情形。

在我国，农业生产经济学的内容目前主要是引进的。与此大体相当的农业技术经济学也吸收了不少农业生产经济学的原理与分析技术，两者都可以说是在我国新建立的学科，而不是在社会主义农业经济学内部形成的。近几年来，由于这门学科可以比较有效地研究农业生产经济效益以及农业生产的合理组织问题，于是农业企业经营管理学吸收了其中可以改善企业经营管理的部分。在一些农业经济学讲授中，也吸取了这门学科阐述农业生产中物质或价值转换经济关系的理论和分析原理。大家都比较重视这部分内容，因此，也发生了教学重复的问题。

如果看得远一点，这个重复问题也不算小，由于挤入来一门大家都要用的新学科。这就涉及农业经济专业的课程安排问题。要完善地解决这个问题，显然是需要一个探索与实践过程的。但从当前发展与推广应用这方面有用的原理和方法，同时避免教学重复的要求出发，我们也不妨在著书时力求内容充实完整，科研时加以综合应用，课堂讲授时则有所分工。在取得经验以后，很好地解决课程安排问题。

试谈国营农场实行联产承包责任制后的机农关系问题*

金敬恩　苗玉良

一、国营农场建立责任制应考虑农场机械化水平较高的特点，有利于机农结合

国营农场生产资料属全民所有，产品基本上由国家统一支配，生产过程的机械化水平较高，因此，劳动生产率和商品率也比较高。这些特点，决定了不能简单地把农村实行责任制的作法原封不动地搬到农场中来，而应根据农场本身的特点，建立相应的责任制形式。在不同地区、不同农场之间，在具体条件和机械化程度上存在很大的差别，例如黑龙江的国营农场，一般是规模大，机械力量雄厚，机械化水平高，手工劳动占的比重小；南方各省的国营农场，一般是规模小，机械数量少，机械化水平低，手工劳动占有很大的比重。这样，东北的国营农场与南方的国营农场在责任制的形式就不可能完全一样。就是在同一农场内，在不同行业、不同作物之间，由于生产过程的特点和机械化程度不同，责任制的形式也应有所差别。

二、在高度机械化条件下的承包形式和机农关系问题

在高度机械化的国营农场中，组织生产的基本单位是机农合一的生产队。在生产队工人的组成中，机务人员占有很大的比重，日常生产以机械作业为主，手工劳动比重不大。在这些国营农场中建立责任制时必须充分考虑到规模大、机械化水平高的特点，在调动人的积极性的同时，必须充分发挥机械化的作用，才能有利于生产的发展、劳动生产率的提高。

究竟采取什么样的承包组织形式，才能把机农很好结合起来，充分发挥机械化的作用呢？能不能采取把各种作物都包给职工个人或户，另外单独组织机务组，专为各承包者服务，即个人（或户）承包，机务代耕的形式呢？这种形式对每个职工或户来说，责任加强了，利益更直接了。这对机械化水平低，手工劳动占有较大比重的作物，如玉米和经济作物等，效果比较好。但如果把土地分到人、到户，把原来的大块地分成小块地，各户种植作物又不连片，则必然影响机械作业效率。据克山农场有的队反映，用东方红拖拉机给各承包经济作物的职工个人或户进行耕地、播种，效率大大降低，每班完成工作量只有为集体工作的三分之一左右。同时，各户为了抢农时，都要争先使用机械，出现很多矛盾，因此，许多农场都采用统种分管的形式，即由生产队统

* 原载1983年全国国营农场经济学术讨论会既中国农垦经济研究会年会论文选集。

一耕种，田间管理包给个人或户。对于机械化水平很高的小麦、大豆来说，情况就不同了。这两种作物生产过程绝大部分作业都用机械进行，只是播种和收获时需要一部分人工。如果把这种作物包给个人或户，日常作业由机务组来承担，则承包者自身没有多少活可干，小麦、大豆产量的高低主要取决于机务组机械作业的质量。但机务组对各种作物的最终成果并不负任何责任，而对产量不起决定作用的承包者个人或户却对最终成果负全部责任。这种承包形式，既不能调动机务人员的积极性，也不利调动农业工人的积极性，不利于生产的发展。

按每台机车进行承包，比上述形式要好些，可以将机务人员的劳动与最终的成果联系起来，有利于加强机务人员的生产责任心，提高机械作业质量，努力提高产量。但各种作物整个生产过程各项作业需要多种机具共同配合才能完成。如果按每一承包的机车组配齐各种农机具，则现有的农机具数量不足，需要增添大量的农机具，必然要增加投资。况且有的机具在一年中使用的时间很短，各种机具都按每台机车组配备固定后，机具的利用率就会大大降低，作业成本就要提高，在经济上不合算。如果机具不固定到机车组，由各组共同使用，除易出现使用时间上的矛盾外，还易出现对机具使用上的不负责任现象。

从黑龙江垦区国营农场情况看，建立机具配套的机务或机农联合承包组，是目前高度机械化条件下较好的承包组织形式。全省绝大多数国营农场的麦、豆生产承包都采取这种形式，一般是一个生产队组成一个机务或机农联合承包组，也有一部分生产队组成二个或二个以上承包组，承包全队的小麦和大豆的生产任务。采用这种承包组织形式的优点在于：首先，这种承包组的规模比较大，机具配套比较齐全，可以承包大面积的麦、豆生产，能充分发挥各种大型农机具的作用，保证农机具有较高的工作效率；其次，在承包组内各机车组之间既有分工，又有协作，在作业过程中既能保持相对的固定，又能统一调度使用，有利于提高机具利用率，全面、均衡地完成各项作业任务；第三，机务组除完成自身承包任务外，还为农工承包组或个人进行机械代耕作业，机务组既是承包者，又是服务者，有利于在专业分工基础上进行协作。

机务单独承包和机农联合承包两种形式，各有优缺点。机务单独承包，基本上不配备农工，或只配备必不可少的极少数有专门技术的农工。农忙时如需大量农工，则向农工组和个人承包的职工雇用，并按统一规定的工价支付工资。这种形式，不会产生农工的窝工浪费现象。同时，有些农活机务人员就干了，亦机亦农，劳动效率大大提高。问题在于，机务组与农工组或个人承包的职工之间仅是协作关系，机务组为他们代耕，他们为机务组出工。这种协作关系如果处理不好，在农忙季节，机务组与农工组或个人承包者都需要人工时，有可能出现不能及时为机务组提供必要数量的农工，从而影响机务组生产任务的完成。机农联合承包组，可以避免农忙时雇用农工，保证平时和农忙时都有必要数量的农工，满足生产的需要。但采取这种形式时，配备农工数量要适当，避免平时配备过多，造成窝工浪费现象。一般只按平时正常需要量进行配备，农忙时需要大量人工，不足部分再向农工组或个人承包者雇用。

在一个生产队内要不要分成若干个机务或机农联合承包组，要看生产队机具的数量与配套情况，能否充分发挥机械化的作用，是否便于协作以及干部的组织领导水平等条件而定。

黑龙江垦区目前各农场的生产队中，对机械化程度不高、手工劳动占有较大比重而面积占的比重不大的费工作物，如玉米、杂粮及经济作物，主要采取农工个人承包的形式；对机械化程度很高的主要作物小麦、大豆，则采取机务组或机农联合承包组承包的形式。机农联合统一承包是当前黑龙江省国营农场粮豆生产中实行联产承包的主要形式。但在不同地区不同管局所属农场的情况有所不同。如西部地区的嫩江管局和哈尔滨管局所属农场中，机务单独承包的形式所占比重比东部地区国营农场大。在机农联合承包形式中，各地区也不一样，东部地区国营农场中，机农

联合统一承包形式占有绝大比重，而西部地区国营农场中，机农联合分组承包形式占相当大的比重。

不论采取机农联合承包还是采取机务单独承包的形式，都必须加强两方面的工作：一是解决好承包组内部的责任制，建立健全单车核算制和岗位责任制，加强定额管理，定期考核，进一步克服组内分配上的平均主义，贯彻按劳分配原则；二是解决好承包组外的协作，首先机务组要按时按质为农工组和个人承包者完成各项机械作业，提高服务质量；同时，农工组和个人承包者也要按时为机务或机农联合承包组出工，按质按量完成各项人工作业。为此，双方应通过合同，把各方应承担任务和责任等明确规定下来，加强协作的计划性，保证各项任务的完成。

三、在机械化水平较低条件下，承包形式和机农关系问题

如果把南方各省国营农场与东北的国营农场相比较，可以发现具有很多不同的特点，现以江苏省一些农场为例说明如下：

1. 农场规模小。耕地面积一般农场只有几万亩，一个生产队只有千亩左右。

2. 种植作物种类多，耕作制度复杂，复种指数高。粮食和各种经济作物都种，一般是一年两熟，轮作倒茬方式比较复杂，并且多为灌溉农业。

3. 人多地少，机械化水平低，手工劳动占有很大比重。如东辛农场每个农工负担耕地面积9.8亩，按播种面积计算也只有15.4亩。机械化程度除三麦、大豆较高外，其余各种作物都比较低，水稻是58.4%，棉花是47.6%，其他经济作物更低。

4. 机务与农业分别建队，机农关系较复杂。由于机械化水平低，在农业工人中机务工人占的比重不大，日常生产任务主要由农业队来承担。农业队是农场组织生产劳动的基本单位。一般都以分场为单位，组成一个机务队和若干个农业队，机务队为各农业队服务。规模较小的农场，常以农场为单位，分片设立若干个机务队，分别为各片的农业队服务。

尽管南方国营农场的规模小，机械化水平低，在实行联产承包责任制时，同样要考虑如何充分发挥农业机械的作用，以提高经济效益。要处理好机务与农业、统与分之间的关系，积极解决小面积承包与机械化之间的矛盾，使农机与农业、统与分很好地结合起来。如东辛农场在实行责任制过程中，坚持“五统一”原则，把统一机械作业作为“五统一”的内容之一。对机械化水平高的三麦生产，实行农工组承包的形式，而不包到个人，这样有利于机械作业，特别是便于机械收获，保证产品统一处理。对于机械化水平较低的费工作物，也坚持有统有分，实行统种分管，尽可能为机械作业创造条件。但也有的农场，在实行联产承包责任制过程中，没有很好考虑机械化的要求，不论各种作物机械化水平的高低，一律包到个人，而且每人各种作物都包一点。这样田块面积划得很小，一个条田由许多人承包，结果本来可用机械收获的三麦，因为田块太多收获前来不及测产，无法统一用机械收获，不得不由每个承包者自行用人工收割，自行脱粒和干燥，然后把粮食交队。这不仅影响机械作业，也为产品统一处理带来困难，甚至会出现许多漏洞。

许多农场，在机务与农业分设的条件下，两者关系的发展大体经历下以了几个阶段：

第一阶段，机务队与农业队都没有建立责任制，机务为农业服务，年终把机械作业成本计入各队各种作物的生产成本。机务人员既不对农业队的生产经营成果负责，也不对本队的经济效果负责，普遍存在作业质量差、消耗大、浪费大、成本高、经济效果差等问题。

第二阶段，机务队与农业队各自建立“定、包、奖”责任制，各计盈亏和奖惩。机务队为农业队代耕，按照统一收费标准收取代耕费，将所收代耕费与农机作业成本进行比较，收入超过成

本即为盈利，收入低于成本即为亏损，获得了超计划利润可以提成奖励。从而大大调动了机务人员的生产积极性，对扭转农机成本高、浪费大、事故多的状况起了很大的作用。但主要的问题，是由于机务队实行单机核算、单独计奖，为了多收入多得奖，在收费标准一定的条件下，就得增加机械作业量，于是有的机车组出现了重数量、轻质量的偏向。甚至有的为了片面追求作业数量，不惜增加重复作业。结果，增加了农业队的开支和负担。机务队要增加作业量和增加收入，与农业队要节约机械作业费和降低成本之间发生了矛盾，致使有些农业队采取“以劳代机”的作法，该用机械作业的也不用了。这对减轻农业工人的劳动强度，以及抢农时促增产都是不利的。

第三阶段，在农机与农业各自建立责任制的基础上，使奖励分配上互相挂钩，把两者的利益在一定程度上结合起来，促使机务队从物质利益上关心农业队的生产经营成果。东辛农场1980年开始对机务队实行“双挂”责任制：一是机务队所得超计划利润部分的40%由本队分配（其中20%作为机务队留成，20%分配给职工），其余60%按所在分场各农业队当年机械作业量的多少予以返还，冲减各农业队当年的生产成本（相对增加了农业队的盈利）；二是凡机务队所在分场的粮、棉产量、利润三项指标全面完成的，机务队按全分场全员平均奖金分配水平的60%，从农业队奖金中提取挂钩奖。即机务队职工所得奖金，一部分来源于本队的超计划利润提成，一部分来源于各农业队提取奖金。为了使机务队人均奖金水平与农业队的水平基本上保持一致，农场规定机务队人均奖金水平不得超过本分场最高农业队人均奖金水平。如有超过，则将超过部分按比例返还农业队。如果所在分场未完成利润计划，机务队也要按全分场平均赔偿水平的60%受罚。

这种挂钩分配的办法，调整了农业队与机务队的奖金分配关系，使机农关系发生了深刻的变化。

1. 促进了机务队从物质利益上关心农业队的经营成果，提高机械作业质量，在一定程度上把“代耕”变为“自耕”。

2. 调动机务人员的积极性，促进了机具改革。据东辛农场统计，近几年来该场改革和配套农机具共23项354台件，对提高机械化水平、简化作业层次，降低成本都起了很好的作用。

3. 一定程度上消除了农业队接受机械作业的“后顾”之忧。过去农业队怕机务队多搞重复作业多收费，增加农业生产成本。现在因为机务队超计划利润的60%要按各队完成作业量的多少返还，冲减农业队当年生产成本，农业队就愿意接受机械作业了。

机农挂钩的办法，密切了机农之间的关系，但仍存在一些问题，有待进一步研究解决和完善。首先是机务人员为多得超计划利润提成奖，仍然产生只顾数量，不顾质量的现象，不能完全以“主人”身份去关心每个农业队的经营成果。因此，对机务队的超计划利润，应适当减少本队分配（包括本队留成和职工分配）比例，相应增加返还农业队的比例。同时适当增加机务队从农业队提取挂钩奖的比例，使得机务人员的奖金的绝大部分随着农业队的经营成果为转移，促使机务人员从切身利益上更加关心每个农业队的经营成果，提高机械作业的质量和经济效果。

对机械化程度较高的三麦生产如果完全由机务队承包，势必产生一系列不易解决的问题，主要有：① 机务队需要农工问题。农忙不好解决，容易影响生产；② 一年两熟，麦、棉间作套种，如果麦、棉分别由机务队和农业队承包，在作业过程中稍不注意，不是伤了麦子就是伤了棉花，互相之间就会发生矛盾；③ 灌溉问题。一直由农业队管理，机务队无法控制，灌溉搞得不好会影响产量；④ 设备问题。因机务队一向是为农业服务的单位，没有配备各种生产设备，如种子处理设备、粮食包装材料、仓库、晒场等等。因此，由机务队单独承包三麦生产任务是有很大困难的，应由机务队与农业队联合承包，较为恰当。

多数发展中国家农业发展的道路*

方康云　陈　道

第二次世界大战后，为数众多的殖民地、半殖民地国家相继宣告独立。但是，由于帝国主义、殖民主义在这些国家中的长期统治，又由于继续通过不等价交换、投资和经济技术援助进行掠夺、超额利润的榨取和剥削，因此其势力仍然根深蒂固，不同程度上控制着这些国家的经济命脉。民族资本和买办资本成为这些发展中国家的两大支柱，掌握着国家政权。其主要的代表人物大多受过西方资产阶级的长期系统教育，同发达资本主义国家尤其是主要的帝国主义国家有着密切的政治经济联系。这些国家在独立前后，经济非常落后，对工业发达国家有极大的依赖性。生产力水平很低，前资本主义经济成分在多数发展中国家占统治地位。在非洲很多国家甚至是氏族部落经济。因此，这些国家独立后，就走上了一条民族资本主义的发展道路。在农业中发展资本主义也就成为必然的趋势。当前，资本主义生产关系在多数发展中国家正处于发生、发展阶段，它是这些国家用以反对外国垄断资本主义和瓦解前资本主义经济成分的主要力量，今后一个时期还有发展余地。

一、资产阶级改良主义的“土地改革”

独立初期，多数发展中国家处于前资本主义经济状态。封建、半封建的土地关系在农业中占统治地位。例如，印度占农业人口不到10%的地主、富农占有全国土地的85%。而占农业人口90%的农民只有全国土地的15%，地租普遍高达收成的3/4。在伊拉克，大地主、族长占有全国土地的80%。绝大部分农民无地，分成制地租高达70%～80%。巴基斯坦大土地持有者不及人口的1%，却占有全国土地的2/3。在非洲，殖民者和封建地主、部落酋长几乎占有全部土地。拉丁美洲的耕地主要集中于大种植园主、大庄园主和外国垄断公司手中。这些国家的广大农民备受剥削和奴役，生活极端困苦。为了发展农业生产和改善生活，在广大农民要求土地的日益高涨的斗争中，在社会主义国家土地改革、合作化运动的影响下，大多数发展中国家先后进行了“土地改革”。有的国家还搞了“合作化”。具体作法如下：

第一，没收或赎买原殖民统治者占有的土地。这在拉丁美洲最为突出。在危地马拉，政府于1952年把原美国“联合果品公司”占有的土地收归国有。在阿尔及利亚，从1962年欧洲殖民主义者撤离后，由原在这些农场劳动的农业工人成立了“自管”农场。在摩洛哥，殖民者占有约100万公顷的土地，其中75万公顷按土改法令应转交给政府，但殖民者以各种隐蔽形式将2/3的土地出售给富裕的摩洛哥人。

* 原载《世界农业》1984年第6期。

第二，在保留封建土地所有制前提下，对一些大地主、大地产主的土地实行赎买（有的是没收），再出售和分配给农民。印度“土改”废除了原有的五百多个封建土邦王公的特权，将其保留外的土地由国家用补偿金收买，农民用相当于地租15倍的钱买地。废除了柴明达尔制度，消灭了中间人阶级。实际上，地主以“自耕”的名义，继续霸占大量优质土地。到1970年，仅占全国土地持有者总数4%的大地主，仍占有全印度耕地的30%。埃及的“土改”也只消灭了大地主，而中小地主的势力未动。玻利维亚1956年的“土改法令”提出由政府赎买地主的土地并在25年内分期付款，以限制大地产主所有制。同时由农民缴付所取得的土地的价款。缅甸于1953年10月在国会通过新的“土改法令”，规定把大约1,000万英亩的土地收归国有，占全部耕地面积2,100万英亩的一半。国家并以赎买为条件由大地主（地产超过50英亩者）手中收为公有，然后无偿分给农民。

第三，规定土地最高持有额，对限额以外的土地实行赎买分配。如墨西哥，国家用高价购买大庄园超额的土地，低价出售给农民。埃及在1961年的新土改法中规定，将1952年规定的较高限额300费丹（126公顷）降为100费丹（42公顷），得到土地的农民支付的土地价款和垫款的利息均减少一半。经过改革，大地主占地数量相对减少，但是他们不及农户总数的6%，仍占有全部耕地的48%，大约100万户农民完全无地。

第四，减少地租，保障租佃权。在菲律宾，土改前农民要把收成的一半以上交地租。土改规定，如佃农自有耕畜和农具，可得全部土地收入的55%～60%。拉丁美洲在五十年代前，普遍流行对分制，以后农民所得日益减少。印度“土改”中，有的邦规定地租不得超过收成的一半，有的规定不得超过1/3；对佃户不得任意夺佃，但真正实行的不多。事实上，“土改”后的地租，仍有高达收成的75%的。地主并采取欺骗手法违反规定，大量夺佃。

第五，向内地、边远地区开荒和把大地主闲置的土地让农民耕种。巴西政府迫于东北干旱地区农民的群众运动，把西阿拉洲75万公顷弃耕地、荒地分配给农民。在亚尔逊州，承认耕地“不属于任何人的”而多半是国有的土地，归农民耕种，菲律宾1955年9月的“土改”法令中规定，把相当大一部分居民从人烟稠密的岛屿迁移到人口稀少的地区。

第六，对农场经营的土地不予赎买分配。缅甸的土地国有化法令中，规定用作橡胶种植园、果园、菜园和棕榈园的土地，不论大小，一律不予赎买分配。印度对自营地，经济作物园也规定不收为国有。

从上可见，多数发展中国家进行的“土地改革”，在一定程度上削弱了封建势力，但对农村中前资本主义的生产关系触动不大。部分土地改变了农村土地的占有情况，但广大农民的土地问题未得真正解决。土改后，多数国家依然地权高度集中，经营极其分散，租佃制盛行，高利贷猖獗。封建、半封建的土地占有关系仍居主导地位。事实说明，多数发展中国家进行的“土地改革”，是在保存封建土地所有制前提下，自上而下的一种改良。

多数发展中国家之所以走一条改良的道路，是由其生产力水平，国内外政治、社会、经济形势决定的。由于长期遭受殖民统治，生产非常落后，农村中自然经济占统治地位；工业基础薄弱，在某些工业部门资本主义生产关系虽有所出现，但力量甚微。从国内地主阶级同民族资产阶级力量的对比看，这些国家，封建统治时间漫长，封建宗法势力雄厚。不甘愿触犯其土地占有权，在“土改”中竭力顽抗。掌权的资产阶级力量颇为软弱，有些人与封建地主有千丝万缕的联系，很多人还是一身二任。因此具有两面性。一方面希望改革落后的封建土地关系，发展民族经济减缓农民的反抗以巩固政权；另一方面又屈服于地主阶级和帝国主义的政治及经济压力。同时，随着工农运动的日益高涨，资产阶级又害怕群众斗争的力量扫除私有制，尤其是原来的宗主

国为了自身利益，千方百计阻止这些国家的民族经济发展，支持其反动势力，破坏土改。此外，这些国家的政权经常更替，军事政变频繁发生，就使土改政策中断或改弦更张，失去连续性。凡此种种，决定了多数发展中国家的土改非常不彻底。

二、封建地主经济转化为资本主义经济

多数发展中国家的政府，在土改过程中或土改之后，往往通过法令、资金和技术等方面的扶植和鼓励，诱使封建地主经济向资本主义经济转化。例如，在巴西、印度、缅甸等国，政府规定用现代耕作方法集约经营的大地产予以保留。对经营农场的地主在提供化肥、农药、良种、现代技术、贷款、税收、农产品收购和销售上给予种种方便，这无疑加速了农业中资本主义因素的增长和发展。

多数发展中国家地权高度集中于大地主手中，有利于转变为资本主义的农场经营。地主占地数量多、质量好。改为农场资本主义经营，既是土地所有者又是土地经营者，有利于增加私人对农业的投资和改良土壤、大面积利用机械集约经营。从“土改”中所得赎金，也可迅速转化为资本投入生产。大量无地农民和相对过剩的农村劳动力，保证了雇佣劳动力的充分供应。在非洲，各国的资本主义农业经营都有了进一步的发展。

始于墨西哥、菲律宾，继而风卷发展中国家的“绿色革命”，对这些国家农业中资本主义的发展，无疑起了推波助澜的巨大作用。他们利用良种，增加肥料和农药使用量，改良农具、提高机械水平，扩大灌溉面积，改进耕作和收获方法，并用较多资金，在大面积土地上使用先进技术，从而增产增收。国家对“绿色革命”从贷款、物资、机械、现代科学技术诸方面大力支持。大地主、大庄园主优先得到照顾。因而资本主义农场经营迅速得到发展。例如，印度的旁遮普、哈里亚纳邦和北方邦西部，由于推行“绿色革命”，粮食商品率大大提高，成为印度的商品粮基地。但随之而来的是，无地少地的农民日益贫困。为数越来越多的人沦为出卖劳动力的农业工人或进入产业后备军，备受剥削和奴役。

三、资本主义农业发展道路的影响

由于农业中资本主义的发展，① 促进了农业生产的发展。从1950—1975年，发展中国家的粮食生产年平均增长率为2.5%，推行“绿色革命”的国家年增长率为5%以上。印度从一个粮食净进口国家变为稍有余粮的国家。② 农村中自然经济受到冲击，而商品经济得以日益发展。同时为工业品如农业机械、化肥、农药、能源等开辟了市场，促进了工业的发展。③ 在一定程度上减缓了一些发展中国家存在的难题——粮食问题。目前，已有30多个发展中国家粮食能自给或基本自给。④ 发展中国家的农民大批破产，农村劳动力相对过剩，又使资本主义经营的地主、富农的封建性质的剥削得以保存，有的还存在着债务奴隶。

由于世界资本主义经济危机的影响，发展中国家的外贸条件恶化，国际收支逆差扩大，外债剧增、通货膨胀，这也大大制约着发展中国家的经济发展。

总之，多数发展中国家，今天还处于由前资本主义生产关系向资本主义生产关系发展的过程中，这是一个漫长的过程。正因如此，发展中国家农业的发展极不平衡，并在一个短时期内难以有较快的进展。

开发利用当地资源发展商品生产*

——山东省荣成县的调查

冯宝林　刘敏言　吴淑章

一

荣城县是个临海的丘陵山区，有山丘，有平原，不仅陆地资源丰富，还有长达700华里的海岸线。面对黄海渔场，北靠渤海渔场，南临东海渔场，地理位置适中，是多种鱼类产卵、越冬回游的必经之地，常见的鱼类40多种。历史上全县的水产品产量占山东省的1/3，占全国1/25。这样优越的自然条件，在三中全会以前虽然生产有一定的发展，而且是全国生产搞得较好的县之一。但是并没有充分发挥地方优势，仍然是比较单一的种植业和比较单一的渔业。无论是产量、产值、商品量、商品率，还是劳动生产率和人均分配水平都不高。三中全会以来，荣城县和全国广大农村一样，纠正了“左”的错误，放宽了农村经济政策，提出了发展商品生产，搞活经济，“让一部分农民先富起来”的口号，为大力发展商品生产提供了政策的保证。但是把口号变成现实，还必须采取适宜的有效的措施。荣城县在这方面的经验很多。通过我们的调查，体会最深、最突出的有以下几方面：

（一）立足本县资源，打好优势仗

荣城县的气候、土质等自然条件适宜发展苹果生产，1983年苹果种植面积近8万亩。但在1978年以前，由于受“左”的思潮影响，几经折腾，苹果面积少，产量低，质量差。根据1978—1980年的统计，平均亩产1290.3斤的果园近半数，其中亩产不足千斤的有5 132亩。为什么有近2万亩果园会低产呢？主要原因是土肥水条件低劣，管理不善，技术人员、骨干力量变动大，生产技术落后。从生态经济观点看，低产园低产的关键是果园生态系统的物质基础薄弱。要向果园索取更高的产量，必须相应增加各种物质和能量的投入。他们通过兴修水利工程，购置动力机械，扩大水浇地面积；采取深翻、扩穴、压土等措施加厚土层，增施有机肥和磷、钾肥等措施。经过三年的努力，1983年平均亩产达到2 256.5斤，比1979—1980年的平均数提高74.9%。

荣城县有得天独厚的对虾资源和海域条件。前几年，由于池塘质量差，生态环境条件不适于对虾生长发育，人工养对虾产量很低。邱家乡是人工港养对虾面积较大的单位，他们在调查研究的基础上，在对虾池投入人力、物资，进行集约经营。一是改大池为小池。全乡2 200亩虾池，

* 原载《农业投资效果》1984年第6期。

平均每个池塘120多亩，最大380亩，现改为平均每个池塘为70亩。二是改浅水为深水。过去池塘平均深1米左右，夏天水温过高，不利于对虾生长。改建后，水深普遍达到1～2米。三是改死水为活水。过去有进排两用水闸36孔，每次大潮汛只有30%～50%的水系可更换。大部分池水长期得不到循环变成死水，盐分浓度大，现在将闸门增加到85孔，水系由局部循环改为整体循环，死水变为活水。并在原分组承包经营的基础上落实到专业户承包经营，充分调动了专业户人工养对虾的积极性。

另外，荣城县还利用滩涂养贝类，利用淡水建鱼池，利用沿海杂鱼养水貂，利用丘陵山地饲料丰富的优越条件发展畜禽业。总之，充分利用本县资源，扬长补短，发挥地方优势，是荣城县发展商品生产一个比较突出的措施。

（二）从最佳经济效益出发，全面发展林牧副渔工各业生产

荣城县在贯彻“决不放松粮食生产，积极开展多种经营”的生产方针过程中，根据本县土壤、气候等具体条件，首先调整了作物结构。除增加了花生面积外，还扩大了蔬菜播种面积，并利用山丘地、盐碱地、沙土地扩大了药材、菜类、甜菜、笋等的经济田播种面积。1983年全县经济田播种面积由1978年的1万亩增加到3.5万亩。经济田每亩纯收入（包括社员劳动报酬）248元，比种粮食高出一倍多。其次，发展了林牧副渔业。1983年林牧副渔四业总产值达到36 058万元，比1978年16 330万元，增加19 728万元，增加了1.2倍。第三，发展了乡镇工业。1983年乡镇工业总产值达到7 522万元，比1978年3 665万元增加了3 857万元，增加一倍多。各业的经济效益普遍提高，纯收入普遍增加。

（三）立足当前，着眼长远，大搞开发性生产

荣城县山丘滩涂资源丰富，过去大多是“自生自长靠天收”，资源没有充分利用。近几年来，进行了全面的普查和规划工作，制定了长短结合的开发计划。仅1983年一年就治山整地14 500亩，修环山路430华里，植树造林13 200亩，利用山丘坡地发展果树2万亩，利用滩涂洼地建养鱼池3 000亩，改造扩建对虾池1 680亩。这些开发性的生产建设，已陆续产生经济效果，例如，1983年人工养殖对虾8 000亩，产量37万斤，每亩纯收入200多元。虽然产量不算高，收入不算多，但打好了增加，越往后，经济效果越高，一次开发，多年得利。又如泊于镇逍遥大队有宜林山岗800亩，近年群众利用山岗植果270亩，栽插棉条120亩，发展速生林110亩。1983年收入现金34 800元，速生林新增树木价值4万元，两项合计74 800元，亩收入187元，人均123元。

（四）对初级产品进行多次加工，综合利用，提高资源利用的经济效益

为了提高经济效果，认识到渔业必须改变“一把刀一把盐”、“一锨鱼一锨盐”的原始加工法，向综合利用，多次增值的方向发展。仅1983年就新建各种农副产品加工厂330个，占全县加工厂的1/5。就渔业生产来讲，他们坚持走渔工商综合经营的新路子，在完成国家任务后，采取各种措施，深挖水产品多次增值的潜力。一是“围绕渔业办工业”，利用水产品优势大办加工业。1983年投资1 000万元，1984年春又投资500万元，兴建冷藏厂、冷冻厂、鱼粉厂、罐头厂，采取传统加工工艺与现代化先进技术相结合，由粗加工向细加工、多品种、小包装的方向发展，提高低值鱼的商品率。例如朱口大队海带和其他鱼类产品细加工，共50～60个花色品种。鹰爪虾加工后，100斤由过去的85元可提高到250元。石岛镇大鱼岛大队，过去小鱼小虾2～3

分钱 1 斤，国家收购不了就作肥料。现在进行分级处理，1～2 角线 1 斤的小鱼加工成罐头，价值 1～2 元，可增值几倍。邱家鱼队还将不能吃的小鱼小虾发展养貂业，貂食剩下的下脚料养鸡、养猪，碎鱼烂虾加工成鱼粉。从生态经济观点看，是一种高效率的物质和经济的转化。鱼产品沿着“食物链”进行分级利用，实现了多次增值，大大提高了物质利用率和产出效益。二是跳出渔业圈子搞工业。荣城县的有关领导部门认为渔业队比农业资金雄厚，条件较好，更应该冲破单一渔业的小生产观念的束缚走渔工商综合经营的道路。在这种正确思想指导下，渔业队大力兴办企业和发展商品生产。如朱口渔业大队，近年来除了继续搞好水产品加工外，还跳出了渔业圈子搞工业。三中全会以后新建了食品、橡胶和机械等 8 个加工厂，连同以前的综合加工厂，共有 80 多个生产项目。不仅充分地利用了自然资源，把以前 40%的剩余劳动力资源也都充分地利用起来，这就给这个大队带来了突飞猛进的经济发展速度。1983 年总收入 810 万元，纯收入 380 万元，其中加工业纯收入 190 万元，占纯收入 50%，人均纯收入 750 元。全大队社员户存款共有 200 万元，户均存款 1 538 元；1983 年购买力 40 万元，户均购买力 307 元。全村有 50%社员户有电视机。另外全大队还实行了医药费补贴、社员退休金以及中小学和幼儿园公费等制度，呈现出一片兴旺发达的景象。他们计划 1984 年实现“三个一”，即捕捞产量 1 万吨，总收入 1 000 万元，人均生活水平 1 千元。他们认为，要发财，渔工商一起来，这就是出路。

二

荣城县发展商品生产还是处在初级阶段。要向着较大规模商品生产转化，尚有许多工作要做。诸如进一步克服左的思想束缚，搞好松绑工作；改革商品流通体制，疏理流通渠道；培养生产技术和经营管理队伍，提高产品质量；提高社会化水平，搞好社会服务工作等等。除此之外，在生产上，有两个方面的问题值得重视。

（一）全面规划，进一步搞好开发性生产

荣城县前一段虽然注意了开发性的生产，但还是刚刚开始，资源潜力很大。全县除尚有数量较多的荒山、疏林地和地沿外，还有滩涂 5 万多亩，现只利用了 5 000 亩；淡水水面 3 万亩，现只利用 3 500 亩；10 米深的浅海 100 万亩，现仅利用一半。因此，今后进一步利用本地资源，面对山区、丘陵、水面、海域、滩涂，把这些方面的潜力在经济资源开发中充分利用起来，乃是搞好商品生产的一个十分重要的问题。荣城县领导根据本县的情况已明确提出了五个挖掘：一是挖掘现有耕地潜力；二是挖掘滩涂潜力；三是挖掘三荒四旁潜力；四是挖掘畜牧养殖潜力；五是挖掘农副产品加工潜力。如果这些方面的潜力都挖掘出来，并转化为经济优势，全县的收入将会有大幅度增加。他们就水产品生产潜力算了一笔账：全县适宜对虾养殖的荒滩 2 万多亩，适宜贝类养殖的滩涂 56 000 亩，适宜淡水养鱼的涝洼、沟渠 5 万多亩。如果全部开发利用起来，并达到全县的高产水平，即：对虾和鱼亩产 600 多斤，牡蛎亩产 1 万多斤。那么全县可增加纯收入 8 000 多万元，相当于六七十万亩耕地的收入，是现有渔业收入数的一倍多。

（二）处理好经济效益与生态效益的关系，保持生态系统的良好循环

开发和利用资源的同时，必须注意保护资源，资源才能永续利用。

为了利用某些资源而破坏另外一些资源，不仅达不到预期的经济效果，而且还会使整个生态系统陷入衰竭的地步，资源受到严重破坏。像过去那样，只“靠山吃山”不“养山”，“靠水吃

水”不“养水”，只索取，不投入，不保护，是不会持久的。荣城县在这方面有过不少的教训。例如曾经大面积飞机撒药灭松毛虫，却杀死了松干介天敌，造成7万亩松林的被破坏；堵海造地，垦山种粮，造成水土流失严重，引起一系列恶性循环。

海参资源是荣城县特有的资源优势。全县有80％的海岸线潮下带有海参资源，但现在酷捕滥采成灾，与其他近海渔业资源一样，濒临绝迹的边缘。有的可养滩涂至今仍是掠夺式经营，处于原始生产状态；有的甚至靠出卖滩苗过日子。应坚决贯彻中央水产生产方针，采取措施充分利用、积极保护得天独厚的肥水富滩，彻底改变掠夺式的经营方式。合理采捕，重点增殖，制定滩涂养殖的科学规划，积极发展对虾、淡水、滩贝养殖。严格按照水系规律和渔业生长所需的生态环境来开发治理，因地制宜，搞好品种布局，实行分区养殖，避免相互干扰，造成恶性循环。

试论农业区的形成和历史演变*

郭 象 贤

农业生产具有明显的地域性。由于农业生产的对象是有生命的动植物，不论是作物栽培、植树造林、动物饲养和水产养殖，都离不开一定的自然环境。首先，必须依靠广阔的土地，也包括广阔的水域作为主要生产资料才能进行生产活动。土地与各个生产部门的关系，比较形象地来说，工业生产占用的是“点”，交通运输业占用的是“线”，而农业生产占用的则是最广阔的“面”。其次，农业生产必不可少的其他自然要素，如气候、水、土壤等，都是和土地结合在一起的，因而形成了一个自然综合体，因此，这些农业自然资源才能被农业生产所利用。

由于农业生产所需要的热量、光照、水分、生物等自然资源、和地球表面不同地理位置的各种土地相结合，就组成了千差万别的各具有不同特点的自然条件组合，这就形成了地球上广泛的农业自然条件的地区差异。

各地区的自然环境不同，各种动植物都根据各自的生态适宜性进行分布，因此，动植物的种类也随地区而不同。且各地区的社会经济条件也有很大的差异，人类在不同的社会经济条件和历史条件下，利用和改造自然条件的方式也存在着明显的地区差异。实践证明，不同的地区，有不同的光、热、水条件，不同的土地结构，有不同的农业生产部门结构、不同的作物布局、不同的耕作制度和不同的作物及畜禽种类和品种，也更有不同的农业生产水平等等，这就是千差万别的农业区域。

从上述所揭示的，农业区是农业根本特点的区域表现，是农业的时空统一体，所以，农业区是一种客观存在的事物。

一、农业区形成的客观基础

农业区是客观存在的，这是人类利用自然条件、发展农业生产，长期经营的结果。形成农业区的因素主要有自然和社会经济两类因素。从自然因素来说，影响农业区域差异的是由地带性因素和非地带性因素两个方面形成的。地带性因素又包括两个方面，即纬度地带性和经度地带性。

纬度地带性差异，是因地球上不同地区与太阳的位置不同，即各地区受太阳光的入射角不同，所以，从南到北，由于热量条件的差异而造成农业生产热量条件的地带差异，从而导致农业生产的地带差异。例如我国国土辽阔，从北到南，形成寒温带、温带、暖温带、北亚热带、中亚热带、南亚热带、热带、赤道带八个地带。各个地带有各个地带农业生产的特点。华南广东省的农业生产状况就和华北河北省的迥然不同，更和东北的黑龙江省迥然不同。

* 本文为1984年全国农业区划研究会年会论文。

经度地带性差异，即从东到西，由于陆地距离海洋的远近不同所形成，这主要表现为水分条件的地带差异。我国陆地从太平洋沿岸一直延伸到亚欧大陆中心，因此，从东向西，一般可分为湿润区、半湿润区、半干旱区和干旱区四个地带，东部湿润区的农业和西部干旱区有着显著差异，东南部是我国的农区、林区、渔区，而西北部则是我国的牧区。

非地带性因素，主要指地貌条件对农业的影响，包括海拔高度和地面坡度等。

海拔高度又称垂直地带性，即由于不同地区海拔高度的差异所形成的热量的地区差异，这种垂直地带差异在我国的一些丘陵山地地区特别显著，对农业的影响很大。一般海拔每升高100米，气温降低0.5°～0.6℃，＞10℃活动积温减少150°～200℃，作物生长期减少3～6天。如果海拔升高到500米，＞10℃积温就减少750°～1 000℃，生长期就减少15～30天。凡海拔高度超过500米以上，农业的垂直分布差异就很明显。高差愈大，差异愈大，因此，山上山下有的就能跨越一两个甚至好几个温度带。例如我国西南的横断山区，往往海拔高差达2 000～4 000米，植物的垂直分布差异很大，具有热带、温带、寒带三带的景色，河谷地带可种植亚热带作物，但山顶则终年积雪，被称之为“立体农业”。

地面坡度差异，影响着水土流失，机械化作业、引水灌溉，以及土地利用系数的大小和农业生产措施。一般地面坡度小于3°的土地，最适宜灌溉和机耕，适宜发展农业；坡度为3°～7°的土地，有轻微土壤侵蚀，可修筑较宽的梯田，较适宜发展农业生产；坡度为7°～15°的土地，水土流失较严重，需要采取水土保持措施，不利于机耕和灌溉，适宜发展果树；坡度为15°～25°的土地，水土流失严重，一般不宜农垦，局部地区可辟梯田，但梯田面较窄，较适宜发展果树；坡度大于25°的土地，水土流失剧烈，应退耕，适宜发展林业和牧业；坡度大于35°以上的土地，因坡度陡峭，农牧业均难利用，应封山育林育草，涵养水源，宜发展林业。因此，地面坡度差异，也是形成农业区的一种自然因素。

此外，还有由于其他自然条件所形成的地区差异，如水、旱、沙、盐碱、沼泽等，这些亦称之为非地带性差异。以上就是形成农业区的各种自然因素。

农业区的形成因素，除了自然条件因素外，还有更重要的社会经济条件因素。自然条件因素提供了农业区域差异的基础和前提，但要发展什么样的农业和最终能够发展成什么样的农业区，则要看各地区发展农业的社会经济条件如何，主要是通过人类长期的社会实践和经济活动，才形成了现实的农业区域差异。例如云南西双版纳地区和江苏太湖平原相比较，从热量和降水条件来说，10℃以上积温景洪为7 920℃，苏州为4 800℃；年降水量景洪为1 217毫米，苏州为1 062毫米，显然前者优于后者。按自然条件西双版纳完全可以实行一年三熟，甚至四熟，而实际上，西双版纳的复种指数只有130%，太湖平原则达到246%，大面积实行一年三熟，这说明只是自然条件好还不行，还要有劳力、技术、肥料、水利灌溉等经济条件的保证才行。一般来说，影响农业区域差异的社会经济因素，主要有人口和劳动力、社会制度、社会经济发展水平，工业、商业、交通运输、文教、科技、城镇等，还有民族的传统风格习惯，等等。

还应特别指出一点，国家对地区农业的发展趋向进行干预，往往也是形成地区农业特征的现实因素，有时是决定性因素，这不仅在社会主义国家实行计划经济表现得最清楚，就在资本主义国家，如美国、日本等国家，也曾采用一些措施诱导地区农业的发展。

总之，影响农业地域分异的因素很多，有自然的、有经济的、有历史的，有政治的，等等。它们之间并不是孤立的，对形成农业地区特征的作用，是辩证的统一，是相互作用的结果。综上所述，可知农业地区差异是有规律的，是自然规律和经济规律综合作用所形成的地区上的差异，这就是农业地域分异规律。因此，农业地域分异规律是形成农业区域的客观基础。

二、农业区的历史发展演变

农业区的产生由来已久，在较早的人类历史时期，农业区完全是天然的区域分异，那时生产力还很落后，人们的生活需要也很简单，只能是当地有什么就吃什么，即所谓“靠山吃山、靠水吃水”完全受自然环境所制约的局面。随着社会的进步，生产技术水平的逐步提高，人类利用和改造自然的能力不断加强，虽然自然条件仍明显地影响着社会劳动地域分工，但影响的程度就有所不同了。而今天的农业地域分异，是既受自然条件与自然规律的制约，又受经济条件与经济规律的支配，在自然条件对农业生产具有多宜性的情况下，可以发展多种生产，例如珠江三角洲的广大地区，既宜种植稻谷等粮食作物，也宜发展甘蔗、油料、蚕桑和亚热带水果如荔枝、香蕉、菠萝等经济作物，更可以发展淡水渔业生产，那么，一个地区的农业生产如何安排为好，主导部门发展什么，农业各部门怎么结合，生产规模发展到多么大，等等，一般多取决于一定时期国民经济发展的需要和生产发展水平。总之，农业区域的内容不是由自然环境所决定，自然条件只是形成现有农业区域的基础，而社会经济条件对农业区域的生产内容往往起着决定性的作用。

农业区域的发展经历了不同社会历史阶段，在不同的历史阶段，农业地域分异的特点和水平各不相同。

前资本主义时期，尤其是封建社会的早期阶段，农业生产水平极低，农业区域分异的特征处在自然经济状态，农业生产完全是自给性的，地区之间几乎没有什么交换，农业地区差异基本受自然条件所制约。早在两千多年前的春秋战国时期，我国古代名著《禹贡》，把全国土地划分为冀、兖、青、徐、扬、荆、豫、梁、雍九州，它的内容反映了九州的地理环境，记载了土壤、农产、田赋等各州的差异，并反映了西周时代劳动人民向大自然作斗争的功绩。《禹贡》已具有农业分区的启蒙思想，对农业地域分异有一定的历史意义。

到了资本主义时代，农业区域形成的一般特点是，农业生产力水平得到较高的发展，商品经济逐步代替自然经济，地区间的产品交换发达，出现了商品性农产品专业化地区，如羊毛、棉花、烟草等专业化地区。随着现代化铁路和海运的发展，进一步促进了农业地区专业化生产的发展。但资本主义社会的地区专业化是自发形成的，有片面单一化的特点，这是受资本主义经济规律所支配，因此，商品农产品专业化生产的地区和规模很不稳定，经常随着市场的变化而变动，地区之间的发展当然也很不平衡。解放前，半封建半殖民地的旧中国的一些商品农产品，如棉花、烟草、蚕丝、茶叶等集中产区，就受国内外市场变化的深刻影响，兴衰变化很剧烈。

而社会主义阶段，在社会主义基本经济规律和国民经济有计划按比例发展规律的指导下，农业区域是在调整旧的农业布局和农业生产结构的基础上发展起来的。农业区域的形成产生了新的特点，首先，可以最充分合理地利用各种农业资源，发挥地区优势。其次，地区之间的农业生产水平的差异在逐步缩小，地区内部的农业生产结构更趋于合理，农业部门之间能够协调发展。总的趋势是，各农业区域的发展将有计划地逐步趋向于完善。

但是，由于旧的农业区域之间发展水平不平衡，而社会主义农业的调整，也不能百废具兴，齐头并进，在地区上总得分别先后缓急。因此，各农业区域的发展就会产生以下差异：有稳定发展的农业区，即经调整后，原有的专业化部门的商品性生产得到继续扩大；有变化显著的农业区，即由于原有农业生产不适应国民经济发展的需要，农业生产必须作较大的调整和改进；有新形成的农业区，即为适应边远地区经济建设和发展少数民族地区经济，有计划地对边远地区的荒地进行大面积的开垦，发展成为新的商品农产品基地，同时，也有由旧的农业区，经过改造而发

展成为农业生产面貌全新的农业区，另外，有一些暂时变化较少的农业区，即这类地区多由于生产条件差，自然灾害频繁，劳动力资源不足等原因，因而，农业生产水平低，专业化生产还未形成，这是属于有待进一步加以改造的农业区。

以上是农业区域发展演变的历史过程，即农业区域由低级阶段趋向高级阶段发展，其主要标志是，低级阶段的农业区是自发形成的，而高级阶段的农业区是计划形成的。

还必须提出，农业区域的发展，归根到底是受社会生产方式所决定的。社会制度不同，研究农业地域分异的目的也就显然不同。在资本主义条件下，研究农业地域分异的目的，就是在了解农业地域形成的基础上，研究如何形成资本主义的农业地域专业化，为扩大商品生产增加资本家的利润，为最大限度地掠夺农业资源和剥削农业劳动力而服务。资产阶级学者受阶级立场和观点的限制，他们只能反映农业区域分异的表面现象，不可能联系社会生产方式，从本质上说明农业区域的形成过程，以及将来预期发展。列宁在《俄国资本主义的发展》和《美国的资本主义与农业》两部著作中，首先正确地分析了资本主义农业区域的形成，并奠定了农业区划的理论基础。

在社会主义条件下，研究农业区域分异的目的，就是为了在掌握农业区域的形成、特点、发展方向的基础上，为因地制宜地指导农业生产提供科学依据，为最合理地利用农业资源和各种生产条件，为因地制宜采取不同的方法和措施，促进农业区域合理分工，为社会提供更多更丰富的农产品，总之，是为全民的利益服务的。

关于农村经济的概念问题*

张寄农

首先要明确“农村”是一个地区概念，不是一个单一的部门概念，在一定的农村地区里，既包括着农业这一部门，也包括着商业、工业、交通运输、旅游、各种服务行业以及与这些行业有关的其他经济部门和行政部门等等。

其次，“农村”是一个历史的、发展的、变动的概念，不能把“农村”的概念凝固化，不能认为“农村”只能从事农业，或至多只能从事与农业有关的行业，而其他与农业没关系的行业，就不被认为农村应该存在的行业。

我们认为：我们所称之为“农村”的地区，实际上是城市以外的地区，是与城市相对称的概念，因而有人称之为“乡村”。“乡村”要比“农村”更为确切。

我们所以习惯地把乡村称之为农村，是由于在我国历史的长河中，乡村主要处于小农经济的自给自足的自然经济状态中，因而农村经济就只有一个中心，即一个农业中心，其他行业或部门，或多或少的都是农业生产有关的派生物，都是直接间接为农业生产服务或与农业生产有关系的，所以我们就很自然的，天经地义地把城市地区以外的地方，都称之为“农村”了。

但是，时代在发展，在前进，“农村”的内容与含义也在发生着变化，在商品交换比较发达的地区，不管是资本主义国家，还是社会主义国家，在城市以外的乡村，出现了除农业以外的各种各样的部门和行业，形成了以各种不同行业为中心的或大或小的各种集镇，譬如以某项农产品综合加工形成的联合中心，（如制糖、制罐头的食品综合加工企业）也有以当地采矿工业和特种工艺形成的工、矿企业中心，还有以海滨、山庄、避暑休养或游览为主的中心，还有以交通运输的转运港口、码头、车站为中心的客货转运区，当然也有些商业中心、文化教育中心等大小不一的集镇。

我国现在正处于走向商品生产、商品交换、消费社会的新时期，有些农村地区出现了各种各样新行业、新部门的专业户、专业村、专业小集镇，如温州地区有扣子市场，河北省蠡县的晴纶村、化纤纺织品的专业市场，以及江浙一带电气化生产的高精尖电子、电器高级消费品的工厂和电气市场等等，在这些地区，农业生产的从业人数以及农业产值的比重，都在逐年减少，而工业产值和工业的从业人数却在不断地增加，例如江苏丹阳县工业产值占40％以上、① 广东顺德南海等县的工业已占农村总收入的60％～70％②，河北蠡县辛集大队，农村工业（化纤）的收入1982

---

* 原载《乡村经济学科研究通讯》1991年第2期。（这是作者在1984年12月7日在北京农业经济学会关于农村经济结构学术交流会上的发言稿，已由北京农大《农村社会经济问题探讨》1985年第1期转载。）

① 全国社队企业工作会议文件选编（1984）第62页。

② 全国社队企业工作会议文件选编（1984）第55页。

年占总收入的60.9%，从事工副业的劳动力占农村总劳动力的68.4%①，福建晋汇县陈隶公社农村工业占农村总产值的52.7%，但工业劳动力已占到农村劳动力的80%以上。②

从以上材料我们可以看到，我国从南到北沿海一带，各省农村正在发生着急剧的变化，新的生产部门和行业正在冲破过去单一农业经济的旧框框，新的工业体系、新的交通转运点，以及新的乡镇，在不断地出现，不断的扩大。这是一场农村资源利用，产业结构，以及农村各经济要素之间重新组合的大变革，而这种变革的速度将越来越快，越来越明显，这种新的情况，新的形势，迫使我们理论工作者，要对现实给以符合实际的回答，如果我们仍然以农村与农业相连，城市与工业相连的凝固的观点来看待正在变动着的新农村，来衡量农村中的各种新的经济活动，那就有些削足适履，不能说明客观实际了。因此就要求我们重新对“农村”、“农村经济”的概念，给以确切的解释。

现在有的辞典杂志及有些个人材料对农村经济的特点是这样描绘的：“农业是主体，从事农业生产活动的人口较多，其他部门经济活动大都或多或少的同农业生产联系，人口密度小，经济发展水平低”。③④

我们认为：这个概念，仅是就我国目前农村状况的描绘，而没有从发展变动的观点看待农村，从前面所述国内外的许多地区的发展已经证明：随着社会生产力的发展，在农村地区，不论从绝对数或相对数来说，农村从事农业活动的人将不是较多，而是较少，农村经济发展的水平，也不一定是较低的，如沿海各地农村和大城郊区农村的经济发展水平，并不见得比内地某些所谓中小城市的经济发展水平低，所以我们给农村经济下定义时，不能仅用我国目前农村中的一般状况和特点，就给农村下了定义，而应该既看到过去和现在，还要看到未来，既要看中国农村的情况，还要看到世界其他各国农村经济发展的情况，才能给广义的“农村经济”下科学的定义。

因此可否把一般意义上的“农村经济”概念写成这样，“农村经济是社会劳动分工发展的产物和人们在一定社会发展阶段，在农村综合体内从事生产、交换、分配和消费经济活动的内容、方式和作用的总和。”⑤ 这样一个“农村经济”概念，就可以从它的产生到发展的每一个阶段都能通用了。

至于不同时期农村经济的具体内容和活动方式各具特点，应该分别研究，分别表述。

第三，还要从时、空观念出发，立体地与自然景观结合起来，看待“农村”和“农村经济”。

（一）有的材料和文件规定，以人口多少和人口密度大小作为划分城乡的界线

譬如，在国外很多国家把2 000人以上居民点都算作城市系统，在我国有关部门规定建制镇属于城市系统，在1963年的建镇标准为常住人口在2 000人以上，非农业人口占50%以上者，1964年改为常住人口在3 000人以上，非农业人口占70%以上，或常住人口在2 500人以上，非农业人口占85%以上。

我们认为这种以常住人口的多少和非农业人口比重大小来划分城镇或乡村的方法是值得商

---

① 见油印本《农村加工销售化纤纺织品的调查》（1983年北京农大农经系师生的调查报告）。

② 毕宝德、方群：“农村经济结构的剧烈变化意味着什么?”《农业经济学术交流会发言稿汇编》第9期，第13～14页。

③ 《经济大辞典》《农业经济卷》第6页。

④ 《天津农村经济》（1984.3）第41页。

⑤ 《建设经济》（1983.11）第31页。

権的。

1. 如果只以人口在2 000～3 000人作为划分城市与乡村界线的标准，我国400～500户的大村（也就是2 000～2 500人）有的是，把那么多的村庄都划作城市是与事实不符的。

2. 又如按人口的密度和从事农业劳动者多少来划分，也有些不妥。我们认为农村地区的农业现代化，就是农业的工业化过程，也就是工业集镇化和人口集镇化的过程，外国是这样，我国也将是这样。如果把农村的工商集镇划入城市系统，农村经济就谈不上综合发展，农村经济仍然是单一的农业经济，那就没有必要研究农村经济只研究农业经济就行了，但这样做，也不符合事实，因为农村经济研究的内容都超出了农业经济学和城市经济学研究的范围。

3. 还有的把分布在广大农村独立的工、矿企业（特别是三线建设地区的军事工、矿企业）所在地，以及滨海浴场、山区的名川大山或古迹名胜地区的小集镇也被划在了城市系统。

我们认为这样的划分方法也有些不妥。因为农村和城市是社会大分工的产物，是工业和农业分离的结果。因此在研究农村（乡村）的经济现象时，就不能仅仅研究已经形成的现状和已经形成的概念，应该看到这些现象和概念的本质，是社会生产力发展到一定水平的结果，随着社会生产力的发展，现在的农村（乡村）社会经济活动，也要随之不断地变化，因而也可以说，"农村"这一范畴的规定性是随着社会经济生活的发展而不断变化的，所以我们要历史地、运动地看待农村经济范畴的规定性和含义，不能凝固的一成不变。

我们还认为"农村"不仅仅是一种社会经济现象，同时还是一种自然现象，即具有特定的自然景观和空间形式，因此我们在确定"农村"范畴的规定和定义时，就要从社会和自然两个方面同时进行探讨，要把农村的社会经济现象和农村的自然景观结合起来，立体地看待农村（乡村），要从时、空两个基本方面，来考虑农村（乡村）和城市，才不致感到迷离和难以划分。

（二）从世界范围看，农村这个特定的经济区域，已经经历和将要经历五个历史发展阶段，也可以说是五种经济类型

1. 新石器时代的农村。即原始社会饲养与农业已经产生并相结合的阶段，即由旧石器向新石器时代转化的阶段，人们已经开始由采集、狩猎和捕鱼，转向饲养和农业（即种植业）的生产。生活则由游牧部分人转向定居，那时候，人们改造自然的能力很小，改造自然的工作刚刚开始，既没有以后出现的那种熟化的耕地和农业基本设施，也没有以后出现的那种高大的房屋、村庄、集镇，以及大大小小的道路，更没有任何城市。这个时期的自然景观可以说，还是原来完全天然的地形、地貌，这是大自然型农村的一统天下，我们称之为原始型农村。

但是经过了漫长的时期，社会生产力有所提高，社会经济状况和自然景观，都在发生着变化。

2. 金属工具时代农村。也就是在农村内部手工业产生并与农业初步结合，开始用金属工具生产的时代。那时候由于火的发现和利用，冶炼业产生了，开始有了铜的用器和工具，以后又产生了铁犁及其他铁的生产工具。农业及养畜业生产效率提高了，生产出的食物比以前略有提高。几个人生产的食物可以养活其他的1～2个人了，就在这时候产生了各种各样的手工劳动者，譬如烧窑、打铁、盖房、磨房、纺织等相继出现。生产上种类业占很大比重，居住条件有了很大改变，有了高大的住房，大量的耕地及农业基本设施以及各种长短宽窄的道路，与天然的山川景色交织在一起。这个阶段称之为古代型农村。

3. 蒸汽机时代。即近代型农村，资本主义机器大工厂生产代替了乡镇手工业工场的阶段，在这阶段，工业高度集中于城市，农村地区经济结构单一化，基本上只有农业或为农业服务的少

数行业，不但工业开始分离，而且农村经济成了资本主义城市的附庸、城乡差别越来越大，城乡陷于完全对立状态。

4. 电器化阶段。即工业由蒸汽机向电力化过渡阶段，具体说从20世纪初期起，西方国家实行农业现代化（即农业工业化、工厂化）和城乡居民生活现代化，尤其是在第二次世界大战结束，到60年代在经济比较发达的国家，农村开始有了现代化的各种农副产品的加工业，形成了综合发展的加工区、城市居民生活现代化导致了定期、不定期旅游和休养业的产生和发展，进而又引起了旅游休养地区的商业、服务业、交通运输、邮电信息，以及文教卫生事业的发展，于是现代化农村经济体系逐步形成和发展，构成了整个的消费化社会。即现代型农村。

目前在我国，现代型农村正处在起始阶段，看待我国的农村，不要想到的只是地层表面一尺左右的表土层，只是如何种庄稼这一行业。应该想的更深、更高、更宽、更远。应该想到在乡村地区的所有自然资源和社会资源，要把天空、地面和地下资源都结合起来，立体的看待。应该把农村地区所有的立体资源统统利用起来，把所有潜在的人力、物力、财力和自然力统统调动起来，开辟各种各样的新行业，为加速社会主义的经济建设创造条件。譬如：

目前在山东、河南、河北、辽宁、黑龙江和内蒙古等各省和自治区，有4万多个体农民在地方政府和集体经营的小金矿劳动，8万农民淘金的结果，使我国黄金产量大大上升，年增长率达10.2%。而且还能使农民短期内富裕起来，仅辽宁省营口县的一个村庄，从事开采金矿的76户农民，在1983年一年就开采出68千克黄金，每人收入3 000元，是全省农民平均收入的大约十倍①。

在贵州一些所谓“不毛之地”的地区，如果把那些地区的瀑布、溶洞等奇观怪景，以及一些野生动植物产区的自然景观，统统加以保护利用，开发为独特风格的旅游地区，相信那里的交通运输、修缮建筑、商业、服务行业、旅游产品加工业，以及相应的文化教育事业也会逐渐发展起来，贵州贫困落后的帽子也会迅速地摘掉。那些旅游地区经济的发展，很可能远远超过内地，甚至超过某些沿海地区的农业区经济的发展。据说在孔子的故乡，山东曲阜县，已拟定了一个以发展旅游业为中心的经济发展规划，使当地农民尽快富起来。

由此可见，我们应该根据不同地区，不同的自然资源和社会经济条件，因时、因地制宜的发展优势，开发不同的经济部门和行业，建立不同类型的经济结构，不能只搞单一的产业结构和经济结构。

5. 未来型农村②。即高科技发展阶段，将是城市乡村化，乡村城市化，城市里有乡村，乡村里有城市，工农结合，城乡融合为一体，整个世界又将重新成为“农村”的一统天下。但这个“农村”的概念有完全崭新的内容：① 原来的旧城市经过改造有了一定数量的自然景观，而新的城市，则是在众多的原有集镇、县城基础上发展而成的多中心的，开放式的城乡联结的新综合体，其中城市交错，耕地、山川、工、农、商、交、服都完全融合在一起了。② 农业经济在一个农村经济综合体中所占比重，则从相对到绝对的比重减少了。③ 农村居民的结构更为复杂，居民的生产生活条件，有了进一步的改善，生活节奏变得更活跃了。这种工农完全结合，城乡差别彻底消灭的“新农村”是马克思预见的“乡村城市化”客观规律的具体表现。

第四，关于县城是否划在农村范围的问题。

---

① 《参考消息》1984年12月10日。

② 农村五种经济形态的划分方法，见《农村经济学科研究通讯》1984年2期，陈湘舸《农村经济学研究方法问题》。

我们知道，县是一个相对独立的经济地区，县城一般说来是这一经济地区的经济、政治、文化中心，按道理讲，县城的一些经济部门和行政部门的活动基本上都是直接间接为农村的经济活动服务的，因此县城的经济活动，应该包括在农村经济的范围以内，反过来说，如果没有广大农村的经济活动，也不会产生县的建制。

但是现在研究农村产业结构时，有的材料却这样写。“从地域上看，农村产业结构研究的范围是指县城（不含县城）以下广大农村中各种生产经营活动。包括农民进城办的各类企业，但不包括在农村中的国营工矿企业”。“农业中包括国营农场、国营林场等国营企业的生产经营活动。”

从这两段材料里，产生了这样的问题：① 为什么农村产业结构研究的范围“不含县城”可却“包括农民进城办的各类企业”。② 为什么在农村里的产业活动“包括国营农场国营林场等国营企业”却不包括“在农村中的国营工矿企业”。

从这两个相互矛盾的问题里，我发觉到这是把产业结构和所有制结构，两个不同含义的概念混在一起而陷入矛盾的困境了。

为什么硬把这种相互矛盾的要求写入《农村经济结构研究成果交流会纪要》里，而要各地参加这个课题的同志们去执行呢？据说是因为“国家统计的资料要求这样做的”我认为这个要求是不合理的。

我认为农村产业结构系指“在农村地区从事各种物质生产及非物质生产的各种服务行业和部门的数量比例关系，以及相互之间内在联系的关系”根据这个含义，农村产业结构应该说明的问题是在这一地区、到底有哪些部门？有多少劳动力？有什么资源？从事哪些生产和劳务？有哪些产品、产量、产值？产品如何流通？产值如何分配？以及如何进行扩大再生产。至于所有制问题，只是这个地区经济结构的一个组成部分，但是不能代表产业结构。

因为产业结构和所有制结构是同属于经济结构当中两个不同的独立的概念，不能混为一谈，在同一个经济地区内可以有同种产业分属于不同的所有制（如城市的工商业可以有国营的、集体的、个人的，在农村有集体的国营的农场、林场、养殖场）同样道理，同一的所有制可以管辖着不同的产业部门和行业（如同是国营企业，却可以同时经营农业、工业、商业、交通运输等，当然同样是集体所有制、个人所有制也可经营不同行业）。把所有制结构和产业结构混为一谈，显然是不科学、不合道理的。因此我认为整个县的地区（包括县城）的所有各种产业的活动，不管是国营的、集体的，还是个人的、联营的，都应该算是农村经济活动，它们的产品、产值、劳力等问题，都要统一于农村经济的计算之内，都不能划作城市经济。

比较方法在农史研究中的运用及其现实意义*

董恺忱

用比较方法研究农业的历史，并不是最近才提到日程上来的一件新鲜事。由于运用对比的方法，会把我们的研究对象放在一个更为广阔的背景下，能加深对各个地区或国家农业生产特点的认识，并有助于探索农业发展的内在共同规律，是以过去国内外都有人曾从事过这方面的研究，但使人感到不足的是这些研究多限于单纯理论上的探讨。当前，为加快实现我国农业现代化，既要认真总结过去的传统农业生产经验，也要积极地向国外学习，以便从历史中找到借鉴，来探索我国农业发展的道路，因而就更感到迫切需要开展这一工作。由于农业历史研究的对象是农业生产实践的历史发展过程，它和一切历史科学一样，也是一个需要实证的科学，它应该从历史事实出发而不能单纯地依靠假设和推理。是以这里试图通过一些具体例证的分析，来说明在农史研究中如何才能更好地运用比较方法，进而阐释它在实践中的现实意义，以期引起更多同志对这问题的关心和注意。

一

用比较方法来研究农史，通常是把不同阶段、不同类型、乃至一定条件下的不同国家或地区的农业发展或变革过程，做为比较研究的对象，目的在于通过对比找出它们之间的异同，进而明确各自的特点与规律。这和以不同的作家、作品乃至思潮、流派做为研究对象的比较文学和比较哲学是有些区别的。比较农业史是侧重于不同条件下形成的土地占有方式和土地利用方式的对比分析，具有从整体着眼的宏观性这一特点。

（一）农业发展阶段的比较

人类最早从事农业生产活动，可上溯到新石器时期，距今已有近万年的历史。在这漫长的年代里，农业生产经历了不断地发展变化，而在发展变化的进程中，由于生产水平与方式的不同，从而呈现出阶段性的差异来。可见，忽略了在发展中形成的阶段性差别，是难以全面理解农业发展的历史，无从掌握农业发展的内在规律。对于以上这点认识是一致的，但对发展中形成不同阶段的原因，以及如何区分才好，却存在着较大的分歧。

早在古希腊时期，对农业的起源及农业早期发展的进程，就已出现了渔猎、游牧和农耕三阶段说。到了 20 世纪这个学说还有很大影响，受到像李斯特（F・List，1789 — 1846，德国经济学家）、罗歇（W・G・F・Roscher，1817—1894，德国经济学家）和戈尔茨（T・F・Goltz，1836 —

* 原载《农史研究》等五辑，1985。

1905，德国历史学家）等知名学者的支持。但同时也由洪堡（A·F·Humboldt，1769—1859，德国地理学家、历史学家）和汉（H·Haha，1856—1928.）等人提出了异议，展开了争论。[1]国内近年来也有人经过研究，对由摩尔根提出的，经恩格斯引用的游牧先于农耕的观点，即东半球的农业很可能是为解决牲畜饲料而产生的说法，提出了不同的看法，认为原始农业（种植业）是从采集渔猎经济直接产生的，其间并没有经过一个畜牧经济的阶段，并用民族学与考古学的材料加以论证。[2]德国的农史学家汉把出现了农耕之后的整个农业发展的进程，进一步再区分为锄耕（Hachebaou）、犁耕（Pflungbau）及园耕（Gavtenbau-Land-Wirtschaft）等三个阶段。后来，维尔特（E·Werth，1872—1958，德国文化史学家、植物学家）对汉的说法做了修正，他不同意汉提出的锄耕阶段的生产工具兼以掘棒（Grabstock）和锄（Hacke）为主的说法，认为只以掘棒为主的阶段应称之为弋耕（Grabstockbau），是最原始的农耕方式，锄的出现晚于掘棒，而犁则是直接从掘棒发展来的，并不是在经过锄的阶段之后才出现的。维尔特根据这个理论，对古代的世界农业从地域上来划分，得出截至十六世纪初地理大发现的时代，整个世界的农业可以分成以欧亚大陆及北非为主的犁耕区和除此之外的锄耕区这样两大类别。[3]国内当前也有人提出应该把犁耕出现以后的原始农业区分为刀耕及锄耕两个阶段，认为刀耕阶段的主要特点是没有锄、铲之类的工具，不懂得翻土，只使用原始的刀斧和木棒，生产技术的重点在林木砍伐，实行年年更换土地的生荒耕作制。锄耕阶段主要特点是发明和使用了锄头等翻土工具，生产技术重点由林木砍伐转到土地加工，实行耕种若干年后才弃耕的熟耕耕作制。[4][5]把我国早期的“刀耕火种”归入早于锄耕的刀耕阶段的主张，业已得到较多人的支持。但依据我国的具体历史情况，也有人认为对刀耕和锄耕的阶段，分别称之为火耕和耜耕更为合适的说法。[6][7]

如何更好地解决农业历史发展阶段的划分，即农业史的分期问题，近来已成为一个突出的有待解决的问题。因为在编写农业史或对农业生产实践活动以及技术成就，如从历史上进行全面评价时是无法回避的。对我国农业发展的历史，仍沿袭按社会形态和封建王朝来划分，以致不能充分揭示各个阶段的水平、性质和特征的局限，已为多数同志所承认，并有人针对这点提出了试探性的改进意见。[8]针对整个农业发展的历史进程，有人从方法论上来探讨，不同意以生产工具或土地利用方式，认为应以农业技术总的特征和技术体系完善的程度做为划分标准，提出了应把农业技术的历史区分为原始农业、经验农业和科学农业三个阶段。[9]为了更进一步推动这个讨论，这里想把整个农业的历史发展过程做为研究对象，拟从农法发展变化的角度做些分析。做为立论依据的农法这一概念，有些同志可能感到生疏，因而做些说明也许是必要的。农法，可以理解为从事农业生产的方式和方法。由于农业是人类利用土地，根据动植物的生物机能来生产有用产品这样一个持续的经济活动，所以和土地利用有关的耕具、耕法和耕作制度，即有关从事农式耕作的方式和方法，就均成了农法的核心。[10]这个概念是把生产的工具、对象和方法，在生产过程中统一起来，从变动发展上来加以概括形成的，它可能会比单纯静止的来分别罗列影响农业生产的因素，更能说明问题的实质所在。有的同志可能会怀疑这个概念是从国外搬来的，用来分析我国农业的历史进程可能会不完全贴切合用。其实“农法”这一词就国内文献来说，最晚在《王祯农书》中就能找到。《垦耕篇第四》有“农事之法”，而《耙耮篇第五》又简称之为农法的，可以用为佐证。虽然在本世纪当我们翻译国外文献时又加以利用，并赋予它一些新的含义，[11][12]但追本逆源它确非始自这时。总之，根据从事农业方法的不同，可以把从古迄今的农业生产进程，分为原始、传统、近现代这样三个阶段。[13]如果侧重于种植业来考察，则前边提到的刀耕和锄耕都应归入原始农业阶段，因为当时人类从事农业生产的工具，多取自天然存在的木、石等材料，动力则以人力为主，对土地的利用是只用不养，不知施肥，当地力衰竭时就只能丢弃不管，等待它自然恢复，这就是通常所说的撩荒制。由于技术进展缓慢，这个阶段竟延续了六、七千年之久，而居住在新大陆的印第安人在欧洲移民到来之前，一直停留在这个阶段上。当金属工具出现后，特别是随着铁犁牛耕的应用和推广，农业生产逐步进入了传统农业阶段。在西方它是从希腊、罗马时期开始的，在我国则是自春秋战国时期发其端。根据用地应与养地相结合的要求，西方推行了仍有部分农地休闲的二圃或三圃这种轮作制，我国则在施用自然肥料的基础上，逐步过渡到倒茬连作，并形成了以劳动集约为主的精耕细作技术体系。由于这个阶段的生产技术是在长期实践中积累形成的，而又在实践中来传承，并得到进一步充实与发展，因而它有传统农业之称。受商品经济发展和工业技术急剧变革的影响。在西方有些国家，从十八世纪中期开始先后进入了一个新的阶段，即近现代农业阶段。这里说的近现代是包括前后两个时期的，即近代与现代。做为前期的近代农业具有过渡性质，这时虽已从三圃制过渡到四圃轮栽制，消除了休闲，后来有的甚至还演变成不受轮作体系约束的自由种植。做为增进地力的积极措施，开始使用化学肥料，农具虽已大部分实现了半机械化，但却仍以畜力牵引为主。进入本世纪后，在原来的基础上加快了变革的进程，农业不仅从工业上得到更多新的装备，而且又从原来的自然循环系统之外，得到了大量的新能量来源，实验科学的成果直接用来改进农业生产。这样在新式农业机械、化肥和农药的相继创制与推广过程中，西方一些主要发达国家从20世纪40年代开始，相继完成了农业的现代化。这个阶段在农业技术全面改革的基础上，使劳动生产率和农产品的商品率都得到了较大的提高。

（二）农业类型的比较

农业生产受自然和社会等多种因素的影响，以致外观呈现出千差万别来。但是根据地理和历史等具体条件，再从结构、技术、“集约度”、产量和商品率等方面来概括，可以归纳为具有一定共同内容的若干类型。从事这一研究的就是被称做农业类型学（Agricultural Typology）的这个边缘科学。农业类型学的研究成果，使我们对各个地区生产的特点，更便于从本质上去认识。

就世界范围来讲，即有关世界农业类型学的研究，为时虽不过百多年，但如就局部地区来说，不拘东西方却都比这久远得多。成书于先秦的《禹贡》，从时间上来看，不仅在我国，即使在世界也是公认的现存最早的地理学文献。[14]就它的内容来说，它不只是一篇有关区域地理的专著，而且也是涉及到农业区划的早期文献。[15]它就我国当时已知的疆域，根据山脉（导山）、河流（导水）、土壤、田赋以及各地的特产，把中国分为九个区（州）。进而说明随着各区土壤类别和肥力的不同而适宜种植的作物，可见它已包括有一些有关农业类型的初步知识。西方在罗马时代，凯撒的《高卢战记》和塔西坨的《日尔曼尼亚志》等名著中，对居住在阿尔卑斯山以北的高卢人和日尔曼人的生活习俗做了生动记述，还通过它们的谋生方式说明其所处的生产水平。恩格斯就曾利用这些资料，对当时仍处在村社形式下的日尔曼人的土地占有关系和耕作方式进行研究，说明它不同于以奴隶劳动为基础的罗马大庄园（Lat fundium）经济。[16]

我国幅员辽阔，就全国来说，西部与东部，北方和南方，自然条件差别都很大，因而很早就根据这一差别形成了牧区和农区，而农区又分为旱地农业（旱农）和水田农业（泽农）等类型，《史记·货殖列传》就此已有较为具体的记叙。西汉中期，我国农业曾一度有过较快的扩展，种植业在广义的农业中已占有重要的地位。武帝时，除黄河中下游开发较早的农区，还开辟了较宜于种植业的河西走廊，建立了农区与牧区之间的过渡地带。对南方长江中下游原来低湿的沼泽沮洳地区也进行了开发，但当时的生产和生活水平一时却无显著的提高与变化，因而有“楚越之地，地广人稀，饭稻羹鱼，或火耕而水耨”的说法。隋唐之后，南方水田生产技术有了较大的改进，经济上也逐步压倒北方取得主导地位。从技术体系上来看，南北方之间历史上形成的这个差别仍相沿至今，在今天基本上还做为不同的农业类型而保留各自的特点。通过对比来研究这个问题由来已久，近来对我国南北方农业生产上的差异与特点，也有人从历史上来探求其形成的过程和原因，并取得了一些富有启发的成果。[17][18]

随着世界经济发展与联系的加强，世界农业类型的研究也被推到日程上来，根据对研究对象与方法的理解及侧重有所不同，一个多世纪来曾先后形成了一些不同的学派。到了本世纪的四十年代，惠特尔西（D・S・Whitclesey，1890—1956，美国地理学家）和琼斯（W・D・Jonus，美国地理学家）综合了各家的说法，并在多年实地调查研究的基础上，于 1936 年发表了《世界主要农业地区》（Major agricultural region of the world）一书，根据：① 作物与家畜的结合情况；② 作物与家畜的饲养方法；③ 应用于土地上的劳动、资本集约程度以及单位面积上的产量；④ 农畜产品的商品率（自家消费与出售的比例）；⑤ 住房及其他农用建筑的类型与配合的总体情况，把世界农业分成了十三个类型，即①游牧；② 放牧；③ 游农（移动农业）；④ 早期定居农业；⑤ 集约的自给水田农业；⑥ 集约的自给干旱农业；⑦ 商业的种植园农业；⑧ 地中海式农业；⑨ 商业的谷物农业；⑩ 自给的农牧混合农业；⑪ 商业的农牧混合农业；⑫ 商业的酪农；⑬ 专门的园艺农业。后来的研究者对此虽不断有所修正和补充，但是做为研究世界农业类型的基础，至此确已奠定，问题只是如何使它更加详备精确，并便于实践应用而已。[19][20]这些研究工作的进展，不用说在很大程度上是借助了比较方法。这个比较虽是从横的侧面以地域为主，但也沿纵的方向追溯了它的历史发展进程。由于农业的发展可能是沿多种方式，因而难以用定向的单线方式来表叙，所以惠特尔西虽然也注意到了这点，但从上述的先后不难看出，它还是不能完全符合严格意义上的历史序列。

（三）历史过程的比较

这里所说的过程比较是包含着两种情况，即不同地区和国家间的农业生产已进入了同一阶段之后的发展过程和从同一阶段向另一阶段的转变过程。它是时间上的比较，但却不限于从时间上对农业发展过程的追溯，也涉及到对影响发展和变革因素的分析，目的在于找出形成同异的根源。当前在农业发展过程的比较研究中，最受人关注的是：对东西方传统农业的比较和以西方主要国家做为研究对象的农业近现代变革过程的对比分析。

对东西方传统农业的差异和特点，从经济结构和技术体系等不同侧面，有人已分别做过较为细致的对比研究。[21][22]这里概括地再做些介绍。我国和西方的传统农业较为发达的时期都处于封建社会，但西方封建社会的经济结构是领主制的庄园经济，从事生产劳动的主要是人身处于依附地位的农奴，经营较为粗放，推行二圃或三圃轮作制，种植业和养畜业能够保持较为适宜的比例，属于自给性的农牧混合类型。我国的封建社会从战国时期就已形成土地可以自由买卖的地主经济，后来土地占有虽不断趋于集中，但经营却是越来越走向分散，而这分散的小农经济则是和以种植业为主的、多劳多肥的精耕细作技术体系相适应的。[23]和西方已经实现了近现代化的农业相比，它在有些方面是较为落后的，但如就土地利用和单产来看，在一个相当长的历史时期里一直处在世界领先的地位。[24]正是以这样发达的小农经济为基础，中国封建社会才得到了充分而又高度的发展。可见中国和西方的封建社会的发展过程是有许多不同之处的，它的根源应该从农业发展的历史过程中来找，因为“农业是古代世界的决定性部门”。[25]

正像大家所熟知的那样，近代西方一些国家在农业上如何实现经济和技术的变革，一向就是马列主义经典作家极为关心的问题。马克思在《资本论》第一卷中，就曾详尽地论证分析了英国农业中资本主义发生发展的过程。[26]列宁则通过德国和美国的对比，深刻地阐明了资本主义在农

业中的发展有着两条不同道路。这里根据马克思和列宁的论断中和本题有关的部分，试做一些简略的分析。西方从传统农业到近现代农业的变革，如就经济结构来说则是和农业中的资本主义发展相表里的。而农业中的资本主义，通常虽是以劳动者的土地被剥夺，并使劳动者从属于为利润而经营的资本家为前提的，但是由于不同国家或地区在实现这个变革时所碰到的，是前资本主义的不同形式的土地所有制，所以“这种剥夺的历史在不同的国家带有不同的色彩，按不同的顺序，在不同的历史时代通过不同的阶段，只有在英国，它才具有典型的形式，因此我们拿英国做例子”。[27]英国早在十四世纪就已不复存在农奴制了。从十五到十八世纪末英国的土地贵族曾先后用暴力大规模地剥夺农民的土地，通过“圈地运动”，不仅促成了英国的原始资本积累，也为资本主义在农业中的发展开创了地盘。正是由于消灭了自耕农，才使土地与资本合并，建立起资本主义的租佃大农场，从而在农村中形成了资产阶级化的土地贵族、租地资本家和农业雇佣工人这三个阶级。农业中生产关系的变革推动了农业技术的改革，诺弗克式的四圃轮栽制逐步取代三圃制。这样不仅由于废除休闲而使土地得到更充分而又合理的利用，还因在原来休闲的土地上种植了饲料，使家畜从放牧改为舍饲，管理变得更为精细，从而使种植业和养畜业都有所发展提高。适应变化着的市场需要，较为彻底商品化了的英国农业结构，有时以种植谷物为主，有时又以饲养牧畜为主，在这不断调整的过程中，经营规模也或大或小地在变化。1846年废除“谷物法”，采用自由贸易政策之后，外国农产品大量涌入英国市场，迫于竞争的形式，英国这时虽也曾一度力图采用新的技术，并使经营趋于集约化，但终因国内存在高额地租，国外的农产品进口竞争又日益加剧，使农业生产逐步走向衰落而呈现长期停滞。这个时期德国易北河地区的农业变革情况和英国有着显著的不同，在英国农奴制已经废除的时候，这里却一度出现了农奴制恢复和强化的现象，农村中占统治地位的剥削形式竟是劳役制，当地领主为满足其日趋侈糜的生活需要，设法适应世界市场上对粮食的需要而增加出口，不仅强制农民承担更多的劳役，还加紧侵夺农民的土地来扩大自己的经营，使大批农民沦为农奴式的雇农。后来经过施泰因—哈尔登堡的改革，农民用赎买或割地的方式虽然摆脱了部分封建义务，但由领主转化来的容克地主所经营的土地，不仅得到保存并有所增加。这种由封建领主经济缓慢地转化为雇佣半农奴式雇农的资本主义经营，同时又从农民经济中逐渐分化出为数不多的富农来的变革方式，列宁称之为资本主义农业发展中的“普鲁士道路”。受落后生产关系的束缚，农业技术的发展也必然是较为迟缓的。地处新大陆的美国从1776年宣布独立后，资本主义生产方式开始确立并得到迅速发展。农业生产在封建因素较少并有大量待垦土地的情况下，以移民为主的自由农民，建立起大量的个体农民的小商品经济。随着资本主义的发展，农民阶级分化也在加剧进行，雇佣工人的资本主义大农场不久就占据了主要地位，但是以自己劳动的家族农场却仍被保留下来，在地多人少的情况下，效率较高的半机械化农具逐步得到推广，再加上采用其他的有效增产措施，就使生产继续得到有迅速发展，并开始形成农业生产的专业化和地区分工，在生产迅速增长的基础上，农产品商品率也在逐步提高。

通过比较可以看出，用暴力消灭小农建立资本主义大农场，这种典型的英国所经历的道路，在历史上几乎是独一无二的，而在保留封建土地所有制的前提下，用资本主义剥削逐渐代替农奴式剥削的所谓普鲁士道路，却被更多的国家所采用。当时除了德国，在东欧、沙俄等国，甚至后来一些土改不彻底的发展中国家，基本上也是沿着这条道路发展的。至于放任自流，让农民自发地两极分化，走这种原来意义上的美国式道路的也不多。实际上不仅因为大生产排挤小生产的过程会延续很久，而且很多国家的政府又曾先后采取过保护农民独立经营的个体农场的政策，这种农场的规模尽管也会有所改变，但以自己劳动为基础的特点却得到保留。可见，农业中资本主义的变革和发展方式是多种多样的，生产技术提高的速度也是参差不齐的。

二

有比较才能有鉴别，这个道理是不会有人反对的，但同样清楚的是，通过比较却不一定都能够认清事物的本质并掌握其特点，原因并不在于该不该用对比的方法，而是和是否正确地掌握并运用这个方法有关。为了把比较方法有效地运用到农史研究中来，以取得积极成果，就必须在对比分析时遵循一些合乎逻辑的准则，是以这里仍想结合在开展这一研究时可能碰到的一些具体问题做些分析说明，如何才能更好地做到从浅入深由表及里从本质上来对比分析，而不停留在肤潜的类比上。

（一）要注意可比性

在从事比较时，首先要注意用来相比的事物之间是否具有可比性。所谓可比性，在这里就是指用来相比的事物应是同一范畴的，再简单些说就是应该属于同类的。为此就要初步了解用来相比事物的各自属性，以便做为对比分析的基础。这里不妨举一个虽然不是直接讲到农史本身，但却和农史研究密切相关、而又是大家较为熟悉的问题来做例证。近来，在对中国封建社会长期延续原因的讨论中，中外历史对比的方法已被广泛运用，提出各种不同主张的同志，几乎都用这个方法来论证自己的观点，其中确有独到的见解，但也不乏使人难以苟同的意见。如坚持单一小农经济结构是中国封建社会长期延续原因这一说法的同志，就认为中国不同于欧洲的混合经济结构是单一的小农经济，而小农经济则是稳定性最高、进化程度最小的经济结构，建立在小农经济基础上的封建专制制度和落后的经济结构，使经济生活简单、低能、分散、守旧，因而只能在必然王国中挣扎而找不到出路。[28]对这一说法本身的正确与否这里姑且不论，单视它用来和西方农牧混合经济相比的单一小农经济这一概念来说，就极含混而欠严谨，不适于用来相比。正像有的同志已经指出的那样，所谓小农经济通常指占有一定数额的土地和其他生产资料的个体农户，进行独立经营时所形成的一种经济，它基本上是属于生产关系的范畴，[29]而有关农业内部的生产结构，像农牧等部门之间的结合形式及其比重等问题，则应归入生产力的研究范畴。从经济结构来说，我国封建社会的小农经济是依附于地主经济的，在西方，我国相对应的是领主庄园经济，这是从生产关系，即从土地占有和经营方式着眼的。就生产结构来说，可以用来和西方农牧混合农业相比的，在我国则是以种植业为主的集约农业，这是从生产力，即从土地利用和技术体系为依据来划分的。至于单一的小农经济这个概念，则是把属于两个不同范畴的概念硬行拉扯到一起，它不仅在理论上是混乱的，在实践上也是缺乏依据的，纯系出自杜撰。因为处在传统农业阶段的小农经济结构不可能是单一的，而是一个农户经营多种项目的自给自足的自然经济，如果是单一的，就难以甚至无法维持自给自足的经济生活。可见，没有把用来相比的事物性质弄清楚，甚至把属于不同范畴的事物来强行比较，是难以期望得出正确结论。

（二）要把用来相比的事物限制在一定范围

尽管用来相比的事物属于同一范畴，具有可比性，但如不限制在一定范围而脱离了具体的历史条件，随心所欲地来比附，从中引申出来可能是谬误的结论。把中国封建社会长期延续的原因归结于单一小农经济的同志，提出这个概念之后可能感意犹未足，于是在单一之前又加上封闭这样一个形容词，并解释说尽管中国早在两千多年前，就已形成了专制统一的帝国，但和欧洲地理

环境不同，因境内多山难以形成统一经济的民族市场，而产生互相封闭的自给自足的小农经济，为封建割据势力创造了有利条件，[30]这个说法是不符合历史实际的，因为西方的民族以及与之有关的民族市场是在资本主义发生发展时期形成的。而做为中华民族主体的汉族很早就已形成为民族，但不是资产阶级民族，中国封建社会的自然经济虽占主要地位，但却没有阻碍形成大大小小的国内市场。[31]再具体些说，中世纪的西方，特别是在最初几个世纪的时候，领主在庄园里能从农奴那里取得他所需要的一切产品，而不必求助于市场，因为当时“每一座封建庄园都自给自足，甚至军费也是征收实物，没有商业来往和交换，用不着货币”。[32]这在某种意义上倒应该说是一种封闭经济，和这种封闭经济相适应的，在政治上是小国林立的封建割据状态。15世纪以后，在西欧一些国家里，封建势力趋于瓦解，资本主义开始出现，从这时起，因为有了资本主义，才能使历来隔绝的各个部分联结起来，成为一个民族整体，而“在资本主义以前的时期，是没有也不可能有民族的，因为当时还没有民族市场”。[33]至于中国从秦汉时期起所以能够出现统一的专制帝国，汉族开始形成为民族，一个十分重要的原因就是由于从战国时期开始，已在国内各地形一些大大小小的国内市场。到了秦汉时期确立了郡县制之后，随着商品生产和交换的发展。通过市场的经济联系得到了巩固和加强。没有这日趋紧密的经济联系，专制统一国家就难以存在和发展。中国封建社会确实也是以自然经济为主的，但这并不影响商品经济在一定程度上的发展和国内大小市场的形成，因为在地主制经济下的小农即个体农民，在产品有剩余时自己可以拿到市场上去进行交换，把其中的一部产品转化为商品。唐宋以后，当种植桑、茶、果、棉等经济作物的农民日渐增多时，由于这些农民不仅把剩余产品做为商品出卖，还直接为了出卖而种植生产这些经济作物，这样就扩大了为流通交换而生产的范围。活动也不限于原来的农村市场，而和城市经济发生更多的联系，逐步形成更多的国内市场。分布在经济发展不平衡的各个经济区内的市场，能够通过河道水运的联系互相沟通，[34]并没有因为多山而受到限制通常它不是封闭独处而多半是开放的。可见把封闭的单一小农经济说成是中国封建专制制度的经济基础，而统一集权的中国封建专制制度，从一开始就是阻碍社会生产发展的制度，并用对比的方法联系民族市场的发展，来论证中国存在的小农经济是阻碍社会发展的根本原因，这个错误是十分明显的。其所以陷入这样的错误，不仅因为对用来比较的双方缺乏深入了解，在方法上也由于脱离了一定历史条件，没有把用来相比的事物限制在同一范围。

（三）要揭示出同中之异和异中之同

在从事比较时，决不能满足于罗列一些表面的同异现象，而是要进一步找到用来相比的事物间存在的同中之异和异中之同。了解到同中之异，基本上就等于弄清了用来相比的各个事物的各自特点；发现了异中之同，则说明已摸索到影响事物发展变化的共同规律。我们从事比较研究的最终目的就在于既要了解事物的各自特点，也要掌握其内在的共同规律，所以两者都不能偏废，但根据不同的情况和要求可以有所侧重。为了提高研究水平，弄清形成同异的究极根源，还要找出同之所以同，异之所以异的原因来。在比较时也不能无条件地把用来相比的一方，当做模式或框框硬套另一方，即以相比的一方为准，通过比附引申出同异来，而应在客观的全面分析对比的基础上，再来确定。

一般说来，对比研究的同中之异容易受到注意，而异中之同常被忽略。如在东西方传统农业的对比研究中，有人对其特点总称之为中耕农业和休闲农业；[35]这个说法确在一定程度上反映了用来相比双方的各自特点，并说明了构成这些事物的主导方面，但它却没有完整地全面地揭示出其原貌，因而容易把它绝对化并使之对立起来。这里先就农西方传统农业来说，为恢复地力，西方是以休闲做为主要措施，但在休闲期里也要耕翻；东方却较重视中耕等耕作技术，不过在条件许可时也不完全排斥休闲。在西方，虽说休闲（fallow），但在休闲期的未播土地上。为了防除杂草和保持水分，也要翻耕一至三次，这个措施有人称之为休闲耕（fallowing）。[36]东方的传统农业虽以倒茬连作为主。为缓和地久耕则耗的矛盾，据《诗经》等古代典籍中记载的“菑”、“畬”，不仅说明先秦时期实行过轮荒耕翻，在后来人均耕地比例发生很大变化的地少人多情况下，据苏轼《稼说》“盍偿观于富人之稼乎……其田美而多，则可以耕休而地力得全”可知，北宋时有些豪家富室也曾采用土地岁耕休的办法维持地力。[37]总之，根据具体条件采用休闲与中耕都是可以的，因为目的都是为了实现高产并有利于地力的恢复。如果说休闲与中耕可以做为传统农业阶段西方与东方的特点与标志，那也是因为双方都可以借以立足于经济而又有效地利用土地这个共同基础上。

不久前开始的有关西方一些主要国家农业近现代化变革的研究，由于对同中之异重视的不够，以致只强调用工业技术装备农业，在提高劳动生产率的基础上，逐步走上资本集约的道路，甚至有人说只有在实现机械化、化学化，走上石油农业的道路之后，才算实现了现代化。殊不知西方各国在这个变革中，根据其各自特点，在经营方式、生产结构和技术体系等方面有着许多差异。从土地占有和经营方式来看，英国是以租佃大农场为主，土地归地主所有，雇佣工人来生产；德国东部则由占有土地并直接从事经营的容克，驱使半农奴式的雇农。美国一度曾以分得土地的移民构成的自耕农为主，他们既占有土地，也从事经营和劳动，后来在农民的分化过程中，虽然出现了雇工经营的资本主义大农场，但具有上述特点的“家族农场”（family farm）在整个农业中仍占有一定比重。就土地利用和技术变化的特点来看，英国从 18 世纪中期开始，就已采用一度被誉为合理农业象征的四圃轮栽制，这个新的耕作制在西欧大陆却迟迟得不到推行。美国为了适应不断扩大的市场需求，形成了以节约劳动力为主的技术体系和专业化的地区分工，美国农业优越的条件，使它在迅速发展的基础上，能在农产品国际市场上占据有利地位。当美国的廉价农产品源源运到欧洲来的时候，欧洲各国都被迫采取对策来应处，但其做法却不尽然相同，英国在增加进口的同时，缩减了本国的农业，耕地转用于栽培谷物之外的牧草，经营则日趋粗放。荷兰、丹麦等国虽也相对缩小了谷物种植面积，但却转向更为集约的部门，如扩大园艺生产，利用进口的谷物做饲料来增加畜产品并谋求出口。而德、法等国对进口的农产品则征收关税，用保护贸易的办法来维持原有的农业生产，这样做虽然影响了农业生产的发展，但却能够使农业在国民经济中始终保有一定地位。从历史上形成的这些差异和特点，直到今天也还深刻地影响着这些国家的经济。可见忽略了这些同中之异，也就难以深刻理解西欧这些国家今天的农业生产现状。

三

用比较方法来研究农业发展的历史，从理论上说，它能扩大我们的研究领域，开阔我们的思想和眼界，有助于提高我们研究工作的水平。就实践意义来讲，通过对比也会使我们从中得到一些启示，更有成效地去探索农业未来出路，可见当前开展这一研究工作，不管在理论上还是在实践上，都具有积极的现实意义。

（一）通过农业发展阶段的比较，能够加深对农业本质的认识，更好地展望农业发展前景

综观经历过原始、传统、近现代三个阶段的全部农业发展历史，在这近一万年的漫长岁月

里，尽管不同阶段上的农业生产方式和水平都有过很多变化，但其本质却依然不变，即使在今天，农业也仍然是利用土地，通过动植物的生物机能来生产人类所需求的产品，这样一个持续的经济活动。人类在从事农业生产活动的过程中，随着生产技术的提高，对自然控制和影响的能力也在逐步加强，它不仅让大地改观，用农田和牧场代替了部分的原始森林和草原，也使地球上的动植物组成发生了变化，经过人工驯化和饲养的作物与家畜，能够迅速地增殖和繁衍并广泛地分布到世界各个角落去，从而使地球供养的人口数量得以有效地不断增加。正确了解这点，就会使我们对当前有争论的人口、资源和环境等这些与农业生产有关的问题，有个清醒而又现实的估计，不会被所谓“人口爆炸”、“粮食危机”和“生态危机”等耸人听闻的说法所左右，更不会感到惶惶然而无所适从。[38][39]下边就让我们从比较农史研究的角度，也来讨论一下这些问题。有人估算过，当人类还靠狩猎采集谋生时，整个地球所能容纳的人口不会超过一千万，进入原始农业阶段之后也不会多于2亿。到了传统农业阶段，在生产逐渐发展的基础上人口也逐渐增多，但截至15世纪末新大陆发现的时候，整个地球也只有43 000多万人口，可是到了19世纪初，随着生产的变革与发展，人口就已增加到10亿。[40]进入本世纪更以前所未有的速度在增长，到1980年已达44亿多。如果从历史上回顾就不难看到，生产的发展扩大了地球生产食物的能力，从而能供养更多的人口，而人口的增加又必然会加大对食物的需求，促使人类进一步去改善提高农业生产。人口的增加和生产的发展就是这样相互依赖而又相互促进的，但生产发展的速度通常总是要超过人口的增加速度。若从当前的现实情况来看人口与农业生产的发展趋势，就整个世界范围来说，对人口是控制其增加，对生产是促使其增长。但细加分析，就可了解到世界各国人口自然增长率是有高有低，其中当然也有些是较为适宜的。但控制人口的增长和提高人口的素质，已达成了发达国家和发展中国家都关心的问题，并且也都采取了必要的干预措施，虽然实际贯彻的情况不会是一样的。据联合国有关机构的预测，到2110年的时候，世界人口的发展有可能将稳定下来，届时世界人口将达105亿，其中91亿是在发展中国家。做为问题另一个侧面的农业生产却是个更为迫切的有待解决的问题，因为它不仅要为增加的人口提供足够数量的食物，而且还要不断提高食物的质量，增进它的适口性，简单一句话就是既要吃饱又要吃好。可是能够用来生产食物的土地资源是有限的，耕地虽不能无限加以扩充，但在现已使用的耕地上通过集约经营的途径，是应该而且也能获得更多的产品，因而开展集约化经营将是后农业发展的基本途径。世界农业发展的历史经验表明，由于条件的不同，在不同的国家和地区，就曾出现分别以劳力、资金和技术为主的不同类型的农业集约方式。这些不同类型的集约方式，虽然在不同程度上都曾使生产力得到发展，但也不能认为都已完全符合生产力发展的要求，如果能够根据具体情况，找到这三种集约方式的最佳结合方案，将会为农业的发展找到更广阔的道路。[41]要开展集约化经营，就必须纠正竭泽而渔的只取不予的掠夺式经营，要合理地利用自然资源，并建立合理的农业生产结构，为求实现生态平衡，注意在发展农业生产过程中协调人类和环境的关系。在前农业和原始农业阶段，人类已在有限的程度上进行着对生态系统的利用和改造。到了现在，人类的农业生产活动已经有意识地改造了许多地方的生态面貌，自然生态系统已在很大范围变成半自然生态系统和农业生态系统。所谓农业生态系统是和自然生态系统有关但又有所区别的，是以人类的农业生产活动为主而形成的人工生态系统。对农业生态系统来说；只要人类处理得当，在认识环境的客观属性及其发展规律的基础上，在利用自然改造自然过程中趋利避害，就可能引导环境向有利于人类生存的方向发展，应该而且也可能建立并维持有效的生态平衡。试看素以高产著称的我国太湖地区，尽管早在明清时期，自然资源已被充分利用，农、桑、渔、牧各业都得到了显著发展，并取得较高的经济效益，但到今天各种物质的自然循环仍能合理而又有效地进行，产量在全国位于前列。[42]当然，在抓紧并遵循更加集约化的方式来加快农业生产的发展过程中，对人口要有效地控制，对自然资源要合理地利用，对环境要给以必要的保护，这些都是一刻也不能放松的，但这些问题都必须在有利于农业生产发展的前提下来解决的，否则它对人类的生存和发展也将失去应有的积极意义。

（二）通过农业类型的比较，可以更好地掌握各个地区的农业特点，确定农业技术的正确发展方针

农业生产是通过动植物生理机能来进行的，就必然受到影响动植物生长发育的外界环境条件制约。通过农业类型的比较，能够揭示出适应不同风土条件的各类农业的最本质特征，说明不同的自然和社会因素对形成不同农业生产技术体系的作用，阐明农业生产技术要因地制宜的原因，所以在引进和推广新的农业技术时，如能从农业的类型上加以比较，再确定应选择的适宜措施，就能避免机械照搬的缺点而收到实效，使产量能稳定而又持续地增加。例如在我国要实现机械化就不能完全摆脱原来的精耕细作传统，只有解决了既能发扬我国的精耕细作传统，又和机械化的要求相适应的技术措施，才能加快我国农业现代化的进程，简单地模仿别人非但于事无补，还可能出更多的偏差。由于我国农业现代化正处在实践的过程中，还缺乏完整的经验，因而这里暂以日本为例，来说明在实现农业现代化的变革中，不能只注意发展阶段上的差异，而忽略了类型上的区别。日本的传统农业和我国南方的水田地区一样，基本上是属于同一个类型的，即集约的自给水田农业。它在明治维新后，实现农业技术变革的过程中曾经走过一段弯路，原因是开头向西方学习时，没有充分意识到要从日本的国情出发，只看到了当时日本和西方的农业已经出现了阶段上的差异，而忽略了由于自然和社会原因形成的类型上的区别，日本的传统农业是以水稻生产为主的。在长年的生产实践中，适应日本的风土条件形成了无肥、少畜并以劳动集约为主的技术体系，因而无批判地模仿西方资本主义大农业的以农牧混合结构为主的技术体系，其结果不问可知是很难有什么成效的。日本当时朝野上下不少人认为农业和其他经济部门一样，可以照搬西方的农业技术，所以从种子、种畜、农具的引进，到农业教育和研究推广机构的建置，都曾一度这样做。到了明治中期发觉这种做法是带着很大盲目性的，才被迫留心注意到日本当时农业生产中亟待解决的问题，还是以提高水稻单产为主的适应集约经营的措施，于是有重点地从西方学习有关施肥、改土的农艺化学，和能选育适应性强产量的品种的育种学等方面知识，并开展和这有关的工作。这样在有选择地吸收西方农学成就的基础上，并与传统技术相结合，形成了以水稻生产为主的深耕、多肥新技术体系，逐步克服了过去浅耕、少肥的缺点。但是劳动集约和土地集约的特点仍被保留下来，这不仅和日本当时的工业水平和农村经济状况相适应，也是为日本的自然和社会条件所决定的，所以后来日本的农业就在这个基础上，仍沿这个方向来发展。[43][44]二次大战后，日本经济发生了很大变化，农业也有很多地方不同于战前，但日本农业类型和技术体系，就它的最基本之点来说还没有能够完全摆脱原来的影响，离开原来的基础，但这和日本整个经济发展的要求已不相称。所以尽管日本农业已经实现了现代化，但日本农业向何处去的问题并没有因而得到解决，日本当前又为此感到困扰，并力求探索找到新的出路。[45]从历史上这段回顾可能使我们得到一些启示。通过农业类型的对比研究，能够帮助我们找到适应各自地区特点的农业技术发展方向，确定正确的发展方针，并在发展过程中对原来的技术体系进行必要调整，使它得到应有的充实提高，可见农业类型的比较研究是个富有现实意义的工作。

（三）通过农业发展和变革过程的比较，能进一步说明各国农业发展走上不同道路的原因，并有助于我们探索中国式的农业现代化道路

要说明西方一些主要国家实现农业现代化仍采用不同的方式，经历不同的历程时，最好的办法就是进行对比，找出其间的同和异之后，再加以分析，就能够从它们差异之中找出其特殊性，在它们的共同之处揭示出其普遍性来，在这基础上就不难掌握一些带有规律性的东西，而这些规律性的东西才正是值得我们借鉴参考的。为加快实现我国农业的现代化，我们需要向外国学习，但这不仅不能以某一国家为样板或模式，甚至也不能简单地抄袭它们的一些做法和措施。经验已经证明，照抄照搬别国经验别国模式，是从来不能成功的。这些道理看来简单，似乎尽人皆知，但在碰到具体问题时，却不是每个同志都能做到的。不久前开展的有关我国农业现代化的讨论中，有些同志就因为背离了这点，提出一些似是而非的主张，这里试举几个例子以见一斑。有的同志说只有像西方发达国家那样，在全国实现了机械化、化学化，简单地根据这些发达国家农业现状的描述来建立农业现代化的概念，有的同志认为中国也应该像西方发达国家那样，少吃粮食多吃肉，改变人们的饮食结构，为此要进而改变农业结构，以畜牧业为主。另有一些同志意识到了农业生产要因地制宜，根据人均耕地的大体比例，提出我国的东北、华北和南方，可以分别以美国、西欧和日本为样板，分别向它们学习，并从它们引进技术，并强调说这是条实现农业现代化的捷径，这样做能够加快我们农业现代化的进程。凡此种种，不一而足，这些说法虽都曾一度受到人们的关注，但随时间的推移，当前多数人对它已失掉了兴趣，做为一家之言尽管能言之成理，但无奈不能付诸实践见之于行动，提出以上主张的同志不管有意无意忽略了那些发达国家实现变革时的具体历史条件，也忘了做为实现我国农业现代化的依据和出发点的我国国情和现状。其实，不仅我国和这些已经实现农业现代化国家的基本条件是不同的，就是它们之间的情况也并不尽然一致。国外也有些朋友曾好意地提醒我们要注意这点，[46][47]只有充分重视我国人多地少、底子薄的基本国情，恰如其分地评价历史形成的精耕细作的优良传统，再来有选择地学习各国农业中先进的、对我们有用的东西，吸取他们已经碰到的教训，才能找到我国农业发展的正确道路，逐步完成具有中国特点的农业现代化，在这过程中，农业发展和变革过程的比较，肯定是有参考价值的。

注释

[1] 熊代幸雄：《比较农法论》序说第一章、御茶の水书房，1969

[2] 李根蟠等：《再论我国原始农业的起源》，《中国农史》1981年第1期

[3] Werth，E“Grabstock，Hacke und pflug” Stuttgart 1954 据薮内、饭沼日译本《农业文化の起源》岩波，1968

[4] 李根蟠等：《我国原始农业起源于山地考》，《农业考古》1981年第1期

[5] 李根蟠等：《从我国南方若干少数民族看农业的原始形态》，《农史研究》第三辑，农业，1982

[6] 李长年：《中国历史上的农业技术发展》，《自然科学史研究》1982年第3期

[7] 宋昊升：《河姆渡出土的骨耜研究》，《考古》1979年第2期

[8] 闵宗殿等：《关于农业史上的几个问题》，《农业考古》1982年第2期

[9] 冯有权：《农业科技史研究中的几个重要问题》，《中国农史》1980年第1期

[10] 董恺忱等：《试论我国传统农法的形成与发展》，《农史研究》第四辑，农业

[11] 华莱士：《农学初阶》，载《农学丛刊》第一辑，上海农学会

[12] 河田嗣郎著，李达等译，《土地经济学》，商务，1936
[13] 董恺忱：《世界农业发展历程述略》，《世界农业》1980年第3期
[14] Needam & Lu Gwei-Djen: "Chinese Geo-botany in Statu Nasceudi" Journ d'Agric. Trand. et de Bota Appl. No. 3-4 1981
[15] 辛树帜：《禹贡研究》农业，1964
[16]《马恩选集》第四卷，第128～137页，人民，1966
[17] 天野元之助：《中国农业の地域展开》，龙溪书舍，1978
[18] 西嶋定生：《中国经济史研究》第一章中国农业展开の过程，东大出版会，1956
[19] Grigg, D. B: "The Agric. System of the world" Cambridge Univ. Pr. 1974
[20] 董恺忱：《世界农业类型研究的历史与现状》，《农史研究》1982年第1期
[21] 曹隆恭：《试论我国农业的历史特点》，《农史研究》第二辑，农业，1982
[22] 董恺忱等：《集约农业发展过程和趋势的初步探讨》，《学习与探索》，1980年第1期
[23] 李长年：《略论建立在小农基础上的我国传统农业》，《中国农业科学》，1981年第3期
[24] 董恺忱：《从世界看我国传统农业的历史成就》，《世界农业》1983年第3期
[25]《马恩选集》，第四卷136页，人民，1966
[26] 罗布聪等：《关于〈资本论〉中农业资本主义发展的理论》，《经济研究》1982年8期
[27]《马恩全集》，第23卷784页，人民，1972
[28] 陈平：《单一小农经济结构是我国两千年来动乱、贫穷、闭关自守的根源》，《学习与探索》，1979年第4期
[29] 郝盛琦等:《树立现代社会主义大农经营思想,促进我国农业的发展》,《经济研究》,1980年第3期
[30] 陈平：《中国单一封闭的小农经济结构分析》，《学习与探索》，1982年第2期
[31] 范文澜：《关于中国历史上的一些问题》载《范文澜历史论文选集》，第61～67页，中国社科，1979
[32]《马恩全集》21卷449页，人民出版社，1965
[33]《斯大林全集》，11卷289页，人民，1955
[34] 冀朝鼎：《中国历史上的基本经济区与水利事业的发展》，中国社科，1981
[35] 饭沼二郎：《日本农业技术论》，未来社，1971
[36] 岩片矶雄：《休闲の意义と効果》，载《农业经营学の研究》，养贤堂，1955
[37]《经进东坡文集事略》卷五七《杂说》
[38] F. 皮尔逊等：《饥饿的世界》，商务，1981
[39] A. 科特富尔：《环境经济学》，商务，1981
[40] Grigg, D. B "Population growth and an change Cambridge Unir Pr 1980
[41] 白瑨冰：《论我国的集约经营》，《农业经济问题》，1982
[42] 闵宗殿：《明清时期嘉湖地区的生态平衡》，《中国农业》1982年第2期
[43] 小仓武一：《近代によけゐ日本农业の发展》，农政调 1963
[44] 董恺忱：《明治时期的日本农业与西方农学》，《世界农业》，1980年第7期
[45] 饭沼二郎：《日本农业の困扰と出路》，《朝日新闻》1973-2-1
[46] 田村三郎：《对中国农业现代化的考察》，《农业经济》1980年2期
[47] 布雷：《传统农业发展与技术引进》，《世界农业》，1980

试论我国传统农法的形成和发展*

董恺忱　杨直民

农法，可理解为从事农业生产的方式或方法。但它主要是探讨有关农事耕作的方式或方法的。这是因为农业是人类利用土地来生产有用动植物这样一个持续的经济活动，所以研究有关农业生产的方法，就必然要从劳动对土地的作用这点出发，来探讨和土地利用有关的耕具、耕法和耕作制度等问题。农法虽也涉及土地制度、经营方式以及农产品供求等社会、经济因素，但它还是侧重于从技术方面，来说明不同时期或不同地区的农业生产特点，和它的发展变化过程。我国传统农法，则是指我国农业生产发展到传统农业阶段之后所采用的方法，这个方法的内容以及它的形成和发展过程，就是本文所要着重讨论的。

一

我国农业有着近1万年的悠久历史，但形成具有我国特点的传统农法，却不过两千多年。体现我国传统农法特点的精耕细作技术，是奠基于战国时期。在这以前农业生产水平较低，一些技术措施也没有形成完整的体系，加上那时有关农业生产的文字记载又欠详备，所以这里就直接从战国说起。

战国时期，整个社会都处在一个巨大变革过程中，各诸侯国为了变法图强，都很重视农业生产。当时的学术思想也很活跃，所以不仅出现了像《神农》、《野老》那样专门讲农业生产的著作，其他各家的论述中也不乏有关农事的记载，但前者早已散佚失传，后者又过于简略空泛。所幸成书较晚的《吕氏春秋》中有专门讨论农事的《上农》等四篇，为我们提供了有用的资料。它讲的是黄河中下游的一般农业生产情况，而不限于秦国关中一地；那些技术成就也该是长期积累起来的，决不会是一朝突然出现的。所以这些保存到今天的我国最早的农学专著，该是研究先秦时期农法的最好依据。但是《吕氏春秋》也像其他先秦典籍一样，文字古奥，向称难读。过去虽有不少人为它做过训诂，校补，但多限于文字上的考据而很少接触到它的实质。继夏纬瑛先生之后[1]，王云森[2]、王毓瑚[3]等前辈，在校订考释的基础上也从农艺学的角度上进行了研究，从而方便了我们这些后学，不过他们之间也有些分歧，所以在利用这些研究成果时，我们只好择善而从，兼采各家的意见，限于篇幅，以下就不逐一加以说明了。

根据近年来的考古发现，西周时代的生产工具仍和商代大体相同。破土整地工具中常见的是像铲这类比较简单的手工操作的农具，材料也还是以骨制的较为普遍。显然，用这样的工具，是既不能大量开发土地，也不能从事精耕细作的[4]。我国最早使用铁器可能是在春秋末期，最初还

---

* 载《农史研究》第四辑，1985年，本文撰写过程中曾与杨直民商讨，是以发表时杨亦连同署名。

不普遍。进入战国以后，铁制工具的使用就逐步扩展开来，铁犁牛耕也就是在这个时期出现的。过去做为太牢供祭祀用的牛，这时已开始用于农业生产。《国语·晋语》中的“宗庙之牲，为畎亩之勤”，可以为证。又据《孟子·滕文公》的记载，当孟子在向许行之徒陈相等提问时曾说过：“许子以铁耕乎?”这反映出当时已用铁农具来从事生产。解放后出土的铁农具，也遍及当年战国七雄的领土，这些实物可进一步用来说明铁农具的应用已较为普遍。这里仅举辉县魏墓为例，发掘出土的战国时期铁农具有犁铧、镬、锄、镰等共五十多件。其中犁铧呈V字形，铧首近120°成钝角[5]，用它来耕地，只能起到划沟破土的作用。至于战国时期是否已有犁壁，这还有待探讨，因为到现在为止还没有实物出土。可是刘仙洲先生根据《周礼·考工记》的记载，间接推断出在犁铧的上边已经加了一个平板耨，它的作用相当于犁壁。所以他说“至迟到战国末年，我国的犁已经有了原始的犁壁”。[6]对《吕氏春秋》中没有明确提出犁的问题，夏纬瑛先生说是由于“战国年间，虽早已有牛耕，但未普遍，一般还使用耒耜，故《吕氏春秋》的《上农》等四篇里，说耒耜而不言牛耕。”[1]万国鼎先生认为《吕氏春秋》里说的“六尺之耜，就是尚未定名的犁。”[7]这些都言之成理，持之有故，但我们认为王毓瑚先生的另一种解释也是颇富启发的。他说：“那时的犁，主要还是用于开垦，在人口密集，种植业比较发达的地方，主要耕具仍然是耒耜。”对《吕氏春秋》这几篇里没有提到犁的原因，可以理解为“实行精耕细作，主要是靠农民操作手法的灵巧，而不是依赖精制的器械，用简陋的工具做出细活来，达到后来成了一种传统。”[3]国外有些学者也有类似的看法，有人甚至认为，靠人的劳动和技巧做到器简而用多，这体现了东亚的农器哲学。[8]

《吕氏春秋》里没有讲到具体的耕法，但却提出了有关耕作的一般要求。在《任地篇》讲到耕作的大原则时，列举出了柔与力、息与劳、棘与肥、急与缓以及湿与燥五组矛盾。要求根据耕地的原理通过耕作这个措施来加以调和，处理好用土、改土和养土的关系，使土壤的质地、结构、含水量以及肥力等各方面，都能调和适度以适应作物生长的要求。为了保证耕作的质量，还提出要注意时宜、土宜的问题。在时宜的问题上强调得时，并指明先时或不及时的弊害。为了做到适时耕作，书中还总结出了依据物候知识作为耕时标志的经验，并以菖蒲为例。在土宜的问题上，提出要根据不同的土壤来定耕作的先后次序，并以粘重的垆土和疏松的靹土为例来说明，应按适耕期的长短，来趁湿先耕前者。在《辨土篇》里举出的虽然只有这两种有代表性的土壤，但它却说明了耕作时要注意土壤耕性这个一般性的原理。

《吕氏春秋》里提出了，标志着战国时期传统农法一个重大成就的垄作条播方法。这个在现在叫做垄作法的，按当时的说法似应称为畎亩法才更合适。畎，是田间的水沟或田中的垄沟，亩是指田垄，后来转用为计量土地单位的量词。战国时畎亩并称有田间或田地之义。《诗经·小雅的“南东其亩”是有关垄作的较早文字记载。据朱熹注亩就是垄。《左传》里说成公二年（前589年）“使齐之封内，尽东其亩”。就是说让齐境内的田垄都成东西向。总之，“垄上曰亩，垄中曰畎。”但怎样来做垄，垄体通常是个什么样子又怎样加以利用呢?《吕氏春秋》对这些问题做了回答，在《任地》篇里说：“是以六尺之耜，所以成亩也，其镈八寸，所以成畎也。”意思是说，用六尺长的耜来松土作垄，用八寸宽的镈来清土成沟。这里说的耜既便是可以连续操作的没有犁壁的犁，但是也还得用镈这样手工操作的农具来清理，才适合开沟作垄的要求。至于畎亩的形制，根据夏纬瑛先生的解释是，亩宽五尺，畎阔一尺，两行条播，各行宽一尺，[1]万国鼎先生说是畎亩各一尺，种在六寸间隔的两行上、[7]王毓瑚先生的说法是：“亩是比畎要宽五倍的，当然不会在那样宽的地面上只长一行庄稼。根据他对《任地》篇“上田弃亩，下田弃畎”的解释，弃亩是种高地时就不要安排在那比畎宽五倍的亩上，而是改为普遍起垄，垄沟和垄背相同，宽度大约相等，把庄稼种在垄沟里。弃畎是种低洼地就根本不用开沟，只要把地平整好就行。而那种标准的亩畎制度只适于平原，过高过低的地方要另作处理，作为变通。这个说法虽也难成定论，不过根据相地之宜的原则，认为垄作并不一律适于各样地势这点是可取的。对于垄的外形和内部构造，《辨土篇》指出："亩欲广以平，畎欲小以深。"即垄台应宽而平，垄沟要窄而深，以便"下得阴，上得阳。"根据"稼欲生于尘，而殖于坚"的要求，垄体内部应该上虚下实，以利于种土相亲和根土相着。至于那种"大畎小亩"的沟大垄小和"高而危"的又高又峭的垄，因为治畦不善而不利于庄稼生长，当然都是不合要求的了。

起垄之后，不论种在垄台或垄沟里，都必然要实行条播，条播的好处在《任地》篇里也已指出："茎生有行，故速长，弱不相害，故速大。"这是因为"正其行，通其风"的缘故。如果不实行条播行种，那就会"既种而无行，茎生而不长，则苗相窃也。"在密植而不成行时，苗虽然活着，但却难得长大。为了便于在田间操作，对株行距也提出了具体要求，即"耨柄尺，此其度也，其耨六寸，所以间稼也。"这就是说，可按一尺长的锄柄来定行距和株距的标准。这样不仅六寸长的锄刃可以在庄稼间从容进出，人在田间操作也可以有落脚之地。

对耕后的整地作业，《辨土篇》里有段文字说："熟有耰也，必务其培，其耰也稹，稹者其生也必先；其施土也必均，均者其生也必坚。"它颇为费解但很重要，原因是《吕氏春秋》里论农业生产一般原理的多，讲具体技术措施的少。而这段文字说明的恰好是具体技术措施，所以虽然难懂也不好避开。按夏纬瑛先生的解释是把耰字理解为覆种，显然这是根据郑玄的说法，遵从高诱的旧注，这样就和紧接上文之前的"慎其种，勿使数，亦无使疏；于其施土，无使不足，亦无使有余。"的意思重复了，讲的都是覆土要均匀细致。王云森先生说耰在这里不是指覆种盖土，而是说锄土、中耕碎土。[2]碎土根据韦昭的解释，"耰、摩平也"是对的，但说它兼有中耕之意也似欠通。因为过去一般称中耕为耨，而且《吕氏春秋》还把有关中耕的问题在另个地方加以论述过。我们觉得按王毓瑚先生把耰字理解为兼有覆种和碎土的意思更为可取。照王毓瑚先生的解释，这段的意思该是"碎土要彻底，而且一定要注意覆种，碎土要细致，碎土细致发芽就一定比较早，覆土要均匀，如果土覆得均匀，苗就一定长得壮实。"国外的学者像日本天野元之助教授在讨论耦耕问题时，对耰的理解先是覆种，[9]后来也改成是用耒耜来摩田碎土。[10]如果联系到旱地农法的整地要求来看，总是以不忽略了碎土这个含义为是。

《吕氏春秋》中对于耘锄这项中耕作业也很重视，甚至提出"五耕五耨"，要求尽力做到多耘多锄。关于进行中耕的适宜时机，提出应根据土壤温度及时来进行。《任地》篇说："人耜必以泽，使苗坚而地隙，为耨必以旱，使地肥而土缓。"这是说在旱地中耕时，不宜在土壤过湿时进行，不然容易结成硬块而不能保持松散。而在干旱的时候来耘锄，就会减少土壤水分蒸发，因为它能切断表层的毛细管，形成松软的土层，增加土壤的覆盖作用，从而提高土壤肥力。中耕除了能够提高肥力，也会除去田间杂草，但如不经心则容易伤苗。所以《辨土篇》里说："不除则芜，除之则虚，此事之伤也。"结合上下文来看，说的虽是因作垄不好种植无行，中耕时会伤苗缺棵。所以在条播的基础上要保持适宜的株行距，但这里也从另一个侧面说明了中耕时要注意避免伤苗。

战国时期的土地利用，总地说来是在从已耕地和撂荒地轮换的田莱制向连种过渡，当时实行的"垦草治莱"，指的就是开垦生荒地和利用撂荒地。但在当时是否已经出现了轮作复种制却还有待进一步探讨。虽然《吕氏春秋》中有"今兹美禾，来兹美麦"的字句，《荀子》里也有"一岁而再获之"的说法。但由于文字过于简略，看不出它是否就在同一块地里，而且限于当时的生产水平，在今天也难以推断麦是如何和禾这类作物组合起来的。即使在当时的局部地区确实出现了这种禾麦轮作，限于主客观条件也难以得到普遍推广。

在土地开始连作后，维持地力的问题就突出出来了。施肥就成了具有经济意义的生产措施，而受到更多的重视。如《荀子·富国》篇里就说过："多粪肥田是农夫众庶之事。"可是《吕氏春秋》里只讲到了增进土地肥力的一般要求，而没有提出施肥的具体措施。其中还有"棘者欲肥，肥者欲棘"这样说要使肥地变瘦的较为费解的地方。但如果把前一个肥作广义上的肥力来认识，后一个肥当狭义上的土壤中有效肥分来理解，就可体会到它是要求通过合理的耕作措施，调节土壤中的水、热、气等影响肥力的因素，来改进土壤的物理化学性状，借以实现各种肥分间的平衡，所以对提高肥力的问题，要从多方面来考虑并进行综合研究，这一点是颇富启发的。

二

秦汉以后，我国北方黄河流域的农业生产发展较快，适应这个地区春季干旱多风特点的旱地农法，到了北魏时已逐步趋于定型，形成了耕、耙、耢的作业体系。西汉时的《氾胜之书》提出了凡耕之本在于"趣时，和土，务粪泽，早锄早获"这个耕作总原则。石声汉先生说：《吕氏春秋·士容论》中，用三篇文字讨论的，耕作上必须解决的具体问题，《氾胜之书》只用了"趣时、和土、务粪泽"七个字，就作了全面的概括，原因是抓住了旱地农法中保墒这个最关键性的措施。[13]成书于北魏时的《齐民要术》是现存我国完整农业专书中最早的一部。它系统地总结了公元六世纪以前农业生产技术各方面的大量知识。尤其可贵的是经过概括和分析，把北方旱地农法上升到了一定的理论高度。

汉代中期以后，铁犁牛耕得到了较为普遍的推广。《汉书·食货志》有："用耦犁，二牛三人。"这个关于牛耕方式的最早文字记载，但因过于简略而有不同的解释。近年来随着出土实物和形象化资料的加多，再加上国内外一些学者的研究，有些基本情况已被了解。[14][15][16]在出土的实物中，除了各地已发现大量的各种形状的犁铧，以及从山东的安丘、河南的中牟、鹤壁和陕西的长安、礼泉、西安、咸阳、陇县等地出土的汉代犁壁，还有一些犁耕图像和模型。如甘肃武威西汉末年木制牛犁模型，山西平陆新莽时期壁画牛耕图，以及滕县、睢宁、绥德、米脂等地东汉画像石的牛耕图。通过这些实物可以看出汉代耕犁的大体情况。就犁体结构来说，除了只有稍、辕、铧的无床犁，也有在这基础上添加了床、箭的框形有床犁。由于犁床的长短不一，又能区分为长床和短床两类，但在直辕这一点上是共同的。犁铧的形制较多，可以看出是为了适应开荒、深翻、开沟等不同作业的要求。和辉县出土的战国时魏犁相比，一般头部角度缩小，铁刃加宽，这样不但起土省力，也便于深耕。能够用来翻土的犁壁，有偏向一方的菱形、板瓦形的，也有展向两侧马鞍形的。总之，从汉代中期以后，犁耕已在许多地方推广开来。但做为基本耕具的犁，它的犁体形制却不是完全一样的，这个差别不能完全说明犁体因形制出现的先后而有优劣之分，却反映出它是适应我国辐员辽阔农业生产具有多样性的特点。正像我们肯定了犁铧的多变是合理的一样，也必须承认犁体的不同是体现了因地制宜的原则。不然我们就难以理解两千多年之后，何以在今天各地农民使用的木犁，在犁辕的曲直，犁稍的仰俯以及犁床的有无长短上也还是千差万别的。[17]

汉代耕犁的用法，根据《汉书·食货志》关于犁的记叙，可以得到概括的了解，是二牛挽一犁的二牛抬杠的方式。这是因为在当时只有单直辕，加上套具也较原始，用一根木制的直辕，又没有犁索之类的软套，就只能这样操作。至于为什么会有三个人，以及他们之间的分工情况，那是较为灵活的，肯定不限一种，一人扶犁两人牵牛[18][19]和一人扶犁一人牵牛，另一人压辕都可

以，[14]但不会是像天野元之助教授说的那样是两犁互相连接，耕作时平行而进的。[20]根据现已看到的几幅东汉牛耕图，当时基本上已是一人扶犁并驱赶耕牛，而不再用牵牛人和按辕人。虽然无法肯定它就是当时已普遍通行的方式，但操作时人的增减，不会像牛的头数那样受到犁辕结构和犁索的限制，这点是不难理解的。一具犁在操作时牛的头数会有多有少，人也可酌情增减。虽然一人一牛的单套是较为灵便的，但几头牲口联合拉一具犁，也自有它的功效和长处。不然就无法说明何以到了元代《王祯农书》还说，当时“中原地皆平旷，旱田陆地，一犁必用两牛、三牛或四牛，以一人执之”，而南方水田才是“一犁用一牛挽之”。

适应旱地农法在耕后必须进行平整表土作业的要求，在这个时期先后有了耢和耙这类农具。耢也称耱或盖，是用荆条编的，可用来摩平表土。西汉《汜胜之书》里已谈到了，“耕辄蔺之”，“耕重蔺之”以及“辄平摩其块”等，即耕后要求摩平镇压。但所用的农具却没有说清楚，推想可能是用枣树枝条等编制的属于耢这类农具。耙的文字记载在《齐民要术》之前还不多见。但在实际应用上却会早得多。甘肃嘉峪关魏晋古墓群的壁画中已有耙和耱，这是迄今发现的这两种农具最早的形象资料。[21]它比《齐民要术》所记载的早一百年多年。为了提高工效并保证播种质量，汉代出现了耧这种畜力播种器。汉代崔寔《政论》里说，武帝时，赵过教民耕殖，“其法，三犁共一牛，一人将之，下种，挽耧，皆取备焉，日种一顷，至今三辅犹赖其利。”《齐民要术》在《耕田第一》里引用了这段文字之后，在小字夹注中说：“三犁共一牛，若今三脚耧矣，未知耕法如何?”接着又指出当时除三脚还有两脚和一脚的。山西平陆的汉墓壁画上画有人在操作中的耧。可惜画面欠清晰，虽然模糊地能够看到耧上的种子箱，但却无法确定耧是几个脚。近年在北京的清河镇，已经发现了西汉时的铁制耧脚。

在土壤耕作制上，汉代武帝时推行了从战国时甽亩法的基础上发展而成的代田法。据《汉书·食货志》的记载，“赵过为搜粟都尉，过能为代田，一亩三甽，岁代处，故曰代田。”对于代田法有着各种解释，[22]限于篇幅不能在这里加以评介，而只好把我们的看法简单地说一下。在一亩（长 240 步，宽 1 步，每步 6 尺）地里，用二牛三人这样的耦犁，再配合上耧车，做成三条一尺长一尺深的垄沟，头一年把庄稼种在沟里，苗长后不断地把垄上的土培到苗下，逐渐把沟填平。第二年就在原来是垄的地方开沟，再用同样的方法来栽种。由于每年垄和沟相互交替，所以有代田法之称。它的技术特点在于：垄甽交替，垄沟播种，进行培土除草，利于抗旱防风，所以它和缦田撒播相比，每年能多收一斛以上，种好的还能成倍增加。虽然它用力少而多收谷，但要求配备有相应的农具和耕畜，所以除了用于近畿的离宫，三辅等处的公田，仅在河东、弘农、关中等地富家和边城的戍卒中得到了推广。在当时“民或苦少牛”而只能“教民相与庸挽犁”的地方，一时还无力采用，使这个经过改进的农法，在推广时受到了限制。这里还有一个需要解答的问题，就是对《汉书·食货志》上说，代田法是“古法也，后稷始甽田”该如何理解。因为这涉及到在传统农法的发展中代田法所处的地位。代田法是在战国时已出现的甽亩法的基础上形成的。它们的共同特点是垄作条播，所以说它是古法也。垄作的起源还待探讨，说后谡始甽田，这是前人惯用的托古方法，并不确切可信。但使垄台和垄沟每年互换，以便充分利用地力又用二牛三人的耦犁来耕作，工效也有所提高，这些成就当然都已超越了战国时期。

和《吕氏春秋》相比，这个时期的耕作技术是有显著的进步。在战国时期耕作还从属于播种，没有成为一项独立的作业。这从耕后要求当即播种中就可以看出。代田法说明的是土地利用方式上的变化，没有更多地反映出耕作技术本身的情况。从《汜胜之书》有关耕作技术记叙中，使我们看到由于耕后摩平这样整地技术的出现，加上犁壁的应用和推广，就有可能从垄作耕法过渡到平翻耕法。它不同于代田法的半面耕而采用全面耕翻。[23]后来在我国北方，除了东北地区，大都是沿用这种耕法的。

和过去相比平翻耕法除了使耕作和播种相分离，播种已成为一项单独的作业。重要的是增加了耙、耱这样的表土耕作技术。耕后经过摩平的表土，土壤水分不会很快失散，因而不再急切地要求随即下种。《氾胜之书》里强调春耕，这可能因为当时只用耮还没有耙，耮能摩平，但不像铁齿钉耙那样可以有效地耙碎土块坷垃，所以在耕后还不能在较长期间有效地保持土壤表层水分。书里说："杏始荣华，辄耕轻土弱土，望杏花落，夏耕；耕辄蔺之。草生，有雨泽，耕重蔺之。"至于秋耕虽能"一而当五"，但如"无雨而耕，绝土气，土坚垎"可见秋耕虽好，但如无雨则留下坚硬的土块，因为难以破碎而有害。到了北魏时，据《齐民要术》所记，耕后的耙、耮作业都已完备，不怕耕后留下大小坷垃，甚至垡片相互架空，而能使表土疏松平整。这样耙、耮等表土耕作技术的发展，又促进了耕翻这个基本耕作措施的提高，秋耕的好处也就随而充分显示出来，这样就形成了完整的旱地农法整地作业体系。《齐民要术》中有关耕、耙、耮的一些精彩论述，虽早已为人所熟知，这里还要摘引几段，意在说明秋耕技术在当时已达到的水平，和春耕相比，秋耕的好处在于：① 能增加田间蓄水量，"春若遇旱，秋耕之地得仰垄待雨，春耕者不中也"；② 宜于深耕，"凡秋耕欲深，春夏欲浅，犁欲廉，劳欲再"；③ 便于翻压绿肥增加土壤中的有机质，"秋耕，稀青者为止"，小字夹注接着说，"比至冬月，青草复生者，其美与小豆同也。"

《吕氏春秋》里用耨来称呼锄地这项中耕作业，它讲到了中耕宜在土壤较干燥的情况下进行，这样能够使"地肥而土缓"，但还没有说明怎样具体操作。《氾胜之书》讲的则较为具体，它提出出苗后要尽早锄治，并结合粟、黍、麦、豆等不同作物的具体要求来加以说明。但是能把中耕的要求和效益说得透彻的，还得首推《齐民要术》。在《种谷第三》里："春锄起地，夏为锄草。"指出春锄是为了防旱保墒，通过松土来适应春旱多风的客观条件。应在"春苗既浅，阴未覆地时进行"，不用触湿。夏锄是为了防止草荒，时间在六月之后，"虽湿亦无嫌"。《卷头杂说》还以谷子为例，提出"第一遍锄，未可全深，第二遍锄，唯深是求，第三遍，较浅于第二遍，第四遍较浅"。这样适合谷子生长要求的浅、深、浅、较浅的安排。由于认识了中耕有利于保墒，故说"锄头三寸泽"。由于中耕不只为了除草，所以"锄不厌数，周而复始，勿以无草而暂停"。做为中耕用的农具，强调要用手锄来进行，畜力中耕迟迟没有被采用，这也是有别于西方农法的一个特点。[24][8]

以耕、耙、耮为特点的北方旱作农法形成后，通过紧密结合的这几项耕作措施，就能形成上虚下实的适宜耕层，这样就可根据不同作物的不同要求来决定行距，而不受前茬的限制，从而便于不同作物在前后茬口上的安排搭配。这不仅更便于轮作倒茬，也为后来出现的间作、套种开辟了道路。可见和土地利用方式有关的耕作制度的变化，也是受耕作技术发展的影响。为了合理利用地力，汉代曾采用沟垄交替的代田法，《氾胜之书》里提出的"二岁不起稼，则一岁休之"的办法也和代田法相差无几，都是用土地交替使用的办法。《齐民要术》则明确提出了可以用作物轮换的方式来维持或增进地力。轮作倒茬当然不是到了这时才出现的新事物，但是把茬口这个被称为"底"的前后作关系，合理加以安排，并在多年实践的基础上分为上中下三等。虽然这还不能说和严格意义上的近代轮作制相等同，因为它只说明了前后作关系，并没有指出已经形成轮作的周期，但也必须承认这在实践和理论上都是一个巨大的进步。根据《齐民要术》所记叙的，可以归结为：① 可以重茬连作的，如葵"地不厌良，故墟弥善"，蔓菁"总以故墟为好"。② 不能重茬必须轮作的，谷田"必须岁易"，麻"欲得良田，不用故墟"。③ 豆科作物是谷类作物的良好前作，"凡谷田，绿豆小豆底为上"。书中提到的轮作倒茬方式如果根据前后作的关系，按"底为良”的线索来整理，能有二十多种。[25]日本的熊代幸雄教授在把《齐民要术》所记载的作物茬口加以排列之后，根据作物对地力的耗用情况分为谷类作物（H）和豆科、绿肥（B）两大类。最后得出了它是和西方近代诺弗克农法相近这样的结论。[26]即都符合HB相互轮流交替的科学要求。但我国比西方灵活机动得多，不像西方三圃制那样固定甚至有些近似模式化了。

三

唐代以后，江淮以南的水稻种植技术得到了较快的发展。历时不久，到了南宋时，江南水田地区的农法也已定型了。分析原因一是受北方旱地农法的影响，再则和这个地区稻作有着悠久的历史也不无关系。在《齐民要术》成书的南北朝时期，全国稻作根据栽培技术的不同可以分为三类，即：① 长江以南的火耕水耨；② 淮河流域的直播岁易和③ 北土中原局部地区的移栽连作。现在还可深一步追溯一下，看看它们的具体情形。据《史记·平准书》的记载，江南在汉代还盛行“火耕水耨”，后来《汉书·食货志》也说：“江南地广，火耕水耨”。对火耕水耨历来有许多不同的解释，看来还是以裴骃《史记集解》在《平准书》里所引汉末应劭的说法为是。据应劭注“烧草下水种稻，草与稻并生，高七、八寸，因悉芟去，夏下水灌之，草死，独苗长，所谓火耕水耨”。可见它是一种较为原始的直播方法，播种前放火把枯草烧掉，随后灌水下种，当杂草长到七、八寸时割下，再灌水把草沤烂，这样借助于水和火的自然力量，来弥补人力的不足，比用畜力虽然粗放得多，但简便易行。由于地广人稀，可利用的土地较多，可能还没有实行连作。据《隋书·食货志》的记载，晋元帝南渡之初，也还是这个老样子。淮河流域的水稻种植情况，可以从《齐民要术》里了解到一些。《齐民要术》中有一篇是专讲水稻的，书里把北方黄河流域适于种稻的地方特地提出来称为北土高原。余下有关讲水稻种植的会是哪里？则须稍加辨析。据《齐民要术》的序说，“其有五谷果蓏非中国所殖者，存其名目而已；种莳之法，盖无闻焉。”据石声汉先生的解释，当时北魏称黄河流域为“中国”，这是和江南对称的。[27]既然江南被排除了，黄河流域也另行提到，余下的可能则只有淮河流域。当北魏后期与南齐对峙时，淮河下游已划入北魏的版图，所以尽管《齐民要术》所讨论的生产地区主要是黄河中下游。但如水稻则显然不受此限，因为即使就书中所讲的有关水稻栽培的技术措施来看，和黄河中下游相比也是有明显区别的。从书中说的“稻无所缘，唯岁易为良”。“一亩三升、掷”的记载看是岁易直播的方式。整地的要求很粗放，只说“先放水，十日后，曳陆轴十遍”。夹行小注接着说：“遍数唯多为良”。但田间管理的水平已很精细，提到了中耕薅草，灌水烤田等一些措施。“稻苗长七、八寸，陈草复起，以镰侵水芟之，草悉脓死。稻苗渐长，复须薅；薅讫，决去水，曝根令坚。量时水旱而溉之。将熟，又去水。”至于北土高原那些只随地势低洼作成的稻田，“二月，冰解地干，烧而耕之。仍即下水，十日，块既散液，持木斫平之。纳种如前法。既生，七八寸，拔而栽之。溉灌收刈，一如前法。”和上边讲到的江淮地区的水稻栽培方法相比有两点不同，一是整地时烧过要耕翻，然后才放水，另一个是当秧苗出生后，长到七八寸长时，要拔苗移栽。移栽的原因夹行小注说是因为“既非岁易，草稗俱生，芟亦不死，故须栽而薅之。”本来种稻不要求什么特殊条件，只要能够做到“岁易”就好，可是这里却说不能每年换田，想来是因北土高原没有蓄水的陂塘，适于种稻的限曲不多，只好移栽了。这样既可减少杂草为害，也有利于缩短在田间的生长期，可见它最初是不得已而为之的。

水稻育秧移栽的历史由来颇久。《齐民要术》里就曾引崔寔在《四民月令》里说的“五月可别稻及兰”，别稻就是说的移栽。在生产实践中，移栽对增产的效益和土地利用的好处，逐渐被人们了解之后，随着江南地区的开发和移栽技术的推广，秧田和大田也就逐步在更大的范围被区分开来，这一切对水田农法的最终确立是有深远影响的。火耕水耨的水稻种植方法必然会逐渐被更先进的农法所代替。尽管现在一时还找不到足够的文字资料，但是这个转变在南北朝的后期是应该完成了的。

为了改变过去整地时的粗放作法，就要求有相应的耕具，直辕犁用在山地已感难以回旋，在水田操作时同样不便。所以曲辕犁最早出现于长江中下游水稻产区，决不是偶然的，有关它的文字记载，虽然迟到唐末，但它的应用和推广必然会早于这个时期。据唐陆龟蒙《耒耜经》的记载，它是由十一个部件构成，犁体的特点是曲辕长床。和过去的犁相比，它有以下的好处：① 犁辕短曲，操作时灵巧省力。② 增加了能使犁箭升降，藉以调节深浅的犁秤。③ 犁稍与犁底分开，根据犁稍摆动的幅度，能够调节耕垡的宽窄。④ 辕的前末有可能转动的犁槃，便于耕畜牵引行进时犁身自由摆动或转换方向。⑤ 犁壁竖于犁铧之上，两者不成连续曲面，这样的结构便于耕时碎土并形成窜垡。[29][30]由于它不只轻巧简便，而且不问土壤的粘重轻松都能使用，所以也逐步推广应用到旱地。就犁体的形制和结构来说，曲辕犁是我国传统犁中最有代表性的。和世界上其他形制的耕犁相比，它有下边两个特点：一是能靠控制犁稍和犁箭来调节耕垡的宽窄和深浅；二是很早就应用了能够翻土的犁壁。[31]

和旱田相比，为了保证在大田插秧作业的质量，对水田整地的要求也就更严格些。耕后它不仅要求不留土块，而且还得设法把泥浆荡起混匀，再使之下落沉积成平软的泥层。北方旱地所用的整地工具，能适应水田作业要求的，或是直接或是再经改进而加以应用。据《耒耜经》所载，耙和陆轴（碌碡）就是水旱通用的。另外也改制了外形和陆轴相似但有齿的砺礋，这是用来搅动泥浆的。这些水田应用的农具都是木制的，但要求尽可能地坚重些。为了进一步使土更加细碎，又创制了形制和耙形相似，但齿更长的耖。耖在宋代的一些字书像《广韵》、《集韵》里已经有了。楼琦在他的《耕织图诗》中也曾加以吟咏。可见至迟到了宋代，耕、耙、耖的水田耕作技术体系已经形成，这标志着南方水田农法的确立。

有关水稻种植技术的资料，唐代留传下来的不多，《四时纂要》中保留了一些，大体上还和《齐民要术》相近，所不同的是二月中至三月播种育秧，五六月霖雨时拔而栽之。到了宋代，不仅修筑的圩田、梯田多起来，也扩大了水田的面积。人们已较普遍地注意到，开辟水田应和修建陂塘配套，以便“旱得决水以灌溉，潦即不致于弥漫而害稼。”只有在解决了水的蓄与泄的问题之后，水田才能在遇到水旱不时之年，也仍能保收。对水田整地的要求愈到后来也愈精细。南宋初年写成的《陈旉农书》就较为完整地反映了当时水稻生产的成就。[32]在《耕耨之宜篇第三》里，对水田耕法有着较为详尽的叙述。即早田收后，随即耕治，兼要加粪壅培，可省来岁的功役，晚田最好等待来春再耕，因为留在地里的秸秆，经冬腐朽后耕起来省力。在山坳低湿的地方，如果冬天耕过，要把水放干，以利土壤苏解，春天再用腐草败叶来烧治。在开阔平旷的地方，宜于平耕并在冬季灌水深浸。秧田最好在头一年秋天深耕两三次，第二年春天还得再次耕耙整治才行。唐代通用的砺礋，到了宋代已被耖所取代，耖耙，最初可能是在两浙路应用的，为了保证耙地质量，人应该站在耙上，不要让牛在田里拉个空耙。不然耙轻无力，泥土不易熟烂。《薅种之宜篇第八》里指出。出苗后中耕耘田时，要审度地势，先在上头把水拦蓄住，然后从下到上，随干随耘，不问有无杂草都要耘到。[32]在《善其根苗篇》里，对水稻秧田的育苗技术做了深入的探讨，指出，欲根苗壮好，要使“种之以时，择地得宜，用粪得理”三者皆得才行。

南方水稻产区耕作制度的变化是和整个经济发展相适应的。南北朝时期在气候适宜或邻近温

泉的地方，有的已经收两茬或三茬，但不普遍。到了宋代情况就大为不同，从宋初开始，推行稻麦两熟和双季稻的面积都在与年俱增。南宋以后更行加快，在这发展过程中政府的督课奖励和占城稻的引进传布都起了一定作用。北宋时，太宗太平兴国年间（970—983年），南宋孝宗谆熙七年（1180年），和宁宗嘉定八年（1215年）都曾先后下令劝民种麦，并用减赋调种等办法来推动。这样就为推行稻麦两熟制打下了基础。北宋《吴郡图经续记》里已有苏南地方“刈麦割禾，一岁再熟”的记载。真宗大中祥符四年（1011年）长江下游的江南、淮南、两浙三路逢遇旱灾，政府从福建调集原产越南的占城稻三万斛，做为种子分发到民间来推广种植。由于占城稻耐旱早熟适应性强，经过一段种植之后，在推广过程中，又产生了一些因生态条件变化而出现生长期长短不等的变异类型。这样再和原来栽种的早、晚稻品种相配合，就为双季稻的发展创造了良好的条件。至于地处五岭以南的广东、由于水、热等气候资源条件适宜，多熟种植发展得也较早较快。宋周去非在《岭外代答》中说钦州等地水稻一年可收三次，可见一年三熟在那里很早就有了。当时有的管理精细产量很高，但也有随收随种管理粗放，一年虽然种了三茬，但所收总量增加得也有限。《陈旉农书》在《六种之宜篇第五》里说的：“种无虚日，收无虚月，一岁所资，绵绵相继”。虽然有些夸大，但是也在一定程度上反映出南宋初年长江下游一些地方，土地已经得到充分利用。

随着土地利用率的提高，培育地力的问题也就跟着进一步突出出来了。为了解决地久耕则耗的矛盾，北宋时一些富家豪室因为占地较多，一度采用过岁易更休这种较早就用过的办法来保全恢复地力。这在苏东坡的《稼说》中有所反映，[33]后来范成大在《吴郡志》中也有类似的记叙。[34]但在人口和土地的比例进一步变动的情况下，在有条件的地方已开展多熟连作，所以广开肥源，增施肥料就成为一个有决定意义的增产上的关键性措施。正是在这基础上，《陈旉农书》中总结出了地力常新壮这一上升到一定理论高度的杰出的土地利用原则，它为不断提高土地利用率的多熟种植打下了坚实的基础，使具有多劳多肥特点的中国传统农法得到了有力的理论依据。加上“水田制之由人，人力修则地利可尽”，南方的水田农法对保证水稻产区的稳产和高产，在当时已显示出巨大的作用。

四

元代以后，我国的传统农法处在一个不断提高和完善的过程中。元代《王祯农书》是综合对比了黄河流域的旱地农法与江南水田农法两方面的情况写成的。书中《农器图谱》部分是重点所在，用它记叙的农具和现在使用的相比，可以看出后来改进的的确不多。在这个时期里，做为传统农法的突出成就是一岁数收的多熟种植在普遍发展。这是综合运用各种措施，通过复种轮作和间混作、套种等各项办法，来尽可能地增大复种指数，提高土地利用率，在提高单产的基础上力争多收，藉以适应不断增长的人口对粮食的需求这样一项行之有效的办法。

《王祯农书》的《农器图谱》不仅把多年沿用下来的农具，系统而又完整的记叙下来并配以诗画，而且还把当时初步得到应用和新创制的也收集进去。它所收的农器虽然超出了一般农具的范围，但主要农具都已包罗无遗。当时较新异的耕具，书中记叙的有：开荒用的劚刀，它形如短镰，背则加厚，可安在木犁辕首里边或另行装配在小犁之前；配在耧车后边用来镇压的砘车；适于北方旱田中耕用的畜力耧锄；以及用人力操作的用于水田中耕的耘荡等。这些新创制的靠畜力挽拉的农具，虽然工效较高，但因分工过细而影响到利用率，加上广大农民又多无力购置，所以在实际生产中并未得到广泛的推广，从而也没起到应有的作用。

中国的传统犁虽有轻便快速等优等，但不适于深耕，耕深一般是在二至四寸之间，而深耕的标准是以九寸为宜。[35]为了弥补这个不足，唐代以后虽也有些改进，可是不多。这个矛盾主要是靠改进耕法来解决的。这个时期通行的耕法，《王祯农书》里曾通过对比加以总结。北方的平原旱田陆地，一犁用两至四牛，先并耕两犁，让垡都向里，合成一垄，按当时习惯称之为浮疄。从浮疄开始向外缴耕，终此一段谓之一缴，一缴之外又间作一缴，三缴之间留下一缴，再从外缴耕至中心。南方水田泥耕，由于四面高低宽窄不等，为了便于操作回旋，一犁只用一牛。高田收获较早，要在八月种麦之前来耕。耕法是起垡为垄，两垄之间自成一沟。耕完一段，用锄横截其垄作成腰沟，以利把水泄净。麦收之后，平掉沟垄，再蓄水深耕。下田收获较晚，十月收割之后，趁天晴无水时来耕。为了让耕起的块垡能够经受冬天的日晒雪冻以便苏松，要调节水面使垡块能够半露于外，到了第二年春天地气通时还要再耕。[36]这些耕法沿袭至今，基本上还在通用。

北方地区应用的耕具和耕法，到了清代中期根据《知本提纲》的记叙，至少在关中地区是有不少改进的。书里指出："用犁之大小，因土之刚柔，刚土宜大，柔土宜小。"至于开荒时可用"坚重大犁，或二牛，或三牛以开之。"这是说根据土质和作业的差别，犁要有相应的变化。但即使这样，有时也难以达到下接地阴的要求。所以在耕具改进的过程中也形成了套耕、转耕等一些新的耕法。据《知本提纲》说套耕是用在山原土燥而少阴的地方，它的具体耕法据同书的注释说："耕时必前用双牛大犁，后即加一牛独犁以重之。"转耕是不翻乱土层依次深耕的方法，同书说，"转耕，反耕也。或地耕三次，初耕浅，次耕深，三耕返而同于初耕；或地耕五次：初耕浅，次耕渐深，三耕更深，四耕返而同于二耕，五耕返而同于初耕，故曰转耕。"不然越耕越深，会把生土翻到地面，影响庄稼生长。

太湖周围这个江南的高产地区，为了保证深耕，在耕畜不足的情况下，则采用了人力垦田的办法。据《沈氏农书》《运田地法》里的记载，"古称深耕易耨，以知田地全要垦深，切不可贪阴雨闲工，须要晴明天气，二三层起深 ，每工止垦半亩，倒六七分，春间倒两次，尤要老晴时节"。陈恒力先生解释说用铁搭垦田虽比木犁深，但第一次垦过之后还不够要求，就在垦过的原址再补垦一两次，除了加深耕层，还要使土壤耕翻彻底。耕垦时切忌阴雨，要在没有云彩的晴天，以便把耕翻的土壤彻底通晒。垦是说第一次耕，倒是指春天插秧前再耕。当地一般垦田有五、六寸深，经过这样二、三层起深之后，至少可以有七、八寸。这样靠人工来垦每天只合半亩，和牛耕相比，效率相差约十倍。但是由于牛耕耕得既浅又不匀，而当地是个人多地少又缺耕牛的地方，所以用人力垦田的这种方式，后来竟又延续了二百多年[37]。到了明清时期，向以高产著称的太湖地区，所用的耕具竟会是这样的简陋，甚至还以人力垦田，初看费解，但如联系我国的社会经济情况和传统的农业技术特点，还是不难找出合理的答案来。

我国东北地区的垄翻垄种和用耲耙在垄上播种的少耕垄作法，大约是在金代开始形成的。[38]从近年东北出土的辽金时代耕具来看，除了三角形的犁铧和略长的犁壁外，还有趟头。趟头是起土器，能用于起土分垄和中耕培土，它的形制和犁壁有些近似。目前仅在东北发现，是适应东北垄作富有地区特点的耕具。耲耙是相当于耧的播种工具，它是由有两个底的框架构成的，能沿两沟滑走，中间装有一根木柱，下配铁质的耲耙心，要用两头牲畜拉动，能在垄上开沟，[17]后边再跟上人，用点葫芦来播种。东北地区的少耕垄作法是旱地农法中的一种形式，它继承了古代的沟垄交替，岁代轮耕的传统经验，又有所发展。它适于东北的风土特点，常年保持垄形。它在增进地温，减轻水土流失和调节土壤水分上有着明显的作用。当然传统垄作的不易加深耕层，耕后犁底不平等缺点也难以避免。明清两代东北地区的农业是随着移民增多而逐渐发展的。明代的农业是以辽河流域为主。清初一度封禁，嘉庆时起华北流民不断潜入，道、咸以后开始进入松花江流

域。在耕地逐步垦阐的过程中，所采用的虽都是垄作法，但由于东北地区南北自然条件的不同，垄的形制也相应地有所变化。垄的高度和宽度，从南到北由小变大。[39]

一岁多收的多熟种植在明清时期推行得较快，也较普遍，是和这个时期人与耕地的比例变化有关。[40][41]尽管耕地和人口一样也在增加，但是人口的增殖繁衍却比辟土开田的耕地面积扩大快得多。耕地面积的增加跟不上人口的增长，进一步提高耕地的利用率就成为减缓这个矛盾的有力措施，多熟种植的推广就势在必行了。南方一年两熟出现得比较早，这个时期不仅更为普及，形式也愈来愈多。据《天工开物》中的记载，当时除双季稻和稻麦轮作复种，还有水稻和豆类等相互搭配组合等形式。至于一年三熟据《江南催种课稻编》里说的，当时除了广西、福建甚至江苏的一些地方也有推行的，即“今俗以不种麦者为白地，种麦者为麦地，每于四月刈麦之后，仍种早晚两稻，故岁有三熟。”《齐民四术》的《农政编》里有“其籼稻既获，可种荞麦。”“其水田不能种麦者，获后耕起板田，放水为畦，种白菜、萝卜，皆于田有益。”反映出除了主粮相互搭配，水稻也和杂粮、菜蔬组合形成多种复种轮作形式。

一般说来，在明清时期北方的耕种比较粗放，每个人平均占有的土地也多于南方。清初顾炎武在《日知录》里说，“苏湖之民善为水田，春收豆、麦，秋收禾稻，中年之入概得三石，而北方之种地者不能半之。”清中叶尹会一在《敬陈农桑四务疏》里指出：“南方种田，一亩所获以石计，北方种田，一亩所获，以斗计。”原因在于“盖南方地窄人稠，一夫耕，不过十亩，多则二十亩；北方地土辽阔，农民唯图广种，一夫所耕，自七八十亩以至百亩不等。”在这种情况下，推行多熟种植还不十分迫切。从乾隆末年北方人口的增加速度也加快了。当时的作物种植结构，由于棉花、油料、烟草等经济作物的推广，和高粱、玉米等高产杂粮作物的普及，[42]这样就使麦类和杂粮搭配组合成的两年三熟或三年四熟等多熟种植方式，急剧地增加起来。北方地区两年三熟制的形成和发展是个还有待深入探讨的问题。在出现时间早晚这点上，有人说是早在秦汉的，[11]国外有人讲是迟到清代的[8]，也有的人认为是唐代开端，明清转盛的。[43][28]受自然条件的限制，北方冬季能够在田间越冬的作物主要是麦类，所以在两年三熟复种组合中不能不以麦类做为主作物，然后再根据麦收之后的积温多少与生长期的长短，来搭配其他作物形成麦类和其他作物的两年三熟的轮作复种条件。但据《齐民要术》的记叙，北魏时北方的旱田分为高田和下田，当时小麦只适宜种在水肥合适的下田，而其他适应性较强的作物则多在高田，但下田较少，因而多数作物从高田很难移往下田，而高田的水肥条件只要得到改善，小麦就能够种到高田上来，从而形成两年三熟的种植方式。到了唐代，由于生产技术的改进提高，从而具备了这个可能。但在北宋之后，北方黄河流域战乱频仍的年代里，和整个农业生产一样，它的推行也必然会受到干扰。只有到了明清时期才出现了普遍推行的必要和可能，成为具有经济意义的技术措施。清代刘贵阳的《说经残稿》里有关于两年三熟的确切文字记载：“坡地（俗谓平壤为坡地），两年三收，初次种麦，麦后种豆，豆后种蜀黍、谷子、黍、稷等。涝地（俗谓污下之地为涝地），二年三收，亦如坡地，惟大秋概种穆子……麦后亦种豆。”清代的一些地方性小农书，像山东的《农圃便览》，山西的《马首农言》，陕西的《修齐直指》等也都有能够说明当地已在推行两年三熟的资料，尽管还没有确切清晰的表达出来。有关北方复种多熟的形成与演进的历史是一个值得再深入探讨的课题。不过做为“人多地少，救贫济急之要法”的多熟种植技术，在清代中期以后得到了较快的发展，这该是不容置疑的。

这个时期间混作和套种在轮作复种的基础上也有所发展。间混作是为了充分利用空间，把两种或两种以上生长期相近的作物都种在一块地里，构成一个复合群体。它们之间的区别在于间作是形成行或带主要是利用行间，混作则不分行，主要是利用株间。套种是指两种生长季节不同的作物，在前作物还未收时就套播后作物，它不仅能充分利用空间，也能有效地利用时间。我国农民在长期实践中，根据不同作物的习性，摸索出各种搭配组合的方式。据明清两代一些农书的记载，间作的主要形式有：① 粮豆间作，如《农政全书》有“麦沟口，种之蚕豆。”《补农书》有“俗亦有下豆于麦垅的”。《救荒简易书》说，“麦垄背间夹种大豆”；② 粮菜间作，《菜谷同畛》有“种五谷棉花之畦，多种菜及豆，以附出畦。”套种则有：① 水稻套种，《农田余话》有“闽广之地，稻收再熟……以清明前下种，芒种莳苗，一垄之间，稀行密莳，先种其早者，旬日后，复莳晚苗于行间，俟立秋成熟，刈去早禾，锄理培壅其晚者，盛茂秀实，然后收其后熟”；② 麦棉套种，《农政全书》有“冬种熟地，穴种麦，来年就垄中穴种棉”；③ 稻豆套种，《齐民四术》《农政篇》说：“泥黄豆……南人多种于稻下，为间谷，收成虽薄，然不损田，不劳人，亦分外之利。”[11]这样由大田作物和蔬菜等组成的多种多样的形式，不仅利用了一切可利用的空间，甚至还改变了耕地和园圃之间的界限。

多熟种植的推广，使土地利用率得到显著地提高，用地养地这个矛盾就成了一个更为急迫而必须解决的问题。做为增进地力和提高产量的措施，还有利用绿肥这个办法。绿肥顾名思义是利用绿色植物做为肥料。用杂草这种自然绿肥的历史可以追溯到战国以前，后来南方一度盛行过火耕水耨，也包括有除草沤肥这样的环节。栽培绿肥在南北朝时也已见诸文字记载。既经栽种就会涉及到它和前后作的安排，南方生长期长，温度高，便于利用两茬庄稼的间隙来种，压青后，腐烂得也较快，这在经济上是合算的，所以应用得较为普遍。到了明清时期，施用绿肥的作物有了显著的增加。不过最突出的当然还数稻田。根据北方的雨量气温条件，适于翻压的时间较短，因为绿肥不经腐熟分解是很难显示出肥效的，所以推广应用得就不如南方那样普遍。能够用来做为绿肥的作物，最初仅有苕草、绿豆、小豆和胡麻，后来增加到二十多种，其中多数还是属于豆科[44]。这些作物多是在嫩绿时，最晚也不超过花期就得割刈或耕翻而不待成熟，只是为了有利于下茬的后作，而不要求形成稳定的循环周期。加上可归于绿肥范畴的作物又有许多，而不限于一种。所以称做粮肥复种轮作制，并把它做为多熟种植的一种形式是否适宜，还不无可待商榷之处。至于明清时期包括绿肥在内的在各种积肥、制肥和施肥方法上所取得的进展，则是大家所公认的。[45][46]由于有关肥料问题的讨论已超出本文范围，这里不能多讲。但是还应指出的是，明清时期我国传统农业的施肥技术，几乎达到了经验性知识的极限，而施肥的作用与意义也被提到前所未有的高度。《沈氏农书》说：“凡种田不出粪多力勤四字”。这说明多劳多肥这个集约农业措施是我国传统农法的一个突出特点，在当时已被人们充分认识到了。

注释

[1] 夏纬瑛：《吕氏春秋·上农等四篇校释》，农业
[2] 王云森：《中国古代土壤科学》，科学
[3] 王毓瑚：《先秦农家言别释》，农业
[4] 考古所：《新中国考古收获》，文物
[5] 考古所：《辉县发掘报告》，科学
[6] 刘仙洲《中国古代农业机械发明史》，科学
[7] 农业遗产研究室：《中国农学史》上册，科学
[8] 西山武一：《アジァ的农法と农业社会》，东京大学出版会
[9] 天野元之助：《中国古代农业史上の二つの问题》，载《东方学》16 号

［10］天野元之助：《中国在来农法考》，载《神户商大论集》24号
［11］郭文韬：《略论中国古代农作制的发展》（中国农史研究会成立论文）
［12］杨直民：《中国古代的多熟种植》，载《北农大学报》，1980年三期
［13］石声汉：《汜胜之书今释》中所附《汜胜之书的分析》，科学
［14］宋兆麟：《西汉时期农业技术的发展》，载《考古》，1976年1期
［15］张振新：《汉代的牛耕》，载《文物》1977年8期
［16］Frarcesca Bray：《Agricultural technology and agrarian change in China》，《Early China》。NO. 5 1979—1980
［17］农业部：《农具图谱》第一集，通俗
［18］范文澜：《中国通史》第二册，人民
［19］郭沫若主编：《中国史稿》第二册，人民
［20］天野元之助：《中国农业史研究》，御茶の水书房
［21］嘉峪关市文物清理小组：《嘉峪关汉画像砖墓》，载《文物》，1972年12期
［22］原宗子：《いわゆる代田法》の记载について，载《史学杂志》85编11号
［23］闵成基：《汜胜之书犁耕考》，载《东洋史学》，8、9期合辑
［24］饭沼二郎：《日本农业技术论》，未来社
［25］李长年：《齐民要术研究》，农业
［26］熊代幸雄：《比较农法论》，御茶の水书房
［27］石声汉：《中国古代农书评介》，农业
［28］西岛定生：《中国经济史研究》，东京大学出版会
［29］宋兆麟：《唐代曲辕犁研究》，载《中国历史博物馆馆刊》，1979年第1期
［30］鲁才金：《汉代之间的牛耕和犁耙耱耧》，载《武汉大学学报》，哲学社会科学版，1980年6期
［31］熊代幸雄编：《中国农法の展开》，アジア经济研究所
［32］《陈旉农书》·《耕垦之宜篇第二》，这里有删节
［33］原文见《经进东坡文集事略》卷五七《杂说》
［34］原文见《吴郡志》十九水利五所引
［35］参见马一龙《农说》
［36］原文见《王祯农书》、《耕垦篇第四》，这里有删节
［37］陈恒力：《补农书研究》，农业
［38］赵钟义：《从古代耕具的演化看东北垄作法的形成与发展》（全国耕作制度学术会会议材料）
［39］天野元之助：《中国农业の地域展开》，龙溪书舍
［40］Perkins. D.《Agricultural Development in China 1368-1968》，Aldine
［41］孙毓棠：《清代的垦田与丁口纪录》，载《清史论丛》第一辑，中华
［42］王毓瑚：《中国古代的大田作物》
［43］天野元之助：《后魏贾思勰〈齐民要术〉の研究》，载《中国の科学と科学者》，京都大学
［44］陈良佐：《我国历代农田施用之绿肥》，载《大陆杂志》四六卷五期
［45］曹隆恭：《中国肥料简史》，农业
［46］陈良佐：《我国历代农田之施肥法》，载《大陆杂志》56卷5期

试论建立农业经济效益的指标体系*

陈 继 昌

一、设计农业经济效益指标必须适应农业生产的特点和防止两种倾向

提高农业经济效益，和提高其他物质生产部门经济效益的基本观点一样，即要以尽量少的活劳动消耗和物质消耗，生产出更多符合社会需要的产品。但农业这个物质生产部门，又具有很多特点，设计农业经济效益指标体系时，就不能照搬其他物质生产部门的经济效益指标体系，必须考虑农业生产的特点和特殊规律。

农业生产有些什么特点和特殊规律呢？土地是农业中不可代替的基本生产资料，农业生产的对象是有生命的动植物，生产时间与劳动时间很不一致，农业生产具有延续性，生产周期较长，农业的商品生产与自给性生产并存等。因此设计农业经济效益指标时，必须与上述特点相适应，如注意土地的合理利用和土壤改良带来土地生产率不断提高的经济效益；不能任意采用工作效率或工作效果指标来代替农产品生产的最终经济效益指标；既要注意当年当季农业生产的经济效益，又要注意下年或更长年限的经济效益；不仅要考核农业总产量指标所反映的经济效益，随着我国农业商品生产的发展和扩大，更要考核农业商品产量、商品率指标反映的社会经济效益。

设计农业经济效益指标时，除应注意农业生产的特点和特殊规律，还应注意容易产生的两种倾向。一种倾向认为：只需采用一个综合指标，做到既简便、易行，又便于比较就行了。事实上这样的综合指标，不仅很难找到，反而把农业经济效益这样极复杂的问题简单化了。因为社会主义农业对提高经济效益的要求是全面的，既要求提高各项农业技术措施的经济效益；又要求提高经营单位的经营经济效益。既要求提高农业简单再生产的经济效益；又要求提高农业扩大再生产的经济效益。既要求提高经营单位的经营经济效益；又要求提高一个地区或整个农业部门的经济效益。像这样一个涉及各方面的复杂经济问题，仅仅采用一个综合指标来衡量，显然是有困难的。另一种倾向是：强调指标全面、系统。罗列的指标过于庞杂，主次不分，往往使人抓不着要领，不便于应用。甚至可能产生某些指标此大彼小，或此小彼大，相互矛盾，不能给人以综合性的统一概念，很难作为评价农业经济效益的准绳。以上两种倾向，我认为都是不够科学的方法。正确地设计我国农业经济效益指标体系，要从我国实际情况出发，首先应当弄清需要衡量农业领域内哪些方面的经济效益；然后全面权衡，有主有次，既有中心的、又有辅助性的，既有综合性的、又有相互联系相互补充的指标体系。这样才能达到评价农业领域内各方面经济效益的目的。

* 原载《农业会计研究》1985 年第 1 期。

二、弄清需要衡量农业领域内哪些方面的经济效益

农业领域的经济现象和生产现象是极其广泛的。究竟需要从哪些方面去评价其经济效益？我认为主要可根据研究课题的范围和性质从以下几方面去考察。

（一）农业技术措施的经济效益

指农作物在生长培育过程中，采用一系列的先进科学技术和方法，包括合理耕作、良种繁育、施肥灌溉、植物保护、田间管理等方面的全部工作。不断提高农业生产的科学技术水平，是发展我国农业的重大决策之一。采取或改进某项或某几项农业技术措施，其作用在于为作物创造更好的生长发育条件，保证获得高而稳定的产量。评价农业技术措施经济效益的最终目的，是考察采取或改进某项或某几项技术措施后在单位土地面积上，能增加多少农产品的产量、产值或纯收益。同时，实现某项或某几项农业技术措施，需要追加多少活劳动消耗和物质消耗，是否以最少的活劳动消耗和物质消耗，生产符合社会需要的产品。

但是，由于农业生产的特点，某些不追加活劳动消耗或物质消耗的技术措施，也会对农业生产活动的成果发生影响，例如掌握适时种收，适时排灌等，也会获得一定生产成果，但应当把这些效果与经济效益区别开来。只有在活劳动消耗或物质消耗的基础上采取的技术措施，所带来的经济效益，才属于农业技术措施经济效益的评价范围。

（二）农业经营单位（户、组、队、新的联合体）的经济效益

农业经营单位，是根据经济核算的原则进行经营活动的。它们的最终成果，不仅要生产符合社会需要的各种产品，而且要补偿其生产过程中各种耗费，并获得一定的盈利或纯收入。有盈利地进行经营，是每个农业经营单位经济核算不可缺少的条件。

由于农业经营单位的经营成果，是综合农业生产力诸要素（土地、劳动力、资金等）合理运用的最终结果，如合理利用土地资源和自然条件，因地制宜地综合发展生产，采用各种先进的农业科学技术，节约而有效地使用流动资金和固定资金，不断提高劳动生产率，尽量节约各种活劳动消耗等。因此，设计农业经营单位经营经济效益指标时，不仅要考虑能够比较全面反映经济活动成果大小的综合性的中心指标；而且要根据构成农业生产力诸要素的特点，从土地、劳动力、资金等不同的侧面，建立一套衡量其经济效益大小的辅助性指标。同时，设计农业经营单位经营经济效益指标体系时，要从我国实际情况出发，既要考虑评价经济效益的需要，也要考虑计算有关指标的可能。既要力求科学完整，又要考虑当前农业经营管理水平和经济核算的现状。例如目前我国在多层次、多种形式的合作经济组织情况下，要求每个生产单位都能提供所需要评价经济效益指标的核算资料，是有困难的。

（三）农业基本建设投资的经济效益

经营单位的经营经济效益，是从生产过程来考核其现有生产能力发挥的状况，衡量它所消耗的活劳动和物质费用及其获得的经营成果。农业基本建设投资的经济效益，则是从扩大再生产的角度，即为实现农业新的生产能力的扩大，建设水平的提高和进一步满足社会需要，而投入的人力、物力和财力的增量，及其所获得较长年限的经济效益。如兴修农田水利，改良土壤，营造果林，农业建筑，购置拖拉机等农业机器，以及其他各类开发性的基本建设等。

农业基本建设投资，不仅具有农业生产的一般经济特点，而且有它自身的工程技术经济和综合性的特点，即投资比较大，回收年限长，有些农业基本建设工程，不仅涉及农作物的增产增收及其经济效益的提高问题，也涉及农林牧渔及水库等的综合利用问题；有些农业基本建设的治理范围，从经营单位内部发展到跨村跨区，甚至跨县跨省综合治理。这就增加了农业基本建设投资经济效益评价的复杂性。因此，设计基本建设投资经济效益指标时，除考虑投资综合性中公共指标外，还需要一系列分析指标辅助说明。

（四）一个地区或整个农业部门的综合经济效益

一般是指宏观方面的即全局性或总体性的技术经济措施所带来产出多投入少的经济成果。如农业发展战略、农业现代化建设、流域或地区综合治理，商品生产基地建设等，从而导致某个地区或整个农业部门的农业生产持续地发展，农业经济效益获得不断地提高。

社会主义农业经济效益不断提高的最终目的，是在农业扩大再生产的前提下，不断提高广大农民的物质文化生活水平，尽管考察一个地区或整个农业部门的综合经济效益的准则仍然是“要以尽量少的活劳动消耗和物质消耗生产出更多符合社会需要的产品”这一基本原理，但最后还是集中地、综合地反映在广大农民在农业生产中所得到的实惠，即农民收入水平的高低。因此，农民收益率指标，是评价一个地区或整个农业部门综合经济效益必不可少的中心指标。当然，为了揭示一个地区或整个农业部门农业生产发展各方面的潜力，还需要从不同角度反映农业生产发展水平的辅助性指标，这在本文后面还要提到。

三、建立农业经济效益指标体系及其计算方法的设想

根据农业生产的特点、指标设计的原则和不同的评价范围，提出以下农业经济效益指标体系。

（一）评价农业技术措施经济效益的指标

1. 追加费用收益率。是评价农业技术措施经济效益的综合性中心指标，它反映采用农业科学技术措施后所获得的收益与追加费用的对比关系，即采用科学技术措施后获得的增产产值减去追加费用，再除以追加费用所得的结果，追加费用收益率越高，表明同量的耗费，取得更多的产品，经济效益越大；反之则越小。采用科学技术措施后计算的追加费用收益率，与未采用该项科学技术措施计算的费用收益率进行比较，就可以表明它们之间经济效益的大小和优劣。其计算公式如下：

$$追加费用收益率=\frac{增产产值-追加费用额}{追加费用额}\times100\%=\frac{增产的收益额}{追加费用额}\times100\%$$

以追加费用收益率为评价农业技术措施经济效益的综合性中心指标，结合下列有关指标相互联系、相互补充，便构成评价农业技术措施经济效益的指标体系。这些指标是：

2. 单位面积的农产品产量（产值、净收入）。指投入生产的土地面积与农产品产量之间的对比关系。因为采取某项或某几项农业技术措施所获得的增产效益，是通过土地生产率表现出来的。其计算公式为：

$$单位面积农业产量（产值、净产值）=\frac{农产品产量（产值、净收入）}{土地（播种、耕地）面积}$$

3. 单位物质使用提供的农业产量（产值）。从投入物质要素的角度去衡量采用农业技术措施所带来的经济效益。计算公式为：

$$\text{单位物质使用量提供的农业产量（产量）}=\frac{\text{农业产量（产值）}}{\text{物质（如化肥、农药等）使用量}}$$

4. 单位劳动消耗所获得的产量（产值）。从投入活劳动的角度衡量采用农业技术措施所带来劳动生产率的提高状况。计算公式为：

$$\text{单位劳动消耗获得的农业产量（产值）}=\frac{\text{农业产量（产值）}}{\text{劳动消耗量（工、日、劳动日）}}$$

（二）评价农业经营单位（户、组、队、经济联合体等）的经营经济效益指标

根据我国当前农村经营管理水平、经济核算的现状以及取得有关资料的可能性，农业经营单位应区别三种类型：即① 实行农产品成本核算定点的经营单位；② 实行简易收支分配核算的经营单位；③ 尚未健全经济核算的经营单位。因而衡量各经营单位经营经济效益中心指标的采用，也就不能一刀切，而应区别对待。这里仅提出两个可行的中心指标。

1. 产品成本利润率。是实行成本核算的乡镇企业和农产品成本核算试点的经营单位考察其经营经济效益的综合性指标。利润额是由当年的总收入减去生产成本和税收求得，再与生产成本对比，即得产品成本利润率。它反映单位生产成本所获得的利润水平。在不变价格前提下，产品成本利润率高，经济效益大，反之则小。这个指标，不仅便于经营单位之间进行经济效益的评定，也便于经营单位内各部门、各产品之间经济效益的考核。其计算公式为：

$$\text{产品成本利润率}=\frac{\text{产品总收入}-\text{生产成本}-\text{税金}}{\text{生产成本}}\times100\%=\frac{\text{产品利润额}}{\text{生产成本}}\times100\%$$

2. 农业费用收益率。实行收支分配核算的经营单位，无法取得成本、利润等资料，评价其经营经济效益，则以农业费用收益率为综合性指标较好。它是从农业总收入中减去农业费用再与农业费用对比，则得农业费用收益率。虽然目前农业费用专指物质消耗，不包括人工费用在内，这个指标仍能反映农业生产所费与所得的关系，收益率越高，表明同量的资金取得更多的产品，经济效益越大；反之则越小。它不仅可以衡量经营单位的经营经济效益，也可以衡量经营单位为农、林、牧、副、渔五业的经营经济效益。其计算公式如下：

$$\text{农业费用收益率}=\frac{\text{农业总收入}-\text{农业费用}}{\text{农业费用}}\times100\%=\frac{\text{农业收益}}{\text{农业费用}}\times100\%$$

以上是衡量①、②两种经济核算类型经营单位的经济效益的综合性中心指标。至于尚未健全经济核算的某些经营单位（户、组），既不能取得成本、利润等资料，又很难取得收入、费用资料，则只能根据合作经济组织进行的收益分配调查或农家收支调查资料，采用人均总收入或人均纯收入等指标，衡量其经营经济效益的大小了。

经营单位除区别情况采用评价其经营经济效益的指标外，还应从生产力诸要素的不同角度，设计有关指标，衡量其经济效益，构成经营单位的经济效益指标体系。下面几个主要的辅助性指标。

3. 土地生产率。反映农业生产水平和技术水平的重要指标，可用单位耕地或农用地面积所生产的农业产量、产值或商品产值表示。

$$\text{土地生产率}=\frac{\text{农业产量（产值、商品产值）}}{\text{土地（耕地、农用地）面积}}$$

4. 农业劳动生产率。反映农业劳动生产率水平和劳动力利用程度，可用平均每个劳动力生产的农产量、总产值、纯收入表示：

$$农业劳动生产率=\frac{农业产量（总产值、纯收入）}{劳动力数}$$

5. 单位产品成本。反映单位产品消耗的物质费用和劳动报酬的总和。单位产品成本低，则经济效果大，反之则小（这个指标限于实行成本核算的经营单位采用）。

6. 农产品商品率。反映经营单位商品量即出售和缴纳实物农业税的农产品数量在农产品总量中所占的比重。

$$农产品商品率=\frac{农产品商品量（交售总额）}{农产品总量（总收入）}\times 100\%$$

（三）评价农业基本建设投资经济效益的指标

1. 基本建设投资回收期。是评价农业基本建设投资的综合中心指标。它表明基建投资的资金依靠投资后每年增加的利润额或成本节约额收回的年限。因基建投资有个别方案的投资和不同方案的投资，从而有个别方案投资回收期指标和不同方案追加投资回收期指标。

$$个别方案基建投资回收期=\frac{农业基建投资总额}{年利润增长额}$$

$$不同（两种）方案追加投资回收期=\frac{投资总额（甲）-投资总额（乙）}{成本总额（乙）-成本总额（甲）}$$

无论个别方案投资回收期或不同方案投资回收期，它的倒数即基本建设投资效果系数（%），同样可衡量基本建设投资效益的大小。

围绕中心指标不同侧面评定基本建设投资效益的辅助指标有：

2. 单位投资额增长的农产品产量或产值。表明基建投资后，导致每单位（元或百元）投资增加的农产品产量或产值。

$$单位投资额增长的农产品产量（产值）=\frac{农产品产量（产值）增长额}{农业基建投资总额}$$

3. 单位土地面积增长的农产品产量或产值。表明基建投资后，导致每亩农业用地或耕地上增加的农产品产量或产值。

$$单位土地面积增长的农产品产量（产值）=\frac{农产品产量（产值）增长额}{土地（农用地、耕地）面积}$$

此外，根据各种农业基本建设的特点，还可以采用有关的分析指标，如受益面积及比重，林地面积与覆盖率，可利用水面等。

（四）一个地区或整个农业部门的综合经济效益指标

1. 农民收益率。反映农民从农业生产中得到的实惠情况，农民收入水平的高低，农民收入增长的幅度和速度。在我国多层次的、多种形式的合作经济组织的体制下，农民收益率是评价一个地区或整个农业部门综合经济效益必不可少的中心指标。农民收益包括承包经营的净收入、集体分配的收入、股份分红，以及家庭自营生产的净收入等，可采用农民每人年平均实际纯收入表示。

2. 农产品商品率。

3. 单位土地（农用地、耕地）面积提供的农产品产量、产值、商品产值。

4. 每个农业劳动者提供的农产品产量、产值或纯收入。

总之，提高农业经济效益，是一切农业经济活动的出发点，是关系我国社会主义农业持续发展的关键。根据农业领域的不同范围、对象和任务，建立一套适合我国农村情况的经济效益指标体系，既是一个重要的理论问题，又是一个亟待解决的实际问题。

联产承包责任制的客观必然性和发展趋势*

洪乌金　韦嘉珀

党的十一届三中全会以来，在党的领导下，我国农民创造的多样化的联产承包责任制，已在全国广 大农村普遍实行。目前联产承包责任制已占原生产队总数的98%，其中包干到户和包产到户占95%。成效卓著，中外瞩目。

实行联产承包责任制是我国继土改、农业合作化运动以后又一次生产关系的重大调整，是建设具有中国特色的社会主义农业的道路，是在党的领导下，我国农民的伟大创造，是马克思主义农业合作化理论在我国实践中的新发展。如何进一步研究和阐明这一问题是农业经济理论工作者面临的重大任务。本文试就以下两个问题谈点粗浅看法。

一、联产承包责任制的客观必然性

马克思列宁主义合作制理论的核心问题，就是通过建立集体所有制的合作经济，对小农经济进行社会主义改造，把农民引导到社会主义轨道上来。我党根据马列主义合作制理论，在土地改革的基础上，领导农民走合作化道路，并于1956年实现了农业合作化，完成了农业生产资料私有制的社会主义改造，把我国广大农村的个体经济改造成为社会主义集体所有制的合作经济，具有伟大的历史意义。合作化20多年来，对“集体农庄”模式的“三级所有，队为基础”的集体经济，实行集中经营，搞“大呼隆”，吃“大锅饭”，加之长期以来受一系列“左”的政策的影响，办得好的只有百分之十几到百分之二十，大部分办得不好或者很不好。广大农民迫切要求冲破这种过于单一、过分集中的集体经济模式，一而再，再而三地起来探索具有我国特色的集体经济模式。合作化以来我国农村曾经在1956年、1961年、1964年几次出现包产到户。1979年在党的十一届三中全会的解放思想、放宽政策的精神指导下，安徽、四川等地又实行了双包到户，发展迅猛，很快遍及全国，效果显著：“低产地方由穷变富，一般地方增产显著，高产社队迈开新步”。所以不到两年的时间，以“双包到户”为主要形式的联产承包责任制，由贫困队到富裕队，由机械化水平低的地区到机械化水平较高的地区，由落后地区到经济发达的地区，成为全国农业生产责任制的主要形式。生产责任制的形式多种多样，除了过去有的地方实行的包工责任制外，还有联产到组的、联产到户（劳）的，保留工分统一分配的，包干到户的，等等。各地对各种责任制形式都经历过一个筛选和演变的过程。其顺序一般是：从不联产到联产；从联产到组到联产到户；从联产到户到包干到户。实行包工责任制，比记“大概工”要强，但由于社员不对产量负责，农活质量得不到解决；实行联产到组比不联产好，它冲击了吃大锅饭的弊端，但只是把“大

* 原载《农业经济论丛》第6辑，农业出版社，1985年10月。

呼隆”变成“小呼隆”，“大锅饭”变成“二锅饭”；实行包产到户或联产到劳，彻底地解决了“大呼隆”问题，但是还存在着分散劳动与统一分配的矛盾，群众对交给集体的东西不放心，担心应分的东西拿不回来；实行包干到户，取消工分，直接由承包产量指标决定承包收入，“保证国家的，留够集体的，剩下都是自己的”，“直来直去不拐弯”。这种形式把劳动方式和分配方式统一起来，彻底解决了生产上的“大呼隆”和分配上的“大锅饭”问题。

纵观我国农业生产责任制的历史演变过程，可以看出以包干到户为主要形式的家庭联产承包责任制，之所以得到迅速的发展是有它的客观依据的。

（一）符合生产资料集体所有制的要求

农村生产资料的集体所有制，不仅是对生产资料私人占有的否定，而且是对劳动者共同占有权的肯定，即生产者联合起来，平等的占有生产资料，实现生产者同生产资料直接的结合，使生产者成为自主活动的主人。可是我们过去的集体经济，高度集中经营，统一指挥，“有权的人不种田，种田的人没有权”，劳动者只有出工干活的权利，他们仅仅在法律上是生产资料的所有者，名义上是集体经济的主人。实行家庭联产承包责任制以后，真正实现了生产者和生产资料的直接结合，农民由单纯的劳动者变为既是劳动者又是生产者，直接行使安排生产采取增产措施的自主权。体现生产者在经济生活中的主人翁地位，这就使生产者的积极性和聪明才智得到应有的发挥。

（二）是按劳分配规律的要求

按劳分配是生产资料公有制的实现，能否贯彻按劳分配原则，是关系到集体经济能否巩固和发展的重大问题。过去集体经济，在分配上吃“大锅饭”，影响了群众的积极性。实行家庭联产承包责任制，例如包干到户，是采取包干分配，“交够国家的，留足集体的，剩下是自己的”。即由承包者交农业税、集体提留，通过合同保证统购、派购任务的完成。它同其他按工分分配的联产承包责任制的区别就在于承包者分散、独立生产出来的东西，不是先交给集体，然后由集体统一完成征购任务、扣除集体积累后，再按工分进行分配，把承包者应得部分分给他，而是改变了分配程序，简化了分配手续。这种办法还具有利益直接、方法简便和堵塞干部可能多吃多占的漏洞的优点。它与按工分统一分配所要处理的经济关系（即国家、集体和个人三者关系）和分配内容（征购、提留和社员消费）是一样的，所不同的是把个人所得消费部分同劳动的凝结形态——产量联系起来计算的。这是符合列宁关于“工资和奖励应当密切联系并取决于生产计划的完成程度”① 教导的。它比按劳动的潜在形态和流动形态计算报酬更科学、更能体现按劳分配原则，极大地调动了劳动者的积极性。正如农民所说的，“联产如联心，联谁谁操心。”这就从根本上解决了社会主义农业发展的内在动力问题。

（三）适合我国当前农村的生产力发展水平

生产工具是生产力发展性质和水平的主要标志。当前我国农业中绝大多数地方主要依靠畜力和手工工具，作用范围小。同时，在以畜力为动力和手工操作为主的条件下，产量高低主要取决于劳动者的体力强弱、技术高低、劳动勤懒、耕作质量好坏和作业的及时性。根据马克思“生产

---

① 《论工会、目前局势及托洛茨基的错误》，《列宁选集》第4卷，人民出版社1972年版，第423页。

资料决定劳动组织”①，“劳动组织的组成和划分视其所拥有的工具而各有不同”② 的原则，实行家庭联产承包责任制，根据方便生产，有利经营的原则，把各项生产任务分别包到户（劳），联产计酬，采取分散、独立劳动方式是比较适宜的。过去我们由于受苏联的“集体农庄”模式和“左”的政策的影响，好像集体经济就必须集中劳动，并且长期以来被人们当作社会主义生产关系的基本特征，分散、独立劳动就是单干，是个体经济，这是极大的误解。因为劳动方式并不是生产关系的范畴，而是生产力的表现形式，采取什么样的劳动方式，是由生产力水平（包括生产工具、管理水平等）所决定的。劳动方式，有集中劳动和分散劳动。集中劳动有无明确分工的集中劳动和分工基础上的集中劳动。分散劳动也有无明确分工的分散劳动和分工基础上的分散劳动。一般在分工基础上的集中劳动和分散劳动是同比较高的生产力水平相适应的；而没有明确分工的集中劳动和分散劳动，一般是同比较落后的生产力状况相适应的。在原始社会，生产工具极其简陋、劳动能力十分薄弱、不实行集中劳动，就无法生产和生存。随着生产力的发展，特别是在资本主义初期机器大工业的出现，采取了在分工基础上的集中劳动。由此可见，集中劳动同社会主义并没有什么必然联系。我们过去集体经济搞的集中劳动，由于生产工具落后，大多数基本上是简单协作，即大家集中在一起，干一样的活，搞“大呼隆”。实践证明，弊多利少，应引以为戒。

上述目前我国大部分地区社队适于实行家庭承包分散劳动，但是我国幅员辽阔，各地的生产力发展水平千差万别，不同社队、不同生产部门、不同项目、不同时期的责任制形式应允许有所差别，有一些生产项目在机械化程度和劳动者的技术水平比较高的条件下，可能适合于采取在分工基础上的集中劳动，以及与之相适应的小组（集体）联产承包责任制形式。

（四）符合农业生产的特点

农业生产是经济再生产与自然再生产相交织的过程。生产周期长，连续性强，以种植业生产为例，一般要半年到10个月。在农作物生长发育期间，要进行许多作业，如整地、播种、中耕、锄草等，任何一项作业，既是相互紧密联系的，又不可能单独计算出产量，如果其一项作业不合乎质量要求或贻误农时，都必然影响到最终成果——产量上。同时，农业生产部门多，内容丰富，项目复杂，而且农业生产是在广阔的空间上进行的，有较大的分散性，受自然因素影响很大，特别是气候莫测。实行家庭联产承包责任制，适应了这些特点。由于分户经营，联系产量计算报酬，农民主动关心生产的全过程，注重农活质量，能够根据天时的变化，及时采取有效的措施，排除各种灾害，保证农业生产的顺利进行。过去集体经济劳动组织形式和劳动报酬违背了上述特点，组织规模大，集中劳动，报酬和最终成果脱节，农活质量无保证，同时集中劳动，统一指挥很难适应这种复杂多变的情况，往往造成瞎指挥，使生产造成损失。

（五）适应当前干部水平，包括干部的政治觉悟、思想作风、工作作风，文化、科学技术水平和管理能力

干部水平也是决定经营形式和责任制形式的重要条件。正如马克思所说，随着协作，“指挥发展成为劳动过程本身的进行所必要的条件，成为实际的生产条件”。③ 目前的干部水平较低。

---

① 《马克思恩格斯全集》第31卷，第236页。

② 《马克思恩格斯全集》第4卷，第163页。

③ 《资本论》，《马克思恩格斯全集》第23卷，第367页。

一是思想作风、工作作风较差，生产上瞎指挥；二是多数干部文化水平低，缺乏管理集体经济的知识。长期以来，干部没有培训，加之多年受"左"的思想影响，许多干部不仅不懂经营管理，也不敢搞经营管理，怕犯错误，挨批判。上述干部水平低是管不好过分集中的集体经济的一个重要原因，也是上层建筑与经济基础不相适应的一个重要方面。当前实行家庭联产承包责任制为主要形式的联产承包责任制正是同这种干部水平相适应的。

二、联产承包责任制的发展趋势

目前实行的联产承包责任制尽管形式多种多样，但从承包责任的对象看，可分为集体（小组）联产承包责任制和个人（户、劳）联产承包责任制；从分配方式看，可分为按工分统一分配的联产承包责任制和包干分配的联产承包责任制；从劳动方式看，可分为专业承包责任制和非专业（即没有分工分业的）联产承包责任制。各种联产责任制各以自己的特定条件存在，并且随着条件的变化其内容和形式将不断地变化、发展和完善。我们认为在各种联产承包责任制形式中，实行所有权和经营权分离的家庭联产承包责任制（特别是包干到户）有着广阔的发展前景。

（一）符合社会主义原则

我国是社会主义国家，评价一种责任制形式的优劣，首先必须看它是否符合社会主义原则。列宁曾把社会主义概括为生产资料公有和按劳分配。①包干到户，坚持了土地等主要生产资料公有和按劳分配原则。实行包干到户以后，生产队把土地分给劳动者使用，不能出卖、出租或任意占用。机器设备等大型生产资料和水利工程、大片山林、果园等一般属公有，有的由集体管理使用，有的包给小组或农民个人使用。马列主义经典作家曾经说过：社会主义的基本特征是劳动者的联合，即联合劳动。实行包干到户以后在生产领域中，承包户根据合同规定的任务（即合作经济的共同需要），使用公共的土地和一部分生产资料进行生产，这样包干户个人的劳动就成为集体总劳动的一部分，具备了社会主义生产过程的特征；在分配领域里，根据承包者的生产任务通过合同确定应交的统、派购任务和集体提留，剩下是自己的。承包者所得部分，其中一部分属于补偿生产资料消耗，一部分应属于积累用于扩大再生产，这些姑且不谈。属于个人消费部分是以劳动的份额参与生产所取得的劳动报酬（包括超过生产队平均必要劳动量部分的报酬），根据马克思的"参加生产的形式决定分配的特定形式，决定分配形式"的原理，它基本上是符合社会主义按劳分配原则的，这里可能有一部分非劳动因素，即指实行资金集约经营所取得的部分，也是符合恩格斯的"按入股土地、预付资金和所出劳动的比例分配收入"② 的合作制原则的。

（二）可以发挥集体经济的优越性和调动个人的积极性

实行包干到户是统一经营与分户经营相结合的合作经济。这样，一方面生产队统一经营，一般实行统一计划、统一核算（即对各业和各承包户的任务进行产量、产值、费用、用工等经济核算）的基础上，确定生产任务以及国家、集体、农民个人三者的分配关系，使在各业的劳动者，一般情况下等量劳动，报酬大致合理，使国家农产品统、派购计划任务得以落实。各地还不同程

① 《无产阶级在我国革命中任务》，《列宁选集》第3卷，第62页。

② 《马克思恩格斯选集》第4集，第310页。

度地保留了统一经营项目，如统一管理一些大型生产资料和统一制种、配种，统一机耕，统一防治病虫，统一购买生产资料等。所有这些统一经营，发挥了集体经济的优越性，是使承包户的个人劳动成为合作经济集体总劳动的一部分的保证。另一方面，实行分户经营，权、责、利三者在家庭直接结合。极大地调动了农民的积极性，农户可以根据农业生产的特点和要求，灵活地安排生产，做到精耕细作，及时护理，可以发挥家庭经营适应性强、有丰富的传统的生产经验的优点，可以充分挖掘各家庭的各种劳动潜力和资金潜力来发展农业生产。

过去有些人总认为公有化程度越高越好，集体经济规模越大越好，对生产责任制的承包单位，认为包给集体是社会主义的，包给户（劳）就是资本主义的。现在仍有些人认为包给集体比包给个人好，承包单位越大越好，在他们看来包给农户（或个人）是“小规模”、“小农业”，包给“集体”是“大规模”、“大农业”，才是符合马列主义的大生产优越于小生产的理论。我们认为这种看法是不妥当的，所有制是生产关系的问题，承包单位的大小是责任制问题，责任制是生产关系的反映。在马·列的经典著作中讲的“大农业”、“大生产”，是指的生产力问题，是指的生产的社会化和集约化问题。当前美国的一人农场（即标准农场）的生产，法国、丹麦的家庭农场，姑且不谈其私有制问题，从经营上来说，它也是农户经营的。但因为它是资金集约、技术集约程度很高的专业化、社会化、商品化生产，这是“大农业”、“大生产”。我国“三级所有，队为基础”的农业生产，虽然“一大二公”，但由于大多数地方基本上是自给半自给的农业生产，因此，仍然是“小农业”、“小生产”。所以说在这种条件下，公有化程度越高，规模越大，承包单位越大，不但搞的不是“大农业”、“大生产”，而是超越了生产力的发展水平，违背生产关系一定要适合生产力性质的规律，搞的是“小马拉大车”、“小脚穿大鞋”，跑不快，恰恰阻碍了我国的农业向“大农业”、“大生产”的方向发展。

总之，这种统一经营与分户经营相结合的合作经济，是适合我国国情的。它既有利调动农民个体经营的积极性，充分发挥手工劳动的优势，又可以避免单干、走个体经济的道路；既可以发挥集体经济统一经营的优越性，又可以避免搞“大呼隆”、吃“大锅饭”的弊病。二者的巧妙结合，成为具有中国特色的农村合作经济模式。

（三）符合生产力发展的规律

专业化、社会化、商品化是生产力发展的客观规律。我国目前农村实行的多种形式的联产承包责任制也必然要朝着这个总的方向发展。实行包干到户时，在一些经济发达的社队，就有一定的专业化生产（如工副业、林果等），包干到户以后，把这些专业性生产项目包给农户（或小组）进行生产。从事专业生产的农户（或小组）叫“承包专业户（组）”。同时由于包干到户以后，劳动生产率显著提高，出现了剩余劳动力，手头上的钱也多了，在自留地、家庭副业、集市贸易等项经济政策的贯彻，农民放手发展家庭副业，大搞多种经营。包干到户初期农户一般是既种地又养猪养鸡，有的还兼营一些家庭手工业等，农户是“小而全”生产单位。随着多种经营项目的规模的扩大，某些家庭部分劳动力甚至是主要劳动力就从承包田分离出来，专门从事家庭副业生产，一些劳动上的强手，技术上的能手，经营上的高手，必然选择最能发挥自己优势的项目进行生产，发展下去就逐渐变成“重点户”、“专业户”，由“小而全”变成“小而专”。目前我国的专业户由于处在发展的开始阶段，除了专门种植粮食的专业户外，其他从事养殖、林业、运输、工副业和商业的，都仍然没有旅弃土地，他们或以种植为主，兼营他业；或以养殖、林业、运输、工副业为主，兼营种植业。在这个意义上，可以说是兼业户。目前只有一小部分专业户开始由兼业转向一业为主，基本不兼业，但这是发展的趋势。“专业户”、“重点

户”目前只占农户总数10%左右，但它将继续发展。“专业户”、“重点户”是以商品生产者面貌出现的，这就决定了他们不能不遵循商品生产的规律，不能不追求经济效益，因而也就不能不追求采用先进的生产设备和新的科学技术。因此说它是先进生产力的代表，将加速我国农业经济实体——农户由“小而全”到“小而专”的进程，将有力地推动着我国农村经济向专业化、社会化、商品化方向发展。

（四）可以实现农业机械化、现代化

我国是人多地少的国家，劳动资源十分丰富，而且还有能源、交通等限制因素，因此我国大多数地区在一个比较长的时间内，还必须充分利用现有的劳动资源，搞以生物技术措施为主的农业现代化。尚不能搞什么“全盘机械化”。但在东南沿海地区由于复种指数高，第二、三产业比较发达，已经感到劳动力紧张，要求有选择地、有重点地、有步骤地实现机械化。西北、东北地区，尽管人少地多，随着多种经济的发展，也必然要求机械化。总之，要看到劳动集约是比较落后的经营方式，它不能从根本上改变我国的农业生产条件，不能把农业劳动者从繁重的体力劳动中解放出来，不能大幅度地提高农业劳动生产率，难以促进多种经济的发展，进而影响国民经济建设。因此，无论人少地多的地区还是人多地少的地区农业机械化的方向是不容动摇的，都必须努力实现中央提出的把生物技术措施和工程措施结合起来，实现我国农业现代化的伟大号召。

实行包干到户以后，许多地方按人口或按人劳比例平均分配各种等级的土地，把耕地分得很零碎。据全国各省区600个点的综合统计，实行生产责任制后，每户平均地块数为11块，山区、丘陵地为14～15块，最多的户达70多块，确实给作物布局、农业基本建设、机耕、水利灌溉、病虫害防治等都带来一些困难。有些地方开始曾出现过“小毛驴直上青云，老黄牛趾高气扬，拖拉机离职休养”的状况。因此有人担心包干到户会影响农业机械化、现代化。经过一段实践证明，这种担心是没有必要的。包干到户以后，农民搞机械化的积极性很高，机械化在不断发展。据统计1981年小型及手扶拖拉机在前两年大幅度增长的基础上，增长了8.7%，大、中型农用拖拉机增长6.3%，农用载重汽车增长27.2%；1982年小型及手扶拖拉机比1981年增长12.3%，大、中型拖拉机增长2.5%，载重汽车增长17.7%，适合农民需要的手扶拖拉机等农机具在许多地方供不应求。包干到户以后生产发展了，收入增加了，为机械化提供了资金条件。同时随着多种经营的发展，专业化、社会化、机械化、科学化水平的提高，从事多种经营的农户相对绝对地增加，从事种植业承包的农户相对绝对地减少。这些人“离土不离乡”逐步转移到养殖业、工副业、运输业、建筑业等其他专业生产部门，逐步改变八亿农民搞饭吃的局面。这样就逐步形成种植业专业户（如粮食作物生产专业户，经济作物生产专业户），土地相对集中连片，规模逐步扩大。这样就可以在较大的土地规模上实现农业机械化，采用先进的科学技术，逐步由以劳动集约为主走上资金集约、技术集约为主的经营道路。这种现象已经出现，尽管这个过程是十分缓慢的，但它是发展的必然趋势。这就是包干到户的生命力所在。

三、联产承包制的发展与完善

随着生产力的发展，包干到户也必然要发展、完善。一是加强必要的协作联合，二是建立服务公司。

（一）包干到户以后，一是农民的生产积极性空前高涨，劳动效率大大提高，出现了劳动力剩余

随着多种经营的开展，商品率大大提高，农民收入大大增加，手头上的钱多了；有的还有技术专长，这就为新的协作和联合提供了可能。二是随着城乡人民生活水平的不断提高，人们需要更多的农副产品和其他消费品以及要求提供一些社会服务（包括科学、文化娱乐等方面），为新的协作、经济联合提出了需要。因此，那些具有某种要素潜力的农户就必然地会提出对各种生产要素——劳动力、资金、技术的流动和重新组合的要求，利用这些多余的劳动力、资金和技术、自然资源等条件，开辟新的经营门路，以为社会提供更多的商品和服务，获得更大的收益。于是就根据有利生产和自愿互利的原则，搞联户经营或组织起新的联合体。联合种类很多，有生产联合；有供销联合；也有产、供、销一体的联合。生产联合又包括种植业、养殖业和捕捞业、畜牧业、林业、园艺业、采掘业、加工业、建筑业、运输业等。这种联合有户与户、集体与集体的联合；也有户与合作经济集体、户与国营企业的跨所有制、跨地区的联合。这些联合是生产力发展的必然结果，“瓜熟蒂落”、“水到渠成”。这种协作和联合是包干到户的基础上进行的，一个农户可能参加若干个联合组织（小组），一个联合组织可能又同时与若干农户发生联系，形成相互交错的经济网络。它既发挥了分工协作的优点，又保持了包干到户有个体生产积极性的优点，使家庭联产承包责任制更加日益完善。

（二）实行包干到户以后，发挥了分户经营的优越性

但也出现了新的问题，生产前的生产资料购买难和生产后的产品销售难，生产中也有许多技术服务问题需要解决。专业户发展起来后，在许多环节上也有联合的要求。例如饲养专业户需要种苗、饲料、防疫、设备、运输以及产品销售问题。这些都不是一家一户所能独立承担的，即使可以分散去干，其经济效益也是不理想的。随着生产日益专业化、社会化，在生产前、生产中和生产后越需要协作，越需要社会提供服务。因此，必然出现了各种服务公司，生产中的如农机服务公司（站）、灌溉公司、制种承包服务、植保服务公司等；生产前的农业生产资料（化肥、农药、农膜）服务公司（站）；生产后的产品销售，如牛奶收购站（服务公司）等。各种服务公司的出现，把家庭经营同专业化、社会化生产结合起来，既充分利用了劳动力资源，又充分利用合作化二十多年建设的具有相当水平的现代化设施和技术；既调动了农民的个体积极性又充分发挥了专业化、社会化的优越性。而且通过这些公司为农户（包括承包户和自营专业户）服务，把农民的供、产、销问题纳入国家计划轨道。

综上所述，我国农村实行的联产承包责任制的新型合作经济，是顺乎天理（即客观规律）合乎民意的，它解决了长期以来没有解决的生产关系与生产力不适应的问题。这种新形式，特别是包干到户一出现就显示出强大的生命力，越来越有力地推动着我国的农业由自给半自给生产向大规模的商品生产转化，由传统农业向现代化农业转化，展示出我国农村发展道路的光辉前景。

我国农村经济的发展与城市化*

柯 炳 生

在探索我国农村经济发展的道路上，城市化问题已经成为一个无法回避的斯芬克司之谜。

如何估价现有农村工业、服务业的现状与发展活力？怎样看待小城镇的经济优势与地位？现代化、工业化、城市化到底存在着哪些必然的联系？我对这些问题的看法，与一些流行观点有很大的分歧。

一、在农村内部实行工业化的局限性

农村经济发展，说到底是现有八亿农村人口生活水平的提高。近年来农村经济形势的一系列深刻变化，使得人们越来越同意这样一种观点：只有大规模地实行劳动力从初级产业向高级产业的转移，农村经济才会持续高速发展。

然而，如果将这种劳动力转移只限定于农村系统内部，则其发展活力是极其有限的。

一般说，构成现今农村工业主体的是：农产品的粗加工工业（磨米、磨面、榨油、锯木板等），采掘业、农村民用建材建筑业、小农具修造业等等。这个构成本身就揭示了现有农村工业发生和存在的原因：以当地为原料来源地，以当地为产品市场，是城市工业所不易取代的；设备可以因陋就简，投资不大；技术要求较低，是文化水平低而习惯于体力劳动力的传统农民所能接受和胜任的。这是现存乡村工业的生命力所在，却也是其进一步发展的阻力。这样一个个以一乡或一村为基本单位的自给自足性很强的乡村工业，已基本满足了当地的需要。

农村工业要进一步发展，就不得不与城市工业在原料、能源与市场等等方面去进行竞争，而由于设备简陋、技术低下、原材料与能源浪费严重、交通不便、信息闭塞等弱点，使农村工业不是城市工业的对手。在这里，规模经济效应必然顽强地表现出来。文革期间，各地建了许多“大三线”、“小三线”工厂，其在设备、技术、原料等方面与其母厂均无多大区别，然而其经济效益却远低于其母厂，主要的原因就在于这些三线工厂全是建于农村山沟之中。生产力水平相同的子母厂尚且如此，生产力水平低得多的农村工业就更可想而知了。就发展的前景看，由于规模经济及其有关的一系列社会经济影响，使得生产竞争方面的优势似乎不属于星罗棋布的农村工业，而属于人力资源、经济资源与市场都高度集中的城市工业。

这些观点与近年来农村工业的普遍发展势头以及某些地区的高速度发展的事实并不矛盾。原因是：第一，在经济关系方面，农村进行了一系列改革，大大解放了生产力，而城市经济改革尚

* 原载《农业经济问题》，1985年第2期《农业经济问题》1985年第7期和第10期先后发表与本文争鸣的文章；美国的“Foreign Broadcast Information Service，Section Agricultural Affairs”曾全文翻译了本文，并转载于FBIS—AGR 18 June 1985，pp. 54—60

未全面进行，生产力尚未能发挥出应有水平，农村工业在这一时期内的发展是带有“钻空子”的特殊性的。第二，在经济地理方面，某些农村地区是罩在特大城市或大中城市的“影子”中的，只有这些地区的农村工业的区际商品性才较高些。这完全是城市化的结果。

随着城市经济改革的全面展开，农村工业在经济关系上的相对优势很快将不复存在。农村工业不得不面临着这样一种考验。

农村服务业的情况与上类似。目前其主体是：运输业、商业、饮食业。服务业的发展直接受制于工农业的发展和人民的收入水平。遍地开花的农村工业与极其分散的农户给服务业的种类、规模、水平都设下了重重障碍。没有城市化，服务业的大比例发展是难以想象的。这同样存在着规模经济问题。

二、小城镇经济效益的外生性

越来越多的人主张，兴建小城镇，发展小城镇。从客观上看，这正是由于意识到上述农村企业过于分散所产生的重重矛盾的结果。在人口不能向大中城市自由流动的既定前提下，也只好以小城镇为唯一的选择。我国某些地方的小城镇又的确办得比较出色，于是不少同志就据此特别强调小城镇的作用，以小城镇化来同一般的城市化相对立，将主要希望寄托在小城镇之上。这是值得争议的。

我们可以找到许多关于农村企业、小城镇企业经济效益高的报告。从其地理位置上看，都是紧邻大中城市尤其是特大城市，绝少例外。我国最发达、最集中的农村工业和小城镇是在沪宁杭三大城市与一批中等城市之间的一个不大的区域内。小城镇的经济效益并不是内生的，而完全是受惠于其所依托的中心城市或城市网的结果。这些小城镇罩在大城市或城市网的影子中，与这些中心城市形成了千丝万缕的联系。没有城市网在技术、装备、原料、信息、运输、市场等等方面提供的优势，小城镇的高效益就无从谈起，事实上，我们在广大内地和边远地区还很难找到小城镇高效益普遍发展的例子。对少数大中城市网中的地区来说，小城镇的兴旺发达具有必然性或可能性，而对其他广大地区来说，却仍然不存在这种必然性或可能性。

一些发达国家的小城镇化潮流的产生，除了生活方式方面的原因之外，主要道理也正在于此：大中城市的发展，带动了一大批小城镇的发展，尤其是高度发达的交通运输和信息传播技术，使得城市的“影子区”空前地扩大，使得小城镇与大中城市在生产与生活上日益紧密地联结为一体。大中城市的高经济效益在先，而后才有小城镇的高效益，经济发展过程是有客观阶段性的，仅凭主观愿望是不能超越这些客观阶段的。

在大中城市网之外的小城镇，在经济效益、生活环境质量和就业机会方面，均远较大中城市为低。将小城镇作为一种普遍最佳选择，这是以限制人口城乡自由流动、控制大中城市的发展为前提所得出的结论。而这个前提本身是值得探讨的。

三、城市化的历史客观性

禁止农村人口向城市的自由流动，控制大中城市的发展，是从20世纪50年代末期形成并沿袭下来的一项基本政策，其主要原因是：①以尽可能多的人力来保农业这个基础，以缓和粮食生产不足的局面——尤其是1960年前后的严重灾荒使得许多年来人们一想起来就后怕；②避免城市中的一系列社会与环境问题；③城市里的“铁饭碗”、“大锅饭”制度的全面施行使得国家财政

在客观上无力承担更多的城市人口，国家财政的限度就是城市人口比重的限度。这种对策的主观性、人为性很强，从一开始就与经济与社会发展的客观历史趋势有矛盾，只是在一定的历史条件下，权衡利弊的一种临时性选择。而随着经济的发展，这种利弊对比关系发生了根本性的变化，这种矛盾就日益显性化，城市化的历史必然性也日益显性化。

第一，城市是农村经济发展的客观要求。只有第二产业、第三产业在整个国民经济的比重大大提高之后，农产品的价格矛盾和低水平过剩问题、农业劳动力的就业不足问题，才能从根本上获得解决。而如前述，工业化与城市化是密不可分的，那种认为在农村内部便可以大规模实现产业结构改变的特点，即不要城市化就可以实现工业化的观点，实在是一种误解。运用历史唯物论的观点考察一下就可以发现：近现代工业、服务业发展的历史也就是近现代城市发展的历史；现代工业、服务业要么在原有的城市中发展起来，要么在发展的过程中创立出一个城市来。

第二，城市又是合理利用资源、缓和资源矛盾的客观要求。我国的自然资源、经济资源和人力资源在质量对比关系上存在着较为尖锐的矛盾，自然资源、经济资源较稀缺，人力资源量多而质差。城市经济作为一种资源组合方式，由于生产集中而引起的规模经济可大大提高自然资源与经济资源利用效率，而在提高人力资源质量、降低人口自然增长方面，又远较农村容易得多。资源矛盾的实际表现之一是就业不足，城市的就业机会是农村所无法相比的。未来发展潜力最大的第三产业中，生产性服务业主要以工业为服务对象，生活性服务业以人为服务对象，其所需的自然资源均较少，尤其符合我国的资源状况而应大力发展。而只有在服务对象高度集中的城市里，第三产业才能真正大规模发展起来。本世纪以来日新月异的工作机会，绝大部分都出现在城市中。

城市化总是与人口的城乡自由流动联系在一起的。这种人口自由流动是否会加剧某些大中城市已有的“待业”问题呢？应该看到，城市的待业有很大一部分是“自愿失业”，这是长期以来国家对城市青年包揽分配的一个消极后果。并不是不存在就业机会，而是城里的一些青年不愿利用这些机会，而这些机会却完全可以为农民所接受。人力资源缺乏灵活流动（包括城内各单位之间、城市之间、城乡之间），使许多城市青年宁愿等待而不肯轻易接受一个终身性的工作单位。

第三，城市化还是缩小三大差别，直接提高国民整体生活水平的客观要求。城市化并不就等于现代化，却是现代化的必要条件。城市有着许多不能用货币表现出来的便利，在满足大众的享乐需要与发展需要方面，是乡村所无法比拟的。马克思在他的那个时代就曾特别注意过这个问题，他在谈到发达国家与不发达国家相比，在工、农人口比例（在那时即为城乡人口比例）上的差别时指出：“…但是对一国文明的总的水平来说，这个差别极为重要，那怕这个差别只在于有相当大的一部分参与农业的生产者不直接参与农业，而摆脱了农村生活的愚昧，属于工业人口”。我国城镇人口占总人口的比例一直很低，从 1957 年的 15.4% 发展到 1982 年的 20.8%，这同世界其他国家形成鲜明的对照：1980 年西欧高达 82%，世界平均为 39%，连最低的非洲也达 26%。

并不能根据西方发达国家和第三世界国家城市化中的一些社会环境问题便否定我国城市化的必要性。某些由城市经济所引起的问题，也只有经过城市经济的发展才能得到克服，这是一个否定之否定的过程。而且那些国家的城市问题，很大程度上是社会制度造成的，并不在于城市化本身。一些第三世界国家整个国民经济管理搞得糟糕，“城市便难免混乱。社会主义国家完全可以发挥社会主义的优越性，实行有远见的引导规划、统筹治理，避免或将这些问题减至最低程度，而不应该因噎废食。在我国的现有经济基础水平上，发展城市是一项利多弊少的选择。

我国目前的实际情况是：农村、集镇（即一般说的小城镇）、小城市、中等城市、大城市、特大城市，基本上构成一个吸引力递增序列，主要是由综合生活质量差别所引起的。此外还有一个原因是：人口的单向流动政策——允许自由向下流动、严格控制向上流动。这给已在较高层次的人造成了一种虚假的优越感，不肯轻易下迁，而较低层次的人又因此而渴望上迁。如果允许双向流动，则这种虚假的优越感就会消失。这种差别甚至在工作地点之间产生出一种近似级差地租的东西。

三大差别中最基本的是城乡差别。社会主义社会消灭这种差别的途径，应是多发展城市，最后使其达到这样广泛的程度，使在农村的人都能享受邻近城市的种种服务、便利。差别是由封锁引起的，要消灭差别，首先需要消除这些隔绝与封锁。

城市化的前提是现有城市本身的一系列经济改革。随着城市经济改革的进行，一方面将农村新投资办的企业集中到城市里办，另一方面将城市里的就业门路也向农民开放，使得城乡农民后代享有同等的就业选择机会，在就业机会上也实行某种意义的竞争，这必将在推动农村经济发展的同时，也给城市经济带来巨大的活力，从而推动整个国民经济的发展。

农业机械化发展中的几个辩证关系*

孙琦厚

农业机械化是农业生产发展的必然趋势，是农业现代化的重要组成部分。实现农业机械化是技术、经济、社会等各方面发展的综合结果，要使农业机械化事业健康发展，必须正确认识和处理农业机械化发展过程中的各种辩证关系。

一、农业机械化与科学技术进步

农业机械是现代化的生产手段，实现农业机械化的过程，是用先进技术装备武装农业的过程。因此，农业机械化的发展与科学技术的进步有密切关系。

（一）实现农业机械化，首先要有一套适用的农业机械

适用的农业机械是实现农业机械化的技术前提，有了适用的农业机械不一定能实现机械化，但没有适用的农业机械就无法实现机械化。从历史上看，农业机械化比工业机械化晚了一个多世纪，一个重要原因就是在一个较长的时间里没有找到一种适合农业的机械动力。18世纪工业上已广泛应用蒸汽机，促进了工业机械化的迅速发展。但蒸汽机不适合田间的移动作业，蒸汽拖拉机没有得到广泛推广。随着热力学的发展，19世纪末发明了内燃机，农业才找到了一种适用的机械动力。20世纪初通用型内燃拖拉机的问世，为农业机械化奠定了技术基础。从这时起，农业机械化才得以真正开始。

有了动力机，还必须有工作机。某些环节上的工作机没研制出来，这些环节就不能实现机械化。而且，农业机械的地域性很强，在一个地区适用的农业机械，到另一个地区就不一定适用。日本在农业机械化初期从欧美引进一些大型农业机械，但因日本农户耕地面积都比较小，只一两公顷，而且还多是水田，大型农业机械用不上。他们根据本国特点研制出一套适合本国特点的小型农业机械，才为日本迅速实现农业机械化创造了条件。如果没有水稻插秧机的研制成功并同工厂化育秧相结合，是实现不了水田机械化的。

我国农业机械化事业虽然已经进行了三十多年，但农业机械的配套补缺工作仍很迫切。过去片面强调种植业机械化，忽视了畜牧机械、渔业机械、林业机械以及其他各种加工机械的研制，这些方面缺门很多。就是在种植业中，机具不配套、缺门多的问题也很严重。北方农村一般只能机耕机耙，机播数量很少，中耕和收获机械还没有过关。南方一般是牛耕机整，排水植保机械化稍好一点。但劳动强度最大。费工最多的插秧和收获还没有合适的机械。随着农村经济的发展，

* 原载《农林辩证法》1985年第2期。

农民对各种农业机械的要求会日益迫切，矛盾将会更加突出。如果现在不引起有关部门的高度重视，组织力量，协同作战，过几年之后，工作就会更加被动。当经济上迫切要求实现机械化时，可能因技术上的问题没解决而拖延农业机械化的进程。

（二）依靠科学技术提高经济效益

农业机械是生产手段。实现机械化是为了发展生产，提高经济效益。农业机械推广和使用的程度、农业机械化的生命力，都决定于它的经济效益的大小。

要提高经济效益，就要不断提高农机产品的性能。因为产品的性能是经济效益的基础。如果产品的性能落后，耗能高，无故障时间短，就不可能有较高的经济效益。我国农业机械化的经济效益低，很重要的一条原因就是农机产品性能落后，质量差。50年代，我们仿制了一些国外三四十年代的产品。这些产品人家都淘汰了，我们还在用。60～70年代，我们靠群众运动一哄而起制造了很多农业机械，这些产品多是边设计边生产，产品没有经过严格的试验和鉴定，型号杂，耗油高，不安全的问题普遍存在。使用这样的产品怎能提高经济效益呢?

随着科学技术的进步，农机产品不断更新换代。新产品在经济性、可靠性、安全性方面都有明显进步。例如，现在柴油机上广泛采用直喷式燃烧室比分开式燃烧室降低油耗8%～15%，用微处理机控制的汽油发动机，可使燃油费用下降5%～25%。在国外已经达到相当完善程度的精量播种机，不仅可节省种子，而且可以不间苗。因此，我们必须重视农机产品的更新换代。机械工业部门能否提供新型、优质、低能耗、物美价廉的农机产品，是影响农业机械化发展的关键性制约因素。

要提高经济效益，还必须培养农机人才，提高农民的科学技术水平。有了性能好的技术装备，还必须有懂科学，有技术的人才去管理好，使用好，维修好，充分发挥技术装备的经济效益。农机人员的科学技术水平高不高，机器维修得好不好，经济效益相差很大。根据1978年的材料，拖拉机年作业量，有的达到每马力300多标准亩，有很多拖拉机每马力还完不成100个标准亩，每标准亩的机械作业的三项成本（油料费、维修费、管理费），有的仅三四角钱，有的则高达一元以上；每标准亩耗油，有的0.5千克左右，有的则1千克以上。

我国农民文化水平较低，过去对农机人才的培养重视不够，结果合格的农机人才严重缺乏。据1978年统计，每台拖拉机的驾驶员不到两人，其中有1/4是无证驾驶。不少驾驶员达不到“三懂四会”的要求（懂机械的构造原理，懂机务管理规章，懂农业生产技术；会操作，会保养，会排除故障，会农田作业）。拖拉机完好率很低，大中型拖拉机的完好率只有70%左右，不少地方在50%以下。现在户营农机迅猛发展，新机手大量增加，不少人没有经过系统的培训。由于农民有了经营农业机械的自主权，机械利用率高了，但机械的技术状态差了。拖拉机功率下降、耗油上升的情况比较严重。长此下去，不但浪费能源，缩短机械寿命，影响社会效益，而且提高成本，影响农机专业户的经济放益。为此，必须加强技术培训工作。

农业机械化的科研和教育工作是实现农业机械化的先行工作。先走一步，为了建立必要的技术储备。有人以为农业机械简单，容易研制，似乎没有必要先走一步。其实，研制农业机械，在技术上的难度一般比其他通用机械要大得多。因为农业机械的作业对象是有生命的物体，往往要求机械能作出像人手那样灵巧的复杂动作，工艺要求高；农业机械多在田间进行露天作业，工作条件很差，与室内机械相比有许多特殊要求；农业机械的使用有季节性，利用率不高，成本不能太高。既要完成复杂动作，又要结构简单，成本低，因而难度很大。如果不及早动手作好准备，大量需要时再搞就来不及了。同样人才的培养也是长期的工作。过去我们轻视技术和技术人才，不注意农业机械化的科学研究和教育工作，这是农业机械化经济效益不高的一个重要原因。

二、农业机械化与经济发展

农业机械化不仅是个技术问题，而且是个经济问题。过去我们曾认为，有了拖拉机和其他农业机械就可以实现农业机械化。因此，在70年代到处大办拖拉机厂和其他农机厂，以保证1980年基本上实现农业机械化。农机总动力由1970年的2 944万马力猛增到1980年的两亿马力。结果大部分作业还靠手工劳动，离基本实现农业机械化还相差很远。实践证明，农业机械化的发展和经济发展有密切联系。

农业机械化的发展，要以工业和农村商品生产的一定发展为条件。农业机械化的发展，反过来，又促进工业和农村商品生产的进一步发展，促进整个国民经济的全面繁荣，这就是农业机械化和经济发展之间的辩证关系。

实现农业机械化，首先就遇到两个突出问题：一个是购买农业机械的资金从哪里来；一个是节余下来的劳动力往哪里去。这两个问题的解决要以工业和农村商品生产的一定发展为前提。

传统农业是自给自足的经济。农民种地主要为了自己一家大小的生活。很少一点农产品可用来进行交换，换回一些简单的农具和其他日用品，农民手中没有多少现金。但农业机械都是比较复杂的技术装备，购买它需要筹集一大笔资金。这在商品生产没有一定发展的情况下是困难的。即使通过借款能筹集到资金，但这些资金从根本上来说是要靠出售农产品来偿还的。因此，农民一般是不敢贸然购买农业机械的。

农业机械最主要的作用是提高劳动生产率，于是就产生了多余劳动力的出路问题。如果被机器代替下来的劳动力没有出路，不能到别的地方挣钱，或挣的钱不足以补偿由于使用机械而引起的生产成本的提高，那农民就不会使用农业机械。要解决多余劳动力的出路问题，就要求工业和其他事业有一定发展，西方资本主义国家都是由于城市工业和其他事业的迅速发展，需要大量的劳动力，因此，农村劳动力大批进城，造成农业劳动力的短缺，才促使农业机械化迅速发展的。我国10亿人口8亿农民，农民不可能大批进城。只有农村的多种经营和乡镇企业有了一定发展，大量农村劳动力从事多种经营和乡镇工业和其他事业，才会迫切要求农业机械化。

过去我们片面强调劳动力归田，不注意发展多种经营和商品生产，把8亿农民紧紧地束缚在不到20亿亩的耕地上。解放后，土地几乎没有增加，而农村劳动力却翻了一番，在这种情况下农业机械化是不可能迅速发展的。即使国家出钱买机器，农民也用不起。很多机械化水平高的地方，农民的经济收入反而很低。农业机械的拥有量达到了国际水平，但劳动生产率却相差很远。

人们往往以为人均耕地的多少和生产规模的大小是制约农业机械化发展的决定因素，实际上，制约农业机械化发展的决定性因素是经济发展的水平。工业发达国家，有的人少地多，有的人多地少，有的是规模较大的农场，有的是规模很小的农户，他们都实现了农业机械化。在我国沿海和经济发达地区，虽然人多地少，但农村商品经济比较发达，劳动力结构正在急剧变化。有的地方由于出现了劳动力缺乏、耕地荒废、大量雇用外地劳动力的现象，因而对农业机械化的要求很紧迫，农业机械化已经达到了很高水平。相反，有些经济落后地区，虽然人少地多，农业机械化的发展却比较缓慢。我国人多地少要不要机械化的问题，一直有争议。特别是实行生产责任制后，更有人担心生产规模变小，农业机械化没前途了。近几年农机具发展速度很快，农机总动力由1978年的1.6亿马力增加到1984年的2.65亿马力。6年增长1亿多马力，年递增率为8.8%。这说明随着农村经济的发展农业机械化发展的前程广阔。

马克思说："超越劳动者个人需要的农业劳动生产率，是一切社会的基础"。这是一条千真万确的真理。民以食为天，只有吃饱了饭，才能从事各种活动，只有农业劳动生产率提高了，才可能抽出大批劳动力发展工业和其他事业。由于农业机械化大幅度地提高农业劳动生产率，因此使国家的劳动力结构和产业结构发生重大变化。例如，美国在 1820 年 70%的劳动力从事农业。到 1900 年从事农业生产的劳动力下降到 40%，而现在只有 3%的劳动力搞农业。现在第三产业的人数已占总人数的 70%，相当于 1820 年束缚在土地上的劳动力在总人口中所占的比例。在工业发达国家，农业人口一般都在 10%以下。由多数人搞农业，变成少数人搞农业，这是国家经济发达，人民生活富裕的重要标志，是农业发展的一个历史性的进步。从事农业人数的减少是在农业生产量不断增长的情况下发生的。如 20 世纪 20 年代后，美国农业人口显著减少，而农产品大幅度增加。1925 年小麦总产 6.69 亿蒲式耳，1980 年增加到 24 亿蒲式耳。从而农民收入显著增加，1950 年美国农民平均收入 840 美元，1980 年就达到 6 553 美元。3%的人搞农业就能养活美国全体居民，因而使居民购买食品的费用在居民的收入中所占的比例很小，只有百分之十几。显然，没有农业机械化，美国是做不到这一点的。我们国家要经济发展，人民富裕也必须改变多数搞饭吃的局面。否则人民永远富裕不起来。

农业机械化的发展要以农村商品生产的一定发展为前提，它反过来又进一步促进农村商品生产。当农民认为购买农业机械有利可图决心购买农业机械时，他已经把自己当作商品生产者了。生产什么？生产多少？不再从自己的家庭需要出发，而以市场需要为转移。农业机械的使用，要求一定的生产规模，一般说来，规模越大，越经济。农业机械的使用，还要求农业生产专业化。因为农业机械都比较贵，为了提高投资效益，降低成本，必须尽量减少农业机械的数量和种类，这只有实行专业化生产才能做到。因此，发达国家的农业生产都高度专业化了。一个农场只种植一两种作物，一个畜牧场只完成畜禽繁育、饲养过程中的某些工序。原来由农场完成的工作，逐步分离出来，形成独立的生产部门。如良种的生产和供应，化肥和农药的使用，人工灌溉，农畜产品的加工、储运、销售等都由专业公司来经营。由于生产规模的适当扩大和专业化生产的发展，大大促进了商品生产的发展。工业发达国家，农业生产高度商品化了，几乎全部农产品都成了商品。在我国，农业机械化的发展也定会促进农村产业结构的调整和农村经济商品化。

三、农业机械化和生物技术现代化

农业机械化和生物技术现代化是对农业进行技术改造的两个重要方面。农业机械化是用现代化的生产手段装备农业。生物技术现代化是根据生物学和生态学规律，利用现代科学技术，为农业生物生长发育和制成多种生物制品创造良好条件。

农业生产是生物再生产的过程。要提高农业生物的产量，不仅要有转化能力强、抗性强的优良品种，而且要适时地供应生物需要的各种营养物质，创造生物生长发育良好的环境条件。这些都是生物技术要解决的问题。生物技术对增加农业生物的产量有直接作用，是农业生产技术的核心，是机械技术和其他工程技术所不能代替的。但生物技术不能自我实现，必须依赖一定的生产手段。生产手段不同，生物技术实现的程度不同，从而生物技术发挥的效益也就不同。例如，化肥撒施与机械深施相比，肥效降低一半。机械化是实现生物技术现代化的先进手段。许多现代化的生物技术，离开机械化就很难实现，尤其是很难大面积推广。因此，农业机械化和生物技术现代化有密切联系。

农业机械化和生物技术现代化性质和作用不同，要求的条件也不一样，在进行农业技术改造时，可以有先有后，有所侧重。美国在 20 世纪初，生物学的研究进展比较缓慢，化学工业也不

很发达，因此，美国首先发展农业机械化。30年代后期，杂交玉米等优良品种培育成功并大面积推广，美国才重视生物技术，大量施用化肥、农药、除草剂。农业机械化和生物技术现代化相结合，使农业生产达到了一个新的水平。日本明治维新初期，工业不发达，田块小，大型农业机械用不上，他们就从改良品种施用化肥入手提高单位面积产量。1880年开始建立化肥工业，1922年化肥用量就达到77万吨，平均每亩施用量相当于美国1957年的水平。直到第二次世界大战结束，农村用的机器还廖廖无几。到60年代，工业发展更快了，需要从农村转移更多劳动力：人民生活提高了，也想减轻过重的农业劳动。于是农业机械化出现高潮，短短几年就实现了农业机械化，出现了农业机械化和生物技术现代化结合发展的新局面。德国情况与美、日不同，它人多地少，但工业发达。不仅机械工业发达，化学工业也处于领先地位，因此，德国的农业机械化和生物技术现代化一开始就是结合进行的，而且两者相互促进，效果比较好。

在农业技术改造中，像美国和日本曾出现过的那种“单科独进”现象，是在特定历史条件下形成的。在机械技术和生物技术都有了高度发展的今天，在具备了一定工业基础的国家和地区，农业机械化和生物技术现代化已不是谁先谁后的问题，而是如何结合发展的问题。只有结合发展，才能取得更大的经济效益。我们的情况已经与美国和日本当时情况不同，不应再讨论谁先谁后的问题了。

为了使农业机械化和生物技术现代化很好结合起来，第一，机械技术的发展要以生物技术为基础。农业机械的设计、制造、使用、推广，都要从满足生物技术的要求出发，达到增产增收的目的。农业机械化的科研工作应该选择那些技术上比较成熟而又具备了推广应用条件的生物技术，作为技术开发的重点，尽快研制出推广应用这些生物技术的机械来，使这些生物技术尽快在生产中发挥更大效益。第二，研究生物技术时也要考虑到便于农业机械运用的问题，只有这样生物技术才能使用机械化的生产手段。美国解决西红柿收获问题就是从培育品种和研制机械两个方面着手进行的。由于培育出一种果实几乎同时成熟而又经得起机器摆弄的新品种，才顺利地解决了西红柿的机械收获问题。日本改革了传统育秧技术，实行了工厂化育秧，才解决了水稻插秧机械化问题。因此，有些技术需要搞农艺的和搞机械的合作才能解决。

三十多年来，我国的农业机械化事业取得了很大成就。但同全国人民作出的巨大努力相比，经济效益不高，农民得到的实惠不大，有很多经验教训。从指导思想上来说，最根本的是没有正确认识和处理农业机械化发展中上述几个方面的辩证关系。十一届三中全会后，对农业机械化的经营管理体制进行了改革，出现了农民自主办机械化的热潮。但是，现在还不能说对我国农业机械化的道路已经认识很清楚了，仍需要继续研究和探讨农业机械化发展中的各种辩证关系，以使我国农业机械化事业持续、健康、稳定的向前发展。

农业的未来研究*

孙琦厚

现在，世界上存在着人口增长过快，食物和能源短缺，环境污染，生态平衡破坏等重大问题。这些问题和农业的未来发展息息相关。未来农业发展的前景如何？人类能否解决人口、粮食、能源、生态等问题？如何解决这些问题？引起了未来学家的高度重视，农业的未来研究成了未来学家研究的重要课题。

在农业的未来研究中，出现了不同的观点。概括地说，有的乐观，有的悲观。本文想对农业未来研究中的某些观点作些介绍和评述，谈谈作者的一些粗浅看法。

一、农业发展问题上的悲观派

对于世界农业的发展前景，有一种悲观的观点。他们的观点主要是：

1. 生产的增长赶不上人口增长的需要。在他们看来，世界人口按几何级数增长，每30～50年，世界人口就翻一番。粮食生产的增加，不可能赶上世界人口增长的需要。

2. 生产的增长必将导致资源危机。在他们看来，即使粮食生产能够大体上跟上人口增长的速度，人口和生产同时增长，也必然给人类带来灾难。因为要使农业生产也像人口那样，按照几何级数增加，就必须大量施用化肥、农药，向土地投入更多的其他无机物和无机能。其结果就是资源枯竭，环境严重污染。

因此，悲观派认为，在30～50年内，矿产资源将会耗尽，粮食增产将会终止，环境污染将会无法消除。为了避免这种灾难，他们建议急剧缩减人口和生产的增长速度，使其仅仅维持简单再生产的水平，实现所谓零增长。

悲观派联系人口增长论述粮食危机、资源危机和生态危机，使这些问题在世界范围内成为具有现实感的紧迫问题，引起了人们的高度重视，在世界范围内产生了很大影响。从这个意义上讲，是有积极作用的。但是，他们的观点是值得商榷的。

（一）世界人口的增长率不可避免地会下降

从工业革命到现在，世界人口迅猛增长，不到35年就翻一番。如果这个趋势不断地发展下去，看来很清楚，只能导致灾难。但是，如果我们在一个更长的历史时期里考察人口的增长，就会发现，在工业革命前，人口增长极为缓慢。例如，从耶稣诞生到16世纪末，欧洲的人口仅增加了一倍，一个世纪的增长率还不到5%。那时出生率很高，大约每年4%，但是，由于战争、

* 原载《北京农业工程大学学报》（社科版）1985年第2期。

饥荒、瘟疫、洪水和其他自然灾害的影响，死亡率也很高，出生率和死亡率接近，因此，人口增长十分缓慢。随着机器大工业的发展，劳动生产率大幅度提高。经济发展了，生活水平和卫生状况得到很大改善，从而死亡率大幅度下降。但由于养儿防老、多子多福的传统观念的影响，在一段时期里，出生率仍很高，因此，就表现为人口迅猛增长。当经济发展到一定程度之后，养儿防老的价值在下降。同时，由于孩子在学校接受教育的时间延长，养儿育女费用显著增加，于是人们的生儿育女的观念也在改变，做父母的不想再多生孩子，结果出生率下降。当出生率下降到再次和死亡率接近时，人口的增长就会稳定下来。事实上，现在发达国家的人口增长率都在下降，一些发展中国家也出现了下降的苗头。据统计，在60年代已有15个发展中国家出生率下降。因此，世界人口增长率下降是不可避免的。这种下降并不是由于食物不足物质缺乏造成的，而是经济发展，生活富裕的结果。

（二）粮食的增长速度有可能赶上和超过人口的增长速度

虽然我们预期世界人口的增长率会下降，但现在仍很高，大约2.5%。即使增长率下降，由于基数不断增加，在一定时期里，每年绝对增长的人数还会增长。能否使正在增长中的世界人口维持目前很低的消费水平，甚至吃得更好一点呢？我们认为是可能的。

1. 农业生产比较高的增长率过去就有过。在过去一百年中，工业发达国家的农业，由于实现了现代化，大幅度提高了单位面积产量和总产量，农业生产发展很快，甚至4%以上的增长率都出现过。美国1971—1975年，粮食单位面积产量比1941—1945年增长80%。同一时期，小麦总产量增加90%，玉米产量增加2.8倍。苏联在1971—1974年单位面积产量比1946—1950年增加79%，谷物产量增加两倍。在展望未来农业发展前景时，我们不能忽视过去一百年中农业的惊人进步。

2. 发展中国家农业生产有很大潜力。能否解决世界人口的吃饭问题，关键是发展中国家。发展中国家人口多，农业生产落后，这些国家的吃饭问题解决了，全世界的吃饭问题也就解决了。发展中国家的农业生产潜力还大不大呢？悲观派认为，好田都耕种了，增加肥沃的土地和水利资源越来越困难，农业生产的潜力已经不大。但情况并非如此，我们不应忘记，土地只有经过开发才能变成肥沃的良田。现有的耕地，如果仍处在原来的生荒状态，它也不会有很高的生产力。水利资源，包括打井取水，积存雨水、更好地利用河水、净化废水等，也需要开发。事实上，在发展中国家，对土地和水利资源的开发程度都很低。不仅有很多生荒地，而且还有很多贫瘠的土地，不少河流等水利资源还未开发，在这些方面的潜力还很大。在比较贫瘠的土地上增施化肥，兴修水利，增产效果特别明显。

3. 发展中国家经济发展可能是很快的。诚然，开发土地和水利资源，增施化肥和购置农业机械，都需要大量资金。资金问题发展中国家能解决吗？我们说能。因为当前的经济发展，正像《大趋势》的作者约翰·奈斯比特所指出的那样，正从一国经济向世界经济转化。在这种形势下，各国相互依赖，在彼此的领土上工作和投资的机会增多，发展中国家可以利用发达国家经济发展缓慢并不断出现衰退的机会，引进技术和资金，引进人才，发展自己，培养自己的科技力量。现在已有若干个发展中国家进入经济发展的兴盛期，这就预示着发展中国家的经济发展可能是很快的。

4. 科学技术是不断发展的。悲观派认为，生产的不断增长，必然导致资源枯竭、环境恶化，这是忽视科学技术作用的表现。地球上的资源，既是有限的，又是无限的。说它有限，是说在一定科学技术条件下，有用的物质，或物质的有用性质，是有限的。说它无限，是说原来无用的物质或物质的无用属性，随着科学技术的发展，可能变成有用的。例如，现在用的矿物燃料是有限的，越用越少，总有一天会枯竭，但是能作为能源用的物质是无限的，今天还不能作为能源用的物质，在一定的经济和技术条件下，就可能成为能源物质。因此，认为生产的发展必然会发生资源危机和生态危机是没有根据的。

总之，农业发展的前景是光明的，粮食的供应正在向着终于会充足的方向发展，悲观是没有根据的。当然，在一个很长的时期内，农业生产的发展也是不平衡的。有些国家和地区农业生产发展得快些，有些国家和地区农业生产发展可能很慢。我们说粮食生产增长的速度有可能赶上甚至超过人口增长的速度，并不是每个国家和地区都能很快做到这一点。

二、未来农业的几种设想

现代农业存在着耗能多、污染重、破坏生态等严重问题。为了解决这些问题，人们从不同角度提出了各种设想。

（一）有机农业

发达国家实现工业化农业时，往往只重视从外部向农业投入化肥、农药、农业机械等无机物和无机能，忽视农业内部物质和能量的充分利用，结果出现了能源、污染、生态等问题，针对这种情况，有人提出有机农业的概念，认为未来农业应该是有机农业。

所谓有机农业，是一种完全不用或基本不用人工合成的化肥、农药、生物生长剂和饲料添加剂的生产制度。农田所需要的氮素主要靠豆科牧草或作物固定；磷、钾则靠植物本身的再利用；采用生物方法防治病虫害。其实传统农业就是有机农业。它以人畜力为主要动力，用简单的手工工具进行各种作业，不需要燃油和农业机械；它用轮作，绿肥和其他有机肥料维持地力，不用化肥；它用轮作和其他生物方法防治病虫害，不用农药。当然，现在倡导的有机农业同传统的有机农业不完全一样。它虽然反对施用化肥、农药及其他人工合成的产品，但并不反对采用其他新技术，如选育和推广优良品种等。

只注意从外部向农业投入无机物和无机能，忽视农业内部物质和能量的充分利用，这是一种片面性。同样，只重视生物措施和农业内部物质的循环和能量转换，轻视化肥的投入、水利的兴建、机械的利用，也是一种片面性。两者应该结合起来才对，不能强调一个方面，忽视另一个方面。

应该看到，适量地投入化肥、农药、农业机械，是发展农业生产乃至整个国民经济必不可少的。这是因为：第一，民以食为天，农业是整个国民经济的基础。只有不断改革生产工具，实现机械化，才能大幅度提高农业劳动生产率，从而转移出大批劳动力去发展工业、商业和其他各项事业，促进整个国民经济的发展。否则就不可能改变多数人搞饭吃的贫穷局面。第二，农业不是封闭系统。随着城市人口的增加和工业的发展，大量农产品外运，这些来自土壤的东西，全部或大部不能还之于土；作物秸秆，有的烧了，有的喂牲畜了，也不会全部返回土壤。农业内部物质循环和能量转化有损失。损失的东西必须补上才能维持简单再生产，而要提高产量还得补得多一点。因此，施用化肥是增加农业生产不可少的。现在，化肥、农药、农业机械是重要的增产措施，还没有更经济更有效的措施来代替它们。在这种条件下，反对适度地投入化肥、农药、农业机械等无机物和无机能，是一种不切实际的幻想。

在美国有人设想，农场用马作动力以节省燃料，把食品生产放在有机肥料的立足点上，“戒

掉”使用化肥和农药的习惯。美国农业部的一位专家说，这些想法虽然很吸引人，但它的黄金时代早已过去，而且是一去不复返了。他指出，用马作动力，要维持目前美国的农业生产就需要6 100万匹马和3 100万农场工人。而现在只有300万匹马和440万农业劳动者。且不说用300万匹马短期内不可能繁育出6 100万匹马，要养活这么庞大一群役畜就需要十亿亩好地供应饲草和饲料，这意味着大幅度减少生产食品和纤维的农田。另外，要把2 600万劳动力从城市转到农村，从其他行业转向农业，也是一件很伤脑筋的事。这位专家的意见是很有道理的。片面鼓吹有机农业，实际上是走回头路，阻碍从传统农业向现代农业转化。

（二）生态农业

现代农业带来环境污染和生态平衡破坏等问题，引起了人们对生态问题的高度重视。60年代，欧美一些国家就进行农业生态系统的研究工作。近十年来，菲律宾、印度等一些第三世界国家也相继开展了生态农业的试验，并取得了比较大的进展。

生态农业是以生态学原理为指导思想的农业。根据生态学原理，绿色植物、草食动物和肉食动物之间存在着生态上的食物链，即食和捕食的关系，并且在量上有一定的比例。种植业、畜牧业、林业、水产业之间也存在着物质上的循环和能量上的转化。森林给农田涵养水源，保持水土，调节雨量，改善气候，保护和养育益虫、益鸟、益兽；畜牧业为农业提供有机肥、改善土壤的物质构成；人畜呼出的和微生物分解有机物质生成的二氧化碳，又是农田生物的营养物质；而作物茎秆和一部分粮食又可用来发展畜牧业。因此，生态农业的指导思想就是按照食物链及其量的比例安排农业生产，充分利用人畜粪便和各种生产消费中产生有机废物，靠农业内部的物质循环和能量转化，形成有利于社会的生态平衡。

生态农业有以下几个特点：

1. 它运用生态学原理，因地制宜地开发、利用和管理自然资源，宜农则农、宜林则林、宜牧则牧，不做那种毁林开荒、围湖造田，毁草开垦等违背生态学原理，破坏生态平衡的蠢事。

2. 它采取不同的技术措施，提高太阳能的利用率和废物的再循环率，建立一个生物种类较多，食物链比较健全，物质和能量循环比较快的农业生态系统，使农、林、牧、副、渔全面发展。

3. 它利用自然资源时，注意不超过资源的再生能力，避免造成恶性循环；采取有取有补的原则，维护生态平衡；抚育和增殖自然资源，形成良性循环。

4. 它既从生态平衡的观点去考虑经济发展速度，在保持良好的生态环境的条件下发展农业生产，不为追求一时的高速度而破坏生态平衡；又要根据经济增长的目标去调节生态平衡，建立新的生态平衡，从实现经济发展的总目标出发，去规划生态农业的发展。

生态农业是一种新的发展农业的指导思想。这个新思想具体表现在以下几个方面：

1. 它冲破了狭义农业的界限。长期以来，人们习惯于只把种植业看作农业，把农业生产局限于耕地上。从生态学的观点来看，种植业、畜牧业、林业、水产业是一个有机整体，它们之间相互促进，相互制约。农业不能只着眼于种植业，而需要农林牧渔全面发展。生态农业实质上是广义农业。

2. 它克服了不注意生态效益的片面观点。过去经营农业比较注意社会效益和经济效益，一是尽量满足社会对各种农产品的需求，二是尽量增加农民收入，使农民尽快富裕起来。但对生态效益，即生态环境应该越来越好重视不够。其结果像恩格斯早已指出的那样，受到自然界的报复。如美国曾发生过的黑风暴和我国某些地区生态失调、资源骤减的困境。生态农业就不能仅仅考虑社会效益和经济效益。还必须考虑生态效益，必须在合理利用自然资源，保持良好环境的前提下搞农业。

3. 充分利用光合作用及其产物。绿色植物通过光合作用固定太阳能，是人类社会赖以生存和发展的物质和能源的主要来源。广义种植业，包括植树种草，是农业的基础。只有植物产品丰富，养殖业和农产品加工业才能迅速发展。因此，农业生产首先要尽可能用绿色植物把大地覆盖起来，并采取各种技术措施，提高绿色植物的生产量。其次是按照食物链和加工链（农产品加工顺序），尽量加入中间环节，多次利用，多次增值，提高经济效益。

生态农业的提出，对指导当前农业生产的发展，具有重要意义。但是，有些主张生态农业的人，也像有机农业倡导的那样，轻视化肥的投入和机械的利用。例如，有人说："生态农业的理想是建立一个没有输入的农业，因为植物可以利用取之不尽的太阳能和二氧化碳，源源不断地输出有机产品……未来农业的象征是耕牛，是无色的粪肥（沼气水），是遍布在农田中的金色小蜂（意指生物杀虫）"。这样，就使生态农业也同有机农业一样，出现了片面性。其实，生态农业并不排斥从外部向农业投入工业品，相反，它要求这样做。生态平衡是动态的，是不断变化的。农业生态系统是人工生态系统，它加进了人的劳动和干预，跟纯粹的自然生态系统不同。为了实现一定的经济目的，要主动地积极地调整生态平衡，建立新的生态平衡，这就包括使用化肥、农药、机械等技术措施。离开这些技术措施，就无法建立高效的人工生态系统。生态农业是有机农业与无机农业相结合的综合体，是物质和能量循环不已并不断扩大的良性循环的农业。

（三）工业化后农业

当前，世界上出现了新的技术革命高潮。人们从新技术革命的信息中，看到遗传工程、微电子技术、新能源技术的兴起和发展，为解决现代农业中存在的能源、污染、生态等问题开辟了新道路，展现了光明前景。例如，如果用遗传工程解决了生物固氮问题，就可以大幅度地减少化肥施用量。因此，人们认为未来农业是以生物工程、微型电路、新能源等新兴技术为基础的农业。这种农业应该叫什么名字，学术界还没有一致的意见。西方一些学者看到新技术革命将带来巨大的社会变革，提出了后工业社会的概念。认为以这次新技术革命的科技成果为基础的社会，已经不同于现在的工业社会，应该叫后工业社会。与此相联系，以生物工程等新技术为基础的农业，也不同于现在的工业化农业，应该叫工业化后农业。

工业化后农业的指导思想，同有机农业和生态农业有明显的不同。

有机农业的倡导者，看到工业化农业存在的一些问题，就不加分析地反对从外部向农业投入无机的物质和能量，完全否定工业化农业所采取的各项技术措施。他们的主张是以传统农业的技术为基础的。

生态农业的倡导者，从现有的农业技术出发，提出了一系列克服工业化农业弊端的技术措施。例如，增施有机肥，使有机农业和无机农业相结合；研究生物防治病虫害的方法，使化学防治和生物防治相结合；保护和鼓励家庭农场，增加小农场的活力；实行综合经营，使农林牧副渔全面发展；等等。这些措施在一定程度上解决或缓和了工业化农业存在的主要问题，对减少环境污染，改善农业的生态环境等有重要作用。在现代技术条件下，这些措施都是切实可行的。但是，它不能从根本上解决农业依靠化肥，依靠石油的局面。

工业化后农业的提出者，着眼于未来，以正在兴起的新技术为基础，有可能从根本上解决农业上存在的能源、污染等问题。这就为未来农业的发展指明了方向，唤起人们对生物工程等新兴技术的高度重视，加快开发生物工程等新技术的步伐。因此，工业化后农业概念的提出，是有积

极意义的。但是这些新技术大都处于实验研究阶段。要具体地谈论工业化后农业如何发展，有哪些具体特点，现在还为时过早。

有人提出，“新的技术革命将给我国农业现代化带来前所未有的好时机，我国农业现代化可以利用这时机跳过发达国家农业现代化所走过的工业化农业的石油农业阶段，而直接利用新的技术革命的科学技术成果，直接向以生物工程、微型电路和新型材料为基础的工业化后农业过渡，缩小我们同发达国家在农业中的差距，迎头赶上世界农业的先进水平，走在世界现代农业的前列”。这种愿望当然很好，但不现实。因为能够从根本上改变农业依靠石油局面的那些关键性的技术，如生物固氮等，都还处于实验研究阶段，现在还无法确定它对农业生产产生影响的时间坐标。怎样可能现在就把农业生产转移到以生物工程等新技术为基础的轨道上呢？过渡到工业化后农业，现在条件还不成熟。

三、现代农业发展的基本趋势

农业未来研究的目的是根据当前农业发展的现状和问题、科学技术发展的水平和潜力去预测农业的未来发展，把握农业发展的基本趋势。现代农业发展的基本趋势是什么呢？

（一）技术科学化，生物技术占有越来越重要的地位

农业技术是古老技术，有一万多年的历史。在古代和漫长的封建社会，自然科学不发达，农业技术只能以经验为基础，传统农业是经验农业。到了近现代，研究非生命运动的物理、化学等学科迅速发展，并且达到了比较成熟的程度，这些科学知识应用于农业生产，就产生了机械、化肥、农药等现代农业技术，使农业面貌发生了根本性的变化。但是，农业的劳动对象是各种有生命的有机体，这些有机体同周围环境存在着复杂的密切不可分的关系。对于农业技术来讲，物理、化学知识远远不够，它应该以生物科学为基础。由于生命运动是自然界中最复杂的运动形式。它本身还包括着各种低级运动形式，研究生命运动的科学即生物学，必须以非生命科学的高度发展为前提。因此，长期以来，生物学发展缓慢，一直处于定性的描述阶段，与此相适应，农业技术在很大程度上还以经验为基础。

20 世纪以来，一些化学家和物理学家用物理化学的最新理论成果和最先进的实验手段研究生物学，同生物学家一起揭开了生物遗传的秘密，建立了分子生物学，使生物学的发展进入了一个新阶段。分子生物学的建立，遗传工程的崛起，使农业生产有可能建立在生物工程的基础上，为彻底改变农业面貌开辟了新的道路。

目前，世界上出现了生物工程热，许多国家在积极研究生物工程。生物工程包括基因工程、细胞工程、酶工程和发酵工程，但是能够使农业技术发生革命性变革的主要是基因工程和细胞工程。在基因工程中，微生物基因工程已较成熟。利用大肠杆菌作工作菌，已经可以生产许多人类需要的珍贵药品，如胰岛素、兽用疫苗、生长激素、干扰素等。有些产品已经达到商品化生产阶段。植物基因工程难度较大，但关键技术已有突破，已经可以把外源基因或 DAN 导入植物，使之整和表达和遗传。这个成就就预示着可以通过植物基因工程培育抗性强的优良品种。用基因工程研究生物固氮的工作正在蓬勃发展，并且取得了一定成绩。已经可以将固氮基因转移到大肠杆菌中使大肠杆菌有了固氮作用。在细菌之间转移固氮基因已经成功。当然。人们最希望达到的目标是使谷类作物本身能固氮。现在离这个目标还有一定距离。

开发生物工程，进展可能较快，也可能较慢，但技术科学化，生物技术占有越来越重要的地

位，肯定是农业发展的一个基本趋势。

（二）能源多样化，再生能源逐步代替非再生能源

耗能多是现代农业存在的一个主要问题。例如，美国五百万台拖拉机每年要消耗360亿升燃油，其热值恰好与生产出来的食物中所含的热量相等。加上用于生产农用化工产品和农业机械，兴修水利等方面的能源消耗，则耗能更多。有人计算，发达国家每生产一个单位的食物能，大约要消耗五个单位的石油能。因此，有人把工业化农业叫作石油农业。

石油是不可再生的能源，越用越少，存在着枯竭的危险，而且还污染环境，破坏生态平衡。面对着严重的能源危机和生态危机，摆脱依赖石油的局面，成了农业发展的一个重要课题。人们以极大的热情寻找新能源，研究开发新能源的技术。

理想的新能源，一个是核聚变能，一个是太阳能。核聚变反应，释放的能量多，燃料储量丰富，一旦掌握了开发利用核聚变能的技术，人类将会有取之不尽用之不竭的新能源。因此，从20世纪40年代开始，开发核聚变能一直是新能源研究的重要课题。但是，这项研究工作还处于实验阶段，技术上还没有找到利用核聚变能的办法，在生产上大量利用核聚变能还是比较长远的事。太阳能是一种既干净又取之不尽的能源，现在只利用了很小部分。如果能更直接更有效地利用太阳能，能源问题就解决了。但是，太阳能有两个缺点，一是能流度低，利用它需要广大的空间；二是变动大，受阴天和夜晚的影响，利用它需要大的储能设备。因此，开发利用太阳能也有许多技术上和经济上的问题。

生物能、风能、海洋能等都是太阳能的转化形态，也是可再生能源。这些能源和太阳能一样，能流度低，地域性强，适合于分散使用。开发这些新能源的技术将首先应用在农业上。

目前，世界上已有许多直接利用太阳能的装置，数量大应用范围最广的是太阳能热水器和太阳灶。这些技术已比较成熟，可在农村推广。利用太阳能的理想方式还是发电。太阳能发电有三种形式：太阳热能发电、太阳光发电和宇宙发电。太阳热能发电，需要集热，传热蓄热、热交换、涡轮发电装置等装置，结构比较复杂。用太阳能电池直接把光能转化为电能，结构很简单，但现在生产的太阳能电池成本太高，农业上用不经济。科学家正在研究用非晶体制造太阳能电池。如果这项技术获得成功，太阳能电池成本将大幅度下降，看来太阳光发电可能是利用太阳能的理想形式。宇宙发电是把发电和输电装置装在卫星上，这样就可以消除阴天和夜间没阳光的限制。当然，技术更复杂了。

利用生物能，一是用有机质生产气体燃料，如沼气。一是用有机质生产液体燃料和酒精。生产沼气可以使作物秸秆、动物粪便、有机垃圾等得到充分利用，是解决农村能源和肥源的一条重要途径。这种技术已大量推广，有些国家已经生产燃料酒精，用它和汽油的混合液开动汽车。但现在还多用粮食生产燃料酒精，因此，经济上竞争力不强，当前粮食供应还很紧张，大量用粮食生产燃料酒精，必然会影响粮食供应，如能研究出有机废物生产酒精的方法，生物质作为能源将得到广泛地应用。

风能很早就被人类利用。随着煤和石油的大量开采，风能地位一度下降。能源危机的爆发，使人们重新对风能产生浓厚的兴趣。现在技术发展了，利用风能的主要方式是发电。现在中小型风力发电机组，已经投入了实际运转。在风力资源丰富而其他能源缺乏的地方，特别是没有通电的地区，很有推广价值。这种小型风力发电机组适合农村的多种经营。

根据新能源技术发展的现状和趋势，不难看出，能源多样化，再生能源逐步代替非再生能源是农业发展的第二个基本趋势。

（三）经营综合化，逐步形成各部门协调发展，良性循环的经济综合体

机械技术和生物技术的变革，必然引起管理技术的革命。在现代农业中，农业生产所使用的大部分生产资料不再由农业自身来生产，而是由工业来提供。机械化、化学化、水利化、电气化的程度越高，对工业的依赖程度也就越大。同时，许多原来由农场或农户完成的任务，逐渐分离出来，形成独立的生产部门。例如，灌溉、农畜产品的加工、储运、销售等都由专业公司和部门来经营。农产品已成为许多部门共同活动的结果。农场的生产已变得比较单纯。

这种专业化的生产，有利于扩大生产规模，采用先进技术，降低生产成本，提高商品率和劳动生产率。因此，在工业发达国家得到了普遍发展。现代化的农场一般只种植一两种作物。现代化的畜牧场一般只从事牲畜、家禽繁育过程中的部分环节。农业生产过程中的许多工作都由专业公司承担。这种专业化的生产在实践上也带来一些问题，主要是彼此独立的各专业化单位之间容易脱节。为了在分工的基础上进行更好的协作，出现了各专业化单位之间联合的趋势。也就是说，把生产前、生产中、生产后各个环节的专业化单位，在经济上、工艺上和组织上联合成一个经济综合体，使得这些单位在统一指挥下更好的分工协作，以便取得更加显著的经济效益。

这种以专业化为基础的综合化趋势，还受发展生态农业的推动。生态农业重视利用农业内部的物质和能量，重视农业内部各种力量的相互作用。它要求按照食物链和加工链尽量加入中间环节，使有机物多次利用，多次增值，以提高经济效益，这样作出的结果，必然加强农业生产综合化的趋势。

经营综合化，也就是农工商一体化。由于各国政治、经济、自然条件等不同，农工商一体化的组织形式也不一样，有的采用公司制或农工联合企业，有的采用合同制或合作制。但不管形式如何，它们都是农工商一体化的经济综合体。这种综合体已在经济发达的国家普遍出现。

世界农业的发展经过了原始农业、传统农业、工业化农业三个阶段。随着科学技术和社会经济的发展。农业将发展到一个新阶段。上述基本趋势就反映了农业新阶段的基本特点，代表了世界农业的发展方向。

农村新的经济组织形式的产生和发展*

——河南省开封地区的调查

冯宝林　刘敏言　谭向勇

随着联产承包制的普遍实行，农业生产迅速发展，我国广大农村出现了从中国实际情况出发的各种新的经济组织形式。诸如专业户、重点户，新的经济联合体以及服务公司等等。与此同时，也出现了雇工经营的经济组织。现根据我们1985年5月份在河南开封地区调查了解的情况，就这些问题谈点看法。

一、专业户和重点户

专业户、重点户是一个相对的概念，各地没有一个统一的标准。开封地区的标准是：专业户是全年人均纯收入在600元以上，从事专业的收入达到占总收入的70%以上的农户。重点户是人均年纯收入在400元以上，从事专业收入达到全年总收入的50%以上的农户，或者饲养大牲畜3头以上（种畜2头）以上；年交售商品猪5头以上；年交售商品羊20只以上；饲养蛋鸡50只以上且交售商品蛋500斤以上；年交售商品兔30只以上，养貂20只以上；养蜂20箱以上；年交售商品鱼500斤以上的农户。

从开封地区的情况看，两户的特点可以概括为小、专、商三个字。小，即以一个家庭为一个生产单位的小规模生产，也就是家庭经济的一种形式。专，即根据劳动者的特长和家庭可利用的各种资源条件，以一种或几种生产项目为主导生产部门，以其他生产项目为辅助生产部门，目前多为兼业户。商，即主要是从事商品性生产，目前多为商品性生产和自给性生产相结合。

开封地区“两户”的发展速度是比较快的。1982年6月份统计，“两户”只有11753户，仅占总农户的1%；到1983年3月份统计，已发展到10万户，占总农户的9.17%。“两户”的经营项目主要是养殖业和工副业，种植业方面的主要是经济作物。根据新郑县1983年3月份统计，在全县“两户”中，从事养殖业的占32%，从事工副业的占41.4%，从事种植业（主要是烟叶、棉花等经济作物）的仅占26.6%。这种情况反映了我国人多地少，且土地生产率低，因而种植业生产部门，特别是粮食生产部门的专业户、重点户所占比重较小。

“两户”的出现并不是偶然的。三中全会以来纠正了“左”的错误，放宽了农村经济政策，提出来“让一部分农民先富起来”的口号，为“两户”的产生和发展提供了政策的前提条件。实行家庭联产承包制，极大地调动了农民生产劳动的积极性和主动性，提高了劳动力利用率和劳动

---

* 原载农业部《经营管理》1985年第4期。

生产率，提高了土地生产率，增加了产量，提高了经济效益，增加了收入，为“两户”的产生和发展提供了劳力、资金和粮食、饲料、原料等方面的物质条件。农村商品流通市场的日益兴旺。为“两户”的产生和发展提供了产、供、销的市场条件。

在上述这些有利条件的综合作用下，在劳动力、技术、资金、经营管理以及利用资源方面处于比较优越地位的一些农户，首先发展起来，逐步发展成为专业户、重点户。从开封地区“两户”发展的实际情况看，凡是生产搞得好的，都是这些方面比一般农户有较多的优越条件。现就其中发挥作用较大的问题举例说明如下：

1. 劳力多，勤劳动。这是搞好“两户”生产，劳动致富的基本条件。例如，新郑县小乔公社荆洞大队党支部书记胡照林，全家8口人，6个劳力，1982年全家搞了农、林、牧、商、运输五个经营项目。合伙承包了24亩果园，纯收入1700元；联合承包汽车一部搞运输，纯收入1600元；家里养蜂14群，收入500元；养猪4头，收入600元；养蛋鸡70只，收入500元；儿媳搞代销店，收入500元；女儿在公社上班，收入400元；胡本人补贴及其他劳动收入760元。共收入7370元，人均924元。

2. 有文化，懂技术。目前农村的那些冒尖的专业户、重点户，主要是农村的能工巧匠、回乡知青、复转军人和队干部，他们之中许多人肯学习，有钻劲，很快掌握了某项生产的科学技术或创造出新技艺。这种智力和技术的优势是搞好“两户”生产，劳动致富的关键条件。例如杞县平城公社楚庄大队曹纪风，认真钻研科学技术，他家里订有《中国农民报》、《河南农民报》、《饲料研究》、《土壤肥料》、《农村科学》、《农业科技通讯》、《中国棉花》、《家畜传染病防治》等12种报刊杂志。他利用学到的科学知识，扩大饲料来源，进行科学饲养，1982年养猪24头，养鸡40只，卖给国家肥猪14头，鸡蛋500斤，收入4089元，饲料加工收入2400元，加上其他各项收入，全年纯收入达到7255元，人均1451元，现在他们家建起了饲料加工厂，他自己还在实践中摸索总结出一套家庭科学养猪法，很受周围群众欢迎。

3. 经营好，会管理。“两户”生产搞得好的，他们一般都能够认真领会党的政策精神，根据市场的需要，充分利用各种资源，因地制宜，灵活机动地安排生产，讲究经济效益，节省劳动消耗，因而能够取得较高的经济收入。例如开封县曲兴公社曲兴大队李风云，过去当过大队妇女主任、副业队长和生产队长，善经营，懂管理。她家现在有四轮拖拉机、打面机、碾米机、轧面条机、电动机、柴油机、缝纫机、锁边机等共24部。另外还承包20亩责任田，家里还养着猪、羊、兔等。她自己是一家之长，又是生产经营的组织者和领导者，大权独揽，小权分散，定期召开家庭会，研究和制定生产计划，解决生产经营中的各种困难和家庭成员之间的矛盾，全家14口人（其中夫妇，5个儿子，2个儿媳是主要劳动力）分工明确，各显其能，她自己带头大干，1982年全家农、工、副三项纯收入达2万元，人均1400多元。

“两户”的发展尽管在目前还是很低级的、很初步的，但它已开始显示了很好的经济优势，对整个农村经济发展起到了很大地推动作用。①有利于开发和利用自然资源，提高土地生产率、劳动生产率和资金生产率；②有利于充分发挥农民的聪明才智作用，为广大农民提供了施展聪明才智的很好经济组织形式，能够充分发挥农村的能人作用，有力促进广大农民学习科学技术；③有利于提高集约经营水平。可以在同样的经营范围内容纳较多的劳动力，可以充分地利用我国丰富的劳动力资源。新郑县八千公社路庄大队李福根，全家6口人，6个劳动力，承包的责任田，一个劳力就够了，剩余的5个劳力各尽所能搞副业。1982年，儿子磨豆腐收入1300元；老伴养10头猪收入1600元；3个女儿搞编织收入1200元；他自己养2头大牲畜收入560元，加上农业生产收入，全家共收入6496元，人均1083元；④有利于改变单一的生产结构，真正做到农林牧副渔全面发展。据新郑县对45户典型户的统计调查，1982年总收入中，粮食作物收入占20.3%，经济作物收入占13.5%，牧业收入占34.3%，副业收入占31.3%，林业收入占0.6%；⑤有利于促进我国农业生产向专业化、社会化、商品化方向发展，活跃城乡市场，增加城乡农副产品供应。例如养鸡生产商品率一般都在90%以上；⑥有利于一部分农民先富起来，为农民树立了勤劳致富的榜样。解放了人们的思想，打破了长期以来“穷”比“富”好的“左”倾思想束缚，使广大农民敢于致富，以富为荣，尽快地富裕起来。

“两户”的发展刚刚兴起，它的潜力是很大的。生命力是很强的。从它发展的趋势来看，可能要经历三个阶段：①联产承包和家庭自营经济相结合阶段。一方面进行承包生产，一方面从事家庭自营经济，家有承包田，户有小而专，但专业的重点不突出，不稳定，缺少先进的科学技术和经营管理办法，传统生产技术和传统经营管理经验还起着主导作用，劳动生产率和土地生产率都比较低。还处在发展的初级阶段。②进入重点经营阶段。在第一阶段的基础上，积蓄了生产技术力量，积累了生产资金和经营管理经验，逐步形成比较稳定的专业重点，一业为主，兼营其他。承包集体的生产项目所占比重越来越少，传统的生产技术和经营管理经验将被逐步突破，劳动生产率和土地生产率不断提高。③进入专业化生产阶段。家庭的劳动力、投资和生产技术主要用在某项生产上，基本上实现了生产专业化。离土不离乡的农户将越来越多。从整体上看，承包集体的生产项目所占比重很小，家庭的经济收入主要来自家庭自营的专业生产。先进的科学技术和先进的经营管理手段将得到普遍地推广应用。充分利用社会服务条件，实行集约经营，发展成为规模虽小，但内涵丰富，劳动生产率和土地生产率都很高的专业化、社会化、商品化的家庭经济。在这个基础上为了满足进一步扩大再生产和合理配置生产要素，以求获得最大经济效果的要求，单靠家庭经济的力量远远不够，劳动力、资金、技术和资源等生产要素都会显得不足。在这种情况下，根据经济运动本身的客观要求，将有越来越多的农民在自愿互利的基础上，逐步联合起来，把生产专业化推向一个规模大，水平高的新阶段。

二、新的经济联合体

随着家庭经济的发展，特别是“两户”的发展，一些农户在一些生产项目或环节上的一定程度和范围内的联合是一种必然的现象。这是经济规律的客观要求。目前，大家把各种形式的联合叫做“新的经济联合体”或“合作经济”。但对这个概念的外延和内涵的规定性还不是很明确统一的。开封地区对联合体的规定是：①有相对固定的组织；②有相当的规模（联合体年纯收入在300元以上）；③有一定的经济核算和分配办法。据1982年底的统计，全区已有新的经济联合体27 258个，参加联合体的农户达64 364户，占总农户的6%。其中：联合购买和使用牲口的7 955个；联合购买和使用农业机械的4 796个；联办水利的493个；联合植保的1 650个；联办农副产品加工的1 547个；联合烧砖瓦的1 037个；建筑业660个；服务业212个；工副业788个；运输业852个；商业339个；其他行业8 582个。

目前的联合体形式可以归纳为以下几种类型：

1. 一般农民自由结合的联合体。这是新的经济联合体的重要形式。各农户为了产生“集体力”，以获得最大的经济效益，在自愿互利的基础上组成的。一般是共同投资，共同购置生产资料，共同参加生产劳动，经营管理民主协商，自觉性从表面上看是建立在“传统信任”的基础上，但从经济关系的实质上看则是来自于每个人对自身经济利益的关心上。在分配上一般采用按劳分配和按劳与按股分配相结合两种办法。有些提取一定的扩大再生产积累，有些则当年收入基

本分光，下年所需的资金随时再兑。这样的联合体目前在工副业方面比较多。兰考县堌阳公社孔场大队，人多地少，实行联产承包制后，劳力剩余很多，有 15 户（8 个姓）社员自愿组织了一个木业联合体，利用木材公司下脚料加工木料电器用品。每户参加一个人，人一股（200 元），1981 年开始生产。当年纯收入 16 000 元，平均日工值 3.60 元；1982 年纯收入 19 000 多元，平均日工值 4.04 元；1983 年预计收入 20 000 元。另外他们还合伙买了两头大牲畜和一些农具，统一耕种 15 户、76 口人的 76 亩承包地。还买了一台磨面机，为大家磨面不收现金，而要一定量的麸皮作为大牲口的饲料。这个联合体实行统一经营，统一核算，统一分配。两名组长负责全面工作，有一名固定会计负责财务账目。记工每天三晌，晚上加班算半天。磨面和喂牲口的 3 个人，磨完面，喂完牲口就来干木活，都按同样的时间记工。大家都很自觉，都很团结，干劲很大。目前，这个联合体有固定资金 1 万多元，产品已销到陕西、山西等地，很有发展潜力和前途。

2. 家族亲戚自由结合的联合体。实行联产承包制后，农村有不少父子、兄弟、亲戚为了在劳力、资金和生产技术等方面互助，充分利用各种资源，提高产量，增加收入，逐步联合起来进行生产。这在社会学意义上可以说是家庭的扩大，所以大家称这种联合体为“假大户”。这种联合体的数量比较多，规模比较小，但结合力比较强，因为它们不仅存在着直接的经济利益关系，还含有浓厚的传统的家族亲戚的内在关系，因而劳动效率高，经济效果好，很受欢迎。这种类型的联合体在种植业方面为数较多。兰考县张君墓公社大王庄大队支书吴忠孝，弟兄三人，老大在家劳动，弟弟在外工作，他在公社兼任副主任。三人合股购置了农具和两头牲口，三家 19 口人，38 亩地，由老大一人统一负责耕作管理，但仍然保持三家单打单收。两个弟弟每年分别给老大 200 斤粮食（秋麦各半）作为给老大的报酬，两个弟弟还可利用在外工作便利，购买化肥、农药、良种和引进新技术。他们共种小麦 26.2 亩，预计亩产 950 斤，总产 24 890 斤，计划贡献国家小麦 1 万斤。

3. 承包集体的联合体。主要是某些生产项目分包给社员后，由于这些生产项目不适于分散经营，社员又重新联合起来进行统一经营。如兰考县仪封公社马庄大队第七生产队 23 户 112 口人，土地承包到户，分散经营，但 60 亩苹果园采取联合统一经营。产量和收入比本大队其他包到户分散经营的生产队都高。1982 年苹果收入 3 万元，他们又利用 3 万元收购周围生产队的葡萄打果汁 120 吨，收入 12 万元。分配采取人劳结合各占一半的办法，充分显示了合作经济的优越性。他们之所以按人劳各半进行分配，在社员看来实际上是把按人分包的一份果树作为股金，因此按人劳各半分配，实际上是按股与按劳相结合的分配办法。

4. 集体与农户的联合体。有些规模比较大的生产项目，几户是难以搞起来的，所以必须与集体联合搞才行。这种联合发挥了两个积极性，可以把事情办的更好些。兰考县堌阳公社 1983 年办了一个豆食品加工厂，总投资 12 万元，其中公社投资 8 万元（主要是一些机械设备、厂房、场地等），另外 4 万元采取个人进厂上班带股金的办法筹集。每股一个人（必须是初中以上毕业生）带 1 000 元来厂上班。生产经营由公社统一管理，劳动力按劳分配，股金参加分红。这个厂计划年产值 50 万元，利润 8 万元。这种形式在一些大的饲料加工、面粉加工或其他要求技术高，资金、设备多、场地大的加工业方面为数较多。这种联合可以充分利用社队企业的一些闲置的设备和场地，同时也利用了民间闲散资金，更主要的是新开拓了生产门路，为农村剩余劳动力找到了出路。

各种形式的联合体，都是社会主义的合作经济。它将打破农村经济的固定模式，使农村经济成为多层次、多结构的经济实体，更加符合我国的实际情况；它将有利于扩大生产规模，有利于农林牧副渔全面发展，更好地利用和配置各生产要素，特别是充分合理地利用我国农村丰富的劳动力资源，以取得最大的社会经济效果；它将促进社会生产的分工与协作的发展，使农村经济走向专业化、社会化、商品化。

农村新的经济联合体还刚刚建立，还很不稳定，在经营管理方面还存在着许多问题。总结过去的经验，联系开封地区的实际，我们认为既要慎重对待，又要热情帮助。所谓慎重对待，主要是注意防止拔苗助长，一哄而起的做法。新的经济联合体的发生、发展是有它自身运动规律的，主要包括三个基本内容：一是生产发展需要，二是互利，三是自愿。三者紧密结合，缺一不可。在不需要，不互利，不自愿的情况下，靠人为的力量去撮合，百分之百地是要失败的。因此，要冷静分析目前农村发展形势，做到脚踏实地的稳步前进。所谓热情帮助，主要是对已经建立的经济联合体要帮助他们正确选择和确定经营目标、经营内容，帮助他们搞好生产管理、劳动管理、财务管理和收入分配；组织他们总结交流生产技术和经营管理经验，使新的经济联合体稳定健康地向前发展。

三、各种服务公司

专业户、重点户的发展，迫切要求社会提供产前、产中、产后各方面的服务，这样就产生了目前各种初级的“服务公司”。这里之所以说是“初级的”，是由于目前农村的服务公司还处于只提供一些简单的、一般性的服务，组织系统还不健全，规模还不大，范围还不广，服务还不及时，质量还不高，仅仅只是由于一些单位是服务性的业务，就称它为“服务公司”，实际上还远远没有达到“公司”本来含义的要求。

据开封地区1982年10月底统计，全地区公社以上的各种服务公司469个，包括种子、植保、饲料、灌溉、农技推广、农机服务等方面的公司。这些服务公司主要是由原来公社所有的“八大站”转化而来的。

全地区十个县都建立了种子公司，135个公社在县公司的领导下，建立了良种服务站。主要工作是：一是建立良种基地，培育繁殖优良品种；二是经营良种；三是宣传良种的性能，指导栽培技术，发挥良种优势。全地区有150个公社建立了植保公司，由公司购置和直接管理的机动喷雾器1 100台、小型喷雾器619台。服务项目：一是负责全公社虫情测报；二是按照全区规定给社员包治、代治农作物病虫害和叶面喷肥；三是经销药械；四是修理药械和培训大队、生产队植保人员，给农民进行植保技术指导。新郑、兰考、通许三个县65个公社成立了喷灌公司和灌溉公司，灌溉公司拥有724台喷灌机，下设200多个喷灌组。灌溉公司一般是以大型灌渠和提灌站为单位成立的，采用按浇水量收费的办法进行灌溉。兰考、杞县两个县34个公社建立了农技服务公司，同农民签订农业技术服务合同，开展农技服务活动。一是签订技术联产承包合同；二是代社员进行药剂拌种；三是进行土壤化验，指导农民合理施肥。

有些大队也建立了服务公司。例如新郑县梨河乡双楼大队就成立了“水电机服务公司”。公司设经理、副经理、技术员、会计、委员共五人，下设15个井长。公司人员的补贴：技术员每月30元，经理（支书兼任）10元，副经理（大队长兼任）、会计、委员都是8元。井长除提取总收入的10%的跑腿费外，在井边划一亩“拴腿田”，种经济作物，年可收入800～1 000元。公司统管全大队的水、电、机。全大队有1180亩耕地，16眼机井，4 800米地下灌溉管道，每个井有一专人（井长）负责。社员用水先到公司会计处交钱买票，然后到井长处按票排号，每小时收费一般0.5～0.7元。全村人吃水也收费，每人每月1角。搞副业用水也要交水费，如磨豆腐一个挑每月收费4元，发豆芽每月6元，烧砖窑一窑收费10元，社员盖房每间收费2元，改变了过去"喝大锅水"的做法。全大队有三台200千伏安的变压器，3 500米低压线路，由公司统一管理。社员户用电要安电表，杜绝了大灯泡和"长明灯"的现象。社员户放电影、打场等用电，都必须先找电工，适当收取电费。公司还统一管理全大队的机械设备，包括私人的拖拉机等在内。在农村中目前拖拉机等基本上是个人承包或私人购置的，由于"人情"的原因使许多机器专业户很头痛，所以大队统一管理，按标准收费，就解决了这一矛盾，专业户由于能合理地收取报酬，社员户由于能得到及时的服务，两者都满意。

目前，尽管各种服务公司是很低级的，但它已开始改变过去那种单纯用行政办法管理经济的做法，初步显示了用经济办法管理经济的优越性。这种优越性从开封地区的实际情况看，主要表现在：第一，有利于逐步改变企业"小而全"的经济体制和管理方法，把分工与协作，生产专业化和生产社会化从整个社会的角度有机地结合起来，能够充分发挥企业和社会各自的优势，弥补各自的不足，从而提高劳动生产率和经济效益。第二，能够较好地按照客观实际情况的需要来组织和协调生产管理活动，促使服务公司的职工从经济责任和物质利益上关心和搞好生产经营活动。特别是通过双方签订的合同是一种对双方都有约束力的契约，双方都各有一定的责权利，是在自愿的基础上互相制约，因而有力地调动了双方的积极性和主动性。第三，随着服务公司的建立和发展，农业生产社会化的水平日益提高，分工与协作密不可分，这样就要求生产者精通本行业务，熟练地掌握技术，具有社会观念；就要求管理者提高科学管理水平，具有社会化生产的组织能力。

可见，服务公司是用经济办法管理经济的一种很好的经济组织形式。应该加强领导，积极支持。首先，根据发展生产的实际需要分别轻重缓急，抓住当前当地影响农业生产发展的主要矛盾，积极地建立各种服务公司。其次，认真抓好服务公司职工的思想政治工作和培训工作，提高科学技术水平和经营管理水平，明确服务目标，端正服务态度，提高服务质量，提高经营效果。第三，要认真执行物质利益原则。上述双楼大队的井长坚守岗位，认真负责，一个重要原因就是用"拴腿田"的办法把井长拴住了。

四、雇工经营的经济组织

少数农民由于在某些生产要素（技术、资金、资源、经营等）上存在着程度不同的"垄断"或优越条件，为了扩大经营规模，获得最大的经济效益，自身劳动力不够而农村中又存在着大量的廉价的剩余劳动力，在党的政策放宽的情况下，就采取了雇工经营的形式。

目前的雇工经营形式按其特点可分为四种：

1. 私人经营雇工。经营者统揽一切，工人按劳动定额领取工资（一般比社会上的工人工资略高）。兰考县堌阳公社宋营大队宋留柱，30岁，原是大队采购员，有一定的社会交往关系。现雇工15人生产食品糕点箱，被雇者都是本村社员，每天带自己的工具到宋家上班，回家吃饭。采用计件工资，每天平均工资3块多钱。宋很少参加劳动，主要负责原料采购与产品推销，收入很多。

2. 合股经营雇工。若干农民集资合股雇佣若干工人，工资按时或按件付给，利润按股分红。这种情况在运输业（如几家合伙买汽车，然后雇司机）和一些投资额比较大的生产项目上为多。

3. 私人承包雇工。一人承包集体的一些比较大的生产项目进行雇工经营。收入分配是交够集体，发够工人工资后，剩余都归自己。新郑县观音寺史庄大队第四生产队把一座轮窑（面积25亩）承包给信阳地区的一个人，每年每亩净交生产队500元，承包者雇佣60多名工人（不算临时工）来经营，工人按件计酬，他自己估计年收入2万～3万元。

4. 合伙承包雇工。几个人共同承包集体某项大的生产进行雇工经营。分配除上交集体和下发给工人工资外，剩余在他们之间按人或按股进行分配。这种形式在社队企业方面为数较多。

目前的雇工经营虽然还只是少数，却很引人注目。大家议论纷纷，众说不一。归纳起来有四种看法：

（1）表示赞成。认为雇工经营有利于剩余劳动力就业，能充分利用生产资源，经营管理较好，劳动生产率高，成本低，收入高，上交国家和集体以及工人工资比一般经济组织都较高。因此认为这种经商形式对国家、集体、雇主、工人都有好处，有助于社会生产发展，是社会主义的一种经营组织形式。

（2）表示反对。虽然目前雇工经营没有多少害处，而且在某些方面还有一定的作用，但是他们往往靠市场投机，拉关系，走后门，"垄断"承包等不正当手段进行经营。另外，既是雇工经营，就必然有剥削，完全违背社会主义分配原则。因此雇工经营是不符合社会主义原则的，不能让其存在发展，应予限制、取缔。

（3）是非不清。既不说好，也不说坏，放任自流，等待上面"红头文件"。这在干部中占的比重较大。这主要是由于多年来反复较多，心有余悸，不敢明确表态。其次是思想矛盾，认识不清，从客观实际表现上看不错，但从理论上分析又不符合马列主义。真是无所适从。

（4）具体问题应具体分析，划分界限，分别对待。①请"帮工"与"雇工"的界限。前者是生产者为了维持正常的生产，自己劳动不足，而请他人帮忙，一般都是临时的、少量的，不应看成"雇工"；而后者则是为了追求更多的利润而进行的经营。②开发性事业的雇工和一般性的雇工的界限。前者和目前来看对我们社会主义建设事业是有利的，利大于弊；后者一般来说弊病较多，弊大于利。③性质与政策的界限。从性质上来讲雇工基本上是资本主义经营性质的，但我们目前是处于社会主义初级阶段还不可能把社会主义搞得那么纯，在一定的时期和一定的范围内，我们的具体政策应该允许多种经济成分和多种经营形式同时存在，在社会主义公有制为主体的前提条件下，应该允许一些非社会主义经济因素发挥作用，利用这些因素以补充社会主义经济的不足。

我们基本上同意第四种看法。但是，这个问题在我国当前的具体情况下是比较复杂的，应该通过认真调查研究，弄清其实质，制定具体而明确的政策，包括雇工的范围、数量，工人的工资以及雇工经营应缴纳的国家税收和承担的社会义务等等，以防止雇工经营对社会主义经济建设产生有害的冲击作用。

五、做好支持和引导工作，保持宏观控制能力

专业户、重点户、新的经济联合体和各种服务公司的建立、发展，这是在我国农村经济管理体制和经济结构改革、调整过程中经济运动本身的客观产物。它们一出现就对生产发展显示了强有力的推动作用。它们的进一步发展，必然使我国农业逐步从自给半自给经济向商品化经济转化，从万物俱全的自然经济向专业化、社会化转化，从传统农业向现代化农业转化。在新的物质基础上，根据发展生产的客观要求和广大农民的自愿，必将逐步加强和扩大集体经营和普遍地实现经济联合，把我国农村合作经济推向一个新的发展阶段。但是，我们在认清发展趋向的同时，必须脚踏实地的去进行工作。当前这些新的经济组织还刚刚建立，还很不稳定，很不完善，还存在着许多问题和困难。因此，要加强支持和引导工作，要保持国家的宏观控制能力。

第一，要进一步宣传党的农村经济政策，搞好经营管理的指导工作。由于“左”的思想影响，目前农村中仍然存在着“现在想发家，将来怕抄家”的思想。与此同时，也存在着少数发财心切的“勇敢分子”，他们靠投机冒险，靠拉关系，走后门等不正当手段致富，使党的劳动致富的政策被歪曲走样。针对这种实际情况，一方面要总结和宣传真正劳动致富的典型，使党的劳动致富政策得到正确贯彻；另一方面应该批判那些靠不正当手段致富的农民，对那些欺行霸市的不法分子要坚决给予打击。不仅要有政治上的批评、打击，还要有经济上的制裁。另外要帮助“两户一体”搞好经营管理，他们由于不善于经营管理，不会预测和决策，往往出现什么有利就一拥而上，什么没利就一哄而散的现象，这对国家和农民都是不利的。例如兰考县宋营公社宋营大队宋学成，从来没养过鸡，听说养鸡很赚钱，年初一下子就养了2 000只小鸡。他自己一无技术，二无资金，三无设备，四无固定的饲料来源和防疫保证。如不采取有效措施，很可能遭到挫折。

第二，加强智力投资，推广和普及科学技术。长期从事单一种植业并与经营管理相脱节的农民，现在开始自己经营管理，而且是从事专业性的、商品性的生产，处处遇到不会干、干不好的问题。如种植烟、棉、果、菜等经济作物或成批饲养鸡、鸭、鱼、兔等等，都需要一定的专门生产技术。如果没有这些方面的生产技术，专业生产就很难发展，优越的资源条件就无法利用，剩余的劳力和资金就难以转向更宽广的生产领域。所以为使“两户一体”健康发展，必须重视智力投资，向广大农民推广和普及农业科学技术。

第三，要把商品流通市场搞好，使供销渠道畅通。“两户一体”主要是从事商品性生产，而且随着生产发展，商品率会越来越高。如果他们所需要的各种生产资料得不到及时供应，生产产品得不到及时销售，就会给他们造成严重的困境。我们在开封地区看到有些养长毛兔的专业户改了行，原因就是有一个时期商业收购部门大大降低了收购价格，甚至停止收购。现在有些基层收购部门已宣布停止收购鸡蛋，养鸡专业户十分担心自己的生产命运。所以，必须通过改革、调整，把商品流通市场搞好，建立一个畅通而稳定的供销渠道。

第四，加强思想政治工作，保持国家的宏观控制能力。现在的农民，特别是“两户一体”的农民在经营目标的选择，生产要素的投入、产品出售等方面，都具有很大的独立性，他们生产劳动的积极性和经营管理的主动性很高，但同时也有许多盲目性。如兰考县爪营公社三大队一个农民，听说贩扫帚能“赚大钱”，结果一次就赔了4 000元，给自己的生产、生活带来了极大困难。登封县城关公社韩村大队几个干部，认为做铁鸡笼能“发财”，但做出来后因价高（每个180元）销不出去，变成了沉重的负担，原因是他们没有想到现在的养鸡专业户都是土法上马，用不起这种价高的设备。因此，为了使“两户一体”的生产经营正常地健康地进行，国家和集体要加强思想政治工作，要加强计划指导，国家要制定必要的法规政策，集体要做好落实工作，要签订和执行好合同，使“两户一体”在国家计划指导下活动，以期做到使企业、个人的经济效果和社会的经济效果紧密结合起来，收到良好的综合的经济效果。

第五，搞好扶贫工作。近年来，生产虽然有很大的发展，农民生活有很大改善，出现了许多比较富裕的“冒尖户”。但从开封地区一些县看，仍有10%左右的困难户。根据我国目前生产力状况不可能让全体农民同步富裕，只能让一部分农民先富裕起来。但这不是我们的最终目的，我们的最终目的是要让广大农民共同富裕。因此，我们要在积极支持“两户一体”发展的同时，也要热情地帮助困难户解决他们生产和生活上的困难，否则就会影响党和群众的关系。如有的群众反映说，过去是“访贫问苦”，现在是“访富问富帮富表扬富”。这种反映虽然有“左”的思想影响和不明了党的劳动致富政策，但也告诉我们，扶贫工作如果搞不好，就会影响党在群众中的威信。

我们不能跳过"石油农业"*

孙 琦 厚

在研究新的技术革命和我国农业现代化关系的时候，有人提出，"新的技术革命将会给我国农业的现代化带来前所未有的好时机，我国农业现代化可以利用这个时机跳过发达国家农业现代化所走过的工业化农业的石油农业阶段，而直接采用新的技术革命的科学技术成果，直接向以生物工程，微型电路和新型材料为基础的工业化后农业过渡，缩小我们同发达国家在农业上的差距，迎头赶上世界农业的先进水平，走在世界现代农业的前列。"我国农业能否跳过石油农业阶段，是一个重大的理论问题，有必要进行深入的探讨。

这里首先明确一下工业化农业和石油农业这两个概念。第二次大战以来，工业发达国家的农业，从机械技术、生物技术、管理技术 3 个方面进行了全面的革命性变革，先后实现了机械化、电气化、良种化、化学化、商品化、专业化，建成了现代农业。以上述几个化为重要标志的现代农业，是用现代工业产品武装起来的农业，可以叫做工业化农业。这种工业化农业，要消耗大量石油，因此又有人把它叫做石油农业。

能否跳过石油农业这个阶段，首先就要回答，石油农业是不是农业现代化的必经阶段。主张可以跳过阶段的同志说："目前，发达国家面临的生态危机、能源危机和农业危机表明，石油农业只是这些国家的农业在特定历史条件和环境下的一种畸形发展，而不是农业现代化必经的发展阶段。"石油农业究竟是一种畸形发展呢？还是农业现代化必经的发展阶段？这需要对石油农业的发展过程作一番历史考察。

石油农业是从传统农业发展来的。传统农业是经验农业，农民依靠世代相传的经验，在畜力的帮助下使用简单的手工工具和畜力农具进行各种作业。传统农业是自给自足农业，产品主要是农户自己消费，用自己生产的作物茎秆、动物粪便和其他有机肥料肥田。取之于土，用之于土，从外部投入的物质和能量很少。传统农业生产力水平很低，剩余产品很少，扩大再生产的能力有限，绝大多数居民都从事农业生产。

工业的迅速发展，要求大批农民从土地上解放出来，搞工业、商业、交通运输业以及其他事业。工业的发展和非农业人口的增加，要求农民提供大量剩余农产品和某些工业原料，这就和传统农业发生了矛盾。传统农业劳动生产率低，农业劳动者除养活本人和家属以外，所剩无几。民以食为天，只有吃饱了饭，才能从事其他事业。如果不改革生产工具，大幅度提高劳动生产率，怎么可能抽出大批农业劳动力去从事其他事业呢？传统农业的物质和能量循环，局限于农业内部。大量农产品外运，取之于土的东西，不能再还之于土。如果不从农业外部投入物质和能量，土壤中消耗的营养物质就得不到补偿，就会从根本上破坏农业的生态平衡。别说增加产量，连维

---

* 原载《百科知识》1985 年第 6 期。

持原来的水平都不可能。因此，用农用机械、化肥等先进技术和工业产品武装农业，这是工业发展的必然产物。传统农业向现代农业转化的过程，就是用先进的科学技术和工业产品武装农业的过程。

农业生产是经济再生产和生物再生产的统一。农业的技术改造包括机械技术、生物技术和管理技术3个方面。只有这3个方面都进行了革命性变革，才能彻底改变农业的性质。

机械技术是指生产工具和动力。机械技术的变革，主要是实现机械化。发达国家的农业都实现了机械化。由于机械化的实现，大幅度地提高了农业劳动生产率，使农业人口减少，由多数人搞农业，变成少数人搞农业。这是一个历史性的进步。农业主要是提供食品，解决吃饭问题。多数人搞农业，意味着国民收入的大部分花在居民的吃穿上了，这是生活水平不高的表现。美国只有3%的人搞农业，饮食费只占居民收入的百分之十几，这是经济发达的一个重要标志。如果没有机械化，是作不到这一点的。农业机械都是工业产品，农业的机械技术，大部是从工业中移植过来的。现代工业的能源基础是非再生能源。近半个世纪，世界全部能源的2/3来自石油和天然气。在这种条件下，农业机械化依赖石油等非再生能源是很自然的。整个社会的能源基础不改变，农业也很难完全摆脱依赖石油的局面。农业是消耗大量石油，但同整个社会消耗的石油相比，所占份额并不大。例如，1970年美国每人平均消耗矿物燃料19 000升，而农业为每个人的食物和衣着只消耗了568升，占3%。面临着石油日益减少甚至枯竭的危险，人们为寻找新能源倾注了巨大的热情。当开发新能源的技术解决时，也许拖拉机用太阳能电池或核燃料启动，也许还会出现新的动力装置，但机械化总是不会取消的。

农业生产作为生物再生产过程，它是动植物有机体同环境之间进行能量转化和物质交换的过程。为了提高农畜产量，一要有转化能力强的优良品种，二要充分供应转化所需要的物质和能量。怎样培育转化能力强的优良品种？怎样合理地配制各种营养物质以保证动植物生长和发育的需要？这就是生物技术的重要任务。在20世纪30年代以前，生物技术没有重大突破，单位面积产量几乎没有增加。30年代后期，大量引种杂交玉米等优良品种，是生物技术的重大突破。杂交玉米根系发达耐肥水，具有比较强的转化能力。但是，物质和能量的转化，遵守物质不灭和能量守恒定律。只有多投入，才能多产出，只有大量施肥，才能充分发挥这些优良品种的增产潜力。因此，随着杂交玉米，矮秆小麦等优良品种的大量推广，化肥施用量猛增。例如，美国从1946—1968年，化肥施用量增长了5倍以上。良种化和化学化相结合，使单位面积产量成倍甚至几倍的增加。

有些国家和地区，单纯依靠化肥，不注意施用有机肥料，不仅加大了农业成本，而且使土壤性质变坏，造成环境污染。这种无机农业的道路是不可取的。但是，如果把有机肥和无机肥配合施用，合理施肥，土质并非一定变坏，肥力并非一定下降。像日本等国亩施化肥300～400斤，高于我们3～4倍，也并未发现土质变坏肥力下降的现象。不能把化肥的消极作用说得太过分了。有人说“石油农业”从根本上破坏了自然生态平衡，使农业生产愈来愈得不偿失，并已陷入了恶性循环的境地。果真如此，为什么世界上的化肥消费量有增无减？

机械技术和生物技术的变革，必然引起管理技术的革命。实现机械技术和生物技术的变革，需要购买机器、化肥、农药、良种等生产资料，这就需要支付一笔现金，而这些资金是靠出售农产品补偿的。农场主一旦付出这笔资金，就把自己置身于商品生产之中了。因此，发达国家的农业是高度商品化的农业。全部农产品，除某些种子和饲料外，都进入了商业这个领域，甚至多数农民从超级市场购买食品。为了降低成本，提高竞争力，发达国家的农业高度专业化了。因为实行专业化生产，可以充分利用本地自然条件和社会条件的优势；可以减少农业机械的种类和数量；可以充分利用先进科学技术，使生产技术规格化、标准化，提高农业生产的稳定性。

可见，以机械化、电气化、良种化、化学化、商品化、专业化为重要标志的现代农业，即石油农业，是工业和国民经济高度发展的必然产物，不是在特定历史条件下的畸形发展。

主张跳过阶段的同志说，“发达国家的全盘机械化、电气化、化学化和良种化的石油农业，是在二次大战后全面实现的。这些国家当时有廉价石油源源不断供应，有大量吸收多余农业劳动力的城市，已积累有雄厚的资本等一系列优厚的条件，使得石油农业有可能作为发展农业的一套办法而出现在这些国家的农业史上。而在我国，过去没有，现在和将来也不可能具备这些条件。我国的国情，也决定了我国农业现代化不能跟在发达国家后面走石油农业的道路。”在第二次世界大战后，发达国家所拥有的能源、资金、市场等一系列优厚条件，是这些国家的工业和整个国民经济高度发展的结果，并非这些国家特有的。我国的工业和国民经济高度发展了，也会具备这样一些条件。诚然，发达国家大量人口集中于城市，造成严重的城市问题，我们不能走这条路。但这并不意味着我国就不需要把大批农业劳动力转移到其他产业中去。随着星罗棋布的小城镇和乡镇企业的发展，必然要大量吸收农业劳动力。至于能源和资金问题，随着经济的发展也会越来越充足。认为我国现在和将来都不可能具备二次大战以后发达国家所具有的那些能源、资金、市场等条件，是不是讲得太绝对了。

主张跳过阶段的同志说，“现代科学技术，首先是现代生物科学技术，已经为我们跳过石油农业阶段向工业化后农业迈进，准备了起步的科学技术基础。”情况是这样吗?

生物工程是70年代发展起来的一门新技术、新产业，它包括基因工程、细胞工程、酶工程和发酵工程。有些成果已在农业上应用，如合成生长素、沼气等。生物工程有很多优点，它使用的原料是可以再生的，它消耗的能量少，不会造成污染等，因此，引起了各国的普遍重视。目前，许多国家都积极发展生物工程。特别是基因工程的兴起，揭开了人工创造新物种的序幕。现在很多国家的科学技术人员，正在热烈地研究生物固氮等新技术。有的设法创造一种能同禾本科作物共生的固氮根瘤菌，有的力图把固氮基因直接转移到农作物的基因组中，创造自身能固氮的农作物新品种，如果这些技术获得成功，就有可能大幅度地减少化肥的施用量，不施或少施化肥也能增产。因此，我们应该高度重视生物工程特别是基因工程的研究工作。但是，这项技术还处于试验阶段，现在还无法确定它对生产产生影响的时间坐标。而现已成功的某些生物工程技术，虽然会对生产产生一定影响，但还不能决定生产的性质，不能从根本上改变生产的面貌。因此，把我国的农业现在就转移到以生物工程为基础的轨道上来，条件还不成熟。

石油农业需要消耗大量的非再生能源，这是一个严重问题。面对着非再生能源日益减少的危险，人们正积极地寻找各种新能源。有的想把太阳光转化为光流电池；有的想在对流层利用风力发电，有的利用地热与海浪发电；等等。但是，总的来说，这些技术还处于实验阶段，新能源的技术结构尚不清楚。大量地应用到生产中去，还需要时间。

微型电脑是已经成功的技术，它正在向社会的各个领域普及。微型电脑在农业上的应用已可大大提高农业的经营管理水平和人造环境（温室等）的自动控制能力。但是，机器人现在还没有来到田间。自动化是在机械化的基础上发展起来的。如果我们仍然使用手工工具畜力耕作，那么微型电脑如何提高农业劳动生产率呢?

现在，机械化和化学化仍然是农业的重要生产措施。尽管它存在着一些问题，现在仍然广泛地采用着。还没有一项新技术可以完全代替它们。因此，认为我国已经具备了向以生产工程、微型电路和新型材料为基础的工业化农业过渡的科学技术基础，根据是不足的。

主张跳过阶段的同志说：“我国农业现代化要走一条跳过石油农业而直接向工业化后农业进

发的道路，不仅在科学技术上是必要的和可能的，而且在我国现阶段社会经济条件下也是必要的和可能的。”我国的社会经济条件是否要求不搞机械化、化学化，而直接向工业化后农业过渡呢？我国农业正在从自给自足农业向商品化农业转化，从传统农业向现代农业转化，就其性质来说，基本上还是自给半自给性质的传统农业，生产力水平很低。我国人多地少，要使全国人民吃饱吃好，就必须实行集约经营，一亩地当几亩种，大幅度提高单位面积产量。要提高单产，就要增施肥料。我国农民有长期收集和沤制有机肥料的经验和习惯。特别是实行家庭承包责任制，这种经营形式很有利于有机肥料的充分利用。现在的问题，不是农民不重视有机肥，而是有机肥的来源有限。由于农村能源紧张，大部分作物秸秆烧掉了，而要扩大豆料作物和其他绿肥作物的种植面积，又受耕地面积的限制。怎样才能扩大有机肥的来源呢？施用化肥是一个很有效的办法。施用化肥，不仅产量提高了，作物的茎秆和糠麸也多了，这就为扩大有机肥的来源创造了条件。因此，农民迫切需要化肥，往往用高价购买化肥。目前在我国，增施化肥是提高单位面积产量的重要措施。不搞化学化，单靠生物技术，是不符合当前我国经济情况的。

我国劳力多，似乎可以不搞机械化。但是应该看到，随着集约经营的加强，每亩耕地投入的劳动将大大增加；随着工业和其他事业的发展，将有大批农民离开土地，随着人民生活水平的提高，减轻劳动强度的要求愈来愈强烈。这些都是促进农业机械化发展的因素。有人担心实行联产承包责任制后，农业机械化就没有前途了。事实证明，这种担心是没根据的。近几年农业机械化发展的速度不是越来越慢而是越来越快了。

可见，我国并不是不需要机械化和化学化，当然更不是不需要良种化、商品化；因此，以这几个“化”为重要标志的石油农业阶段，是不应该跳过也是不能跳过的。

不能跳过必经阶段，并不是亦步亦趋地照抄发达国家的作法。因为国情不同，他们的特殊道路，我们不必走；因为时代不同，他们走过的弯路，犯过的错误，我们要避免。不能直接过渡到所谓工业化后农业阶段，并不是不能采用新近发展起来的新技术；凡是成熟的技术，只要适合我国的国情，对发展农业生产有利，我们都要积极采用。科学技术是分层次的，每种技术都有自己的特点和用途，都有在一定条件下存在的理由。电子计算机的出现，不能完全代替算盘，火车和汽车的发明，也没有完全消灭毛驴运输。多层次技术并存，这对我国农业技术改造十分有利。我国自然条件复杂，经济发展水平不一。因此，可根据自己的条件，选用适合的农业技术，能洋则洋，宜土则土。城市郊区的温室可用电脑控制光照、温度、湿度和二氧化碳的浓度，在山区、水田和小块地上，不妨还用牛耕。但是从我国农业发展所处的阶段来说，还是要建立以近几十年发展起来的先进技术为主体的多层次技术结构，不要因农机、化肥、农药、水利等增产措施与石油有关，有“石油农业”之嫌，就弃之不用。

移植方法浅谈*

孙 琦 厚

某个学科的理论和概念，某个领域中的技术发明，应用到其他学科和领域，叫移植。移植方法在科学研究中应用很广。

一、移植方法在科学研究中的作用

1. 理论和概念的移植是科学发展的重要条件。自然界的各种形式，有一个从低级到高级、从简单到复杂的发展顺序。人们对这些运动形式的认识也是如此。自然科学的发展，总是从研究简单低级运动形式的学科首先突破。

如量子力学的理论和概念广泛移植到其他学科，促进了化学和生物学的发展。从19世纪初，化学就开始研究原子之间结合力即化学键的实质，但一直是知其然不知其所以然。1927年德国化学家海特勒和伦敦把量子力学理论和概念应用于化学，揭示了化学键的本质，建立量子化学，使化学逐步摆脱了经验和半经验状态，向理论科学发展。20世纪30年代，一些知名的物理学家，如薛定谔等人，转向了研究生物学。他们用量子力学的观点，论证基因的稳定性和突变的可能性，提出基因是一种非周期性晶体的新概念。这种晶体的大量排列组合构成遗传密码，从而为生物学研究开辟了某些新途径。分子生物学的诞生就是在生物学中引进了现代物理理论的结果。它使生物学的面貌发生革命性的变化。

2. 理论和概念的移植是发现和解决问题的重要手段。一个领域里形成的新概念，常常引导其他领域的研究者从一个新的角度来观察世界、研究问题，结果很多原来没有看到的现象被发现了，很多原来无法解释的现象得到了科学的解释。例如，从17世纪末到19世纪末，牛顿力学独霸天下。它把宇宙看成一切都是按照某种定律发生的，是一个严格决定论的宇宙。在这种观点统治下，人们只注意必然性，忽视了对偶然性的研究。20世纪初，美国物理学家吉布斯提出了偶然性宇宙新概念。在这种新概念的启示下，人们重视了对偶然性的研究，产生一系列具有划时代意义的新学科。如控制论、量子力学都是概率性和统计性的理论。再如，1900年普朗克为了解释黑体辐射的实验结果，大胆地假定能量是不连续的变量，提出了量子概念。1905年爱因斯坦在普朗克量子概念的启发下，提出光子说，科学地解释了光电效应。1913年玻尔在爱因斯坦光量子的启示下，提出了原子结构的新模型，解决了卢瑟福原子模型的稳定性问题。可见，理论和概念的移植是开阔眼界、打开思路、作出新发现的重要手段。

3. 技术移植是技术发展的重要途径。技术作为改造客观世界的物质手段，虽然在不同领域

---

* 原载《潜科学杂志》1985年第6期。

有不同的表现形式，但它们的基本结构和工作原理有很多相似之处。一般的机器，都是由发动机、传动装置和工作机三部分组成；所有工程技术都包括材料、能源、控制、工艺四个基本因素。因此，一个领域发展起来的新技术，一般都可以移植到其他领域中去，促进这些领域的技术的发展。例如，纽可门的蒸汽机经过瓦特的改进，提高了效率和马力，作为动力机械在纺织厂和冶金厂得到广泛应用。用蒸汽机作动力推动航船行驶、牵引车辆前进，发明了轮船和火车，使交通运输技术发生了革命性变革。

技术移植还包括多项技术的综合。通过多项技术综合创造新技术，是当前发展新技术的重要途径。

二、移植是一个创造性的综合过程

概念和理论的移植，是个创造性的综合过程，不能简单抄袭和生搬硬套。概念和理论移植的根据是各运动形式之间有密切的联系和连续性。高级运动形式包括着低级运动形式，但是这种运动形式与一般低级运动形式不同，有自己的特殊性。例如，热运动中粒子的机械运动就不同于宏观物体的机械运动。生命运动中的物理变化不同于一般的物理变化和化学变化。在生物体内，有的细菌以酶为催化剂，在常温常压下就能合成氨。在工厂里，有催化剂也必须在高温高压下才能进行反应。因此，在概念和理论移植时，不能简单拿来生搬硬套。牛顿力学建立后，有人滥用力的概念，遇到一种现象就创造一种力。光能折射是因为有折射力，化学元素能化合是因为有亲合力……，这样的移植方法是无济于事的。恩格斯说："如果赫尔姆霍茨有权利用所谓光的折射力、电接触力等等来解释物理现象，那么中世纪的经院哲学家就有同样的权利用热力和冷力来解释温度的变化，从而就用不着对热这个现象作任何进一步的研究了。"因此，要真正有效地将其他学科的理论和概念移植到本学科中来，除了吃透有关学科的理论和概念的基本精神外，还必须研究本学科的特点，对原来的概念进行必要的修正，或创立一些新概念，使两个学科的概念有机化地结合起来。例如，薛定谔用自己熟习的物理概念和理论研究生命运动，首先就要分析生物学的现状。20世纪20年代前后，染色体遗传理论——基因论的建立，使遗传学成了生物科学中最活跃的学科之一，受到了学术界的重视。因此，薛定谔认真研究了遗传机制问题。只有在这个基础上，他才有可能提出"非周期性晶体"、"负熵"、"遗传密码"、"量子跃迁或突变"等新概念，为生物学的研究开辟了新途径。如果不结合生命运动的特点，不把物理学和生物学之间的基本概念有机地结合起来，物理学的理论和概念就不可能有效地运用到生物学中去。

技术是人类改造客观世界的物质手段。它不仅与被改造的对象及其环境有关，而且还与社会因素有关，因此，一项技术从一个领域移植到另一个领域，从一个地区引入另一个地区，都需要根据移入地区的特殊条件和需要，对技术本身进行一定的改造。从发达的工业国引进先进技术还要根据我国的具体情况，对引进的技术进行一定的改造，走引、改、创的道路，简单的拿来主义是不行的。

三、移植的局限性

引入其他领域的发明和发现，可以促进本学科的发展，但不能解决本学科的所有问题。牛顿力学诞生后，很多科学家企图用它来解释一切自然现象。这种机械观虽然在某种程度上促进了其他学科的发展。但力学毕竟不可能解释一切自然现象。科学的发展导致了机械观的破产。

20世纪以来，用量子力学的理论研究化学和生物学，使化学和生物学的面貌发生了革命性的变化。有人认为，似乎用物理学的理论就可以解决化学和生物学中的一切问题。显然这种观点是错误的。各种运动形式都有自己特殊的运动规律、需要特殊的理论和概念来反映，只靠移植其他学科的概念是不行的。

总之，移植方法是发展科学技术的重要方法。现代科学技术的综合趋势加强了，移植方法比任何时候都显得更加重要。移植方法实际上是不同学科的知识相互渗透和综合，它要求科技工作者知识面要广，要时刻注意其他学科的发展动向。只要注意从其他学科吸取营养，就会促进本学科发展。

蔬菜价格构成影响因素及北京市蔬菜价格发展趋势探讨*

贺 锡 苹

蔬菜是人民生活的重要副食品。特别在大城市郊区，关系国计民生，所以党和政府一贯重视大城市蔬菜的产供销问题。从 20 世纪 70 年代后期以来，蔬菜产供销出现一些矛盾，其中蔬菜价格是问题的焦点，众说纷纭，这里仅就我们几年来在北京研究的一点体会，从蔬菜价格的构成影响因素及北京市蔬菜价格发展趋势作些探索，抛砖引玉，以供大家指正。

一

商品价值是商品价格的基础。要知商品价格构成，首先要研究商品价值结构。根据价值规律的表述，商品的价值量是由生产商品的社会必要劳动时间决定的。商品价值包括三个组成部分：即已消耗的生产资料的价值，劳动报酬的价值和剩余价值。即

$$W = C + V + M$$

根据政治经济学定义，在商品经济条件下，商品价格等于商品平均成本加平均利润。如以 A 代表平均成本，它是 $C+V$ 之和，包括消耗的原材料的费用和支出的劳动报酬，既有生产领域的生产成本，又有流通领域的流通费用。若以 P 表示商品价格，I 表示平均利润，Q 是一定时期内商品的产量。则商品价格可用公式表示为：$P=\frac{A+I}{Q}$，这是适用于所有商品的价格公式，也适用于蔬菜的价格，根据这个公式，似乎流行这样一种看法：只要 $P>\frac{A}{Q}$，蔬菜生产就有利可图，能够继续经营下去，如果 $P=\frac{A}{Q}$，生产无利可图，仅能保本，而如若 $P<\frac{A}{Q}$，生产发生亏损，在一般情况下生产是不会继续下去的。因此在社会主义计划经济实践中颇为重视产品成本的调查，一般不使企业发生收不抵支的问题。

在北京市蔬菜产销的实践中，上述公式似乎不足以说明实际生产的问题，北京蔬菜每亩产值平均 500～600 元，除扣物质费用 200 元，则每亩净产值 300～400 元。按每劳力平均管理 3 亩菜田计，每个劳动力可得净收益 900～1 200 元。这样的净收入水平并不低于 20 世纪 80 年代初期北京市职工的平均工资水平。可是北京市近郊农民不愿意种菜，认为种菜亏本，甚至闲置土地不种。农民这样考虑，是有他的理论依据的。

---

* 原载《农业技术经济》1985 年第 8 期。

国内外经济理论界在讨论商品价格形成问题时，都曾提出价格除应补偿社会平均成本以外，还应补偿资源利用的机会成本（或称影子价格）。有的把前者叫做第一成本，后者叫做第二成本。前者是实际成本，后者不是实际成本，而是反映将资源用于该项生产后而牺牲掉的其他收入，特别是资源有限量时，不同生产竞争资源，这种成本表现得更明显。当然这种成本实质仍然是剩余价值转化成利润的一部分。它保证生产者能获得最低限度的平均利润。另一部分利润则构成了税金，还有因供求不平衡而形成超额利润。生产资源主要有自然资源、劳动力和资金。在蔬菜生产中若以 L 表示土地的机会成本，V' 表示劳动力的净机会成本，C' 表示资金的机会成本。H 表示税金，SI 表示因供求不平衡而形成的超额利润，则蔬菜商品的价格 P 可用下列公式表示：

$$P=\frac{A+L+C'+V'+H}{Q}+SI$$

土地的机会成本，在农业生产中往往是以银行年利率乘上土地价格而求得。在我们社会主义国家里土地不出卖不出租，无明显的市场价格，但国家法律规定国家机关或企业征用集体耕地必须缴付一定的补偿金。目前在北京市占用近郊 1 亩土地须支付 15 000 元的征用费，银行年利率约 6%，这就说明北京近郊土地的机会成本 L=15 000 元×6%=900 元，以每亩产量 1 万斤计，则在每斤蔬菜价格中包含土地机会成本将为 0.09 元。

资金机会成本的计算方法同于土地，亦是以资金占用量乘上银行年利率。它表示此项资金若不投入生产，至少可得利息若干。当然资金占用量包括固定资金和流动资金两种。若北京市每亩蔬菜流动性投资 200 元，固定投资 400 元，银行年利仍为 6%，则资金机会成本 C'=600 元×6%=36 元，每斤蔬菜价格中包含的资金价格中包含的资金机会成本将为 0.003 6 元。

劳动力机会成本表示劳动力用于其他生产可得的收入，而且往往用可能得到的最佳收入表示机会成本。在北京市郊区，因为工副业劳动力收入最高，所以就以工副业劳动力收入为蔬菜生产劳动力的机会成本。20 世纪 80 年代初期北京近郊农区工副业劳动力年净收益为 2 700～3 000 元。这就是菜田劳动力的机会成本。上面公式中的劳动力净机会成本 V' 等于工副业劳动力年净收益减去菜田劳动力年净收益=2 700～3 000 元－1 200 元=1 500～1 800 元，即每斤蔬菜价格中将包括劳动力的净机会成本 0.05～0.06 元。

从上面公式可知，只有当 $P\geqslant\frac{A+L+C'+V'+H}{Q}$ 时，菜农经营蔬菜，才能得到平均利润或甚至超额利润时，他才会积极种菜，否则他就会把生产资源转向其他部门，而去追求更大的利润，前面已经谈到在北京近郊区每亩蔬菜净收入平均 400 元。因此菜田劳动力净收入相当于 1 200 元，减去土地和资金机会成本后，约余 300 元，而工副业净收入约 2 700～3 000 元，相差悬殊，无怪乎北京近郊农民热衷于发展工副业和第三产业，而不愿种菜了。

二

在社会主义制度下影响商品价格变动的因素有四类：一是影响价值变化的因素，二是影响供求关系的因素，三是货币价值的大小，四是上层建筑的反作用。从北京市蔬菜产销经营来看，影响蔬菜价格变动的因素也不外乎上述四类，下面就此作进一步的分析。

（一）影响价值变化的因素

从上述商品价值和价格构成公式来看，若社会平均成本，各项资源机会成本和产量等要素发

生变化，商品价格必然发生变化。在经济发展进程中影响价值变动最活跃的因素是技术因素。科学技术的发展，使社会产量增加，原材料和劳动消耗降低和运输时间减少从而使社会平均成本降低。最终导致商品价格下降。解放初期北京市蔬菜耕地单产仅3 000多斤，随着科学技术的普及推广，到1956年蔬菜耕地单产达到1万斤。因此，不但蔬菜供应量大幅度增长，每人每日食菜量由3两多增至7两多，而且蔬菜价格稳中有降，从1954年的每斤0.049 4元，降至1957年的每斤0.035 6元，降低28%。

生产资源的数量和资源分配结构影响着各项资源的机会成本，从而也影响着商品的价格。生产资源数量充足，则资源的机会成本等于零。所有生产资源的机会成本都等于零是不存在的。常见的事实是资源数量有限，各种不同的经济用途之间互相争夺资源的利用，而牺牲掉的经济用途的收入就成为某种用途利用该项资源的机会成本了，我国农村一般来说土地不足，资金短缺，劳动力丰富。因此土地和资金机会成本较高，而劳动力机会成本不高。五十年代北京近郊农民欢迎种菜，把种菜看成是发家致富的重要手段。其原因就在这里。自1978年以后由于政策放宽，大城市郊区乡镇工副业发展迅速，近郊农村工副业与蔬菜生产争劳力的情况日益严重，这就使蔬菜生产中劳动力的机会成本大大上升了。当然这种情况也不是完全一致的，有的乡、队、劳动力机会成本较高，有的乡队较低。一般来说，近郊乡队种菜劳动力机会成本较高，远郊较低，河北省某些乡村种菜劳动力机会成本就更低了。土地机会成本也因距城远近而有差别，由此可见，即或是某种商品的社会平均成本和产量因素不发生变化，由于产业结构的调整，也会使资源的机会成本变化，从而使商品价格有所升降。

上缴国家税金和其他发展社会福利的基金是剩余价值转化为平均利润中的一部分，过小不利于国家财政收入的增长，过大会影响农民的合理收入，或则导致价格上涨，把增加的税收转嫁到消费者身上。

（二）影响供求关系的因素

众所周知，商品供不应求，价格上涨；供过于求，价格下跌，影响蔬菜供求关系的因素归结起来有以下几类：

影响需求的因素：

1. 人口。蔬菜是人们每日不可缺少的食品，随着人口的增长，对蔬菜的需求量相应增加。20世纪60年代末和70年代初，因为种种人为的原因，北京城市人口曾一度减至400万左右，因此蔬菜供应比较充足，蔬菜经营效果较好，70年代中期以后，北京城市人口急剧增至500万，到80年代甚至达到550万，人口增长对蔬菜需求量必然增加，因而就加剧了1978年以后的蔬菜供求的矛盾。

2. 人均收入。随着人均收入的增加，对蔬菜需要的数量和种类都有所变化。近几年来北京市市民由于收入增加，在所消费的蔬菜总量中，高价的果豆类蔬菜的比重有所增大。而低价叶菜的比重则下降了。同时对温室大棚生产的蔬菜和外地运来的蔬菜的需要量也增加了，另一方面因为肉蛋等副食品消费量增加，对蔬菜的消费量有所减少。据调查，月人均收入50～60元的家庭，一般每人每日需要净菜7两就足够了。

3. 蔬菜代用品供应量。蔬菜代用品供应量的增加，会使蔬菜需求量减少，瓜果等食品与蔬菜有相同的食用功能，对蔬菜有代替性。如北京夏季西瓜上市旺季，对蔬菜的需求就有所缓和，而四五月间值水果淡季，对西红柿的需求就比较迫切。

4. 蔬菜价格与需求弹性。从市场经济来看，如果商品的消费量和需求结构固定不变，商品的实际需求量就取决于商品的价格。对某一种商品的价格不仅决定于它的价格，还取决所需要的全部商品的价格了，如蔬菜和瓜果豆制品可以互相替代，瓜果、豆制品价格上涨，蔬菜就多消费些，反之则少消费些。

影响供应的因素：

1. 蔬菜价格：如果现行蔬菜价格能使农民得到平均利润或超额利润，农民就会进行生产或扩大生产。为追求超额利润会刺激技术的发展，从而降低成本或提高质量。蔬菜是鲜嫩产品。其季节差价质量差价往往是使菜农得到超额利润的一个重要因素。

2. 其他产品价格：在一定技术水平和一定生产条件下蔬菜和其他产品应当有合理的比价，如果投入（如肥料、农药、人工）价格上涨，会使生产成本增加，而影响蔬菜的供应，如果蔬菜和粮食及其他农产品的比价发生变化，也会影响蔬菜的价格及其供应。1979 年全国粮油调价，曾经刺激蔬菜价格的上涨，当然，如前所述，科学技术因素永远是个活跃的因素，它既会促进产量的提高，也会导致成本降低。

3. 自然条件：因为自然条件的限制，在蔬菜供应中存在常年性消费和季节性供应的矛盾。这一矛盾不仅表现在蔬菜淡旺季时供应数量的相差悬殊，而且在品种上也存在着很大的差别。目前北京市的蔬菜供应基本上还依赖于自然生产季节，全年存在着两旺两淡，即七月和十月旺季，四月底和八九月淡季。要解决这一矛盾不但需要蔬菜生产和贮藏加工相结合，而且在蔬菜布局上应利用自然差异使远近供应相结合等。

由于各年气候条件的不稳定，使年际之间的蔬菜丰歉相差很大，蔬菜的需求弹性又较小，因此使蔬菜价格的涨落变动较大。

4. 蔬菜供应对市场价格的反应在时间上有落后现象，当蔬菜价格和其成本要素的价格发生了变动，蔬菜供应只能在下一个生产周期作出反应。当然因蔬菜生产周期比粮食生产和畜牧生产短些，所以供应反应也较快。

（三）货币价值的大小

蔬菜价格既然是商品与货币交换的比例，因此价格的高低，一方面取决于商品价值的大小，另一方面也取决于货币价值的大小。如果纸币发行过多，通货膨胀，纸币贬值，物价就会普遍上涨，当然蔬菜也不能例外。

（四）上层建筑的反作用是影响蔬菜价格的重要因素

在蔬菜统购包销体制下，蔬菜价格不能及时反映新形势下价格变化的趋势，它既不能刺激生产，影响供应，又因购销价格倒挂而使国家补贴逐年增加。因此按照价值规律的要求，改革蔬菜价格管理势在必行。当然，在蔬菜体制改革后，为了保障人民生活国家对蔬菜价格实行宏观控制和管理仍然是有必要的。

三

北京市的蔬菜是否涨价了？涨价的原因是什么？它发展的趋势又如何？能采取什么对策？根据我们几年的研究，可以有以下的答案：

（一）近几年北京市的蔬菜无论收购价格和零售价格都提高了

收购价格提高的幅度更大，因此国家每年对蔬菜的亏损补贴急剧增长。零售价格指数变动，

是由于蔬菜品种结构有所变化，价格较高的保护地蔬菜和果菜在整个蔬菜销售量中比重增加的结果。

（二）蔬菜价格上涨的原因

北京市蔬菜价格上涨总的来说不是由于供不应求，因为北京市供应的蔬菜保证市民一天可以吃到一斤菜，也不是由于通货膨胀，而是由于构成价格的主要因素发生了变化，影响是深远的。前面已经谈到北京近郊菜农认为种菜亏了本，是什么因素促使菜农亏了本？从上述蔬菜价格构成形式来看，$P \geqslant \frac{A+L+C'+V'+H}{Q}$菜农经营蔬菜可得平均利润或超额利润，他就会继续经营蔬菜。若$P < \frac{A+L+C'+V'+H}{Q}$，菜农就认为种菜不合算，而要转营其他生产。现对这一公式的各项因素逐一加以剖析。

北京市蔬菜价格与国家对经营亏损补贴变动趋势

	1978年	1979年	1980年	1981年	1982年	1983年
收购价格	100	101	118	137	147	157
零售价格	100	97	117	127	133	148
国家对经营亏损补贴	100	160	247	332	478	486

蔬菜单产是影响价格的重要因素。据科技工作者调查，北京市蔬菜单产从20世纪60年代中期以来一直处于徘徊不前的状态。春西红柿、春黄瓜、春大椒、春茄子、春冬瓜、春西葫芦、夏黄瓜、夏茄子、夏冬瓜、窖白菜等十种主要蔬菜的每亩单产仅在4 000～5 000斤左右，耕地平均亩产停滞在万斤上下。这说明单产不是影响亏本的原因。

北京近郊乡队绝大多数是集体生产单位，一般不核算完全成本，只计算物质费用。据在四季青、南苑、卢沟桥、黄土岗等五个公社的调查，蔬菜每亩物质费用1970年为107.0元，1980年上升到189.54元，增长75%，平均每斤菜增长0.008 16元。现以近年每亩平均投入200元计，平均每斤增长成本仅0.01元。

蔬菜是费工作物，北京市蔬菜价格从1978年以来每斤上涨了0.02元多，扣除物质费用后，劳动力的净收入达到900～1 200元，但与工副业劳动力净收入比较，还相差1 500～1 800元，即每斤菜的劳动力机会成本将有0.05～0.06元。

北京近郊的土地是比较宝贵的，就在近十年内菜田的征用补偿费从5千元涨至1万元，乃至1.5万元。这就是说土地机会成本从200元（5 000×4%）发展到600（10 000元×6%）和900元（15 000×6%）。这意味着每斤蔬菜的土地机会成本从0.02元增至0.06元和0.09元。

资金机会成本和税金的变动都不显著，所以就不再作分析了。

综上所述，蔬菜价格上涨主要原因是由于近郊土地昂贵和种菜劳动力的机会成本太高。现行的蔬菜价格不能适应这种形势，所以菜农认为种菜亏本，不愿种菜。

（三）蔬菜价格发展趋势和对策

1983年与1979年相比，北京市的蔬菜收购价格和零售价格分别上涨了56%和48%，也就是收购价格提高0.022 7元/斤，零售价格提高0.022 4元/斤，若把土地机会成本和劳动力净机会成本考虑在内，蔬菜收购价格应比 1983 年价格提高 0.09 元/斤＋0.05～0.06 元/斤＝0.14～0.15 元/斤。这就是说，蔬菜收购价格将上涨至 0.20～0.21 元，而零售价格按差价 50%计，将上升至 0.3～0.31 元/斤。只有这样近郊菜农才愿意种菜，鉴于近郊农民兴办第三产业的积极性很高，劳动力机会成本还有提高趋向，同时近郊土地价格上涨又是不可避免的。所以如果仍在近郊种菜，菜价必然还要上涨。菜价如果上涨到 0.30～0.31 元/斤，由于卖的菜质量较好及其他副食品的增加，蔬菜消费量可以降至每人每日 7 两。这样每人每月的蔬菜开支将达到 6.3 元，按人均收入 60 元计，比重是比较大的。因此必须采取适当的对策。目前切实可行的办法有二：一是改革蔬菜经营体制，放宽政策，取消统购包销，实行多渠道购销体制，这样必然会刺激蔬菜生产的发展，最后使蔬菜价格下落；另一项对策是把蔬菜基地逐步地从近郊转移至中远郊甚至外省市适宜地区。这样可以大大降低成本。比如在河北省农村，蔬菜收购价在 0.10 元/斤左右，当地农民仍有利可图，因此力争把蔬菜价格降低到 0.15～0.20 元/斤，还是有可能的。即使这样，蔬菜支出在人均收入中可能要占到 5%～7%，仍是一个不小的比重。

菜价上涨这是发达国家工业化过程中曾经遇到的一个共同问题，它们解决的办法都不外乎把城市郊区的蔬菜基地逐步移至较远的适宜种菜的地区。如日本东京中央批发市场的蔬菜，在 1960 年 88.4%是从 500～600 公里范围内供给，到 20 世纪 80 年代则 88.6%的蔬菜扩大到 1 100～1 200 公里的范围内供应。除此以外，发展加工冷藏蔬菜，对满足市民需要和稳定菜价也有重要的作用。即使如此，因为蔬菜生产费工，随着人工成本的提高，如果科学技术没有重大突破，在一定时期内菜价还可能上升，而且会比其他农产品的价格上涨得更快。在一些发达国家目前鲜菜的价格都比较高，如美国西红柿同白面包、马铃薯和鸡蛋的比价为：1∶0.94∶0.34∶0.94。在西德一公斤西红柿和菜花的零售价格竟然同一公斤香蕉的价格相等。

试谈农业区划原则*

郭 象 贤

农业区划是实现农业向专业化、商品化、现代化方向发展的科学基础，是调整农村产业结构和合理布局农业的科学手段。搞好农业区划的重要意义，已日益为更多的实际工作者和群众所认识。

我国从 1979 年开展第三次农业区划工作以来，农业区划工作开展规模如此之大，而且受到各级党和政府的如此重视，可说在世界上是从未有过先例的。到 1985 年我国农业区划第一阶段的任务将基本告一段落。全国农业区划进行了大量的工作，取得了丰硕的成果。那么，通过我国丰富的农业区划实践，农业区划应该遵循哪些原则呢？下面谈一些粗浅的看法，一般来说，农业区划应遵循以下几个主要原则：

一、农业生产动态分布规律

这里所说的农业生产，是指农业生产的全过程，而不是指农业单纯“生产”的一个环节。农业生产力包括两个组成部分，一个是社会生产力，一个是自然生产力。社会生产力是由社会经济条件和生产力水平决定的，受社会经济规律支配；自然生产力是由自然生态环境决定的，受自然规律支配。所以，农业生产过程是在社会经济与自然环境两方面的因素结合起来的情况下进行的，是在社会经济规律与自然规律共同作用下进行的。因此，农业生产力的地理分布，即农业生产力在地理空间所处的地理位置及其空间表现形式在时间发展中的变化，也必然受社会经济条件、生产力水平和自然条件的共同制约，即受社会经济规律和自然规律的双重制约。

但是，必须明确，自然地理位置及其相应的自然环境条件，只对农业生产力分布起着基础的制约作用，而社会经济条件的发展变化，则对农业生产力的发展，以及对农业生产力的空间表现形式在时间发展中的变化起着决定性的作用。两者不能等量齐观。一般地来说，农业的地域分异是受自然规律决定的，它是普遍存在的客观规律性，并不会随着社会经济条件的改变而变更，可以说农业的地域分异是永远不会消失的。然而，并不能把农业区内的具体农业内容和农业布局看成永恒的、不变的东西。各类农业区内的农业生产结构与布局，由于受社会经济规律所支配，随着社会经济的发展，它是会不断发展变化的。因此，研究农业区划，不仅应掌握农业地域分异规律，更必须深入研究社会经济规律及其对农业结构与布局的影响。

从我国近几年来农业区划工作的实践来看，无论是省（区），还是县级农业区划，多数较重视农业自然资源和自然条件的调查研究，而对社会经济条件的调查研究则较忽视，使社会经济条

---

* 本文为 1985 年全国农业区划研究会年会论文。

件的分析研究成了农业区划工作中的薄弱环节。在农业区划工作中分析问题时，主要是从自然条件出发，侧重于自然规律对农业生产的影响。例如考虑一个地区的农业生产结构，往往不是从自然规律和经济规律相互紧密结合上去分析和认识，而把它却看成主要是农业地域分异的结果。由于对农业生产动态分布规律缺乏应有的正确认识，因此，必然会使农业区划工作质量受到一定的影响。

二、农业地域分工原则

农业劳动地域分工是现代化农业生产发展的必然结果，同时，又是现代化农业生产发展的必要条件。从我国的情况来看，由于我国幅员广阔，各地区发展农业的自然、经济、技术条件、劳动力资源以及传统历史特点等，都存在着很大的差异性，而且这种差异性的具体表现是会随着时间的推移而不断变化的。另一方面，农业部门结构复杂，品种繁多，不同部门、不同品种在生产上各有其不同的要求，特别是各种作物或畜禽品种，都要求一定的生态环境。因此，不是在任何地区都能达到同样的经济效果。某种作物在甲类地区发展最为有利，而在乙类地区发展可能就不利。譬如橡胶生产，就受热量资源和降水量地区分布的限制，并不是任何地区都可以生产的。

现代农业，从经济效果来讲，任何地区都不可能也不应该样样俱全地发展一切农业部门和作物，生产当地需要的所有农产品，而必然是某些农产品生产得多，除了满足地区的需要之外，还可以大量供应外区：有些农产品则生产得少，不足的部分可由外地供应。我们有优越的社会主义制度，社会主义公有制经济占绝对优势。因而，有可能根据国家计划的指导，充分利用各地区发展农业的条件，扬长避短，发挥地区优势，建立合理的农业地域分工和区际联系，各地区之间相互支援，共同发展，从而使得各地区都在全国农业总体系中各占有一定的地位。这是社会主义农业地域分工与资本主义农业地域分工的本质差别。因此，在农业区划工作中必须认真贯彻这一原则。

三、相似性和差异性的划区方法原则

农业区划的种类很多，它们的性质和特点是有差别的。划分农业区的依据，是不可能完全相同的。但是，各种农业区划，不论是单项农业区划还是综合农业区划，都存在着共性。都要揭示出区域性的特征，都要反映出地区分布上存在的地区内的相似性和地区之间的差异性。因此，区内相似性和区间差异性，就成为各种农业区划共同遵循的原则。运用这条划区原则，对各种性质不同的因素分别进行归类划区，就可以划出各种性质不同的农业区划。

这一划区方法原则具体运用于各种农业区划，就派生出各种具体的划区依据。农业自然条件区划，划区依据有关的自然因素；农业部门区划，划区依据各农业部门的特性和有关的自然经济因素；农业技术措施区划，依据各项技术的特性和要求；综合农业区划，则依据综合因素。每一类农业区划所依据的因素，都要同该类农业区划的性质和内容相一致，都要能够表现出该类农业区划的基本特征，都要能够比较确切地反映该类农业区划的性质和内容。

综合农业区划的特点在于“综合”，就是要把农林牧副渔各部门和各种作物的生产作为一个整体来看待，研究它们之间的有机联系和合理结合。要综合评价发展农业生产的各种自然条件和社会经济条件，研究它们对农业生产的有利和不利影响，以便趋利避害，扬长避短。既要反映各地区农业生产的特点及地区差异，更要研究为了发挥地区优势，发掘生产潜力，拟订进一步的发

展方向和对农业布局进行必要的调整。还要分析各地区农业生产存在的薄弱环节和关键问题，抓住主要矛盾，指出农业生产进一步发展的主要措施和途径。因此，综合农业区划的分区依据，一般来说，应遵循以下三条：

1. 发展农业生产条件的区内相似性。发展农业生产的条件，包括自然条件的气候、土地、水、生物、能源等和社会经济条件的人口、劳动力、畜力、农业技术装备、资金、交通运输、城镇与工业等。这是生产条件在一定地区内的相似性，是形成农业区的基础，主要反映发展农业的可能性。

2. 农业生产基本特征和发展方向的区内相似性。农业生产特征是指农业部门结构，农业布局现状、农业生产发展水平、农业商品化程度等方面所反映的特征，这是构成农业区域的主要标志。不同地区有着不同的农业生产特征。因此，把农业生产特征作为划分农业区的一个主要依据，划出的农业区与区之间才有明显的差异性。

农业发展方向的确定，应是以当地的农业生产条件、特点为基础，以国家经济建设的方针、计划为指导，考虑国家和人民生活对各种农产品的需要，把需要和可能正确地结合起来，真正发挥地区优势，为农业生产实现区域化和专业化奠定基础。因此，综合农业区划的划区，仅仅依据生产条件和生产特点的相似性和差异性是不够的，必须同时以是否具有大致相同的农业生产发展方向，特别是农业生产的专业化发展方向为依据。

3. 农业生产关键问题和建设途径的区内相似性。要揭露和分析各个地区农业生产存在的关键问题，抓住主要矛盾，提出农业建设的主要途径。建设途径也就是发展农业要采取的重要措施，即各农业区要实现其农业发展方向，需要解决哪些关键问题，应采取哪些重要措施，主要是反映发展农业的战略措施。

由于综合农业区划的特点在于“综合”，上述三条划区依据是紧密联系的，在运用过程中应该全面考虑，但需要分清主次。其中心内容则是农业发展方向和建设途径，即每个地区今后农业生产发展什么、怎么发展，这是综合农业区划的主要目的。要回答这个问题，就要对多种因素进行分析。涉及到这三条依据的全部内容，特别是要研究每个区的优势是什么，如何扬长避短，这就要从发展农业生产的条件现有生产基础，以及发展生产的潜力等方面进行分析。同时，还要研究解决什么关键问题，才能实现扬长避短，发挥优势，这就必须抓准每个区的主要矛盾，提出解决的方法和途径。

开发利用劳动力资源　提高农场经济效益*

金敬恩　张正河

兴办职工家庭农场，实行大农场套小农场的经营管理体制，是国营农场经济体制的重大改革，它使农场内部经济关系发生了深刻的变化。农场经济体制的改革，调动了广大职工的积极性，劳动效率大大提高，从而使长期以来就存在的劳动力剩余问题，更加突出起来。剩余的劳力以至整个劳动力资源能否充分得到开发利用，关系到农场经济的发展和经济效益的提高，关系到每个职工的切身利益。笔者根据对黑龙江垦区一些农场的调查，对如何开发利用劳动力资源，提高经济效益问题，试作一些初浅的分析和探讨。

一

中央关于农垦经济体制改革的文件中指出，农场体改的主要任务是：加强企业化经营，增强企业活力，实现劳动效益、规模效益和技术效益的统一。而要达到这一目的，就必须调动劳动者的积极性，充分合理地利用农场的劳动力资源，使生产力中最活跃的因素——劳动力人尽其才，各得其所。劳动力，在狭义上可解释为人的劳动能力，在广义上可看作是进入劳动年龄的人口，本文既涉及到个人劳动能力的最优使用，也涉及到全部劳动人口的最优使用。

在分析研究劳动力合理利用之前，我们以黑龙江垦区为例考察一下农垦劳动力资源及其开发利用的现状。

黑龙江垦区经过三十多年的开发建设，目前已形成了一个大型国营农场群，全垦区有耕地2 723万亩，拥有机械总动力289.5万马力，百亩耕地拥有106马力，亩均施化肥11公斤，农场职工总数达64.1万，其中16～35岁的青年职工占60%，文化水平构成如下：大中专以上水平的占2.3%，高中水平的占17.6%，初中水平的占32.4%，小学水平以下的占47.7%根据现有耕地和作物面积，参照目前低水平的定额，国营农场有剩余劳力10万个左右。

巩固和发展家庭农场的关键在于增加社会财富，提高经济效益。目前黑龙江垦区产业结构单一，在兴办家庭农场时，许多农场采取了均分耕地的办法使每个职工都有活干，形成三个人的活五个人干的“在业性失业”。一年多的实践证明，家庭农场单靠耕地收入是富不起来的，垦区经济仅靠农业是繁荣不起来的。在有限的耕地上集结几乎全部的劳动力，是造成垦区效率低，效果差的主要原因。与劳力的大量剩余相对，广阔的黑土地、草原、沼泽、水面和宝贵的森林及野生动植物尚未合理利用，农产品的初级加工和深加工尚未发展起来，生产和生活日益需要的第三产业还处在萌芽状态。针对平均承包耕地造成的失误，今年大部分农场实行了适当集中承包耕地的

* 原载《农垦经济体制改革研究》(1986年中国农垦经济年会论文选)。

办法，以扩大家庭农场的规模。目前垦区有4%的家庭农场平均承包耕地1 000亩以上；占职工总数20%的职工耕种80%的耕地，这种办法可以使种田能手甩开膀子大干，便于发挥技术效益和规模效益。但百分之七八十被分离出来的人往哪里转移，以何种方式转移，将影响着整个农场和社会效益。因此，研究经济效益与劳力资源的关系，分析影响劳力资源开发利用的因素，探索合理利用的途径，就显得非常必要了。

二

威廉·配弟说过，土地是财富之母，劳动是财富之父，劳动力在促进生产力和社会经济的发展方面起着至关重要的作用。垦区有着丰富的自然资源，但这些天然的赐物只有吸收了人的劳动才能成为经济学意义上的财富。

开发和利用劳动力资源，目的不仅在于使没有活干的人有活干，更重要的是要提高产品产量（产值）与劳动支出量的比值，即提高劳动力的经济效益，二者存在着内在的必然的联系。

首先，劳动力的基本就业是提高全社会劳动效益的基础。在分工合理的情况下，这是不言而喻的。假如一个单位的劳动就业比例很低，即使在业人员的年劳动生产率很高，全员劳动生产率也不可能高。建国三十多年，我国实行低工资、高就业的办法，这在农垦事业单位更为明显，凡是从内地转来的民工几乎无一例外地落在农场，几十年内新增的劳力也几乎全由农场揽了下来，实现了农场劳力的“完全就业”。这种办法出发点是好的，从当时的社会政治经济条件来说，这种办法也是可行的，效果也不错，如1962年垦区农业人均产粮豆10 294斤，创造产值1 120.7元，当年粮豆商品率为35.5%。

其次，劳动力的优化就业，是提高全社会劳动效益的关键。用行政手段分配劳力，很难使劳动力各得其所。从劳动心理学的角度讲，只有既做到人适于事，又作到事适于人时，才能创造出最和谐的劳动环境、最佳的经济效益。

一个社会的经济是由多种生产部门和非生产部门融合而成的，社会对这些部门劳动量的需求是有一定比例的，而不同的劳动者由于受教育程度和实践经验等不同，形成劳动者的不同劳动能力和技术特长，这就为因事定人、择优用人提供了社会和个人条件。一般地说，一个人的专业特长应该从事于最能发挥劳动效能的行业，如一个人经商是内行，但种地管理机械未必就是一名行家。在目前，黑龙江垦区，各行业的劳动生产率（每劳力创造的产值）不尽相同，农业、运输业、建筑业、工业的劳动生产率的比率大致为4∶4∶7∶11。在不同的行业，在不同的岗位上，不同的人劳动效率大不一样。因此劳力分配得是否合理，直接影响着总体效益。不加区别地将劳力一概捆在耕地上，是对劳动力资源使用得不合理、不经济的突出表现。

第三，剩余劳力的出现，为改善生产结构、提高经济效益提供了极好的机会。随着农场经济体制改革的不断深入和完善，职工劳动积极性大为高涨，出现大量的剩余劳力和剩余劳动时间，这不足为奇，这是改革过程中必然出现的“结构性失业”问题。随着生产效率的提高，这一问题可能会有一定程度上的激化。在目前的经济形势下，做好剩余劳力的分离和转置工作，是提高经济效益极其有效的手段。农场有如此富裕的劳动力，正是一笔巨大的财富，是调整产业结构的有利条件。如果能及时、合理地作好种、养、加、商、服等业的结构调整，为剩余劳力找到发挥作用的出路和场所，那么他们就可以创造出巨大的物质和精神财富。如八五三农场，根据本场实际情况，制定了劳力转移及结构调整的战略计划，1985年养殖业、工业、交运及建筑行业都有了长足的进展，为农场赢得了可观的非耕地收入。

由以上分析可以看出，垦区经济效益的提高取决于劳动力的基本就业和优化就业，要想有合理的就业结构，就必须有合理的产业结构，而产业结构的调整在很大程度上取决于劳动力资源的开发利用程度。

三

在黑龙江垦区，现有60多万劳动人口，再加上配套的农业机械装备，每年应该创造出更多的财富。事实上，丰富的劳动力却成了垦区的一个大包袱，成了影响生产率提高的不利因素，这足以引起我们的深思。很显然，劳动人口要成为现实的生产力因素需要有一定的条件。那么是什么影响着生产力要素的组合呢？又是什么因素制约着劳动力资源的开发利用呢？

首先，劳动力资源开发利用的程度受本区内自然资源的状况及开发利用情况的影响。一般地说（从理论上讲）自然资源越丰富，就越能有效地利用劳动力，实现劳动力的充分就业。但自然资源能否被开发利用，在很大程度上又取决于劳力资源开发利用的程度，二者是互为推进的关系。

30多年来，黑龙江垦区农场数目发展到1985年的85个，所辖土地面积为7 658万亩，耕地达2 700多万亩，垦殖率达35.6%，但耕地以外的几千万亩土地却仍在酣睡，这些土地有些确因自然条件恶劣，交通不便，目前不宜开发，但宜垦荒地和可利用资源的开发工作进展也很慢。

关于资源开发问题，许多专家认为，黑龙江几十年的垦荒破坏了平稳的生态，引起了气候的变化，破坏了原来的生物梯度和物种结构，影响了物质循环和能量转换，这是事实。值得提出的是，资源的开发、保护和利用与生态平衡并不是一对针尖对麦芒的矛盾，问题在于如何开发。我们不能把破坏原有的生态平衡一律看作是坏事，因为现存的可能是合理的，但并不一定是最合理和最完美的，如果我们囿于维护生态的原始平衡，不进行有计划地“破坏”，那么就不可能有现在的东北大粮仓。我们可以人为地改变原始落后的生物群落，去建立新的高产出的更复杂的生物群落，由原来的平衡达到新的平衡。如利用丰裕的劳力去开发沼泽地，建立水田生态系统或林地生态系统，这样就能使有限的耕地得以精耕，辽阔的荒地得以利用，重组生产力因素，获得较高的经济效益。此外，区内还有大量的草山草坡灌木丛没得以改造，许多矿产资源尚未得以开采……。自然资源的开发影响着区内劳力资源的开发，也就是说，自然资源是人力资源的吸收器和发挥作用的场所。

其次，取决于劳动力本身的素质。上面已说过，垦区有丰富的自然资源，同时垦区内有极其丰裕的劳动力，可为什么会出现自然资源和大量的劳动力都在闲置的情况呢？劳动力素质差是其中的重要原因之一。

东北大型国营农场是在解放后才发展起来的。人民解放军铁道兵响应党和国家号召，首先开进了茫茫的“鬼沼”，为大规模地开发边疆铺平了道路。1958年10万转业官兵开进北大荒开始了大规模的垦荒运动。以后由四川、河南、山东、河北几大省份陆续来了大批移民，这些移民中相当部分是在三年困难时期单身或携家眷为度荒而来的，有一部分是由于兴建水利工程或遭受了自然灾害以后由国家组织移民的，他们绝大部分来自贫穷地区，最大特点就是能吃大苦耐大劳，但文化水平极低。20世纪六七十年代，又有一大批城镇青年、知识分子下到了基层农场，这些劳力的文化水平高，思想活跃，接受新知识快，他们人数虽不多，却分布在机关、学校、工厂、机务班、农工班等各个层次和各个部门，在一定程度上可称为黑龙江垦区的人才宝库，但这些知识分子绝大部分在落实政策时返回了城镇，致使一些农场的工作曾一度受到极大影响。

从以上分析可见，农垦部门广大干部和职工具有高度的组织纪律性和思想觉悟，勤劳勇敢，这是农场劳动力素质中最宝贵的潜在因素，但以现代目光分析，农场劳动力的素质还是很差的。主要表现在：①干部的素质低，年龄较高，知识水平较低，特别是直接领导生产的基层干部。如场级干部中，初中水平以下的占40.7%①，家庭农场的场长中，初中水平以下的竟高达95%以上②。好多领导仍然用旧的方法管理农场，根本不懂得现代化的管理方法。②职工素质低，主要表现在知识水平和技术结构上，场内生产有时无法进行合理的分工和协作。

劳动力的质量在三种意义上制约着劳力资源的开发：第一，制约着劳动密度的提高；第二，制约着对自然资源的集约经营和综合利用；第三，制约着其他新部门的开拓。现在正是低质量的劳力限制了本身的开发和利用。

再次，生产组织形式是影响劳动力资源开发利用的外在因素。生产力要素在单独的情况下只能是潜在的生产力，要把它们变为现实的生产力，必须造成一定的环境，其中最主要的就是生产组织形式。劳动是劳动者通过劳动工具把能量传给劳动对象的，人处在主导地位，因此，劳动组织形式的好坏应首先考察该形式对发挥劳动者积极性的作用。在现实的社会条件及精神状况下，大部分职工的直接劳动目的是为了取得一定的经济收入，通过对三个农场100名职工的走访调查发现，直接回答为了工资而劳动的职工占56%，因此在目前情况下，物质利益手段在调动职工积极性方面还是有刺激作用的，而原有的体制的最大缺点就在于割裂了个人劳动与个人所得的关系。“大呼隆”的组织形式，限制了大部分职工劳动积极性的发挥，劳动效率低。

农场实行经济责任制，特别是1984年兴办家庭农场以后，劳动组织形式有了很大的改进，按劳分配形式更加明了，看得见、摸得着的经济利益大大地激发了职工的劳动积极性，干活讲求质量，投工讲求效率，提高了劳动的内含量，出工不出力、效率低的问题初步得到了解决。我们将同是一个中等水平的职工，干一般的农活如锄地、拔草，完成同量的任务，在不同劳动组织形式下，所需要的工日（或工时）情况对比如下：生产队统一出工、雇工家庭农场和独户家庭农场形式下，所需工时比例为6∶3∶2③。应当指出，独户家庭农场比雇工农场能更合理地使用劳力，它的劳力有较好的适应性、并能在较短时间内承担较大的工作量，可以认为，经济责任制特别是职工家庭农场是一种符合人们行为规律的经营形式。

此外，人的劳动积极性、创造性及劳动质量与群体环境有着密切关系，在一个民主和谐友好安定的工作环境中，人们的劳动热忱最高，工作效率很高，这样就能充分地利用人力去开发新的生产项目，提高劳动力资源使用的整体效果。

又再次，产业结构在很大程度上制约着劳动力资源的利用。黑龙江垦区1985年农业产值14亿元（其中种植业产值占12亿元），工业产值10亿，商品零售额为5.5亿元。而分布在农、工、商各业的职工人数分别为：30.6万人，10.6万人和3.4万人。这样的就业结构和产业结构把大部分职工绑在有限的农业生产资源特别是耕地上，而区内其他丰富的资源却得不到开发利用，造成了劳力与生产资料的一定程度上的分离，生产率低下，窝工浪费严重。因此，只有减少在农业中不必要的耗费，把窝在农业中的劳动力转移出来，才能使从事农业的职工采用新技术，提高生产效率。

从农业中分离出来的劳力的去向，直接影响着农业劳动力分离的速度和数量，如果在查清自

① 范为常，《黑龙江垦区企业素质的考察》。

② 董胜林《提高机械化家庭农场场长素质问题》、《农场经济管理》1986.1

③ 这是一个由生产队长、会计、农工参加讨论的估计数字。

然资源和社会资源的基础上，合理开发新的生产项目，开拓新的就业领域，就能使分离出来的职工有活可干，有饭可吃，只有依靠农业本身的挤劲和农外行业的吸劲，才能有效地合理地利用原来窝在耕地上的丰富劳力资源。调整产业结构，提高生产率，其真正含义就是提高劳动的经济性。

最后，生产效率的提高与劳力资源的开发利用有着相辅相成的关系。经济学界和社会学界曾在生产率与就业率这一问题上产生了分歧，至今也未得到完全的统一。如果把生产结构的比例和容量看作是一个定量的话，那么生产工具的改进、劳动效率的提高，肯定会导致就业人口的减少。事实上，上述假设是不可能的。一个部门生产率的提高往往和生产结构的变化及就业领域的扩大是同步的，只有提高生产率，才能分离出一部分劳力去兴办社会上急需而自己又具优势的产业，在更广泛的配套行业中安排劳力，去创造更多的社会财富，同时也只有做好人员的安置工作，总体生产效率和经济效益才能有所提高。

下面举两个例子分析其间的关系。例一，友谊农场五分场二队1978年从美国引进一套机械设备，按定员编制应由原来的326名减至55人，场领导针对高效机械与丰裕劳力在狭小规模上的矛盾，认真分析了该场的资源状况，决定将多余下来的271人分作两队，一队另垦荒地，扩大农业的生产规模，另一队作为副业队。七年过去了，生产机具的引进引起了生产规模的扩大，经济效益明显。仅从农业方面考察，分离后三个单位农业的合计与老二队相比，农业工人减少了10.7%，总产高出141.5%，劳动生产率提高170.5%，经营利润提高13.9倍。例二，八五三农场三分场四队，有职工179人，引进美机后，劳力剩余达120个，但由于没有给这些劳力找到出路，他们就蹲在家里，一年干一个月左右，一年下来收入不仅没有增加，相反还因机具折旧费、燃料及修理费的增加而减少收入。

因此，在生产门路还未大开的时候，既要重视生产效率的提高，又要注意劳力的就业，应区别不同的情况在垦区建立起高、中、低相结合的技术体系，使不同层次的劳动力都能得到充分的利用，取得较高的整体经济效益。

四

以上分析了劳力资源与经济效益的关系以及影响劳力资源开发利用的因素，下面对如何利用垦区劳力资源，提高经济效益这一问题提几点看法和建议。

就黑龙江垦区的具体情况看，最首要的也是最有效的措施，就是调整产业结构，大力发展多种经营，迅速扭转有人无事干、有事无人干的局面。调整生产结构，应以现有的生产结构为基础，在分析区内自然资源和社会资源的前提下，合理地分配生产资料和劳动力，以期达到经济的均衡稳定高效的发展。目前垦区存在的“在职性失业”和“结构性失业”，最根本的原因就在于劳力与生产资料在各部门之间的分配不协调。随着人民生活水平的提高，人们的消费结构日益多样化，原来单一的生产结构根本无法满足这种需要，这就为调整生产结构和产业结构提供了良好的社会条件。这里我们可以把生产结构看作是劳动力资源的容纳器，过去单一结构几乎把全部劳力拢在一起，从事低效的甚至是无效的劳动，调整产业结构并建立多层次和多元的产业结构，就可将耕地上过多的劳力资源转移到社会需要的国民经济其他部门中去，减轻劳力对耕地的压力，便于农业部门采用高效率的机器，提高农业劳动生产率。但劳动力的分离和其他产业部门的建立，必须以农业特别是粮豆产量稳定增长为基础，否则这种分离是不会长久的，最终必导致经济的低效率。

垦区产业结构和就业结构的调整应在以下几个层次上进行：①粮食作物内部。现在黑龙江农场的粮食作物几乎是青一色的小麦、大豆，间或有少许玉米，人们爱吃的杂粮如红小豆、绿豆、黍子、高粱等在垦区几乎绝迹，形成了杂粮价高而无人种植的局面。有条件的农场可在满足麦豆生产需要的基础上，分出一部分土地和劳力种植一些五谷杂粮，增加经济收入。②种植业内部。主要是理顺粮经作物种植上的劳力结构，应在保证粮食总产的基础上，分离出一部分劳力，去发展本区的优势作物，如山葡萄、黑加伦、向日葵及名贵药材等。③农业内部的重组。黑龙江垦区农业生产资源丰富，不应把眼睛仅盯在不足3 000万亩的耕地上，应将耕地上密集的劳力向闲置的林地、草场和水面转移，把垦区办成一个农林牧渔综合发展的整体农业区。④垦区各产业间劳力的调整。产业结构的调整和劳力在各产业之间的流动，是社会化大生产的必然要求和结果，在目前条件下，要注意发展劳动密集型产业，以吸收和利用从农业中分离出来的剩余劳力，提高垦区内劳动力的利用程度和全员劳动生产率。调整结构，特别是后一层次的调整，一定要有战略计划，避免不必要的重复建厂。

措施之二，在农场底子薄、暂时无力量拿出资金建厂办店的情况下，应有计划地在农闲季节实施农田基建，把劳动者内在的劳动能力，物化在一定的生产和生活设施上，把极易流逝的劳动能力以物的形式贮存下来以备后用，这种办法不失为暂时减少劳力损失的应急措施。如家庭农场可进行土壤改良，大农场可集中力量兴修农田水利，营造防护林带等。

措施之三，发展正规教育和成人教育，提高劳动者素质。现代化的生产需要高质量的劳动力，农场工人在兴办家庭农场后，由于吃到了没有文化技术的苦头，现在学习热情很高，农场各级领导应抓住这一大好时机。对家庭农场的场长一定要进行技术知识和管理知识的培训，对占垦区职工一半的青年工人，应制定中长期培训计划。大力发展垦区的正规教育，在有条件的地方可率先实行义务教育法，实行强制性教育。国营农场的新增人口除了极少数的升学和调出之外，绝大部分留在场内，这部分人的素质代表着未来劳动力素质，因此发展教育，提高劳动者素质，是关系到劳动力资源开发利用的长远大计。

措施之四，改革过去的劳力组织形式和劳力管理体制，允许劳动力在一定范围内流动，并提供各种劳动信息，引导劳力在各地区各领域间的合理流动，使劳力与资源的结合更加紧密，从根本上解决农垦劳力的不合理的就业结构。要实现劳动力的合理流动，必须清除劳力企业私有制思想和改革僵死的人事制度，这在目前看来，可谓困难重重。此外，配合机械进行劳务输出和对外承包也可在一定程度上减少劳力资源的浪费。

垦区剩余劳力问题是经济体制改革以后才渐渐显化的，目前已影响着经济的发展，但尚未达到激化的地步，农场应抓住这一战机，及时作好各方面的准备，把劳力剩余这股洪流导向调整产业结构，提高经济效益的轨道上去。

农业与财政的关系*

袁慧敏

一、社会主义财政的本质

财政是一个历史的、经济的范畴。是国家凭借权力参与一部分社会产品的分配和再分配，而与各方面形成的经济关系。是以国家为主体的一种特殊分配关系。

在不同的社会制度下财政具有不同的社会性质。资本主义国家财政，是为巩固资产阶级统治，压迫、剥削广大劳动人民的一种手段。反映着资产阶级国家与广大人民之间的对抗性关系。

社会主义的财政基础是社会主义生产关系，同资本主义国家财政具有根本不同的性质。社会主义国家不仅是依据它的政治权力，而且是作为全民所有制经济的生产资料和产品的所有者，直接参与物质资料的生产过程，不仅参与生产领域以外的分配关系，而且参与生产领域以内的分配关系。它"取之于民，用之于民"，为无产阶级政治服务，为保证国民经济有计划按比例发展，不断提高人民物质文化生活水平服务。它是一个包括国家预算、银行信贷和企业财务的广泛的社会主义财政体系。

社会主义财政现阶段的主要任务是：为实现四个现代化积累和合理分配资金，对国民经济进行调节和监督，坚持社会主义方向，促进社会主义生产关系和上层建筑不断完善，促进国民经济有计划按比例发展。

社会主义财政收入的主要来源是：国营企业创造的纯收入（税金）、集体所有制合作经济和个体经济上缴国家的税金。

在正常情况下，国家财政支出的大部分应用于社会主义经济建设，扩大社会再生产（如：基本建设拨款、增拨企业流动资金、国家物资储备支出、支援农业资金等）；一部分用于非物质生产部分的支出（如：各项事业费、行政管理费、国防费用以及援外等）。

社会主义财政虽然属于分配范畴，但它与其他分配关系相比有它的特殊性：第一，财政是由国家作为参与分配的主体直接进行的，分配的对方都是直接与国家政权发生分配关系。第二，财政是以国家通过立法的或行政的权力规定的法令制度为依据来进行的。第三，不论其收入或支出，都是以无偿（公债除外）的方式进行的。第四，国家财政必须借助于价值形式，使国家财政直接表现为国家财政资金的收支运动。在国家财政中，还必须利用税收、利润、折旧等价值范畴和价值规律的作用。

二、农业与财政的关系

生产决定分配，分配影响生产正如毛泽东同志明确指出的："财政政策的好坏固然足以影响

* 载北京农业大学农业经济系编，《农业经济》第21章第1节，农业出版社，1986。

经济，但决定财政的却是经济。未有经济无基础而可以解决财政困难的，未有经济不发展而可使财政充裕的。”①

经济决定财政，主要表现在：

1. 经济发展的规模和增长速度决定财政收支的规模和增长速度。但是也往往会出现经济发展和财政增长幅度不一致的现象。因为经济发展是个综合的数量指标，而财政收入不仅受产品数量的影响，还受质量、品种、成本、费用、销路及价格变动等多种因素的影响，如果片面追求高速度、高指标，忽视经济效益，势必影响财政收入，造成两者增长幅度不一致。此外，近几年，经济发展了，国民收入也增长，但由于地方、企业留成较多，结果造成国家财政收入反而下降。

2. 社会生产的物资构成制约着财政支出的构成。国家的资金和物资是在国家统一计划指导下分配和使用的，因而资金运动和物资运动是紧密结合的。安排各项财政支出时，必须与所需的物资构成相适应，否则会造成物资供求之间不平衡，供不应求会影响扩大再生产，供过于求会积压资金，都会影响国家财政收入。

3. 一定的生产方式决定一定的分配关系。生产资料所有制的性质和形式最终决定国家财政分配的性质与形式，即决定国家对不同的所有制采取不同的政策和不同的分配形式。

财政影响经济，主要表现在：

1. 财政分配直接影响着社会主义的生产关系。国家可以利用财政这个经济杠杆来调节中央和地方、国家和企业、企业和个人之间的经济关系，调动各方面的积极性，推动社会生产力不断发展，促进社会主义生产关系不断完善。

2. 财政分配的规模和增长速度影响经济发展的规模和速度。积累是社会主义扩大再生产的源泉，资金积累越多，经济建设规模就能越大，速度就越快。

3. 财政资金的分配，影响社会主义再生产的比例关系。在既定的财政收入规模的情况下，财政资金在各部门分配适当与否，直接影响各部门的发展速度和他们之间的比例关系。

农业与财政的关系，已经包含在国民经济与财政的关系中。但是，我们还应看到农业的特殊性，对国家财政还有特殊的影响。

农业是国民经济的基础，也是国家财政的基础。这首先表现在我国的国家财政收入，在很大程度上来自农业。虽然农业税占财政总收入的比重很少，但间接来自农业的则比重很大。如轻工业上缴国家的税收和利润占国家财政收入比重很大，而以农副产品为原料的轻工业产值占轻工业总产值的70%，而且农业又是轻重工业的重要市场。所以，农业丰收，不仅农业直接向国家缴纳的税金和利润增加，而且可以促进工业、商业、建筑工业和交通运输工业的发展，使它们能够为国家提供大量的税金和利润。

我国建国以来的实践经验也证明了只要农业丰收了，财政收入就有较大的增长。当然随着国民经济的发展，农业总产值在国民经济总产值中比重将下降，但农业对财政的影响仍将是一个极重要的因素。

农业与财政的关系还表现在国家财政工作处理的正确与否，对农业生产发展有重大的影响，而且随着农业现代化，这个影响还会越来越大。如果国家从农业中提取的纯收入太少就无法满足国家从农业中积累资金发展工业生产的需要；如果提取太多，农业本身的积累就要减少，甚至影响农业生产必要劳动的补偿，挫伤农民的生产积极性，影响农业生产的发展；如果国家财政分配

① 《毛泽东选集》四卷合订本，第846页。

给农业的资金和给国民经济其他部门的资金比例不当，还会造成农业与其他经济部门的发展比例失调。

社会主义财政，虽然与人民的利益根本一致。但也必须注意从农业中提取的财政收入，一定要和农业生产力发展的水平相适应，如果片面强调国家利益或搞过多的地方公益事业，征收过多的地方税，使农民负担过重，以致影响了农业生产的发展。到头来必然使国家财政陷于困境。

在防止农民负担过重的同时，也要防止片面强调农民个人利益的做法。否则国家财政收入就会减少，国民经济的发展就要受到影响，而最终农业生产的发展也要受到影响，农民的收入也就不能较快的增加。总之必须正确处理农业生产与财政的关系，防止两个片面性。

关于在我国农村建立农户核算的建议*

杨秋林

一、建立农户核算是形势发展的必然

随着全面推行家庭承包责任制，土地以及其他一些生产资料分到社员户使用，生产费用支出及收入由社员户自己掌握，有些生产队甚至取消了会计，一些基本的产量、收入、成本资料难以取得。在包干到户情况下如何实行核算已成为实践中出现的新问题。会计核算作为观念形态的总结，作为经济管理的一种手段，它必须与经济管理体制相适应。我国农村经济管理体制随着全面推行联产承包责任制而发生了深刻的变化，由“三级所有，队为基础”的集体经济变化为以农户经营为基础的农村合作经济。原来适合“三级所有，队为基础”的生产队会计核算，现在则不适合了，它必须改革以适应经济管理的要求，并促进经济的发展，这正是建立农户核算的必然所在。这次有机会到爱尔兰进修学习，仔细研究了他们的“家庭农场会计”，颇有启发。他们为了改善农场财务的状况，为经营管理和计算税收提供数据资料，家庭农场会计对其收入、支出、财产、往来、土地及牲畜都有较详细的记载，并在生产周期结束时作出简单的农场经营分析，据以计算应向国家的纳税额。我们要实现农业现代化，必须讲求农业生产经济效益，作为经营主体的社员承包户（包括专业承包户和专业联户），更需要掌握生产的成本、收入等基本情况，并为各级经济管理机构提供必要的数据资料。因此，在实行家庭承包责任制的情况下，建立和实行农户核算就是势在必行。

当然，今天不会有人（也许有少数人）怀疑家庭承包责任制的社会主义性质，但当我们要实行农户核算时，仍有必要强调指出，必须彻底改变对“农户”的传统观念。我们现在的农户是社会主义农村合作经济的经营单位，包括各种形式的承包户、专业户及专业联户。

二、关于建立农户核算的基本设想

1. 总括地说，农户核算制可以分两级进行。一级是基本的，即以农户为基本核算单位，设立“农户账”核算农户的收入、支出及承包合同的兑现情况，登记农户的财产及产品产量，并作简单的经济分析。另一级是专业会计，按村、或按乡指导农户核算，完成统一核算的任务，并分片汇总有关经济指标，填写会计报表。

2. 关于“农户账”，可以全国统一格式，但不统一具体内容。也就是说，全国农户账的格式一致，但其收入项目、支出项目等具体内容则视不同农户而不同。例如，以种植业为主的农户，

---

* 原载《农林辩证法》1986年第1期。

其收入项目是小麦、玉米、棉花……，其支出项目是种子、肥料、农药……；而以养猪为主的农户，其收入项目是肥猪、仔猪……，其支出项目是饲料、饲草、农药……。

3. 统一格式的“农户账”包括七项基本内容。

(1) 承包合同的内容。它不代替承包合同，承包合同要履行法律手续。“农户账”中承包合同的内容，只是填用承包合同中有关的经济指标，列入账内，作为农户经营的经济目标。其格式参照经济合同的格式，分为“出包”和“承包”两大栏，各栏具体项目根据不同承包内容填写。

(2) 支出内容。采用多栏式账页，按支出的具体项目填写各栏，按经济业务发生的时间先后顺序填写支出数额。参考格式如表1。

表1 支出账

日期		摘要	总支出	其中		
月	日			种子	肥料	……
	1					
	2					
	⋮					
	31	月计				

(3) 收入内容。采用多栏式账页，按收入的具体项目填写各栏，按经济业务发生的时间先后顺序填写收入数额。格式同支出账，只是将总支出改为总收入，将支出项目改为收入项目。

(4) 产量登记。包括农产品产量登记，工副业产品产量登记，畜禽饲养登记。登记产品和畜禽的数量及其增减变化。按产品品种或畜禽种类填写各栏，按经济业务发生的时间先后顺序登记增加、减少的数量。格式可参照现存的粮食物资登记本和畜禽饲养登记本。

(5) 财产登记。登记农户拥有和使用的财产种类、名称、价值、年限、折旧、增减变化情况。格式参照现存的财产登记簿。

(6) 往来登记。登记农户与银行、信用社、供销社、其他单位或个人的往来借欠经济业务。按往来对象填写各栏，按经济业务发生的时间先后顺序填写数额。参考格式如表2。

表2 往来账

日期		摘要	××银行				××信用社	……
月	日		借入	借出	偿还	结算余额		

(7) 经济分析内容。对农户的经济活动作简单的分析，主要包括三项内容。

一是收结余分析，将农户一年的收入、支出及结余情况综合填写于收支余分析表内，类似现存的收益分配表。其参考格式如表3。

表3 收支余分析表 年 月 日

<table>
<tr><th colspan="4">收入部分</th><th colspan="4">支出部分</th><th colspan="4">结余部分</th></tr>
<tr><th rowspan="2">项目</th><th colspan="3">金 额</th><th rowspan="2">项目</th><th colspan="3">金额</th><th rowspan="2">项目</th><th colspan="3">金额</th></tr>
<tr><th>上期</th><th>本期</th><th>± %</th><th>上期</th><th>本期</th><th>± %</th><th>上期</th><th>本期</th><th>± %</th></tr>
<tr><td></td><td></td><td></td><td></td><td></td><td></td><td></td><td></td><td></td><td></td><td></td><td></td></tr>
<tr><td></td><td></td><td></td><td></td><td></td><td></td><td></td><td></td><td></td><td></td><td></td><td></td></tr>
<tr><td></td><td></td><td></td><td></td><td></td><td></td><td></td><td></td><td></td><td></td><td></td><td></td></tr>
</table>

二是主要生产项目的生产费用分析。主要生产项目视不同农户而定。例如，以种植业为主的农户，可根据本户种植的主要作物分析小麦、水稻或棉花等作物的生产费用；养鸡专业户则分析养鸡的生产费用等等。其参考格式如表4。

表4 主要生产项目生产费用分析表 年 月 日

<table>
<tr><th rowspan="2">费用项目</th><th colspan="2">上 期</th><th colspan="2">本 期</th><th rowspan="2">本期比上期
± %</th></tr>
<tr><th>金额</th><th>占总额%</th><th>金额</th><th>占总额%</th></tr>
<tr><td>总计
其中：种子
肥料
⋮</td><td></td><td></td><td></td><td></td><td></td></tr>
</table>

三是承包合同任务完成情况分析，将承包任务指标完成情况结算余额综合填写于合同完成情况分析表内。表的内容可分三大栏：承包指标、完成指标和结算余额，具体项目按各承包户的情况填列。其参考格式如表5。

表5 承包合同完成情况分析表 年 月 日

<table>
<tr><th colspan="2">日 期</th><th rowspan="2">摘 要</th><th colspan="3">承包指标</th><th colspan="3">完成指标</th><th colspan="3">结算余额</th></tr>
<tr><th>月</th><th>日</th><th>项目</th><th>数量</th><th>金额</th><th>项目</th><th>数量</th><th>金额</th><th>应交</th><th>应退</th><th>余额</th></tr>
<tr><td></td><td></td><td></td><td></td><td></td><td></td><td></td><td></td><td></td><td></td><td></td><td></td></tr>
<tr><td></td><td></td><td></td><td></td><td></td><td></td><td></td><td></td><td></td><td></td><td></td><td></td></tr>
<tr><td></td><td></td><td></td><td></td><td></td><td></td><td></td><td></td><td></td><td></td><td></td><td></td></tr>
</table>

4. “农户账”的规模。“农户账”采用订本账的形式，将以上七项内容合订为一本。承包合同的内容约占二页账页；支出账采用多栏式，按月登记，约占24页；收入账约占24页，产量登记内容，由于农户的经营规模不很大，有的专业户集中于一、二种产品，所以该部分约占账页6页即可；财产登记约占2页；往来登记约占12页；经济分析约占6页，总计76页账页，加上扉页及封面，农户账的规模在80页左右，印制该账的成本不会很高，加之全国统一格式，印刷量大，售价也不会高，适合农户购买使用。

5. 关于专业会计的几点意见。①专业会计员必须具有初中以上文化程度，掌握基本的会计核算理论和技术。②专业会计员必须经农业经营管理部门会同银行信用社、税务等部门进行业务考核，明确职称，领取专业会计员证书。③专业会计员的报酬，一部分由所服务地区的农业经营管理部门补助，一部分来自向被服务农户收取服务费。具体标准由各地区农业经营管理部门商定。④专业会计员负有对农户核算进行指导和监督的责任，据以向国家交纳农业税、所得税的农户收支数据，必须得到专业会计员的核实确证。如某养鸡专业户，应向国家交纳多少所得税，其所得究竟是多少？必须经专业会计员核实确证，否则无效。⑤专业会计应完成统一核算的任务。所谓统一核算的任务。指的是核算合作经济单位的统一经营事项如农田水利建设、大型农机管理使用等的收支情况：为合理确定承包任务提供经济依据，并核算反映承包任务的完成情况；核算反映承包户上交收入的再次分配情况等。⑥专业会计负责汇总服务地区（村或乡）有关的经济资料，填制经营管理部门和统计部门所要求的报表。

三、建立农户核算的可能性

目前，在我国建立农户核算是有充分可能性的。首先，联产承包责任制的普遍建立，确立了以农户经营为基础的经营体制，这是建立以农户为基本核算单位的经济基础。客观形势的发展要求建立农户核算，这种客观需要为建立农户核算提供了最大的可能。

其次，新中国成立三十多年来，我国农民的文化水平有了很大提高，尤其是青壮年一代农民，都具有一定的文化水平。他们热心于科学管理自己的营业，也有能力把“农户账”记好，从而为提高农户经营的经济效益提供依据。这是建立农户核算的文化基础。

第三，新中国成立三十多年来，在我国农村已经培养和造就了一支农业会计核算队伍。在“三级所有，队为基础”的年代，几乎队队有会计员、出纳员、保管员、大队和公社也有相应的业务干部，他们掌握的会计核算理论和技术是完全有用的。经过培训和考核，完全有条件在较短的时期内选拔和组织一支专业会计队伍。这是建立农户核算的组织基础。

我们应该充分利用以上有利的形势和条件，建立起农户核算，以巩固联产承包责任制，并推动农村经济进一步向前发展。

四、保证农户核算顺利建立的环境条件

为了保证农户核算得以顺利建立，应做好以下工作，为其创造一个好的环境条件。

1. 进一步完善联产承包责任制。联产承包责任制是建立农户核算的基础，而农户核算的建立和实行，又将促进联产承包责任制的巩固和发展。只有进一步完善联产承包责任制，才能使得农户核算的基础稳固。联产承包责任制对承包的双方（合作经济组织与社员承包户）的权、责、利诸方面的关系必须通过承包合同加以明确，并将合同中有关的经济指标纳入账内，作为指导农户经营活动的经济目标。在年终应通过农户账所记载的有关资料，对承包合同完成情况在账内作出分析。

2. 账簿准备工作。建立农户核算，必须要有农户账本，这是建立农户核算的物质准备。建议农牧渔业部有关部门组织力量，参照原生产队会计核算使用的账簿及本建议提出的设想，广泛征求有关专家学者的意见，设计出一本“农户账”，并印刷出版，以供使用。

3. 技术培训工作，经过培训考核，挑选组织一支专业会计队伍，以指导农户核算的建立和实行。建议农牧渔业部农村经营管理部门编写一本简明的“农户账”使用说明，制订专业会计员

的考核标准和技术职称，确定专业会计人员的报酬法则和标准，为农户核算的建立做好组织准备工作。

4. 健全税收制度。实行联产承包责任制后，农村经济搞活了，农民收入增加了，尤其有些专业户、专业联户的收入大幅度上升。在这种形势下，国家如何征收农业税、收入税等问题应研究解决，建立健全农业税收制度，增加国家的财政收入，并鼓励农户改善经营，提高经济效益。这些涉及到本建议以外的经济事项，应由专门机构研究解决。本建议想强调指出，税收的征收必须以真实可靠的会计核算资料为依据，不要凭估计。据以计税的农户的收支余经济资料必须得到专业会计人员的核实确证。这就使得搞好农户核算与农户的经济利益联系起来，更有力地促进农户核算的建立和发展。

农村合作运动简史及其社会效用分析*

詹玉荣

一、新中国成立前农村合作运动的回顾

20 世纪初，随着我国的一些知识分子介绍西方经济思想的同时，合作思想也被介绍到中国。如最早是京师大学堂开设“产业组合”课。继后是湖北法政编辑社所编的《经济学》；翻译伊利的《经济学概论》；以及谢霖、李微著的《银行制度论》都较早地介绍了合作制度和合作式银行。进入 20 世纪以来，随着西方经济理论的进一步传播，一些书报杂志如民主报、中央商学会杂志以及汪延襄编的《银行新论》，刘秉麟编的《经济原理》等等，对合作制的介绍就更多了。但这些著作多属传播西方经济思想，并没有在中国建立合作社的意图。

进入 20 年代后，一些热心于合作事业的知识分子开始在我国进行宣传倡导合作运动。第一位是朱进之，他通过东方杂志、新教育杂志宣传倡导建立平民银行。他的代表作是《促国民自设平民银行》。另一位是徐沧水，他的代表作有《消费公社与百货商店》、《营利主义之矫正与消费公社之提倡》等。第三位是薛仙舟，他是在国内提倡合作并首先实践合作制度的第一人。他于 1919 年首先在复旦大学内设立了我国第一个合作银行——国民合作储蓄银行。1920 年于上海又结识了对合作运动有兴趣的人士成立合作同志社，从事合作理论的探讨和宣传鼓动工作。

这一时期除北京大学的消费合作社、上海国民合作储蓄银行外，组织较好的合作社，一个是 1922 年成立的安源路矿工人消费合作社，另一个是 1920 年在长沙组织的湖南大同合作社。可惜，这些合作社成立不久就被反动当局查封了。此外，还有如成都农工合作储蓄社，汕头米业消费合作社等也多因为初创缺乏经验，又无法律保障，很快就烟消云散了。

自 1923 年以后，我国又另有一些人开始在农村从事以农村信用合作社为主的互助合作运动。其领导者是中国华洋义赈救灾总会。1920 年冀、鲁、豫、晋、陕五省大旱，受灾 317 县，灾民 1979 万以上，死亡人数 50 万左右。当时中外赈灾团体纷纷成立，从事赈济。1921 年灾情过后，各赈团停止施赈，并决定在北京联合成立中国华洋义赈救灾总会（简称华洋义赈会），将赈灾余款二三百万元，通过组织合作社的形式在农村兴办农田水利建设和改善农民经济状况。1922 年 11 月该会正式成立，章元善为总干事，聘请于树德为合作指导员，首先在河北省开展农村信用合作社运动。1923 年该会起草了“农村信用合作社空白章程”，这是我国最早的信用合作社章程，为此拨款在河北省香河县成立了香河县第一信用合作社。1924 年又相继成立了涞水县信用合作社和定县悟村信用合作社。1925 年 7 月该会执委会议决定再拨款 2.2 万元，其中 2 万元为合作社借款，2 千元为组织宣传经费，并于同年 10 月成立农利股，为华洋义赈会推动农业合作社

* 原载《农业经济问题》1986 年第 10 期。

事业的执行机关。至1927年底河北省共有信用社561社，社员13 000多人，占全国584社的96%。

在南方，金陵大学农学院受华洋义赈会委托，于1923年10月创立南京丰润合作社。1926年成立安徽乌江农产买卖合作社和丹阳丝绸贩卖合作社，成为我国农产运销合作社的先例。

在此期间内，合作运动由城市转向农村，领导者是救济团体和教育界。当时的政府并不支持，且常有干涉之事。如张作霖把持的北京政府曾下令河北省各县政府“分别限制与禁止”组织合作社。后经华洋义赈会多次交涉才取得“苟无流弊不妨维持现状”的答复，合作社才被保留下来。

1928年以后，我国农民破产日甚，政府赋税收入短绌，城市经济风雨飘摇。特别是1929年世界经济危机波及到中国以后，城市商业不振带来了资金过剩。商业银行为了挽救自身困境，开始向农村找出路。国民党政府也规定储蓄银行对农村合作社的各种质押放款“总额不得少于存款总额的五分之一”。于是上海商业储蓄银行于1931年首先以2万元与华洋义赈会举办搭成放款。随后中国、交通等十个银行（后改为中华农业合作贷款银团）也相继在各地办理农贷。但银行界的农业贷款是以谋取利润为目的，故多以经济作物发达富庶地区为对象。以上海储蓄银行为例，其放款区域为陕西泾阳、临憧、西安棉区；河南太康、洛阳棉区；安徽铜山、凤阳烟草棉区；广东黄浦、市桥、罗沙甘蔗区等。该行各种贷款所占的比重，在江苏主要是办农业仓库，其放款额占总额的49.7%；在陕西棉花产销合作社的贷款占该行在本省贷款总额的98.95%；广东省蔗农承贷额占该行在广东放款额的93.5%。抗日战争爆发后，除农本局尚在后方各地办理一些合作放款外，商业银行的放款几乎已绝迹了。

国民党在南京成立政府后，出于军事目的和巩固政权的需要，把合作运动列入“七项运动”之一，在各省开展合作运动。1928年江苏省最先颁布《江苏省合作社暂行条例》，并设立合作事业指导委员会和合作社指导员养成所。1929年浙江省通过合作社规程，此后赣、皖、湘、鄂、晋、鲁……各省也开始办合作社。特别是1931年长江流域水灾过后，国民党政府委托华洋义赈会办理农赈贷款。该会以河北指导合作社的经验到湘鄂皖赣组织灾民成立互助社以承贷赈款。于是江南的农村合作运动也发展起来了。另外，1933年蒋介石为配合其反共军事行动，假借救济农村之名成立鄂豫皖赣四省农民银行向合作社办理农贷。在蒋介石的“剿总”指使下训练的干部分赴各省指导农民组织合作社，又形成了单独的一派。

国民党政府为了把各系统组织的各种农村合作社直接控制在自己手下，最先是在1931年4月由实业部公布《农村合作社暂行规程》规定“在合作法未经颁布以前各地农民所组织的各种合作社均依本暂行规程之规定。”但各地并未照令行事。为了进一步从法律上统一全国合作运动，国民党政府又于1934年3月1日颁布《中华民国合作社法》，对合作社的内容、设立、社员、社股、盈余分配等各项均作了规定。1935年，实业部又公布了《合作社法施行细则》。同年8月，国民党政府命令从9月1日起全国施行合作社法。并于11月在实业部内设合作司，由华洋义赈会总干事章元善任司长。从此华洋义赈会的合作运动由社会救济团体纳入国民党政府合作司管理范围内。这时的农村合作社除信用社以外，生产合作社、农产运销合作社也发展起来了。为了调整各部门的农贷资金，1936年实业部内成立了农本局来总揽全国农业合作金融。1937年11月国民党政府撤离南京，合作司随实业部迁往重庆，实业部改称经济部，合作司并入农本局为合作指导室。1939年3月，蒋介石指示经济部增设一个由CC分子控制的合作事业管理局，并将合作指导室又并回该局，从此国民党统治区的合作事业全部落入CC控制之下。成为官僚资本主义对农民进行剥削压榨的工具。

二、农业合作社的社会效用

旧中国农业合作社的主要形式是农业信用合作社和农产运销合作社。现就一些历史记载，考察一下它们的社会效用。

首先看农业信用合作社。根据合作事业月刊——全国合作会议专号所载，1932—1940 年，信用合作社占合作社总数的比例，最低年份为 55.25%，最高年份占 88.37%。若以信用社的资金来源看，据 1924—1933 年统计，华洋义赈会的放款最高年份占信用社资金的 82.6%，最低年份也占 48.8%。又据华洋义赈会考察 1927 年有 71%的合作社除股金外没有其他自有资金。1926 年该会还抽查各社，分甲乙丙三级考绩，其结果列入乙等的 2 社，其余都列入丙等。若从社员入股情况分析，国民党政府的合作法规定社员认购社股每人至少一股……股金额每股至少国币 2 元……。根据 1940 年调查，17 省市合作社平均每个社员股金为 4 元，陕西渭南、武功等 300 余社平均每个社员股金为 2 元，河南 1941 年统计每个社员平均股金为 2.3 元。

从以上数据可以看出信用社的资金薄弱，所组成的信用社多以合作法规定的最低要求为限，目的是为了以合作社的名义向外界借款，成了一个单纯依赖于外来贷款的合伙团体。

其社会效用，从 1933 年实业部中央农业实验所在江浙陕甘等省进行全国农民借款来源的调查中看出，信用社在农村现金借款仅占 1.3%，1934 年占 2.6%。可见，农民借款主要来自地主富农和商人资金。因为信用社只贷给社员借款，非社员借不到，那么社员借款如何呢？按规定社员借款要有两个社员做保或交抵押品。据张镜予 1928 年统计，社员贷款 11～20 元的占 56%，借期半年至一年的占 76%，一年以上者只占 3%。又据张德粹计算，1940 年各银行对国内各合作社放款达 1.55 亿元，平均每社所得 1 165 元，每社员平均分得 21.47 元，而这一点钱农民又如何使用呢？据西北农学院学生 1940 年秋在陕西武功、渭南、宝鸡、南郑等县调查，社员用于生产的占 29.56%，家用（购买衣着、粮食、油盐杂支）占 57.8%，偿债纳税占 0.29%，婚丧疾病等费占 4.12%，其他占 8.33%。可见，社会借款有一半以上用于生活。

信用社借款一般都要索取抵押品，没有余谷或房地产的贫雇农自然借不到钱，就是侥幸，借到也少得可怜。甚至还得求乡长保长作保，又受到他们的支配和操纵。这样，借款多落到有抵押品的地主富农和有权势的乡保长手中。从实际调查来看，根据 1932 年江苏农民银行统计报告，有 74%借款在 50 元以下的人只借得 33%的贷款，而 18%的借款在 50～200 元的人却借得 56%的贷款，而他们所借的钱又多变成高利贷转借给农民。“这种合作社非但不益于农民，反变成剥削农民的工具。”可见，信用社在旧中国农村中虽有发展，但效用甚微。

其次，从农产运销合作社来考察。我国农产运销合作社主要是在棉花茶叶蚕丝桐油等经济作物发达地区发展起来的。其中，由于棉花生产集中，便于加工运输和大量集中销售，所以棉花产销合作社数量最多，规模最大。

但在半殖民地半封建的旧中国，商品经济不发达，生产加工运输也都落后，棉产运销社也不能很好地发挥作用。例如“陕西各社因采取汉口周恒顺铁厂之改良扎花机及煤气引擎，由于人工训练既无充分之准备，一切机件亦未能配置尽善，不合于用，以致出花迟缓，业务上大受影响。”在运输上则因“陇海铁路货运拥阻，车量稀少，各社棉花延至年终始行起运，”“致坐失高价良机，及后花市残落售花尤多周折。”作为当时兴盛的陕西棉产运销社尚且如此，那些小型棉运社的处境就更困难了。另外，棉产运销合作社绝大多数要受银行或地方机关的操纵。对于棉运社的社会效用，可从棉花的运销总量来分析。根据 1935 年国内棉运社所占棉田亩数推算，合作社运

销社员的棉花仅为社员棉产总量的16%，华洋义赈会在河北指导的棉运社，只运销社员棉产总量的14%，陕西棉运社运销社员棉花尚不及总产量的10%。

1937年抗战爆发后，棉花的主要消费地上海、天津、青岛等大城市相继沦陷，加之交通阻塞，运销不便，棉运社多已停顿。陕豫一带的社员多改为春季向合作社贷款，秋季售花后再持现金赴社偿还借款。运销社也变成了纯粹借款组织。约1940年以后，陕西一带的棉运社又与福生庄订立收购合同，棉花运销业务又活跃起来。但它已成了官僚资本垄断棉花的附属机构。而棉运社以外的茶叶蜜橘烟草桐油等运销合作社则多因“数目极少成绩未著”，或“因品质不佳”或“因商人操纵”等原因，到抗战爆发后均已随之停顿了。

三、对农业合作运动的两点认识

第一，在旧中国想通过合作制的办法改变半殖民地半封建社会的性质是行不通的。华洋义赈会想以救济者的身份，通过一些小本低利贷款来解除农民遭受高利贷的剥削，这在旧中国是不能解决根本问题的，通过合作社的放款方式不可能使农民真正得到实惠。以1934年为例，江苏省仅有千分之一的人，浙江省仅为万分之五点七的人，河北省为万分之八的人与合作社有关系。而且这些信用社在地理分布上也不平衡。从全国来看也只集中于江浙冀鲁和皖赣各省的经济作物区和商业较发达的一些县。就是供给这万分之几的农民周转资金，又能维持多久呢？在那贪官污吏多如牛毛、地主商人高利贷剥削如狼似虎的社会里，救济者的杯水车薪不仅无济于事，反而给地主富农又提供了剥削农民的新工具。而国民党政府搞合作社是从巩固其反动统治，维护四大家族官僚资本和封建地主阶级的利益出发。他们打着推行合作制调剂农村金融的旗号，充其量不过是恢复农民的纳税能力，挽救其财政危机。他们的阶级属性决定他们不会给农民带来真正的利益，更不能因此改变旧中国的社会性质。

第二，旧中国的合作制度在某一时期或某一地区会有一些发展农村经济的作用。但因受社会性质的制约并不能促进旧中国农村经济的真正发展。旧中国农村合作运动前后延续了三十多年，抗战前之所以被农民所接受，客观上对农民还是有些利益的。尽管农民摆脱不了地租赋税高利贷的剥削，只要参加了合作社，就可以在农忙时节借到一点现金以济眉急，总比借贷无门或乞求苛刻的高利贷稍好一些。在一些商品经济发达的地区有一定的促进作用。但由于旧中国的农村经济有着很强的自给性，农产品商品化程度不高，生产技术落后，交通运输不发达以及受银行资本官僚资本的操纵等原因，使已经发展起来的合作社不仅经济实力弱小，且带有很大的依附性。它们或依靠银行，或依靠华洋义赈会，或依靠政府棉业统制机关，受制于一定社会势力的操纵，违背了由社员平等组织起来为本集体谋利益的宗旨，变成了社员为谋求贷款的机构或为官僚资本控制的附属机构，合作社也就失去了真实含意了。

关于近代中国农业中资本主义经济的发展问题*

韩德章　詹玉荣

在半殖民地半封建的旧中国，农业仍然是以封建土地所有制及封建地租剥削占主要地位，其经营方式仍然是以分散的小农经济为主。1840年以后特别是甲午战争之后由于不平等条约的签订，商埠的开发，水陆运输交通的发展，对外贸易的兴盛，农业中自然经济的破坏，商品经济的发展，都市、乡镇的发达以及工业中资本主义工厂的建立，致使农产品进一步商品化，农民对市场的依赖加强，不可避免地为农业中带有资本主义性质的农业经营的出现、发展创造了条件。

根据国外历史的经验，促成农业资本主义经营的先决条件不外以下几个方面：

第一是土地已进入投机市场，可以大量地自由买卖、租用和借贷抵押，能为资本主义农场提供租入土地的便利。第二是在劳动市场上有充足的自由劳动力可供雇用。第三是有不断革新的技术装备可供使用，藉以提高劳动效率，而且各种新的能源的开发与利用代替了大部分人的手工劳动。第四是有稳固发达的各级市场，运销组织，有利于商品农产品的生产、加工、运输、贮藏与销售。此外还需要有从农业生产领域到农产流通领域一系列经营管理的合理化、科学化。很显然，在半殖民地半封建的旧中国，这些条件既不可能同时兼备也不可能同时发展到一定的高度。但就其中某些条件在一定的时间内，一定的经济地理范围内是可以具备的。同时也是可以经过一定的孕育，以待条件成熟后破土而出的。尽管学术界对资本主义萌芽的“萌芽”这个词的解说不同。但是甲午之后带有资本主义性质的农业经营的出现可以说已是客观存在的事实。但这不等于说是农业已经实现了资本主义化。因为农业资本主义化不能脱离整个社会经济的资本主义化而单独存在。那么为什么旧中国农业中出现过资本主义经营而农业中资本主义经济的发展却是那样的缓慢、曲折？促进它产生与成长的原因是什么？遏制它的生机以致促使它夭折的因素又是什么呢？这些错综复杂的问题，都是研究中国近代农业经济史中有待解决的课题。

进入20世纪后，我国农业中带有资本主义性质的农业经济表现在各种不同类型的农业经营方式中，为了研究在旧中国农业中资本主义经济发生发展的问题，有必要根据不同类型的农业经营方式做一些比较分析。

一、经营地主

在旧中国资本主义农业经济的发展过程中，经营地主，具有特殊的经济地位。由租佃地主中

* 原载《中国农史》1986年第2期。

派生出来的经营地主尽管仍带有租佃地主和旧式富农的双重特征。但经营地主一般有比富农较多的土地，自己独立经营，除有时租出一分土地外，大部分雇工耕种。从出租少量土地，收取较高的租额与苛刻的交租条件来看仍保持着租佃地主的封建性，从雇佣劳动上看，经营地主所雇佣的长工，多为其远亲近族或同村邻舍由于经济破落而被迫受雇的农民。雇工的工资一般很低不足以赡养家口，其工作除参加土地上的农业或副业生产劳动外，在很大程度上还参加经营地主的家务劳动。劳动报酬的形式，除雇主供给膳食及部分固定工资外，在年节庆典时有的地主也给于一点额外“赏助”。为了经营上的便利，经营地主常雇佣与自己社会关系较近，有生产经验的长工做工头，把经营地主的土地经营至生活安排整个包下来，并代替地主指挥生产，也有的经营规模较大的经营地主雇用所谓“大伙计’率领长工及临时雇用的短工从事日常田间劳动。一些经济富有家庭人口众多的经营地主，除雇用各种农工外，还雇用各种料理生活的杂工构成一组复杂而有专职分工的被剥削对象。更大的经营地主，特别是住城的“不在地主”，他们在自己的“庄园”雇用“庄头”，凡土地上的生产，加工运销，土地利用，生产计划；劳动组织以及财务管理等各种事宜均由庄头代替主人筹划。有出租土地的经营地主，庄头还代为地主按时按户收租。实际上庄头的职责相当于近代农场的经理。

经营地主之所以较租佃地主有一定的进步性，首先在于集中使用所有的土地。在土地利用、生产布局、作物轮栽倒茬气土地施肥耕作灌溉排水等作业均能有计划、有秩序地安排，以维持农业生产经营的正常进行。其次经营地主拥有较多的土地，雇用更多的长工和短工，并有固定的劳动组织及作业分工，由于经营管理的集中，便于使用高效大型的技术装置及大家畜，在经营管理上带有一定程度的进步性。再者经营地主的生产方向已经开始脱离自给自足为家庭消费的生产，开始进入商品生产的行列。但是自然经济的残余仍然存在，生产结构还不能做到一业为主，多部门配合的多种经营。但它已比麻雀虽小五脏惧全的落后、保守的小农经济略胜一筹。

农产品的商品化是促成产生经营地主的原因之一，经营地主的流行也推进了农产品商品化的发展。这就是为什么从清末到民初在山东省种植花生地区经营地主较为集中的缘故。经营地主的存在，在一定程度上还有利于农业经营专业化。在河北省种植长绒棉花（当时称为美棉）到1930年左近一度达到高峰，一户典型的经营地主把主要土地资源投入棉花种植而不得不租出一小部分土地，采用实物地租的定租办法收取“黑红粮”（黑豆、红高粱各半交租），以保证大牲畜饲料的供应。

实质上经营地主是由封建的租佃地主经营走向资本主义农业经营的一种初步过渡的形式。这种特有的形式是半殖民地半封建社会农业经营中一种随着历史发展，应运而生的产物。

二、富农经济

富农经济比经营地主更带有资本主义性质。中国的富农经济在中国近代农业经济史上发展为两种类型，一为旧式富农，一为新式富农。中国的富农在农村经济中所占的比重不大，连同地主合并计算不到农村户数的十分之一。中国的富农是中国农村中唯一的“资产阶级”，但仍未脱离农民的范畴，在阶级属性上既不同于经营地主又不同于开办资本主义农场的资本家。

旧中国富农的阶级属性涉及土地改革中对富农分子的政治待遇及经济待遇。根据1950年6月中央人民政府政务院颁发的《关于划分农村阶级的决定》这一个重要历史文件对于富农的定义是：“富农一般占有土地。但也有自己占有一部分土地，另租入一部分土地。也有自己全无土地，全部土地都是租入的。一般都占有比较优良的生产工具及活动资本，自己参加劳动，但经常依靠剥削为其生活来源之一部或大部。富农剥削的方式，主要是剥削雇佣劳动（请长工）此外或兼以一部分土地出租剥削地租，或兼放债，或兼营工商业乃……”。

自20年代后，中国农业经济学界不断兴起农村调查工作。但其中往往忽视富农经济在农村经济中所占的地位与所起的作用，甚至在统计数字中根本表达不出来富农的存在。如“把农户的统计分为‘自耕农、半自耕农及佃农’”三类。这样不仅抹煞了中国农村阶级的客观存在，混淆了各阶级农户的阶级属性，也掩盖了富农的剥削本质。以马克思主义理论为基础的，按地主、富农、中农、贫农及雇农做为农户分类指标的农村调查直到30年代初才获得普遍地使用。

旧式富农是中国农业经济中较早的带有资本主义性质的经营方式，但仍旧带有某些封建性。总起来说，旧式富农比中农经营规模大，资金比较多，拥有较多的役畜以及比较完善的生产工具和充足的肥料。在土地利用、改良土壤、改进农业生产技术、提高单位面积产量和劳动效率等方面都凌驾于中农、佃农之上。

旧式富农的剥削主要是请长工，此外在农忙季节还雇用按作业、按时间计酬的短工。在江南商品经济发达的地区，也有按生产的需要雇用季工、月工或其他时间阶段的各种专业性质的临时工。

富农经济中长工对雇主之间的人身依附关系同经营地主一样。他除了完成土地上的生产劳动、充当短工工头而外还要参加其他非生产性劳动（包括家务劳动）。

在经营规模较大的富农中有时雇用技术很强的“把式”，例如“车把式”，不仅善于驾驭马车还能兼修车具、马具；熟悉邻近农产市场情况；而且是出色的大牲畜饲养员。

富农经济的雇用关系上也存在封建性，表现在工资低、劳动条件恶劣，有些地方还存在着极其落后的“工偿制”，即雇主对长工并不付给工资，仅拨给长工一小块土地（往往是劣等土地）归长工自种自收而以收获物抵偿长工应得的劳动报酬。

富农除以剥削雇工为其主要生活来源外，进行地租剥削也很平常。据1929年江苏无锡农村调查报告，占地16亩以下的富农出租土地占0.83%，占地32亩以上的富农，租出土地竟占40.0%。① 这个例子说明富农占地愈多愈容易向地主经济转化。而富农经济中的进步性很容易被他们自己的封建性所抵销。但富农经济在商品经济发展的情况下也会朝着进步的方向转变，从旧式富农中派生出新式富农。

新式富农的出现可以上溯至19世纪末20世纪初。由于农产品商品化的进一步发展，以农产品为原料的轻工业的建立与农产品及其加工品外销的扩大，以及都市的兴起及都市消费水平的提高，富农经济的生产开始面向市场，新作物与旧作物的新品种的提倡给富农经济以很大的震动与引诱。资本主义农业的曙光微微地给富农经济一种启示：只要在土地利用上，生产结构上、作物布局上接受新的技术与新的经营管理方法，用自己的智慧与劳动是不难在自己的土地上致富的。新式富农中的先驱者从自己农业生产经营的实践中已证明了在社会经济的发展中有比地租高利贷收取更高收益的道路可走。有些新式富农已经能够初步地做到自己生产、自己加工、自己运销，成为以农业为主的综合企业。

新式富农比起旧式富农来集约水平更高，经营方式企业化的成分更多于家庭经济的成分。因此新式富农往往出现于大城市的近郊。尤其是从事生产蔬菜、水果，花卉及乳牛业的富农。这种

① 章有义：《中国近代农业史资料》第三辑第815页。

新式富农与开办资本主义农场的农业资本家或投资于农业的工商业资本家性质并不相同，因为既或是新式富农，或已有数额较大的流动资金，仍然是自己及其家属都参加劳动的农户。在会计核算中，生产收支与家庭收支是混在一起彼此没有分开。新式富农的雇工对雇主的人身依附关系比较松弛，生产技术知识及一般文化水平亦非一般文盲可比。由于生产方针相同的富农之间存在着同行相争的倾向，所雇用的工人在劳动就业的选择机会较多；所要求的工资也突破一般农家的水平。

新式富农经济一般的收入水平高，已有条件使用新式生产工具。土改时南京附近龙潭的一家新式富农已拥有一台25马力的福特牌轮式拖拉机，兄弟三人都学会使用、保养和修理。福建漳州种植球茎花卉的富农，在“七七”抗战以前已将水仙花、郁金香、风信子等球茎直接向香港及南洋群岛出售。新式富农子弟接受新式技术教育的可能也随着时代的发展而有所增加，自清末民初已存在的河北（直隶）昌黎农业专科学校几十年来培养了大批农村青年。1928年在北京成立的二年制的“新农学校”即以必须是农家子弟为报考的一项主要条件。

第一次世界大战以后，中国大城市发展很快，城市郊区与附近农村的界限在城乡户口上及企业投资来源上很难区别。特别是富农和农业资本家或投资于农业的工商业资本家与少数对农业经营有志趣有爱好的自由职业者所经营的农业也较难区别。1950年中央人民政府政务院颁布的《城市郊区土地改革施行条例》第十一条曾规定：“凡在城市郊区使用机器耕种或有其他进步设备的农田以及农事试验场、菜园、果园等，无论其为地主或农民所经营，无论其地所有权有无变更；均由原经营者继续经营使用”。这样就把富农经营中有进步性的企业连同工商业一并保护起来，以俟土改后经过农业生产合作化及全行业公私合营阶段逐步加入农村合作社组织或上升为国营农场。

三、资本主义农场

资本主义农场的出现使近代中国农业经济的资本主义化更前进了一步。这种经营方式的原始型可就都市近郊的“花厂”为例。北京近郊丰台镇附近的草桥、黄土岗一带早在鸦片战争以前已发展为花卉园艺生产区域，有许多经营规模大小不等的“花农”，以种植草本花卉及观赏灌木为生。清末民初花卉园艺已发展为城市资本家的带有商业性的专业化农业经营。其组织形式一般是在农村置有土质良好并有便利的灌溉条件的地产，除栽种树苗花苗外并建有用燃料加温的温室（俗称暖洞子）及天冷时只用蒲席覆盖保温的冷温室（俗称冷洞子）。多年生的草本花卉及观赏的小灌木多以冷洞子越冬，暖洞子则专供冬季鲜花及牡丹、迎春、碧桃等名贵花卉催熟，以便提早上市。城内的花厂往往设在护国寺、隆福寺、土地庙三大庙会附近，聘有经理及会计。城外生产基地聘有管理工人，即“花把式”或“老师傅”。城内花厂也占有小块土地并建有温室，以供花卉在出售前“假植”或修剪复壮用。在农村园地上生产的产品，可运来城内在花厂出卖或在农村就地卖给花贩。

民国以来，由于城市发展迅速，社会上层人物的需要和移风易俗的变化，花厂业务也有扩大。举凡婚丧典礼用的花束、花篮、花圈以及开会布置会场租用盆花，外国使馆、外侨家庭常年租用盆花及瓶花等均在花厂业务范围之内。

类似花厂的还有黄土岗栽培茉莉花的专业企业，占用土地面积极小，主要依靠温室作业。茉莉花苗自苏州买进，栽种花盆内在温室越冬。主要产品是新采的花朵供茶叶店熏制花茶之用。这种企业，占地面积小，雇工不多，但要求一定的经验与技术，设备投资额很大，流动资金需要亦较高。因此富农经济无力经营，只好由城市资本家或茶叶庄投资雇人经营。

以上例举的经营方式也可以说是略带资本主义雏型。正规的资本主义农业企业，可认为是从20世纪开始。1903年清政府改革中央行政机构，设置工商部。1909年设置农工商部，并于1907年及1909年两度颁布奖励"实业"条例，凡投资举办（独资或集股）工厂、矿山或农场的资本家，视所筹的资金数额为等差，均授于爵位为奖励。清政府并于1909年在南京创办南洋劝业会（即全国农工商业博览会），其中有不少新式农场的产品受奖。一时风气大开，全国各地均涌现出一大批独资或合资的资本主义农场，和"股份有限公司"形式的资本主义企业。其经营方针或单一经营或综合经营，生产对象以利润较高的经济作物及果树、蔬菜等为主。也有推广优良种子种苗的，例如民初北京广安门外的"兴农种植园"（简称兴农园）营业范围主要是从国外引进蔬菜、花卉的优良种子，经济林木及观赏花卉的树苗，优良种禽，意大利黄金蜂种，英国食用"牛蛙"以及人工饲养鲤鱼等。这种商业性的农业企业不单是对土地及资金的有效利用，难能可贵的是它在推广先进的农业技术上起一定的带头与示范作用。

在南方各省，民族工商业的资本主义化发展较早，而农业的资本主义化也得风气之先。广东、福建、浙江、江苏及上海，南京资本主义农场都有一定程度的发展。以福建为例，1916年营业的农业公司，尽管公司名称不同，有称为农业、农林、农牧、农务或单称蚕业的等，其性质都是比较典型的资本主义农业经营，其中以种植美棉为主的有九家之多，其余各家有种植甜橙、蜜柑、龙眼、凤梨等果树，以及茶、麻、甘蔗等经济作物，杂粮等。另外还有三家公司设在山区专门从事竹类、杉木和其他经济林木的生产。① 1924年《中外经济周刊》报道过在民国初年江苏镇江的镇江垦殖公司是一个大型的综合农业公司，其所属的"森牲园"，营业范围包括林场、农场、畜牧场等。在农场中又分大田、园艺、蚕桑各部门，统一管理分别核算。做为一个综合性的农场经营在当时是不可多得的。

随着城市经济的发展，以供应城市消费品为主的专业化资本主义农场不断出现，其中以果树栽培业及乳牛业最为典型。北京在20世纪30年代乳牛业已发展到一定水平。其中符合资本主义农场的有福生、福康两家资本最雄厚。福生牛奶厂，除供应鲜奶及乳制品外并附设西餐馆；福康有全套的在当时是最先进的巴斯德法消毒设备。留美预备学校、清华学校教授虞振镛亲自从美国带回优良种牛，创办模范牛奶厂，不仅拥有最佳的乳牛品种而且有最先进的牛乳及乳制品检验设备。此外，通县的金氏牧场是北京唯一的畜养瑞士奶羊的羊奶供应者。几家牛乳公司所以自称为牛奶厂而不称养牛场的就意味着他们的生产方向包括鲜奶供应牛奶加工及乳产运销。

资本主义果园的发展，在旧中国一为大城市的近郊，一为接近运销市场。另外还有一些分散在小农经济中。其中分散在农村的小型果园，最容易受农村高利贷者的封建剥削，即或发展为富农经济也难免受水果商贩的控制。为此投资经营新式果园，要取得在生产、加工及运销方面的自主权，就必须承担投资周期长的经济负担。北京解放前夕，除分散在农村的小型旧式果园，够得起称为资本主义农场的果园至少已有18家。其中的阜丰农园，不只生产国外引进的梨、桃、苹果等优良品种，还供应各种优良品种的树苗。东北义园的桃园为北京著名良种蜜桃的基地。于园的美国品种苹果也在北京认为最优。

由于城市近郊地价昂贵，城市消费水平虽高，但水果消费量毕竟有一定限度，因此资本主义

① 章有义：《中国近代农业史资料》第二辑第360页。

性质的果园不得不向地势、土壤、气候等自然条件，运销、加工、储藏等经济条件适于果树或某种特定果实及其经济价值较高的品种的地区发展，逐渐形成为特定的新的产区。例如自民国以来，山东烟台已发展为“巴替来脱梨”（现已改称“烟台梨”或“巴梨”）的著名产区，同时烟台也是适于酿制葡萄酒的欧洲原种葡萄产区。辽宁的金州一带，已发展为美国种苹果的主要产区。此外，如浙江黄岩的蜜柑、福建漳州的龙眼及广东珠江三角洲的荔枝以及四川沱江流域的广柑等均已先后发展为外销果产品的产区。

以工业企业为主导的资本主义农场，以1904年创立的山东烟台张裕葡萄酒酿造公司为典型。公司首先购地三千余亩，自欧洲引进优良品种的葡萄苗，成立专业化的葡萄园，仿制法国名牌葡萄酒，曾在1915年巴拿马赛会获得金质奖章。此外，民国初年山东的工业资本家也集资兴建溥益糖厂，自德国引进甜菜，开辟甜菜种植园。不仅保证自己制糖原料的自给，而且还起到推广种植甜菜的示范作用。

资本主义农场是进入20世纪以来旧中国农业经济中的一个新生的幼芽，虽然在单位企业数字上和所生产的产值在国民经济中是微不足道的，但它昭示着在半殖民地半封建的旧中国这种资本主义农业经营形式的出现自有其客观必然性；同时也有阻碍其进一步普及与发展的局限性。

四、农业垦殖公司

自清末以来，我国不断出现了以农业公司为名的新型的农业企业组织。其中有些是股份有限公司的集资经营，有的是以少数官僚、军阀、大地主、大资本家为主要投资者的股份两合公司，极少数有独资经营的。这些农业公司的业务范围，有的是以专业化或综合经营的生产农场，有的是以开发新土地以垦殖水利为主的垦殖农场。但也有一部分是军阀、官僚、大地主、大资本家投资的以农业垦殖公司为名的从事土地投机的带封建性的企业。

这些资本主义农场之所以带有进步性，是因为这种生产农场正如民族工商业一样，是国民经济中的一份新生力量。资本主义农场对于新作物及新品种的引进，新机械、新工具的使用以及新的管理方法，新的会计核算制度等从生产实践上做了一些普及推广，并为个体农民进行示范。但是冒用新式农业公司为名，主要是从事农业土地投机的农业垦殖公司也不少。特别是进入北洋军阀统治时期，内忧外患不绝，灾害频仍，百业萧条，购置地产从事农用土地的投机被认为是一种稳妥可靠的投资，而不致像金融市场那样饱受风险。

投资于农垦企业的权贵，像旧军阀张勋、吴佩孚、孙传芳、韩国钧，官僚朱盈、徐世昌、岑春煊，金融资本家孔祥熙等以及列名与未列名的大地主、大商人等集资的垦殖公司，实质上是集合资金收购土地，然后再出租生息成为一种变相的大地主。公司以地租所得净收入做为股东的股息和红利。股东在政治上可逃避地主之名，在经济上实收地租之利。

从以上可以看出这种农垦企业存在着一定程度的封建性。有些公司报领官荒垦熟之后，股东按股领回土地自种或出卖，公司即不复存在。

在30年代这种农垦公司盛行一时以致金融界也感到兴趣，成立专业性的商业银行——中国垦业银行，并取得发行银行钞票的权利。然而在半殖民地半封建的旧中国，一切资本主义性质的农业企业组织都得不到正常发展。正规的从事农业生产的资本主义农场在风雨飘摇中都站不住脚，这种畸形的垦殖企业，虽曾经昙花一现但很快又夭折了。

五、旧中国资本主义农业经济发展迟缓的原因

鸦片战争以后，旧中国资本主义农业经济在不同的农业经营形式中或在某些特定的农业地区，或以带有不同程度的资本主义色彩出现，或以商品经济初具规模并在经营管理上初步采取资本主义生产经济的管理制度，但发展的程度与发展的速度各不相同。由于在半殖民地半封建的农业生产关系之下，旧中国的资本主义农业受到种种阻碍、干扰与破坏，迟迟不得前进；有的初露萌芽即遭夭折了，有的暂时茁壮成长，却又以早衰告终；有的在发育中经历无数挣扎仍是停滞不前。

在这些困难与受到折击之中，最为致命的内在因素是封建土地制度与封建剥削制度的长期存在。封建剥削的土地制度始终是束缚农业生产力发展的主要因素。在封建土地所有制继续存在的形势下，地主、商人、高利贷者结为一体，随着土地兼并封建剥削也不断加深。地主阶级从地租剥削所积累的财富转入封建的商业资本及高利贷经营，再以商业高利贷资本剥削所得广置田产。这种恶性循环使土地集中为之加深加速。这种因袭传统的习惯势力在地主阶级的意识形态中构成一种保守，落后的顽固思想足以阻碍地主经济向富农经济转化，甚至也限制了租佃地主向经营地主转化。地主阶级的“守世业，振家声”的守旧顽固思想，在地主经济中直到新中国建国最末一期土地改革时，还保留着一些迹象。例如，1951 年四川省的内江县第六区区农会第十四分会的一个行政村合计有地主四十余户，全为周姓。从所缴获的地契中检出不少周家“分单”（即兄弟析产时所定的契据与购买田产的地契）和周姓地主的《周氏宗谱》中可以看出周姓自明末从福建迁来，占有土地遍及内江县及资中县两县交界地区，历经三百余年，全宗族中阶级分化已极明显，但到末期土地改革时，地主阶级仍占优势。说明地主经济的客观存在致使小农经济难以动摇，对资本主义农业的发展相对地起着绞杀作用。

“安土重迁”也是阻碍旧中国资本主义农业发展的一个社会因素。在中国内地许多地区人口对土地已经是饱和或“过饱和”，但很少有富有者投资于边疆土地资源的开发。30 年代东北、内蒙古及苏北盐垦区等新垦及待垦的广大土地资源，曾引起军阀、官僚、地主及资本家的注意，兴起了土地投机的浪潮，竞相争购土地，视之为稳固可靠的不动产，形成土地集中的一种新形式，以至农业公司、农垦公司等企业林立，但由于本身具有浓厚的封建性其实质不过是新型的地主经济的资本组合而已。

近代中国的高额地租以致无法产生像西欧或美国那样的“租地农场主”，从而促进资本主义农场的加速发展。根据一些零星统计资料，18 世纪产业革命后的英国购买年为 20～25 年，俾斯麦时代的普鲁士为 28～32 年，第一次世界大战后的德意志为 20 年。而辛亥革命后的中国为 12～15 年，江苏及山东为 3.3 年。虽然统计材料来源各有所据，年代互不相同，搜集统计材料时各国各地在当时的社会经济背景也不一致，但至少可证明中国地租之高使依靠租进土地而从事现代化农业企业成为不可能。

相比之下，西欧封建社会在解体之后，在土地关系上既废除了封地的一子继承制，又使土地买卖及转让成为可能；土地的自由买卖与分割受到法律的保护，被束缚在土地上的农夫的人身依附关系已经松弛，在农业上的资本主义生产关系已经产生并在发展，购地的资本主义农场及租地的资本主义农场均得到发展的机会。美国在南北战争之后，拓荒者大批的向西北挺进，出现大地产商人，从土著印第安人手中强占或骗取大量土地投放市场，由于地价低地租亦低给予投资于资本主义农场的资本家很大的便利。如果没有这些经济条件，“租地农场主”的出现与发展几乎是

不可能的。

进入19世纪，首先在德国建立了土地信用制度，即由国家设立的土地银行向中小自耕农发放长期低利的土地贷款，以期购得土地并以所购得的土地做为贷款的不动产抵押品。土地贷款资金的采源是由国家土地银行发行土地债券筹得的。这种土地信用制度帮助无地的或少地的小农经济向扩大耕地面积、向大农经营的方向发展，从而为农业资本主义铺平道路。

资本主义农业的建立必须与资本主义工商业，运输交通以及其他产业相适应。虽然农业是国民经济的基础，但是没有其他先进的产业的存在与发展，农业生产必然是停滞不前的，更难谈到农业的资本主义化。自从欧洲产业革命以来农业生产开始起了巨大的变化，虽然能源的革命尚在幼年，但机械化农业已初露头角。约在1880年左近，小麦收割机已由小型的马拉手扶的简单机械发展为36匹马拖曳的大型收割机。1908年内燃机诞生，很快加入农用曳引的行列，经过小麦收割机与小麦脱粒机的并联使用产生了拖拉机曳引的小麦收割脱粒两用机——即“康拜因”，于是再前进一步出现了适用于多种作物收割脱谷兼用的“自走康拜因”。

蒸汽机的发明促进远洋航运的急速发展，国际贸易的扩大，殖民地的开拓，都使世界范围的农业生产与农场经营经过重新配置而进入一个崭新的时代。农业的专业化与农产品的商业化促使农场经营管理生产效率迅速提高，逐渐形成资本主义的农场或种植园。这种农业生产与农场经营是农业、工业、交通运输各种企业综合发展的共同结果，在半殖民地半封建的旧中国是难以想像的。

此外，随着工业农业的发展，在流通领域里，银行业、保险业、运输业、仓库业、贸易业等属于商业性的产业是近代工农业资本主义化的支柱，没有这些商业性的产业的发达，工农业等生产经济的发展也是不可能的。近代旧中国的商品农产品如茶、丝、棉花、花生、大豆以及蔗糖、烟草等，先后进入国际市场，并分别地各有其昙花一现的黄金时代，但先后又各有其竭蹶不振的厄运遭遇。其原因除了被人工合成工业品如化学青靛、化学纤维所代替外，主要是生产成本高、产品质量差，难与外货相抗衡。清光绪年间已有一些有识之士呼吁采用机器制茶、机器缫丝、机器制糖等改革措施，终以曲高和寡，既不能唤起资本家投资农产加工工业的兴趣又得不到清政府的奖励。在这种生产领域流通领域全面落后的情况下，不少商品作物的产品不得不以土地原始收获物的形态进入国际市场，既或出口前先经过一度整理或加工而进行整理或加工所应获得的利润仍为帝国主义列强在中国开设的洋行或工厂所攫取。以上可以明显地看出资本主义国家种种有利于发展资本主义农业的积极因素在半殖民地半封建的旧中国一一缺乏，而阻碍、干扰或限制资本主义农业发展的多种消极因素则普遍存在，加之清代前期政治上的闭关自守及后期的媚外政策给社会经济带来无可挽救的损失。

就外部条件来说，帝国主义政治经济势力的侵略，也是导致中国资本主义农业不能发展的重要原因。帝国主义列强在中国享有各种特权，他们既可毫无顾忌地在中国掠夺他们所需要的各种农产品，也可以凭借特权利用中国的原料和廉价劳动力开办工厂谋取暴利，而且还可以把本国的剩余农产品向中国倾销。由于帝国主义对中国农产品的取舍，促使并加速了旧中国一些农产品的商品化，但是由于这种商品化的殖民地性，中国农产品的商品化既未促进资本主义农业企业的经营也没有给传统的小农经济带来任何繁荣。其结果仍旧是小农经济倍加贫困化而且又多了一层被压迫被剥削的厄运。

国民党政权统治时期，四大家族利用雄厚的官僚资本疯狂地进行各种商业垄断，举凡茶叶、蚕丝、桐油以及其他植物油料与粮食等生产及运销无不在四大家族控制之下，民族资本所投资的新式农业企业以及各种类型的农产品加工企业为之摧残殆尽。1945年日寇投降后美帝国主义又以所谓的“作战剩余物资”大量向中国市场倾销，加以用联合国救济总署名义在中国市场上抛售所谓的“救济品”。其中仅罐头奶料及其他各种乳制品一项就使无数小型的乳业生产者为之破产。

总之，在半殖民地半封建的旧中国，资本主义农业在不同时间阶段，在不同的地区曾经以不同形式不同发育程度出现，但在发展过程中，封建土地制度封建剥削制度仍旧长期存在，资本主义农业受到种种抑制、干扰和破坏。再加上帝国主义的侵略，致使旧中国农产品商品化具有殖民地的特质，帝国主义国家农产品向中国的倾销以及四大家族官僚资本对农业经济的掠夺，对农产品加工、运销及对外贸易的垄断，在千疮百孔的社会经济中，中国资本主义农业经营几经挣扎仍摇摇欲坠。

历史的经验证明，在半殖民地半封建的旧中国，资本主义农业的出现有一定的客观必然性，但是阻碍资本主义农业的发展，却存在着种种内在的与外来的原因，既同国内的政治、经济、社会文化、教育、科技的发展有关，与整个国民经济发展相联系，也与国际帝国主义侵略相关，很难从一时一地的个别现象或个别典型企业状况或发展经历得出令人满意的结论。不过这一支新生力量的出现或夭折，在中国近代农业经济史上是十分值得注意的，这正是孕育在封建的半封建的经济中期待生枝发叶的幼苗。但在三座大山的压迫下，始终未能完成突破旧的生产关系的历史任务。

注：凡属未加引文的数据、例证均属韩德章先生亲身考察或参与工作的回忆。

发展生态农业是发展农村生产的有效途径*

冯宝林　薛甲湖　吴淑章　刘丙申　王希迎

1986年3月份，我们到江苏盐城市建湖、射阳、大丰三县调查学习，看到了许多乡（镇）、村按照生态学原理要求，进行农业生产建设，使农村生产系统逐步转到了良性循环的轨道上来，较好地保护和利用了农村经济资源和自然资源，改善了农业生态系统，取得了较好的经济效益、生态效益和社会效益，促进了农村经济的全面发展。

一

建湖、射阳、大丰三县的许多乡（镇）、村，近三年来，初步形成了各具特色的多种生态农业模式，并涌现出许多“生态村”和“生态户”，按其经营内容和经营形式，可划分为以下几种主要模式：

1. 种、养、加相结合的生态模式。这种模式利用“加工链”和“食物链”将种植业、养殖业与加工业紧密结合起来，多层次利用光合作用，进行深度加工，多次增值，提高经济效益和生态效益。例如建湖县近湖乡裕丰村利用粮食加工成食品，供应市场，下脚料（麦麸、米糠）养猪、鸡；利用秸秆、棉籽饼、粮食加工成饲料喂鸡，然后用鸡粪和配合饲料喂猪；猪粪又投入沼气池，沼气渣肥田。1985年全村生产各类食品27万斤，加工了配合肥料和机制饲料150万斤，饲养了23头奶牛，1 800头生猪，10 000只家禽，转化粮食170万斤。食品、饲料等农副产品加工业的发展，带动了养殖业和其他村办工业的发展，村办工业又从利润中返还一部分给农业，又刺激了农民种粮的积极性，全村经济初步走上了农林牧副渔工商建运服综合经营的良性循环道路，1985年粮食亩产达到了2 010斤。农、副、工三业总产值达到7 968 400元，其中副业1 039 900元，占13%；工业6 169 000元，占79.4%。人均分配814.74元。

2. 种植业与养殖业相互促进的生态模式。这种模式利用“食物链”的内在关系，把种植业与养殖业紧密结合起来，充分发挥种植业与养殖业之间相互促进的作用，提高了太阳能的利用率和生物能的转化率，从而提高了经济效益。例如建湖县庆丰乡董徐村，种植业和养殖业水平都较高。他们利用充裕的粮食和青饲料养鸡，鸡粪加饲料喂猪，猪粪喂鱼和投放沼气池，沼气烧饭、发电，沼气渣肥田。1985年这个村农、副、工三业总收入达到1 698 300元，其中农业830 800元，占48.9%；村办工业23万元，占13.5%；以养殖业为主的多种经营收入637 750元，占37.6%。人均收入795元。再如射阳县黄尖镇新征村三组三十户利用带式居民点，房屋一字排开在河堤上的优势，从1984年开始，除了完成承包的粮、棉生产任务外，搞了“四个一”的种养

* 原载《农林辩证法》1986年第2～3期。

紧密结合的生态模式，当地称之为“新征模式”。即：每户一群鸡、鸭（30～40只鸡、20～30只鸭）、一圈猪（4头左右）、一个鱼塘（3～5分地）、一块经济林（五分地左右，主要种植水杉、桑树，兼作鸡、鸭活动场所）。这种模式除了类同董徐村利用“食物链”内在关系，进行物质与能量循环利用外，还有一个显著特点，就是充分利用耕地、地面、水面、空中，搞多层次利用的立体化农业，做到了耕地与水域生产相结合，室内与室外饲养相结合，水底、水中与水面养殖相结合，屋下屋上、地面与空中生长树木、瓜果相结合，形成了劳动和技术高度密集、最大限度利用资源的集约经营。而且这种劳动和技术密集又和充分利用自然力紧密结合起来，因而取得了较好的经济效益，1985年人均收入532元，比1980年130元增加四倍，比1984年的440元，增加了19%。

3. 生物共生互补的生态模式。这种模式主要是根据生态学原理，不同的动、植物之间有共生互补的特性，只要按照这个特性，进行合理组合，就能使他们之间形成物质和能量的良性循环。在这种模式中又有几种类型：一是稻田养鱼，稻、鱼共生，把种植业与养殖业结合起来。二是芦苇荡中养鱼，苇、鱼共生，把生产芦苇和养鱼结合起来。三是桑基鱼塘相结合。即：鱼塘边种植胡桑、养蚕，蚕沙喂猪，猪粪投入沼气池，沼气渣喂鱼，鱼塘泥培肥胡桑。四是“芦荡系统”的“三水两木”相互交叉结合。建湖县境西南有一片15万亩的荡滩。农民总结了历史经验教训，在开发利用过程中，注意了把济经效益与生态效益结合起来，除了对生长良好的芦苇采取提水保柴、继续生产芦苇外，对大面积的荡滩，实行“三水两木”的综合开发利用。即按照因地制宜原则，着重发展荷藕、菱角、茭白等水生经济作物，鱼、虾、蟹、贝等水产养殖，鸭、鹅水禽和林木、果树。这种综合开发利用，使荡滩恢复了生机。例如建湖县恒济乡东元村1985年开发利用荡滩250亩，收入6万元，比开发利用前只收入2 000元，增加了29倍，44户户均收入1 360多元。

4. 以林为主，农林牧副渔全面发展的生态模式。射阳县和大丰县位于黄海之滨，海涂资源丰富。他们采取了多种优化生态环境的途径，来开发利用海涂资源。其中重要途径之一，就是以发展林业为主，农林牧副渔全面发展的生态模式，取得了生态、经济、社会三方面的整体效益。射阳林场就是一例。在1966年建场时，这里还是一片围垦不久的盐滩地，“下雨水汪汪，晴天白茫茫”，是一块不毛之地，生态环境十分恶劣。经过全场职工二十年的努力，坚持以林为主，农林牧副渔全面发展的良性循环的生态模式，现在已是林茂竹翠，郁郁葱葱，鸟语花香，环境十分优美的园林式的林业生产基地，全场土地总面积2.7万亩，其中林地23 000亩，占总面积的85%，从1975年开始有贡献，共为国家提供了木材14 600立方米（尚有蓄积量32 000立方米），竹子11万担（尚有竹材蓄积量25万担），紫穗槐13万担，树种6万斤，树苗1 700万株，绿肥种子120万斤，粮食2 000万斤，大豆140万斤，鱼30万斤。固定资产和积累1 000万元，为国家投资的6.3倍。从1968年开始自给，到1985年，扣除成本后，累计利润74.58万元。从1982年开始向国家交税收，到1985年共交税收203 200元。1985年总产值86万元，是建场初期的12倍，利润176 000元，相当于前17年（1968—1984年）的30%。

5. 用地与养地相结合的生态模式。例如，大丰县是个面临黄海的滨海县，土地盐、瘦、板，是发展农业的三大障碍因素。他们采取了三条行之有效的培肥土壤措施：一是实行粮、棉、特、绿合理布局，绿肥面积由1976年的10万亩增加到1983年90万亩，油菜由4万亩发展到10万亩，基本上实现了一亩粮、棉，一亩绿肥。二是实行秸草还田，由1976年每亩50多斤，增加到现在的每亩180斤。三是增加有机肥。由于采取这三条措施，土壤肥力不断提高，土壤有机含量1973年为1.09%，1976年为1.19%，1982年为1.23%，近几年又有进一步提高，加上水利措

施，全县25万亩重碱地有21万亩得到了改造，基本上可以适宜粮棉种植，由于土壤肥力不断提高，棉粮产量也不断提高。如皮棉单产1950年仅10斤，1959年为47斤，1970年为59斤，1975年以后稳定在100斤以上，1983年达到145.8斤。

6. 庭院经济的生态模式。随着农村商品经济的发展，不少农民越来越重视挖掘庭院资源潜力，发展商品生产。根据建湖县委农工部1985年9月对12个乡（镇）的26户庭院经济的调查，1984年这26户共有庭院面积12.2亩，产值22.66万元，纯收入12.24万元，户均4 710元，人均826元，比全县当年的人均分配纯收入还高393元，可见潜力之大，效益之高了。庭院经济名目繁多，但他们所以取得投入少产出多的高效益，一条共同经验，就是他们充分地利用了有限的庭院空间，进行立体式的集约经营，外延范围虽小，但内涵密度却大。他们根据各自的优势和条件，发展不同类型的庭院经济。一是利用粮食发展加工业和养殖业。仅近湖乡镇北村六、七、八三个队就有15户经营加工业和养殖业。镇北村农民王其荣在72平方米的庭院里搭起一个大棚子，开办豆制品小作坊，用豆渣养猪，猪粪肥田，1984年加工黄豆1.65万斤，产值13 390元，净收入6 600元；出售肥猪12头，养鸡20只，产值2 440元，净收入1 540元。两项合计总产值16 830元，是他家当年粮食承包田产值的20倍。不仅如此，猪多肥多，他家承包的粮田除育秧用10斤尿素外，全部用的粪肥，节约了投资，培肥了地力。二是充分利用有限的庭院空间，发展蔬菜、水果和花木生产，进行立体式的集约经营。近湖乡近湖村农民李凤英在自家门前的1.2分地上，搭起了简易塑料大棚。棚内种韭菜、大蒜，畦旁长黄瓜、四季豆，黄瓜、四季豆棵里套种土豆，厨房屋上长瓜缕，门前凉棚及厕所棚上长丝瓜、豆角。形成棚内棚外几层楼。一年四季七种八收，三月卖韭黄，四月卖蒜苗，五月卖黄瓜，六月卖四季豆，秋天卖豆角，冬天卖瓜缕、丝瓜络。1984年除自家食用外，收入580多元，既增加了收入，又供应了市场需要。三是按照物质与能量循环转化的原理进行种植业与饲养业循环利用。庆丰乡新村高文满，以四分庭院为场地，砌了鸡舍、猪圈，建立两个32立方的沼气池，配套四马力两瓩的发电机一台。进行科学养鸡，鸡粪喂猪，猪粪搞沼气发电，沼气渣肥田，形成了粮食——饲料——养鸡——喂猪——沼气发电——肥田的良性循环农业生态系统，大大提高了经济效益。1984年12亩大田收入2 700元，而庭院收入竟达9 000多元，比大田收入高出两倍多。他办的沼气电厂，除自家用外，还解决了本村23户照明用电。

二

上述生态农业模式，仅是我们通过短期调查，看到的几种主要模式，而在实际生产过程中，名目繁多，目前正处在发展势头。但上述几种主要生态农业模式，已经表现出了它的较高的经济效益、较好的生态效益和社会效益。

第一，发展生态农业，能够充分合理地利用各种资源，取得整体效应。系统学原理告诉我们，整体功能大于各自功能的简单相加。无论是农村产业结构，还是农业生产结构，都是由多部门、多种类、多层次组成的复合体。如能将它们纳入到一个相互促进、协调发展的系统中来，便能在总体功能优化的作用下，提高整体效应。上述各种农业生态模式，特别是种、养、加相结合的生态模式，把种植业，养殖业和加工业，按照“食物链”和“加工链”的内在关系，密切结合起来，形成了一个良性循环的循环圈，在这个循环圈里，使各种资源得到利用之后再被利用，多次利用，多次增效，特别是加上沼气这个“加工链”，增效作用更大，变成了无废料的生态农业系统。这样，既增加了社会财富，提高了经济效益，又能净化环境，减少污染，收到经济和环境双重效益。例如，过去许多农民都把农作物秸草当作燃料烧掉，既损失了大量能量，又污染了环境。现在把秸草和粮食、棉籽饼混合加工成饲料，饲料喂猪，猪粪下沼气池，沼气作燃料，沼气渣肥田，既增加了效益，又保护了环境。前述董徐村1983年，利用粮食和稻草、骨粉等原料加工成70万斤配合饲料，养了1500只蛋鸡，然后用鸡粪和配合饲料喂养了900多头肥猪，猪粪又投入沼气池和用来喂鱼。使原来价值4万元、30多万斤的饲料和草，经过循环利用，换取了近23万元的鸡、猪、鱼、肥，增值了4.75倍。

第二，发展生态农业，有利于促进农林牧副渔协调发展，使农村产业结构形成良好的生态系统。农业生产各部门和各种作物之间客观上存在着相互依存、相互制约的内在联系。不仅农林牧副渔各业的产品可以相互利用，而且它们各自的产品如能沿着“加工链”循环利用，可以使它们之间的内在联系更加协调起来，相互促进，使农村产业结构形成良好的生态系统。例如，建湖县近湖乡裕丰村饲养了23头奶牛，鲜奶一部分销售市场，一部分供本村食品厂加工乳制品，用牛粪长蘑菇养蚯蚓，用蚯蚓养鱼、养鸡，鸡粪喂猪，猪粪肥田。另外，围绕奶牛饲养业，办起了豆制品加工。这样，奶牛饲养业带动了种植业和其他养殖业以及农副产品加工业的全面发展。使农村产业结构形成了良性循环和转化的系统，使农村经济的发展走上了良性循环的路子。由此可见，只要我们能够认识农业生产各部门的内在联系，从农业生态系统的整体需要出发，把农林牧副渔及其加工业进行合理的安排，就能逐步地建立起优化的农村产业结构，就能使物质和能量得到良性循环和转化，取得较好的经济效益、生态效益和社会效益。

第三，发展生态农业有利于建立良好的自然环境，使自然环境由恶性循环向良性循环转变。上述射阳林场，由于20多年坚持以林为主，农林牧副渔全面发展的生态模式，不仅取得了较好的经济效益和社会效益，而且，在建立良好的大自然生态系统保持大自然生态平衡方面，也取得了极其显著的成绩。一是森林为鸟类栖息创造了条件。据南京林学院调查，在射阳林场的鸟类有12目16科58种，常见的鸟类有20多种。鸟多，害虫的天敌多，害虫的危害基本被控制。60年代蓑蛾、刺蛾的危害十分严重，林木受害率在80%以上，现在很难看到有蓑蛾、刺蛾等虫害发生。二是森林起到了调节气候、改造盐碱土的作用，土地含盐量由原来的3%～5%，下降1%以下，脱盐土和轻盐土的面积占全场总面积83.4%。同时由于林间有大量落叶和大量鸟粪，使土壤肥力逐步提高，土壤有机质含量平均提高到1.05%以上，高者达到2.05%。总之林间生物种类繁多，生物群落和环境之间的关系越来越协调。

从建湖、射阳、大丰三县的情况看，凡是生态农业搞得好的乡（镇）、村，普遍反映农田生态系统和水源变好了，土壤肥力提高了，水中生物和陆地动物增加了，自然环境优美了，空气净化了，疾病减少了，群众体质增强了。

三

上述三县的经验告诉我们，农业生产是一个有机的整体，无论是生物与生物之间，还是生物与环境之间，都不是孤立存在着，它们彼此之间，相互联系、相互依存、相互制约，构成了一个不可分割的统一综合体。这个统一综合体就叫作生态系统。如果我们能够处理好它们之间的关系，它们之间就能够保持相对的稳定性和平衡性。所谓处理得好，就是使它们之间能够协调发展。就农村的具体过程来讲，一是要有一个相互促进农村产业结构；二是要有一个有利于农村生产发展的环境条件。这就是我们通常所讲的生态平衡，生态系统良好。有了这样良好的生态系统，就能够有力地抗御自然灾害，就能够充分合理地利用自然资源和经济资源，就能够为农村生

产创造最优的相互促进条件，使物质和能量更好地转化，更好更快的循环。做到用较少的人力、物力和财力消耗，获得较高的产量和较好的经济效果。建湖、射阳、大丰三县的重要经验之一，就是利用生态学原理指导农村生产，使农村产业结构各部门之间以及它们和自然环境之间，走上了良性循环的轨道，充分利用和保护了农村资源，取得了较好的经济效益、生态效益和社会效益。

上述三县的经验还告诉我们，不断扩大再生产的规模，以便取得较好的规模经济效益，是发展农村经济，提高农业劳动生产率的极其重要问题。但是，怎样扩大再生产的规模呢？有不少干部和农民往往从建工厂添设备、增加生产资料数量等外延的扩大再生产方面想得多；而从提高生产资料和劳动力的质量、充分合理地利用自然力、提高科学技术水平和经营理管水平等内涵的扩大再生产方面想得少。因而在生产力水平比较低、经济实力比较差的情况下，往往处于困难重重，踏步不前。建湖、射阳、大丰三县的经验给我们冲破这种困难，快步前进，开拓了路子。他们既抓外延的扩大再生产，又抓内涵的扩大再生产，但是更多的注重在内涵扩大再生产方面找出路。从上述情况，明显的看到，他们无论是采取哪种生态模式，都重视了充分合理地利用自然力和经济力，充分发挥经营管理和科学技术作用，实行技术密集、劳动密集的集约经营。因而在追加劳动，特别是追加物化劳动不多的情况下，取得了经济、生态、社会三个方面的整体性、综合性的效益。这说明，扩大再生产规模，不断增加生产要素的数量固然重要，但是，提高生产要素的质量，充分发挥我国丰富劳动力的经验才干和专长作用，充分发挥自然资源的优势，充分发挥经营管理和科学技术的作用，其潜力是很大的。特别是在我国目前社会生产力水平不高，农村扩大再生产所需要增加生产资料投资能力较小的情况下，这种主要靠内涵扩大再生产的途径是扩大再生产最现实、最有效的途径。上述三县的许多农民，主要是靠走内涵型的“生态农业”的路子而逐步富裕起来的，而且由于“生态农业”是建立在农业发展的基础之上，所以，它是广大农村和广大农民一条比较稳定的、生命力较强的致富之路，很有总结、借鉴的价值。

农村合作经济组织经营管理工作的战略转移*

洪乌金

农村实行家庭联产承包责任制以后，农村合作经济组织（这里主要讲农业合作经济组织，下同）的经营管理工作如何根据体制改革的要求，进行战略转移，这是从理论上和实践上都需要解决的一个重要问题，它对于搞好农村合作经济组织的经营管理工作，促进农村合作制的不断发展和完善，加速农村经济向专业化、商品化、现代化转变有着重要的意义。本文试就以下两个问题谈些粗浅看法。

一、由封闭式生产型向开放式生产经营型转变

农业合作化以后直至农村实行联产承包制以前，农业生产合作社、农村人民公社的经营管理工作，主要内容是计划管理、生产管理、劳动管理、财务管理和收入分配，即通常所说的“四大管理加分配”。其特点是：①经营管理的任务，只是执行上级指示，完成国家计划，是“执行型”的管理；②经营管理的职能，是着重于内部的生产管理，不管市场需求等外部环境情况，是“内向型”的管理；③经营管理的体制，是生产经营的权力主要集中在国家政权和社一级领导手中，生产队和劳动者基本上没有什么权利，是高度集中的“集权型”的管理；④经营管理的方法，是主要依靠命令、指示、决议、决定、指令性计划、规章制度、纪律等行政手段，是“行政型”的管理；⑤经营管理的水准，主要是依靠传统的经验，使用传统的计算工具，基本上只进行定性分析，是“经验型”的管理；⑥经营管理的目的，是完成国家计划任务，只重视产量、产值、速度，忽视产品的质量，忽视经济效益，是“任务型”的管理。

这是一种封闭式的、生产型的经营管理，它严重影响集体经济单位和农民的积极性，使集体经济单位失去生机和活力，严重阻碍着农村生产力的发展。

经营管理是在一定生产方式下进行的。这种经营管理是由一定的生产方式所决定的。首先，是由生产力水平所决定的。解放以后，我国的农业生产有很大的发展，但直到1978年党的十一届三中全会以前，仍然是处于自给性半自给性的自然经济状态，商品经济很不发达，农副产品商品率仅达30%左右，粮食商品率扣除返销粮后只有15%左右。社队生产的产品主要是为了满足自身的再生产和社员生活的需要；其次，是由国家的经济体制所决定的。国家实行的是高度集中的计划经济，加之，人民公社实行政社合一。因此，国家对生产队的生产除了满足自身需要以外，剩下无几的产品，不是采取商品经济的交换形式进行的，而是采取指令性计划，向生产队下达统、派购任务的方式拿走，国家对集体经济单位的经济活动统的多、管的死。集体经济内部实

---

* 原载《农业经济》1986年第3期。

行的也是高度集中统一的管理体制，统一经营，集中劳动，统一分配。在这种情况下，生产队的经营职能主要是由国家的各级机关以及代表国家的人民公社社一级来行使，生产队和农民基本上没有自主权。

在这种一无生产自主权，二无多少商品，三无商品交换自主权的情况下，什么经营问题，对生产队来说，既没有需要，也没有可能。这就是集体经济组织这种封闭式生产型的经营管理产生和存在的基础。

党的十一届三中全会以后，我国实行对内搞活经济，对外开放的政策，广大农民在三中全会的实事求是、解放思想的精神鼓舞下，创造出农业家庭联产承包责任制。1984年10月党的十二届三中全会又明确指出社会主义经济是“有计划的商品经济”。1985年1月中共中央、国务院又制定了《关于进一步活跃农村经济的十项政策》，取消了粮、棉等主要农产品统派购制度，实行合同定购和市场收购，逐步放开农产品价格。

这一系列方针、政策的贯彻实施，引起农村经济的巨大变化。

第一，农村商品经济迅速发展。由于联产承包制的推行，调整了集体和农民的关系，农村生产经营者（包括社区性的农业生产合作社及其承包者——农户、专业组、专业队，跨地区的合作企业，乡镇企业，合伙企业，专业户等，下同）获得了生产上的自主权，迸发出极大的生产积极性，劳动效率空前提高，多余的劳动力、资金和技术纷纷转移到多种经济的经营上，有力地推动着我国农村经济由自给性半自给性生产向较大规模的商品生产转化，由传统农业向现代化农业转化。农村商品率迅速提高，目前已经达到60%左右。

第二，市场机制逐步形成。取消农产品的统派购制度，调整了国家和农民的关系，生产经营者获得了产品销售的自主权。

生产经营者有了这两种自主权就成为相对独立的商品生产经营者，并逐步学会在社会主义有计划商品经济的汪洋大海中游泳。目前农民已经逐步地在国家的方针、政策、计划指导下，按照价值规律和供求规律的要求，以经济效益为中心，来展开生产经营活动，进行农村产业结构的调整。经济特区、开放城市和开放地带的农村的生产经营单位已逐步形成“外向型”、“贸工农型”的产业结构和产品结构。否则，产品不适销对路，成本高、价格高，就要在剧烈的市场竞争中吃败仗。这就给予生产经营者以一种巨大的外部压力。

第三，生产经营者不仅有了自主权，而且经营成果同自己的利益直接相关，这就从根本上解决了生产经营者的内在动力问题。

以上这些变化给农村合作经济组织的经营管理工作带来了转机，使农村的生产经营者，从事经营活动不仅有了需要（有商品、有外部的市场竞争的压力）而且有了可能（有了产品生产和产品销售的自主权、有内在动力）。从而促使农村合作经济组织的经营管理，由封闭式生产型向开放式生产经营转变。这是一种战略性的转变。这种转变给农村合作经济组织带来了生机和活力。

二、开放式生产经营型经营管理的特点和内容

农村合作经济组织开放式生产经营型的经营管理的主要特点是：①经营管理的任务，由只按照国家计划生产，缺少自主权，转变为在国家计划指导下，拥有独立经营的自主权利，即由“执行型”转变为“自主型”；②经营管理的职能，由只着眼于合作经济组织内部的生产管理转变为面向市场等外部需求的经营为主，把内部条件和外部环境结合起来，抓从生产到流通的再生产全过程的经营管理，即由“内向型”转变为“内向外向结合型”；③经营管理的体制，由政社合一、

集中决策、统一指挥，转变为政社分设、统一领导、分级管理、分层决策，即由“集权型”转变为“分权型”；④经营管理的方法，由主要依靠命令、指示、决议、决定、指令性计划、规章制度、纪律等行政方法转变为以经济方法为主，经济方法、法律方法、行政方法、思想政治教育方法、社会心理方法等相结合，即由“行政型”转变为“综合型”；⑤经营管理的水准，开始由依靠传统经验，应用传统手段，进行定性分析，开始向现代管理方法、技术，应用现代化手段过渡，把定性分析和定量分析结合起来，即由“经验型”向“科学型”过渡；⑥经营管理的目的，由只重视产量、产值、速度，完成国家计划任务转变为以提高经济效益为中心，即由“任务型”转变为“效益型”。

经营管理的转型使经营管理内容发生了根本性的变化。开放式生产经营型经营管理的内容主要有以下几个方面：

1. 经营预测决策。由于各生产经营者都是相对独立的商品生产经营者，就需要搞经营、搞预测，作决策，讲求提高经济效益，以求得在市场竞争中发展壮大。其内容包括市场调查、市场预测、研究和提出各种经营决策方案。

2. 发展和完善联产承包责任制。已经建立的联产承包制随着生产力的发展还要不断发展，不断完善。例如，在发展商品经济过程中，承包户的农业转非农业，需要调整土地和转包问题；联产承包合同的签订和管理；促进生产要素的合理流动与组合；各种形式的农村合作经济组织的经营管理制度的建立和收益分配，等等。

3. 完善合同制，加强合同管理。合同制是城乡之间和农村内部经济活动的纽带和桥梁。在农村生产领域的经营承包等，流通领域的生产资料供应和产品销售，等等，都需要而且应当通过合同的方式来进行。特别是在实行联产承包制，以农户分散经营为主的情况下，国家对农村经济状况的“透明度”降低了，有了合同制，国家可以通过各种服务组织的合同了解情况，以便于加强宏观指导、服务、调节和控制，把农村经济活动纳入国家的计划轨道。做好合同制的完善和合同的管理工作，内容包括合同的签订、履行、变更、解除、纠纷的处理、合同的管理等。

4. 进行成本核算和生产经济效益分析评价。提高经济效益，是农村合作经济组织经营管理的目的。成本核算和生产经济效益评价则是实现这一目的的手段，也是经营管理的一项重要内容。不论是统一经营层次还是农户都需要搞成本核算。这方面的内容，大家已经比较熟悉，不必多介绍。农业生产经济效益的内容，包括经济效益评价的原则、方法、指标体系和寻求提高农业生产经济效益的途径等。

5. 社区性合作经济组织双层经营中“统”的层次的经营管理的内容。主要有以下几个方面：①管好用活集体资金（包括原集体的资金和新的提留款）；②搞好机械、水利设施的使用管理，组织防汛、抗灾；③组织本区域内的农业基本建设，保护生态平衡；④搞好土地管理、合同管理、财务管理、成本核算、收益和利润分配等；⑤调整产业结构、产品结构，积极组织发展工业和第三产业；⑥做好服务工作。农村经济体制改革以后，以分散经营为主，集体经营单位原来的经营管理工作，有相当一部分变成现在合作经济组织“统”的层次为农户服务的内容了。例如，经营咨询，记账，成本核算、经营管理培训、审计等服务。

论北方大中城市蔬菜商品流通的改革*

俞家宝　洪乌金

蔬菜是人们生活中仅次于粮食的第二生活必需品，事关千家万户，旧的蔬菜商品流通体制统得多、管得死，国家耗费了大量的财政补贴，生产者、经营者和消费者都不满意，改革势在必行。近年来开始进行改革，改革中有许多问题，需要从理论上和实践上加以探索。本文试就以下问题进行初步研讨。

一、市场目标

蔬菜商品流通和流通体制改革的市场目标对于引导生产者按照市场目标进行生产和确定流通体制模式、市场体系、价格模式等都有重要的意义。蔬菜市场目标是整个蔬菜商品流通和流通体制改革的出发点和归宿。

按照社会主义生产目的的要求和全面兼顾生产者、经营者、消费者和国家利益的原则，北方大中城市蔬菜商品流通改革的市场目标应当是：①供求大体平衡。即不仅要求全年供给总量和需求总量大体平衡，而且要求在各个不同的季节也能达到基本平衡。一个城市每天的蔬菜总需求量是基本稳定的，只要总供给达到一定数量，居民就有菜吃，至于需求与供给之间的品种结构的差异，可以相互代替解决。但是，影响总供给量因素很多，有的是不可控制因素，例如气候等。因此，我们要求的供求目标只是大体平衡，即允许旺季有少量过剩，淡季有少量的不足。②品种多、质量好。统购包销时期的蔬菜商品不仅是品种单一，而且质量差。许多地方出现了“老、大、粗”现象，损害了消费者的利益，污染城市环境，增加了运输压力，这种状况应当彻底改变。改革后的市场供应目标应当是“大路菜”和“细菜”都品种齐全，鲜、嫩、净，以提高可食率和满足不同收入层次居民的需要。③无污染。目前城郊一般国营工厂和乡镇企业较多，易受“三废”污染，为确保人民身体健康，必须把供应无污染的蔬菜作为一个重要的市场目标。④购买方便。蔬菜是人们每天不可缺少的必需品，又不耐储藏，基本上是一种天天吃、天天买的商品。因此，要求蔬菜商业网点多、布局合理，使居民购买方便、省时间。⑤价格合理。即要求蔬菜的市场价格总水平基本平稳。平稳，不意味着固定不变，把蔬菜价格总水平始终控制在一个水平上，而是要求根据蔬菜的生产特点和供求状况，平衡、调节和控制蔬菜的价格总水平，可以而且应当允许在一定时期内有小幅度（百分之几）的上升。⑥保持一定的生产者价格水平，使菜农的纯收入和种其他经济作物以及在乡镇企业务工的收入大体平衡。⑦使国营蔬菜商业职工的收入同相近企业（食品、水果等）乃至其他行业的商业职工大致相同。⑧实行政企分设，以提高国营

---

* 原载《北京农业大学学报》1987年第13卷增刊。

蔬菜商业的生机和活力。⑨减少国家的财政补贴。

上述市场目标是统一的不可分割的整体，只有全面实现这9条目标，蔬菜商品流通的改革才算是比较成功的。

二、流通体制模式

蔬菜的流通体制模式是蔬菜商品流通问题改革的核心。为了保证市场目标的实现，必须根据蔬菜商品生产的特点，设计合理的流通体制模式。

（一）蔬菜商品的特点

主要有：①蔬菜生产有季节性和地域性。在北方露地栽培的蔬菜一般5～10月为生产供应季节，有些蔬菜品种还有地域性，这就存在着需求的均衡性、多样性和供给的季节性和地域性之间的矛盾，因而要求蔬菜商品供应要超越一定的地区界限，进行必要的、适量的全国性调剂，亦即要求商品流通体制的模式不能是封闭型的，而应当是开放型的。②蔬菜是新鲜、易腐、重量大、单位价值低、不便运输的商品。因此，要求在蔬菜收获以后，以最快的速度、最短的时间、最少的流通费用，把蔬菜送到消费者手中，即要求就近生产，就近供应，多渠道、少环节，最好是直线流通，以及运用现代化的运输手段。③蔬菜商品时效性强。同一品种蔬菜不仅不同供应季节价格差别很大，就是在同一供应季节，早上市与晚上市价格也不一样，甚至在同一天，早晨和晚上的价格也有所不同，这就要求价格水平不能固定在一个水平上，而应当给予经营者灵活升降的定价权利。④蔬菜是农户生产为主。它的生产规模小，基本上是手工操作，劳动时间长、劳动强度大，加之，目前运输手段比较落后，多数是用平板三轮车送菜，每天上市量仅有二三百斤。这样，农民既种菜又卖菜或送菜任务很重。因此，要求市场距离产地不能太远。

（二）流通体制模式

我们认为，蔬菜是计划指导下，以市场调节的商品，根据这两年改革的初步实践，其流通体制总的模式应当是：以国营商业为主导，多种经营方式、多渠道并存和少环节、开放型。模式具体内容如下：

1. 多种经营形式、多种经营方式并存问题。总的来说，是全民所有制的商业、集体所有制的商业、个体所有制的商业、多种所有制联营的商业、城区的蔬菜市场贸易、郊区的集市贸易等，同时存在、同时发展、同时发挥作用。下面重点讲三个问题：

（1）发挥国营蔬菜商业的主导作用。从国营蔬菜商业的性质、规模、设备、人员和经验来看，它应当而且可以起主导作用。国家对市场的调控政策（如限价和保护价等）也要依靠它来贯彻实施。至于它存在的问题应当通过改革来解决。目前国家蔬菜商业存在的主要问题是政企合一，它既是经济实体，要行使经营职能，又要执行国家管理经济的职能，进行宏观管理，一身二任。前者是实行经济核算，要求盈利，后者不进行核算，其任务是平抑物价。二者存在着矛盾。由于政企合一，蔬菜公司吃国家大锅饭，失去了生机和活力，亏损大，国家财政补贴包袱日益沉重。其解决的办法有二：一是政企分设，由政府的蔬菜管理部门下设专门事业机构，其任务是平抑物价，从事排旺补淡、调进调出工作，其亏损由国家财政补贴。二是上述平抑物价指令由国家物价部门会同蔬菜管理部门发出，其任务委托蔬菜公司执行，收支单列，亏损由财政补贴。这样，国营蔬菜商业部门就可成为名符其实的企业从事蔬菜商品经营活动。当然政企分设以后，蔬

菜公司内部也还需要进行改革。

（2）积极发展农民集体所有制的商业。前面讲到各种经营形式、经营方式的商业，目前已经形成的主要是国营商业、农民自销和个体商贩。前者存在的弊端正待改革。后者有分散、规模小、不固定等缺点，难于管理，国家的蔬菜价格调控政策难以为他们所贯彻实施。因此，必须积极发展新的农民集体所有制的商业形式。例如农民自办的销售合作社、蔬菜（或综合）商业联合体。其好处：①可以使更多的农民进入流通领域，促进农村商品经济的发展；②可以增加农民的收入；③有利竞争。它既可促进国营蔬菜商业的改革、改善经营管理，又可在一定程度上抑制小贩哄抬菜价；④有一定规模，便于工商等部门的管理。

（3）加强对个体商贩的管理。个体商贩在蔬菜商品流通中发挥了重要作用，但也存有弊端。除前述外，还有不对市场负责（即不管居民是不是有菜吃），有的是唯利是图，哄抬物价。为更好地发挥个体商贩的作用，克服其缺点，我们认为应当对小商贩实行有（执）照、挂牌（流动商贩可挂在胸前）经营，对其中一部分可以确定为职业商贩，常年定点经营，使其对市场负一定责任。

2. 多渠道并存和少环节问题。我国蔬菜商品流通渠道在统购包销时期，只有国营蔬菜商业单一渠道且环节多，即产地（农民卖菜）——蔬菜公司分拨站（分配）——蔬菜公司的基层店（再分配）——蔬菜零售店——消费者。许多城市不仅商流如此，物流也如此，多次辗转，时间长，不适合蔬菜鲜活的特点和目前分散生产的要求。我们的意见是：第一，大力发展直线流通或称产销直挂。例如城区的农副产品市场（或蔬菜专业市场）、郊区生产者在城里开店销售、郊区的农村集市贸易、机关学校厂矿的伙食单位到产地和农民直挂，等等。第二，积极发展生产者和零售商直挂。例如产地对国营零售商、个体商贩等的产地批发。第三，减少国营蔬菜商业的商品流转环节，即由产地生产者——分拨站——基层店——零售店——消费者，转变为产地生产者——批发市场——零售商——消费者，最好是产地生产者——零售商店——消费者。

3. 开放型问题。根据蔬菜商店的特点，固然需要以地区性市场为主，但根据消费者需求的多样性和商品经济的要求，又要求有一定的全国调剂。因此，各个城市的蔬菜市场都不应当是封闭式的，而应当是打开城门的，形成开放型的全国统一市场。这种市场要求：第一，建立以近郊为主，远郊为辅，外埠调剂的蔬菜生产供应体系。第二，排旺补淡，调出调进。这种市场有利于竞争，在一定程度上可以抑制蔬菜价格的不合理上涨。

三、批发市场

批发贸易是生产者和零售商之间的重要环节，它是较大规模的商品流通所必须的。体制改革以前蔬菜是国营蔬菜公司实行垄断经营。所以在生产者和零售商之间实行分货制，由分拨站和基层店进行这一工作。放开经营以后，实行多家经营，农商自由贸易。这样，分货制已无法存在。因而，蔬菜商品除一部分由生产者自销、产销直挂以及生产者和零售商直挂外，其余部分需要在生产者和商业之间有一个从事批发贸易的中间环节的场所——批发市场。

根据我国目前的情况：蔬菜生产以分散经营为主（除少数承包大户外），上市批量小（一般为200～300斤），购买量小（除国营零售店购买量较大外，个体菜贩的购买量都比较小），运输手段落后（一般是用三轮板车、手扶拖拉机，汽车很少），运量小、资金短缺等。因此，除在交通方便的城区可以搞少数1～2个规模较大的设备齐全（包括食、宿、金融服务等）以菜为主兼营其他副食的综合性批发市场，主要接纳外埠菜商进行大批量的交易活动外，一般应在城乡结合部或产地建立中、小型的批发交易市场。这种市场可以是蔬菜、水果、水产等综合性农副产品市场。其特点是：①投资少、见效快；②可以就近交易、方便交易各方，农民卖菜不误种菜；③适合目前小型半机械化工具的运力小、运量少，运距短的特点。可见，大办大型批发交易市场是不切合实际的，农民是不愿意去的，势必造成浪费。一个城市到底办多少批发交易市场，大型和中、小型如何结合，各办多少。蔬菜主管部门应当统一安排，合理布局。

目前有的城市的批发交易市场是由蔬菜公司办的，批发交易市场与批发站合二为一，其性质不明确，这也是政企合一的一种表现。我们认为批发交易市场应当由政府蔬菜主管部门直接办或由政府委托蔬菜商业经营部门办（但必须是单设机构或单立账户）。其参加者，卖方，可以是农民，也可以是乡村的购销服务合作社等；买方，可以是国营、集体、个体的蔬菜零售店，可以是机关厂矿学校的伙食单位，也可以是菜贩；参加交易的可以是本埠的，也可以是外埠的。

批发市场的性质应当是服务型的，实行服务收费，但不以盈利为目的。入不敷出时，则应由国家财政补贴。同时，通过服务，为国家提供市场的供求、价格等信息。其任务是为交易各方提供服务。其职能包括办理交易手续、提供价格信息（昨天和今天的行情）、引导交易、办理代购代销、预约代购代销，等等。

四、价格

蔬菜价格涉及生产者、经营者、消费者和国家诸方面的经济利益，是蔬菜商品流通和流通体制改革中非常敏感的问题，是改革的关键。

随着蔬菜商品经营的逐步放开，价格也必然同步放开。而在全面放开经营以后，价格是否会像 1985 年大幅度上涨？我们认为这要取决于基本建设规模、消费基金和货币发行三方面的宏观控制状况，如果这三个因素控制住，经营放开、价格放开就不会引起价格大幅度上涨，就可以控制在一定范围内。这是因为：①目前近郊区种菜劳动力的纯收入已经同务工劳动力的收入大体平衡或略高一些，每亩的纯收入已超过种其他经济作物。诚然，郊区的土地，有一部分可以从事花卉、果品生产，但这些占地是有限的。在这种情况下，农民是愿意种菜、也只好种菜的，至于远郊区农民由于劳动力机会成本较近郊区低，种菜的积极性就更高了。因而郊区蔬菜供应量就不会下降，从而价格可能比较稳定。②由于市场是开放的，邻近地区的农民由于劳动力机会成本较城郊低，种菜积极性很高，大量蔬菜将涌入大、中城市，在这种竞争的情况下，蔬菜价格也可能比较稳定。

蔬菜价格总水平虽然不会大幅度上涨，但也不可能像统购包销时期那样固定不变的，而是变化的、略微上升的趋势，这是必然的合理的。因为，第一，蔬菜在我国是一个劳动生产率低、增长速度慢，又较农业其他生产部门增长也慢，而且在短期内也不可能有较大的提高。因而，对生产资料的涨价难以消化，势必增加成本，提高价格。第二，蔬菜主要在城郊生产，而城郊商品经济比较发达，劳动力在乡镇企业务工、经商等门路较广，劳动力的机会成本高。因此，只有种菜的劳动力收入（元/工日）≥务工、经商收入时，才会愿意种菜，而随着技术的发展，乡镇工业等部门的劳动力的收入是上升的趋势，因而蔬菜的价值必然增强，价格必然上升。第三，随着城市建设的发展，必须增占土地，土地价格越来越高，土地资源的机会成本越高。这也是菜价上升的一个重要因素。第四，随着劳动生产率的增长，特别是由于城市工商业和农村工业劳动生产率增长较快，劳动报酬相应增加，购买力相应提高，而购买力的提高又会刺激菜价的上涨。上述菜

价不断略微上升的趋势是就整个蔬菜部门的价格总水平的趋势来讲的。当然就某个品种、某个年份、某个季节由于市场供求状况不同，可能有升有降。

放开不等于不管。在蔬菜商品放开、搞活的同时，必须加强宏观管理，防止菜价大涨大落。因此，必须采取各种措施控制价格总水平。根据上面讲到价格总水平是上升的趋势，合理的价格总水平应当是：价格上升的幅度≥城市居民收入提高的相对量减蔬菜部门劳动生产率提高的相对量。因为在放开经营、放开价格的条件下，郊区农民的收入水平的提高，最终是要向城市居民的收入水平看齐的，郊区农民收入的增长必然是大于或等于城市居民收入的增长幅度。维持合理的价格总水平的主要措施有：

1. 实现总供给与总需求的基本平衡。这是维持合理的价格总水平的前提条件。为此，首先，要制订总供给与总需求平衡的指导性计划。其次，要确定一个以近郊为主，远郊为辅，外埠调剂的生产供应体系，并落实具体任务。例如郊区生产基地的落实，排旺补淡、调出调进计划合同的签订等。第三，要采取必要的经济手段扶植和鼓励菜农的生产。例如，投资建设菜田，对菜农实行供应平价的生活资料和优先供应一定的平价的生产资料，实行以工补农等政策。

2. 实行限价和保护价政策。商品生产是由价值规律所决定的，它带有盲目性，加之农业生产受自然条件的影响，有丰歉之别。因此，就有可能在某时期（一般是指一生产供应季节），出现大量过剩或严重不足，而需求则是稳定的均衡的，这是一个矛盾。它可能引起价格的波动。其解决的办法可以采取实行限价和保护价政策。

（1）限价。当蔬菜商品出现卖方市场，供不应求，价格大幅度上涨时，国家为了保护消费者的利益，特别是保证低收入阶层的居民能够吃到应有数量的蔬菜，就必须实行限价的政策。当市场没有足够的蔬菜供应，在独立经营的条件下，解决的办法是定量供应，而在多家经营的条件下，蔬菜定量供应是做不到的，只能是实行限价。即依靠政府办的批发市场从外埠购进大量蔬菜供应市场，实行财政补贴，高价进、低价出，按一定批零差率由国营零售店销售，以稳定市场，平抑物价。限价一般是短期措施。限价的关键是有针对性地确定限价蔬菜的品种、价格水平和限价期限。

（2）保护价。当蔬菜商品出现买方市场，供大于求，价格大幅度下跌时，国家为了保护菜农利益，使物价维持在一定水平上，就必须实行保护价的政策。统购包销时期的政策是统多不统少，即市场蔬菜供大于求时，国家承担全部市场风险，通过补贴经营者的方式，按统购牌价全额收购，市场供应不足时，农民不承担责任。这种方式，把农民和市场隔开来，农民不注意按照市场的需要来确定和调整生产的品种和规模，是一种消极的保护政策。保护价政策，则是由国家和农民共同承担市场风险，即超过市场需要部分的蔬菜只能按照略高于物质费用标准的价格（亦低于批发交易的价格）进行收购，由批发市场或国营蔬菜商业部门组织外调。这种方式可以使农民加强市场观念，注意按市场需求来组织生产，是一种积极的保护政策。

至于蔬菜的地区差价、季节差价、品种差价、质量差价在蔬菜放开经营、流通体制改革以后自然就会解决。

3. 改革价格管理体制。蔬菜商品价格管理体制在放开经营和流通体制改革以后，即由旧的流通体制时期的主要是宏观问题转变为主要是微观问题，同时也有宏观问题。因此，亟待解决价格管理体制问题。我们认为：放开经营，就应在批发市场形成批发价格后，由零售商店随时根据蔬菜市场行情和使用价值的变化情况，自行确定零售价格。市物价部门（会同蔬菜管理部门）只管调节、控制和管理蔬菜商品的批发和零售的价格总水平，进行排旺补淡，调出调进，实行保护价和限价政策等。

五、改革的三步骤

上述几个问题都和改革的步骤密切相关的。蔬菜商品流通和流通体制改革的步子倒底是快点好还是慢点好呢？目前有两种不同的主张：一种主张是快点，一次理顺，免得零敲碎打，国家财政补贴更多，快点风险也不会大。另一种主张是慢点，分步骤进行，看一步走一步，以免反复。我们认为：第一种意见，是一步登天的做法，震动太大，容易造成思想不适应、组织不适应、设施不适应，因为人们对流通体制的改革的认识需要一个过程，多条商品流通渠道的形成和发展需要一个过程，蔬菜的运输、贮藏、加工和市场的设施等的筹备也需要一个过程。个别城市采取第一种意见的做法，已经出现反复，应引以为戒。第二种意见，是稳妥前进的做法。它可以克服前种做法的缺点，使人们有一个逐步适应的过程，震动小，如果能悄悄地完成这场改革是最理想的。因为改革必然引起价格的波动，而价格问题是最敏感的。例如，我国目前的人均收入水平低，全国居民年人均收入只有752元，假设采用前种做法，蔬菜的混合平均价上涨至0.2元/斤，按一天一斤菜计，一年就是73元，占收入的9.7%，低收入的家庭所占的比重还要大，这是群众所无法承受的。而分步骤进行改革，价格的提高是渐进的，人们随着收入水平的不断提高，就可以逐步适应。具体建议分三步：

第一步，对商品蔬菜由目前的“大管小放”（即国家对菜农的蔬菜实行合同定购的占大部分，其余部分实行议价或自销），到逐步缩小合同订购的品种、月份和数量，即以管春淡（四、五月份）、秋淡（八、九月份）和大白菜为重点。

第二步，取消旺季商品蔬菜主要品种、主要供菜月份的合同定购，只管春淡、秋淡和大白菜。同时进一步扩大议购议销范围。

第三步，全国放开经营。随着多种经济形式、多种经营方式、多种流通渠道的形成和发展，国营蔬菜商业就可以取消合同定购，全部实行议购议销。

上述蔬菜商品流通和流通体制的改革是就我国北方大、中城市的一般情况而言的。但是由于各城市规模的大小、气候条件、蔬菜商品的生产供应体系、包装贮藏运输条件、居民的收入水平和购买习惯等有所不同，其改革的具体内容也应当有所差别。

浅论边际平衡与企业利润的关系*

查 振 祥

一、边际平衡时项目利润最大

边际平衡原理，是一个在农业生产中广泛应用的技术经济原理，根据这个原理，任何一项生产，要取得最大利润，必须将生产成本的边际投入量确定在和边际产值相等的界限，如图 1。

图 1 中有 X_1、X_2、X_3 三个资源投入阶段。在 X_1 时，边际成本 MC 与边际收益 MR 相等交于 Y_1 点，但这边际收益 MR 还处在边际成本 MC 以下，处在生产的亏损阶段，且 MR 还正在上升，生产的潜力还没充分发挥出来，因此，不是最大利润点。在 X_2 时，MR 达到最大值 Y_2，但这时利润才取得一半左右，还不是最大利润点。虽然从这以后，MR 开始下降，但与 MC 重新相交时还有一个过程。在 X_3 时 MR 与 MC 重新相交于 Y_3 点，总利润由曲边三角形 $Y_1Y_2Y_3$ 的面积所表示，达到了最大值。如果过 X_3 以后仍继续投入资源，MC 又重新大于 MR，产生亏损。所以把资源投入量确定在 X_3，使边际成本与边际产值相等，是取得最大利润的方法。

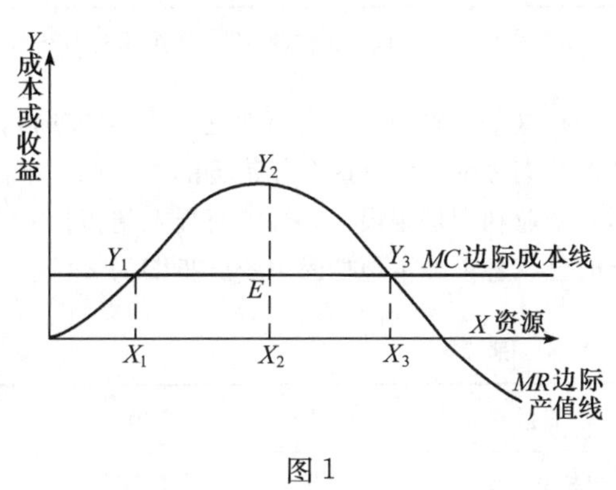

图 1

但是，这里所说的最大利润，只是一个生产项目的最大利润，不是企业的最大利润。所谓生产项目，指的是一项特定的生产活动，有其时间和规模。在这个时间和规模内，投入资金和人力，作用于特定的劳动对象，产出产品或其他劳动成果，这个生产项目就完成了。任何生产活动，都是由一个个项目构成的，项目是生产活动的最小结构。所谓企业，指的是一个经济组织或实体，这个经济组织或经济实体组织生产、交换和分配的全过程，是社会生产活动的基本单位。企业的生产活动，时间和规模更大，包括许多项目。所以，企业利润与项目利润不是一个概念。项目利润只是一项生产活动所取得的利润，企业利润是整个企业所取得的利润，企业利润是各个项目利润之和。企业组织生产的最终目的，不是取得项目最大利润，而是要取得企业的最大利润。因为项目本身不具备独立的经济利益，而企业才具备独立的经济利益。这里有人会问：各项目利润最大时，企业利润不也就最大吗？因为企业利润等于各项利润之和。问题就出在这里，各项目利润最大时，企业利润可能最大，也可能不是最大，因为企业利润与项目利润的增长速度并

* 原载《北京农业大学学报》，1987 年第 13 卷增刊。

不都是一致的。首先举一个例子进行分析。

例：江苏淮阴种猪场的实验。

江苏省淮阴县种猪场，在1978年4月至1979年3月对育肥猪在不同阶段的日增重和料肉比进行了实验。实验猪种为本地的新淮猪，采取一贯育肥法，中等饲养水平。实验开始时，每头猪平均体重为17.7公斤。实验结果如表1：

表1

实验头数（头）	16	16	16	16	10	7	4
日龄（天）	61～100	101～140	141～180	181～204	205～268	269～322	323～379
重量（公斤）	17.7～33.73	33.73～52.93	52.92～80.93	80.93～95.57	95.57～127.7	127.7～148.9	143.9～165.7
日增重（克）	400	480	700	610	510	400	300
料肉比（斤）	2.98	3.42	3.53	4.52	5.35	6.77	7.93

资料来源：《中国畜牧杂志》1984年第4期12～13页。

在这个实验中，每头猪就是一个生产项目，人们对它投入饲料，产出猪肉，取得利润。各头猪的利润之和，就是这个养猪场的总利润。下面根据实验资料来分析一下每头猪利润达到最大值时，企业利润是否最大，假如每斤毛猪售价0.8元，每斤饲料价格0.15元，取得基础产量35.4斤时已花各项成本包括固定资产折旧为20元，全场生猪存栏数100头。见表2。

表2

日龄（天）	100	140	180	204	268	322	379
出栏率（次）	3.6	2.57	2.0	1.76	1.34	1.12	0.95
重量（斤）	67.4	105.86	161.86	191.14	255.4	297.8	331.4
阶段增重（斤）	32.06	38.4	56.0	29.28	64.26	42.4	33.6
料肉比（斤）	2.98	3.42	3.58	4.52	5.35	6.77	7.93
边际成本（元）	0.45	0.51	0.54	0.68	0.8	1.02	1.19
变动成本（元）	14.4	33.98	64.22	84.13	135.5	178.7	218.7
固定成本（元）	20	20	20	20	20	20	20
总成本（元）	34.4	53.98	84.22	104.13	155.5	198.7	238.7
头收入（元）	53.97	84.69	129.49	152.9	204.3	238.2	265.1
头利润（元）	19.57	30.71	42.27	48.77	48.8	39.5	26.4
养猪场利润（元）	7 045	7 892	9 054	8 571	6 539	4 424	2 528

计算方法：出栏率＝360÷日龄；阶段增重＝本阶段重量－前阶段重量；边际成本＝料肉比×0.15；变动成本＝Σ各阶段边际成本×阶段增重；总成本＝固定成本＋变动成本；头收入＝重量×0.8；头利润＝头收入－头成本；养猪场利润＝头利润×100×出栏率。

根据上面的分析，在268天日龄，重量为255.4斤时，每头猪投入的边际成本0.8元正好等于猪的售价即边际收入等于0.8元，这时每头猪利润最大，达48.8元。但是，每头猪都养这么大时，养猪场收入是6 539元，不是最大值，最大值已过。在180日龄，161.86斤重的生产阶段，这时，虽然每头猪边际成本才0.54元，小于边际收益，因而每头猪利润45.27元，未达到最大值，但养猪场利润达到了最大值，为9 054元。因为255.4斤阶段时，虽然每头猪利润很大，但日龄过长，出栏率已降低到1.34次。而161.86斤阶段，虽然每头猪利润未达到最大值，但日龄缩短，出栏率还保持在2次。养猪场总利润等于每头猪和利润之和，猪的育肥量等于存栏数乘以出栏率，因而决定场利润有三个因素：头利润、存栏数和出栏率，存栏数是个不变常数，头利润与出栏率是个此消彼长的数，如果把头利润作为自变量 X，出栏率则是它的函数 $f(x)$。养猪场利润 $y=C\cdot f(x)\cdot x$，这个目标函数的最大值，就是养猪场的最大利润。在这里，项目利润的增长速度与企业利润的增长速度并不一致，出栏率这个中间因素，改变了两者之间的线性关系。

二、项目利润与企业利润有线性与非线性两种关系

上面分析可以看出，造成项目利润与企业利润增长速度不一致的原因，是由于两者之间不一定是线性关系，为什么项目利润与企业利润不一定是线性关系呢?

每一项生产活动，基本上都具备“原材料——在产品——产成品”三个程序，完成这三个程序的过程，就是这项生产活动持续的时间。一个企业一年中能完成多少个项目，取决于两个东西：一是根据企业现有条件，能同时并存多少个生产项目；二是每个项目持续的时间长短。同时并存多少个生产项目，对企业来说，受人财物力限制，是一个既定的东西。每个项目持续的时间长短，则有既定的与不既定的两种情况。其原因是，企业所生产的产品有两种特性：一是产成品与在产品有严格的区别，最终产品要到一定时候才能完成，如粮食、棉花、水果等，这些产品不到成熟不能采摘；另一种是产成品与在产品无严格的区别，最终产品没有完成时间界限，如畜产品、蔬菜、林木等，它们的躯体生长时是在产品，收获时是产成品，可以早收获，也可以迟收获。对于持续时间既定的生产项目，一个企业一年能完成多少个生产项目也是一个既定的数，这时候，企业利润与各项目利润成线性关系，项目利润最大，企业利润也最大。对于持续时间不既定的生产项目，企业一年能完成多少个生产项目就不是一个既定的数。项目持续时间短，企业能完成的生产项目就多；项目持续时间长，企业能完成的生产项目就少。在项目利润未达到最大值以前，项目持续时间与利润成正比例增长。这样，企业利润与项目利润就不是线性关系了，因为项目数量是项目利润的函数，而企业利润又是项目数量与项目利润的复合函数。在这种复合函数的情况下，项目利润达到最大值时企业利润不一定能达到最大值；项目利润没达到最大值时，企业利润可能已达到了最大值。这种情况在畜牧、水产、蔬菜、林木等生产部门中，是一个带普遍性的问题。

三、科学运用边际平衡原理

在我们的许多研究技术经济的文章、著作和教科书中，都忽视了项目利润与企业利润的差别，一直把项目利润当作企业利润。认为边际成本等于边际产值时，企业或部门的利润最大。许多技术经济的实验，也是按这个思想来设计的。这种片面观点必须加以纠正。如果按这个观点来

组织生产，必然给企业带来不应有的损失。项目利润毕竟是项目利润，企业利润毕竟是企业利润，边际成本等于边际产值时，只是项目利润达到了最大值，不是企业利润达到了最大值，企业利润与项目利润是否同步增长，得看二者关系是线性还是非线性。我们组织生产的最终目的，不是要取得项目的最大利润，而是要取得企业的最大利润，因此，必须科学运用边际平衡原理，不能把边际成本等于边际产值公式绝对化。有时局部是正确的东西，总体上不一定正确，局部还得服从整体。当然，这样说，不是否定生产中运用边际分析方法。恰恰相反，是要正确使用边际分析方法，借助边际分析方法所揭示的利润增长规律，使我们的企业能获得最大的经济效益。

传统农业阶段的中西农书比较研究*

董恺忱

农书是指以记叙农业生产技术以及与之有关的经营知识为主的论著。至于传统农业阶段则可理解为前资本主义时期。

中国在传统农业阶段，官私撰著的农书总共在五百种以上，至今尚存或经人辑佚的也不下三百种。[1]在西方，从古希腊到16世纪西欧封建社会开始解体这段日子里，写就并传世的农书，就今所知只不过几十种。从内容和体例来看，西方的农书也较为单一，不像中国那样详备齐全。

这些差别的形成是有其根源的。本文试图对一些有代表性的农书进行比较分析，并进而探索中国和西方传统农业的不同发展历程和各自的特点。

一

传统农书可分为整体性和专业性的两大类。[2]所谓整体性的是指题材包括了农业生产的各个部门或其中的绝大部分，而专业性的则仅限于其中的几个部门或几个方面。中国传统农书中约有三分之一是属于整体性的，其中按其内容及体例又可分为大型官方编撰的全国性农书和小型私人撰写的地方性农书，现按成书先后分别列举其主要著作，并对其演进过程稍加说明。

中国传统农书中在先秦时写成的，据《汉书·艺文志》所载有《神农》、《宰氏》、《野老》等几种，惜皆亡佚。保存到今天的最早有关农业知识的系统论著，就是《吕氏春秋·士容论》中的《上农》、《任地》、《辩土》和《审时》四篇了（公元239年）。但这四篇的作者已无从考查，有人认为是由秦相吕不韦的门客共同编写的。内容则反映了战国后期的农业生产技术上的一些成就，和农家一派的某些主张。[3]但也有人认为书中多次提到周族先人教民稼穑的后稷，加以文字苍老，认为它可能是一度传世的《后稷书》。[4]汉代的农书也已大都失传，但《氾胜之书》（1世纪）和《四民月令》（2世纪）这两部能够反映前、后汉时期农业生产水平的书，其主要部分却因《齐民要术》的引录，得以保存下来。北魏时由贾思勰撰著的《齐民要术》（532—545年，10卷）共92篇，涉及农业生产的各主要领域，兼以结构严谨，记叙正确，因而为后出的一些大型农书所师法，起到了承先启后的作用。由于它征引的文献多达百种以上，而内容又切实合用，所以从宋代起就不断有人校勘刻印，流传下来的本子竟多达十几个。[5][6]元代的《王祯农书》（1313年，32卷）所探讨的地区，已不像过去只限于黄河流域而是扩展到长江以南。书中不时把南北农事的同异加以对比，加上全书又是由《农桑通诀》（相当于农业总论）《百谷谱》（相当于作物各论）及《农器图谱》（列举了有关农具的图谱306种）等三大部分组成，较为充分地体现了整体性全国性

* 原载《平准学刊》第三辑上册1987，提交中国科技史国际学术讨论会第二次会议论文，1986. HK。

农书的一些基本特点。[7]明末徐光启撰著的《农政全书》(1639年，60卷)共分十二门，它的体系概括了中国传统农业内容和成就。[8]全书除泛论一般农事，尤其着意于屯垦、水利及备荒三项。清代乾隆时召集文人编修的《授时通考》(1742年，78卷)，是这类农书中的最后一部，全书大都从他书引录而来，缺少新的内容，但由于乾隆亲自颁赐，又令各地复刻，产生了一定影响。这些大型整体性农书的撰著者，既有集体也有个人，但那些由个人撰著的，作者的用意也仍在督课农桑，教民耕稼，而与集体编修的并无不同，所以不论从内容、结构乃至撰著的动机，大体上也都是相近的，所以都可划入官书这一类。

从宋代开始出现了一些小型的地方性农书，这些由私人撰写的农书，篇幅多较短小，内容也欠全面，但却以能深入细致地探讨各地的主要生产措施见长，所以它较为切实可用。这类农书中出现最早的要算南宋的《陈旉农书》(1149年，3卷，江苏南部)、明末《沈氏农书》(涟川沈氏撰，约在1640年，浙江湖州)。到了清代，这类农书更多出现，如《农圃便览》(丁宜曾撰，1755年，山东日照)，《三农记》(张宗法撰，1764年，四川什邡)《马首农言》(祁寯藻撰，1836年，山西寿阳)《农言著实》(杨秀元撰，1856年，陕西三原)等，可观者近十种。到了19世纪50年代之后，这类农书就显著减少，不久就不再有人撰著刊刻了。

由于中国传统农书体现了中国传统农业的一些特点，王毓瑚教授曾据以分为九类。综合性和通书两类大体可归入整体性农书，其余是讲天时耕作、专谱、蚕桑、兽医、野菜、治蝗及农家月令书等七种，[9]应属专业性农书范围。这个看来似欠严谨的分法，确比按现代科学体系来区分，更能反映出中国农业生产的实际情况。在中国，作为生产主体的小生产者，虽然要开展多种经营以谋求衣食之源，并满足生产和生活多方面的需要，但林、牧等业一向就欠发达，不是农牧兼重，而是农桑并举，反映蚕桑生产的书累计有四十多种。[10]由于每个农家饲养的家畜不多，专讲饲养的书也极少，为了使为数不多的家畜能够健壮成长，历代累计竟写成八十多部专讲医疗和相畜术的专著。中国所处的自然环境对发展农业来说并不十分理想，为了有效地防御灾害，平时就要讲天时，也有人趁机来说占验，兴修水利和讲求耕作技术也受到相应的关注，这样前后也相继写出了五十多部有关的论著。至于遇到荒年歉岁，为了搜求可用来充饥活命的野生救荒植物，就出现了野菜专著，仅在明代成书的就近十种。[11]为了有效地捕灭蝗虫，明清两代先后刊印十多种治蝗书。月令是用以时系事的体例来说明一年之内各个时期宜行之事的。这种类似农家历的体裁简 便明瞭，深受农民喜爱，迄今不衰，中国农书中全部或部分采用这个体例的也有二十种。[12]至于各种专谱，则是指用来记载蔬、果、花卉以及竹、茶乃至水产等物，这类以记载经济及观赏植物为主的专谱，从宋代起累计竟达百种以上。其中讲果树的多侧重荔枝、柑橘，谈花卉的则着意于牡丹、芍药及菊、兰等。这类农书中有些虽和农业生产的直接关系不大，但其所记叙的技艺，也确有令人叹为观止的。

二

传统农业阶段的西方农书，早在古希腊和罗马时代出现的几部，不论就内容和结构来说，似都处在前列。Hesiod的《田功农时》(“Works and days”约公元前800年)和Xenophon的《经济论》(“Oeconomicus”，约公元前400年)都着重讨论了一些和农业生产及经营有关的问题。罗马时代先后有四部专以探讨农事为题材的农书，即Cato，M.P的《论农业》(“De agricultura”，约公元前160年)；Varro，M.T.的《论农业》(“Rerum rusticarum，公元前36年)；Columella，L.J.M.的《论农业》(“De re rustica”，约60年)及Palladius，R.T.A.的《论农业》(“Opus

agriculturae”，约四世纪）。此外，在 Virgil，M. P. 的《牧歌》（“Georgics”，公元前 29 年）和 Pliny，S. G. 的《博物志》（“Historia naturalis”，约 70 年）等书中也有关于农事生产活动的记叙。公元 476 年西罗马帝国灭亡，西欧进入所谓“黑暗的”中世纪时期，在这时写成并流传于世的典籍很少。像《查理大帝庄园敕令》一类的文件，虽然是讲庄园管理事宜的，从中能够了解到一些当时的农业生产水平及有关技术措施，但由于它是做为法令来颁行的，对技术本身几乎未曾加以讨论，所以不宜归入农书范围。后来在英国出现了 Walter of Henry 的《论农业》（“Husbandry”，13 世纪），当代英国经济史学家 Clamphan 誉为“有一项来自 13 世纪时，英格兰方面的值得注意的文献，这是 13 世纪欧洲惟一的一项文献。”[13] 但继起的农书仍极罕见。一直到了 16 世纪，当农村中的封建经济开始解体，才又出现了一批反映新的时代风貌的农书。像 Fitzherbert 兄弟 John 和 Anthony 合写的《农业全书》（“The book of rhusbandrie”，1523 年）、德国 Heresbach，C. 的《农业四章》（“Rej usticae libri quatuor”。1570 年）和法国 Serres，O.《农业舞台与经营》（“Le Theatre d′ Agriculture et nesnage des champs”，1600 年）。这些农书具有鲜明过渡色彩。它虽仍以传统的生产方式做题材，但书中已透露出一些新的技术开始推广，土地占有关系也发生了变化。如《农业全书》就不仅说到了谷草式农法，而且还提到了在公共土地中间的大块领地一般都已被领主圈占，反映了方兴未艾的圈地运动。到了 17 世纪初，虽然也还有 Norden J. 的《和土地管理人对话》（“The Serreious Dialogue”，1607 年）那种仍以土地管理人同领主、佃农和农民对话的方式，来讨论有关庄园管理的著作，但在这之后就不多见了。到了 18 世纪初，Tull，J. 的《马耕农法》（“The horse-hoing husbandry”，1733 年）问世，这是一部具有近代农业特点的农书，它的出现标志着西方的农业生产行将跨入一个新的历史发展阶段。

传统农业阶段的西方农书，不论是从内容还是从结构来看，大多应划入由私人撰写的地方性的整体性农书。因这些农书大都涉及到了当时农业生产的一些主要侧面。像 Varro 的《论农业》这部由三卷构成的著作，其中仅第一卷是讨论田间操作和产品加工贮藏的，不过重点却在葡萄、橄榄等果树，甚至对牧草从种到收都用专章详细地谈到，但对一般谷物生产却讲得很少。第二，三卷的标题分别是家畜和小家畜，除了讲到常见家畜家禽的饲养繁育，也提到养蜂、养鱼，而这两部分合起来竟超过全书一半以上的篇幅。后来的 Columella 和 Palladius 的农书，虽然分别增加到 10 卷和 12 卷，但其基本内容和结构却仍相近。被人誉为罗马文学最高成就之一的 Virgil 的《牧歌》，据说是作者有感于当时罗马的农业已渐趋于衰落，为了使它重新得到振兴才着手创作的。这部由四章组成的田园诗，结构上是以 Hesiod 的《田功农时》为蓝本的，但作为吟诵题材的农事也还是侧重于放牧家畜和种植果树。16 世纪出现的农书，像 Fitzherbert 兄弟的《农业全书》开始有了较多的新内容，书里虽也仍然重视畜牧，但对作为田间操作基本措施的耕作比较为重视。它不仅提到了犁的形制和种类，而且还细致地讲了在犁的使用操作时应该注意的一些事情。之后不久仍由他们兄弟合写的《土地管理论》（“Surve yenge”，1539 年）则讨论了当时英国庄园制度已经松弛的情况下，土地所有权发生的变化，这时的农书在内容上，虽已开始出现一些新的题材，但还未能完全摆脱旧传统的影响。

三

上边把中国和西方的主要农书做了概括的介绍。两者的差异看来是很明显的。以下想在这基础上再就这些内容所体现的农业结构和农业技术体系上的特点做些分析，籍以说明上述差异的根源是来自生产实践。

构成西方的传统农书内容的主体部分是养畜业，这是西欧养畜业为主的农牧混合经济的必然反映。但是以种橄榄，葡萄为主的意大利半岛中部地区的地中海式农业却不同于西欧其他各地，这正是希腊、罗马农书所独具的风土色彩，也恰好是它作为地方性农书的局限所在。就谷物生产来说，处在传统农业阶段的西方是较为粗放的，罗马时代的农书很少提到谷类作物，这说明当时罗马帝国所需的粮食多指靠半岛南部及海外行省来供应。在奴隶制大庄园里生产的多是经济收益较高的作物。中世纪的庄园虽以谷物生产为主，但在三圃制下产量也不高，据 Walter of Henry 说，13 世纪时英国小麦的产量仅达播种量的三倍。可见这个阶段西方的种植业发展是较缓慢的。西方的农书较少深入讨论单项技术措施，专业性农书也极少，说明这些技术措施在当时是不被人重视的。现仅以田间作业的基本措施耕作这一项来略加对比，在中国，从《吕氏春秋》、《氾胜之书》，一直到《齐民要术》，对北方的旱地耕作技术不断地探索总结，终于形成了耕一耙一耢的作业体系。从《陈旉农书》到《沈氏农书》又对江南水田操作愈益精细化的情况做了相当详尽的记叙。中国的传统农书一向重视耕作，《齐民要术》把《耕田第一》列为全书的首篇不是偶然的。《王祯农书》在《农桑通诀》中分别对垦耕、耙耢、播种、锄治设专章来详加讨论也是事出有因的。对比之下，西方的传统农书一向就较少系统深入地来谈这个问题，到了 16 世纪 Fitzherbert 兄弟的《农业全书》开始对它给予较多的关切，18 世纪初 Tull 在《马耕农法》中则如书的标题指出的那样，已就此开展全面的讨论，说明这一问题的重要性已经被人充分注意到，不过那已是传统农业在英国行将结束的时候了。在这之前，西方一直盛行轮作撒播，也很少中耕除草，不像中国那样在传统农业阶段就已形成以集约经营为特点的精耕细作技术体系，这可能就是中西方农书内容侧重点不同的终极原因。

中西农书刊印流传的情况也不尽相同，反映其影响大小和生命力长短上的差异。而这差异恰好能用来说明它的价值之所在。中国的传统农书不仅数量多，而且源远流长，从宋代起有些农书能够一再刊刻，除了有赖于印刷术的发明，更主要的恐怕还是书的内容总是有些部分较为切实合用，这样才能被官府和私人多次刊刻行世，除了前边已经提过的农书，还不妨以元代由司农司辑撰的《农桑辑要》为例。这部在元代作为从技术上指导全国农事的整体性农书，除了在种植苎麻、木棉方面有些新添的材料外，大部分还是从前人撰著的农书中辑录出来的。但有如《四库全书总目提要》指出的，由于它“考核详赡，而一一切于实用”，所以不仅在元代曾多次刊印广为流传，甚至到了清代有些地方的当政者，像陕西抚署乃至河西蚕桑局还曾刻印过，而这个大体上以《齐民要术》为蓝本的实用价值较高的农书，在书的卷二谈到耕垦的时候，技术部分有关材料基本上也是引录自《齐民要术》。可见《齐民要术》中讲的有关旱农（Dry Farming）的原理确像日本熊代（Kumashiro）指出的，它是合乎现代科学原理的，不过它的形成却较西欧要早出 1 200 多年。[14]这种构成中国传统技术体系的核心部分，也在各代的农书中被反复征引，这是它具有顽强生命力的表现。当然这些农书也并不尽是抄袭，陈陈相因的。如为了能够在黄河流域推广种植木棉、苎麻，《农桑辑要》提出要破除悠悠风土不宜之论这一极其光辉的思想。西方的农书虽多是整体性的，但多属于小型地方性的，因而易受到时代地区的局限，在流传上就不像中国农书那样广泛而又久远。希腊的以家庭奴隶制为主体的农书，是不同于罗马的以奴隶制大庄园为特点的农书，罗马时代以《论农业》为题的四部农书，又分别反映了这种奴隶制大庄园的兴起，全盛和衰落时的不同景象，而这些用拉丁文写成的农书，对风土条件和经济制度都不尽相同的中世纪西欧各国很少能够提供实际有用的东西，因而除了被珍藏在一些寺院，就很少为世人所知晓了。由于庄园经济发展迟缓，农业生产技术也较少变化，这个阶段新创作的农书因而也不多。到了 16

世纪情况才开始有所转变。有如 Lord Ernle 指出的，像 Columella《论农业》只是到了 1554 年和 1555 年才相继被译成意大利文和法文。英国则迟到 1725 年才由 Bradley、R. 连同其他一些罗马农书选译汇编问世的。[15]而 Varro 和 Cato《论农业》的单行本则竟到 1800 年和 1803 年才刊印的。13 世纪写成的 Walter of Henry 的《论农业》最初却是用法文写在羊皮纸上的，当时虽由 Grosseteste 译成英文，但是直到 1890 年才经 Lamond 女士付印得以广为流传。这些传统农书虽然在文艺复兴之后连同其他希腊罗马的典籍又重新受到人们的关注，但它的价值多半是做为追述历史陈迹的文献，而不是用来指导现实农业生产的凭依。在西欧农业的变革过程中，它们的作用，也许正像 Leser，P. 所说的“这些古罗马农书的影响，实际上多半不是那么重要的”。[16]

四

如果再进一步放开视野，从中两农书的对比中，还能够看到形成这些技术体系内蕴的哲学和它赖以立足的，构成其基础的经济制度上的差异。

中国传统农书中体现出来的自然哲学是朴素地、辩证地看待天、地、人这三个在农业生产中起着重要作用的因素之间彼此制约和影响的相互关系，正是这个认识构成了中国传统农业的内蕴核心。农书中常说的“时令”、“土宜”、“功作”无疑是中国典籍中常说的“天时、地利、人和”的进一步体现。早在《吕氏春秋》的《审时》中就已提出“夫稼，为之者人也，生之者地也，养之者天也”。宋代《陈旉农书》在《天时之宜篇第四》里进一步发挥成“故农事必知天地时宜，则生之、畜之、长之、育之、成之、熟之、无不遂矣”。徐光启在《农政全书》中更明确指出“若谓土地所宜，一定不易，此则必无之理，如果尽力树艺，无不宜者，人定胜天，而况地乎”、强调“时宜”、“土宜”，强调因时制宜、因地制宜的重要性，但又不忽略人的主观能动作用，这样的概括提法，西方的传统农书中是不多见的。西方的农书虽然缺少这样富有哲理的论述，却常从实际出发用诗歌或对话体裁的散文来探讨农业的本质以及其目的、范围，如 Varro 的《论农业》就说过农业的作用在于“教给我们在各种的土地上，要种怎样一些庄稼和使用怎样一些方法，什么样的土地能够提供最高的产量”。这种简洁明确的提法，可能是和现代科学的概念更为接近。至于 Varro 提到的影响农业生产的四个要素，即对水、土、空气、阳光的分析也很切实具体，而这四个因素，又确如 Varro 书中指出的，是当时罗马人认为构成宇宙的要素，正是这样的自然观孕育着后来实验科学的种子。

中国传统农书尽管数量多体裁繁杂，但它所反映的却是耕织结合的小生产者的实态，农书里说到的技术就是这些小生产者经验的总结。这点不论在大型的用来督课农桑的官书，还是作为私人经营手记的个人撰著，都留下了这个印痕。这和地主土地所有制下的土地可以自由买卖、地权经常转移有关、在占有越来越集中、而经营却越来越分散的条件下，小生产者为了活命营生必然要以劳动集约为主，精耕细作的技术体系正是在这基础上形成的。《齐民要术》就已说过“凡人营田，须量己力，宁可少好，不可多恶。”《沈氏农书》进一步概括为：“凡人营田，总不出粪多力勤”。西方的传统农书中，早期的像 Xenophon 的《经济论》，被公认是最早使用经济这一词汇的，不言而喻这里说的经济只能是以奴隶主为主体的家庭经济，所以有人不无原因地又把这本书译为《家政论》，后来罗马农书反映的是被称做 Latifundium 的奴隶制大庄园的经济生活。中世纪的像 Waltler of Henry 的农书，则是以庄园管理人（Ballif）的身份来写的，因而对封建庄园的组织管理情况间或有所涉及。中国传统农书传承延续的历史过程之所以比西方长，也许正是中国前资本主义的封建社会漫长性的反映。在这样经济制度下，农业生产技术较少质的变化而较多具有渐进性的特点。

中国传统农书虽多以记叙农业生产为主，但也有在谈到田庄管理的同时涉及产品运销出售的。东汉时《四民月令》这部反映士大夫经营田庄实态的农书，甚至肯定贱买贵卖是致富之道。像《齐民要术》这部大型整体性农书，作者贾思勰是以高阳太守的身份来撰著的，当然寓有督课农桑的用意。但从全书“起自农耕，终于醯醢，资生之业，靡不毕书”这一结构来看，作者在序中说的做为地主的经营手记，用它来“晓示家童”，似也合乎实际。尽管书前作者强调“商贾之事，缺而不录”，但书中把蔓菁做为拟卖对象来栽培，种植红花子是打算“输与榨油家”，并未能完全排除被视为末业的商业活动。明末农业中的资本主义有了一定的发展，而《沈氏农书》做为一个经营地主的手记，在精心安排全年生产活动的同时，又时时处处都在关心成本利润的计算。西方的早期传统农书也不乏这类事例，像Varro的《论农业》就流露出对市场的价格变化要十分关心，而奴隶主经营大庄园的目的之一也在于使产品在市场上出售来赚回更多利润，Varro甚至强调要选择好出售的时机，他认为一旦赶上好机会，会使你获得双倍的利润。中世纪西欧的农书则很少谈到通过商品贩运来获利的，这不是因为他们是耻于言利的君子，而是自然经济占优势的客观反映。从中西方农书所透露的这些情况来看，在传统农业阶段，商品经济还是得到了一定的发展。

做为研究经济史的资料，西方农书受到较多的关注，这可能和西方的古代文献资料不多有关，但中国农书的史料价值没有得到应有的评价。尽管中国有详备繁杂的各种典籍，但从农书中反映出来的有关农业生产和经营的详实具体和细致的描述，对研究古代经济史有重大的价值，这并不是其他文献所能够完全取代的。

参考文献

[1] 王毓瑚：《中国农学书录》，1964年，农业出版社。
[2] 石声汉：《中国古代农书评介》，1989年，农业出版社。
[3] 王毓瑚：《先秦农家言四篇别释》，1981年，农业出版社。
[4] 夏纬瑛：《吕氏春秋上农等四篇校释》1956年，农业出版社。
[5] 西山武一：《齐民要术传承考》，载《アジア农法と农业社会》，1969年，东京大学出版会。
[6] 缪启愉：《齐民要术主要版本的流传》，载《齐民要术校释》书后附录二，1982年，农业出版社。
[7] 天野元之助：《王祯农书の研究》，载《宋元时代の中国科学》，1967年，京都大学人文科学研究所。
[8] 游修龄：《从大型农书体系的比较，试论农政全书的特色和成就》，载《中国农史》，1983年3期。
[9] 王毓瑚：《关于中国农书》，见《中国农学书录》书后，1964年，农业出版社。
[10] 章楷：《我国的古蚕书》，载《中国农史》，1982年2期。章楷先生在文中指出鸦片战争前出版的不到十种，在这之后的半个世纪却有一百十种之多问世。此处四十种系据王毓瑚《中国农学书录》所载统计。
[11] 董恺忱：《明代救荒植物著述考析》，载《中国农史》1983年1期。
[12] 董恺忱：《试论月令体裁中国农书》，载《农史研究》第三辑，1983年，农业出版社。
[13] Clapham，J：“A concise economic history of Britain” 1957年，Cambridge Univ，Pr.

[14] 熊代幸雄：《乾地农法における为東洋と近代の命題》，载《比较农法论》，1969年，御茶の水书房。又：由 Perkins，D. H. 译成英文的摘要，收录在校订译注《齐民要术》（日文）书后 1969年，アジア经济出版会。

[15] Lord Ernle：“English farming past and present” New six ed. 1961年，Heienmann。

[16] Leser，P：“Enstchang and ver breitung des pfhuges” 1981年 Munster 转引自熊代幸雄编《中国农法の展开》1977年アジア经济出版会。

The Development and Improvement of Agricultural Marketing in China*

An Xiji

Since 1979 China has extended the household responsibility system with a view to relaxing the control of direct planning by the government over production in rural areas. At the same time efforts have been made to reform the marketing systems for agricultural products. The aim of both the production and marketing reforms has been to transform the old systematic rigid planning system into a socialist planned market economy. The implementing of the household responsibility system has run rather smoothly. The new system had been popularized throughout the country by the end of 1982. On the other hand, the marketing reforms have experienced many twists and turns, especially after 1985. The main objective of this paper is to outline what has happened in the course of these marketing reforms. Some brief comments on future prospects are presented at the end of the paper.

Historical Perspective

During the period 1953—1986, China has experienced three stages in the development of marketing systems for agricultural products.

Stage I (1953—1978)

The first stage was an era of steadily strengthening the centrally planned trading system. China began enforcing a system of state planning for food grain in 1953 in the form of compulsory delivery quotas. Thereafter, more and more agricultural products were subjected to various forms and degrees of government control, at the end of the 1950s, a comprehensive planned trading system completely superseded the open market system. The main characteristics of the planned trading system were fixed or variable delivery quotas for agricultural products. These quotas had to be delivered to the government at much lower prices than the free market price (or black market price). Both the quotas and the prices were set by the government annually or every three years.

The dominating theoretical basis for the heavy levy or tax on agriculture by way of these low delivery prices was the priority given to heavy industry in economic transformation. Empirical stud-

* 这是1987年在北京怀柔县举行的“国际农村发展战略”学术研讨会上宣读的一篇论文。

ies have shown that the main impacts of the planned trading system, in combination with the production targets system, were a depression of the farmers' incentives for production and resource allocation inefficiency. These policies led to the downward trend in productivity in agriculture between 1953 and 1978 and impeded rather than promoted economic transformation.

Stage Ⅱ (1979—1984)

The second stage involved the gradual change from a rigid centrally planned system of marketing to a socialist planned market system. In these six years the goverment: (a) reduced the number of commodities under state procurement by quota from180 to 21; (b) lessened the control over commodities that remained under state procurement [even the 'first category' crops (grain, cotton and oilseeds) can-now be freely sold and bought in the open market after fulfilling the state quota]; (c) reduced the quantity (quota) for delivery at low prices [e. g. the actual amount of grain delivered (at low prices) in 1981 was only 64% of what was delivered in 1978]; (d) raised the prices paid for procurement quotas for agricultural products; (e) established thousands of open markets in the countryside and the cities. The main effects of these reforms were to stimulate agricultural production and to allow a more rational production structure to emerge. The result has been an enlarged market supply of foods and increased incomes for the farmers.

Stage Ⅲ (1985—1986)

This stage was marked by the policy decision to move towards the complete elimination of state monopoly trading in agricultural markets. The old system was to be replaced by the 'socialist planned market system' if not immediately then at least as a policy goal. In the early clays of 1985 the central authority announced the gradual abolition of the compulsory procurement quota system and the initiation of the socialist planned market system for all agricultural products. It was a decisive step in the name of marketing reform in China.

The likely effects of the new system have been hotly debated among policy makers and economists. My view is that we should wait and see for several years. Perhaps it would be helpful to mention a few figures which give some idea of the effect the reforms have had on output. In 1985 red meat production increased 14. 3% compared with 1984, fruits 18. 2%, aquatic products 13. 9%. The supply of non-grain foodstuffs including meat, poultry, eggs, fruits, vegetables, aquatic products and oil—seeds increased 12% on average per year between 1984 and 1986. This can be compared to an average increase of 7. 3% per year in 1980—1983. The farmers' cash income from non—gain commodities increased 22. 5% in 1985 compared with 1984. In regard to the drop in grain production in 1985 and 1986, the main causes were the depressed 'contract price' for grain, the decreased supply and rapidly rising price of industrial inputs such as fertilizer, and the changeable weather conditions in these two years. For example, in 1985 the contract price for grain was 28% lower than the 'negotiated price' and much lower than the free market porket price. In contrast to the 'falling off' of grain prices, the prices for chemical fertilizers were 43% higher in 1985 than 1983, pesticide prices were up 82. 8% and farm machinery prices rose 92. 1%. For city residents, the expenditure on food accounted for 58. 6% of their total expenditure in 1981, 59. 6% in 1984 and

55.5% in 1986. Their expenditure on grain was 12.9%, 11.3% and 7.8% of the total expenditure in 1981, 1984 and 1986 respectively. According to Engel's law, it seems that not only the farmers but also the city dwellers were better off in 1985/86 under the new system.

The Main Features of Agricultural Marketing in China Today

The economic transformation of China from an underdeveloped to a developed economy and the transformation of a traditional agriculture to a modern agriculture must proceed side—by—side. Reform of the agricultural production and marketing system is, therefore, just one component of overall economic and political reform.

Co—existence of planned market and open market systems

Since 1985, two staple crops, grain and cotton, have remained on a national contract procurement system and at the same time the national government has maintained the system of grain rationing for city residents. Both the amount and price of the 'contract' are unilaterally decided by the government with the price being somewhat lower than that in the open market. The ration price to city residents is lower than the procurement price. After fulfillment of the contract of procurement obligations, farmers are permitted to trade grain in the open market. Grain and cotton markets, therefore, still remain subject to a system of unified central planning as was the case under the old compulsory quota procurement system. Under both arrangements the lower returns to the farmers depressed the farmers' enthusiasm for production. At the same time the differential prices place a heavy burden government finances for subsidies on staple foods to city residents, mainly as a form of compensation for the low pay of wage earners. In this respect, China is still in the same dilemma as before 1985.

Almost all agricultural products, except grain and cotton, are exchanged in open markets which are subject to various forms and degrees of local government interference. The main forms of interference are selling and buying in large quantities, price ceilings, changing the amount and price of goods which are permitted to be imported and exported to and from other regions or abroad, and trade embargoes.

One of the main forms of interference is through the enormous state commercial network and the collective supply and marketing cooperatives which are under the direct control of the government. The state commercial agents operate mainly on the orders of administrative officials without assuming any responsibility for profits or losses. To a large extent just as they have done for the past thirty years. In general, government control over the open market is strongest in the big cities, weaker in medium and small cities and there is much less interference in the vast countryside. The measures, degrees and forms of interference differ in different districts. For example, in 1985 in Shanghai about 85% of the egg market was controlled by the municipal government in comparison with around 50% of the vegetable market, 38% of the poultry market and there was much looser control over aquatic products.

We can see that in relation to agricultural marketing in present day China, the market mecha-

nism and government interference interact with each other. Under such situations, one of the main features is price uncertainty. In addition to the usual causes of price uncertainty for agricultural products in most developing countries, in China the farmers are also unable to predict the measures and forms of government interference, especially in relation to compulsory decisions. Price uncertainty compounds output uncertainty and leads to big fluctuations in income. Hence, farmers must take great risks when they produce for the market and the necessary premium is often reflected in a higher price than normal. Maybe this factor is one of the reasons for rising food prices in the last three years.

Restructuring state commercial agents and collective supply and marketing cooperatives and the growth in private merchants and voluntary cooperatives

The state commercial agencies were, and in varying degrees still are, operated in an administrative basis rather than on business principles. The collective cooperatives are, to a considerable degree, the same as state commercial agencies in nature, only they specialize in trading with farmers (i. e. procuring agricultural products from, and supplying producer and consumer goods to farmers) . Under such a system there are many inherent shortcomings, especially those of doing things in a bureaucratic way and suffering serious inefficiency. The central authority of China has decided that the cooperatives must be restructured, that is, transformed from administrative agencies into a truly business network. According to the restructuring objectives, every level of each state commercial agency or collective cooperative should be an independent accounting unit responsible for its own profits and losses. They should stand on their own feet without government subsidy and without administrative power and they should compete with private merchants in the open markets which develop with the transformation of the rigid socialist planned economy into the socialist planned market economy.

This restructuring process has been going on for several years with many of the necessary steps already taken by the government. These include decentralizing decision-making power, introducing a bonus system, and establishing various forms of the responsibility system (such as the introduction of contractual arrangements which make the manager responsible for a certain amount of profit, and the leasing of grass roots stores to people or companies who would like to take charge of such an operation under certain conditions etc.) . China bas experienced some success and suffered some setbacks following these changes. It seems that things are sometimes proceeding too fast and, at other times, too slowly.

In the course of restructuring the marketing sector, in order to push things forward, policy makers have to face a lot of conflicts. This includes conflict between doing what people are in the habit of doing with their own limited resources and hiring additional labour and other resources according to need, and conflict between egalitarianism and payment according to work done. Egalitarianism has become so deeply rooted in social life that many argue that even the newly introduced bonus should be distributed in an egalitarian way. Things are much more complicated than was the case with reform of the agricultural production systems. The responsibility system is much more difficult to implement in the marketing system.

To sum up, we have confronted three areas of conflict. First, restructuring would eventually and theoretically benefit all the people and the whole country but at the moment, in the course of restructuring, there exists conflict between gainers and losers which result from the adjustment of economic relationships among the various groups concerned. Second, conflict between traditional ways of life formed over thousands of years, as well as ways of life formed in the last thirty years, and the new approach. Third, conflict among people with different ideologies. These three areas of conflict are mingled with each other. All these conflicts are eventually rooted in the contradiction between state ownership of property and the market economy. There is the vital problem of how to define the optimal mix between public and private initiative and responsibility which will best use the resources available and will give the strongest economic growth with a reasonable distribution of income.

During the period 1953—1978, private merchants disappeared in China. It was illegal for private merchants to participate in farmers' markets in the countryside. During the second half of the period known as the 'Cultural Revolution' even these farmers' markets were closed. Only after 1979 did some farmers begin to trade in agricultural products occasionally or seasonally as a sideline. In 1983 the State Council issued a regulation on open markets in cities and rural areas, Lifting the ban on private trade. In 1984 there were about seven million certified private merchant units with more than ten million employees in rural areas. Since then the number of private merchants has been growing steadily. At the same time, farmers have set up marketing cooperatives voluntarily and spontaneously. Generally speaking, the privat merchants have operated actively and efficiently and have contributed to the flourishing of rural economy and the national economy in the last few years. One of the main problems at present is how to reconcile government monitoring of the market and the initiative and reasonable development of private merchants. This is by no means an easy task, given the ideological problems involved.

The scattered and isolated markets in the countryside are growing gradually into regional market systems and further into a unified nationwide market, as well as entering gradually into the international market

In the last few years, rural markets have been growing rapidly. The official or quasi—official commerce and service agencies increased more than fourfold in the period 1978 to 1983. Procurement of agricultural products grew 10.3% annually on average over this period. At the same time there was a rapid growth of open markets with more than ten million people engaged in private commercial activities. A vast number of farmers also participated in the free market economy.

However, the progress of the open markets should not be exaggerated or viewed too optimistically. There are various obstacles on the road ahead. One of the main problems is the shortage of physical infrastructures, such as roads, transportation, packaging, processing, warehouses and market buildings etc. For example, there were only 2.5 km of roads per hundred square kilometers in rural China in 1983 and these roads were mostly unpaved and ungraded. A large part of the road network, especially that of better quality, is in eastern China. Good roads are quite scarce in inner and western China. The main method by which agricultural products were delivered was by tractor,

which accounted for 58.8% of total tonnage transported in the rural areas in 1983. Trucks accounted for only 14.3%.

The shortage of adequate institutions and administrative ability is even more serious than the shortage of physical infrastructure. For example, commodity standardization, market information systems, various public services such as the necessary marketing regulations and arrangements, are almost completely nonexistent, there is a paucity of institutions for, and experience with marketing in general, but the special skills required to assist the transformation from rigid planning to an open market are extremely scarce. There are enormous economic, political and ideological obstacles to progress in this regard.

In 1983—1984, one of the major problems was the so-called 'difficult to sell grain', 'difficult to sell pork' and the general difficulty farmers had selling various farm products all over China. It was ironic that, while farmers had great difficulty selling feedgrain and pork throughout the year in the countryside, there were shortages in supply and abnormally high prices for pork in most cities, especially big cities. It has been effectively proved that the source of the 'difficulty' was not that China had produced too much grain and pork in relation to demand as a whole—the cause of the problem really lay with the lack of marketing facilities, with the inability of many villages to gain access to transportation facilities, and with the rigid administrative restrictions placed on marketing. These difficulties depressed the incentives for farmers and grain output dropped 70% in 1985.

The recent experiences emphasize that improving marketing facilities and reinforcing marketing reform are two of the critical problems in China today. It would help to raise agricultural production, to increase consumer satisfaction and to provide more employment opportunities for under—utilized labor in rural areas in nonfarm activities. Furthermore, incomplete markets are one of the main barriers to specialization. However, building marketing infrastructure will require vast investment, and China is short of capital. It will not be easy to overcome this problem in a short time. Perhaps one of the ways to speed up the construction of infrastructure, such as the building of roads, is to make use of the vast amount of surplus labour in remote rural areas by setting up public works projects.

Improving the environment of agricultural marketing

Agricultural marketing is closely interconnected with agricultural production, patterns of consumption, the credit and finance system and the national economy as a whole. The growth of markets is generally associated with the pace of economic development. It is impracticable to expect a complete marketing system in a developing country such as China. In this respect, China is more or less similar to other developing countries. The unique feature in China is the recent marketing reform. As one element of the whole economic and political reform, marketing reform should be in step with reform in other sectors. It is evident that delays in implementing reforms in at least three other areas have affected, to some degree, the rate of progress with agricultural marketing reform.

First, there has been a slowdown in adjustments to the household responsibility system in agricultural production. This has taken the pressure off the need for better marketing systems in the last few years. For example, in eastern China (mainly the coastal region) about 30%～50% of labourers in rural areas have been moved out of agricultural activities, but the necessary adjustment in the responsibility system in terms of proper land use and farm size has not yet been achieved, at least not in any systematic manner. As a result, the rate of increase in agricultural output has declined and the pressure on specialization, and hence market growth, has also decreased.

Second, the pace of economic reform in urban areas has lagged in relation to the pace of rural marketing reform and this has slowed the pace of marketing reform in general. It is obvious that agricultural marketing reform itself is an element of urban reform.

Third, a lag in the reform of the financial system has seriously affected marketing reform. For example, in the early spring of 1985, the price of grain for 'contract delivery' announced by the government was a little higher than that in the open market. That means it was intended to be a supporting price. But the uncontrolled inflation gradually raised the price level while the contract grain price was at a standstill. Therefore, what was a supporting price in spring became a punishing price in autumn in the same year as well as in the following year. In 1986 grain output showed a moderate increase compared with 1985, but by the end of 1986 the free market grain prices had risen more than 10% relative to the end of 1985. Inflation and the increased buying power of consumers from the end of 1984 have strongly affected agriculture markets. As the price of farm commcodities is a sensitive area in the daily life of the population it would not be surprising to find that agricultural markets become one of the most important problems of concern to nearly every stratum of the population, urban or rural. Already farm prices have been one of the topics most heatedly debated in public circles. Under such circumstances it is only natural to ponder the problems of agricultural marketing and see what can be done.

A Tentative Perspective On The Socialist Planned Market Economy As An Economic System

The current economic system in China, known as the socialist planned market economy, has features which make it unique in human history. Neither Marxist nor non-Marxist economists have analyzed such a system. In recent years there has been a lot of debate in China over how to define the new system. Chinese economists have different views on the matter.

The key element is how we comprehend (government) planning, I believe planning is the setting of macroeconomic policy in the long run within a market economy, not just the simple revision of the planned economy which has traditionally prevailed in China. Nor is the present system a simple modification of the free market economy as defined by Adam Smith more than 200 years ago. In China today planning by the central authority should serve as the direct overall design which reconciles the different sectors and all the aspects of the national economy as a whole. The open market should operate so that state commercial agencies, cooperative commercial ventures and private merchants can all compete on equal terms without any discrimination. In order to accomplish the strategic targets of planning, the government should interfere in the open market basically by economic measures, such as fiscal policy and monetary policy. It should avoid direct administrative orders or any government direct control over the market.

In the course of the transformation from the old fully planned economy to the new socialist planned market economy, it may be necessary for the government to make use of state commercial agencies, especially at the wholesale market level. For example, the state grain trading agencies can help to stabilize the market prices by holding a buffer stock. The Guangzhou Municipal Government has been doing this since 1985. These state trading agencies which operate at the wholesale level should be independent firms with separate accounting records even though they are tools of government policy.

From an historical viewpoint, the recent economic reforms in China are a revolutionary transformation. The content of this transformation is extremely complex. It includes property ownership reform and political reform as well as market reform. China is traveling down along road with many twists and turns ahead. The only way to continue the journey is to persist with reform with unswerving determination.

统计改革中的几个问题*

刘 宗 鹤

党的十一届三中全会后的一系列改革工作对发展我国社会主义商品经济起着决定作用，其中经济体制改革是改革的核心，统计改革是从属于经济体制改革的，它要求运用现代统计科学和计算技术，以建立新的统计体制。在这种情况下，就要求我们研究改革中出现的新问题。这里仅就个人接触到的几个问题，提几点看法作为进一步研究的参考。

第一个问题：如何建立国民经济核算体系。我们现在用的是物质产品平衡体系（MPS），是以产品经济为主的核算形式，指标体系则偏重于实物量统计。在国际上还有另一种核算形式，即国民经济账户体系（SNA），是以商品经济为主的核算形式，指标体系有新增加的服务项目，国民生产总值及其他资金流量指标等。由于两种核算体系的根据不同，核算的形式也有所不同。我国是社会主义商品经济，而不是产品经济，故应由 MPS 改为 SNA 为宜。从方法论看，MPS 偏重实物量计算；SNA 偏重价值量计算。从指标体系所包括的内容说，SNA 比 MPS 宽，不仅包括实物量还包括商品运动过程，同时 SNA 计算的国民生产总值指标比之净产值或国民收入更为恰当。因为从劳动创造新价值的角度考虑，折旧基金是当年新创造的价值，只是在核算时作为物质资料消耗计入生产费用中，如果产值中不加上折旧将低估劳动成果。这个问题还可以从投资核算方面去理解，如果从投资总额中减去折旧作为固定资产积累基金，也不足以反映当年国家投资总额的规模。另外，SNA 体系把国民生产总值、投入产出、资金流量、资产负债、国际收支五种核算组成一个统一系统，不仅反映国民经济的构成，而且反映经济运动的过程。在改革中到底采用哪种核算形式呢？从理论上讲，上面的分析就足以证明 SNA 优于 MPS，甚至可以认为 MPS 只是 SNA 的一个组成部分，这样，由 MPS 转入 SNA 就成为加加减减的问题。如何处理这个问题，意见是不少的。由于资产阶级经济学家从生产三要素解释 SNA，我们则从宏观控制商品经济来运用这个核算形式。不能因为别人对它有不同的解释，就为 SNA 贴上资本主义标签，也就拒绝用它或贬低它的作用。我们还认为，实际上在我国 MPS 核算体系一直并未作为一个重要核算形式加以广泛应用（包括各级统计机构），也就是没有从一种核算形式过渡为另一种核算形式难于逾越的阻力，可喜的是前几年内，国内经济界对第三产业问题在理论上作过深入的讨论，并在国民经济部门分类上做了许多工作，现在剩下的问题只是资料补缺问题，今后只要下工夫，是不难早日解决的，所以直接采用 SNA 不会有很大困难。

第二个问题：抽样调查如何满足各级领导需要。抽样调查优点很多，但也有缺点，主要是不能满足各级领导需要，现行多级农产量抽样调查，能满足省级对全省总产与单产的需要，而不能满足分地区、分县资料的需要，即各省只有抽中县的资料，而无其他县的资料。由于社会普遍承

* 原载《黑龙江统计》1987 年第 1 期。

认抽样调查，各级政府又对抽样调查重视，县县设抽样调查队进行抽样调查就成为各县十分迫切的要求了。农村住户调查也有这个问题。有的省为了解决这个问题，除由未抽中县本身调配人员外，还由省财政给予一定补贴，例如湖南。这是一条取得基层信息的重要途径，如果中央能统一配备人员拨发经费，在各县成立抽样调查队就更好了。但是满足省县要求后，各县又有分乡数字的要求，乡也有分村数字的要求等，这就要看经济体制改革对各级政府管理经济职能的要求，以及国家财力的大小而定。从目前情况看，以县县搞抽样调查为宜，至于乡及其以下村组如何取得资料，原则上“与其靠拍脑袋，不如搞简易抽样”，当然不排除其他有效办法。在西方，由于经济管理体制与我们不同，抽样数字一般只满足中央需要，如美国作为国际商品的玉米数字只满足联邦决策的需要，但是有些工作，如分配教育经费也要求小区数字，因而有“小区统计”出现，其方法是根据历史的或现在的直接观察或间接调查的资料，并利用回归法、比例法推算小区的数字，以满足下一级的需要。为了满足县一级的要求，县以下调查点数过少也是一个问题，有两个解决的办法：一是增加点数，即增加调查户数，二是把农产量调查点与住户调查点结合在一起，这是一个多目标或多主题调查要解决的问题。

第三个问题：如何处理“块块”（政府统计系统）与“条条”（各主管部门统计系统）的关系。举例说，某些省的统计局与农业部门统计系统在农产量统计上，调查安排与数字不一致，农村住户调查上也不一致。往往一项工作两个单位做，造成重复，既耗费人力财力，也造成数字的矛盾，互相扯皮。但也有些省在这方面协调得很好，因此要总结和推广好的经验，解决不协调的问题。这个问题实际上也是一个统计体制问题，以前我国用苏联的政府统计系统与主管部门统计系统的“双轨制”，一方面满足两个系统的不同需要，另方面可以起到互相核对数字的作用，看来我们的问题就出在核对数字方面，是否有必要用这么大的力量来核对数字，而不由一家来搞。在美国实行的是各主管部门从中央到地方都有较强的统计工作系统，联邦政府、州政府和地方政府（市、县）都没有专门设置政府统计机构。与苏联的双轨制比较，可以说是一种“单轨制”。美国农业部与州农业厅不是领导关系，而农业部与其派驻各州的统计办公室则是领导关系，因此，农业部与农业厅共同需要的统计资料，经双方协议，共同进行调查估算。至于主要农业统计指标则由农业部提供给各州农业厅，经费由各州负担。但联邦农业部不需要的统计资料，而各州农业厅需要，则由各农业厅自己搞，看来美国农业部与州农业厅，不是一件统计工作两家同时做，就是共同进行调查估算，而不是你搞一套我又搞一套。这是“单轨制”内部协调的例子，当然这也可用于“双轨制”。至于到底以政府统计系统为主还是以主管业务部门为主，或者仍然沿用“双轨制”，这要取决于经济体制改革对统计系统与主管业务部门的要求，凡牵涉两方的职责问题，可用法律条文加以规定。

改革和完善农产品成本计算几个问题的探讨*

陈 继 昌

农产品生产成本，一直是引人关注的一个重要课题。新中国成立以来，我国积累了丰富的农产品成本核算和农产品成本调查的实践经验，推动了成本计算理论的发展，同时为实践指明了前进的道路。在农村经济不断发展的新形势下，如何进一步改革和完善农产品成本计算，适应农村商品经济发展的需要，是一个值得探讨的问题。

一、个别成本和社会成本

农业和整个国民经济一样，应该分清个别成本和社会成本。每个经营单位所消耗的物质资料和劳动报酬以货币表现的个别消耗，构成产品的个别成本。个别成本是制订经营单位的成本计划、控制成本支出、衡量经营成果的主要尺度。一般情况下，经营管理好的单位，产品个别成本就低，经营管理差的单位，产品个别成本就高。但在农业上，还要注意如土地、自然气候条件等客观因素的影响。等量的劳动和资金，投入面积相等而肥力不同的土地上，会带来不等量的农产品。因而，优等土地经营单位的个别成本就低；劣等土地经营单位的个别成本就高。因此，通过个别成本的高低，除可以挖掘经营单位主观因素的潜力外，还可研究农业生产布局不当、农业结构不合理而造成个别成本升高的原因。

社会成本是指全社会(部门、地区)产品成本,即花费在所消耗的物质资料和劳动报酬以货币表现的社会必要消耗。产品社会成本是由若干特定经营单位或整个部门的个别成本平均计算确定的。但在农业上,还应考虑农业产生的特点,来确定整个社会范围内(部门、地区)劣等地若干年平均农产品社会成本。一个经营单位的个别成本低于社会成本,一般地说,它节约了社会物质财富,经营成果必然表现盈利;相反,便反映物质财富的浪费,经营成果必然遭受损失。价值规律告诉我们,产品价格的基础是社会价值。所以,提供农产品价格政策的资料,要以社会成本为依据,而不能以个别成本为依据。因此,农产品成本既应计算个别成本,又应计算社会成本。从经营单位加强经济核算,改善经营管理来说,应当主要根据实际消耗和账簿记录,计算产品实际的个别成本,同时也要采用统一价格、预定定额或其他平均指标计算社会成本。在改革和完善农产品成本计算中,有必要从个别成本、社会成本的经济实质加以考察,确定经营单位核算哪一种成本为主。

二、第一次生产成本和第二次生产成本

在农产品成本计算上，日本农林水产省实施的农产品、畜产品及蚕桑产生成本调查中[1]，对

* 原载《农业会计研究》1987 年第 4 期。

生产成本的构成，按第一次生产成本和第二次产品成本分别表示。

所谓第一次生产成本，是指为生产产品所实际花费的价值，扣除副产品价值所构成。计算公式为：第一次生产成本＝费用合计－副产品价值。

从费用（成本）项目构成、费用合计扣除副产品价值后的第一次生产成本来看，它基本上与我国农产品成本项目、生产总成本相同。但他们还进一步计算第二次成本。

所谓第二次生产成本，是指第一次生产成本加上“资本利息”和“地价”（地租）用公式表示：第二次生产成本＝第一次生产成本＋资本利息＋地价。

其中，资本利息不分借入资本自筹资本都一并计算。对固定资本（土地除外）按生产产品负担部分的现价乘以4%的利率计算；流动资本（包括劳动工资），考虑投入的时点不同，按资本额的1/2乘以4%的利率计算。地价（地租）是指土地使用者应付出的代价。其中租入的耕地，按实际缴纳的评价额计算；自耕地根据同类土地条件评价额计算，全部列入第二次生产成本。

日本农林水产省通常所说的生产成本，就是指第二次生产成本。

日本第二次生产成本中的两个成本项目，是否可为我们借鉴需要深入研究。资金客观地存在着时间价值，即随着时间的推移，同一资金，在不同时间会生产利息而发生增值。农业经营者（粮食专业户、家庭农场）如果全部使用银行贷款资金进行生产，便需支付全部贷款利息。因此，农业投入资金的利息是否进入成本，应认真研究。

资本主义社会的土地私有制，决定了土地存在着绝对地租。社会主义社会的土地是公有的，土地虽然具有商品属性——使用价值与价值，但不能作为商品进入市场进行买卖、出租、或者其他形式的非法转让。但土地作为全民所有（如国营农场里家庭农场使用的土地）和劳动群众集体所有（如农村合作经济组织农户家庭经营的土地）的重要资源，对土地使用者能否征收“土地使用费”并计入农产品成本，也是需要研究的一个问题。

农产品成本是否包括“资金利息”、“土地使用费”等项目，关系到我国农产品在国际贸易市场上的竞争。因此，它又是一个值得研究的政策性问题。

三、计价方法上的“市价观点”、“成本(费)用价观点”、“成分(营养)价观点”

农产品成本计算方法论的物质费用的计价方法，特别是经营单位自给品的计价方法，学术界有三种不同看法，“市价观点”、“成本（费用）价观点”、“成分（营养）价观点”。

持“市价观点”的认为，所有的物质消耗，包括自给品，如种子、饲料、自给役畜、包括自给机械、排灌作业等，都按现行市场价格计算，能反映实际价值的耗费，使确认的各部门的劳动效果互不混淆。“成本（费用）价观点”则主张对每一自给品设立辅助部门计算其成本，然后按成本价进入农产品成本。认为辅助部门生产自给品的过程，也是作为农业经营的一环，其收入差额可在整个经营单位的成本中反映出来。而“成分（营养）价观点”认为，某些既无市价，也难取得成本价的物料，可折成标准营养成分的物料，进行市价计价。如自产饲料，按照可代替的全价饲料的市价计价；厩肥、人粪尿，按照可代替的化学肥料的市价计价等。

我国农产品成本调查和农产品成本核算中的物质费用计价，基本上是市价与成本价相结合的办法，如外购种子按买价加运费计价；自产种子按国家规定的价格计价；外购化肥按买价加运杂费计价；自制颗粒肥按成本计购；外单位代耕、代灌的机械作业、排灌作业，按实付作业报酬计价；自有的机械作业、排灌作业按成本计价；畜力作业按畜工日成本计价等。这种结合计价的方法，为调查和确定农产品社会成本，作统一规定是可行的。因为社会成本最终是反映一个地区的社会平均成本，或整个部门的社会平均成本。采用“市价观点”，比照国家政策允许的产地市场价格计算农产品成本中的物质费用，是比较正确的。它可以更全面地反映再生产过程。因为部分地（如固定资产折旧）或全部地（如种子等）转移到新创造产品去的不是这些要素的成本，而是它们的价值。采用市价观点计价，可能出现与按社会成本的计价有差异，成本资料的可比性会造成困难，但用适当的方法加以调整，或在分析、运用成本资料时予以说明，是可以解决的。

既然个别成本的物质费用都以市价计价，那么，在个别成本基础上计算的总收入（或总产值），也必须根据成本与收益相配合这一原则，按产地市场销售的实际市价计算。如国家合同定购（如粮、棉、油）是“比例价”出售的，就按“比例价”计算；是议价、浮动价、集市价等出售的，就分别按议价、浮动价、集市价等计算。这样，经营单位通过个别成本、总收入（或总产值）计算出来的利润或亏损，才是实实在在的利润或亏损。而不是失真的、带水分的利润或亏损。它既是经营单位经营成果的判断指标，也是衡量农业经营企业化可能性的正确尺度。

四、家庭劳动估价问题

农产品成本计算中，活劳动消耗的货币估价，是一个“老、大、难”问题；也是国际上农产品成本计算或农业项目成本计算上普遍存在的问题。对于这个问题，一直存在着分歧意见。我国学术界曾经分别提出过：按国营农场工人平均工资估价；按当地社队平均劳动日值估价；按生产队实际劳动日估价；按劳动力再生产的生活水平估价以及按当地临时工工资估价等。现在看来，经过我国农村经济体制改革和农业经营形式的变化，前三种劳动估价办法已不复存在，如若选择，只有后两种劳动估价方法。从国家有关部门为制定农产品价格而进行的社会成本计算出发，笔者主张以采用劳动力再生产的生活费用进行估价。马克思曾经说过：“可变资本不过是生活资料基金——一种特殊历史的现象形态；那种基金是劳动者维持他自己以及再生产他自己所必要的，在一切社会制度下，都要由他自己不断生产和再生产出来”[2]。可见，保证劳动者的消费，也就是劳动消耗的正常补偿或劳动力再生产那部分产品的价值，据此确定农产品社会成本，不仅具有经济理论依据，也使计算的成本指标，能在不同地区、不同年份具有可比性。

计算经营单位的个别成本，是否可根据政策允许范围内的当地农业雇工工资估价？我认为，如果在“机会成本”、“影子价格”理论基本上也适用于我国的情况下，是可以进行探讨的。

西方经济理论中的“机会成本”，是指几种方案中，采纳某一方案，放弃其余方案，而失掉的利益或遭受的损失。可见，机会成本是用已丧失的价值来评价的一种成本。而“影子价格”，用通俗的话说，就是商品真实价格的估计数，虽然市场上没有它的牌价，但它在市场上是实际存在的。西方国家在“成本—效益分析”中，确定人工成本，通常是按影子价格计算的。

在农产品的个别成本计算上，如果家庭劳动——即人工成本也适用以机会成本的原则来测定，那么，农户的劳动力，既可以参加雇工行列，也可以放弃雇工进行家庭生产；而农户为了参加家庭生产而放弃雇工工资的那种利益，如若用来估价家庭劳动的人工成本，也是顺理成章的。这就可以根据政策范围内的当地农忙季节雇工的影子工资率来抉择可能获得的收益加以确定。

这里又会产生一个问题，即农忙季节雇工，劳动比较辛苦，技术要求也高，农忙季节雇工工资，反映了劳动效率、劳动强度以及劳动力的供求关系等，必然有较高的影子工资率。因而，农闲季节的工资，就要根据劳动力的供求关系、劳动效率、劳动强度、确定较低的影子工资率，或比照农忙季节工资率的一定系数（如0.6、0.7、0.8等）来确定农闲季节的影子工资率。当然，

一个农户家庭具有劳动力的人，有强有弱，将全劳力、半劳力、辅助劳力分别折算成标准劳动力，并以每一标准劳动力劳动8小时为一个劳动日来折算，在采用农业雇工影子工资率的情况下，仍然是家庭劳动估价过程中不可缺少的步骤。

应用机会成本、影子价格的理论估价家庭劳动的人工成本，具有某些切合实际的优点。世界银行在发展中国家进行的"农业项目成本与效益分析"、"农场投资分析"[3]，就是采用这种估价方法的。日本在农产品生产成本计算上，也是采用"从事农业劳动一个成年农户家庭成员，相当于当时大多数正在工作的产业部门的生产劳动者（不包括职员）所支付的标准工资（也称农村雇用劳动工资），作为目前家庭劳动评价额的标准"[4]。因此，有的同志提出计算经营单位的个别成本，按当地雇工工资估价，我认为，在改革与完善我国农产品成本计算中，可进行试验和研究、探讨。

五、几点设想

1. 根据不同的成本计算目的，采用不同的办法，是比较适宜的。如国家有关部门制订和调整农产品价格而进行的社会成本计算，可以采用统一的计价标准和统一的劳动估价标准；为经营单位加强经济核算，改善自己的经营管理而进行的个别成本计算，就可以采用实际市价计价和当地雇工工资进行劳动估价；从国际间比较成本的角度考察，也可以计算包括"资金利息"和"土地使用费"在内的所谓"第二次生产成本"。

2. 机会成本、影子价格理论，在决策分析中，是必须进行认真考虑的重要因素。宏观决策分析中，可以帮助在几种备选方案内，确定最优方案；微观经济决策分析中，可以帮助对最优生产组合进行敏感性分析。我国农产品成本计算是否可以借助机会成本、影子价格理论，解决长期争论的问题，可以进一步探索。

3. 自然科学研究，主要依靠实验。农村经济问题，同样可以通过实验进行研究。农产品成本计算是农业经济学科的一个组成部分，在改革和完善农产品成本计算过程中，也应通过实验研究，取得经验，逐步推广。

参考文献

[1] 1979〔日〕加用信文主编. 牟秉华等译. 农林统计解说及使用方法
[2] 资本论第1卷. 人民出版社，1953
[3] J. 普赖顿·吉格普著. 农业项目的经济分析（世界银行）. 中央财政经济出版社
[4] 同 [1]

绵羊生产管理问题探讨*

刘德纶　李正强

我国绵羊产区大体可分为农区、牧区和半农半牧区三类。在农区绵羊生产一般作为农民的副业来安排，生产规模往往很小。发展农区绵羊生产的关键在于规定合理的绵羊产品价格和加强产前、产中和产后服务。在广大牧区，除自然与社会经济条件对绵羊生产影响很大之外，管理工作则是起决定性作用的因素。半农半牧区兼有两者的问题，但关键在于解决好农牧矛盾。木文以牧区为主，对当前我国绵羊生产管理的现状及存在的问题提出几项迫切需要确定的政策建议。

一、绵羊生产家庭经营的积极作用与问题

（一）作用

十一届三中全会以来，广大农、牧区逐步推行了以家庭经营为主的联产承包责任制，从几定一奖到牲畜承包到户；再到作价归户，鼓励私有畜发展；草场管理则按草随畜走的原则也已承包到户或联户，且长期固定使用权。这种生产责任制形式有以下积极作用：

1. 能充分调动农牧民管好羊群的积极性。对牧民来讲，羊群是牧民家庭收入的主要来源，也是其自身的劳动对象和扩大再生产之基础。折价归户后使牧户对羊群的经营效果与自身利益直接联系起来，这就给牧民注入了一种内在动力。由于管理好坏可以引起各个牧户收入上的差别，从而激发了广大牧民管好羊群的积极性。这一管理体制的改革在抗灾保畜方面更显示出巨大的作用。如内蒙古自治区锡林郭勒盟，1977 年遭雪灾死亡牲畜 215 万只；1985 年又遭同样雪灾，全盟仅死亡牲畜 56 万只，成为历次灾情中死亡最少的一次。1985 年冬新疆发生严重寒灾，死亡牲畜 500 万只，占畜群头数的 20%左右；如果在过去，估计要死亡 30%以上。

2. 农牧民逐步产生了用好、管好和建设好草原的责任感和紧迫感。草原承包到户长期使用后，改变了集体经营时牧民对草原不关心的局面，使草原——牲畜——牧户紧密联系起来，草原成了牧户取得经营收入的最基本保证。这就促使牧户提高了对建设草原的认识，逐步树立起建设、管理好草原的责任感，并已开始向草原投资，大量家庭草围栏相继出现。在条件较好（如土质较好，水源较充足）的地方，牧民已普遍开始草原建设和改良，草原只使用不管理的局面得到很大改观。

3. 便于提高绵羊生产的经济效益。这是由于家庭小规模经营适应于大多数农牧民目前的经营管理水平。他们可以根据自己的经验恰当地进行计划与安排生产，精打细算。这种效益主要是通过避免某些浪费而取得的。

---

* 原载《中国农村经济》1987 年第 5 期。

（二）问题

由于牲畜作价归户，草原承包到户这一管理形式实行的时间不长，许多经验和问题尚未及时总结，也由于各地情况复杂，这一新的管理形式仍有许多不完善之处。主要表现为：

1. 不利于发挥牧民经营与生产特长。作价归户的普遍做法是：绵羊与其他牲畜逐头按质作价，大小好坏平均搭配，使每个牧民都均衡地占有一份，而忽视了牧民经营能力的差异，不利于发挥牧民经营特长。

2. 混群放牧，导致羊毛品质退化。搭配分配，变牲畜集体所有为各户所有，变原来几个畜群为几十个乃至上百个小畜群，这就形成了以户为单位的混合牲畜群。由于同一羊群中有细毛羊和杂种羊，甚至本地粗毛羊，公母成幼亦合群，以致无法进行品种改良，严重影响羊毛品质。据调查，新疆绵羊实行作价归户后，仅两年，花羔率已达30%；内蒙古自治区1979年改良羊为826.7万只，1984年降至469万只，下降了43.3%，严重威胁着30多年来艰苦努力取得的改良成果。

3. 羊群分散，给配种、防疫等技术服务工作增加了很大困难。原来在分类分群饲养方式的基础上，经过几十年的努力，已形成了一套较为完整的技术服务体系。分户经营后，变原来相对集中的畜群为高度分散的小畜群，畜牧兽医部门限于人力、设施和资金，也由于组织工作上的困难，难以立即适应这一变化。流动服务受交通条件和服务设备限制，而定点服务又不能满足多而分散的需要；无偿服务受经费限制，有偿服务，牧民又不愿支付费用。这样，原来的一套服务机构和人员不能很好地发挥作用，新的组织形式又未建立起来，使技术服务工作增加了很大困难。不少牧民在绵羊配种上只图方便，在羊群中随意留些公羊配种。许多牧民存有侥幸心理，不愿接受防疫注射和驱虫。目前防疫驱虫工作在许多地区已大为削弱。

4. 羊群分散，不易做到按经济规模放牧，直接造成劳力、草场等资源的浪费。内蒙古、新疆的牧民认为，每个劳力平均可管理100～150只羊。但事实上，这两个主产区生产过于分散，劳均占有100只羊的牧户并不多见。牧户畜群数量有限，已造成对劳力等资源的浪费。尽管各地条件不同，但客观上总是存在一个适度的经济规模，使生产经营者对劳力、饲草、资金的投入能获得最佳产出效益。因此，帮助牧民实现养羊规模经济已成为牲畜折价归户后应解决的主要经济问题之一。

5. 草原边界不明确，经常发生边界纠纷，影响草原建设。边界不清是草原管理中的老问题，承包以前就存在不少村与村、队与队、村队与牧场等边界纠纷。草原承包后，又出现了户与户、组与组间的边界问题。草原边界不明确给生产与管理带来了一系列困难：首先，由于边界不清导致边界草场只用不管；其次，户或联户往往通过扩大牲畜饲养量侵占边界草场；国营牧场允许饲养自留畜，自留畜盲目扩大后，这一问题更为突出；第三，边界不明确，农牧民也无法进行草场建设和轮牧等，从而直接阻碍着草原建设与改良。

据农牧渔业部畜牧局资料，1980年内蒙古、新疆等牧区省份各种草食牲畜折合羊单位为18 876万只，每羊单位平均摊得17.5亩草场，每亩产青草量约90斤，利用率为70%左右，年平均只有青草1 100多斤，平均日食只有青草3斤，如按科学养畜平均日食需要青草5斤计，尚缺青草40%。由于过牧超载严重，造成争牧、抢牧、重牧、滥牧，也是草场只用不管，产草量下降，沙化、碱化、退化和鼠害严重的重要原因之一。

6. 草原建设与改良受到家庭经营规模限制。以户为单位经营，难以解决草原建设和改良所需要的较大量资金。另外规模太小也不利于草原划区轮牧和改良。据各地经验，除个别水源充足，土壤较肥，草质较好地区外，靠目前户营形式改变草原面貌是相当困难的。

7. 产生了有草无羊和有羊无草的矛盾。农区和半农半牧区绵羊作价归户后，山场草场也平分到户，于是有些户有山场无羊；而另一些户则有羊无山场；同时由于草场不能集中使用，某些具有较强经营能力的农牧户养羊规模受到限制，在一定程度上制约了农区与半农半牧区养羊业的发展。

8. 具有不同特长和能力的牧民在生产发展中出现了分化，善于经营的牧民生产得到了发展，不善于经营的牧民生产萎缩。如何协调这两类牧民的关系，使不同类型的牧民先后都富起来，也是作价归户后需要解决的问题之一。

总的来看，牲畜作价承包到户或联户的生产管理形式的推行，有效地解放了长期被束缚的农牧民的生产积极性、主动性和创造性，这是近年来农牧区生产关系变革所取得的突破性成就。尤其对于生产水平较低的广大地区，牧民生产积极性的发挥是最重要的。只要农牧民生产积极性得以发挥，在生产发展过程中，上述问题是完全可以克服的。因此以家庭承包为主体的农牧区改革方向必须坚持。

二、关于绵羊生产管理的政策建议

（一）近期应提倡在自愿基础上的牧户换工，逐步实现绵羊分群专业饲养

鉴于在逐步实行以家庭经营为主的过程中，畜群已经按不同种类、大小强弱平均搭配作价归户，而这种以家庭经营为基础的责任制形式，也是适应目前牧区干部群众的认识水平和经营管理水平的。为了维护和继续调动农牧民发展畜牧业生产的积极性，目前不宜再在牲畜所有权归属问题上作大的变动。但为了解决上述混群放牧、生产规模过小所带来的问题，应提倡在完全自愿的前提下，根据牧民的特长，通过换工实行分群放牧。即让善于饲养绵羊的牧民饲养绵羊；善于饲养公羊的专门饲养公羊；善于放牧牛马的分别放牧牛马。目前牧区已出现不少在亲友之间实现这类换工的生产形式，说明这种做法是有群众基础的，如能加以倡导是可以广泛推行的。我们的目的是要逐步实现绵羊生产经营专业化，在实现换工的基础上，可以通过不同种类牲畜的等价交换，最终实现绵羊的专业化经营或分群饲养。

（二）集中管理种公羊，实现免费配种

绵羊作价归户经营后，集中管理种公羊，是保证正确配种，改良羊毛品质，提高羊毛产量的关键措施。由于近几年来羊毛价格失调，羊毛生产者特别是生产优质羊毛的牧民并未得到应有的收益，因而使牧民通过配种改良绵羊的积极性受到很大打击。许多牧民目前不愿花钱去配种。为了羊毛生产的发展，鼓励农牧民继续改良绵羊，目前实行免费配种是十分必要的，近期要抓紧做好以下几项工作：

（1）发动畜牧站技术人员负责检查所管辖地区内的公羊，将各户留用的公羊统一进行鉴定，不符合种羊条件的一律去势；羊群所产公羔，经畜牧人员鉴定后，除留少数优良个体外，一律去势，选留的公羔可以放在母羊群中配种。

（2）有条件开展人工授精的地区，由各地畜牧站饲养良种公羊，免费为农牧民的母羊配种。交通不便，离人工授精站较远的地区，可以把公羊放在羊群中自然交配，但配种公羊必须经畜牧站鉴定通过。为解决免费服务所需资金，生产的羊毛可经畜牧站以优惠价格收购，并从羊毛收入中提取一定比例的资金用于购买种公羊与配种器材。

（3）扶持一批专业户集中饲养种公羊，免费为牧民的母羊配种。专业户配种服务报酬应由当地乡村政府和集体经济从集体资金中合理解决。

（4）各地种羊场应直接与当地畜牧站或与农牧民签订合同，提供良种公羊，改进乡村的羊

群，发挥种羊场在改良绵羊中的重要作用。

（三）实行地方财政与集体资金贷款，推广良种羊，以毛还贷

良种母羊的主要来源是各地种羊场，在农牧民支付能力薄弱的地区，为了鼓励农牧民饲养良种羊，加速良种羊推广，当前应通过地方财政与集体资金予以贷款支持。在农牧民有一定支付能力，并争购良种羊的地区，也可以实行低息贷款，或实行部分自筹与部分贷款的办法。当然，种羊场也可以通过当地畜牧站选定适当的养羊户进行推广。

牲畜折价归户后，牧区原公社各级集体经济组织留有相当数量的集体资金，同时，每年牧民都归还一笔牲畜折价款，这些资金中的一部分也可充作推广良种羊的借贷基金，有贷有还，长期使用。

（四）从羊毛经营的环节费中提取技术服务费，实行绵羊免费防疫，收费治疗

在集体经营时期，牲畜的防疫治疗一般都由集体资金支付，比较有保证。折价归户后，防疫往往被忽视。许多农牧民只要牲畜尚未面临死亡威胁，就不愿出这项开支。绵羊由于单个价值较低，支付能力较低的牧民，即使羊病了，也不愿花钱治疗。而一旦病害发生，传染损失与危害就是社会性的。目前，许多过去由集体建设的药浴池，与其他兽医器械，由于缺乏管理，损失严重，这种情形，已经构成了绵羊生产的潜在威胁，是亟须整顿改善的。建议各级畜牧兽医部门负责检查、整理和修复已散失或损坏的器械与设施。所需资金部分可以由国家、地方政府和集体资金支付，但主要部分应由用毛单位和其他畜产品经营单位承担。可从收购环节费中提取1%～2%的防疫基金，交由畜牧兽医站统一使用，对绵羊实行强制性免费防疫措施。在一般情况下，病畜则宜实行收费治疗，这样可以促使农牧民重视防疫，与畜牧兽医站配合做好普遍防疫工作。如果免费治疗，便会助长依赖思想，使防疫工作不易普遍开展。

在畜牧部门参与收购羊毛的情况下，这部分基金可由畜牧兽医站于购销差价中按规定的比例留取，并由乡（或县）财政部门监督执行。

（五）加强对牧区集体资金和牲畜折价款的管理

近两年来的经验说明，以家庭经营为主的绵羊生产离不开公共机构提供必要的支持。但目前许多牧区集体财产管理混乱，损失严重。据内蒙古自治区锡林郭勒盟畜牧部门反映，全盟1983年末尚有集体积累2 700多万元，到1985年仅有900多万元。许多集体设施、机具被拆散平分，失去了使用价值。牧区集体资金被干部挥霍浪费的情形当前带有普遍性，必须引起足够重视。建议由牧区各县旗，组织力量对集体资金及其管理工作进行整顿，建立乡村两级有牧民代表参加的集体资金管理组织，对集体资金和牲畜折价款进行严格的管理和监督。明确这些资金应主要用于草原建设，推广良种和防疫措施。

三、关于草原建设与管理的建议

（一）草原由集体或全民所有，由户或组长期承包使用

与土地相同，草原属全民或集体所有，但使用权可长期固定到户或到组。将草、畜、人统一于牧户或组，有利于使用者对草原进行投资建设。合理利用与管理，促进草畜的发展，这一原则必须坚持。但当前牧区固定到户的属多，以户为单位的草原建设规模太小，受其能力限制，也是不利于草原的管理与利用的；原来的集体形式由于不能调动牧民的积极性，也难以解决草原建

设、管理和使用的种种矛盾。若能把使用权固定到组（或联户），既可改善建设能力单薄，又能维护建设草原的积极性和管理草原的责任心，对在一个相对较大的草牧场上，轮牧、打草、开展综合利用也有了可能。这种草原联户与牲畜换工结合，将会使草、畜、饲养者三者有机地结合起来，把生产者积极性与草畜发展统一起来，从而有效地促进生产的发展。因此草原承包到组（即联户）比承包到户更具有优越性。鉴于大部分牧区草场已承包到户且使用权长期固定，目前一方面要承认原承包合同，支持承包户向草原投资；同时要积极鼓励牧民实行草畜联户协作，以增强对草场开发利用能力；对于尚未将使用权固定到户的地区，应该在自愿基础上联户承包，不宜再简单地平分到户。

农区零星小块草场不宜平均分配，而应划片承包，长期承包给有一定经营能力的养畜能手使用，充分利用草场资源，解决有畜无草，有草无畜的矛盾，做到草畜统一，为农区绵羊发展创造条件。

（二）划定草原边界，制定草原管理规章

如前所述，因草原边界不明确带来诸多弊端，为便于草原建设管理，有效地控制牧区牲畜头数的盲目扩大，必须划清村、队、户或联户间边界。各级政府可成立专门领导小组，用1～3年时间，完成这一艰巨任务，并制订出相应的草原建设管理规章，明确规定不得随意侵占他人的草原；否则，被侵占户可上诉要求处理。边界明确，各牧户在自己的草原上，能养多少牲畜可做到心中有数。这样也可以促使牧民在改良草原上下功夫，重视科学养畜，提高畜产品产量。

鉴于目前一些地区还有部分公有草场，应尽快承包到组（或户）长期使用。确定留用的公有草原应有专人负责管理。某些地区自留畜发展过快，已影响草原再生能力和集体承包畜的发展，应考虑打破自留畜与承包畜界限，或全部分类折价归户，或依当地一般牧民生活状况，合理确定每个牧户羊群中自留羊比例，并规定人均占有自留畜的最高界限，防止自留畜挤承包畜。

（三）国家、集体、牧户三方面共同投资建设草原，调动牧民建设与保护草原的积极性

农牧民在当前收入水平下，资金是建设草原的最大约束，即使联户，也不能完全解决草原建设所需资金，因此，应坚持国家、集体、个体或联户共同投资的原则。对国家投资部分，一要保证投资取得相应的效果；二要保证国家资金有投有还，循环使用；三要在资金使用上分别轻重缓急，应优先保证沙化退化严重的草原改良。对大面积沙化、退化草场的改良、飞播、水利建设等项目，可以国家投资为主，但农牧民也必须集资投资，以调动农牧民保护草原的积极性和责任心。地方主管部门则应组织好项目建设用工。个体或联户使用权范围内的草场建设改良，应以个体或联户投资为主，国家、集体给予必要的扶持，个体投资可自筹，也可申请贷款。国家可以无息或低息优惠。若申请者太多，可调整利率进行适当控制，使贷款在竞争条件下取得，从而有利于提高投资的改良效果。户或联户接受贷款时，应签订贷款合同。合同中规定受方以每年畜产品的一定比例用于还本付息，并由当地农行或基层羊毛收购机构负责监督执行。由于草原建设投资回收期较长，对不同项目的贷款应规定不同的还本付息年限。国家除专项拨款外，还应向畜产品流通环节依其年营业额按比例征收草原建设改良费，并贯彻就地利用原则。地方政府应从每年财政收入中拿出一定数量的资金作为草原建设扶持基金，以无息或低息贷给农牧民使用，并在乡村建立相应管理组织，加强草原建设的管理。每年收回的牲畜折价款也要保证用于打井、飞播和对大片沙化、退化草场的改良上。上述资金的使用可实行招标制。

鉴于农区、半农半牧区某些草场退化严重，建议国家在实施《草原法》基础上，给予财政支持。尤其对重度、中度退化草场的改良应给予必要的无偿或低息、无息贷款。草原建设周转金的回收应适当放宽年限。对生产上有困难的养羊专业户应提供低息贷款，并鼓励养畜能手进山开发草场资源，扩大农区羊只饲养规模。

（四）积极做好饲草饲料贮备、调剂工作

鼓励草场富裕农户与草场紧缺的牧户互通有无，农区与半农区养羊户应积极与草粮轮作户搞好协作，制定相应的付费放牧、打草办法，缓和局部地区草畜不能统一的矛盾，既保证夏饱秋肥，又要力争减少冬瘦春死。

关于羊毛收购价格的探讨*

郑 大 豪

一、羊毛价格及其对羊毛生产的影响

作为研究这个问题的开始，我们先了解一下建国以来羊毛与其他主要农畜产品的价格变化情况。表1选择的是几个关键年份和羊毛、羊肉、小麦与棉花四种产品，比较了它们的价格和指数变化，以及羊毛与小麦、棉花的交换关系变化。

表1 几个关键年份绵羊毛、羊肉、小麦、棉花的价格变化

单位：千克，元

年份	绵羊毛		带骨羊肉		小 麦		棉 花		1千克羊毛交换小麦	1千克羊毛交换棉花
	价格	指数	价格	指数	价格	指数	价格	指数		
1952	4.74	100	1.000	100	0.163	100	1.736	100	29.1	2.73
1957	4.04	85	1.272	127	0.179	110	1.714	99	22.6	2.35
1970	4.26	90	1.368	137	0.268	164	1.856	107	15.9	2.29
1975	4.26	90	1.368	137	0.268	164	1.856	107	15.9	2.29
1980	4.30	91	1.942	194	0.326	200	2.922	168	13.2	1.47
1985	5.16	109	1.472	247	0.443	272	3.530	203	11.7	1.46
1986	6.02	127	3.000	300	0.443	272	3.530	203	13.6	1.70

注：表中资料除带骨羊肉1952与1986年的数字是根据历史资料与现行市场价格推算外，其余都根据国家物价局公布资料计算。

从表1中可见，1985年以前，羊毛价格长期停留在每千克不超过4.3元的水平上，比1952年的价格还低。需要补充说明的是，主产区新疆的羊毛质量较好，但价格反而低于全国的平均水平，每千克不超过4元。

我国羊毛生产就是在价格30多年不变，差价不合理，比价对羊毛生产越来越不利的条件下进行的。即使如此，从1949—1985年，绵羊头数还是由2 600万头持续发展到1亿头左右，平均每年递增3.8%；羊毛产量由2.25万吨增至19万吨，平均每年递增6.1%，其中绵羊头数1981年达到高峰，接近1.1亿头；产量在1982年达到高峰，约20万吨。由于从1981年开始连年大幅度增加羊毛进口量，从1980年的2.2万吨增加到1983年以来的7万吨左右，加上对进口毛实行

* 原载《农村经济文稿》1987年第6期。

价格补贴和对使用外毛的纺织品实行较高的利润率，使毛纺企业竞相采用外毛，国毛遭到压级压价。1983—1984年秋，全国各地羊毛实际收购价格都低于每千克4元，有的地方甚至停止收购。农民反映卖一斤羊毛买不回十斤麦子。新疆牧民说一千克羊毛和一千克棉花一样价，这就严重打击了农牧民生产羊毛的积极性。1982年起绝大部分省（区）绵羊存栏数逐年减少，羊毛产量连年下降。1984年全国年末存栏数较1981年减少13%，直到同年下半年出现“西装热”，引起对羊毛需求骤然增长，1985和1986连续两年给羊毛大幅度提价后，存栏数与羊毛产量才开始缓慢回升。

值得注意的是，农区养羊生产对价格变化十分敏感。江苏绵羊产区徐州地区的绵羊存栏数1984年比1981年下降39%。河南1985年比1980年下降67%。

半细毛羊对饲料要求较高，单产低而净毛率高，但收购价格却与细毛相同（吉林1986年调整为较细毛高7%），因而半细毛较早又更为突出地反映了价格的不适应。吉林延边自治州良种半细毛羊1977年曾达到8.9万头，产毛36万千克，1984年降为2.9万头，产毛12万千克。1985年提价后，年末存栏数恢复到3.3万头，产毛13.5万千克。

1979年，粮食和肉类提价20%，1985年以来，合同订购以外的粮食和肉类放开经营，价格上涨更快，情形已如表1所示。因而一些牧民，特别是在青年牧民中，已经出现弃牧从农，开垦草原的情形。也有不少牧民不愿饲养细毛羊，改养饲养管理粗放，抗逆性强，省工、成本低的土种羊。把土种公羊放入细毛羊及改良羊群，以提高受胎率。据新疆伊犁地区畜牧局调查及我们在新疆所见，细毛羊及改良羊群中已经出现30%左右花羔。内蒙古收购的羊毛中，改二毛已占70%。这对于三十余年改良工作成果，优质毛生产和毛纺工业，确实是个危险的信号，如不及时解决，三五年后毛纺工业就可能得不到合格的国产原料了。

二、羊毛价格政策探讨

（一）适当的羊毛收购价格，应使羊毛生产者获得利用相同资源的其他主要农畜产品生产的平均工日净产值

制定产品价格的基础是它的价值。至于具体依据，可以是成本，也可以通过与其他产品交换关系，或比较生产它们的经济效果加以确定。

1979年，国家对粮、棉、油、肉、皮张等农畜产品都作了较大幅度提价。羊毛价格直到1985和1986年才作了两次较大幅度调整。但如表1所示，在1986年的价格指数中，羊毛仍是这几种主要农畜产品中最低的。从表中可以看到，直到1985年，1千克羊毛可以交换的小麦和棉花越来越少，1986年稍有回升，但仍低于1980年以前的比值。1979年以前，新疆牧民人均收入高于农民，此后，牧民收入开始逐渐低于农民。据伊犁自治州党委调查，1984年伊犁牧民人均收入229元，农民人均332元，牧民收入比农民低31%。1985年羊毛提价后，差距有所缩小，牧民人均290元，农民人均371元，仍低22%。可见，羊毛价格是应该继续向上调整的。

至于调整价格到什么水平，下述办法可供参考。考虑到在投入方面，目前我国大部分牧区畜产品生产，特别是绵羊生产还是劳动积累型的，因而对养羊生产来说，劳动资源比其他资源更具有决定意义。在产出方面，由于产值指标包含了转移过来的物化劳动，它并不能确切地反映新增加的价值；而盈利指标则由于工价存在很大差异，且计算困难，不易准确计算出成本和盈利；所以我们选择工日净产值作为经济效果比较指标。

表2是羊毛主产区新疆几种主要农畜产品生产的工日净产值。

表 2　新疆几种主要农畜产品的工日净产值

单位：元/工日

生产项目	据 1985 年农业厅与伊犁州党委调查资料计算	1984 年新疆物价局成本调查队调查
细毛羊	4.46	2.54
土种羊	6.35	2.38
育肥羊	6.63	—
水　稻	5.27	7.09
小　麦	6.41	10.67
玉　米	5.65	5.78
陆地棉	8.15	7.96

由于其他畜产品放开经营后，羊肉价格大幅度上涨，1985 年养土种羊每工日所得净产值已大大超过养细毛羊，因此不止新疆，各地都出现农牧民忽视细毛羊生产，而把经营重点转向肉用土种羊与山羊的趋向。要防止这种趋向继续发展，鼓励农牧民养好细毛羊，最重要的措施是使农牧民养细毛羊至少可以得到与养土种羊相同的工日净产值。满足这种条件的根本措施是提高细羊毛收购价格。

利用关系式

收入－物资费用＝净产值

设：Q_W 为每头成年羊平均产毛量，P_W 为羊毛价格，V_r 为除羊毛外平均每头羊的其他产品收入，C_1 为每只羊平均物质费用，C_2 为每只羔羊平均物资费用，L_1 为每只成年羊平均用工，L_2 为每只羔羊平均用工，R 为工日净产值，则下式成立。

$$Q_W - P_W + V_r - (C_1 + C_2) = (L_1 + L_2)R \quad (1)$$

适当的羊毛价格

$$P_W = \frac{(L_1 + L_2)R - V_r + C_1 + C_2}{Q_W} \quad (2)$$

据伊犁地区新源县资料与典型调查，每头成年羊平均产毛 3.5 千克；除羊毛外，平均每头羊的其他收入为 32 元；每头成年羊平均饲养费用 16.19 元；每头当年出栏羔羊饲养费用 10.44 元；每头成年羊平均用 3 个工；每头当年出栏羔羊平均用 2 个工。把这些数值代入（2）式，则使养细毛羊（细一毛占 90.9%）工日净产值达到 6.35 元（表 2 中 1985 年养土种羊的工日净产值）的收购价格应为：

$$P_W = \frac{(3+2)6.35 - 32 + 10.44 + 16.19}{3.5} = 7.54\text{元}$$

如果实行这个价格，即比 1986 年伊犁地区实行的细一毛收购价格 6.45 元提高 16.9%，那么，以养羊为主的牧民人均实际收入，将可从 1985 年的 290 元左右提高到 391 元左右，使牧民与农民的人均收入大体相当，这样就可以保护并促进细毛羊生产。

另一个最重要的羊毛产区内蒙古，养细毛羊的工日净产值也低于养土种羊。据介绍，这里大体上两个劳力管理 150 头细毛羊，因而每头成年羊连同它的羔羊平均也需 5 个工；每头成年羊和平均负担的羔羊需费用 24.7 元；平均每头成年羊产毛 3 千克；除羊毛以外平均每头成年羊的其他收入 28 元。将以上数据代入公式（2）：

$$P_W = \frac{5 \times 4.98 - 28 + 24.7}{3} = 7.2\text{元}$$

适当的价格应为7.2元左右，即比1986年内蒙古细羊毛收购价6.08元高18.4%。

如果这些工日净产值和相应的价格为更广泛的调查和经验证明是适当的，那就可以考虑把净毛率为40%的细一毛订为每千克7.5元左右，作为全国指导性价格。

（二）严格实行品级差价，按净毛率或含杂率计价

我国各省区虽然不同程度地实行了品级差价，但执行是不严格的。尤其是近几年来，收购时压级压价，不分级，按统货收购等情形普遍发生，又如规定净毛率由33%到40%范围内都可以按牌价收购，这就给掺假掺杂以可乘之机，使农牧民不再努力去改良绵羊，提高净毛率。1980年，纺织工业部曾测定几个主要羊毛生产省区的平均净毛率：新疆43.6%；内蒙古37.99%；甘肃43.34%；黑龙江38.87%；辽宁39.19%；河北38.61%；河南33.49%；山东31.64%。但据下述省（区）购毛与用毛单位提供的资料，1986年新疆毛平均净毛率已降为41%左右；内蒙古35%左右；吉林约33%；河北约32%；河南则仅30%左右。

把1986年实行统购的几个省区羊毛统购价与假如按净毛率折算的收购价格加以比较，可以看出现行收购价格中的不合理处。

表3　几个省区统购价与按净毛率计价比较

单位：元/千克

省　区	1986年平均净毛率	1986年细一毛统购价	按1986年平均净毛率计价
新　疆	41%	6.45	6.61
内蒙古	35%	6.08	5.32
吉　林	33%	6.32	5.21
河北承德	32%	6.37	5.10

内蒙古羊毛净毛率高于吉林或承德，但统购价却低于它们，这就难免发生内蒙古羊毛被掺假掺杂后销往吉林与河北。在各地政府制定的价格体系中就包含了不平衡的因素，加上这两年供求矛盾突出，自然要触发这些地区的“羊毛大战”。

当然，我们不能在按净毛率计价后，使内蒙、吉林与承德的毛价跌回到如表3第三栏所示的每千克5.2元左右的水平。但如停止实行净毛率32%到40%都按相同价格收购的办法，而只以40%为标准，在全国范围内实行上述细一羊毛每千克7.5元左右的指导性价格，那么各省区正常净毛率（按上述纺工部测定的数值）各品级的价格可如表四所示。

表4　净毛率40%的细一毛价每千克为7.5元时按各省区正常净毛率计算的羊毛价格

单位：元/千克

省　区	1980年测定的净毛率	价格与差率				
		细特124%	细一114%	细二107%	改一100%	改二91%
新　疆	43.61	8.90	8.18	7.68	7.18	6.53
甘　肃	43.34	8.84	8.13	7.63	7.13	6.49
辽　宁	39.19	8.00	7.35	6.90	6.45	5.87
黑龙江	38.87	7.92	7.29	6.84	6.39	5.81

（续）

省　区	1980年测定的净毛率	价　格　与　差　率				
		细特124%	细一114%	细二107%	改一100%	改二91%
河　北	38.61	7.87	7.24	6.79	6.35	5.78
内蒙古	37.99	7.75	7.12	6.69	6.25	5.69
河　南	33.49	6.83	6.28	5.90	5.51	5.01
山　东	31.64	6.45	5.93	5.56	5.20	4.73

这样按照品级与净毛率不同，拉开价格差距，对于促进绵羊改良，提高羊毛品级与净毛率都会大有帮助。同时也有助于解决各毗邻地区为追逐较高价格，使羊毛盲目流动的混乱局面。

问题在于收购分散生产经营的少量羊毛时，由于目前还不能迅速准确地测得净毛率，因而暂时不能按净毛率计价。在这种情况下，应该首先确定羊毛品级，然后准确测定含杂率（定分头）。按当地牌价扣除含杂后计价。

为了保证计划价格与品级品质差价政策能够实施，在目前供求矛盾很大的情况下，不宜允许过多的机构与不易管理的个体商贩参与经营羊毛。

（三）缩小购销差价

根据国家规定，1986年多数省区实行的购销差价为27%～29%。但羊毛抢手以来，有些指定的收购单位利用独家经营的有利地位，又生出许多名目，加大了这个已经不少的差率，严重影响了养绵羊与毛纺两头的生产收入，例如内蒙古自治区政府规定购销差率为27%，但在内蒙古的一些地方，实际上细一羊毛1千克的价格分配情形如下：

农牧民交售价 5.41元 →（基层社环节：费5.6%，0.3元）→ 5.71元 →（基层社贷款45天：月息3.3厘，0.03元）→ 5.74元

产品税与能源：税10.5%，0.57元 → 6.31元

三级站环节：费5%，0.27元 → 6.58元

三级站贷款（5.74元）：30天月息6厘，0.03元 → 6.61元

三级站环节：费5.9%，0.32元 → 6.93元

二级站贷款（6.93元）：30天月息6厘，0.04元 → 6.97元

包装费，0.06元 → 7.03元

保管费，0.04元 → 7.07元

纤检费，0.02元 → 7.09元

30%议价部分加价：30%，增加9%，0.49元 → 进厂价 7.58元

收购单位以每千克细一毛5.41元的价格购入，以7.58元销出，实际差率达40.1%，已远远超出国家规定。按照规定，包装费、保管费、纤检费本应包括在27%的购销差率中，但收购单位乘机向毛纺厂重复索取。30%议价收购部分，按自治区规定，价格较牌价高30%，增加的价款本应归农牧民，实际则被收购单位占有。89分头的羊毛，却按100分头售给工厂，也使厂方蒙受了损失。

内蒙古毛纺企业以每千克7.58元的价格进厂，按今年平均净毛率35%计算，洗净毛每千克价应为21.66元。毛条制成率75%，毛条每千克价格即为28.88元。若按工厂1986年实际得到

的净毛率平均为32%的原毛计算，洗净毛每千克为23.69元，毛条每千克31.58元，高于进口60支外毛价29.57元，这就迫使毛纺厂以高汇率（人民币对美元1∶5.2～1∶5.5）去购买外毛。而农牧民被迫以每千克5.41元的低价交售，生产羊毛积极性大受打击。

新疆自1985年起取消了自治区一级3%的环节费。1986年又取消了二级站与三级站各2%的环节费。因此，目前新疆规定的购销差率为21%，是全国最低的。它的细一羊毛1986年价格分配如下：

农牧民交售价

6.45元 —经管费4%（0.26元）→ 6.71元 —代购手续费2%（0.13元）→ 6.84元

—损耗1%（0.065元）→ 6.905元 —利润1%（0.065元）→ 6.97元 —贷款90天 月息6.6厘（0.13元）→ 7.1元

—产品与能源税11%（0.71元）→ 7.81元 —30%议购部分加价35%，增加10.5%（0.68元）→ 进厂价8.49元

如果这里暂不讨论当地在收购中压级、压价，交工厂时提级提价的情形，这个购销差率就合理得多。但经管费、代购手续费与损耗仍可降低，规定购销差率不超过20%是完全可行的。我们应提倡少环节经营。也可以规定不论多少环节，购销差价一律不能高于20%。这样就可以促使羊毛经营单位努力减少经营环节和流通费用。

如果实现工牧直交，这20%的购销差率以10%～11%交税，余下的9%～10%就可作为技术措施费，用于对农牧民的免费技术服务，有力地促进绵羊生产和改良。

现在计算一下以40%净毛率为标准，细一羊毛收购价为7.5元，购销差价为20%时，工厂的承受能力。新疆伊犁毛纺厂的代表产品为439克2 201纯毛华达呢。每米这种产品需毛条0.497 3千克，按新疆毛目前毛条制成率75%计算。需0.663 1千克洗净毛，即40%净毛率的原毛1.657 7千克。1.657 7千克原毛收购价为12.43元，加20%购销差价，每米原料成本为14.92元。加上各项加工费用4.11元（1986年水平），每米产品成本19.03元。这种产品1986年6月在新疆市场零售价为每米28.50元，在东部地区零售价每米33元左右。扣除按出厂报价（20.30元）纳18%的税，每米3.65元外，自销每米利润为5.82至10.32元。利润率仍达30%～54%。可见，只要贯彻少环节经营，实行品级差价和按净毛率计价，40%净毛率细一毛每千克7.5元的收购价格，工厂是可以承受的。

（四）制定半细毛对细毛的合理比价

目前，我国绝大部分省（区）半细毛与细毛价格相同。只有吉林省自1986年开始，细毛在1984年价格基础上上浮30%，半细毛则在1984年价格基础上上浮40%，使半细毛价格比细毛高7%。然而，在同样饲养条件下，半细毛羊每头产毛一般要比细毛羊低10%～20%，而净毛率又可较细毛高20%～30%。例如在吉林，正常情况下细毛净毛率为38%，但半细毛净毛率可达50%。这样看来，半细毛较细毛价格高7%仍是偏低的。

吉林省延边地区，牧业生产水平较高。每头半细毛羊平均耗工8个；羊毛以外的卖羔羊等收入每头平均可达45元；饲料与技术服务费每头平均52.08元；每头成年羊平均产一等半细毛4.3千克。利用公式（2）计算得：

$$P_W = \frac{3 \times 5.05 - 45 + 52.08}{4.3} = 11.04\text{元}$$

比吉林1986年实行的半细一级毛价6.79元提高62.6%；比本文提出的细一毛每千克7.5元高47.2%；大大高于吉林现行的只比细毛高7%的比价。这个价格是根据净毛率为50%的生产条件制定的。考虑到50%净毛率接近于我国半细毛生产的中等水平，因而也可以考虑把50%作为半细毛的标准净毛率。这个价格水平与比价关系，经过更广泛的调查和经验证明适当之后，也可以参照上述规定细毛等级差价的办法，制定一个全国通用的半细毛收购指导性价格表。

以这个价格水平，按平均净毛率50%计算，每千克净毛为22.08元，比国拨价每千克20元略高，但还低于经深圳进口56/58支毛每千克23元的水平。

（五）在目前羊毛供求差距很大的情况下，价格不宜完全放开

如果完全放开价格，首先受损失的是毛纺工业，今春各地都有不少毛纺企业、个体羊毛商贩出价至每千克12元购毛，而且大都不分等级，按统货收购。这样，按国家计划成本和计划价格生产经营毛纺产品的国营骨干企业，必然不能承受。只有一些可获免税，有可能漏税，可以超过规定加入化纤和其他低价原料，或能以高价自销产品的企业，才可以承受这样的高价格。而这些厂，一般都是技术与装备较差，经营机动的小厂。这样就会导致羊毛资源的不合理分配。而市场上将充斥质次价高的毛纺织品，使毛纺工业与消费者都蒙受损失。

对于经营羊毛的单位，放开价格暂时是有利的。由于目前对羊毛的突出需求，很大程度上是受毛纺工业高利润率的吸引而盲目上马一批新厂形成的。但这只是一种不稳定的中间需求。并不是来自稳定增长的消费需求。目前哔叽、华达呢等精纺产品在全国大部分地区销路平平，西服滞销，粗纺产品暂时销路尚可，但要求新品种新花式。质次价高的产品最终会滞销。同时，过高的国毛价格会迫使毛纺厂开辟进口毛源。那时，高价购入的原料毛就会积压。这种情形，羊毛经营单位在1983和1984年的经历是可供借鉴的。

对于羊毛生产者，完全放开价格后，一两年内养绵羊收益可能猛增。大约可以由1986年的平均每千克5.5元左右，上升到平均每千克10元左右。过高的羊毛价格会极大地刺激农牧民扩大羊群，使草原过牧的情况更加严重。又由于各企业和个体经营者抢购，不分等级，见毛就收，于是农牧民更无意改良绵羊。这样，杂种羊大量出现，草原高度过牧，退化更加严重，绵羊生产就会遭受严重打击。停转的毛纺机器，到有原料、有需求时，只需加以清理，很快就可重新开动。但要恢复严重退化了的草原，改良混交的羊群，甚至恢复减少了的绵羊存栏数，都需要数年以至更多的时间。所以过高的羊毛价格，最终将严重损害羊毛生产。而羊毛生产一旦受损失，羊毛经营者和毛纺厂也将如缺源之水。这一点，我们必须清醒地预先予以估计。

从羊毛市场价格的情况来看，要使指导性价格得以实现，经营上就不能完全放开。指导性价格必须由政府指定的少数收购机构来执行。在羊毛收购中实行多渠道的垄断性竞争。各地供销社和畜牧部门，与广大农牧民有广泛而密切的联系，分支机构遍及产区各地，对羊毛品种、品级与经营业务比较熟悉，可在政府和有关部门的监督管理下按政策与规定价格经营，因而它们可以成为指定的收购机构。目前不应允许未经批准的企业和小商贩从中抢购，哄抬羊毛价格。否则指导性价格的作用可能落空。

近两年，一些羊毛产区规定以羊毛产量的70%作为收购基数。基数内的按国家规定的指导性价格经营，基数以外的放开经营。这种办法既可保证必要的计划供求，又可在竞争中促进毛纺工业改善经营，提高产品质量，还有利于绵羊生产的发展，是个很好的政策。但这个政策1986年执行得很不好。主要问题在于羊毛定价过低，而经营部门又任意扩大收购基数。如能通过上述调

整，使羊毛的指导性价格趋于合理，同时正确确定收购基数，那么，在一个时期内形成羊毛既有计划收购，又存在市场经营的相对稳定局面是可能的。待主管部门可以对羊毛与毛织品的供求实现比较可靠的预测和控制，供求比较平稳时，才可以完全放开。

（六）适当进口羊毛，控制国内羊毛市场价格。

羊毛进口多了，毛价要跌，不利于国内羊毛生产；进口少了，就要发生抢购，毛价上涨。涨到超过了消费者所愿意承受的限度，最后也要影响羊毛与毛纺生产。那么每年应进口多少羊毛？根据不在于新办了多少毛纺厂，增加了多少纺锭，而在于消费者对毛织品的正常需求。毛织品并不是生活必须品，它的需求价格弹性很大。通过市场调查，可以得到各类地区在不同价格水平时，对毛织品的需求量。有了这些数据，加上对次年国内羊毛产量的预测，就可以确定第二年应进口的羊毛数量。

为了充分保护并刺激国内羊毛生产，要保持适当的对国内羊毛原料的竞争，使国产羊毛价格于稳中保持一个适当的上升趋势。因此，留下5%的羊毛供求缺口是必要的。这样也易于控制超过消费需求的纺锭继续发展。

试析我国农村消费畸形的原因*

查振祥

最近几年来，我国农村的消费出现畸形发展，其表现有两个方面：第一个方面是消费的增长速度超过了客观界限，以牺牲积累来片面追求消费。根据最近几年国家统计部门对农民家计调查资料，农民每年的净收入中，用作生活消费支出的比例高达80%。就是说，积累率只能在20%以下，这20%积累大部分还通过信用渠道投在乡镇企业上，用在农业中的积累很少；第二个方面的表现是生活消费支出很不均衡，日常生活消费的比重很低，很大部分的消费支出都用在婚、丧、盖房子、请客送礼等方面。大操大办之风近年来越刮越厉害，规格越来越高，成为每个农民家庭的一笔很大的支出。由于这笔支出的存在，使农民日常生活消费水平不但没有随收入增长而增长，反而还被压得很低，出现高消费与低消费并存的局面。

消费畸形的这两个方面的表现，从根本上说，还是一个大操大办的问题。大操大办到底是怎么产生的，滋生它的土壤是什么，怎样才能消灭它，这是一个值得深入研究的问题。任何一种经济现象的产生，都有它的社会经济条件，要消灭这种现象，也要从产生它的社会经济条件着手。

大操大办是我国农村商品经济有所发展，又不太发展的产物。它在特定的社会历史阶段出现，又会随社会经济的发展而逐步消失。在每个家庭中婚、丧、喜、嫁、乔迁等，都是带有里程碑意义的事件。为了纪念这些事件，千百年来人们都有一定的形式来庆祝它。在自然经济时代，农村经济比较落后，加上地主高利贷的沉重剥削，农民往往穷得拿不出一点钱来举办这种活动。在这种情况下，就形成了亲友之间的送礼活动，帮助操办。这种送礼带有互助性质，水平不高，操办规格很低。送礼的亲友人数也不多，随着我国农村由自然经济向商品经济转变。尤其三中全会以来，农村商品经济有一定发展，农民收入增加很快，为操办喜庆的规格等级提高创造了条件，大操大办很快在这个基础上发展起来了。

为什么一旦有了条件，大操大办就会发展起来呢？这与喜庆操办的两个特性分不开，喜庆操办的第一个特性是互助性，不是一家在办，而是大家共同办。别人家有喜庆之事你得帮助办，你家有喜庆之事别人帮你办。既然是大家共同办，当收入水平提高后，操办规模自然也跟着扩大，因为每一家现在多出点钱已不在乎，家家都多出点钱，大家凑起来，操办规格就升了；另一方面，作为经办之人，现在的性质也已经不是求援了，而是借此机会发一笔财，因为大家送礼出钱规格提高后，扣除操办费用，经办家庭还可以捞一笔，但这次你捞了，下次也得给别的家庭还礼去，而且还得加倍归还，于是操办规格越来越高。喜庆操办的第二个特性是具有社会性，操办不是给自己看的，而是给社会看的，显示本家庭的地位、富裕程度和做人的志气，每个家庭都会尽力量提高操办水平，而且，一定的操办水平一经形成，就在当地形成了社会习惯，每个家庭不管

* 原载《农民日报》，1987年7月1日。

条件如何，都不能低于这个水平，否则，会受到社会习惯势力的压力和社会舆论的谴责。

对婚丧的大庆大祝还源于家庭中父母对子女的依赖关系。在商品经济不太发达的条件下，父母老年靠子女养活，由此形成了父母与子女的唇齿相依关系，家庭关系紧密，父母把子女婚事当成大事来办，子女把父母丧事当作完成赡养的大庆之事来办便是这种紧密的表现，父母希望多生子女，越多生操办越多。当商品经济充分发展后，父母依靠老年生活保险能解决老年生活来源，家庭关系便趋于松散。婚丧喜嫁大操大办现象自然趋于消失。美国、日本、西欧等发达的资本主义国家的农村，子女养到十七八岁便离开家庭自己谋生路，子女走向社会后结婚成家全是自己的事。父母靠年轻时的积蓄和保险金度过晚年。在这里，便不存在大操大办问题。所以，婚丧喜嫁大操大办的背后，还是一种家庭利害关系。

商品经济不太发达的情况下，农民没有从土地上转移出去，人口流动性少，世代定居在乡村的土地上，住房没有商品化。这时，他们便把盖房子、乔迁之事当作大事，操办喜庆自然产生，一旦农民转移出来，流入城镇，住房走向商品化，且工作、生活地点常变动，乔迁大庆之事就消失了。由于长期定居，形成了复杂的地方关系、宗族关系、邻里亲友关系，且相距紧密，一家有事，八方呼应，于是就结成了操办之时互相的关系。一旦人口流动，这种关系也就趋于瓦解。

商品经济不太发达的条件下，农民缺乏经营意识，有钱不懂得往生产方面投资，眼光自然盯在成家、生子、赡养父母、盖新房等生活方面，当作人生大事，当作几大追求目标。一旦商品经济发展，农民有了新的追求，干一番事业的目标吸引了注意力，生活上的目标便降到了第二位。这是商品经济充分发展以后大操大办消费畸形便会消灭的最重要的原因。为什么大操大办在知识分子、干部家庭中很少？原因就在这里。

论金融资产投资风险及对策*

何广文

货币信用学，将社会财富划分为两大类：实物资产和金融资产。实物资产是指以珠宝、古玩、土地、房屋、机器、原材料等形式存在的保值性强的“有形资产”；而金融资产则是一种“纸面资产”，如现钞、股票、债券、各种存款单、人寿保险单等等。人们以金融资产形式持有财富是基于其收益性出发的，因为金融资产有着诱人的预期收益，而预期因素是由一系列不确定因素制约的，这些不确定因素的变化直接影响到预期的变化，这种预期收益可能实现，也可能实现不了；可能全部或超额实现，也可能部分实现，甚至可能根本就不能实现。即是说预期收益的实现有着程度的深浅及可能性大小的问题，这就是本文试图分析的中心——金融资产的风险问题。

一、风险的概念及风险产生的原因

风险的英语是risk，原意为遭遇危险、受到损失或伤害等的可能性或机会。金融资产的风险表示的是金融资产投资的实际收益与预期收益发生差异的可能性（机会）及差异发生的程度。风险与收益就好比一对孪生子，总是同时存在的。较大（小）的潜在（预期）收益伴随着较大（小）的风险。如果投资者希望从金融资产投资中获得较大的收益，那么他必须接受可能出现的较大的风险损失。

金融资产投资风险来自很多因素，情况也很复杂。但这些因素概括起来可以分为两大类：系统性风险因素及非系统性风险因素。系统性风险因素是指对任何一种金融资产进行投资都必须承担的风险因素，它是因天灾、地震、战祸、政局的动荡等不可抗力（非人力因素所能抵抗的外界力量）所引起的经济结构的变动、市场的波动、人们消费偏好的改变等原因而形成的风险因素。诸如利息率风险、市场风险、通货膨胀风险都属于系统性风险因素。市场利息率的变动、金融市场的波动等都直接影响到金融资产收益率的变动，因为市场利息率的上升将导致证券价格下跌，反之证券的价格会上升，进而影响到预期收益的实现程度；通货膨胀对于金融资产风险的影响，主要是通过购买力来实现的。通货膨胀恶化的情况下，物价大幅度上涨，人们持有的货币资产的购买力下降，这时即使人们（投资者）从金融资产投资中所获得的名义收益较安全（如国债券），所实现的收益的实际价值（购买力）也存在着风险（降低了）。非系统性风险因素是指某种金融资产才存在的特定的风险因素，尽管这种风险是特定的，但各种金融资产都不同程度地存在着这种“特定的”风险。经营风险、违约风险、变现性（流动性）风险等都属于非系统性风险因素。经营风险是指发行股票、债券的公司（企业）在不利环境下参加竞争而遭受损失、获得的利润少

* 原载《投资与信用研究》1987年第7期。

于预期利润等而使金融资产收益率受影响的可能性，这种风险可能来自诸如贸易限制、世界范围内的经济衰退等而产生的外界力量所引起的该公司（企业）产品市场结构的变动或市场的萎缩。发行股票、债券的公司（企业）在该付息、分红或还本时可能无力支付或由于其他原因违约拒绝支付，因而造成股票、债券持有者持有资产的收益（率）降低，这种风险称为违约风险，其大小取决于债务人的信誉和经营能力。流动性风险是与特定的资产交易的二级市场有关的风险因素。某种金融资产在其二级市场上的可转让性越大，该资产收益受价格波动的影响的可能性程度就越小。某种金融资产，短期内若不易变卖，或变卖时易受价格波动的损失，则其流动性风险就大。

在金融资产投资活动中，正是由于系统性风险的存在，对于单种资产的投资，无论该资产收益及本金的保障程度多么可靠，都不能使得对该资产的投资风险减低到零，只有在尽可能地减少非系统性风险的情况下，使得对该资产投资的总风险降到最低限度，这个最低限度就是该资产的系统性风险值。

二、金融资产投资途径比较

金融资产投资途径是指人们（投资者）以何种形式持有金融资产。前面已述及，金融资产包括现钞、股票、债券、各种存款、人寿保险单等形式，金融资产投资途径也不外乎这几个方面。金融投资者对于投资途径的不同选择，其预期收益实现程度是不同的。

1. 银行、信用社的各种存款。以此种形式持有金融资产，收回本金的保障程度很高，因为在我国目前的金融格局下，金融业是以高度的经营垄断为背景的，除非整个金融业糜烂（实际上这是不可能的），否则投资者就没有损失本金的可能。即是说以存款形式持有资产所承受的非系统性风险很小（为0），但所承受的系统性风险相对说来则较大。特别是在通货膨胀恶化、生活费用日益提高的情况下，仅依靠所取得的定量利息收入来补偿因物价上涨而失去的购买力是不够的，况且银行存款所获预期利息要比其他投资低得多。

2. 现钞。最低劣的投资者也不会以仅持有现钞为满足（这里暂且略去人们对现钞的流动性偏好不论）。这种投资途径虽然不承受非系统性风险，但其承受的系统性风险——因通货膨胀而产生的购买力风险是不可磨灭的。在持有现钞期间，如果物价上涨一倍，则其所持有现钞代表的真实资产价值降低了一半。

3. 国库券、金融债券。是我国发行的政府公债，这种资产是一种可靠程度较高的资产，几乎没有非系统性风险因素存在，但它与现钞及存款相同，也存在着受通货膨胀因素制约的购买力风险——系统性风险因素。由于我国目前的政府债券不可转让、流通，持有此种资产实质上与定期定额定息的储蓄存款途径类似。

4. 公司（企业）债券及股票。随着我国金融市场及股份经济的发展和完善，商品化程度的提高，负债经营的公司（企业）愈来愈多，发行债券、股票的公司（企业）增多，人们（投资者）以债券、股票形式持有的资产在所拥有的资产总额中所占的比重将愈来愈大。但持有债券与持有股票孰优孰劣？对于大多数投资者来说，还没有一个明确的概念。

债券是一种债权凭证，具有一定的偿还期。购买公司（企业）债券者，是公司（企业）的债主，但不是所有人，债券持有者无权插手公司或企业的经营，公司赚钱，他们不能分享，只能希望公司（企业）经营好而利息提高一些，以减少非系统性风险，增加预期收益的实现程度。一般说来，购买债券具有较高的安全性，且能获得固定的利息，但与持有其他资产一样，同样逃脱不了因通货膨胀而产生的购买力风险的袭击。

股票是一种所有权凭证，只能付息，不能退本。购买公司（企业）股票者，是公司的投资者。如果公司破产倒闭，他的投资也将受到清算，公司获利，他受益。尽管以股票形式持有资产也要承受系统性的购买力风险，但相比之下，股票所承担的非系统性的经营风险要比债券大得多。然而，对于一个善于投资、了解市场行情的投资者来说，购买股票将获得比购买债券大得多的利润，因此，股票仍将是众多金融资产投资者青睐的对象。

从表1分析得知，国库券、金融债券、存款、现钞的非系统性风险都很小，所承受的系统性风险——购买力风险，这是能够用通货膨胀率来加以度量的，因而金融资产投资中复杂的问题是债券、股票的非系统性风险的避免问题。

表1　几种主要投资途径的系统性风险与非系统性风险比较

投资途径 \ 比较项目		系统性风险	非系统性风险
现　钞		大	小（为0）
银行、信用社存款		大	小（为0）
国库券、金融债券		大	小（为0）
公司（企业）	债券	大	小
	股票	小	大

三、减少投资风险的对策

1. 完善金融市场，增加金融资产的流动性。随着信用制度的日益完善及金融市场的发展，股票、债券发行增多，不仅金融资产在人们所持有的资产总额中所占的比重愈来愈大，且收入愈益增加，这种趋势更见明显，金融交易之规模也就更加扩大。日本丰田汽车公司每年的金融交易收入高达600亿日元，相当一家城市银行的水平。在我国，据中国人民银行对23个省、市、自治区的不完全统计，到1986年6月底，全国集资余额120亿元中，以债券、股票形式集资的分别占40%、20%（《人民日报》1987年4月6日第五版）。数字表明在我国居民手中持有的量已达相当程度。由于发行股票、债券的企业经营状况参差不齐，信誉程度高低不一，流通于市场的众多的债券、股票的预期收益实现程度也就不一致，其持有者承受的非系统性风险大小各异。这样，增大金融资产特别是股票的流动性以减少非系统性风险很有必要。流动性能够减少单个股东损失全部本金的风险。因为在金融市场上某种股票贬值的过程中，该种股票会多次地被买卖。如果有损失，那么每个股东损失的也只是买进与卖出的差价，从而流动性把总体风险分散，减少了个人的风险损失。

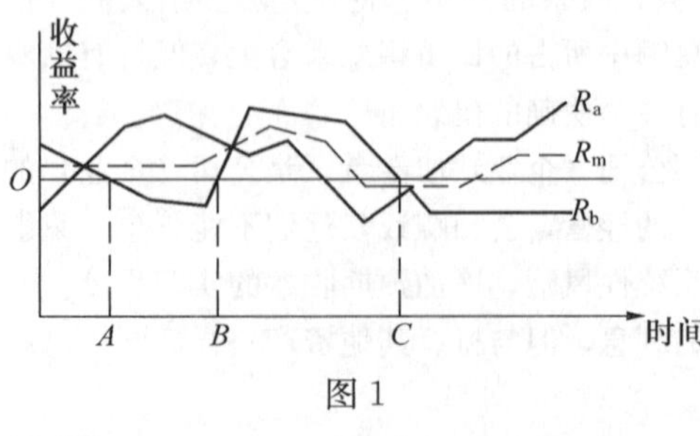

图1

2. 搞好资产选择，形成合理的资产持有结构。假设某投资者将其全部资金以 X_1、X_2（$0<X_1<1$、$0<X_2<1$，且 $X_1+X_2=1$）的比例分别投资于 a、b 两种资产，其收益率分别为 R_a、R_b，收益率随时间变化而变化的曲线如图1所示。两种资产收益率变动幅度大且变动频繁，但两种资产的总收益率：$R_M=X_1 \cdot R_a+X_2 \cdot R_b$，

由于 $0<X_1<1$、$0<X_2<1$，且 $X_1+X_2=1$，所以 R_M 曲线始终处于 R_a、R_b 两曲线之间波动，这样，其波动幅度就不可能超出任何一收益波动幅度，相对说来，曲线 R_m 较平稳即是说同时持有 a、b 两种资产者的预期总收益是比较稳定的，这对于增大预期收益实现的程度不无补益。如果某投资者仅持有处于 A 时刻或 C 时刻的 b 资产，则在其购买 b 资产以后的一段时间（如 AB）内，该资产的收益率一直是负值，若卖出该资产必然发生蚀本现象。在 AB 阶段内同时持 a、b 两种资产的的投资者则不会发生蚀本现象，因为这时持有 a 资产的收益所得完全能够抵消持有 b 资产的损失，体现出"东方不亮西方亮"的损益互补作用。同理可以说明持有两种以上股票的投资者同样具有减少损失本金可能性及增加收益实现程度的能力。

在金融市场上，进行有选择性地分散投资以减少投资风险，增大收益实现程度是很有必要的。分散投资之所以能够减少风险，在于影响各种金融资产收益率的因素不同，能使甲资产收益率下降的因素，却不一定能使乙资产收益率也下降，说不定还会使乙资产的收益率大幅度上升呢！如果一种资产收益率的降低刚好被另一种资产收益率的上升所抵消，即两种资产收益率的变化呈完全负相关关系，那么进行金融资产的适当组合，可使金融资产的投资风险降到最低限度。在实际经济生活中，尽管收益完全呈负相关及正相关的资产均是少数，但资产的适当组合可以使总投资的风险减少这是毋庸置疑的。

持有一揽子股票、债券，对于投资者来说，能够获得相对稳定的预期收益，减少风险损失，但这种投资策略不可能从对单个金融资产投资活动中获得较大的收益，要从单方面投资获得较大收益，还得依靠对于金融市场资产行情的正确识别。

3. 正确识别资产行市。在金融市场上进行资产交易就好比商品市场上进行的商品交易，是不断地持续进行的。所不同的是商品交易中的买是为了消费，而金融资产交易中的买是为了更好地卖。人们（投资者）之所以进行金融资产交易，是因为金融资产具有收益性，实际上金融资产的价值也就在于其收益性。为了更好地卖，首先必须很好地买。而恰当地做出购买决策又有赖于资产行市的判断，以便做出正确的投资决策。

资产买卖市场上的股票投资者，对于一种股票价格只能做出两种可能的评估：①价格会上升→做出买的决策；②价格将下降→做出卖的决策。如果大家都做出买的决策，该股票的市场价格就会上升，这就是所谓的"股票牛市"；如果大家都对该股票感到悲观，做出卖的决策，该股票的市场价格自然就会下降，谓之"股票熊市"。我们的任务在于如何做到未卜先知，怎样在牛市、熊市到来之前即做出决策。

值得注意的是，在牛市、熊市结束时都具有一些重要特征。在牛市结束时，首先是交易量非常多，与历史比较的股票价格已相当高。同时，股票投资已引起广泛的注意和兴趣，市场上买者比卖者多。其次是债券价格开始剧烈地下跌，人们从债券方面获得的利润增加、债券的利润比股票高出甚多；主要的股票开始萎缩，抛售现象出现。这里应该明确，好的价格是不会永远持续下去的，价格在达到极高程度以后必然下跌。当发现上述特征后，就应该是将股票抛售的时候了，当然不要指望在价格达到极高值才出售，这样的机会是很少的。股票熊市末期，与历史比较，价格已跌到相当低的程度，卖者比买者多；同时，债券的价格开始回升，人们从债券投资方面获得的利润开始下降。一些股票行市有所好转，这些征兆预示着股票行情的回升，这时就应是大量购买股票进行股票投资之时了。

欧洲经济共同体的农业市场政策*

谭向勇

欧洲经济共同体的农业市场是统一的国内市场。农业市场政策也是统一协调的。他们的农业市场政策目标有这样几个方面：①保证经济共同体农产品供给的稳定和充足；②保证市场价格的基本稳定；③提高农民的经济收入。

经济共同体的农业市场状况总的看是生产过剩，供大于求。如果没有合理的农业政策保证，必然会造成生产萎缩，供给紧张，价格波动，农民的收入没有保证。因此，经济共同体采取了一系列配套的市场政策措施。这些措施从大的方面可以划分为市场价格政策和市场结构政策。

市场价格政策可分为外贸价格和共同体内市场价格政策两个方面。先谈谈外贸价格政策。经济共同体农业市场名义上是与世界市场相连的自由贸易市场，但由于供给过剩，实际上采取的是贸易保护主义政策。外贸管理措施有关税、价格调整税、进口限额、出口限制、出口补贴、禁止进出口以及各种非关税措施（如包装、卫生等方面的限制）。这些政策相互配合，有力地保护了西欧共同市场内的农业生产，限制了经济共同体以外的产品进入，从而保证了经济共同体市场的稳定。这里重点谈一下价格调整税。经济共同体农产品市场的价格一般都较高于世界农产品市场的价格。为了禁止世界市场上农产品在经济共同体市场上大量倾销，防止波动较大的世界农产品市场价格的变动对欧洲共同体市场的冲击，经济共同体对主要农产品的进口都征收价格调节税。价格调节税实际上就是通过征税使进入共同体市场的外国产品价格提高到与经济共同体内生产的产品价格一样的水平。使本来廉价的外国货不得不高价出售，在市场上失去竞争能力。

经济共同体内的市场价格主要是经济共同体农产品干预价格，也叫最低价格。就是说农产品价格不能低于这个规定的价格，如果市场价格下降到这个规定价格以下，经济共同体将拿出钱按照这个规定的价格购买剩余的产品。经济共同体对大约三分之二的产品有干预价格。目的在于避免“谷贱伤农”带来恶性循环，使经济共同体各国农业生产稳定发展。经济共同体内农产品过剩的部分一般用于储存和出口。为了避免造成过多的过剩，经济共同体相应采用了限额生产的办法，即把生产总额分配给各成员国，各成员国再分配给农民。农民只有在配额内生产，才能享受市场价格政策的优惠。

市场结构政策是市场政策的另一个重要组成部分。首先是改进市场透明度，使所有市场参加者（生产者、运销者、消费者以及市场管理者）都能对整个市场有一个清晰的了解。经济共同体以及各成员国、各种经济组织或团体采用各种现代化手段传播市场信息。市场参加者可以

---

* 原载《经济日报》1987 年 7 月 4 日。

根据市场变化情况和有关数据及时调整决策。其次，是提高农民的市场地位。农业的生产单位小而多，自身之间存在着激烈的竞争，而他们的生产资料供应者和农产品消费（加工）者这两头都具有一定的垄断性。这样，就造成了农民在市场上的不利地位。为了改变农民的市场地位，经济共同体的许多国家成立了各种类型的农民合作社，合作社象其他行业的大公司一样出面统一购买生产资料、出售产品。再次，就是削弱各种市场垄断组织，保持一种结构合理的市场竞争和发展状态。

促进经济发达地区粮食生产发展的浅见*

金敬恩　查振祥　吴　跃

一、经济发达地区粮食生产的战略地位

经济发达地区，是指长江、珠江三角洲地区，京津、成渝等由大城市环绕的地方，北起大连，南到海口的沿海开放地区，以及以宜昌到上海的长江中下游两岸。这些地区，大约集中了全国一半人口和1/4的耕地，是中国的主要工业区和重要农业区。

经济发达地区过去和现在都是我国粮食的主要产区，其中很多地方是我国重要的商品粮基地，这个地区粮食产量能否上新台阶，对解决我国粮食问题起着举足轻重的作用。这是因为，首先，这个地区既是我国粮食主要产地，又是商品粮的主要消费地。这个地区的粮食生产情况，将会影响本地区乃至整个国家对商品粮不断增加的需要。其次，这些地区粮食生产上不去，城市和工业区的副食品的就地供应也受影响。尤其在现在有些城市与工业区盲目发展，乱占耕地的情况下，还会助长乱占耕地的倾向。再次，这些地区是中国粮食生产最有潜力的地区，在全国总耕地面积中，这1/4的耕地质量最好，拥有农业机械最多，化肥施用量最高，资金最充足，运输条件最发达，农民的文化技术素质最高，有能力在中国的粮食生产中占一个大头，得到更快的发展。因此，经济发达地区生产情况如何，是关系到我国粮食生产能否攀过两个台阶的关键因素。

但是，近几年来，随着农村经济体制的改革，经济发达地区的乡镇企业和商品经济得到了迅速的发展，农民收入有了较快的增长。与此同时，劳动力不断从粮食生产转向其他生产，农民种粮积极性不高，不少地方出现了粮食产量不断下降的趋势。这是新形势下出现的新问题，必须很好地加以研究和解决。

二、有些经济发达地区粮食生产上不去的原因

经济发达地区粮食生产虽然具有战略上的地位，但有些经济发达地区粮食生产发展缓慢，农民不是抛荒土地，就是不愿投入。这个问题的原因是因为经济发达地区大多是城市、乡镇工业发达地区，农民从事工业劳动的收益高于农业，在机会成本的作用下，农民对经营土地、经营粮食兴趣不大。然而没有粮食，人就没有饭吃，这个道理农民不是不知道，那么，为什么有些地方仍然存在弃农从工、经商的现象呢？这里面，有一个宏观与微观的矛盾问题。粮食这项产品的重要

* 原载《农村财政问题论文集》，中国财政经济出版社，1987年8月版。本论文获中国财政学会1989年12月颁发的1979—1989年农财研究佳作三等奖。

性是从宏观上说的，没有这项产品，国民不能生存，社会经济就要发生混乱。但农民是一个个的微观生产者，他们不是追求使用价值，而是追求价值，从事哪一项生产，对他们来说，不是重要的，重要的是该项生产能带来货币收入量的大小。有了货币收入，他们能买到他们所需要的任何产品，市场上的产品对他们来说已假定存在的。这个宏观与微观的矛盾，是经济发达地区粮食生产上不去的原因，也是我们解决这个问题的钥匙。

三、解决经济发达地区粮食生产问题的原则

既然经济发达地区粮食生产上不去的原因是宏观与微观的矛盾，那么要解决这个问题，必须把宏观与微观统一起来，让生产粮食的农民在微观上也有经济效益。根据许多国家的共同经验，就是不能让所有的农民都生产粮食，因为土地资源有限，人人都生产粮食人人收益都低，积极性永远也上不去。只能把一部分农民从土地上转移出去，留下一部分农民经营土地，生产粮食，走扩大经营规模的道路。据苏南等地的调查，一个农民经营20亩左右的耕地，就能与从事乡镇企业的农工取得相等的收入。对于扩大经营规模问题，我们认为，经济发达地区扩大土地经营规模的速度不快，是由于我们没有解决好以下三个问题：

（1）转移出去的劳动力从哪儿买到粮食呢？我国的粮食市场没有很好地开放，国家粮店只供应城镇居民粮食，不供应农民的粮食（经济作物区除外），在自由市场上粮食也不多，这是因为粮食贸易成本大，在现有的价格下经营粮食不合算。转移出去的劳动力担心买不到粮食，自然农村劳动力就不愿彻底转移，土地经营也就不能集中。

（2）怎样消除放弃土地经营的农民的后顾之忧。让经营工商行业的农民彻底放弃土地经营是有后顾之忧的。因为乡镇企业或其他行业的经营是有风险的，一旦遇到了风险，又失去了土地，就没有了依靠，因此，在经济发达地区，农民种地积极性尽管不高，但让他们完全放弃土地，他们又不干。据江苏常熟、无锡两县的调查，农民“家家农副工，户户小而全”，农民不愿承包责任田，但一定要承包口粮田，他们叫做“不愿不种田，不愿多种田”，口粮田还占耕地总面积的80%～90%。

（3）怎样解决扩大经营规模的农民的生产手段问题。靠两只手是扩大不了经营规模的，根据解放以来的资料，从土地上转移出去一个劳动力，就要向土地投入5马力的农业机械，转移的过程也就是机械代替人力的过程。要解决机械装备问题，一要有大量的资金；二要有系统配套的机械供应；三要有健全的服务体系。这些问题，即使在经济发达地区的农村，都没有得到很好的解决，这不是农民个人所能完成的。

四、促进经济发达地区粮食生产发展的三项政策

既然以上三个问题阻碍了经营规模的扩大，而经营规模扩大又是促进经济发达地区粮食生产发展的关键，为解决经济发达地区粮食生产问题，我们必须努力解决以上三个问题，为此，提出以下三个对策。

1. 搞活经济发达地区的粮食流通，让转移出去的农民有地方买到粮食吃，让扩大经营规模的农民有地方出售粮食。因此，要做好两方面工作：一要放开国营粮食公司的议购议销价格，让国营粮食公司的议购议销粮随行就市，从而促进国营商业的议购议销粮食的流通量扩大。在这个基础上，国营粮食公司向社会敞开大门，一方面用平价粮供应城镇居民，另一方面用高进高出的

议价粮供应转移出来的农民，这样做，一举三得，既解决转移出来的农民的吃粮问题，又解决扩大粮食经营规模的农民的粮食出售问题和收益问题，还能带动粮食流通多渠道发展。二要在城市、工业区、集镇乃至广大农村，开放米市或粮市。由于粮食是一日三餐必不可少的，必须购买方便，因此鼓励农民上农贸市场经营粮食，鼓励农民在市、镇和农村广开个体粮店，自行收购、加工与销售粮食，鼓励种粮大户自己加工出售粮食。随着从土地上转移出来的农民增多，发动农民从事粮食贸易越来越重要。

2. 确立农民对土地的最初经营权和索回权，促进土地经营权的流动，促使土地向种田能手集中。为了消除从事工商业的农民放弃土地的后顾之忧，照顾到他们千百年来依恋土地的心理，又促使土地经营规模之扩大，国家可以立法确立农民对现有土地有最初的经营权。农民在土地转包出去以后，最初经营权仍然在手里，只有土地的所有者即农村集体经济组织可以变动这种最初经营权。当原承包者不干其他行业了，还可以有土地的索回权，或者由集体经济组织予以调剂解决。为了防止土地经营的流动影响农民对地力的保护，土地转包出去时，转包者应付给原承包者在土地上投资的一部分补偿费用，当土地索回时，原承包者同样应付转包者在土地上投资的一部分费用，原承包者与转包者之间应签订一定的签约，对转包的期限和事项作出相应的规定。

要扩大经营规模，土地最好连片使用。但在家庭经营的地方，这个问题一下难以解决。只能通过土地经营权流动的扩大，转移的农民增多而逐渐达到这一目标。

3. 通过各条渠道，解决扩大规模后农业的机械化问题。

(1) 今后发达地区国家财政的支农资金，应把支持农业机械的生产放到重要地位。近几年来，有些地方原有的农机厂倒闭、改行，降低了农业机械的供应速度，原因是农机生产成本高、价格低，经营亏损。为了解决这个问题，企业要努力改善经营管理，财政也要适当给予补贴。另一方面，国家支农资金的使用，也要提倡适当集中，把有限的资金用在刀刃上。

(2) 农机生产部门要有一个统一的规划，调整一下农机品种的生产结构，系统配套地向农民供应农业机械。农业机械化要求生产全过程机械化，如果只在几个生产环节实行了机械化，劳动力还是转移不出去。解放以来，我国农业机械的总动力由1952年的2.5万马力增加到1986年的3亿马力，增长了1 200倍。为什么农业劳动力转移很慢？除了乡镇企业发展速度不快的原因以外，农业机械不配套也有很大关系。我们着重发展了运输和机耕环节的机械化，对播种、插秧、中耕、收割、加工等环节的机械生产很少，从而使农村劳动力依然存在季节性紧张。今后应在近期内增加这些落后环节农机的生产与供应。

(3) 扶持农机专业户和农机站的发展。我国农业的生产规模，不可能达到西方国家一户耕种几千亩的水平，连几百亩都达不到，很长时间内只能是几十亩。因此没有必要也不可能把每个农户都全副武装起来，只能通过发展农业专业户和农机站，为种地农户提供机械服务，或让农户之间开展机械协作。根据江苏等地的调查，一个种地农户要独自实行生产全过程机械化，需要投资大约8 000元，而这一笔投资花出去以后，利用率低，有的几十年都收不回来。这个钱，农民是不愿拿的。农机专业户和农机站发展以后，由于机械利用率高，投资回收速度就大大加快了。更重要的是，大大减少了农民对农业机械的投资总量，缓解了农业中资金短缺的压力，国家和农民要少花好多钱。

(4) 调动国家、集体和农民个人三方面积极性，解决农民购买农业机械的资金问题。经济发达地区的农业银行和信用社的信贷资金应设立专项贷款支持农民购买农业机械，并尽可能采取低息或财政支持免息方式。农村集体经济组织以工补农资金，以前主要是用来补贴种粮农民收入的，多种一斤粮就多给一份补贴，这种办法实行的结果并没有从根本上解决农民的种粮积极性不

高的问题，而且投资的长期效益不很好。今后，应集中用来补贴农民购买农业机械，支持农机专业户的发展，或由农村集体经济组织直接组建农机站，为种地农户服务。经济发达地区的农民个人手头持有很多资金，要采取各种方式，如通过银行信用社发放债券、组织民间信用合作、开放资金市场，把这些资金融通汇集起来，就能增加购买农业机械的资金。

（5）加强农机服务工作。有三项工作要做：一是石油电力部门要保证农机用油用电的需要，抓紧扭转目前农机缺油少电局面，没有能源，农机就变成了废铁，以上所有的工作全白废了；二是健全农机维修服务网点；三是加强田间道路和其他配套农业基本建设。

促进经济发达地区粮食生产的发展，并不是一个不能解决的问题。经济发达和粮食生产下降之间没有必然的联系，而是我们许多经济机制未建立起来，许多经济关系未理顺造成的。只要我们认真细致地去探索其中的原因，大胆地进行改革，脚踏实地地去解决问题，经济发达地区粮食生产会得到发展的。

浅论土地和水资源管理与控制战略*

贺锡苹　尤志康

一、土地和水资源管理与控制的必要性和可能性

所谓土地和水资源的管理与控制就是政府规定土地和水资源的所有权关系，对土地和水资源的开发、利用、保护作出科学的安排或提供达到这种科学安排的环境和可能性措施。并进行经常性的监督、调节。

任何管理与控制都必须具备三个最简单的要素：进行管理和控制的主体；可被管理与控制的客体；进行管理与控制的目的或必要性。我们认为土地和水资源管理和控制的必要性主要表现在以下几方面：

（1）人们对土地和水资源及其产品需求的无限性与其供给的有限性矛盾。社会主义的目的是最大限度地满足人民经常增长的需要。对土地和水资源及其产品的需要就是其中的一部分。1984年与1949年相比，我国人口增长了近一倍，每年自然增长率都在10%以上，近期人口还有增长的趋势，这无疑增长了对土地和水资源的需求。城镇的扩展、工交的发展、农民住房的改善，给土地和水资源增添了压力；人民生活标准的提高，对娱乐及优美环境的向往，给土地和水资源又提出了新的要求。然而土地和水资源是稀缺的、不可替代的，且具有区域性特点。

（2）土地和水资源利用的相对不可逆性要求明智地利用这些资源。所谓土地和水资源的相对不可逆性指土地和水资源的利用超出一定限度后，在一定时间内、在合理经济范围下很难恢复其原来的性状。水源污染、土地沙化若过于严重，很难完全治好；地下水超采后，要使其回升并非短日之功；土地非农业使用后，想退还在短期内几乎是不可能的。

（3）非农业占地严重，土地和水资源利用不够经济。1957—1980年23年，因城乡扩展和基本建设，全国共占用耕地近5亿亩，即使加上23年开荒所增3.2亿亩，耕地净减1.8亿亩。农村经济改革后，乡村企业占地越发增多；而经济条件的好转，使农村建房用地增长更可观。水资源利用上也有类似现象。

（4）土地和水资源使用关系的复杂性和用途的多样性。合作化后，我国实行的是双重土地所有制，即国家所有和集体所有。实质上，水资源也是这样。如何调节土地和水资源错综复杂的使用关系，如何安排它们的使用结构，如何处理不同土地和水资源使用的转换是摆在我们面前的一个现实问题。

上述我们已经说过，任何管理和控制都必须具有可被管理和控制的客体。土地和水资源就是属于可被管理和控制的客体这一范畴。它们是专有资源，不像公海是共享的，因此具备管理和控

* 原载《生态经济》1987年第4期。

制的可能性。

二、我国土地和水资源管理和控制的简略回顾

在短短几十年内，人民政府在土地和水资源管理和控制上作了很大努力。主要成就是：

①颁布了土地改革法，消灭了封建土地所有制；随后又带领农民走上了合作化道路，实现了土地的全民和集体两级所有制。②进行了大规模开荒，扩大农业生产，提高人民的物质生活水平。③进行了不朽的水利和农田基本建设，防治旱涝灾害，保护人民生命财产；扩大农田灌溉面积，提高经营水平；改造低产及盐碱地，帮助农民发展生产。④进行了全国性的土地和水资源普查，作出了综合区划分片，为合理开发、利用和保护资源打下了基础。⑤领导农民进行计划生产，在一定时期一定程度上保证了全国人民农产品的需要，促进了生产。⑥通过财政、经济手段，建立了一批农业商品生产基地。⑦进行了一些城镇、乡村规划，为它们的合理布局，为节约土地作出了贡献。

然而，由于过去经验不足，加上主导思想上的片面化，在土地和水资源管理和控制上也出现不少问题：

(1) 单凭行政措施指导土地和水资源利用。以行政命令代替客观经济规律、挫伤了农民的积极性，失去了有效利用土地和水资源的内在动力。

(2) 无视土地和水资源的特征，不按自然规律办事，致使土地低效率利用，造成生态和环境恶化，引起永久性损失。由于只用不治，造成水源污染。

(3) 脱离现实，固守土地和水资源无价值的思想，在土地使用上不注意节约，地下水开采中无计划，流水利用上无管理和统一安排。并且，过于相信自己的主观能力，随意决定土地和水资源的利用，不讲究经济效果。

土地和水资源的管理是一件长期而复杂的事，需要从宏观和微观两方面入手，因此有必要研究其管理和控制的战略性措施。我们认为我国的土地和水资源管理和控制应从资源计价、资源规划和资源立法三方面考虑。

三、进行资源计价、珍惜并用好土地和水资源

（一）土地和水资源计价的理论依据

土地计价的必要性越来越多地为人们所意识。这是现实的启示。揭示土地计价的理论依据能帮助人们彻底消除认识上的疑义，有利于指导实践。做到这一点至少须说明两个问题：第一，怎样认识现今的社会主义我国还存在地租？第二，什么是我国现实生活中的地租与以往形成的地租的差别？马克思指出土地价格“是土地所提供的地租的购买价格”。因此，回答了第一个问题也就答了我国土地计价的理由。分清我国现实生活中的地租与以往形式的地租的差别将有利于我们现实地把握住地租规律。

马克思在谈到不同地租形式的共同点时指出：“地租的占有是土地所有权借以实现的经济形式”。解放后我国消除了土地的私人所有制。但是，我们的社会主义并不是经典作家设想的较发达的社会主义。土地上还存在全民和集体两种所有制。集体与集体、全民与集体之间存在利益的差别。集体或国家不会无偿双手奉出土地，不然就等于否定这种所有权。其次，农村经济体制改革后，实行家庭承包制，在某种意义上说土地所有权与使用权有了分离。集体把土地承包给个

人；国家把全民土地承包给集体或个人，这些为地租的产生提供了前提。再次，我国目前土地经营权垄断的存在使级差地租的出现成为必然。最后，农业资金有机构成低于社会平均资金有机构成以及部分土地及其产品垄断价格的存在使地租的存在有了可能。

作为一种历史范畴，不同社会和经济条件下的地租具有差异性。我国现实生活中的地租与马克思在《资本论》中论述的整个经济受资本主义生产方式统治下的地租主要有以下两点差别：第一，我国经济生活中的大量现象，是土地所有者就是土地使用者。因此，地租一般不表现出来，只有当土地转让时方能清楚地看到地租的存在。第二，农村劳动力和资金没能向其他部门自由流动。因此，一些农业生产中获得平均工资和平均利润后也许不存在绝对地租的内容了，有时农业生产连平均工资和平均利润也可能得不到。

（二）土地和水资源计价的好处

上面我们看到了我国现实经济中存在地租和水租（不妨这样称之）。这里且不说进行土地和水资源计价在劳动力转移问题、价格问题、收入分配问题等解决上带来的便利，单对土地和水资源自身的管理和控制就能起到以下作用：

1. 有利于土地和水资源使用或利用上的节约。两者的使用或利用进行合理收费后，城市、国营企事业单位、乡村企业以及农民个人在土地使用或利用上必定慎重考虑，对待水资源利用也会记住“节约”两字。另一方面，国家可以改以前的农业税（包含部分绝对地租）和农产品收购剪刀差政策为征收土地和水资源税和农业经营税政策。因而在一定程度上能够避免一些集体单位因为土地转化为非农用后能减少责任田而欣然同意转让土地。

2. 有利于鼓动农民精心经营土地，提高土地生产率。①土地计价后，国家征收土地税，集体提取部分绝对地租。这样农民会对土地使用进行经济核算，土地使用费计入成本，因而改变了固定成本和总成本曲线，对活劳动和物化劳动投入必将作出重新安排。另一方面，合理地征收绝对地租和级差地租Ⅰ，将诱引农民增加劳动投入，去获得级差地租Ⅱ。②实行土地计价，有利于土地转包和集中。土地的集中，一方面，扩大了经营规模，实现规模经济，因此有可能也有必要增加劳动投入；另一方面，土地有可能转向劳动能手，从而有了提高经营效果的内在力量。③集体统一征收的地租可用来改善土地生产条件。

3. 实行土地计价，有利于开发利用荒地及山区和边远地区的土地。目前我国尚有一定的荒地待开垦，山区和边远地区又地多人少，只要制定合理的地价（或地租），便能激发人们开发利用土地的积极性。

4. 通过对不同性能的土地的不同计价可以使其在农业使用中的结构合理化。比如它可以调整种植业用地与林业用地的比例。对水资源的计价可使人们经济有效地安排耗水作物和节水作物的生产计划。在城镇区域内，由于地价这一杠杆的作用，能促使住宅用地、工商用地、事业用地等在布局上达到经济有利化。

（三）土地和水资源计价的标准及其运行

既然土地和水资源的价格是地租和水租的购买价格，土地和水资源的计价标准是地租和水租，那么土地和水资源转让和占用的补偿应主要由它们的供求状况来决定。因为，地租是“不同的人借以独占一定部分土地的法律虚构在经济上的实现”，它是个变量，而且是因变量。“地租的量完全不是由地租的获得者决定的，而是由他没有参与、和他无关的社会劳动的发展决定的”。那么，作为地租购买价格的土地价格也决定于外界环境。其次，土地的价格决定于广义的地租。

也就是说，它不光决定于为了使用土地本身而支付的真正地租。它还决定于人们为获得所有权愿意付出的代价。一般来说“购买地租所根据的利息率，多半低于其他较长期投资的利息率”。因为土地较保险。那么，反过来说，地租的出卖价偏高时，土地所有者才肯转让土地。还有，在我国目前农村经济水平下，在农村劳动力和资金不易自由流动情况下，土地是农民的主要生产工具，是他的劳动和他的资金的不可缺少的活动场所。因此，土地价格还决定于作为平均利润扣除，或正常工资的扣除的地租。这些关系同时适用于水资源，对于给定的土地和水资源来说，它们的价格除了上面说的决定于整个国民经济情况及土地和水资源的供需状况，还决定于它们的自然状况，它们所处的经济和社会环境（如位置）。

通过供求状况确定土地和水资源的价格，其好处是在土地和水资源所有和使用关系中能发挥自我调节作用。这特别表现在非农用地使用上。不过在农业中，集体或国家通过土地和水资源使用收费来促使土地和水资源在不同使用之间的竞争，对于它们的管理和控制一定利大于弊。

四、进行资源利用规划，合理分配土地和水资源

稀缺资源的任何利用或使用都需要规划或设计。所谓土地和水资源利用规划指在综合考虑自然、经济、社会条件下，根据人民需要，对土地和水资源的利用结构和利用时间作出安排，使社会效果、经济效果、生态效果最大化。

但是，应该承认我国到目前为止还没有真正合理的土地和资源利用规划，这一点表现在以下两方面：第一，我国目前很少有综合考虑社会、经济和自然三大因素，兼顾长远利益和眼前利益、整体利益和局部利益，全国、区域和地方三者比较一致的土地和水资源利用规划。第二，以往的土地和水资源利用规划不够重视自然规律和经济规律。对生态和环境效果考虑不多，不能很好地体现出对经济效益的追求以及经济发展对土地和水资源利用的影响。

进行合理的土地和水资源利用规划，其意义是：

1. 有利于土地和水资源的综合、合理的利用，提高整体效益，减少局部利用者各自为政带来的利用的无计划性。

2. 科学的土地和水资源利用规划是土地和水资源立法和政策制定的重要依据。由于土地和水资源用途的多样性及其利用和管理者的不同层次性，土地和水资源利用规划可有好几类。大体分之有：全国性规划；区域性规划；省、地区（市）、县或更低级规划；城镇规划。

不同类型的规划在内容、考虑的注重点和制定过程上都有差别，但以下原则基本是都要遵守的。

（1）整体的、综合的观点。任何一个规划对象都可以说是一个系统，因此具有整体性和综合性。我们在对全国或某一地区的土地和水资源利用规划时必须同时客观地综合考虑自然、经济、社会三大要素，以整体的观点考察它们的作用。

（2）讲究社会效果，合理处理国家与集体、集体与集体之间的利益关系。

（3）遵循自然规律，讲究生态效果。

（4）按经济规律作规划，讲究经济效果。

（5）动态的观点。这有两层含义：第一，规划时要有预见性，用发展的眼光看问题。第二，要考核规划执行结果，及时作出规划修正。

土地和水资源利用规划是一个多学科问题，不少人在它面前感到束手无策。无疑将来土地

和水资源利用的规划须由智囊团来完成。但是，任何问题内都有主要矛盾与次要矛盾之分。我们认为土地和水资源利用规划的有效性，关键取决于规划过程中的经济分析、规划依据的经济理论和规划时采用的方法。我们觉得在农业土地和水资源利用规划中以下理论是要着重记住的：①比较利益原则；②屠能圈思想。实质上，它属于广义的比较利益原则；③发展经济学理论。随着商品生产的发展，农业经济系统日趋复杂。毫无疑问，单用传统方式无法作出满意的土地和水资源利用规划。因此，我们必须吸取系统工程的思想和方法，借助线性规划、非线性规划、多目标规划和动态规划等科学方法来进行规划，使土地和水资源的农业利用最符合人们意愿。

五、运用法律手段，加强土地和水资源的管理和控制

土地和水资源法是调整土地和水资源关系的法律规范的总和。这种受法律所调整的土地和水资源法律关系的内容包括：土地和水资源所有权关系、土地和水资源征用关系以及因其使用和征用而产生的经济关系。

我国土地和水资源立法还不完善。这表现在：①土地和水资源法不够全面、严格、明确细致。比如，对地上水和地下水的所有权关系以及如何使用没什么规定。农村建房等基本只履行行政审批手续。②没有与其他管理和控制措施有机地连接起来，缺乏有利于提高生态效益和经济效益，行之有效的土地和水资源法。③土地和水资源法律本身不齐全，法律体系不完善。土地和水资源法往往缺少具体处理的条例，加上执法不严，一些立法是徒有虚名的。

我们认为我国土地和水资源的立法需要对以下几方面加以强调、修改或补充：

（1）关于土地和水资源所有权和使用权。我们认为应该明确和坚持土地和水资源的全民和集体所有制。所谓“明确”就是肯定全民和集体对自己土地和水资源的所有权，任何人不得靠行政命令无偿或变相无偿占用土地和水资源。这里要着重提一提的是水资源所有权关系。我们认为土地所有者对其所有的土地下层的地下水同时拥有所有权；河水利用者对正常年间平均利用的水资源量也具有所有权。在没有补偿情况下，任何人不能因自己的用水或行为侵犯他人的权力。所谓“坚持”就是维持土地和水资源的公有制。私人无所有权，不准买卖。鉴于我国农村经济水平和外界国民经济环境私人占有土地和水资源及自由买卖会带来不少不良后果。事实上，现实生活中很少有人有能力或愿意为农业生产购买土地。但是，法律应允许土地和水资源在农业利用中个人对使用权或经营权的自由转移。

（2）关于土地和水资源征用权。在合理补偿的前提下，国家有权征用土地和占用特定的水资源。因为集体对土地和水资源的所有权是专有性的，但不是绝对的。

（3）关于非农业用地利用和水资源利用。为了全民利益和长远利益，国家应制定法律，对非农业用土地利用和水资源利用作出规划。具体地说，就是在科学规划的基础上，规定不同性质城市用地的位置；规定征用耕地的范围和适宜占用量；规定农户建房面积；规定地下水和河水利用量。违者追究法律责任（包括经济制裁）。

（4）关于集体与集体、集体与国家之间土地和水资源所有权的转让和计价的规定，为灵活起见，并充分发挥经济调节的作用，在国家监督并不违背其他法律条文的情况下，可允许国营或集体企事业单位占有集体或全民的土地和水资源，让双方去竞争。国家只规定并征收转让价的一份累进税。

（5）关于生态环境。国家应通过立法途径明确规定水质和土地质量标准，根据污染程度分等

收取除污费。

（6）关于征收土地税和水资源税。国家应提倡并帮助计算土地和水资源价格，据此征收土地和水资源税。妥善变以前的地租（包含水租）收取为土地税和水资源税。在一定条件下，为了特定的目的对不同的土地和水资源利用可征差别税。

（7）其他立法。如借助金融法和财政法鼓励或抑制土地和水资源的某种使用。又如通过征收摊派税来实现大规模基本建设。

黄淮海平原农村产业结构调整系统分析初探*

贺锡苹

一

根据系统论的观点，一个系统要想有最佳功能，就必须有最佳结构。农村产业系统或者农业产业系统，这是整个国民经济大系统中一个庞大复杂的子系统。自党的十一届三中全会以来，人们认识到为使农村产业系统有较佳的功能，必须使农村产业系统的结构优化。因此农村产业结构调整受到有关方面的关注和重视，并进行了大量的科学研究和实际调整工作，取得了极为显著的经济效益，在促进农业和国民经济的发展上起了重要作用。近几年运用系统观点研究农村产业结构调整问题，无论在理论上还是在实际上都有了很大的进展。从 1982 年以来，我们也曾试着运用系统观点对黄淮海平原地区的农村产业结构调整问题，做了些起步性的研究。根据我们的经验，运用系统观点研究农村产业结构调整问题必须坚持两个观点和一种方法，即全面的系统的观点，动态发展观点和系统工程的分析方法。

调整农村产业结构必须要有全面的系统观点。所谓全面的系统观点包含着三层意思，首先必须从国民经济这个总经济系统出发来研究农村产业这个子系统，国民经济的总目标、对农产品的总需求、对农村产业投入的供给、产品开发和发展策略、科学技术发展水平、管理体制和决策都制约和约束着农村产业系统的发展。一般来说，国民经济总系统的经济效益要高于子系统的效益。发展经济作物，如棉花，对于农业子系统来说是有利的。但是在商品经济条件下，商品生产应该根据总需求等于总供给的均衡原则进行，求大于供，不能满足社会需要，不符合社会主义经济规律要求；供大于求，会造成资源浪费，甚至引起物价波动，最终使生产者受到重大损失。因此，片面强调子系统的利益或者局部地区经济优势，最终都会在总体上得不到最佳效果。畜牧业的发展一方面取决于农业本身所能提供的饲草料和畜群繁殖再生产的能力，另一方面也取决于市场对畜产品的需求，据研究，畜产品的消费量与人均收入成正相关，另外，市场需求也受屠宰冷藏等设施能力的限制，这些都与国民经济建设的发展乃至城市的发展密切有关。

其次，研究农村产业结构必须与国民经济其他子系统相联系。国民经济各子系统，除了农业外，还有工业、商业、交通运输业、文教卫生、服务行业等。它们之间通过物质流、能量流、信息流、人力流和资金流与农村产业系统发生着千丝万缕的联系。棉花是农业生产的产品，但它也是纺织工业的原料，作为工业原料，其质量就应当满足工业的某些特定要求，有一定的规格，忽视棉花的质量，就会由于生产不对路而造成仓库里的大量积压，而工厂所需的某些品质的棉花又要从国外进口，或者增加工厂的生产成本，这样尽管从农业来看，生产棉花有较高的经济效益，

* 原载《北京农业大学学报》1987 年第 13 卷，增刊。

但从总体来看，就不一定合算了。

第三层意思是指研究农村产业结构必须研究农村产业系统中的层次性，这个层次性既包括农村产业结构项目的树形层次结构，也包括地域分布层次性，农村产业包括农林牧副渔五业和乡镇企业几个子系统，乡镇企业虽不是农业，但它在劳动力使用、资金通融和农民收入分配方面都与农业有着不可分割的有机联系，所以研究农村产业结构，不能忽视乡镇企业。在农业中又可分为粮食作物，经济作物和饲料作物等层次，随着商品经济的发展，粮食作物中某些用作主粮，如稻、麦、大豆，某些则成为经济作物，如制酒用的高粱、制粉用的甘薯，另一些则成为饲料作物，如玉米。这种树形层次一直可延展到实际生产项目。如鸡可细分为蛋鸡、肉鸡、良种鸡、本地鸡等。

农业生产是分布在广阔地域内进行的，这是农业生产的特点之一，各地自然和社会经济条件千差万别，这就决定了农村产业系统地域分布的层次性，邻近城镇工矿区的农村产业结构不同于纵深腹地农村的产业结构，邻近大城市的农村产业一般是“贸工农”型的，发展为城市服务和依托城市经济力量的农林牧副渔和乡镇企业，低纬度地区温度和雨量充足，在发展农业生产上常常有得天独厚的优势，此外临近市场和交通干线，具备较高的科学技术及管理水平以及其他政策体制上的安排，都会给不同地区的农村产业结构带来显著的影响。据国外研究，农村产业在地域上的分布将是根据相对优势原则，形成以城市镇为中心的星状辐射的多中心的多层次结构。

调整农村产业结构必须要有动态的观点，我们通常说的农村产业结构是指系统在某一时刻的结构状态，它是国内外因素综合作用平衡的结果，随着时间的推移，内外因素发生变化，因而也使农村产业结构不断发生变化，自党的十一届三中全会以来，由于经济建设的迅猛发展，使北京市郊区的蔬菜生产逐步地向中郊、远郊，甚至外省市推移，因而也影响了中郊、远郊甚至河北省保定地区和廊坊地区的农村产业结构调整，这一过程目前还在发展，由此可见，农村产业结构的调整不是一朝一夕而能一蹴而就的。

在农村产业中，生产周期的长短不一致，有的比较短，有的长达几个月甚至几年，畜牧业和林业的生产周期比较长，苹果定植后五年才见果，山楂八年后才是盛果期，树木成材时间就更长了，要建成商品蔬菜基地也需要一定的时间，因此产业结构的调整有时需要通过中长期规划进行，在比较长的时间内，由于未来的许多因素是不确定的，为此必须加强预测，以获得比较准确的信息。

运用系统观点研究产业结构调整问题最后要落实到运用系统工程的分析方法，目前在国内应用于农村产业结构调整的有线性规划，线性目标规划和系统动态仿真，其中线性规划是最简便易行的方法，通过一个线性目标函数和一组线性不等式约束条件，应用计算机就可以求解。某一时期的农村产业结构问题。因为农业中的目标往往不是一个，而是多个，所以有用线性目标规划来解决产业结构问题的。应用系统动态仿真，在计算机上预测系统未来的总体变化，用于总体协调效果较好，近几年用系统动态仿真研究农村产业调整问题也逐渐多起来了。

二

（一）黄淮海平原农村产业结构现状与问题

黄淮海平原是我国最大的平原，地跨五省二市，包括近300个县，面积30多万平方公里，盛产小麦、棉花、玉米、大豆、烤烟、花生及各种果品。近几年农村产业结构调整发生了很大变化，到 1984 年在农业总产值中，农林牧副渔各业产值分别为 64.4%、1.8%、9.4%、23.4%和 1%，其变化特点可归结如下：

(1) 棉花播种面积扩大，棉花成了本区经济发展举足轻重的作物，棉花面积从 1982 年的 2 700多万亩扩大到 1984 年的 5 400 万亩，增加了一倍，估计棉花产值可能占到农业总产值的 16%左右。

(2) 在农村作物播种面积中粮食播种面积比重有所降低，但是人民的主要粮食小麦，无论在播种面积上或者产量上，都占了主要地位。

(3) 林业发展更新处于持平状态，一方面是大量砍伐树木，以解决生产资金不足问题，另一方面则普遍推广桐粮间作、果粮间作和林粮间作等，据周口地区调查森林覆盖率无显著变化，但用材林树龄结构却有很大差异。如1976 年幼龄林、中龄林和成熟林所占比重分别为 29.5%、49.9%和 20.6%，1980 年为 50.2%、38.5%和 11.3%，至 1983 年则为 71%、24.8%和 4.2%。

(4) 畜牧业产值虽然逐年有所增长，但其增长速度不如种植业，所以在总产值中比重还呈下降趋势，在畜牧业内部，牛驴比重上升，骡马比重下降，猪羊产量呈波动状态，但在肉类产量结构中变化不明显。

(5) 农村产业中，工副业产值有明显增长，但各地差异较大，城郊区一般来说工副业产值已超过农业总产值而居于主导地位，在腹部农业地区，工副业产值与种植业产值增长同步，比重上无明显变化。

(6) 近几年随着城市体制改革的进展，城郊型农村产业结构已打破现有的行政界限，向前发展，像河北省廊坊地区和沧州地区毗邻天津的青县，河北省保定地区邻近北京的涿县、涞水等地，农村产业结构已向远郊型过渡，其特点是以大城市为市场和依托大城市工业及技术力量的农业和乡镇企业发展迅猛异常，它们供应北京市和天津市蔬菜、畜产品等各种副食品，建筑材料、加工服装、加工农产品乃至提供劳务服务。

黄淮海平原地区农村产业结构调整中，目前存在的问题看来是如何加强宏观指导的问题。目前迫切需要解决的问题有：

1. 全地区的棉花生产规模和在地区内合理布局的问题。近几年来全区棉花生产大丰收，黄淮海平原地区棉花产量已超过全国产量一半以上；但是棉花品质较差，从眼前来看，由于供大于求，需要压缩面积和产量，但是黄淮海平原种植棉花的相对优势是明显的，问题是确定的生产规模及地区内合理布局，近几年因为棉花经济效益高，棉花一直扩展到北京和天津郊区各县。因此，有的地区种植面积过大也应有所减缩，为了提高品质，应适当南移。

2. 关于粮食生产发展问题。近几年黄淮海平原已成为我国的重要商品粮产区，粮食是农业的基础，我国的粮食人均占有量在世界上还不高，粮食生产还要大力发展，但应区别品种与地区，在温饱解决的基础上，人们的主要粮食是稻麦，玉米主要用于饲料。在人们消费结构发生变化以后，对粮食的要求，应该根据品种区别对待，黄淮海平原地区的优势粮食作物小麦将在全国小麦产量中占据什么样的份额？它在平原地区将如何布局？这都是需要进一步研究的问题，玉米的发展与畜牧业的发展密切相关，不能脱离畜牧业的发展研究玉米生产问题，另外，此地区发展农业的条件也不尽一致，黑龙港流域，干旱盐碱，水资源不足，在发展粮食生产上也应区别对待。

（二）黄淮海平原农村结构预测与设想

从 1982 年以来，我们和其他兄弟单位都曾在黄淮海平原用系统工程方法预测农村产业结构发展趋势，其预测可归纳如下：

1. 山前平原河北省固安县线性规划模型预测。1985年，小麦播种面积稳定在27万亩左右，夏粮总产占全年粮食50%以上，药材、棉花为主要经济作物，但棉花比重不大（占播种面积13%左右），药材不但播种面积要翻几番，而且预测到1990年和2000年将占种植业产值的近一半，畜牧业产品中仍以猪肉和鸡蛋为主，1985年和1990年猪肉产量占肉类产量96%以上，到2000年因为牛肉、禽肉和其他肉类增加，猪肉比重可能降至85%左右。

2. 黑龙港流域河北省青县线性规划模型预测。产业结构调整后，小麦播种面积稳定不变，以保证口粮自给，突出变化是，肉牛和乳牛发展到44万多头，相应地绿肥牧草面积增长，间作和枣林有较大发展。

3. 黑龙港流域河北曲周线性规划模型对1987年预测。与1983年实际值比较，小麦面积从37万亩减至34万亩，玉米维持1983年面积，棉花稳定在1983年水平，油料将成倍增长，猪、鸡仍保持一定规模。

4. 鲁西北地区山东禹城线性规划模型预测。小麦、棉花是主要优势作物，在畜牧业中肉牛可得到适当发展。

5. 黄淮平原商丘地区线性规划模型对1990年及2000年预测。小麦、棉花积极减少，油料作物成倍增长，林果和畜牧业都迅速发展。

表1 单位：万亩、万头

	小麦	棉花	花生	芝麻	油菜	果田	森林覆盖率(%)	大牲畜	猪羊	家畜
1983年实际值	1 094.8	269	42	66	36.8	18.98	10.35	64	57	37
1990年规划值	610.5	170	80	45	53.3	40	18	118.9	253	750
2000年规划值	620.5	174	120	56	76.3	60	18	157	377	1 200

6. 黄淮平原周口地区线性规划模型对1990年预测。优势作物小麦的面积比1985年还要增长10%左右，芝麻还要扩大，其他如夏花生、农家鸡、奶牛、苹果、羊、鱼、生猪都成倍地增长，乡镇企业中，粮食加工、棉花加工和其他加工业都有很大发展。

表2 单位：万亩、万头

	小麦	棉 花	夏花生	芝 麻	奶 牛	猪	羊	鱼	苹 果
1982年优化方案值	973	268	3	35	0.15	69.5	69.7	4.38	18
1990年优化方案值	1 078	241	18	45	0.76	174	365	20	30

7. 黄淮平原安徽宿县线性规划模型1985年预测。小麦预测播种面积将比1980年增长15%左右，棉花是优势作物，夏大豆面积相当夏熟作物播种面积的40%左左，畜牧业以发展猪、家畜为主，近期家禽将有成倍增长。

根据以上模型研究，可以设想黄淮海平原地区大致可以分为四大片来设计农村产业结构。

1. 山麓平原片。这是本区最富裕地区，分布在京广、京山线两侧，公路四通八达，人烟稠密，文化和管理水平较高，离市场近、粮棉高产稳产，乡镇企业发达，不远将来这里既是麦稻基地，又是服务于沿线大中城市的蔬菜、牛奶、果品和鸡蛋、生猪生产基地。

2. 黑龙港片。包括河北省中部及东部、天津市大部分，这里地势低洼，旱涝盐碱危害严重，产量低而不稳，近年来综合治理取得很大成效，不少的盐碱荒滩已成为麦棉基地，但这里水资源严重不足，本片地势平坦，北部与北京、天津两大城市毗邻，因此该片北部地区农村产业结构逐步向城郊型发展，小麦为主要口粮基本自给自足，农业生产重点在发展耐旱经济作物，林果以及部分供应城市需要的蔬菜、鸡、猪、奶牛、肉牛和果品等，这里工副业发达，主要为京津二大城市的市场及大工业服务，南部地区以棉花、小麦为主，同时发展林果业，并利用盐碱荒地发展养牛业。

3. 鲁西北片。包括山东德州、聊城、惠民地区和潍坊部分县，该片地上水和地下水比较丰富，小麦、棉花是优势作物，畜牧业以发展猪、鸡为主，同时发展少量肉牛。

4. 黄淮平原片。包括苏北、皖北、豫东南、鲁西南几个部分，这里小麦高产、稳产，将是小麦的商品粮基地，同时也是夏大豆的主要产区，棉花、花生、芝麻都是当地重要经济作物，由于饲料资源丰富，因而这里将是潜在的猪肉和肉鸡产区，同时有特产羊皮，泡桐是这里的主要间作树种，过去黄淮平原灾害频繁，所以这里底子薄，管理水平低、技术力量弱、市场和交通运输都有待进一步开发，这些都是该地区产业结构调整中的限制因子。

我国土地制度问题*

——论土地国有永佃制

安希伋

一、几点说明——基本观点、方法及土地制度的演变

土地制度问题在世界近代史上是一个极其重要的政治经济问题。它是指土地归谁所有和由谁使用的问题。问题的核心是怎样分配土地的生产成果，体现了土地所有者和土地使用者之间的经济关系。土地制度的变革，直接意味着不同社会集团或阶级之间经济利益的再分配，并直接影响一个社会的经济发展速度。这篇文章拟把讨论重点放在经济方面，即以对生产力发展的作用如何，来衡量土地制度的得失。

当然，既然土地制度变革意味着生产关系的调整，在现实生活中它就不能不受社会状况的影响，其中也包括流行的意识形态的影响。脱离了现实的社会和政治环境来讨论土地制度问题，可能会流于无稽之谈。但是如果把土地制度涉及的经济、社会、政治作为一个混沌的整体进行讨论，虽有密切联系实际的好处，却不易探究事物的本质。我认为，讨论经济政策问题，宜采取分两个步骤的方法：第一步集中探讨经济过程本身的变化和规律，暂时把各种非经济因素放到一边，不去管它。第二步再把社会、政治、思想状况等非经济因素加进来，据以提出政策抉择。讨论土地制度问题也可以这样做。

讨论经济问题，还要先提出必要的假设，即作为讨论的基础。目的是排除非本质经济因素的干扰。在当前我国条件下，研究土地制度问题，可以商品经济为前提。就是说，虽然在生活中我们还没有建立起发达的社会主义商品经济，但是在理论上却要承认社会主义商品经济是我国经济中本质的东西。就农业而言，农民具有较强的商品意识，他们所从事的是商品生产，他们的经济活动要借助于劳动市场、资金市场和商品市场才得以实现。就是说根本不同于自给经济或产品经济。所以，在我们的分析和讨论中，要排除各种非商品经济的因素，例如农产品和农用品价格双轨制，带有指令性的粮棉合同收购制等等都不作讨论。其实，这种预作假设的方法，是经济学家通用的研究方法。马克思主义经济学家（首先是马克思本人）和非马克思主义经济学家都采用这种研究方法。我不过只是把这种具有普遍意义的科学方法，试图拿来探讨土地制度问题罢了。

土地制度是一个历史范畴，不同的社会制度都有他们各具特色的土地制度。至于究竟哪种土地制度优越，也无定论。沃农·茹坦（V. Ruttan）教授认为，一般来说，土地制度的优劣顺序为：土地所有者自己经营农业→支付定额地租的租佃制度→按一定比例在土地所有者和土地使用

---

* 这是为1988年9月间当时的国务院农村发展研究中心举办的土地制度建设研究会议而写的一篇论文。

者之间分配生产成果的分益制。他列举第二次世界大战后日本、台湾和韩国等国家和地区土地改革的经验来说明他的论断[1]。这种观点，也是近代比较流行的观点。有的经济学家则认为，一个好的土地制度，不一定要把土地所有权和土地使用权结合起来，主要之点是：农业经营者要有一个完全的土地使用权，包括：土地使用不受土地所有者干扰，在约定条件下取得经营成果的保证和土地转让的权利。在商品经济条件下，有了这3条，土地资源就会得到有效的配置，农业集约化水平就可能不断提高。而土地所有权并不重要。也有很多经济学家们持这种观点，特别是新兴的交易费用学派的经济学家们。他们认为能够减少交易费用的土地制度就是好制度。香港（在归还中国以前）的土地归英国皇家所有，土地所有权与土地使用权分离，并没有成为香港有效利用土地的障碍。

历史上并没有一个永远优越的土地制度。作为生产方式的一个组成部分，它必须同生产方式整体相协调。例如，上面提到的土地所有权与使用权分离的理论，一般是以较高度的商品经济的发展为背景的。反之，在从封建制度向资本主义过渡初期，如果有人提出这种理论，会被认为是一种荒谬的理论。

近30多年以来，我国土地制度经历了3次根本性的变革。第一次是把封建性的土地制度变为耕者有其田的土地制度，1950—1952年完成了这一改革过程。这次土地改革构成了从半封建半殖民地社会过渡到新民主主义社会的主要内容，意味着生产方式的变革。第二次是把耕者有其田的土地私有制变为社会主义的集体所有制。1956年完成了农业合作化，消灭了土地私有制。1958年进而实现了公社化，土地归集体所有，由集体使用。这次土地制度改革是从新民主主义的生产方式转为社会主义生产方式的一个重要组成部分。它一方面适应了当时提出的计划经济管理体制的需要，另一方面又为通过强制性的农业积累，以便为工业化筹措资金创造条件。第三次土地制度改革是从1982年基本实现了联产承包责任制开始的，以土地所有权与土地使用权相分离为特征。这次改革，与前两次不同，至少作为一项重大的政治经济政策，并不是社会生产方式的变革，而是在社会主义生产方式下经济管理体制变革的一个组成部分，并且是我国经济体制改革的第一个重大步骤。它对于经济体制改革的后续工作，起了极大的推动作用。第·相瑞(de Janry)教授对于近70年以来在21个国家和地区发生过的33次土地改革，从理论上作了研究。其中包括上述我国第一次和第二次土地改革。而在他的分类中并不包括我国第三次土地制度改革[2]。从1982年开始的我国土地制度改革具有许多新的与过去土地改革不同的特点。它采取了联产承包责任制的形式，到目前为止，这一改革还在继续进行中，还有待于完善和深化。怎样进一步完善和深化联产承包责任制，就是本文要讨论的主题。不过我们不拟过多的做理论探讨，而重在土地改革过程的分析。

二、土地制度现状与问题

联产承包责任制的实质是一次深刻的土地改革，或者说土地改革的开始。他取代了集体所有集体耕种的人民公社土地制度，基本上采取了土地所有权与土地使用权相分离的土地制度。农民以承包的形式取得了集体所有土地的使用权，可以自己享有生产成果，也开始可以在有限范围内以不同方式转让土地使用权。实践证明，这次土地制度的改革，尽管到现在为止还没有最终完成，对于推动我国经济的发展，已经起了巨大作用。没有联产承包制，1980年前期农业的飞速发展是不可想像的。以之与世界上发生过的任何一次土地改革的成果相比，绝无逊色。

但是以联产承包责任制形式体现的新的土地制度还不完善。我在这里说的不完善，是指现行

的联产承包责任制，在土地关系上还不能适应商品经济的要求，在某些方面还不是促进而是阻碍商品经济的发展。具体表现在以下几个方面：

（一）土地所有权含糊不清，也不落实

根据我国宪法规定，我国所有土地都归国家所有或集体所有，其中农村土地基本为集体所有。在人民公社时期，农村土地确属集体所有。但是在人民公社解体以后，农民集体作为一个经济组织，事实上已经不存在了。并且，也没有产生一个新集体经济组织取代人民公社。从理论上来说，联产承包责任制的承包方落了空。事实上往往由村、组来填补这块空白。但是村一级组织是我国宪法规定的基层政权组织乡的派出机关，组又是村的延伸。它们是行政组织，不是经济组织。作为行政组织，他们在经济领域中的任务是调节各方利益关系，管理社会经济活动。它本身不能作为经济利益一方直接从事经济活动。打个比方，两个球队比赛，任何参赛一方的队员都不能同时又担任裁判。在商品经济条件下，任何行政单位作为利益一方直接参加经济活动，就正像参赛队队员又担任比赛裁判一样荒唐。政企分开是我国政治经济体制改革的重要一环。但是直到目前为止，这个问题还没有得到解决。中共中央办公厅和国务院办公厅1988年7月21日指出，政企不分“带来很多严重问题”，包括“助长不正之风和腐败现象”、“损害国家和群众利益，造成分配不公”。这个问题在农村也表现得很明显。例如许多地方的农民，把村组干部的工作归结为“四要——要钱、要粮、要物、要命（指计划生育）”[3]。这种现象当然并不完全是由于土地产权中的政企不分造成的，不适当的向农民要这要那，往往是由“土政策”和不良之风带来的。但是，土地产权中的政企混同，确实也起着很恶劣的作用。可以说，什么地方有政企混同，什么地方就必然有贪污腐败的根源。

再回到土地所有权本身的问题。自从人民公社解体以后，我们已找不到是谁在代表集体利益真正关心土地，从而成为土地所有权的体现者。这是近年来滥占耕地和耕地荒芜的根源。据估计，近年来我国总耕地面积平均每年减少0.4%，这是一个很庞大的数字。其中当然包括必要的农业土地转为非农用土地，但是也有很大一部分属于滥占性质。如再加上我国人口每年约增加1.4%～1.5%这一因素[4]，那么，为要单纯的保持每人占有粮、棉、油各种农产品的现有水平，就要求农作物单位面积产量每年递增1.8%～1.9%。这对于我国经济是一个很大的压力。如果2000年时粮产达到5000亿千克，平均每年递增1.7%。

（二）农民的土地使用权还不够完善，还缺乏充分的保证

现在直接干预农民使用土地的事已不多见了，但是以各种理由任意打乱重分土地的事还时有所闻。并且在重分土地的时候，还往往无偿收回农民在土地上的固定投资。山西临县小甲头乡小甲头村农民刘国让的0.67公顷责任田和0.67公顷枣树地全被无偿收回[5]。打乱重分的事，屡见不鲜。这不过是千万事件中一个较为突出的例子罢了。承包合同被单方面撕毁，直接原因是由于承包合同缺乏法律根据，农民得不到法律保障。当然也同农村中的政企不分直接相关。这类事例的发生，又必然会使农民对于党中央关于土地承包期一包15年不变的政策产生疑虑。在这种情况下，农民作为土地使用者一方，当然也不会关心土地，不会积极在土地上投资，不会注意培养地力。这里引用两个实例说明这种带有普遍性的土地利用状况。第一个例子是：江西省近几年用于扩大农业再生产的固定资产投资，人均一直徘徊在8～10元之间，远远不足以维护已有的水利设施等项固定资产，更谈不到扩大再生产。并且投资还在减少，1986年低于1983年的水平。同时地力在下降，例如赣州地区大包干时期绿肥面积占耕地50%，1986年已降为24.2%[6]。第二

个例子是山西省运城地区。该地区深井每年淘汰 10%，浅井 15%～20%，而新打和维修的深井和浅井只占 7%～10%。全区防渗水渠占总长 34.5%，其中有 27.5%失修。渠道配套建筑物中有 24.6%失修损坏[7]。农民对土地投资缺乏兴趣，是由多种原因造成的，其中包括农工业产品比价低，务农收入少等等。但是农民对土地的使用权缺乏必要的保证，却是一个带有根本性的因素。

如果农民只对投入劳动和投入流动资金有一定兴趣，例如增施化肥，改良品种，购买机具以及精耕细作有兴趣，但是却没有兴趣提高甚至保持土地生产力，那么流动资金的投放很快就会达到边际限界，不可能进一步提高农业集约化水平。这是无数科学实验已经证明了的道理[8]。

（三）土地转让还处在初始的自发阶段，远没有形成一种制度，也缺乏法律和行政依据

土地是农业生产的基本生产资料，如果不能流动，土地资源就不可能得到或接近优化的配置，不可能得到有效的较充分的利用，其中包括不可能通过经济机制形成有效的农业规模。在商品经济条件下，土地是一种有价值的生产资料，是一种商品，客观上要求土地也和别的生产要素一样，能够自由流动，逐步形成土地市场。由于土地同机器设备和生产设施不同，是一种不会被毁坏或自然贬值的生产资料，所以，土地流动可以是土地所有权的转让和流动，也可以是土地使用权的转让和流动。这种转让当然是有偿的，地价也会经常处在变动中。

近年的经验证明，如果缺乏一个土地市场，土地就会循着行政办法流动。对于农民来说，这是带有强制性的流动。这种土地流动，不管暂时起了促进生产的作用，或者阻碍生产的作用，都不会引起农民对土地的真正关心。并且，说到底，它是与商品经济格格不入的东西。与劳动市场、资金市场和商品市场也难协调起来，组成一个运转自如的商品经济。相反，如果国民经济的其他方面已经转入了商品经济轨道，非商品经济的土地流动就会干扰经济运转。

总的来看，现行联产承包制所体现的土地制度，基本上符合商品经济的要求，促进了经济发展。但是，随着商品经济有了进一步的发展，已经暴露了它的弱点。主要问题是在土地所有权和土地使用权的实现方面以及在土地流通方面还不能有效地适应商品经济的要求。所谓进一步完善联产承包责任制，从根本上来说，就是把 1980 年初开始的土地制度改革进行到底。

三、对策——土地国有，对农民实行永佃制，征收统一的土地税

如上所说，人民公社解体以后，农村土地所有权落空了。那么怎样解决土地所有权问题呢？可能的办法不外四条：第一个办法是坚持土地集体所有制。上文已经说过，这种办法无异于坚持一个早已不复存在的东西，实质上只能是坚持政企不分，以政代企。弊病严重，已如前述。如果要坚持土地集体所有，可能设想的第二个办法是，创建一个新的集体组织，取代原来的公社，作为农村土地的新主人。这里有两个问题，一是农民会不会同意？二是这种组织除了收取土地租金之外还有什么经济职能（不管叫它什么，本质是租金）？它又是一个什么性质的经济组织？看来很难设想这会成为一条可供选择的办法。第三实行土地私有制。第四个办法是实行土地国有制。

从表面上看，土地私有与土地国有似乎是两个极端，互不相容。但是如果我们把土地所有权与土地使用权联系起来考察，这两个极端又可以融为一体，那就是土地国有、国家对农民实行永佃的土地制度。就是说，土地所有权归国家，不允许买卖或转让。土地使用权归农民，包括农民使用土地不受外来干扰的权利，在完成地税以后（如下文），农民有取得经营成果的权利，以及农民转让土地使用权的权利。这个办法的好处是，国家保持了土地所有权，一则有利于国家对土

地实行必要的管理，二是国家可以利用土地的所有权组织宏观经济调控。这是优于土地私有制的地方。台湾的经验已从反面证明了国家保持土地所有权是多么重要。同时，实行永佃制，并且用法律把农民的土地使用权明文规定下来，予以充分的保障。这样做可使农民从自身利益出发关心土地，培养地力，进行土地投资，不断提高农业集约化水平。也是防止土地荒芜，滥占耕地的根本办法。把话说白了，土地必须有了主人，才会得到认真的爱护。这是农业持续发展所必需的一个经济条件。

有了土地（使用权）市场，才会为有效的土地配置和规模经营创造出必要的经济机制。虽然这将是一个缓慢的过程，但是却要先有了这种机制，才有可能逐步前进。

有一种意见认为，实行土地国有，就是剥夺农民，要冒很大的政治风险，甚至会瓦解工农联盟，在我国的经济、政治和社会生活中形成剧烈震荡，引起灾难性的后果[9]。如上所说，就土地所有权来说，在实现了联产承包责任制以后，土地已经失去了它的主人，出现了由基层政权的派出机关代管的局面。既然土地已非农民所有，实行土地国有怎么会剥夺农民和随之而来的一连串的风险、震荡甚至灾难呢？个体农民作为经济实体，真正失去土地已经是1956—1958年的事了。农民不会两次失去同一件东西。事情恰恰相反，实行国有永佃制，农民不但不会有所失，反而会得到长久的、有法律保证的，并且也是比较完全的土地使用权。

那么，实行土地国有制是不是会一切风平浪静呢？当然不是，实行土地国有既然是土地制度改革进一步的深入发展，自然会出现新的利益结构的调整。这时候我们要特别关心的不是农民，而是近年来代管土地的乡村干部。我认为首先要充分肯定他们近年来代管土地的工作成绩，绝不能由于在体制转换过程中出现过的缺点，把责任主要归之于个人。应该如实的承认，这是一个政治经济体制问题，并且往往是难以避免的事情。在这次进一步实行土地制度改革过程中，需要有计划的、适当调整原来代管土地干部们的工作。并在经济收入上做出较优惠的安排。这是实行土地国有永佃制中最重要的一项准备工作，它不同于各种必要的技术性的准备工作。作为土地所有者，国家把土地租给农民使用，自然要有具体手续。一般设想，至少有制订租约和收取地租等手续，在完成此项手续时，如果国家也像一般地主或地产资本家那样做，就必须设立一个庞大的机关，主管这项事务。这样一来便会产生两个问题：第一，成本高昂；从社会经济来看，大大增加了交易费用；第二，又把政府职能与经济活动混同了起来，遗患无穷。这是一个难题。解决这个难题的办法是：政府不收地租，只征收统一的地税。其实这是一个老办法，早在1950年中央人民政府公布的《城市郊区土地改革条例》就规定，在城市郊区没收和征收得来的土地，一律归国家所有，分配给无地和少地的农民耕种，农民依法向国家缴纳农业税，不交地租。只不过，现在我们说的土地税和当年的农业税的作用大不相同。我认为土地税的主要作用有两条：第一，是政府财政收入的一个可靠的源泉。此项收入至少可以抵补将来由于取消低价收购农产品制度而给财政带来的损失。第二，土地税也和别的税制一样，是政府调节宏观经济运行的一个重要手段。如国民收入分配政策，工农业关系政策以及积累与消费政策等。当然，原则上地税又要有相对稳定性。所以，这里谈的宏观经济调节是就长期经济发展战略而言的，尽可能不动用地税作为短期的经济调节手段。

进一步完善联产承包责任制所体现的土地制度，特别是要转入土地国有永佃制，是一件极其重大而又很复杂的工作。需要预先做好大量的论证和准备工作。其中包括如何分配土地，怎样制定土地税规则等等。这些问题超出了本文范围，这里就存而不论了。不过需要指出，在我国乡镇企业迅猛发展和不断扩大改革开放政策下，经济形势正在发生激烈的变化。这样重大的土地改革，有必要抓住有利时机，防备会失去它。

参考文献

[1] Yujiro Hayami and Vernon W. Ruttan：Agricultural Development，An International Perspective，1985，The Johns Hopkins University Press

[2] Alainde Janvry：The Political Economy of Rural Development in Latin America；Carl K. Eicher and John M. Staatz：Agricultural Development in The Third World，The Johns Hopkins University Press

[3] 李庆曾．让农民选择．农村经济情况．1988（3）

[4] 人民日报．1988年2月16日

[5] 人民日报．1988年7月9日

[6] 中共江西省委农工部研究室．关于土地制度的调查与研究．农村发展论丛．1988（3）

[7] 王云山．商品粮基地建设的迷与津．农村发展探索．1988（3）

[8] 安希伋．农业生产经济学理论与实际．农业出版社．1988

[9] 王贵宸、刘文璞、秦其明．关于规模经营和土地制度．农村经济情况．1988（3）

The Alternatives of Food Policy in China and World Impacts*

An Xiji

For China, the obvious goals of food policy focus on efficient growth of food supply to feed the increasing population and improve the nutritional status for the population in accord with the growth pace of the national economy, and at the same time maintain priority of industry growth as a socio-economic development strategy in the long run.

After rapid growth of grain production in 1979—1984, grain output achieved a level of 407.3 million metric tons (mmt), which basically satisfied the calorie requirement for the population as a whole. But grain production staggered in 1985—1987 to a lower level than 1984. While grain consumption, direct and indirect, increased steadily, this seems a general trend rather than only a temporary phenomenon. The problem of how to balance the rate of nutrition improvement and the rate of economic growth have obviously been protruded and manipulated directly in terms of balance of food demand with food supply. To deal with this problem, there are several possible options for the policy makers. Here only three of them are mentioned:

1. a policy with slow growth rate of grain production and keeping grain consumption basically at the present level through the end of 20th century.

2. a policy of somewhat fully exploring the potentials of grain production and loosening the control over food consumption.

3. a policy between the above two with a moderate grain import in the foreseeable future.

This paper attempts to make a brief analysis on the three alternatives of food policy in China, reviewing their feasibility and the probability of attainment and trying to point out their merits and shortcomings.

Slow Growth Rate of Grain Production and Rigid Control over Food Consumption

The Target and Speed of Grain Output

The target of grain for the end of the 20th century set by the State Council is 500 mmt (People's Dai-

---

* 这是应邀在美国依阿华州立大学（ISU）于1988年举办的世界食品大会（The World Food Conference）上宣读的一篇论文。会后收入John W. Helmuth和Stanley R. Johnson主编的《世界食品大会论文集》。那时，ISU的农业经济学系与作者有长期的学术合作关系。

ly, April 15, 1988). That means the average annual increase in the rate of grain output would be 1. 7 percent in 1987—2000 which is much less than 4. 2 percent of 1979—1984 and the 3. 5 percent of 1965—1978 (both were in the initial stage of agriculture modernization in China), and much less than 3. 5 percent of 1952—1957, a period of predominantly traditional farming (An 1982). It is even less than the average rate of grain growth for any period in the last 40 years in China excepting the years of Great Leap Forward.

According to a population projection released by the Chinese State Childbirth Commission, the net rate of population increase for 1986 and 1987 is about 1. 4—1. 5 percent and, it will last to 1995—1998 on condition of maintaining the current family planning policy—one couple, one child, mainly for urban residents and a little bit looser for rural residents (People' s Daily, Feb. 16, 1988) . Thus the total population in 2000 would be about 1. 3 billion and grain output per capita would be 384. 6 kg which is about 9 kg less than that of 1984, the highest level ever achieved (Table 1).

Table 1 Grain production in China

Year	Grain production (mmt)	Grain yield (kg/ha)	Average output (kg/capita)
1978	304. 8	2 519	316. 6
1979	332. 1	2 780	340. 5
1980	320. 6	2 740	324. 8
1981	325. 0	2 830	324. 8
1982	354. 5	3 120	349. 1
1983	387. 3	3 400	377. 9
1984	407. 3	3 610	393. 6
1985	379. 1	3 480	362. 7
1986	391. 1	3 520	366. 9
1987	402. 4	…	372. 6

SOURCE: Chinese State Statistic Bureau.

Grain consumption

Grain consumption grew steadily, on the other hand in 1980—1985, average annual growth for food grain was 2. 7 percent, feed grain 12. 4 percent, grain for liquor 24. 3 percent, and grain for spirit, bakery and confectionery 6. 2 percent (Table 2). The average annual growth rate of total consumption is 4. 7 percent, which is higher than the average annual growth rate of grain production, 3. 4 percent in the same period. If the 4. 7 percent growth rate were used, the demand for grain in 2000 would be 731mmt.

Table 2　Grain consumption in 1980—1985 (million kg)

	Food grain	Feed grain	liquor	Spirit, bakery and confectionary	Total
1980	249 500	38 650	3 400	8 500	300 050
1985	286 200	69 200	10 100	11 500	377 000
Annual rate of increase (percentage) 2. 7	12. 4	24. 3	6. 2	4. 7	

The decisive factor strongly influencing the steady increase of grain consumption is the swift growth of income for urban inhabitants and farmers. In the period of 1982—1987, the average annual rate of increase in income for farmers was 11 percent and for urban inhabitants was 13 percent (Chinese State Statistic Bureau 1982, 1983, 1984, 1985, 1986, 1987) .

The income elasticity of demand for food grain in urban are as averaged 0. 15 in 1982—1986, and 0. 94 for meat in the same period with the rate of price rises at double figures on the average. At the same time, the income elasticity of demand for food grain and meat in rural areas was 0. 3 and 0. 5 respectively (sample data). In China, pork accounts for about 94 percent of meat, and the ratio of feed grain to pork is 5 ∶ 1 (in terms of live weight) . So the on going consumption pattern shift from calorie to mixed diet means more grain consumption per capita.

Revision of Grain Consumption

In his Government Report to the First Conference of the National People's Congress of the Seventh National People's Congress, acting Premier Li Peng declared that the average growth rate of aggregate national products would be 7. 5 percent and that of the real income per capita would be 4 percent in 1988—1992 which is much lower than that of 1982—1987 as mentioned above.

In order to estimate the grain demand at the end of the 20th century, let's make some assumptions based on the current situation and on going trends as follows:

Assume the average annual growth rate of disposable income is 4 percent for both urban and rural residents from 1987 through 2000 instead of 11 percent and 13 percent. As the income increase rate would drop to 4 percent that would mitigate the force of shift of consumption pattern, so assume the income elasticity of demand for meat be 0. 7 for urban residents and 0. 5 for rural residents, and assume food grain per capita be 250 kilograms and 280 kilograms in 2000 for urban residents and rural residents respectively. Assume the ratio of urban population to rural population to be 40 ∶ 60 in 2000.

Under such assumptions, food grain and feed grain all together would estimate at 510 mmt in 2000. Besides food grain and feed grain needs, an additional supply of grain for seed and industry uses amounting to at least to mm would be needed. Total grain demand would be no less than 580 mmt in 2000. The gap between the estimate and the government target would be 80 mmt.

If you take the government target as given, there are three choices to fill the gap. The first choice is importing the grain deficit that accounts for 13.8 percent of the total demand and 16 percent of the domestic output. This would raise three problems that should be tackled carefully, namely, the sources and allocation of limited foreign exchange, food security for such an enormous population, and the impact on the world market (the problems of the capability of harbors, transportation, and other infrastructures go without saying.) The next choice is imposing a price policy of raising the price level for livestock products in retail market to check the demand for livestock products—grain consuming products. But with this choice problems lie in the questions of incentives for workers and the political price of the approach. In addition, how will the farmers respond to the high price policy? The third choice is resuming the ration system for food grain, meat, eggs, and other products or something like that as China systematically did before 1978.

In view of the experience of developed and developing countries, the consumption pattern would shift and keep pace with economic development. China would not be an exception to the general rule. In 1980 food grain accounted for 83.2 percent of total grain consumption and feed grain accounted for 12.8 percent. In 1985 the share of food grain dropped to 76 percent and feed grain raised to 18 percent. China is now on the course of shifting its consumption pattern from a basically calorie pattern into a mixed calorie, protein and fat pattern. Possibly the government policy can influence the source and the ratio of calorie to protein and fat. And in addition, appropriate policies can make more nonfarm every day commodities available in order to substitute for meat in a broad sense. Some more liberalized economic reform, such as land reform and open stock market, may have the effect of diverting a part of living expenditure to savings and productive spending accordingly mitigating the pressures on meat supply. But one would doubt whether the general trend of consumption pattern shift can be checked or not in China with 7.5 percent annual growth rate of national aggregate products and 4 percent growth rate of real income. The conclusion is that any of the three approaches mentioned above seems infeasible and unacceptable.

Fully Exploring Potentials of Grain Production and Loosening Control over Consumption

A Higher Target of Grain Output with Decreasing Arable Land

If the target of grain output was set at 580 mm instead of 500 mmt in 2000 as suggested above, then the annual percentage changes of grain output would be 2.8 percent rather than 1.7 percent from 1987 through 2000. Although it is rather a pretty high speed, judging from the experience of the last 20 years and the current situation, it does not seem infeasible. The problem comes from the decreasing of arable land. In China, arable land has been occupied by nonfarming uses.

In the last few years, the average annual net rate of decrease figured 0.4 percent of the total arable land. As grain sown acreage accounts for about 75 percent of total sown acreage and assuming the ratio of grain acreage to nongrain acreage being kept until 2000, the average percentage decrease of grain sown acreage would be 0.3 percent. That means grain sown acreage would be reduced from 113 million hectares in 1987 to 77 million hectares in 2000, and the average yield per

hectare would be 7 503 kg in 2000; the average annual percentage change in yield would be about 6 percent in 1987—2000 to meet the target.

China is an old country with limited arable land. With an ever growing population and development of nonfarming sectors, more and more arable land will transfer into nonfarming uses. The problem lies in that the speed of land transference seems too drastic and unreasonable in the last few years mainly due to an inappropriate land system, ill management, swelling rural industry scattered everywhere in the countryside, and heated housebuilding rather than that purely due to population growth as some economists asserted (Carter and Zhong 1988). The fact is that the population growth rate in the fifties, sixties, and seventies was much higher than that of the eighties, while the peak of arable land loss happened in 1983—1987 rather than before. Suppose the average annual rate of decrease in grain sown acreage drops to 0. 15 percent on the conditions of land reform, and improvement of land management and lower growth rate of population. Then grain sown acreage would be 97 million hectares and average yield per hectare would be 5 376 kilograms in 2000 and the average annual growth rate of yield would be 3 percent from 1986 through 2000, It sounds much more reasonable and attainable than the above project. Thus the point of focus is whether China can keep the yield rate of 3 percent from 1987 through 2000. Before analyzing the potentials of grain production, let's diverge briefly to the problem of approach.

The Approach

Grain production is a function of various physical inputs, mainly labor, land, capital, and current inputs. Based on the functional relate on ship of grain production with physical factors, many economists such as Anthony M. Tang built models and made projections of China's grain production and consumption for a definite forthcoming period. Other economists, such as Carter and Zhong, stressed the influences of social and economic policies, including population, price, and grain marketing policies and built new models and made projections accordingly. Rock Creek Research (1985) emphasized the intersectoral relations among grain production and consumption with other sectors in the economy and projected China's grain production with input—output analysis. There would be a long list to record the various approaches and models used in the projections of China's grain production and consumption. The results of the projections differ.

This paper will take all the factors mentioned above as well as human investment and technology evolution as independent variables influencing grain production and in addition, the variables themselves related with each other in their performance just as often presented in the form of multicollinearity in some models. Maybe it is too complicated to build a single model including so many variables. The last factor, but not the least influential one that deeply dictates the process of grain production and consumption, is the process and speed of reform on the economic management system in China. Whether the process and speed of the economic reform may be faster or slower depends mainly on the national and international economic situations and environments. It seems impossible to include economic reform as a variable in a model. In addition, economic reform itself is the only way to pave the background for the adaptivity of modern economic models in China. This paper will take the approach of trying to make concrete analysis of concrete conditions with a view of the all and the one.

Current Inputs

According to an estimate based on experience by the Ministry of Agriculture, Animal Husbandry, and Fishery, for an increment of 50 mmt of grain it is necessary to increase inputs of 15 mmt of fertilizers, 5 million mechanical horse power, 1 000 million kwh of electricity, 0. 3 mmt of gasoline and 1 mmt of plastic film under the current farming practice in China. It is, of course, only a rough estimate without systematic analysis. But the practical experience identifies the relationships of grain production to current inputs in the short run. For example, in 1980—1984 grain output grew at an average annual rate of 6. 1 percent with an increase in fertilizer of 8 percent annually, while in 1984—1985 fertilizer growth rate decreased to 2 percent and grain output dropped 7 percent. In 1986—1987 the fertilizer increase averaged 6. 4 percent and grain output increase raised to 3. 2 percent annually. Apparently, an appropriate increased use of fertilizer is necessary to support the required speed of grain production in the next 13 years. According to the above estimate, total supply of fertilizers would amount to 2 780 ten thousand tons in 2000 and appropriate corresponding increases of mechanical power, electricity, gasoline, plastic film, etc. would be needed to meet the target of 580 mmt of grain output.

In order to apply the inputs efficiently, there are many things to do along with supply. Again take fertilizers as an example. First, to ensure sufficient supply of fertilizers restructure the industry sector in favor of the expanding fertilizer industry of import the necessary amount of fertilizer drawing on the scarce foreign exchange. Second, adjust the fertilizer allocation pattern by increasing fertilizer supply to the low and medium application areas in view of increasing marginal response rates and avoid of diminishing return for fertilizers. Third, adjust the ratio of nutrients from the current ratio of about 100 (N): 27 (P): 6 (K) in 1986 to a much reasonable ratio specific to China in general of 100 (N): 60 (P): 20 (K) . Fourth, improve the fertilizer marketing system mainly for the purpose of getting rid of the intolerable bureaucratic process in the current distribution of fertilizers. It would be better to put the market mechanism in operation rather than rely heavily on the weak and vulnerable capacity of administrations in the present stage in China. Fifth, improve and strengthen the agricultural extension system mainly for the purpose of making an arrangement suited to the current production responsibility system rather than the bygone commune system.

Capital Investment

The next physical factor crucial to grain production in China, a country with limited land and surplus labor, is capital investment mainly taking the forms of irrigation and drainage works. The main effects of irrigation and drainage works, which are operated to adjust water supply for crops, are to alleviate the fluctuations of yield due to weather change year by year and to raise the efficiency of current inputs. China incurred an average annual loss of 2. 5—3 percent of total grain output in 1950—1985 due to flood and drought. According to an estimate from a production function model, agricultural capital investment in China raised the efficiency of current inputs about 20 percent on

average per year in 1962—1983 (Tian 1987). Without capital investment for a long period, agriculture would be stagnant. In Chinese history, regular adjustment of water supply has always been a critical factor for agriculture. That explains the reason for a pretty high percentage of irrigated arable land in China. Scattered data shows that a decrease of ineffectively irrigated acreage was one of the main factors for the drop of grain output after 1984.

According to an estimate, if it took 5 million yuan per year in the 1970s as the base for agriculture investment, it would be necessary to keep an annual increase rate of 6 percent for agricultural investment from 1985 through 2000 to assure necessary grain growth. That means China should put 10—20 percent of the total capital investment in the national budget to agriculture. Of course, it is not necessary to keep the national budget as the only source of capital investment. Local government and farmers should share their parts.

Some Policy Problems

Various economic policies are relevant to grain production, directly or indirectly. Below are only three of them to which farmers in China responded stronglyin.

The first is the policy of price ratio between agricultural inputs and agricultural commodities in general and grain production in particular. The fresh experience of the 1980s apparently identified this as one of the powerful factors influencing grain production. In 1979—1984, the price to procure agricultural commodities, including grain, raised about 38 percent in average, while the price level of manufactured input was unchanged or at least without proportional change. Under the production responsibility system with the farmers themselves having the right of making decisions, farmers responded strongly and abruptly to price change. It surely accounted for one of the main contributions to the rapid growth of agricultural production and hence commercialization and income increase for farmers in 1979—1984. On the other hand, according to various local field surveys (without systematic statistics in hand), the price of manufactured input in 1984—1987 soared year by year, while the contract price for grain basically kept at the old level—called reciprocal 3 : 7. That means the average procurement price weighted with 3, and above quota price weighted with 7 in 1984 or a little bit higher. Contract price surely decreased the marginal price of grain. It is one of the causes of the grain production staggering in 1985—1987.

Price ratio of grain to cash crops

The second policy is that of price ratio of grain to cash crops. China has a rather long story on this topic. Early in the 1950s, China wisely used the change of price ratio of grain to cash crops successfully with the result of assuring the planned target of grain output and cash crops, mainly cotton output. But in the 1960s and 1970s, instead of applying the price policy to adjust the structures of agriculture production, China relied heavily on administrative rigid planning with the result of deeply depressing cotton production-often much lower than the planned target. Since the price ratio of cotton to grain was too low, farmers openly or secretly refused to fulfill the planned cotton quotas, even under the people's commune system in the 1960s and 1970s. In 1978 the average yield of ginned cotton in Hebei Province and Shandong Province, the main cotton areas in China, dropped to

270 kg/ ha. After the cotton price was raised in 1979 with a price change in favor of cotton and other cash crops, the yield in the same provinces tripled with a swift expansion of cotton acreage and other cash crops. In 1979—1985, cash crops sown acreage expanded about 666 hectares at the expense of grain-sown acreage.

Improvement of market policy

The third policy is improvement of the marketing policy, which mainly makes an impact on grain production in China in two ways. One is improving marketing efficiency to decrease production cost or raise grain price. The other is readjustment of crop structure more suited to local physical and economic conditions through exploration of the comparative advantages of diversification and specialization.

A Policy for Moderate Grain Imports in the Foreseeable Future

For some people, it would seem too ambitious to take the second choice, which is to put the balance of grain demand and domestic supply to 580 mmt in the year of 2000. The fact is that whether the second choice is feasible or not would depend on many factors. Rather than go into specific details, this paper will point out some key factors deemed to influence profoundly the process of agricultural development in general for a long run economic strategy.

Pricing System Reform

The first factor is how to appraise the role of agriculture in the general economic development in its current stage. Agriculture accounts for 25. 6 percent of the aggregate national products and rural population accounts for 80 percent of the total population. The problem lies in whether the government stresses the role of agriculture in providing food for the steadily expanding population with a rather high rate of rising purchasing power or continues to stress the role of agriculture on providing capital for strengthening and accelerating the economic transformation. From the early days of the 1950s to the end of the 1970s, China systematically assumed the policy of heavily drawing capital from the agricultural sector for the development of nonagricultural sectors, mainly heavy industry, through setting the terms of trade against agriculture by compulsory unified procurement of agricultural products at a very low price by the government. Food and fiber for urban residents were provided at an even lower price for the purpose of reducing the industrial cost. It was in fact a form of compulsory saving for the rural sector and a form of subsidy for the urban residents to compensate for the low wage level. According to an estimate, farmers and their collectives offered 300 billion yuan in total in the period of 1981—1985 on farm sectors. In the years of 1979—1984, the trade policy made some adjustment in favor of agriculture, which was one of the main factors for the rapid growth of agricultural production. But after 1984, the term of trade turned back again—unfavorable to agriculture in general and grain production in particular. During the years of 1984—1987, the grain price level was basically fixed by "contract price", while this is one of the main causes of agricultural staggering in the last few year as mentioned above.

One of the current debates on economic polices in China is whether to make a decisive advance

on pricing reform for agricultural commodities mainly whether to open the grain market or not. The essence of the debate to some extent is the choice of the emphasis on the role of agriculture. The economic and political situations have changed a lot, however, since the end of 1970s. Under the current situation the policy makers would confront the dilemma of how to make an appropriate appraisal of and between gain and loss for economic growth and the limits of the possible to clearance of the farmers (such as toward low procuring price) as well as the urban residents (such as toward low wage with high inflation). Maybe a possible way out for pricing system reform would be pushing forward step by step.

Land Reform

The second factor influencing the process of food production is the problem of the land system. According to China's Constitution, all lands in the territory of the People's Republic of China are owned either by the state or by collectives and both are nontransferable. After the completion of the responsibility system of agricultural production in 1982, the shortcomings of the land system were apparently explored. Farmers wondered how long they could keep the right to the land. After the announcement by the central authority in 1983 that the contract farmers could keep the right of land for 15 years, farmers responded actively to increase various forms of input and eventually stimulated agricultural production. But most farmers are still hesitant to make long—term capital investment in land, such as irrigation system, drainage, capital investment in the agricultural sector only accounted for 10 percent of the total investment by the farmers and their collectives in the years of 1986 and 1987.

Most of the land in the rural area is nominally owned by collectives. But it is often not clear who is the representative of the collectives, and who is responsible to protect the land from abuse and extravagance especially after the disintegration of the commune system. Facts have proved that it is one of the main causes of the high decrease in arable land in the last few years.

In China the average family farm size is about 0. 75 ha. It would not be an exaggeration to call it super—small farming in the world. Experiences have borne out that it is one of the basic constraints in agricultural modernization. If lands continue to be nontransferable with or without compensation, it would be inconceivable to enlarge the size of the family farm even though the condition of nonfarm jobs may actually reduce the population in agriculture.

It seems that land reform and the improvement of land management are key factors for agricultural development in China.

Annual Income Increase

The third factor I would like to point out is the problem of how to drop the rate of annual per capita income increase from a double figure down to 4 percent which was announced by acting Premier Li Peng and was taken as one of the assumptions in Part Ⅱ in this paper. Given the population growth rate at 1. 4—1. 5 percent and the demand elasticity for meat of 0. 7 and 0. 5 for urban residents and rural residents respectively, the rate of per capita income increase would be a decisive factor for the demand of food. According to a sample survey, about 48 percent of the capital investment in China, including, of course, the swelling rural industry which accounted for 31.7 percent of the whole industry in the year of 1986, went to the wage and bonus category in the last few years. Checking the high rate of economic growth would be a precondition to dropping the income increase rate to such a large extent. Since the early days of 1985, over—heated capital investment, which accounted for more than one—third of the national income, and over—consumption have been deemed to be the core of the whole economic trouble in China. And the successive combats against over—heated capital investment in the last few years seem ineffectual. It would be a rather great risk to guess at the pace of capital investment which was controlled by the central authority (which accounts for about 40 percent) and various local authorities separately based on the principle of decentralization of economic decision on their own accounts respectively. The real problem is that it is not quite clear who is responsible for the investment and for whom. It is a problem of political reform. And hence, one doubts, to what extent it would be realistic to make the assumption of setting the per capital income increase rate at 4 percent.

The three factors mentioned above that is pricing system reform, land reform, and the combat against over investment seem in a state of uncertainty. On this problem, this paper takes a rather optimistic point of view: the reform will come sooner or later because economic reform in China has come to a point of irreversibility. And grain production in the end of the 20th century will achieve an amount somewhere between 500 mmt to 580 mmt with a moderate import of 2—5 percent of the total demand. That means China would be one of the active participants in the world grain market, mainly a feed grain importer and a rice exporter of a much lesser magnitude.

References

[1] Agricultural Yearbook Editing Committee. *China' s Agricultural Yearbook*, various issues, Agricultural Publishing House, Beijing.

[2] An, Xi—ji. "An Estimation of China' s Grain Production and Consumption in 1990." *Agricultural Economics Bulletin* No. 5, Agricultural Publishing House, Beijing, China, January, 1983.

Carter, Colin A. and Fu—Ning Zhong. 1988. *China' s Grain Production and Trade*. Boulder, Colorado: Westview Press.

[3] Chinese State Statistics Bureau. *China' s Statistical Yearbook*, various, issues, Statistical Publishing House, Beijing.

[4] *People's Daily*, February 16, 1988, People's Daily Press, Beijing, China. *People's Daily*, April 15, 1988, People's Daily Press, Beijing, China.

[5] Rock Creek Research. 1985. "*Post Reform China.*" *China Projection Report*. Washington D. C.

Tian, Wei—Min. 1987. "The Effects of Agricultural Investment in China. An Econometric Model." Unpublished research report. The Institute of Agricultural Economics, Academy of Agricultural Sciences, Beijing, China.

农业税收制度改革初探*

甘 立 平

[摘 要] 文章论述了目前仍基本沿用的农业税制因历史的发展已不适应当前经济的要求，存在不少弊端，必须进行改革。有鉴于此，作者提出了一些改革农业税制的建议：将农业税改为农业土地税；扩大产品税范围；对某些农户开征所得税。这样，将有利于发挥税收在收入再分配和促进国民经济发展中的作用。

[关键词] 农业税 农业土地税 所得税

作为财政政策，税收历来是国家筹集资金的工具，调节经济的重要杠杆之一。任何国家都利用税收这一形式来组织财政收入，为实现其职能提供财力和物力保证。同时，国家通过征税对社会产品进行再分配，实现合理负担。无疑，农业税作为我国税种之一，对增加国家财政收入，调节农村不同层次的经济利益，促进农村经济的繁荣有着十分重要的作用。

党的十一届三中全会以来，我国农村经济发生了巨大的变化，农民生活水平逐年提高，过去的农村税收制度已显得不相适应。近年来，政府对税制进行了一系列重要的改革，但作为整个税收工作的一个组成部分的农村税制相对来讲则显得落后，对此，我们应很好地研究、探索，以加强农村税收的征管工作，理顺农村税收制度，更好地发挥税收调节经济的杠杆作用。

一、现行农业税制存在的弊端

众所周知，长期以来国家对农业税实行“轻税、稳定负担、合理负担”的政策，二十多年来一直按1958年颁布的《中华人民共和国农业税条例》来征收农业税。这个条例属于以征粮为主的实物税制。其征税对象主要为农业生产合作社，计税依据主要是粮食作物的常年产量，其他应税作物则折成主粮的常产计算征收。农业税税率采用地区差别比例税制，各地根据当地情况采用不同税率，一般是一县一个税率。此外，国家对农业税还有一系列优待与减免。这种税制适应了我国当时农业生产单一、以种粮为主的自给半自给经济状况。但是，二十多年来，我国农村经济状况已发生了许多变化，而常产与税率除了个别调整外，基本没有变动。特别是1978年实行联产承包责任制后，农村经济结构发生了重大变化，多种经营迅速发展，农业生产组织由集体变为农民个人承包，农业税的征收改为户交户结。虽然1981年国务院发出了“关于农村特产收入征收农业税的若干规定”，明确了农林特产的征税范围。1985年国务院批转了财政部“关于农业税改为按粮食‘倒三七’比例折征代金问题的请示”、农业税由征实改为折征代金，但这些新规定

* 原载《北京农学院学报》1988年第1期。

并未对农业税制进行比较彻底的改革。因此，现行农业税制与农村经济现实仍然不够协调，主要表现在：

1. 计税土地不实，与实有耕地脱节。现在的计税土地面积是“农业税条例”公布时核定的。多年来，随着农村经济的发展和生产条件的变化，一些耕地因作它用而不复存在，但征收农业税时仍将它们列为耕地，因而计税土地面积大于实际耕地面积。另一些地区由于平整、开垦和改良土地而增加了耕地面积，但计税土地面积却未相应增加，从而使计税土地面积小于实际耕地面积，造成有地无税，有税无地、地税分离的状况。

2. “常产”与实产相差过大，名义税率与实际负担严重脱节。现行的计税常年产量是二十多年前核定的。而现在农业生产力有了较大提高，产量增加，而“常产”指标依旧。因而现在计税的常年产量只相当于实产量的1/2到1/3左右。由于常产与实产出入较大，而税率又未作相应的调整，农民按常年产量的一定比例交纳农业税，其实际负担率与规定的税率脱节。全国农业税年均税率为15.5%，农民的实际负担率仅为3%。这样，税率已不能成为衡量农民负担水平的标志，也不能反映农民的实际负担量，造成国家税收制度中的一大漏洞。

3. 课税范围狭窄，征税依据与农村居民收入来源脱节。我国农村近年来商品经济发展迅猛，种养业、乡村工业、第三产业、副业等全面发展，农民收入来源广泛化。然而，只向耕地征税，以征粮为主，对不使用土地生产的其他农林特产品征收范围过窄，农业税不能随收入的变化而增减。

4. 负担不合理，农户间负担能力与实际负担量脱节。目前我国农业税存在严重的不平衡现象。同样的土地，同样的投资，种植作物不同或用途不同，收入相差悬殊，而负担却基本相同。造成收入多、有较高负担能力的农户负担轻，而收入较少、负担能力较低的农户反而负担重。这违反了税收合理、公平负担的原则。现在，与其他行业负担相比，种粮户负担最重，显然，这也不利于粮食生产的发展。

因此可见，改革农业税制势在必行。

二、对农业税制改革的设想

有关农业税制改革，近一二年来议论较多，提出了许多设想。我认为在一段时期内，实行土地税与产品税相结合的农业税制较为适宜。即：将现行的按土地常年产量计税改为按土地级别定额征收的农业土地税和按出售农副产品数量定率征收的农业产品税。用农业土地税调节级差收入Ⅰ，用农业产品税调节级差收入Ⅱ。具体措施如下：

1. 将农业税改为农业土地税。农业税实质上属于土地收益税。将它改为按耕地土质、产量划定等级，按亩定额征收的土地使用税，其主要作用是调节农村居民收入，将由于自然条件和地理位置的优越造成的极差土地收益转化为财政资金，用于国家建设。

农业土地税的目的是收取现已形成的级差收入，应以现在农业税总额为计征基础，按不同地区、不同类别及不同等级的土地分别确定每亩税额，由土地占用者或承包人交纳，税额一般不因收益的增减而变化，在确定的一段时期内不进行调整，以稳定农民的生产积极性。由于我国农村地域宽广，情况复杂，土地条件千差万别，不可能由中央统一规定每亩的具体税额。中央只规定统一的征收原则、方法及税额的上、下限，具体征收则由各地据当地情况自行确定，灵活掌握。

农业土地税的计税依据和征收范围不同于农业税。弃耕、闲置、撂荒及工商业占地、各种经营占地、生活占地等均应照章纳税。这一点对减少滥用耕地的现象很有意义。近几年农村乡镇企

业蓬勃发展，“建房热”盛行，带来的问题之一是严重侵占耕地。“六五”期间我国耕地面积平均每年减少738万亩。就我们这样一个人多地少、粮食问题突出的国家而言，“蚕食”耕地问题必须引起高度重视，并采取有力措施予以制止。在建立健全土地法规、管理制度的同时，开征土地税，一则概念明确，符合土地、河流、矿山国家所有的原则；二则可使农民认识到耕地的价值，树立耕地的价值观。盖房、建厂时尽量占用劣地和非耕地，减少耕地的浪费。从而有效地保护耕地和节约使用耕地，合理地利用国土资源。

至于老、少、边、穷地区和人均纯收入在100元以下的困难户，可减免一定时期的农业土地税，以利该地区人民的休生养息。

2. 扩大产品税。即扩大农村应税产品的征纳范围。除原产品税中列举征收的农、林、牧、水产品外，将原农业税列举的粮、棉、油、麻类、烟叶、油料、糖料等品名一并列入产品税中，并扩大应税农、林、牧、水、特产品品目。

以出售的农、林、牧、水、特产品为依据征收产品税的优点如下：

(1) 课税对象范围可以扩大到各种农副产品，适应农村多种经营全面发展的新情况；

(2) 税收与商品生产紧密联结，适应农村商品经济日益发展的需要；

(3) 随着农村经济的发展，根据农副产品成本的高低和盈利的多寡以及对国计民生的作用来设计税率，这有利于引导农民按照国家计划和市场的需要进行生产经营活动，有利于调节农村的经济结构及产品结构。

(4) 按产品销售收入征税，能调节农民的收入，较好地适应不同纳税人的负担能力，贯彻合理负担的原则。

(5) 征收手续较为简单，宜于实施。

农产品由于受收益递减规律和边际效用的制约，税率不宜过高。应税产品范围可随农产品品种、数量的增加而扩大。对农产品的部分征收，涉及工农业产品比价、农产品加工、联产等方面，所以开征农产品税应考虑它同工业产品税间的协调配套。

3. 对农户所得开征所得税。分户经营后，由于地理条件、经营水平、经营结构等主客观条件的不同，农民收入水平很不平衡，一些富裕户的收入大大高于本地农户或全国农户的平均收入水平。过去未将这部分收入纳入征税范围，缺乏有力的调节措施，这与税收调节经济和收入的职能是相悖的。而且，高收入户大部分从事非粮食生产，对这部分农户的所得额如不通过税收参与其分配，不利于公平税负。1986年开征了城乡个体工商业户所得税，方向是对的。由于农村地域辽阔，税源分散，会计制度不健全，所以征收所得税困难较多，漏税在所难免。如何保证足额征收是个十分值得研究和必须解决的问题。

三、农业税制改革中应注意的几个问题

1. 目前我国农业生产率水平还不高。这几年农村工业品特别是农业生产资料价格上涨，农业生产费用上升，而粮价偏低，粮食不能在转换中获得增值利润，农民种粮的积极性下降，一些地区的粮食生产出现由商品型向自给性逆转的趋势，农民只种口粮田，不愿种责任田，或转种其他作物，粮食作物播种面积锐减。“六五”期间，我国粮食作物播种面积平均每年递减1.5%。据有关部门预测，及至本世纪末，随人口的增长，我国粮食总需求量为5 000亿～5 250亿千克，而粮食产量至多可达4 929.5亿～5 268.5亿千克。粮食是国泰民安的物质基础，同时也是合理进行农村产业结构调整的基础和保证。所以粮食问题必须作为一个重大战略问题来对待，切不可掉以

轻心。就农业而言，产品税是按出售的各种农产品征收，因此，粮食产品税只向商品粮征税，这会对提高粮食商品率带来一定的副作用。

为了稳定和提高粮食生产水平，除了大力推广新技术，增加对农业的投资，适当调整农产品比价，进一步完善粮食收购制度等措施外，农业税的征收应注意保护粮农的利益，种粮农户的负担必须轻于其他农户。可考虑一方面对粮田征收土地税，另一方面对粮食实行优惠的产品税率，对种粮所得免征所得税。

2. 农业税制改革涉及广大农民的切身利益，具有很强的政策性。同时农村人口众多，分户承包经营后，生产单位由过去的集体变为千家万户，经营行业也由过去单一的种植业发展为多种行业并存，税源分散，征收面大，渠道多，流动性强。农业税制改革后，农村税务部门的工作量势必有所增加。所以要充分估计农村税制改革工作的复杂性和艰巨性。改革农业税要考虑农村基层税务部门的承受能力。

3. 由于农村税收征管难以统一集中，在其征收上应注意发挥地方的作用。各地区可根据国家统一的原则、规定，结合本地实际组织征收。必须进一步建立和完善乡级财政，划给乡政权一定的收支权限，以调动其组织收入的积极性，加强农村税收工作。

我国农业普查设计中的几个问题*

刘 宗 鹤

在党的十一届三中全会的正确方针指导下，为了适应我国四个现代化的需要，摸清家底，1982 年进行了解放以来的第三次人口普查，接着在 1986 年进行了第一次工业普查。农业是国民经济的基础，随着近几年农村经济体制的改革，农业结构以及与之相应的其他方面的变化，加上农业上的几个基本数字，例如耕地、播种面积、农业固定资产等，始终没有弄清，因此农业普查实属刻不容缓。现在《统计法实施细则》已公布，根据细则规定，可选择适当时间进行农业普查，这样农业普查就有了法律依据。另外，1982 年的人口普查和正在进行的土地详查，为实施农业普查创造了有利条件。要搞好农业普查，就要求我们事先做好普查设计工作，以下是设计中需要考虑的几个问题。

一、农业普查的目的、内容和分析

农业普查是专门组织的一次性全面农业调查。1930 年起，世界农业普查每 10 年进行一次。有的国家例如日本在世界农业普查当中插进一次，即每 5 年一次。在普查前，国家应当在全国农业统计工作安排中，对普查提出实际要求。农业普查一般有两个目的：第一，收集变化缓慢的农业结构方面的资料。农业结构分为组织结构与影响组织结构的原因结构，前者是指变化缓慢的农业用地面积、牲畜头数等，属于普查范围。后者农业技术，降低成本的措施，农业周围的经济环境，如供销社与市场供应的肥料、农药，收购站收购的粮食、棉花等项目，则不属于普查范围而属于其他调查范围。在实施中，根据已有调查情况和当前需要，结合人力财力条件，还可在普查中适当增设项目。第二，为其他农业调查提供框架。框架指一览表或其他方式列出的所有农业单位，由于普查收集每个单位的基本资料，是一个很好的框架。

各国条件不同，每次世界农业普查要求各国进行的时间也不同，例如 1970 年普查要求由 1936 年到 1974 年底，1990 年普查要求由 1986 年至 1995 年底，并以 1990 年或接近这一年的某年为对照年，以便国际对比。对照年以前后相连的 12 个月为准，可以是日历年度，也可以是农业年度。对照时间还包括某一项目的对照日或对照期。就一国说，也有个前后普查对比的问题。

农业普查的范围包括农村和城市郊区。

参照联合国粮农组织关于农业普查的建议，内容主要如下几类：第一类，农户的姓名与地址。第二类，农业单位的经营形式：①农户（个人、农户）；②集体，不同农户的两人或多人联系，两户或多户联合，或适应某种要求建立的经济联合体；③国家。第三类，农业人口特征：农

* 原载《农村社会经济学刊》1988 年第 1 期。

户成员数、每人姓名、性别、年龄。第四类，工作人员构成：户主、农户每个成员（户主除外）、农户外的其他农业工人。第五类，土地与水利：①土地、片数与面积、轮作、灌溉、排水；②每片土地，一般情况（位置、总面积），占有情况（承包面积、自留地、其他），土地利用情况（可耕地、草地、牧场、林地、其他地）。第六类，农作物：一年生作物，作物名称、年内收获面积；多年生作物，作物名称、种植特点与树龄（树木与一年生作物间作）；肥料、年内施用无机肥料、有机肥料、杀虫剂；作物品种（在年内是否采用高产良种）。作物种植情况：①单种一年生作物；②单位种多年生作物；③混种一生物作物；④混种多年生作物；⑤间作；⑥套种。第七类，牲畜、牲畜放养情况：①游牧或全部放牧；②半游牧或半放牧；③定居放牧；④在农场内放牧，牲畜存活总数：现有畜群，黄牛、水牛、绵羊、马、驴、骡、骆驼、鸡、蜂群、鹿、其他（其他家禽、兔、蚕、笼养毛皮兽等）。项目也应与其他农业调查一致（包括工业调查的有关项目）。

早在普查设计时就要考虑所收集资料的使用。隔一定时间进行普查，可以看出农业结构的变化，把这种变化与农业领域各变量的复杂关系用适当的模式进行优化分析，可以深刻理解农业变化的实质。为此，先要利用统计上的总数、相对数、平均数，对农业特点作一般而快速的了解，再利用交叉表（一般用两个标志交叉），以描绘农业各个特点的结合及其分布情况。分组是做好交叉表的先决条件。普查为我们提供了主要分组标志，如农户总面积、作物面积、农户牲畜头数、土地占有情况、农户经营形式、农户的大小、户主年龄、性别、收获耕地占可耕地的比重等，按主要分组标志与其他标志，以及主要分组标志之间的关系编制各种可能的交叉表。

二、调查方法的选择

由于目前我国农村基本生产单位和消费单位都是农户，农业普查的调查单位也应当是农户。普查是一种全面调查方法，对农户进行全面调查是理所当然的，但也不是说就不能用别的调查方法了。由于我国农户规模不大，就一个地区说，生产单一、差别也不大，利用抽样调查方法抽取一定数量的单位（农户），就足以代表这一地区，把各地区的资料汇集在一起，就足以代表全省、全国，准确性是相当高的。同时，利用抽样调查方法又可节省人力财力，如果对全国 1.8 亿农户进行全面调查，这样是极大的浪费。这是设计中应当特别注意的一个问题。在国内以前还没有这方面的经验，而国际上却有许多经验供我们参考。1960 年、1970 年和 1980 年三次世界农业普查中都有这方面的大量经验。例如，1970 年非洲的喀麦隆的农业普查，就用了抽样调查，对农户的抽样比为 0.8%，坦桑尼亚为 0.9%，利比里亚为 3.8%。亚洲巴基斯坦旁遮普省、乡（patwar circles）的抽样比为 30%，村（mouzas）的抽样比为 14%。拉丁美洲的多米尼加的农业抽样比为 81.8%（见联合国粮农组织 1970 年世界农业普查报告第 175 页）。用抽样调查并不是说不用全面调查了，上述各国对大中型农场仍然使用全面调查。在我国，我们认为除对农业的大中型企业（如国营农场）进行全面调查外，对乡镇企业以及重要的统计项目如土地、耕地、农田水利工程、农村电力设备、其他动力机器设备等也需要进行全面调查。具体方法是以乡、村为单位进行调查，至于农业人口方面的资料，则可利用 1982 年第三次人口普查，并以之为抽样框，或用农调总队确定农户的资料，增抽一定数量的农户。有人主张搞农业报表就行了，不必搞农业普查。报表也是一种全面调查，在农村要是能建立原始记录和台账（登记簿），利用报表是可以考虑的。不过以前有的省、县有过台账，并且是在生产队的基础上进行的，也没有把它坚持下去，总结出一套可行的经验，何况现在已由队为基础统一核算改变为联产承包责任制，一家一户无从核算，如果仍然利用报表上报，由于没有取得原始资料的有效工具，上报数字的准确程度就得不到保证，调查误差不能加以控制，加上对某些指标一向存在着倾向性误差，报表资料就更不可靠了。所以报表代替普查是做不到的，普查与报表的比较，在我国第三次人口普查总结中也提到过这点，何况人口普查的指标比之农业普查的指标要少得多，调查误差也容易控制些。

三、在农业普查中抽样调查方法的应用

据世界农业普查报告，各国采用的抽样调查方法种类很多，例如1970年巴基斯坦第二次农业普查就是各抽样方法的综合，可以说成是多级（三级）分层系统抽样。第一级抽样单位为乡，以乡的耕地面积（英亩）乘户数之积的平方根作分子，各乡平方根之总和作分母，按这个比例抽取乡，也就是按不等概率抽取乡。第二级抽样单位为村，同样用不等概率。第三级为农户，每村起码抽两个群（每群30户），群内各户为聚居在一地的左邻右舍，便于调查员进行调查，在这一级用等概率。喀麦隆用二级抽样，第一级抽样单位为村（village）地区（districts）等，第二级抽样单位为居住在村内的农户。为了取得具有代表性的农户样本，改进普查质量，喀麦隆将全国分为相对同质的作物类型区，利比里亚1968年参加1970年世界农业普查，由于缺乏前期资料，无法做出全面调查计划，而且全面调查费用高，又缺少有训练的调查员，不可能对农户进行全面调查，只能在抽样基础上实现普查。以镇（town）作为一级抽样单位，抽中镇的农户作为二级抽样单位，并将所有镇按建筑物的多少分为七层，对大的县（counties）抽1/48，中等县抽1/14，小的1/12。凡镇超过250个建筑物的在七层之外另设一层，抽取每一农户，即对大镇进行全面调查。

我国自1983年起国家统计局成立农村抽样调查总队，所用抽样调查方法为多级系统（对称）抽样法，这种方法实际上也是多种抽样方法的一种综合设计，其特点是以系统抽样法为主，运用辅助信息或有关标志，提高抽样效果；引进播种面积（产量调查），加强了随机性，突出了不等概率；以排队论为依据对称随机抽取样本，减少了误差增强了代表性。所抽样本单位关于双层（第一、第二层，第三、第四层等）之中点为对称，也可理解为关于全部单位的中点为对称。由于布点匀称又简便易行，本方法适用于复杂的多级调查。例如我国按省、县、乡、村进行的多级农产量调查、农村住户调查，调查结果可供各级单位使用。由于本方法具有以上优点，我们认为如果用于农业普查也是有效的，不过还需要加大样本量。目前我国农村住户调查中农户的抽样比不到4‰，则农业普查为一次性调查，其中结构性指标要求精确度高，为了更准确地代表各级有关指标，需要加大样本量提高抽样比。国外早有这方面的经验，例如美国对大中型农场进行全面调查，小型农场（农业年度的销售额少于2 500美元的），抽50%的农场，故全国所抽农场占全部农场（包括大中小型农场）的81.8%（见前）。巴西对大中型农场也进行全面调查，小型农场（少于10英亩的）抽取20%，故所抽农场占全部农场（包括大中小型农场）的59%（见前）。喀麦隆与巴基斯坦也采用类似方法。在我国工业普查中也有这方面的经验，由于村办工业规模小又很分散，如果搞全面调查，将花费大量人力财力，所以对村办工业用的是抽样调查。在理论上，这是因为大中型农场的方差大，小型农场的方差小，所以大中型农场的抽样比大，小型农场的抽样比小。在统计上，可用有名的勒曼最优配置定理加以说明，这个定理是考虑误差与费用的一个抽样极值问题，即运用柯西、舒尔茨不等式来证明：在费用一定情况下选取层样本单位数使方差最小，或者在方差一定情况下选取层样本单位数使费用最小，特别是在各层费用相同时，可以求出一种最小方差公式。在总体抽样比较大，而某些层（如大农场）比其他层（如小农场）变异程度大得多的时候，根据这个定理会出现对某些层（如大农场）要求抽取大于100%的样本单位数，

即层样本单位数大于层总体单位数，这时就要求对这种情况加以修正，对大农场进行 100%的抽样，即对大农场进全面调查。这就是多数国家采用的，对大农场进行全面调查，对小农场进行抽样调查的理论根据。在统计上，也就出现了“农业抽样普查”这个新术语。

四、需要考虑的其他三个问题

第一个问题是，对大农场用长表，对小农场用短表，这是美国农业普查中使用的方法。在美国短表包括的项目只有长表的 1/3，可见对大农场的要求多，而小农场的数量既多填写表格的条件也差，利用短表可以减少被调查者的填写工作量。在我国可否对乡、村两级及乡镇企业用长表，对一般农户则用短表（至于具体内容请参考有关资料），值得考虑。

第二个问题是，在世界农业普查中，由于各国条件不同，进行农业普查的时间不同，就是在一国之内也可分批搞，有的国家甚至连续两年搞农业普查，例如孟加拉的农业普查分为 2 年（每年 7 月）搞，这是因为该国农业收成不稳定，连续搞两次，可避免大的波动。这个经验在我国是否可行，设计时可以考虑。

第三个问题是，如何控制与核查调查误差。调查误差有不回答误差与回答误差（计量误差）而回答误差又有调查员的误差与被调查者的误差。对调查员的误差可采用马哈拉诺比斯的交叉抽样，对被调查者的误差则进行重复调查。有一种方法是事先进行初步调查（抽样调查），然后进行主体调查（相对于复查说，一般为全面调查），在完成主体调查一段时期后，再进行描述性的对照调查（又称准确的核查），这样就对同一单位做了 3 次调查。利用上述前两种调查可计算回答方差，利用后一种调查则便于计算均方误差（mean square error，简称 MSE）中的偏差（bias）与抽样误差，故就均方误差说调查的次数起码为 3 次，就回答误差说起码为 2 次。由于每种调查的要求不同，对调查误差的具体测量也不同，像农业普查这样大的调查就需要进行调查误差的测定。在测定时还要对重要指标分别计算回答误差，及其对简单回答方差的相对数（百分数），百分数越小回答的可靠程度越大。对调查者的回答误差是一种属于相关的回答误差，需要另行研究。

另外，由于普查资料加工需要较长时间，为了满足对基本情况的迫切需要，可抽取 5%或 10%的资料提前加工。这也是普查用抽样方法的一个例子。

国际茶叶市场动态及其对我国茶叶出口策略的影响*

郭志平

增产创汇是我国当前国民经济的一项重要任务。茶叶是我国传统的出口产品，1986年出口换汇3.26亿美元，占当年出口外汇收入309.3亿美元的1.05%，是26个换汇额超过一亿美元的大宗出口商品之一。茶叶生产的自然、经济特点，适用我国丰富的农业自然资源和劳力资源，具有发展换汇产业的潜力。因此，通过对国际茶叶市场机制和演变历史的分析，探讨扩大我国茶叶出口的策略具有现实意义。

茶叶是一种全球性的饮料，和咖啡、可可一起并称世界三大饮料作物。目前茶叶消费者遍及五大洲140多个国家和地区，据联合国粮农组织1985年《贸易年鉴》材料，1985年世界茶叶消费总量为222.4万吨（合4 448万担），其中产茶国消费量为129.6万吨（2 592万担），非产茶国消费92.8万吨（1 856万担）①。在1984年2 393亿多美元的世界农产品出口总额中，茶叶出口总额28.9亿多美元，占1.2%。当前主要的茶叶进口国有英国、苏联、巴基斯坦、美国、埃及等。茶叶的生产集中在亚洲和非洲，生产量合计占世界茶叶总产量的97.5%。有30多个国家从事商业性茶叶生产，其中茶叶出口国21个，主要有印度、斯里兰卡、中国、肯尼亚、印度尼西亚、马拉维、孟加拉、阿根廷等。

国际茶叶市场既指茶叶国际贸易的交易场所，特别是以伦敦为首的九大国际性茶叶现货拍卖市场，也指包括其他交易方式在内的全部茶叶国际贸易过程（本文取后者）。在国际茶叶市场上，一般把茶叶分为两大类：红茶（Black Tea）和绿茶（Green Tea）。红茶又分为CTC② 红碎茶和传统红茶，绿茶包括特种茶③。我国在茶叶出口统计上，单设出特种茶一项，与红茶和绿茶并列。

一、国际茶叶市场的贸易条件恶化

国际茶叶市场的贸易秩序经过产茶国的斗争，已有所改善。然而，在一个表面平等的交易过程背后，茶叶贸易与其他初级产品贸易相似——价格的长期下降以及生产者收入的减少。几十年来伦敦拍卖市场茶叶年平均价的变动曲线显示出国际茶价的走势。

---

* 原载《农村社会经济学刊》1998（1）。

① 引自国际茶叶委员会1986年《茶叶统计年鉴》。

② 采用CTC设备和工艺制成的细碎红茶。

③ 指除红茶、绿茶外的其他各类茶。

茶价从20世纪50年代初起持续下降了20多年，1972年起才缓慢上升，在1977年和1983年出现了两次猛烈的震荡。如果考虑英镑汇率和通货膨胀的变化，实际上茶价的下跌是剧烈的。从50年代起，茶叶出口的贸易条件是绝对地恶化了，30多年里实际价格从没达到过1955年的水平。即使是表面价格达到历史高峰的1984年，其价格指数只相当于1951年的72.4%。70年代初茶叶表面价格的上升，只是“石油危机”加剧资本主义世界通货膨胀的一部分，并没有改变真实茶价的滑坡。相反，由于茶叶生产成本增长更快，使生产国的出口收入不断减少。印度和斯里兰卡惊呼，在一般价格水平下，他们出口的茶叶有三分之一以上收不回生产成本。1983—1984年短暂的价格上升，对茶叶贸易条件的改善起了很大作用，主要是因为资本主义经济复苏及印度照顾国内消费限制其CTC茶叶出口所造成的。但随之由于供给的迅速扩大，使茶价重落谷底。伦敦茶叶拍卖市场每年平均价格从1984年的262.85便士/千克降至1985年的158.85便士/千克，到1986年6月已惨跌到116.32便士/千克。

伦敦茶叶拍卖中心仍是世界上最重要的茶叶交易场所，虽然目前拍卖量已退居第三位，其价格一直作为国际茶叶市场的指示价。二百多年对茶叶国际贸易的垄断，伦敦出现了几个巨大的跨国茶叶公司，比如著名的Brook Bond Liebig、Lyons、Typhoo和Cooperation四大公司。二次大战后殖民地产茶国纷纷独立，通过开设生产国拍卖市场和“国有化”等方式开展了茶叶贸易自主的斗争。但至今十几家大公司仍在相当大的程度上控制着茶叶进口市场以及部分茶叶生产和供给。据统计，1980年进口茶叶总量占世界净进口量46%的14个重要进口国中，Brook Bood跨国公司占平均总销量的21%，Lipton占14%，Lyons占13%。根据联合国贸易组织掌握的材料，也反映8个公司（5个在欧洲，3个在北美）的营业额竟占西欧和北美茶叶的市场90%。近十几年，跨国茶叶公司通过在生产国拍卖市场设立分支机构，继续控制和左右市场，寻机兴风作浪。

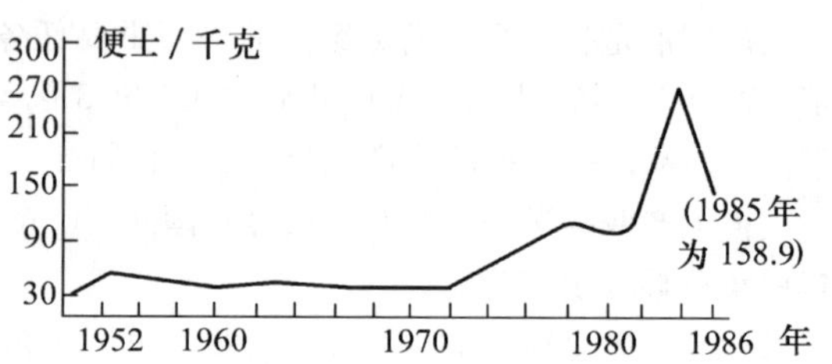

图1　伦敦茶叶拍卖市场平均价格曲线(1)

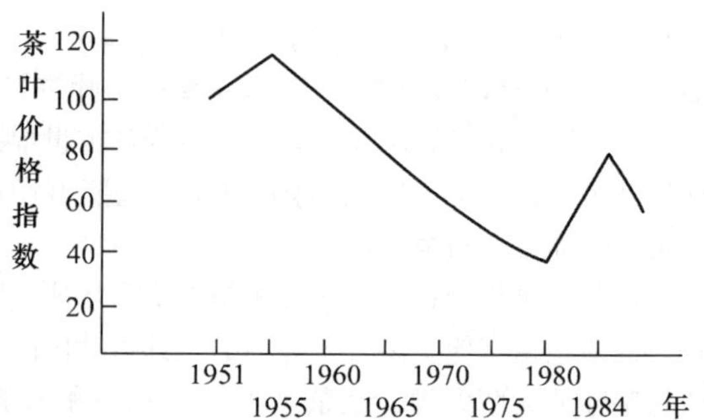

图2　以不变价格计的伦敦拍卖市场年平均价格指数

表1　伦敦茶叶拍卖市场年平均价格的不变价格指数

单位：便士/千克、%

年　度	1951	1955	1960	1965	1970	1975	1980	1984
年平均价格	40.18	55.93	50.88	46.02	45.67	62.36	96.12	262.85
英国长期物价指数	100.0	113.7	127.8	150.5	188.4	347.4	67.96	906.7
调整后的茶价	40.18	49.19	39.81	30.58	24.24	17.95	14.14	29.10
茶叶价格指数	100.0	112.4	99.1	76.1	60.5	44.7	35.2	72.4

注：原始数据引自国际茶叶委员会1986年《茶叶统计资料》。

国际茶叶市场上供给的竞争，表现出大多数初级产品贸易的共性。茶叶出口在主要产茶国对

外贸易中占重要地位。例如，1979年茶叶出口换汇占本国当年外汇收入的比重：斯里兰卡为41%，马拉维为16%，肯尼亚为15%，印度和孟加拉均为6%。各国都以各种方式鼓励和支持出口以扩大外汇收入。结果加剧了茶价下跌的恶性循环。低成本的非洲茶叶供给迅速成长，是茶价下跌的新负担。非洲茶区自然条件优越、地价低，加上资本输入和大规模经营，生产发展的潜力很大。预计21世纪国际茶叶市场非洲茶将占极大优势。

与进口市场割据和被控制相对照，世界茶叶生产和出口既分散又混乱。21个茶叶出口国，出口近千种茶叶，几乎是各行其是。1933年印度、斯里兰卡、印度尼西亚三方曾达成“国际茶叶协定”，通过限制各国茶叶出口量，提高和稳定国际市场上茶叶价格。协定之所以能顺利达成，只是由于英国和荷兰两个宗主国的幕后密议，目的是维护殖民资本的利益。现时国际茶叶市场的格局及供给状况还在不断变化，新老出口国的利害冲突尖锐，联合之路坎坷，出口国的被动局面还难以打破。

从发展中看，国际茶叶市场的贸易环境有所好转。7个生产国拍卖市场的建立，削弱了伦敦拍卖中心的地位及跨国公司的控制，过去明目张胆的克扣和欺诈行为有很大收敛。世界茶叶消费中心由发达国家向发展中国家转移，1985年后者的进口市场比重已占50%以上；非拍卖交易方式特别是政府双边协议订购方式的发展，限制了大公司的插足。印度、斯里兰卡生产的优质茶，已成为拼配商不可或缺的主要拼配料，两国能够通过对优质茶出口供给的控制，影响国际茶叶市场价格的波幅。*

二、国际茶叶市场的价格机制

据F·G·亚当斯和J·R·贝尔曼计算，世界市场茶叶需求的长期价格弹性为：

发达国家　－0.07，发展中国家　－0.14，中央计划国家　－0.48；

茶叶供给的长期价格弹性为：

发达国家　0.089　　发展中国家　0.23　　中央计划国家　0.70

按三组国家1984年占国际茶叶市场比重推算，国际茶叶市场需求的长期价格弹性

$$Ed = 23\% \times (-0.07) + 54\% \times (-0.14) + 23\% \times (-0.48) = -0.202;$$

供给的长期价格弹性

$$E_S = 5\% \times 0.089 + 67\% \times 0.23 + 28\% \times 0.70 = 0.035。$$

根据上述计算可以得出下面两个结论：

1. 由于国际茶叶市场上需求的价格弹性远小于1（不论分组或整体），对全体供应国来说，价格下降引起的收益减少是远不能通过出口量的增加弥补的。如图3，设最初的均衡价格为P_0，均衡量为Q_0，均衡点为E_0。供给从SS增加到$S'S'$时，收入量$P_1E_1Q_1O$<原收入量$P_0E_0Q_0O$；反之，当SS缩减为$S''S''$时，新的收入量$P_2Z_2Q_2O$>原收入量$P_0Z_0Q_0O$。后一点表明减少供给量将给供应国带来利益。实际情况正是这样，当国际茶叶市场上供给超过需求仅四、五个百分点时，茶价即下跌一半，而1983—1984年茶价高涨使几乎所有出口国都增加了收益。国际茶叶市

* F·G·Adams，J·R·Behrman “Econometric Modols of World Agricultural Commodity Markets” 1976。

场的这一性质提出了产茶国联合控制供给量的必要性。

2. 茶叶供给的长期价格弹性较需求弹性为大，因此，国际茶叶市场的价格调节呈现一种发散的“蛛网”形状，价格波动在供给与需求的协调过程中表现加剧的趋势（如图4）。茶叶生产受气候变化的影响较咖啡、可可为小；产茶国众多使生产分散，削弱了各国产量波动的总体效应。因此，这个发散的“蛛网”难以在供给方面打破，虽然印度、斯里兰卡的优质茶产量对市场价格有些影响。看来，供给和需求恢复相对均衡状态，还需要外界刺激，特别是资本主义世界经济的复苏。1977年和1983年茶价两次上升正是借助这种外部环境。国际茶叶市场与资本主义世界经济息息相关。

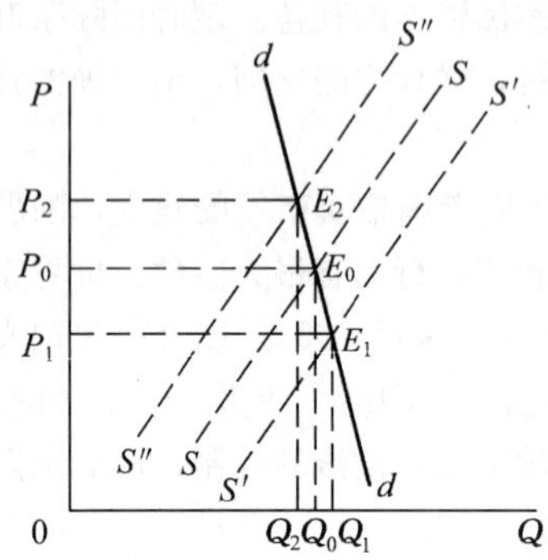

图3 国际茶叶市场的需求的价格弹性效应

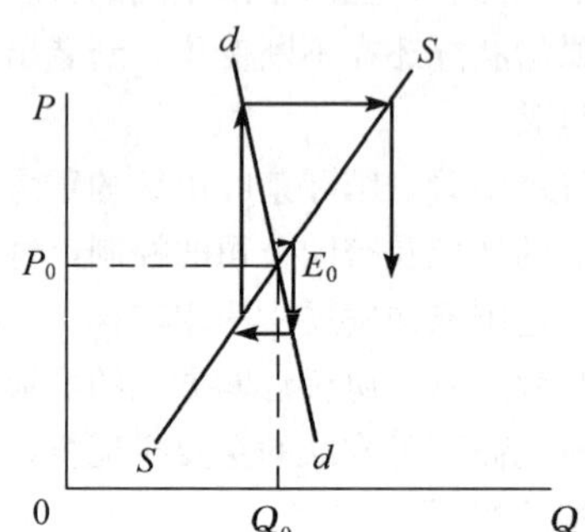

图4 国际茶叶市场上供给与需求的价格弹性的相关效应

国际市场上茶叶价格特别是以不变价格计，主要是由供给与需求的数量关系决定的。据联合国粮农组织预计，到1990年世界茶叶市场的供求状况仍将是供给略大于需求（见表2）。结合上面的分析，对茶价的前景不容乐观。

表2 1990年世界茶叶生产、需求与贸易预测

单位：万吨

	红茶		小计	绿茶	总计
	传统茶	CTC茶			
基本生产量	94.3	89.6	183.6	66.2	250.1
需求量	93.8	86.9	180.1	63.9	244.0
其中：生产国需求	45.5	57.6	100.1	54.9	155.00
非生产国需求	51.3	28.7	80.1	9.0	89.00
出口能力与进口需求之差	0.5	3.3	3.8	2.3	6.1
供求差额占需求%	0.5	3.8	0.1	3.6	2.5

注：原始数据引自粮农组织茶叶协调组文件86/4和85/3。

在占世界茶叶贸易近90%的红碎茶市场上，按质量档次把茶叶分成三级：普通和低中档茶（Plain & Low Medium）、中档茶（Medium Tea）和优质茶（Quality Tea）。优质茶不仅由于拼配原因而具有稳定的市场，而且能获得远较中低档茶高的价格。因此，印度、斯里兰卡和肯尼亚三个优质茶生产大国享受收益上的优惠。相反，增长迅速的低中档茶一直充斥市场，冲击茶价，成

为要求限制的对象。但最近一段时期由于生产加工增值茶的需求，对低档茶需求增大，茶叶档次价差缩小。低档茶作为拼配的填充料，可以降低加工茶成本和售价，这是销售竞争的基本要素。

加工增值茶出口在价格和收入上较散装茶具有明显优势。比如，1982年印度四种形式茶叶出口平均价格分别为：散装茶0.99美元/千克，包装茶2.75美元/千克，袋泡茶4.25美元/千克，速溶茶5.81美元/千克。因此，几个茶叶出口大国都尝试扩大增值茶出口。但在发展过程中障碍重重。首先是英国几大跨国茶叶公司以及其他国家拼配加工商对各大增值茶市场的控制，通过错综繁复的销售网路，已经形成商业垄断和市场割据，发展中国家难以介入；另一方面，西方大的拼配商垄断加工技术，并靠广告宣传等手段维持各自的牌号茶市场。发展中产茶国欲与之竞争，必须担负沉重的市场开拓费用。再次，发展中产茶国生产加工增值茶缺乏基础设施，进口加工设备、包装材料以至加工技术开支很大，特别是需大量外汇。最后，增值茶出口还有运费大，以及各种贸易障碍。由于种种原因，印度、斯里兰卡等产茶国袋泡茶机械的开工率仅有25%～30%，其他二类也是如此。

在国际茶叶市场上，绿茶平均价格一般为红茶的2～2.5倍。同时，绿茶（包括特种茶）不参加市场拍卖，而主要通过政府间协议和产区直接购买交易；加上中国掌握世界绿茶出口量80%以上，跨国公司难以插手。绿茶与红茶的市场是相对分割的。近十几年绿茶国际市场扩展迅速，世界茶叶年进口量从1973—1984年平均每年增长2.5%，同期绿茶出口每年增长3.8%；绿茶占国际茶叶市场的比重已从7.6%增加到8.7%，前景很好。

三、我国茶叶出口对策

我国有茶园面积1 567.3万亩（1985年），占世界第一位，分布在十七个省、自治区。根据各地自然条件对茶叶生产的适宜性，中国农业科学院茶叶研究所1981年的《全国茶叶区划研究报告》将我国茶叶产区分为四个区域：华南茶区、西南茶区、江南茶区和江北茶区。华南茶区和西南茶区是我国茶叶生产的最适宜区，可以发展品质佳美的大叶种红碎茶；江南茶区是我国茶叶生产适宜区，以绿茶为主，目前该区茶叶产量占全国总产量三分之二左右。我国茶叶出口量约占生产量三分之一，其中红茶和绿茶各一半。出口绿茶市场稳定，品质优异，其他国家难以匹敌；而红碎茶因70%为中小叶种改制，质量较次，售价低，是外贸出口中的“高亏”商品。

1985年我国茶叶出口占世界茶叶出口总量（不包括转口和再出口）的14.4%。与红茶占世界茶叶市场90%相比，我国红茶出口量仅占国际市场红茶供给8%左右，又以中低档为主。因此，在红茶市场处于被动地位，是价格和贸易条件的消极接受者。绿茶是我国的优势，市场扩展迅速，但容量不大，要扩大茶叶出口换汇必须把重点放在红茶特别是红碎茶的生产和出口上，这是我国茶叶老专家吴觉农先生几十年来一再呼吁的。为此，这里提出我国茶叶出口的三个目标：①稳定增加出口数量，扩大市场占有率；②提高出口茶叶的质量及中茶声誉，使红碎茶逐渐成为拼配商的主配料；③降低生产和出口换汇成本，提高我国茶叶的国际竞争力。

三个方面互相关联，目前增强价格竞争力是扩大出口和市场份额的关键。

具体对策从几个方面实施：①整顿流通秩序，疏通流通渠道。加强茶叶运销的工商行政管理，通过发放加工、运销许可证等方式维持流通秩序，通过调减精制加工和流通利润，消除哄抢毛茶及地区封锁现象，降低周转费用，促进“贸、工、农”一体化经营。②调整茶园布局和茶叶生产构成，大力发展大叶种红碎茶生产。华南、西南两茶区内含及外延发展并重，江南、江北茶区则主要放在提高产量和质量的集约经营上。中小叶种改制红碎茶的规模要稳中有升，以后按市场要求逐步调整，以稳定和扩大国外市场。发展中必须兼顾绿茶和特种茶，以发挥优势，增加收入并分散风险。③必须致力提高质量，降低生产成本。通过调整分散承包、发展成片良种茶园等措施扩大经营规模；改进生产、加工技术，引进良种、设备与工艺，适应市场需要。④大力开拓国际市场。一方面加强宣传，扩大并稳定销售渠道；另一方面积极倡导和推动产茶国的联合，协同改善国际茶叶市场环境和贸易条件。以我国的资源优势和巨大发展潜力，加上广阔国内市场可以起到硕大的出口“蓄水池”效应，根据国际市场的动态，采用各项策略，在今后国际茶叶市场的激烈竞争中可取得更大的发展。

关于我国肉类供需问题的一些看法*

陈　道

近期，我国不少地区出现猪肉紧张。和1980年前后那段时间"卖猪难"、鼓励吃"爱国肉"的情况正好相反。当时，我们认为那是肉食低水平消费情况下的一时的失调现象，而根本上"还是供应不足、消费不够。"不论卖难或买难，基本问题决定于生产和消费，也就是供和需问题。这里提出一些粗浅的看法。

一、有关猪肉生产和消费问题

（一）肉类生产结构

我国肉类生产中，猪肉占绝大的比重，多年来一直占85%左右。猪肉除极少量出口以外，绝大部分在国内消费。所以生产结构和消费结构基本上是一致的。

和世界其他国家相比，1984年世界总的肉食生产结构是：牛肉32.4%；羊肉5.7%；猪肉38.5%；禽肉20.8%。

各个国家、地区的情况差别很大，如亚洲诸国：牛肉10.8%；羊肉8.8%；猪肉58.5%；禽肉18.7%；其他3.2%。

而大洋洲则为：牛肉49.7%；羊肉34.5%；猪肉9.2%；禽肉9.4%；其他2.8%。

肉类生产结构主要决定于一个国家，地区的生产资源。特别是土地及饲料等资源情况。从而对消费造成很深的影响。我国的草原面积不小，但生产力不高，提供的商品牛、羊肉数量不大。此外。禽肉在我国近年有些发展，但和别的国家相比，所占比重显然低得很多，还落在亚洲的缅甸（28.9%）和朝鲜人民共和国（16.7%）一些国家之后。

表1　我国肉类生产结构（%）

	1957	1965	1975	1984	1985
猪　肉	77	83	87	86	86
牛羊肉	16	13	9	6	6
禽　肉	7	5	4	8	8

肉类或动物性食物的结构。除受本国资源情况左右外。也会随国民经济发展和生产条件的改

---

* 原载《中国畜牧业经济发展》，中国城市经济社会出版社，1988年10月版。

变而有所变化。这里以日本的三段的时间中肉食结构变化情况为例。从表2看出，从20世纪60年代到80年代，日本的食鱼量在不断减少，但是作为日本传统食物的水产仍然保持一定的比重，几种肉类都在增长，其中以鸡肉增长最快。这是和日本一些年来大量发展工厂化养鸡和大量进口饲料相联系的。

表2 日本动物性食物结构变化（%）

	1963	1970	1982
鱼　肉（新鲜）	71.1	59.7	47.7
鱼　肉（盐干）	10.6	11.0	12.6
牛　肉	7.8	6.8	8.9
猪　肉	7.3	13.9	17.6
鸡　肉	3.2	8.6	13.2
合　计	100.0	100.0	100.0
平均每户总计（公斤）	96.5	100.0	111.5

（二）猪肉生产和消费的增长

新中国成立以后的30多年来，我国猪肉生产的发展，虽然经过一些起伏，从总的趋势来看，增长还是相当快的，在1958年以前。年产猪肉量在300万～400万吨之间波动，起伏不大。平均每人年消费猪肉量大约5公斤多；1959—1962年，后来被称为“困难时期”，年产猪肉降到100多万吨。后又逐步恢复并有较快的增长。到1978年，年产750万吨，人均年消费量逐步增加到8公斤左右，为了均衡供应，较长时期中，对城市居民常采用凭票（证），按定价由国营肉店定量供售，在紧张时则对集市贸易实行禁售或价格管制。猪肉的供求关系在不同地区，虽然时松时紧，但从猪肉总的增长率来看，1982—1985年平均产量为1952—1955年平均产量的407%，平均年增长率为5%。特别是1978年以后，农村实行经济改革，猪的增长率迅速上升。由1979年年产1 000万吨左右增至1985年1 655万吨，平均年均年增率为11.9%。

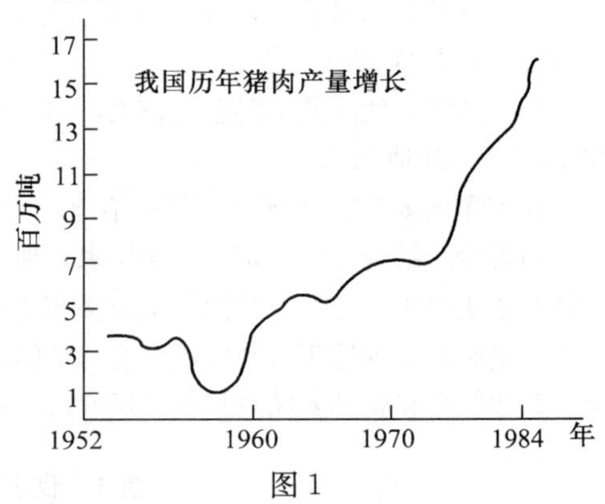

图1

表3 我国平均每人年消费肉类（千克）

	1952/1956	1962/1966	1972/1976	1981/1985	1984	1985
猪　肉	5.5	5.1	7.6	12.4	13.0	14.0
牛羊肉	1.1	1.0	1.5	1.5	1.3	1.3
禽　肉	0.5	0.4	0.4	1.2	1.4	1.6
合　计	7.0	6.5	9.4	15.2	15.7	15.9

国外的情况，1984年世界人均占有肉类总量（包括牛、羊、猪、禽等）为30.24千克。各个国家在肉类供应上，有自产，有进口、有出口，情况多样。平均每人肉类消费有两种不同情况：

(1) 原来水平较低。当经济和农业生产有了较大发展，“谷物的消费量达到了相当的饱和点”，那平均每人的肉类消费量，会有惊人的增加。这里可以看一下经济发达国家在上一世纪经济发展初期的情况。

表4资料表明，60年间这一王国人均肉量消费增长156.3%，中国30年间，人均肉类消费增长117.11%、猪肉消费增长125.5%，而1978年后7年间增长91%，增长率都是相当大的。

表4　撒克逊王国* 平均人年、牛、猪肉消费量

年　代	人年均消费量（千克）	隔20年增量（千克）	定基比	环　比
1835—1844	16	—	100	100
1855—1864	21	5	131.3	100
1875—1884	40	9	187.5	142.9
1895—1904	41	9	256.3	136.7

注：* 德国地区一个旧称。

(2) 人均肉食达一定水平以后，人均消费量的增长率就不大了，一些国家吃肉过多的人群为防心血管等疾病及过肥症，而削减肉食。如表2，包括鱼类在内，20年内日本平均每户的消费由96.5千克提高到111.5千克，增长15%，美国1984年比1974年人均食物消费只增加5%，其中植物性食品、鲜果、蔬菜及土豆等增长7.8%；动物性食品家禽及鱼类等仅增长2.6%。红肉（猪牛羊肉）的消费量反而下降，当然，一些经济发达国家，人均年消费肉类均有几十千克，有的达100千克。还外加不少奶类蛋类食物。

（三）我国城市和农村的肉类消费

城市居民肉类的消费一向大于农村居民。

表5　我国城市和农村猪肉消费

千克/人、年

	1952—1956	1962—1966	1972—1976	1979—1983
城市居民（1）	9.4	9.2	13.8	17.8
农村居民（2）	4.9	4.3	6.4	9.7
(2)：(1)	52%	17%	16%	54%

表6　我国城市和农村肉类（猪、牛、羊）消费

千克/人、年

	1982	1983	1984
城市居民（1）	18.70	19.90	19.9
农村居民（2）	9.05	9.96	10.6
(2)：(1)	18.4%	50.1%	53.3%

从牛肉、羊肉及猪肉3项消费情况来看：上面材料表明，城市人均肉类消费约为农村的一倍左右。但在城乡各自范围内，不同人群消费肉的差距也很大，富裕农村的乡镇企业发达，其消费量远大于广大不富裕以及贫困地区；大城市经济繁荣。工、商、旅游业发达，肉类消费量远大于小城市。据调查，北京、上海及天津等几个城市人均消费肉类已达50公斤。此外还有相当数量的奶、蛋及水生动物产品。可以说已达发达国家的水平，这是特殊情况。我国人口众多、随着经济发展，人民富裕程度提高，肉类消费将要求有较大的增长。

二、我国猪肉紧缺问题

从现象上看，肉紧最主要的原因可以说源自粮紧，粮价上涨。包括商品混配合饲料的质差、价高；而生猪收购价调整的幅度极小，原来政策上对饲养和交售生猪提供的饲料粮，和奖售的一些平价生产资料（化肥等）。有些地区已停止或放松执行。养猪利小或无利，谁还愿养呢？况且，非农产业发达的地区，有些农民对种田不感兴趣。过去说："养猪不赚钱，回头看看田。"不想种田，自然就更不愿养猪了。由此可见，猪肉紧的原因，在供应方面，是由于饲料的价格高，收购猪的价格低，影响了养猪人的积极性，因而生产有所下降。

再从消费和需求方面来看。本文前面一些资料表明。1978年以后，我国人均消费猪肉量增长很快，生产也大体与之相适应。但由于我国肉食消费原来水平很低，在"口粮紧"和收入少的时期，定量供应已成习惯，肉紧问题不会突出。而80年代中期以后。国民经济有了很快发展，人均收入连年增幅很大。食物消费支出，一般来说，随收入的增长而增长，这伴随着猪肉消费量的增长。食物的需求弹性主要反应在肉类消费上。这和收入多少、价格高低当然也有关系。收入多、肉价低，则消费量增多。据1982年全国营养调查，我国人均摄入营养量虽不算很高。但已达国际公认的一般标准。只是蛋白质的质和量还较低，特别是动物性蛋白质不足。在食物层次不高时，人们收入增多以后。自然用一些收入来改善伙食，这就意味着多购买些肉类食物。近年，人们亲眼见到城市工业发达，旅游业昌盛，饭店酒肉香。在农村，喜庆之事也多大摆酒席。即平时城乡一般人民的生活都有不同程度的改善。酒、肉基本上来自粮食，我国的粮食情况如何呢？人均粮食的增长率远落后于人均收入。以1978年人均收入为100。1986年为233.0%；人均猪肉为205.7%，而人均粮食为117%。在第2图中，人均猪肉这一曲线远高于人均粮食曲线，而紧跟人均收入曲线。这说明，我国猪肉的增长已相当快，可是人均收入连年增长率很高，特别是1983年以后更为显著，这对肉类供应提出了高要求。美国哈佛大学有一位研究中国历史和经济问题的帕金教授认为：中国当前的食物问题是"经济改革的成功，而不是失败造成的，主要因为国民收入增长了。"他所说的"食物问题"，实际上是肉食问题，吃饱了就要吃好是必然的。可以认为，我国的肉类基本上是求大于供的，而且是长期性问题。"买难"和1980年"卖难"的性质完全不同。就中国情况来说，可能某一时期、某一季节、在某一地区有卖难的现象发生、这大多是一时的失调问题。

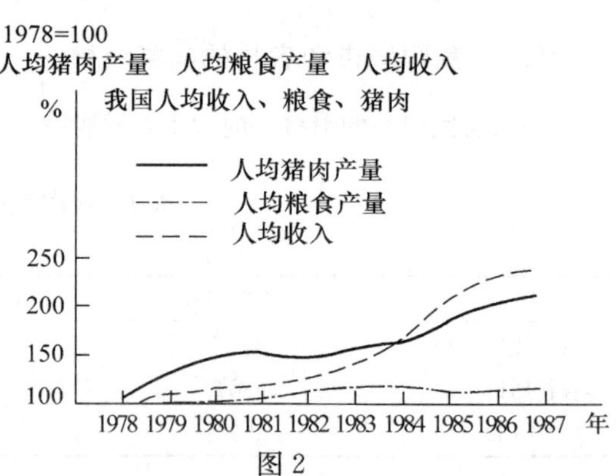

图2

表7　我国人均年收入增长

	1978	1979	1980	1981	1982	1983	1984	1985	1986
元	318	346	376	396	423	464	544	674	737
%	100	108.8	118.2	124.5	133.0	172.0	212.0	212.0	233.0
环比	100	108.8	108.6	105.3	106.8	109.7	117.9	123.2	109.3

三、出路问题

经济发展，人民收入增多，如何满足日益增多的肉食需要？一是自给的道路。像中东盛产石油的某些国家，他们有巨额石油收入，可以在沙漠地区经营高投入集约的农业。对代价及成本不加考虑。而中国的情况不同，人均耕地面积不大，走自力更生的路，需要采取多渠道的战略，长期不懈的努力。第二条是进口的道路。像苏联、日本那样，每年都进口几千万吨谷物和大豆，还有一些畜产品，由于他们有出口换汇的商品，而且人口又比我国少得多，此路我国目前难行。

出路何在？以下谈一点浅见。

1. 肉紧问题的解决，要采用增加生产和引导消费并行的方针。畜牧业的增产问题无需多说。这里所说的是另一方面，用引导消费来适应生产水平。无需用数字分析。从现象上就可以看出。我国一些城市存在着高消费情况，其中包括肉类的高消费，有些应该算作浪费。收入多了，自然就要多吃点喝点；喜庆大事更要大吃大喝；各种大小会议，主持者讲求招待规格；至于招待外宾那就更不用说了，甚至连外宾都感到我们招待的丰盛过度。特别是公费吃喝的风气非改变不可，这问题远大于解决“肉紧”问题。

2. 在鼓励多种形式发展养猪中，要以广大农户包括专业户为主要对象。30多年来，我国在发展养猪问题上，走过的道路是曲折的，如公养私养问题、大办猪场、办万头猪场及机械化养猪等等。从中可以吸取许多教益。而实际上，市民从市场买来的猪肉绝大部分是来自广大农户，他们没有规模效益，但却发挥了农畜结合、合理利用精粗饲料、充分利用劳力以及畜肥就近还田和减少基建投资等许多优势。80年代后产生的大小规模的专业户也起了作用。在目前条件下，我们如果把希望寄托在希望能提供大量商品猪的大猪场、大专业养猪户。而他们在提供商品猪之前，一定会伸手要质优和价格合理的商品饲料，要全价配合饲料。据估计1986年，全国各种配、混合饲料的总产量不到2 000万吨，其中质量符合标准的不到50%。上月轻工业部进行工业产品质量检查，加工饲料多不合格，据关于江苏省饲料工业的一篇文章，谈到配（混）合饲料效益高。但生产能力只能供应20%左右的需要。建立大猪场需要有较大投资，包括能源在内的配套设施，特别要求有质优、价格合理的配合饲料的常年保证供应，再加上优良品种和科学管理，才能取得“规模效益。”当然，有条件、有需要的地方也可以组织一定规模的猪场。所说条件，如临近大粉房、某些食品加工厂。所说需要，如良种繁殖场、实验场等。林祥金在两篇文章里提出加强对广大养猪户的多项服务工作，保护其积极顺利地发展；有条件的地方建立有一定规模的猪场，带动广大农户，所谓“龙头”作用，这意见是值得注意的。

3. 国家财政补贴，要以饲养者为主要对象。国家每年对于城市肉食品的供应，有较大数额的财政补贴，主要补在销售价格上，即减少消费者的负担。也就是消费肉食越多，得到国家补助越多。世界上许多国家对于农牧业也有许多不同方式的补助。但多半是补给生产者。目的不同，有的是降低工业生产资料价格来减低农业生产成本；有的是促使少种少收，防止产品过剩，造成社会负担，有的补贴农民损失，落价出口，加强在世界市场的竞争力等等。因为调节商品的过剩或不足，根本在生产。保证农民收入和稳定农业生产是基本要求。在我国肉类求过于供的形势下，财政补贴的对象似应从消费者转到生产者。以达到增加生产、引导消费的目的。至于对城市工资收入不高的人，营养上给以照顾，在一定时期采取发票凭证，仍不失是一可行办法。市场上的肉价可能有几种。除肉票平价以外。还有公营普价的、集市上弹性价的，消费者可以按其需要和收入情况来购买。

4. 在价格政策上，要着重于促进生产、调节供需关系。注意粮肉比价问题。肉类价格在调节生产和消费关系上起着关键性作用。目前我国对生猪和猪肉的价格政策已进行了较大的改革。生猪收购价和猪肉销售价已据各地的市场情况，灵活掌握。问题在于饲养者对饲料粮的供应，在数量、种类、价格和质量上难以掌握。因之，在饲料方面，希望能逐步做到保证品种、质量和数量的前提下，考虑到粮肉比价问题。这里用一例说明。美国有些家庭农场同时种植玉米和养猪。农场主经常注意猪和玉米的比价，他们用一算式，即每100磅生猪价除以每蒲式耳玉米价（1蒲式耳玉米为56磅）；得数越大，则出售生猪比直接出售玉米有利，得数要小，那就压缩肥育猪群直接出售玉米。一般认为得数为18～20。养猪有利，折成生猪与玉米等量比价。约为1∶10左右。各国情况不同，究竟比价多少合适。难做定论。据统计，我国生猪与玉米的比价，1953年为1∶5.3；1957年为1∶6.6；1965年为1∶ 6.2；1978年为1∶5.4；1985年为1∶54。不少人反映，按此比价猪价低了一些。因为饲料费在养猪成本中占很大比重。如果饲料价提高，而生猪价不能上升，那农民就不愿养了。参考前面表4这里再看一下“撒克逊王国”肉类价格变化情况。

表8

	小 麦	黑 麦	牛 肉	猪 肉
1870—1880	100	100	100	100
1901—1910	86	95	132	123

背景是，由于经济发展，人民购买力提高，对肉类需要量增大。肉的价格上升幅度高过谷物价格，从而刺激肉类生产快速增长。这一点也可供我们参考。

5. 逐步调整畜牧业结构。在动物性食品中提高家禽和鱼类比重。为满足人民动物性食品需要，要在发展养猪以外，多渠道开发。例如，前面的资料表明，我国费粮少，饲料报酬高的禽类目前只占8%，远低于其他各国。费粮更少的水产品特别是鱼类。目前我国人均占有6.8公斤。也较世界水平为低。仅这两种，开发的潜力就很大，近来这已被人们所注意。这不仅是同类消费品的替代，且品种增加更丰富人民生活。

浅谈土地有偿使用和适当集中使用*

冯汝英

土地是农业生产最基本的生产资料，是一种不能替代的珍贵资源。我国人多地少，土地的有限性和稀缺性尤为明显，如何促使土地合理、有效利用具有重要意义。目前全国人均耕地只有1.4亩，不到世界人均5亩的三分之一，而人口正以平均每年1 000多万的速度增长，加以城乡建设占用土地逐年增多，致使人均耕地比解放初期的2.7亩减少近一半，有1/3的省人均耕地不足1亩。我们在全世界7%的耕地上，养活全世界21%的人口，这既是世界上公认的创举，又是一项艰巨的任务。到21世纪初，我国人口将达13亿左右，届时人多地少的矛盾将更加突出。据有关部门预测，要实现1990年粮食总产4 500亿千克的目标，要求粮食播种面积稳定在16亿亩左右，解决土地问题是解决粮食问题的根本途径。因此，必须加强土地管理，切实保护耕地。个人认为实行土地有偿使用和适当集中使用，是加强土地管理的重要环节。

一、加强土地管理，实行土地有偿使用

长期以来，我国由于缺乏严格的土地管理制度，乱占滥用、浪费土地的现象十分严重，从1957—1977年20年间，平均每年减少耕地约2千万亩，扣除同期开荒新增加的耕地面积，每年还净减少900万亩①。其中除部分退耕还林（牧）和自然损毁外，相当大的部分为各项建设所占用。1977年以后，城乡建设占用耕地更为明显，"六五"期间，全国耕地面积减少3 688万亩，平均每年净减耕地738万亩②。减少较多的有：黑龙江减少110.8万亩，山东110万亩，辽宁85万亩，广东61万亩，湖北59万亩，河南53万亩，内蒙古52万亩。北京市的耕地面积，由解放初的910万亩，减至目前的600多万亩。有的省（区）每年大体减少一个中等县的耕地面积。

耕地面积大量减少，直接影响到农业生产，特别是粮食生产的发展。例如1985年全国减少耕地1 500万亩，是近十几年来减少耕地最多的一年，这年粮食产量比上年减少2 820万吨，耕地减少当为原因之一。1986年耕地又比1985年减少900多万亩，相当于青海省的全部耕地面积。全国因耕地减少而每年减收的粮食约50亿千克。现如再不采取果断措施加强土地管理，不仅影响当前国民经济的发展，而且将会危及子孙后代赖以生存的基本条件。联合国在一个报告中曾经指出："我们不是继承父辈的地球，而是借用了儿孙的地球"③ 足见土地

---

* 原载《农村社会经济学刊》1988年第1期。

① 《经济日报》1985年9月21日。

② 《人民日报》1986年12月10日。

③ 转引《人民日报》1985年6月13日第五版。

问题的严重。

从我国的国情来说，是人多地少，现有耕地是我国农业的主体，那么，基本国策应是千方百计地珍惜、保护和合理利用耕地。必须全面贯彻《土地管理法》，采用行政、经济和法制相结合的综合措施，严格控制占用耕地。

从理论上讲，土地是一种自然产物，没有价值。但当它作为自然资源，被某一部分人所占有，成为特殊生产资料纳入经济过程，并投入劳动（活劳动和物化劳动）以后，就产生了使用价值。它是由土壤中的自然肥力和投入的人工肥力（活劳动的物化）相融合而形成土地的经济肥力。这说明土地的丰度，不单纯是一种无偿的自然力，而是已积累了人们的许多劳动。在农业生产中，人们所投入的劳动，大部分转化成为农产品的价值，还有一部分留在土壤中，提高了土地的肥力，凝结着投入的劳动。过去曾一度强调土地是自然产物，没有价值，不应计价。而随着城乡建设的发展，机关和企、事业单位要占用一部分耕地，在管理松弛、土地有限、需要多供应少的情况下，便产生了一些非法出租、高价买卖、不经合法手续抢占土地或多征少用、征而不用、毁地卖沙等严重浪费、破坏土地的现象。因此，给土地作价、采取有偿使用，已成为理论上和实践中一个十分迫切的问题。近年来，这一问题已逐渐被人们所认识。

应当明确，我们对土地作价，与资本主义国家的土地价格有本质区别。在资本主义国家，土地作为私有财产，买卖土地实际上是在购买取得地租收入的权利，土地价格不是土地价值的货币表现，而是土地所提供的地租的购买价格，是地租收入的资本化。具体来说，即土地私有者，就每年所得的收入额（地租），比照资本家放款的通行利率，还原为本金，即为地价。亦即地价＝地租/利息率，例如地主的一块土地，年收租金400元，一般利率为5%，其放款的资本额：400÷5%＝8 000元即土地的价格。正如马克思所说："资本化的地租，从而，正是这个资本化的贡赋，表现为土地价格"。① 它体现了剥削与被剥削的关系。当然，资本主义国家的实际地价高低，还要看土地肥力、区位、供求及垄断情况而定。我们是社会主义国家，土地属于国有和劳动人民集体所有两种公有形式，不同于一般商品，但这决不排斥利用价格作为土地管理的经济手段，发挥价格的监督职能，促使土地资源与使用者的经济利益直接挂钩，达到节约和有效利用土地的目的。这种土地价格，并不是市场价格，而是根据土地的位置、等级、土地负荷量、土地建设设施等所确定的计算价格，是对土地资源的一种评价，以货币来表现其使用价值。

同时，我们还可应用地租这一范畴来加强土地管理。在社会主义条件下，土地属于公有，是否存在地租（绝对地租），看法不一。本来，地租是一个历史范畴，在不同的社会形态中，由于土地所有制的性质不同，地租的性质，内容和形式也不相同，但是，"不论地租有什么独特的形式，它的一切类型有一个共同点：地租的占有是土地所有权借以实现的经济形式，而地租又是以土地所有权，以某些个人对某些地块的所有权为前提。土地所有者可以是代表公社的个人，"② 从这里我们可以看出，只要存在土地所有权与使用权的分离，就必须为使用土地交付地租，而且，土地所有者可以是私人，也"可以是代表公社的个人"。我们主张利用地租这一经济杠杆，实行"土地有偿使用"，目的在于合理、有效地利用公有土地。而这种地租，是由代表全民的国家或集体成员所得，它根本不同于资本主义地租，但它作为"土地所有权在经济上的实现"，作为"使用土地的代价"则没有什么区别。

---

① 《马克思恩格斯全集》第25卷第874页。

② 《马克思恩格斯全集》第25卷第714页。

至于土地有偿使用应采取什么形式，目前尚有争论。个人认为可以采取“费”、“税”并存。本来，“费”和“税”是两个不同的范畴，前者是以某种生产资料或劳动的付出为前提条件，从而取得相应的收入，属于经济范畴。而后者是国家财政机关，对纳税人实行无偿的征收，作为国家财政收入，带有强制性，属于财政范畴。目前我们国家的土地，实行两种形式并存的公有，而土地所有权和使用权是分离的，土地所有权不能买卖，但经营（使用）权可以转让。就土地所有权来说，不仅要求在法律上得到保护，而且要求在经济上得到实现，如果土地所有权在经济上得不到任何代价，“那么，我们就会发现，所有这些情况都意味着土地所有权的废除，即使不是法律上的废除，也是事实上的废除。”① 土地所有者向土地使用者收取一定报酬，是所有权在经济上的实现，是对土地投资的补偿，也可以说是土地的“补偿价格”，应归土地所有者所有。我国《土地管理法》中，关于城镇单位征地的规定，明确指出，应由用地单位向转出土地单位，支付土地补偿费和安置补助费，其中的“补偿费”，就是对土地过去投资的补偿。

在收取土地使用费的同时，国家还应征收土地占用税。所以国务院规定，从 1987 年 4 月 1 日起施行《中华人民共和国耕地占用税暂行条例》。这种土地占用税，实际上类似“购物税”，是国家运用财政手段，加强对土地的宏观控制，也可以说是国家对土地实行的“控制价格”。通过征收土地占用税，可以更好地保护耕地。不仅如此，目前有的同志，鉴于实际征地费过高，特别是大城市郊区，每亩征地费高达数万元，超过《土地管理法》规定的几十倍，因此建议除对土地占用者征收土地占用税外，同时对土地被征用者征收“土地征用补偿调节税”，被征用土地的收益，不全部归土地被征用者，达到有效保护耕地的目的。

关于国营企业使用国家的土地是否征税，目前看法也不一致，有的同志认为，如果向承租土地的国营企业单位征税，就是国家自己向自己征税。个人认为，国营企业占用国家的土地亦应征税，因为，国家是土地所有者，国营企业虽然属于国家所有，但它又是相对独立的经济实体，自主经营，自负盈亏，有自己独立的经济利益，它同国家之间，除根本利益一致以外，仍然存在着明显的“局部利益”和“全局利益”的经济关系，国营企业不能无偿使用国家的土地。1984 年 9 月 18 日国务院批转财政部《国营企业第二步利改税试行办法》中也指出：“对使用属于国家所有土地的国营企业，应按照规定计算缴纳土地使用税”。

这里要强调指出，土地有偿使用，还应包括集体土地的有偿使用。从原则上说，集体所有的全部土地（包括按政策规定划给社员长期使用的宅基地、自留地和自留山等）都应实施有偿使用，但考虑到目前实际情况和农民群众的接受程度，可先对农业承包土地实行有偿承包，以及向乡镇企业（工、商、建、运、服等行业）所占土地收取土地使用费。土地使用者交纳土地使用费不是加重农民的社会负担，而是土地使用者取得土地使用权的合理支出，而且，土地使用费是归合作经济组织（合作社）全体成员共有，是集体公共积累和扩大再生产的源泉之一；土地有偿使用，还包括土地使用者因故转出土地时，原承包者对土地的投资，应得到相应的补偿。因转出土地的农户，不仅生长在本土，而且长期在土地上劳动，土地里凝结着几代人的劳动，坚持“有偿转包”的原则，才能鼓励农民增加对土地的投资。当然，如转、接土地双方自愿达成协议，或由接包户向转包户提供平价口粮、或无条件将土地转包那又当别论。

总之，对土地采取“有偿使用”不仅有利于节约用地、保护耕地，而且可以促进用地单位讲

① 《马克思恩格斯全集》第 25 卷第 846 页。

求经济效益。

与此同时，国家还应严格加强控制非农业用地。前不久，国家召开的非农业建设用地计划会议上，明确规定了1988年非农业建设占用耕地的计划指标为307万亩，其中集体建设用地79万亩，农民建房用地93万亩（不包括非农耕地和农业内部结构调整占用耕地控制数），这是我国土地管理制度的一项重大的政策措施。国家《土地管理法》和《耕地占用税条例》都从1988年开始施行，是我国采用法律、经济和行政手段相结合，控制非农业用地，保护耕地的重要措施，也是我国在土地管理工作中实行"有偿使用"迈出的重要一步。不过到目前为止，有一些省、市、自治区还没有建立统一管理城乡土地的机构，有关法规的实施细则也有待制定。

二、建立土地培肥补偿制度

由于过去对土地长期采取无偿使用，不仅造成土地数量大大减少，而且土地肥力提高不多，有的地区还有下降现象。例如，据报道近两年来山西省某些农村，出现活土层变薄，含蓄水分能力降低，有机质含量减少。

当然，由于在农村实行了家庭联产承包责任制，调动了农民的生产积极性，使增产潜力迅速地迸发出来。但是，也要看到在前进中暴露出的一些新问题。现有不少地区，只重视速效化肥，施用有机肥大为减少，放松了农田基本建设，这就必然影响粮食和其他农产品产量进一步提高。党在十二大提出，到20世纪末粮食总产要达到5 000亿千克，平均每年要增产粮食100亿千克。要实现这一战略目标，除尽可能扩大一部分耕地（"七五"期间要求扩大耕地面积5 000万亩）外，必须提高地力，增加对土地的物质投入，才能增强农业生产的后劲，现在有些地区，程度不同地出现了对土地投入不够积极的现象，原因是多方面的：首先，一部分农民有"怕变"的心理，害怕家庭承包责任制改变，所以表现出有劳动积极性，而缺乏投资积极性，因此，应继续贯彻党的有关政策，使农民明确家庭承包责任制是党在农村长期坚持的基本政策，集体土地在承包期内其使用权和经营权归农户，在接受国家计划指导下，由各承包户自主经营，地力提高后，"谁投资、谁受益"；其次是受农产品价格低和生产资料价格高因素的影响；另一更主要原因是种植业与非种植业之间的比较效益问题。在农村各业中，土地投资效益较低。从有的地区材料来看，其投入产出情况大致为：粮食1∶3，经济作物1∶5，农村商业服务1∶6，工业1∶8，收益相差悬殊。粮农物质利益的下降，直接影响农民对土地投资的积极性，是地力下降的重要原因之一。为了稳定粮食增产，在乡镇企业发达的地区，可采取以工补农，协调从事各业农民的收入，补农资金应主要用于改善种植业生产条件，重点宜放在商品粮专业户，可考虑实行按商品粮数量累进补贴，以便有较多资金对土地投入，从而提高土地的生产率和增加农民的收入，这也是当代世界农业发展的趋势。因此，要特别重视提高农民对土地投资的积极性。目前国家对农业生产的投资毕竟有限，农业扩大再生产主要靠农业内部的积累，农民是农业投资的主体，调动八亿农民对土地投入的积极性，对增强农业后劲非常重要。近几年来，随着农村经济的发展，农民收入相应增加，1985年农户平均每人纯收入达397.6元，但从资金用途来看，生产投入慢于生活消费的增长。1985年农民用于家庭经营生产的投资额比上年增长6.6%，而生活消费增长了12.5%，不少农民不愿意或不善于把资金用于扩大再生产，投资意识薄弱。因此，要作好引导工作，并建立相应的投资环境和投资补偿制度。中央1984年一号文件也明确规定："对农民向土地投资应给予合理补偿"。这是问题的关键，因为，只有采用经济办法，靠内在动力，才能更好地调动农民对

土地投资的积极性，从而提高地力。农民由于追加劳动和投资所形成的级差土地收入（级差地租），理应归投资者所享有。反之，对荒芜土地或采取掠夺式经营造成地力下降者，应向该承包户收取一定的土地荒芜费或赔偿费，或由发包单位将土地收回另行承包。为鼓励农民增加对土地的投入，可采取以下措施：对土地评等定级，合理作价，作为衡量土质升降及奖罚的依据；建立养地基金制度，规定亩施肥最低量及奖惩办法；明确规定土地转包时，原承包户兴修水利、改良土壤等投资应得到相应补偿。河南省社旗县丁庄乡实行土地投资补偿制度，具体作法是：根据地质、地貌和地力情况，以原来核实的产量为基础，实行“以地定产、以产定等，升奖降罚，年年考评兑现”。在土地划等定级前，普遍进行土地养分含量测定，填写登记表，建立土地档案。最近山西省农村试行按土地有机质含量、土地等级和投入项目（包括投肥、投工、投资和技术应用等）承包的办法，它是在联产承包的基础上，增加联系土地肥力情况和投入的承包内容，进行超奖减罚，作为联产合同的补充，把群众的投入合同化，使农业生产有可靠的物质保证。从以上可以看出，各地作法虽然不同，但目标均在培肥、提高地力，给土地投入者以相应补偿。至于土地投资补偿经费可从以下几方面筹集：从合作经济组织公积金中划出一部分作为补偿基金；从乡镇企业“以工补农”的办法筹集；由农户缴纳一定的土地保养费。此外，也可从人为造成地力下降的罚金中筹集部分资金。

三、促进土地适当集中使用

随着生产力的发展，我国农村将由自给半自给经济向大规模商品经济转化，由传统农业向现代农业转化，而农业的规模经营是农业现代化的内在要求，是伴随着农村商品生产的发展而出现的。当商品生产发展到一定程度，必然要求作为农业生产基本生产资料的土地与劳力、资金、技术等实行新的组合，形成一定的经营规模，才能适应农业生产专业化、社会化和商品化的需要。农业经营单位拥有一定数量的耕地，是规模经营的基本内容，必然要求过于分散细小的土地，适当相对集中，在保证土地生产率有所提高的前提下，使每个农业劳动者经营的耕地面积，能与当时当地社会经济发展水平和科学技术水平相适应，才能提高经济效益。

我国目前农村的生产单位，绝大多数是联产承包的农户。在1.8亿总农户中，承包户占97%。据对农区农户的调查，平均每户承包土地仅8.35亩。由于承包要按土地质量划分等级，好坏搭配，每户土地平均分割为9.7块，每块平均不到1亩（0.86亩）经营规模小而平均化。在经济发达地区，农业经营单位的土地规模显得相对不足。土地分散零碎，耕地规模过小，不利于采用新的科学技术，不利于农田基本建设和农业机械耕作。据初步估算，现全国深翻地面积仅5.65亿亩，占耕地面积不到40%，比1980年下降15%左右。有的地方，由于农田长期不深耕，致使土壤板结，影响粮食增产。苏南是我国粮食集中产区，近年来粮食生产稳定性减弱，与耕地规模过小有直接关系。因为只有具备适当的土地规模，才能适应生产力诸要素的最佳组合，取得更高经济效益。目前在经济发达地区，承包户的土地有扩大趋势，“离土不离乡”的农民占40%以上，他们需要将土地转包给种植专业户或建立代营机构。黑龙江也出现类似情况，据有关调查，克东、桦川、密山三县，每个农业劳动力平均负担耕地面积，由1982年的27.05亩，增加到1985年的33.13亩，与此同时，1985年种植业劳动力比1982年减少了18%。事实说明，随着商品生产的发展，要求土地适当集中使用，调整土地和劳力组合规模，才能发挥规模效益和促进农业劳动力的转移，它也标志着我国农村经济，向着商品化和现代化方向迈进。从国外的情况来看也是如此，如日本于1946—1950年进行了农地改革之后，小土地所有的自耕农占绝对优势，到1985年每个农户平均经营面积约1.2公顷，经营面积在0.5公顷以下的农户占40%以上。由于经营规模过小，使农业生产成本增加，经营0.5公顷以下农户单位面积所需生产费，为经营3公顷以上农户所需生产费的2倍左右。日本政府采取了许多措施来扩大经营规模。并根据农业基本法中农业结构改革的要求，积极培植自立经营农户，作为农业生产的主要力量，设立特别基金，鼓励老年农民退出农业和经营规模小的农民转业。日本的经验，可供我们为合理组织农业生产力，鼓励土地向种田能手集中，发挥规模效益，使农业生产长期稳定发展参考之用。

土地适当集中使用，决不意味着要改变家庭承包责任制，经营土地的专业户，仍以家庭为经营单位，它同合作经济之间仍然是承包关系。广大农民吃够了"大锅饭"的苦头，对当时一些过"左"的作法心有余悸，一听"集中"等提法，可能有所顾虑也是可以理解的。但是这里所说的土地适当集中使用，是在家庭承包制的基础上，为适应商品生产的发展，科学、合理的管理和利用土地、提高经济效益的问题，在土地转包过程中，应坚持"有偿"原则。

为使土地适当集中，要有具体措施才能促其实现，一般来说，应本着生产需要与农民自愿的原则，采取不同形式，如：

1. 将口粮田与承包田区分开。口粮田由各户分散经营，商品粮田集中承包给种植专业户。目前有的农民，即使从事种植业以外的生产，但由于对土地的传统依赖观念，仍希望保留一定土地，自己解决口粮问题。因此，如将口粮田和责任田分开，既能满足农民对口粮田的需要，又可将商品粮田适当集中经营。

2. 在乡镇企业发达的地区，有一部分劳力从事工、副业生产，农田大部分可由少数善于经营的种植专业户集中承包，或委托服务机构代为经营。土地逐步向种田能手集中，是农业分工分业，发展商品生产的客观要求，实质上是农户的经营方向和就业门类实现专业分化的结果。如广东省中山市张家边区的5.6万亩耕地，有1.6万亩集中到种田能手经营，实现了生产要素的新组合，1986年全区粮食亩产达860千克，比1978年增长97%，涌现出一批搞种养致富的典型。大批劳动力转入非农生产，增加了收入。湖北省嘉鱼县合镇乡，位于工商业发达地区，从事第二、三产业的人数占全乡劳力总数的41.6%，他们将由323户承包的387亩水田，集中承包给7户种田能手，其中一户承包了原来由68户承包的173亩，1986年粮食总产达78 500千克。卖给国家72 500千克，纯收入17 800元，全家8口人，人均收入2 236元。

3. 在土地分散细小的地区，可兴办产中服务组织，统一为承包户服务。例如江苏省苏州市已实现农业机械化的42个村，为了充分发挥农业机械的作用，他们推行了农机归村级集体所有，由各专业队承包，适当调整集中田块，为农民提供低偿服务。河北省承德地区，从事玉米、高粱杂交种子专业化生产，由于各承包户土地有限，有的多一垄父本，有的少几垄母本，同时，制种必须有严格的隔离屏障，如每户都搞一个隔离屏障，必然会大大增加投入。为了避免浪费和提高种子质量，他们组成了7万多制种户的种子联合公司，采取由公司统一规划、分户种植的办法，从1983—1986年共提供良种1.2亿斤，制种农户收入年递增260元。

4. 进一步完善双层经营体制。家庭经营是合作经济组织的细胞，而地区性合作经济组织，是联结各合作成员的高一级经营层次。如何把统一经营抓好，是一个值得重视的问题。如果分散经营离开了统一的组织和管理，就会削弱家庭承包制的作用。应在健全家庭承包责任制的同时，进一步完善双层经营体制，使生产环节中的主要部分由集体统一完成。应根据生产需要和在群众自愿的条件下，本着"大稳定小调整"的原则，首先尽可能使承包户的土地连片，将过于分散零碎的土地，进行必要的调整。如江西省南昌县蒋巷乡，根据群众意愿，对原来已经承

包给农户的低洼稻田进行了调整，将46 985亩低洼稻田由原来的5 983户承包压缩到3 733户。调整后，粮食大户显著增加，土地相对集中连片，田间管理大大加强，投入增加了，效益显著提高，使家庭承包责任制进一步得到完善。与此同时，有4 500名劳力转向第二、三产业，受到农民欢迎。当然，完善农村双层经营体制，一定要从实际出发，决不能重走“归大堆”、“吃大锅饭”的老路。

5. 在有条件的地方，可以试办具有一定规模的联户或合作专业农场。

此外，随着农村小城镇的建立和第二、三产业的发展，为农业劳动力的转移开辟了途径，可促使土地向种田能手聚集。二者是可以同步进行的。

从广东放开猪肉价格看价值规律的作用与条件*

查振祥　郑荣伟　于立春

在全国的大中城市纷纷对猪肉实行凭票限量供应的形势下，唯独广东省猪肉一直敞开供应，而且市场货源充足，价格还不很贵。（近几天有较大幅度上涨——编者注）为什么广东与全国其他地方如此不同，作者于1987年初和1988年初对广东进行了两次考察，现就我们调查所见谈一点看法。

1. 广东省猪肉价格改革的做法。广东省的猪肉价格改革，与全国有3个不同之处：①食品公司有充分的定价权，指导价是一种目标价格。猪肉价格放开以后，物价部门对食品公司都有一个指导价。其他地方的指导价是一种限制价格，束缚了食品公司的手脚。而广东的指导价是一种目标价格。食品公司实际实现的价格还达不到指导价的水平，指导价只起一种心理上的作用，让居民心中有一个目标。②对食品公司基本上已没有亏损补贴，食品公司转亏为盈。全国其他地方实行指导价以后，仍然影响食品公司利润的获得。大部分地区，尤其是几个特大城市，食品公司的亏损比以前多了，国家对食品公司的财政补贴也比以前多了。而广东省实行指导价以后，食品公司转亏为盈，如广州食品公司放开价格前每年亏损3 000万元，放开后不但不亏，每年还获得一定盈利。③对居民的肉价补贴不多。全国猪肉实行指导价以后，各城市对城镇居民的肉价补贴普遍增加了，例如北京市每个居民每年补90元，上海补96元，而广东才20元。从上面的做法，我们可以为，广东省的猪肉价格是真正“放开了”，放得彻底，没有保留。

2. 广东省猪肉价格彻底放开的条件。广东省的猪肉价格放得这么彻底，是以一定的经济条件作为后盾的。这些条件包括生产、流通和消费者三方面。生产方面，有一个很重要的条件，就是猪肉在肉食品中的比重低，猪肉价格对整个肉食品价格影响力较小。拿广州市为例，几种主要肉食品在市场供应中的比重分别是：猪肉30%，水产品30%，牛肉12%，禽类8%。猪肉在肉食品供应中只占30%，全国平均水平是50%，这样，猪肉对肉食品价格的影响力自然也比全国小得多。

流通方面，有4个重要的条件：①流通渠道发达，农贸市场供应肉食品的比重大于国营公司。1986年广州市国营公司在肉鱼禽蛋供应量中的比重已降到42%，农贸市场上升到58%。这为猪肉价格放开创造了良好的条件，因为食品公司的价格对农贸市场的影响力缩小了，国家也就敢于放开猪肉价格了。②食品公司内部体制的改革彻底，失去了垄断作用。食品公司长期以来是一个垄断性的流通组织，它内部是“大一统”的管理体制，即核算单位统一在省、市公司手里，基层经营单位不独立，使之可以在全省、全市制定一个统一价格，广东省的食品公司在这方面做了彻底的改革，把食品公司由大一统变成了无数个独立竞争者，消除了产生垄断价格的可能，提

* 原载《南方日报》1988年2月28日。

高了食品公司内部的经营管理水平，消除了人为的经营性亏损因素，使价格放开以后，流通成本对价格的推动力减弱。③委托食品公司冷藏猪肉，进行吞吐，稳定市场供应。贮存的费用由财政给。这一措施属宏观调节性质，对稳定市场供应，保持猪肉价格平稳，起着十分重要的作用。④加强与外省的横向联系，增加货源。广东城乡人均猪肉产量才35斤，而城乡人均消费量达40多斤，应该说在这种情况下，价格放开是不可能的，但是广东省积极加强与四川、湖南等全国生猪生产省的横向联系，解决了猪肉供应问题。

消费者条件。由于近几年来广东在放开水产、蔬菜等方面经受了考验，因此消费者对物价波动的心理承受力强，对猪肉价格放开在思想上有准备。广东历来商品经济发达，居民对市场机制容易接受。很多人一直强调广东人收入高，物质承受力强。其实物质承受力不是主要原因。广东人收入水平比全国平均水平是高出一些，但比京津沪三大城市的人均收入水平不一定相差很大。何况广东人肉食品消费量比其他地方大得多。

3. 广东经验的普遍意义。广东经验说明，猪肉的价格从长远来看，应走向彻底放开的道路，限量供应及双轨制并非长远之策。价值规律是商品经济铁的规律，要发展商品经济，就必须充分发挥价值规律的作用。猪肉价格只有彻底放开，才能促进养猪业和动物性食品生产的发展；只有彻底放开，才能从根本上解决肉食品流通中的价格和流通体制两大难题，理顺各方面的价格关系，搞活流通，甩掉财政补贴包袱；只有彻底放开，才能使不同层次的消费者都得到满足，才能实现消费者的购买力，使供求平衡，物价稳定，这一关是迟早都得过的。

广东经验不仅对全国猪肉价格改革有借鉴意义，而且对整个价格改革也有借鉴意义。价值规律发挥作用要有相应的条件，只有创造相应的条件，才能使价值规律发挥作用。广东省的价格敢于彻底放开，依靠的是广东独有的一系列经济条件和社会条件。全国的猪肉价格要彻底放开，也必须逐步创造这些条件。这包括：发展养猪业的地区分工，促进重点养猪省养猪业的发展；加快水产业、养鸡业、奶牛业等饲料转化率高的动物性食品的生产，降低猪肉在肉食品供应中占的比重；促进流通多渠道的发展；改革国营食品公司内部管理体制，消除其垄断性，改变靠补贴吃饭的局面；发挥国营食品公司对市场的主导作用，通过吞吐猪肉，稳定市场供应，调剂淡旺季；加强和完善对市场价格的管理办法，防止哄抬物价，投机倒卖现象；加强各省市之间的横向联系，加快经济体制改革的步伐；提高消费者收入水平，从而提高对猪肉价格放开的承受能力，猪肉价格放开的实质，是把一笔国民收入从城镇居民手中转到农民手中，消除本来就不应该存在的工农产品比价不合理现象；加强商品经济思想的宣传，做好消费者的思想工作。

试论农村雇工经营企业的性质*

俞家宝　刘廷晓

一、雇工和雇工经营是不同的范畴

农村雇工经营的性质是理论界争论的焦点。当前主要有三种不同的认识：一种认为在社会主义经营体系确立的条件下，不再具有资本主义及其因素存在的条件；被雇工人是有产业的农民拿着较高的工资，劳动力在这种情况下不是商品；雇主是复杂劳动者，其收入一是自己创造，其次是风险收入。据此，他们认为雇工经营基本上是社会主义性质的。与上述意见相反，一些同志认为，雇工经营在社会主义条件下，虽有某些方面的变形，但它的本质仍是资本主义范畴的东西；雇主的高额收入，除去他参加劳动创造的部分外，只能是剥削得来的。介于这两种观点之间的第三种意见认为当前农村雇工经营既有剥削，又有合作经营的因素。我们认为农村雇工经营，形式多样，情况复杂，需取分析态度，就总的说，雇工经营基本上属资本主义性质范畴。为把问题讲清，需首先区分雇工和雇工经营的界线。

雇工和雇工经营的雇主都占有生产资料，雇主承担着经营中的风险，购买被雇者的劳动力投入生产过程；被雇工人把劳动力交给雇主支配，除得工资外，基本不享有其他经济利益，也不承担风险。这是雇工和雇工经营两者共同点。但是雇工是一种劳动形态，雇工经营却是一种生产方式，两者又是两个根本不同的经济范畴。

马克思指出："包含着整个资本主义生产方式的雇佣劳动是很古老的，它个别的和分散的同奴隶制并存了几百年。"雇工作为一种劳动形态，只表示劳动力的所有者把劳动力出卖给雇主进行劳动这样一种劳动方式。它存在于多种社会形态和生产方式之中。在奴隶社会、封建社会、资本主义生产方式中，在社会主义初级阶段的国营农场，集体农业企业中都采用过。所不同的是在资本主义社会它是整个生产的通例和基本形式；在奴隶社会、封建社会、社会主义社会的初级阶段它只是一种例外和救急办法。社会主义初级阶段的个体农民、集体农业企业、国营农业企业在农忙时雇用工人或因缺乏技术，或因劳力缺乏，雇工并不是按照劳动力价格支付工资，而是根据生产的需要或此项农活在生产中的重要程度确定价格。一般都超过本企业职工工资标准，甚至有时超过劳动价格。

雇工劳动是雇工经营的最初形态，雇工经营是雇工的发展，是由劳动方式转化为经营方式。当雇工经营所代表的生产关系已不再适应生产力发展的时候，雇工作为劳动形态还将存在，这时雇工又是雇工经营的最后形态。雇工作为资本主义萌芽，最早产生于奴隶社会，作为资本主义因素在社会主义社会的初级阶段将继续存在，随着社会主义的发展它将最后消失。但是雇工作为资

---

* 原载《农村社会经济学刊》1988 年第 2 期。

本主义萌芽，不等于资本主义的生产方式。正像我国50年代初期农村中存在的互助组，虽带有某些公有制的因素，但并不是社会主义的生产方式。我们不能说奴隶社会封建社会的生产方式是雇工经营；更不能说采用了雇工劳动的社会主义国营农业企业、集体农业企业是雇工经营。

雇工经营是把雇佣劳动作为唯一的劳动方式或基本的劳动方式，这种生产方式是从劳动力市场上以劳动力价格购买劳动力，利用劳动价值和劳动力价格之间的差额，实现资本增殖的目的，雇佣劳动已不是单纯的劳动形态，而是转化为资本存在的形态。雇工的利用不是根据生产的需要、劳动的需要，而是根据资本增殖和投资结构的需要。雇工经营中的雇主和雇工的位置不能互换和颠倒。雇主是经营者，资本所有者，承担企业经营风险，占有经营利润；被雇工人基本不占有企业经营资本，或只有极微小的部分，出卖劳动力是被雇工人收入的基本来源。可见，雇工经营是在生产、交换、分配、消费诸方面都已形成了自己独有的特性，是不同于奴隶社会、封建社会和社会主义社会生产方式的资本主义的生产方式，这种生产方式（或说经营方式）与雇工是截然不同的两个概念，各自代表着不同的经济范畴。讨论雇工经营只有把它与雇工分开才能搞清雇工经营的性质。

二、目前我国农村雇工经营的主要形式

目前农村雇工经营大致可分为三类：

第一类，雇主以承包者的身分，承包集体企业，实行雇工经营。生产资料属于或基本上属于集体所有；承包者雇用工人，自主经营；所得利润按承包者合同部分用于扩大再生产，部分上缴集体，部分归承包者所有；工人工资一般较高，也有少许分得利润的。例如天津市宝坻县石桥乡龚村纪绍文，承包集体企业五金和汽车修配厂，雇工40人，全年利润近4万元，上缴集体2万元，用于集体打井4 000元，用于集体文化事业1 700元，本人得1万余元。又如，天津市大港区上古林乡马栅口村张玉森，自筹资金五千元，以集体名义办铜冲压件厂，雇工17人，利润分配办法是10%交集体，30%留作企业积累，40%为雇主分红，10%作雇工奖金。再如，陕西省蒲城县李考郎等四户集资65 000元，与集体投资的42 000元联办水泥厂，厂内用工50%由集体安排，50%由四户安排，承包期为三年，集体对厂内重大问题有决策权和监督权，每年向集体交包金2万元，其余利润40%为企业积累，40%为四户股金分红，20%为职工奖金，承包期满后，全部设备归集体所有。

第二类，雇主独立经营，但由于资金少，生产资料少，仅雇少数工人（帮工或徒工）除支付雇工工资外，利润全部为雇主占有。据河北省永年县调查，267户个体雇工户，雇工1 860人，平均每户近7人，年利润1 152 000元，平均每户获利4 300余元。

第三类，雇主（或几户联合）拥有比较雄厚的资金，占有全部或大部生产资料，雇佣大量工人，除支付雇工工资外，雇主占有全部利润。例如，河北省宣化县侯某，自营砖厂，雇工150人，1983年获净利18 000元。

这三种类型雇工经营，都是在社会主义经济占统治地位的条件下出现的经营形式，它们只能在加入社会生产的总过程中，并成为生产总过程链条上的一环，才能存在和发展。所以它们都受到占统治地位的社会主义生产关系的制约，在产、供、销诸方面和社会主义公有制经济交织在一起。因此，可以称之为社会主义条件下的雇工经营。但就其企业内部的性质来说却并不相同。

第一种虽然残存着雇主剥削雇工剩余价值的缺陷，就总的说基本上保持着生产资料公有制，分配上也基本上体现着按劳分配的原则，它是利用资本主义的雇工方法，来管理社会主义企业的

一种经营形式，或者说是保留雇工经营形式的社会主义企业。第二种同样存在雇主剥削雇工剩余价值的问题，但由于雇主资金小，占有生产资料少，就其经营规模、剥削量来说，都构不成资本主义性质的企业，因此它基本属于社会主义条件下的个体经营的性质。当然，从上面的一些例子已可以看到，这种类型的雇工经营常是一种过渡形式，它们中发展较快的会很快转化为第三种类型，不过多数会维持下去，也会有破产的。关于雇工经营性质争论的集中点，是第三种类型。

三、农村私人雇工经营的企业是资本主义性质的

我们认为，以上所列的第三种雇工经营的企业虽然它的生产和发展受到社会主义经济规律的制约，但是就其内部关系的本质来说，是一种资本主义性质的企业，是在社会主义社会中，生产资料私有制正在消亡过程中一种残存的资本主义经营形式。

“社会主义经济体制形成以后，一切经济因素都不可能是资本主义性质的。”这是持雇工经营是社会主义性质的论据之一。其实，什么是社会主义经济体系已经形成，这个体系形成的标志是什么？本身就是值得探讨的问题。在我国，农村集体经济尚处在一个土地集体所有制的阶段，集体统一经营的部分在农民家庭收入中1985年仅占8.4%。就整个社会来看，目前我国也还处在社会主义的初级阶段，如果说社会主义经济就是不同类型的公有制经济，那么现在的社会主义经济体系，只能是正在形成过程中，并非已经形成；如果说社会主义经济本身就是一个以公有制为主体的多种经济成分的社会，那么社会主义经济体系中就包含着消亡过程中的非社会主义经济。

两个不同性质的生产方式存在于一个社会之中，这是人类社会发展过程中的普遍的现象，只不过被统治的生产关系，“染上了占统治地位的生产关系的普照的光”罢了。列宁曾经多次论证在无产阶级国家中，在一定限度内，可以容许贸易自由和发展资本主义。列宁的伟大之处，并不在于他说明社会主义初期并存着社会主义的生产关系和资本主义的生产关系，因为这是摆在人们眼前的无法争辩的事实，列宁的伟大在于他将这两类生产关系正确地区分开来，不是给资本主义的生产关系挂上社会主义的桂冠，而是清醒地采取适当的政策“经过私人资本主义来促进社会主义”。因此，我们认为，我国农村目前存在着资本主义性质的雇工经营企业是事实，因为有利于发展社会生产力，允许其在一定限度内的存在或发展是应当的；但是，不清醒的认识这种企业的性质，甚至给它挂上什么社会主义的桂冠，这不但不是事实，而且会给社会主义发展带来严重危害。

“雇主虽然占有雇工的剩余价值，但是他把其中的一部分向社会主义国家纳税了，大部分又用于扩大再生产，有利于社会主义事业，当然是社会主义性质。”这是把这种经济形式的作用和性质混同了。作用是不能完全说明性质的。正是由于雇工经营对社会主义事业发展有部分的作用，我们才允许其存在，也才能够存在，但是用作用代替性质却是犯了逻辑上的常识性错误。

如果说把雇主向国家交纳税金，国家用于公共福利事业了，就算是工人参加了利润分配，雇工经营的企业就成社会主义性质，这是说不通的。我们且不说雇主交纳的税金是工人创造的，就理论上讲，用于公共福利事业部分是国民共同消费的部分，是属于必要劳动部分，本来就是工人劳动本身再生产所必需的。就逻辑上讲，社会主义国家将收得的税金用于经济建设和公共福利事业，雇工从中也可得到利益，这是社会主义国家税收性质决定的，根本不能说明雇工经营性质的变化。关于把利润投入扩大再生产的问题，我们要再次指出，雇工的经营是一种生产方式，如果他预计资本投入的报酬低于银行利息率，他是不会办企业的。至于用多少收入支付税金，多少支付工资，都必须是以保证他获取平均利润为前提，否则他也是不会投资的。

“被雇者工资高于当地农民，又是有产业的农民，被雇者出卖的劳动力已不是商品。”是的，被雇者工资一般都高于当地农民。但是一个农民到一个私人雇工经营的企业劳动以后，劳动强度、劳动环境、劳动技术都完全改变了。劳动力再生产的费用提高了，工资较高难道不正是劳动价格的反映吗？私人雇工经营的企业，支付的工资一般也高于国营企业和集体企业，这不仅因为目前私人企业劳动强度大、劳动时间长、劳动条件差，而且还因为它没有退休、医疗等劳保制度，且有随时被解雇的危险。这种较高工资，不仅不能说明它的社会主义性质，反而说明它的资本主义性质。许多被雇的农民宁愿拿低工资到国营企业或集体企业工作，不愿到高工资的私人企业中去工作，不正是由于这种原因吗？实际上在目前农村劳动力供过于求的情况下，雇工经营的企业支付的工资已是很低的了。雇主究竟采取高工资高效率还是采取低工资低效率，是他可以选择的经营策略，是他达到获取最大利润所采取的手段。雇主所考虑的不是雇用多少工人可以增加多少社会人员的就业，而是每元投资的利润率。高工资高效率不仅利润高，而且资金周转快，是他最好的策略。许多调查材料表明，私人雇工经营的企业与集体所有制企业相比劳动效率的提高幅度，远远大于工资提高的幅度，其利润要高得多。这就说明私人雇工企业采用较高工资的办法而赚取着更大量的相对剩余价值。所以采取什么样的工资手段，根本不能说明雇工经营企业是社会主义性质的。

至于劳动者占有生产资料这一点，我们认为它没有也不能否定被雇者出卖劳动力的商品性质，因为：①被雇者不占有这个企业的生产资料；②被雇者即使是占有一定的生产资料，但他的劳动力对他所有的生产资料是多余的；③即使他将来可能继承一大笔资金，但他未继承前，他在劳动力市场上仍可出卖自己的劳动力，劳动力是否商品，不是以出卖劳动的人本身是否有名义上属于自己的生产资料为前提的，而是属于他的生产资料是否能和他的劳动力直接结合，是否出卖劳动力，才能维持劳动力的再生产。我们认为，劳动力是不是商品，不在于劳动力的价格卖得贵一点还是贱一点，也不在于劳动力本身占有生产资料，它的根本标志是劳动力的所有者，是否把劳动力的使用权出卖给了雇主。大家知道，解放前我国工人阶级的一个特点，多数是出身于破产的农民，与农民阶级有天然的联系。这些破产的农民多数在农村中尚有或多或少的生产资料和产业，只是难以维持生活，才到城市或厂矿出卖劳动力。难道能说他们不是工人阶级的一部分，难道能说因为他们农村中有一点生产资料就不是受资本家的剥削了吗？就改变了他们出卖劳动力的商品性质吗？

有人说：“我国农村雇主的资本，不是剥削工人的剩余价值，是他的过去劳动。”我们认为这不仅在理论上是完全错误的，而且也不是实际。任何一个马克思主义的经济理论工作者，都绝不会去宣扬资本主义国家中的资本家的资本是节欲而来的。因为由西尼耳发明的节欲论的伪科学的面目早被马克思所戳穿，它为资本家剥削工人辩护的本质早已成为大家的理论常识。

我们知道，生产资料并不等于资本。生产资料在生产过程中只能转移价值，不能创造价值，而资本是依靠购买活劳动实现价值增值的。一个小生产者，一个农民依靠节省可以购买一定数量的生产资料，依靠较高的劳动生产率，获得较高的收入。但是如果他购买的生产资料仍然与他或者家庭的劳动力结合，不把节省下来的收入购买劳动力使其转化为资本，他仍然是个体生产者，而不是资本家。例如，一个美国的个体农民，通过几十年节欲，可以拥有几十万美元的生产资料，这些比他的祖先建立农场时拥有的过去劳动不知增长了多少倍，但他仍然是一个个体农民，他得到的报酬和他投入的劳动一致，大体上等于一个和他的物资装备程度相等的或更低的产业工人的工资。由上可知，在人类社会历史上个体生产者依靠节欲积累过去劳动发展为资本家的现象从来没有发生过。在前资本主义社会、在资本主义社会都没有发生，在社会主义社会同样不可能发生，认为我国农村雇主的私人资本是过去劳动的节欲，是犯了节欲论同样的理论错误。

在商品经济的条件下，一个农民必须进行积累，以适应技术进步的要求，才能保住自己的生产地位。在正常情况下，多数生产者的最大积累速度，一般也只能和技术的进步相适应，即不断更新的生产资料仍然在家庭的范围内结合。只有少数人能获得大量的超额利润，而这部分正是另外一些人失去的剩余价值。如果这少数人抓住这样的机会，把这部分收入转化为资本，实行雇工经营，才能成为资本家。即使如此，他的这部分原始积累，也是别人创造的剩余价值，不是他过去的劳动。谁都知道，我国目前农产品价格偏低，人均占有土地面积只有一至二亩，亩产500千克粮食也只有几百元的收入，除去劳动力再生产费用以外，利润很少甚至无利润，即使一个有手艺的个体劳动者，也不能在短短的时间里积累起数万元，数十万元的资本。所以，在我国农村中雇主的资本也不是他本身过去劳动的积累，这点不是十分清楚了吗?

有的同志说："虽然采取雇佣劳动的私人企业，但是剩余价值的绝大部分不是用于消费，而是转入投资，继续扩大再生产，于社会有利，是社会主义企业。"我们并不否认雇主将绝大部分剩余价值转入投资，继续扩大再生产，有利于社会。问题是能否用剩余价值占有后如何使用来判断企业的性质。我们的回答是否定的，因为判断一个企业的性质只能用生产资料归谁所有，产品归谁所有，剩余价值归谁所有；否则就乱了套，就无是非可言了。我国旧社会中有些地主生活上并不太奢侈，他们把剥削得来的地租或换成黄金白银储存起来，或继续购买土地，难道能因其未将剥削所得消费掉，而不称为地主吗?资本主义社会绝大多数的资本家也是把他们剥削所得剩余价值的绝大部分转入了投资，不过有的用于消费的多，有的用于消费的少，生活不那么奢侈，难道我们就能说"生活简朴"的资本家就不是资本家?每个资本家或雇主的经营思想和方式、个人品德及生活奢侈或简朴，可以各式各样，但在占有工人剩余价值这一点上其本质却都是完全一样的。

还有的同志讲："采用雇佣劳动的私人企业雇主收入虽高于工人几十倍，但不是剥削收入，是风险收入。"对什么是利润历来就有不同的看法。例如让·巴蒂斯特·萨伊就认为利润分为两部分，一是"资本的利润"，一是"使用资本的劳动的利润"。或者说一是利息，一是企业主的收入。所谓企业主的收入就是对企业家的事业心、才干、冒险等的报酬。英国经济学家亚当·斯密则认为不能把利润说成是资本家监督指挥劳动的工资。利润和所谓监督指挥这种劳动的数量、强度与技巧不成比例，利润的多少与资本多少成比例。我们认为亚当·斯密的观点比马克思称之为庸俗经济学家的让·巴蒂斯特·萨伊的观点（虽然他自称是斯密的学生）更接近利润的本质。

目前我国农村雇工经营的雇主多数是参加企业经营活动的，有的还直接参加部分生产劳动。管理是劳动，是复杂劳动，应当得劳动报酬。但是，正像亚当·斯密所说，雇主高于雇工平均工资几十倍的收入和他从事的复杂劳动不成正比，而和这个行业资金利润率成正比。

风险收入不是工资的范畴。任何一个企业在其产品的价值实现以前总是有风险的。无论大小资本主义企业都是业主承担风险，利润率越高，风险越大，利润率与风险成正比。在资本主义社会风险收入就是资本家之间分配剩余价值的问题。因此用风险收入来抵消剥削是没有道理的。

我们认为，把雇工经营的企业雇主获得的高额收入，设法说成不是剥削收入，进而把一些本来是资本主义性质的企业说成是个体经济，甚至给其挂上社会主义经济的桂冠，这不仅背离了马克思的劳动价值学说的科学理论，而且在实践中会导致一系列的错误。如果认为物化劳动能够创造价值，雇主的高额收入仅是复杂劳动和风险收入，那么资本创造利润、土地创造地租的说法就能够成立了，世界上也就不存在剥削了。

四、社会主义社会初级阶段农村存在雇工经营的现象是不可避免的

在新旧社会更替的历史时期，新旧生产关系是犬牙交错地存在着的。在一个旧的生产关系占统治地位的社会里，只要新的生产关系存在的条件已经成熟，任何力量也不能阻止新的生产关系的产生。在新的生产关系已经发展壮大起来的新社会中，只要旧的生产关系还能容纳生产力继续发展，任何力量也不能完全消灭旧的生产关系。政权的变革，只能为新生产关系的发展扫清政治上的道路，对旧的生产关系实行强制性的干涉，加速阻碍生产力发展的旧生产关系的灭亡。而生产力仍需一步一步地发展，旧的生产关系也只能随着生产力的发展逐渐地退出历史舞台。马克思在《政治经济学批判》一书中指出："无论哪一个社会形态，当它所给以充分发展余地的那一切生产力还没有展开以前，是决不会灭亡的；而新的更高的生产关系，当它们所借以存在的那些物质条件还没有在旧社会胞胎里成熟以前，是决不会出现的。"马克思揭示的这一社会生产关系发展变革的基本规律，已经说明了在一个旧社会灭亡的时期或新社会出现的初期，必然是新旧生产关系的交叉存在，如果看不到这一规律而使用政治力量压抑新生关系的产生、或者过早的消灭还有一定生命力的旧生产关系，历史都证了，最后胜利的是经济规律。

马克思、恩格斯正是根据上述规律，并不认为无产阶级在夺取政权后，就要立即全部消灭资本主义生产关系，立即消灭私有制。这从《共产党宣言》、《共产主义原理》等著作中，都可以看到他们十分明确的观点。列宁说得更加明确，他说："无产阶级国家只要不改变本质：在一定限度内，在国家调节（监察、监督、规定形式和手段等等）私营商业和私人资本主义的条件下，是可以容许贸易自由和发展资本主义的。"他还说："有可能经过私人资本主义（更不要说国家资本主义）来促进社会主义。"

我国是在一个半殖民地半封建社会的基础上建立起无产阶级政权的。官僚资本主义企业为建立社会主义全民所有制经济奠定了基础。但是，应当看到在我国这样一个生产力发展水平比较低的国家里，在社会主义制度确立以后的一个相当长的时期内，旧的生产方式，包括资本主义生产方式的某些部分，仍然能够容纳生产力的继续发展，仍然有存在的基础。因此某些旧的生产方式在新社会继续存在就是一种不可避免的现象，这是符合马克思主义揭示的社会生产关系变革的客观规律的。我国农村资本主义性质的雇工经营正是这样。

赵紫阳同志在党的十三大报告中，充分肯定了私营经济在社会主义初级阶段中的作用，他说："私营经济一定程度的发展，有利于促进生产，活跃市场，扩大就业，更好地满足人民多方面的生活需求，是公有制经济必要的和有益的补充。"就目前我国经济发展看，今后农村雇工经营的私人企业还会有相当程度的发展。因此，我们必须制定有关私营经济的政策和法律，在保护它们的合法利益的同时，加强对它们的引导、监督和管理。

农村雇工经营的私人企业，虽然在社会主义社会中，必然同占有优势的公有制经济相联系，并受公有制经济的巨大影响，但就企业内部关系说，它是存在着雇佣劳动关系的经济成分，属于资本主义性质的企业，是以利润为目的的。为了获取短期的高额利润，它会采取不顾国计民生，不利国家社会的冒险行为。最近不断发生的严重危害人民生命安全的制造假药或劣次产品等事件，都是为追求短期高额利润的突出例证。这种企业，为了追求高额利润，不可能无条件地接受国家和社会的计划调节。这种企业除在市场竞争中破产或得以发展外，只有依靠国家强制性的政策法令，才能不被抛出轨道。

农村雇工经营的资本主义性质的企业的发展，必然要导致两极分化。有人说这不是两极分化，而是先富后富的问题。其实，雇主和雇工在原有基础上虽然都能增加收入，但雇主的收入增长速度会数倍、数十倍于雇工收入的增长速度，他们间的差距会越来越大。这种差距，如果没有相应政策的限制，决不会随着生产力的发展而缩小，而是越来越向雇主一方集中，这当然不是什么先富后富的问题。当前大量闲散而没有资金或种种"关系"的农民之所以愿意接受这种剥削，一是比它们原来的收入较高，二是当前有大量的劳动力后备军。但是，他们不是不知道他们创造的大量财富被雇主拿走了，最近一些私人企业、一些建筑队雇工和雇主之间的纠纷已在明显地上升。我们应该看到这些社会问题。

大量资本集中在雇主手中以后，雇主的经济地位就会发生变化，经济地位的变化必然引起社会地位的变化，他支配经济的权力，组织领导经济的地位，必然导致他处于权威性的社会地位，并影响人们的思想、行为。几万元、几十万元、几百万元的财富相对集中在雇主手中，就会有人依附他们，希望从他们手中分得一点好处。金钱可以驱使某些人的躯体和灵魂干某些不正当勾当的现象还是不少见的。这些不能不给社会主义人与人的平等关系带来某些阴影。党的十一届三中全会以后，在农村经济体制改革中，出现了雇工经营的私人企业，并取得较好的经济效果，得以迅速发展。这本是我国现阶段经济发展的必然结果，是一种正常现象。但有些人在这种情况下，把这种私人企业说得比国营企业、集体企业如何优越，甚至一些地方银行优先或只给予个人或私人企业货款，这种情况已引起群众的不满。我们认为，目前国营企业、集体企业经济效益较差，主要是管理体制、经营管理和按劳分配原则贯彻等方面缺陷造成的，当前的经济改革正是为了解决这些问题的。我们没有必要，也不可能放弃公有制经济，而依靠资本主义性质的雇工经营。农村经济的发展决不是只依靠雇工经营就能发展起来的。先富起来，也决不是少数人变成拥有数十万元、数百万元、千万元资产，年收入十万元、百万元的雇主，大多数农民变成雇工。我们认为，农村经济发展的根本是加速国营企业、集体企业的经济改革，在农村大力发展乡镇企业，贯彻按劳分配的原则，吸引和鼓励有经营才干和技术特长的人到乡镇企业，或创办集体企业和合作企业。而对私人企业应在保证其正常发展和合法利益在的条件下，在银行贷款、经营范围、经营地域、规模大小以及税收、雇工工资等方面制定适当政策，加以正确的引导监督和管理。只有这样，才能迅速促进农村经济的发展，才能达到一部分人先富起来，然后实现共同富裕的目标。

一种新的融资渠道*

——关于河间县留古寺镇股份金融服务处的调查报告

孙 文 锴

河北省河间县留古寺镇围绕发展乡镇企业资金难问题，由镇经联社牵头筹备，采取吸收集体和个体投资入股的办法，于1987年5月成立了留古寺镇股份金融服务处，为乡镇企业及农户办理存、贷、结算和现金收付等业务，到1988年5月，其业务活动辐射到该县29个乡镇中的19个乡镇，并向毗邻的任丘市、高阳县等六个县市延伸，营运资金规模已占当地农行营业所、信用社营运资金规模的30%。这个河北省第一家民间金融组织的成立，活跃了农村金融，并引起社会各界的关注。

一、产生原因和条件

（一）农村商品经济迅速发展的需要

留古寺镇历史上是个贫困的乡镇，近年来商品经济迅猛发展。1986年全镇各类乡镇企业已达1 932家，特别是户办、联户办家庭手工业发展迅速。1986年全镇实现产值4 005万元，其中乡镇企业产值达3 553万元，实现利润890万元。随着经济的发展，对资金的需求迅速增加，该镇年周转金由1983年的600万元猛增到2 100万元。资金紧缺已成为该镇乡镇企业发展的第一限制因素。

（二）农村单一融资渠道已不能满足商品经济发展对大量资金的需要

现行农村金融组织有农业银行和信用社两家，而信用社是在农行扶植下的集体金融组织，其业务在农行领导下进行，所以名为两家，实为一体。实践表明，在这种独家经营的局面下，金融渠道不能充分动员社会闲散资金用于社会积累和发展生产，发展生产资金短缺和社会资金沉淀的矛盾日益突出，因此打破独家经营局面，开辟新的融资渠道已成为农村资金运动的客观要求。

（三）现行农村金融体制的弊端，促进了民间金融组织的产生

由于农行、信用社独家经营，还受统得过死和大锅饭等旧的体制的束缚，缺乏内在活力和外在压力，“官银”作风严重，暴露出种种弊端。如：贷款辐射面小，办事效率低，服务质量差。当地农民形容为“门难进，事难办，支取现金难上难”，出现了“存款自愿支款不自由”的现象。另外个别信贷人员以权谋私，损坏了金融机构的声誉。所以民间金融组织的出现也是顺应了群众

* 原载《农村社会经济学刊》1988年第3期。

改善融资环境的要求。

（四）农民投资倾向的分化使民间金融组织的资金来源有了保证

随着农民脱贫致富，他们投资欲望也日益强烈。与农业生产投资和乡镇企业投资相比较，金融投资既收效显著又少担风险，是农民比较乐于接受的一种投资方式。服务处迎合了农民这种投资的心理倾向，采取股份制和保息分红的办法吸收资金，增强了资金凝聚力。

二、基本特征与营运情况

留古寺镇股份金融服务处成立的宗旨是为该镇商品经济的发展提供融资服务，它的服务对象是集体、个体、联体乡镇企业和广大农户。其基本特征是：

股份制：任何人都可以自由参资入股，每股金额 500 元。股东利益分配采取保息分红的办法，股息同银行定期一年的存款利息，全年按税后利润的 15%进行分红，股金分红不得超过股金的 15%。

民主管理：由现有的 134 名股东选举 37 名股东代表组成股东代表大会，成为该金融组织的最高权力机构，由股东代表大会推举出监事会成员 15 名，负责监督和检查服务处的工作，推举出理事会成员 5 名，负责经营方向及日常重大决策。

自主经营、独立核算：该服务处在业务上接受人民银行的监督指导，在经营上有信贷自主权，以存定贷，资金自求平衡，是实行独立核算、自负盈亏的经济实体。

法人地位：服务处是经河北省人民银行和县工商管理部门批准依法成立的，具有法人资格，承担法人义务。

该股份金融服务处成立以来，开展多种业务活动，成效显著，其具体营运情况如下：

（一）资金来源情况

服务处成立之初共吸收股份 2 061 份，股金总额 103 万元，其中个人股份和单位集体企业股份各占 50%。从 1987 年 5 月成立到 1988 年 3 月底，十个月共吸收各项存款 3 499.9 万元，三月底存款余额 300 万元。存款中个人储蓄存款又占 70%，余下的 30%是乡镇企业存款。个人股份和个人储蓄存款共占到资金来源的 65%，这表明服务处调动了大量农民手中的闲散资金，成为其主要资金来源。

（二）资金运用情况

服务处成立十个月共放出各项贷款 842.3 万元，收回贷款 512.6 万元，1988 年 3 月底贷款余额为 329.7 万元，其中应收回逾期贷款 30 万元，贷款回收率和逾期率分别为 60.9%和5.5%。贷款期限不超过一年，贷款项目主要是流动资金贷款。从贷款金额来看贷款方向，集体乡镇企业约占 40%，个体、联体工商业占 50%，农业贷款占 10%。

（三）经营效果

到 1987 年底该服务处共获利 11 万元，纯盈利 3 万元，在短短七个月内取得了一定的经济效益。税后利润分配的比例是：公积金 50%，风险基金 10%，股份分红 15%，余下的做为福利基金和奖励基金。服务处 1987 年信贷资金使用率（年周转次数）达 230%，而该镇信用社 1987 年

信贷资金使用率不足100%。

三、特点与融资作用

留古寺镇这个股份合作形式的民间金融组织同一般农村信用社相比有以下特点：

民主性：服务处实行了一套民主管理制度，如定期召开股东代表大会，向股东汇报业务经营情况，讨论重大决策，较好地体现了股东们的民主权利。

独立性：服务处较好地实现了所有权与经营权的分离，经营人员由股东代表大会聘任，有经营自主权，实行独立核算、自负盈亏，并视经营效果来决定对经营者的奖惩，充分调动了经营者的积极性。

灵活性：服务处的经营活动适应了乡镇企业和个体工商户经营灵活、情况多变和时间性强的特点，同农行营业所和信用社比较：一是贷款限制少，辐射面广；二是手续简便，减少了不必要的中间环节，并且提取现金、开户、转账或支零金都由客户自便；三是贷款利率活，随行就市，一般在六厘到一分八厘之间浮动；四是服务周到：开户、存贷款、取款、汇兑结算等，凡是能方便乡镇企业和个体户的项目都承办，并实行服务上门，全天24小时服务，大宗业务随来随办等优质服务措施。

留古寺镇股份金融服务处的建立，为发展农村商品经济起到了积极作用。

（一）促进了该镇乡镇企业的发展

服务处以其多功能的优质服务，缓解了发展乡镇企业资金短缺的矛盾。到1987年底，服务处运用贷款支持发展了243个家庭工厂，帮助25个濒临倒闭的企业起死回生，并为1 120个家庭工厂提供了支现和汇兑结算方便，推动了乡镇企业发展。1987年全镇乡镇企业由1986年的1 932个发展到2 164个，产值达4 500万元，比1986年增长了24.2%，向国家交纳税金219.5万元，居全县之首。

（二）拓宽了农村融资渠道，搞活了农村货币流通

服务处有效地动员了沉淀在农民手中的消费资金和其他社会闲散资金投入生产领域，以其灵活、多样、高效、优质的服务，较好地满足了该镇经济发展对资金的需要，在以农业银行为主体的农村金融体系中，起到了拾遗补阙的融资作用。

（三）竞争机制增加了农村金融组织的活力

将竞争机制引入了农村金融体系，打破了原来独家经营的垄断局面，增加了农村金融组织的活力，推进了农村金融体制改革的进程。服务处以其高效优质的服务冲击了农行营业所和信用社的太平日子，在竞争中增加了他们的外在压力，迫使他们放下架子，转变“官银”作风，改进服务，也实行了全天营业、浮动工资、下乡服务等措施，行业不正之风有明显收敛。

（四）平抑了民间私人借贷利率，优化了农村融资环境

1986年留古寺镇发展家庭工业所需2 000万元资金，约有50%是由私人借贷调剂解决的，利率混乱，有的高达5分至一角，同时由于没有法律保护，发生了许多经济纠纷。服务处成立后，变大量地下私人借贷为公开的有组织的民间资金信贷，有力地打击了高利贷者和非法金融投机，

促进了农村资金良性循环的形成。

（五）为镇政府管理经济提供了一个经济杠杆

通过服务处的信贷活动来干预和协调该镇经济的发展。

四、存在的问题及改进措施

留古寺镇股份金融服务处存在的一些不足。

第一，由于多方面的原因，服务处在本县范围和农行的资金横向结算还不能直接进行，和农行的结算业务必须通过县工商行间接发生联系，增加了结算资金的在途时间，使业务活动受到局限。

第二，一些业务管理制度不够完善，比如在贷款方面，由于贷款审核不够严格和合同违约后惩罚制度贯彻不力等原因，致使30多万元贷款逾期未还，影响了正常资金周转。

第三，服务处工作人员的业务素质有待进一步提高。

第四，服务处的最高权力机构应是股东代表大会，但其行政上又隶属于镇农工商联合公司（原经联社），而且公司入了30万元的大股，使其在经济上对公司也有依赖倾向，这样容易在管理上产生矛盾，影响该金融组织的独立性。

针对上述问题，应采取一些必要的解决措施：

1. 有关部门应尽快制定民间金融组织的管理条例，协调理顺各方面关系。彻底打破部门割据局面，及早解决民间金融组织不能参加县辖结算通汇的问题，使民间金融组织和国家专业银行能平等竞争，这对发展农村商品经济有重要意义。

2. 健全完善和认真落实各项管理制度。在贷款方面坚决坚持“三查”，杜绝人情担保，必要时依靠法律手段惩罚合同违约行为，并积极引导联体，个体工商户转变，原来的委托收款结算方式为银行信用证结算，以提高货款和贷款的回收率。

3. 对服务处业务人员进行有组织的培训。可以请求当地国家银行对现有工作人员进行训练，对服务处业务活动进行指导和咨询；也可选送一些人员去学习深造；还可聘请有关专家做顾问，帮助服务处改进服务手段，提高业务水平。

4. 加强人民银行对服务处业务的监督和指导作用，并通过健全有关法律规范来保证和制约该组织的经营方向，逐渐减少政府部门的行政干预。在资金上要不断扩大集体股的成分并增强该组织的公共积累，使其在经济上逐步增强自负盈亏和自担风险的能力。同时要限制该金融组织的股票向大户聚拢，防止它蜕变为个别大股东控制的“私人钱庄”，努力使其真正成为独立自主，民主管理的民办合作金融组织。

五、关于发展民间金融组织的初探

在当前多种经济成分，多种经营方式和多种流通渠道并存的经济体制下，与之相适应的多成分、多形式、多渠道的金融体系必然应运而生。民间金融组织的兴起正是这种经济格局的产物。实践表明，民间金融组织是在农行、信用社融资形式单一情况下把农村闲散资金引到商品生产轨道上来的一种有效形式。特别是民间金融组织以“额小、期短、灵活、服务周到”为特点适应了小企业、个体户和农民联合体的融资需要，它的作用是国家专业银行无法取代的。

在社会主义初级阶段，多种经济成分和多种经营方式的多层次商品经济将长期并存，上述民间金融组织的大量存在将是必然趋势。因此，我们不能把金融体制改革的思路局限于原有的金融机构，而仅把发展新的民间金融组织做为陪衬。对发展民间金融组织的意义，应当从战略的高度重新认识。如前所述，民间金融组织的产生有其客观必然性，它一开始就是自负盈亏、自主经营的经济实体，这正是它的优势所在，也完全符合金融体制改革的目标要求，随着商品经济的发展，它将壮大成长为社会主义农村金融体系的一个重要组成部分。发展民间金融组织，不但可以从微观方面促进符合商品经济要求的新型金融体系的发育，而且可以对农村原有金融机构的企业化起到示范作用和催化作用，并通过引入竞争机制，增强整个金融体系的活力，优化金融体系的宏观结构。总之，发展民间金融组织应作为金融体制改革的一个重要内容。

对于民间金融组织的发展趋势，有一种观点认为，民间金融组织所以在农村大量出现，主要是农村信用社的“三性”没有恢复，“官办”色彩浓厚，一俟信用社经过改革恢复“三性”，现在发展起来的民间金融组织就没必要存在。其实不然，既然农村信用社恢复了民间合作性质，就应和其他各种经济成分和信用形式的民间金融组织并存，通过平等竞争，优胜劣汰，这才符合商品经济的竞争原则，也利于增强各种金融组织的内在活力和外在压力。

关于发展民间金融组织的对策，首先应该解放思想，大胆扶持，放手发展。但在具体步骤上不能不讲条件，一哄而上。根据河间县留古寺镇发展民间金融组织的经验，应当从实际出发，根据各地成立民间金融组织应具备的基本条件，在原有试点的基础上，成熟一个发展一个。其次，需要金融管理部门加强引导和管理，根据民间金融组织的特点，总结出一套有效的管理办法，在此基础上制定出有关民间金融组织的政策法规，保障其合法权益，使其有章可循，有法可依，沿着正确的轨道健康发展。

试论农业工程的性质和特征*

孙琦厚

一

关于农业工程的性质和特征，学术界有不同看法。笔者谈点自己的粗浅认识，供研究参考。

农业工程的概念是随着传统农业向现代农业转化而提出来的。

18世纪工业革命后，随着手工业生产向机器大工业过渡，要求设计和制造的机械设备，要求建设的大型设施和建筑物日益增多，土木、机械、化工、电力等工程活动迅速发展。适应这些工程事业的发展，其学科也逐渐发展起来。由于这些学科的研究对象都是无生命物体构成的，设计和制造这类工程客体所需要的知识，主要是力学、物理、化学等，所需要的技术，主要是关于材料的机械性质、加工工艺、制造方式和设备等机械技术，以及化工、电工技术，这些知识和技术大部分很早就比较成熟了，因此，土木、机械、化工、电气等工程学科也很快就达到了比较成熟的程度。

当传统的工程学科已经比较成熟的时候，农业基本上还处于手工劳动阶段，对农业工程的要求还不迫切。由于工业迅速发展带来对农畜产品和劳动力的需求日益增加，19世纪中叶，人们开始研制和使用各种农业机械，以提高劳动生产率，从而相继发明了各种畜力牵引的铸铁犁、钢犁、中耕机、条播机、脱粒机、收割机等。19世纪下半叶某些国家已在农业生产中大量使用马拉的各种农业机械。20世纪初，实用的内燃拖拉机研制成功。一些国家便开始在农业生产中大量使用拖拉机，逐步实现机械化。农业机械化的迅速发展提出了建立和发展农业工程学科的任务。适应这种需要，1907年美国成立了农业工程师学会，创办了“农业工程学报”，在一些州立大学相继建立了农业工程系或设置农业工程课程。

初期的农业工程活动，主要是农业机械化和水利化。这些工程活动着重于把土木、机械、化工、电气等工程学科的现代技术应用于农业，用工业生产的机电产品及其他设备武装农业。与这种发展状况相适应，人们通常把农业工程理解为工程手段（产品）在农业上的应用。例如，1925年美国人O. V. P. Stunt把农业工程解释为：为一特定生产部门服务的一类工程。它与土木、机械、电气等工程的分界是，土木机械、电气等工程的重点是设计制造，而农业工程的重点是应用，要注意应用中的效率和经济性。这种认识在国内也很普遍。我们可以把这种认识称为“应用说”。

“应用说”反映了农业工程的初期发展状况，不能说没有道理。但这种理解没有反映出农业工程与其他工程的本质区别，因而是不科学的。如果农业工程仅仅是传统工程在农业上的应用，仅仅是用工业产品装备农业，那农业工程所需要的知识结构和技术手段同一般工程就没有什么区

* 原载《农业工程学报》1988年第3期。

别了。严格地说，拖拉机和其他农业机械的设计制造并不属于农业工程，而属于机械工程。这里有必要弄清什么是工程，根据什么对工程进行分类。

工程是人类控制和改造自然，创造具有特定功能的人工自然物的活动。这种人工自然物是一个具有一定成分、结构和活动方式的物质系统。它不仅在天然的自然界中不存在，而且同已有的人工自然物也不完全一样。不然，就是生产活动而不是工程活动了。能不能说创造人工自然物的活动都是工程呢？不能。自从有了人类，人就学会了创造工具，随后又学会制陶、冶金、纺织、建筑等，这些活动都是创造人工自然物的活动。但通常人们不把这些活动叫工程活动，也不把这些活动创造的人工自然物叫工程。因为这些人工自然物结构简单，依靠手工业者的经验和技艺就可以创造出来。随着个体手工业向工场手工业及机器大工业过渡，需要创造的人工自然物越来越复杂，单凭经验已感不够，需要依靠科学，这时就形成了工程的概念，并且出现了第一批工程师。这批工程师，有的是转向技术工作的科学家，有的是自学科学知识的手工业者和能工巧匠。他们利用数学和力学知识进行创造发明和工程计算。达·芬奇就是这批工程师的代表人物，他领导过挖运河的工程，设计过多种多样的机械。可见，工程活动是科学同技术相结合的产物，是以应用科学知识为前提的。著名的科学史家贝尔纳说："工程师从科学家里兴起，不断地并密切地和科学家保持联系。"这段话也反映了工程以应用科学知识为前提。因此，我们可以把工程定义为：利用科学知识和技术手段创造具有特定功能的人工自然物的活动及其结果。把工程定义为一种人类活动，反映了工程的动态性和过程性，有利于从整体上把握工程的本质；把工程又定义为活动结果，反映了工程的目的性。工程活动的结果——人工自然物，是工程的体现者。它是一个具体的完整的物质构成物，是个物质的综合体。我们可以把它称为工程客体。

工程客体最基本的特征是它具有自然——社会二重性。一方面，它是变了形的自然界的物体，它的物质构成部分都来自自然界，并且按照自然规律运动着，因此，工程客体受自然条件的制约，它的结构和功能遵守自然规律，这是工程客体的自然属性。另一方面，工程客体是为满足人类的某种需要，通过人类劳动创造的。因此，它又受社会条件的制约，社会发展的规律，特别是社会的经济条件和社会需要，决定着工程客体的结构、功能和发展。这是工程客体的社会属性。工程客体的二重性反映了工程的本质特征。说明创造工程客体不仅要综合地应用自然科学知识，而且还要综合地应用社会科学的知识。同时，工程客体作为一个整体，是由许多部分构成的，含有多种物质成分和运动形式，改变每种物质运动形式的状态都需要相应的技术。因此，工程不是指某项技术，而是多种技术的综合应用，是一个完整的技术体系。总之，工程客体的自然——社会二重性，以及它的整体性、综合性等体现了工程的本质，工程就是综合地应用科学知识和技术手段，创造工程客体的活动过程。

工程作为一类学科的总称，它们的研究对象都是工程客体，它们的研究内容都是人工自然的特殊规律即技术原理，以及建立人工自然的方式、方法、手段等问题。工程客体有共性，这些共性决定了工程学科的共同本质。但共性是通过特殊性表现出来的，共性寓于特殊性之中。工程客体的特殊性是工程学科分类的基础，是决定某类工程学科性质和特征的客观依据。

各种农业机械都是具体的完整的人工自然物，都是工程客体。作为工程客体，它们和一般机械，例如机床、印刷机等没有本质区别。设计制造农业机械与设计制造印刷机械一样，属于机械工程。农业机械可以为农业服务，这是它的特殊功能，就像印刷机械可以印刷书报杂志一样。因此，不能按工程客体的特殊功能进行工程分类，不能把设计制造农业机械称为农业工程。农业机械应用于农业，是作为一种技术手段，参与农业工程客体的创造过程，成为农业工程客体的一个构成部分。如修建农田的暗管排水系统就是一项农业工程，它改变了农业生产客体的结构和功能。要修建暗管排水工程，需要化学工业生产出合格的波纹排水管，需要机械工业制造出开沟埋管机械。水管和埋管机作为修建暗管排水工程的技术手段参与了农业工程。本身还不能说就是农业工程。农业工程是指修建暗管排水系统的全过程，包括规划设计和具体施工组织等。

农业工程与土木、机械、化工、电力等工程的最根本的区别在于，农业工程客体是由有生命的物体和无生命的物体相互作用形成的，它们之间互相作用的机制十分复杂，而土木、机械、化工、电力等工程客体都是由无机物构成的，无生命物体之间的相互作用要简单得多。因而，农业工程与土木、机械、化工、电力等传统工程相比，需要的理论知识和技术手段有很大不同。如果把农业工程看作土木、机械、化工、电力等传统工程在农业生产上的应用，实际上就是把农业工程归结为这些传统工程，这等于取消了农业工程。因此，"应用说"是不科学的，是不可取的。

二

随着传统农业向现代农业转化，以及现代农业的进一步发展，农业工程的内容和范围日益扩大。农业工程的概念也随之发展。例如，在20世纪30年代，防止土壤侵蚀成为美国最为重要的农业工程问题。特别是1934年春天，大风在一天之内就从美国的俄克拉荷马、堪萨斯、科罗拉多、得克萨斯，怀俄明等州刮走了3亿吨肥沃的表土。惨重的损失使人们充分认识到土壤保持的重要性。美国国会通过了水土保持法案，为建设新的生态平衡，开展了以小流域为中心的农田建设规划，进行了全面的土地整治工作。土壤保持是一项很复杂的系统工程，包括风蚀与水蚀，灌溉与排水、土地的合理利用、防洪等许多方面，必须进行综合治理。再把农业工程简单的看成传统工程产品在农业上的应用，把农业工程视为从农业外部向农业投入什么东西，就不够了。于是，农业工程学者就想扩大和发展农业工程概念。例如，1936年在美国一次水土保持会议的总结中就明确指出：农业工程师是站在土木工程与农业科学之间的，其工作领域与其他工程既无竞争，又不重复。农业工程师需要特殊训练。这实际上就是把农业工程学科看作介于传统工程与农业科学之间的边缘学科，强调农业工程的独立性和所需知识的特殊性。

这种观点随着现代农业的发展进一步加强和明确。现代农业的一个重要特点是向集约化发展。农业的集约化使农业生物环境的改善与控制成为农业工程的重要内容。在种植业方面出现了植物工厂。在植物工厂中，都有比较高级的水培装置和环境调节设备，大部分栽培作业实现自动化。植物工厂可周年生产，气温、CO_2浓度、光量、湿度，营养液组份等环境条件都实行自动控制。用植物工厂栽培粮食作物，成本太高，将来也未必可行，但用它生产价值高的蔬菜、药材等，还是大有前途的，特别是用它生产种苗，植物工厂的技术可发挥威力。在畜牧业方面，出现了大型工厂化养鸡场，使孵化、育雏及育成分别独立地进行集约化大规模生产。养鸡业成功的关键就在于从各个不同方面引进先进技术，保证了鸡舍环境的不断改善。建立这些环境控制工程，必须了解农业生物与环境之间的关系，以及农业生产和环境与各种技术措施之间的关系。农业工程与农业生物学的关系日益密切。适应农业工程发展的这种客观需要，有些学者明确提出：农业工程学科是一门介于机械、电力、土木、化工等工程学科与农业生物学科之间、具有边缘学科性质的应用学科。有的专家甚至提出：农业工程是农业和工业两个行业互相渗透、结合而形成的边缘学科。这种边缘学科的观点为不少人接受。"边缘学科说"强调农业工程既需要传统的工程知识，又需要农业生物学的知识，强调农业工程学要注意研究农业生物与环境、农业生物各环节与各种工程措施之间的关系，比"应用说"前进了一大步。但是，我认为把农业工程理解为边缘学科也是值得商榷的。

农业工程作为一门工程学科，它同土木、机械、化工、电力等工程学科一样，研究对象都是工程客体。但它们之间研究的工程客体却都不相同，有明确的分界，并不相互交叉。例如，机械工程的研究对象是各种各样的机械，这些机械都是由无生命的物体构成的。而农业工程的研究对象是农业生物在其中生长发育的农业生产客体，它是由有生命的物体和无生命的物体共同构成的。显然，农业工程与机械工程的研究对象迥然不同。农业工程是与机械工程相并列的一门工程学科，不是机械工程派生出来。农业工程学科与农业生物学科的研究对象更是相差甚远。农业生物学科的研究对象是农业生物，是农业生物的生长发育规律等，属于应用基础研究，而农业工程主要属于应用技术研究。既然农业工程学科与一些传统工程学科和农业生物学科研究对象迥然不同，没有相互交叉，就不宜把农业工程说成是传统工程学科与农业生物学科相互交叉，相互渗透形成的边缘学科。

农业工程学科需要研究农业生物体在生长、繁育、贮存和加工过程中与环境的关系，以及与各种技术手段之间的关系，需要综合地应用生物技术和非生物技术，这是由农业工程客体的特点决定的，并非传统工程学科和农业生物学科相互交叉、相互渗透的产物。

工程客体都是由不同的自然物构成的，含有不同的运动形式。自然界中有多种多样的物质运动形式，但基本运动形式只有四种，即机械运动、物理运动、化学运动和生命运动。与这四种基本运动形式相适应，也有四种基本技术，这就是机械技术、物理技术、化工技术和生物技术。机械技术用来改变自然物的机械运动状态和自然物的形状；物理技术用来改变自然物的物理特性；化工技术用来改变自然物的物质成分；生物技术用来改变生命运动的状态和性质。四种运动形式有一个从低级到高级的发展顺序，这就是机械运动→物理运动→化学运动→生命运动。高级运动形式包括低级运动形式。同样，四种基本技术也有一个发展的历史顺序。从近代技术发展史看，这个顺序也是：机械技术→物理技术→化工技术→生物技术，高级运动形式的技术包含着低级运动形式的技术。如化工技术要改变物质元素的成分和物质的性质，就需要机械技术和物理技术作手段才能得以进行。生物技术要改变生命运动的状态和性质，不仅需要机械技术和物理技术作手段，而且需要化工技术作手段。有些工程客体是由无机物构成的，并且仅含有物质的机械运动过程，创造这样的工程客体主要依靠力学知识和机械技术就可以了。有些工程客体既有有生命物体，又有无生命物体，创造这样的工程客体，不仅需要综合地应用力学、物理、化学、生物等基础学科的知识，而且要综合地利用机械技术、物理技术、化学技术、生物技术等各项基本技术。不能因为农业工程要综合地应用四门基础学科的知识和四项基本技术就认为它是传统工程学科与农业生物学科之间的边缘学科。

按照系统论的观点，不同要素相互依赖相互作用构成一个系统时，系统就产生了这些要素单独存在时所没有的新质、新的功能。这些新质是由不同构成部分相互作用产生的。因此，要想使系统产生有利于人类的新的性质和功能，就必须研究不同要素相互作用的机制。不同无生命物体构成一个系统时，它们之间也相互作用，从而产生系统的整体功能。但无机物之间相互作用的机制相对简单些，人们对这方面的认识也比较成熟。农业工程客体中，有生命物体和无生命物体相互作用的机制就复杂多了。人们对这种相互作用机制的研究，实际上刚刚开始，它还是一块未开垦的处女地。在这块土地上耕耘，可能会获得很大的收获。无疑，我们创造或改善农业工程客体的目的是使这些客体为人类提供更多的价廉物美的农畜产品。要想使农业工程客体性能优化，关键是研究生命物体和非生命物体的关系。关于这些关系的知识，才是农业工程学科的真正的理论基础。

农业工程客体还有一个很显著的特点，就是它同周围环境有密切的联系。当然，传统工程客体也同周围环境有联系。它需要的各种原料都来自自然界，工程客体活动的排泄物又回到自然界。但是，这种联系相对说来比较弱，而且人们比较容易预见和控制，因为人们把各种原料采集来，经过加工，重新组成一个新的客体，这样就切断了这些物质与自然界的原有联系。它们的各种新联系都是人们有意识安排的。农业工程客体就不同了。农业生产客体同周围环境的联系是历史上长期形成的，是一个复杂的生态系统。这个系统不能破坏，否则农业生物就无法生存。农业工程客体一般不是人为地重新组织起来的，而是对原有生态系统进行改造，从有利于农业生物生长发育出发，在原有农业生态系统中，加入某种自然物，以改善整个系统的功能。由于加入了一些新的物质，建立了某些新的联系，这样就建成了一个新的农业工程客体，这就是农业工程。例如，在农田里修建暗排、暗灌、暗降等水利设施，并未打乱原来的生态联系，而是根据对土壤—植物—水分相互关系的研究，加入了一些新的物质因素——水利设施，既保证植物对水分的需要，又合理地利用水资源。土壤—植物—水利设施等要素共同构成一个新的农业工程客体。

农业工程客体同环境的关系是错综复杂的。某些因素的改变，常常引起一系列连锁反应，导致意想不到的后果。人们进行的农业工程活动，常常遭到自然界的报复。恩格斯说过："我们不要过分陶醉于我们对自然界的胜利。对于每一次这样的胜利，自然界都报复了我们。每一次胜利，在第一步都确实取得了我们预期的结果，但是在第二步和第三步却有了完全不同的、出乎预料的影响，常常把第一个结果又取消了。米索不达米亚、希腊、小亚细亚以及其他各地的居民，为了想得到耕地，把森林都砍完了，但是他们梦想不到，这些地方今天竟因此成为荒芜不毛之地，因为他们使这些地方失去了森林，也失去积聚和贮存水分的中心"。

新中国成立以来，我们搞的某些农业工程，如围湖造田、毁林开荒等，破坏了生态平衡，也遭到自然界的报复，教训是极其深刻的。因此，农业工程不仅要注意研究工程客体内部生命物质和非生命物质的相互关系，而且要研究工程客体同周围环境关系。这是农业工程同其他工程相区别的最根本的特点。这个特点是由农业工程研究对象本身的特点决定的。不是传统工程学科和农业生物学科相互交叉、相互渗透的表现。通常认为，边缘学科是两种或多种学科相互交叉、相互渗透产生的中间学科，它是以原有学科为基础的。把农业工程解释为边缘学科没有反映农业工程学科与其他工程学科的根本不同的特点。因此，我认为边缘学科说也是不甚科学的。

总之，农业工程是人类综合地应用科学原理和技术手段，创造和改良农业工程客体的活动。农业工程客体是由有生命的物质和无生命的物质共同构成的，与周围环境有密切联系。农业工程学科是与机械工程、土木工程、化工工程、电力工程等传统工程学科相并列的一个学科，不是这些工程学科在农业上的应用，也不是这些传统工程学科与农业生物学科相互交叉、相互渗透产生的边缘学科。农业工程学科的特殊的研究对象决定了农业工程学科的性质和特征，决定了农业工程学科的地位和发展方向。

参考文献

［1］陶鼎来编译. 美国农业工程技术的发展. 农业工程学报. 1985（2）
［2］贝尔纳. 历史上的科学. 科学出版社
［3］马克思恩格斯选集. 第三卷. P517

美国的农业地区专业化*

蔡 文 远

美国农业是资本主义现代化大农业的典型，它生产的产品约占所有资本主义国家的1/4，谷物出口量占世界谷物出口总量的40%以上（1977年为44.9%），农业劳动生产率是世界上最高的。美国农业的高效率是与农业生产的分区专业化分不开的。据美国经济学家G·约翰逊等人的估计，在战后美国农业生产增长的总额中，有40%来自农场和地区专业化。因此，研究美国农业的地区专业化问题，对于研究国外的农业经济和我国的农业生产发展都具有现实意义。

一、美国农业地区专业化的形成

农业地区专业化是农业专业化在地域分异上的表现，是社会生产力发展到一定水平的必然产物。美国农业地区专业化的形成，是在资本主义经济规律的支配下，经过了一个长期的演变过程。美国最早的农业分区专业化是南部同北部在农业上的分工。美国东北部移民最早，主要进行谷物生产。南部高温多雨，适宜棉花和烟草等经济作物的生长。在1800年以前，这种南北分工仅限于阿巴拉契亚山地以东的沿海地区，整个阿巴契亚山地以西总共只有38.7万人。1862年实行的“宅地法”，移民几乎可以无偿地取得西部的土地，中西部平原迅速开垦，农业上东部与西部的分工逐渐发展起来。到20世纪初，美国农业分区专业化的图式基本形成。本世纪20年代，美国地理学者贝克（O. E. Baker），把美国划分为十几个农业区。后来，美国农业部又在此基础上，把美国本土48个州组成目前通用的10个农业区（或称为地带）。现将美国10个农业区分别介绍如下：

1. 玉米带。包括中东部俄亥俄、印第安纳、伊利诺斯、衣阿华和密苏里等5个州。这里是肥沃的黑色土壤，地形平坦，降雨量高达800～1 000毫米，生长期达180～200天，有利于玉米、大豆和牧草的生长。该地区5个州玉米和大豆的产量均占全国总产量的二分之一以上。由于饲料谷物充裕，又接近主要消费地东部各州，就使该地区成为集约肥育牛和养猪业发达的地区，肥育牛和养猪的头数分别占到全国总头数的三分之一和二分之一。

2. 北部平原区。这个地区又称为小麦带，是美国最著名的谷仓。包括北科他州、南达科他州、内布拉斯加州和堪萨斯州的全部，以及蒙大拿州的东部。这里土壤肥沃，地形平坦，但年平均降雨量只有400～600毫米，而且各年度摆动的幅度很大。在这个地区内，很难保证其他作物的有效生产，土地使用最有效的方法是种植小麦。该地区集中了全国麦田的70%。北部冬季较长，气温较低，只能种春小麦，北达科他州是春麦区的中心。南部的堪萨斯州是冬麦区的中心。

* 原载《农村社会经济学刊》1988第4期。

这个地区除小麦的生产外，还是全国生产高粱、油用亚麻和肉用牛的重要地区。

3. 滨湖区。又称为乳畜带或牛奶带。这个地区以生产牛奶著称。包括密执安、威斯康星和明尼苏达3个州。由于气温低和降雨量大（800～1 000毫米），种植谷物相对说来无利可图，而有利于饲料作物、草类和青贮玉米的生长，为奶用畜牧业的发展提供了有利条件。本区的牛奶业与东北区有所不同，由于不尽接近消费地，生产的牛奶除提供鲜奶外，还加工成干酪、奶油和奶粉等奶制品。此外，本区还以种植罐头用蔬菜作物而闻名。

4. 东北区。这个区也称为牛奶带。包括缅因、新罕布什尔、佛蒙特、马萨诸塞、罗得岛、康涅狄格、纽约、新泽西、宾西法尼亚、特拉华和马里兰等共11个州。这里是大城市和工业集中的地区，居住着全国1/4的人口。同时又是全国最大的出口市场，纽约港每年货物吞吐量高达1亿5千万吨，对外贸易额约占全国的40%。这在相当大的程度上决定了它的农业发展方向。奶用畜牧业是本区农业的一个主要部门，专门生产直接供应消费的鲜奶。另一个主要部门是蛋用养禽业。此外，商品蔬菜、水果、花卉和烟草的生产也很发达。

5. 阿巴拉契亚地区。也叫做多部门农业区。包括弗吉尼亚、西弗吉尼亚、北卡罗来纳、肯塔基和田纳西等5个州。这里是亚热带气候，生长期长达220～240天，雨量充沛，但主要是山地，土壤侵蚀严重，因而是美国最贫穷的农业区之一。农业生产以烟草为主，畜牧业主要饲养肥育用小牛和猪。

6. 东南区。包括南卡罗来纳、佐治亚、佛罗里达、亚拉巴马等4个州。以生产水果和蔬菜著称。另外，还有棉花和花生。近年来养禽业发展也很快。

7. 三角洲区。包括密西西比、阿肯色、路易斯安那和得克萨斯州的一部分。是著名的植棉区和甘蔗集中产地。气候是棉花生产布局的决定性因素。棉花生长起码要有200天的无霜期，这种情况决定了该地区的北部界限。另外，蔬菜和水果也是这个地区农业生产中的重要部门。

8. 南部平原区。包括俄克拉何马和得克萨斯州，这个地区是另一个棉花集中产区，棉花带就分布在这个地区和东南区与三角洲区内。棉花带集中了全国90%的棉田。这个地区有大规模的天然牧场繁育牛羊，人们曾把它叫做世界上的畜牧大帝国。此外，还种植小麦和生产蔬菜和水果。

9. 西部山区。包括新墨西哥、科罗拉多、怀俄明、蒙大拿、爱达荷、内华达、犹他和亚利桑那等8个州，位于美国西部，占全国总面积的1/3以上。本区山脉与高地交错，气候干燥，不利于耕作，农业的基本方向是粗放的放牧牲畜，主要收入来自出售肉牛和绵羊，种植业主要生产土豆。

10. 太平洋沿岸区。包括加利福尼亚、俄勒冈和华盛顿3个州。这个地区也是美国发达的农业区，属于亚热带气候，雨量充沛，土壤肥沃，以生产水果和蔬菜著称。另外，还有棉花、肉用牛和养禽等。

二、美国农业分区专业化的发展变化

第二次世界大战以后，美国许多农业生产部门日益集中在自然条件和经济条件最好的地区，进行更加集约的经营，各种农产品的地区分布都进一步集中化了。

例如，在种植业方面，产玉米最多的依阿华、伊利诺斯、印第安纳、内布拉斯加和明尼苏达等5个州，在1950年产量还不到全国的一半，1975年已经增加到2/3。小麦生产集中的堪萨斯、北达科他、蒙大拿、华盛顿和俄克拉何马等5个州，1940年小麦的产量占全国的40%，1970年

上升到53%。棉花的主要产区是得克萨斯、阿肯色、密西西比和加利福尼亚等4个州，它们生产的棉花也由战前占全国产量的55%，提高到1970年的69%。

同样，美国的畜牧业生产也有集中的趋势。1976年美国肉鸡的60%以上是在气候温暖的东南部5个州生产的，那里形成了肉鸡带。同年，美国猪的头数有将近一半是在玉米带5个州饲养的。

与此同时，美国的农业生产有向西部和南部转移的趋向。

战后，美国蔬菜生产的地区分布有了很大的变化，一般城市周围向城市供应蔬菜的“绿带”缩小了，南部和西部一些州的菜区扩大了。加利福尼亚、佛罗里达、得克萨斯、纽约和亚利桑那等5个主要生产蔬菜的州，战前生产的蔬菜占全国的1/2，到了70年代初，生产的商品菜达到了全国的70%。加利福尼亚、得克萨斯、佛罗里达和亚利桑那等州，气候条件好，农场大，能够不用温室进行常年大规模机械化生产，产品成本低，用汽车、火车甚至飞机远运3 000～4 500公里到芝加哥和纽约等东北各城市，仍有竞争能力。

在畜产品的生产方面，西部各州的作用也明显地增大了。战前，它们的畜产品产量占全国总产量的12.5%，1970年后达到了17%。西部传统的农业部门得到了技术改造，集约的经营方法代替了粗放的经营方法。在肉用养牛业方面，除了牧场放牧肥育牛之外，还利用工业类型的专业化大企业来肥育牛。肉用养牛业已经成了新的专业化部门，是在西部所有经济部门中最兴隆、最赚钱的一个部门。从1950年到1970年，这个地区的肥育牛头数增加了两倍。1970年1月1日，这里共有牛330万头，占美国肥育牛总头数的四分之一，就每年肥育量而言，这个地区可以与玉米带并驾齐驱。奶用畜牧业也有了很大发展。

南部是美国战后在专业化方面变化特别惊人的一个地区。虽然南部仍旧是个主要产棉区，但是在它的部门结构中占重要地位的是畜牧业部门，特别是肉鸡和肉用养牛业部门。与战前相比，畜牧业的收入在农场主货币收入中所占的比重，密西西比州从23%提高到60%，亚拉巴马州从31%提高到73%，佐治亚州从27%提高到64.5%。从战前算起的30年中，南部各州在畜牧业产品产量方面所占的比重增加了一倍多。

战前，南部家禽肉的产量占不到全国的1/4，70年代初已占到全国的80%。那里既远离饲料产区，又不靠近大城市集中的消费区，但那里地价低，劳动力便宜，气候温暖，可以节省基建和某些设备的费用。最近，蛋用养禽业也转移到南方。这个地区在全国蛋产量中所占的比重，从1955年的22%增长到1968年的41%。

总之，战后在商品农产品的生产方面，西部和南部的地位提高了，相反，玉米带、东北部和滨湖各州的地位下降了。如1940年西部各州（太平洋沿岸各州和山区各州）的农业商品产值占全国的16.7%，1970年达到了19.7%，仅加利福尼亚一个州就生产了全国农产品的9%。1970年与1940年相比，南方各州（东南部和三角洲各州）农业商品产值占全国的比重从10.3%提高到12.8%。东北部的比重从11.9%下降到8.4%，玉米带的比重从24.1%下降到22.4%，滨湖各州的比重从10.7%下降到9.1%。

表1　农业商品产值在各地区间的分配（%）

地　区	1940年	1970年
东北区	11.9	8.4
滨湖各州	10.7	9.1
玉米带	24.1	22.4
阿巴拉契亚地区	8.6	7.7

（续）

地　区	1940 年	1970 年
北部平原	8.9	11.7
东南区	5.5	7.3
三角洲各州	4.8	5.5
南部平原	8.8	9.2
山区各州	6.7	8.3
太平洋沿岸各州	10.0	11.4
美国全国	100.0	100.0

三、美国商品农产品地区间的流向

农业的专业化要求地区间进行分工和合作。在战后年代，美国农业在地区间的联系加强了。下面请看美国商品农产品在地区间的流向：

1. 谷物的流向。玉米带生产的谷物不仅可以完全满足当地的需要，而且可以弥补其他农业区之不足，为美国整个农业部门提供廉价的饲料谷物。在流向上，玉米带主要向滨湖各州、东北各州和南部肉鸡饲养地区输送玉米。但随着农业生产地区专业化的发展变化，谷物的流向也发生了一定的变化。如 1954 年伊利诺斯、俄亥俄、印第安纳和密执安 4 个州的地方谷仓共出售玉米 2 310万公担，其中 880 万公担（38%）输送到大西洋沿岸中部各州，1 240 万公担（54%）输送到东南部各州。到 1958 年玉米出售总额增加到 2 950 万公担，其中输送到大西洋沿岸中部各州的只有 420 万公担（14%），而供应给东南部各州的则增加到 1 980 万公担（67%）。这种变化是由于美国东南部大量消费玉米的畜牧业部门迅速发展，南方的许多铁路公司为了刺激货运量，把玉米带运出的谷物运费降低了 40%。

2. 牛的流向。在牛的育成期所需要的是生长架子的牧场饲料。在牛的集约肥育期，则需要大量的精饲料和多汁饲料。西部各州的气候干燥，地形起伏不平，土壤不肥沃，生长期短，不宜从事耕作业。但是这里拥有幅员广阔的牧场，可以利用来育成小牛。相反，玉米带优越的自然条件，可以保证玉米和大豆取得高产。因此，山区的西部各州专门育成牛，而玉米带则专门肥育牛。

在 60 年代形成了另一个趋势，即牛开始在育成地区育肥。例如西部和南部各州都是这样。相反，在玉米带和牛奶带也开始饲养肥育用小牛。将来在一些农业区内有可能把牛的育成和肥育逐步结合起来。

3. 蔬菜的流向。美国农业的地区间分工的另一个范例，是新鲜蔬菜的生产。在美国蔬菜种植业中已经形成的体制，可以保证全年对居民不间断地供应新鲜蔬菜。在供应居民新鲜蔬菜方面起主要作用的有南部和西部的 4 个州，即佛罗里达、得克萨斯、亚利桑那和加利福尼亚，它们地处亚热带，又有良好的水肥条件，蔬菜农场可以全年进行生产，在冬季和春季也能保证供应市场蔬菜。1965 年这里生产的蔬菜在供直接消费的蔬菜中所占的比重，按产量计算为 62%，按价值计算为 69%。南部几个地区的人口比较少，生产的蔬菜多半都远销到东北各州。

美国农业中商品的流向，是以玉米带为中心，从西南到东北。在这样的地区间合作中，玉米带居于特殊地位。它由于专门生产饲料谷物和经营肥育畜牧业，又由于它处在地理上的中央位

置，所以在实现西部、南部和东北部之间商品联系方面起着重要的作用。它向其他地区，主要是牛奶带各州、肉鸡生产地区特别是西部各州提供谷物，而自己则从西部获得肥育用小牛，从加利福尼亚州和佛罗里达州等获得水果和蔬菜，从大平原各州获得小麦，等等。

四、美国农业地区专业化形成的条件

1. 自然条件的多样性。美国位于温带和亚热带，气温南高北低，降雨东多西少（但太平洋沿岸降雨较多），大体以落基山麓为界，西部以山地高原为主，东部以平原低地为主，全国各地区的自然条件有着明显的差别。这一点是划分农业区和农业生产布局最根本的一条，农作物的生长发育都有它的适宜区。例如：玉米在美国本土各州都可以种植，但产量各州悬殊。玉米带的单产比其他地区高1/2到1倍。这是由于玉米带的光、热、水、土、气等资源都是玉米高产有利的自然条件，从而形成了玉米占突出优势的专业化地带。其他农作物不同地区的生产优势一般都是这样形成的。

2. 交通运输业的发展。在美国农业分区专业化的形成和发展过程中，交通运输事业的发展起着重要的作用。铁路和公路运输业的发展，以及农产品运输技术的进步，如广泛采用专用工具，像可以运送90头牛或260头猪，装有自动喂饲和空调设备的二、三层拖车、冷冻奶车，水果和蔬菜冷藏车，铁路公路联运时使用的大型冷冻货箱等，使农产品运输的速度大大提高了。例如，从佛罗里达州运送蔬菜到东北的城市区所需要的时间已经减到一昼夜。另外，还大规模利用管道运送化肥、牛奶、浆果、罐头工业半成品、谷物和面粉等，1969年管道运输已占到农产品运输总量的21.6%。交通运输业的发展，便利了农产品的远途运输与交流，从而促进了农业分区专业化的发展。

3. 商品农产品的发展。美国建国后每人平均粮食产量一直在2 000斤以上，不仅可以提供大量的商品粮，而且可以发展其他农产品的商品生产。1861—1865年的内战刺激了农业，特别是商品性农业的发展。1914年美国耕地面积已经接近目前的水平。随着生产力水平的提高，农产品商品化的程度越来越高，这就为实行农业分区专业化创造了前提条件。

4. 科学技术的发展。1940年，美国就实现了农业机械化，第二次世界大战以后，美国农业机械化便进入了高度发展的阶段。与此同时，化肥、农药和除草剂等普遍大量使用，杂交良种普遍推广，农业生产日益科学化。由于实行了农业机械化和采用先进科学技术，大大提高了农业劳动生产率，增强了抗御自然灾害的能力，减少了农业专业化生产的风险，为实行农业分区专业化创造了有利的条件。

5. 资本主义专业化大农场的建立和发展。为了取得最好的投资效果，资本家要选择本地区最适合的专业化生产进行投资，这就使农业资本集中的趋势加剧，农场规模不断扩大，农场专业化程度不断提高，这也促进了美国农业生产的分区专业化。

美国农业分区专业化是资本主义的农业分区专业化。它是盲目自发形成的，并带有明显的不合理性。这种不合理性，反映在美国农业分区专业化的总格局中。美国东北区最早进行移民和发展工业，那里出现了大城市群，形成了垄断集团的大本营，成为美国地域分工体系的轴心，全国各地都要围绕着它发展。为了满足城市、工业和大量人口的需要，不仅要从中部平原输送乳肉、粮食和经济作物，还要从远隔几千里以外的太平洋沿岸和东南区运进蔬菜和水果，而本地区的自然资源却没有得到充分利用。而南部虽然自然条件优越，却因长期奴隶制度及其残余的影响，工业落后，农业粗放，片面发展棉花，自然优势得不到充分发挥，土壤破坏严重。因此，我们既要看到美国农业分区专业化对于提高农业劳动生产率和在实现农业现代化中的积极作用，又要看到它存在的问题。

参考文献

[1]《农业区划》教材编写组编．农业区划（在全国高等农业院校试用教材）．农业出版社，1982
[2] 任舒译．美国农业专业化．（苏）尼·米·安德列耶娃著．农业出版社，1979
[3] 美国经济讨论会论文集编辑组编．现代美国农业论文集．农业出版社，1980
[4] 华中农学院、沈阳农学院主编．外国农业经济（全国高等农业院校试用教材）．农业出版社，1982
[5] 北京大学地理系《世界地理》编写组编．世界地理．商务印书馆，1981
[6]（美）莱尔·P·舒尔兹等著．美国农业的又一次革命．王启美等编译．农业出版社，1984
[7] 论文集编辑组编．美国经济讨论会论文集．商务印书馆，1981
[8] 洪君彦主编．当代美国经济．时事出版社，1985

城乡分割是我国粮食产量上新台阶的最大障碍*

查振祥

一、前一个台阶由上到下的主要教训是什么

1978—1984年我国粮食总产量从3亿吨提高到4亿吨，上了一个台阶。从1984—2000年，我们还要再上一个新台阶，从4亿吨到5亿吨。我国粮食上新台阶的最大障碍是什么？人们目前集中认为是投入不够和价格束缚。我的看法不同。我认为投入与价格固然是重要因素，但不是最大障碍，最大障碍是城乡分割的经济体制，投入与价格只不过是这个体制的两个方面的反映而已。大量的事实说明，体制问题不解决，粮食再上新台阶是很困难的。

从1978—1984年，粮食总产量保持年平均5%的速度高速增长，其主要原因是什么？

大家公认的是，在这六年中，由于生产责任制的实行，劳动者被束缚了的生产积极性调动起来了，促进了粮食生产的全面高涨。这固然是一个很重要的方面，但仅仅这一个方面是不够的。1985以来，生产责任制普及面更宽、形式更完善，为什么劳动者生产粮食的积极性不但没有增长，反而大大下降了呢？所以，对1978—1984年粮食上台阶的原因，还应该做进一步的分析。实际上，1978年以前的农业经济体制，不但束缚了农民的劳动积极性，而且束缚了农村其他产业的发展，是一个单一种植业的经济体制。这个体制是我国城乡分割的经济总体制的一个方面。1978年开始实行的农业生产责任制，不但激发了劳动者的生产积极性，而且也解除了对农村其他产业发展的束缚，使农民在这两个方面都有了释放能量的机会，为我国农村的历史性变革创造了条件。问题是，农村其他产业的发展没有劳动积极性的发挥来得快，它需要有一个原始积累、摸索道路、开拓市场的过程。这就为1978—1984年之间创造了一个独特的、暂时性的历史环境：一方面是农民劳动积极性得到了发挥，另一方面这种积极性暂时只能用在土地上，其他就业门路还没有展开，于是，就形成了粮食生产高速增长。

在这六年间，潜在的威胁已逐渐形成——农村其他产业已初步得到了发展。在沿海和大中城市郊区，乡镇企业得到了广泛的发展，产值从400亿元上升到1 200亿元，从业人数从1977年的2 000万人上升到4 000万人。此外，农民还纷纷进入大中城市和集镇从事服务业或在城乡间从事农产品、轻工业品的流通活动。农村已初步形成了“工商运建服”全面发展的局面。农民高涨的劳动积极性的洪流必然要面临着一个“分洪”问题。

1984年粮食上了4亿吨台阶，遍及全国的“卖粮难”对农民的刺激，“粮食过剩”的呼声，各级政府对粮食生产的放松，1979年提价后粮食成本的重新上升，种地已不如从事其他行业合算等等一系列因素加快了“分洪”的进程。导致农民走上新的生产道路的同时普遍放松了粮食生

* 原载《中国农村经济》1988年第4期。

产。1985年开始，经济发达地区出现了农民抛荒土地现象，广大内地农村出现了降低复种指数和转产行为，于是形成1985年粮食播种面积的锐减，一年减少了近7 000万亩。并且在继续耕种粮食的土地上，劳动集约和资金集约化程度降低，广种薄收方式重新出现，导致了粮食单产的下降，由1984年的481斤降到464斤，下降了17斤。这就最终导致了1985年粮食总产减少500多亿斤。从已经上的台阶上又下来了。

粮食由上到下的原因是：我们只看到责任制对农民生产积极性的调动，没看到生产积极性与生产粮食的积极性不是一个东西，它们的结合是有条件的。责任制同时带来了农民对城乡分割的经济体制的反击，开创了新的生产门路。而步入新生产门路后，旧体制又没有彻底解除，粮食生产领域中又没有及时实行配套改革，于是导致粮食产量由上台阶到下台阶。

二、当前农村土地利用上的主要矛盾是什么

（一）"放"与"保"的矛盾

仅仅一部分农民进入其他产业后放弃对土地的经营，问题是能解决的。其他产业的发展不可能全部吸收农村劳动力，留下来的农村劳动力可以将被放弃的土地接收过来，扩大经营规模。而且农业毕竟是第一产业，其他产业发展了也还需要一部分人继续经营土地，一部分人"放弃"和另一部分人"扩大"是历史发展的必然过程。但是，我国农村表现的是另一种过程——农民放弃对土地的经营，但不放弃土地经营权。其具体表现有如下几方面：

（1）宁肯抛荒，不愿将地给他人种；

（2）宁肯少收一点，满足自给需要，不愿让他人去投入；

（3）保住占有80%比重的口粮田，让出少量责任田给他人种；

（4）有期限地或临时将地给他人种，保留随时收回权利；

（5）甚至家有几十万元的农户，也保住家中八亩地，花钱请亲友帮助耕种。

放弃对土地的经营，保留土地经营权，使土地一方面利用率下降，另一方面经营不能集中，这就是我国农村目前在土地利用上的主要矛盾。我们把它简称为"放"与"保"的矛盾。其根源是我们长期以来所形成的城乡分割的经济体制。

（二）两道界限与两种垄断

新中国成立以后参照苏联模式，结合我国国情，形成了两种不同的经济成分：在城市是以国家所有制为主体的经济成分，在农村是以集体所有制为主体的经济成分。但是，在这两种成分之间，却设立了两道界限：

（1）户口界限，城镇是居民户口，农村是农民户口；

（2）粮油关系界限，城镇居民吃商品粮，农民吃自己种的粮。

为保证城镇居民的衣食来源，国家又实行了两种垄断：

（1）对农产品尤其是粮食流通的垄断；

（2）对农产品价格的垄断。

这两道界限和两种垄断形成了城乡分割的经济体制。城镇居民与农民虽然存在着密切的联系，却被一堵墙隔开了，各自在不同的天地里生活。它从如下方面，把农民与土地紧紧束缚在一起。

（1）它使种地与吃粮两种经济行为合为一个主体，吃粮就要种地，种地仅为吃粮。本来种地

是一种生产行为，吃粮是一种消费行为，中间有一个市场环节。传统农业时，农村商品经济不发达，就业门路不宽，种地与吃粮结合在一起。随着农村商品经济发展，这两种行为就要分开。但解放以来形成的城乡分割的经济体制，使农民不种地也不能获得商品粮吃，于是，就继续保持了传统的经济特征，即使农民进入了其他产业，还要保留一小块土地获得粮食来源。中国的农业生产责任制基本上是均田制，按人分田，户均8亩，它本身就反映了非纯生产行为，包含着对土地使用的巨大浪费。虽然近几年粮食市场已经开放，但这种市场首先没有普遍化，其次市场粮食价格与城镇居民吃的供应粮价格差距较大，从费用上和心理上都降低了它被农民接受的程度，因而粮食市场没法扩大。

(2) 由于城乡分割，传统农业时期的“皇粮”、“国税”以新的形式——“统购粮”、“派购粮”、“合同订购粮”保留下来了。统购、派购、订购的实质是国家作为中间人，将农民的粮食中商品性部分收购转售给城镇居民，农民不直接向城镇居民出售，国家垄断粮食流通。统、派、订购的特点是：实物形式，平均征摊，挨户收购。这又把农民和土地联系在一起，每家每户都必须种地，不种地完成不了国家购粮任务。

(3) 经营其他行业是有风险的，经营土地相对来说风险程度低一点，因为粮食是生活必需品。商品经济本来就有风险，但在城乡分割体制下的中国，“风险”一词非常可怕，因为中国的城镇居民是无风险阶层，端着国家所有制的铁饭碗。由于城镇居民有铁饭碗——一种职业和社会保险结合在一起的饭碗，社会上就没有独立的生活保险机制。农民为了各自求得自身的保险，必须紧紧抓住一块土地，有了它，起码饿不死，不管风吹浪打，政策多变，土地是移不走，搬不动，撒上种子就出苗的。

(4) 由于“户口”的限制，农民离土不离乡，家庭离不开农村，形成了一种独特的转移方式——“男工女种”，男子出外做工，女子在家种地，青年人出去做工，老年人在家种地。既然家还在农村，妇女、老人离不开农村，土地是妇女、老人等在家劳动力的一项重要收入来源，不但能从土地上取得粮食，还取得油料、蔬菜，依靠土地上的农副产品养猪、养鸡。否则，油、菜、肉、蛋都无处取得。农村不但粮食市场不发达，副食品市场更不发达。

（三）出路在于农业经营规模的扩大

以1978年以来农村产业增多，劳动力转移为作用力，又以上述四个方面为反作用力，就形成了我国农村土地利用上“放”与“保”的矛盾。矛盾两方面都形成了结果：“放”的结果是粮食总产量上不去。“保”的结果是土地经营规模上不去，土地向种田能手集中困难。但“放”是必然的，符合历史发展趋势的。“保”却违反了历史发展趋势，因为中国粮食产量上新台阶的根本出路是农业经营规模的扩大，其理由有以下几点：

(1) 只有经营规模扩大，土地向种田能手集中，种地者才能获得和从事其他行业同等收入，从而才能稳定种地的队伍。据北京郊区的调查表明，一个劳动力种地20亩（为现在的7倍），粮食亩产千斤以上，就和从事乡镇企业获得相等的收入甚至还高一些。粮食上新台阶如果没有人的保证是无从谈起的。不可能设想1万亿斤粮食能出自一个人人把种地视为副业的国度里。

(2) 只有经营规模扩大，种地作为一种生产行为才能和消费行为分开，种地者把种地作为一种取得收入的手段，才能投入的积极性，经济效益也才会提高，产量才能上去。

(3) 只有扩大经营规模，农业机械才有用武之地。现在全国平均每个农户地块分为9块，最多的30多块，而且户与户之间地块犬牙交错，农业机械无处着手，着手了也没有效益。

(4) 只有扩大经营规模，这几年失修了的水利才会真正被重视，重新得到治理，利用率才会提高。水利本来就与大面积土地相联系，农村实行责任制后，分散的经营与共同的水利发生了尖锐的矛盾，导致水利设施自然损坏，无人管理，抗旱能力下降。

(5) 只有扩大经营规模，才能从根本上减轻对粮食价格的压力，价格与规模是成反比的，因为成本与规模成反比，我国粮食价格一再与成本发生矛盾，一个重要原因是因为经营规模小，成本提高得快。如果规模适度，能缓冲生产资料涨价的压力。

三、应该采取哪几条根本性对策

(1) 粮食的价格迟早应彻底放开。"平价粮"是分割城乡的刀剪。取消了"平价粮"，农民与城镇居民在市场上遵守同一个法则，取得了相同身份，能迅速扩大商品粮市场。取消了平价粮，也就取消了粮食购销价格倒挂，为粮食商业部门搞活经营创造了条件。从而促进粮食流通的普遍化，促进粮食生产与消费行为的分开，割断把农民与土地联系在一起的古老纽带，为农村剩余劳动力的转移创造平等条件。同时，也为进一步扩大农业经营规模增加投入创造条件。放开之后，会出现粮食的平均价格上涨的局面。但是，等粮食生产发展了，经营规模扩大了，价格又会下降。这个阵痛过程是躲不过去的，只能尽量掌握适当时机，采取稳妥步骤，分别情况逐步放开，以尽量减少阵痛。

(2) 粮食的城乡市场迟早应彻底开放，这是价格放开的配套改革。取消粮票、户口粮制，实行自由贸易，人人都能在国家粮店买粮，人人都能自由选择购买对象。在农村、集镇，应广泛开设粮店，鼓励农民恢复以前的米市、粮行、米店，使转移的农民能方便地得到粮食供应，又使扩大经营规模的农民不再"卖粮难"。

(3) 取消国家对农民的粮食订购，这是价格放开的又一配套改革。国营粮食商业部门应和其他渠道一样，以平等身份在农村采购粮食，农民出售粮食自愿，价格随行就市，国家立法或采取行政措施限制对粮食价格的哄抬和压低。

(4) 发展农村社会保险事业，鼓励从事各行各业的农民参加社会保险。尤其在乡镇企业中首先要形成保险制度，使失业者能有生活来源，消除农民放弃土地的后顾之忧。这件事开始做起来比较困难，但从长远看，是带有方向性的。

(5) 为农民进入农村集镇定居、离土又离乡创造条件。我国农村建制镇已达 8 000 多个，还有 3 万左右后备集镇。这是容纳农村转移人口的巨大场所。每个集镇如能达 2 万多人，几乎就能把 8 亿农民全部吸收。如何从政策上、生活供应上、就业上为农民进入集镇定居创造条件，是今后应逐步解决的问题。这是一条漫长的历史道路，但只能沿着这条道路走。

(6) 采取政策，促进土地经营权流动。考虑到农民千百年来依靠土地的心理及对放弃土地的后顾之忧，国家可以立法确定农民对承包土地有最初经营权。在土地转包出去以后，最初经营权保留在原承包农民手里。原承包者不干其他行业了，需要重新经营土地，有权索回原承包土地。这样做，不但不会影响土地经营集中，还会加快集中，是一种策略性措施。

魏晋南朝地主田庄经济在江淮地区开发中的积极作用*

阎万英

魏晋南朝时期地主田庄经济在江淮地区的开发中起到了相当重要的作用。地主田庄经济的兴盛与发展，是由于社会动乱，封建政权对土地与人民的控制能力、组织管理全国生产的能力大大削弱；大批流民与寻求保护的自耕农纷纷投靠士家大族，成为依附民；封建国家政治上实际九品中正制，巩固了士族地主政治与经济的特权；国家实行给客制、占田制等使士家大族荫庇人户合法化。这一系列因素都为地主田庄的发展创造了条件。

地主田庄经济的发展，促进了江淮地区农田水利事业的兴修；开垦了大量荒地；推广水田耕、耙技术，使水田耕作趋于精细；推广嘉种，栽植绿肥，引种麦粟菽，提倡多熟种植；发展多种经营，改变了江南“无积聚而多贫”，“无冻饿之人，亦无千金之家”的落后状态。

地主田庄经济是与战乱时期发展生产的迫切要求相适应的生产关系。在地主田庄中，强化人身依附关系，用强制手段将劳动力组织于较大的生产集团中；以租佃方式为经营主体，有利于调动依附农民的生产积极性；有较强的战斗性、割据性，对维持局部地区的生产起到积极作用。正是由于生产关系适应了生产力的发展，才使江淮地区经济有相当进步与发展，为隋唐时期全国经济重心转移至南方奠定了基础。

魏晋南朝时期，我国江淮及其以南相当广大的地区得到开发，兴修了各种不同规模的农田水利工程，积极推广水田精耕细作的生产技术，发展多种经营，使江淮及其以南地域经济繁荣区扩大。这些发展都与地主田庄经济的一度兴盛有着直接密切的关系。

一、地主田庄经济兴盛的历史背景

魏晋南北朝时期，我国处于空前战乱、分裂、动荡状况，社会经济遭到严重破坏，尤其中原地区破坏惨重。如东汉末年军阀混战，“初，（汉献）帝入关，三辅户口尚数十万，自傕、汜相攻，天子东归后，长安城空四十余日，强者四散，羸者相食，二三年间，关中无复人迹”①。西晋统一中国后十余年，就发生了“八王之乱”，西晋王室诸王互相残杀，致使“百姓创痍，饥饿冻馁”②，人民死亡十多万。北朝时期，七个少数民族在北方建立二十三个

* 原载《中国农史》1988年第4期。

① 《后汉书》卷62“董卓列传”。

② 《晋书》卷59“成都王颖传”。

政权，政权更迭频繁，战乱不休，人民“或死于干戈，或毙于饥馑，其幸而自存者，盖十五焉”① 相比之下，南方较北方安定一些，加之秦汉时期南方相当广大的地区并没有充分开发，地广人稀，有条件安置南徙的流民。史书记载，“孙策略有扬州，盛兵徇豫章，……是时四方贤士大夫避地江南者甚众，皆出其下，人人望风”②。晋代“河东、平阳、弘农、上党诸流人之在颖川、襄城、汝南、南阳、河南者数万家”③。由于大量人口向江淮地区南移，为地主田庄经济提供了劳动力来源。

地主田庄经济是能够有效组织生产的一种经济形式。地主田庄经济形成于东汉年间，魏晋南北朝时期有突出的发展。这一时期由于社会长期战乱，国家处于分裂、割据状况，封建政权对土地与人民的控制能力极大的削弱了，失去了相当的对经济和生产的管理效能。在这样的社会状况下，士家大族为巩固自身的政治经济利益，强占土地，广罗流民，乘机扩充劳动人口。大量无家可归的流民迫于生计，纷纷依附士家大族。如全琮“吴郡钱塘人也，……是时，中州士人避乱而南，依琮居者以百数”④。至东晋元帝过江“时百姓遭难，流移此境（南兖州），流民多庇大姓以为客”⑤。不仅流民纷纷依附士家大族，一些封建政府控制下的自耕农，也因赋重役繁，因社会动乱而小农势单力薄，多逃入私门寻求庇护。当时封建国家征课赋役沉重，人民不堪忍受。如东吴“诸吏家有五人，三人兼重为役，父兄在都，子弟给郡县吏。既出限米，军出又从，至于家事，无经获者”⑥。东晋范宁上疏曰：“古者使人，岁不过三日；今之劳扰，殆无三日休停”⑦。在这样的情况下，封建国家控制的编户日益减少。如淝水之战后，东晋刘波上疏曰：“今政烦役殷，所在凋弊，仓廪空虚，国用倾竭。下民侵削，流亡相属，略计户口，但咸安（371—372）已来，十分去三”⑧。自耕农纷纷投靠士家大族，致使大族田庄中“或百室合户，或千丁共籍，依托城社，不惧燻烧”⑨。

地主田庄经济的兴盛，与这一时期所实行的政治制度有直接关系。首先是九品中正制的实行。当时州郡皆置中正，中正在选拔官吏中起重要作用。中正完全根据各地豪族门第的高下，计资定品，所举荐的官吏“唯能知其阀阅，非复辨其贤愚”所以刘毅云：“下品无高门，上品无寒士”⑩。士家大族便成为世代盘踞高位，享有种种特权的特殊集团。这也是士家大族政治、经济势力空前膨胀，几代稳定不衰的政治前提。如东吴后期“牧民之吏，非母后之亲，则阿陷之人”，他们“势力倾于邦郡，储积富乎公室”⑪。又如“晋纲宽驰，威禁不行，盛族豪右，负势凌纵，小民穷蹙，自立无所”⑫。再则，这一时期国家在法律上承认官吏荫庇佃客与亲属的合法性。三国后期、西晋初年实行给客制，封建国家将屯田客分给士族地主变为私人佃客。如

① 《魏书》卷110“食货志”。
② 《三国志》卷13“魏志·华歆传注”。
③ 《晋书》卷100“王弥传”。
④ 《三国志》卷60“吴志·全琮传”。
⑤ 《南齐书》卷14“州郡志上·南兖州”。
⑥ 《三国志》卷48“吴志·孙休传”。
⑦ 《晋书》卷75“范汪附子宁传”。
⑧ 《晋书》卷69“刘隗附孙波传”。
⑨ 《晋书》卷127“幕容德载记”。
⑩ 《通志》卷58“选举略一注。
⑪ 《抱朴子》外篇卷34“吴失篇”。
⑫ 《宋书》卷42“刘穆之传”。

“魏氏给公卿已下租牛客户数各有差，自后小人惮役，多乐为之，贵势之门动有百数”①。东吴“（孙）权嘉其（吕蒙）功，即拜庐江太守，所得人马皆分与之。别赐寻阳屯田六百户，官属三十人”②。西晋时期实行占田制，明确承认了官吏荫庇佃客、亲属的权利。占田制规定：“又各以品之高卑荫其亲属，多者及九族，少者三世。宗室、国宾、先贤之后及士人子孙亦如之。……其应有佃客者，官品第一第二者佃客无过五十户，第三品十户，第四品七户，第五品五户，第六品三户，第七品二户、第八品、第九品一户”③。东晋时期也有类似规定，“官品第一、第二，佃客无过四十户，第三品三十五户……第九品五户，其佃谷，皆与大家量分”④。

魏晋南北朝时期，由于社会战乱不已，出现大批流民，为地主田庄经济提供了劳动力来源，又由于社会经济破坏惨重，封建国家控制全国人口、组织生产的能力削弱，这样，地主田庄经济兴盛起来，并得到封建国家的承认。

二、地主田庄经济促进了江淮地区的开发和经济繁荣

魏晋南朝时期，由于人口大量南迁，南方地广人稀的状况逐渐得到改变。加以地主田庄及屯田等其他经济组织有效地将劳动力组织起来，从事农业生产，使这一地区逐渐得到开发。另外，南迁之民将北方精耕细作的生产技术带至南方，使南方生产技术不断进步，经济日益繁荣。

1. 地主田庄兴修的中、小型水利。淮河与长江流域本是河流、湖泊较多的地域。而两汉时期河渠、陂塘、引水排水设施数量很有限，这里丘陵与沼泽沮汝地带又相当多，种植水稻又须具有排灌设施。因此两汉时期虽然有较好的水利资源，但并没有很好地被利用起来。魏晋南朝时期，江淮地区有些地主田庄规模庞大，聚集上万户。地主田庄内有相当数量的依附民与僮仆，使其有可能组织一定规模的农田水利建设。如：

“娄湖，（上元）县东南五里，吴张昭所创，溉田数十顷，周回七里。昭封娄侯，故谓之娄湖，宋时为苑”⑤。

“练湖在（丹阳）县北一百二十步，周回四十里，晋时陈敏为乱，据有江东，务修耕绩，令弟谐遏马林溪，以溉云阳，亦谓之练塘，溉田数百顷”⑥。

从史籍中一些人物传记的记载看，一般的地主田庄中都修有不同规模的水利设施。如南朝宋代的谢灵运“因父祖之资，生业甚厚，……凿山浚湖，功役无已”。“近东则上田下湖，西溪南谷，石堎石滂，闵硎黄竹，决飞泉于百仞，森高薄于千麓，写长源于远江，派深毖于近渎”。“南山则夹渠二田，周岭三苑，九泉别涧，五谷异巘，群峰参差出其间，连岫复陆成其坂，众流溉灌以环近，诸堤拥抑以接远，远堤兼陌，近流开端，淩阜泛波，水往步还，还回往匝，枉渚员峦”。“阡陌纵横，塍埒交经，导渠引流，脉散沟并”⑦。又如南朝梁代徐勉的田庄“塍陌交通，渠畎相属，华楼迥榭，颇有临眺之美”⑧。梁代沈约的田庄“顷四百而不足，亩五十而有余，……纬东

① 《晋书》卷93“外戚王恂传”。
② 《三国志》卷54“吴志·吕蒙传”。
③ 《晋书》卷26“食货志”。
④ 《隋书》卷24“食货志”。
⑤ 《元和郡县图志》卷25“江南道一·上元县”。
⑥ 《元和郡县图志》卷25“江南道一·丹阳县”。
⑦ 《宋书》卷67“谢灵运传”。
⑧ 《梁书》卷25“徐勉传”。

菑之故耜，浸北亩之新渠，无褰爨于晓蓐，不抱惄于朝蔬”①。

魏晋南朝时期，江淮地区不断有各种类型的农田水利工程建立起来，使南方的水利资源得以利用起来，对农业生产的发展，对江淮地区的开发，起到促进作用。

2. 以粗放经营方式广为开辟农田。承接两汉，南方很多地区尚未充分开发，南迁之人相对还少，生产工具缺乏，初垦之田以“火耕水耨”方式耕种最为简易，采用广种薄收的“火耕水耨”方式可以开出更多的农田。如咸宁三年“（杜）预又言：诸欲修水田者，皆以火耕水耨为便。非不尔也，然此事施于新田草莱，与百姓居相绝离者耳。往者东南草创人稀，故得火田之利”②。东晋“元帝时，……百官各上封事，后军将军应詹表曰：……间者流人奔东吴，东吴今俭，皆已反。江西良田旷废未久，火耕水耨为功差易。宜简流人，兴复农官，功劳报赏，皆如魏武故事”③。“火耕水耨”具体耕作方法说法不一，总之是以火烧垦荒，大水漫灌辅助人工芟夷杂草，耕作粗放，费工少。在地多人少的地方开垦农田，适于采用这种方式。

3. 大力推广铁犁牛耕，耕作趋于精细。西汉时期，南方部分地区已使用犁耕，然而使用范围还很不普遍。为发展农业生产统治阶级极力推广铁犁牛耕。如东吴黄武五年（226）“是时陆逊以所在少谷，表令诸将，增广农亩。权报曰，甚善，今孤父子，亲自受田，车中八牛，以为四耦，虽未及古人，亦欲与众均等其劳也”③。这是封建帝王倡导农耕，象征性地分一定田地，用八牛组成四个耦犁进行牛耕，表现“以民为先”的姿态。又如西晋咸宁三年（227）皇帝采纳杜预的建议诏曰：“……东南以水田为业，人无牛犊。今既坏陂，可分种牛三万五千头，以付二州将吏士庶，使及春耕”④。由于封建国家一再倡导牛耕，铁犁牛耕在南方较为广泛地推广。尤其地主田庄中，他们资业雄厚，铁犁牛耕应用得更为普遍。

这一时期南方水田精耕细作技术已经出现。汉代南方水田耕作技术还处于牛耕——耰耢阶段。从江苏泗洪重岗出土的汉代石画雕刻《耕种图》看，图中五人，其中二人使用二牛犁地，另三人用锄、耰，破土块平地并播种⑤。而到了魏晋南朝时期，水田耕作出现了耙。在广东连县一座西晋的墓葬中，出土了犁田、耙田模型。模型中有二人，一人使牛犁田，另一人使牛耙田⑥。在广西梧州倒水南朝的墓葬中，出土了耙田模型，模型中水田有漏水设施，田面有耙齿痕。田中二人，各人趋赶一牛在田中耙田。模型所见为一字形耙，排行较长的六齿，齿疏而锐。二人两手扶耙，形态生动⑦南方水田作业中耙的出现，表明水田平整土地已采用畜力进行连续作业，水田耕作已由牛耕——耰耢，进步为牛耕——耙耢。这些出土模型都出自有身份、地位的富人墓葬之中，它们反映了地主田庄经济的部分生产、经济状况。由于他们资产丰厚，有充足的耕牛与工具，因此一些先进耕作技术也会率先在他们的田庄中出现。

4. 推广嘉种、栽植绿肥、引种麦菽粟等粮食作物，多熟种植。江南培植并推广水稻优良品种。东吴黄龙“三年（231）春二月，遣太常潘濬率众五万，讨武陵蛮夷。卫温、诸葛直皆以违诏无功下狱诛。夏有野蚕成茧大如卵，由拳野稻自生改为禾”⑧。《元和郡县图志》记载：“嘉兴

① 《梁书》卷13“沈约传”。

② 《晋书》卷26“食货志”。

③ 《三国志》卷47“吴志·孙权传”。

④ 《晋书》26卷“食货志”。

⑤ 尤振尧、周晓陆“泗洪重岗汉代农业画像石刻研究”《农业考古》1984年第2期。

⑥ 徐恒彩：“简谈广东连县出土的西晋犁田耙田模型”《文物》1976年第3期。

⑦ 李乃贤：“浅谈广西倒水出土的耙田模型”《农业考古》1982年第2期。

⑧ 《三国志》卷47“吴志·孙权传”。

县，本春秋时长水县，秦为由拳县，汉因之。吴时有嘉禾生，改名为禾兴县，后以孙皓父名改为嘉兴县也”①。

栽植绿肥：我国最早栽植的绿肥苕草，首先在南方水田中发展起来，以后才传至北方。《广志》云：“苕草，色青黄，紫华。十二月稻下种之，蔓延殷盛，可以美田，叶可食”②。

引种麦、菽、粟：两汉以前南方粮食作物种植单一，基本只种植水稻。魏晋南朝时期，麦、菽、粟作为粮食作物引入南方。“太兴元年（318）诏曰：徐扬二州土宜三麦，可督令熯地，投秋下种，至夏而熟，继新故之交，于以周济，所益甚大”③。南朝宋代“世祖即位……（周）朗上书曰……田非胶水，皆播麦菽。”④ 谢灵运的田庄中“兼有陵陆，麻、麦、菽、粟、”⑤ 麦、菽、粟传至南方，将一些无法种植水稻的旱地利用起来生产粮食，扩大了土地的利用率，同时改变了南方“饭稻羹鱼”，粮食作物单一状况。

发展多熟种植：江南地区利用气候温暖的条件发展多熟种植。如泉州一带产“再熟稻，春夏收讫其株，又苗生至秋薄熟，即吴都赋云再熟稻”⑥。在有地热资源的地方，冬季也可连续种植，可达“一年三熟”。在郴县“温水在县北，常溉田，十二月种，明年三月熟，可一岁三熟”⑦。

5. 多种经营进一步发展。两汉之时，楚越之地“地势饶食，无饥馑之患，以故呰窳偷生，无积聚而多贫。是故江、淮以南，无冻饿之人，亦无千金之家”⑧。魏晋南朝时期，这种状况得到改变。每一个地主田庄内部都是一个农、林、牧、副、渔俱全的综合经济实体。地主田庄经济的发展，使江南经济繁荣起来。

东吴末年，很多官宦人家“势力倾于邦君，储积富乎公室，……僮仆成军，闭门为市，牛羊掩隰，田池布千里。……商贩千艘腐谷万庾。园囿拟上林，馆第僭太极，粱肉余于犬马，积珍陷于帑藏”⑨。

南朝宋代孔灵符的田庄“于余姚、鄞、鄮三县界垦起湖田，……又缘湖居民，鱼鸭为业。”“灵符家本丰，产业甚广，又于永兴立墅，周迴三十三里，水陆地二百六十五顷，含带二山，又有果园九处”⑩。

谢灵运作《山居赋》，对他田庄中多种经营状况描述很详细。田庄中除生产粮食外，还生产多种水草：“水草则萍、藻、薀、茭、藿、蒲、芹、荪、蒹、菰、蘋，蘩、莼、荇、菱、莲虽备，物之偕美，独扶渠之华鲜，播绿叶之郁茂……”。田庄中生长各种药材：“本草所载，山泽不一，雷桐是别，和缓是悉，参核六根，五华九实，二冬并称而殊性，三建异形而同出，水香送秋而擢茜，林兰近雪而扬猗，卷柏万代而不殒，茯苓千岁而方知，映红葩于绿带，茂素蕤于紫枝，既往年而增灵，亦驱妖而斥疵”。田庄中生长的竹木有：“其竹则二箭殊叶，四苦齐味”；“其木则松、柏、檀、栎、桐、榆、檿柘、谷、栋、楸、梓、檉、樗，刚柔性异，贞脆质殊，卑高沃瘠，各随

① 《元和郡县图志》卷25“江南道一·嘉兴县”。

② 引自《齐民要术》卷10“五谷、果蓏、菜蔬非中国产物者”。

③ 《晋书》卷26“食货志”。

④ 《宋书》卷82“周朗传”。

⑤ 《宋书》卷67“谢灵运传”。

⑥ 《太平寰宇记》卷102“江南东道·泉州土产”。

⑦ 《史记》卷120“货殖列传”。

⑧ 《史记》卷120“货殖列传”。

⑨ 《抱扑子》外篇卷34“吴失篇”。

⑩ 《宋书》卷54“孔季恭传”。

所如”。池塘中养着各种鱼：“鱼则鱿、鳢、鲋、鲔、鳟、鲩、鲢、鳊、鲂、鲔、鲈、鳜、鲭、鲤、鲻、鳣，辑采杂色，锦烂云鲜，……鲈鮆乘时以入浦，鳡鲉沿濑以出泉”。山上种植各种果树“北山二园，南山三苑，百果备列，乍近乍远，罗行布株，迎早候晚，猗蔚溪涧，森疏崖洛，杏坛馀园，桔林栗圃，桃李多品，梨枣殊所，枇杷林檎，带谷映渚，椹梅流芬于回靓，椑柿被实于长浦”。菜园中种植各种蔬菜：“畦町所艺，含蕊藉芳，蓼蕺钟荠，葑菲苏姜，绿葵眷节以怀露，白薤感时而负霜，寒葱摽倩以陵阴，春藿吐苕以近阳”①。

南朝梁代沈约作“郊居赋”，对他田庄中的多种经营也作具体记述：“其水草则蘋萍芡芰，菁藻蒹菰，石衣海发，黄荇绿蒲，动红荷于轻浪，覆碧叶于澄湖，飡嘉食而却老，振羽服于清都，其陆卉则紫鳖绿葹，天著山韭，雁齿麋舌，牛唇彘首。布濩南池之阳，烂漫北楼之后，或幕渚而芘地，或縈窗而窥牖，若乃园宅殊制，田圃异区，李衡则桔林千树，石崇则杂果万株。……其林鸟则翻泊颉颃，遗音下上，楚雀多名，流嘤杂响，或斑尾而绮翼，或绿衿而绛颡，好叶隐而枝藏，乍间关而来往。其水禽则大鸿小雁，天狗泽虞，秋鹭寒鹅，修鹢短凫，曳参差之弱藻，戏瀺灂之轻躯，翅抨流而起沫，翼鼓浪而成珠。其鱼则赤鲤青鲂，纖儵钜鳠，碧鳞朱尾，修鲈偃頟，小则戏渚成文，大则喷流扬白，不兴羡于江海，聊相忘于余宅。其竹则东南独秀，九府擅奇，不迁植于淇水，岂根于乐池……”②。

魏晋南朝时期的地主田庄已不像《史记·货殖列传》所述及江南“无积聚而多贫”，“无冻饿之人，亦无千金之家”的状况。他们的储积不亚于王室，苑囿可与皇室上林苑相媲美。田庄中使用当时最先进的生产工具，最先进的生产技术，除种植粮食作物外，还种植蔬菜、果树、竹木、花卉等；养殖家畜、家禽、各种鱼类；从事商品交换，商船千艘。田庄中从生产到流通各种生产齐备。由于地主田庄中多种经营的发展，使江南经济逐渐繁荣起来。

三、地主田庄是适应时代要求的经济组织形式

魏晋南朝时期，江淮及其以南地区生产力水平不断提高，江南大部分地区被开发，经济不断发展、繁荣。这些都与地主田庄经济的发展与兴盛分不开的。地主田庄经济是与当时特殊战乱时期发展生产的迫切要求相适应的。正是由于生产关系适应了生产力的发展，江南经济才呈现突出的进展。

1. 强化人身依附关系，用强制手段将劳动力组织于较大的生产集团之中。魏晋南北朝时期，在剥削关系上很重要的一个特点，表现为编户农民大量转向依附民。由于战乱与繁重的徭役，加速了编户农民的破产。编户农民的生产和生存受到严重威胁，又不甘心沦为奴婢，就需要寻求新的保护者，因此他们纷纷被士家大族收容，成为依附农民。私人地主田庄中的依附民主要有佃客、部曲、徒附、门生、故吏等等，他们与田庄宗主之间的人身依附关系较前代加强。依附民对田庄宗主人身依附关系加强主要表现在：未经主人允许不能擅自离开土地；佃客与部曲等不经合法手续不许改换主人；“客皆注家籍”，必须经过主人的放免，才能成为平民；佃客与部曲死后士家大族有权干涉妻、子的婚姻；部曲与佃客在法律上与主人地位不平等”③。佃客、部曲等依附民实际上已成为长期被固着于土地，终身依附封建地主，无政治权力的农奴。

① 《宋书》卷67“谢灵运传”。

② 《梁书》卷13“沈约传”。

③ 参见王仲荦《魏晋南北朝史》上册，第164～168页，上海人民出版社、1979。

魏晋南朝时期，依附农民对土地、对封建地主的人身依附关系较秦汉时期强化了，从整个历史发展进程看，似乎是个倒退。但就魏晋南朝时期的特殊历史背景看，就江淮地区提高生产力水平的迫切要求看，这种人身依附关系的强化还是顺应时代需要而产生的。因为在战乱时期流民甚众，为了保证社会生产的正常进行，没有相应的生产组织采用强制手段将土地与劳动力结合起来是不行的。另外，承接秦汉时期，江淮及其以南相当多的地区土地贫瘠，耕作粗放，经济落后。在这经济落后地区，要养活众多的南迁人口，就必须兴修水利，使水利资源得到较充分的利用；必须改造沼泽、沮洳地带与丘陵地带，使广大江南闲置的土地得到充分的开发；必须要改变南方落后的生产技术与生产、生活习惯，而实行精耕细作，发展多种经营，……。这样强烈的社会需要，这样重大的变革，在封建国家缺乏组织整个社会生产能力的情况下，光靠分散的个体生产的小农是不能完成的。这需要具有相当的人力、物力、财力，具有一定权威与组织能力的社会集团，才能完成这样艰巨的建设任务。地主田庄经济正是适应了这样的历史要求，而发展、兴盛起来的。

2. 地主田庄以租佃方式为经营主体，有利于调动依附农民的生产积极性。士族地主田庄是租佃经营与使用奴婢经营的结合体，而以租佃经营占主导地位。东汉时期有关于地主田庄的记载："豪人之室，连栋数百，膏田满野，奴婢千群，徒附万计"。① "千群"与"万计"都表示众多之意，虽不是实数，但也有个基本数额估计，即徒附（依附民）是奴婢人数的十倍，依附农民在田庄中占主导地位。南朝时期仍是这种状况，如"（谢）灵运因父祖之资，生业甚厚，奴僮既众，义故门生数百"②。

魏晋南朝时期地主田庄中的依附农民，虽然政治地位近似于农奴，但他们与西欧中世纪封建领主庄园中的农奴又有很大不同。西欧领主庄园中的农奴以份地形式获得土地进行耕作，以劳役地租方式交纳封建地租。而我国地主田庄中的依附农民，都以租佃形式，佃耕地主的土地，以实物地租形式交纳封建地租。《隋书·食货志》记载东晋南朝地主田庄的状况："都下人多为诸王公贵人左右、佃客、典计、衣食客之类，皆无课役。……其佃谷，皆与大家量分"。"与大家量分"就是向地主交纳实物分成租之意。封建租佃制剥削较西方中世纪农奴制剥削有进步性。因为在租佃关系中，佃农从事一家一户的个体生产，在生产、经营中有较多的自主权。另外在租佃制度下，不以劳役地租为主要剥削形态，而以实物地租为主，佃农的必要劳动与剩余劳动在时间与空间上是结合在一起的，有利于调动佃农的生产积极性。地主田庄经济既有强化人身依附关系，以强制手段使劳动力与土地结合，便于统一调动、统一管理的一面；又有分散个体经营，以实物地租为主要剥削形态的一面，这具有双重性质的经营实体有利于生产的恢复与发展。

3. 具有较强的战斗性与割据性，对维持局部地区的生产起到积极作用。地主田庄中都有部曲。"部曲"原指军队士卒。东汉末年以后，士家大族在屯坞自守、筑壁相保过程中，也采取军事建制，将他们已有的宾客、佃客组建成武装部曲。有时也称为家兵。部曲的特点是且耕且战。如梁代"（张）孝秀居于东林寺，有田数十顷，部曲数百人，率以力田"。部曲于战时是武装的士卒，平时又是在土地上耕作的佃客。因此地主田庄经济有较强的战斗性与割据性。这一特点固然对恢复大一统的封建国家是不利的。但在中央政权不稳定，战乱频繁的历史条件下，对保护生产力人的因素，对维持局部地区的生产，是曾起到积极作用的。

---

① 《后汉书》卷79"仲长统传"。

② 《宋书》卷67"谢灵运传"。

魏晋南朝时期，江淮及其以南地区得到较充分的开发。这里虽然也有封建政权建立屯田、建立新郡县充实编户作出的努力，但地主田经济在江淮地区的开发中起到了相当重要的积极作用。由于地主田庄经济适应了在国家分裂、社会动乱状态下发展生产的形势，收容了大批流民与寻求保护的编户齐民，强化人身依附关系，建立起自卫、割据的武装力量，用强制手段使劳动力与土地相结合，并能聚集相当数量的人力与财力，进行水利事业的兴修，开展改造沼泽、丘陵的农田基本建设，积极推广新技术等，并以武装力量保证了局部地区生产的稳定性。这样，才使魏晋南朝时期江淮地区的社会经济，在破坏中仍有建设，在倒退中仍有发展，为隋唐时期全国经济重心转移至南方奠定了基础。

全国动物性食品价格变动趋势和对策*

俞家宝　李玉珠　洪乌金

一、1978年以来动物性食品价格管理体制的变化

1. 1978—1985年动物性食品价格管理的变化，可分作两阶段。1978—1984年以前，这一阶段，猪肉、鸡蛋、水产品、禽肉、牛羊肉、牛奶6种主要产品价格都受到国家限制，对农民还有派购任务，此为全面价格控制阶段。国家在限制的同时，对这些产品的价格进行了较大幅度的调整：毛猪价由原来每百公斤98元提高到124元，提高了25%；鲜蛋价由每公斤1.3元提高到2元，提高了30%。这一阶段调整价格是成本推动的，因为1978年以前的价格水平太低，生产者无利可图，影响了生产的发展。1984—1985年以来，这一阶段，国家取消了所有动物性食品统派购任务，逐步放开了鸡蛋、水产品、禽肉、牛羊肉的价格，只限制猪肉和牛奶的价格。由于牛奶的量不大，影响也小，国家主要限制食品公司的猪肉价格，从全国看它占60%以上，在大中城市比重更高。限制了食品公司的猪肉价格，就能影响市场上所有猪肉价格。这一阶段为局部价格控制阶段。

但是，就在这一阶段的1985年初，中央一号文件规定放开农产品价格，各级物价部门把猪肉价格由以前的指令价水平提高到一个新的“指导价水平”。由于猪肉价格提高，带动了其他动物性食品价格的提高。这一次提价，主要原因除生产成本上升外，还和供求矛盾有关。

2. 目前的动物性食品价格管理体制的特点。①在所有动物性食品中，国家只限制了猪肉价格，而猪肉价格又只限制了食品公司出售的这一部分。通过食品公司的猪肉价去影响市场上的猪肉价和其他动物性食品价格水平；②食品公司执行“指导性价格”低于其经营成本的，由国家财政给予亏损补贴；③从地区来看，中小城市和县城以下的地方，猪肉价格已彻底放开，受限制的只是大城市的猪肉价格，重点是京、津、沪三大市。本文重点研究大城市的猪肉价格对策。

二、1978—1985年动物性食品的成本价格变动

我们按照粮食和猪的成本价格，动物性食品的销售价格三部分分析如下：(见表1～表3)

表1　粮食的生产成本、收购价格、纯收益

年　份	物质成本	人工成本	总成本	价　格	纯收益
1978	13.18	14.72	27.88	25.90	−1.98
1979	14.08	12.10	36.18	30.86	4.66

* 原载《农业经济问题》1988年第5期。参加人员还有查振祥、郑荣伟、于立春。由查振祥执笔。

（续）

年　份	物质成本	人工成本	总成本	价 格	纯收益
1980	14.48	14.88	25.86	30.86	5.0
1981	15.32	12.72	28.04	36.66	8.62
1982	14.88	10.24	25.12	36.66	11.54
1983	14.68	8.86	23.54	36.60	13.06
1984	15.04	12.18	27.20	35.00	7.8
1985	16.02	11.46	27.48	41.48	14.10
年均增长％	2.83	−3.53	−0.2	7.0	34.5

注：玉米、大豆、水稻、小麦四种粮食混合平均：元/百千克。

表2　猪的生产成本、收购价格、纯收益

单位：元/头

年　份	物质成本	人工成本	总成品	收购价格（元/百千克）	纯收益
1978	103.88	14.18	118.07	98.94	−1.06
1979	105.72	20.89	126.59	125.38	20.42
1980	111.53	21.15	132.68	126.30	19.21
1981	121.57	29.47	151.04	127.22	20.23
1982	124.96	27.15	152.07	127.74	16.98
1983	121.16	26.34	147.50	128.52	13.08
1984	133.63	30.09	171.72	147.20	15.57
1985	158.59	32.35	190.94	182.10	36.21
年均增长％	6.23	12.25	7.11	9.11	10.02

表3　动物性食品的零售价格

单位：元/千克

年　份	猪肉国营零购价	动物性食品混合平均价
1978	16.24	1.460
1979	1.776	1.636
1980	2.222	1.886
1981	2.108	1.960
1982	2.120	1.980
1983	2.186	2.078
1984	2.822	2.540
1985	2.750	2.782
年均增长％	7.56	9.25

从上述资料中我们可以进行以下分析：养猪的收益年平均增长10%左右；动物性食品价格年平均增长9%左右；养猪的总成本年平均增长7%左右。粮食的价格年平均增长7%左右；粮食的生产成本年平均下降0.2%。因此，养猪收益增长幅度＞动物性食品价格增长幅度＞养猪的成本或粮食价格增长幅度＞粮食生产成本的下降幅度。需要说明的是，在1978—1985年这八年中，动物性食品价格保持9%的年平均增长速度，不是由成本推动的，而是由需求拉动的。需求拉着动物性食品价格上升，而后者的价格上升又拉着粮食价格上升。

三、1978—1985年动物性食品的供求状况和价格水平的分析

我们按照生产量变化和需求量变化分别列表分析如下（见表4、表5）：

表4　动物性食品的生产量

年份	生猪出栏量（万头）	猪肉产量（亿千克）	人均猪肉产量（千克）	六种动物食品产量总计（亿千克）	人均动物食品（千克）
1978	16 110	80.0	7.67	178.15	14.52
1979	18 768	100.1	9.66	196.4	16.59
1980	19 861	113.4	11.15	216.88	18.73
1981	19 495	118.8	11.07	228.21	19.07
1982	20 063	127.2	11.75	250.99	20.78
1983	20 661	131.6	12.34	267.43	22.04
1984	22 047	144.4	13.01	304.38	24.37
1985	23 894	164.95	13.99	349.41	27.29
年均增长%	5.79	8.67	8.9	10.55	9.43

表5　动物性食品的需求状况

单位：元/人

年份	人均国民收入	人均生活费		动物性食品支出		购买猪肉支出	
		收入	支出	支出	占收入%	支出	占收入%
1978	315	196	155	21.2	10.8	12.5	6.4
1979	346	225	179	27.2	12.1	17.2	7.6
1980	376	256	216	35.4	13.8	22.6	8.8
1981	396	279	243	37.4	13.4	23.4	8.3
1982	423	300	272	41.2	13.7	25.0	8.3
1983	464	327	308	45.8	14.0	27.0	8.2
1984	547	368	345	61.1	16.6	36.7	9.9
1985	656	501	469	75.9	15.2	38.5	7.7
年均增长%	11.0	14.3	17.1	20.0			

上面的资料提供了以下数据：人均动物性食品产量年均增长9.43%；人均国民收入年均增长11%；人均生活费收入年均增长14.3%；人均生活费支出年均增长17.1%；人均购买动物性食品支出年均增长20%。从中可以看出，人均动物性食品产量增长速度<人均国民收入增长速度<人均生活费收入增长速度<人均生活费支出增长速度<人均购买动物性食品支出增长速度。正因为如此，动物性食品价格才以年平均9.25%的速度增长，也进一步证明了1978—1985年动物性食品的增长速度是由需求拉动的。现在的价格已高于生产成本。

那么，为什么食品公司在目前的价格水平下还亏损呢？是否现在的价格虽高于生产成本，但还没有高于流通成本呢？对这个问题不能笼统回答，因为在目前的价格水平下市场上的个体商贩还是盈利的，据调查，个体商贩每经营一头猪能获利20～30元，一个商贩一年经营100～200头猪，可获利4 000～6 000元。而食品公司的亏损，是由两部分构成：一是政策性亏损。食品公司为了稳定市场，每年要冷藏一部分猪肉，费用大，售价低，形成亏损，这是宏观调控所需要的，这部分亏损以后国家还要承担。另一部分是经营性亏损。由于食品公司内部管理体制上还存在着很多问题，如基层经营单位不独立，吃大锅饭，缺乏积极性，大批退休人员工资增大了成本，生意未做活，经营量未达到有效规模等。如果将食品公司的这两部分亏损加在一起，现在动物性食品的零售价格确实还没有达到高于流通成本的水平。这个问题的解决有待于食品公司的管理体制改革。

四、对1990年全国平均和大城市肉食品供应量的预测

1. 预测供应量的依据。预测1990年肉食品供应量，依据为三个方面：①到1990年的饲料粮供应量；②到1990年动物性食品产量结构的变化，这些饲料粮怎样在各品种中分配；③各种动物性食品对饲料粮的转化率。根据1978—1985年各项数据的年平均增长速度，我们对这三个方面的情况分析如下：

表6 粮食总量与饲料粮供应总量

项　目	粮食播种面积（亿亩）	粮食单产（公斤/亩）	粮食总产（亿公斤）	人　口（亿人）	人均占有粮食（公斤）	饲料粮供应总量（亿公斤）
到1990年数据	16.5	260	4 290	11.1	386.5	1 192.5

表7 动物性粮品产量结构的变化（%）

项目	猪　肉	蛋　类	鲜　奶	水产品	禽　肉	牛羊肉
到1990年数据	43.58	18.85	3.19	23.3	7.53	3.54

表8 各种动物性粮品对饲料的转化率

品　种	猪肉	蛋类	鲜奶	禽肉	淡水养鱼
每生产1公斤消耗粮食（公斤）	7	3	0.3	3	1.5

2. 预测结果。将各种食品按产量结构对饲料粮进行分配，然后参照各种肉食品的饲料转化率，预测到1990年动物性食品的总产量为361.35亿公斤，人均产量为32.55公斤。此为城乡人均供应量。大城市供应量历年来是城乡人均供应量的1.6倍左右。因此，预计到1990年约50公斤左右。

五、对1990年大城市居民人均肉食品需求量预测

1. 1990年大城市居民人均肉食品支出额。我国京、津、沪、西安、南京、武汉、重庆等大城市，现在居民人均生活费收入为1 000元左右。根据“六五”期间年平均增长13%的速度，到1990年人均生活费收入为1 600元左右。

目前我国大城市居民肉食品支出占人均生活费收入的15%，这是在目前价格受限制的情况下的结构。根据广州经验，肉食品价格完全放开，肉食品支出占人均实际生活费收入的比重大约为22%。到1990年，考虑价格完全放开和随着人均生活费收入的增长和肉食支出比重下降两方面因素，我们推测肉食品支出占人均生活费收入20%左右。这个比重，是消费者能承受的。按这个比重，人均购买动物性食品支出额是：1 600元×20%＝320元，即300元左右。

2. 1990年大城市居民人均肉食品需求量。根据1978—1985年我国大城市居民收入增长100%，对肉食品需求量增长50%的弹性，1990年我国大城市居民对肉食品需求量为50公斤左右。

根据1978—1985年我国人均肉食品消费量年增加2.5公斤的水平，1990年我国大城市居民人均肉食消费量也能由现在40公斤增长到50公斤左右。这个需求量与1990年能达到的供应量基本一致。

六、对1990年大城市动物性食品价格水平的预测

1. 按现在的限制价格发展下去的水平。按目前价格受限制的情况，价格水平增长速度还取1978—1985年平均每年增长9.2%的水平，今后价格增长速度不会高于这个水平，因为“七五”期间消费基金增长受到控制，计算价格增长量的基数是1985年大城市实际价格。预测结果为：1990年动物性食品零售混合平均价，每公斤为3.94元，即如1990年仍不放开肉价时，肉价平均价格为1公斤4元钱左右。猪肉价格可能偏高一些，因为猪肉价格比肉食品零售混合平均价高。

2. 逐步放开的价格水平。计算逐步放开的价格水平，要考虑两个因素：一是1990年大城市居民人均能拿出多少钱来购买肉食品；二是肉食品供应量和需求量。根据以上分析，1990年大城市居民购买肉食品的支出额是300元左右，而人均能达到的供应量为50公斤左右，这个供应量与需求量一致。因此在放开的情况下，1990年大城市肉食每公斤平均价格为6元钱左右，这是消费者能承受的价格水平。按这个水平，1985—1990年，价格每年平均增长16%。全国其他地方肉食品价格会低于大城市的这个数。

这样，我们得出一个总体概念，到1990年，肉食品放开的价格比不放开的价格高出50%，肉食支出占大城市居民生活费收入比重，价格不放开时是15%，放开时是20%。

七、对策

如果继续限制大城市猪肉的价格，不利于搞活流通，也不可能减少国家财政补贴，同时不能及时反映猪肉、动物性食品生产成本的变化，容易形成生产的大起大落。而逐步放开大城市猪肉价格，是一可供选择的对策。其具体做法是，在维持目前大城市猪肉供应办法的同时，做好下列放开价格的准备工作，并将价格逐步放开，到1990年彻底放开。这些工作有：①发展养猪业的地区分工，促使重点省的养猪业发展，为全国大城市的猪肉价格彻底放开提供货源。②加快水产业、养鸡业、奶牛业等饲料转化率高的动物性食品生产，降低猪肉在食品供应中占的比重，削弱猪肉价格对肉食品价格的影响。③促进流通多渠道的发展，尤其抓紧搞活京、津、沪三大市的多渠道流通，发展农贸市场、个体肉食商店，降低国营肉食商业的比重，削弱国营价格对肉食品价格的影响。④改革国营食品公司内部的管理体制，政企分开，下放核算单位，承包经营，消除垄断性，开展竞争，提高经营管理水平，改变靠补贴吃饭的局面。⑤加强国家对市场的宏观调节，通过贮备，吞吐猪肉，稳定市场供应，调剂淡旺季。根据广州市的经验数据，食品公司贮存应占整个供应量的1/3，就可以稳定整个市场上猪肉和动物性食品的供应，稳住价格。⑥加强和完善市场管理办法，防止哄抬物价，投机倒把。市场上可以有临时性、短期的最高限价，肉食品平均价格每公斤超过了6元就应限价。⑦加强各省、市之间的横向联系，促进猪肉和其他肉食品在地区之间的流通。几个大城市要和几个生猪生产区建立稳固的购销关系。⑧拉开质量差价、季节差价，并把猪肉价格水平往上再调几次，在调和拉的同时，逐步减少对食品公司的财政补贴。⑨大城市内部，先放开远郊区价格，后放城区价格。大城市之间，先放开三大市以外的大城市价格，再放开上海、天津两市的价格，最后放开北京市的价格。

联邦德国的生猪生产及猪肉市场考察报告*

洪乌金

联邦德国的农业是以畜牧业占主导地位的，1984—1985年度动物产品（不包括渔业产品）在整个动植物产品中占66.3%（其中：奶占24.7%，猪肉占18.9%，牛肉占16.9%）。1980—1985年年平均牲畜存栏数：猪231 105万头，羊121万头，牛1 533.78万头（其中奶牛553.43万头），马30.7万匹；家禽存栏数：鸡7 775.9万只，鹅34.84万只，鸭107.3万只，火鸡186.56万只。

由于联邦德国畜牧业生产比较发达，畜产品的自给率近90%，因而居民的食品消费结构也以畜产品为主，其中尤以猪肉占主要地位。

目前每人年平均肉类消费水平（1985—1986年度）已高达100.5千克。其中：猪肉60.1千克，牛肉23.1千克，家禽9.7千克，牛奶及制成品109.6千克，鱼11.9千克，鸡蛋及其制品1千克，脂肪26.4千克。谷物只有74.3千克。此外，还有土豆77.7千克，糖36.7千克。在畜产食品中猪肉消费居欧洲共同体各国之首，比共同体平均水平（37.5千克）高出60.3%，而且仍是上升趋势，根据专家预测将增加到人均70千克的水平。

一、联邦德国生猪生产和猪肉市场的特征

联邦德国生猪生产和猪肉市场有以下特征：

1. 猪肉的产销受欧洲共同体农业政策制约。联邦德国是欧洲共同体的成员国，它必须执行共同体制定的统一的农业政策。在猪肉方面，尽管欧洲共同体是自给有余，而联邦德国则尚未完全自给，但也必需实行共同体统一的农业市场与价格政策。

2. 生猪生产力高，猪肉生产量大。猪肉生产力高的主要表现：①母猪产仔率高。一般一胎可产10多个仔猪。②肥猪增重快、饲养期短、出栏率高。肥猪日增重（1981—1985年平均）高达818克，屠宰日龄（1981—1985年平均）201天，育肥期5个月左右，出栏率200%多。③头重高。1981—1985年平均每头猪（胴体重）达136千克。联邦德国的猪肉生产量是比较大的，1981—1985年平均每年猪肉（胴体重）生产量达313万吨。

3. 猪肉消费者价格水平高，流通过程所占比例大。联邦德国居民猪肉消费水平比较高，猪肉的消费者价格水平也比较高，1984—1986年平均每千克8.01马克（合人民币16元多/公斤）。但联邦德国居民购买猪肉每支出一马克（消费者价格），只有44分尼归农民所得（生产者价格），其中还要支出物质费用，最后得11分尼（仔猪生产者5分尼，育肥生产者6分尼）。另有56分尼

* 原载《中国农村经济》1988年第6期。

则为运销部门所得。其原因是：①随着农业产前产后部门的高度发展，即产品供给的劳动专业化程度的高度发展，肥猪的收购、屠宰、包装、加工，都成为专业化的劳动过程；②人们消费水平提高，要求品种多、质量好，势必增加加工、包装等环节，从而增加了商品价值及其运销部分的份额；③运销职工的工资提高了。

4. 生猪收购与工业饲料比价基本合理，农民愿意养猪。联邦德国猪肉与饲料的比价（1986年1∶6.3）不算太高，但由于企业有一定规模，饲养期短、出栏率高，所以养猪的收入相当可观。养一头猪可赚50多马克，若按每个企业（户）300个栏位，出栏率200%计，每年可出肥猪600头，收入可达3万多马克，合人民币6万多元。因而，农民是愿意养猪的。

5. 拉开了猪肉的各种差价。联邦德国猪肉的各种差价是比较大的。首先，是购销差价大。1986年收购价格是每千克3.56马克，消费价格是每千克7.93马克，购销比例是1∶2.33。其次，是拉开质量差价。①按瘦肉率分等定收购价。猪的收购目前1/3按活重计价，2/3按胴体重计价。即通过仪器测背膘的脂肪厚度来确定瘦肉率，根据瘦肉分等级定价，瘦肉率50%～55%为一级（标准级），大于55%为特级，45%～50%为二级，40%～45%为三级。根据1981—1985年21万头猪（占总头数的58%）统计，各等级的平均价格，最高级（特级）为最低级的1.5倍。②按部位定价。首先按胴体确定各部位的重量比例，按不同的部位确定不同价格。一般瘦肉和肥肉的比价为1∶3，瘦肉与大油的比价为1∶4。以斯图加特市一超级市场不同部位的价格为例：瘦肉18.9马克，瘦肉（20%肥肉）12.00马克，五花肉6.98马克，猪肝4.99马克。这几种差价的实行和拉开对于提高猪肉质量，调动生产者、经营者的积极性，满足消费者的要求，有着重要作用。

6. 实行多渠道经营，多家竞争。联邦政府规定限制市场经营的各种垄断性组织的发展，提倡多家竞争。生猪收购和猪肉运销的各个环节也如此。例如在收购环节，有城邦（公共）屠宰场、合作社屠宰场、私人肉店等多家竞争收购。在屠宰环节也是城邦屠宰场、合作社屠宰场和私人屠宰场多渠道经营，多家竞争。城邦屠宰场设在销区，合作社和私人的屠宰场多数设在产区，产区屠宰场方便生猪生产者，运肉比运猪方便，成本又低，在竞争中具有一定的优势。城邦屠宰场则处于劣势。例如斯图加特市城邦屠宰场最近几年来，由于连年亏本，市议会已决定将该屠宰场转为私人经营。加工和销售环节都是私人经营，竞争也相当激烈，经营不善者被淘汰的现象时有发生。

7. 有强有力的信息指导。联邦德国建立了全国的农产品价格信息发布中心，其宗旨是为农业生产和农业市场（产前产后）服务。中心下面按活畜、家禽、牛奶、鸡蛋、蔬菜、水果等产品设处，分别掌握联邦德国、欧洲和世界的农产品价格信息。在法兰克福、汉堡、斯图加特、慕尼黑、科隆、汉诺威设价格信息站，具体负责搜集本地区农产品价格信息。猪等活畜的价格是从其他部门直接取得的，水果、蔬菜的价格大部分是自己搜集的，各站将搜集的价格信息及时上报中心，中心通过电视、电话以及报纸、周刊等宣传品传播信息，以改善农产品市场的透明度，指导农民和经营者的生产经营活动。如果谁需要了解某种产品的价格信息只要花五分尼（相当于人民币0.1元）打个电话就解决了。

8. 实行农产品的生产与市场统一的管理体制。联邦德国中央政府成立“联邦德国食品、农业和林业部”，统一领导管理全国农产品的生产和流通工作。部下面设7个司局，即①中心部门（包括管理和欧洲共同体事务）；②计划协调和经济观察；③食品政策（包括农产品和农业技术、兽医、食品和消费者组织）；④市场政策（包括一般市场事务和特殊市场事务）；⑤乡村发展（包括乡村社会政策、乡村新秩序）；⑥森林和环境保护；⑦ 国际农政和渔政（包括外贸政策和渔业

政策）。州、县亦相应设立食品、农业和林业管理部门及其分支机构。食品农业业务部门的任务是研究农业生产和农业市场情况，协调生产者和消费者利益。这种体制比较好地解决了农产品的生产与流通分割的宏观管理体制方面产销脱节、互相扯皮的弊端。

二、促成联邦德国生猪生产水平高并且猪肉市场完善的原因

1. 收入水平高，需求拉力大。联邦德国人均可支配收入1986年为20 083马克（合40 000多元人民币）。收入多，购买力高，需求拉力大，所以农产品消费者价格高。目前超级市场零售价格以斯图加特市一超级市场10月初的价格为例，按每千克计算，猪肉8马克，牛肉18马克，白条鸡6马克，鸡蛋散养的10个3.5马克，笼养的10个1.49马克，豆角4马克，西红柿10马克，生葱1.5马克，洋葱1.99马克，青椒2.8马克，红青椒5.00马克，大米2.6马克，麸粉0.7马克，白面包3.8马克，黑面包4.8马克。总的来说，农产品一般要比我国高出7、8倍到10多倍。吃的食品主要不是直接买肉、买粮在家做，而是吃各种精加工、深加工的制品，例如香肠（达100多种）、糕点、面包等等。这样，运输、加工等运销环节就很多，猪肉和其他农产品的消费者价格自然就高，其中运销环节占的比例当然就大。

2. 雄厚的养猪物质基础，先进的养猪科学技术。联邦德国之所以养猪多、生产力高，原因之一，是农产品特别是谷物过剩，为养猪业的发展提供了雄厚的物质基础。目前他们正在采取按20%的耕地弃耕和研究推广不施肥等措施来解决农产品过剩问题。原因之二，是采用现代化的养猪科学技术。具体内容是：①培育良种。目前联邦德国养猪业已全部实现良种化。②采用工业饲料（即配合饲料），饲料的转化率高达2.68。③实行工厂化饲养。但德国人认为，采用先进科学技术养猪，已经带来了增重太快，猪肉质量差的新问题。

3. 专业化程度高，机器装备水平高，商品率高。联邦德国农业基本上是实行区域化种植专业化经营。西北部是传统的畜牧业基地。南部是大田种植业和畜牧业混合区。联邦德国的农业企业，多数是专业化经营，而且经营畜禽的也不是什么都养，而是分奶牛、肉牛、猪（甚至再分仔猪、育肥猪），进行专业化经营，一个农场一般只有1～2个劳动力，并且具有一定的规模（10～50公顷的农场占44.4%）。联邦德国农业机械化程度很高，经营十几公顷几十公顷的土地或养二三百头肉牛、百十头奶牛、几百头猪的企业，全都是实行机械化作业。目前全国已有4 000个农场采用电子计算机，劳动生产率很高。农业劳动力仅占社会就业总量的5%，每个农民所赡养的人口，1985年已达62人，高于共同体平均水平（42人）。由于专业化生产和农民生活水平的提高，农业企业不需要也不可能成为自给自足的单位，而是商品率很高的生产企业，这就为发达的猪肉等农产品市场提供了良好的物质前提。所以，联邦德国尽管猪肉的消费水平很高，但自给率仍高达88%；农产品的自给率达90%。

4. 发达的交通运输条件。联邦德国生猪生产的劳动生产率和商品率比较高，猪肉市场比较发达，是同有发达的交通条件分不开的，没有这一基础条件，这种高度商品化产品生产和流通是难以实现的。联邦德国不仅铁路四通八达，高速公路密布全国，居欧洲各国之冠，还有联邦公路、州公路，加上有足够的运输车辆，这就为生猪的生产和猪肉的运销以及整个农产品的生产和运销提供了良好的条件。

5. 良好的农业流通服务组织。联邦德国的农业企业规模和西方其他发达国家相比，相对来说是比较小的，1983年平均每个农场的规模为16.1公顷、1.4个标准劳动力，尽管这两年企业规模稍有扩大，但1985年在20公顷以下的企业仍然占到67.6%。企业规模小，许多产前、产后

的事情都由农户自己去干是不可能或者是不经济的，必须有强有力的服务才能获得较高的劳动生产率和经济效益。作为解决这个问题的重要途径，联邦德国很早就采取提高农民组织化程度的办法，由农民集资入股，建立运销合作社和信用合作社组织等，90%以上的农民都参加了合作社，合作社自下而上有一个完整的组织系统（基层合作社、中心合作社、联邦合作社），合作社正在逐步由综合走向专业化。例如养猪方面有采购、屠宰、加工等合作社，农业方面还有牛奶、葡萄加工、苹果、蔬菜等合作社。合作社是为农民服务的组织，为农民提供产前（种子、仔猪、肥料、饲料）、产后（产品销售和产品加工）服务，以避免农民由于经营业务不熟悉和对市场情况不了解，在同中间商打交道时处于不利地位。此外，合作社还开展培训、咨询服务工作，帮助合作社各级干部和社员提高经营管理水平和农业生产技术水平。

三、对我国猪肉产销改革的启示

1. 逐步实行专业化生产，扩大生产经营规模。目前我们所吃的猪肉绝大部分是由家庭副业生产提供的，这方面生产能力比较低，潜力有限，一般一家农户只能养 2～4 头。因此，要使生猪进一步发展，主要既不是靠家庭副业生产，也不是靠国营或集体办猪场，而是靠发展专业户养猪，并采取一些扶持措施，扩大经营规模，以便采用新技术，提高生猪生产力，增加经济效益（即提高出栏率和饲料转化率等）。

2. 进一步利用市场机制的作用，逐步放开生猪收购和猪肉销售价格。我国从 1985 年起从广州首先放开，即生产者价格和消费者价格完全放开，其他许多中小城市也随之不同程度地放开。但大城市还是实行计划价格（包括生产者价格和消费者价格），结果造成以下问题：①生猪收购价格偏低，农民不愿养猪，猪肉供应越来越紧张，去年下半年不得不发肉票。②国家财政补贴负担越来越沉重。③容易造成价格长期固定，最后被迫进行一次性调整，形成大起大落。④容易使食品公司有依赖补贴的思想，不利于食品公司内部的改革。我们认为大中城市的生猪收购和猪肉价格应逐步放开，以促进生产的发展，逐步达到供求平稳。

目前逐步放开大城市的生猪收购和猪肉销售价格是有条件的：①有了广州和其他一些地方放开的经验。②猪肉是非基本生活必需品，有较大的消费弹性，放开后价格上涨一些是必然的，也是需要的。③居民的收入有所增加，有一定承受能力，如果猪肉销价上涨过猛，国家可考虑对低收入家庭进行一定补贴。④一些替代产品，如鱼、鸡等已经放开，可以起一定的缓冲作用。当然全面放开还要做些准备工作。如贮备一部分冻猪肉，投入市场以平抑物价；进一步发展水产和家禽的生产以减缓对猪肉的压力；改革食品公司管理体制（包括实行政企分设和承包经营等）以增加企业的活力；降低流通费用。

3. 合理确定生猪收购和猪肉的各种差价。合理确定各种差价对于搞活生猪生产和猪肉流通有重要意义。这里特别要指出的是应当拉开质量差价。一是拉开生猪收购的质量差价。目前许多地方对瘦肉型猪和一般猪的收购价没有拉开或者拉开的差距很小，每卖一头瘦肉型猪只多二三元钱，不利于瘦肉型猪的发展，这种状况应当改变。二是拉开猪肉销售的质量价格。目前的问题，一是没有合理确定一头猪（胴体重）的瘦肉比重、各部位肉的比重，并分别不同部位定价，造成商店内部人员多吃瘦肉不多拿钱，见到熟人割好肉，肥肉卖不掉的不良现象。我们认为，我国的猪肉销售应当实行按胴体重确定不同等级的猪的瘦肉比重并按部位分割确定不同价格，拉开差价，标价售肉，让购买者自由选择，以克服上述弊端。

4. 改善运输条件，增加冷藏设备。交通运输是发展商品经济的先行官。解决猪肉的供求问

题，设法增加猪肉的供给总量固然是重要的，但是国家投入一定资金，改善交通运输条件，增加一定的冷藏运输设备（冷库、冷藏车）也是需要的。在京、津、沪、穗等销区旺季可以贮藏一些猪肉，在四川、湖南、浙江、江苏等一些重要产区可以通过冷藏运输工具把猪肉运到重点销区，这些对于解决猪肉供应的季节不均衡和增加销区的猪肉供应有重要作用。

5. 加强信息的统一搜集、加工、贮存，特别是要做好信息的统一发布工作，尽可能以最有效的方式及时地传递给每一个农民和经商者，以增强市场的透明度，指导其生产和经营活动。

6. 改革农产品的生产与流通分割的管理体制。目前我国实行的食品与农业分割的宏观管理体制，存在严重弊端，使生产和流通脱节，扯皮多，难于按照市场的需求安排生产。解决这一矛盾的办法是把现行的生产和流通分割的体制，改为食品农业统一的管理体制，具体到对畜产品的产销管理体制来说，应改为食品、畜牧统一的管理体制。

北京市苏家坨乡池塘淡水养鱼的财务效益和经济效益*

杨秋林　安希伋

前言

北京市作为中华人民共和国首都，是全国政治、经济、文化的中心。拥有近 1 000 万人口，已成为世界特大城市之一。保证数量庞大的城市居民的副食供应，是大城市管理面临的严重问题之一。从水产品的消费需求和供给情况来看，1982 年的北京市每人每年消耗的水产品量为 6.18 公斤，其中淡水产品仅占 0.26 公斤，大大低于世界渔产品人均占有量 16.5 公斤的水平。假设到 1990 年每人每年消费水产品量为 10 公斤，北京市到 1990 年预计需要水产品 1 亿公斤。从水产品的供应渠道来看，北京市可以从外省市购进海水产品。但由于海水产品的生产量大大不能满足需求量。产地收购价格高于零售价格，政府难以负担巨大的财政补贴，这一供应渠道的供应量有许多限制。从目前情况分析北京市只可能购进海水产品 5 000 万公斤左右，还有 5 000 万公斤的水产品需要本市生产供应。

然而，北京市渔业生产情况如何？至 1982 年全市渔业产值只占农林牧渔四业总产值的 0.37%，渔产量只有 400 万公斤左右，供需之间差距相当大。只有大力发展养鱼生产，才能解决首都人民"吃鱼难"的问题。

自 1983 年以来，市政府为促进郊区农村渔业生产的发展，采取了一系列政策措施，主要有：①从资金方面支持农民利用废坑低洼低产农田开挖鱼塘，每亩鱼塘水面国家无偿投资 300 元，给予贷款 400 元，合计 700 元作为每亩鱼塘开挖费；②给予养鱼农民减免税收的优惠，除参照历史情况继续征收土地税收，对渔业生产免征所得税，缓征农林特产税；③开放市场，取消鱼产派购，由农民自产自销，敞开价格，随行就市，议购议销；④改革渔业生产经营管理办法，建立养鱼专业队伍，实行集体联产承包责任制。养鱼专业队统一经营，责任到人，以人定塘，以塘定产，以产定奖，超奖亏罚。打破"大锅饭"的分配制度，调动了农民养鱼积极性。1986 年郊区养鱼单位 2 159 个，实行责任制的有 2 134 个，占总数的 94%；⑤提倡科学养鱼，大力普及科学养鱼技术。每年市水产局系统各级都举办养鱼人员技术培训班。1986 年全市池塘养鱼人员共 8 026 人，参加培训班学习的达 6 334 人次，占总人数的 79%。另外，北京市水产科学研究所的专家及技术人员经常到郊区渔场开展养鱼技术咨询服务，并从南方聘请养鱼技术人员 130 余人，从技术上为郊区淡水养鱼的发展创造了极为有利的条件。

---

* 此文系中华人民共和国北京农业大学和德意志联邦共和国霍恩海姆大学合作研究项目的研究报告的部分内容。原载《国际农村发展战略学术讨论会论文集》1988 年 7 月。

上述政策的实施，极大地推动了郊区池塘淡水养鱼业的发展。池塘淡水养鱼面积从1983年的2 000公顷发展到1986年的8 400公顷。池塘鱼产量从1983年的500万公斤发展到1986年的2 026万公斤，占淡水鱼总产量的92%，三年增长三倍多。

北京市郊区池塘淡水养鱼的迅速发展，为缓解北京市“吃鱼难”的问题做出了贡献。人们对发展池塘淡水养鱼生产的效益也愈来愈予以重视。本文以京郊淡水养鱼发展情况较好的苏家坨乡为基础，就人们关心的池塘淡水养鱼的效益问题作出一粗浅分析。

一、苏家坨乡池塘淡水养鱼的基本情况

苏家坨乡位于北京市海淀区西北部，总面积26.48平方公里（2 648公顷）。土地面积1 951公顷，其中耕地1 476公顷。平均每百人占有耕地11.73公顷。年平均气温9 ℃～12 ℃，春夏秋三季从4月6日到10月31日，长209天，气温10 ℃～34 ℃，年日照总时数平均1 400小时以上。1949—1981年，年平均降雨量679.7毫米，京密引水渠从北至南流经乡的西部，木乡有七条干渠，与之联接，形成完整的水利灌溉系统。北京西部山区水域大部分汇集该乡形成沙涧河、柳林河、三星庄后河三条自然河流，地下水丰富，有56眼机井可供使用，水资源较为丰富。土壤肥沃，大部分是中壤质褐潮土（占95%）和少量沼泽潮土。这些都为发展淡水养鱼提供了有利的自然条件。

苏家坨乡至北京市城中心距离30公里，首都西北交通干线温阳公路贯穿全乡南北，北清公路从东向西横穿乡的南部，交通比较便利，为鲜活鱼产品上市提供了有利的运输条件。

为满足首都市场对鱼产品的需求，苏家坨乡利用以上有利条件发展池塘淡水养鱼，取得了很好的成绩。其发展情况见表1。

表1　苏家坨乡池塘淡水养鱼发展情况

年　份	池塘养鱼水面（公顷）	成鱼总产量（公斤）	渔业劳动力（人）	渔业总收入（万元）	渔业总收入占农林牧渔四业总收入%
1983	26.8	9 657.5	21	1.7	0.28
1984	68.2	220 576.0	81	47.6	6.97
1985	69.4	388 000.0	85	80.6	12.51
1986	1 28.3	650 019.0	156	129.8	16.96

表1资料表明，苏家坨乡池塘淡水养鱼发展迅速，其总产量1986年比1983年增长了六十六倍，渔业总收入由1983年的1.7万元上升到1986年的129.8万元，其占农林牧渔四业总收入的比重由1983年的0.28%上升为1986年的16.96%。池塘淡水养鱼已成为苏家坨乡的重要生产部门。其经营的好坏，效益的高低，已为人们普遍重视。

二、传统的衡量效益的办法

人们在谈论淡水养鱼的经济效益时，普遍认为养鱼经济效益远比种稻为高。见诸文字的如：“全乡渔业平均亩产值553.50元，减去亩支出344元，平均亩盈利209.50元，是种稻盈利的四倍”（引自北京市水产技术推广站报告：《苏家坨乡新建千亩鱼塘当年投产实现亩产400斤》1984年11月）。

1984 年 1 023 亩养鱼水面总收入 566 271 元，总开支 351 960 元，总盈利 214 311 元，平均亩盈利 209.5 元，是稻田的四倍。

“1985 年 1 041.2 亩水面总收入 1 145 248.6 元，总支出 712 761.04 元，总盈利 432 487.56 元，平均亩盈利 415.37 元，是稻田的 3 倍”（引自《苏家坨新建商品鱼基地大面积高产试验报告》，1985 年 11 月）。

“1985 年养鱼亩盈利 415 元。而一亩水稻产量按 800 斤计算，每斤计 0.25 元，总收入 200 元，平均亩成本 60 元，亩盈利 140 元。养鱼亩盈利是水稻的 3 倍”（引自北京农业大学狄鸿调查报告《苏家坨水稻生产经济问题》，1986 年 6 月）。

上述种种说法，都是从传统的衡量效益的方法得出的结论。这个方法的计算公式是：

每亩水面养鱼收入－每亩水面养鱼支出＝亩水面养鱼生产效益

每亩水稻收入－每亩水稻支出＝亩水稻生产效益

按以上公式进行计算时，都是按现行价格计价。然后将计算结果进行比较，得出养鱼生产经济效益比种稻经济效益高得多的结论。

然而，传统的方法有许多问题没有考虑到，主要有：

1. 按每亩水面计算养鱼收入，而一亩养鱼水面要占耕地近 1.4 亩，用其与一亩水稻收入相比，没有可比性；

2. 水稻田改建鱼池，它是以丧失水稻收入为代价的，养鱼成本中应考虑丧失水稻收入的机会成本。也就是说，为获得亩水面的淡水鱼产品必须放弃 1.4 亩生产稻谷的机会。失去的生产稻谷所可能获得的收益则构成淡水鱼产品的机会成本。而传统方法对此是不予考虑的；

3. 水稻作为一种重要的粮食作物，其产品出售价格在我国是由国家确定的，而且定价偏低；相反，鱼价是开放的，随行就市，鱼价偏高。为此，两者收益之比较也不公平；

4. 改建水稻田为鱼池，国家给以无偿投资和资金补贴。对农民来说是收入，对国家来说前者是开支；后者则是一种转移。这些不同之处在考核其经济效益时都应加以注意。而传统方法对此是忽视的。

综上所述，当使用传统方法来衡量淡水鱼的经济效益时，人们普遍地提出疑问，如果综合考虑以上因素后是否仍然有利可图、经济可行呢？因此，有必要对池塘淡水养鱼生产的效益做更全面科学的分析。

三、池塘淡水养鱼的财务效益分析

苏家坨乡发展淡水养鱼，其目的：一是解决首都“吃鱼难”的问题；二是发展生产，增加农民的收益。而后一目的更为直接。如若不能增加农民的收益，发展此项生产将失去对农民的吸引力，发展生产缺乏原动力，其结果是生产发展不起来。发展淡水养鱼是否能给农民带来利益，促使其收益增加，我们将这方面的效益分析称之为财务效益分析，它是从苏家坨乡这一微观经济单位来考察淡水养鱼项目的效益的。

考察苏家坨乡淡水养鱼的财务效益的方法，建立在传统方法的基础上，但应作如下修改。

1. 苏乡现有淡水养鱼水面 1 924 亩，其中有 91 亩是由原来的废坑塘挖建的，其余绝大部分是由原低产稻田改建的。按照苏乡目前的水稻生产水平，这些稻田的生产能力可达每亩 600 斤稻谷，每亩净盈利 72 元。按苏乡目前挖建鱼塘占耕地面积计算，平均每亩水面的鱼塘占地 1.4 亩。在进行财务效益分析时，因改挖鱼塘而丧失的水稻收益应计为改挖鱼塘的机会成本，从养鱼收益

中扣除。

2. 苏乡发展淡水养鱼得到国家的无偿投资及无息贷款，同时取得国家科研单位的补贴。对于苏乡来说，这些无疑都是收入；贷款在5年内还清，而归还贷款则视为支出。传统方法不视以上收入为收入，归还贷款视为纯收入分配。

3. 开挖建设鱼池的全部投资，包括鱼池挖建费和固定资产设备的投资，作为发展淡水养鱼项目的总支出的一个重要组成部分，计入总成本，从总效益中得到补偿。传统方法是对固定资产部分采取折旧办法计入当年支出，对鱼池开挖费则忽略不计。

4. 改建水稻田发展淡水养鱼，作为一个项目有一定延续期。如苏家坨乡挖鱼塘项目合同规定起止年限为1984—1986年，边投资，边生产，当年见效，现假设项目寿命期为六年，到1989年终止。因此，在进行财务效益分析时必须考虑项目寿命期内货币的时间价值，对项目的成本流出和效益流入都做贴现处理。传统方法对此忽略不计。

当我们作了以上技术处理后，对苏家坨发展淡水养鱼的财务效益进行分析，得到表2：

表2　苏家坨乡淡水养鱼财务效益分析

年　份	总成本	贴现因数10%	现值10%	总效益	贴现因数10%	现值10%
1984	1 434 447	0.909	1 303 912	1 249 253	0.909	1 135 571
1985	760 015	0.826	627 772	1 070 316	0.826	884 081
1986	1 968 449	0.751	1 478 305	2 004 161	0.751	1 505 125
1987	1 418 440	0.683	968 795	1 675 000	0.683	1 144 025
1988	1 260 360	0.621	782 684	1 675 000	0.621	1 040 175
1989	1 260 360	0.564	710 843	1 675 000	0.564	944 700
合计	8 102 071	4.354	5 872 311	9 279 984	4.354	6 653 677

贴现率为10%，净现值＝6 653 677－55 872 311＝781 366（元）

贴现率为10%时，效益－成本率＝6 653 677÷5 872 311＝1.133

财务效益率（内部收益率）＞50%

从表2资料可以看到，该项目给苏家坨乡带来了明显的经济利益。该项目寿命期内的财务净现值781 366元；财务效益—成本率大于1，为1.33，财务收益率大于50%，远远超出资本的机会成本的水平。综上所述，苏家坨发展淡水养鱼在财务方面是有利的，可行的。

四、池塘淡水养鱼的经济效益分析

苏家坨乡发展淡水养鱼的财务效益良好。然而，从国家宏观经济的角度来考察该项目，是否仍然是效益良好呢？这就需要进一步对该项目进行经济效益分析。也就是说，要从整个国家宏观经济利益出发，考察该项目是否能最大限度地增加国民收入。在开发执行项目的过程中，凡能增加国民收入的视为效益，凡是减少国民收入的就是成本，不影响国民收入增加或减少的经济事项如资源在不同经济单位之间的分配转移，则不列为项目的成本或效益。因此，在进行经济效益分析时，其方法在某些方面应有别于传统方法或财务效益分析方法。这些区别主要在于：

1. 进行经济效益分析时应考虑货币的时间价值，对项目寿命期内的成本和效益进行贴现计算。这一点有别于传统方法而与财务效益分析方法相同。

2. 进行经济效益分析应采用经济价格对有关成本支出和效益流入进行估价。而传统方法和财务效益分析方法的估计都是按现行价格计算的，因此，在进行经济效益分析时，对一些明显不合理的价格要进行调整，比如水稻的机会成本，现行价格偏低，要适当调高。

3. 国家对苏家坨乡的资金支持，对苏家坨乡来说，明显地是作为收入，增加了项目的效益。而从整个国家宏观经济的角度考察，投资显然是成本而不是效益，补贴是财政分配的某项资金从科研单位转移到苏家坨乡，它不影响国民收入的增减，因而可以忽略不计。而在财务分析中，这种补贴也是作为苏家坨乡的收入而计入效益流的。

经过以上调整，我们可以进行经济效益分析得到表3。

表3　苏家坨乡池塘淡水养鱼验济效益分析表

年　份	总成本	贴现因数10%	现值10%	总效益	贴现因数10%	现值10%
1984	1 434 447	0.909	1 303 912	360 035	0.909	327 272
1985	596 335	0.826	492 573	93 538	0.826	772 626
1986	1 845 689	0.751	1 386 112	1 192 122	0.751	895 284
1987	1 154 400	0.683	788 455	1 475 000	0.683	1 007 425
1988	1 154 400	0.621	716 882	1 475 000	0.621	915 975
1989	1 154 400	0.564	651 082	1 475 000	0.564	831 900
合计	7 339 671		5 339 016	6 912 540		4 750 482

10%贴现率时，净现值＝4 750 482－5 339 016＝－588 534

10%贴现率时，效益一成本率4 750 482÷533 906＝0.89

经济收益率（内部收益率）＜1%

表3分析资料表明，该项目的经济效益是明显的不好。从整个国民经济宏观角度考察项目，其净值为负值（－588 534元）；效益一成本率小于1（为0.89）；经济收益率也明显的低于资本的机会成本。造成该项目财务效益好而经济效益差的主要原因：①是国家的无偿投资和长期无息贷款，以及国家科研机关给予项目的资金补贴，增大了苏乡的财务效益，而从国民经济角度看，这些收益有的被视为成本，有的被视为分配转移而忽略不计，这就必然大大降低经济效益性能；②有些偏低价格项目价格调高，扩大了项目的成本。经济效益明显的不好，为什么又支持该项目呢？因为它有明显的社会效益。北京市郊区发展淡水养鱼，重要目的之一是供应首都的淡水鱼产品，缓解首都人民"吃鱼难"的状况。它为改善首都人民生活，稳定繁荣市场，增加农民收入都起着重大的作用。

从整个北京市郊区农村发展淡水养鱼看来，主要是利用废旧坑塘挖建鱼池，而不是改稻田为鱼池。利用废旧坑塘，其土地的机会成本可以视为零。仍以上例为基础，而假设其土地机会成本为零重新分析其经济效益得表4。

表4　废坑建鱼池经济效益分析表

年　份	总成本	贴现因数10%	现值10%	总效益	贴现因数10%	现值10%
1984	1 434 447	0.909	1 303 912	566 271	0.909	514 740
1985	596 335	0.826	492 573	1 145 249	0.826	945 976

（续）

年 份	总成本	贴现因数10%	现值10%	总效益	贴现因数10%	现值10%
1986	1 845 689	0.751	1 386 112	1 580 000	0.571	1 186 580
1987	1 154 400	0.683	788 455	1 875 000	0.683	1 280 625
1988	1 154 400	0.621	716 882	1 855 000	0.621	1 164 375
1989	1 154 400	0.564	651 082	1 875 000	0.564	1 057 500
合计	7 339 671		5 339 016	8 916 520		6 149 796

10%贴现率时，净现值＝6 149 796－533 916＝810 780

10%贴现率时，效益－成本率＝6 149 796÷5 339 016＝1.152

经济收益率（内部收益率）＝38.5%

表4分析资料表明，一切条件不变，国家的无偿投资、无息贷款及补贴等依旧发放，只是改变土地条件，视改建鱼池前的土地都是废旧坑塘，机会成本为零。在这种情况下，经济效益明显地是好的，其净现值为正值（810 780元）；效益—成本率大于1，为1.52；经济收益率为38.5%，大大超过了资本的机会成本。可以说，在苏家坨乡目前的生产水平条件下，利用无用的废坑塘兴建淡水养鱼池，无论是财务效益还是经济效益都是良好的。

五、结论

综上所述，我们可以得出如下结论：

1. 北京市郊区发展淡水养鱼，有其客观的社会需要。自然条件、经济条件、社会条件、技术条件都是可行的。它为保证首都鱼产品的供应、繁荣市场、改善人民生活起了重要作用。

2. 在目前的生产水平及管理办法的条件下，郊区农村发展淡水养鱼有良好的财务效益，对增加农民收入有较大促进作用，是一项对农民有吸引力的产业项目。

3. 稻田改挖鱼池，虽然财务效益良好，但经济效益极差，应控制盲目改稻田为鱼池。北京郊区发展淡水养鱼，要确确实实地把重点放在利用废旧坑塘及水库水面的利用上。

粮食问题：国家与农民的关系问题*

李 正 强

分析研究粮食问题就不可能离开作为生产、交换主体的农民和代表需求一方的国家两方。本文将从国家与农民的关系入手，通过分析中国农民身份演变和外部刺激作用试图对我国粮食生产的增长与波动作出解释，并对今后的发展提出建议。

一、国家与农民关系的一般定义

国家与农民的关系主要体现在三个方面：

1. 国家对农民地位、权利的认可程度，或农民在社会经济生活中对其地位、权利的要求的满足程度。这一关系要回答的是，国民经济发展战略、政策及改革措施是否尊重了农民在政治、经济中应有的地位和权利。显然，农民越感到其地位、权利受到尊重，参与社会发展的责任感就越强。

2. 国家在农产品流转过程中对农民利益的认可程度，或农民在其产品流转过程中利益要求的满足程度。这一关系要回答的是，国家在取得农产品时是否按价值规律与农民进行等价交换，农民对农产品流转方式及所得价格水平的满足程度如何。显然，满足程度越高，越能对生产产生刺激作用，农产品供应量将增加，反之，则会使农产品短缺。

3. 国家是否为农民发展生产提供有利的投资环境与条件，或农民是否获得了扩大生产所需的较好的环境与物质条件。

需要说明的是，以上三个方面具有互相补充和互相制约的作用，农民行为方式是三个方面综合作用的结果。

二、粮食生产增长波动与国家——农民关系状态的一致性

新中国成立至今，国家与农民关系时而进入良性状态，表现为三个方面都为正方；时而又进入紧张时期，即至少有一个方面的反方出现。值得注意的是，我国粮食生产发展也大致展示出相应的增长与波动，反映出两者高度的相关性。下面对各主要时期的情况进行分析。

（一）新中国成立至“一五”时期（1949—1957）

这一时期，农民从政治上和经济上发生了翻天覆地的变化，极大地激发了农民发展生产的

* 原载《农业经济问题》1988 年第 12 期。

热情，粮食生产获得迅速发展，其中恢复时期粮食产量竟以年均13%的速度增长，整个8年间，粮食生产出现平均递增7.04%的高速度，同期农民人均纯收入获得了每年近30%的高速增长。

需要指出的是，这一时期内尽管工业化战略已开始实施，但就当时情况看，工业及城市居民在整个社会经济系统中的作用与地位尚薄弱，农民在国家经济生活中作用重大。

（二）集体生产时期（1958—1978年）

这是新中国农业发展史上一个漫长的时期，分析当时的社会经济特点，我们不难发现：

1. 城市工业在此时期内几乎是在零点上获得了突飞猛进的发展；与此同时，城市居民阶层利益迅速膨胀，在国家政治、经济生活中，占据了重要地位；农民的地位和利益则服从于工业发展和保障城市居民生活的需要。

2. 农民权利的得而复失及其身份演变。土地改革给农民带来的对土地的占有支配权，随着农业集体化运动而被剥夺。尽管存在“集体”这一所有权形式，但就具体的农民来说，他们几乎成为除了自己的劳动力以外一无所有的无产者；同时，自上而下的强有力控制把农民按区域分割、集中起来，使其失去了行动的自由。这样，原来拥有一小块土地及相应生产工具的农民变成为不拥有生产资料、依附于外力控制的“操作工具”，原来的主人身份无从体现，客观上造成农民与生产要素、生产活动的对立，使农民参与农业发展的意识丧失殆尽。近几年广大农民对政策稳定性的担心足以反映出他们对过去“左”倾政策的恐惧心理。

3. 农民失去了对其劳动成果的占有权，对他们来说，粮食产量的收入弹性不具有刺激作用。经济领域内的任何活动无不依赖于主体所得成果的激励作用。在这一时期内，统购统销制度的推行使农民集体和个体在很大程度上失去了对其劳动成果的占有、支配权，同时在农民分配其生产成果时又嵌入了一个再分配过程。即一方面存在于集体间的一平二调，另一方面是剩余产品在集体内部的均分。这无疑极大地弱化了农民所得与其劳动投入间的联系，生产成果对农民难以产生明显的激励作用。

为使论述更加具体，这里使用一个新的概念：粮食产量的收入弹性，即对于农民而言，每增加（或减少）一个单位的粮食产量，农民所得的增量变化率。用公式表示为：

$$E=\frac{\Delta I/I}{\Delta Q/Q}$$

式中，Q表示粮食产量；I表示农民所得。

为方便起见，以农民人均纯收入代替农民所得。1949—1957年间，全国农民人均纯收入年均递增30%，总增715.73%；同期，粮食产量年均递增7.04%，总增72.31%。以总增计算，粮食产量的收入弹性E_T=715.73/72.31=9.898，即粮食总产每增加1%，全国农民人均纯收入增加9.898%；按年均增长计算，该期内平均粮食产量的收入弹性为$\overline{E}$=30/7.94 =4.26，即粮食产量每年增加1%，全国农民人均纯收入每年增加4.26%。同理，可计算出1965—1978年间弹性值，结果为：按总增计算，E_T=0.433；按年均递增计算，$\overline{E}$=0.486（期内农民人均纯收入年均递增仅1.07%，粮食产量年均递增3.5%）。显然，集体化时期，粮食产量的收入弹性远小于1949—1957年水平，表明增产部分流失严重，减少产出也不致于使其收入水平降低许多。在生产者无力改变环境的条件下，其生产热情不高，劳动生产率低下当为必然。

4. 粮食收购价格失去了对农民经济行为的正向调节作用。国家统购统销制度对农产品流通与交换的高度垄断控制与农业生产的高度计划性、组织性相结合，使价格在经济生活中作用发生严重扭曲，一方面农民所得收入中相当部分是从集体获得的实物而非货币收入，1978年，我国农民总收入中实物收入仍占49%以上；另一方面，由于价格是面向农民集体而非农民本身，这就使价格对实际劳动投入者——农民个体的调节作用大为降低。因此，尽管粮食价格在此期间有几次大调整，但并未获得理想的增产效果。该期内粮食产量年均递增2.13%，而粮食收购价格指数年均增长2.94（以1950年价格为基数），价格指数每增加1个单位，粮食产量平均递增0.724%，但1949—1957年，价格指数每增加1单位，粮食产量平均递增1.482%。

既然作为生产主体的农民因身份演变和缺少外部激励丧失了发展生产的热情，为什么在1957—1978年间我国粮食生产仍然保持了上升的总趋势呢？对这一问题作出较好解释的是以下几个方面：一是自上而下的计划控制对维持粮食生产增长起了重要作用。强有力的计划控制使绝大多数农民失去了选择生产方向的自由，不得不将其劳动力等资源投入于粮食生产；计划对规模、品种的限制尽管不能导致理想增长，但毕竟在一定程度上抑止了生产的衰退。二是国家对农业基本建设的大量投资，对农用生产资料的低价供应，一系列支农措施都在一定程度上减轻了因农民增产意识疲软对生产发展的负作用，这对维系缓慢的粮食增长起了重要作用。三是农村基层干部及科技人员的作用。在政社合一的管理体制下，大队（村）、生产队的干部主要代表着上面的意志和计划要求，说服或强制社员按计划行事；区域性划片、集中强化了村、队干部的职能与权力，使村、队领导取得了操纵农民群众的"鞭主"身份，这也在一定程度上抵消了农民个体的消极行为，可以说，基层党政组织的存在是维系粮食生产发展的重要保证。此外，县、社（乡）、大队（村）几级农业科技人员在粮食生产发展中起了不可低估的作用。

（三）1979—1984年这是中国农业发展过程中一个振奋人心的时期

很显然，国家与农民关系发生了下列变化：

1. 农民地位得到尊重。这一时期，农民自己所创造的生产组织形式得到社会承认和政府支持并迅速取得了成效，仅此一举就使举国上下对农民刮目相看，在该期内的政府决策中农民、农村、农业意识明显加强。

2. 权利的再得。表现为：农民对土地的支配权重新回到自己手中；生产项目的选择权不断扩大；对其产品的贮、售都取得不同程度的支配权；农民所得与其经营成果建立起直接而紧密的联系，生产增长与所得增加取得了统一；再有，农民行动也有了相对自由，进行劳务等非农经营已不再受人制约，这就增强了农民参与发展、增加生产的意识。

3. 大幅度农价调整与其权利再得的共同作用，使其生产利益有了保障。价格杠杆已是直接与农民而不是与其抽象的集体组织发生经济关系，价格提高直接导致农民收入增加，这就进一步激发了农民发展生产、增加收入的热情。

4. 原有基建效应发挥作用，农民无偿获得了这部分利益。同时农用生产资料供应仍沿袭着原有的低价优惠制度，为农民生产热情发挥提供了条件。

总之，这一时期农民主人身份再次确立，地位与权利得到尊重，外部环境又提供了强有力的刺激，国家与农民关系显然进入一个良性时期，粮食生产在期内获得了总增长33.9%、年均增长4.99%的高速度。

（四）我国粮食生产从1985年开始进入一个徘徊时期

这一时期发生了以下变化：

1. 与前一时期相比，土地仍由农民使用经营，农民与土地的关系并未发生改变。但国家取得粮食的方式重新构成对农民产品处置权的剥夺。市场的存在强化了合同定购所带来的负作用，合同任务的均摊甚至又侵犯了农民的生产自主权，农民对政府的信赖程度大为降低。

2. 粮价上调与前期相比基本止步，农用生产资料供应趋紧，价格大幅度上升，使粮农生产收益下降。非粮产业产品市场的开放加大了粮食生产的机会成本，使其相对收益进一步降低。对农民来说，由于不同生产项目间存在明显的收入差别，其要素配置未达到最高效率，改变投入方向能提高其总收入水平，进而产生改变其要素配置的内在冲动，分户经营为农民提供了配置要素的权力，使改变投入成为可能。1985年以来相当一部分农民种粮热情下降而转产它业说明了这一点。由于环境或自身条件限制不能实现转产的，不增加甚至减少投入，放松管理也已成为农民的选择。

3. 原有农业基础设施已趋老化或衰亡，国家又连续大幅度减少农业基建投资。对以往基础设施始终未形成明确的管理和使用制度，致使粮农生产环境日趋恶化。

4. 某些部门或人员腐败行为日甚，使农民的心理、感情受到很大的伤害，这不能不使其参与社会发展的意识降低。

以上分析说明，1985年以后国家与粮食生产的主体——农民的关系又一次吃紧，这是粮食生产徘徊的根本原因。需要提醒的是，若没有行政干预，1986年、1987年的缓慢回升恐也难以出现。

三、发展的根本：国家与农民关系的良性化

保证粮食持续增长所具备的根本条件已隐含于上面的分析中，即保持国家与农民关系的良性化，为此充分认识农民的作用和特征尤为必要。

中国农民在社会发展的各个时期对整个社会发展作出了突出贡献，应予以确认，这是实现国家——农民关系良性化的第一步。我国农民在革命时期和社会主义建设时期的作用与无私的奉献，已无须赘述。现在，在改革时期，恰恰是当代中国的农民冒着极大的风险带头冲破了僵化的体制，为整个社会经济发展打开了通道，并由此推动了城市及工业的改革。从目前来看，全社会50%以上的购买力在农民手里，全社会市场货币存量的60%由农民掌握，社会商品零售总额的60%以上售往农村。道理很简单，商品经济的全面迅速发展有赖于农民的积极参与。

另外，正确认识当前农民状态对于处理好国家与农民关系意义重大。

1. 农民成了实际的小块土地所有者。尽管我国土地法律上规定为全民或集体所有，但土地分户经营后，国家或集体的所有权在经济上表现日渐消退；一方面，国家或集体对土地已基本上不再承担责任和义务，集体所取得的税款在许多情况下并不是向土地征收而是对人口征收，这是集体土地所有权淡化的重要表现。这一情况也从许多耕地撂荒、抛荒而集体无为的现象中得到反应；另一方面，从农民角度讲，尽管土地一开始包自于集体，但在其意识中则是“土地又成我的了”；另外，决定土地使用方向和利用程度的是农民而不是集体，更不是国家。因此，笔者认为，当前农民已成为实际上的小块土地所有者。土地关系的任何变革必须充分估计到这一点。

2. 决定农民经营界限的已不是最低工资，而是投入物的平均利润。对于当今中国的农民而言，不同生产项目间收入的明显差别、自有的生产经营权及前一时期发展所积累的条件都为农民重新配置已有要素提供了可能。在这种情况下，决定农民经营界限的就不仅仅是最低工资，单位投入所获得的平均利润越来越起到重要作用。特别对于农民总产出中的商品部分，平均利润构成了经营界限。获得平均利润，商品部分就可通过增加投入获取，反之农民将减少要素投入量。需要说明的是，农户生产中自给性与商品性共存为其适应环境改变提供了可能。环境优越，农户增加投入使商品部分增大，获取较高收入；环境恶化，农户可通过转产或减少投入来保证自身收益水平不致于大幅度降低。后一情况不会影响农户自给性产出部分，却使商品供应量大幅度下降，加剧农产品供求矛盾。对粮食生产来说，这种情况会表现得更加突出。

3. 农民对市场机制反应十分敏感，这一点无需多述。

对农村土地规模经营的看法*

张仲威

农村土地规模经营（以下简称“规模经营”）的提出，先是在某些大城市郊区和农村经济发达地区。当时背景是农村普遍实行了联产承包制，促进了农业生产力的急剧发展。农村从第一产业中分离出相当数量的剩余劳动力，纷纷向第二、第三产业转移。此后，由于工农产品剪刀差价增大，又一批农民受比较利益的驱使，被迫从农业走了出来，盲目地向城市、企业、工厂（场）、机关等部门拥进。由于这先后两批劳动大军的出走，他们的土地便由集约经营变成粗放经营，由精耕变为撂荒；加之有人认为承包户的地块太小，太零碎，不适于劳动生产率、土地生产率和商品率的提高、于是“规模经营”问题就提出来了。

我认为，就全国范围来说，在当前条件不具备的情况下，人为地推行“规模经营”，必然导致了列问题：

1. 推行“规模经营”，与城镇的发展规模不适应。这是因为，在推行农村的“规模经营”之后，比前两次劳动大军规模还要大的第三批劳动大军，必将向工厂、企业、机关、团体和乡镇企业开进。为不使工厂、企业劳动生产率降低、机关、团体劳动效率减低，就必须对之投入。根据粗略统计，全民工业企业平均每个工人占有一万元左右的固定资产，乡镇企业3 000到4 000元左右。按此计算，第三批约一亿多农村劳动力，至少要投入7 000亿到1万亿左右的固定资产。这笔巨额投资，国家恐怕担负不起，乡镇企业更担负不起。没有相应的固定资产投入，这批劳动大军如何能进城？下厂（场）？特别是在当前全民的、集体的与乡镇的企业劳动生产率不高、设备急待更新、资金严重匮乏的情况下，又何能纳和承受这批劳动大军？

2. 推行“规模经营”与农村生产力发展水平不适应。“规模经营”的合理化从理论上说，无疑优越性不少。但我国地域辽阔，自然、经济、社会、技术等条件差异很大，农村多数或者说绝大多数地区的生产力还没有发展到需要其“规模经营”的地步。农业科学技术、农业教育、农业机械化、农业生产等水平，都与“规模经营”的要求不适应。当前主张“规模经营”的同志所提出的“规模”至少要比联产承包户的“规模”大三倍以上。这个“规模”虽比国外生产力发达国家的农场主所经营的土地规模小得多，但对生产力不发达的我国农户来说，就是不小的“规模”。这就是说，大三倍以上的“规模经营”对农户来说冒的风险太大了，要求外界与之配套的物质、精神条件越来越迫切和提高了，如对农用生产资料要求及时、齐备地供应，要求流通领域各环节周到的服务，等等。否则，其规模经营轻则亏损，重则破产。

3. 推行“规模经营”与农民的心理承受力不适应。联产承包制之所以促使了我国生产力的大发展，主要是8亿多农民有了生产自主权。他们把土地当作命根子，惜土如金。他们有时破坏

---

* 原载《光明日报》1989年3月4日。

土地，并非所愿，而是所迫；他们把自己的土地撂荒和粗放经营，亦非要为，而是所逼。推行“规模经营”若不使农民理解和相信符合他们的利益，他们是不会轻易把土地交出去的。相反他们会误认为“合作化”又来了，“公社化”又来了，“共产风”又刮起来了，很有可能又迫使他们干出他们不愿意干的事来。

那么，我国农业向何处发展？怎样发展？就这个人的看法，应着重在生产力上下功夫，而不应在生产关系上作文章。在发展农业生产力上，应着重在精神上的投入，而不只盯在物质上的投入。所谓精神上的投入，包括以下内容：①以农村职业教育为中心的农村教育；②以农村发展规划为主体的农业区划—农业规划—农业计划—农业合同四位一体的科学计划体系；③以农业技术推广为主要内容的农业推广工作；④以逐步放开粮食价格为先导的农产品价格，以农业经济法为核心的法规体系等。仅就农业区划—农业规划—农业计划—农业合同（简称“三划一同”）而言，它既否定了与生产力不相适应的高度集中的指令性计划，又根本区别于市场调节的无政府的市场经济，是农村实行有计划商品经济的有力武器。根据若干县市的实践，“三划一同”不仅能把国家宏观控制与微观搞活结合起来，还能把汪洋大海的1.8亿户的活动纳入国家统一的计划轨道之中：它不仅能实现农业的区域化、专业化、商品化、社会化和稳定增产增收，还能使农民安居乐业，无后顾之忧。

Prices, Costs, and Farm Income in Mainland China: Rules of Farmer Behavior in a Uniquely Mixed Economy*

An Xiji

The interrelations among agricultural prices, production costs and farm income constitute one of the most urgent economic issues facing agricultural economists today, whether in China or abroad. Applied research on the subject in recent years has yielded divergent findings and points of view. Rather than adding to this already rich empirical experience, the present chapter attempts to focus on how the economic mechanism underlying price, cost, and income movements operates to guide farmer behavior in the uniquely mixed economy of Mainland China. By tracing how the farm sector has navigated its way through the economic reforms of the 1980s, we shall endeavor to shed light on agricultural practices in China.

Instead of constructing an overall model, this chapter will address economic processes one by one. Past work on this subject has, in general, systematically stressed neither the workings of the economic mechanism nor the rules of producer behavior. Exceptions include Tian, whose work covers a scope similar to ours; and Sicular, who analyzes the interaction between plan and market in China' s agricultural trade from a theoretical standpoint.

This chapter will be divided into four parts. The first will outline current agricultural practices in China, as well as the theoretical framework we shall use to analyze them. The second will describe the farmers' decision-making process, the third section will address resources-use efficiency. Finally, we shall offer some perspectives on the mixed economy.

Practices and Theoretical Framework

The economic system of rural Mainland China in the 1980's is a unique mixture of four distinct elements linked by mutual interactions. In addition to the market and planed economy, there exist the control economy and the self-sufficiency economy. This unique mixture has resulted from economic reforms in both land—use and commercial systems during the 1980's.

---

* 这是应邀参加美国农业经济学家协会（AAAE）于1989年7月底在巴顿·若（Baton Rouge）举行的年会上宣读的一篇论文。后来收入了由 Peter Calkins. Won S. Chern and Francis C. Tuan 合编的一个论文集。

The household responsibility system (HRS) emerged in 1979 and the early 1980s. In essence, the system resulted in a land reform. There are two main features of the new system. The first is the transfer of land management rights from collectives to individual households, even though the rights of transfer among households were restricted and land ownerships were kept the same. The central government announced in 1983 that households would have the right to farm the land distribution to them under the HRS for 15 years. What is not known to farmers is when and how the collectives or the local government will make adjustments in this land distribution.

The second main feature of the new land system is that the collectives retain land ownership. Thus, the farmer' s status has changed from the commune member to independent co-proprietor, but he is still linked by contracts to the collective. In economic terms, this means that while the households manage their farms as income—maximizers, they must both consider the supply of land as fixed and deliver procurement quotas to the state at low prices. Collective land ownership has come to be considered a political token of socialism in China; but at the same time it had been used as a basic instrument for economic planning.

In the sphere of commercial reform, three measures have been implemented in the 1980s:

1. Gradual loosening of the state' s trade monopoly. This bas occurred both in scope and in strength. For example, by 1984, the number of agricultural commodities under state procurement had been slashed from 180 to just 21. In addition, the size of compulsory quota deliveries at low price was reduced between 1979 and 1984, but raised thereafter for grain and cotton.

2. Creation and development of free markets. This has brought into play partial market mechanisms in both the countryside and the cities. But free markets have remained to varying degrees under the control of state commerce, and thus subject to frequent administrative interference in such forms as boundary blocking.

3. Restructuring of state commercial agencies. In the original planned economy, state commerce monopolized the market in accordance with a unified overall national plan; state commercial agents operated on the order of administrative officials without as summing restructuring for profit and loss. All expenditures and revenues of these agents had to be submitted to the national treasury. The avowed aim of commercial reform was to establish a new type of state commercial agents who, like independent business, would be responsible for profits and losses. These agents should compete with, rather than control, private business in the free market. At the same time, they should fulfill national plan targets set from above.

This administrative restructuring has occurred mainly since 1985, and includes such measures as decentralized decision-making; new bonus systems; and various forms of responsibility system, such as contractual arrangements, that make manager responsible for a certain amount of profit delivery. Two major results have flowed from this restructuring. First, a multichannel market has emerged, with state commerce enjoying a semi-monopoly. Second, state commercial agents have adopted a new position of being independent business organizations responsible for profit and loss.

The structure of the multichannel market is subject to change every year, but may be roughly described under four headings:

1. Total state monopoly of cotton markets.

2. Compulsory contract quotas in two-thirds of grain trade, with the remainder sold on the free market.

3. State commercial control of 70 %~80 % of meat, poultry, eggs and milk markets in big cities, and 50 percent in small and medium cities, with rural areas left to the free market.

4. Monopoly by one specific agent of agricultural input marketing (e. g. fertilizers, insecticides, diesel oil, plastic film). In fact, the Supply and Marketing Cooperatives are the second most important national commercial ministry active in the countryside.

The new state commercial agents have essentially taken on the characteristics of semi—independent businessmen and semi-administrative planners. They merge plan and market into one, simultaneously carrying out economic plans while pursuing their own benefit. These agents, most of whom have emerged since 1985, constitute the main element of the control economy. Their marketing activities seriously affect agricultural prices, production costs, and farm incomes.

It goes without saying that self-sufficiency directly influences trade structure and crop output composition, and hence the level of resource—use efficiency. But self-sufficiency is not directly involved in the movements of prices, costs, and farm cash income.

Farmer Decision Making

Is agricultural procurement a tax or a business between the government and farmers? Whatever the answer, such procurement remains a vague notion in economic circles in China. I will clarify the concept here, before going into farmer decision-making. My personal opinion is that agricultural procurement is a tax in kind, because both the amount and the "price" of procurement are unilaterally decided by the government. For farmers, procurement is compulsory, without any room for bargaining. Stalin, in the late 1920, was the first person term "price scissors," in the sense of the difference between the prices of agricultural products in the free market and by procurement quota. He called procurement "an extra tax on the farmers." The experience of the last 40 years in China shows that Stalin was right theoretically, even though his way of expressing himself was unclear. The extra tax is based upon the output by each household of a specific product, such as grain, cotton, and hogs. These must be delivered to the state in kind, usually at a much lower price than the price in open (or black) markets. The amount of the tax in value equals

$$A^{*}\ (P-P')$$

and the tax rate is A/T in physical terms, or $A^{*}\ (P-P')/PT$ in value terms, where

A=the amount procured

P=the market price

P'=the procurement price

T=the total output of a given commodity.

It is obvious that the rate of the extra tax is subject to fluctuations in A, P', and T, given, the level of market price. A and P' are both determined by the government, as mentioned above, while T is decided by farmers, at least to some extent.

Let us turn now to the process of farmer decision—making in the uniquely mixed economy just described. Our approach is based on five assumptions:

1. Farmers manage their farms with a view to profit maximization, and respond appropriately to market signals.

2. Both self—sufficiency and procurement quotas are strictly rigid.

3. Market price is not affected by changes in the product tax. In a market economy, an additional product tax will shift the supply curve backward, subsequently raising the price level. In the uniquely mixed economy, the product tax would shift the supply curve backward, just as in a market economy (e. g. , from S_1 to S_0 in Figure 1). However, three factors make it unclear how a product tax interacts with market price. First, the tax is paid in kind. Second, the government will subsequently allocate the procured commodities to the inhabitants of cities and to towns at even lower subsidized prices than the procurement price P'. And third, these urban-dwellers constitute the main part of domestic demand for agricultural commodities. I assume here that the burden of the product tax falls totally on the farmer, excluding the possibility of transferring all or part of the tax to the consumer.

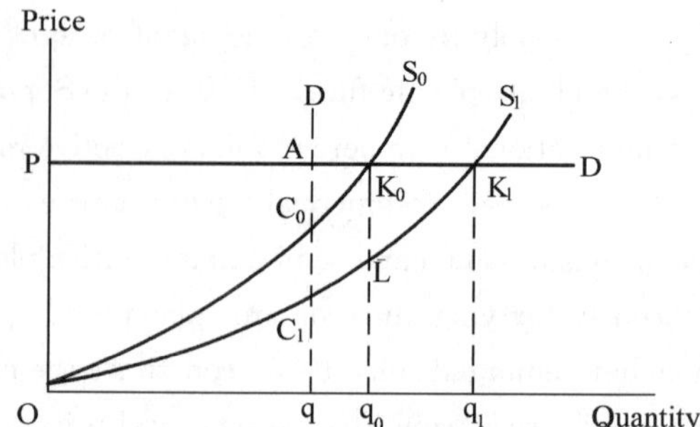

Figure 1 Price, Cost, and Farm Incomc

4. International trade has no effect on price.

5. Production volume and composition are given.

The optimal (or nearly optimal) total output in Figure 1 is Oq_0, corresponding to the intersection of P and S_0, in contrast to the output Oq_1 without a product tax.

It is obvious that both total output and net cash income are sensitive to changes in the product tax. If the government reduced the rate of product tax by decreasing the amount of quotas and/or by raising the quota "price" (P') paid to farmers, the supply curve S_1 would shift outward, thereby enlarging both output and the farmers' net cash income.

This is what happened in the period 1979—1984. For example, planned quota deliveries of grain decreased 12 percent from 1979 to 1981, and the grain quota actually delivered by farmers declined 36 percent in the same period. At the same time, the price paid to farmers in 1979 for grain quota delivered increased 20 percent, for cotton 15 percent and for other agricultural quotas from 20 percent to 50 percent. Between 1979 and 1984, additional increases in quota prices paid to farmers were announced every year, with specific amounts of change varying from year to year. In 1983 and 1984, the prices paid to farmers for quota deliveries of grain were almost the same as those in the free market. The supply curve with product tax S_0 almost coincides with the supply curve without product tax S_1.

On the other hand, if the government raises the product tax by increasing the amount of quota procurement and/or by dropping the procurement "price" (P'), the supply curve S_0 shift backward. The result is decreased output and an erosion of the farmers' cash net income. This is precisely what has happened for grain and cotton since 1985, when grain quota procurement began to rise swiftly. The average annual grain quota procurement in the period 1985—1987 was double that for

the period 1980—1984. While market price levels for grain crops rose 41 percent in 1984—1987, the procurement price paid to farmers rose by only 7 percent. To cope with this heavy product tax, farmers transferred their productive resources from grain and cotton to nonagricultural trade and/or the production of agricultural commodities with lower or zero product taxes.

Agricultural input prices, decided by semi-independent state monopoly agents, affect the levels of both output and cash net farm income through their influence on production costs.

Under a given product tax and the same assumptions as previously, production costs, output level, and cash net income are all subject to changes in input prices, the supply curve will shift outward from S to S′ (Figure 2). This implies that marginal cost declines, output quantity rises by qq′, and cash net farm income grows by CKK′C′. This is what happened in the first half of the 1980s. If, instead, monopoly agents had raised input prices, the supply curve would have shifted backward from S to S″, thus raising marginal costs, reducing output by q″ q, and cutting cash net farm income by K″KCC″. This latter scenario has occurred since 1985. Numerically, the average mixed price of fertilizer rose 33 percent from 1984 to 1987, while grain output price increased by only 7 percent.

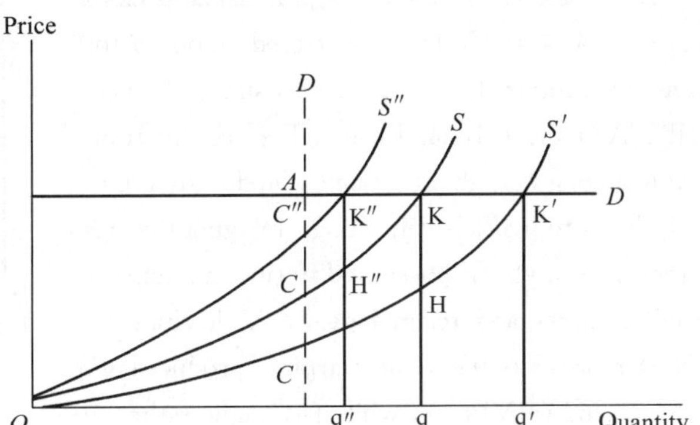

Figure 2 Changes in Input Prices

Many Chinese economists speak frequently of the "twists" in agricultural prices, production costs, and farm income in China, in the sense of deviations from the rules of a market economy. It is obvious from the above paragraphs that all such twists arose from the workings of a mixed economy and the "normal" reactions of farmers thereto.

Resource Use Efficiency

In the mixed economy observed in China, resource-use is inherently inefficient. This inefficiency stems primarily from the misallocation of variable inputs, the nontransferability of land use rights among households, and government subsidies to agriculture in the form of parity prices on variable inputs. The following example may explain why resources are misallocated under a quota system.

Suppose a farmer selects an output combination of two products, X and Y, but has limited access to variable inputs (Figure 3, Tian). In a market economy, the optimal output combination would be at

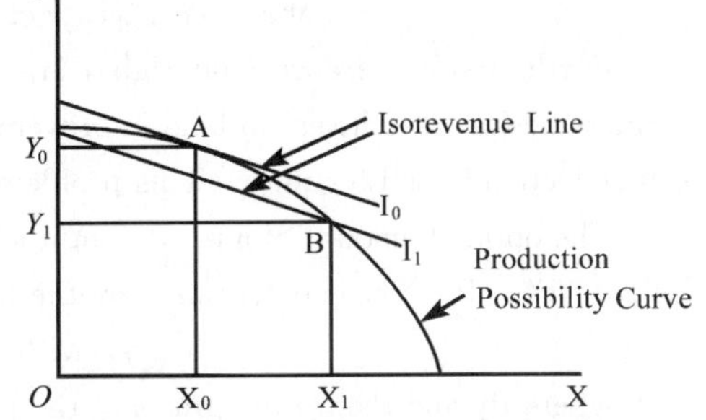

Figure 3 Combination of Two Products X and Y

point A, where the line isorevenue (I_0) is tangent to the production passibility curve. The farmer would produce X_0 of X and Y_0 of Y, thus earning the greatest revenue possible (I_0) for his limited variable inputs. By contrast, if the quota system fixes his compulsory deliveries of X at $X_1>X_0$, then the farmer would rationally produce at point B. He would produce X_1 instead of X_0 and Y_1 instead of Y_0, making total income of $I_1<I_0$. The farmer suffers a loss, as does the agricultural sector in general.

Under the HRS, the average household has about 0.6 ha of arable land, scattered among 5 to 9 fragments around the village. Farm size is "supersmall". As indicated, land use rights are not transferable among households. Such a land system inevitably leads to inefficient farming. Imagine that two farmers, A and B, possess differing amounts of variable inputs and technology. AA′ in Figure 4 (Tian) represents the value marginal product curve of A's land ($VMPL_A$), while BB′ depicts the value marginal product curve of B's land ($VMPL_B$).

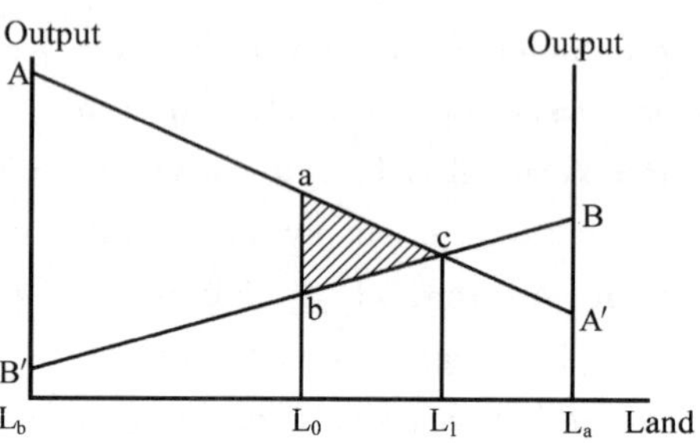

Figure 4 Land Use Under Houschold Responsibility System

In a market economy, the distribution of land between farmers A and B should theoretically stabilize at $VMPL_A=VMPL_B$.

This is at point c, the intersection of AA′ and BB′, where farmer A controls L_bL_1 land while farmer B controls L_aL_1, earning revenues of cAL_bL_1 and cBL_aL_1, respectively. But under the HRS with land non-transferable land would be equally distributed between A and B, irrespective of the farmers' capacity to produce marginal value. Farmer A is allocated land L_bL_0, and B receives L_aL_0 with revenues of a $AL_b L_0$ and $bBL_a L_0$, respectively. The loss of net revenue is given by the triangle abc, where

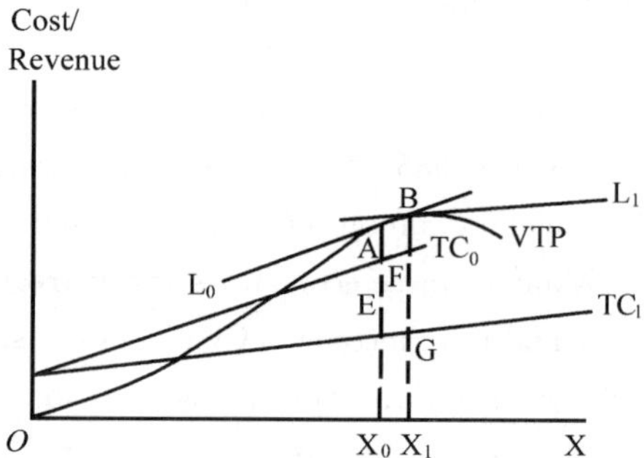

Figure 5 Optimum Amount of Input With and Without Subsidized Input

$$abc=(cAL_bL_1+cBL_aL_1)-(aAL_bL_0+bBL_aL_0)$$

Furthermore, because land rights are not legally guaranteed for a sufficiently long period, farmers hesitated to invest in land improvement projects. The perfectly natural result is a continuous reduction in soil fertility. (This problem is beyond the scope of the present paper).

The optimal amount of input, using the value of the total product curve VTP and the total cost ($TC=TFC+P\times X$), is determined by the following equation in a market economy:

$$Py\times MPP=Px, \text{ or } VMP=Px$$

where Py and Px are the prices of the product Y and the input X, respectively.

At the point A (Figure 7. 5), VTP is tangent to L_0 ($//TC_0$), and input X amounts to X_0. Profit is AE, the maximum possible given the production function, Py and Px.

If the government subsidizes the production of a specific product by supplying variable inputs at below market prices, TC would shift downward from TC_0 to TC_1. The new optimal amount of input X would be X_1, corresponding to point B, where VTP is tangent to L_1 (// TC_1). Profit is BG=BF+FG. FG represents transfer income to farmers from nonagricultural sectors. But AE > BF, so in terms of production efficiency, the non—subsidized case is preferable to the subsidy.

Perspectives——The Sustainability of the Mixed Economy

Notwithstanding the presence of twisted prices, costs, and farm incomes, and the inefficiency of resource use, the mixed economy observed over in China may be sustainable with slow growth of the national economy if plan evasion can be contained within a limited scope.

Plan evasion, which seems unavoidable given China' s experiences over the last 30 years, can take at least three forms. First, if procurement prices of different products are out of balance in terms of the farmer' benefit, farmers are induced to transfer their resources from the "inferior" product to the "superior" product, even under the unified planning economy. Such a shift occurred in the 1960s and the 1970s between cotton (inferior product) and grain (superior product). For almost two decades (1960—1978), procurement quotas for cotton went underfulfilled in North China, one of the two main cotton areas. By 1978, the average yield of cotton had plunged to less than 300 kg/ha in Shandong and Hebei provinces, In the first half of the 1980s, the wind shifted in favor of cotton and other economic crops against grain; farmers responded by converting land from grain to economic crops.

A second form of plan evasion occurs in the presence of a free market. Lured by higher prices, farmers transfer part of their procurement quota to the market.

After the emergence of semi—independent state commercial agents in 1985, still a third form of plan evasion has occurred in China. Although formally charged with the national plan, these agents also pursue their own stakes in the course of exchanging agricultural products (procurement) and agricultural inputs (subsidy) with farmers. Attracted by personal benefit, agents evade plans by dropping procurement prices (including paying nothing for grain quota to farmers,) and raising input prices by transferring subsidized inputs to the free market.

From the farmers' side, plan evasion usually results in a deviation from the income distribution intended by the plan. From the commercial agents' side, it often results in out right inequity, and is much more difficult to deal with.

Another inherent characteristic of the mixed economy is the instability of widely-fluctuating agricultural prices. Farmers cannot, in general, get appropriate price information in time; the product tax rate is irregularly decided by officials to meet the specific goals of the moment. Other things being equal, the greater the quota deliveries demanded and the more rigid the delivery system, the less the market supply and the higher the price. Price level fluctuates with changes in both government policies and the farmers' supply response.

Conclusion

In conclusion, whether China's uniquely mixed economy is economically and socially sustainable may depend mainly upon whether semi-independent state commerce is a transitional or a durable phenomenon. As the central authorities have once again conceded, the only solution to China's current marketing problems is further reform. The most pressing need is to find effective and enforceable devices to restrain the rather popular practice of plan evasion, especially on the part of semi—independent state commercial agents.

References

[1] Sicular, Terry: "Plan and Markets in China's Agricultural Commerce," Journal of Political Economy, Vol. 96, No. 21.

[2] Stalin, J. : Works of J. Stalin, Vol. 12, p45 (in Chinese).

[3] Tian, Weimin: "The Surplus Product Market Economy," unpublished paper in Chinese, February, 1980.

龚自珍与哈林顿农地改革方案之比较*

董恺忱

龚自珍是中国 19 世纪（鸦片战争前夕），近代地主阶级改革派中的代表者；哈林顿是英国 17 世纪资产阶级革命时期新贵族中的代言人。他们都是处在阶级矛盾尖锐。社会形势动荡年代的有志于改革的思想家，都曾提出以改革农地制度为主的匡正时弊的设想和方案。但是他们的主张所受到的关注和所发生的影响却不尽相同，龚自珍的思想在中国近代曾起过很大的启蒙作用，却遭受了清代统治者的冷遇和反对；哈林顿虽因其政论招致英国当时执政者的不满和迫害，却赢得了后来当权者的推崇和采纳。这不仅说明了他们不同的身世和经历所形成的不同思想内容，也反映了处在不同的时代精神和思潮下，意识形态对社会经济基础的不同作用。

一

龚自珍（1792—1841 年）出身于官僚世家，中过进士。虽长期在清朝中央政权机构任职，但终其一生还是个品秩卑微的小官。他卓有才识，擅长诗文，当他起而批判统治者的腐朽衰乱时，不免因常讥时政而动触时忌。不过他对清王朝的批判和揭露，只是希望它“更法”。他指出“一祖之法无不敝”，但又认为，“天下有亿万年不夷之道”，是以他的改革主张具有较大局限。加上他对社会经济事务缺乏实际经验，很多改革主张带上空想成分而难付实践。由于他能够摆脱乾嘉以来的考证学风的束缚，用公羊学作为倡言改革的理论武器，从传统学术中汲取了有用的东西，而又渗入较强烈的批判精神，提倡经世致用之学，面向现实的社会问题，对晚清的思想学术界产生过很大影响。龚自珍的成就在于他对社会问题的批判，曾引起并加深人们对现存制度的怀疑，形成急待改革的迫切感。但他设想的改革方案，还未能完全摆脱封建宗法关系和自然经济的制约，总的说来是保守的、落后的、而又无法实行的。

龚自珍在 1823 年撰著他有关解决农地问题方案的《农宗》之前，曾于 1816 年写了反对贫富悬殊的《平均篇》。[1]提出社会动乱、人民流离的究极原因是贫富“大不相齐”，并把贫富差别的程度作为决定兴衰治乱的普遍规律。龚自珍虽然反对社会财富分配的大不相齐，甚至认为这是统治者丧失天下的原因，但他并未提出平均财产的主张，只是强调了不要使小不相齐发展成大不相齐而已。这里提出的不齐只是泛指社会一般财富的分配，还未涉及当时已日益尖锐的土地分配问题。尽管这样，能够明确地从财富分配占有情况来分析社会危机的根源，这对当时只有 25 岁的作者来说已是难能可贵的了。

在《农宗》一文中，龚自珍提出了有关农地改革的方案。从这一方案的构思及涉及的内容来

---

* 原载《平准原刊》1989 年第 5 辑。

看，他是主张要按宗法关系来占有土地和组织生产的，即在全国农村普遍建立起一种按血缘关系组成的社会经济结构。正因为这样才把这一设想径称之为《农宗》的。其设想大致如下：农业中的全体社会成员可分成大宗、小宗、群宗及闲民四个等级。小宗及群宗又合称为余夫。开初各农户均为田百亩。之后长子为大宗继承这百亩土地；次子为小宗另分二十五亩土地；三子及四子为群宗也各分二十五亩土地；五子以上均为闲民，不能受田，须为同宗或别宗耕种。开始立宗时的大宗长子仍为大宗，以后各代大宗的长子也世为大宗。余子则依次为小宗、群宗及闲民。小宗之长之仍为小宗，继承二十五亩土地；次子为群宗，另分二十五亩土地；三子以上为闲民。群宗之长子仍为群宗，继承二十五亩土地；次子以上为闲民，不分土地。闲民因无地而只能受雇于拥有土地的大宗及余夫等户。

大宗有地百亩，余夫是二十五亩。在这样经营规模的基础上，龚自珍设想的分配原则是，大宗有十口人，并役使闲民五人，除以十亩充宅地及生产场地，下余九十亩土地所产物品中，以十亩付所雇闲民，以三十亩充本族口粮，另以十亩生产桑、棉、果、蔬，再用三十亩所产作为商品，以出售所得来换取生产及生活资料等，而上缴的赋税也相当于十亩土地所产。余夫家五口，雇用一人，宅院等占地五亩，生产口粮需地十亩，下余十亩各以其 1/4 即二亩半地的产品分别充作税、圃、粜、佃之需。

龚自珍在《农宗》中提出的土地及土地产品分配的具体办法大致如上。根据这样一些措施，进一步可引申出以下一些原则：

（1）他心目中的理想农业生产组织，实质上是一种经营地主（大多是中、小地主）和富农的剥削形式。他在对大地主、大商人的兼并掠夺行为进行揭露批判的同时，把中、小地主看做是能为“天子养民”，可以承担起发展社会生产的中坚力量。

（2）从中、小地主的立场出发，他虽反对任意的兼并和掠夺，但他在《农宗》中不仅肯定了大宗及余夫同闲民之间在宗法秩序保护下的对立关系，还默认了不低于当时通行的剥削率。

（3）他虽明确了大宗和余夫为交换手工业产品须粜出一部分粮食，但这只能是互通有无，“皆不得以澮泉货”，即不得通过交易来赚钱和积累货币资本。

（4）为了使土地不至于分散，他强调须以长子继承为主，要对长子和余子区别对待。如果“长子与余子不别，则百亩分，数分则不长久。不能以百亩长久，则不智。”[3]

（5）农宗建立后，可使“有天下之主，受是宗之福矣”。它既把无地的流民安排到生产中来，使其不危及封建统治的基础，又能使“贵不夺宗祭，不以朝政乱田政”[4]。即使权贵不得倚势兼并土地，来保证大宗及余夫依靠宗法关系所取得的地位。

从龚自珍提出的以改革农地为主的变革社会经济结构的方案来看，是对中小地主及富农地位的曲解和美化。他要大宗、余夫能“辨寂粟”，实际上是要他们懂得些生产知识，以便监督管理闲民生产。而闲民虽是宗法秩序中的一个成员，实际上是身受剥削的雇农。他辩解说：“虽尧舜不能无闲民，安得尽男子而百亩哉?”但是对于受到封建剥削和束缚的闲民处境，他也感到是“恩他亦杀矣”，日子并不好过。他在主观上虽然企望实现一个富而私的“宗能收族，族能敬宗”、“泰厉空虚、野无夭扎”、只存在小不均的农村社会经济结构，但客观上却在为宗法制度掩盖下的封建剥削关系做辩护。

二

哈林顿（James · Harrinrgton，1611—1677 年）是 17 世纪英国资产阶级革命时期的政治思

想家。土地贵族家庭出身，早年的政治倾向是实行君主立宪制，后来在英国资产阶级革命进程中转变成为一个共和主义者。他一生的经历是坎坷曲折颇富传奇性的，早年曾任英王查理一世的宫臣，但却反对君主专制。当 1649 年英王被处死、共和国成立后，他虽转变成为共和主义者，却因反对克伦威尔的军事独裁而不见容于新的当权者。1660 年王权复辟后，他积极从事反君主专制的宣传，翌年终遭囚禁下狱，直到晚年才因病获释。

哈林顿的主要著作是《大洋国》（“Oceana”）。这是一本在 1649 年英国革命形势急剧变化的年代开始写作的，以政治小说形式来论述当时有可能实行的政治纲领的论著。中心思想是主张建立资产阶级代议制。由于书中以影射暗喻的方式来反对共和国成立后克伦威尔就任终身护国公，实行军事独裁，因而被扣留不得刊印、几经疏通后才得以在 1656 年秋出版，随即风行传诵一时。1659 年哈林顿把它加以删节，以更明确并更符合内容的书名《立法的方法》（“The Art of Lawgivug”）刊行，原书的主题思想和风格却依然保留如故。

大洋国是虚构的，但在《大洋国》一书中所论述的问题虚构成分却极少。书中有些虚构的情节，可能是为了逃避检查。所以在当时人们就不怀疑它指的显然就是英格兰。全书除首尾的引言、结论，主体部分是由绪言、立法议会、大洋国的典章制度及关于整个共和国的总结四部分组成。着重讨论的是共和国的基础和结构，强调经济力量和法的统治作用，指出政治的形式取决于财富的分配。但政府也并非是从一种既定的经济安排中自发地产生出来的，只有当共和国容许在法律的管辖下享受自由，并给政治家的才能和群众的精神留有充分的用武的余地之时，才是既稳定又富有效率的。因而共和国的明显标志是“法律的统治而不是人的统治”。

哈林顿并不满足于他提出的原则，他还要为他心目中的共和国制定一部宪法，把他提出的原则能够逐条地加以应用。《大洋国》一书中的《大洋国典章制度》这一章就体现了这一设想。它包括三十个条目，涉及到共和国的结构、职能等许多方面。在哈林顿看来，“大洋国的基本法或中心就是土地法及选举。土地法通过所有权的均势，在根本上保持了平等，而选举则通过平等轮流执政的方式把平等带到枝叶上去，也可以说是带到主权行使中去”[5]。因而“平等的土地法，便是建立和保持产权均势的永久性。根据这种法进行分配，贵族阶级或少数人圈子里的某一个人或某一些人，就不可能由于拥有大量土地而压倒全体人民”[6]。“平等地轮流执政就是政府中平等地轮流交替，或相继担任一种官职。其任期极为利于轮转，并且大家都平等地轮流卸任，所以便能依次通过各部分将全体都包括在内。接替他人官职时是由人民自由选举或投票的方式决定的”[7]正是这两点构成了这部虚拟宪法的支柱。哈林顿坚信，土地法可以解决国家的基础问题，而轮流执政的制度则可以解决上层建筑的问题。

我们要着重讨论的是在土地法（Lex Agraria）部分有关土地分配和管理的情况。而这在《大洋国典章制度》的第十三条中恰好得到了集中的表述。即：

（1）“任何人在大洋国内现在拥有或将拥有的土地其岁收入如果超过二千镑，同时又有一个以上的儿子时，就应当按下述两种情形处理：一是每人岁入平均在两千镑以上的予以均分，二是每人岁入不足两千镑的，可作近似的分配，将较大的一份留给长子”；“在大洋国境内接受、享用、取得或购买的土地与原有土地合并计算岁入都不得超过二千镑”[8]。

（2）一个人如果有一个或更多的女儿时，除遗产继承人以外，都不得在结婚或其他时候以嫁奁方式将一千五百镑以上的土地、货物或金钱赠与其中的任何一人”[9]。

（3）大洋国整个领土用这种比例来划分的话，就可以达到五千份地。所以像这样的分，并坚持以后，大洋国的土地所有者就不可能少于五千人。五千个这种规模的所有主，决不可能同意破坏土地法。因为那样就等于是同意彼此掠夺”。“他们也不可能同意树立一个国王。因为他们必须供养国王而不能从国王那里得到任何好处”[10]。

(4) 关于财产的继承，应在家庭成员间平等分配，即应遵循“财产是他们之中平分的原则来处理”。他认为地产由长子继承的法律，既危害政治平等，也违反公正原则。

要理解哈林顿何以提出以上的数值做为改革的依据，就须了解当时英国土地的实际占有、分配和阶级关系的变动情况。革命前，随着资本主义生产关系的动展，英国贵族中已开始分离出新贵族阶层。新贵族主要是属于中、小贵族阶层的乡绅（Gentry），他们按照资本主义方式经营农业和商业。由于和资产阶级在阶级利益上的一致，促使他们在反封建斗争中联合起来。当王室和封建贵族由于经济支绌而出卖土地时，大量土地就转入了这些新贵族之手。1561—1640 年间，王室领地减少 75%。封建贵族领地减少 50%以上，新贵族的土地却增加了 20%[11]。革命中对王室和教会的地产加以没收拍卖时，购买主教领有地的，乡绅及商人占 79%，而自耕农（Yeoman）及农民（Husbandman）仅有 9%。平均购入价格在九百镑以上，不足一百镑的仅有四起。至于王室领有土地的处理价格，一千镑以下的只占 10.5%，一千镑以上的占 89%。总之，出卖土地的价格大多在一千英镑以上，联系到这一时期英国工人的标准工资仅为四镑十先令，而富裕的自耕农年收入也不过四十英镑[12]，就不难了解在这经济关系调整中谁是得利者。

可见，在财产分配问题上，哈林顿反对大地产，也反对平均财产和公有财产，而主张保护拥有中等土地规模的新贵族。他提议保有每年收入不超过二千英镑的地产，使这样的地主维持在五千个左右，做为新贵族和资产阶级联盟建立代议制民主的基础。地产过大，其年收入如超过二千英镑的，就须设法削减。对于一般农民，哈林顿认为应使每人保留一份小额土地，便于维持温饱。

哈林顿了解到政权是由财产产生，财产是政权的基础，而财产中最主要的则是土地，因而土地所有者的人数至关重要。如土地多半为贵族所有，普通人在政治上就必然要依附他们，当土地转移到众多的普通人手里，贵族的势力也必相应地受到削弱。在这基础上，他认为大洋国应实行两院制的议会，上院代表应由岁收一百至二千英镑的有产者选出的代表组成，下院是由每年所得不超过一百英镑的小有产者选出代表组成，无产者则无权参与。他估计如果能够维持五千个这样的土地所有者，就可以确保英国成为共和国。因为他看来，“产权的均势或地产的比例是怎样的，国家的性质也就是怎样的”[13]。

哈林顿看到了由中、小贵族阶层转化成的新贵族已逐步掌握政权的现实，并觉察到政府无论在其组织结构还是职能上，都取决于社会和经济的力量的道理，但是他过分地强调了拥有土地的乡绅们的明智和才干，认为共和国的领导权可以确保无虞地掌握在这批人的手中。他低估了当时已经崛起的制造业、贸易和金融势力，出于阶级的本能，他更不可能看到新兴的无产者的力量，甚至还从理论上否认贫苦的人民大众应有的自然权利，提出了“人们自然不平等”的荒谬说法，这样过分夸大了土地所有权的政治力量，使他心目中只有土地所有者阶级，他就只能成为新贵族的代言人。

三

龚自珍和哈林顿对农地改革的迫切性都有所认识，也都进一步觉察到了一个朝代或政府的盛衰兴替是和整个社会对土地财产的占有分配是否大致均衡有关。而各自提出的解决方案，在内容上虽截然不同，但和当时变革中的现实却又都有些偏差背离之处。不过一个是滞后，而另一个是超前。两者的前提相近如此，而结论相去甚远。追根究底，当然和他们彼此生活在不同历史发展

阶段有关。19世纪的中国和17世纪的英国，都是处在动荡而又转折的时期。单从时间来看，龚自珍生活的年代比哈林顿虽然要晚两个世纪，可是从社会发展的阶段来说，却落后了一个时代。19世纪的中国和17世纪的英国，按照它们各自内在的逻辑，走着不同的道路。一个是步履维艰，还没走出封建社会，一个是捷足先登，已跨进资本主义大门。龚自珍站在思想家的高度，能够看出当时“世运”正处在潜移之际，指出清王朝当时的处境已不是盛世而是临近了衰世。1815年在《尊隐》一文中他甚至还含蓄地道出清王朝有被推翻的可能，[14]预感到“乱亦竟不远矣”。他以犀利的笔锋来揭示社会病痼，确是言人之不敢言的。为挽救衰世避免颠亡，他为清王朝开出了一系列“医国之方”，其中也不乏卓有见识的主张和对策。只就土地问题来说，他指出土地过分集中在大地主手里造成大不相齐的现象，已经到了“人畜悲痛，鬼神思倒置”的程度。可是他在《农宗》这篇重点讨论农地问题的论著中，所拟议的方案只是根据他自己对未来社会的朦胧臆测，企图把当时一些已经带上一定资本主义经营色彩的雇工经营，硬要往回拉，强行纳进封建宗法家族的框框里去。龚自珍何以能把问题提得如此尖锐，而轮到解决问题时却又落到这般迂缓呢？被后人誉为开风气之先的他，为什么在《农宗》中提出的改革方案竟会是落后而又反动呢？这除了旧社会的羁绊未能完全解脱，而阶级的束缚也还有待挣开的缘故。龚自珍作为地主阶级的革新派，他的思想中尽管有些离经叛道的新东西，但却始终无法达到反对封建主义的高度，而怀着半是批判、半是眷恋的心绪在犹豫徘徊。他既理不清源头，也找不出新路。哈林顿作为具有独立思考能力的非凡政论家，有幸又生在较少背负传统力量的重压而可就现实去探索的环境，在英国资产阶级革命的进程中，在各派政治力量反复角逐斗争的严峻形势下，他一直没有迷失过方向，在反对专制、反对独裁、反对复辟的旗帜下，走完了坎坷的一生。哈林顿强调当土地所有权业已转到新贵族之手时，政治权力势必也要随之转移。王室和旧贵族动用手中的巨大权力虽然能够暂时加以制止，但当新贵族在政治上成熟起来，政权总得和财产的分配情况相适应。英国历史的客观实际进程正像哈林顿指出的。早在都铎王朝时期（1585—1603）土地财产已陆续从国王、贵族的手中向乡绅、富农转移。革命发展的必然趋势就是建立符合英国“人民财产均势”的共和国。革命后建立的政治上层建筑也果真把新贵族包括在内，成立了资产阶级和新贵族的联合专政。这是一种妥协，但也是这场英国资产阶级革命的一个特点[15]。新的政权当然要为资本主义在英国的进一步发展扫清道路。英国议会先后通过多批法令，使席卷全国的圈地运动合法化，加快了土地所有权集中的进程。到了19世纪中期圈地运动结束后，英格兰和威尔士的农村阶级结构和土地占有情况有如下表，大体上符合哈林顿家的估计预测，也证实了他的论断基本正确，即五千个土地所有者可以确定英国成为共和国。

龚自珍的农地改革方案是以宗法制度为依托，以家族为本位的。思想渊源还是出自儒家的学说。虽然他在《农宗》中提出了财产的占有应以个人的智能才力为依据，但实际上还是依亲疏远近定尊卑高下，按严格的身份等级来授田定产的。特别是雇佣闲民时规定先要从同族中来雇佣，只有在同族不够时才能从外族去找。这实质是用宗法形式来保持闲民对大宗，余夫的一定人身依附关系，把无地的闲民束缚在土地上，用封建伦理做掩饰，把这些具有同宗共祖血缘关系的人，强行固定在同一社区，使他们心甘情愿地来忍受并不轻于通常情况的剥削。龚自珍还想用“闲民使为佃”的办法进一步来解决当时社会上已日趋严重的流民问题，并以这种方式来巩固濒于垂危的封建秩序。这在当时农村商品经济已有所发展，农民人身依附也已经松弛的情况下，就使人不能不感到这是复古倒退，是无法实现的幻想。哈林顿提出的农地改革方案，是做为他虚构的大洋国的宪法组成部分之一推行的，是企图借助于国家的权力来实现的。大洋国所指的实际就是英国，在英国古代虽曾实行过君主专制，但从1215年“自由大宪章”运动开始，经过流血与不流血的长期斗争，先后已制定出一系列限制王权的法律，而英国的宪法一向又是不成文的所谓柔性宪法，议会可以随时通过新法，废除旧法。[16]所以哈林顿有关土地法案的构思是有坚实法理做基础的，不同于龚自珍那个仅凭伦理纲常，最终是以礼教名份为归依的设想。哈林顿构思的方案理论上所依据的，部分源出于亚里士多德关于革命主要是因财产不均而造成的观点，部分则来自马基雅维利关于强大大贵族阶层的存在与受民众欢迎的政府不相协调的看法。他认为把这两种观点结合起来，就可以找到通往正确理论的途径。哈林顿进而肯定了土地法是大洋国的基础，论证了财产特别是地产的分配是决定一个国家的政府形式能否长期存在的关键。哈林顿所超越霍布斯(1588—1679)等同期思想家的地方，正是由于"在同代的政治作家中，哈林顿惟一觉察到政府无论在其组织结构上还是在其工作上都取决于社会和经济的力量"[17]。

1837 年英格兰和威尔士土地分配情况

	所有者数	%	面积（英亩）	%
贵族	400	0.042	5 728 979	13
大土地所有者	1 288	0.13	8 497 699	27
乡绅	2 529	0.25	4 319 271	14
自耕农	13 997	3.5	892 689	28
小土地所有者	17 049	23	3 931 806	12
茅屋农	703 289	73	151 148	0.5
合　计	958 552		31 955 802	

注　J. Batemam："Great Landnwenersof England and Welbe" 1833，转引自：大内力《农业经济论》1967。

龚自珍和哈林顿都看出了既定的农地经营规模和财产继承权之间的密切关系，他们也分别违反了各自国家传统惯例来探索解决的办法。龚自珍提出了长子与余子有别的，以长子为主的地产继承原则。这种只由长子继承家业，余子无权参与的做法是违反分户析产这一惯例的。他也预感到这样势必会因经济利益的冲突，在父子兄弟间引起纷纠争端。于是只好拿起父慈子孝兄义弟悌的伦理道德来进行不会有实际成效的规劝[18]。哈林顿为了防止土地分配发生严重的变动，或者更明确地说是防止共和国的土地过分集中在少数人手里，他主张应通过立法来解决。明确规定大地产应在几个继承人当中来分配。每份却不准超过岁入二千英镑的限额。这是和英国通行的长子继承法相抵触的。他认为长子继承制度既危害政治平等也违反社会公正原则，他甚至以维护家庭利益为口实，来为自己提出的办法找根据。在他看来。"假定一个人有五个儿子，他们是不是能享有父亲的财产呢？财产是在他们之中平分的。一个家庭中赞成这种办法的人将是四人而反对的则反是一人。因此这就必然符合家庭的利益。要不然的话，家庭就不知道自己的利益在什么地方了"。[19]为了更透彻地阐释这一违反惯例做法的合理性，他还以人道主义精神来说教。"我感到奇怪的是，我们为什么要把自己的小孩当成小狗一样来看待，抱起一个放在怀里，什么好东西都喂给他吃，然而却把五个都淹死"[20]。哈林顿说这是一种冷酷的制度，其实他针对的并不是抽象的不公平，而是担心可能会出现的社会危机。出于实际经济利益的考虑，法律的规定和日常的习惯都可以修改调整，来适应新形式的经济关系。如果可以用这一标准来衡量两者的对应办法，就不难发现哈林顿是适应英国庄园制度解体后，从领主制向地主制转化的这一现实，是顺应潮流的明智之举。而龚自珍却迷恋上古，要"言必称祖宗。学必世牒谱"，依据公羊三世之说，行仿周初封建宗法秩序的陈规来解决财产继承这个难题。如从今天来看，确是有些过于迂腐了。

根据以上的对比分析，在对待解决农地这个问题上，较多地指出了龚自珍所受的局限，但绝非要在这里来贬抑他的成就和地位。他以自己的诗词时论反映了当时先进知识界的进步要求，也用自己多方面的成就显示了出众的才华。况且到了晚年，虽然他的经济思想基本倾向并未改变，但资本主义观念确已开始滋生[21]。对哈林顿也不能不看到他做为新贵族和代言人的两面性。和英国资产阶级革命时期代表城乡贫民利益的崛起派领袖温斯坦莱（约1609—约1652）明确要求废除土地私有和一切封建义务来比，哈林顿确有许多伪善之处。因为对待贫苦大众，他坚持能够让他们在经济上维持温饱，但在国家政治生活中却无权介入的主张。这实质上不仅是反人民的，也是反民主的。

总之，就各自身世来说，他们都不见容于当世。但他们却都以自己的思想体现了各自时代精神的精华。

注释

① 据吴昌绶编：《定庵先生年谱》，载《龚自珍全集》600页，上海人民出版社，1957；又见管林等编：《龚自珍研究》附《龚自珍年谱简编》，人民文学出版社，1984。

②③④ 据《龚自珍全集》《农宗》，48～53页；又参考赵靖等主编《中国近代经济思想史》上册，44～46页，中华书局，1980。

⑤ 哈林顿：《大洋国》104页，商务印书馆，1967。

⑥⑦ 同⑤36页。

⑧ 同⑤104页。

⑨ 同⑤109页。

⑩ 同⑤112页。

⑪ 樊亢等：《外国经济史》第一册，61页，人民出版社，1965。

⑫ 大塚久雄等编：《西洋经济史讲座》第四册。16～17，岩波，1960。

⑬ 同⑤10页。

⑭ 同②88页。“夜之漫漫，鹖旦不鸣，则山中之民有声音起，天地为之钟鼓，神人为之波涛矣”。

⑮ 莫尔顿：《人民的英国史》七章五节《英国革命的根本问题》。上册，300～307页，三联书店，1976。

⑯ W. M. Geldart：“Elements of English Law” Chap・2. Lthed. Oxford univ・pr. 1959.

⑰ 萨拜因：《政治学说史》下册，559页。商务印书馆，1986。

⑱ 同②49页。“父不私子则不慈，子不业父则不孝，余子不尊长子则不悌，长子不瞻余子则不义”，“农之始，仁孝悌义之极，礼之备，智之所自出，宗之为也”。

⑲ 同⑤，112页。

⑳ 同⑤，112页。

㉑ 同②，196页，《陆彦若所著书序》。

农村均衡利率与非均衡利率比较*

——兼谈农村利率体制改革

宗 会 来

利率是货币资金的价格表现。在一定时期内，利率的变动，会影响市场资金供给与需求的相应变化，从而影响资源配置以及消费者和企业行为的相应调整。发展农村商品经济，不能不考虑资金市场的建立、完善和发展，而利率机制是市场机制的核心组成部分。因此，对利率进行研究，探讨其运行规律，无疑为深化农村经济体制改革，创造一个良好的金融环境，为农户、企业经营行为市场化、规范化和稳定化奠定了坚固的基础。

一、农村均衡利率

市场利率的变化尽管受许多因素的制约和影响，但最基本的取决于资金的供给与需求，即可贷资金供应者的资金流量和可贷资金需求者的资金流量；同时取决于二者的相互作用。在我国农村，可贷资金的供应量主要来源是农村各项存款，其次是农村专业银行的派生存款以及政府对农村的货币投放（货币发行）；而可贷资金的需求则主要来自于农村个人、企业等的生产消费和生活消费。在一定时期，可贷资金供应量与可贷资金需求量之间至少经常是存在一定数量上的差别，或者需求流量容纳不了供给流量，或者供给流量满足不了需求流量，后者情况尤为普遍。在发展中国家，资金长期短缺是较为普遍的现象，在其农村则更是如此。因此，这种矛盾的解决，不可能是供需间的绝对等量，而只能是相对的均衡。见图1：

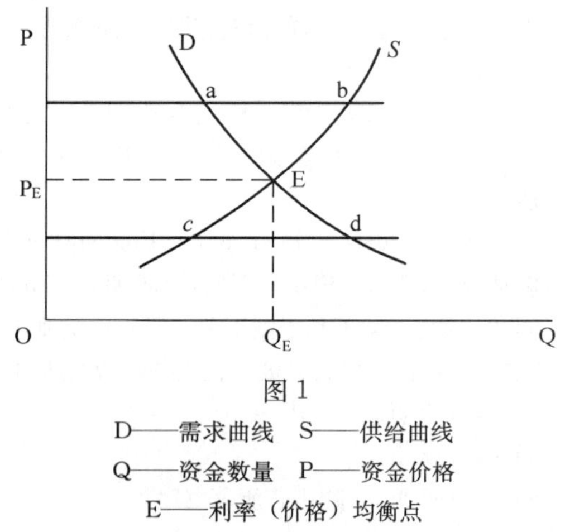

图1

D——需求曲线 S——供给曲线

Q——资金数量 P——资金价格

E——利率（价格）均衡点

如果利率在 P_E 之上，可贷资金供应数量将超过需求数量，形成资金剩余 aEb，借款者便寻求避免他们的过剩资金低于他们的价格，一直到供给量与需求量相等；如果利率在 P_E 以下，可贷资金需求量超过供给量，形成资金短缺 cEd，借款人竞相争供稀少的可贷资金，于是引起利率回升。只是在 P_E 时，供需之间才相互平

* 原载《农村社会经济学刊》1989 年第 1 期。

衡，P_E 便是在资金供需均衡点 E 上的均衡价格。当然，随着供求数量之间的比例变化，均衡利率也会发生相应的位移。所以，资金均衡点是供需之间一种动态的相对统一。

由此可见，均衡利率纯属市场经济自发作用的结果，反映了价值规律的要求，其客观影响有积极的一面，也有消极的一面。

积极作用：①有助于资金这一生产要素的合理流动，真正体现货币资金的趋利性、增殖性和流动性，成全了货币资金的商品属性。因为利率能自由地把资金导向那些生产盈利高、容纳利息能力强的部门或企业，资金的确是做为一个完整的生产要素，为各种生产资源的合理配置提供一种机会。②有助于农村职能企业和农户，加强经营管理，提高资金的周转速度和资金使用的最后效益（主要标志是产品质量），增强市场竞争意识和能力。③有助于活跃农村金融，促进农村资金市场的发展。资金均衡价格的形成，既是资金供需之间矛盾作用的结果，也是资金盈利临界点的一种指示，它可以引导众多的不同性质，不同层次的金融团体和个人，形成不同规模，不同影响的金融圈，挖掘资金潜力。④有助于促进农村工业、第三产业部门的发展。因为像工业企业，其资本有机构成高，生产周期短，风险小，比农业有较高的利润，对资金有较大的吸引力。而发展农村工业等给农村经济带来巨大变化是众所周知的。

消极作用：①资金完全体现商品之属性、趋利而动，在生产力水平很低的情况下，至少导致两种不良后果：第一，不利于地区间的平衡发展，这是级差地租必然引起的后果。土地条件不好，地理位置偏僻的地区愈是要发展，愈是难以有必要的资金流入，相反，各方面条件较好的地区，资金是自动流入，彼此之差距将越来越大。近几年，东、西部的这种差距已有所发展；第二，不利于农村产业间的协调发展。农业始终是利润率和收益率最低的产业，在同一地区农村工业与第三产业愈是发展，愈是吸引资金流入，而像粮食和其他种植业愈是因缺乏资金而难以得到维持和发展。在发展中国家这将是一个长期存在的问题。②资金流动具有一定的盲目性。资金的自我选择流向遵循了价值规律的要求，但其作用有一个过程。因此，由于盲目融资而造成资金浪费甚至损失是很可能的。

以上系一种抽象的考虑，但实际情况也只是比这更隐蔽和更复杂罢了。均衡利率是一种客观存在，或说始终存在一种客观的力量驱使供需不断走向均衡，这就是价值规律。

二、农村非均衡利率

政府出于一定的政策目标考虑，对金融要进行一定范围和程度的干预，采取的手段或经济的，或行政的，以此来规定利率的上限、下限或二者皆有。由于我国尚属商品经济的初级阶段，经济调节的许多条件并不具备，于是偏重于行政手段；同时由于资金属稀缺资源，国家更多是采取上限控制，即政府对资金商品规定最高限度的价格，如法定利率。如图 2：（L 为政府最高限价）政府这种限价会产生什么后果呢？先看其积极作用：很显然其积极效果恰好是通过法定利率，计划分配资金，促进区域间的均衡发展，地区内不同产业的协调并进。总之，出发点是为有计划发展商品经济，实现宏观经济效益增加的目的。但是，国家过多的行政干预也带来许多实际问题，并非能很好地实现其目的，有时甚至是以低速度、低

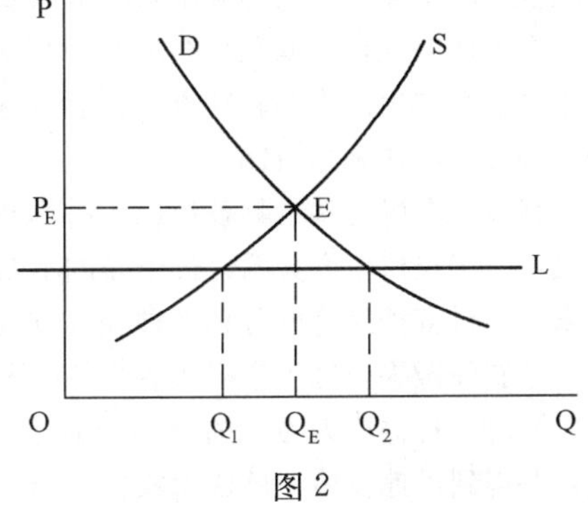

图 2

效益为代价的。具体表现在：第一，国家对利率最高界限的控制，首先造成的是资金供需矛盾进一步增大，形成资金短缺 Q_2-Q_1，原因主要在于：社会闲置资金由于低利率而难以集中起来，人们认为资金机会成本太大，这是一方面；另一方面，低利率诱引生产经营单位扩大信贷资金需求，资金的低成本刺激了投资的欲望。结果人为恶化了供需平衡的稳定关系，加剧了资金的紧张。第二，有限的资金不可能满足所有生产单位的需求，于是出现三种选择：①要么撒“胡椒面”，即面面都照顾到，这丧失了资金使用的规模效益，尤其我国农村企业等生产单位大都在启动之中，少量资金根本不起作用；②要么择优供给，支持少数生产企业的发展，而这些企业因资金成本低不会有太大的利息压力，很难做到对资金使用合理、节约，使企业收益不高；③没有得到资金支持的企业并非都不重要，都毋需发展，只是因缺乏资金而失去了生产要素组合的机会，于是只好通过各种方式向社会寻求资金援助。结果未投入银行渠道的资金活跃起来，利率回升，逐渐接近均衡价格。同时引起银行负债率下跌，使政府实现政策目标的力量削弱。第三，农民收入的漏出量——储蓄，是转化为生产性消费的重要来源之一，但资金的低利率，很易造成农民收入漏出量的减少，除少数转向债券，股票投资外，绝大部分是转向即期消费、把大量货币投放到商品市场中去，形成现实流通的货币，增大了商品市场的承受力，很易引起物价上涨，形成通货膨胀，或加剧通货膨胀。第四，不利于资金市场的发展和完善。政府法定利率，低于市场水平，不能真实反映市场供求关系，又未能有效地抑制通货膨胀，使得实际利率有可能变为负数，加大了银行的贷款成本，不利于银行的企业化经营。另外“贷款配给制”使投资者着重传统、低效的投资，安于现状，不讲经济效益，造成社会资源闲置、浪费。在这种情况下，中央银行很难进行有效的间接调控，一方面缺乏调控的准确性；另一方面也不具备经济管理的市场条件。宏观与微观之间联接刚性多于弹性。同时，政府一统天下，限制了其他金融机构的活动，降低了市场的竞争程度和金融活力。

政府制定法定利率意在克服农村均衡利率的消极作用，起稳定发展经济的作用，但实际上是背着沉重的包袱缓慢前行。倒是均衡利率恰好能有效地抑制法定利率的消极作用。不管从理论上，还是从实际上，政府过多的行政干预实质是“金融抑制”。

三、农村利率机制的改革思路

如何建立有效的农村利息机制并发挥其作用，这是农村经济改革与发展中必须首先要解决的问题。目前的难度在于新的农村商品经济运行机制要从旧体制中诞生和完善，因此有双重的难度，不能片面走向极端。但同时又要看到，国民经济的管理逐渐以间接为主，社会的发展趋势是市场成分越来越浓，均衡利率必将成为农村商品市场中的主导因素。所以，关键的问题在于如何在资金价格上发挥均衡利率与非均衡利率的积极作用和克服二者的消极作用。基于以上考虑和农村生产关系与生产力的新特点，今后应逐步建立以农村微观均衡利率为主，国家宏观非均衡利率调节为辅的农村利息机制。

目前，农村已基本具备形成农村均衡利率的可能条件和有利条件，而且这种趋势是在不断加强之中：①农村生产关系经过十年的不断调整和完善，已基本上以农户家庭经营为主的方式稳定下来。农村多种经济成分和多种经营方式既对市场提出要求，也为市场发育提供了灵活经营的群体。②农民做为农村生产经营者主体已不再是传统概念上的“老百姓”，而是逐渐在价值观念转变的同时，日益成为独立的商品经营者。市场意识和市场追求越来越强化。③乡镇企业异军突起，并得到迅速发展，已成为农村“两个转变”过程中的重要力量，其产值已占农村社会产值一

半以上，为农村商品经济的发展创造了许多有利条件。乡镇企业的一切经营活动都处在市场环境之中。④农副产品价格已呈放开之势，目前百分之六十的农产品价格基本随行就市。乡镇企业产品更是按市场供需来确定价格。价格的放开和理顺有助于提高资金利率的真实性。其实，要想价格体系合理化，资金利率必须逐步放松限制。⑤农业银行企业化改革正在不断深化中。银行企业化经营是金融体制改革的中心环节，它要求银行摆脱国家的行政干预，以独立的法人地位灵活在市场筹措资金，开展多种金融业务。信用社要真正体现其“三性”，可实行浮动利率，提供广泛的信用服务。⑥在我国农村不管是发达地区，还是不发达地区，都不同程度出现了一些非官方融资团体和个人，他们的活动对农村资金的流向与规模产生了很重要的影响。几度动用行政手段欲予以取缔，反而愈演愈烈。

以上所述，中心说明了一个问题：随着改革的进一步深化和经济的进一步发展，扩大农村市场自由度的条件将基本成熟，这是不可抗拒的客观力量。政府应顺应历史的潮流，积极采取相应的配合措施，在促进农村资金市场形成的同时，减少波动和消极后果。

政府的调控内容：①对农村低盈利或需重点发展部门的贷款给以利息补贴。大凡这种贷款数额较大，多由农行、信用社承贷，通过利率补贴（也包括结构性利率补贴），保持承贷机构的企业性质，把大量资金引导到长线或低利部门、产业，实现国民经济按比例发展。②建立健全金融市场有关法规。这包含两层含义：一是形成良好的竞争环境，消除来自不同方面的非经济干扰和影响；二是严格约束和打击市场中非正当的投机活动，保护和促进合法投机，使不同层次，不同规模融资行为合理化。③控制对农村的货币投量。这也包含二个方面：第一，根据国民经济计划要求和农村经济发展速度，投入适量的货币（经济发行）；第二，通过经济手段控制信贷规模。凡经营金融业务的机构，都必须在人行申请注册，按其经营规模大小及经营业务种类采取不同标准的准备金比例，中央银行酌情调整。这要求首先中央银行行为规范化、合理化。④中央银行的不同层次机构应把对经济的总结与预测作为一个重要职能来考虑，即成为一个名符其实的信息咨询中心，定期向社会发布农村经济及资金分布、流向情况，为克服资金流动盲目性，使其投到实处，带来经济效益提供帮助与引导。

在此应着重强调的是，在建立新的利率机制的同时，官方金融机构难免经营行为“短期化”，如存、贷利率竞相提高，易给改革带来震荡；城乡相互渗透，对城市金融的稳定产生影响。对此应有足够的认识：这是改革中必然出现的过渡现象，政府可采取逐步松绑的政策和措施。

略论我国目前农业推广的改革与发展*

张 仲 威

一、发展我国的农业推广须臾不可缓

当今世界，无论是发达国家或发展中国家，他们之中大多数的农业推广、科研和教育也都较为发达。越是发达国家，农业推广越是发达，农业商品生产与交换越发达。农业经济发达，国民经济也越发达。他们不仅有各自的推广体系、即农业推广专业、农业推广研究机构、农业学术团体，还各自有一批高级的、中级的农业推广专家学者。例如美国有农业推广专家 17 000 人，推广助理 10 000 人，还有几十万志愿推广人员，国家级农业部推广局的专家 100 人，州级 4 500 人。美国 3 510 个县都建立了推广站或办公室，约 1 万名专家。此外还有一大批博士生、硕士生。由此，促使着美国经济的发达。联邦德国也类似，正如他们所说："我们经济发达了，农村发达了，我们富了，主要原因之一归于农业推广。二次大战后，我们很穷，推广给我们带来了新技术、新技能和信息，也就是带来了富裕。现在，我们面临生产过剩的危机，要摆脱它，也还是要靠农业推广"。

目前，我国正处于社会主义初级阶段，其首要任务是发展生产力。农业生产力发展的主要方法，则是通过农业推广把先进的科学技术和科学研究成果迅速地在农业实际中应用。为此，对农业推广工作就应给予足够的认识和发展。1985 年以前在我国没有一个农业院校有农业推广专业或系；没有一个农业研究机构有农业推广研究所或室；当然也没有一个农业推广博士生、硕士生。至于从事农业技术推广的实际工作者景况如何呢？人们说他们是："远看像个要饭的，近看像个卖炭的，走到面前一看是农业技术推广站的"。引进科学技术以及科研成果又如何呢？据中国农科院统计，1985 年 3 000 项农业科研的成果绝大部分没有在农业生产实际中应用，我国农业技术所以落后，这就是一个主要的原因。据此，发展农业推广事业，使之推动生产力的发展，应是须臾不可缓的了。

二、我国农业技术推广工作必须改革

（一）农业技术推广的命名应予改革

目前我国的农业，正由自给半自给性向商品性转化，传统农业向现代化农业转化及单一农业向综合农业转化；农村，正由封闭式向开放式转化；农民，正由旧式向新型转化。在这个历史时期，推广仅以技术作为主要内容已显然不能适应正变化着的农民、农业、农村（简称"三农"）

---

* 1989 年 10 月在全国农业院校第四届农业推广理论和教学研讨大会发言。

的需要了。“三农”除了需要先进的农业生产科学技术知识和信息外，还需要农业经营、经济管理、农产品运销、贮藏、加工，金融、环保以及农村生活等方面新知识、新技术、新技能和信息。当今世界，如前述，越是发达的国家，农业推广工作开展得越好，农业推广工作的内容越丰富多彩。从农业再生产过程来说，包括生产、流通、交换、分配等方面的新知识、新技术、新技能和信息的传递、传授、示范经营与培训，用我们的话来说，包括产前、产中、产后的新技术、新知识、新技能与信息的传授、传递、示范与培训。从部门来说，不仅包括粮、棉、油等小农业生产和农、林、牧、副、渔大农业生产的新技术、新技能、新知识与信息的传授、传递、示范与培训，还包括农村工业、商业、交通运输、建筑业和服务业等产业的新知识、新技术、新技能与信息的传授、传递、示范、培训。随农村商品经济的发展，农民生活水平的提高，农民对产前、产后过程要求解决的问题（非农业技术性的问题）也日益增多，要求解决问题的迫切性已不亚于产中了。农民不仅对其生产方面的问题要求日益增多，对其生活方面的问题也随之与日益俱增。所以，我国农业推广的内容不应是单一的或者说主要的农业技术推广，应适时地把单一农业技术推广向多方面、多环节或多部门渗透。即把这些方面的新技术、新技能、新知识信息给“三农”传授、传递、示范或培训，以满足“三农”的需要。实际上，我国目前所进行的农业技术推广工作，其内容已超出了农业技术范围，已向多方面、多环节、多部门渗透和发展了。

（二）农业推广的体系与制度必须改革

我国自1953年建立农业推广站以来，这项事业确实有了较大发展。由1953年的3 600个站，20 000多人发展到今天17万个站，100万人。但农业推广人员的素质、农业推广的内容以及农业推广工作的建设等方面，均不能适应新形势的发展。即已不能适应由原来5万个公社转向汪洋大海的联产承包户；由原来的单一种植生产技术转向产前、产中、产后的综合服务；由行政命令指挥型转向试验、示范、培训承包经营型；由过去不完善的农业推广体制转向一个较完善的体制。例如美国农业推广已法制化（立法）、制度化（三结合）、哲理化（开发民智）以及专业研究所和学会结合的完善体制。为建立我国有特色的农业推广体制应在现有体制的基础上，依据客观需要进行改革。

首先，要从政府的农业推广机构改革做起。即把自立门户，各自为政，自成体系的诸如植保站、畜牧站、兽医站、土肥站、农经站、排灌站等农业推广的专业机构，合并为一个统一的、综合的（种、养、加、贸）农业推广机构。农业部的这一机构似可命其名为“农业推广总站”，省地两级亦可命此名。但到县一级可命名为“农业推广中心”，区、乡两级命名为“农业推广站”。合并为统一的组织，有利于加强技术、技能的组织力量；有利于提高推广的质量；有利于示范、经营、推广；有利于资金、设备的有效使用；有利于农业推广人员工作与生活条件的改善。必须指出，合并决非再端“铁饭碗”，而是在统一组织下，即在“总站”、“中心”的组织下，以其有限的力量，干更多的农业推广事业，以其各自有限的知识技术，干出农民富，推广人员也富的事业。

其次，也要从民间的需要进行改革。由于现阶段的多经济成分、多种经济形式和多种分配形式的并存，由于我国地域辽阔，人口众多。自然、经济条件地域差异大，在农业推广工作上，只允许一种形式，是脱离中国实际的，应以政府的农业推广形式为主体，允许和鼓励民间的其他形式与之相辅。以形成我国多层次、多形式、多功能的农业推广体系。

最后，要改革农业推广服务无偿为有偿的制度。科技及科研成果已成为知识形态的商品在流通领域内进行交换，作为科学技术及科研成果变为生产力的农业推广工作者的服务，应该是有偿的。所以农业推广服务要把无偿改革为有偿制度。这样，就会在农业推广工作上体现社会主义按劳分配原则，调动农业推广人员的积极性，从而就能把科学技术与科研成果迅速而有效地变成现实的生产力。

（三）农业推广的工作环境必须改善

科技与科研成果能否在农业实践中充分应用，能否使之变成生产力，农民行为的改变是决定性的因素。但改变农民行为的决定因素则是推广人员的素质与其积极性，提高其积极性与素质的措施是：

1. 加强与健全农业推广机构。加强和健全现有农业推广机构，在农业院校成立农业推广专业或系；在农业科研机构内设立农业推广研究所（室、组）；在农学会内设农业推广分学会或成立全国性的农业推广学会，都是农业推广工作环境改善的必需。通过这些机构，既可培养一批高级农业推广人才，又可以研究农业推广的理论与方法论的问题，以便于为学科的发展，为推广人员素质提高，为农业的发展从组织上奠定环境基础。

2. 改善农业推广工作人员的工作环境。农业推广人员的工作是比一般其他工作艰苦。可以说，风里来雨里去，走家串户。据了解，许多地区的农业推广人员是“吃饭没个锅，住处没个窝，办公没个桌”。至于对子女的抚养教育更谈不上。还有的地方对农业推广人员的职称问题不重视，使推广人员心绪不定，严重影响推广工作的深入开展。为欲使推广人员安居乐业，应给予必要的关注，切实改善其待遇及工作环境。

3. 农业推广工作的手段必须更新。上述美、德等国所以推广工作发达，其推广手段的现代化，不能不说是一个原因。他们所使用的手段，从交通工具上说，首先是小轿车、摩托车；从宣传手段上说有录像机、摄像机、显微镜、幻灯机等；从印刷手段上说有复印机、计算机、打字机及铅印等设备都已现代化了。而我国当前推广人员多数是：一把尺、一杆秤、用牙咬（测量种子湿度），用眼瞪（检查病虫害）。少数人有辆自行车，现代化设备可以说微乎其微。为把国内外的科研成果迅速推广应用，就要从手段上根据财力状况不断注意更新、配备和完善。

三、我国农业推广的教育研究事业必须发展

（一）学科建设

农业推广作为一门科学来研究，就世界范围来说，美国可算最先开始。1922 年布里特（M、C、Burritt）撰写了《县指导员与农民协会》（The County Agent and Farm. Bureau）。以后的二十多年中虽有一些人发表了农业推广的文章、书籍。但缺乏学术性，直到 1949 年凯尔赛与汉尔（Lincodn David Kelsey and Cannon Chiles Hearne）合著了《合作农业推广工作》（Cooperative Extension），后来布鲁奈（Edmunddes Brunner）与杨寻宝合著《美国农村与农业推广》（rural-America and the Extension Service）属大学用的书。

由此，农业推广学产生了。农业推广学研究的对象应是如何改变农民的行为，研究如何通过推广教育改变农民行为的规律。即研究如何通过新的先进的农业科学技术知识与技能、沟通与信息改变农民行为规律性的科学。其任务在于为农业推广新技术、新知识、新技能，沟变农民行为，改善其生产条件，生活环境，提高产量，增加收入。

农业推广学随农业的发展与农业推广工作的实践其内容日益丰富。当前其内容包括：农业推广学的研究对象、产生及其发展；农业推广学的任务与他课程的关系；农业推广学的原理原则；

农业推广的组织管理：农业推广计划与执行；农业推广沟通与传播；农业推广方法；农业推广人员地位、任务及其素质；农业推广教育方法、内容及形式；农业推广工作评价的方法、内容与分类以及农业推广的研讨法等。农业推广学立于科学之林后，与下述各类科学发生了密切关系。

农业推广学与各农业技术学科的关系。如与生物学、栽培学、畜牧学、植物保护学、土壤学、肥料学等学科的关系十分密切。可以说，农业科学各技术学科，是农业推广学的技术基础，农业推广学是农业科学技术在推广实践上的经验概括。

农业推广学与农业经济学科，如农业经济学、农业企业管理学等的关系，如同与农业各技术学科的关系一样密切。农业推广学通常以农业经济学科的理论为骨干，指导农业推广工作。即农业推广工作者，必须具有较丰富的经济学科的知识，才能了解农村、农业与农民的状况，才能更好地根据“三农”的问题组织与教育农民，提高农业生产，改革农村组织，改善经济状况，在此实践的基础上，概括与发展农业推广学的理论与方法论。

农业推广学与社会学、社会心理学、组织学、视听教育、传播学等行为学科关系密切。农业推广学是行为学科的一种，一个重要组织部分，社会学与社会心理学是农业推广学的理论基础。作为一个出色的农业推广工作者，一定要懂得农村社会、农民心理，这样才能使农业推广工作事半功倍。为此，学习农业推广学的同时，要学习和掌握农村社会学、社会心理学等学科的基本知识、基本理论。当前，我国农业推广工作者存在最大的一个问题就是对这方面知识的学习注意不够，致使农民对所推广的新技术、新方法不能引起农民的注意，不能使农民发生兴趣，产生欲望、信服指导、从而付诸行动，达到理想的推广效果。

在美国，随客观农业形势的发展，首先，农业推广学与成人教育结合在一起，形成农业推广教育的内容。其后，农业推广与行政结合一起成为推广行政。如美国威斯康辛大学成立了“国家农业推广高级研究中心”（National Agricultural Extension Center for Advanced Study）以此专门培养高级推广行政干部。克拉克（Robert Clark）所著的《推广行政》(Extension Administration) 作为教材。第三，农业推广与乡村社会学结合一起形成了《推广社会学》(Extension Sociology)。如莱恩巴格（Herber F. Lionbeger）著的《新概念与实践的采用》（Adoption of new idea and practices）和罗杰斯（Everett. M. Rogers）著的《创新的传播》(Diffusion of Innovation)。

作为农业推广学科立于科学之林的历史比较短，仅几十年的时间，可以说它正处于充实发展阶段，在中国其历史更短。国家教委鉴于农业推广学，对发展农业推广事业的重要指导作用，鉴于培养农业推广教师是发展农业推广学科的根本，于1986年10月委托北京农业大学农业经济管理学院，首次举办了为期一个月的42个院校参加的农业推广学研讨班。原农牧渔业部于1987年委托北京农业大学农经管理学院举行了由38个院校农业推广教师参加的农业推广学教材建设研讨班。今年定于10月拟再次举行这一研讨班，继续研讨教材建设和学科发展问题。当前多数农业院校已开设农业推广学，在传授农业推广知识与技能，扩大学生的视野，起到了良好的效果。

（二）专业设置

为发展农业推广事业，在进行学科建设的同时，还应积极地在有条件的院校设置农业推广专业（系），以培养更多的农业推广人才，满足农业推广人员提高素质和农业推广机构补充人员的需要。经过1986—1987年两年的努力，第一个由农业部批准的三年制农业推广专业在北京农业大学农经管理学院建立了起来并于去年招收了3名在职研究生，今年招收30名大学生。

农业推广专业是培养农业推广高级农业理论、农业实际工作人才的。具体说，培养农业推广站的组织者、培养农业理论的研究人员；培养农业推广站的中级以上咨询人员。农业推广专业毕业的硕士生、博士生除专门从事研究农业推广的理论与方法论以外，还可专门从事农业推广的教学及高一级的农业推广与咨询工作。

本专业学生来源的主要渠道应是农村合格的青年，特别是从事农业推广工作，热爱农业推广工作的现职青年，包括农业技术员、经营管理员及其他有志于农业推广工作的高中生。所以，每年农业推广专业招收30名学生的来源，可以说是毫无问题的。至于毕业后的分配也毫无问题。依据是：当前我国有17万个农业推广站，100万个职工，每1万亩种植面积平均只有1个农业技术推广员，数量、质量均很不够。加之我国农业推广工作的水平急待提高，农业推广人员的素质急待改善，农业推广机构急待补充的情况，农业推广专业每年30名毕业生，向全国省、区、县、公司、中心等各级农业推广组织网络分配这是无问题的。就以县来说，每县分配1名我院培养的农业推广专业毕业生，全国按2 300个县计，就需要我们培养80年。若每个乡分配1个推广毕业生，则要到2000年左右。若实行学生从哪里来回哪里去的办法，不仅使学生的专业思想牢固，而且农村的学生各种知识宽厚、学生易与农民打成一片，开展农业推广工作容易，分配就更不成问题了。

（三）科学研究

学科的建设、专业的发展都是基于学科的科学研究。学科的科学研究的状况决定学科建设与专业发展的速度与存亡。为使农业推广事业兴旺发展，就必须加强其科学研究。当前，我国在农业推广方面的研究可以说方兴未艾。以国家教委农业部分别委托北京农业大学举办的农业推广教师研讨班为一些省市虽提出了关于农业推广学对象、农业推广工作的地位、农业推广体系以及农业推广者的素质等10多个主要课题，但许多推广理论与实践问题，急待进一步研究。如农业推广而不是农业技术推广，在我国经济发展中的战略地位问题、农业推广学的对象、任务与方法问题、中国农业教育、科学研究与农业推广三结合问题、中国农业推广的体制问题、农业推广人员素质以及农业推广有偿服务问题等，都还未破题，应深入研究。对此，除发挥农业院校农业推广教师的研究积极性外，还需要成立全国的、省的农业推广学会，广泛吸收会员，开展学术交流；与此同时，还要与国际农业推广组织、学术团体、群众团体加强联系，以便相互沟通农业推广方面有技术的、技能的、知识的以及农民生活与信息与情况。北京农业大学农经管理学院农业推广专业已与联帮德国霍恩海姆大学的农业推广研究所建立了农业推广科研协作关系。同时也与荷兰瓦赫尼根大学农村社会系，美国的明尼苏达农业推广教育系等建立了联系，取得了较好的成果，为农业推广的研究奠定了基础。

回归模型与卫星遥感方法在农产量预测中的应用*

刘 宗 鹤

农产量资料对国家经济决策和社会主义计划工作是十分必要的。不能等到农作物成熟以后才进行实际调查，而必须在农作物生长时期对农产量进行预测，以取得这方面的资料。

在我国，农产量预测习惯上使用目测法和要素测定法，但近几年来，又引进了一些新的预测方法，主要有回归模型预测与遥感预测两种。

回归模型预测法。主要是通过探讨农作物生长期各项因素与产量间的回归关系来预测农产量的方法。影响农产量的因素很多，大致可分为四类：气候（温度、降水、风、光辐射），土地（土壤及其水分、地形、水利）、生物（如品种）及农业技术措施（播种、施肥、灌溉、病虫害防治），其中气候因素波动较大，是导致产量预测出现较大误差的主要因素。另外，由于以上因素对作物施加的影响，表现为作物发育阶段的不同数量与状态。例如冬小麦入春后起身（拔节）苗数、有效穗数、千粒重、某一物候期的长短天数，也与作物的最后产量有关。究竟哪一个因素适合采用哪种回归模型，或哪几个因素的组合适合采用哪种回归模型，下面分别加以说明：

最简单的回归模型为一元线性回归，可用来研究土壤水分与冬小麦有效穗数的关系，在苏联所用估计模型表示为$\hat{Y}=\hat{\beta}_0+\hat{\beta}_1 x$，$x$ 为一米层土壤水分（毫米），$\hat{Y}$ 为估计有效穗数，$\hat{\beta}_0$ 与 $\hat{\beta}_1$ 为回归系数的估计数，$\hat{\beta}_0$ 表示除土壤水分外的其他因素的平均值，$\hat{\beta}_1$ 为土壤水分增加一个单位所增加的平均产量。根据估计的有效穗数，结合每穗粒数和千粒重就可预测产量。

多元线性回归模型是应用较广的一种模型。例如山西运城地区 1983 年所用冬小麦产量预测模型为：$\hat{Y}=0.301+8.55xt+0.5693x_1+0.5167x_2-1.4006x_3$，这里 $\hat{Y}$ 为预测的 1983 年冬小麦每亩产量，xt 为时间序列数，其系数 8.55 为趋势产量（根据历史资料运用一元线性回归算出）表现为农业技术进步的趋势，x_1 为 1982 年 8～11 月降水量，x_2 为 1982 年 12 月至 1983 年 5 月中旬降水量，x_3 为 1983 年 5 月下旬降水量。x_1 的系数 0.569 3 说明这个时期降水量增加一个单位所增加的小麦产量。（x_2，x_3 的系数说明理由与 x_1 的相同，不过 x_3 的系数为负数，说明 5 月下旬的降水量会导致减产）。这个模型是先估计历年趋势产量，再把气候因素加到模型中去以估计冬小麦产量。这个模型设计符合华北、西北地区八、十、三场雨的农谚。在执行某项重大经济政策时，如农村联产承包责任制，对产量会产生较大的影响。这时就应加上政策方面的变量，在统计上一般用虚拟变量（或交替变量）0～1 表示。运用多元回归的一个重要问题在于选择因素，模型中因素多了固然好，但模型中能用到的因素总是有限的，因为有些因素我们并不知道或者资

* 原载《统计与信息》1989 年第 1 期。

料无法取得因而不能评价，同时因素多了还会发生多重共线性。因此有个选择因素的问题。选择的方法很多，目前用到的一个方法为（前进）逐步回归法。

回归模型除多元线性回归外，还有属于非线性回归的多项式回归（一元与多元）。在用最小平方法解回归模型时，参数是否为线性是根本。如果回归模型中各参数均为 1 次方，则称其参数是线性的，反之，如回归模型中某参数存在小于或大于 1 的次方，则称其参数是非线性的。划分线性参数与非线性参数的目的，在于对模型采取不同的数学处理方法。对线性参数直接用线性化法，对非线性参数则需先对模型进行对数处理，然后线性化。例如 1959 年江苏盐城县小麦播种量（X）（斤/亩）对亩产（Y）的影响，可用总体模型 $Y=\beta_0+\beta_1 X+\beta_2 X^2+\varepsilon$ 表示，虽然变量（X，Y）为非线性的，但参数（β_0、β_1、β_2）为线性的，线性化时，先令 $W_1=X$，$W_2=X^2$，则上式为 $Y=\beta_0+\beta_1 W_1+\beta_2 W_2+\varepsilon$，其期望值为 $E(Y)=\beta_0+\beta_1 W_1+\beta_2 W_2$，其估计式为 $\hat{Y}=\hat{\beta}_0+\hat{\beta}_1 W_1+\hat{\beta}_2 W_2$，显然为线性模型。雨量、温度二者联合对玉米产量的影响为二元多项式回归，例如，美国伊利诺斯州预测玉米产量有以下两种模型，就变量说为非线性的，就参数说却是线性的。模型的期望值形式（1）$Y=\beta_0+\beta_1 T+\beta_2 R+\beta_3(TR)$，（2）$Y=\beta_0+\beta_1 T+\beta_2 R+\beta_3(TR)+\beta_4 T^2+\beta_5 R^2$。这里 T 为月平均温度，R 为月降水量，β_0，β_1，β_2，β_3，β_4，及 β_5 为参数。和上例相同，二式可直接使用线性化方法。

有一种增长回归模型，变量之间是非线性的，在参数形式上也是非线性的，例如逻辑斯蒂增长曲线，其数学变换式（或称为逻辑特变换）为 $Y_1=\frac{\hat{Q}}{1+\hat{\beta}(\rho)^t}$（逻辑斯蒂一般形式为 $Y=\frac{K}{1+be^{-ax}}$）。这个模型在农产量预测中适用于作物从播种到结实整个生长期的预测，例如上式的 Y 表示玉米在 t 时的每穗籽粒千重，t 为某一物候期（例如玉米吐须期）的长短天数。三个参数的作用可从生长的不同状态加以说明：①$t=0$ 时的重量，即始重。$t=0$，$\hat{\rho}$ 不论为何值，$(\hat{\rho})^t=(\hat{\rho})^0=1$，则估计的始重为 $\hat{Y}_0=\frac{\hat{a}}{1+\hat{\beta}}$。②成熟期重量。假设 $0<\hat{\rho}<1$，我们得出估计收获量为 $\hat{Y}_m=\lim\limits_{t\to a}\hat{Y}=\hat{\alpha}$。即当 t 值很大时，$\hat{y}_t$ 取决于 $\hat{a}$，所以参数 a 称为基本参数。本例 $\hat{a}$ 为成熟期预测的玉米每穗籽粒干重。③当 t 逐步增长 Y 处于中间状态时，$\hat{\rho}$ 表示由 $\hat{Y}_0$ 到 $\hat{Y}_m$ 的增长速度。对 $0<\rho<1$（这是逻辑特变换的性质），ρ 可称为增长率参数，如果 $\hat{\rho}$ 接近零，则增长很快。如果 $\hat{\rho}$ 接近于 1，则按递增率增长，其比率为 $\hat{y}_m/\hat{y}_0=1+\hat{\beta}$，表明 $\hat{Y}_1$ 的相对变化范围，也表明 $\hat{\beta}$ 的含义 $\left(\hat{\beta}=\frac{\hat{y}_m-\hat{y}_o}{\hat{y}_o}\right)$，且 $\hat{\beta}>0$。

至于估计上述非线性参数的方法，与以上所举的线性参数的方法不同，需要先对样本资料，(Y_1, t_1)，(Y_2, t_2) … (Y_n, t_n) 所使用的模型进行对数处理，这就不免要带来误差，即就对数说为最小平方估计，而就原式说却并不是最小平方估计，当然也就没有明确解。为了得到近似解，本式一般用迭代法，也可用其他特殊方法，如费雪法、霍特林法等。

上述各种回归模型如果就影响农产量的因素性质说，可分为农学模型与气候模型。在集约化地区，水利、资金条件较好，有防止不利气候影响的能力，一般以农学模型为主，条件较差的地区则以气象模型为主。

回归模型也可用于全国范围内的农产量预测。这是因为有的地区风调雨顺、有的地区遭水旱灾害，因为是大的范围，丰歉具有抵消作用，其性质属于随机扰动项的期望值 $E(\varepsilon)=0$ 的范

畴，也符合预测的正确性，是建立在平稳随机过程的设想，因而是可行的。再者，回归模型是在概率抽样资料上进行的，因此在进行回归分析时，还应当设计一种有效的抽样方法，例如我国现行的农产量多级对称系统抽样法。此外，在运用回归分析时，必须满足理论上所规定的各种假设，如正态分布。如果违反，要寻求有效的补救方法，例如存在多重共线性，异方差性及序列相关等时所采取的有效措施。同时对回归预测的结果还需利用统计上的有关检验，例如 F 检验，Durbin - Watson 检验，并计算可决系数 R^2 以反映说明变量 X 对被说明变量 Y 的说明程度。

卫星遥感预测法，基本上可以分为两种。一种是利用环境和气象卫星的高度分辨辐射计（AVHRR），以进行大面积作物生态环境观测和产量预测，它是按五条光谱带隔一定时间（例如一天）记录地面辐射，其中两条光谱带（红与红外）用以计算植被指数（又称绿度值）。红光谱记录叶绿素的吸收作用，而红外线光谱带则表明作物旺盛长势的反射率，在计算机上进行象源的植被指数计算，或者是进行光密度的彩色编码，找出作物长势与影像光密度或彩色的关系，如棕/桔色表示单位面积产量为低水平，白/绿色为中等水平，红/紫色为高水平。这样卫星影像就绘出了作物的发展趋势，必然也是作物生长条件的指标，即植被指数与作物生长情况的相关程度取决于作物的类型和密度、地理位置（地形、土壤、水分、土地利用等）及气候条件，一定时期的影像可以监测降雨量与其他因素对作物某一发展阶段的影响。至于作物指数地图由某个时期（年、月）的无云量影像拼凑而成，它明显地表示绿色作物季度和年度变化情况。这种卫星遥感技术不论面积多大和变化多快都能连继监测。发展中国家（特别是非洲国家近年干旱）由于缺乏一定的产量与面积资料，遥感将是一种预测农产量趋势的重要方法。

另一种是以陆地卫星影像为主的遥感农产量预测。根据卫星影像进行统计分层（即分类型），并参照航空像片进行定点抽样，以计算面积，即利用面积抽样框图或其他抽样方法（如对称系统抽样）把地面监测与遥感分层结合，以预测产量。

遥感是一门新技术，在产量预测方面尚属早期阶段，随着遥感科学技术的发展及其在实践中的应用，今后将逐步提高预测精度，使之成为一种重要的农产量预测的方法。

东北机械化农场种植业适度规模经营研究*

金敬恩　孙文锴

黑龙江省国营农场是我国农业机械化程度最高的垦区之一。垦区主要粮食作物是小麦、大豆、玉米和水稻，是国家重要的商品粮基地。全垦区土地总面积 8 537 万亩，其中耕地 2 947 万亩，人均占有耕地 18.6 亩，种植业工人平均占有耕地 77.1 亩，属于人少地多的类型。近年来，国营农场经济体制改革不断深化，形成以职工家庭农场为主体的多种承包经营形式并存的格局。因此，研究探讨种植业生产经营的适度规模，以充分发挥垦区的机械化优势，意义十分重大。

一、种植业承包经营形式的评价

研究国营农场种植业生产经营的适度规模问题，必然联系到各种种植业承包经营形式，因为黑龙江垦区现存的几种承包经营形式，都分别代表一种类型生产经营规模的水平。为此，有必要先对垦区的几种承包经营形式做一简单比较分析。

农业承包形式应包括两方面的内容：一是承包的组织形式，是指农业工人以何种集结方式从事生产经营；二是承包分配形式，是指以何种计酬方式来分配承包方与发包方的经济利益。这里我们侧重讨论与经营规模直接关联的承包组织形式。

黑龙江垦区承包责任制发展至今基本形成以下四种承包经营的组织形式：

1. 机农联合大组承包。这是最早出现的承包形式，指机务工人和农业工人联合承包了全队的农机和土地，专业从事麦豆生产。

2. 机耕队承包。这种承包组织是由全队的机务工人统一承包了全部农机和全队绝大部分耕地。专业种植麦豆，并给无机械的家庭农场或承包劳力实行代耕。

3. 机组承包。这种承包形式是对机耕队的再分解和划小，在生产队内机务工人根据农机配套的情况，分成若干个承包组，一般一个生产队有 2～4 个机组不等。专门从事种植业，以承包组计算盈亏和收益。机组的机车配备通常为 1-1-1 和 2-1-1 型（三个数字，依次表示链轨拖拉机，联合收割机和胶轮拖拉机的混合台或自然台的数量）。

这三种承包组织形式属于统一经营形式，生产经营规模较大，三者劳均占有耕地的水平依次为 142.5 亩、144 亩和 187 亩。分配方式多采用“定额上交，超利分成，亏损共担”（简称“共负盈亏”）的形式。1987 年实行机农联合大组承包的生产队有 567 个，占全部农牧生产队的 25.4%，实行机耕队承包的有 426 个生产队，占全部生产队的 19.1%，1987 年垦区共有机组承包 1 825 个。

---

* 原载《中国农村经济》1989 年第 2 期。

4. 家庭农场。家庭农场是指以户（或联户）为自主生产经营单位。独立核算、自负盈亏、土地承包到户的承包组织。种植业家庭农场就组织形式，可分为独户家庭农场和联户家庭农场两种，其中以独户为主。按是否拥有农机又可分为有机户和无机户两种。这两种家庭农场在耕地占有方面，数量差距很大，有机户家庭农场平均占有耕地714亩，无机户家庭农场平均占有耕地55.1亩。前者是后者的13倍，按上述组织形式与机械占有情况交叉划分，就形成了三种家庭农场形式：①有机独户家庭农场；②无机独户家庭农场；③有机联户家庭农场。1987年家庭农场具体情况如下表所示：

表1　黑龙江垦区1987年家庭农场情况

类　型	家庭农场数量（个）	耕地数量（万亩）	平均每个家庭农场占有耕地面积（亩/个）
有机独户	5 649	165.25	292.7
无机独户	95 208	524.52	55.1
有机联户	2 634	426.24	1 618.2
合　计	103 487	1 116.01	—

可见在数量上无机独户居多，有机独户次之，有机联户最少；在耕地规模上有机联户最大，有机独户次之，无机独户最小。

家庭农场在分配形式上不同于统一经营承包方式，实行“定额上交、自负盈亏”（简称“大包干”）。

下面运用实证的方法对以上几种承包组织形式的经济效益简要对比分析，并得出结论：

1. 家庭农场经济效益普遍比统一经营承包组织好。实例一：赵光农场1986年有小型独户农场、机组承包和机耕队承包三种承包形式，结果小型独户农场共盈利94.4万元，粮食亩产超过全场平均亩产15%，劳均收入超过全场平均数的46%，而机组承包亏损18.1万元，机耕队承包劳均收入只相当于独户家庭农场的一半。实例二：海伦农场1986年机耕队承包职均纯收入1 500元，家庭农场职均收入2 000元，1987年机农联合大组承包职均收入1 500元，机耕队承包职均收入2 300元，家庭农场职均收入2 600元。实例三：嘉荫农场1986年有三种承包形式：机农联合大组承包、机耕队承包和家庭农场，劳均纯收入分别为1 540元、1 700元和3 800元。类似的实例在垦区各农场比比皆是。从全垦区范围看，1986年财务决算反应出家庭农场承包耕地1 300万亩，上交利润9 689万元，而统一承包组织承包耕地1 200万亩，盈利才近6 000万元，其中水稻、小麦、玉米、杂粮等生产共亏损3 133.5万元，只有大豆盈利。从粮豆单产水平比较，家庭农场粮豆单产129.92公斤，比统一承包组织的单产116.3公斤高出11.17%。

分析统一经营承包组织经济效益低于家庭农场的原因，主要可以归结于统一经营承包的缺陷和弊病。①统一经营劳动人数多，劳动方式存在“大帮轰”的问题，明确的责任、权力、利益制度不易建立，因此劳动效率不高，利益纠纷也较多。②统一经营承包的工作方法仍然是统一的行政指挥，经营上缺乏灵活性，生产者没有经营自主权。③统一经营承包的分配形式主要是“共负盈亏”，而实际上生产者往往是只负盈不负亏，生产者与生产成果的利益挂钩不直接，对其生产积极性的刺激不大。④统一经营规模较大，利益又不直接，不利于开展精耕细作等集约经营。以上统一经营承包中所表现的弊端在家庭农场中一般都能得到克服。家庭农场以家庭为生产和经营核算单位，实现了生产者和经营者的统一，采用“大包干”的分配形式，生产者利益和生产成果直接挂钩，彻底打破了“铁饭碗”，充分调动了劳动者的生产经营积极性；一家一户的生产规模也为集约经营创造了条件。所以家庭农场具有较高的劳动生产率和土地生产率。

事实表明，如果忽略我国当前复杂的社会经济条件和生产力水平，片面强调“规模越大，规模效益越好”的观点是错误的。在我国当前社会主义初级阶段的生产力水平下，家庭经营形式不仅适合于广大农村，而且也同样是适用于国营农场。

2. 有机户家庭农场的经济效益高于无机户家庭农场。根据1987年总局对垦区17个生产队的抽样调查资料，从中选取9个具有可比性的生产队为代表，比较一下有机户与无机户利费上交和人均收入差别。结果是：上交利费情况按面积计算有机户为22.87元/亩，无机户为15.94元/亩。二者之比为1∶0.67；按职工计算有机户为5 205.8元/人，无机户为689.6/人；有机户人均收入水平平均为912.3元，无机户为732.7元，比例为1∶0.71。另据宝泉岭管局对名山，绥滨的4个生产队272个家庭农场的调查结果，1986年4个生产队无机户236个，劳均纯收益1 142元，人均纯收益544元，有机户36个，劳均纯收益4 320元，是无机户的3.8倍，人均纯收益2 169元，是无机户的4倍。

有机户家庭农场的经济效益普遍高于无机户家庭农场，除了占有机械化优势和较大规模耕地这一主要原因外，还有以下一些具体因素：①有机户全年付出的劳动时间为240天左右，比无机户的80天长得多。②无机户多从事简单的手工劳动，而有机户从事的劳动较为复杂。③有机户生产费用投入比无机户大，并且将纯收益的大部分用于生产投资。④无机户的剩余劳动没有得到充分合理利用。由此可以看出，有机户因多承包土地带来的级差收入带有一定的合理性。

3. 有机独户家庭农场的经济效益一般比有机联户家庭农场好。下面是宝泉岭管局1985年抽样调查情况（见表2和表3）。

表2　宝泉岭局对有机独户和联户的抽样调查基本情况

类　型	数量（个）	平均每个家庭农场有耕地（亩）	劳均负担耕地（亩）	平均每个家庭农场拥有劳力（个）	平均每个家庭农场占有农机（台件）
独　户	46	640	223	2.87	1.13
联　户	48	1 882	171	11.0	2.54

表3　抽样调查的独户、联户农场经济效益情况

类　型	生产总收入（万元）	总纯收益（元）	劳均生产收入（元）	劳均纯收益（元）	亩均纯收益（元）
独　户	203.2	353 821	15 399	2 680	12.02
联　户	560.0	989 850	10 586	1 871	10.96
独户比联户＋或－（%）	—63.7	—94.6	＋45.5	＋43.2	＋9.7

数字表明有机独户的土地生产率和劳动生产率都高于有机联户，这说明独户家庭农场与农业机械化是可以统一起来的。

按说有机联户的耕地规模大于有机独户，农机配套程度也高于有机独户，本应发挥更高的规模效益，为何有些有机联户的经济效益反不如有机独户呢？这主要是由于有机独户同有机联户相比具有下列优势：①灵活性大。独户农场由于成员少，结构简单，在经营决策上有很大的灵活性，能够适应农业商品生产的特点。②稳定性强。独户农场以一户为核算单位，家庭内部成员利益高度一致，具有较高的生产积极性，因而稳定性很强。而联户农场内部的利益关系则不易协调一致，因此解体率高。③集约化程度高。独户农场经营规模小，风险也小，为精耕细作集约经营创造了条件。

通过上面粗略的比较分析似乎可以得出这样的一般结论，黑龙江垦区农业承包形式的理想模式是机械化家庭农场，而这种机械化家庭农场一般又以独户的经济效益为佳。当然，上述结论并不能说明统一经营承包组织已没有存在的必要，相反，统一经营承包组织的形式仍能适合一些农场和生产队的条件，在局部地方还有其存在的客观必然性。比如个别采用国外进口的大马力、高价值先进农机具的农场适宜机耕队承包。因此，应根据各地不同的情况来选择与之相适应的承包组织形式。今后家庭农场将作为承包组织的主体形式和其他统一经营承包形式并存。

二、机械化家庭农场的适度规模研究

最适应黑龙江垦区的农业承包组织形式是机械化家庭农场，但并非所有的有机户家庭农场都获得较好的经济效益，这就要求每个机械化家庭农场要寻求一个最能适应其生产经营条件从而获得最大经济效益的适度经营规模。

经营规模是指生产力诸要素在一定经营实体内的聚集程度，它是影响生产经营成果的重要因素之一。体现种植业经营规模的指标很多，如耕地面积、农机具数量、劳动力数量、经营投入、总产值和总收入等。但在不同的经营种类、经营形式和经营条件下，最能体现经营规模的指标也不一样。我们通常用共同的限制资源、耕地和农机具的数量指标来衡量和讨论机械化家庭农场的经营规模。

家庭农场的经营规模，一般地说是由下列因素决定的：①农业资源的数量和质量，包括土地、水、气候等自然资源和劳动力、农机具等经济资源；②农业技术类型，包括机械技术和生物技术类型；③生物体的种类和数量；④社会经济环境，包括社会化服务程度、资金条件和基础设施等；⑤经营方式，比如联户或独户。这些因素互相作用、影响、渗透和制约，构成一个经营规模的系统。所谓家庭农场适度的经营规模就是指系统内能够创造最佳经济效益的这些相关因素的组合。这些相关因素还可分为更加细小的相关因素，家庭农场的适度规模是这些因素合力作用的结果，即它们是综合起作用的。因此，从数量上评价每一种因素对适度规模的作用比重是比较困难的。旨在确定适度规模情况下各作用因素的数量或状态的计算和讨论，也均带有一定的假定性。

这里我们只对决定机械化家庭农场经营规模的重要因素土地规模做一些一般性的讨论。机械化家庭农场有多大的耕地规模才是适度的，即可获得最佳的经济效益。这个问题牵涉的因素很多。必须假定决定和影响规模的其他自然技术、经济条件因素相同，才能从理论上得出土地适度规模的标准。严格来讲，这种舍象是没有现实意义的，因为事实上没有任何两个家庭农场的诸条件因素能够相同，所以我们不可能得出统一的适度规模的标准，而只能从原则的意义上进行粗泛的讨论，这样我们可以一般地认为：

1. 在其他自然条件和社会经济条件相同的情况下，家庭农场占有土地多的大生产一般优越于占有土地少的小生产。较大的土地规模有利于发挥农业的机械化效益和采用先进的农艺措施；有利于减少单位面积消耗的活劳动和物化劳动，从而降低生产成本，提高劳动生产率。因此家庭农场的土地规模不宜过小，过小甚至会投资大于产出而出现亏损。

2. 土地经营规模也不能太大，因为在一定的技术资金条件下土地经营规模过大农业集约化程度自然会降低，土地生产率就会下降，规模大到一定程度就会失去经济上的合理性。另外，扩大土地规模还将受到生产经营者生产技术和经营管理水平的限制。

3. 中等土地规模的机械化家庭农场能够取得较好的经济效益。我们取九三管理局1985年的调查资料整理成表4。

表4 大中小型的家庭农场规模与效益的对比表

家庭农场类型	平均土地规模（亩）	劳均占有土地（亩）	亩产值（元）	亩物化成本（元）	劳均纯收入（元）	劳均上交利润费用（元）
小型（600亩以下）	545	92.9	64.3	34.0	1 685	1 152
中型（661—3 000亩）	2 022	135.5	88.6	28.7	4 231	2 740
大型（3 000亩以上）	4 566	102.8	69.8	33.0	1 634	1 634

从表4可以看出中型家庭农场效益比大型和小型的更好。亩产值中型的比大型、小型分别高21.2%、27.4%；亩物化成本：中型的比大型、小型的分别低13%、15.6%；劳均收入：中型的比大型、小型的分别高61.4%、60.8%；劳均上交利润费用：中型的比大型、小型分别高56.3%和69.2%。这组资料在全垦区有一定的代表性，即承包2 000亩左右的耕地，有配套的农机具（1—1—1型或2—1—1型）的中型机械化家庭农场能够取得较好的经济效益。这个规模和目前农业机械的配备定额标准是基本吻合的。农机配备定额基本标准是：每台东方红—75负担耕地2 500亩，联合收割机1 100～2 200亩，轮式拖拉机每台负担耕地4 000亩。所以上面谈到的中型机械化家庭农场模式的机地比例是比较协调的。

三、实现家庭农场适度规模经营的途径

如前所述，经营规模一般指一个经济实体，如一个企业、一个家庭农场所拥有的土地、农业机械、劳动力等生产要素的数量。经济实体的经营规模既不是越大越好，也不是越小越好，而是要求在一定条件下能获得最好经济效益的适度经营规模。从目前黑龙江垦区国营农场中的家庭农场来看，由于各种原因，普遍存在规模过小，能够达到中等土地规模的中型机械化家庭农场为数不多，特别是独户机械化家庭农场平均规模较小，只有292.7亩，而且绝大多数农机具不配套，机地比例不协调，不利于发挥大中型农业机械的效率、提高机械化的经济效益。但近期内家庭农场的土地又不能很快集中，达到适度经营规模的要求。如何解决这一矛盾呢？有几种可供选择的办法：一是调整各家庭农场之间的插花地，使每个家庭农场的土地尽量集中连片，便于机械耕作；二是逐步创造条件，使土地向少数有生产经验的家庭农场集中，同时组织转出土地的家庭农场的劳动力向非农产业转移；三是在上述两种办法一时难以办到的情况下，争取不变动家庭农场的土地，即不改变现有家庭农场经营规模的前提下，实行土地统一连片耕种，扩大生产规模。这就是说把经营规模与生产规模适当分开。这里所说的生产规模就是使一定的生产工具、劳动力与土地相结合，能充分有效地利用现有生产工具进行生产的规模（主要指土地规模）。目前黑龙江一些国营农场中采取生产协作体的组织形式，就是扩大生产规模的一种具体形式。生产协作体是

指在一个生产队范围内，各家庭农场按自愿互利原则组织起来的协同劳动组织，生产协作体的组合过程如图1所示：

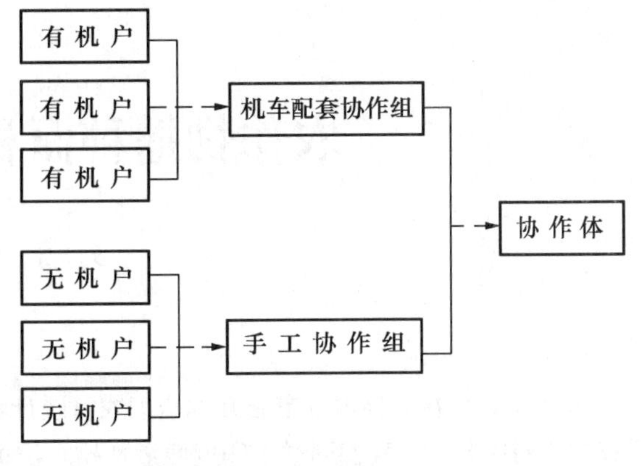

图1　生产协作体组过程

生产协作体的主要特点是：①协作体一般以配套机组的几个有机户组成的机车配套协作组为核心，再加上若干个无机户组成的手工协作组构成。可分为大、中、小几种不同的配套组合形式、耕地规模为一千多亩至四五千亩不等。②在联合协作体内部实行联合干，分开算的方法，统一使用机械，有机户为无机户代耕，无机户为有机户出劳务，并以合同方式确定相互关系，各家庭农场单独核算，各计盈亏。③协作体在协作方式上分为长期协作与阶段性协作两种。④协作体内各家庭农场的土地、农机具等生产资料的归属关系不变。这种组合方式的最大好处是既能较好地发挥家庭农场自主经营的积极性，又能较好地解决多数家庭农场机具不配套和机地比例不协调的矛盾，较好的发挥机械化优势和规模效益。

关于生产协作体的生产规模，我们以家庭农场经济效益居垦区前茅的绥滨农场为例来说明。绥滨农场生产协作体的机车协作组农机为“1—1—1”配备，即一台链轨拖拉机，一台收割机，一台胶轮拖拉机；有机协作组负担耕地1 500亩，又与12户左右无机户组成的手工协作组联合，代耕750亩耕地，整个生产协作体耕地规模为2 250亩左右，实践证明这种模式的协作体能取得较高的经济效益。这个规模和前面分析的机械化家庭农场的适度规模基本吻合。

严格来说，建立生产协作体只解决了小型家庭农场生产规模过小的问题，但适度经营规模并没有解决。因为生产协作体的建立使原来以一个家庭农场为生产单位的生产规模扩大到一个协作体的生产规模，但每个家庭农场仍保持原来的自主经营地位，经营单位并没有改变。所以说生产协作体并不能完全解决适度经营规模的问题。但是要使小型家庭农场大面积地向适度经营规模的中型机械化家庭农场转化，目前在实践上还有许多困难。因此，群众在实践中创造的生产协作体不失为一种较好的过渡形式，家庭农场的生产协作可能会存在较长一段时期。

据预测，今后一二十年，黑龙江垦区种植业的各种承包经营形式的结构，将是以下几种形式并存的格局：①部分达到机地比例协调，规模适度的有机户家庭农场；②大部分有机户与无机户组成机地比例协调的生产协作体；③部分机组承包；④少量机耕队承包。后三种形式有向第一种形式转化的趋势，但转化速度快慢决定于产业结构的合理化，生产技术手段的改进，非农产业的发展，劳动力的转移，家庭农场经济实力的增强，新机械的增加及劳动者素质的提高，等等。因此，既要努力促成这种转化，又不能不顾条件，急于求成，人为地缩短这种转化的渐进过程。

农作物播种面积调查方法*

刘 宗 鹤

1988年8月在乌鲁木齐市召开的全国农村统计科学讨论会第二次会议论文《农作物播种面积调查方法初探》中，我们列举了印度西孟加拉水稻黄麻调查，日本面积调查，苏联集体农庄庄员宅旁园地利用的抽样调查，以及巴西小麦收获量与面积调查，作为对农作物播种面积进行抽样的例子。近年来，以测量（丈量）为基础的抽样调查在世界各国得到很快的发展，虽然以访问为基础的农业普查与以目测为基础的经常统计有一定效果，但是面积抽样调查，由于方法科学省力省钱，在发展中国家有更大的应用前景。

本文以美国数理统计学家豪斯曼（Earl E. Houseman）所著《农业面积框图抽样》（Area frame Sampling in Agriculture）一书（1975年）为依据，介绍美国面积抽样方法，初探一文中所介绍的印度西孟加拉水稻黄麻调查大致与之相同，而在理论上豪斯曼则有更深刻的阐述，值得我们介绍。

农作物播种面积与亩产调查都离不开以地块（小、大块土地）为调查对象，目前我国农作物抽样调查中方案规定抽选村民小组，再由村民小组抽地块；由于村民小组不是上报单位，有的省（市）抽选行政村、再由行政村抽农户、最后对农户地块进行调查。

前一种方法是1984年农村抽样调查队《农村抽样调查网点抽选方案（试行）》所要求的，由于方案设计基本上是按过去“三级所有、队为基础”的管理体制制定的，实行承包责任制后，现在却以原大队（现为行政村或村）为基层起报单位。方案规定的“生产队”上报面积，其缺点有：第一，由于生产队已不复存在，用比例推算方法或其他方法找出来的生产队上报面积，有着很多不实部分，对推算总产量影响很大。第二，由于农作物抽样调查在抽中点上进行，又由于抽中点长期不变，点上面积经过多次丈量和核实，上报面积、核实面积、丈量面积渐趋一致，资料逐年优化，而在调查点以外，上述三种面积仍有较大差距。如湖南省龙山县中稻调查时，18个调查点有15个调查点核实系数为1，而全县其他地方并非如此。第三，核实面积系数做不到反映实际情况，例如湖南省大庸市1986年夏粮播种面积上报比前年增加11.5%，但从21个农产量点和10个住户点调查，发现夏粮面积比上年减少了2.46%，这种明显的虚报，在核实面积系数中却得不到反映。姑不讨论生产队上报面积这个过时的规定。看来这种方法并不通过农户而直接调查地块，在土地承包后，地块更为细分的情况下，划分一定地段进行调查，便于取得正确资料。这点与美国闭区段法相似，值得进一步研究。

后一种方法把生产队改为行政村，符合实际情况，行政村抽选一定数目的农户，再以农户为主，调查其所有地块（抽样调查或全面调查）、这点与美国开区段法相似，也值得进一步研究。

---

* 原载《统计与预测》1989年第2期。

美国的面积抽样在概念上是简单的，在应用中却是十分复杂的。面积抽样是把所要调查的总面积不重复地无遗漏地分为N个小块，再从总体（N块）中抽选n块样本单位，以组成样本；并且把样本总数乘以扩大因子$\frac{N}{n}$，以估计总体总数。面积抽样的主要问题在于确定总体中的面积抽样单位，面积抽样单位是有界限的，便于调查者分辨抽样单位所在的位置，要做到这一点，起码要有一份详细的地图，把面积抽样单位绘在地图上，从此以后我们要称面积抽样单位为区段(Segment)。应用面积抽样有三个主要条件：①必须按调查目的定义报告（收集资料）单位，报告单位并无标准定义，报告单位往往为一小块土地（tract），或由一块或几小块土地组成的农场(farm)。②还必须把报告单位与面积抽样单位（区段）加以联系，使报告单位从属于面积抽样单位，由于联系的定义不同而有三种方法：闭区段法、开区段法和加权区段法。③面积抽样应当比其他抽样调查方法更好。

以前美国用普查区或小行政区作为抽样单位，一个普查区包括75～100或更多的农场。这是属于地理分层的问题，地理的层是互相联结的小区、镇（在美国为州的最小行政区）、县和州。因为在一个小地区上，农业资源与环境具有相似性，在这一区域内农场的主要指标一般也极为相似。根据杰森（1942年）以及杰森和豪斯曼（1944年）发表的资料，科克伦编成5.3表（抽样技术第三版），用农场经济指标说明区域大小的相对精确度（%），例如依阿华州（1939年）第19个项目，就镇说，相对精确度为121，县为100、州为91、(其方差（%）分别为82.6，100，109.9)。可见镇的效果比县好，另外按农业类型划分的区域，其相对精确度（%）为97比以整个州农场的91为好（其方差%为103.1)，但比县的100为差。在美国普查区（75～100个农场或更多）一般比镇（1970年资料衣阿华的镇平均为69.5个农场）为大，据豪斯曼（1970年）的威斯康星州资料，各镇的方差与各农场的方差之比，农用地项目为53.7倍，紫花苜蓿为26.0倍，玉米为40.2倍等，可见层越小（农场数少）的精确度越大。

现在采用的区段为$\frac{1}{2}$平方英里（约合129.5公顷、1 942.5市亩)。为什么采用这样大小的区段，杰森（1940年）曾就此进行了研究，科克伦在其所著《抽样技术》三版中引用了他的研究成果，并编制成9.3表。这张表比较了四种大小不同的区段：$\frac{1}{4}$平方英里$\left(\frac{1}{4}S\right)$，$\frac{1}{2}$平方英里$\left(\frac{1}{2}S\right)$，1平方英里（1S）与2平方英里（2S)。在当时$\frac{1}{2}$平方英里平均大约有0.9个农场。表中的数据是农场18个项目的估计均值的相对标准误（relative Standard error)，以百分数表示，例如第一个项目猪的头数的相对标准误在S/4为5.0，在S/2为4.9，在1S为5.3，在2S为6.2。可见最好的区段为S/2。第11个项目玉米英亩数，在S/4为3.7，在S/2为3.5、在1S为3.8、在2S为4.4、也是以S/2为最好，第13个项目玉米每英亩产量，在S/4为1.6、在S/2为1.7、在1S为2.0、在2S为2.5、则S/4为最好等。从9.3表的18个项目看，没有一个区段所有项目都是最好的，可是$\frac{1}{2}$平方英里与$\frac{1}{4}$平方英里，除两个项目外，其余的项目都比大的单位（指1S、2S言）好。至于$\frac{1}{2}$平方英里与$\frac{1}{4}$平方英里两种区段的差别则很小，没有多少选择的余地，也许选择$\frac{1}{2}$平方英里更好些，这是因为准确地确定边界大的单位比小的单位要容易一些。

前面提到定义面积抽样单位——区段的三种方法，这里在确定区段大小之后，重点谈谈如何在抽样调查中如何确定区段的方法。在实际中我们不能这样定义农场，使农场不压在区段的边界上，这是一个把农场与区段联系的实际问题，也是一个带根本性的问题，对付这样问题有三种重要方法，这就是闭区段法、开区段法与加权区段法。这些方法可归之于定义面积抽样单位的三种方法，在讨论这三种方法之前，我们要定义地块（tract），地块在三种方法中起到重要作用。

地块是在某一单位、农户或个人管理下的小块土地，为区段的组成部分，一个农场、或者只是农场的一部分，或者为非农场用的土地面积（如宅地），地块由农场划定并要求在区段边界之内。农场由一个或多个地块组成。在面积抽样早期应用中，使用开区段法，但由于实际困难，特别是出现大的范围误差，导致改用闭区段法。在任何时候闭区段不需要农场作为报告单位，而是用地块作为报告单位。只有在调查中用上开区段与加权区段法时，农场才是报告单位。在讨论经济和统计问题时一般以农场作为分析的基础。

闭区段法。其概念是在样本区段的界限内收集特定项目或活动的资料，例如，需要土地利用的信息时，就收集每个样本区段界限内的所有土地的利用情况资料。或者需要畜群的信息时，目标是取得调查时区段界限内的所有畜群信息。闭区段的报告单位是地段。

开区段法。其一般概念为把总体中的每个农场与一个且仅与惟一的区段联系，为了做到这一点，一个惟一的标志，叫做场部，以定义或定位每个农场，如果农场的场部在区段内，则农场属于这个区段。在概念上，一个农场在样本内，其概率是明显的，场部在区段内，其概率与之相同。在实际中一般有两种方法识别与描绘农场，农场经营者法与农场法。农场经营者法包括研究每个样本区段的农场经营者，由定义农场经营者的住宅就是农场的场部，因而农场也就确定了。农场法包括识别农场及其土地面积，并确定经营者或能提供农场正确信息的回答者。农场经营者法与农场法的区别大都是程序上的问题，是否先找出农场经营者再确定农场，还是先找出农场，然后确定农场经营者。

加权区段法。要求收集在样本区段内的每个农场或者在区段内的部分农场的资料，然后对每个农场资料用在区段内的地块占整个农场比例加权。

下面举数字例子以解释与比较应用面积抽样的三种方法，见表1。

表1

区段与地块号	地块资料				农场资料						
	农用地	牛	玉米	农场数	农用地	牛	玉米	农场	其他	地块	农场的地块比例
(1)	(2)	(3)	(4)	(5)	(6)	(7)	(8)		(9)		(10)
1.1	160	37	64	1	160	37	64		无		1.000
2.1	150	246	43	2	1 260	246	203	3.3	7.1	9.1	0.119
2.2	312	26	122	3	576	26	262		3.1		0.542
2.3	18	6	0	4	18	6	0		无		1.000
3.1	264	0	140	3	576	26	262		2.2		0.458
3.3	80	24	32	5	400	91	90		6.2		0.200
3.2	320	0	160	2	1 260	246	203	2.1	7.1	9.1	0.254
4.1	237	93	114	6	400	93	159		9.2		0.592
4.2	90	0	0	7	90	0	0		无		1.000
5					第5区段内农场地块						
6.1	160	23	43	8	160	23	43		无		1.000

（续）

区段与	地块资料				农场资料						
地块号 (1)	农用地 (2)	牛 (3)	玉米 (4)	农场数 (5)	农用地 (6)	牛 (7)	玉米 (8)	农场	其他 (9)	地块	农场的地块比例 (10)
6.2	320	67	58	5	400	91	90		3.2		0.800
6.3	4	0	0	9	4	0	0		无		1.000
7.1	630	0	0	2	1 260	246	203	2.1	3.3	9.1	0.500
7.2	120	0	116	10	120	0	116		无		1.000
8.1	159	27	25	11	320	82	25		14.2		0.497
8.2	236	82	104	12	236	82	104		无		1.000
9.1	160	0	0	2	1 260	246	203	2.1	3.3	7.1	1.27
18.2	480	0	116	23	640	0	116		19.1		0.750
19.1	160	0	0	23	640	0	116		18.2		0.250
19.2	160	28	0	24	160	28	0		无		1.000
19.3	80	201	19	25	300	201	118		20.1		0.267
20.1	220	0	99	25	300	201	118		19.3		0.733
合计数	12 082	2 106	2 645								

本例包括25个区段，47个地块与30个农场的较小的假设总体。

表中第一栏小数点左边的数为区段号，小数点右边的数为本区段的地号，例如1.1为第一区段第一地块。第5栏，组成某一农场的地块有同一农场号，农场后的星号为农场场部所在地块，例如3号农场由2.2地块与3.1地块组成，而其场部在2.2地块。

假定上表中有5、7、19三个区段被抽中，定义面积抽样单位的三种方法要求分别收集有关资料。

(1) 闭区段法。在调查中用闭区段法，收集样本区内的地块资料，如表2所列：

表2

区段号	地块号	农用地	牛	玉米
5	…	…	…	…
7	1	630	0	0
7	2	120	0	116
19	1	160 ⎫	0	0
19	2	160 ⎬ 400	28	0
19	3	80 ⎭	201	19

（2）开区段法。如果用开区段法，要对在样本区段内场部所在的农场收集其农场资料如表 3 所列：

表 3

区段号	农场资料			
	农场号	农用地	牛	玉米
5	…	…	…	…
7	10	120	0	116
19	24	160	28	0
19	25	300	201	118

（3）加权区段法。在调查中使用加权区段法，要对在样本区段内的每个农场，不论是整个农场还是部分农场，都要收集农场资料，如表 4 所列：

表 4

区段号	农场号	区段内农用地	农用地	牛	玉米
5	…	…	…	…	…
7	2	630	1 260	240	230
7	10	120	120	0	116
19	23	160	640	0	116
19	24	160	160	28	0
19	25	80	300	201	118

由于总体内 47 个地块的每一地块与一个且仅与一个区段联系，显然，当遍加总体所有区段时，闭区段的总体数一定加成为正确的总体总数。

同样，对于开区段，由于 25 个农场的每一个与一个且仅与一个区段联系，开区段的总数一定加成为正确的总体总数。

虽然加权区段的总数（在加权后的资料）也可加成为正确的总体总数，但这一点却不十分明显。现在观察第 19 号区段，23，24 与 25 三个农场在区段内或部分区段内，在区段内的这些农场的比例为：

农场号	比例
23	$\frac{160}{640}=0.250$
24	$\frac{160}{160}=1.000$
25	$\frac{80}{300}=0.267$

利用上述资料计算第 19 号区段的加权区段总数如下：

牛：　$(0.250)(0)+(1.000)(28)+(0.267)(201)=81.7$

玉米：　$(0.250)(116)+(1.000)(0)+(0.267)(118)=60.3$

农用地：　　　　(250)(640)＋(1.000)(160)＋(267)(300)＝400

农场个数：　　　　(0.250)＋(1.000)＋(0.267)＝1.517

注意农用地的加权区段总数（就第19号区段说为400）与闭区段第19号区段相应的总数（400）相同。用代数公式说明加权区段法与样本方差的计算更有理论意义，这里从略。

总之，就三种方法本身说，都能成为正确的总体总数，不会有重复，也不会有遗漏。但调查时却有所不同，一般说，闭区段法范围误差较小、开区段法范围误差较难控制、而加权区段法在计算上较为复杂，如果有条件把区段资料输入电子计算机，计算也就不成为问题。美国面积抽样的闭区段法与我国的直接抽较大地块相似。在农村承包制推行后，较大地块划分为小的地块，抽较大地块的方法便于进行田间调查工作，因而效果较好。至于美国的开区段法与我国的抽农户法相似，由于农户对地块利用情况很熟悉，对调查工作有很多方便，但容易发生重复或遗漏现象，出现大的范围误差，因而效果较差。加权区段法目前在我国还未应用，从上例可以看到第2号农场有4个地块、2.1、3.3、7.1、9.1该农场各地块权数之和为1、即（0.119）＋（0.254）＋（0.500）＋（0.127）＝1。对我国来说，实行面积抽样的重要问题在于建立区段，确定区段大小、划分区段、与之相应的有确定有关区段的边界及绘制区段地图，除可用国家地图外、航空及卫星遥感地图也是目前一个可利用的工具。反之，面积抽样还可与卫星遥感结合、给出更能令人满意的结果。

民国时期的新式农业金融*

韩德章　詹玉荣

中国新式农业金融机关的发端可上溯到19世纪末,北伐以后,专业的农业金融机关开始出现,并很快为官僚资本所控制,最后完全被官僚资本所垄断。官僚资本不只助长了农村封建势力进行商业投机,其本身即是直接从事更大规模的商业投机者。所以广大农民不仅不能从这些金融机关得到实质性的帮助,并且还要受到层层盘剥,生活依然十分困苦,广大农村贫困落后面貌仍得不到改变。

一、民国时期新式农业金融机关的出现

中国新式农业金融机关的出现,可上溯到19世纪末期,这时清政府一方面屈服于帝国主义的压迫,一方面不断从形式上仿效资本主义国家以图自存。戊戌变法之后,更摄于国内革命形势不得不被迫实行所谓“新政”以维护摇摇欲坠的封建王朝。光绪三十四年(1908)度支部奏请厘定各银行条例,即拟有殖业银行则例三十四条。这是中国历史上新式金融事业的萌芽。② 从性质及融通资金的办法来看,这种银行多半是抄袭德国的土地信用银行和日本劝业银行的制度,囫囵吞枣搬移过来。在业务经营上又继承了以往典当业的传统,实际上只能为新兴的工农业资本家服务,农民根本享受不到银行这种的好处。殖业银行于宣统三年(1911)成立,不久即无形歇业。辛亥革命后,北洋军阀政府的商业部和财政部于1911年会同拟定劝业银行条例,由于政治局面的紊乱,公布条例之后终未兴办。③1915年财政部倡议设立工农银行,声称以融通资金振兴农工业为宗旨,组织办法模仿德国农业银行,以一县为每个独立银行的营业区域。1915年8月通县农工银行首先成立,其后各地纷纷仿效。1917年江苏省财政厅组织、筹设“农工银行事务所”以为倡导。1918年大宛(大兴宛平)农工银行成立,1925年北平农工银行成立,都是以县或相当于县的行政区为单位而经营的。

大宛农工银行,1927年改组为中国农工银行,业务性质仍然是抵押放款。这种银行不但不能发挥活泼农村金融帮助贫苦农民获得生产资金的作用,反而有利于商业投机,同时也显然是为资本主义的农场经营服务。④

---

* 原载《中国农史》1989年第2期。

② 殖业银行“以放款于农工为宗旨”业务范围,一为长期放款:放款以田地园林房屋或工业实业或股票作抵,于三十年内用分年摊换还法归清本利,一为短期放款:“因农工业家之便以产作抵”见则例第一、二、七条。

③ 劝业银行主要业务是“以放款于农林垦牧水利矿产工厂等业为目的”;主要经营方式也是抵押放款。见条例第一条。

④ 中国农工银行的业务,一种是五年或三年分期摊还的不动产抵押,一种是在一年内定期摊还的以不易破坏的农产品为抵押的动产低押放款。见条例第九条。这都是农民所难以参与的。

1921年农商银行突然出现，这是一个以北洋军阀为后台的冒用农业金融名义的正规的商业银行，业务范围与性质同一般商业银行并没有两样，号称为“经营公共实业，机关收支款项”，实际上是官僚资本工商业的一个公开的“钱库”，而且它还得到北洋军阀政府的特许，发行兑换券。

除了这些官僚资本的银行而外，西方资本主义也参加了新式农业金融的行列。随着早期农村信用合作社的发展，1920年中国华洋义赈救灾总会宣告成立。在该会的农利委办会之下设“农利股”，在华北各省普遍推广农村信用合作社及少数运销、供给和利用合作社。并直接向合作社贷放短期农贷。

北阀以后专业的农业金融机关开始出现。这种新型的农业银行以省为业务范围的可以江苏农民银行为典型；以县为业务范围的可以浙江省各县农业银行为典型。

江苏省农民银行是蒋、宋、孔，陈四大家族于1928年7月间所举办的第一个“农民”的金融机关。它接受和继承了北洋军阀的封建强制掠夺的事业，反对农民的革命运动。江苏农民银行的业务，可归纳为合作社农本放款，农产贮押放款，农产运销放款及农业信托四项。实质上是以小恩小惠麻醉农民，并通过银行系统进行商业投机。其中的农产贮押放款就是经营蚕、茧、稻、麦、棉花、杂粮等贮押业务。而农产运销业务则以该行直接掌握的江苏省合作社农产运销办事处为经营运销之中心机关，由该行各分行附设之运销代理处负责营运，从而侵蚀农民在流通过程中应得的一部分利润。农业信托业务更是为工商业资本家的商业投机服务，农民在里边并没有得到什么好处。

浙江省于1928年拟定浙江省农民银行条例，组织形式分省立，县立两种。省行业务由省政府委托杭州中国农工银行代理，另外普设县农民银行及其他县级机构。条例公布施行之后达八年之久，到1936年也不过成立县联合地方银行三处，县农民银行九处，县农民借贷所25处。从县银行的业务内容看，以海宁县为例，它的业务内容包括：①耕作垦荒事业；②水利造林事业；③购买种子原料及各项农业原料；④购买或经理农民所用器械；⑤购买牲畜修造牧场，等等，而广大农民处于连温饱都解决不了的情况下，哪能考虑到这些事业呢？也正因为银行业务与广大农民实际需要相距太远，就无怪乎流于形式而得不到发展了。

这些新式的农业金融机关从服务的对象来说，名义上都是挂着救济农村便利农业的响亮招牌，实质上却是为官僚资本服务，为农村地主富农及商业投机者以及经营农产运销，农产加工的城市工商业资本家服务。因此这些新式农业金融机关在农村经济中所起的作用，在质的方面，并不能解除农村高利贷的剥削，反而起着助长农村高利贷和商业投机的作用，在量的方面，更是杯水车薪，远远不能满足广大农村的贫苦农民对于缺乏生产资金和在青黄不接时解决生活费用的迫切要求。

此外，各省银行，省农民银行以及大都市的某一些商业银行为了追求金融资本的利润，在他们认为农村贷款有利可图的时候纷纷染指于农业金融事业，甚至于在30年代前期形成了相互角逐的竞争趋势。

二、中央农业金融机关的兴起与兼并

中央农业金融机关的建立，标志着官僚资本垄断全国农业金融事业进入一个新的历史阶段：

1932年10月蒋介石以维护国民生计，救济农村之名，成立豫鄂皖三省农村金融处，另外筹设“豫鄂皖赣四省农民银行”。1933年3月17日国民政府公布该行施行条例，正式开业。1935

年改四省农民银行为“中国农民银行”，业务地域扩大到十一个省份。同时又投资于国民党军事委员会举办的国营农场。抗日战争爆发后，中国农民银行不仅致力于西南大后方蒋管区的农业金融业务的开展，同时还注意于同我解放区和根据地接触地带的农贷业务、以企图达到他们的经济作战的目的。

中国农民银行的创立，表明蒋、宋、孔、陈四大家族官僚资本垄断全国农业金融事业、控制全国农业的明显意图。这一个名为“农民银行”的银行，在业务范围上实际概括了一切国家银行，综合性商业银行的业务。而且贷款的对象也包含了整个农业生产领域和农业流通领域，同时也涉及一切有关农业生产运销的运输业，仓库业，保险业，农林畜产加工业，农具和农业机械制造业以及各项农业基本建设；同时又是代理国库银行之银行。其业务范围之庞大是史无前例的。该行借助其特殊的政治势力，除取得发行纸币一亿元的特权外，还取得发行债券的权力。而且发行额可以达到实收资本的五倍之多。

但中国农民银行成立不久，由于资本主义世界经济总危机的影响以及国内工商业经济的畸形发展，国内银行金融事业即逐渐陷入一种极不安定的混乱局面。一般国家银行和商业银行鉴于经营地产和证券的投机事业前途暗淡，且多担风险而纷纷转移目标，从事于农业贷款，借以维持他们在经营以农产品为对象的商业投机的利润以及他们在投资于农产品为原料的工业企业上所获得的利润。当时中国农民银行、中国银行、交通银行、上海商业储蓄银行以及其他资金雄厚的商业银行，都先后在经济作物地区大力开展了农业贷款，一时形成群雄割据和互相竞争的局势。为了避免巧取豪夺两败俱伤，1934年由交通、上海、新华、中南、大陆、金城、盐业及中农等十家银行，合组中华农业合作银团联营农贷事业，其中中国银行因某种原因从贷款团中退出，但仍在某些方面以单个银行名义与贷款团合作。合作银团虽然昙花一现，但嗣后在单项农贷上仍往往有联合经营的形式，如1936年中国、交通、中国实业、上海及中农等六家银行联合举办江苏省蚕种贷款，中国、交通、江苏、浙江兴业等五家银行联合举办江浙两省春茧贷款，上海银行与邮政储金汇业局联合举办甘蔗放款等。

1936年9月实业部倡议建立“农本局”，仿照美国联邦农业金融局的组织，总揽全国农业金融事业。该部在提案中对农本局设立的宗旨这样讲到：“……至调整工农业产品，流通农业资金，实目前最切要最困难之问题，非赖政府与金融界通力合作断难奏效；年来各农民银行储蓄银行各种商业银行以及其他金融机关均热心投资农业贷款……然终以无精密之组织联络之计划，仓库之建设不完，运销之机构不备，致农产物不能商品化，各金融机关无从为大规模之投资……。”因此要建议“……拟创农本局为农业经济机关，俾与农业技术机关，农产检验机关相辅而行，而政府对于农业政策之实施，于斯乃臻完备。”①这些冠冕堂皇的话，实际上隐藏着两个不可明言的意图，一个就是要借此将当时各银行竞争农贷的混乱局面纳入统一的领导。另一方面，也是更重要的一方面，是秉承四大家族统治集团的意旨，通过全国性农业金融总枢纽来实现其对农业金融的垄断。

农本局是国民党政府和国家银行与当时几个著名的商业银行的联合组织，是一个半官半商的业务机关。固定资金由政府财政部拨给，合放资金由参加的银行合缴，两项数额相等，流动资金由参加银行组织的农贷团于每年度之始与农本局协定数额。参加银行，除了中国农民银行、中国银行、中央银行，交通银行四个国家银行外，几乎把当时活跃在国内金融市场上的重要商业银行全部网罗在内。当时规定农本局的业务范围，在农产流通方面主要是农业仓库业务与农产运销业

① 见1936年6月25日行政院通过的农本局组织章理中实业部的提案。

务。在农贷方面主要是农业生产贷款及合作金库放款；农本局也得发行债券，但其数额以农本局固定资金的数额为限。农本局的业务范围的详细规定在绝大程度上是与中国农民银行重复的，因此在创立之初即埋伏下这两个机关之间的矛盾，最后农本局终于被“中农”排挤吞并以迄于消灭。

农本局在1936年9月正式成立，成立后即积极从事于蚕丝、茶叶等生产贷款，另外积极筹办省县合作金库，开展合作金库放款。同时在沿海及铁路干线上各重要市场设立各级农产运销仓库，直接经营米谷运销，并在合作金库放款区域以内推行农村的农产贮押仓库。在农贷业务以外，又同德商华孚远东公司及英商瑞记洋行订立合同，代营在以货易货过程中的农产品采购业务。抗日战争爆发后，运销仓库相继沦陷，国际贸易迄未实现。沪战失利，南京政府内迁，农本局业务局限于桂、黔、川、康等西南省区，业务也约束在合作金库及农业仓库放款。1938年农本局接管全国农产调整委员会，改组为农本局农产调整处，从事于农田水利贷款，粮食生产贷款，经济作物生产贷款及农产运销贷款等。同年6月设立福生庄，期以官办的商业组织办理调整工作，主要是大量购贮棉花、棉布、棉纱及粮食，此外并假借推广农村手工纺织品的名义大量购贮土纱、土布、土帆布及针织品等。所谓的调整工作实质上是执行四大家族的商业垄断与经济统制政策。

这一时期在西南各省放款的有农本局，中央、中国、交通、中农四个国家银行，各省银行及省农民银行和少数的商业银行等，割据和竞争的局面仍未终止。1940年四联总处（中、中、交、农四行联合办事处）成立，又叠床架屋地多了一个执行农贷业务的机关。1941年春，国民党政府调整农业金融机构，将农本局所办的农贷业务移交给中国农民银行统一办理，农本局所负农业金融业务自此宣告结束。1942年2月国民党政府成立物资局，四大家族的商业独占从此转化为政治独裁的物资管制。农本局以福生庄的机构，根据物资局的限价，替物资局经营棉花棉纱的收购业务。1943年1月物资局撤销，农本局及福生庄改组为财政部花纱布管制局及各地办事处，至此农本局已荡然无存。

中国农民银行兼并了农本局的农业金融事业后，成为蒋管区最高的也是惟一的农业金融机关。从此唯我独尊畅所欲为、重新布置业务目标，披着维护农家利益的外衣，把吸吮农民膏脂的魔掌伸入农村伸入都市，借着农业金融事业的独占，垄断一切有关农业生产领域和农产流通领域所有的经济活动。它不仅牢固地维持了官僚资本主义新式农业金融机关的既得权益，也更进一步对农民经济加以掠夺和榨取，同时也推波助澜地助长农村高利贷资本剥削和商业资本剥削的气焰。四大家族的官僚资本就是这样地用银行本身的亦官亦商的复合身份，控制整个旧中国农业经济的命脉，假公济私，养肥了自己。

三、官僚资本经营新式农业金融事业的本质

官僚资本举办新式农业金融事业，丝毫没有摆脱开高利贷的性质。在半封建半殖民地的生产关系下，地租、高利贷、商业资本三位一体的剥削，苛捐杂税兵差摊派的压榨，城乡贸易中农产品农用品价格剪刀差的恐慌，农产运销过程中，中间商人的侵蚀，币制紊乱以及半殖民地和他国之间的商品不等价交换……构成农村的极其强固而周密的剥削网。在这种情况下，农民在普通作物的生产上所获得利润率很低，在没有水旱风蝗灾害的年成里，也不过相当于年利五厘、六厘。既使新式农业金融机关平均利率为一分，从全部生产关系来看，也还是高利贷，何况一般放款的利率在一分二厘到一分五厘或者更高些。而且一般农业生产贷款，往往在春荒时贷出，秋收后归

还。贷出之时正是农产物价飞涨之际，农民借得款项所能买得的生产资料或生活资料为量无几，而秋后偿还贷款时，又值农产物价暴跌，农民不得不加倍卖出农产品，才能换回用以偿还贷款本利的现金。因此从农贷的发放和回收时间来看，也决定了他的高利贷性质。

官僚资本的银行系统通过各级合作金库发放农贷，名义上是对农民的合作社放款，但受益的并不是真正需要资金的贫苦农民而是剥削他们的那些地主、富农、土豪劣绅。国统区的农村合作社绝大多数被地、富、乡绅、保甲长等所操纵，他们甚至伪造社员名册，伪造账册报表，套取低利贷款，再用高利贷放给农民，转手之间从中获得暴利。因此新式农业金融机关业务所及之处，农村高利贷反而更为活跃。对农贷机关来讲，地主富农的偿还能力较强，因此向被他们所把持的合作社放款很少有呆账损失。这也就是为什么官僚资本的银行系统大量投资各级合作金库并利用参加股本掌握了对合作金库的管理权的一个重要原因。

农业仓库放款，也同样起了为地主阶级及商业资本家服务的作用。从表面上看，农业仓库的贮押贷款利率好像比旧式当铺为低，但是把仓库贮押借款的利息和仓租、保险费加在一起计算，再加上在农产贮押期间鼠耗虫伤腐败变质的损失以及农民送贮和取赎时所花费的劳力代价，农民的实际负担，并不比旧式当铺轻。

农业仓库对地主、富农、商业资本家开放，对贫苦农民也开放，但是所起的作用显然不同。

对地主富农和农村商业资本家来说，农业仓库等于给他们安排好一个周转商业资本的工具。他们把从地租剥削或贱价购得来的农产品趁市场价格跌落时押到仓库里转换为货币资本，再拿来做商业投机或放高利贷之用。经过反复地买进、贮押、再买进、再贮押，到市价飞涨时，再赎出来卖，这样就可以用很少的资本套做很大一笔生意。江浙养蚕地区的商业投机者，用这样方法利用旧式当辅从事蚕丝的投机，牟取高额利润已经有了三四百年的历史①。

但是农业仓库对贫苦农民来说，所起的作用，同旧式当辅并没有两样。贫苦农民只有在生活极端困难的情形下或春耕时节无种子的紧迫情况下，才会把身边仅有的小量农产品拿去抵押以济眉急，他们从来不可能掌握一大批商品农产物待价而沽。到期应赎取抵押品时手下没有现款又不得不忍痛贱价卖出另外的农产品换得货币再去取赎，一出一入之间受到了不少损失。从浙江省银行1940年对米谷及豆类储押放款的办法，可以看出这种新式农业金融机构的本质。贮押在五十石以上的为大额抵押，利率低而期限长；小额抵押一律为五斗，期限短而利率高。为谁服务就昭然若揭了。

1934年国民党政府农村复兴委员会在报上宣传农业仓库的好处说：“……一则佃农亦有借款机会，再则抵押之农产，农民得待价而沽，不受人垄断……”事实上能待价而沽的正是地主、富农、投机商人，而只抵押五斗米以济一时之急的真正贫苦农民，从农业仓库里并没有得到什么好处。农业仓库虽然曾经一度繁荣，最后还是由于四大家族商业垄断与投机商人之间的矛盾和国民党政府加紧对粮食的统制，1941年以“防止农业仓库业务影响农产价格，避免囤积居奇之嫌”为借口，把原有的简易农仓停办，并将农业仓库所管粮食贮押业务一律停止。

官僚资本不只助长了农村封建势力进行商业投机，他们本身就是直接从事更大规模的商业投机者。到了中国农民银行时，他们囤积居奇，利用商品和农产品在市场上巧取豪夺，使农民和城市居民都受到很大痛苦。1945年7月间有人在参政会上提出弹劾“中农”的提案，其中说到：“农民银行违反本身事业，贷放大宗商业款项，影响市面……”，又说它“运盐、售油、囤粮……

① 吴敬梓《儒林外史》第52回对这种商业投机有很生动的描写。

有营私舞弊嫌疑”。事实上这已是行之有素、万目共睹的事，如1946年6月四大家族的“国家”银行，放出粮贷十亿元，单是孔家的长江公司就得6 000万元。粮贷放出之后长江公司和三泰米店就高价收购，结果使当天上海米价由每担30 000元涨到63 000元。当时米市上糙米只要51 000元一石，而该公司硬要出55 000元买进，等米价涨到63 000元时该公司就以平日囤积的现货乘机抛出，几日之间获得暴利一亿多元。换句话说，就是借助粮贷“一收一出”便从农民和市民身上掠夺了一亿多元。①

中国农民银行以农贷扶持商业投机的事例是很多的。1947年1月该行在内部刊物里透露“决定于是年扩大举办茶贷”，而且是对茶叶的生产、收购、运销、出口各方面均予贷款，以便做到“茶农茶商”均沾其惠。② 这均沾其惠的茶农茶商是谁呢？原来就是四大家族自己的中国茶业公司及其所属的种茶场、制茶厂和收购机构的一整套商业垄断系统，对茶农茶商并没有丝毫好处，所以要放这么一个烟幕弹，其目的是为了掩盖它的假公济私。1946年7月上海文汇报载嘉兴一读者的来信说：“中蚕公司承办春茧贷款二百亿元，该公司规定春鲜茧收购价格，每担为伪币十万元，实际还不到七万元，但蚕农成本种价每张一万元以上，再加上桑叶人工等费用，每担至少要十五万元，农民辛苦一月非但工资无着，连血本都要亏蚀本数以上。”③这就可以看出，中国农民银行和四大家族自己的中蚕公司，狼狈为奸榨取农民的情况。

中国农民银行直接投资举办的农业企业有：农业企业公司，肥料公司，农具公司，农业机械公司，农业保险公司及中国林木公司。与各省合办的官僚资本的农业企业有，新疆林垦公司，广西水利垦殖公司，浙江林垦公司及福建林垦公司等。这些有关农林垦牧的工农业和商业企业，按照该行的业务范围都是农贷对象。抗战时期在西南蒋管区内成立的大华企业公司及华西建设公司等也是陈家系统在农林范围进行投机活动的组织。他们操纵全国的农业金融，控制一些专门掠夺农民经济的农业企业公司，不顾农民死活的拼命的搜刮农产品，表现了在这一历史时期，官僚资本特有的狰狞面目。不仅如此，伪中国农民银行还效忠于四大家族的美国主子，据他们自己透露：该行总经理曾1947年2月乘飞机前往华盛顿应中美农业技术合作团之邀，对我国农业金融交换意见，④ 可见官僚资本的农业金融机关不只属于四大家族的统治体系，同时也与美国有着密切的勾结。

官僚资本由参加新式农业金融事业到热衷于新式农业金融事业，最后垄断了新式农业金融事业。从本质上分析，一方面是他们用从全国人民那里剥削得来的资金，再深入到农村直接地和间接地向农民进行榨取、剥削和掠夺；另一方面是假公济私，利用投资于官僚资本体系的有关农业生产、农产运销、加工等一切工商企业和农业企业进行操纵、控制、投机倒把，从中获取超额利润。官僚资本除具有它本来的封建性以外，还具有为国际帝国主义服务的买办性。官僚资本从清末到北洋军阀政府时期，最后发展成为蒋、宋、孔、陈四大家族，它的封建性一脉相承，不断加深，同时它的买办性也逐步加强，成为半封建、半殖民地生产关系的一个重要标志。官僚资本除了占有大量土地；拥有巨额资本的新式工商业和农业企业外，又占领了新式银行金融事业的阵地，运用金融资本的力量来进行大规模的商业垄断和独揽国际进出口贸易。并投资于一切有利于搜刮掠夺民间财富的运输、仓库保险、信托等业。官僚资本的金融势力，深入到国民经济的每一个部门，官僚资本的农业金融活动，渗透在整个农业生产和农产流通领域。官僚资本的新式农业

①③许涤新：《官僚资本论》第四章。

② 《中农月刊》第10卷第1期“经济情报栏”中农行经济研究处编印。

④ 《中农月刊》第11卷第4期“大事月志栏”中农行经济研究处编印。

金融机关冒用“农民”的名义把他们的农贷说成是什么“使农民得到普遍的协助，生产增加，生活安定，能繁荣农村经济，安定农村秩序……”① 其实却是借助政治特权的保护，盗窃国库，假公济私，对农民进行残酷的压榨，剥削和掠夺。所以官僚资本的农业金融事业，不仅不能使农民摆脱日益严重的经济危机，而且是造成农村经济危机、农民破产的一个很重要的因素。旧中国封建的买办的剥削关系，集中地体现在官僚资本主义上。到解放前夕，四大家族已完全掌握了旧时农村高利贷事业，形成了独占的新式高利贷主。四大家族官僚资本垄断蒋管区一切农业金融事业的过程，也很生动地显示出一个既将灭亡的没落阶级的垂死的挣扎。

这一段历史充分证明了在半封建半殖民地的生产关系下，新式农业金融事业的兴起，只不过是给帝国主义，官僚资本和农村封建势力开辟了剥削中国农民的新的途径。所谓新式农业金融不仅不能代替旧中国农村原有的高利贷剥削，反而巩固了农村封建剥削关系。在农贷的数量方面即使把农贷数额扩充到几十倍也依然远远不能满足几亿贫苦农民对农业资金的要求。历史经验充分证明只有推翻封建的买办的独裁统治，打倒官僚资本，赶走帝国主义，彻底摧毁数千年来的封建土地制度和一切封建剥削关系，结束一个世纪以来的半封建半殖民地的生产关系，中国农民在工人阶级及其政党的领导下获得解放，建立起自己的新式农业金融系统，才能在新的生产关系下发挥农业金融事业对恢复和发展农村经济的巨大作用。

① 李叔明：《一年来之中国农民银行》，《中农月刊》第 11 卷第 4 期，中农行经济研究处编印，1947。

浅谈外国农村金融体制*

李 普

在经济生活中，金融体制是十分重要的，犹如人体中的循环系统，没有完好的循环功能，人是不能长久生存的。可见金融体制在经济生活中的重要意义。我国农业正处在由产品生产向商品生产的过渡时期，改革完善农村金融体制具有十分重要的意义。经济改革以来，我国在改革和完善农业金融体制方面，创造并积累了丰富的经验，在此基础上吸取世界各国有益的精华，将是十分重要的。

由于农业经济发展的历史和自然条件、社会经济环境和制度、农业现代化进程、农业发展阶段等有所差别，因此各国农村金融体制也具有各自的特点。在日本，农业协同组合囊括了农业的各种服务工作，为农业提供资金也以农协系统的金融机构为主。在美国，商业银行建立较早，除农业合作金融机构以外，商业银行为农业提供的资金也占一定的比例，占到27%左右。在法国，农业互助信贷银行得到政府多方面的支持，是实力雄厚的金融机构，为农业提供的贷款占农业贷款总额的2/3。在印度，由于封建生产关系没有彻底消灭，贫穷落后仍是广大农村中的主要问题，现代金融机构不发达，且资金有限，高利贷资本在农业贷款中仍占一定的比重，如在七十年代中期仍占43%。在苏联以及其他生产资料公有制的国家，以计划经济为主，商品货币关系和金融市场欠发达，金融机构单一化，几家规模比较大的银行从上到下包揽了全部业务。例如，在苏联，没有专门的农业金融机构，而是由苏联国家银行，即中央银行向集体农庄和国营农场提供短期和长期贷款。但是，透过各种现象又可以看出，各国农业金融体制均受一定客观规律的支配，因此，也存在很多共同性的东西。我们研究主要国家农村金融体制的共性，研究它产生和发展的规律，将有助于我国农村金融体制的改革。

目前各国农村金融体制，基本上是由农业合作金融机构、政府直接办理的农业金融机构以及为农业提供贷款的其他金融机构组成。

一、农村合作金融机构

农村合作金融机构是各国解决农业资金的主体单位。它既存在于经济发达的国家，又存在于发展中国家，如美国、日本、西欧各国、印度、拉美等国；在生产资料私有制的国家中发挥着巨大作用，在生产资料公有制的国家也占据应有的地位。农村合作金融机构为农业提供的资金，在各国农贷资金总额中所占的比重不等，如美国占到30%左右，日本占到50%以上，印度在现代金融机构（即合作、商业、政府金融机构）提供的贷款中占58.8%，在法国占到三分之二。

* 原载《农村社会经济学刊》1989年第3期。

农村合作金融已有200多年的历史，其发源地是德国，随后西欧各国、美国、日本等相继建立。在它建立的初期，各国政府都在资金上给予资助，政策上给予支持。美国的农业合作信贷机构，是根据国会通过的有关法令建立的，如1915年的农业贷款法，1923年的中间信贷法，1933年的农业信贷法等。在合作金融机构建立初期，美国政府拨出了大量创办资金。随着业务的开展，经济力量的壮大，各金融机构陆续偿还政府的投资，联邦土地银行在1947年，中间信贷银行于1960年，合作社银行于1968年，以后便完全成为合作性的农业金融机构。从1894年到1920年，是法国地方、地区、中央各级农业信贷银行建立时期。在此期间，法国政府制订了相应的法律，1894年的农业信贷基层原则，1899年的地方银行和国家投资法，1906年的长期信贷法等，并在资金上给予大力支持。印度政府也十分重视农村合作信贷机构的建立。在1951年，政府委托印度储备银行组织了一个全印乡村信贷调查委员会。调查报告指出了农村高利贷活动的猖獗和信贷机构的薄弱情况及其对农业的威胁。在联邦政府的委托下，它们建立了农村综合合作信贷机构。各邦政府对农村合作信贷机构的建立进行了部分投资。

各国农业合作金融体系的建立存在不同的方式。一种是自下而上地逐渐建立起来，在这种形式中法国具有代表性。19世纪末，在德国合作思想的影响下，法国农村建立了少数小型的农业信贷合作社。为加强其经济实力，法国政府颁布了农业信贷基层组织原则，根据该原则，把群众性的农业信贷合作社组成地方农业互助银行，这便成为法国农业合作信贷系统的基层组织。1899年，根据地区银行与国家投资法，把地方农业互助信贷合作银行联合为省级的地区农业信贷合作银行，成为农业合作信贷系统的中层组织。1920年又成立一个中央银行，即法国农业合作信贷系统的总部，负责协调地区农业信贷银行之间的资金，并为其业务活动提供方便，这样从下到上建立了一套完整的组织体系。第二种是根据专业原则建立，美国可做为典型代表。1915年，美国制订农业贷款法以后，在全国建立了12个联邦土地银行。它们在一定的区域内服务，在全国形成了12个信贷区，在基层由借款人组成联邦土地协会，配合银行办理不动产抵押长期贷款。目前，全国共有480多个联邦土地协会，为农业提供的贷款在农业长期贷款总额中占30%以上。1923年，在各信贷区又创办了12家联邦中间信贷银行，然后由借款的农民组成农业生产信贷协会，作为联邦中间信贷银行的基层组织，专门办理动产抵押农业中短期贷款。目前，全国共有427多个农业生产信贷协会，提供的贷款，在农业中短期贷款总额中占30%左右。1933年，在12个信贷区，各创办一个合作社银行，专门向农场主合作社提供贷款，并在科罗拉多州建立了一个中央合作社银行，负责调节各区合作社银行之间的资金余缺和办理跨区的大宗贷款。在十几年的时间内，美国创办了三种类型的农业专业银行及其基层组织机构，建立了完善的农业合作信贷系统。

农村合作金融机构是农民群众性的互助组织。农民以入股的形式自愿参加。股金的形式各国不尽相同，主要有两种：一种是入社股金，即入社时必须交纳一定数额的资金，每个社员最少入一股，日本采用这种形式；二是借款股金，即向银行借款便要入股，其数额为借款总数的一定比例，美国为5%～10%，在偿还贷款后，可以退回股金，也可以保留，以便再次借款，如两年内没有新借款，所持股票便转为没有投票权的股份，美国采用这种形式，法国两者兼用。各国对农业金融机构均实行民主管理，最高权力机构为社员大会或代表大会，管理机构由持有选票权的股东选举产生，为了保证权力均等，不管持股票多少，均实行一人一票制。

虽然农业合作金融机构是群众性的组织，但任何金融机构都同国家经济密切相关，因此，各国政府均采用各种形式对其在业务上进行严格的管理和监督，在资金上进行调节，以便保证资金的合理使用和工作的正常开展。各国政府对农业合作金融机构采用与本国情况相适应的干预形

式。法国在农业合作银行是半官方性质的，中央一级是受农业部和财政部双重领导的官方信贷机构，其领导成员大部分由政府部门任免。它的组织原则、经营方向、信贷计划等均根据国家政策决定。地区和地方农业合作信贷银行是群众性的互助金融机构，在机构设置、干部任免、工作人员的配置、经营范围、筹措资金、管理贷款等方面有一定的自主权，但必须接受中央一级农业信贷银行的管理、监督和控制，如审查批准地区银行的账目、调节资金的余缺、清算各地区银行之间的票据等。美国的农业合作信贷机构是按专业原则建立的。在建立专业银行的同时，建立了直属美国联邦政府的，在联邦农业信用委员会领导下的农业信用管理局。联邦农业信用委员会是农业合作信用系统的决策机构。它由13名兼职成员组成，其中12名由美国总统任命，一名由农业部长任命。农业信用管理局要根据农业信用委员会的决策对农业信贷合作系统的三种专业银行进行管理、监督。在德意志联邦共和国，设有联邦信贷监督局。它同联邦银行（中央银行）密切配合共同对银行体系进行监督，其中也包括农业信用合作银行。监督的主要任务是，保证银行存款户的安全，保证银行业务的正常进行，保证银行的活动不损害整个国民经济。它们监督的方法主要是通过有关法规，如对银行开业的规定、银行业务范围的规定、对自有资本和存放款之间比率的规定、对大额贷款限额的规定等。印度以前主要是通过储备银行（中央银行）对农业合作信贷机构进行管理。它的内部设有农业信贷理事会、农村计划和信贷小组，专门研究和制订农业贷款政策，负责协调农村信贷机构在农村地区的活动。为了统一和加强对全国农贷机构及其活动的领导，推动农村信贷的进一步发展，1982年又建立了全国农业和农村发展银行。它负责监督和检查农村信贷合作机构及地区农村银行的工作，并对商业银行的农村贷款活动进行资助。总之各国政府都通过一定的途径对农业合作金融机构进行严格的管理，而不是放任自流。

从各国的情况表明，农业合作金融机构是适合于农业生产特点，有利于农业资金的积累和使用，符合于农民心理状态和农民对资金需求，是具有发展前途的一种金融形式。这主要是因为它具有以下几方面的特点和职能：

1. 为了使农业保持一定的生产水平，满足其他部门对农产品不断增长的需求，各国政府在政策和财政上对农业合作信贷机构给予大力支持，有利于事业的发展。

2. 不以盈利为目的，而是为农民提供服务和方便，有的甚至提供无抵押品的贷款，深受群众欢迎。

3. 削弱和限制了农村高利贷活动的范围，对促进农业生产发展，改善农民生活起到了一定的作用。

4. 在农业现代化的过程中，对解决农民的资金，特别是中小农的资金困难起到了积极的作用，从而全面推进了农业现代化的进程。

5. 对农业合作金融机构是实行民主管理，而且农民有加入和退出的自由，符合于农民的心理状态。

二、政府的农业金融机构

农业是国民经济的基础，同其他部门必须相互协调适当配合，才能保证整个经济的顺利发展。但农业同其他部门相比，本身存在一些特点和不利因素。其一，经营规模小，经济力量单薄，资金有限，只靠农民投资很难实现农业现代化。其二，农业生产周期长，而且易遭各种自然灾害的袭击，因此，农民难以从其他金融机构获得贷款。其三，很多国家以工农业产品价格剪刀差的形式使农业为工业积累资金，使其在国民经济中时常处于不利的地位。但当工业和其他部门高速发展后，农产品又难以满足其需求，经济失去平衡发展。其四，各国的农业合作金融机构为加强经济实力，满足农民对大金额贷款的需求，在向大中型机构复杂的方向发展，结果机构日益庞大，经费不断增加，低利率难以保持，影响低收入农民的借款。因此，没有国家的支持和资助，农业就不能满足国民经济其他部门对农产品日益增长的需求。各国政府直接办理一些金融机构对农业提供优惠贷款或补贴，以解决农业在资金上所遇到的特殊问题。例如日本的农林渔业金融公库，美国的农民家计局、商品信贷公司、农村电气化管理局，印度的地区农村银行、农业中间信贷和开发公司等。

政府的金融机构发放的农业贷款，主要是从宏观上协调农业同其他部门、农业内各部门以及地区之间的关系，以保证国民经济的平衡发展。具体的讲，政府金融机构提供贷款的宗旨有以下几个方面。其一是，利用低息贷款或补贴使农业生产按国家制订的政策方针发展。日本为了推进农业机械化的进程，从60年代开始农林渔业金融公库对农民购置大型农业机械给予财政补贴；70年代，为了解决大米过剩，减少水稻生产，对水田改旱地的农民给予补贴。美国政府，为了减缓农产品过剩的经济危机，制订缩小作物播种面积的生产计划，如果作物收获后，市场上的销售条件不利，参加计划的农场主以产品做抵押，从商品信贷公司获得贷款。为了合理利用农业生产资源，提高农业劳动生产力，美国农民家计局对农场主发放兴修水利和土壤改良贷款，期限可达40年之久。其二是，帮助贫困地区和低收入的农民解决资金短缺。一般金融机构，首先要考虑贷款的安全性，贫困地区和低收入的农民往往被拒之门外。政府必须从全局考虑，为这部分农民发展生产排忧解难。近几年来虽然印度农村信贷有较大发展，但无论是农村信贷合作机构还是商业银行的贷款，绝大部分都落到了富裕农民手中，最需要扶助的贫苦农民很难得到信贷。为此，印度政府创办了地区农村银行，其宗旨主要是为边远地区、小农、边际农民和小手工业者提供低息贷款，其利率不能高于当地信贷合作社。1983年，该机构提供短期贷款达62.4亿卢比，其中小农、边际农、农村手工业者获得的贷款占到90%。美国农民家计局为农业工人和低收入的农民提供利率为1%的建房贷款。其三是，促进农村公共设施和环境卫生的改善。农村社区发展、道路修建、水利建设、电力设施等有关农村整体建设问题，不是一家一户所能解决的，需要统一规划共同采取措施，国家要给予财政上的帮助和提供必要的贷款，这项任务是由政府金融机构承担。例如，在日本，对大河的治理、大型水利工程的建设、农村干线公路的修建，由政府直接办理的金融机构农林渔业金融公库直接投资。规模小一点的公共事业，一部分由中央政府和地方政府投资，一部分由有关金融机构向举办单位提供长期低息贷款，小部分由农民自己负担。美国的农村电气化管理局对农村非营利的电业合作组织和农场主提供用于架设电线、组建农村电网以及购买发电设备的贷款。其四是，灾害救济。在日本的农林渔金融公库设立一种灾害贷款制度，其宗旨是对遭受暴风雨、地震、干旱、冰雹等灾害的农民提供中期低息贷款，帮助恢复生产。又如美国的商品信贷公司，对参加压缩播种面积的农场主，给予灾害补贴，当因遭自然灾害作物达不到预先约定压缩后的播种面积或虽有足够的面积但总产量大大低于正常产量时，其损失由商品信贷公司给予补贴。

政府金融机构的贷款方法有两种。一是直接发放给借款单位或个人。美国的商品信贷公司发放的农产品抵押贷款、灾害补贴，日本的农林渔业公库发放的农林渔贷款等属于这一类。二是委托其他金融机构发放贷款，由政府金融机构给予利息补贴和债务担保。日本采用这种形式较多。它又可分为两种情况。第一种是通过债务担保的形式，吸收日本各种银行的资金投入农业。把资金投入农业比投入工业的风险要大，因而银行不愿向农业发放贷款。国家便利用损失补偿的办法鼓励银行向农业提供信贷资金。第二种是利用农协系统金融机构的资金为农业提供贷款，国家给

予利息补贴、损失补偿和债务担保。"制度贷款"的利息比普通贷款低，为了使农协系统的金融机构不受经济损失，制度贷款和普通贷款之间的利息差额由政府的农林渔业金融公库给予补偿，当贷款由于多种原因不能收回时，其损失由农林渔业金融公库承担。

政府直接办理的农业金融机构，为农业提供的贷款，在各国农业贷款总额中占的比重不尽相同，在日本占15%左右，美国占9%左右，印度占的比重更小一些。从总体上看，它占的比重不大，不能占主导地位，而是起辅助的拾遗补阙的作用。它提供的贷款往往是农业合作信贷系统和其他金融机构所不予解决的资金。因此，它是农民特别是低收入农民最后依靠的金融机构。

我国恶性通货膨胀的根源及其对策*

廖重阳　田建华

近年来我国通货膨胀十分严重，引起了国内外各方面的关注。1985—1987 三年全国零售物价总指数分别比上年上涨 8.8%、6.0%和 7.3%。1988 年预计全年零售物价又将比 1987 年上涨 20%左右。1985—1988 年四年中年平均上涨率超过 10%，高于同期平均银行存款利率，出现了存款负利率的局面。绝大多数经济学家都认为我国通货膨胀的根本原因在于经济过热和货币超经济发行。“经济过热”伴随着两个膨胀，即投资膨胀和消费膨胀，进而导致通货膨胀。因而治理通货膨胀的办法就是坚决紧缩银根，给过热的发展空气降温。另一种观点则认为通货膨胀是由于近年来价格管制放松，农副产品大幅度提价造成的。

笔者认为以上观点只是反映了产生通货膨胀的表层原因或者问题的某一方面，因而提出的措施也有片面性或者只能治标而不能治本。本文试图对我国通货膨胀的原因进行一次多方面、多层次的分析。

一、通货膨胀原因的立体分析

所谓通货膨胀就是指现实流通的货币量超过商品流通所必须的货币量，从而引起的物价上涨，货币贬值。我国 1985 年以来物价大幅度持续上涨，原因是多方面的（见图 1）。

首先，大幅度调整物价和扩大议价商品的范围以及许多商品乘机搭车涨价是造成通货膨胀最直接最表面的原因。当前我国在理顺价格关系的工作中有两个主要问题需要解决。一是工农产品价格“剪刀差”。长期以来农产品价格与价值严重背离，而且随着我国工业化的发展，农业生产的机会成本越来越大，为了防止农业萎缩，就不得不提高农产品价格的相对水平。在这个过程中，要使物价总水平保持不变，就必须在提高农副产品价格的同时，相应地降低工业品的价格。但由于我国多年来许多工业企业的劳动生产率水平并没有提高，甚至由于人口压力，在职失业严重而使全员劳动生产率下降。因而，在提高农副产品价格的同时，并不能相应地降低工业品的价格，相反，许多工厂在职工要求增加收入的压力下，纷纷跟着涨价，或者偷工减料变相涨价。这就必然会造成价格总水平的上升和货币贬值。二是矿产品和工业原料价格偏低的问题。同样道理，提高工业原材料的相对价格水平，也必然会造成价格水平上升。

从根本上讲，价格能涨不能降，是由于我国科学技术推广应用的速度缓慢而人口增长过快形成的就业门路缺口造成的。企业人员严重超编，加上经营管理水平低，经济效益差，消化吸收原材料价格上涨因素的能力弱，必然给企业降价造成困难。可见科学技术推广应用缓慢造成企业生

* 原载《农村社会经济学刊》1989 年第 3 期。

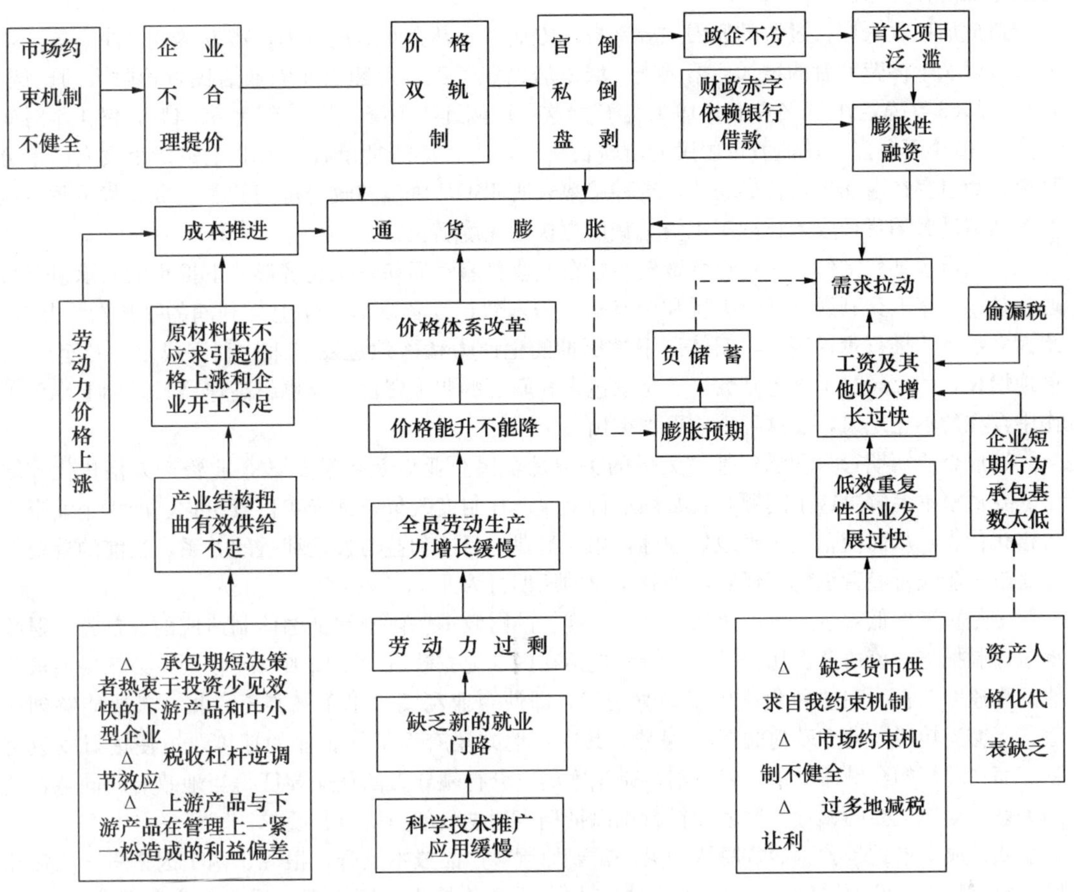

图 1　通货膨胀因果关系图

产效率低，是通货膨胀的深层原因之一。

其次，企业不合理提价也是造成通货膨胀的原因之一。而这又是由于市场约束机制不健全造成的。在商品经济条件下，市场就是企业的考场，市场规则和制度是否健全，直接影响到企业的生产经营行为。近年来，随着集体和个体企业的发展以及承包租赁制度的推行，企业涨价动机增强。由于市场管理制度不严，一度伪劣假冒产品盛行，乱涨价和偷工减料变相涨价的不法行为十分普遍。面对物价飞涨的市场，消费者为了使自己的生活水平不至下降，只好转身向工作单位要求增加工资和奖金。在现行的体制下由于企业产权关系模糊，资产人格化代表缺乏，企业内部缺乏短期利益与长期利益的制衡机制，从而使企业成员要求增加收入的愿望得到满足，使职工收入增长大大快于劳动生产率的增长，成为通货膨胀的一个重要原因。

第三，需求拉动是我国近年来通货膨胀的首要原因。三中全会以来，城乡居民的货币收入连年大幅度增长。1979—1987 年城乡居民货币实际收入年平均增长率为 13.8%，其中 1986 年实际收入增长率高达 31.9%。居民货币收入占国民收入的份额由 1978 年的 41.7%，逐年上升到 1987 年的 75%。根据 1988 年 7 个月居民货币收入大幅度增长的情况，预计 1988 年底国民收入接近 80%为居民所有。居民货币收入的增长快于国民收入的增长。1979—1987 年国民收入每增长 1%，居民货币收入增长 1.5%。这表明供给增长速度低于消费需求增长的速度，必然会引起需求拉动型的通货膨胀。

造成居民收入增长过快的原因主要来自三方面。一是企业短期行为，滥发奖金、津贴等工资外收入以及个体劳动者的增加。据调查，城市居民职工工资总额占非农业居民货币收入的比例，1978—1983年稳定在76%左右。1984年开始这一比例逐年下降，1987年为65.4%，仅4年时间下降了10个百分点。目前城市居民的新增长货币收入，工资货币收入与非工资货币收入已平分秋色，而且存在着非工资化的趋势。这种趋势表明职工从单位和政府得到的非工资性货币收入以及个体劳动者的货币收入比职工工资总额以更快的速度增长。

二是承包基数太低。承包经营责任制是在企业普遍亏损和短缺经济形势下推行的。承包基数通常是以上年上交利润（即所得税和调节税）为基数，或者以前三年上交利润的平均数为基数。绝大多数企业推行责任制后，旧体制下被压抑的生产力猛烈地迸发出来，利润成倍，乃至成10倍地增长，大大超过了承包基数，于是承包人和职工的非工资性收入也超高速增长。加上承包工作中存在的不正之风，使这种现象更加突出。

造成企业短期行为和承包基数太低的关键是全民企业以及乡镇集体企业资产人格化代表缺乏。要从根本上解决这个问题，就必须进行企业产权制度改革，逐步实行股份化、产生企业资产人格化代表，从而使企业正确地处理好积累与消费、目前利益与长远利益的关系。当前的首要任务是进一步完善经营承包责任制，抑制企业的短期行为。

三是重复性低效企业发展过快。这是由现行的财政承包体制和金融体制造成的。首先，财政承包体制把与产值速度密切相关的流转税包括在内，地方政府为了增加财政收入，必然要追求产值的高速度增长。在这种利益机制的驱动下，即使企业利润水平不高甚至亏损，只要能够创产值、上交流转税，地方政府也是要保的。其次，地方政府为了保企业的速度，迫使银行发放贷款。而在现行的金融体制下，银行财产是国家的，分行领导人的任命要征得当地政府的同意，党的关系受当地党委的领导。这就使银行难以抵挡当地党政部门的贷款要求。

四是成本推进是我国通货膨胀的另一重要原因。产品成本上升，根源于两个因素——工资和原材料。物价不断上涨和居民收入的增加，使劳动力价格也不断上涨，迫使企业生产成本上升。就原材料而言，由于产业结构扭曲，造成原材料短缺，刺激涨价。同时，原材料短缺还造成开工不足，使产品成本上升。

产业结构扭曲的原因也是多方面的，首先，在现行体制下，由于价格双轨制，政企不分，使得“官倒”、“私利”横行，原材料涨价的好处主要被中间环节盘剥去了，涨价并没有刺激生产的发展。其次，由于现行的价格体制具有两种偏斜：一是一般加工业和消费品等下游产品价格的计划度比原材料等上游产品的计划度低；二是地方中小型企业的计划度比大型企业的计划度低，形成一头紧、一头松。在目前市场约束机制不健全的情况下，紧的一头被卡死了，而松的一头放乱了。许多中小型企业和生产下游产品的企业，很容易采取各种不合理乃至不合法的手段来牟取暴利。因而中小型企业和生产下游产品的企业更容易吸收投资。再次，在目前普遍推行财政承包和企业承包的情况下，由于承包期短，因而“投资少、见效快”成了政府长官和企业领导者们进行投资决策的最高准则。从而使中小型企业和生产下游产品的企业以及装饰门面的楼堂馆所的投资增多，生产速度加快，重复建设严重，而发展基础产业的积极性甚低。加上税前还贷的政策，使本来已经膨胀的投资在结构不合理的情况下更加膨胀。结构扭曲势必使生产资料价格上升，产品成本加大，从而形成成本推进型的通货膨胀。

五是膨胀性融资也是造成通货膨胀的原因之一。我国造成膨胀性融资的原因主要有二个：一是由于货币的供求约束机制不健全，作为贷款的需求者，不考虑贷款的使用效益，对贷款无限制

地要。作为贷款的供应者，而是对货币无条件的给，不是严格地按照规定办事，造成信用膨胀。二是首长项目泛滥。从中央到地方都存在这种现象。致使计划外投资项目和贷款膨胀。

二、通货膨胀的根源与对策

由以上的分析可以看出，我国通货膨胀的表层原因包括需求拉动、成本推行、价格体制改革、企业乱涨价和膨胀性融资以及“官倒”、“私倒”居间盘剥等六个方面。但其深层原因之间却是错综复杂、相互影响、相互制约的。归纳起来，主要有以下几个方面。

1. 人口增长过快与科学技术推广应用缓慢之间的矛盾，造成就业门路狭窄，全员劳动生产率难以提高，甚至下降。致使在理顺价格关系的过程中，价格能升不能降。从这个角度讲，加速科学技术的推广运用和抑制人口增长将为治理通货膨胀创造良好的条件。

2. 政企不分、首长项目泛滥和财政赤字过多地依赖于向银行借款，使货币超经济发行，形成膨胀性融资。那么解决问题的办法就是从体制改革入手，把政企分开，逐步把投资的主要职能让位给企业，政府只从事一些非盈利性的公用事业的投资。同时加强中央银行等强有力的研究宏观经济运行与货币政策的职能部门，尽可能准确及时地根据经济发展状况对货币需求总量和结构作出判断。

3. 经济过热和产业结构扭曲是导致需求拉动型和成本推进型通货膨胀的深层原因。而货币供求自我约束机制和市场约束机制的缺乏，以及现行的税收制度的逆调节效应，则是产业结构扭曲的根源。因此，要克服需求拉动型和成本推进型的通货膨胀，就必须从建立货币供求的自我约束机制和市场约束机制以及完善现行的财政承包制入手。

首先，要加速银行的企业化，并在货币供给系统中建立起两道闸门。一道是中央银行，一道是专业银行和保险公司。中央银行管总量。如果中央银行正好是按经济的增长速度和货币流通速度来增发货币，那么流通中的货币总量就不会多。

专业银行和保险公司管贷款结构和效益。从经济的角度看，专业银行应优先把资金配置给那些效益高，生产短线产品的企业。因为只有这样的企业才能按期还本付息，并有能力用更高的利率来吸引银行贷款和其他投资。

在两道闸门的关系中，第二道是第一道的前提条件。如果没有第二道闸门，或者第二道闸门功能不健全，第一道闸门就无法对货币总量进行有效的控制。比如中央银行根据国民经济发展的需要，认为今年增发100亿元货币即可。但是货币到了专业银行那里后，专业银行不负责任地将货币贷给了不该建的楼堂馆所和本应限制的电机等长线企业，致使一些有关国计民生的产品和短线产品的生产资金紧缺。为了保住这些重要产品的生产，第一道闸门不得不再增发货币，使原定的发行计划落空。大量的实际资料都充分证明了这一点。如1988年银行货币发行计划，年初确定为190亿元，然后调整为200亿元，接着调整为400亿元，实际上到年底时，发行总量突破了最后的调整数。

为了使专业银行和保险公司具有闸门的功能，最根本的办法是使专业银行企业化，使银行成为一个独立核算、自负盈亏的经济实体。这样专业银行才能真心实意地关心贷款的结构和效益，自觉地执行国家的产业政策，为建立合理的经济结构而努力。因为只有这样，各业之间才能协调发展，工商企业才能取得较好的经济效益，才能按期还本付息。但是银行企业化需要一个漫长的过程。因此目前较可行的措施是大力推行专业银行的承包制，然后逐步向企业化转化。

其次，要建立起货币需求者的自我约束机制。为此，要进行以下改革：

1. 要改企业"税前还贷"为"税后还贷"，从而在一定程度上抑制企业过于膨胀的贷款欲望。但要切实促使企业关心贷款的使用效果，不致于盲目投资，最根本的一条原则是变信用贷款为抵押贷款。抵押的财产不应该是国家的，而应是企业自己的。这就要求对企业的产权制度进行改革，要改国家所有制为企业所有制。

2. 投资主体应由政府转向企业。货币需求者有两个：一是企业，二是政府。应把政府这个需求者转化为以企业需求者。投资活动由以政府为主逐步转化为以企业为主。政府只负责那些非盈利性的投资活动。这就要求将企业全民所有制改成企业所有制，使企业具有明确的产权代表，对企业的发展负责，自觉地处理好积累与消费、目前利益与长远利益的关系。从而使企业代替政府担负起保证企业不断积累和发展的重任。

3. 改革现行的企业产权制度。从我国的实际情况来看，产权制度改革的目标模式是股份制，而在现实条件下，比较切实可行的是承包制。因此，当前的任务是进一步推广和完善企业承包制，然后逐步由承包制向股份制转化。只有实行产权制度的改革，才能从根本上克服企业的短期行为，才能从根本上消除"经济过热"和需求拉动型的通货膨胀。

第三，建立健全市场约束机制。市场约束机制是指为保证企业平等竞争和保护消费者合法利益而制定的一系列市场规则和法律以及相应的执行机构。如规定商品应在包装上注明营养成分、重量、出厂日期、保存期；各种商品都必须注明生产厂家的名称；设立专门的机构受理消费者对伪劣产品和不法奸商的举报，等等。

现在的食品大多是只有保存期而没有出厂日期；有的产品不写明厂家，而冠以"中国制造"字样；人们还常常会遇到这样的情况，买了伪劣商品，专程跑到商店去退换又不合算，而且还不一定退换得了，只好自认倒霉。这时如有一个专门的机构接受举报，当某个厂商被举报达到一定人次后便派出人员进行调查处理，对偷工减料、生产伪劣假冒商品和乱涨价坑害顾客的不法行为进行严厉打击，就可以促使厂商自觉地遵守法律法规，维护消费者利益。市场约束机制不仅可以直接抑制物价上涨，还可以铲除素质低下的企业生存的土壤，克服重复建设和经济过热现象，使产业结构合理化，从而间接地起到治理通货膨胀的作用。

总之，我国近几年来出现的通货膨胀是一个多源合并症，必须采取综合治理的办法来解决。简单地把我国近年来的通货膨胀说成是由"经济过热"和货币超经济发行造成的，因而采取坚决地紧缩银根的方法，在我国现行的金融体制和企业产权制度以及财政承包制下，不仅难以控制住货币发行，而且很可能由于搞一刀切，使一些产品适销对路的企业也因资金困难而压缩产量甚至停产倒闭，有效供给下降，造成经济停滞性通货膨胀。

可见，不采取综合措施，不深化企业财产制度的改革和价格体系的改革、劳动人事制度的改革以及金融体制的改革，不消除地方政府和企业的短期行为，不把追求企业的长远经济效益和产业结构的合理化变成政府、企业、职工、银行的自觉行为，要想从根本上治理通货膨胀是不可能的。

规模经济与我国农业的规模经营问题*

郑 大 豪

一

由于较大规模的生产可以有效地利用先进技术和装备，充分利用固定资产，因而有利于提高产量，降低生产成本，取得规模报酬，从而提高生产经济效益。这种情形在世界各国和我国各部门生产中都是存在的。经过对这种经济发展过程的长期研究，在西方经济学中，把通过扩大生产规模而使产品平均成本不断下降的经营境况称为规模经济；如果规模继续扩大到不适当的程度，以致信息不通，管理不便，人员组织程度与生产积极性下降，设备利用不充分时，就会出现随规模扩大而产品平均成本上升、利润下降甚至亏损扩大的情形，这种经营境况称为规模不经济。在企业以取得最大利润为目的的生产经营中，用于反映规模经济与规模不经济的指标就是平均单位产品成本，简称平均成本。显然，在规模经济与规模不经济之间，存在一种平均成本达到最低值的经营规模，这就是最佳经营规模，是企业在扩大经营规模活动中争取的最佳目标。

在企业生产经营发展过程中，交织着两种可使平均成本降低，从而增加利润的过程。一种是调整生产所需各种资源的比例，使之达到最适应于某项生产的资源构成。例如在农业生产中，改进单位土地面积上投入劳动与其他资源的比例；改进氮、磷、钾肥的配合比例；将大水漫灌改为喷灌或滴灌；改进饲料成分等等。这种过程的特点是，在一个生产周期内，总有一种或几种生产资源用量不变，而其他资源的用量可以调整。由于这种调整只需改变部分资源用量，因而所需期间较短，称为短期调整。另一种调整过程是根据当时当地的条件，调整所有资源用量，并使之作最佳比例配合，然后按这种比例增加（或减少）所有资源的投入量。由于所有资源都要按比例增减，因而不存在任何数量不变的资源。这种调整不可能在一个生产周期内完成，它需要一个较长的调整时期，所以称为长期调整。前一种调整不是严格意义的规模调整，由此取得的报酬属于改进资源比例取得的报酬。后一种调整才是规模调整，由此取得的报酬称为规模报酬。在以获取最大利润为目的的生产经营中，实行规模经济的目的是为了取得最大限度规模报酬。

规模扩大与规模报酬两者变化的关系有三种情况：当规模扩大与规模报酬以相同的幅度增长时，称为固定规模报酬；当规模报酬增长的幅度大于规模扩大的幅度时，称为递增规模报酬；当规模报酬增长的幅度小于规模扩大的幅度时，称为递减规模报酬。由于人们对经营条件和经营环境的认识总是落后于实际，或者说由于知识不完全，因此，除某些特殊情况外，递增规模报酬极少出现，固定规模报酬也并不多见，通常发生的都是随规模扩大而规模报酬递减的情形。

---

* 原载《北京社会科学》1989年第3期。

图 1 有助于形象地反映上述概念。图中横轴 Y 以产量或产值表示规模；纵轴以 X 表示平均成本和价格。图中 SC_1、SC_2、SC_3、SC_4 为四种不同生产规模的平均成本曲线。它们的最低点反映了不同生产规模下资源配合的最佳点。与各短期平均成本曲线相切的外围曲线 LC，即长期平均成本曲线。它在规模达到 Y_1 处时，平均成本最低，因而利润最大，是最佳经营规模。Y_1 左边处于规模经济境况，右方即已进入规模不经济阶段。当产品价格为 P_1 时，线段 ab、de、gh 与 jk 等长度的差额就是规模报酬。在图中规模经济范围内，这些差额随规模扩大而减少，属递减规模报酬。当价格为 P_2 时，线段 bc、ef、hi 与 kl 的长度的差额也是规模报酬，只不过符号相反而已。最短线段 hi 反映了最小亏损，同时标出亏损情况下的最佳规模。不难看出，利润最大的规模与亏损最小的规模是相同的。

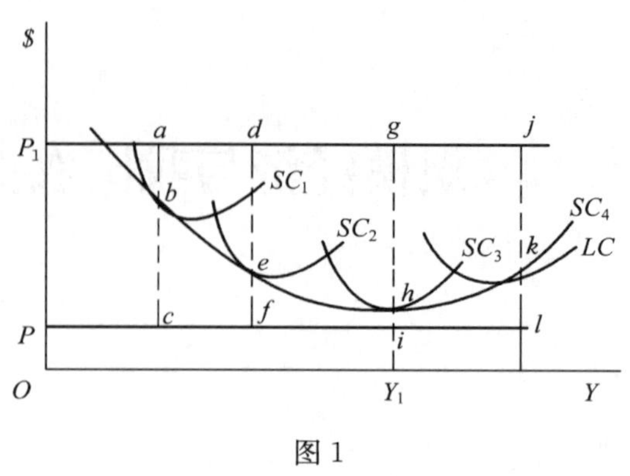

图 1

运用生产函数与成本价格分析，可以十分精确地计算出，规模变化时不同规模下成本与收益的理论值。

影响规模经济与规模报酬的因素是多方面的。技术进步，装备的改善，交通运输的便利，产品供求关系，产品与资源价格，经营者的能力，劳动力素质，社会、政治制度的变革，甚至心理与道德观念的变化等，都会影响某项生产在当时当地的最佳规模。

二

在我国农业目前以家庭经营为主、以手工畜力为主的情况下，是否存在规模经济和规模报酬呢？农业生产与工业生产在生产组织上确实有很大的不同。许多工业产品由众多部件组装而成；而另一些产品则要经过许多严密的工序。离开了细致的分工协作，达不到适当的规模，现代工业生产几乎是不可能的。这个特点决定了工业生产必须实行集体劳动与大规模分工。而农业生产的对象，则是大量生物个体在人工养殖下生长发育的重复，劳动分工有很强的时序性，完全可以由分散的个体劳动者按时间顺序渐次完成。这个特点决定了农业生产可以实行简单协作的集体劳动，也可以分散实行个体小规模经营。协作劳动有助于发挥集体力，而分散经营则有利于发挥劳动者个人的责任感与积极性。经营管理有方，集体的积极作用可能超过个体经营的积极作用。但事实证明，农业生产在一般情况下，个体积极性的作用常常超过简单协作形成的集体力的作用。在现代生产中，工业生产的分工越来越细，且规模越来越大；而农业生产尽管规模也不断扩大，却仍以个体经营、个体劳动为主。然而，这并不是说，在个体经营与个体劳动条件下的农业就不存在规模经济与规模报酬了。例如，在手工畜力条件下，一户农民两个劳动力，经营五亩大田作物，它的产品就会由于维持两个劳动力及其家庭人口的费用，以及由于其他不经济的生产经营支出而成本偏高；在部分机械作业条件下，也会由于规模过小，机械不能充分合理利用而使平均成本增高。然而，如果条件允许这户农民将土地扩大到可以充分利用它的两个劳动力，充分利用他拥有的畜力和机具的规模，其他资源按比例增加，他的产品平均成本就可以降低，取得规模报酬。如果这户农民比较精明，他会把经营扩大并控制在接近于最佳的规模上。

当农户拥有的资源中，有一种或几种又有了剩余，例如更新了机械装备，从而使劳动也有了剩余，那么他又可以筹划扩大规模，以便进一步降低平均成本。这样，由于一种或一些资源实现突破，其他资源按比例配齐；另一些资源又有剩余，其他资源再跟上。这种在许多短期调整中，资源交替先后增长，规模则在新的技术、装备基础上逐步扩大的模式，在农业生产中是有普遍意义的。即使在我国经济不发达的地区，在山区，也仍然存在这种发展过程，只是在一定时期内，当这种过程发展比较缓慢时，不易为人们察觉而已。

由于影响农业生产最佳规模的因素很多，其中一些目前还不能量化，因而也不能用数学方法使之加入对规模的计量。因此往往有这种情形：按以计量的经济因素分析，最佳经营规模比较小，然而由于领导者的较高能力与其他人员的优良素质，可以使实际生产规模超过计算出的最佳经营规模，获得超过常规的规模报酬。当然，相反的情形同样是存在的。

农业生产存在一种工商业所没有的自然再生产过程，生产经营中的未知因素与不可控因素比工商业多得多，因而这些因素对农业生产规模的影响也要大得多。然而，这也只能看作是农业规模经济问题的一个特点。它增加了研究农业规模经济和规模报酬问题的复杂性，但并不能因此认为农业不存在规模经济和规模报酬问题。

三

既然规模经济与规模报酬在不同生产条件、不同部门中都存在，是否这种理论就可以在我国农业中原封不动地加以运用呢？一如某些经济规律在不同社会制度中所起的作用要从属于占统治地位的经济规律一样，规模经济的实施，也要服从于更具全局性的经济措施，并要适应于不同生产部门的特点。

我国农业生产的主要任务，是要发展农业生产力，提高农产品产量。在人多地少条件下，这个任务必须主要通过提高土地生产率来实现。然而按照西方经济学中规模经济与规模报酬的理论和概念，它只是通过对平均成本的比较来确定最佳规模，目的是使农户和企业获得最大限度规模报酬。为了这个目的，甚至可以完全不考虑土地生产率的高低。在我国，如果也只以提高农户的劳动生产率，提高农户的收入为目的，当然也可以照样运用这套理论。一些农户完全可以利用农业中由自然条件决定的生产力，扩大规模，广种薄收，通过降低平均成本以增加自身收入。但就全社会来说，以农作物减产为代价，使部分农户获得规模报酬，决不是我国实行规模经济的目的。根据我国情况，农业实行规模经济与取得规模报酬，必须以提高土地生产率为前提。在这个前提下，运用上述理论计算不同规模的平均成本，则可以在正常情况下确定利润最高的经营规模；也可以在暂时不能盈利的情况下，确定亏损最小的经营规模。

农业生产需要很多种资源，产品也是各种各样的。那么用什么指标来度量农业生产规模呢？在许多经济学教科书中，通常用产量或产值来表示生产或经营规模的大小。但那只是为了叙述的方便。因为通过生产函数，产量可以反映相应的各种资源的使用量。在实际组织生产、确定生产规模时，直接需要的是各种资源的数量。另一方面，如果用产量或产值来表示规模的大小，则只能作概略的估计，而不能作准确的表达。前面分析过，它会混淆短期内由于资源配合比例变化而增减的产量与确实由规模变化所引起的产量变化。只有用比例一定的不同资源投入水平所取得的不同产量作比较，才能恰当地说明生产规模变化所取得的报酬。

由于进行一项农业生产所需各种资源的可供量并不恰好就是最佳配合量，它们是有多有少，参差不齐的。因此，实际可行的经营规模，决定于最稀缺的那种资源的供应量。除非这种资源的供应量增加，否则，其他资源再多，也无济于扩大规模。进入20世纪以前，世界上和我国的一些地方，土地并不是种植业生产最稀缺的资源，劳动力和耕畜可能更为缺乏。在这种情况下，一个农户拥有多少劳动力或耕畜，最能恰当地反映它的生产规模。这个农户只要扩大自己的劳动力和耕畜队伍，就可以开垦更多的土地，获取较大的规模报酬。然而到了今天，世界上绝大部分适耕土地都已开垦。在我国，土地的稀缺性更为突出。无疑，土地成了扩大农业、特别是种植业规模的最大制约因素。

是否需要以其他稀缺资源，如资金或劳动等来补充说明一个农业生产单位的规模呢？为了简明，并便于分析，以一种资源为主来度量规模是可以解决问题的。因为次稀缺和非稀缺资源的供应量再多，由于受土地数量与当时技术条件的限制，并不可能由此扩大农业生产规模，也不可能与土地作有效的配合而形成额外的规模报酬。这时，多余的资源当然可以用于其他项目的生产，以加深或扩大本单位的生产经营范围。例如用于产品加工，投资于乡镇企业等。但这种经营范围的扩大，实质上是以资金开发其他生产项目，或向其他部门投资。它们与在一个部门内实行规模经济、取得规模报酬是不同的概念。

不妨再考察一下与上述相反的情形。如果与土地配合的其他资源较少，达不到与已有土地数量作最佳配合的境界，是否可以在某个范围内以非土地资源作为度量农业经营规模的依据呢？这样做似有不当之处。因为利用农业的自然再生产过程，即使对土地投入极少量的其他资源，也能有所收获。由于其他资源用量很少，因而平均成本可能很低。对于这种大量使用土地并浪费其他自然资源的粗放经营，得出农业生产规模很小的结论，显然是不适当的。不如仍以土地多少来度量，得出这种农业生产规模很大，而生产效率很低的结论更为适当。实质上，粗放经营已处于规模不经济境界。以土地来度量农业经营规模，可以很好地揭露这种浪费土地与其他自然资源的经营。这样，在其他条件相同的情况下，原有土地规模形成的平均成本与变化后土地规模形成的平均成本的差额，就是某项农业生产的规模报酬。而土地规模相同，但其他资源配合不同形成的平均成本之差，则属于改进农业资源配合的报酬，也可称为改进农业技术的报酬。

当然，就饲养业来说，最稀缺的资源就不是土地，而是牲畜或家禽了。至于农业的其他部门，则可以用对于它们来说是最稀缺的资源来度量。

四

把结合我国实际情况的农业规模经济称为规模经营、适度规模经营，当特指种植业时称为土地规模经营，同样是达意的。

建国以来，我国农业进行过多次土地经营规模调整。有两次比较普遍地取得过规模报酬。一次是在50年代初期，农民以土地入股、统一经营的方式组成合作社，扩大了土地经营规模。农民在合作前后，都是以手工畜力方式生产，其他资源投入也并无明显的变化，然而合作社的产量显著提高，从而降低了平均成本，取得规模报酬。另一次是近几年实行的以家庭承包为主的农业生产责任制，使农业生产从大规模经营下的规模不经济返回到小规模的规模经济境界，也普遍取得了规模报酬。至于其他时期，众所周知，我国农业长期处于追求所谓“一大二公”的规模不经济境遇中。

我国现阶段规模经营的动因来自非农产业的发展。只要非农产业的劳动边际效益高于农业，就会产生劳动力向非农产业转移的趋向。而这种转移正是农村经济和国民经济发展所必须的。目前，我国一些经济发展较快地区，新的就业门路吸引着农民，农业劳动力已开始成批向非农产业

转移，农业开始感到劳动资源不足，有些地方甚至出现土地荒芜。这类地区，迫切需要组织规模经营了。最基本的条件有两个：一是大部分农业劳动力流向收益较高的非农产业，农民高度依赖土地的意识开始淡化，使对土地使用权进行调整成为可能，从而也不存在因实行规模经营而把农民挤出农业的问题；二是非农产业发展所产生的经济力量，有可能给农业提供必要的资金支持，以改进农业装备，提高农业劳动生产率。在这类地区组织当时当地的土地规模经营，可以解决如下四个经济发展中带根本性的问题：①维持和提高必要的农业生产；②使发展中的经济得到必要的劳动资源；③增加务农农户的收益，使农村各产业发展趋于平衡；④对小农经济进行脚踏实地的改造，对已被分割得零散细碎的耕地进行整理建设，逐步改进农业装备，为农业现代化，为农业生产的进一步发展打下基础。

在这类地区中，北京市的顺义县进展较快。1986年，这个县在70%左右的农业劳动力转到非农产业，经济高速增长，而粮食生产却徘徊不前，种粮农民收入急剧下降的情况下，县领导开始探索组织各种形式的、规模适当扩大的农场和农业专业队。经过三年努力，目前93%的粮田扩大了经营规模，生产已基本上机械化。1987年粮食产量比1986年增长9%；1988年又比1987年增长5.7%。踏上顺义县扩大了经营规模的田野，农业生产欣欣向荣的景象是可以实实在在地感受到的。

顺义县实行了农业规模经营，那么是否取得了规模报酬呢？这是需要作细致调查研究的。由于这个县单位农田面积投资增加的幅度远远超过农产品产量或产值增加的幅度，在考虑了劳动生产率提高的因素之后，粮食的平均成本是上升还是下降？加上农产品价格明显偏低，农业的盈亏状况也是要认真核算的。这是实行规模经营后必须跟着做好的一项重要工作。就如日常都需要的经营管理工作一样，要不断进行调查研究，也需要不断对规模进行调整，以便使规模逐步接近“适当”或“最佳”的程度。

顺义县开始了进程，尽管具有我国和地方的特点，但这种发展方向，却是世界上大多数国家，尤其是农业较发达国家都走过的共同道路。

不妨想像一下，一个县，一个地区或一个较大的农业生产单位，当70%以上农业劳动力转移出去以后，如果不及时实行农业规模经营，农业生产所可能发生的景象。那是不用赘述的。这种情形在我国的一些地方已经出现了。而如果不让这70%以上农业劳动力转移出去，那么非农产业与社会经济的发展又会遇到什么问题呢？这看来也是明白的。还存在一种折中的解决办法，就是搞兼业农业。这种农业由于高度分散，并处于一个经营单位的次要甚至是业余的地位，政府势必不能对农业实行有效的计划指导，这样，必要的农产品供应将无法保证；由于每户的土地面积很小，即使使用目前生产的最小型的机具，也会由于利用不充分而大幅度提高平均成本；由于不能对资源实行合理的分配，包括土地在内的各种农业资源将会产生很大浪费；而受各种因素影响，被迫作多种经营的农民，由于不能进行专业操作与经营，因而必然导致低效率；而如果真的走上小农兼业的道路，农民对土地的私有要求或长期占用意识就会不断强化。这样，像我国这样人很多、地很少的国家，要想实现农业现代化，要养活自己的11亿人口就难了。日本战后一部分农民发展为兼业农户，形成高成本农业的教训，是值得我们吸取的。

土地规模经营并不是我们追求的目标，它只是发展农业生产力、提高农业生产效益的一种手段。因此，并无必要规定出实现规模经营的期限，规模要达到多大，规模经营占百分之几之类的指标。因为即使规模经营已达到某种程度，由于社会、经济与技术条件不断变化，新的规模经营前景又向前移转了。相反，也会出现当某种条件变化后，要求缩小某项生产经营规模的情况。这种情形，一如农业合作也是发展农业生产力的手段一样，世界上许多国家和我国都曾利用农业合作，发展了农业生产。只是后来在我国却把它作为目的来追求了，结果走了形式，效果适得其反。这种经验教训，今天用来对待农业规模经营问题是大有好处的。

农业规模经营的进程，不决定于主观愿望，而决定于实在的经济发展，决定于农业劳动力向非农产业转移的速度。它不是行政管理过程，而是一个经济发展过程。只要经济得到发展，这种过程就是存在的。区别只在于这种过程发展的速度。因此，讨论要不要搞规模经营是没有意义的。需要研究讨论的是：在什么条件下，各类农业生产以多大规模来经营对发展生产力最有利；多大的规模可以取得最多的规模报酬；以及以什么形式（合作社、专业队、联户、家庭、承包或承租等等）扩大规模较易于实施并有利于农业生产的进一步发展，等等问题。

解决农民对土地经营的关心与鼓励农民向土地投资，并不只在于加强农民对分给他使用的那几小块土地的占有感。这一点更不是农民发展农业生产的惟一动力。有些经济发展较快地区的农民，牢牢地拥有几块耕地的使用权，但就是不好好种它，甚至任其荒芜，当然更谈不到对它投资了。而另一些经济发展较快地区，特别是集体积累了一定家底的地方，农民并不一概要求把土地分由各户经营。全国各地都有一些这样的农业生产单位：由少数种田能手组成的农田承包组、队，长期对集体的大片土地精心耕耘（这些劳动力恐怕不会认为他们耕种的土地会长期归他们占用），使粮食单产不断提高。北京郊区的房山县有个窦店村，他们由几个劳动力组成承包组，每组种几百亩地，最近七八年间，全村五千多亩农田的粮食亩产由七八百斤提高到一千五百多斤。

根据已有的国内外经验，进行农业合作是实现农业规模经营的普遍有效形式。我们应该充分利用这方面的丰富经验。在此基础上，建立起农用土地使用权的市场流通机制，研究解决土地使用权的价格或租金的计量问题。这同样可以使农民对自己的土地使用权有一种安定感，从而愿意对土地进行投资；当规模经营发展到需要转让土地使用权时，让出使用权的农民可以得到适当的补偿，这就可以大大减轻部分农民对调整土地使用权、实行规模经营的顾虑。

我国各地农村，经济发展已形成很大差距。不同地域的自然、历史、社会、文化、技术等条件又千差万别。农业规模经营的发展自然会先先后后，大大小小，形式各异。

笔者曾经把全国实现规模经营看作是一个相当长的历史过程。现在看来，这个对生产规模的调整过程永远也不会终结。不如把规模经营看作是一项需要不断调整的经常性经济工作更为切实。

传统农区农户经济行为分析*

苗 玉 良

一、问题的提出

1979年开始的农村经济体制改革，解放了农村生产力，农业生产经历过一段时期的持续上升。全国粮食总产由1979年的3亿吨上升到1984年的4亿吨，6年内平均增产1 709万吨。但自1985年以来，农业出现了全国范围内的停滞和徘徊。对此，人们普遍认为对农业投入减少是其中一个重要因素。研究农业投入问题的角度很多，本文选择了我国传统农区——阜阳地区的农户为研究对象，试图从农户的经济行为方面去考察农户的投入问题。

阜阳地区位于安徽省的西北部，辖9个县，2个市，695个乡，6 819个行政村，218万个农户。其经济特点是：①社会经济构成比较简单。全区90％以上的人口务农，其余多从事农产品初级加工业，全区社会总产值中农业占64.5％，工业仅占19％。②地方财政困难，集体经济薄弱。全区三分之二的县、市靠省财政补贴度日。乡村集体经济除了地产、耕牛、农具以外，其他财产微乎其微。③人多地少，人地关系矛盾突出。全地区总人口1 100万人，约占安徽省总人口的五分之一。④交通闭塞，历史上缺乏经商传统，商品经济意识薄弱。由此可见，阜阳地区是一个典型的传统农区，在我国贫困农区有较大的代表性。

二、投入要素及其评价

（一）土地

1. 土地的数量和质量。土地是农业中最基本的生产要素，也是农户最主要的投资对象。阜阳地区土地资源的现状是：①数量少，并且有逐渐减少的趋势。阜阳地区现有耕地1 691万亩，区内的荒地已全部开垦，再没有扩大耕地面积的可能，现有耕地还趋于减少。如阜阳县1981年年末实有耕地面积16.09万亩，1988年减少为15.9万亩，8年减少了1 900多亩。②质量差，并且肥力有下降趋势。阜阳地区现有耕地中，70％是砂姜黑土。这类土壤土质粘重，耕层较浅，土壤团粒结构差。据阜阳县农业部门1988年对15个点、12个土种的监测，除含氮量保持在1984年水平外，有机质、磷、钾的含量均呈下降趋势。

2. 土地制度。阜阳地区现行的土地制度是，集体土地被分为两部分：一部分是承包田，即按人口和土地质量平均分配给农民使用的土地。这部分土地占总耕地面积的70％，对这部分土地实行稳定经营，不轻易变更使用权，即“大稳定”。另一部分土地是机动田，占30％，是根据农户人口增减变动而需要调整的土地，每3—5年调整一次，叫做“小调整”。“大稳定”增强了农

* 原载《农村社会经济学刊》1989年第4期。

户对土地稳定经营的信心，农户也愿意在这70%的稳定土地上进行一般性投资。如施用农家肥，小规模地改善灌溉条件等。这在一定程度上限制了对土地的掠夺式经营。“小调整”满足了农户“均田”的基本要求，易于被广大农民接受。

（二）资金

资金拥有量反映农户增加投入的能力。阜阳县统计局提供的资料（见表1）说明，农户的现金去向分为两大类：年内支出和年内剩余。在年内支出中，生活消费支出、生产支出占年内现金收入的比重基本适中，这几方面挖掘资金的潜力并不大。然而用于上交集体和其他非生产性支出的比重则相对较大。一个五口之家，仅主要用于人情往来的非生产性支出一项就是250元。收入高的农户这方面的开支更高。必要的人情往来是正常的，但大量的资金用于人情往来，则超过了农户理性行为的限度。这方面的开支农户往往不是心甘情愿的，而是迫于社会风气的压力。阜阳地区农业人口1 035万人，如果按每人非生产性开支49.59元计算，则整个阜阳地区是51.326元，这个数字是1985年国家对阜阳地区农业投资额的2倍。年内现金剩余分为两大流向，一是储蓄，二是手持货币。1988年两项相加人均为124.7元，按1 035万人计算，则这笔资金相当于1985年国家对阜阳地区农业投资额的5倍。

表1 1988年阜阳县百家农户人均现金收入去向表

单位：元

年初与年内现金收入之和	年内现金支出							年内结存		
	总计	生产性支出	生活支出	缴纳税款	上交集体	储蓄借贷支出	其他非生产性支出	总计	储蓄	手存现金
696.91	572.21	114.43	311.47	5.4	24.12	67.19	49.59	124.70	20.77	103.93

由此可见，阜阳地区的农户还是有一定投入能力的。大多数农户有能力购买种植业所需的种子、肥料和农药等生产资料，但对于改良土壤、兴修大型水利工程等则无能为力，也无法在某些资金需求量较大的第二、三产业投资。

（三）劳动力

劳动力是农业生产中一个重要的投入要素。阜阳地区现有农村劳动力471万人，就数量而言，并不构成农户投入的限制因素。但劳动力的素质较差。全区总人口中，具有小学以上文化程度的428万人，占40.8%，初高中文化程度的166万人，占15.8%，具有大学文化程度的仅占0.1%。全区每万人中有农业技术人员1.71人。这种状况对阜阳地区农户的劳动投入形成严重限制。具体表现为：①农业劳动力文化水平低，限制了农民学习新的技术知识。由于接受外界信息的能力差，社交活动范围十分狭小，农户从农业中转移出来的剩余劳动力，往往会陷入不知干什么和怎么干的境地。②文化的落后使人们的社会经济行为受制于传统经验，忽视改革创新。结果大量闲置的劳动力只留在种植业内部，使从事种植业劳动力的比重越来越大。据阜阳地区农经委调查，全区种植业劳动力比重由1986年的68.24%增加到1988年的70.55%。

（四）技术

技术是农户投入的重要方面。在阜阳地区，技术是农户投入的一个薄弱环节。全区县以下农

技服务机构由1978年的337个，减少到现在的133个，乡没有农技站，80%的村没有能够开展技术服务的农技员。农技站经费不足，服务手段落后，人员知识老化，组织不健全，队伍不稳定。农户生产手段原始，没有现代科学技术的指导，这些都越来越成为农业产量大幅度提高的限制因素。

三、投入效益与反应

（一）各产业及种植业内部的投入效益

根据阜阳地区农经委对部分农户的调查资料整理如下（表2）。

表2 阜阳地区1986—1988年各产业投入产出比率

项目＼年份	1986年	1987年	1988年
粮食作物	3.43	3.51	3.92
经济作物	4.20	5.13	4.20
林业	5.84	5.14	4.57
畜牧业	2.32	1.95	2.13
工副业	2.26	1.83	2.23
渔业	8.00	2.14	3.56
运输业	4.83	2.69	2.67
建筑业	10.43	3.02	1.43
商业、饮食业	3.30	2.32	2.35
其他	4.59	2.95	2.63

表2说明：①在部分二、三产业上的投入虽然有时可以获得很高的效益，但其投入产出比率极不稳定，各年之间变化很大。②农户在粮食作物上的投入效益在某些年份高于畜牧业、工副业、运输业、商业和饮食业等其他产业，而且比较稳定。③在种植业内部，经济作物的投入效益高于粮食作物。

（二）农户对投入效益的反应

（1）农户对各产业投入效益的反应。农户在各产业投入的比重反映了他们在投入时做出的决策（见表3）。

表3 阜阳地区农户在各产业的投入比重（%）

年份＼项目	农业		林业	牧业	渔业	工副业	运输业	建筑业	饮食业	其他
	粮食作物	经济作物								
1986	47.67	9.67	0.791	6.98	0.01	12.99	1.14	0.8	1.79	2.77
1987	43.80	10.28	0.691	7.92	0.48	14.70	2.10	1.43	4.21	4.81
1988	38.3	14.45	0.941	5.85	0.17	12.32	3.49	2.79	6.14	5.39

表3说明，农户在粮食作物上的投入比重是逐年下降的；在经济作物上的投入年年上升；并且农户在运输业、建筑业和饮食业上的投入比重在迅速增加。

从表2我们看到经济作物的投入产出比率较高，也趋于稳定，农户在经济作物上的投入年年上升是正常的。然而，运输业、建筑业的投入产出比率呈下降趋势，在1987年和1988年还低于粮食作物的投入效益，但农民并没有因此而增加在粮食作物的投入比重，减少在这些二、三产业上的比重。其原因有两条：

一是我国农村经济处在向商品经济发展的阶段，农民的货币性支出比重增加，粮食作物主要为农民提供口粮，只能带来少量的货币收入。农民的大部分现金收入来自于二、三产业。从1984年到1988年，蒙城县的现金支出比重由47.22%上升到87.55%，上升了近1倍；太和县的水平由1984年的77.55%上升到1988年的87%，增加了10.55%；利辛县的比重由1984年的55.96%上升到1988年的75.15%，增加了19.19%。农户货币支出比重的增加，就要求农户有较多的货币收入。但就目前阜阳地区而言，连经济作物在内的农产品提供的现金收入只占三分之一略多。从1984年到1988年，蒙城、太和、利辛三个县农产品提供的现金比重最低为13.12%，最高为46.4%，平均30%。这就是说，农业只提供大约三分之一的现金，农户绝大多数现金收入来源于非农产业。因此，和粮食作物相比，有些产业的投入产出比率尽管很低，但毕竟有利润，能带来现金收入，这样农户增加二、三产业上的投入，以获得更多的货币收入是合乎理性的。

二是农户货币资金拥有量少，并且各个季节分布不均衡，经常出现季节性的资金不足。因此，农户往往把部分资金投在某些生产周期短、规模小、技术要求不高的二、三产业上，如小型商业、饮食业和运输业等。这些产业可以充分利用劳动力和闲散资金，有助于解决农业投入中季节性资金不足的困难。

(2) 农户对种植业内部投入效益的反应。农户对经济作物和粮食作物投资效益差异的反应是调整作物结构。具体表现为：

第一，粮食作物的播种面积比重逐年下降，而经济作物面积比重则呈上升趋势。据阜阳地区农经委提供的资料看，全地区粮食作物播种面积占总播种面积的比重由1987年的90.35%下降到1988年的83.42%，下降了6.93%，而经济作物播种面积占总播种面积的比重则由1978年的9.55%上升到1988年的16.58%，增长了7.03%。

第二，秋粮比重逐年下降，夏粮比重逐年上升。这是农户对与投入效益相关联的农业政策所做出的反应。农村改革前的阜阳地区，种植计划由生产队统一安排，为了取得高产，秋粮占很大的比重，1978年秋粮占当年粮食产量的61.58%。原因是红薯、玉米这些秋粮作物是高产作物。这样农民的食物构成是细粮比重小，粗粮比重大。获得经营自主权后，农民为了改善生活，增加了夏粮的比重。到1988年，夏粮占全年粮食产量的比重达到64.12%。

四、投入环境与选择

农户投入不仅受到各个投入要素的限制，而且受到一系列农户不能左右的外部条件的制约。这些外部条件构成农户的投入环境。

(一) 农业生产资料市场

目前农业生产资料价格猛涨，大大提高了农产品的成本水平，挫伤了农民增加投入的积极

性。政府对此制定了一系列政策。一是于1985年对平价供应的生产资料实行了“三挂钩”政策，即国家根据与农民签订的经济合同，向农民提供平价化肥、农药等。据阜阳县农经委提供的资料，阜阳县平价化肥占农户总购买量的35.05%至46.51%，但据作者在阜阳县对50户农民的调查表明，农户实际购买到的平价化肥只占化肥购买量的5%～10%。农民所需农用生产资料的供应主要靠市场提供。二是1988年政府采取了对计划外生产资料“专营”的政策。但由于此政策本身是取消市场竞争、强化行政手段的，因此实际执行的结果并没有取得预期效果，反而助长了供销社的官商作风。“专营”后的生产资料价格仍然偏高。

（二）农产品收购制度

国家于1985年在流通领域中进行了一系列重大改革，其中最使农户敏感的是改统购制度为合同定购和议购。这项改革措施其本意是政府与农民之间用合同的形式去解决农产品的收购问题，但在实际执行过程中，却存在一系列问题。主要表现在：①合同定购制度具有明显的强制性。定购数量不是政府与农民共同确定，而是政府一方说了算。②政府对于按“三挂钩”政策供应部分平价农业生产资料的承诺基本没有落实。③议购粮在实际执行过程中也变成了合同定购粮。农户上交粮食的合同定购和议购数量大大超过了改革以前的水平。在目前国家粮食收购价格偏低的情况下，收购量越大，农民越吃亏。原因是：①为了完成国家收购任务，农民不得不增加粮食作物的播种面积，被迫压缩一部分经济作物的面积。②国家合同收购价格低于粮食市场价格的差额意味着国家利用权力，强制性地从农民那里拿走了一部分收入。这实质上是国家向农民征收的产品税。根据蒙城、太和和利辛三个县农调队对农民以上述差价的形式向国家上缴的“产品税”进行的估算，从1985年到1988年，三个县平均每亩耕地产品税由8.12元上升到15.62元，平均每年递增24.37%，人均产品税由15.87元上升到29.88元，平均年递增23.48%。因此，合同收购政策一方面限制了农户投入时的选择，另一方面以强制性手段拿走农民的一部分收入，削弱了农户的投入能力。

（三）集体提留

农村各种各样的地方政策，也构成农户投入环境的一个方面，其中最突出的是对集体提留做出的规定。阜阳地区集体提留有以下两个特点：一是提留项目多、数量大，农民负担沉重。这点在全国范围很普遍，这里不再细述。二是收取方式具有明显的强制性，乡村各级干部把他们订好的各户应交的各种款项平均分摊到农户，再与粮站直接交涉，将农民售粮款截留，扣除集体提留后，再将剩余粮款交给农民。这种做法一方面使农民无法正确认识集体提留的性质，认为集体提留是“二皇粮”；另一方面这种做法强化了农民种粮自给的心理，农民生产商品粮的积极性受到压抑。在农民眼里，粮食不是商品，而是贡品，是上交“皇粮”和“二皇粮”的手段。

（四）农户的理性选择

上述三方面构成了对农户投入不利的经济环境。面对这些恶劣环境，农民做出了理性的选择：①农户投入量增长缓慢或呈下降趋势。以阜阳县为例，自1986年起，化肥和农药的投入量都开始下降。特别是化肥投入量，1988年为12.9万吨，低于1984年13.2万吨的水平。仅农用柴油的用量呈上升趋势。②改变投入方向，即增加第二、三产业和经济作物上的投资，尽量压缩粮食作物的播种面积和投入量。③增加粮食贮存量，尽量减少销售给国家的粮食数量。按安徽省农调队提供的资料，蒙城县年末人均粮食贮存量由1985年的505斤增加到1988年的893斤，同期太和县也由人均 305 斤上升到 495 斤。而且市场粮价越高，农民越不愿卖粮。即使农民由于贮存条件和货币需求等原因不得不出售粮食，也是尽量减少销售给国家的部分，增加在自由市场销售粮食的比重。如蒙城县和利辛县农户粮食集市销售量比重由 1984 年的 24.01%和 27.66%分别上升到 1988 年的 48.96%和 48.20%。这是农户在现实不利经济环境下做出的有利于自身利益的理性选择。

五、几点建议

根据上述分析，作者提出适合阜阳地区的鼓励农户增加投入、提高产量的几点建议：

1. 完善现有的土地承包制，用法律形式将 70%承包地的使用权长期固定下来，而且可以有偿转让，减少农民对土地的掠夺性经营行为；开放农村资金市场，集中闲散资金；发展农村教育，提高农民的文化水平和技术水平，加强农村科学技术普及和推广工作等。

2. 逐步开放农产品市场，提高农产品（特别是粮食）的价格，提高农民在粮食生产上增加投入的积极性。

3. 改善农户增加投入的外部环境。①合同定购数量应由国家和农民共同商量在自愿的基础上确定，定购价格可以参照市场农产品价格由双方协商制定。②农业生产资料的供应可以废除“三挂钩”政策，取消农用生产资料的“专营”。政府可把评价生产资料供应的补贴用在提高粮食价格上；在建立健全农用生产资料的质量检验和税收制度的基础上，允许多部门、多渠道经营农用生产资料，在各经营部门之间展开竞争。③改变乡、村干部硬性摊派、强制性提取集体提留的做法。把集体提留与农民卖粮收入严格区分开，保证农民能得到应得的收入；对生活困难的农户，可以适当减免提留款；对个别拒不交纳合理提留的农户，也应以宣传教育为主，不能采取强制性措施。

对农村统计改革的几点看法*

王 治 方

为适应我国有计划商品经济的发展，统计改革工作正在不断深入，并取得了可喜的成果。统计改革涉及诸多因素，包括核算理论的探索、传统观念的转变、统计队伍的建设、统计工作的效益、调查方法的改变，等等。面对复杂而艰巨的改革任务，修修补补，头痛医头，脚痛医脚是难以奏效的。应在统计改革的总体方案指导下，全面而深入地进行。统计改革的总体思路应当是：根据有计划商品经济的基本理论，确立与之相适应的国民经济核算体系；根据核算体系设计统计指标体系；根据指标体系采用相应的调查方法；数据处理与统计服务系统。农村统计是我国社会主义统计的一部分，它的改革应在统计改革总体方案指导下，结合我国农村的实际情况进行。本文拟就几个方面谈些粗浅看法。

一

统计工作的基本任务是以其特有的核算手段，为经济建设和社会发展服务。统计核算体系必须与经济体制相适应。高度集中的计划经济体制下的统计核算体系，侧重物质产品的核算，指标体系以实物指标为主，对服务行业的核算薄弱，很少反映市场交易情况，因而统计的社会服务面狭窄。有计划商品经济的实质是商品经济，应该有一套核算体系与之适应，目前，大多数西方国家采用国民经济账户体系（SNA）。这个体系是市场经济的产物，但它的长处可供我们借鉴。主要表现在：

1. 它全面核算劳务价值。当今世界各国经济发展的实践已经证明，文化教育、科学研究、信息、咨询等社会服务部门对国民经济发展的作用越来越大，非物质生产部门的从业人员也越来越多，要加强对社会服务部门的管理，全面核算劳务价值就成为客观需要。

2. 较能适应有计划商品经济发展的需要。计划经济注重实物量指标的核算，不能客观地反映市场交易情况，价值量指标的核算很薄弱。有计划的商品经济要求在市场交易的基础上核算社会资金流量，因而必须加强价值量指标的核算，SNA能较好地满足这种需要。

3. 便于进行国家间的经济对比。由于世界上大多数国家都采用SNA，我国计算的国民收入等指标由于计算口径不同，在进行国家间对比时需要调整。随着我国对外经济联系的日益频繁，采用SNA的有关指标进行对比是十分必要的。

目前，当务之急是尽快改革核算体系。借鉴SNA的长处，总结现行核算体系的经验，确立适合我国国情的核算体系。在此基础上，设计我国农村统计指标体系，这个指标体系应能全面反

---

* 原载《北京统计》1989年4月。

映农村经济和社会发展的基本情况，为国民经济的宏观管理提供必需的统计资料，为社会各界提供丰富的农村信息。同时，充分考虑农村各级统计队伍的承受能力，避免加重基层的工作负担。

二

农村统计和农业统计相比，对象复杂，内容扩展。农村经济体制改革以后，农村经济转向农、工、建、运、商各业综合发展；经营方式上，集体经营、联合经营、家庭经营多种方式并存；农村经济商品化程度不断提高，统计调查工作必须与这种复杂的情况相适应。

当前，农村统计调查的主要问题是：在调查方式上，重全面统计报表，轻视非全面调查；农村各行业多头布置任务，重复调查，数出多门，基层负担过重，调查力量薄弱，工作人员文化素质低，行政干预过多，难以保证调查质量。这种状况难以满足全社会对农村统计信息的需求。

统计报表是我国执行多年的一种统计制度，它较能适应大规模集体经营的经济体制，广大基层干部对它比较熟悉，农村经济体制改革以后，它的适用性降低了，主要弊端是：农业生产以家庭经营为主，其他各业个体经营的比重很大，而起报单位又不可能是一家一户。现实状况是：各家各户的情况大多数不是通过全面调查取得资料；农村经济管理比较粗放，缺少原始记载，全面填制报表，难免有更大的登记性误差；基层单位单纯的把报表看成是向上级应尽的一种义务，是一种付出，没有充分认识到全面统计资料也是改善基层经营管理所必须的。因而就统计工作本身讲，投入多，收益少；统计报表带有很强的季节性，在填制报表时基层统计人员工作十分紧张，平时被拉去搞其他中心工作，因而，统计工作被误认为简单、轻松，基层统计人员满腹怨言。

由此可见，报表制度应该改革，首先在数量上尽可能精减，凡能用非全面调查的就不用报表。广泛采用抽样调查方法，近几年来，在农产量和农村住户抽样调查的带动下，抽样调查的优点已被更多的人所认识，农村熟悉抽样调查的人越来越多。况且，填制报表已经大量使用抽样材料，广大农村基层为满足工作需要，已经开展了各种抽样调查工作。

在这种形势下，可以考虑省级不再抽县，县县开展抽样调查的可行性。如人、财、物力允许，在样本容量压缩的情况下，仍会获得较好的调查效果。这样做，被精减后的报表，有些指标可以以县为起报单位，县以下各级可以通过多种调查方法随时搜集自己所需要的统计资料，以便指导工作。这样基层单位不再把统计工作单纯看成是为上级的一种付出，调动基层统计工作的积极性，引起基层对统计工作的重视。

为了避免数出多门，统计部门和业务部门应抓紧协调工作，作出明确分工，严格避免重复调查，统计材料可互相调用，正在研究的一套表调查方法，应力争早日实行。

三

与有计划的商品经济相适应的核算体系和统计服务的社会化都要求加强农村的综合统计工作。在计划经济体制下，宏观经济核算以实物量核算为主，它基本上不反映市场的实际交易。微观经济核算以资金核算为主，它只核算本单位的资金周转和盈利。宏观核算和微观核算存在着矛盾，不能衔接。企业核算的产值等指标，主要是为了应付上级的考核。形成统计核算为上级，会计核算为自己的不正常局面。使统计核算和会计核算长期统一不起来。微观经济的市场交换是宏观经济资金流量核算的基础。符合中国国情的核算体系，必然要大量的采用价值指标，要加强社会资金流量的计算。因此，完善的会计核算制度将成为国民经济核算的基本条件。

从目前看，搜集整理会计核算材料，必须由综合统计和综合财务部门来完成，随着我国经济体制改革的深入，三次产业相互交错发展，以专业的形式进行统计，已经不能适应新的情况，特别是在第三产业迅速发展，各单位经济往来频繁的情况下，更有必要加强农村综合统计工作，以便统一口径，把统计核算和会计核算统一起来，向社会提供完备的统计资料。

商品经济的发展，经营者需要更多地了解社会需求，要求统计部门敞开大门，更多的向社会提供有用的信息、统计服务的社会化是必然的趋势。在计划经济体制下，指导企业生产和经营的主要信息是指令性计划，较少依赖统计信息，统计信息没有强烈的社会需求。因此，长期以来，强调统计工作的任务是为党和国家制定政策，编制计划服务，忽视统计为全社会，即为生产者、消费者，为科学、教育等各行各业服务的作用，致使统计资料没有充分利用，统计工作本身效益不高，统计机关和统计人员，陷于不被重视的局面。经济体制改革以来，企业的生产和经营有了较大的自主权，商品经济的发展，促使生产者和经营者开始重视社会经济信息，我国统计工作由封闭状态开始向开放式统计转化，为社会提供了大量有用信息。但仍不适应国民经济和社会发展的形势。

在现代社会，信息是财富，统计信息是社会经济信息的主体。这一点，正在为越来越多的人所认识，随着商品经济的发展，社会对统计信息的需求量势必越来越大。统计服务的社会化程度，将作为评价标准来衡量统计改革的成果。为此，必须充分开发利用统计调查资料，加强综合统计分析，要搞好综合统计分析，首先要提高分析的针对性，要摸准社会经济跳动的脉搏，满足社会各界对信息的需求；其次要加强全国的信息网络建设，各级统计部门是这个网络的核心，特别是基层统计信息网络，担负着向本地区传递信息的任务，他们的作用更加具体，更有针对性。可以想像，哪个地区综合统计分析搞得好，提供的信息多，哪个地区的统计部门就会受领导的重视和群众的欢迎。第三，要开拓传播渠道，加快传播速度，扩大传播范围，提高信息的时效性。第四，开展统计的有偿服务。统计资料和信息，是劳动的成果，可以采用商品交换的原则向他人提供，包括转让已有的统计资料，委托调查和咨询服务。为使统计部门在开展社会服务中有章可循，国家统计局应会同有关部门制定有关规定，在试行基础上不断完善。

20 世纪三四十年代我国城市地价确定的依据和方法*

詹玉荣

党的十一届三中全会以来，在改革开放的方针指引下，我国经济得到了迅速发展。随着城市工商企业的兴办扩大，交通港口的建设发展，外资的引进，旅游事业的发展以及城市住房的扩建和住房政策的改革，旧房地产权的政策落实等等，使得土地征用，土地租赁，房地产权的转移成为城市经济发展的重要问题。而解决这些问题都与城市土地价格有关。怎样合理地确定城市土地价格，除了借鉴当今国外的经验，了解一些旧中国城市地价的评估方法，也是有裨益的。由于三四十年代是国民党政府开展地政研究较为活跃的时期，对城市地价的调查研究较多，著述亦较广泛。故本文对三四十年代我国城市地价确定的依据和方法作简单介绍。

一、决定城市地价的依据

1. 土地收益是决定地价的基础。资本家购买土地所获取的利润，视作与投资工商业或存入银行收取利息相类似，只有当资本家购买土地所获取的利润等于或大于利息率时，资本家才有兴趣购买土地。所以城市土地的收益是确定土地价格的基础。

2. 流行利率影响城市地价。土地价格的高低和土地收益还原于资本的利率高低常成反比例。即流行利率除土地收益等于土地的资本价格。因此利率不同，地价有很大差异，如表 1。

表 1

某时的某地	纯收入（元）	利率%	地价（元）
A	10	2	500
B	10	3	333
C	10	4	250

3. 城市土地供求关系的变化影响地价。在土地私有制度下，土地作为财富积累的对象和从事剥削获取利润的手段，其价格也像其他商品一样随供求关系变化而变动。

从需求方面看：

（1）人口增减影响地价。人口增加时需要容身之地增加，房租、地租上涨，地价也随之提高，相反则地价下跌。

---

* 原载《农村社会经济学刊》1989 年第 4 期。

（2）工商业盛衰影响地价。在经济繁荣时期，人口增加，积聚剩余资本较多，其利率相对下降，同时由于开办工厂，兴建商店等对城市土地需要增加，促使房地产业交易兴旺，购买土地者增加，使地价提高。反之，则地价下降。

（3）市民的购买力与其生活水平的高低影响地价。在同一地区当人们生活水平每况愈下，购买力低下时，地价下跌。而在物价指数上升、货币贬值时，地价随之腾贵。而且物价越高，土地的买卖次数越多，得利和投机的机会也越大。在不同的地区，由于人口密度、城市经济发展状况和人民生活水平的程度不同，其购买力也有差异，土地价格也不同。如1931年上海市地价较纽约低30倍，较东京低6倍。*

（4）人们的侥幸心理、投机心理和迷信思想也是短期影响地价的原因。在工商业上升时期，一些投机者大量购买土地待价而沽，会造成一时地价上升，也有一些缙绅富商购买宅地，讲究邻境、风景、建筑形式和风水等，这种以个人享乐、迷信或投机为基础的地价，多随个人主观喜好程度而高下。

从供给方面看：

城市土地的位置是决定地价的主要原因。与土地位置相适应的交通便利程度、公共设施质量、面积大小、租税多少也影响地价。以城市商业用地为例，同样一亩地若在通衢大道、行人集中的市中心，就比在行人较少，交通不便的地方，价格高出数倍至数百倍。如30年代上海南京路每亩地价最高为47万两，而华界最低地价仅200元。在同一街道，街角地带行人倍多，营业易于繁盛，其地价也较街中心地带高。在同一道街，临街地段宽或临街较近地段也比临街地段窄或临街较远地段地价高。甚至在炎热的地方，街道西侧要比街道东侧地价高。其次交通运输便利，不论载客载货和维持商业繁荣都有利。所以经商者在未购地或租地之前，常调查该地每日往来的人数、车辆来推定地价。此外，商业集中的地方，便于顾客选择，促使同行业竞争和商业繁荣，也使地价增高。

由上可见，土地本身所具备的自然条件以及所处的经济和社会环境都将会制约着城市地价的高低。

基于上述理论，人们对城市地价的确定采取了各种不同的计算方法。

二、城市地价的计算方法

旧中国的城市地价的计算，在理论上是采用土地的资本价格，即收益价格。但由于政策法令的规定，交易场合的不同，对土地估价的目的不同，采用的计价方法也不同。

1. 收益价格（或称资本价格，真实价格）**的计算是以土地的收益还原为资本来计算地价。**其公式为：

$$\text{土地收益价格}=\frac{\text{总收益}-\text{投资费用}}{\text{当地流行利率}}=\frac{\text{纯收益（地租）}}{\text{当地流行利率}}$$

如设V为土地收益价格；a为每年纯收益；r为通行利率，则公式为

$$V=\frac{a}{r}$$

这个公式没有顾及到土地纯收益每年增减的情况，为计算土地的真实价格，当时美国的经济

* 张辉：上海市地价研究，正中书局1935年版，第87页。

学家修改了这个公式。即设 i 为每年净增（减）收益，公式修正为

$$V=\frac{a}{r}\begin{matrix}(+)\\(-)\end{matrix}\frac{i}{r^2}$$

这个公式中利率的选择对地价影响极大。选择利率的方法常采用：①当时国内各地不动产押款的平均利率。②公营银行所发行土地债券的平均利率。③国内不动产押款二三十年来长期利率的平均数。以三种利率当中的一种为估价利率。

这种计算方法见于经济学的著作中。如：万国鼎译的《农业经济学导论》（正中书局 1936 年版），章植著的《土地经济学》（黎明书局 1934 年第四版），张德粹著的《土地经济学》（正中书局，1979 年版本）。

2. 上述计算方法中利率的变化很大，也有以购买年为依据，求得土地的收益价格。其方法是：土地收益价格＝购买年×年收益。购买年的推定，通常采取利息率的分子分母颠倒相除取得。即利率＝$\frac{4}{100}$、购买年＝$\frac{100}{4}$＝25。

3. 市场交易地价的计算。市场交易地价是指城市土地公开买卖时，买卖双方同意交易的自由价格。这种价格常受位置差异、利用程度、需要急缓、购买力大小、人口增减等多种因素影响。其价格的差别也很大。因此确定这种价格，一要考察这一地区内各地段的性质、位置、环境、地形和效用。二要注意街道的方向、房屋的种类、交通状况、工商业繁荣的程度，公共设施的情况以及邻近地段近期出售的价格和买卖双方本人的状况。并以周围一二百米范围内的地价进行对比，综合评定分析，悉心比较，推断出的较为合理的价格。这种方法是旧中国城市土地交易中最常用的方法。

4. 法定价格的计算。是根据国民党政府 1930 年公布的土地法的规定，将所辖区内的土地，就其地价相近者，划分为地价区。在同一地价区内，参照其最近市价及申报地价平均计算得出的土地价格，然后经过公告程序，不发生异议或发生异议经主管地政机关决定或公断后确定的地价。这种地价是政府征收地税的依据。

5. 土地的担保价格（或称抵押价格）**的计算。**一般按土地收益价格的三分之二或四分之三折算。这种地价仅用于金融界。

6. 比较地价的计算。在繁华的商业区地价比较昂贵，为了较精确的计算地价，常采用长 100 米，宽 1 米为一个单位地价，然后按临街的远近，依一定比例计算每平方米的地价。其方法是：

（1）正街地段地价的计算。

①“四、三、二、一”计算法。假设有一地段深 100 米，其地价计算是将该地平均分为 4 段。其第一段地价占总地价的 40%，第 2 段地价占总地价的 30%，第 3 段地价占总地价的 20%，第 4 段地价占总地价的 10%（见图 1－a）。

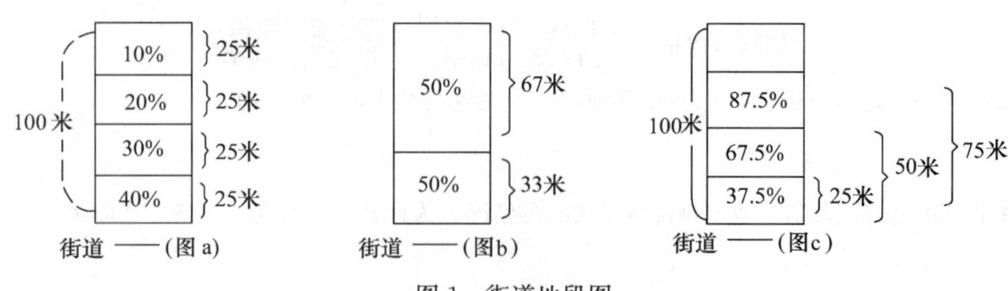

图 1　街道地段图

②波那特（A. D. Bernard）估价方法。仍以100米为例，将地段分为三等分，其临街的三分之一，占总地价的50%，其余三分之二占总地价的50%（见图1-b）。

③霍甫曼（J. M. Hoffman）计算方法。仍以100米为例，将地段分为四等份，其临街前25米的地价占总地价的37.5%，临街前50米的地价占67%，临街前75米占总地价的87.5%（见图1-c）。

④哈泼欧哥（Harper—Edgar Rule）计算法。是用深度尺数的平方根乘以10，求得其地价的百分率来计算地价。即：

$$\text{地价的百分数}=10\cdot\sqrt{N}\qquad N=100\text{米内的深度}$$

假定深度为36米，其平方根为6乘以10为60，此60%为36米深度地段，占总地价的百分率。

⑤苏慕斯（W. A. Somers）计算地价的方法。苏慕斯计算地价的前提是确定单位地价，制定地价深度百分率表，然后按单位地价乘以深度百分率计算该地价。其计算公式：

设：V为地价；F为沿街宽度；B为单位地价；C为深度百分率

$$V=F\times B\times C$$

单位地价一般以实地调查确定。深度百分率表的制定，在章植编著的《土地经济学》中则按半段落地价对全段落地价百分数表中的百分率，按几何级数等比下降的公式推算出地价深度百分率表（见下表2、3）。

表2　半段地价对全段落地价百分数表

区　域	一尺深之半段落	五十尺深之半段落	一百尺深之半段落
高等零售区	65%	77.5%	90%
通常零售区	62.5%	73.75%	85%
批 发 区 域	55%	67.5%	80%
住 馆 区 域	52%	55%	58%
住 宅 区 域	52.5%	58.25%	65%

表3　根据表2数据计算出深度百分率表

深　度	高等零售区	普通零售区	批发区	住馆区	住宅区
5米	0.216	0.178	0.111	0.065	0.076
10米	0.327	0.281	0.198	0.126	0.143
15米	0.414	0.365	0.275	0.183	0.207
20米	0.486	0.436	0.346	0.239	0.267
⋮	⋮	⋮	⋮	⋮	⋮

引自章植：《土地经济学》，黎明书局1934年版，第437～440页。

例如：在普通零售区有一地段，临街宽2米，深5米，单位地价1 000元。该地段地价＝2×1 000×0.178＝356（元）

（2）街角地段地价的计算。城市两街交切处为街角地段，因街角受两面街道影响，具有交通便利，多吸引顾客，而且较正街腹地阳光充足，空气流通，便于陈列商品，广告醒目等优点。所以街角地价常比街中腹地地价高。苏慕斯认为：

①受街角影响所增加的地价，以两街道的交切点（街角）为最大，离切点越远则越小。即街角地因街角影响所增加的价格与离街角的距离成反比。但一般以 100 米为限，超过 100 米按腹地正街计价方法计算。

②街角影响价格的幅度，受交切两街的单位地价的比例不同而有差异，两街单位地价差额小，街角影响所增加的价格大，反之则小。即，街角影响地价的大小与边街的单位地价成正比。

③街角地价受上述两项影响，所增价格百分率在 6.5%～51%之间（见表 4）。

表 4　街角影响增价百分率表

正街单位地价	边街单位地价	两单位地价之比例	街角地所增价值%
1 000 元	0 元		6.5%
1 000 元	100 元	10∶1	9%
1 000 元	200 元	5∶1	12%
1 000 元	300 元	10∶3	15%
1 000 元	400 元	5∶2	18%
1 000 元	500 元	2∶1	21%
1 000 元	600 元	5∶3	26%
1 000 元	700 元	10∶7	31%
1 000 元	800 元	5∶4	37%
1 000 元	900 元	10∶9	44%
1 000 元	1 000 元	1∶1	51%

引目蒋廉：《市地评价之研究》，正中书局，1935 年版，第 73 页。

根据上述原则，街角地段地价计算公式如下：

街角地段地价＝(沿街宽度×单位地价×正街深度百分率）＋（边街沿街宽度×边街单位地价×边街的街角深度百分率）

但住宅地的街角，因受车辆嘈杂干扰，地价反而低。就是随经济的发展，住宅地价逐渐提高，街角地比腹地也仅高 6%～7%。

由于街角地形不同或两街地价差异，在计算地价时会出现许多情况，计算地价时也作了各种修正，其方法不再一一赘述。

这种较精确的计算地价的方法，三四十年代应用于欧美各国。我国较为详细的介绍这种计算方法的书籍如蒋廉著的《市地评价之研究》(正中书局，1935 年版）。

三、对各种计算方法的评价

上述方法均是 20 世纪三四十年代还没有应用现代化计算技术时所采用的计算方法。当时对运用哪种方法计算地价更准确，各家意见不一，认为各有利弊，只能根据当时当地的具体情况和不同需要加以选择。如用收益价格的方法计算地价比较普遍，其缺点是计算土地收益价格的两个基本数据，一是土地收益很难获得真实材料。二是利率随时随地变动以及闲置土地没有收益，土地价格就不易计算；用购买年计算地价、简便易算、缺点是不够准确；以市场价格为标准计算地

价、方法简单，易于买卖双方接受。缺点是常因利率、购买力、收益多少、物价涨落等多种因素影响，地价变动幅度大，变化快往往不能真实的表现其价格；苏慕斯估计地价的方法，他要求必须作好三点，一是规定好单位地价。二是制定出深度百分率表。三是进行调查研究查定最确实的土地价格。这种方法适用于土地昂贵的大城市商业繁华地区的地价计算，被认为是较精确的计算方法。

上述方法多是借用西方计算土地价格的方法。在旧中国应用最多的是采用估定地价的方法对城市土地进行评估，作为征税的依据。而在日常地产交易中，则是随市场供求变动而涨落。其价格涨落变化幅度大，变化速度快，易于进行投机。

纵观一个城市地价的分布情况，以上海市、南京市的情况分析。地价是以市中心的商业区为最高地价区和地价变动幅度最大区。并以这个最高地价区为中心，向四周辐射，地价呈波浪式下降趋势。造成这种趋势的原因，则是由于影响地价诸多因素中的一个或数个所致。

多主题抽样中两种估计方法的比较*

肖 海 峰

一、简单估计

所谓简单估计就是以样本单位标志值的平均值来直接作为总体标志值的估计值。由于简单估计的方法比较简单，因而在我国目前抽样调查的实践中应用比较普遍。

在多主题系统抽样中，假设有 m 个主题 X_1、X_2、$X_3 \cdots X_m$，多主题总体单位数为 N，从这 N 个总体单位中，按系统抽样的方式抽取 n 个样本单位，则多主题总体标志值 X 的简单估计量 $\hat{\overline{X}}$ 为：

$$\hat{\overline{X}} = \left(\frac{1}{n}\sum_{i=1}^{n} x_{i1}, \cdots, \frac{1}{n}\sum_{i=1}^{n} x_{im}\right)' = (\overline{x_1}, \overline{x_2} \cdots, \overline{x_m})' \tag{1}$$

由于多主题系统抽样属于不放回的多主题抽样，因而在多主题系统抽样中，简单估计量 $\overline{X}$ 的抽样方差可用不放回的多主题抽样的抽样方差公式来计算，即：

$$V(\overline{x}) = (V/n)(1-n/N) \tag{2}$$

其中：$V = \sum_{i=1}^{n} (x_i - \overline{x})(x_i - \overline{x})' / (n-1)$

为样本协方差矩阵，它是总体协方差矩阵 $\sum$ 的无偏估计。

$$x_i = (x_{i1}, x_{i2}, \cdots, x_{im})'$$
$$\overline{x} = (\overline{x_1}, \overline{x_2}, \cdots \overline{x_m})'$$

假设将多主题总体分为 L 层，第 h 层的总体单位数为 N_h 样本单位数为 n_h，则本层的权重 $W_h = N_h/N$，抽样比 $f_h = n_h/N_h$，层样本平均值为：

$$\overline{X}_h = \frac{1}{n_h}\sum_{i=1}^{n_h} X_{ih} = \left(\frac{1}{n_h}\sum_{i=1}^{n_h} X_{ih1}, \cdots, \frac{1}{n_h}\sum_{i=1}^{n_h} X_{ihm}\right)' (\overline{X}_{h1}, \cdots, \overline{X}_{hm})'$$

则总体标志值的简单估计量 $\hat{\overline{X}}_{st}$ 为：

$$\hat{\overline{X}}_{st} = \overline{X}_{st} = \sum_{h=1}^{L} \frac{N_h}{N} \cdot \overline{X}_h = \sum_{h=1}^{L} W_h X_h \tag{3}$$

简单估计量的抽样方差为：

$$V(\overline{X}_{st}) = V(\sum_{h=1}^{L} W_h \cdot \overline{X}_h) = \sum_{h=1}^{L} W_h^2 V(\overline{X}_h) + 2\sum_{h=1}^{L} \sum_{i>h}^{L}$$
$$W_h \cdot W_j COV(\overline{X}_h, \overline{X}_i) = \sum_{h=1} W_h^2 \cdot V(\overline{X}_h)$$

* 原载《统计研究》，1989 年第 5 期，本文获国家统计局举办的抽样征文二等奖。

由不放回的多主题抽样的抽样方差公式得，在多主题分层抽样中第 h 层的抽样方差为：

$$V(\overline{X}_h)=V_h(1-n_h/N_h)/n_h$$

则在多主题分层抽样中，简单估计量的抽样方差为：

$$V(\overline{X}_{st})=\sum_{h=1}W_h^2\cdot\frac{V_h}{n_h}(1-\frac{n_h}{N_h}) \tag{4}$$

其中：

$$V_h=\frac{1}{n_h-1}\sum_{i=1}^{n_h}(\overline{X}_{ih}-\overline{X}_h)(X_{ih}-\overline{X}_h)'$$

为第 h 层的样本协方差矩阵，它是第 h 层总体协方差矩阵 $\sum h$ 的无偏估计。

二、条件均值估计

一般来说，在利用同一抽样方法取得样本资料并以此来估计总体标志值情况下，利用与调查标志有关的辅助信息比不利用辅助信息有更好的精确度。下面讨论利用辅助信息来估计总体标志值的一种方法——条件均值估计。

在多主题系统抽样中，假定有 m 个主题，即 m 个调查变量，分别以 X_1，X_2，…，X_m 来表示，则由这 m 个调查变量组成了一个调查变量向量 $X=(X_1,X_2,\cdots,X_m)'$；同时假定与这 m 个调查变量有密切关系的辅助变量有 n 个，分别以 y_1，y_2，…，y_n 来表示，则由这 n 个辅助变量组成了一个辅助变量向量 $y=(y_1,y_2,\cdots,y_n)'$；这样由调查变量向量 X 与辅助变量向量 y 就可组成一个新的向量 $Z=(X,y)'$，由中心极限定理，可认为 Z 近似服从（$m+n$）元正态分布。

先引入一个定理：

定理：设 $y\sim N_m(u,V)$，$V>0$ 并且将 y、u 及 V 作如下的分割（$p+q=m$）：

$$y=\begin{pmatrix}y_1\\y_2\end{pmatrix}_q^p,\quad u=\begin{pmatrix}u_1\\u_2\end{pmatrix}_q^p,\quad V=\begin{pmatrix}V_{11}&V_{12}\\V_{21}&V_{22}\end{pmatrix}$$

则给定 y_2 时 y_1 的条件分布为 p 维正态分布，且条件均值和方差为

$$E(y_1\mid y_2)=u_1+V_{12}V_{21}^{-1}(y_2-u_2) \tag{5}$$

$$V(y_1\mid y_2)=V_{11\cdot 2}=V_{11}-V_{12}V_{22}^{-1}V_{21} \tag{6}$$

在多主题总体中，按系统抽样方式抽取 n 个样本单位，并对这 n 个样本单位的所有调查变量与辅助变量都进行调查，根据调查资料，可以计算出向量 $Z=(X,y)'$的样本均值 u 及样本协差阵 V，由于向量 Z 是由调查变量向量 $X=(x_1、x_2\cdots\cdots X_m)'$及辅助变量向量 $y=(y_1,y_2\cdots\cdots y_n)'$组成的，因而样本均值 u 也可分为两部分——调查变量向量的均值 $x=(x_1,x_2\cdots\cdots x_m)'$及辅助变量向量的均值 $y=(y_1,y_2\cdots\cdots y_m)'$，即：

$$u=\begin{pmatrix}\overline{x}\\\overline{y}\end{pmatrix}_n^m$$

同理，样本协方差阵 V 也可分为

$$V=\begin{pmatrix}V_{11}&V_{12}\\V_{21}&V_{22}\end{pmatrix}$$

其中：V_{11} 为调查变量 X 的协方差阵；V_{22} 为辅助变量 y 的协方差阵；V_{12}、V_{21} 为调查变量 X 与辅助变量向量 y 二者的协方差阵。

由于向量 Z 是服从（$m+n$）元正态分布的，即 $Z\sim Nm+n(u,V)$，因而根据上述定理得到在给定辅助变量向量 y 时调查变量向量 X 的条件均值及条件协方差为：

$$E(x \mid y) = \bar{x} + V_{12}V_{22}^{-1}(y - \bar{y}) \quad (7)$$

$$V(x \mid y) = V_{11\cdot 2} = V_{11} - V_{12}V_{22}^{-1}V_{21} \quad (8)$$

在多主题总体中，调查变量向量 X 与辅助变量向量 y 是一一对应关系，即由一个调查变量向量的值与一个辅助变量向量的值共同组成多主题总体中一个总体单位的观察值（X，y）′，同时调查变量向量 x 与辅助变量向量 y 有着较为密切的关系，因而在以调查变量的样本资料来估计调查变量的总体标志值时，用辅助变量的样本均值与总体均值之间的偏差来对调查变量的样本均值加以修正，使其对调查变量的总体标志值的估计更为精确，为此，在式（6）中取 $y=\bar{Y}$（$\bar{Y}$ 为辅助变量向量的总体均值），就得到了调查变量 X 的总体标志值的条件均值估计量为：

$$E(X \mid \bar{Y}) = \bar{x} + V_{12}V_{22}^{-1}(\bar{Y} - \bar{y}) \quad (9)$$

其中：$\bar{x}=\frac{1}{n}\sum_{i=1}^{n} X_i=$（$\bar{x}_1$，$\bar{x}_2$……$\bar{x}_m$）′，

$\bar{y}=\frac{1}{n}\sum_{i=1}^{n} y_i=$（$\bar{y}_1$，$\bar{y}_2$……$\bar{y}_n$），

$\bar{Y}=\frac{1}{N}\sum_{i=1}^{n} Y_i=$（$\bar{Y}_1$，$\bar{Y}_2$……$\bar{Y}_m$）′。

关于条件均值估计的抽样方差，将式（7）中的条件协差阵 $V_{11\cdot 2}$ 代入系统抽样方差的计算公式 V（x）$=V/n$（$1-n/N$）中得：

$$V(\bar{x}) = V_{11\cdot 2}/n(1 - n/N) \quad (10)$$

其中：$V_{11\cdot 2}=V_{11}-V_{12}V_{22}^{-1}V_{21}$

下面讨论多主题分层抽样中，总体标志值的条件均值估计量及其抽样方差。

由式（9）可以得到多主题分层抽样中第 h 层总体层均值的条件均值估计量：

$$E(X_h/Y_h) = xh + V_{12\cdot h}V_{22\cdot h}^{-1}(\bar{Y}_h - \bar{y}_h)$$

在式（8）中，将层总体均值的简单估计量 $\bar{x}h$ 换成条件均值估计量，就得到多主题分层抽样总体标志值的条件均值估计量：

$$E(X \mid \bar{Y})_{st} = \sum_{h=1}^{L} W_h \cdot E(X_h \mid \bar{Y}_h) = \sum_{n=1}^{L} W_h \cdot [\bar{x}_h + V_{12\cdot h}V_{22\cdot h}^{-1}(\bar{Y}_h - \bar{y}_h)] \quad (11)$$

其中：$W_h=\frac{N_h}{N}$；

$\bar{x}_h=\frac{1}{n_h}\sum_{i=1}^{n_h} x_{ih}=$（$\bar{x}_{h1}$，$\bar{x}_{h2}$…$\bar{x}_{hm}$）′；

$\bar{y}_h=\frac{1}{n_h}\sum_{i=1}^{n_h} Y_{ih}=$（$\bar{y}_{h1}$，$\bar{h}_{h2}$…$\bar{y}_{hm}$）′，

$\bar{Y}_h=\frac{1}{N_h}\sum_{i=1}^{N_h} Y_{ih}=$（$\bar{Y}_{h1}$，$\bar{Y}_{h2}$…$\bar{Y}_{hm}$）′，

$V_{12\cdot h}$ 为第 h 层中调查变量向量 x 与辅助向量 y 的样本协方差矩阵；$V_{22\cdot h}$ 为第 h 层中辅助变量向量 y 的样本协方差矩阵。

由式（10）可得多主题分层抽样中第 h 层总体层均值条件均值估计量的抽样方差：

$$V(\bar{x}_h) = V_{112\cdot 2\cdot h}/n_h(1 - n_h/N_h)$$

将上式代入 V（$\bar{x}_{st}$）$=\sum_{h=1}^{L} W_h^2 \cdot V$（$xh$）

即得到多主题分层抽样中总体标志值的条件均值估计量的抽样方差

$$V\bar{x}_{st}=\sum_{h=1}^{L}W_h^2\cdot V_{11\cdot 2\cdot h}/n_h(1-n_h/N_h) \tag{12}$$

其中：$V_{11\cdot 2\cdot h}=V_{12\cdot h}-V_{12\cdot h}V_{22\cdot h}^{-1}V_{22\cdot h}$

以上讨论了多主题抽样中总体标志值的条件均值估计量，那么条件均值估计量究竟是什么呢？下面，以多主题系统抽样中的条件均值估计量为例来说明这个问题。

作为多主题系统抽样中条件均值估计的一个特例，现在看一下在只有一个调查变量 X 和一个辅助变量 y 时的条件均值估计量及其抽样方差（此时 $m=1$，$n=1$）。

$$Z=\binom{x}{y}_1^1\quad u=\binom{\bar{x}}{\bar{y}}_1^1$$

$$V=\begin{pmatrix}V_{11} & V_{12}\\ V_{21} & V_{22}\end{pmatrix}=\begin{pmatrix}\sigma_1^2 & \rho\sigma_2\sigma_2\\ \rho\sigma_1\sigma_2 & \sigma_2^2\end{pmatrix}$$

根据式（8），得调查变量 x 的总体标志值的条件均值估计量：

$$E(X\mid\bar{Y})=\bar{x}+V_{12}V_{22}^{-1}(\bar{Y}-\bar{y})=\bar{x}+\rho\frac{\sigma_1}{\sigma_2}(\bar{Y}-\bar{y}) \tag{13}$$

据式（9）得条件均值估计量的抽样方差：

$$\begin{aligned}V(\bar{x})&=V_{11\cdot 2}/n(1-n/N)=V_{11}-V_{22}V_{12}^{-1}V_{21}/n\cdot(1-n/N)\\&=\sigma_1^2/n(1-n/N)(1-\rho^2)\end{aligned} \tag{14}$$

由式（13）及式（14）可以看出：式（13）就是以 y 为辅助变量的调查变量 x 总体标志值的回归计量，式（14）就是回归估计量的抽样方差。由此得出：当只有一个调查变量和一个辅助变量时，条件均值估计量就是一元线性回归估计量。可以推出：当只有一个调查变量，但有多个辅助变量（即 $m=1$，但 $n>1$）时，条件均值估计量就是一个多元线性回归估计量；当有多个调查变量和多个辅助变量（即 $m>1$，$n>1$）时，条件均值估计量就是一个多元对多元的线性回归估计量；当有多个调查变量，但只有一个辅助变量（即 $m>1$，$n=1$）时，条件均值估计量就是一个多元对一元的线性回归估计量。因此，条件均值估计量是几种线性回归估计量的综合表现形式，它的实质就是回归估计量。

三、两种估计方法精度的比较

要比较两种估计方法的精确度，只有比较这两种估计方法的抽样方差就可以了。由前述可知，简单估计抽样方差公式为

$$V(\bar{X})=V_{11}/n(1-n/N) \tag{15}$$

其中：V_{11}为调查变量向量的样本协方差阵。

比较式（10）与式（15）可以看出：条件均值估计抽样方差的计算公式与简单估计的抽样方差的计算公式惟一的区别在于：条件均值估计抽样方差的计算公式用的是条件协方差阵：$V_{11\cdot 2}=V_{11}-V_{12}V_{22}^{-1}V_{21}$，而简单估计抽样方差计算用的是一般协差阵 V_{11}。现在比较一下 $V_{11\cdot 2}$与 V_{11}的大小。

由于 $V>0$，因而 V_{11}、$V_{21}\geqslant 0$，$V_{22}^{-1}>0$，所以，$V_{12}V_{22}^{-1}V_{21}\geqslant 0$，则：

$$V_{12}\geqslant V_{11}-V_{12}V_{22}{}^{-1}V_{21}=V_{11\cdot 2}$$

即条件协差阵总是小于或等于一般协差阵。取等号的充要条件是：

$$V_{12}V_{22}^{-1}V_{12}=0\Leftrightarrow V_{12}=0$$

即调查变量 x 与辅助变量 y 是独立的，但在实际工作中，调查变量 x 与辅助变量 y 常常具有较为密切的关系，调查变量 x 与辅助变量 y 的相互关系数 ρ 较高，由协方差与相关系数的关系式 $\rho=\sigma_{xy}/(\sigma_x\sigma_y)$ 得：$\sigma_{xy}=\rho\sigma_x\sigma_y$，可以看出：调查变量 x 与辅助变量 y 的相关系数 ρ 越大，二者的协方差也就越大，因而，调查变量向量 x 与辅助变量向量 y 的协方差阵 V_{12} 也就越大，$V_{12}V_{22}^{-1}V_{21}$ 也越大，由 $V_{11\cdot2}=V_{11}-V_{12}V_{22}^{-1}V_{21}$ 可看出：$V_{12}V_{22}^{-1}V_{21}$ 越大，$V_{11\cdot2}$ 就越小于 V_{11}，即条件协方差阵 $V_{11\cdot2}$ 就越小于一般协方差阵 V_{11}。通过上面分析，得出如下的结论：

条件均值估计的抽样方差总是小于或等于简单估计的抽样方差，并且调查变量 x 与辅助变量 y 的关系越密切，条件均值估计的抽样方差就越小于简单估计的抽样方差，只是当调查变量 x 与辅助变量 y 没有任何关系，即二者相互独立时，条件均值估计的抽样方差取得最大值，即等于简单估计的抽样方差。因此，在多主题抽样中，条件均值估计是一种比简单估计更为有效的估计方法。

四、两种估计方法的实际应用

1. 以确定样本点时粮食亩产与人均收入作为辅助变量。我们以安徽省 1981—1982 年三年粮食亩产与人均收入的平均值作为抽样选点的基础资料，在基础资料中，不加任何辅助信息。直接以粮食亩产与人均收入两主题的第一主成分作为排队标志编制抽样框，在这个抽样框中，从安徽省的 82 个县市中，抽取 25 个县市作为样本点。现在根据这 25 个样本点 1984 年粮食亩产与人均收入的资料，估计 1984 年安徽省的粮食亩产与人均收入，由 1984 年粮食亩产 x_1 及人均收入 x_2 组成了调查变量向量 $x=(x_1, x_2)'$，由三年粮食亩产与人均收入的平均值 y_1、y_2 组成了辅助变量向量 $y=(y_1, y_2)'$，由调查变量向量 x 及辅助变量向量 y 组成了向量 $Z=(x, y)'$，即 $Z=(x_1, x_2, y_1, y_2)'$，可以计算出向量 $Z=(x_1, x_2, y_1, y_2)'$ 的样本均值 u、样本协方差阵 V 及样本相关阵 R 如下：

$$u=\begin{bmatrix}\bar{x}_1\\ \bar{x}_2\\ \bar{y}_1\\ \bar{y}_2\end{bmatrix}=\begin{bmatrix}485.36\\ 247.32\\ 425.92\\ 125.72\end{bmatrix}$$

$$V=\begin{bmatrix}V_{11} & V_{12}\\ V_{21} & V_{22}\end{bmatrix}\begin{bmatrix}11\,440 & 4\,053 & 9\,044 & 2\,205\\ 4\,053 & 5\,143 & 2\,179 & 1\,929\\ 9\,044 & 2\,179 & 10\,507 & 2\,234\\ 2\,205 & 1\,929 & 2\,234 & 1\,631\end{bmatrix}$$

$$R=\begin{bmatrix}1 & & & \\ 0.528\,359 & 1 & & \\ 0.824\,913 & 0.296\,508 & 1 & \\ 0.510\,549 & 0.666\,058 & 0.537\,914 & 1\end{bmatrix}$$

由式（1）得到当采用简单估计时粮食亩产与人均收入的估计值为：

$$\hat{\bar{X}}=\begin{bmatrix}485.36\\ 247.32\end{bmatrix}$$

由式（2）得抽样方差：

$$V(\bar{x})=\frac{Y_{11}}{n}\left(1-\frac{n}{N}\right)=\begin{pmatrix}318 & 112.7\\112.7 & 143\end{pmatrix}$$

在向量 Z 的样本协差阵 V 中，

$$V_{22}=\begin{pmatrix}10\,507 & 2\,234\\2\,234 & 1\,631\end{pmatrix}$$

它的逆矩阵为：

$$V_{22}^{-1}=\begin{pmatrix}0.000\,134\,3 & -0.000\,183\,9\\-0.000\,183\,9 & 0.000\,865\end{pmatrix}$$

另外，在作为辅助信息的抽样选点资料中，粮食亩产的总体均值 $\bar{Y}_1=432.84$ 斤，人均收入的总体均值 $\bar{Y}_2=124.13$ 元。根据式（9）得在采用条件均值估计时 1984 年粮食亩产与人均收入的估计值为：

$$E(X\mid\bar{Y})=\begin{bmatrix}490.57\\244.87\end{bmatrix}$$

由式（10）得抽样方差为

$$V(\bar{x})=\frac{N-n}{nN}[V_{11}-V_{12}V_{22}^{-1}V_{21}]=\begin{bmatrix}99.66 & 50.57\\50.57 & 78.71\end{bmatrix}$$

可以看出：条件均值估计由于利用了抽取样本点时粮食亩产与人均收入的辅助信息，且辅助变量与调查主题二者之间的相关性较强（粮食亩产的相关系数为 0.82，人均收入的相关系数为 0.67），粮食亩产与人均收入的抽样方差都大大低于简单估计时的抽样方差。

2. 以当年的播种面积与参加分配人口为辅助信息。下面，仍以前述的 25 个样本点的资料，对安徽省以县为单位的平均粮食总产量与平均总收入作出估计。

设调查变量——平均粮食总产量为 x_1（亿斤），平均总收入为 x_2（亿元），辅助变量——播种面积为 y_1（万亩）、参加分配人口为 y_2（万人），则由调查变量向量 $x=(x_2,\ x_2)'$及辅助变量向量 $y=(y_1,\ y_2)'$组成向量 $Z=(x,\ y)'=(x_1,\ x_2,\ y_1,\ y_2)'$，根据 25 个样本点的资料可计算出向量 $Z=(x_1,\ x_2,\ y_1,\ y_2)'$的样本均值 u、样本协差阵 V 及样本相关阵 R 如下：

$$u=\begin{bmatrix}4.824\\1.195\\110.22\\52.25\end{bmatrix}$$

$$V=\begin{bmatrix}12.83 & 2.61 & 318.64 & 111.00\\2.61 & 0.59 & 65.74 & 23.83\\318.64 & 65.74 & 8\,602.92 & 2\,982.63\\111.00 & 23.83 & 2\,982.63 & 1\,283.63\end{bmatrix}$$

$$R=\begin{bmatrix}1 & & & \\0.953\,792 & 1 & & \\0.958\,972 & 0.926\,227 & 1 & \\0.864\,907 & 0.869\,301 & 0.897\,542 & 1\end{bmatrix}$$

由式（1）得到采用简单估计时平均粮食总产量与平均总收入的估计值为：

$$\hat{X}=\begin{bmatrix}4.824\\1.195\end{bmatrix}$$

由式（2）得抽样方差为：

$$V(\bar{x}) = \begin{bmatrix} 0.3567 & 0.0726 \\ 0.0726 & 0.0164 \end{bmatrix}$$

在向量 Z 的协方差阵 V 中，

$$V_{22} = \begin{bmatrix} 8602.92 & 2982.63 \\ 2982.63 & 1283.63 \end{bmatrix}$$

它的逆矩阵 V_{22}^{-1} 为：

$$V_{22}^{-1} = \begin{bmatrix} 0.000598 & -0.00139 \\ -0.00139 & 0.00401 \end{bmatrix}$$

作为辅助信息的播种面积及参加分配人口的总体均值分别为：$\bar{Y}_1=109.23$ 万亩，$\bar{Y}_2=53.28$ 万人，则根据式（9）得（条件均值估计时），平均粮食总产量与平均总收入的估计值为：

$$E(X \mid \bar{y}) = \begin{bmatrix} 4.79 \\ 1.193 \end{bmatrix}$$

由式（10）得抽样方差为：

$$V(\bar{x}) = \begin{bmatrix} 0.029 & 0.005 \\ 0.005 & 0.002 \end{bmatrix}$$

可以看到：条件均值估计由于利用了与粮食总产量及总收入有密切关系的播种面积与参加分配人口资料（粮食总产量与播种面积的相关系数为 0.96，总收入与参加分配人口的相关系数为 0.87），抽样方差远远低于简单估计的抽样方差。

不妨来一次阵痛*

——利息率与物价关系的再探讨

何 广 文

改革十年来，我国已经受了1980年和1984年的两次物价大幅度上涨，目前，正经受第三次物价上涨的考验。为了平抑物价，利率再一次成为人们议论的热点，“提高利息率，抑制物价”的观点似乎已为人们所普遍接受，并导致十年来我国存贷款利息率的第八次上调（最近一次是1989年2月1日）。但是，是否只要提高利息率，就能起到平抑物价的作用，其作用到底有多大?值得人们深究。

提高利息率，可以抑制物价上涨观点的持有者是基于这样的思路：①提高存款利息率，可增加储蓄，进而将消费基金转化为生产基金，减少了社会过旺的公共及个人消费性需求；②提高贷款利息率，增大企业生产成本，从而抑制企业对于信贷资金的需求，减少了社会过旺的投资性货币需求。进而，日益膨胀的社会总需求得到压缩，促进了社会总需求与总供给的平衡，市场物价得以平抑。

我们知道，利息率与物价分属于两个不同的经济范畴。利息率属于资金商品或货币资本范畴，而物价则隶属于实物商品或实物资本的范畴，两者对于社会经济活动产生的效应是不同的，且在现实经济运行中，两者的相互制约关系的存在也是毋庸置疑的，但资金利息率的提高对于物价上涨的制约作用的程度，则受到多种因素的影响。

一、从存款利息率的提高对于消费基金的转化谈起

社会总需求可以分解为消费性需求和投资性需求。消费性需求有两个方面：一是公共消费需求；二是个人消费需求。公共消费需求是政府、企业的消费需求，很明显，利率与公共消费部分之间的弹性系数是很小的，也就是说利息率的变动引起的公共消费的展缩很小，甚至可以认为对公共消费没有影响。至于个人消费，从消费结构上分析，个人消费基金可分为即期消费基金和延期消费基金。可以说，利息率对于居民即期消费部分没有什么影响，因为即期消费基金是为了购买日常生活必需品，利息率的吸引力再大也不至于使得居民放弃日常生活之需，因而利息率的提高不会使即期消费基金有多大变动。以延期消费基金形式存在的个人消费基金，是居民个人为了防止不幸事故的发生，将来购买大件消费品、养老、子女的成长和教育等进行的必要的货币财富的贮备，这种形式的消费基金通常被居民以现金和银行存款方式持有。其中现金部分是异常活跃

* 原载《陕西金融》1989年第9期。

的部分，在物价大势上涨期间，以现金方式持有的延期消费基金就向即期消费基金转化，形成现实购买力，增加社会总需求，对市场产生更大的压力，可能使得市场物价进一步上涨；在银行利息率有足够的吸引力时，居民以现金形式持有的延期消费基金就向银行存款方式转化，但其转化度的大小则取决于银行存款利息率与物价上涨率之间的相对变动情况：

（1）当存款利息率＞物价上涨率时，物价上涨幅度比存款利息率低，居民将货币收入存入银行所获得的利息收入完全可以抵消因物价上涨而带来的货币贬值，即存款的实质利息收入大于零，居民存款于银行以增值的心理得以启动，以现金形式存在的延期消费基金向银行存款形式转化的转化率较大，银行存款增加，可以起到压缩社会总需求的目的，有利于物价的稳定。

（2）当存款利息率＝物价上涨时，人们存款于银行所取得的收益只能保值，参加储蓄的积极性不高，对于现金形式的延期消费基金向银行存款形式的转化的推动作用不大，银行存款额度的增长不稳定，时好时坏，不利于物价的平抑。

（3）当存款利息率＜物价上涨率时，一定时期内，居民存款于银行所获取的名义收入还不能抵补因物价上涨而引起的货币贬值，在“存钱不如存物”的思想支配下，客户的存储意向逐渐丧失，可能会出现抢购现象，银行储蓄存款“滑坡”，导致抢购→银行存款下降→商品供求矛盾激化→物价上涨的恶性循环。居民以现金形式甚至以银行存款形式持有的延期消费基金大势向即期消费基金转化，加剧社会总供给与总需求之间的矛盾。这时，银行利息率的诱导作用相当有限。

上述三种情况中，只有在前两种情况的基础上提高存款利息率，对于居民手持现金向银行存款的转化作用才是显而易见的，也就是说利息率应该跟踪物价水平。大部分发达资本主义国家都是这样做的，美国和日本的情况如表1所示。

表1　美国、日本名义利息率与物价上涨率对照表

年份＼指标＼国别	美国		日本	
	名义利率（%）	物价上涨率（%）	名义利率（%）	物价上涨率（%）
1978	11.75	7.5	4.5	3.8
1979	11.25	11.3	6.51	3.6
1980	21.50	13.5	8.16	8.0
1981	15.75	10.4	6.95	4.9
1982	12.3	9.9	6.9	4.0
1983	9.1	8.4	6.4	3.5
1984	10.4	6.5	6.1	2.7
1985	8.1	3.5	6.5	2.1

资料来源：据《国际金融统计资料》整理。

近几年来，我国储蓄存款利息率有了较大的提高。1988年9月1日起，居民定期存款一、三、五年利息率分别提高20%、17.4%、15.4%。但是，与此同时，我国物价水平也有了较大幅度的增长，1988年物价上涨率达18.5%，这样，储蓄存款利率的增长幅度仍然远远低于物价上涨的幅度。前几年的情况也是这样，如1985年消费物价水平比上年上升8.8%，而综合存款利息率仅3.79%（《中国金融》1988年第10期）；1987年物价上涨7.3%，而综合存款利息率仅6.019%，（《中国金融》1988年第8期）。存款的实际利率为负值，因而存款负增长的格局始终无力扭转，利息率的诱导力无从发挥。

在存款利息率的提高始终跳不出“存款利息率小于物价上涨率”的圈子时，实际利率为负值，存款利息率的适当提高，一定时期内可以收到一定的效果，促使一部分现金向着银行存款转化，但从长期来看，其作用是很有限的，同时由于下面两方面原因的存在，更能说明其作用的有限性：①居民收入增长的有限性；在一定时期内，居民的收入来源基本上是稳定的，即使有变化，其波动也不会太大。②居民的消费习惯所产生的消费支出结构在一定时期内变化也不太大（基本上是不变的）。这一点从表 2 的统计资料中也可以得以表明。

表 2　我国城市居民年人均全部收入中即期费与延期消费所占比重表

年　份	1957	1961	1981	1982	1983	1984	1985	1986	1987
即期消费比重（%）	87.6	90.6	91.3	87.9	88.3	84.7	89.8	87.8	87.4
延期消费比重（%）	12.4	9.4	8.7	12.1	11.7	15.3	10.2	12.2	12.6

资料来源：根据《中国统计年鉴》整理。

这样，一方面，可以动员的资金来源的量增长有着数量界限；另一方面，消费基金中即期消费与延期消费各自所占的比重又较固定，因而消费基金向着生产基金的转化度不会增大太多，进而对于物价的抑制效果也就不会太好。

二、分析贷款利息率的提高对于企业资金需求的抑制问题

目前，我国企业贷款利息的列支是计入产品成本的，当然，贷款利息率提高的直接后果就是增加企业产品的生产成本。因而有人以我国企业承受力的有限性这一点出发，推演出了这样一种经济传导模式：提高贷款利息率→企业产品生产成本增加→抑制企业对于信贷资金的需求→减少了社会总需求（投资性货币需求）→缓和总供给与总需求的矛盾→平抑物价。

所谓企业的承受力，也就是各行业的不同企业的盈利水平问题，通常以其资金利润率来表示。若企业资金利润率高，则其承受力高；若企业资金利润率低，则其承受力弱。各行业的盈利水平不可能相同，即使是同一行业的不同企业，其盈利水平也可能相距甚远。这样，即使是在现有贷款低利息率水平下，也有一部分企业表现出纤弱的承受力。提高贷款利息率，无疑对于低效益企业是一个沉重的打击，但是：①按现行规定，企业贷款利息是打入成本的，利息支出占企业成本的比例很小，对企业的影响甚微。据新疆乌鲁木齐市 1987 年对二十五个工业企业的调查，企业利息支出平均占成本的 2.78%，最高的企业为 6.3%，最低的企业为 0.8%。从全国情况来看，1984 年贷款利息率调整后，工业企业贷款利息支出仅占其成本的 1.51%，商业企业占其销售成本的 1.72%；1987 年统计，全国各部门、各行业年利息支出占成本比重最低的农业部门为 0.2%，最高的电子工业部门也仅占 1.0%，大多数部门和行业在 0.4%～0.7%之间，即使是在今年 2 月 1 日调整贷款利息率后，利息支出也不过仅占工商企业成本支出的 1%～2%。这对于企业来讲，根本没有构成存亡的威胁；②近年来我国屡次提高贷款利息率，经济仍然十分活跃，资金仍然供不应求的现实也表明广大工商企业对现行利息率有足够的承受能力；③贷款利息率提高之后所增加的企业成本相当部分可以被加速资金周转所提高的效益及存款利息率提高所获得的利息收入所抵消。因而，幅度不大的银行贷款利息率的提高，对于企业成本影响不大，企业不可能

因承受力不足而缩减其对于信贷资金的需求。只要企业所获得的利润或收益还大于利息负担，企业就愿意接受较高的利息支付，对于社会的投资性需求的抑制就不会见效太大。

三、结论：不妨来一次阵痛——大幅度提高存贷款利息率

1989年2月1日起，一年期存、贷款利息率分别由原来的8.64%、9.0%提高到11.34%、12.78%，分别提高了31.25%、42.0%，但其名义利息率水平仍然低于物价上涨率。最近几个月的执行结果表明：储蓄存款增长幅度比去年同期有所上升，贷款余额比年初有所下降，投资发展速度比去年同期有所下降，但其幅度都不大。要知道，1988年我国这几项指标的运行结果都是令人担忧的，说明我们这次利息率提高的收效仍然不大，对于居民以现金形式持有的延期消费基金向银行存款形式的转化、对于企业投资性资金需求的抑制作用仍然不大，是“紧而不缩”。

在此丝毫无意贬低提高存贷款利息率的作用，只是在于阐明幅度不大的利息率的上调没能达到我们预想的意图的这样一种事实。笔者认为，造成这种局面的真实原因仍在于我国利息率水平仍然偏低，利息率杠杆作用疲软，要使利息率的提高能真正起到平抑物价的作用，还有一个上调的量和度的问题。为了进一步抑制社会总需求，应该改变在利息率调整问题上走“碎步”、小调整的做法，不妨来一次“阵痛”，大幅度地提高存贷款利息率，以触及引起物价上涨的根子，彻底清除投资膨胀及消费膨胀。

提高存贷款利息率，应掌握这样一个数量界限：存款利息率>物价上涨率，使居民存款于银行的实质利息率居于正值，以协调信贷关系；贷款利息率的上调应大至高于社会平均资金利税率，这样才有利于起到对付货币过量、压缩社会总需求的作用。随着货币相对过量状况得到扭转以后，利率再恢复到平均利税率以下。值得一提的是，大幅度提高存贷款利息率后，可能会产生一定的负效应：①储蓄存款的大幅度提高，势必会使一部分银行利润转化为储户利息收入，从而扩大了消费基金的投放，削弱了国家财政收入和银行自身积累。1988年底全国城乡储蓄存款已达3 797.94亿元，利息率每增加一个百分点，每年就将多支付利息约38亿元，对于国家资金积累将造成严重影响。②借贷利率之间存在一种有序结构：贷款利率大于存款利率。如果大幅度提高储蓄存款利率，跟踪物价，必然相应地提高贷款利息率，使企业资金成本提高，进而推动总成本上升，驱使产品价格上涨，有可能形成“物价上涨→提高利率→物价上涨”的恶性循环。但这并不说明提高存贷款利息率以控制社会总需求进而达到稳定物价的做法是不可取的。要看到在提高存贷款利息率以后物价在一定幅度内的上涨是不可避免的，也是暂时的，它是要达到物价稳定这一目的所必须付出的社会代价。只要加强配套措施的建设和利用，这种代价会减轻。因此，为了配合利息率杠杆作用的发挥，目前还应从以下几方面入手改善利率发挥作用的生存环境：

(1) 改革利息列支渠道。作为产业资本让渡给货币资金的一部分剩余价值的利息，是对企业利润的分割，当然应该在企业利润留成中开销，只有这样，才可能增加企业对于贷款利息负担的敏感程度，真正做到精打细算，节制对于信贷资金的需求。

(2) 改革贷款归还办法。目前的税前还贷，实际上是国家通过减少税收代偿企业大部分本息，利息的提高减少的不是企业的贷款需求，而是国家税收，因而税后还贷以硬化信贷利率杠杆作用很有必要。

(3) 深化企业改革，完善企业经营机制，矫正企业经营行为。真正实行独立核算、自主经营的企业，对银行利息率的变动反映较灵敏，银行贷款利息率的提高，会促使企业增加自有资金，提高自己对于高利息率的承受能力，为利息率的进一步改革创造条件。

积极支持农业技术推广　促进农业生产发展的研究*

金敬恩　查振祥　吴跃

农业技术推广是把农业科技成果应用于农业生产的中间环节。加速发展农业生产，既要加强农业科学技术的研究，不断提供新的科技成果，又要加强农业技术推广工作，使新的科技成果尽快应用于农业生产，缩短科技成果运用于生产的周期。因此，研究如何支持和促进农业推广事业的发展，是加速发展农业生产的一个十分重要的课题。

第一部分：农业技术推广的战略地位

一、农业技术推广的含义

1. 农业技术推广是把农业科研成果应用于生产实际、转化为现实生产力的过程。

农业技术推广的内容是农业中出现的各种新技术，通过试验和示范，使广大农民掌握和接受这些技术，推广起桥梁的作用。

农业新技术的范围较宽，包括农、林、牧、渔各业的新技术。由于范围较宽，难以都进行研究，本报告以种植业的新技术为研究对象，包括土壤肥料新技术、覆盖新技术、农机具新技术、水利新技术、栽培新技术、优良品种普及和植物保护新方法等，试图由此探索农业技术推广的一般规律。

2. 农业技术推广过程包括以下三个环节：

（1）试验：新技术项目引进本地区，先小规模试验栽培和应用，观察其在本地是否适应。

（2）示范：将试验成功的新技术，在较大的范围内布点示范种植或应用，向农民宣传、证实该项技术的优越性。

（3）推广：让农民广泛接受并采用新技术，使新技术变成生产力。

3. 为了配合新技术的推广应用，同时要进行以下两项工作：

（1）向农民进行一般技术知识教育、专题推广项目的宣传、培训、咨询。

（2）供给农民使用新技术所需要的良种、化肥、农药、机具等生产资料和书籍资料。

4. 以上工作除了需要各级政府做大量工作以外，还需要有一支专门的队伍来进行，各级农业技术推广机构就是这样一支专门队伍。这套机构组织状况如下：

国家推广总站→省市推广站→地市推广站→县区推广站→乡技术推广站→村技术服务组→农

---

* 本课题参加单位：河北省财政厅、山西省财政厅、沈阳市财政局、北京农业大学农经管理学院。执笔人：金敬恩、查振祥。本研究报告获中国财政学会1989年12月颁发的1979—1989年农财研究佳作奖二等奖。

民科技示范户

二、农业技术推广在我国农业发展中的作用

正确认识农业技术推广的作用，是广大农民尤其是各级领导需要解决的一个重要问题。

1. 我国农业面临着严峻的形势，每年耕地净减 1 000 万亩，人口净增 1 000 万人，10 亿人口只有不足 20 亿亩耕地，今后增加粮食总产量只有走稳定粮田面积、提高单产的路子。要提高单产，技术投入是个关键性措施，它能以优良品种、新的耕作方法和新的施肥水平带来产量的提高。从历史上看，技术进步在产量增长中起着相当大的作用，正如赵紫阳同志在党的十三大报告中所指出："离开科技进步和科学管理，不可能在有限耕地上生产出足够的粮食和其他农产品，……"。

2. 技术推广是科研成果转化为生产力的中间环节。加强这方面的工作，不但有利于科研成果迅速转化成生产力，促进农业科学研究朝着正确的方向发展，而且可以大量引进国外农业技术，缩短国内研究的时间。1978 年以来，我国在农业科研方面取得了明显进展，积累了大批科研成果。但对推广这个中间环节重视不够，致使一些科研成果积压在上面没有得到应用，造成某些资金、人才浪费。这种状况，需要迅速改变。

3. 通过试验、示范、推广的办法，让农民掌握和接受新技术，是普及先进农业技术，提高科学种田水平的必由之路。实践证明，单纯用行政手段让农民接受新技术，效果常常很差，甚至出现负效果。农业新技术的推广应用和农业新技术研究一样，需要做大量工作，不是一件轻而易举的事情。

4. 农业技术推广本身，也是一项经济效益很高的活动，中国是一个耕地绝对面积很大的国家，尽管跨纬度大，各地自然条件不一样，但一项新技术仍能覆盖几十万、几百万，甚至几千万、几亿亩耕地，创造较高的收益。石家庄市 1986 年 11 项重点推广项目，覆盖面积 152 万亩次，为推广这些项目，国家财政投资 28 万元，农民应用后，增加了收益 1.6 亿元，平均每亩次增加收益 105 元。沈阳市于洪区 1986 年推广新项目 18 项，财政投资 50 万元，农民投资 370 万元，覆盖 76 万亩次，增加收益 5 434 万元，平均每亩增加收益 71.5 元。

第二部分：对当前农业技术推广工作的评价

三、农业技术推广工作的成绩和问题

（一）农业技术推广工作的成绩

农村经济体制改革以来，我国农业技术推广部门为适应农民积极发展农业生产的要求，努力开展工作，取得的成绩是很大的，最显著的有以下几方面：

1. 推广良种。由于优良品种的增产作用越来越被广大农民所认识，所以近几年来推广优良品种的速度加快了，取得了很好的效果。河北省近三年来共推广优种达 4 亿多斤，其中粮食播种面积 195 万亩，增产粮食 22.58 亿斤，亩产提高 70.7 斤。沈阳市 1986 年推广杂交稻等优良品种的面积 319 万亩，占全市水稻种植面积的 80%。每亩增产 16.1%。

2. 推广地膜覆盖新技术。近几年来地膜覆盖新技术推广应用速度比较快。地膜覆盖从庭院走向大田、由经济作物扩大到粮食作物，从单层覆盖发展到双层覆盖和塑料大棚，从用手工操

作铺膜发展用机械操作铺膜。山西省在推广地膜覆盖技术中，以玉米、高粱为突破口，1986年全省玉米地膜覆盖面积达36.6万亩，平均每亩增产181.2公斤，共增产玉米9 522.78万公斤，增加收益2 092.26万元。河北省1986年玉米地覆盖面积达136万亩，获得经济效益1.75亿元。

3. 推广新的栽培技术。沈阳市推广“一次性深施肥、药剂灭草、免中耕”栽培新技术，取得了良好的经济效果。该市于洪区1987年采取这种栽培方式的玉米面积7.1万亩（占全区玉米种植面积的54.6%），比以前栽培方式平均每亩可增产15%左右，节约生产费用14.7元，增加纯收入71.6元。此外，还可以解放出大量劳动力从事其他生产。沈阳市在耕地面积每年减少2万亩的情况下，由于积极进行农田基本建设，推广各种先进的农业技术，使粮食总产量从1980年的31亿斤增加到1987年的41亿斤。该市1986年在耕地逐年减少约2万亩，又遇特大洪水灾害情况下，仍为国家提供商品粮15亿斤，实现粮食自给有余。旱地面积占耕地面积近80%的山西省，积极推广旱作农业耕作栽培技术，据推算采取此项栽培技术，粮食平均每亩增产83.4斤，全省共增产粮食81 498.4万斤。

4. 推广“模式化栽培”新技术。河北省近几年来推广这项新技术取得了很好的效果，1986年全省68个县推广的小麦模式化栽培技术和春夏玉米规范化栽培技术（面积总计130万亩），与一般栽培方式比较，小麦每亩增产48.4斤，玉米每亩增产216斤，总计可增产粮食15.24亿斤。

5. 逐步恢复和建立技术推广机构。出现了一批先进的乡技术推广站，它们立足推广，又附带搞些经营，取得了良好的技术效果和经济效果。

（二）农业技术推广工作存在的问题

在农业技术推广工作取得了很大成绩的同时，也存在着许多问题，主要是农业技术推广体系与家庭联产承包责任制衔接不紧，不能适应农村经济发展变化的需要。农村经济体制改革展开后，随着生产经营单位下放到农户，有关部门虽明确要加强乡技术推广站，设立村技术服务组和示范户，但许多地方因缺乏条件未能做到，致使乡以上的农科网架空。同时，由于从事农业技术推广工作的人员收入与其他行业的人相比过低，使农业技术推广部门留不住人才，僧去庙空。目前农业技术推广工作存在的问题，突出的有以下几点：

1. 队伍不稳。据河北省农业技术推广站调查，解放以来河北省农业技术各部门共分配5万名大中专毕业生，有60%已调出去，不在农口工作。现在，全省农业技术推广系统，只有5 500名国家技术干部，其中70%在县以上技术推广部门工作，在县以下工作的只有1 600人左右，平均每6万亩耕地一人；全省半脱产的农民技术员4 800人，其中已有28%的人改行回家不干了，只剩下3 450人，平均每3万亩耕地才有一名农民技术员。由于人走了，许多县、乡技术推广站名义上还存在，实际上早已不干推广工作。山西省孝义县和文水县，是省农业技术推广体系搞得比较好的地方，但这两个县的36个乡（镇）中，真正能发挥作用的推广站也只有六七个。目前在农业技术推广方面，出现了农民迫切需要技术与技术推广力量不足的矛盾。联产承包责任制的实行，调动了农民学习新技术的积极性，但在经济发达地区，技术力量远远不够，在经济不发达地区技术力量更是少而不稳。

2. 资金短缺。我国农业技术推广的经费原是靠国家财政与农村社队这两方面来维持的。农村改革后，很多社队的资金没有了，国家财政拨给的资金占支农资金的比例在“六五”期间也降低，河北省全省目前每年用于农业技术推广的财政资金为1 800万元，（包括人头费、办公费、推广试验费用、经营服务费用），只占财政支农资金的6%，占全省财政总支出

0.45%。这 1 800 万元的资金，还包括用在乡镇企业、林业、畜牧水产、水利上的技术推广费用和农作物植保费用。真正用在种植业上的技术推广费用才 1 500 万元，每个国家农业技术人员平均只 1 600 元，仅够人头费，业务活动经费很少。由于资金不足，农业技术推广部门处境很困难。河北省农业技术推广部门 1985 年调查，全省县级农业技术推广站人均年活动经费不足 200 元，有 28 个县人均办公桌只有 0.67 张，办公面积人均 3.28 平方米，由于财政紧张，23%的县没有落实县以下工作人员浮动一级工资的政策；有些县连正常工资都不能按时发放，技术人员下乡没补助，公共汽车票都没法报销。山西省许多乡推广站连基本测试手段都不具备，无法开展活动。

3. 经营管理问题。有的乡技术推广站不善于经营管理，资金使用不合理，没有把推广与有偿服务结合起来，不能增强自我发展能力。

以上几个问题中，资金短缺是目前最主要的问题。它不但造成队伍不稳，而且使现有人员无法开展技术推广活动。山西省农业技术推广站每年计划推广 100 来个项目，由于资金太少，兑现的只有十来个项目，占 10%左右，而且，这些兑现的项目经费每年要到八九月才拨下来，对工作开展影响很大。

第三部分：促进农业技术推广发展的对策

四、农业技术推广的资金来源渠道

农业技术推广的资金总量虽不多，但资金来源渠道却很多。据调查，最主要的渠道有：

1. 财政资金。财政资金包括以下三块：

(1) 事业费，包括人头费、办公经费。这是由财政无偿拨给农业技术推广部门的经费。

(2) 专项拨款，用于推广项目，无偿或部分有偿。

(3) 周转金，即“支援农业生产支出”中用于推广的部分。其中用来帮助各级推广站补充设备和经营的资金是有偿的。

具体到每一级推广站，财政资金又来自四条线：一条是本级财政部门拨给的资金，主要是事业费和专项拨款。第二条是上级财政部门直接拨给的资金，主要是专项拨款和周转金。第三条是上级主管部门下拨的资金，主要是专项拨款。第四条是科委下拨的资金，主要是专项拨款。总的说，全国财政支持科技推广的投资是增加的，由于人头费和建房、购置设备费用多，经费仍很紧张。

2. 信贷资金。包括农业银行和农村信用社贷放给县乡村技术推广部门的资金。主要作经营服务的流动资金之用。

3. 乡村政府从乡镇企业和集体提留的收入中拿来支持农业技术推广的资金。主要是用作农民技术员工资，技术推广站的基本建设。

4. 县、乡、村技术推广站的经营服务收入。就是县、乡、村技术推广站、组配合技术推广，向农民经营农用生产资料，获得的经营利润。这一部分资金，主要用于补充农民技术员的工资支出和部分经营、推广费用支出。

5. 群众集资。就是通过各种集资形式，把群众闲散资金集中起来，用于农业技术推广。

以上五条渠道的资金，如何综合运用，如何充分发挥各种资金的作用，是今后解决农业技术推广资金问题的关键。本文以下部分将逐个进行探讨。

五、财政资金如何发挥导向作用

财政资金在农业技术推广各项资金来源中是龙头，是一种引导资金，起“支持一点、收益一片”的作用，它指向哪里，其他资金也跟向哪里。所以，财政资金在支持农业技术推广中应发挥导向作用：

1. 财政资金要发挥好导向作用。首先应扩大资金的来源，增加对推广的投入。扩大技术推广资金来源的途径主要有：

(1) 打破基数观念，适当调整财政支农资金的分配比例，适当增大技术推广资金的比重。为此，可在支农资金分配以前就切出一小块，留作技术推广之用，也可以从粮食基地县的专项资金中拿出一部分用作推广。

(2) 从中央和地方的耕地占用税收入中拿出一部分用作推广。耕地占用税收入的使用应弥补占地损失，从耕地占用税收入中拿出一部分用于农业技术推广，使农业不断采用新技术。从而保证单产提高，总产增加，可以弥补耕地占用对产量的损失。

(3) 中央及地方各级财政应逐步建立农业技术推广专项资金，以保证农业技术推广的资金需要。

此外，还可以考虑征收一部分技术改进费，用于技术推广。

2. 财政资金在扩大来源问题解决后，应解决资金使用上的落实问题，保证真正用于技术推广上，不被挪用。目前财政用于技术推广的资金中的项目拨款和周转金部分，往往下拨款后被下边部门挪用了，原因是没有建立技术推广项目责任制，从而使这部分资金成了弹性资金，谁都可以挤它。今后各级财政部门应和技术推广主管部门配合，加强项目管理，保证资金在使用上的落实。

3. 财政资金在使用上应区别资金类别，采取不同的方针。

(1) 事业费的资金应扩大基数，提高在乡技术人员待遇，以吸引人才下乡，并为乡村集体组织提高农民技术员待遇树立样板，使乡村级技术部门逐步成为农业技术推广的重心。

(2) 用作试验、示范的专项资金应专款专用，实行项目管理要有严格的申请、审批手续，应追踪问效，使用结果要有报告。并根据使用效益，给以必要的奖惩。

(3) 财政周转金应该实行有偿使用，使用单位事先应与财政部门订立合同，用自身的服务和经营收入偿还，并交少量的占用费以提高资金的使用效益。

(4) 为了发挥财政资金对银行信贷资金和以工补农资金的引导作用，财政部门可拿出一部分支农资金或技术推广基金用于专项贷款贴息，以吸引银行信贷资金，扩大技术推广资金的来源。

(5) 各级政府应建立技术推广奖励资金，奖励在技术推广中有突出贡献的单位或个人。奖励基金数量不宜太大，要订立制度，使用得当，真正起到促进推广的作用。

六、推广部门经营服务的若干政策

1. 县、乡、村农业技术推广机构经营农业生产资料，一方面是推广工作本身的一项内容，另一方面也是在目前资金不足条件下的一项重要的补充资金来源。这样做，有利于增强推广部门本身的造血功能，减轻国家和农民的负担，也有利于增加农业生产资料供应的渠道，密切推广部门与农民的关系。因此，应充分肯定这项活动。河北省获鹿县大河乡农业技术推广服务公司，四年来向农民推广了25项新技术，同时配合经营了175吨化肥，34吨农药，14吨地膜，43万斤良种，750吨净化柴油，233台件农机具，创造了8万元的总收入，解决了服务公司25人的工资，为推广活动提供了6 300元的经费，还为服务公司的建设提供了4万元的积累，推广工作本身也得到了发展。同时通过传授新技术，全乡农民增加了收入355万元，为农民作出了贡献。沈阳市辽中县杨土岗镇农业技术推广站五年来为全镇农户代购代销水旱田优良品种84.6万公斤，农药52.8吨，化肥4 122吨，小生产资料4.2万元，总经营额达386万元，从中获得利润和服务费达14万元，给自己发展推广事业增加了积累资金，不但保证了站内聘用人员的工资开支，也增加了站内建设，使这个站逐渐发展壮大成为一个初具规模的乡镇技术推广站。实践证明，技术推广站搞经营服务的方向是对的。

2. 为了促进基层推广部门搞好经营服务，国家计划部门应划给各级技术推广站一定量的农业生产资料计划内批发指标，享受平价批发待遇。工商行政管理部门应发给推广站经营农业生产资料的营业执照。税务部门对技术推广站经营农业生产资料应制订相应政策，给以优惠和照顾。

3. 技术推广站在搞经营服务时，要健全财务制度，严格核算，经营收入中应有一定比例用于试验、示范等推广项目的费用。

七、加强乡镇企业以工补农资金对推广的支持

乡政府要从乡镇企业以工补农资金中，拿出一块来支持农业技术推广事业。这种支持包括以下三个方面：

1. 每个乡要设几名专职农民技术人员，每个村要设一名专职农民技术员，乡技术员享受乡级集体干部同等待遇，村技术员享受村级干部待遇，乡村技术员由乡村集体发给工资补贴。每个村应由懂技术的村干部与专职农民技术员组成技术服务组，负责全村的农业技术推广工作。沈阳市很多乡镇、村采取这种做法，效果很好。这些农民技术员专心致志搞推广，为促进农业新技术传播作出了明显的成绩。

2. 乡村政府要从企业收入中拿出一定的资金来搞技术推广站、组的基本建设，完成建站工作，这是一次性投资。上面提到的大河乡和杨土岗镇推广站，都是乡村政府帮助建立起来的。

3. 乡村政府每年要从企业上交的利润中设立支持农业技术推广的专项资金，用来支持推广新项目之用。

八、对农村金融部门加强推广支持的建议

农业银行和信用社对支持农业技术推广部门搞经营服务的作用不可忽视。随着经营服务规模的扩大，流动资金贷款将急需增加。目前以下几个问题需要银行、信用社帮助解决：

1. 农业银行和信用社应设立“农业技术推广贷款”科目，从笼统的“农贷”科目中分出来，确定指标，以保证技术推广部门有稳定的信贷资金来源。

2. 银行、信用社对推广站的流动资金贷款，除现在的临时贷款外，应增加一部分基金贷款，反复周转使用，以扩大推广站流动资金力量。在发放基金贷款时，应降低对推广站自有流动资金比例的要求。

3. 银行、信用社应对推广站发放一定限额的中短期设备贷款，增加推广站的基本建设力量，

更好更快地装备起来。

4. 银行、信用社要与财政部门商量，在贷款中安排一部分贴息贷款，支持贫困地区推广站的建设。另外，其他技术推广贷款的利息，也应低于“农贷”利率水平。

九、资金渠道的协调问题

由于农业技术推广资金来源渠道很多，就需要有一个协调、配合使用的问题。否则，各条渠道纵横交错，会造成一些地方资金使用不当，铺张浪费。另一些地方滴水未沾、饥渴而枯，降低资金使用的整体效益。这就说明了资金协调的重要性。

资金协调工作应由各级政府抓，由财政、金融、技术推广站、乡镇企业主管部门等方面参加，在不改变资金所有权的条件下，加强领导，搞好协调，合理安排使用资金，提高资金使用的整体效益。在使用资金时，应由财政部门与农业主管部门协商确定。

十、农业技术推广队伍的建设

农业技术推广队伍建设的方向是：改变目前头重脚轻的局面，加强基层推广站建设；实行国家技术员和农民技术人员两条腿走路的方针，壮大技术力量；改变技术人员待遇，劳动贡献和个人利益挂钩。

1. 加强基层推广站建设。目前各级农业技术推广站从规模上，正好头重脚轻，省、地、县规模最大，乡、村站、组人最少，山西省、地、县三级有 2 057 名国家技术人员，乡级只有 270 名国家技术人员。大量技术人员压在上面无所作为，县一级已由技术推广站发展为推广、种子、土肥、植保四个站，机构重复。根据这种情况，应采取如下措施：

(1) 省、地两级站今后应控制人员编制。新分配的毕业生全部到县、乡级工作。对已改行的技术人员，在保证待遇的条件下，尽量动员他们归队。

(2) 县级的四个站合并起来，成立“农业技术推广服务中心”，中心本身的编制应小于四个站的总规模。

(3) 县合并“中心”后节省下来的技术人员，户口和家庭所在地保留在县城，工作单位仍在县中心，“中心”设立一个“对乡指导处”，将这些技术人员分别安排到各乡技术站任技术指导员，建立分片包干技术推广指导责任制。并且尽可能动员一部分人下放到乡站工作，下放到乡站工作人员或到乡站指导人员都可以采取轮回制度。

2. 实行两条腿去路的方针。前面已提到，每个乡除了下放或指导的国家技术人员以外，应配备若干农民技术员组成乡技术推广站或技术服务公司。每个村设立一名专职农民技术员和若干名不脱产的农民技术员组成村技术服务组。每十个农户中应选择一户科技示范户。形成“乡技术站—村技术服务组—科技示范户”的基层科技推广网络，村组和农民科技示范户统一受乡站领导。

基层科技网络形成后，与县“中心”应有适当分工。县“中心”以引进技术，组织开展试验、示范、推广和培训工作为主，乡、村户以承担试验、示范任务，向农民传授使用新技术方法为主。乡站不必都变成小而全的推广机构，县中心与乡站的活动尽可能不要重复。

3. 改善技术人员待遇。提高乡、村技术人员工资水平，对乡、村技术员，无论是国家还是农民身份，都要进行职称评定工作，并且取得相应的等级工资，形成制度。乡村技术推广站、组要建立岗位责任制，将每个人的劳动报酬与劳动贡献挂钩，防止平均主义大锅饭。要鼓励和支持技术人员搞技术承包，建立技术承包责任制。

农业技术推广队伍的建设，既是一项复杂的工作，又是一项重要的工作，它关系到农业技术推广体系能否适应已经变革了的农业生产体制的大问题。即使解决了资金问题，队伍解决不好，仍然不能搞活技术推广工作，这是要花大力气去办的事。

总之，在资金和人员不足的情况下，农业技术推广体系建设的重点应放在第一线——乡级技术推广站（或技术服务中心），充实必要的技术推广手段（当然不必每个乡站都配备全套的测试设备）增加必要的技术人员数量，并提高现有技术人员的素质，充分发挥他们在技术推广中的骨干作用。

试论“包干到户”*

杨秋林

我国农村实行农业合作化以来，究竟采用什么责任制形式，经历了长期的反复实践。1956年浙江等地出现过“三包到户，按劳分田”；1959年河南等地出现过“包产到户”；1961—1962年期间，安徽等地出现过“责任田”，实行定产到田，责任到人；1964年云南、贵州等地又出现了“包产到户”等责任制形式。然而，由于“左”倾错误对农村经济工作的影响，历次类似“包产到户”责任制的出现，都被用“变相单干”、“右”倾机会主义、“走资本主义道路”等大棒打回去了。党的十一届三中全会以来，我国农民在党的领导下，冲破“左”的思想牢笼，建立了各种形式的生产责任制。“野火烧不尽，春风吹又生”，历次被扼杀的“包产到户”责任制又普遍在全国农村建立起来了，并进一步发展为“包干到户”责任制（俗称“大包干”）。据有关部门1982年上半年统计，我国农村已建立各种形式生产责任制的生产队占总队数的99%，其中“包干到户”的队占67%。“包干到户”已成为我国农村中最主要的责任制形式，对我国农业生产的发展起了很好的推动作用。然而，为什么在长期反复的实践中农民选择了“包干到户”责任制形式？它是不是退到了“小农经济”，走了回头路？它如何进一步发展完善？对于诸如此类的问题，认识尚不一致，从而阻碍了我们进一步解放思想，搞活农村经济，促进农业生产更快发展。为此，本文试想就这些问题作一些粗浅的分析。

一、“包干到户”责任制是我国农民在长期反复的实践中对传统的集体农业观念和管理方法的突破

为什么我国农民在多年的反复实践中终于选择了“包干到户”责任制形式？这是亿万农民在党的十一届三中全会以后，解放思想，冲破“左”的思想牢笼，创造性地突破了农业合作化以来的传统观念和传统做法的框框，按中国国情办事的产物。主要表现有以下几方面的突破。

1. 突破了农业集体化的老模式。我国农业的社会主义改造，从开始就选择了苏联的集体农庄作为我们集体化的模式。它的主要特点是主要生产资料实行公有化，实行集体劳动，劳动成果基本上按劳动日进行分配。《关于农业合作化问题》一文中指出：“苏联所走过的这一条道路，正是我们的榜样。”② 苏联用17年（1921—1937年）的时间完成了农业的合作化，我们设想用18年（1950—1967年）的时间基本上完成农业方面的社会主义改造。然而，在

* 原载《农业经济论丛》第5辑，农业出版社，1984年2月；转载于《农业生产责任制论文集》，人民出版社，1986年9月版。

② 《毛泽东选集》第5卷，第184页。

1955年夏季以后，对农业合作化的“要求过急，工作过粗，改变过快，形式也过于简单划一”，加之以后左倾错误对经济工作的严重干扰，轻率地发动人民公社运动，形成了中国集体化的模式，叫做“一大二公”。即经营组织规模大，公有化程度高，其特点是财产集中、经营集中、劳动集中、分配集中。多年来，凡是与以上模式有些区别，或者经营分散些，或者不按工分分配而实行联产计酬等，均被冠以“右倾机会主义”、“复辟资本主义”。实践是检验真理的标准。我国农业合作化的多年实践证明，硬套以上模式，结果极大地破坏了生产力。首先，这套办法完全是按照管理现代工业的办法来管理农业。在我国农业生产力水平低下、以畜力和手工操作为主的条件下，要像工业那样组织调度农业生产是不可能的；其次，农业生产是经济的再生产与自然的再生产交织在一起，其生产对象是有生命的动植物，它要求有劳动者的精心护理。母猪产仔护理得好，就能提高成活率；庄稼管理得精细，就能获得好的产量，这些都是浅显易见的。在“一大二公”的年代，多少人感叹：“集体地里的庄稼什么时候能长得和自留地里的一样就好啊！”为什么那时集体地里的庄稼没有自留地里的长得好？重要原因之一就是经营管理权过于集中而与直接劳动者相分离，有生命的动植物得不到劳动者的精心护理。“包干到户”以后，在生产条件、投资水平没有什么变化的情况下，所以能获得显著的增产，重要原因也在于经营管理权与劳动者统为一体，农民有了自主权，像照看儿女一样地精心护理庄稼。实践证明，突破过去集体化的模式，把高度集中作适当的分散，更加适合我国农业生产力发展的水平，更加适合农业生产的特点。

2. 突破了吃大锅饭的分配平均主义。长期以来我们沿用苏联的按劳动日分配成果的做法，实践中发现了其中存在的一些问题，做了不少的修补工作，如改变死分死记，推行底分活评、“大寨工分”、定额计酬等，有些方法的改进在某些方面某段时间内起了一定的作用，但由于农业生产受自然条件的影响，很难用一个固定的定频来应付影响因素的千变万化；由于传统的家族观念、习惯势力，“活评”也往往流于形式。因此，多少年来，始终未能克服“干不干一个样，干好干坏一个样，老实人吃亏，偷懒耍滑占便宜”等吃大锅饭的分配平均主义的弊病。“包干到户”的铁锄头把“大锅”砸烂了。谁想吃饱饭，首先得好好劳动，争取好的收成。它把人们的劳动成果与人们的物质利益直接联系在一起。“联产如联心，谁联谁操心”，偷懒耍滑行不通了。人们不断增长的物质和文化生活的需要，是社会主义生产的目的，也是推动生产发展和社会进步的内在动力。“包干到户”使得人们从切身利益的需要出发，关心劳动资料的管理保护，关心生产的耗费，关心劳动的质量和数量，关心农业科技的应用，以达到用较少的耗费夺得更好收成的目的。这是突破吃大锅饭的分配平均主义的必然结果。

3. 突破了“瞎指挥”、“一刀切”的行政命令式的经济管理方法。生产指挥权的高度统一，从耕作制度、种植计划、作物品种、作物布局，到具体的农业技术措施，都整齐划一，由公社党委甚至县委统一规定执行。实践证明，这是多年来阻碍我国农业生产发展的又一重要原因。有些地区的农民深刻地指出：“全县只有一个人懂生产，听一个人指挥，生产没法搞好”。因为，这种“一刀切”的行政命令式的经济管理方法，直接违背了“因地制宜”的原则。农业生产是人与自然的斗争，自然条件千差万别，要搞好农业生产，取得好的经济效果，非“因地制宜”不可。因地制宜地搞农业生产，资源合理被利用，多种经营得以发展，农业经济就能搞活。违背因地制宜，“一刀切”地指挥农业生产，农业经济就只能越搞越“死”。实行“包干到户”责任制后，人人都对生产的成果关心，“瞎指挥”不灵了。在今天的生产力水平条件下，“土生土长”的农民最了解当地的自然条件，最容易做到“因地制宜”，最能有效地把农业经济搞活。

4. 突破了长期经济效果低劣的困境。正是由于上述种种原因，“吃大锅饭”，“大拨轰”，投

资不讲效果，不搞经济核算，使得我国农业生产的经济效果低劣，并呈递减的趋势。据统计，1965—1977年的12年中，全国农村人民公社基本核算单位的总收入，每年平均增长4.7%，而费用开支却增长了8.5%。每投资1元所获得的经济效益，1957年回收3.77元，1965年降为3.55元，到1978年则降为2.91元。所谓“高产穷队”等增产不增收的现象普遍存在于中国农村中，成为我国农村经济进一步发展中的一大难题。“包干到户”责任制的实行，使得我们的农业从经济效果低劣的困境中冲出来了！首先，在以畜力、手工劳动为主的条件下，“包干到户”充分发挥了我国农业传统的精耕细作的优势，大大地提高了土地的生产力；其次，“包干到户”彻底克服了“下地排队一条线，地头抽烟一大片，干活磨洋工，收工一窝蜂”等劳力窝工浪费现象，大大提高了劳动力的利用率。社会的财富是由人们的劳动所创造的。包干到户后，农民再也不会为几个工分而到地里去“泡”，而是充分利用时间从事家庭副业，开展多种经营，增加了社会财富，提高了农民收入。农民生动地描述说：“包干以前，一年到头忙，就是不出活。包干以后，活也干了，戏也看了，亲也串了，集也赶了。”劳动力的利用率空前提高；第三，“包干到户”扩大了农民生产经营的自主权，有利于因地制宜地开展多种经营，自然资源得到了更充分合理的利用，促进了收益的提高；第四，包干到户后，人们的物质利益直接决定于最终的经济成果，承包户非常注意讲究科学种田，讲究节约投资，中国农民勤劳节约的美德发扬光大，取得了多少道“降低费用比例”的命令所不能取得的效果，解决了“增产不增收”甚至“减产减收”的难题。

“包干到户”责任制对集体农业的传统观念和传统管理方法的上述突破，显示出它的优越性和生命力，农民以精炼的语言总结说：“一包就灵”。它受到了广大农民的欢迎是理所当然的。

二、“包干到户”不是倒退，而是前进

在党的领导下，我国农民冲破“左”倾错误思想的束缚，坚决地、迅速地、广泛地在农村推行了“包干到户”责任制，取得了很好的效果。这一事实，逼迫人们承认它，接受它。但有些同志总认为这是解决温饱的权宜之计，是暂时的。甚至认为“辛辛苦苦三十年，一夜退到解放前”。当然，有这种认识的同志决不会糊涂到认为“包干到户”恢复了解放前的封建地主所有制，他们的意思是指“包干到户”退到了一家一户的小农经济。建立了无产阶级专政的国家必须将小农经济改造为社会主义经济，这是一项马列主义的普遍原理。既然包干到户“退”到了小农经济，早晚还要对其重新进行社会主义改造。“包干到户”责任制“要变回来”的结论也是这样得出来的。因此，有必要搞清楚“包干到户”的性质，是不是退到了“小农经济”。

认为包干到户“退”到了小农经济的同志，多是简单地从数量上判断，小农经济是一家一户，一家一户就是小农经济，而缺乏对其进行本质的分析。众所周知，在一些发达的资本主义国家的农业中，种种依附于、从属于农工联合企业的家庭农场大量存在，它们也是以户为经营单位，然而它们的性质不是小农经济，而是现代资本主义农业的组成部分。在我们工人阶级掌握国家政权、社会主义国营经济在整个国民经济中居于主导地位的社会主义国家里，以户为经营单位的农业的性质不可能是小农经济，而只能是社会主义经济的组成部分。

马列主义非常重视对小农的改造。然而，在这里小农是有其特定含义的。恩格斯在谈及改造小农的问题时曾精辟地指出：“我们这里所说的小农，是指小块土地的所有者或租佃者——尤其是所有者，这块土地通常既不大于他以自己全家的力量所能耕种的限度，也不小于足以养活他的

家口的程度。”① 恩格斯从质和量两方面规定了“小农”的特定含义。从质的规定性考察，小农是小块土地的所有者或租佃者，而主要是所有者；从量的规定性考察，小农所有的小块土地通常不大于其全家所能耕种的限度，也不小于足以养活他的家口的限度。也就是说，其生产能力可以保证其自给自足。

显然，马列主义论及的小农经济与我们现时实行的“包干到户”的农业进行比较分析，不难发现二者存在许多方面的根本性质的差别。我们现时实行的“包干到户”，各地的具体做法不一，但共同的特征是：在生产资料（主要是土地）公有制的基础上，集体将某种生产任务承包给社员户（比如种植业，将集体所有的土地按一定标准划分到户，由户承担农业生产任务等），在国家计划的指导下，按照集体与承包户签订的承包合同，以户为单位从事某项生产经营活动。然后，按照合同的规定，对生产经营成果按照“交够国家的，留足集体的，剩下全是自己的”的原则和程序进行分配。由此看出：

1. 社员承包户并不是小块土地的所有者或租佃者。作为农业生产最基本的生产资料的土地仍然归劳动农民集体所有。承包户无权转让、出租、典当、弃置或破坏土地，也无需交纳甚至包括部分必要产品的沉重地租。集体通过掌握土地的所有权，只是按照集体的意志，从生产、流通、分配诸方面对承包户的生产经营活动进行指导，如接受社会主义国家计划指导、完成国家征购任务、缴纳必要的税金及集体提留等，以保证被承包的土地按照社会主义的原则进行经营。这是区别于小农经济的社会主义农业合作经济的主要标志。

2. 社员承包户的生产经营完全不是只在一家一户的小天地里按自给自足的原则进行，而是通过承包合同接受社会主义国家计划的指导。对于关系国计民生的重要农产品如粮食、棉花、油料等的生产，都首先考虑满足社会主义国家的需要，保证完成国家下达的一些具有指令性的征购指标所规定的任务。特别是专业承包，它本身就是商品性生产，构成为社会化生产系统中的相对独立的经营单位，完全脱离了小农经济的范畴。

3. 社员承包户对生产经营成果的分配，不是小农经济的独自占有，而是按照社会主义社会产品分配的原则进行分配。首先，兼顾国家、集体、个人三者的利益，对产品作必要的扣除，保证交够国家的和留足集体的；其次，对扣除以后的剩余产品作为个人消费品进行分配时，改变原来按工分分配的做法，实行按劳动的凝结形态——产品的多少为标准进行分配，相对“按资分配”而言，它仍然是按劳分配的一种表现形式。由于农业受自然条件的直接影响，在严重自然灾害的条件下，可能社员付出的劳动与取得的产品量的多少会发生某种程度的背离，但同样受灾程度的情况下，付出的劳动多，可以减轻灾情，获得较多的产品，仍然在一定程度上体现着按劳分配。在社会主义公有制经济体系中，特大自然灾害造成的损失会从社会保险基金中得到相应的补助救济，这也正是社会主义优越性在分配领域里的表现之一。

4. 社员承包户与集体的关系不是被剥削者与剥削者的关系。承包社员仍是集体中的一员，享有集体成员应有的一切权利和义务。他上交给集体的各项提留，并不为剥削者所占有，而是用于集体事业的发展，取之于民，用之于民，在使用过程中受到全体社员的监督。各承包户社员乃是各项提留的主人。同时，集体内部承包户与承包户之间的关系，也是同志式的互助合作关系。

以上构成生产关系的诸方面都显露出明显的社会主义性质，与小农经济有着本质的区别。我国农民选择“包干到户”责任制，是为了抛弃“大锅饭”、“一刀切”，更好地发展农业生产，壮

① 《马克思恩格斯选集》第 4 卷，298 页。

大社会主义经济。在党的领导下，广大农民是愿意走社会主义道路，而且在长期的反复实践中坚决地选择了适合中国农村情况的社会主义道路。它极大地解放了生产力，是生产关系方面某些调整取得进步的结果。我们应理直气壮地发展“包干到户”责任制，并在实践中不断加以完善。

三、处理好几个关系，促进“包干到户”责任制日臻完善

党的十一届三中全会以后农村普遍建立起来的各种形式的生产责任制，都需要总结、完善、提高。“包干到户”也不例外。目前，在发展完善“包干到户”责任制的过程中，应注意克服两种偏向：一种是简单地认为“包干到户”就是把土地划分到户，规定出承包户应交国家和集体的钱数就行了，这种偏向多发生在看到实行“包干到户”取得良好效果而着手推行“包干到户”的地区；另一种是按照旧的集体化模式和传统观念，认为完善就是恢复过去的“统一”或“集中”。克服这两种偏向，除了要从思想上进一步克服“左”的影响、端正对“包干到户”性质的认识外，还应妥善处理好以下几种关系。

1.“包干到户”责任制与“承包合同”的关系。建立与完善“包干到户”责任制，其核心问题是处理好集体与承包社员户二者之间的经济关系。“承包合同”则是明确集体与承包社员户二者的权、责、利方面关系的具有法律效力的经济协议。它是完善“包干到户”责任制的关键环节，是保证“包干到户”责任制兑现的主要手段。在建立完善“包干到户责任制的过程中，始终要抓紧‘承包合同’这一关键环节”。决不能把土地一分了事，而要把处理集体与承包户之间的关系应遵循的社会主义原则全面地体现在“承包合同”之中。首先，要明确规定生产队向承包户提供的生产资料（主要是土地）的数量、质量和技术服务，以及承包社员使用集体土地等应承担的义务，保证土地等基本生产资料公有制的性质不变；其次，要在国家计划指导下，明确规定承包户应完成的生产任务，切实保证关系国计民生的重要农产品如粮食、棉花、油料等的征购派购任务的完成；第三，要正确处理国家、集体和个人三者的关系，明确规定承包户上交国家的税收和集体的积累提留（包括实物和货币形式的上交）；第四，要明确规定合同废除及修改的条件以及违反承包合同的经济赔偿责任，并要有公证机关的鉴证，保持合同的严肃性。只有认真地做好了承包合同的签订、执行和兑现工作，“包干到户”责任制才能走上健康发展的道路。

2. 统一经营与分散经营的关系。“包干到户”责任制是以户经营为基础的。然而，有些经营事项如生产计划、土地规划、农田水利建设、大型农机的管理使用、植物保护、选种制种等，一家一户难以进行，且效果不好，必须由集体统一经营。但是这种统一经营不能脱离开以户经营这个基础，不能是“一大二公”时代的“官办”式的统一，而是在分户经营基础上为分户经营提供服务的统一。河南省沈丘县提出：“只要农民能办到的事情，就让他们自己分户经营，决不硬统起来‘官办’；农民联户能办的事情，就让他们联户经营，也不硬统起来‘官’办；农户为发展生产、改善生活想办而办不到的事情，国家和集体就统一去办。”这些原则为我们正确处理统一经营与分散经营的关系提供了很好的经验。在完善“包干到户”责任制的过程中，只有分得恰当，统得合理，有统有分，统分结合，才能增强“包干到户”责任制的适应性和生命力。

3. 统一核算与包干分配的关系。“包干到户”责任制在经营成果的分配方面，明显的特点是按照“交够国家的，留足集体的，剩下都是自己的”的原则和程序进行。然而，这并不是不要统一核算。统一核算既是包干分配的前提条件，又是包干分配的总结。统一核算表现为包干分配的起点和归宿。首先，要经过统一核算，弄清楚当时当地的生产能力、生产耗费水平、纯收益率、积累与消费的比例、国家税收、陈旧债务债权、以及农、林、牧、副、渔各业之间的收入差别和

报酬平衡关系等情况，在此基础上才能合理确定包干分配任务；其次，包干分配任务的兑现要通过统一核算来进行清结，并对各承包户的上交收入进行再次分配。只有抓好统一核算，包干分配才能合理，分配兑现才有可靠的保证，“包干到户”责任制才可能获得巩固和发展。

4. 专业生产户与社会联合的关系。“包干到户”责任制的实行，空前地提高了劳动力的利用率，大量的剩余劳动力向生产的深度和广度进军，多种经营发展了，各种专业承包户涌现出来，农业生产的商品化程度大大提高，使得农村经济呈现一派欣欣向荣的景象。然而，任何专业化生产都不可能孤立地进行，它必然要求有相应的社会联合。专业户养鸡，则必然要求有雏鸡供应、饲料供应、防疫、产品销售等专门服务。诸如此类的专业分工与社会联合，是生产发展的必然，也是“包干到户”责任制完善过程中需要妥善处理的又一关系。要认识到，专业生产户是从承包内容的角度考察“包干到户”责任制的，它仍然是以户经营为基础。其社会联合必需贯彻平等、自愿互利、等价交换等社会主义原则。在此原则基础上，专业户可根据专业生产的需要以经济合同为纽带自行联合。它可以是较为长期而稳定的联合，也可以是较为短期的“松散”联合，一切以自愿互利为准则，而不受任何行政命令或行政区划的限制，逐步地形成既有专业分工、又有社会联合的农工商一体化的经济网，每个专业生产户都是这个社会化经济网体系中相对独立的经营单位。户是基础，而它的命运又和社会紧密相联，息息相关。这样，我们的农业生产将向着专业化、商品化、社会化的方向前进一大步，农业经济也将越搞越活。

总而言之，只要我们始终抓紧“承包合同”这一关键环节，妥善处理统一经营与分散经营、统一核算与包干分配、专业生产与社会联合诸方面的关系，不断研究新情况，解决新问题，“包干到户”责任制是可以日臻完善的。从而在我国农村造成一种既有利于充分发挥劳动者的积极性和主动性，又有利于因地制宜发扬优势、有利于采用现代科学技术的合作经济形式，走出一条中国式的社会主义农业现代化的康庄大道！

我国农业发展战略抉择*

——农户兼业化经营道路

俞家宝　唐慧斌

一、面临的抉择

我国农村十年改革，取得了令人瞩目的成就，同时也面临着许多令人困惑的窘境。对过去的一切进行认真的反思是必要的，但更重要的是对我国农村今后发展战略作出正确的评判。一种意见认为，近年来我国农业增长停滞特别是粮食生产连年徘徊，主要原因是"均田制"对小规模兼业化分散经营的定格，于是极力主张运用政策手段强调农业应走土地集中的规模经济道路。另一种意见认为，兼业化分散经营对农业增长并不形成约束，农业增长停滞的根本原因在于农业政策的失误，根据实证分析，主张农业进一步发展应走农户兼业化经营道路，我们同意这种看法。

二、兼业农户的现实和历史命运

兼业化经营的主体是兼业农户。所谓兼业农户是指农户家庭任一成员既从事农业劳动又从事非农劳动的农户。兼业农户通常有两种类型，以农业收入为主要收入来源者称为第一类兼农户（简称一兼农户）；以非农收入为主要收入来源者称为第二类兼业农户（简称二兼农户）。

农村十年改革，导致兼业农户迅猛发展。据典型调查推断，1987年我国乡村总户数为20 168.3万户，其中一兼农户占53.55%，约1.08亿户；二兼农户约占2.28%，共463.7万户，纯农户占44.2%，为8 914.4万户；纯非农户占0.02%，约4万户。可见，兼业农户已成为我国农户类型的主体，占全国农户总数的55.78%，兼业农户中一兼农户，占绝大部分，占兼业农户总数的95.8%。这个推断与冯海发的估计基本一致，他的结论是，一兼占总农户的55%，二兼农户占总农户的1.9%，纯农户约占43.1%②。

从全国来看，兼业农户的宏观分布呈现非均衡性。静态比较兼业农户率大小分布可知，经济发达的东部沿海地区兼业率最高，中部地区次之，西部地区最低（表1和表2），春建村兼业农户占总农户数的87.86%，比全国平均兼业率高20%多。而湖南注北村兼业农户只占总农业的37.14%，一兼农户是该地区兼业农户的主体，占总兼业农户的96.16%。

---

* 本文被评为原国务院农村发展研究中心等单位举办的纪念农村改革10周年优秀论文。

② 《亦论兼业化农业的历史命运》载《中国农村经济》，1988年第11期。

表 1　江苏无锡春建村农户类型表（1987 年）

单位：户

调查户数	纯农户	一兼农户	二兼农户	纯非农户
140	5	17	106	3
100%	3.57	12.15	75.71	2.14

表 2　湖南注北村农户类型表（1987 年）

单位：户

调查户数	纯农户	一兼农户	二兼农户	纯非农户
70	44	25	1	0
100%	62.86	35.71	1.43	0

从某一地考察，兼业农户呈微观屠能圈分布。假设某地区只有一中心城市，沿着城市向外辐射线调查，我们惊奇地发现，兼业率与离城市远近相关，即兼业率随中心城市呈辐射型递减。这和农业经营区域分布最早理论阐述者屠能描绘的屠能圈极为相似。实践材料足以证实上述理论抽象。城市郊区农民兼业机会多，兼业收入来源广，所以郊区农民普遍富裕。远郊农民次之，农村农民兼业机会少，收入来源单一，属温饱型较多。

兼业农户类型转换规律。农户兼业压力和动力是劳动资源过剩和非农产业单位时间内高劳动报偿

的诱惑。兼业产生的兼业程度转换机制由单个农户劳动资源在不同产业部门就业程度（R）机制和非农产业单位时间高劳动报偿（H）机制构成。图 1 中纵轴用农业品表示劳动力在农业部门就业，横轴用工业品表示劳动力在非农部门就业，SABC 为劳动资源线。假定某农户劳力就业处于 S 点时，表明在农业部门就业程度 R 趋于∞，农户为纯农户，劳动资源剩余量为 SA 或 OE。劳力剩余压力驱使，在农业部门解决 SA 量劳力就业无望情况 F，农户劳力只有到非农部门就业，就业点从 S 移到 A。这表明兼业出现，OS>OE，即 R>1，兼业农户属于一兼农户，实现初级转换。随着非农产业进一步发展，由于 H 机制的作用，就业点从 A 滑到 B，扩大非农就业量 ED，OD>OP・R>1，一兼农户转化为二兼农户，实现中级转换。同样道理，当就业点从 B 滑到 C 时，劳动资源全部用于非农部门，R=0，实现二兼农户向纯非农户的高级转换，完成农户类型转换的顺向必然逻辑。随着二兼农户和纯非农户增多，土地会愈益集中，纯农户有向大规模纯农户转换的反向趋势，这种双向转换，构成农户类型转换规律。

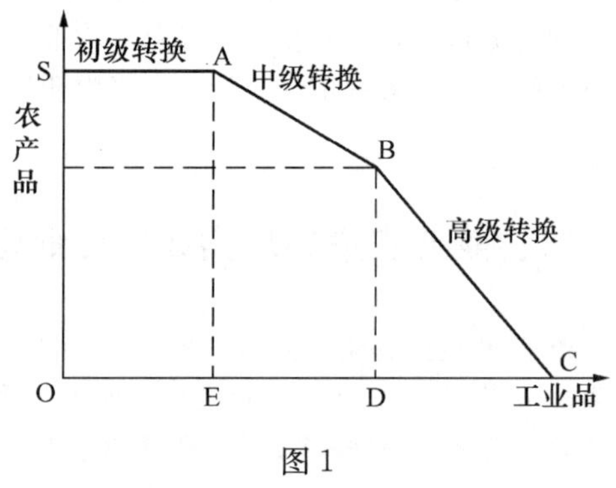

图 1

① 劳动报偿指工资收入和较高社会地位的综合。

② K=农业劳动时间/非农劳动时间
当 K～∞时，农户属纯农户
当 K>1 时，农户属一兼农户
当 K<1 时，农户属二兼农户
当 K=0 时，农户属非农户

兼业农户的历史命运究竟是一颗流星还是长期存在的现象？我们认为肯定是后者。兼业产生和程度转换主要受R和H机制约束，要消除兼业农户，就必须隐没R和H机制的作用。在我国短时期，不可能削弱R和H的作用。第一，农业劳力绝对剩余是长期的事实。我国现有农村劳力3.9亿，其中从事种植业的达2.5亿多，在现有生产条件下，按照各种农作物实际用工量匡算，1985年从事种植业劳力仅需1.6亿人剩余近1亿。据1982年人口普查资料预测，从1983年至20世纪末，农村劳力供给将净增1.5亿人，这样，农村劳力转移既包括目前剩余的1亿又包括新增加的1.5亿，因此，从“七·五”计划开始的15年内平均每年须安排1 300多万劳力从事非农就业，这个任务是艰巨的，短时期根本不可能完成这一任务。第二，非农部门单位时间劳动报偿在相当长时期内仍然会大于农业部门，形成报偿势差，具有经济理性的农户就一直有进入非农就业冲动并将为此付出巨大努力。因此，在相当长时期内，我国兼业农户有其存在的必要性和理性，并时时保持旺盛的生命力，是不可轻视的研究课题。

三、产生的内在机理

兼业农户的产生是受某种内在客观秩序所制约。社会力学理论是分析兼业农户常用的一种方法。该理论以农村劳动为中心，从农业的推力和拉力两个方面进行考察和剖析。

农业推力机制具体解剖如下。

1. 人口推力机制。具体表现在两个方面。第一，由于家庭数量增加，以致每个家庭可用土地减少，结果导致一定数量劳力的家庭的平均土地资源量和家庭消费平均产量下降，剩余劳力出现，从而迫使他们觉察到，一是在较小的土地上，投入同样多的劳动量，获取较多产量，二是把剩余劳力转移到非农产业，获取非农收入以弥补平均产量减少（通过购买），保持生活水平不下降，前者为集约经营道路，后者为兼业经营道路。第二，是指典型家庭规模扩大。假设某家庭拥有的土地数量不变，而消费者由4个上升到6个，该家庭必然期望产量上升，在科技没有重大突破情况下，只有利用季节闲暇到非农兼业获取收入增加产量。争取生活水平不下降甚至有所提高。

人口推力实质上是剩余劳力的推力，我国剩余劳力在世界上是罕见的。所以，相当长时期内，农户兼业的人口推力机制会起作用，并经久不衰。

2. 收入诱导机制。符合理性的农民一是追求收入的最大化，二是追求收入的稳定。在农业部门同时实现双重目标是困难的，农业和非农业部门存在明显的比较利益，是促使农民兼业的驱动力。表3表明，种植业的人均纯收入除高于林业外，均低于其他产业，与运输业、服务行业工业相差较大，三业人均纯收入分别是种植业的238.03%、144.63%和135.61%。由于近几年粮食与生产资料比价差距进一步拉大，农业净利润更加减少，农业与非农收入势差继续扩大。面对这种情况，兼业是符合理性的选择。

表3　经济联合体人均纯收入比较

	人均纯收入（元）	种植业与各业比较（%）
种植业	980.07	100
林　业	629.50	64.2
畜牧业	1 355.42	138.29
渔　业	1 282.05	130.81

（续）

	人均纯收入（元）	种植业与各业比较（%）
工　业	1 329.07	135.61
建筑业	1 173.18	119.70
运输业	2 332.85	238.03
商、服务业	1 417.51	144.63

3. 风险补偿机制。农业是自然和经济再生产紧密结合的过程，农户可能会遇到自然和经营决策两大风险。自然风险一般包括洪水、冰雹、干旱等自然灾害给农户带来的巨大损失。经营决策风险具体表现为价格风险，农户对市场价格信号反应不正确，就是受到损失。这些风险对农户收入提高时常构成威胁，农户为了转移、分散和弱化这些风险所带来的损失，明智之举就是进入非农部门兼业获取货币收入以补偿风险所带来的损失。

4. 资金渴望机制。在农业低利润背景下，农户通过农业积累增加农业投入已十分艰难。渴望从非农产业获取一定资金用于购买农业生产资料及偿还在信用社和银行所借债款和利息。目前，从非农产业积累资金已构成农户对农业投入的重要来源。表 4 表明以非农收入为主的二兼农户对亩耕地投资比一兼农户和纯农户分别多 7.04 和 21.1 元。所以，鼓励农户兼业就成了鼓励农户向农业增加投入的途径之一。

表 4　春建村不同类型农户与投入（1987 年）

	纯农户	一兼农户	二兼农户
总投资（元）	285.76	5 018.44	24 924.24
经营耕地（亩）	5.6	77.1	345.56
亩耕地投资（元/亩）	51.03	65.09	72.13

与农业推力相反的作用力是农业拉力，这种拉力机制由多股力组合而成。

1. 非农就业风险机制。宏观经济增长常常会呈现周期性波动，一旦到达波峰，就会导致经济萧条和大量失业，非农就业的农民有时不可避免地会遇到这种风险。同样，在宏观环境非良性背景下，由农民自身创造的乡镇企业也面临着经营不善和破产的挑战。苏南乡镇企业发展引人注目，但 1986 年以来，由于生产资料价格上涨，各种优惠政策逐渐取消，乡镇企业增长速度严重受抑，经济效益下降，亏损面扩大。由于存在这些不稳定性，农民仍然留农就是现实的举动。

2. 土地财产和土地功能留农机制。财产意味着一种控制经济财货的专有权利。随着土地的有偿使用机制运转，我国土地财产性才逐渐体现。土地有价格，那么储蓄土地就可获取利息，随着土地稀缺程度日益递增，土地稀缺地租增加，导致价格上涨。农民愿意滞留土地在于期望土地预期价格增长。

土地功能对农民留农也有较大引力。土地是农作物生长基地，首要功能是满足人类生活需要的间接的生存功能，我国农民口粮靠自己解决，拥有一定土地是必要前提。其次，土地有福利功能，这种功能指家庭收入主要来源于非农收入，土地收入只起一种福利作用，这类似于城市居民福利。农民为了生存和福利，自然不会轻易放弃土地。

3. 农民乡土情感。数千年的封建历史形成了我国传统农业文化中农民对土地极端珍视，视土地为本的观念。土地是农民生存的保障，农民离不开土地，土地也离不开农民，要淡化和割断这种情感太难了。这种乡土文化从远古延续到现在，形成了阻碍农民放弃土地的障碍，成了鼓励农民兼业的契机。

4. 就业政策。就业政策在很大程度上可以决定农民就业取向、就业充分度和就业地域分布。改革后我国农民就业政策有利于农民兼业。这些政策包括：①农村工业布局"散布图"政策。工业布局大体上都是村办工业在村，乡办工业在乡，县办工业在县城。企业人员组合也大多是本村、本乡和本县为主。导致形成这种行政区域隶属性的工业布局和血缘关系浓厚的人员组合就业定格。②农民"离土不离乡，进厂不进城"政策。工业"散布图"式布局，农民离土不离乡，进厂不进城就是最现实的选择。把农民这种抉择又作为就业政策来指导农民强化这种抉择也就强化了兼业农民留农。

四、客观的评价

兼业农户与就业。农户兼业的直接后果就是乡村失业率下降和劳动生产率提高。我国8 000多万农业劳力在非农就业就是极好的说明，农户兼业足以表明充分就业倾向。充分就业和劳动生产率提高必将导致经济增长和发展，因此，可以说兼业实质是农村劳力参与经济增长过程。兼业消化劳力，当然也造成收入增加。

表5表明，二兼农户人均纯收入分布在高收入层较多，一兼农户次之，纯农户人均纯收入最低，因此，农户兼业实质上又是农民参与经济增长利益分享过程。

表5　春建村不同类型农户人均纯收入分布（1987年）

单位：户、元

农户类型＼收入分布	300以下	300～400	400～500	500～600	600～700	700～800	800～900	900～1 000	1 000以上
纯农户	2	1					1		
一兼农户			1	1	1	3	3	5	3
二兼农户			2	4	6	6	16	20	52

兼业农户与规模经济。一种流行的看法是兼业排斥规模经济，继而推断要实行土地集中，实行规模经济必须消除兼业。对此，我们不敢苟同。

世界各国兼业事业事实表明，一般说来，兼业多分布于规模较小农户，专业农户规模较大，一兼农户次之，二兼农户规模最小。但是，并不是兼业农户的面积就一定很小，也不是兼业农户规模就不再扩大。应该指出，欧美等国兼业农户的经营规模亦在不断增加，1965—1975年西德兼业农场平均经营规模从3.3公顷增加到5公顷，法国的兼业农户也从7.4公顷增加到9.6公顷。由此可见，农户兼业并不排斥规模经济，规模经济也不排斥兼业。

我国各类型农户与经营规模的特征同国外呈现的特征无法吻合。表6表明，纯农户规模散小，一兼农户规模较大，在4.1亩以上的分布比值为58.87%，二兼农户次之，分布比值为37.73%。兼业程度与耕地规模没有相关性，耕地规模与人口，劳力多少成正比，实行"均田制"以来，土地一直滞流，原因是资源短缺。所以，我国各类型农户均属小规模，这种小规模导致农户兼业。因此，实行土地集中并不必须消除兼业。

表 6　春建村不同类型农户与耕地规模（1987 年）

单位：亩

耕地规模 / 分布 / 农户类型	1 以下		1.1～2		2.1～3		3.1～4		4.1～5		5.1～6		6.1～7		7.1 以上	
	分布值	比值%	分布值	比值%	分布值	比值%	分布值	比值%	分布值	比值%	分布值	比值%	分布值	比值%	分布值	比值%
纯农户	3	60	2	40												
一兼农户			2	11.76	2	11.76	3	17.65	3	17.65	4	23.53			3	17.65
二兼农户	3	2.83	16	15.09	22	20.75	25	23.58	25	23.58	8	7.55	4	3.79	3	2.83

我国农村土地集中发展艰难的根本原因在于人口，农户和耕地数量呈反向运动，没有足够的耕地可供集中，见表 7。

表 7　乡村人口、农户和耕地变动

	1980 年	1982 年	1983 年	1984 年	1985 年	1986 年	1987 年
乡村人口（万人）	81 096.0	82 798.8	83 536.0	84 300.5	84 419.7	85 007.2	85 713.1
乡村户数（万户）	17 672.7	18 278.6	18 523.2	18 792.6	19 076.5	19 574.5	20 168.3
耕地面积（百万亩）	1 489.6			1 467.806	1 452.446		1 438.330

来源：《中国农业年鉴》。

兼业农户与土地产出。一般说来，土地产出率高低与土地投入最为密切，在既定科技水平上，土地投入规模决定土地产出多少。因此，分析土地规模与土地产出关系应与考察土地投入和土地产出的关系联系起来，也就是说具体分析在发生向土地投入和增加土地产出过程中是否产生对土地不同规模的内在要求。

土地投入要素有劳动、资本和技术。技术一部分物化在资本要素中，另一部分人格化在劳动中，三要素可归并为劳动和资本。劳动对土地规模没有什么要求，资本可再分为机械动力品和农业生化品两类，第一类投入品具有不可分性，对土地规模有直接要求，第二类投入品实质作用在于替代土地，对规模亦没有显著直接要求。在小规模经营条件下，第一类型投入品由劳动替代，所以说，土地产出率与土地规模之间无内在联系，换言之兼业农户并不构成对土地产出率提高的实质性障碍。只要保证第二类投入品的有效投入，并满足劳动投入，小规模兼业农户完全可能实现较高产出率。

自 1984 年以来，我国土地产出率（粮食）连续下降，1987 年比 1984 年每亩仅增产 1 公斤。分析投入品可知，第一、第二类资本品一直呈递增势头，见表 8，那么理论上认为土地产出率下降和徘徊的原因肯定是劳动投入不足。实践证明是对的，1978 年全国平均每亩稻田用工量为 38.1 个工，1985 年减少为 19.96 个工。劳动投入减少一方面是第一类资本品增加替代一部分，

另一方面是农民种粮积极性下降。而农民种粮积极性下降的原因又是粮食生产比较利益低，进一步说根本原因是农产品流通体制和低价政策，完全忽视农民的物质利益所造成的。

表8 我国农业资本投入品情况

	1981年	1984年	1985年	1986年	1987年	1988年
化肥施用量（万吨）	133.9	1 739.8	1 776.8	1 930.6	1 999.3	2 142.0
机耕面积（万公顷）	3 647.7	3 492.2	3 444.2	3 642.8	3 839.3	

来源：《中国农业年鉴》。

兼业农户与市场稳定性。这几年我国农产品市场频繁波动，引起了社会生活诸方面的摩擦和震荡。对此，较多的看法是农户兼业化加剧小生产与大市场的矛盾。我们认为不能简单地作出上面武断的判定。一般说来，小规模兼业农户经济行为有：能对价格信号作出调整自身生产和消费的灵敏反应，但难以对价格的周期性波动实行所谓“逆风向调节”，承受价格风险实力很小。零活调节是小规模农户经济行为的主要特性，这种调节本身并不是目的，而是追求提高或维持收入的手段。调整要付成本，虽然从绝对调节成本看，小规模农户比大规模农户低一些，但相对其承受价格风险能力来讲经营调节所付出的代价和痛苦绝不会亚于大农。因此，从经济机理上推导不出小农经济营运一定会产生出频繁波动，很大程度上是农户对外部需求的适应性调节，起因不在农户自身，农户行为的不正常，其实只是对外部环境不正常的正常反应。因此，现实市场波动根本原因不在于农户规模大小，而在于市场本身。

兼业农户与农业劳力结构。农户兼业农业劳力结构相应改变，据资料表明，进入非农就业的劳力多是年轻和文化程度高的男性，农业劳力中老人，妇孺的比重上升。因此，有人认为农业生产连续徘徊的一个重要原因之一就是农业劳力素质下降。

我们认为，农户兼业的确影响农业劳力素质，但决没有下降到影响农业生产持续增长的程度。第一，兼业产生的直接原因是由于农业技术进步而大量采用省力化技术，从农业中挤出大批剩余劳力。机械化和科技的普及，社会化服务水准的提高，农业劳动变得越来越简单和省力，老人和妇女都能应付。第二，我国农村劳力大量剩余，这部分剩余劳力完全可以减少劳力素质下降所带来的影响。第三，兼业劳力，对于农业生产仍然倾注精力，在农业生产关键季节，这部分劳力仍然担负繁重的工作。因此，我们认为，只有随着劳力兼业转移，相对提高农业现代化和社会化服务水平，农业劳力结构变化不会较大影响农业生产。

上述评价表明，兼业农户在相当长时期内对经济增长能大有作为。这是支持本文主张走兼业化道路的理论依据。

五、必要的政策保障

上述一系列分析和论述足以支持本文的主要论点：我国农业发展在相当长时期内应走农户兼业化经营道路，这是目前面临的抉择。正确认识兼业化经营道路，把握以下几个判断是必要的。

确立农户为我国农业生产和经营单位的主体地位不应改变。农村十年改革成功关键在于实行联产承包制确立了农户家庭的经营和生产的主体地位，获取经营和财产权利。就其功能而言，在一个较长时期内，农户家庭经营还将是农村经济中普遍存在的基本形式，并将继续保持作为经营和生产单位的功能。确定农户家庭经营地位构成了我国农户兼业化经营道路的基础。

确立一兼农户为农业政策的主要对象。一兼农户与专业农户相比，劳动生产率、农业生产率和土地生产率没有什么差别。非农产业发育不充分和城市化进程缓慢，二兼农户和纯非农户在相当长时期不可能成为农户类型中的主要形态，只有一兼农户才对农业生产结构和经济增长起决定作用。

农户兼业化经营道路并不拒绝兼业农户经营规模逐渐扩大，小规模兼业农户必然向大规模兼业农户扩展。

为推行农户兼业化经营道路，需要必要的政策作为保障。具体政策如下。

大力发展非农产业。加速农户类型分化，促进农户向兼业农户演变，大力发展非农产业是关键所在。乡镇企业应作为非农产业兼业主导。当然，日益发展的第三产业亦应予以高度重视。

开放城乡劳务市场，实行有弹性的就业政策，鼓励区域间，城乡间的劳力流动，积极为从事兼业经营活动提供宽松而又便利的条件。

鼓励农户向二兼农户和非农户高层次转化。在这方面应尽快着手下列各项制度的建立和创新。

户籍制度一直制约着农民人身自由，严重束缚了农民兼业范围扩大，农民进城就业至今仍是梦呓的奢望。用居民身份证或创新户籍制度，以便更多二兼农户早日转非农户。

口粮供给制度，农户口粮自给和居民定量供给制度不利于农户向非农户转化，建立新的供给机制或完全开放粮食市场，以取代兼业户自已耕种口粮田为生活保障手段的状况。

致力创造良性的农产品市场竞争环境逐渐缩小农产品，工农产品之间的比价，提高农民在商品经济中的平等经济地位，用市场价格信号来调节农产品的供给和需求。当然，适当的补贴政策，税收政策和利率政策也有利于供需平衡调节。

促进小规模兼业农户逐渐向大规模兼业农户发展。加快农用工业发展为农民提供价格低廉的农机和农用生产资料，建立完善的社会化服务体系，无疑是加快兼业农户规模扩大的重要措施。

中西部乡镇企业发展的若干战略问题*

洪乌金　吴昭才

以陕西省为例，谈谈中西部即欠发达地区乡镇企业发展的若干战略问题：

一、乡镇企业发展的市场战略

市场是乡镇企业的航标。习惯上把陕西省的产品分为本省市场、西部市场、东部市场与世界市场。我们认为市场划分应从产品的供需、竞争状况来剖析更有实践意义。如此划分，陕西省的乡镇企业产品市场大致有：

1. 供不应求的卖方市场。陕西省北部的煤炭及石油，南部的板石、大理石等建材以及野生香料与食用菌等。

2. 供求基本平衡的竞争市场。它又分为三类：①占优势市场。延安的马铃薯淀粉生产的环状糊精、渭北高原的石灰石、汉中地区的水泥与石英石产品等。②竞争双方实力相当的市场。食品，特别是一般的粮油加工食品，农机，化肥、农药等。③占劣势市场。橡胶、饮料、皮革、电子及通讯设备等。

3. 供过于求的买方市场。相对而言，部分产品或有些产品在陕西省部分发达地区已形成了过度竞争，进入供大于求状态，如砖、瓦等初级建材就是如此。

从目前陕西省乡镇企业状况，结合这几年我国的财政经济状况来看，我们认为应该采取“积极发展卖方市场和竞争市场中占优势的市场，争取竞争市场中实力相当的市场，培育竞争市场中居劣势的市场”的渐进式稳步发展战略。

二、乡镇企业发展的产业战略

乡镇企业的产业具有三个层次：一是各个行业中的各生产门类，如乡镇工业40个生产门类；二是农业、工业、建筑、交通运输、商业服务五大行业；三是产品与劳务两大部门。

1. 乡镇工业的门类选择。

（1）门类选择的两准则。一是把生产能力和市场竞争能力结合在一起的企业经济效益。二是企业的经济效益应服从于宏观的经济效益。例如，1987年陕西乡镇企业的小硅铁厂、电石厂一年用电达30亿度，占全省生产用电的1/5，生产2.56吨硅铁、6.67吨电石，总价值不足10万元；而同期陕西省国营工业因缺电7.5亿度损失产值14亿元。这种状况急需扭转。

* 本文系作者在农业部农业发展战略研究中心第二届年会上的发言稿，1989年2月。

（2）乡镇工业的门类选择。根据门类选择原则与1987年陕西省乡镇工业产值及就业结构的实际情况，我们将陕西省乡镇工业分为三类：①大力发展的主导产业。包括食品、建材、农机、化肥及农药等，以及缝纫、造纸和纸制品。②积极从事的一般产业。包括煤炭采选、家具制造、木材加工及竹、藤、棕、草编织、工艺美术制造、印刷、饲料工业、塑料制品。③努力培育的新产业。包括饮料、化学纤维工业、电子及通讯设备零配件加工业、兽药工业等。

2. 乡镇企业的行业发展趋势。从1980—1987年陕西省乡镇企业五大行业的就业和收入结构材料分析，预测其走向是：

（1）商业、饮食、服务等其他产业逐步增长，这8年从业人数增长了9倍，收益增长近25倍。今后将继续保持这种势头。

（2）交通运输已经摆脱了落后处境，进入持续稳定发展的状态。8年中，交通运输虽然前5年在总构成中，份额一降再降，但后3年发展很快，特别是1986年，一年份额增长达6%以上，到1987年就业、收入比重分别达到9.7%与12%。8年就业人数增加5倍，年增长率达30%，收入增长12倍，年增长率为45%。近几年交通运输迅速发展的一个重要原因是个体运输业发展速度快，到1987年底，个体运输人数达20.1万人，占交通运输总人数的89%，产值9.2亿元，占总数的87%。今后，交通运输业仍将持续发展。

（3）建筑业发展迅猛，8年间5年就业增长迅速，平均每年增加3个百分点，前6年收入增长也很快，年平均增长近2个百分点。但就业自1985年、收入自1986年就出现了“滑坡”，这是由于城市与发达地区自1982年收入提高后一度出现“建房热”，通过三四年的时间，发达地区农村住房已基本得到翻新，同时，近年来，城市一再压缩基建项目，今后尽管城市将继续压基建项目，发达地区农村的首次建房热已经过去，但不发达地区农村的建房热已露出苗头，这是一种继起性的。随着经济的发展和人民生活水平的提高，发达地区和欠发达地区的这种交替将继续进行下去，陕西农村建筑业将会持续稳定的发展。

（4）工业虽然总量逐年增加，但构成份额逐年下降，这种趋势难以逆转。8年间工业企业总收入增加6倍，由6.8亿增加到43.2亿，而在总量中的份额却由63.7%下降到48.9%，平均每年下降1.9个百分点。今后这种下降趋势将难以改变。

（5）农业企业不仅收入的构成比重下降，而且就业人员的绝对数也在减少。8年间农业企业收入在总收入构成中下降了6.4个百分点，从业人员减少65.8万，年递减9%，今后农业企业无论是就业人数还是收入比重都将保持或略降。尽管今后陕北、陕南的开发性农业将得到发展，而其经营方式将一部分以农业企业面貌出现，但更多的将会以专业户和农户兼业的形式出现。

3. 乡镇企业的产品与劳务两大部门的变动。根据1980—1987年这两部门的就业和收入构成材料分别绘成曲线图可以看出，产品部门无论是就业还是收入构成曲线与劳务部门的曲线都构成了“剪刀”状，自交叉点起就标志着乡镇企业发展已经进入了一个新的历史时期，这个时期的特点是为社会提供劳务的建筑、交通运输、商业、饮食、服务等产业的构成比例，超过为社会提供产品的工业、农业。在农村比旧体制的集体与国营服务业更有竞争力量，在城市它也以优质服务、灵活经营而逐步成为城市服务行业的一支生力军。

三、乡镇企业发展的空间战略

（一）三个层次并存

陕西省乡镇企业的发展，地区间很不平衡。106个县级单位中，乡镇企业总产值最高的未央区已达5.9亿元，而第106位的佛坪县只有300万元，仅为未央区的0.5%。我们根据1986年的农业人口的人均乡镇企业总收入排队，把全省分成高、中、低三个层次。

1. 低层次。主要分布在陕北、陕南中部以及关中西北的部分山区。一共42个县市，占总数的40%。这个层次就国民经济的总体来说，也是全省的落后地区。乡镇企业刚刚起步，农业人口人均乡镇企业收入最高的府谷县才达106元，最低的横山县仅33元。收入最低的志丹县，全县乡镇企业总收入才303万元，还不及发达地区一个厂的收入。这个层次的乡镇企业发展有以下特点：

(1) 自然资源及劳动力资源丰富，但资金、技术缺乏，管理落后。资源很大部分还沉睡在地下，浪费在地上。陕西农村还有占整个农村劳动力14%的162.2万个剩余劳动力，绝大部分都滞留在这个层次的农村。与此同时，这个层次资金缺乏，不仅农民手头资金少，另一方面，农行可贷款资金也少。这个层次的地区虽然劳动力数量多，但素质差。技术人员基本上是由石、瓦、木、砖、裁缝、篾匠等匠人构成，他们靠的是传统的手工艺。同时，管理水平低、大多数企业管理干部是“辞了队长当厂长”的农村干部。

(2) 产业构造简单，总体水平低。从事的产业一般是初级建材、采掘、粮食果品加工、编织、服务业等。

(3) 思想保守。由于这一层次主要是山区，农民缺乏商品经济意识，再加上资金、技术缺乏，他们对办企业，特别是大企业，想也不敢去想。

(4) 乡、村政府对企业直接干预多，管理机构、制度不健全。

2. 高层次。主要分布在四个省辖市的郊区大部及铁路沿线的少量条件好的地区。共21个区、县、市，占总数的20%。这类地区就整个国民经济的发展水平来说，是陕西省的发达地区，乡镇企业正在加速发展。这类地区乡镇企业发展的特点：

(1) 资金集聚的渠道增多，技术已开始走向专门化、现代化，企业已采用了一些现代化管理方法。在这些地区依靠群众集资办企业已有可能；这些地区的财政状况比较好，可供贷款的资金也相应多些；这些地区的企业有一定规模，外地企业来投资、联营的也多些。这些地区由于企业发展早、起步快，在实践中已掌握了一些生产的专门技术；同时，通过经济技术联合，一些先进的生产技术不断地被引进乡镇企业，使得部分乡镇企业已出现高、尖、精的苗头。

(2) 产业构造比较复杂，开发的层次加深，总体水平比较高。

(3) 思想开放，已形成了一批具有经营头脑与管理技能的乡镇企业家。

(4) 管理机构比较健全，管理水平比较高。一些行业如建筑、建材与造纸、运输等已有行业协会。

3. 中层次。分布在介于高、低层次之间的地区，一共43个区县市，占总数的40%。这类地区的经济状况和乡镇企业发展水平都介于高低层次之间。

（二）三类地区相互依托

就整个国民经济来说，高层次地区向中、低两层进行技术转移、经济辐射，中、低两层次为高层次提供辐射基地与资源，其中高、中层次间联系更为密切；中层次地区桥梁作用明显，它一方面接受高层次地区的辐射，另一面又向低层次地区进行技术转移与经济辐射；它一方面为高层次地区提供资源，另一方面又利用低层次地区的资源。就乡镇企业来说，三类地区的相互依托关系和整个国民经济的状况类似，只是相互依托关系比较微弱。因此，我们认为陕西省乡镇企业发展应以“城市向农村、发达地区向欠发达地区双重辐射”并举，即“城乡一体”又“高中低”三个层次携手并进。为了达到这一目的，应打破行政区域，实行经济开发区域化。全省可以建立以西安为中心、咸阳为中心和宝鸡为中心的三个开发区，区内紧密协作与联合。

四、乡镇企业发展的时间战略

（一）乡镇企业发展的四个阶段

1. 起步阶段。企业从无到有，个数缓慢增多。这个阶段具有波动性、分散性、生产过程的非比例性等特征。

2. 扩展阶段，又称加速阶段。企业个数从少到多，数量急剧增加，规模不断扩大，但尚未达到经济规模，技术改进不多。这个阶段具有无序性、扩展性、浪费性的特征。

3. 提高阶段，或称稳步发展阶段。企业个数没有明显增加，企业逐渐由追求速度的外延型扩大再生产进入以追求经济效益的内涵型扩大再生产，规模日趋合理，效率明显提高。这阶段具有应变性、稳定性、效益性的特点。

4. 腾飞阶段。企业经济实力雄厚，设备精良、技术力量强，产品质量高、信誉好，地区性乡镇企业收入占农民收入的绝大比重，促进了整个经济的起飞。这个阶段具有先进性、全球性（产品参与世界经济大循环）的特征。

就陕西省乡镇企业的状况来看，低、中层次具有明显的起步期特征。具体地说，低层次地区，处于起步前期；而中层次地区则处于起步后期。高层次地区具有明显的扩展期特征，虽然有些已出现了提高期的苗头，但总体上还处在扩展期。

（二）启动战略

1. 启动的“钥匙”。低层次地区不少乡（镇）、村尚未启动，因为资金短缺，人才缺乏，交通闭塞，信息不灵，其中最主要是人才缺乏，特别以经营型人才为关键。经营型人才虽稀缺，但或多或少都有一些：①乡村干部，或当过乡村干部；②复员转业军人；③退休工人和干部；④国营或集体企业的干部和职工愿意离开企业另立门户的；⑤一些“能人”。此外，还可引进人才。上述这些人有一定工作能力和社会联系，一旦政策允许，他们就可能出来牵头兴办企业。

2. 启动的方法。低层次地区应以小集镇为依托的“葡萄串”式启动法。就是先在公路或铁路沿线的小集镇培育乡镇企业“母体”，增强农民的商品经济意识，积累办企业的经验，然后向农村深层“繁衍”。

3. 突破口项目的选择。落后地区乡镇企业的发展，应选择能够就地取材、产品市场有保证和较容易起步的产业，如卖方市场的煤炭，农果品加工和编织，还有建材业等。

4. 应注意的问题。首先是领导重视，各部门统一思想，密切配合。其次是解决企业主的思想压力。贫困地区办企业是前所未有的事情，因此，“观潮派”、“算账派”、“红眼病”一类的人都会出来非难，造谣中伤，给企业主以沉重的思想压力。因此，需要领导和有关部门给予支持和帮助解除压力。

（三）加速或扩张战略

1. 加速的源泉。中层次地区处于起步后期，相当一部分企业正在积蓄力量，为加速作准备。加速的源泉是资金。

2. 加速的途径。乡镇企业快速发展的途径主要有：①“母鸡下蛋”，即老厂用积累办新厂；

②“滚雪球”，用积累扩大企业规模；③通过经济联合创办新企业；④“四轮齐转”，在发展乡村集体企业的同时积极发展个体、联户企业。

3. 突破口项目的选择。主要是选择产品有市场保证的产业。如：食品、农用生产资料（化肥、农药等）、建材和第三产业。

4. 应注意的问题。这个阶段政府应促、控兼施，一开始要促，提供一定的贷款促进企业的发育与成长，等到一定的时候，为防止空气过热，又要予以必要控制、调节。

（四）提高战略

1. 提高的动力是技术。高层次地区由扩张期进入提高期，技术就得从一般的中级技术走向先进技术，且要求比较全面。这时，中级技术、初级技术已经远远不够，原始技术更不行了。

2. 提高手段。通过改造设备、革新工艺来提高生产能力，以及引进新设备、新技术、新工艺。

3. 突破口项目的选择。此阶段应根据受市场的需求和经济最优原则，选择一些原材料与产品两头在外的产品的项目。

4. 注意的问题。一是由速度型向效益型过渡要有一个过程，不能拔苗助长。二是要及时逐步改善售后服务，以质量、信誉来争取和稳定用户。

（五）起飞，走向世界战略

乡镇企业需要实现经济起飞，以带动整个农村经济的腾飞。从世界上一些发达国家的经验来看，经济起飞的关键是管理。第二次世界大战之后，日本、联邦德国都为经济起飞作过很多尝试，起初他们认为起飞的关键在于技术。因此他们就引进先进技术和先进设备，结果没有达到目的。接着他们又在管理上下功夫，取得了成效，从而推动了经济的腾飞。实现经济起飞，走向经济大循环对陕西来说，并不是一朝一夕的事。

乡镇企业的发展一般需要经过起步、扩张、提高与腾飞四个阶段，但也不是绝对的，并且各地区、企业四个阶段所需要的时间也不尽相同，方法也不尽一致。

区已达5.9亿元，而第106位的佛坪县只有300万元，仅为未央区的0.5%。我们根据1986年的农业人口的人均乡镇企业总收入排队，把全省分成高、中、低三个层次。

1. 低层次。主要分布在陕北、陕南中部以及关中西北的部分山区。一共42个县市，占总数的40%。这个层次就国民经济的总体来说，也是全省的落后地区。乡镇企业刚刚起步，农业人口人均乡镇企业收入最高的府谷县才达106元，最低的横山县仅33元。收入最低的志丹县，全县乡镇企业总收入才303万元，还不及发达地区一个厂的收入。这个层次的乡镇企业发展有以下特点：

(1) 自然资源及劳动力资源丰富，但资金、技术缺乏，管理落后。资源很大部分还沉睡在地下，浪费在地上。陕西农村还有占整个农村劳动力14%的162.2万个剩余劳动力，绝大部分都滞留在这个层次的农村。与此同时，这个层次资金缺乏，不仅农民手头资金少，另一方面，农行可贷款资金也少。这个层次的地区虽然劳动力数量多，但素质差。技术人员基本上是由石、瓦、木、砖、裁缝、篾匠等匠人构成，他们靠的是传统的手工艺。同时，管理水平低、大多数企业管理干部是“辞了队长当厂长”的农村干部。

(2) 产业构造简单，总体水平低。从事的产业一般是初级建材、采掘、粮食果品加工、编织、服务业等。

(3) 思想保守。由于这一层次主要是山区，农民缺乏商品经济意识，再加上资金、技术缺乏，他们对办企业，特别是大企业，想也不敢去想。

(4) 乡、村政府对企业直接干预多，管理机构、制度不健全。

2. 高层次。主要分布在四个省辖市的郊区大部及铁路沿线的少量条件好的地区。共21个区、县、市，占总数的20%。这类地区就整个国民经济的发展水平来说，是陕西省的发达地区，乡镇企业正在加速发展。这类地区乡镇企业发展的特点：

(1) 资金集聚的渠道增多，技术已开始走向专门化、现代化，企业已采用了一些现代化管理方法。在这些地区依靠群众集资办企业已有可能；这些地区的财政状况比较好，可供贷款的资金也相应多些；这些地区的企业有一定规模，外地企业来投资、联营的也多些。这些地区由于企业发展早、起步快，在实践中已掌握了一些生产的专门技术；同时，通过经济技术联合，一些先进的生产技术不断地被引进乡镇企业，使得部分乡镇企业已出现高、尖、精的苗头。

(2) 产业构造比较复杂，开发的层次加深，总体水平比较高。

(3) 思想开放，已形成了一批具有经营头脑与管理技能的乡镇企业家。

(4) 管理机构比较健全，管理水平比较高。一些行业如建筑、建材与造纸、运输等已有行业协会。

3. 中层次。分布在介于高、低层次之间的地区，一共43个区县市，占总数的40%。这类地区的经济状况和乡镇企业发展水平都介于高低层次之间。

（二）三类地区相互依托

就整个国民经济来说，高层次地区向中、低两层进行技术转移、经济辐射，中、低两层次为高层次提供辐射基地与资源，其中高、中层次间联系更为密切；中层次地区桥梁作用明显，它一方面接受高层次地区的辐射，另一面又向低层次地区进行技术转移与经济辐射；它一方面为高层次地区提供资源，另一方面又利用低层次地区的资源。就乡镇企业来说，三类地区的相互依托关系和整个国民经济的状况类似，只是相互依托关系比较微弱。因此，我们认为陕西省乡镇企业发展应以“城市向农村、发达地区向欠发达地区双重辐射”并举，即“城乡一体”又“高中低”三个层次携手并进。为了达到这一目的，应打破行政区域，实行经济开发区域化。全省可以建立以西安为中心、咸阳为中心和宝鸡为中心的三个开发区，区内紧密协作与联合。

四、乡镇企业发展的时间战略

（一）乡镇企业发展的四个阶段

1. 起步阶段。企业从无到有，个数缓慢增多。这个阶段具有波动性、分散性、生产过程的非比例性等特征。

2. 扩展阶段，又称加速阶段。企业个数从少到多，数量急剧增加，规模不断扩大，但尚未达到经济规模，技术改进不多。这个阶段具有无序性、扩展性、浪费性的特征。

3. 提高阶段，或称稳步发展阶段。企业个数没有明显增加，企业逐渐由追求速度的外延型扩大再生产进入以追求经济效益的内涵型扩大再生产，规模日趋合理，效率明显提高。这阶段具有应变性、稳定性、效益性的特点。

4. 腾飞阶段。企业经济实力雄厚，设备精良、技术力量强，产品质量高、信誉好，地区性乡镇企业收入占农民收入的绝大比重，促进了整个经济的起飞。这个阶段具有先进性、全球性（产品参与世界经济大循环）的特征。

就陕西省乡镇企业的状况来看，低、中层次具有明显的起步期特征。具体地说，低层次地区，处于起步前期；而中层次地区则处于起步后期。高层次地区具有明显的扩展期特征，虽然有些已出现了提高期的苗头，但总体上还处在扩展期。

（二）启动战略

1. 启动的“钥匙”。低层次地区不少乡（镇）、村尚未启动，因为资金短缺，人才缺乏，交通闭塞，信息不灵，其中最主要是人才缺乏，特别以经营型人才为关键。经营型人才虽稀缺，但或多或少都有一些：①乡村干部，或当过乡村干部；②复员转业军人；③退休工人和干部；④国营或集体企业的干部和职工愿意离开企业另立门户的；⑤一些“能人”。此外，还可引进人才。上述这些人有一定工作能力和社会联系，一旦政策允许，他们就可能出来牵头兴办企业。

2. 启动的方法。低层次地区应以小集镇为依托的“葡萄串”式启动法。就是先在公路或铁路沿线的小集镇培育乡镇企业“母体”，增强农民的商品经济意识，积累办企业的经验，然后向农村深层“繁衍”。

3. 突破口项目的选择。落后地区乡镇企业的发展，应选择能够就地取材、产品市场有保证和较容易起步的产业，如卖方市场的煤炭，农果品加工和编织，还有建材业等。

4. 应注意的问题。首先是领导重视，各部门统一思想，密切配合。其次是解决企业主的思想压力。贫困地区办企业是前所未有的事情，因此，“观潮派”、“算账派”、“红眼病”一类的人都会出来非难，造谣中伤，给企业主以沉重的思想压力。因此，需要领导和有关部门给予支持和帮助解除压力。

（三）加速或扩张战略

1. 加速的源泉。中层次地区处于起步后期，相当一部分企业正在积蓄力量，为加速作准备。加速的源泉是资金。

2. 加速的途径。乡镇企业快速发展的途径主要有：①“母鸡下蛋”，即老厂用积累办新厂；

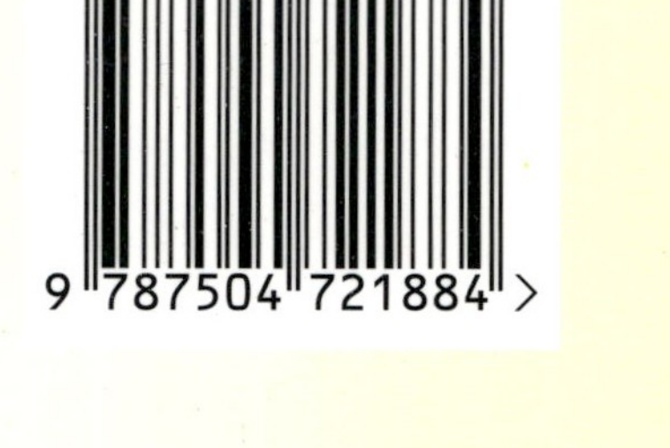
ISBN 7-5047-2188-3
9 787504 721884 >

ISBN 7-5047-2188-3/D·0046
定价：39.00元

粮食流通管
及

主　编　聂振邦
副主编　朱长国